广东省统计局编

Compiled by
Guangdong Provincial Bureau
of Statistics

（总第22期 No.22）

广东统计年鉴

GUANGDONG STATISTICAL YEARBOOK

2006

中国统计出版社
China Statistics Press

（京）新登字 041 号

ISBN 7-5037-4904-0

9 787503 749049 >

图书在版编目（CIP）数据
广东统计年鉴．2006：中英文对照/ 广东省统计局编
北京：中国统计出版社，2006.6
ISBN 7—5037—4904—0
Ⅰ. 广…
Ⅱ. 广…
Ⅲ. 统计资料 －广东省－2006－年鉴－汉、英
Ⅳ. C832.65-54
中国版本图书馆 CIP 数据核字（2006）第 026171 号

广东统计年鉴－2006

作　　者/广东省统计局
责任编辑/蔡启新　叶礼奇
E-mail/yearbook@stats.gov.cn
责任校对/冯位东
装帧设计/孟贤宝
出版发行/中国统计出版社
通信地址/北京市西城区三里河月坛南街 75 号/中国统计出版社
邮　　编/100826
电　　话/（010）63376907
印　　刷/精一印刷（深圳）有限公司
经　　销/新华书店
开　　本/890 × 1240 毫米　　1/16
字　　数/160 万字
印　　张/44.5 印张
印　　数/1- 4000
版　　别/2006 年 8 月第 1 版
版　　次/2006 年 8 月第 1 次印刷
书　　号/ISBN 7—5037— 4904—0/F · 2251
定　　价/280.00 元

编者说明

2006

《广东统计年鉴-2006》（下简称年鉴）是一部反映广东国民经济和社会发展情况的资料性年刊，书中收录了全省、各市、县、区 2005 年大量统计数据以及 1978 年以来各个主要时期的一些主要统计数据。

《年鉴》分为两大部分。第一部分，概述；第二部分，统计资料。具体分为行政区划和自然资源，综合，国民经济核算，人口，就业人员和职工工资，固定资产投资，能源生产与消费，财政、银行和保险，物价，人民生活，农业，工业，建筑业，运输邮电，国内贸易，对外经济，旅游，教育、科技、文化，体育、卫生、社会福利、环境和其他，经济地带主要指标，城市主要指标，县（市）区主要经济指标等 22 部分。此外，《年鉴》附录部分还汇编部份省（市）国民经济主要指标，泛珠三角九省主要指标及香港、澳门特别行政区、台湾省主要统计资料。

本《年鉴》大部份资料来自政府各级统计局、国家统计局调查总队的各种定期统计报表和抽样调查资料；部分资料来自中央部属单位和省属各主管部门。附录中的资料是根据国家统计局和有关方面提供的资料整理的。

资料中所使用的度量衡单位，除耕地、播种面积照顾我国使用习惯继续用“亩”为单位外，其余均采用国际统一标准计量单位。

本《年鉴》中计算的平均每年增长速度，均用“水平法”。

本《年鉴》统计表中的符号使用说明：

“ … ”表示数据不足本表最小单位数；

“ # ”表示其中主要项；

“ 空格 ”表示该项统计指标数据不详或无该项数据；

“ ① ”表示本表下有注解。

本《年鉴》在整理编辑过程中，得到省直有关部门和单位的大力支持，在此表示感谢！

Preface

Guangdong Statistical Yearbook 2006 (abbreviation as the Yearbook below) is an annual statistics publication, which reflects the conditions of national economic and social development in Guangdong Province. It covers plenty of data in 2005 and some selected major data series in historically important years since 1978 at provincial level and local levels of city, county and district.

The Yearbook contains two parts: Part One Outline and Part Two Statistics. It includes the following 22 chapters, i.e. Administrative Division and Natural Resources, General Survey, National Accounts, Population, Employment and Wages, Investment in Fixed Assets, Production and Consumption of Energy, Government Finance, Banking and Insurance, Price Indices, People' s Livelihood, Agriculture, Industry, Construction, Transport, Postal and Telecommunication Services, Domestic Trade, Foreign Trade, Tourism, Education, Science, Technology and Culture, Sports, Public Health, Social Welfare, Environment Protection and Others, Main Indicators on Special Economic Regions, Main Indicators on Cities, Main Indicator on Counties (County-level Cities) and Districts. Besides these, in the appendices of the Yearbook are main economic indicators of some other provinces (municipality) in the mainland, main indicators of the nine provinces in the Pan Pearl River Delta, and main statistics of Hong Kong and Macao Special Administrative Regions and Taiwan Province.

The data in the Yearbook are mainly obtained from regular statistical reports and sample surveys conducted by the statistical bureaus of all levels of government and Survey Office of the National Bureau of Statistics. Some data are collected from the departments of the central government and the provincial government. Data in the appendices are compiled from statistical publications published by the National Bureau of Statistics and other sources.

The units of measurement used in the Yearbook are internationally standard measurement units, except those on cultivated land and sown areas which are used in "mu" in order to give consideration to the habit of using these data in China.

The method of the calculation of the average annual growth rates in the Yearbook is horizontal method.

Notations used in the Yearbook:

"…" indicates that the figure is not large enough to be measured with the smallest unit in the table;

"#" indicates the major items of the total;

"(blank)" indicates that the data are not available;

"①" indicates "see footnotes below".

During the compilation of the Yearbook, we have received the support from some related departments and units of the province. We express our thanks to all of them here.

2006
《广东统计年鉴》编辑委员会

一、编委会

主　编：卜新民

副主编：叶健夫　幸晓维　欧卫东　林万洲

委　员（以姓氏笔划为序）：

王国伟　王　迎　叶建新　冯位东　刘智华
刘广荣　朱遂文　汪国新　余德昌　陈励华
陈建贤　邱　俊　罗凤金　杨少浪　钟淼宏
姚瑞华　秦定坚　徐汉松　黄　丹　彭启鹏

二、编辑工作人员

编辑人员（以姓氏笔划为序）：

马建强　王　晴　田志峰　叶丽莎　刘伟平
李新娇　李昭曼　余盛鸿　钟向红　孙华标
宋子鹏　孟贤宝　陆定国　陈丽芬　陈　强
陈瑞光　陈中兰　陈培红　杨慧芳　罗健波
洪秀霞　张汉杰　黄　晖　黄平光　赖秋云

英文审译：杨慧芳

EDITORIAL BOARD AND STAFF

目　　录
CONTENTS

第一部分　概　述
PART ONE　OUTLINE

第二部分　统计资料
PART TWO　STATISTICS

二、综　合
General Survey

三、国民经济核算
National Economic Accounts

四、人　口
Population

五、从业人员和职工工资
Employment and Wages

六、固定资产投资
Investment in Fixed Assets

七、能源生产和消费
Production and Consumption of Energy

八、财政、银行和保险
Government Finance, Banking and Insurance

九、物价指数

Price Indices

十、人民生活
People's Livelihood

十一、农　业
Agriculture

十二、工　业
Industry

十三、建　筑　业
Construction

十四、运输、邮电
Transport, Postal and Telecommunication Services

十五、国内贸易
Domestic Trade

十六、对外经济
Foreign Economy

十七、旅游
Tourism

十八、教育、科技、文化
Education, Scienec & Technology and Culture

十九、体育、卫生、社会福利、环保和其他
Sports，Public Health，Social Welfare，Environmental Protection and Others

二十、经济地带
Special Economic Regions

二十一、城市主要指标
Cities

二十二、县（市）区主要指标
Countles and Districts Under City Administration

附 录
Appendix

PART ONE　OUTLINE

第一部分　概述

2005 年广东国民经济和社会发展统计公报

广 东 省 统 计 局

2006 年 2 月 20 日

2005 年，广东人民在省委和省政府的正确领导下，以邓小平理论和“三个代表”重要思想为指导，全面落实科学发展观，深入推进改革开放，坚决执行中央宏观调控政策，着力推进经济结构调整和经济增长方式转变，有效抑制经济运行中不稳定不健康因素，国民经济保持了平稳较快发展，改革开放和现代化建设取得新的重大成绩。农业发展态势趋于稳定，投资增长回归理性，出口保持快速增长，消费需求稳中有升，利用外资增势良好，物价涨势趋缓，各项社会事业加快发展，城乡居民生活继续改善。

一、综 合

初步核算，2005 年全省生产总值 21701.28 亿元，比上年增长 12.5%。其中，第一产业增加值 1374.59 亿元，增长 3.2%；第二产业增加值 10747.25 亿元，增长 15.0%；第三产业增加值 9579.44 亿元，增长 10.8%。在第三产业中，其他服务业增长 12.7%，批发和零售贸易、餐饮业增长 12.3%，金融保险业增长 9.7%，交通运输、仓储及邮电通信业增长 7.8%，房地产业增长 7.2%。

2000–2005年广东地区生产总值及增长速度

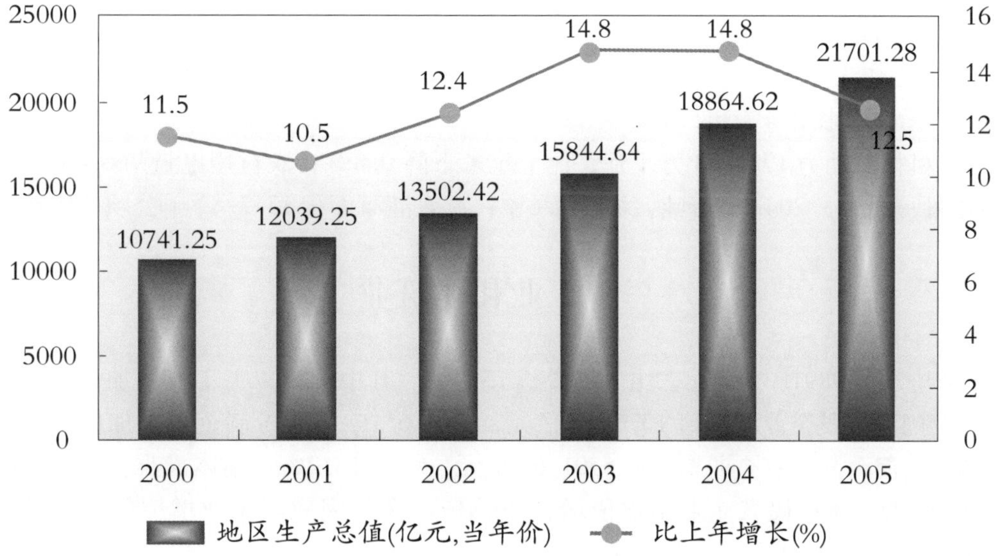

全年居民消费价格总水平上涨 2.3%，其中，城市上涨 2.0%，农村上涨 2.7%。分类别看，食品类上升 4.7%，居住类上升 4.4%，烟酒及用品类上升 1.3%，家庭设备用品及维修服务类上升 0.6%，娱乐教育文化用品及服务类上升 0.3%，医疗保健和个人用品类下降 0.8%，衣着类下降 1.7%，交通和通讯类下降 0.9%。工业品出厂价格上涨 1.5%。原材料、燃料、动力购进价格上涨 5.0%。固定资产投资价格上涨 1.6%。农产品生产价格上涨 3.5%。其中，蔬菜上涨 8.0%，水果上涨 3.1%，油料上涨 2.9%，畜产品上涨 0.8%，谷物下跌 0.3%。

广东地区生产总值三次产业比重

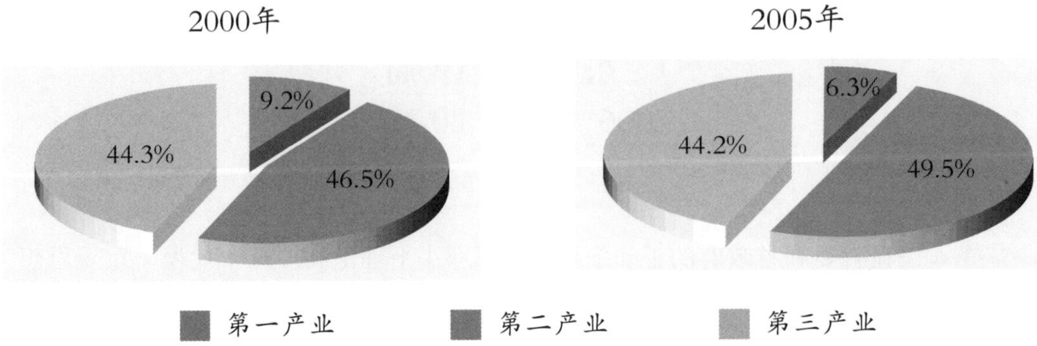

年末全省从业人员 4832 万人。全年新增就业岗位 101.4 万个，国企下岗失业人员实现再就业 11.3 万人。年末城镇登记失业人员 34.5 万人，登记失业率 2.58%，比上年下降 0.13 个百分点。

经济和社会发展中存在的主要问题：土地、水、能源等资源约束矛盾突出，环境保护压力增大；自主创新能力有待增强，能源、原材料价格上涨使企业获利减少；农民增收、农业增效难度加大。

二、农 业

全年粮食作物播种面积 2786.50 千公顷，比上年下降 0.1%。糖蔗种植面积 125.39 千公顷，下降 2.8%；油料种植面积 317.96 千公顷，增长 0.6%；蔬菜种植面积 1162.72 千公顷，增长 1.4%。

全年粮食产量 1394.97 万吨，增长 0.4%。糖蔗产量 946.02 万吨，增长 0.6%。油料产量 77.01 万吨，下降 0.6%。蔬菜产量 2596.02 万吨，增长 1.5%。水果产量 831.69 万吨，增长 5.6%。茶叶产量 4.45 万吨，增长 10.1%。

全年肉类总产量 384.31 万吨，增长 5.2%。其中猪肉产量 256.28 万吨，增长 5.8%；禽肉产量 113.66 万吨，增长 3.7%。全年水产品产量 695.23 万吨，增长 3.6%。其中海水产品产量 397.95 万吨，淡水产品产量 297.28 万吨，分别增长 2.4% 和 5.1%。

年末全省农业机械总动力 1784.03 万千瓦，比上年末下降 0.8%；农村用电量 766.43 亿千瓦时，增长 2.4%；化肥施用量（折纯）204.62 万吨，增长 1.6%；有效灌溉面积 1317.82 千公顷，增长 0.4%。

三、工业和建筑业

全年全部工业增加值 9891.37 亿元，比上年增长 15.8%。其中规模以上工业增加值 8290.00 亿元，增长 17.0%。国有及国有控股企业增加值 1576.72 亿元，增长 6.1%；股份制企业增加值 2278.83 亿元，增长 19.0%；外商及港澳台商投资企业增加值 5301.63 亿元，增长 16.2%；集体工业、股份合作制企业增加值分别增长 7.3% 和 22.0%；民营企业增加值增长 26.4%。全年完成轻工业增加值 3620.79 亿元，增长 17.1%；重工业增加值 4669.21 亿元，增长 17.0%。

全年九大工业产业完成增加值 6108.45 亿元，比上年增长 20.3%，对全省工业增长贡献率 77.2%。其中，电子信息、电气机械及专用设备、石油及化学三大新兴支柱产业完成增加值 4064.80 亿元，增长 19.0%；纺织服装、食品饮料、建筑材料三大传统支柱产业增加值 1398.74 亿元，增长 21.7%；森工造纸、医药、汽车三大潜力产业增加值 644.90 亿元，增长 25.5%。其中汽车制造业增加值增长 40.5%。高技术制造业完成工业增加值 2025.55 亿元，增长 20.6%。

全年一次能源生产总量 4259.22 万吨标准煤，比上年增长 2.3%；发电量 2163.36 亿千瓦时，增长

6.8%；天然原油1470.03万吨，与上年持平；天然气447470万立方米，增长2.8%；原油加工量1990.82万吨，下降4.2%；钢材产量1365.77万吨，增长17.4%，其中特厚板、冷轧薄板和盘条等产品产量增幅分别达到45.4%、56.9%和40.0%。

全年规模以上工业企业经济效益综合指数152.0，比上年提高2.5点；实现产品销售收入34033.32亿元，增长19.8%；产品销售率97.4%。全年实现利润总额1457.60亿元，增长3.2%。

全年资质等级以上建筑企业3964个，比上年增长6.7%。完成房屋建筑施工面积26244.29万平方米，增长9.6%；房屋竣工面积8569.25万平方米，增长14.4%。

全年资质等级以上建筑企业完成增加值768.57亿元，比上年增长7.7%；以增加值计算的劳动生产率49217元/人；实现利润总额66.91亿元，增长16.2%；利税总额140.56亿元，增长14.3%。

四、固定资产投资

全年全社会固定资产投资6957.38亿元，比上年增长16.3%。其中基本建设投资3556.95亿元，增长22.7%；更新改造投资929.46亿元，增长11.3%；房地产开发投资1498.28亿元，增长10.5%。全年商品房销售额1383.87亿元，增长30.7%；商品房销售面积3693.85万平方米，增长21.2%；商品房平均销售价格3746元/平方米，增长7.8%。从投资主体看，全年国有经济投资2013.75亿元，增长14.5%，非国有经济投资4943.63亿元，增长18.3%。其中民营经济投资2428.88亿元，增长23.6%。

从三次产业看，全年第一产业投资27.79亿元，下降15.6%。第二产业投资2882.79亿元，增长32.4%。其中工业投资2722.82亿元，增长32.1%。从工业内部看，九大产业投资力度显著加大。其中电气机械完成投资221.57亿元，增长19.7%；纺织服装完成投资168.94亿元，增长13.8%；建筑材料完成投资190.45亿元，增长24.5%；汽车完成投资133.77亿元，增长85.6%；食品饮料完成投资65.84亿元，增长15.4%。第三产业完成投资4046.80亿元，增长8.5%。

全年基础设施建设完成投资2309.05亿元，下降0.2%。其中交通运输、仓储和邮政业完成投资624.39亿元，增长18.4%；电力、燃气及水的生产和供应业投资661.85亿元，增长27.7%；水利、环境和公共设施管理投资492.44亿元，增长10.1%。

新增生产能力或工程效益：新建四级以上公路4198.7公里，其中高速公路621公里；改建公路570公里。新（扩）建港口码头泊位38个，年吞吐量5061万吨。发电机组装机容量498.87万千瓦；11万伏及以上的输电线路长度2888.11公里、变电设备能力2677.2万千伏安。新增固定交换机容量77.95万门、移动交换机容量1880万户、长途自动电话交换机容量0.79万路端、数字微波线路长度6423公里。

五、国内贸易

全年社会消费品零售总额7882.64亿元，比上年增长15.0%，扣除物价因素，实际增长13.0%。其中县及县以上消费品零售额5950.62亿元，增长14.9%；县以下零售额1932.01亿元，增长15.5%。

分行业看，批发零售贸易业实现零售额6575.34亿元，比上年增长15.9%；餐饮业零售额1174.34亿元，增长16.2%；其他行业零售额132.96亿元，下降20.9%。

分类别看，在限额以上贸易企业销售额中，全年石油及制品类零售额512.18亿元，增长19.7%；汽车类实现零售额467.32亿元，增长19.0%；食品饮料烟酒类零售额282.39亿元，增长5.8%；服装鞋帽针纺织品类零售额162.48亿元，增长13.1%；家用电器和音像器材类零售额158.54亿元，增长12.3%；日用品类零售额86.80亿元，增长7.0%。

全年批发零售业实现商品销售额18745.01亿元，比上年增长9.8%。其中批发额12169.67亿元，增长6.8%。全省126家重点企业商品销售收入净额3226.25亿元，增长15.5%，实现利润总额64.36亿元。

年末拥有亿元商品交易市场282家，实现成交额1948.95亿元，比上年增长22.5%。全省共有连锁企业183家，分店11076家，全年实现销售总额1582.26亿元，增长26.3%。

六、对外经济

全年进出口总额4279.8亿美元，比上年增长19.8%。其中出口额2381.6亿美元，增长24.3%；进口额1898.2亿美元，增长14.7%。实现贸易顺差483.4亿美元，比上年增加223.5亿美元。

从贸易方式看，一般贸易出口533.2亿美元，增长40.5%；加工贸易出口1750.7亿美元，增长20.2%。从经营主体看，国有企业出口445.7亿美元，增长2.1%；外商投资企业出口1546.8亿美元，增长27.1%；私营企业出口299.5亿美元，增长59.5%。从出口商品看，机电产品出口1644.2亿美元，增长26.7%；高新技术产品出口835.8亿美元，增长25.7%；服装、纺织品出口220.1亿美元，增长23.4%；鞋类、家具、塑料制品等轻纺产品出口分别增长18.8%、24.5%和15.5%。

从进出口市场看，与主要贸易伙伴的双边贸易保持较快增长。其中与香港的进出口贸易额899.1亿美元、美国660.3亿美元、欧盟489.1亿美元、日本441.0亿美元、东盟369.0亿美元，分别增长20.6%、20.7%、23.8%、7.7%和14.3%。全年广东对香港、美国、日本、欧盟、东盟的出口额达2013.3亿美元，占全省出口总额的84.5%。对非洲、拉丁美洲、俄罗斯等新兴市场出口增势强劲，增速均超过40%。

全年机电产品进口1146.5亿美元，增长19.2%；高新技术产品进口704.7亿美元，增长19.5%。初级产品进口202.4亿美元，增长9.4%；钢材、原油、成品油、塑料原料等资源性产品进口量大幅减少。

全年新签外商直接投资项目8384个，增长0.7%；合同外资金额237.44亿美元，增长22.6%；实际吸收外商直接投资123.64亿美元，增长23.5%。全年新批总投资和净增资超1000万美元以上项目992个，比上年增加148个；合同外资金额134.47亿美元，增长22.1%。截至2005年底，登记注册的外商投资企业5.88万家，世界500强企业有176家在广东设立了581家企业。

广 东 进 出 口 总 额

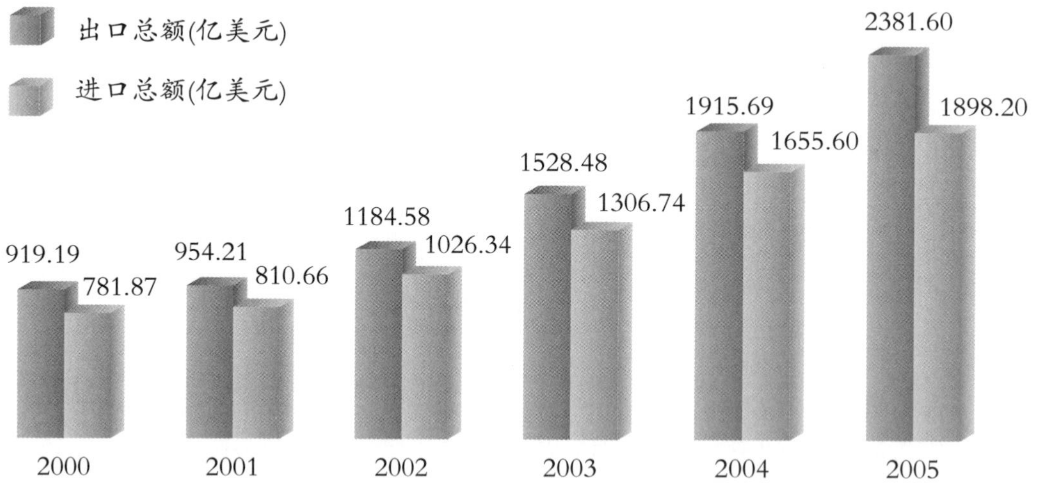

全年第三产业吸引合同外资额62.14亿美元，比上年增长56.6%，占全省合同外资额的比重达26%，同比提高5.5个百分点。其中交通运输、仓储和邮政业、批发和零售业、金融业、水利、环境和公共设施管理业同比增长超1倍。

全年香港、英属维尔京群岛、日本、萨摩亚、台湾等投资广东的合同外资金额达188.56亿美元，占全省的比重为79.4%；实际利用外资99.76亿美元，占全省的78.7%。

全年新签对外承包工程、劳务合作合同16069宗，比上年增长30.7%，合同金额35.99亿美元，增长83.6%；完成营业额27.84亿美元，增长46.5%。全年核准新设立境外企业123家，投资额4.42亿美元，其中中方投资3.28亿美元，投资区域遍及45个国家和地区，主要集中在港澳地区、东南亚、非洲和南美等市场。

七、交通、邮电和旅游

全年交通运输和邮电通信业实现增加值1546.83亿元，比上年增长7.8%。

全年各种运输方式完成货物周转量4136.66亿吨公里，比上年下降0.4%。其中铁路309.86亿吨公里，下降9.2%；公路747.96亿吨公里，增长13.8%；水运3017.82亿吨公里，下降2.4%；民航17.36亿吨公里，增长8.1%；管道43.66亿吨公里，下降3.4%。

全年主要港口完成货物吞吐量70335万吨，比上年增长11.6%；其中外贸货物吞吐量27552万吨，增长9.7%。主要港口集装箱吞吐量2645万TEU，增长17.3%。全年各种运输方式完成旅客周转量2145.49亿人公里，比上年增长12.0%。其中，铁路324.97亿人公里，增长5.4%；公路1217.02亿人公里，增长13.1%；水运9.65亿人公里，下降5.1%；民航593.84亿人公里，增长14.1%。

年末全省民用汽车保有量达到383.26万辆，比上年增长25.5%。其中，私人汽车253.53万辆，增长26.7%。民用轿车保有量达到145.36万辆，其中私人轿车119.38万辆。

全年完成邮电通信业务总量2177.49亿元，增长22.2%。其中邮政业务总量59.98亿元，增长8.8%；电信业务总量2117.51亿元，增长22.6%。新增固定电话用户475.80万户，年末达到3429.96万户。其中，城市电话用户2541.92万户，乡村电话用户888.04万户。新增移动电话用户1078.15万户，年末达到6451.97万户。年末全省互联网用户940.13万户。

全年经广东口岸入境的国际游客9759万人次，比上年增长9.6%。旅游住宿设施接待过夜游客12282万人次，增长16.9%。其中国际游客1897万人次，国内游客10385万人次，分别增长23.1%和15.8%。旅行社组团国内游1135万人次，增长17%；出境游197万人次，增长15%。全年旅游总收入1879.61亿元，增长13.0%。其中旅游外汇收入63.97亿美元，增长18.9%。

八、金融、证券和保险

年末全省金融机构本外币各项存款余额38119.91亿元，比上年增长14.1%。其中，企业存款余额12042.66亿元，增长12.3%；城乡居民储蓄存款余额20267.76亿元，增长15.0%。年末本外币各项贷款余额23261.21亿元，比上年增长10.0%。其中，短期贷款余额8883.41亿元，下降1.4%；中长期贷款余额11436.23亿元，增长16.8%。人民币个人中长期消费贷款余额3554.49亿元，比年初增加364.87亿元，比年初增长11.4%。全年现金净投放1071.77亿元，比上年多投放35.66亿元。

全年全省（未含深圳，下同）上市公司筹集资金3.24亿元，证券经营机构股票交易金额5088.63亿元。年末全省境内上市公司72家，上市股票76只，其中A股70只，B股6只。上市公司总股本382.85亿股，比上年末增长10.2%；股票市价总值1459.99亿元，其中流通A股市值797.93亿元，流通B股市值44.78亿元。

全年保险机构保费收入499.24亿元，比上年增长14.5%。其中寿险保费收入283.77亿元，增长13.4%；财产险保费收入160.92亿元，增长11.4%；健康险和意外伤害险保费收入54.55亿元，增长31.6%。支付各类赔款及给付123.5亿元，增长15.9%。其中，寿险给付24.31亿元，下降8.1%；财产险赔款81.81亿元，健康险和意外伤害险赔款及给付17.38亿元，分别增长23.5%和25.3%。

九、教育和科学技术

全省研究生教育招生1.71万人，比上年增长15.1%；在校研究生4.39万人，毕业生0.95万人。全省普通高等教育招生30.7万人，增长16.0%；在校生87.47万人，增长20.3%；毕业生15.71万人。各类中等职业教育（含技工学校）招生40.83万人，增长13.3%；在校生103.8万人，增长11.0%。全省普通高中招生56.98万人，在校生148.99万人，毕业生37.44万人。全省初中招生162.66万人，在校生462.7万人，毕业生136.89万人。全省小学招生164.16万人，在校生1067.03万人。小学学龄儿童入学率99.68%。幼儿园在园幼儿213.92万人。

年末全省县及县以上国有独立研究与开发机构、科技情报和文献机构共362个，大中型工业企业拥有技术开发机构843个；从事科技活动人员32.11万人，增长6.6%；科技活动经费使用总额462.35亿元，增长16.1%。全省已建立省级工程研究（技术）中心227个；拥有民营科技企业7316家，从业人员87万人，技工贸收入4500亿元，增长34.4%。

全年省级科学技术奖拟奖项目289项，比上年增长7.0%；获省级重大科技成果588项。其中基础理论成果54项、应用技术成果522项、软科学成果12项。全年申请专利量72220件，专利授权量36894件，比上年分别增长38.3%和17.2%。全年经各级科技行政部门登记技术合同14351件，增长26.7%；技术合同成交金额112.23亿元，增长96.0%。全省累计认定高新技术企业3899家，增长27.2%；高新技术产品产值10680亿元，增长25.0%。

全省信息化综合指数为64.6，比上年提高0.5个百分点。全省共有国家检测中心14个；省级产品质量检验机构124个，监督抽检产品63600种，产品抽查合格率86%。共有产品质量、体系认证机构6个，截止到2005年6月完成体系认证企业累计14570个。法定计量技术机构166个，强制检定计量器具84.5万台件，制定、修订地方标准76项。全省共有气象观测站86个，气象天气雷达6部，已建成自动气象观测站670个。测绘部门共测绘各种比例尺地图16972幅，增长43.3%；出版商品性地图及图书215种。

十、文化、卫生和体育

年末全省共有各类专业艺术表演团体138个，群众艺术馆、文化馆140个，县级及以上公共图书馆129个，博物馆、纪念馆148个。全省有广播电台22座，电视台24座。广播人口覆盖率和电视人口覆盖率分别达96.1%和96.4%。有线电视用户1116万户，自制与合制生产电视剧53部。全年出版报纸41.66亿份，各类期刊2.01亿册，图书2.57亿册。

年末全省共有各类卫生机构16054个，其中医院、卫生院2397个，卫生防疫和防治机构287个，卫生监督机构123个，妇幼保健机构125个。拥有医院、卫生院床位18.8万张，各类卫生技术人员28.98万人。其中执业医师11.87万人，注册护士9.94万人，卫生防疫和防治机构人员1.47万人，卫生监督人员3333人。已建立城市社区卫生服务中心（站）977个，农村卫生站及村级医疗点2.17万个。农村清洁卫生水普及率达98.7%，自来水普及率75.1%。全省传染病报告总发病率244.08/10万，碘盐覆盖率85.3%，全年无偿献血85.6万人次。

全省体育健儿在国内外重大比赛中，14人获18项26人次世界冠军，2人2次破2项亚洲纪录，34人获33项51人次亚洲冠军，7人破11项次全国纪录，212人获138项次全国冠军。其中，在十运会上，83人获46枚金牌，93人获42.5枚银牌，71人获36.5枚铜牌。

十一、人口、人民生活和社会保障

根据2005年全国1%人口变动情况抽样调查结果测算，2005年年末全省常住人口为9194万人，出生率11.7‰，死亡率4.68‰，自然增长率7.02‰。全省出生率、死亡率和自然增长率均比上年有所下降，分别下降1.43、0.44和0.99个千分点。

全年全省城镇居民人均可支配收入14769.9元，农村居民人均纯收入4690.5元，比上年分别增长8.4%和7.4%，扣除价格因素，实际增长6.3%和4.5%。居民家庭恩格尔系数，城市为36.1%，农村为

48.3%。全年在岗职工工资总额1991.07亿元，比上年增长12.4%。在岗职工年平均工资23900元，增长13.1%。全年城镇竣工住宅面积4319.65万平方米，农村竣工住宅面积4363.69万平方米。

年末全省参加养老保险1564.8万人，比上年增长14.4%；失业保险1130.7万人，增长12.4%；医疗保险1235.3万人，增长19.4%；工伤保险1605.1万人，增长32.1%；生育保险419.4万人，增长11.3%。全年征收社会保险基金632.7亿元，增长21.9%；年末基金累计结余1137.8亿元，增长29.9%。

全年全省共投入救灾款4.5亿元，恢复住房2.35万户。全省已保五保对象23.9万人，比上年增加2.7万人，321间敬老院的改建扩建工程全面完成。到2005年底，全省享受低保救济的困难群众达171.9万人，比上年增加56万人。其中城镇41.9万人，农村130万人。共发放低保救助金7.37亿元，医疗救助金8514万元。全省共接待求助人员90902人，实际救助84104人。全省共发行销售福利彩票39.12亿元，筹集福利资金13.68亿元。

十二、资源与环境

全年全省耕地面积减少94139.3公顷，增加10018.3公顷，当年净减少耕地84121.0公顷。其中，建设占用耕地6890.0公顷，灾毁耕地392.8公顷，生态退耕19.4公顷，农业结构调整实际占用耕地74066.1公顷。土地整理复垦开发补充耕地5502.3公顷。全年平均降水量1770毫米，比上年增加35.0%。全年人工增雨总量22亿立方米；灰霾天气日数26.9天，同比下降21.0%；年日照时数1606.2小时，比正常年份减少9.8%，比上年减少20.0%。

2005年全省监测评价河长6459公里，其中达标河长4639公里，超标河长1820公里。主要饮用水源地水质达标率为79.3%。监测的41个水库大部分水质优良，其中有11个水质超标。年末全省大型水库蓄水总量139.82亿立方米，同比增加27亿立方米。全年总用水量470亿立方米，比上年增长5.3%。其中生活用水92亿立方米，增长9.1%；工业用水138亿立方米，增长1.1%；农业用水240亿立方米，下降5.4%。

截至2005年底，全省已找到的矿产种类共129种（含亚矿种），已查明资源储量的共计92种。其中能源矿产6种，金属矿产31种，非金属矿产51种，水气矿产4种。

全省111个省控断面中，64个断面为Ⅰ至Ⅲ类水质。21个地级以上市空气质量达到国家空气质量二级标准，酸雨频率为55.0%。57.1%的城市区域声环境较好，78.7%的监测路长噪声达标。全省已建成烟尘控制区161个，面积3429.2平方公里。建成环境噪声达标区244个，面积1909.6平方公里。至2005年12月，全省建成污水处理厂79座，日处理污水能力634万吨。建成19座符合标准的生活垃圾无害化处理场。医疗废物集中处理能力为5万吨/年。

全年完成宜林荒山造林、迹地更新、低产低效林改造面积153.49千公顷，义务植树8455.49万株；年末实有封山育林面积170.22千公顷。森林覆盖率达57.5%。截止到2005年底，全省建立森林、湿地和野生动植物类型自然保护区237个，总面积107.2万公顷，占全省陆地面积的6.0%；建成生态示范区189个，比上年增加24个，总面积335.6万公顷。

注：1. 本公报各项统计数据为初步统计数。

2. 公报中生产总值、各产业增加值绝对数按现价计算，增长速度按可比价计算。

2005 年广东经济运行情况及 2006 年前景展望

2005 年，广东认真贯彻落实科学发展观，加强和改善宏观调控，积极推进改革开放，经济总体保持良好发展态势。表现在，经济实力迈上新台阶，对外开放实现新突破，人民生活水平进一步提高，经济建设和社会发展取得重大成效。

一、2005 年经济运行情况

（一）宏观经济协调、较快发展

1. *经济总量突破 20000 亿，迈上新台阶*。2005 年，广东省委省政府注重把握宏观调控力度，使经济运行中的不稳定、不健康因素得到有效抑制，整体经济增长比较均衡，保持了平稳较快增长的良好态势，没有出现大的波动。一季度、上半年、前三季度的地区生产总值增长率分别为 12.2%、12.6% 和 12.3%。2005 年全省生产总值达 21701.28 亿元（快报数，下同），比上年增长 12.5%。其中，第一产业增长 3.2%，第二产业增长 15.0%，第三产业增长 10.8%。

2. *产业结构在调整中逐步优化*。在结构调整中，第二产业保持上升，三次产业结构由上年 6.5:49.2:44.3调整为 6.3:49.5:44.2。工业结构调整优化取得新成效。工业主导产业带动作用增强，九大工业产业支撑作用突出。电子信息、电气机械及专用设备、石油及化学、汽车等九大产业完成工业增加值 6108.45 亿元，增长 20.3%，高于全省工业 3.3 个百分点，占规模以上工业增加值比重由上年的 71.1% 提升至 73.7%。其中，森工造纸、医药、汽车及摩托车三大潜力产业增长加快，增长 25.5%，增幅同比提高 2 个百分点。重化工业发展加快。规模以上重工业增加值达 4669.21 亿元，占 56.3%，增长 17.0%。

3. *经济增长方式进一步转变*。生产能耗不断降低，科学技术对经济发展的作用明显增强。2005 年，广东工业生产能耗水平进一步下降，工业亿元增加值用电量为 1869 万千瓦时，下降 1.6%。产业结构由传统的劳动密集型，不断向现代新兴的资金密集、技术密集和知识密集型产业转变。高技术产业增加值 2564.48 亿元，占规模以上工业增加值比重 32.1%。企业自主创新能力增强。前三季度，全省获专利授权总量 28490 件，同比增长 24.8%；专利申请总量 50985 件，同比增长 30.5%，专利申请总量连续 11 年居全国第一。2005 年，广东有 57 个产品首次被国家质检总局评为“中国名牌产品”，增长 11.8%；共有 165 个，占全国 17.8%。有 17 件商标被国家工商总局首次认定为“中国驰名商标”，增长 7.5 倍；共有 46 个，占全国 9.2%。

服务业发展步伐加快，成为增加就业、推进城市化进程的主要力量。全年服务业增加值达 9579.44 亿元，增长 10.8%。其中，交通运输、仓储、邮电等传统服务业水平进一步提升，实现增加值增长 7.8%；批发零售贸易、餐饮业增长 12.3%；房地产业增长 7.2%；金融、保险业增长 9.7%；信息、咨询、社区服务等现代服务业发展步伐加快，增长 12.7%。

4. *物价呈结构性上涨，涨幅在可承受范围内*。从总水平涨幅看，广东居民消费价格承接上年的升势，继续温和上涨，但涨幅呈逐步回落态势。全省居民消费价格上涨 2.3%，涨幅同比回落 0.7 个百分点，基本处于可承受范围内。其中消费品价格上涨 2.4%，服务项目上涨 1.7%。消费物价上涨的主要推动力是食品类，比上年上涨 4.7%。在居民消费价格 2.3 个百分点的涨幅中，食品类价格拉动总水平上涨 1.6 个百分点。由于国际市场原油供求紧张，价格不断飙升，致使国内成品油价格进行调整。受此影响，全省汽油和柴油价格分别上涨 15.5% 和 14.4%；在进货价居高不下的压力下，全省民用液化石油气和管道燃气价格也相应上调，分别上涨 15.5% 和 13.1%。

（二）主要经济指标取得新突破

1. *工业平稳增长*。全省规模以上工业完成增加值 8290.00 亿元，增长 17.0%，增幅比上年回落 5.4 个百分点。其中，股份制企业增长19.0%，股份合作企业增长22.0%，国有及国有控股企业增长6.1%，外商和港澳台商投资企业增长16.2%。分轻重工业看，重工业增长17.0%，轻工业增长17.1%。山区市工业呈现强劲增长。山区市完成工业增加值516.78亿元，增长29.3%，增幅高出全省平均水平12.3个百分点。其中，河源、清远分别增长46.6%和56.5%。珠三角地区保持稳步增长，完成工业增加值7379.54亿元，增长16.2%。

2. 固定资产投资增长较快，投资结构得到优化。按照国家宏观调控的重点，坚持“有保有压”，积极支持符合国家政策、有市场有效益的重点项目，固定资产投资在优化结构中保持了一定的规模和较快增速，有力地拉动了经济增长。全省完成全社会固定资产投资6957.38亿元，比上年增长16.3%，增幅同比回落3.5个百分点。其中基本建设投资3556.95亿元，增长22.7%；更新改造投资929.46亿元，增长11.3%；房地产开发投资1498.28亿元，增长10.5%。

投资结构不断优化，薄弱环节得到加强。工业投资的拉动作用逐渐增强。工业投资2722.82亿元，增长32.1%，拉动全社会投资增长11.1个百分点，所占比重同比提高4.4个百分点。其中制造业投资2031.63亿元，增长33.1%；电力燃气及水的生产和供应业投资661.85亿元，增长27.7%。卫生、交通运输、水利和环境管理业投资均保持了快速增长，增幅在20—90%之间。

3. 在居民消费结构升级的带动下，国内消费品市场持续活跃、稳中见旺。全省实现社会消费品零售总额7882.64亿元，增长15.0%，增幅提高1.4个百分点。城市消费品零售额5950.62亿元，增长14.9%；农村市场实现零售额1932.01亿元，增长15.5%，增幅同比提高4.8个百分点，城乡市场零售额增幅差距有所缩小。餐饮业继续保持良好增势，实现零售额1174.34亿元，增长16.2%，增幅同比提高2.5个百分点。建筑及装潢材料、粮油、文化办公用品、电子出版物及音像制品等大类商品零售额增势迅猛，分别增长31.6%、41.7%、22.1%和23.1%。商品房销售良好，价格上升。全省商品房销售面积3693.85万平方米，增长21.2%，增幅同比提高12个百分点；商品房销售额1383.87亿元，增长30.7%，同比上升11.7个百分点；商品房平均销售价格3746元/平方米，增长7.8%。

4. 对外贸易保持较快增速，利用外资继续保持全国领先。全省规模以上工业完成出口交货值15062.24亿元，比上年增长21.4%。全省进出口总额4279.8亿美元，增长19.8%，进出口总额占全国总量的30.1%。其中，出口2381.6亿美元，增长24.3%；实现贸易顺差483.4亿美元，是上年的1.86倍。出口结构更趋优化，一般贸易出口533.2亿美元，增长40.5%，增幅高于全国11.2个百分点，占全省出口额比重上升2.5个百分点；加工贸易出口1750.7亿美元，增长20.2%。机电产品和高新技术产品出口快速增长，传统商品出口保持稳定。机电产品出口1644.2亿美元，增长26.7%；高新技术产品出口835.8亿美元，增长25.7%。

全省新签利用外商直接投资项目8384宗，比上年增长0.7%；合同利用外商直接投资237.44亿美元，增长22.6%；实际利用外商直接投资126.77亿美元，增长26.6%，增幅高于全国平均水平27.1个百分点。实际利用外商直接投资继续保持全国领先。

5. 民营经济发展态势良好。截止9月末，共有民营企业单位269.37万个，比2004年增加27.27万个，增长11.3%。2005年，规模以上民营工业实现增加值1561.15亿元，增长26.4%，增幅高出全省工业9.4个百分点；前三季度民营企业完成生产总值5216.7亿元，对全省的贡献率达到40.9%。民营经济的国际化步伐加快。私营企业出口增势迅猛，增长59.5%，高于全省增速35.2个百分点，增幅明显高于全省水平。

（三）经济增长质量进一步改善

1. 财政收入增长较快。来源于广东的财政总收入（自然口径）达4431.97亿元，比上年增长25.2%。地方一般预算收入1806.01亿元，增长18.4%。主要税种保持较快增长，增值税、营业税、企业所得税、个人所得税、契税分别增长16.7%、14.8%、20.6%、18.8%和31.3%。地方一般预算支出2287.54亿元，比上年增长23.5%。其中，教育支出326.75亿元，增长12.9%。

2. 企业经济效益指标保持增长，工业经济效益综合指数提升2.5个百分点。全省规模以上工业企业实现产品销售收入34033.32亿元，比上年增长19.8%；盈亏相抵实现利润1457.6亿元，增长3.2%；实现利税2398.41亿元，增长7.1%。

3. 城乡居民生活继续改善。全省城镇居民人均可支配收入14770元，比上年增长8.4%，扣除物价因素，实际增长6.3%。发展民营经济的增收效应进一步释放，个体经营者净收入增长25.6%。城镇居民人均消费性支出11809.9元，增长10.4%，扣除物价因素，实际增长8.2%。由于国家和省扶持农业发展政策的相继出台，农民收入保持增长。全年农村居民人均纯收入4690.5元，同比增长7.4%，扣除物价因素，实际增长4.5%，比上年提高0.5个百分点；人均生活消费支出3707.73元，增长14.4%，扣除物价因素，实际增长11.4%。

4. 金融形势保持平稳。截止12月末，全省金融机构（含外资）本外币存款余额38119.91亿元，比年初增加4701.55亿元，同比增长14.1%。居民储蓄存款余额突破20000亿，为20267.76亿元，比年初增加2636.79亿元，同比增长15%。金融机构本外币各项贷款余额23261.21亿元，比年初增加2191.43亿元，同比增长10.4%。其中，短期贷款余额8883.41亿元，比年初减少132.16亿元；中长期贷款余额11436.23亿元，比年初增加1662.86亿元。

（四）构建和谐社会取得新进展

实施区域协调发展战略取得重要成效。从全省各区域发展情况看，珠三角经济继续高速增长，全年珠三角地区生产总值增长15.3%，其中广州、深圳分别增长13.0%和15.0%。山区市发展加速。山区5市生产总值增长15.1%，比全省平均水平快2.6个百分点。东西两翼发展也加快，生产总值增长12.9%，比上年加快1.5个百分点。

重视社会发展和解决民生问题。城镇符合低保条件的困难群众实现应保尽保，农村低保制度、农村医疗救助制度等加快建立和完善。地方一般预算支出中抚恤和社会救济支出41.61亿元，比上年增长23.9%。

2005年广东经济发展的良好态势，是省委、省政府带领全省人民奋力拚搏的结果。特别是省委省政府全面落实中央宏观调控的政策措施，准确把握社会经济发展形势，有效化解了经济运行中一些不稳定不健康的短期因素，加强了薄弱环节建设。

——积极有为，措施得力。从实际出发，遵循“有保有压、区别对待”的原则，认真贯彻国家宏观调控政策，有效地抑制经济运行中不稳定、不协调的因素，加强薄弱环节，产业结构趋于协调，促进了整体经济的快速发展。“瓶颈”产业发展加快，经济增长的产业支撑不断稳固。城镇投资中电力、热力生产和供应业，道路运输业等“瓶颈”产业投资增势强劲，分别增长29.8%、31.2%。全年新增公路超过2000公里，新增高速公路570公里，新增电力装机容量540万千瓦。

——科学发展，活跃全局。广东是经济大省和人口大省，但又是资源小省。面对就业压力、煤电油运紧张等诸多矛盾和资源环境约束的发展难题，省委省政府积极贯彻落实科学发展观，把从根本上转变经济增长方式作为广东又快又好发展的现实选择，创造性地开展工作。继续大力推进民营经济、国企改革、县域经济和扩大开放等重点工作，活跃了经济发展全局。

——多元推动，基础增强。从产业角度看，产业支撑基础增强。三次产业全面发展，形成了对经济增长的共同推动。第一产业稳定增长，打下了经济增长的良好基础；第二产业特别是工业的带动作用明显。城市化进程加快，消费结构逐步升级，带动了重化工业的加速发展。全年第二产业对经济增长的贡献率61.5%，第三产业对经济增长的贡献率36.9%。

从需求角度看，三大需求合力拉动。固定资产增长16.3%，社会消费品零售总额增长15.0%，外贸出口继续保持强劲增长势头，增长24.3%。

二、主要问题

（一）企业利润增幅明显回落，亏损额大幅上升

广东属资源相对匮乏省份，资源性工业所占比重甚小，而工业产品又以中下游产品为主，其原料、燃料主要依靠进口和调进。

上游产品价格上涨压缩企业的利润空间。由于近两年来能源、原材料价格持续上涨，严重挤占企业盈利空间，使全国工业企业经济效益普遍回落。广东工业利润增长3.2%，增幅比上年回落22.4个百分点，低于全国增幅19.4个百分点。成本推动价格上涨的压力加大。上游产品价格大幅度上涨，增加了成本推动物价上涨的压力。在全省38个大类行业中，有15个行业的利润出现负增长，且大部分属于中下游产品行业。

由于国内工业品市场下游大部分产品供过于求，价格传导机制产生阻滞，面对激烈的市场竞争，企业产品涨价的空间有限。全省原材料、燃料、动力购进价格上涨5.0%，工业品出厂价格上涨1.5%，企业自身要消化掉3.5个百分点的购进出厂差价。在资源与市场的双重约束下，亏损企业增加较多。在全省34951家规模以上工业企业中，有8281家出现不同程度的亏损，亏损面达23.7%，同比扩大0.3个百分点；亏损企业亏损额238.68亿元，增长32.5%，增幅同比扩大28.3个百分点。

（二）农业增产和农民增收的基础依然不稳固

2005年粮食增产和农民增收缺乏稳定增长的牢固基础，控制耕地减少、粮价上涨、政策支持等支撑条件在未来的空间也较为有限。受化肥、饲料等价格上涨和供求关系等因素的影响，农用生产资料价格已持续26个月上涨。全年农业生产资料价格上涨5.8%，加大了农民的生产成本。由于农村医疗保健及个人用品、教育文化娱乐类价格涨幅更大，分别超过城市1.1个、2.7个百分点，农村居民消费价格上涨较快，涨幅高于城市0.7个百分点，这实际上又冲减了部分农民收入，给低收入农民的正常生活带来困难。

（三）企业经营资金趋于紧张

由于主要用于当前生产的短期贷款出现收紧，部分企业特别是中小企业正常的生产经营和某些建设项目的资金需求难以得到满足，资金更趋紧张。从贷款期限结构看，全年金融机构新增人民币短期贷款比上年下降173.12亿元，降幅为2.1%，其中三资企业贷款下降15.1%，私营企业及个体贷款下降10.6%。规模以上工业企业应收帐款拖欠、产成品存货资金占用继续增加，12月末，企业应收账款净额高达4932亿元，产成品存货1924亿元，分别增长18.6%和16.4%。全年两项合计在企业流动资产年平均余额中占到47.7%的较高份额。

（四）城镇投资增长减缓

今年以来，广东城镇固定资产投资增速和总量在宏观调控的背景下虽表现不俗，但落后于山东和江苏。广东完成城镇投资5760.73亿元（不含跨省投资），总量居全国第三，分别比山东、江苏少1514.1亿元和451.14亿元；增速居全国倒数第三，低于全国12.7个百分点，比鲁、苏分别低19.8和9.5个百分点。广东城镇投资本年新开工项目8397个，比鲁、苏分别少7917和1813个；新开工项目计划总投资额4812.12亿元，比山东少7401亿元；新开工项目计划总投资占施工项目计划总投资的比重为59.1%，也低于山东20.2个百分点。

（五）影响经济发展的瓶颈制约因素不容忽视

在宏观经济较快增长的同时，能源、原材料供应紧张，铁路运力不足等制约经济发展的因素仍然未有明显缓解。全年全省工业品出厂价格比上年上涨1.5%，燃料、动力购进价格比上年上涨12.2%，购销价格继续处于倒挂格局。经济发展面临能源的较大制约。广东产业结构向偏重转移，是能源消费大省，但自身能源生产不足，能源利用率较低，对外依赖性大。2001－2004年，全省能源消费总量年均增长12.6%，高于生产总值增速近0.3个百分点，能源供需矛盾加剧，制约着经济社会持续健康协调发展。

（六）一些影响社会和谐的因素比较突出

在当前经济结构调整、体制转型和社会变革的关键时期，社会领域中的矛盾和约束日益凸显，存在着社会事业相对滞后、人口资源环境压力加大、城乡居民收入仍然不高等影响社会和谐的因素。扣除物价因素，全省城镇居民人均可支配收入、农民人均纯收入明显滞后于经济增长。不同收入群体之间的收入水平差距拉大。城乡中低收入群体的民生问题比较突出。就业再就业压力较大。人的科学文化素质偏低，与经济增长方式转变和产业结构优化升级的需要不相配，产生新的结构性失业。

三、2006年经济发展趋势分析

2006年，广东经济平稳较快增长的趋势不会有大的变化。构成经济平稳较快增长的积极因素大于不利因素。

（一）世界经济：总体上来说，世界经济还处在一个温和复苏、稳定增长的时期，这为中国经济发展提供了较好的国际环境。据国际货币基金组织发表的最新《世界经济展望》预测，2005年和2006年世界经济增长速度将达到4.3%，世界经济贸易量将增长7.4%和7.6%。其中，美国经济预计今明两年的经济增长率将为3.5%和3.3%，低于上年的4.2%。与2005年比较，可以说2006年世界经济将出现一定程度的降温。这种降温是“一定程度的”。也就是说，2006年世界经济仍将处在这一轮商业周期的扩张期中，有较高的增长速度。世界经济及增长多中心格局将进一步发展。其中美国经济，无论其积极还是消极方面，都对世界经济全局有着重要影响。同时中国的经济地位在上升，对东亚经济的推动作用明显大于对世界经济整体的影响。

（二）国内形势：随着宏观调控的进一步深化和区域经济的协调发展，经过2002-2004年的加速增长之后，2005年我国经济进入稳定增长期，经济的自主增长动力仍较强。全国GDP增长9.9%，国民经济呈现增长较快、效益较好的发展态势，“十五”规划提出的经济社会发展目标已顺利实现。2006年，是实施“十一五”规划的开局之年，中央将继续实施稳健的宏观经济政策，进一步深化体制改革，逐步消除经济发展的体制性障碍，不断完善调控方式，着力推进产业结构调整和经济增长方式的转变，为国民经济的平稳协调发展打下坚实的基础。

同时，经济发展当中依然存在一些不健康不稳定的因素。就业的压力增大；物价变化造成企业成本上升，将使物价出现进一步上涨的可能；国内经济发展与国际贸易环境之间的矛盾等。经过多年来的建设与发展，我省经济实力进一步增强，为2006年全省经济保持平稳较快增长打下良好基础。估计2006年广东经济增长速度比2005年略低一些，但国民经济仍有可能延续2005年以来的发展趋势，有望保持平稳增长，预计2006年GDP将增长12.0%左右。

为确保明年为“十一五”规划开好头，起好步，提出以下几点建议：

（一）深入贯彻落实科学发展观，保持经济平稳较快发展。在全国一盘棋方针指导下，利用地方优势，发展优势产业，紧紧围绕抓住机遇、加快发展主题，坚持用发展的办法解决前进中的矛盾和问题，建立一个高效、开放、和谐的经济体系。巩固良好的发展局面。积极推进各项改革，加大国有企业改组改制力度；鼓励和支持民营经济加快发展，促其上数量上水平，进一步完善政策支持体系；优化出口结构，充分利用毗邻港澳的区位优势，加快发展服务业，优先发展现代金融、现代物流、信息服务等新兴服务业。紧密抓住泛珠三角经济区域合作的契机，全力打造广货名牌战略，积极拓展国内市场空间，努力提高产品的市场占有率，扩大经济辐射力。

（二）积极推进产业结构调整，促进经济增长方式转变。把提高自主创新能力作为推进结构调整和经济增长方式转变的中心环节。抓好重点项目建设，加快传统优势主导产业改造升级步伐，积极发展高新技术产业，下大力提升产业层次；大力发展县域经济，培育壮大区域特色产业，加快发展服务业，提高服务业的比重。走新型工业化道路，推进科技进步，大力发展高新技术产业，坚持引进、消化、吸收和自主创新相结合，不断培育制造业新的增长点。通过科技创新促进产业结构优化升级，提高经济发展的科技含量，促进增长方式由粗放型向集约型转变。要大力推进以节能降耗为主要目标的技术改造，加快循环经济发展步伐，走集约发展、统筹发展、协调发展之路，提升可持续发展能力。

（三）更加重视“三农”工作，巩固和发展农业和农村经济的好形势。继续把解决“三农”问题作为全局工作的重中之重，发挥工业对农业的支持和反哺作用，推进城乡协调发展。加大政策支持力度。加快农业产业化进程，并同调整农业经济结构结合起来，推进农村工业化和城镇化步伐。深化农村改革，改革城乡二元经济体制，构建统一开放的市场体系和就业体系，在构建解决“三农”问题的长效机制上有所突破。

（四）加快建设全面小康进程，努力增加城乡居民收入。坚持富民优先，千方百计使城乡居民收入继续较快增长。进一步加大投入和改革力度，切实加强农业和农村基础设施建设，培植和壮大农村龙头企业，千方百计增加农民收入，大力开拓农村消费市场，推进社会主义新农村建设；积极扩大城镇就业和再就业渠道，带动企业职工收入的全面上升，进一步提高购买力；实行积极的就业政策，大力推动全民创业，加快发展民营经济。帮助下岗职工、失地农民、拆迁居民、贫困人口等解决生产生活中的突出困难，提高低收入者的收入水平。

（五）坚持统筹经济社会协调发展，率先构建和谐社会。增强整合区域经济，充分发挥东西两翼和山区市在全省经济社会发展中的重要作用，推进各区域的协调发展，以联手推进产业转移作为经济协调发展的关键，大力推进东西两翼和山区市工业化进程。加快推进城市化发展进程，实现城乡区域协调发展、良性互动。不断完善与经济发展水平相适应的社会保障体系，提高社会保障水平，促进利益关系的和谐。积极推进经济社会协调发展，加快科技、教育事业的改革和发展，实施积极的就业政策，不断培育新的就业增长点，切实维护社会稳定。

注：本文所采用的数据为初步统计数。

（撰稿：马建强）

勇当排头兵　再谱新篇章

——“十五”时期广东经济社会发展情况综述

世纪之初，胡锦涛总书记深切期望广东当好排头兵，在广东提出了影响深远的科学发展观。五年来，广东不负重托，保持敢为人先的锐气，担当起全国排头兵的重任，开始迈进科学发展的新境界。这五年，广东谋划加快发展、率先发展、协调发展，推进区域经济一体化；这五年，广东推进和谐社会建设，努力克服煤电油运紧张、市场有效需求不足、非典疫情、禽流感以及旱灾水灾等影响，取得不平凡的业绩。国民经济实现快速协调持续发展，教育、科技、文化等各项社会事业取得新成就。

从“十五”计划确定的主要目标看，全部指标提前实现或超额完成。2001－2005 年，广东生产总值年均增长 13.0%，高于 9% 的预期目标。全社会固定资产投资和社会消费品零售总额年均增长 16.6% 和 14.1%，比预期目标高出 8.6 个和 1.6 个百分点。出口总额年均增长 21.0%，超过 8.5% 的目标。城镇居民人均可支配收入和农村居民人均纯收入年均分别增长 8.6% 和 5.1%，超过和达到 5% 的预期目标。期末人均生产总值 23616 元，早在 2004 年就超过 20000 元的目标。全省经济实现四个重大突破，即地区生产总值和中外资金融机构储蓄存款双超 2 万亿元，进出口总额和来源于广东的财政收入分别超过 4000 亿美元和 4000 亿元，经济实力继续保持全国领先地位，运行质量进一步提高，对外开放和区域合作迈上新台阶。

发展成就

1. 经济龙头地位稳固，对国家贡献不断加大

经济实力继续高居国内前列。2005 年，广东完成生产总值（GDP）21701.28 亿元，稳居全国各省市榜首。按可比价格计算，比 2000 年增长 84.1%，年均增长 13.0%，增幅比“九五”时期高出 2.0 个百分点，也高出全国 3.5 个百分点，提前两年实现“十五”计划 GDP 增长的预期目标。其中，第二、三产业年均分别增长 15.6% 和 11.7%，不仅比预期目标快 6.1 个和 2.2 百分点，而且比同期的全国均速快 4.2 个和 1.8 个百分点。主要经济指标在全国名列前茅。广东进出口总额、社会消费品零售总额、来源于广东的财政总收入、城乡居民储蓄存款余额等指标在全国继续保持首位。

经济快速增长，对国家的贡献再上新台阶。“十五”时期，广东 GDP 年均增幅不仅高于全国的平均增速，也高于发达和发展中国家的增长速度，成为世界上经济发展最快的地区之一。2005 年，广东生产总值、进出口总额、实际利用外商直接投资、中外资金融机构城乡居民储蓄存款余额分别占全国的 11.9%、30.1%、21.0 % 和 13.8%，其中广东生产总值、进出口总额和城乡居民储蓄存款对同期全国同类指标增量的贡献率分别达到 12.6 %、28.8% 和 12.6%。广东税收总收入占全国的 15.4%，贡献率达到 22.0%。来源于广东的财政总收入 4431.97 亿元，占国家财政收入的 14.0%。

2. 内生动力明显增强，经济增长稳定性提高

产业结构调整力度加大。第一、二、三次产业比例由 2000 年的 9.2∶46.5∶44.3 调整为 2005 年的 6.3∶49.5∶44.2。农业产业化步伐加快，农业内部结构得到进一步调整优化。工业主导产业带动作用增强，重化工业取得突破进展。2005 年，九大产业增加值合计 6108.45 亿元，占规模以上工业增加值的 73.7%，分别比 2000 年增长 1.5 倍和提高 3.5 个百分点。全省轻重工业增加值比重由 2000 年的 48∶52 调整为 2005 年的 44∶56。高新技术产业发展迅猛。2005 年，全省高技术制造业完成增加值 2025.55 亿元，占规模以上工业增加值的 24.4%，分别比 2000 年增长 1.9 倍和提高 4.3 个百分点。以电子及通信设备制造业、计算机及办公设备制造业为代表的信息产业蓬勃发展，2005 年实现产值分别比 2000 年增长 1.9 倍和 5.9 倍，年均分别递增 24.9% 和 47.3%。“十五”时期，高新技术产品出口突破 2513.94 亿美元，占出口总额的 31.6%，比

“九五”时期提高17.3个百分点。第三产业发展稳步推进。服务业整体水平提升，成为推进城市化进程的重要力量。2001－2005年，第三产业增加值累计37010.72亿元，其中以信息、咨询、社区服务等为代表的社会服务业方兴未艾，累计增加值突破12592.74亿元，年均增速15.5%，是第三产业中增速最快的行业，不仅比同期的第三产业快3.8个百分点，而且比“九五”时期快5个百分点；占第三产业的比重也由2000年的28.3%上升到2005年的34.0%。

五年来，广东经济增长稳定性不断提高。从2000年开始，经济增速快而波动小。2002、2003、2004、2005年环比增长率均在两位数以上，分别比上年上升或下降1.8个、2.9个、－0.1个和－1.7个百分点。与改革开放后前三个经济增长周期谷——峰12.8个、9.7个和36.4个百分点的振幅相比，升降幅度最小。市场物价平稳回升，居民消费价格指数（CPI）涨幅由2000年的1.4%上升到2005年的2.3%。这种“高增长、低通胀”的宏观经济形势为下一个五年计划转变经济增长方式、解决发展中存在的不和谐因素打下了更为坚实的基础。

3. 投资规模稳步扩大，基础设施建设进展顺利

固定资产投资规模继续扩大。2001－2005年，广东完成全社会固定资产投资25520.58亿元，超过“九五”时期累计额11965.41亿元；年均增长16.6%，增幅比“九五”高出9.8个百分点。其中，基本建设累计完成投资10547.20亿元，更新改造完成投资3336.62亿元，房地产开发投资6175.23亿元。共建成投产基本建设项目14215万个。五年累计新增固定资产16341.17亿元。投资对经济增长的拉动作用有所增强。投资率由2000年的30.1%上升到2005年的32.1%，投资需求对经济增长的拉动率由19.8%上升到32.9%。

能源、交通、通讯等基础设施、基础产业得到进一步加强。“十五”期间，一大批重点项目建设取得显著成效。广州白云机场、深圳地铁首期、岭澳核电站、阳茂高速项目建成投产，广州大学城、惠州中海壳牌石化、广州地铁三号线等项目建设取得重大进展。交通运输能力大为提高。2005年，全省公路通车里程达115337公里，高速公路通车里程达3140公里，分别比2000年增长12.4%和164.8%。航运运输能力迅速发展。主要港口货物吞吐能力70335万吨，主要港口集装箱吞吐量2645万TEU，分别比2000年增长2.8倍和3.7倍。邮电通信业突飞猛进，邮电业务总量2177.49亿元，比2000年增长3.6倍；“十五”时期的年均增速为29.3%，比“九五”提高5.2个百分点。移动电话用户6451.97万户，互联网用户940.13万户。到2005年底，省内实际发电装机容量4800万千瓦，比“九五”期末增长50.5%。

4. 对外贸易成效显著，民营经济突飞猛进

“十五”时期，广东抓住经济全球化、我国正式加入WTO及国际产业转移机遇，对外开放进入全方位、多层次、宽领域发展新阶段。进出口规模不断扩大。2001－2005年，全省进出口总额累计14662.10亿美元，是“九五”时期的1.9倍，年均增长20.3%，占全国总量的三分之一。其中，出口总额累计7964.56亿美元，年均增长21.0%；进口总额6697.54亿美元，年均增长19.4%。与“九五”时期相比，增速均高出10个百分点左右。出口商品结构优化升级。2005年，机电产品出口比重69.0%，比2000年提高14.6个百分点。出口主体结构变化显著，非国有企业出口所占比重逐年攀升。2005年，私营企业、外资企业出口所占比重分别达12.6%和64.9%，比2000年提高11.9个和11个百分点。

利用外资又创佳绩。2001－2005年，累计合同外商直接投资项目35942个，新批合同外资额944.99亿美元，实际利用外商直接投资金额640.36亿美元，年均分别递增15.4%、41.0%和21.4%。2005年，全省合同外资额237.44亿美元，实际利用外商直接投资123.64亿美元，其中合同外资额比2000年增长173.4%。世界500强企业已有176家在广东设立581家企业。截至2005年末，全省实有外商投资企业5.88万户，投资总额2889.29亿美元，注册资本1677.32亿美元，均居全国首位。实施“走出去”战略取得明显成效。2001－2005年，全省对外工程承包和劳务合作营业额累计分别超过58.06亿美元和10.99亿美元，年均增长56.7%和21.3%，成为广东对外经济中最具活力的增长点之一，业务遍布200多个国家和地区。2005年，粤企境外投资协议金额达4.42亿美元，共设立123家境外企业。

近年，民营经济异军突起，取得长足发展。2005年，民营经济实现增加值8602.49亿元，占全省GDP

的39.6%，分别比2003年净增2496.70亿元和提高1.1个百分点。到2005年末，民营企业从业人员1503.11万人，其中私营个体就业人数1289.36万人，分别比2000年末增加940.43万人和762.94万人。民营企业成为广东贸易增长的主要动力之一，2005年共出口299.48亿美元，占全省出口总额的12.6%；进口209.35亿美元，占全省进口总额的11.0%。在规模以上工业中，民营工业企业完成增加值1561.15亿元，占全部规模以上工业的18.8%，对全省工业增加值增长的贡献率为23.7%。民间投资日趋活跃。2001－2005年，民间投资累计11676.71亿元，比“九五”时期增加6708.07亿元。2005年，民间投资占全社会固定资产投资的比重达46.0%，比2000年上升3个百分点。

5. 区域、县域实力提升，“大珠、泛珠”合作卓有成效

“十五”时期，全省推进区域经济协调发展战略，珠三角、东西两翼和山区市四大区域齐头并进。2005年，四大区域GDP增长分别达到15.3%、12.1%、13.8%和15.1%，比2000年提高1.6个、3.5个、4个和6.4个百分点。尤其是近年山区的发展变化格外引人注目。2005年，山区的GDP合计1395.92亿元，是2000年的1.8倍，年均增长15.4%，比全省GDP年均增长的平均水平快2.4个百分点；地方一般预算收入合计66.18亿元，是2000年的2.5倍，年均增长20.1%，占全省的比重由2000年的2.9%上升到2005年的3.7%。此外，山区投资（27.3%）、出口（41.7%）、规模以上工业增加值（29.3%）等指标的增长均一片飘红，不仅高于全省的平均水平（分别高出11个、17.4个和12.3个百分点），而且超过珠三角的发展势头（分别高出12.9个、17.1个和13.1个百分点）。以清远、河源为代表的山区市发展尤为突出。2005年，清远经济全面提速，在全省公布的八大主要经济指标中，包括GDP在内的七个指标增长拔得头筹。河源的表现也不俗，实现地方财政一般预算收入增长全省第一，GDP增长名列第二的好成绩。

县域经济增长速度加快。2005年，全省67个县（市）完成生产总值4027.40亿元，比上年增长13.4%，提高4个百分点。其中，有11个县（市）生产总值超过100亿元；56个县（市）生产总值增幅达10%以上。县域实现地方财政一般预算收入120.12亿元，比上年增长20.5%，超出预定目标9个百分点。67个县（市）中，有83.6%的县达到生产总值增幅目标，85.1%的县达到地方财政一般预算收入增幅目标，分别比上年提高9个和31.4个百分点。

在CEPA框架下，粤港澳合作领域和水平跃上新台阶。2001－2005年，广东实际引进港澳资金累计335.47亿美元，占同期全省实际利用外资总额的52.4%；广东对港澳的出口累计2873.54亿美元，占同期出口总额36.1%。CEPA实施两年来，广东、香港和澳门外贸进出口总额累计1745.91亿美元，仅2005年，三地外贸进出口总额就高达914.40亿美元。2005年，广东新登记港澳企业4872家，投资额为110.09亿美元。到2005年上半年，仅香港企业在粤的实际直接投资就已突破1000亿美元。粤港澳旅游和港澳同胞入境旅游不断升温。2005年上半年，广东“个人游”实际赴港人数达672万人次，约占全国同类游客的九成。此外，泛珠三角区域合作积极推进。在两届泛珠三角区域经贸合作洽谈会上，广东共签约项目1620个，合同金额达2787.83亿元。

5. 居民收入稳步增加，生活质量不断改善

“十五”时期，广东进一步向全面小康目标推进。2005年，全省人均生产总值23616元（按1∶8.1942的汇价折算，约合2882美元），是2000年的1.9倍；2001－2005年年均增长11.0%，不仅比“九五”上升2.3个百分点，而且提前两年实现“十五”计划人均GDP增长预期目标，并高出预期目标3.3个百分点，达到中等收入国家水平。其中，珠江三角洲地区已达到宽裕小康水平，2005年人均生产总值39949元（折合4875美元），比2000年增长1倍。

城乡居民收入稳步提高。2005年，全省城镇居民人均可支配收入14770元，比2000年增加5008元，年均实际增长8.0%。在农村，通过加强农业基础设施建设，取消农业税、增加农民务工收入等措施，带动了农民收入水平不断提高。2005年，农民人均纯收入4690元，比2000年增加1036元，年均实际增长4.1%。居民储蓄存款逐年大幅攀升，全省金融机构（不含外资）本外币城乡居民储蓄存款余额由2000年的10001.13亿元，猛增到2005年的20252.24亿元，年均增长15.2%。广东人均财富持续增加。2005年，人均地方财政一般预算收入1964元，人均中资金融机构本外币储蓄存款22028元，分别比2000年提高783

元和9051元，也比2005年的全国平均水平分别高出826元和10782元。

居民消费水平和生活质量显著提升。消费总规模不断扩大，全省社会消费品零售总额由2000年的4071.95亿元，扩大到2005年的7882.64亿元，年均增长14.1%。消费结构发生巨大变化，全省城镇居民食品类支出占消费总支出的比重（恩格尔系数）36.1%，比2000年下降2.5个百分点；农村居民食品类支出占消费总支出的比重48.3%，比2000年下降1.5个百分点。与此同时，人们用于住房、用品、旅游、教育、医疗保健和通讯等方面的消费支出所占比重明显增加，城镇居民用于娱乐教育文化服务、医疗保健和交通通讯上的支出比2000年分别增长81.3%、103.4%和116.7%；农村居民在医疗保健、交通和通讯上的支出增长103.2%和100.3%。居住条件进一步改善，城乡居民人均居住面积均达到25.71平方米，分别比2000年增加6.17和3.29平方米。城乡居民购买力不断增强，高档耐用消费品进入寻常百姓家。

城乡居民最低生活保障制度日趋完善。截至2005年末，全省纳入低保人数167.59万人，其中城镇居民42.16万人，农村居民125.43万人。共发放低保资金7.37亿元，城乡贫困人口温饱问题基本解决。

6. “科教兴粤”成绩斐然，社会发展进步明显

“十五”时期，广东加大实施“科教兴粤”和“可持续发展战略”的力度，科技和教育事业全面发展。科技经费投入力度加大，2005年，广东科技活动经费支出462.35亿元，比2000年增长1.2倍；五年累计1721.98亿元，年均递增16.6%。科技体制改革不断深化，自主创新能力增强。全省现已建有省级工程研究（技术）中心227个，21.3%的大中型工业企业建立了技术开发机构，拥有7316家民营科技企业，拥有县及县以上国有独立研究与开发机构、科技情报和文献机构362个，从事科技活动人员32.11万人。科技成果硕果累累，2001－2005年，获省级重大科技成果总数为3161项，受理专利申请229542件，授权专利138594件，其中专利受理量和授权量分别比“九五”增长2.1倍和1.6倍。

随着教育投入不断的增加，教育事业发展加快，重点推进文化大省建设，使广东居民受教育的机会增多，整体文化素质得到有效的提升。“十五”时期，广东采取多种措施多渠道增加国家和社会对教育的投入，地方财政一般预算内的教育事业费达1113.07亿元，比“九五”时期增长近1倍，年均增长17.7%。小学学龄儿童入学率保持在99%以上，初中毕业生升学率达到70%以上，高等教育毛入学率达22%，基本实现“十五”计划预期目标。高等教育规模扩大，初步实现高等教育大众化。截至2005年末，广东拥有普通高等学校102所，在校学生数87.47万人，分别比2000年增长0.96倍和1.9倍。每万人拥有的大学生数由2000年的41.19人增加到2005年的105.35人。2001－2005年，全省普通高等学校本专科毕业生达53万人，研究生2.7万人，中等专业学校毕业生94万人。

可持续发展取得新进展。人口总量保持低增长，2005年年末，广东常住人口9194万人，比2000年增加543.97万人，年均增长1.23%。人口死亡率为4.68‰，人口自然增长率为7.02‰，与2000年相比，分别下降0.09个和1.13个千分点。环保工作不断加强，生存环境逐步改善。到2005年，全省共建成161个城市烟尘控制区，面积3429.2平方公里，分别比2000年增加67个和970平方公里；环境噪声达标区244个，面积1909.6平方公里，分别比2000年增加118个和861平方公里。城镇生活污水处理率由2000年的18%提高到2005年的45%。自然保护区和生态环境建设得到加强。至2005年末，全省已建立了237个自然保护区，总面积107.2万公顷；建成生态示范区189个，总面积335.6万公顷；森林覆盖率57.5%。全省21个地级以上市空气质量达到国家空气质量二级标准。

“十五”期间在成功战胜“非典”疫情的同时，广东疾病预防控制和突发公共卫生事件医疗救治体系进一步完善。截至2005年，全省共有各类卫生机构16054个，其中卫生防疫和防治机构287个，分别比2000年增加7070个和116个；拥有医院、卫生院床位数由2000年的16.81万张增加到2005年的18.8万张；每千人拥有的医生数为1.29人。农村卫生状况有较大改观，新型农村合作医疗稳步推进。2005年，农村自来水普及率达到75.1%，比2000年提高9.9个百分点。共建立农村卫生站及村级医疗点2.17万个，新型农村合作医疗制度覆盖面达50%，农民看病难的问题有所改善。

主要问题

“十五”时期，广东经济取得巨大成就，同时也暴露一些不容回避的问题。从短期因素看，有劳动力结构性不足、原油价格上涨、煤电紧缺、企业利润下滑、国际贸易纠纷等制约因素的影响；从长期看，存在经济增长方式没有根本转变、经济结构升级不快、农民增收慢、城乡差距不断扩大等制约因素。

1. 增长模式仍属粗放，资源劣势持续强化

“十五”时期，全省经济增长没有完全摆脱高投入、高消耗、高排放、低效率的模式，经济增长依然在很大程度上靠粗放型外延扩大再生产来实现。

作为推动经济增长主动力的广东工业仍呈高消耗、低效率。2005 年，广东规模以上工业增加值占产值比重为23.4%，比2000 年同口径比重下降2.8 个百分点。在规模以上工业增加值中，传统行业所占的比重达20%以上，其技术含量有待提高。工业投资效率逐年下降，2001 –2005 年全社会工业投资效果系数（当年全部工业增加值与同期全社会工业投资额的比率）分别为7.03、6.07、4.37、4.12 和3.63。

外延扩张的经济增长模式使广东原有的能源、土地等资源的劣势日趋强化。广东受国内、国际市场供应的影响，加上重工业化的加速，使能源和资源约束日益显现，曾一度遭遇“油荒”。仅2004 年，从省外净调入或进口能源10264.07 万吨标准煤，占消费总量的67.5%。其中，煤炭7880.14 万吨，占消费量的89.6%；石油845.29 万吨，占消费量的35.3%。能源消费弹性系数为1.13，比2000 年上升0.37。万元GDP 能源消耗0.87 吨标准煤，与2000 年基本持平。由于能源消费对国际、国内市场的依赖程度越来越大，加之近年价格高企，不仅挤占了本省企业的利润，而且给后续经济发展带来较大的不利影响。

2. 第三产业发展步伐较慢，金融业大而不强

近年来，广东的第三产业虽然结构得到了一定程度的调整优化，但发展相对较慢。“十五”时期，第三产业年均增长11.7%，低于GDP 增幅1.3 个百分点。2005 年，第三产业占GDP 的比重44.2%，与2000 年相比占比还下降0.1 个百分点。

作为经济加快发展“第一推动力”的金融业在广东近年一直处于大而不强、踯躅不前的状态。2005 年，全省金融机构本外币存贷款余额占全国同口径总量的11.2%，高居榜首，但金融业创造的增加值占全省第三产业的7.1%，比金融业发展居全国前列的上海市低近8 个百分点，甚至比2000 年9.3%的比重还下降2.2 个百分点。“十五”时期，金融业增加值年均增长只有5.8%，不仅是同期第三产业各行业中增速最慢的，而且与“九五”时期相比又下降4.7 个百分点。此外，通过对近十年广东贷款资金的直接产出效益（用生产总值与贷款年平均余额比例系数来衡量）进行分析，发现广东这一比值在不少年份比全国平均水平还低，且该系数整体呈降势，2005 年略有回升。说明广东资金运营的效率、效益较低，金融与经济的协调发展问题必须予以高度关注。

3. 自主创新能力不足，技术市场发展缓慢

2005 年，全省地方财政一般预算支出中安排的科技三项费用虽由2000 年的21.47 亿元增至2005 年的52.15 亿元，但占地方财政预算支出的比重却没有大的突破，仅提高0.3 个百分点。全省R&D 经费支出占GDP 的比重虽在近年有所上升，但投入强度显然不够，与发达国家相比差距更大。虽然广东有象深圳这样其企业自主创新能力较强的市（2005 年深圳高新科技产业中的自主创新产值达到58%），但全省大中型工业企业中仍有七成以上的企业没有自己的技术开发机构。而且在企业技术改造活动中，重引进、轻消化，重加工、轻品牌的现象仍比较普遍。广东在引进和消化技术方面的投入比例只有1:0.7，而韩国则达到1:50。

2005 年，广东技术合同成交额112.23 亿元，占GDP 的0.5%，与2000 年占比相比没有大的变化，如果与上海超过2%的水平相比，则差距更为明显。“十五”期间，虽然广东的经济发展较快，但技术进步的作用不明显，表明目前的经济创新能力和科技的产出水平亟待提升。

4. 地区经济发展不够协调，产业同构现象严重

珠江三角洲地区被视为是“世界制造基地”，广州、深圳则是珠三角地区的“两大增长极”。近年来，随着周边城市的飞速发展，广州和深圳在珠三角的优势逐步减弱，产业竞争力领先优势明显缩小。目前，穗深除了在金融、汽车和成套设备制造、石油等领域拥有一定的领先优势外，其他产业与东莞、佛山、中山、珠海等基本处于同一发展水平。珠三角城市在产业分工中并未形成各居特色的产业，同质竞争现象愈演愈烈。

工业结构雷同成为珠江三角洲地区实现一体化发展的最大难点和障碍，城市产业同构化趋势日益严重。各市的制造业结构出现“往一条道上挤”的趋势。从工业行业完成产值情况看，排在前10位的主要工业大类，广州与深圳的同构率达60%，只是排序不同，穗深与主要市也有60%以上是相同的。此外，广州、深圳商务成本的提高，直接导致本地一些劳动密集型产业竞争力的减弱，使不少投资者把资金转投到周边地区。

5. 居民收入增长较缓，城乡差距继续扩大

2001－2005年，广东城镇居民人均可支配收入实际平均增长8.0%，低于全国平均水平1.6个百分点；农村居民人均纯收入实际年均增长4.1%，低于全国平均1.1个百分点。与东部沿海省份比，广东城乡居民增速有较大差距。同时，广东居民城乡之间收入差距继续拉大。人均收入差距之比由2000年的2.67∶1扩大到2005年的3.15∶1。居民内部的收入差距还在扩大。2005年，城镇居民最高组与最低组（按七等份分组）收入之比达9.55∶1，远高于2000年5.37∶1。

广东城乡居民收入差距进一步扩大趋势没有根本好转，农民人均纯收入年均增长不仅低于城镇居民人均可支配收入的年均增速，而且比“九五”还要低1.1个百分点。城乡消费水平差距呈扩大趋势，由2000年的3.03∶1扩大到2005年的3.19∶1。2001－2005年，广东乡村消费品零售总额年均递增10.7%，既比同期城镇消费品零售总额低4.7个百分点，也比“九五”时期乡村消费品零售总额增速低1.3个百分点。

几点思考

1. 加快增长方式转变，提高经济增长质量和潜力

必须建立以制度为保障，以市场为主体，以结构调整为主线的自主创新体系，形成以政府、企业、民间投资为主体的资金供给链，保证科技的投入，努力掌握核心技术和关键技术，增强科技成果形成能力，促进循环经济有序开展。

*一是切实推进产业结构的合理化和高级化。*充分利用广东现有的技术优势和区位优势，在产业延伸、产品拓展中壮大九大支柱产业。以提高产业集中度为重点，形成一批主导产业突出、产业配套程度高的城市群，打造产业集聚平台。加快运用先进适用技术改造传统产业、延伸产业链、推进深加工，全面提高传统产业和现有企业的技术水平。鼓励技术创新和产品升级，特别是微观经济主体企业的技术创新。对于在国内具有竞争优势的行业，要发挥已有的竞争优势，增加投入，培育规模效益，做大做强。强化技术的支撑作用，加快推进技术进步，提高产品的附加值，从低成本竞争为主转到综合实力竞争上来。要抓住科技创新和实施品牌战略两个重点，全面提升产业层次，提高企业素质，增加产品的技术含量和附加值，增强区域特色经济的竞争优势。大力提高产品的技术含量，乃至文化、品牌含量，增强广东产品的竞争力，从而提高增加值率。

*二是发挥区域比较优势，防止形成新的重复建设。*全省各地发展要因地制宜，通过经济、法律和行政手段，形成合理的区域生产力布局，避免地区间的盲目投资和低水平重复建设。加快资本市场的健康发展，通过市场规则和关于公开披露的透明度要求，约束投资主体的行为，抑止盲目投资。实施行业差别电价政策，控制高耗能产业的扩张，减弱它们对投资者的吸引力。暂缓高耗能行业的新项目报批，对不符合要求的在建项目坚决予以停建。

*三是大力发展循环经济。*密切关注资源支撑能力，坚持开发节约并重、节约优先，按照减量化、再利用、资源化的原则，充分发挥价格、税收、金融、财政等各种综合配套政策对循环经济的引导和推动作用，

实现经济增长方式的根本转变。推行清洁生产，把污染防治从末端治理转向预防和全程监控。加强资源综合利用，完善再生资源回收利用体系。引导企业研究、引进、消化清洁生产的新技术和新工艺，推行环境管理体系认证和产品环境标志认证，推广项目环境影响评价、产品生态设计，对消耗高、污染重的工艺和产品实施强制性淘汰制度。加强对现有工业园区的生态化改造和整体规划，引导企业通过循环利用、清洁生产等手段，创建循环型工业园区。

2. 增加工业投资，加大第三产业结构调整力度

由于工业化进程仍未完成，未来较长的一段时间内工业仍然是广东经济增长的重要支撑。广东的工业增速应保持高于其他产业平均增长速度的水平，才能保证经济的较快发展。而保持较高的投资率，有利于加快产业升级，使经济增长方式进一步转变，更好地确保广东经济发展优势。因此，“十一五”期间应适当扩大工业投资规模以适应工业产业升级的需要。

增强第三产业内部结构优化力度。面向物质生产和居民消费，要大力发展现代服务业和信息产业，用信息化带动工业化，降低交易成本和工业化成本，提高服务业增加值占生产总值和服务业从业人员占全社会从业人员的比重。加快发展金融业，提高金融业对经济增长的贡献率，完善中小企业的融资担保体系，支持企业扩大直接融资。积极稳妥地推动房地产业发展，继续抓好经济适用房和廉租房建设，做好空置商品房的销售和转化工作，加快住房二级市场建设，促进已售公房和商品房上市流通。加快发展新型流通业态和各类中介服务。进一步完善社区服务，优先发展与居民生活密切相关的家政、养老、幼托、保健、物业管理等服务。大力发展旅游业，实施旅游倍增计划，组织好假日旅游，积极发展商务旅游、文化旅游和生态旅游，加强旅游基础设施建设和旅游产品开发。

3. 提高县域自我发展能力，促进区域协调发展

要按照“放大优势，培植强势，做亮特色经济”的思路，逐步形成“一县一业”、“一乡一产”、“一村一品”的区域特色。结合本地实际，打造特色，扩张优势，大力培植“人无我有、人有我优、人优我特”的市场亮点，开辟适合县域经济发展的新路子。建立和完善各区域间的市场联动机制。把扶持重点放在“授之以渔”上面，从以往简单的财力、物力、人力扶持转到内涵丰富的产业项目、基础设施建设上，切实提高县域的自我造血功能。

4. 切实提高居民收入，缩小贫富差距

把提高人民生活水平、维护人民群众利益作为构建和谐社会的出发点和落脚点。坚持提高居民收入与缩小收入差距并重，处理好不同社会阶层和群体之间的利益关系，妥善协调不同社会阶层、群体和地区之间的利益矛盾。坚持鼓励创业和推动就业相结合。健全与经济发展相适应的收入增长机制，多渠道增加城乡居民收入，积极扩大中等收入群体比重，提高低收入者收入水平。拓宽农民增收渠道，继续推进劳务输出，构建农民增收的长效机制。

注：1. 储蓄存款数据为金融机构（不含外资）本外币储蓄存款数。
2. 人均财政收入和人均储蓄存款按全省年末常住人口数计算。
3. 本文2005年数据均为快报数。

（撰稿：杨慧芳　马建强）

高成本时代广东发展道路选择

在近年国际石油价格不断攀高的冲击下，中国经济发展比专家预计的提前10多年进入高成本时代。处于经济发展前列的广东，有必要充分认识发展的高成本趋势及其对经济社会发展所带来的冲击，并以全球视野谋划广东的发展，调整发展对策，提高广东经济的可持续发展能力，以应对高成本时代的挑战。

一、广东发展进入高成本阶段

从改革开放到1991年，广东经济发展经历了一个高投入高收益的时期。这个时期中国消费需求强力释放而市场供给不足，广东得改革开放之先，利用外资和外企实现了快速增长。1992－1996年，借邓小平南巡之风，投资需求迅速增加，拉动经济快速增长，但全国的开放格局已经初步形成，广东的投资收益有所下降，虽有高投入但无高收益。1997－2002年，广东经济进入一个注重结构调整的时期，投入略为放缓，同时收益也继续下降。2003年以来，广东经济与整体的中国经济进入一个新的高速增长时期，但经济发展的成本日益高涨，投入产出效率继续下降。在这个新的时期，广东的土地、能源、水资源和原材料供应日益紧张，劳动力成本持续上升，防治环境污染的投入不断增大，保持社会和谐的支出也不断增加，经济发展摆脱低成本粗放模式、讲求科学发展、和谐发展的要求十分迫切。对此，需要对由于工业化进程的迅速推进而引起的工业化、城市化、促进社会和谐等各方面成本上升的问题作深入的分析。

（一）工业化成本上升

第一，能源成本上升。国际油价从2004年开始不断飙升，由年初的30美元/桶达至2006年上半年的73美元/桶。国际原油价格的大幅度上涨已经对广东经济造成较大的影响，增加了企业的生产成本，尤其是对用油或石油副产品较多的陶瓷、建材、服装、塑料等行业带来很大的困难，部分企业甚至到了生死存亡的关头。

第二，原材料成本上升。近年，我国经济进入高投入高增长期，固定资产投资高速增长，对原材料的需求不断增加，从而引发原材料、燃料、动力价格的上涨。2004年，广东原材料、燃料、动力购进价格指数为110.6，2005年继续攀升，指数为105.0；与2000年相比，指数上升15.4个百分点。而同期的工业品出厂价格指数相比偏低，2005年为101.5，与2000年相比还略下降2.6个百分点。五年间，产品生产的购进价与销售价之间的差距拉大，存在18个百分点的差距，企业在这方面的利润空间受到压缩。

第三，人力资源成本上升。2001－2004年，广东规模以上工业企业的职工人均年工资从12365元提高到15490元，年均上升7.04%，高于同期物价水平。2003年春天以来在珠三角出现的“民工荒”以及多个城市提高最低工资，在一定程度上反映了社会对提高劳动力价格的诉求，它表明生产力要素成本到了一个加速上升的时期，低劳动力价格时代逐步离我们远去。

第四，生产条件成本上升。主要是土地和环保的成本上涨。广东的国有土地使用权出让价格呈逐年上升趋势，1995年每平方米是57.4元，2000年达到203.0元，五年将近翻两番，之后一直保持稳中有升的态势，2004年为223.5元。政府对企业生产的环保要求逐年提高，开工前必须先解决排污问题，企业要加大在治理废气、污水、废料等方面的费用支出。环保是基本国策，检查和执法越来越严格，企业在这方面的成本必然呈上升趋势。

第五，生产的技术成本上升。从20世纪90年代中期以来，中国市场进入买方市场时代，多数产品供过于求。在激烈的竞争中，企业研发新技术、开发新产品的投入比重逐年增加，淘汰旧设备增添新机器的资金支出周期缩短，各项技术成本因此而增加。

现实中，广东企业生产成本增加是一个总的趋势。1998－2005年，广东规模以上工业企业的单位销售成本（每百元产品销售收入需要支出的销售成本）分别是83.1、83.3、83.9、84.9、85.1、85.3、86.3、86.3，明显呈逐年上升的趋势。

（二）城市化成本上升

工业化和城市化是经济现代化的两条主线，中国目前正处于城市化高速发展时期。城市化的第一阶段是基础设施的大规模投入，解决的是城市的扩张和建设问题；第二阶段是各种社会保障支出大幅度增加，解决的是城市人的生存保障问题。这两个问题都涉及到政府公共支出的大幅度增加，也是管理成本的大幅度增加。特别是随着大量农业人口进入城镇转为非农人口，城市的公共服务、管理、运营等公共支出必然大量增加，同时新增城市人口对城市的就业、社会保障、义务教育、住房、学校等的公共需求急剧膨胀，带来城市福利的高成本。“十五”期间，广东城市公共设施、绿化、市容、环境卫生管理业的投资年均增长13.3%，2005年的投资达到403亿元。另外，由于劳动力素质较低，在工业化和城市化发展过程中，劳动力从第一产业向第二、三产业转移需要付出更多的教育和培训成本。

（三）社会和谐成本上升

从本质上说，和谐社会是指人与人的和谐、人与自然的和谐、人自身的和谐，和谐成本是指为此而进行的投入。在强调和谐发展的今天，这种投入必将逐步增加。主要体现在：一是均衡社会利益关系的成本上升。经过改革开放20多年的发展，广东的总体经济实力大大增强，但城乡差距、贫富差距加大，利益格局多元化，利益关系复杂化，面临更加突出的社会问题，建设和谐社会的成本更高。2005年，广东人均GDP达到2882美元，进入经济快速发展和社会矛盾凸显的关键时期，更加需要处理好各种关系、协调好各方矛盾，处理各种社会问题的成本将不断上升。二是人口和谐成本将急剧上升。广东目前已经进入老龄社会，常住人口中65岁及以上人口占7.4%，比2000年提高了1.36个百分点，超过国际公认的“65岁以上人口占总人口的7%即为进入老龄社会”的标准。另外，广东“十一五”期间约有400万农村富余劳动力需要转移，每年需要新安排80万失业人员再就业。养老和失业构成了广东未来经济发展的内在制约因素。这将迫使政府把经济增长的一部分财富转移到提供社会保障上来，以缓和这两股力量对社会稳定所产生的震荡。三是特殊的发展位置增加了经济社会管理成本。珠三角地区经济活跃，人流、物流、资金流大进大出，增加了政府管理的成本。四是改善和维护环境成本上升。“十一五”期间，广东将加大保护饮用水源区整治、废弃物处理、野生动植物和湿地资源的保护管理、山区生态环境保护等力度，这些都会增加政府管理成本。

（四）全球化条件下和平发展成本上升

加入世界贸易组织使中国进一步融入世界经济体系，全球化对中国的影响更直接更明显。对广东而言，主要是应对国际经济摩擦和出口的成本上升。西方发达国家设置的“软壁垒”呈强化势头，致使纺织、服装、鞋帽等行业反倾销诉讼和贸易摩擦日益突出。同时，广东经济的外向度较高，受人民币汇率制度改革的影响相对较大，日益调升的汇率导致企业的出口成本增加，各类企业已经不同程度地感受到这种冲击和压力，尤其是出口比重较大、产品附加值低的劳动密集型企业。

二、高成本时代的到来将加剧广东发展存在问题的严重性

遵循一般的工业化进程分析理论，从人均收入水平、产业结构水平和工业结构高度等进行综合判断，目前广东经济总体上处于工业化中期并开始向工业化成熟期迈进的发展阶段。参照世界上各国发展经验，特别是东亚和拉美国家人均GDP达到1000美元之后20年的发展历程和经验教训，这个阶段是广东重要的发展时期。当前，广东经济快速发展，但也面临诸多问题，主要又集中在经济增长方式粗放、能源和环境问题严重、经济和社会协调发展的矛盾增多等问题上。从广东经济社会发展历程看，随着高成本阶段的逼近，广东发展的相对成本逐年提高，整体的投入产出效益呈下降趋势，从而影响广东的持续发展能力和竞争力。这些问题在高成本时代将表现得更加突出。

（一）从全社会范围看，资金的投入产出效益呈下降趋势。改革开放到1991年，广东的投资效果系数

（当年新增 GDP/当年全社会固定资产投资总额）多数年份在 0.6 以上；1992 - 1995 年，投资效果系数下降至 0.5 - 0.6；1996 年以后，投资效果系数基本在 0.5 以下，1999 年甚至跌到 0.28 的历史最低谷（见下图）。

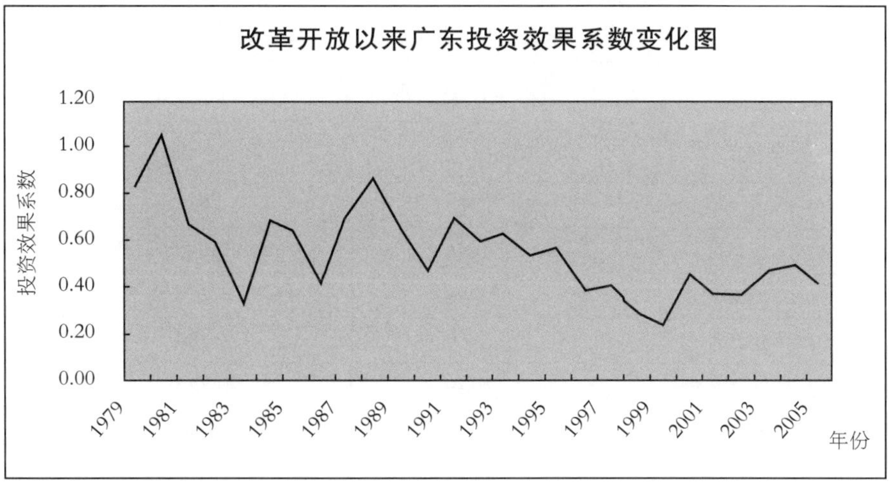

从投入产出比率（当年 GDP/当年固定资产投资总额）来看，1991 年左右依然是一个分水岭，改革开放到 1991 年的投入产出比率多数年份在 4.0（即 4 倍）以上，1992 年以后就迅速下降到 4.0 以下，1992 - 1996 年投入产出比率均低于 3.0，1997 年以后基本在 3.1 - 3.4 之间。1980 - 1990 年，美国、日本、法国、德国、英国的投入产出比率平均分别为 5.8、3.4、4.3、4.9 和 5.7，对比之下，广东全社会投入资金的运作效益显得偏低。

表 1：　　广东与主要发达国家的投入产出比率对比

年份	广东	美国	日本	法国	德国	英国
1980	6.52	5.61	3.18	4.35	4.18	5.59
1981	4.81	5.75	3.28	4.67	4.56	6.05
1982	4.01	6.19	3.37	4.81	4.89	6.08
1983	4.16	5.80	3.54	5.05	4.87	6.11
1984	3.52	5.53	5.59	5.26	4.95	5.76
1985	3.13	5.36	3.61	5.21	5.12	5.88
1986	3.08	5.60	3.62	5.26	5.12	5.93
1987	3.37	5.80	3.46	5.18	5.15	-
1988	3.27	5.91	3.28	4.84	5.15	5.22
1989	3.98	6.09	3.22	4.71	4.96	4.97
1990	4.09	6.24	3.10	4.73	4.72	5.22
平均	3.99	5.81	3.39	4.29	4.88	5.68

这些情况说明，进入 20 世纪 90 年代以后，80 年代那种高投入高产出的形势已经不再有，广东经济发展进入高投入但产出不再那么高的时代。广东占改革开放之先机的优势在逐步消失，全国各地经济的市场化程度普遍提高，广东生产面临着越来越激烈的竞争。20 世纪 90 年代中期以来，家电、电子产品的激烈竞争正是这种状况的最好注解。

（二）从人力资本的投入看，从业人员所创造的价值总量不断提高，但增长幅度呈下滑趋势，劳动边际产出下降。按可比价计算，“六五”至“十五”时期广东全社会劳动生产率（现价 GDP/从业人员）年均分别增长9.1%、10.3%、16.5%、8.4%和8.7%。1995年以来劳动生产率的增幅趋窄。2001－2005年，全社会劳动生产率分别增长8.6%、10.3%、8.0%、7.8%和9.0%。这种状况与广东的第一产业劳动力比例偏高、劳动生产率偏低有很大关系。第一产业劳动生产率只相当于第二产业的15%、第三产业的13%。加快从业人员向第二、三产业转移将是提高经济增长质量的重要措施。

表2：　　　　1980年以来广东三次产业劳动生产率变化情况

年份	劳动生产率（现价GDP/从业人员，元）			
	全社会	第一产业	第二产业	第三产业
1980	1054	496	2533	2216
1985	2114	1044	3740	3740
1990	5000	2328	7259	9038
1995	16707	5867	24189	24679
2000	26925	6189	44844	37129
2001	29663	6229	48642	41401
2002	32659	6453	51071	46697
2003	36044	6632	48759	58793
2004	40293	7518	53712	62815
2005	43204	8538	56087	63994

（三）从企业生产看，投入产出效益不够理想，经济增长的粗放特征比较明显。改革开放以来，广东工业发展迅速，但产品的附加值偏低，工业增加值率长期偏小，投入产出效益不够理想。2004年，广东规模以上工业的增加值率为23.5%，而全国为28.4%，比广东高出近5个百分点；同期山东的增加值率为29.9%，江苏为24.8%，上海为26.8%，浙江为22.0%。目前广东高技术制造业的增加值率只有22.0%，比整体工业的平均水平还低。1983－1992年，世界主要发达国家美国、日本、法国、德国、英国、韩国的制造业增加值率平均分别为45.3%、38.7%、38.2%、48.4%、42.5%和38.7%，远高于广东工业增加值率。

广东工业增加值率偏低的一个重要原因是工业产品的技术含量不高，中间消耗价值大，附加值低，赚取的利润少。另一个重要原因是广东的“三资”企业多。2004年占全部规模以上工业总产值63.8%的“三资”企业，其增加值率只有22.8%，低于平均水平。这与“三资”工业中的一般加工企业较多，企业只赚取有限的加工费，以及一些外资方为了避税等目的通过定价策略等手段将利润转移到境外等情况有关。

产品技术含量不高，核心技术掌握在别人手里一直是广东产业发展从制造大省向制造强省迈进的最大制约因素。据有关资料报道，珠三角地区生产出口的科技产品中，拥有自主知识产权的只占3%左右。不仅关键技术大多掌握在外商手中，或者主要靠引进，而且产品销售和服务网络也主要为外商所控制，利润的大头在别人那里。这也是我们的加工业规模虽然很大，消耗的能源和原材料很多，而工业增加值和全部新增社会财富却不算多的一个重要原因。

（四）从GDP增长与国民财富的增加关系看，广东经济增长的质量还不高，经济与社会的发展不够协调。按现价口径，1981－2005年，广东GDP年均增长19.7%，而社会消费品零售总额年均增长18.3%，城镇居民可支配收入年均增长14.6%，农村居民人均纯收入年均增长11.8%。可见，在20多年的经济发展中，广东高速的经济增长与内需、与居民收入水平、与居民福利水平并不协调一致。根本原因在于GDP增长的质量问题。首先，有了生产，形成了增加值便有了GDP，但从产品到居民的消费还有一个流通的过程，生产出来的产品积压了，就变成“废的GDP”；如果产品或服务的质量不高，造成重新生产或重新服务，GDP是增加了但财富和社会福利并没有因此而增加。其次，也是重要的一个原因就是经济增长的相当一部分收益流出到境外。广东经济增长模式在很大程度上还是粗放式，经济结构以制造业为主，同时制造产品中的60%以上没有完全的资本产权（独资或合资），没有自主的知识产权，没有自己的品牌和营销体系，企业生产经营的成果大部分为外方所获取。因此，高速增长的经济中有相当一部分收益通过资本收益、知识产权收益、品牌收益以及高附加值的现代服务业收益流出到境外，出现经济高速增长但社会财富没有同步增加的现象。

以上分析表明，经过改革开放20多年的发展，这种依靠外资和外力以及低素质的人力资源发展低加工度、低附加值的低成本扩张模式已经遭遇了产出效益逐日下降的问题，发展空间越来越小。在经济社会发展的各种成本不断抬升的时代，这种模式已经走到尽头，谋求新的发展模式已经成为广东经济能否持续增长的关键。可以预见，随着高成本时代的到来，如果现有的发展模式保持不变，则广东各种要素投入的获利空间将受到进一步的挤压，发展中存在的问题将进一步加剧，不利于长远健康发展。

三、走科学发展道路应对高成本时代的来临

在一个发展的绝对成本上升成为刚性的时代，谁能使得发展的相对成本下降，谁就能够在竞争中立于不败之地。因此，在高成本时代，广东经济发展需要解决的重点并不在成本日益高涨的问题，而是如何处理好投入和产出的关系，提高投入产出效益。积极转变发展模式，消化高成本，将绝对的高成本转化为相对的低成本，提高资源的配置力和利用效率，提高自身的竞争力，提高经济增长质量，这才是应对高成本时代的根本之道。

以下从经济的循环过程出发，从生产、流通和消费三个环节思考进一步提高投入产出效率、应对高成本时代的对策。

（一）生产环节：重在转变增长方式，提高产品的附加值

1. *加快转变经济增长方式*。转变经济增长方式，推进经济增长从粗放型向集约型转变，各个国家或地区一般都着眼于提高劳动生产率，实现劳动力使用的集约化；注重提高投资效率，实现投资集约化；注重科技进步，提高经济的科技含量，增加产品或服务的附加值。根据广东的实际，转变经济增长方式要做到两条：一是扬长，一是避短。扬长就是发挥人力资源丰富的优势，继续保持劳动密集型产业的竞争力，并逐步实现劳动力向第三产业转移。在未来10－20年，中国经济发展还会继续两大转移，一是各种产业从全球向中国转移，一是中国农村劳动力向城市转移。这两种转移既带来低端产业的发展空间，也形成新的消费群体，创造新的消费市场。因此，广东还要继续发挥劳动力资源优势，承接这两种转移。避短就是避开自然资源短缺、资本资源紧俏、生态环境脆弱的劣势，依靠技术进步和自主创新来推动经济增长。可以说，广东的发展已经走过了为工业发展打基础和发展劳动密集型工业的阶段，走过了面向出口、制造业高速发展的时期，目前正处于制造业由劳动密集型逐步向资本和技术密集型过渡的阶段。那么下来工业化进程就必须转向大力发展资本密集型和技术密集型工业，大力推进产业高级化，最后实现工业生产向高工艺、高技术、高增加值转变，从而彻底改变经济增长方式。广东目前工业总产值超过4万亿元，如果能将目前23.5%的工业增加值率提高2个百分点，则GDP可以增加800亿元，相当于2005年一个江门、中山、惠州或茂名的生产总值。同时，还要看到人民币升值的压力和预期将对广东制造业，特别是对劳动密集型出口生产企业的发展产生不利的影响，从而必须加快产业转型的步伐。

政府管理部门应在加快发展高科技，促进产品升级换代方面采取一些鼓励性和引导性的政策措施，包括：对研究和发展高科技企业给予奖励；有选择地加强对高科技领域的研究和开发；鼓励外国企业向生物工程、电子高科技、高附加值的项目投资；鼓励“先进工艺”、名优企业发展等。

在推进产业高度化的同时，必须注重走新型工业化道路，发展循环经济，降低消耗，提高效益，以缓解资源稀缺和环境污染两大问题。一方面，通过新型节能技术改造传统产业，降低传统产业的耗能，提高经济效益和社会效益。另一方面，大力发展高科技产业，降低经济发展对能源的依赖。重点要抓好电子信息产业、石油化工、汽车、交通运输装备、生物技术和中医药等新兴高增长产业，加快发展新材料、新能源工业。从长远看，应对循环经济进行全面规划，推进生态农业、生态工业、生态服务业和生态城市的协调发展，以提高整个经济的质量和综合效益。政府管理部门要充分考虑资源的稀缺性和环境成本，建立健

全有利于环境保护的价格、税收、信贷、贸易、土地和政府采购等政策体系。

2. *将比较优势向集聚优势转化，打造新的发展优势*。以前广东所具有的优惠政策、廉价的劳动力和地价以及毗邻港澳台的地理位置等比较优势，除区位优势外，其他都风光不再，必须寻找、创造新的相对优势。这种相对优势便是建立在制造业比较发达基础上的集聚优势。这种集聚优势从企业来讲，便是扩大生产规模，打造航空母舰，做大做强企业，产生规模经济，降低产品的相对成本；从地区来讲，便是引导发展产业集群，注重区域品牌建设，通过产业配套和规模经济来提高产品的竞争力。

3. *大力发展民营等内源型经济，补齐经济发展的“短板”*。改革开放以来，广东形成了外资企业一枝独大的发展局面，民营企业没有享受到与外企同样的待遇，内资经济成了广东经济发展的一块“短板”。因此，必须继续下大力气打破这种格局，以增强广东经济发展的内生力，让更多的发展成果留给本地人民，而不是流往境外。要创造有利发展的宽松环境，开放更多的投资领域，释放民营经济活力；建立健全信用担保体系，加大对信用优良企业的金融支持力度，缓解民营企业融资难问题；发展社会中介服务机构，完善社会化服务体系。

4. *进一步激活闲置的民间资本，充分发挥资金的经济血脉作用，为生产注入更强的动力*。广东金融机构存款余额居全国之最，但存贷差不断扩大，2005 年达到 15038.30 亿元。这说明广东的资本存量充足，但居民储蓄率偏高（2005 年为 40%），储蓄转化为投资和消费的动力不足，从而影响生产发展的启动，并且增加金融部门的潜在风险。当前，融资方面出现了一种矛盾现象：一方面需要的外国直接投资越来越多，另一方面居民储蓄存款却找不到好的投资项目，大量闲置，人民难以从资本投资的角度享受本地经济增长带来的好处。因此，有必要创新投融资工具，合理引导和利用内资民资，重点是将资本引向第三产业，进一步提高资本和劳动的结构效应。

结构效应，简言之就是生产要素由低效率部门向高效率部门转移带来的对经济增长的推动作用。也可以说是资源得到更为优化的配置，生产的相对成本降低了，效率提高了。目前广东第一产业的就业比重偏高，而第三产业偏低，根据世界上发达国家的发展规律，广东第一产业的就业比重将继续下降，而第三产业的就业比重将持续上升。这将是一个自发的过程，而政府行为可以能动地适应经济发展的规律，引导社会资本更多地投向第三产业，从而使劳动力向第三产业倾斜，实现生产要素从低效率的第一产业向高效率的第二、三产业转移，提高资本和劳动的结构效应。政府应进一步放松对第三产业投资的限制，鼓励外资、民资进入第三产业。

5. *着力发展生产性服务业，延长制造业的利润链*。从全球经济的角度看，中国经济的发展充分利用了劳动力低廉的优势，以劳动密集型产品的生产为主，逐步成为世界制造业基地之一；而世界发达国家和地区充分利用其创新优势、市场经济的体制优势和人才优势，以资本输出、知识产权输出、管理输出和品牌输出为主，逐步成为现代服务业中心。这种产业分工格局是由各国产业发展阶段不同、生产要素禀赋差异以及全球化进程决定的，体现了全球生产要素优化配置的要求。但这样的格局对中国经济的长期增长不利，生产的利润大部分都被发达国家和地区占有。因此，广东要利用已经建立的经济基础，努力打破这种分工格局，积极发展现代服务业，特别是生产性服务业，提高利润分成比例。从近年来世界经济发展的情况和全球化过程中的全球产业分布情况看，现代服务业的增长，是以生产性服务业的增长为主要表征的。生产性服务业在产前、产中、产后为生产服务，如产品的研究开发、金融和保险、产品的广告推广等，它日益成为工业增长必要的中间投入，其投入的数量、质量和方式，越来越代表着工业增长的现代化程度。生产性服务业得到发展，则制造业的利润链得到延长，就意味着我们从产品附加值“微笑曲线”的低端向高端迈进。

（二）流通环节：降低流通成本，转变贸易方式

1. *发展现代物流，加快发展服务业*。现代物流业是促进国民经济总体资源的优化配置和平衡，使国民经济运行水平和效益得以提高的“第三利润源泉”。随着我国工业化进程的不断推进，经济保持较快增长，国民经济对运输、对物流的需求将不断增加。同时，大珠三角、泛珠三角区域合作战略的实施，要求各地在人流、物流、资金流、信息流等方面加深交融程度。因此，发展现代物流业，不仅可以降低商品从生产到消费环节的成本，还可以促进广东第三产业的发展，促进更为广泛的区域合作的实施，为利润增长提供不竭的源泉。

发展物流业要因地制宜。珠江三角洲地区是广东经济发达地区，是我国进出口贸易的重要基地和集散地，已基本形成以公路、港口为主，铁路、航空为辅的物流运输体系，产业密集，交通发达，是一个潜在的物流大市场。因此，广东发展物流业的重点在珠三角地区，要把这个地区建设成为现代物流业发展中心，并以这个中心带动全省物流业的发展。在经济发达的中心城市发展第三代物流，在交通电信金融较不发达的周边城市发展第二代物流，在经济相对落后地区发展第一代物流。

发展现代物流业要有适当的超前意识，积极发展第四方物流。从国际物流业的演变过程看，20 世纪 50 年代晚期至 70 年代末期，物流业以第一方和第二方物流为主；20 世纪 80 年代后期，第三方物流迅速成长；20 世纪 90 年代以来，随着生产企业开始转向与上下游企业进行分工和协作，需要实施供应链管理，以整合企业供应链管理为主的第四方物流开始产生。第四方物流是为企业整个供应链上提供物流、资金流、信息流等管理与技术整合的一站式物流服务。它可为企业提供包括信息、仓储、运输、配送、销售等在内的一系列环节，具有多领域、多功能、综合性的特点，能够满足不同生产企业的物流服务需求。第四方物流以顾客价值最大化为原则，在整合各类社会资源基础上，能够将生产企业的物流成本控制到最低。因此，第四方物流是国际上现代物流业的发展趋势。随着跨国企业在珠三角纷纷落户，珠三角与国际经济的合作越发紧密，因此珠三角要适当超前考虑物流业发展问题，与国际接轨，以提高区域经济发展效率。

2. 努力实现出口模式从“外资主导型”向“外贸主导型”转变。“外资主导型”和“外贸主导型”的外向型经济发展模式是两种基本的参与经济全球化的模式。“外资主导型”发展模式容易造成国际垄断资本控制国内经济，形成大量的利润转移，对外资的依赖容易造成严重的债务危机，经济安全基础薄弱。相反，在“外贸主导型”经济中，通过对外贸易的发展可以带动国内经济产业链的发展与延伸，有利于本国对国外先进技术的引进、消化、吸收和超越。实施鼓励扩大出口、进行海外直接投资是日本和新加坡在实现经济腾飞中共同采取的“外贸主导型”策略。日本通过“贸易外汇自由化大纲”促进贸易自由化，鼓励出口；在 1964 年加入经济合作与发展组织后推进了资本自由化，鼓励对外投资。新加坡 90 年代以来推行的对外投资战略成为新加坡经济增长的“第二只翅膀”。广东可以借鉴两国经济，实施“外贸主导型”策略，鼓励内资企业出口和走出国门投资。近年广东民营企业出口发展迅速，2005 年为 300.35 亿美元，占全省出口总额的 12.6%，比上年提高 3 个百分点，潜力巨大，可以大力推进。鼓励产品出口要和充分发挥劳动密集型优势结合起来，通过引导劳动密集型产品向新工艺、新技术、环保型发展，增加产品的附加值，扩大其在世界贸易大市场中的份额。

（三）消费环节：释放居民消费潜力，引导消费升级

1. 调整收入分配格局，释放居民消费潜力。凯恩斯在《就业、利息和货币通论》中指出，在资本主义发达国家存在着一种矛盾的现象，虽然总产出或国民收入迅速增长，社会已相当丰裕，但由于投资引诱不足和消费倾向不强，将出现有效需求不足，以致经济不能达到充分就业水平，从而导致经济的停滞或下降。改革开放以来，广东的居民消费增长速度低于 GDP 的增长速度，经济增长主要靠投资和出口拉动，虽然不能据此判断消费需求出现不足，但也可以说明消费需求没有得到充分释放。“十五”以后，广东的经济增长不可能再靠大量的投资和不断高速增长的出口来推动，必须发挥消费需求的拉动作用，实现从投资型增长向消费型增长的转变。只有当投资、消费、外需三驾马车充分发动，各种需求得到充分满足，社会资源才能得到合理配置，从而降低经济发展的相对成本，提高整体资源的运作效率。

在总体消费中，居民消费需求不足值得重视。1995－2004 年，广东全社会最终消费现价年均增长 13.6%，居民消费年均只增长 11.4%，政府消费年均增长 20.7%，消费增长主要靠政府消费拉动。政府消费在最终消费中的比例从 1995 年的 18.9%，迅速上升至 32.4%。在居民消费中，农业居民的消费显得明显不足，1995－2004 年消费年均增长 4.3%。因此，启动居民消费，尤其是农业居民消费是广东现阶段进行宏观调控的一个重点。首先要改善收入分配格局，建立最低工资制度，适时调整公务员和事业单位人员工资，提高中低收入者的收入水平，实现家庭财产的普遍增加。这是启动消费的关键，收入增加了，一方面可以提高消费能力，另方面可以避免收入差距继续扩大，维护社会稳定。其次要创新和完善促进就业的政策制度、社会保险制度、医疗、教育制度，特别是要加快建立农村社会保险制度，给居民以保障，让居民放心消费。再次要利用财政税收杠杆对社会财富进行再分配，兼顾社会公平。调整财政支出结构，加大转移支付力度，增加对失业、贫困、教育、医疗等公共服务的投入；运用税收政策，加强对高收入群体的税收征管，以调节社会各阶层的收入水平。

2. 合理引导消费，促进消费需求升级。国际经验表明，人均 GDP1000－3000 美元为居民消费结构发生转变的重要时期，居民用于吃穿的费用比例明显下降，用于住行和文化娱乐等的费用比例显著上升。在人均收入水平提高的情况下，“十一五”时期，广东的服务消费将进入相对高速增长期，服务消费占总消费的比重将有所提高。同时，中等收入者将加速形成，成为数万元和几十万元级商品目标的消费群。购买第二套房、第二辆汽车的黄金消费期将到来，旅游、教育、医疗、服务等方面的消费需求也将大幅度增加。随着人均 GDP 水平的变化，消费者的消费需求水平和结构会发生变化，消费需求的转变就会影响投资需求的变化、升级，进而引起总需求的升级、变化，带动经济增长方式逐步向集约型、效益型转变。因此，对这股强大的潜在消费需求加以引导意义非常重大。

（四）提高劳动者素质，打造长远竞争力

人力资源是贯穿于生产、流通、消费各环节的最重要、最积极的因素。提高劳动者素质，积累人力资本，是经济增长质量提高、保持长期可持续发展的关键。在经济增长方式转变过程中，劳动力结构能够随着产业结构、技术结构的变化而有效变化，形成经济结构与人力资源结构的良性互动，能够把人力资源转化为经济增长方式转变的积极因素。世界各国在加速经济发展，推进经济增长方式转变中，都很重视教育发展，比如增加教育投入，普及国民教育，加强职业培训等。

目前广东人力资源开发状况与经济增长方式转变对高层次人才的需求之间还存在较大的差距，主要体现在：人才总量规模与经济发展不相适应，人才密度低；人力资源整体素质不高；人才结构与产业发展不相适应，专业人才偏少；人才资源地区分布不合理，东西两翼和粤北人才匮乏。广东必须增强人才培养能力，以缓解发展的人才“瓶颈”：继续深化教育体制改革，优化教育资源，提高教育质量；加大对教育的投资，尽快改变教育投资占国民生产总值的比重较低的状况，积极鼓励社会投资教育；加大教育基础设施投资，充分运用先进科学技术促进教育的发展，如利用广播、电视、互联网推广远程教育，建设数字图书馆等，加快知识的传播。以开放的思维，海纳百川的胸怀，创造优良的人才干事环境，汇聚各省乃至全世界各地精英，为我所用。在人力资源的具体开发方面，应该随着经济发展的不同阶段，选择相应的人力资源开发措施。随着广东产业结构向高加工度演进，以及科技进步的加速趋势，应该象德国一样加大职业培训教育，使劳动者的技能能够得到不断的提升，使人力资源得到有效开发，以满足经济增长方式转变的需要。

（撰稿：卜新民　王文森）

集聚与扩散：基本规律定输赢

——广东区域发展差距综合评价报告

统筹区域协调发展，需要科学认识区域发展差距问题。本课题根据中心城市集聚与扩散基本规律，通过建立综合评价区域发展差距的统计模型，据以定量分析各经济区域及各市发展状况，探讨形成差距的规律性，明确统筹区域协调发展的政策取向。

一、定量分析理论与方法

对广东经济区域发展差距的定量分析，过去常用GDP、人均GDP和一般预算收入等单项指标，采用指标绝对量之差、增长率、占全省比重等分析方法。当各个指标绝对量之差（幅度）不一致、增长率高低相差偏大甚至方向相反、经济增长而比重却下降时，就难以作出准确无误的判断。特别是经济区域发展差距拉开以后，各经济区域以至各市经济相对差缩小而绝对差扩大，增长1%的含义是不一样的。可以认为，过去采用单项指标及分析方法，还不可能全面准确地解开广东区域发展不平衡的“魔方”。而经济中心城市的集聚与扩散规律及综合评价方法，是解开这个“魔方”的钥匙。

（一）集聚与扩散理论及其应用

集聚与扩散，是国外研究城市发展规律的重要理论。哈佛大学教授迈克尔·波特（Michael E porter）较早给出定义。诺贝尔经济学奖获得者谬尔达尔（G. Myrdal）在其累积循环因果论中认为，集聚效应是指劳动力、资金等生产要素从不发达区域向发达区域流动，使区域差异不断扩大；扩散效应是指发达地区发展到一定程度后，生产成本逐渐上升，外部经济缩小，各生产要素从发达地区向不发达区域流动，并使区域发展差异越来越小。著名学者赫希曼（A. O. Hirschman）提出不平衡增长理论，哈格斯特朗（T. Hagerstrand）提出扩散理论，把城市与区域间各种“力”的消长概括为两种力的作用——“集聚力”和“扩散力”。

近年，国内专家学者对城市集聚与扩散理论及分析方法进行了深入的研究。周游、张敏认为，中心城市的集聚主要源于中心城市的规模效益、市场效益、信息效益、人才效益、设施效益等，正是这些效益的吸引，使得区域中的二、三产业、人口、人才、原料、资金和科学技术向中心城市集聚。扩散主要源于中心城市自身结构的优化、科技进步的推动，也由于规模效益的消失、土地价格的上涨、生活费用的攀升。当集聚发展到一定阶段，中心城市的扩散是不以人的意志为转移的客观规律。

经济中心城市的集聚与扩散规律主要内容归纳为：经济中心城市具有集聚和扩散这两种基本运动形式，它们遵循三条基本规律。一是中心城市集聚与扩散的增强律：经济中心城市对外界的作用力（集聚与扩散力），随着城市的“质量”——综合实力的提高而增强；二是中心城市集聚与扩散的衰减律：经济中心城市集聚与扩散力随着运输费用的提高而呈衰减趋势；三是中心城市集聚与扩散趋向生产力布局的优区位。

经济中心城市的集聚与扩散规律适用于研究广东区域及分市综合实力、生产力布局区位优势及产业转移等。从研究范围看，经济中心城市可分为全国、跨省大区域、省域、省内区域、市域五个级别，广东21个地级及以上市均属上述五个级别的后三类。从研究对象看，虽然是经济中心城市及其运动形式，但中心城市与周边腹地形成的经济圈，使经济中心城市与经济圈之间存在集聚和扩散关系，可作为一个整体来研究。早在上世纪90年代，广东21个市已完成体制改革，实行市管县的体制，对市内外具有集聚和扩散力。事实上，改革开放以来，珠三角承接了港澳台及国外资金、技术的扩散，形成了城市人口和产业集聚。

（二）评价指标体系的选择

利用现有统计数据资源，设计出一套反映21个市综合优势的评价指标体系。通过评价指标体系计算出城市综合优势指数，下分两方面（增强律指数、指向律指数）、4个层次（城市质量指数、人口经济结构指数、发展潜力指数、发展需求指数）、10个指标（如表1）。

表1 城市综合优势评价指标体系

规律指数	分层指数	指 标	单 位	评价内容	权数
增强律指数	城市质量指数	人均 GDP	元/人	社会经济发展水平	16
		一般预算收入占 GDP 比重	%	政府财力	8
		土地产出率	万元/平方公里	经济集聚	10
	人口经济结构指数	城镇人口所占比重	%	城镇化进程	8
		第三产业占 GDP 比重	%	产业升级程度	8
指向律指数	发展潜力指数	人均教育支出	元/人	劳动力素质提升潜力	8
		科技经费投入占 GDP 比重	%	技术进步潜力	12
	发展需求指数	投资效果系数	%	投资需求效果	9
		人均消费支出	元/人	消费需求水平	13
		出口总额占 GDP 比重	%	经济外向度	8

评价指标的年份，选择最近6年（2000－2005年）。

（三）综合评价模型的建立

评价21个市综合优势的统计模型，计算公式为：$Y_i=\sum_{j=1}^{10}W_jX_{ij}$。式中，$Y_i$ 代表第 i 个城市的综合优势指数，W_j 代表第 j 个指标的权数，X_{ij}是第 i 个城市第 j 项指标无量纲处理后的值。具体步骤包括：将评价指标无量纲化，计算单项指标、分层指数、综合优势指数和变异系数等（详见附注）。

二、区域发展差距综合评价

各经济区域、各市综合优势指数及分层指数之差，是发展差距的定量反映。综合优势指数如以100为标准，则100以上表示较强，100以下表示较弱；增强律指数和指向律指数如以50为标准，则50以上表示较强，50以下表示较弱。

（一）总体评价

计算结果显示，广东各经济区域及各市发展差距大小呈现规律性分布，发展差距扩大趋势得到了有效的控制，未来发展差距出现缩小的可能。2005年与2000年对比，综合优势指数变动情况为：珠三角稳中略升，从140.4上升到141.5，五年间提升了1.1个百分点；西翼上升较快，从53.6上升到57.3，提升3.7个百分点；山区上升最快，从47.6上升到51.8，提升4.2个百分点；但东翼综合优势有所减弱，从63.2下降到60.2，下降3.0个百分点。在21个地级及以上市中，五年间综合优势指数提升的有13个；分别是：广州、深圳、佛山、韶关、河源、惠州、中山、阳江、湛江、茂名、清远、潮州、云浮市，表明这些市在全省中的综合实力有不同程度的增强；五年间综合优势指数下降的有8个，分别是：珠海、汕头、梅州、汕尾、东莞、江门、肇庆、揭阳市，表明这些市在全省中的综合实力相对下降。

1. *各经济区域及各市发展差距大小呈规律性分布。*广东各经济区域及各市综合优势指数从大到小排列，呈现出规律性分布。在三条规律中，增强律和指向律可从相应指数中得到验证。

（1）广东各市的集聚与扩散力随着综合实力的提高而增强。在地域分布上，以珠三角核心区最强，沿海及重化工业市次之，山区及内陆市相对较弱。2005年广东各市增强律指数按等距从高到低排序（如表2），呈现以下地区分布：

表 2　　2005 年广东各市增强律指数分布

增强律等级	按增强律指数分组	各市增强律指数分布
1	120 以上	深圳（270.3）、广州（121.4）
2	90－120	东莞（114.9）、佛山（99.8）
3	60－90	珠海（88.9）、中山（83.7）
4	30－60	汕头（56.6）、江门（40.8）、惠州（39.1）、潮州（32.4）、韶关（30.9）、茂名（30.3）
5	30 以下	肇庆（29.6）、阳江（27.6）、湛江（26.8）、揭阳（26.6）、汕尾（26.3）、梅州（25.0）、清远（24.9）、云浮（24.4）、河源（23.1）

表中，增强律 1－3 级 6 个市为珠三角的核心区，其集聚力特别强大，直接原因是经济实力提高。2005 年珠三角核心区土地面积仅占全省的 10.7%，却集聚了全省常住人口的 37.0%，一般预算收入的 80.4%，产出全省 70.5% 的 GDP，人财物份额高出土地面积比重 26.3 个、69.7 个和 59.8 个百分点；4 级为 6 个沿海及重化工业市，集聚力居中偏下，直接原因是经济实力处于全省中游偏低位置。2005 年土地面积占全省 31.1%，集聚了全省常住人口的 26.1%，一般预算收入的 11.2%，产出全省 16.1% 的 GDP，人财物份额低于土地面积比重 5.0 个、19.9 个和 15.0 个百分点；5 级为 9 个山区及边远市，集聚力较弱，直接原因是经济实力较弱。2005 年土地面积占全省的 58.2%，只集聚全省常住人口的 36.9%，一般预算收入的 8.4%，产出占全省 13.5% 的 GDP，人财物份额低于土地面积比重 21.6 个、49.8 个和 44.7 个百分点。这种分布特点与原经济区域相比明显不同：珠三角周边的江门、惠州和肇庆市因经济实力不够强大而处于核心区之外；沿海及重化工业市因经济实力相近归为一类；阳江、湛江、揭阳、汕尾虽有沿海港口但经济集聚力不强，也与经济实力偏弱有关。

（2）广东各市的经济集聚与扩散趋向生产力布局的优区位。生产力布局优区位依次是珠三角核心区、沿海及重化工业市、山区及边远市。2005 年广东各市指向律指数按等距从高到低排序（如表 3），出现以下地区分布：

表 3　　2005 年广东各市指向律指数分布

指向律等级	按指向律指数分组	各市指向律指数分布
1	75 以上	深圳（87.6）
2	50－75	珠海（71.5）、广州（67.5）、中山（61.0）、佛山（59.9）
3	25－50	东莞（48.7）、惠州（45.8）、江门（38.6）、韶关（37.6）、汕头（34.9）、潮州（31.9）、阳江（31.7）、茂名（30.6）、湛江（27.8）、河源（26.5）
4	25 以下	肇庆（24.6）、清远（24.4）、梅州（20.6）、汕尾（19.6）、揭阳（18.7）、云浮（18.5）

表中，指向律 1－2 级的珠三角核心区 5 市，未来发展趋向最强，直接原因是总需求拉力强大，区位优势突出，高技术制造业及第三产业集中。2005 年 5 市土地面积占全省的 9.3%，集聚了全省 57.2% 的投资额，58.5% 的消费额和 70.7% 的出口额，三大需求份额高出土地面积比重 47.9 个、49.2 个和 61.4 个百分点；3 级的工业和沿海 10 市，未来发展趋向不够强，直接原因是总需求拉力偏小，区位优势处于珠三角核心区与山区之间。2005 年 10 市土地面积占全省的 52.6%，集聚了全省 30.5% 的投资额、31.9% 的消费额和 27.3% 的出口额，三大需求份额低于土地面积比重 22.1 个、20.7 个和 25.3 个百分点；4 级的山区及边远 6 市未来发展趋向较弱，直接原因是总需求拉力拉不足，产业和区位优势不明显。2005 年 6 市土地面积占全省的 38.1%，集聚了全省 12.3% 的投资额、9.6% 的消费额和 2.0% 的出口额，三大需求份额低于土地面积比重 25.8 个、28.5 个和 36.1 个百分点。

各市指向律指数与增强律指数的排序，其地区布局基本相同。其中，东莞的发展趋向减弱，与其经济总量大而科技投入比重较低密切相关，显示了自主发展的动力有所不足；而河源则因总需求拉力较大而升级。

各市综合优势指数的分布具有规律性，还体现在稳定性上。从 2000 - 2005 年各市综合优势指数在全省中的排序看，多数市位次保持相对稳定状态。在 21 个地级及以上市中，10 个市位次保持稳定，5 个市位次有所上升，6 个市位次有所下降。位次即使有所升降，变动也不大，在 +4 与 -3 之间。

2. *各经济区域发展差距变动微小，变动轨迹呈现先升后降之势，前后保持相对稳定。*2000 - 2005 年，广东 21 个市综合优势指数变异系数为 0.77、0.77、0.79、0.79、0.78 和 0.77，变动幅度只有 0.02，呈现出两头较低、中间略高的特点（如下图）。

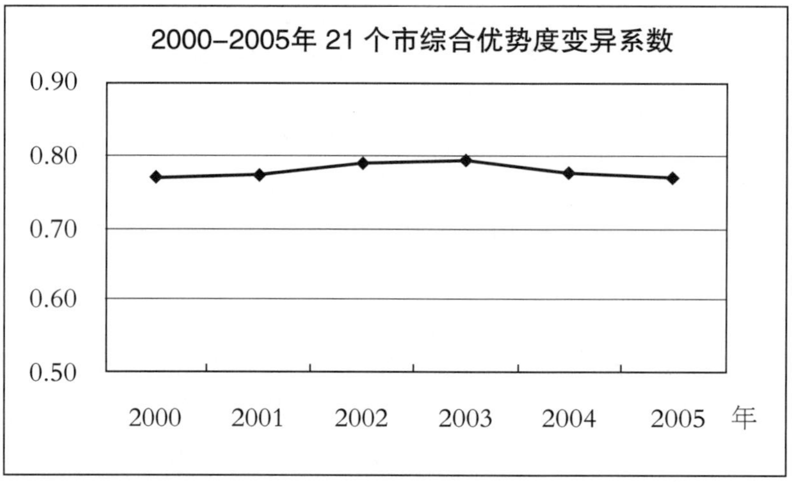

在分层指数中，反映综合实力现状的增强律指数的变异系数呈上升之势。2000 - 2005 年 21 个市增强律指数的变异系数为 0.93、0.95、0.98、0.99、1.00 和 0.98，五年间变异系数持续上升，扩大了 0.05，表明各市综合实力的差距正在扩大；而反映未来的指向指数的变异系数则呈下降之势。2000 - 2005 年 21 个市发展指向律指数的变异系数为 0.55、0.54、0.52、0.52、0.48、0.49，五年间变异系数下降了 0.06，表明未来的发展差距可能缩小。

3. *各经济区域出现协调发展、差距缩小的趋势。*分经济区域看，珠三角、东西两翼的综合实力和发展趋向呈反方向发展，山区市则齐头并进。

在 2005 年比 2000 年分层指数中，增强律指数上升的有：珠三角从 77.9 上升到 79.9，五年间上升 2.5%；山区从 24.6 上升到 25.7，上升 4.5%；下降的有：东翼从 38.6 下降到 33.4，下降 13.4%；西翼从 28.9 下降到 28.1，下降 2.8%。指向律指数上升的有：东翼从 24.6 上升到 26.7，上升 8.7%；西翼从 24.7 上升到 29.2，上升 18.4%；山区从 23.0 上升到 26.1，上升 13.5%；但珠三角略有下降，从 62.5 下降到 61.6，下降 1.4%。

分析表明，珠三角综合实力过去五年明显增强而未来发展趋势较弱，东西两翼则过去五年综合实力较弱而未来发展趋势较强，山区过去综合实力和未来发展趋势都在走强，这证实了全省区域发展差距出现缩小的趋向。目前，深圳、广州已发展成为全省经济的增长点（轴），两个特大城市集聚、扩散力特强；珠三角核心区已成为全省的经济重心，对国内外具有强大的集聚扩散效应；沿海口岸已成为沿海市外向型经济的增长点，拉动了当地经济发展。全省形成了以珠三角为中心、向东西两翼和北部山区波浪状集聚与扩散的格局。

（二）原因探讨

探讨经济区域及各市发展差距的成因，改革开放初期从天时、地利、人和等方面加以阐释，近期多从自然地理、思想文化、政策措施、产业结构、区位优势、人力资本等因素去加以分析，见诸于近年广东产业竞争力研究成果中，这里不作重复。有关增强律、指向律的实证分析还表明，综合实力、生产力布局优区位对各市发展差距产生重大影响。

需要进一步探讨的是，中心城市集聚与扩散的衰减律，虽然与运输费用直接相关，但构成衰减的因素是复杂的，不仅仅只是运输费用。衰减律应是增强律对立统一、方向相反的规律，具体表述为：中心城市的集聚与扩散力随着综合实力的下降而呈衰减趋势。这种衰减趋势，在增强律的实证分析中已得到验证，即增强律指数从高到低，呈现相对衰减的趋势。中心城市集聚与扩散的衰减律如不作出修正，解释不了普遍适应性问题。例如，珠三角作为全球制造业基地之一，产品出口欧美，主要依靠劳动力价格的低廉，而不是运输费用的便宜。

不可否认，运输费用也直接影响到区域及各市的发展差距。运输费用在缩短运距的情况下可以少付，从而降低企业边际成本。深圳到香港运距最短，运输费用最低，外向型经济发展也最快。广州是全省政治、经济、文化中心，拥有白云机场、广州火车站、广州黄埔港等大规模集散条件，保持了全省综合性中心城市的地位。而由于距港、澳距离较远及运输费用相对较高的影响，其外向型经济发展已不及深圳、东莞。近年来广州交通运输建设大有改观，运输快捷方便，但经广州的道路（桥）收费站星罗棋布，外地车辆进入广州至少要交两次以上路费（环城高速、市内路桥），增加了企业的运输费用，因此“三资”企业首选深圳、东莞，而不是广州及广州以北地区。珠三角周边的惠州、肇庆、江门经济发展不如珠三角核心区，其原因之一在于运输成本相对较高。北部山区及内陆市远离经济增长极，运输费用最高故外向型经济最为落后。

以客运为例，距经济增长轴（深圳——广州）越近，运输价格越低，其经济外向度越高，综合实力越强（如表4）。

表4　　运输费用、经济外向度与综合优势指数比较

市（县）别	运输距离（公里）	客运价格（元/人）	经济外向度（%）	综合优势指数
深圳	163	50－60	168.8	357.9
广州	0	0	42.7	188.9
东莞	61	20－25	153.7	163.6
珠海	150	40－50	139.1	160.4
佛山	28	10－12	58.8	159.7
中山	94	25－35	122.8	144.8
汕头	460	120－150	40.1	91.5
惠州	147	35－50	108.6	84.9
江门（台山）	98（150）	35	61.6	79.4
韶关	309	70	7.9	68.5
潮州	469	97－160	42	64.3
茂名	390	110－120	2.4	60.9
阳江	257	70－75	25.4	59.4
湛江（徐闻）	492（646）	110－140	11.9	54.5
肇庆（怀集）	110（201）	15－20	25.6	54.2
清远（连州）	77（318）	25－30	24.2	49.3
河源（龙川）	205（312）	50	12.1	49.5
汕尾	318	65－85	23.5	45.9
梅州（大埔）	433（534）	120	8.1	45.6
揭阳	437	120－160	22.1	45.3
云浮（罗定）	176（256）	48－68	16.4	42.8

表中，由于运输距离以广州为起点，而外向型经济以港澳为起点，故广州以北（东北、西北）的市，外向型经济运输费用应加上深圳至广州的运费。韶关、肇庆、清远、云浮等市加上深圳（珠海）至广州运费和市内运费后，其运输费用与经济外向度、综合优势指数是成反比的，即运输费用越高，经济外向度和综合优势指数就越低。

三、区域经济集聚扩散临界点研判

研判集聚与扩散运动过程的转折点（又称临界点），可以预知区域经济的整体走势及下一个增长点的出现。

（一）临界点评判指标

国内专家对集聚——扩散过程的临界点作过研究，引用柯布——道格拉斯生产函数，描述集聚与产业部门逐渐扩散过程的计算公式。事实上，要严格量化这一过程是很困难的。这里拟参照工业化国家从集聚到扩散的转折点数据，提出广东各经济区域集聚——扩散临界点评判指标及参考值（如表5）。

表5　　工业化阶段经济区域集聚——扩散临界点评判指标

评判指标	单位	临界点（参考值）
GDP增长率	%	从长期高速增长（8%以上）转入中低速（5%以下）
人均GDP	美元	3000－5000
第三产业增加值比重	%	≥50

从增长率看，无论西方发达国家，或者亚洲四小龙，其经济达到发达阶段后，都从高速增长转入低速增长。日本1955－1973年年均增长9.2%，1973－2000年年均增长2.8%；新加坡1965－1984年年均增长9.9%，1984－2000年年均增长7.2%；韩国1962－1991年年均增长8.5%，1991－2000年年均增长5.8%；香港1968－1988年年均增长8.7%，1988－2000年年均增长4.1%；台湾1962－1987年年均增长9.5%，1987－2000年年均增长6.6%。在经济放缓过程中，制造业连同技术向国外或区外转移，资本加快输出。在经济走向全球化的今天，工业化国家的资金、技术都在向国（区）外扩散并从中得到收益。可知，经济从高速转入中低速，是一个国家或地区从集聚转为扩散的主要特征。

从人均GDP看，H·钱纳里等国外经济学家认为达到3000美元以后，工业化阶段将转入发达经济阶段；广东学者认为，由于价格、汇率变化等原因，人均GDP评价数值应为5000美元，珠三角现代化目标也采用这一指标。考虑到扩散是从优势行业开始，扩展到制造业有一个过程，临界点列出一个区间较适宜。

从第三产业比重看，第三产业增加值占GDP达50%时，表明第三产业等于或大于一产和二产的总和，产业形成三二一结构，社会进入发达经济阶段。此时第二产业将从集聚转为扩散，第三产业仍加快集聚。

以上三个指标作为评判区域集聚——扩散临界点的经验数值，还可继续研讨。至于企业，从集聚到扩散具体表现为“走出去”或产业转移，还与市场需求、资源禀赋、资本实力、技术水平、边际成本等密切相关，与整个区域的评判指标有所不同。

（二）广东区域集聚——扩散趋势分析

改革开放以来，广东经济发展速度高、持续性强，1979－2005年GDP平均每年增长13.7%，目前正处于快速上升时期；2005年人均GDP达到2983美元，即将跨越3000美元门槛；第三产业比重为42.9%，处于工业化阶段中后期。由此看来，全省经济整体上还处于加速集聚阶段，尚未达到扩散的临界点。

分区域看，珠三角人均GDP进入扩散区间，其中第二产业连同资金、技术出现向区外扩散的迹象。2005年，珠三角GDP增长14.7%，增幅高且持续时间长，并未出现减速趋势；人均GDP4915美元，处于3000－5000美元之间；第三产业比重为46.2%，仍未实现三二一结构；初步判断，珠三角的经济集聚还有发展空间。目前制造业正处于优化升级阶段，其中的劳动密集型加工业，已开始向周边地区扩散；电子信息、家用电器两大新兴支柱产业，已形成产业链条和规模效应，是最早从集聚转为扩散的行业。第三产业正处于加速集聚阶段。其中：广州人均 GDP 为 6569 美元，第三产业比重为 57.8%，两个指标超过集聚扩散临界点；深圳人均 GDP 为 7422 美元，第三产业比重为 46.6%，1 个指标达到临界点；珠海、佛山人均 GDP 分别为 5528 美元、5038 美元，第三产业比重为 43.5% 和 36.4%，1 个指标达到临界点；东莞、中山的人均 GDP 为 4061 美元、4420 美元，第三产业比重为 42.4% 和 35.2%，1 个指标进入临界点区间。从珠三角指向律指数降低趋势看，预示珠三角核心区部分产业已开始向区外转移。东西两翼和山区 GDP 增长较快、人均 GDP 和第三产业比重相对较低，距集聚扩散临界点为期尚远。

综上所述，广东珠三角核心区优势产业虽然出现“走出去”和产业转移的迹象，但总体看，各经济区域“走出去”和产业转为扩散的时机尚未完全成熟。特别是，珠三角的资金、技术集聚还要加强，未来还有发展空间。

四、统筹区域协调发展的政策取向

实施区域协调发展战略，要通过发达区域的带动和欠发达区域自身的发展壮大，不断缩小区域差距及城乡差距，进而达到全省各区域及各市经济的协调发展。

（一）要坚持以珠三角为核心带动全省发展

20 多年来，珠三角核心区的发展是符合中心城市集聚扩散基本规律的。珠三角及沿海港口城市具有率先发展的区位优势，运输成本相对较低，是港澳台和国外投资者心仪之地。随着加入 WTO 后我国市场的开放，珠三角外向型经济将扩展到第三产业，东西两翼及山区的第一、二产业，正在出现新一轮的经济集聚。

——鼓励珠三角核心区企业继续做大做强。加快技术创新步伐，在电子信息、家用电器等九大产业拥有自己的核心技术，不断进行技术积累；积极拓展国内外市场，提高市场占有率，形成规模效益，加快资本积累。在技术储备、资本积累到领先地位的基础上，鼓励企业实施“走出去”和地区产业转移。

——统筹、引导珠三角核心区一方面着力进行第二产业技术升级，一方面转攻第三产业，实现产业高级化、现代化。加快港口、公路、铁路配套设施建设，大力发展现代物流业；广州作为文化中心，加快培养人才，发展文化产业，促进产、学、研的互相协作，为生产、生活提供高级化服务；深圳作为电子信息技术领先市，在攻克芯片等核心技术要有新突破。

——对“三资企业”实行国民待遇，按 WTO 规则开放国内市场，同时在中央统一安排下，逐步取消所得税减免政策；加强管理和服务，引导“三资”企业落地生根，减少“三资”企业为减免税收而反复搬迁的成本。

——珠三角核心区作为全省税收的主要来源，继续为全省作贡献。但要杜绝劫富济贫、挖肉补疮等行为。

（二）营造生产力布局优区位，不断提升区域综合实力

CEPA 的落实和泛珠合作规模扩大，进一步提升了广东的经济地位。构建区位优势，整合生产力布局显得更加紧迫和重要。

——沿海港口城市坚持发展外向型经济，再造沿海港口城市新优势。广州港、珠海港、湛江港和汕头港应发展为综合性港口，加快配套设施建设，实现港口、仓储、公路、铁路、民航互相协作和功能整合，为泛珠三角营造出海通道；潮州港、神泉港、汕尾港、惠州港、江门港、阳江港、茂名港由于港口深度和吞吐量所限，适宜建设专业化港口，承运油、煤、原材料等重要大宗物资，以及发展沿海养殖和海上捕捞业。

——内陆和山区挖掘资源潜力，重点发展特色经济。内陆和山区由于发展外向型经济优势不强，根据资源禀赋，培育壮大“一县一品”、“一镇一品”及“一村一品”经济。如“潮汕菜”、“功夫茶”，枫溪陶瓷，梅州柚子、茶叶、水泥，韶关丹霞山、南岭森林、梅关等地的旅游，河源万绿湖桶装水、霸王花米粉，清远水泥、陶瓷，肇庆七星岩、鼎湖山、西江走栏旅游，云浮石材、水泥、硫铁矿，高州化州荔枝、龙眼、香蕉等水果，雷州半岛的热带亚热带作物，都具有地方特色和产业优势。宜工则工、宜农则农，宜发展服务业则发展服务业，打造出各具特色的优势品牌。

——促进沿海城市区位、资金、技术优势与内陆、山区资源优势的经济合作，创造双赢的区域经济合作新格局。

（三）以降低、取消国道、省道的路桥收费为突破口，提供更多的公共产品

上世纪80年代，广东创造出“以路养路，以桥养桥”的投资经营模式，对于解决投资资金不足、改变道路落后状况功不可没。这种管理体制已运行近20年，其弊病也显露出来：一是桥路收费增加了各方特别是企业的支出，加大了企业经营的边际成本，导致边远地区发展外向型经济的竞争力降低；二是珠三角车辆流量大，收费偿还贷款时间短，而东西两翼和北部山区车辆流量小，收费还贷时间较长；广州至各市高速公路建成通车，使边远地区国道、省道收费减少，还贷遥遥无期；三是作为桥路收费的既得利益者，未能认识到桥路收费是产生“马太效应”的“双刃剑”，不利于优化地方投资环境。

——从长期利益考虑，除高速公路投入大必须收费偿还外，国道、省道应取消收费。道路是社会公共产品，其投资应由国家及地方政府分级负责，企业和个人可免费使用。还路于民，有助于降低社会边际成本，改善投资环境和提高竞争力。

——审计部门、交通部门加强管理，联合清理路桥收费项目，公布还贷进度和取消收费时间。对于收费时间达到20年的，应考虑停止收费；其中贷款确未还完的，应由国家、省和地方财政按比例解决。省政府在财政增收款项中，划出专款维护国道、省道。

——划分道路运输功能。高速公路主要应承接客运，限制货车进入，可采取限重量限长宽、加倍收费办法制止货车进高速公路；国道、省道主要应承接货运，采取不收费或降低收费标准来吸引货车运输。通过高速公路与国道、省道人货分流，解决交通事故频发、道路容易损坏及维修费用巨大等问题。

此外，金融服务、医疗卫生、文化教育、公共安全以至乡村规划和基础设施等都属于社会公共产品，各级政府在构建公共财政中应对社会公共产品设立专项资金予以支持。

（四）自觉运用集聚扩散规律，指导各地科学发展

“兴亡谁人定，盛衰岂无凭”。中心经济城市集聚与扩散基本规律，是客观经济规律之一。其揭示的增强律、衰减律和指向律符合科学发展观，我们必须尊重、遵循并用于指导经济工作。

——制定和实施区域发展规划，要立足国内外两种资源、两个市场，考虑资源、环境承受能力，安排项目要选择最优区位并尽最大限度保护环境，减少盲目立项投资造成的危害。

——坚持实行分类指导，梯度推进。珠三角核心区率先实现现代化，为全省创造经验；东西两翼和山区发展特色经济和对外开放要取得新进展，整合内、外源经济，再造区域发展新格局。

——保持改革创新的锐气，在深化改革中统筹区域协调发展；抢抓发展机遇，在扩大开放中构建广东区位新优势，提高全省经济综合实力。

（撰稿：邱　俊　张建梅）

附表 1：　　2000－2005 年区域及各市综合优势指数

地 区	2000	2001	2002	2003	2004	2005
广州	188. 4	188. 5	188. 6	188. 2	190. 8	188. 9
深圳	345. 0	345. 6	356. 6	362. 9	361. 3	357. 9
珠海	172. 1	163. 8	161. 9	171. 0	160. 0	160. 4
汕头	101. 4	89. 1	90. 6	89. 2	93. 8	91. 5
佛山	153. 1	153. 2	148. 4	149. 4	153. 5	159. 7
韶关	63. 2	62. 7	63. 3	65. 5	69. 3	68. 5
河源	37. 8	40. 7	42. 7	44. 8	46. 8	49. 5
梅州	45. 8	45. 2	45. 0	45. 7	49. 0	45. 6
惠州	83. 6	85. 8	83. 0	87. 7	84. 0	84. 9
汕尾	51. 2	48. 5	47. 4	45. 4	46. 5	45. 9
东莞	164. 3	169. 6	163. 0	159. 9	162. 5	163. 6
中山	121. 6	126. 3	128. 0	133. 6	139. 4	144. 8
江门	82. 0	82. 8	81. 6	79. 6	77. 3	79. 4
阳江	55. 6	55. 3	56. 9	57. 0	58. 6	59. 4
湛江	52. 4	53. 1	51. 2	52. 3	51. 1	54. 5
茂名	54. 8	62. 0	58. 8	60. 7	58. 2	60. 9
肇庆	57. 9	55. 9	56. 8	55. 4	55. 0	54. 2
清远	45. 1	45. 0	44. 7	45. 4	49. 7	49. 3
潮州	59. 1	60. 8	59. 1	61. 7	62. 1	64. 3
揭阳	50. 9	46. 2	47. 3	47. 8	46. 2	45. 3
云浮	42. 4	39. 3	39. 5	39. 7	44. 2	42. 8
珠三角	140. 4	140. 3	140. 1	140. 8	140. 9	141. 5
东翼	63. 2	57. 9	59. 1	59. 3	61. 1	60. 2
西翼	53. 6	56. 7	54. 7	55. 8	54. 6	57. 3
山区	47. 6	47. 4	47. 8	49. 1	52. 5	51. 8
21 个市变异系数	0. 77	0. 77	0. 79	0. 79	0. 78	0. 77

附表2： 2000－2005年区域及各市增强律指数

地 区	2000	2001	2002	2003	2004	2005
广州	118.4	120.0	120.3	121.4	122.4	121.4
深圳	255.9	256.5	268.1	274.2	275.2	270.3
珠海	96.0	95.0	93.0	92.4	89.9	88.9
汕头	70.1	64.4	60.9	58.2	57.0	56.6
佛山	94.8	95.9	94.8	95.6	96.2	99.8
韶关	30.6	30.7	31.1	30.8	31.3	30.9
河源	20.8	20.7	21.1	21.9	22.7	23.1
梅州	24.5	24.2	24.2	24.2	25.2	25.0
惠州	40.1	39.9	39.3	38.9	38.8	39.1
汕尾	28.6	27.5	26.8	26.6	26.0	26.3
东莞	91.5	96.9	102.3	107.0	111.2	114.9
中山	72.4	75.1	77.7	80.0	81.1	83.7
江门	44.1	43.0	41.9	41.6	40.6	40.8
阳江	27.5	27.4	27.4	27.6	26.9	27.6
湛江	29.0	28.1	27.8	27.3	27.1	26.8
茂名	30.2	30.1	30.0	29.9	30.2	30.3
肇庆	30.0	29.2	29.1	29.2	29.4	29.6
清远	22.5	22.9	23.5	24.2	24.6	24.9
潮州	34.5	33.6	32.7	32.5	31.5	32.4
揭阳	32.1	30.4	29.4	28.6	26.7	26.6
云浮	25.2	24.2	23.9	24.2	24.7	24.4
珠三角	77.9	78.1	78.8	79.4	79.8	79.9
东翼	38.6	36.6	35.3	34.3	33.3	33.4
西翼	28.9	28.4	28.3	28.0	28.0	28.1
山区	24.6	24.6	24.8	25.1	25.8	25.7
21个市变异系数	0.93	0.95	0.98	0.99	1.00	0.98

附表 3： 2000－2005 年区域及各市指向律指数

地 区	2000	2001	2002	2003	2004	2005
广州	70.0	68.6	68.3	66.9	68.4	67.5
深圳	89.0	89.0	88.5	88.6	86.0	87.6
珠海	76.0	68.8	68.8	78.6	70.1	71.5
汕头	31.3	24.7	29.7	31.1	36.7	34.9
佛山	58.3	57.3	53.6	53.8	57.3	59.9
韶关	32.6	32.1	32.2	34.7	37.9	37.6
河源	17.0	20.0	21.6	22.9	24.1	26.5
梅州	21.3	20.9	20.8	21.5	23.8	20.6
惠州	43.5	45.9	43.7	48.8	45.2	45.8
汕尾	22.6	21.0	20.6	18.8	20.5	19.6
东莞	72.8	72.8	60.7	52.9	51.3	48.7
中山	49.2	51.2	50.3	53.6	58.3	61.0
江门	37.9	39.8	39.7	37.9	36.7	38.6
阳江	28.1	27.9	29.6	29.4	31.8	31.7
湛江	23.4	25.1	23.4	25.0	24.0	27.8
茂名	24.7	31.9	28.8	30.8	28.0	30.6
肇庆	27.9	26.7	27.7	26.2	25.6	24.6
清远	22.7	22.0	21.2	21.2	25.1	24.4
潮州	24.5	27.2	26.4	29.2	30.5	31.9
揭阳	18.8	15.8	17.9	19.2	19.5	18.7
云浮	17.3	15.1	15.6	15.5	19.5	18.5
珠三角	62.5	62.2	61.3	61.4	61.1	61.6
东翼	24.6	21.3	23.8	25.0	27.8	26.7
西翼	24.7	28.2	26.4	27.7	26.6	29.2
山区	23.0	22.8	23.0	23.9	26.7	26.1
21 个市变异系数	0.55	0.54	0.52	0.52	0.48	0.49

附注：

1. 确定权数。指标权数的确定采用“层次分析法+德尔菲法”，每个指标的权数 W_j 如表一。

2. 将评价指标无量纲化。计算公式为 $X_{ij}=\frac{a_{ij}}{\bar{a}_j}$，式中，$a_{ij}$ 为第 i 个城市的第 j 项指标值，$\bar{a}_j$ 为 21 个市第 j 项指标的平均值。当 $X_{ij}>1$ 时，表示第 i 个市的第 j 项指标值高于全省平均值；相反，当 $X_{ij}<1$ 时，表示第 i 个市的第 j 项指标值低于全省平均值。

3. 计算单项指标的指数。将每个指标的权数乘以每个指标无量纲化值，得出每个指标的指数（W_iX_i）。在 21 个市中，各市每个指标的指数，是一种比较指数，反映同类现象在不同地区之间的差异程度。

4. 计算各市综合优势指数及分层指数。汇总第 i 个市每个指标的指数，得出第 i 个市的综合优势指数。其中，按分层指标，分别汇总出城市质量指数、人口经济结构指数、发展潜力指数、发展需求指数。

5. 计算分经济区域综合优势指数及分层指数。分经济区域统计范围按地级以上市统计，珠江三角洲 9 市，东翼 4 市，西翼 3 市，山区 5 市（韶关、河源、梅州、清远、云浮）。由于珠江三角洲中的惠州、肇庆包括部分山区县，计算结果在一定程度拉低了珠江三角洲的实际数值。

6. 计算各市综合优势指数及分层指数的变异系数。用 CV 表示变异系数，计算公式为：$CV_j=\frac{\sigma_j}{\bar{a}_j}$，式中，$CV_j$ 表示第 j 项指标的变异系数，σ_j 表示第 j 指标的标准差，$\bar{a}_j$ 表示第 j 项指标的均值。

参考文献

谬尔达尔（G. Myrdal），1957，《经济理论和不发达地区》。

赫希曼（A. O. Hirschman），1958，《经济发展战略》，经济科学出版社。

钱纳里等，1989，《工业化和经济增长的比较研究》，上海三联书店、上海人民出版社。

周游、张敏，2000，《经济中心城市的集聚与扩散规律研究》，《南京师大学报》第 4 期。

陈丹，2003，《广东外资急剧——扩散及其转折点研究》，《重庆师范学院学报》第 6 期。

国家统计局课题组，2004，《正视存在差距 促进区域经济协调发展》，《研究参考资料》第 3 期。

张国红，2005，《区域经济集聚与扩散过程及其临界点——对一个动态系统的数理解释》，《商业研究》总第 310 期。

吴海东、李庆，2005，《我国城市的经济集聚扩散机理与动力机制分析——以重庆主城区为例》，《天府新论》第 5 期。

《广东省国民经济和社会发展第十一个五年规划纲要》。

PART TWO STATISTICS

第二部分 统计资料

一、行政区划和自然资源

1

ADMINISTRATIVE DIVISIONS AND NATURAL RESOURCES

一 行政区划和自然资源

简要说明

一、本篇资料反映广东省行政区划、自然资源的开发和利用等情况。自然资源包括土地 、气候、森林、水利、矿产资源情况。

二、本篇资料由广东省统计局综合处负责整理、编辑。

三、资料来源:

行政区划资料由省民政厅提供;

矿产、土地资源资料由省国土资源厅提供;

海洋资料由省海洋与渔业局提供;

气象资料由省气象局提供;

森林资源资料由省林业局提供;

水利资料由省水利厅提供。

1 Administrative Divisions and Natural Resources

Brief Introduction

Ⅰ. This chapter covers the data on divisions of administrative areas, land area, natural conditions and the exploitation and utilization of the natural resources of Guangdong Province. Natural resources cover land, climate, forest, water conservancy and mineral resources.

Ⅱ. The data in this chapter are prepared and compiled by the Division of Comprehensive Statistics of Guangdong Provincial Bureau of Statistics.

Ⅲ. The data resources come as follows:

The data on divisions of administrative areas are provided by the Civil Affairs Department of Guangdong Province.

The data on mineral and land resources are provided by the Land and Resources Department of Guangdong Province.

The data on ocean are provided by the Oceanic and Fishery Administration of Guangdong Province.

The data on meteorological phenomena are provided by the Meteorological Bureau of Guangdong Province.

The data on forest are provided by the Forestry Administration of Guangdong Province.

The data on water conservancy are provided by the Water Resources Department of Guangdong Province.

1-1 行政区划（2005年）
Divisions of Administrative Areas (2005)

单位：个 (unit)

市 别 City	地级市 Number of Cities at Prefectural Level	县级市 Number of Cities at Count Level	县 Number of Counties	自治县 Number of Autonomous Counties	市辖区 Number of Districts under the Jurisdiction of Cities	市辖镇 Number of Towns under the Jurisdiction of Cities	乡 Number of Townships	# 民族乡 Ethnic Community Townships	街道 Number of Neighbor-hoods
全省合计 Provincial Total	**21**	**23**	**41**	**3**	**54**	**1145**	**11**	**7**	**429**
广 州 Guangzhou	1	2			10	33			129
深 圳 Shenzhen	1				6				51
珠 海 Zhuhai	1				3	15			8
汕 头 Shantou	1		1		6	32			37
佛 山 Foshan	1				5	20			16
韶 关 Shaoguan	1	2	4	1	3	96	1	1	10
河 源 Heyuan	1		5		1	97	1	1	4
梅 州 Meizhou	1	1	6		1	104			6
惠 州 Huizhou	1		3		2	50	1	1	16
汕 尾 Shanwei	1	1	2		1	42			10
东 莞 Dongguan	1					28			4
中 山 Zhongshan	1					18			6
江 门 Jiangmen	1	4			3	66			17
阳 江 Yangjiang	1	1	2		1	39			11
湛 江 Zhanjiang	1	3	2		4	85	2		32
茂 名 Maoming	1	3	1		2	87			20
肇 庆 Zhaoqing	1	2	4		2	95	1	1	12
清 远 Qingyuan	1	2	3	2	1	77	3	3	5
潮 州 Chaozhou	1		2		1	41			9
揭 阳 Jieyang	1	1	3		1	65	2		16
云 浮 Yunfu	1	1	3		1	55			10

注：本行政区划截止2005年底。
Note: The divisions of administrative areas have been the status by the end of 2005.

1-2 自然资源（2005 年）
Natural Resources (2005)

项　　目		Item		2005
土地资源和海洋		**Land Resources and Sea**		
土地面积	（平方公里）	Total Land Area	(sq. km)	179756.5
耕　地	（万公顷）	Cultivated Land	(10000 hectares)	295.3
林　地	（万公顷）	Afforested Land	(10000 hectares)	1015.7
园　地	（万公顷）	Garden Plot	(10000 hectares)	92.5
牧草地	（万公顷）	Grass Land	(10000 hectares)	2.7
海域总面积	（万平方公里）	Total Area of Sea	(10000 sq. km)	41.9
海洋滩涂面积	（万公顷）	Sea Beach Area	(10000 hectares)	20.4
海岛面积	（平方公里）	Area of Islands	(sq. km)	1592.7
大陆海岸线长度	（公里）	Length of Mainland Shore	(km)	3368.1
岛屿岸线长度	（公里）	Length of Island Shore	(km)	2428.7
岛屿个数	（个）	Number of Islands	(unit)	1431
气候		**Climate**		
年平均降雨量	（毫米）	Annual Average Precipitation	(mm)	1769.6
年平均气温	（摄氏度）	Annual Average Temperature	(℃)	22.1
年日照时数	（小时）	Annual Sunshine Hours	(hour)	1606.2
森林		**Forest**		
活立木蓄积量	（亿立方米）	Total Standing Stock Volume	(100 million cu. m)	
森林覆盖率	（%）	Forest Coverage Rate	(%)	57.5
水力水产		**Hydropower and Aquatic Products**		
水力资源理论蕴藏量	（万千瓦）	Theoretical Hydropower Resources	(10000 kw)	1124.2
#可开发装机容量		Developable Resources		824.5
海水养殖可养面积	（万公顷）	Cultivatable Area in Marine Areas	(10000 hectares)	77.6
淡水可养面积	（万公顷）	Cultivatable Area in Freshwater Areas	(10000 hectares)	46.8
矿产		**Mineral Resources**		
煤保有资源储量	（万吨）	Ensured Reserve of Coal	(10000 tons)	53176.0
铁矿石保有资源储量	（万吨）	Ensured Reserve of Iron Ore	(10000 tons)	75191.6
硫铁矿保有资源储量	（万吨）	Ensured Reserve of Sulphur Ore	(10000 tons)	48649.8

注：1. 海岛面积、岛岸线长度、岛屿个数是 1994 年调查数据，大陆海岸线为 1987 年调查数据。
　　2. 海域总面积包括 200 海里专属经济区面积。

Note: a) Data of the area of islands, length of island shore and number of islands were obtained from surveys in 1994, while the length of mainland shore was obtained from surveys in 1987.
　　b) Total area of sea includes the dependency with economic section area of 200 sea miles.

1-3 各地区年平均气温

Average Temperature of Various Regions

单位：摄氏度 (℃)

年 份 Year	粤北 Northern Regions	粤东北 North Eastern Regions	粤西北 North Western Regions	粤东 Eastern Regions	粤中 Central Regions	粤西 Western Regions
1980	20.7	21.5	22.5	21.2	22.2	23.4
1985	20.2	20.9	22.0	21.1	21.6	22.6
1990	21.1	21.5	22.8	21.8	22.6	23.4
1995	20.0	20.0	22.2	21.6	22.3	23.0
1996	19.9	21.4	22.4	21.9	21.6	23.3
1997	20.4	21.3	22.7	22.1	22.0	23.7
1998	21.2	22.5	23.3	23.0	22.8	24.5
1999	20.8	21.9	22.7	22.6	22.5	24.0
2000	20.4	21.9	22.6	22.5	22.5	23.8
2001	20.5	22.0	22.5	22.7	22.6	23.8
2002	21.0	22.3	22.8	23.0	23.0	24.1
2003	20.9	21.9	22.9	22.6	23.0	24.4
2004	20.8	21.6	22.6	22.6	22.8	23.2
2005	20.5	21.6	22.5	22.3	22.8	23.0

1-4 各地区年降雨量

Annual Precipitation of Various Regions

单位：毫米 (mm)

年 份 Year	粤北 Northern Regions	粤东北 North Eastern Regions	粤西北 North Western Regions	粤东 Eastern Regions	粤中 Central Regions	粤西 Western Regions
1980	1459.4	1461.7	1586.1	1369.1	1492.2	2274.0
1985	1360.2	1607.8	1726.9	1481.3	1706.0	2411.3
1990	1436.6	1709.0	1284.8	2236.9	1239.5	1510.2
1995	1506.9	1171.0	1766.4	1512.2	1752.4	2082.9
1996	1633.1	1361.5	1693.1	1409.0	1683.4	1222.6
1997	2045.3	1847.5	1815.3	2040.9	1997.3	2344.3
1998	1862.3	1458.2	1737.5	1593.6	1736.1	1266.4
1999	1314.3	1033.8	1318.7	1517.4	1620.4	1392.6
2000	1565.8	1850.9	1318.2	1486.7	1798.9	1762.7
2001	1689.8	1560.3	1889.2	1947.9	2678.9	2314.5
2002	1814.9	1110.3	1480.9	1409.7	1866.7	2263.3
2003	1388.2	1415.2	1251.8	1406.6	1338.7	1372.4
2004	1156.3	1251.8	1034.7	1379.7	1636.5	1068.5
2005	1772.2	1647.3	1905.2	1631.3	1986.2	1387.3

1-5 各地区年日照时数

Annual Sunshine Hours of Various Regions

单位：小时 (hour)

年 份 Year	粤北 Northern Regions	粤东北 North Eastern Regions	粤西北 North Western Regions	粤东 Eastern Regions	粤中 Central Regions	粤西 Western Regions
1980	1754.1	1811.1	1945.8	1989.2	1921.8	2036.5
1985	1701.6	1926.7	1613.3	1900.6	1406.0	1868.4
1990	1613.9	1893.1	1542.8	1921.3	1648.7	1877.4
1995	1420.6	1868.7	1704.6	2038.3	1559.6	1828.3
1996	1626.5	1965.7	1796.9	2094.8	1564.7	2042.3
1997	1349.1	1490.2	1454.9	1985.8	1209.8	1895.1
1998	1578.3	1689.6	1546.1	1917.5	1469.4	1994.0
1999	1564.0	1819.7	1699.0	2237.0	1599.5	2050.7
2000	1497.2	1672.6	1714.1	2126.3	1609.2	1855.3
2001	1613.0	1884.0	1559.2	2199.8	1651.0	1794.6
2002	1506.4	1813.2	1521.7	2266.6	1566.5	1783.8
2003	1821.1	2030.1	1762.6	2341.5	1741.6	2144.5
2004	1818.5	2117.1	1640.2	2433.5	1767.4	2024.7
2005	1491.2	1736.4	1345.6	1849.5	1288.5	1784.4

1-6 各市土地面积和人口密度（2000－2005年）
Land Area and Population Density by City（2000－2005）

市 别 City	土地面积（平方公里）Land Area（sq. km）	人口密度（人/平方公里） Population Density（persons/sq. km）					
	2005	2000	2001	2002	2003	2004	2005
全省合计 Provincial Total	**179757**	**486**	**486**	**492**	**499**	**507**	**511**
广 州 Guangzhou	7434	1337	1341	1325	1309	1299	1277
深 圳 Shenzhen	1953	3596	3710	3823	3985	4101	4239
珠 海 Zhuhai	1688	758	761	780	799	823	839
汕 头 Shantou	2064	2263	2315	2335	2355	2387	2395
佛 山 Foshan	3848	1400	1427	1446	1466	1494	1507
韶 关 Shaoguan	18385	149	153	154	156	158	159
河 源 Heyuan	15826	143	151	157	163	170	176
梅 州 Meizhou	15903	240	246	249	252	257	259
惠 州 Huizhou	11158	288	300	308	316	325	332
汕 尾 Shanwei	5271	465	483	495	507	521	531
东 莞 Dongguan	2465	2615	2655	2657	2658	2660	2662
中 山 Zhongshan	1800	1313	1324	1334	1344	1348	1352
江 门 Jiangmen	9541	414	422	424	426	430	430
阳 江 Yangjiang	7813	278	285	288	291	295	297
湛 江 Zhanjiang	12471	487	499	508	517	530	536
茂 名 Maoming	11458	457	473	482	491	503	510
肇 庆 Zhaoqing	14856	227	234	237	240	245	247
清 远 Qingyuan	19153	164	171	175	179	184	188
潮 州 Chaozhou	3110	780	789	794	800	809	810
揭 阳 Jieyang	5240	999	1025	1035	1046	1062	1068
云 浮 Yunfu	7779	277	285	289	293	298	301

注：2000年人口密度数据来源于2000年广东省第五次全国人口普查公报；2005年人口密度数据来源于广东省2005年全国1%人口抽样调查公报。

Note：The population density of 2000 was obtained from the Communique on Major Figures of the 2000 Population Census of Guangdong Province. The population density of 2005 was obtained from the Communique on Sample Surveys of the 2005 One Percent Population of Guangdong Province.

主要统计指标解释

行政区划 指国家对行政区域的划分。根据宪法规定,我国的行政区域划分如下:(1)全国分为省、自治区、直辖市;(2)省、自治区分为自治州、县、自治县、市;(3)自治州分为县、自治县、市;(4)县、自治县分为乡、民族乡、镇;(5)直辖市和较大的市分为区、县;(6)国家在必要时设立的特别行政区。

土地资源 土地指陆地的表层部分，它主要由岩石、岩石的风化物和土壤构成。土地资源按利用类型可以分为农用地、建筑用地和未利用地。农用地包括耕地、园地、林地、牧草地和水面。建筑用地包括居民点及工矿用地、交通用地和水利设施用地。未利用地指农用地和建筑用地以外的土地，包括滩涂、荒漠、戈壁、冰川和石山等。

耕地面积 指经过开垦用以种植农作物并经常进行耕耘的土地面积。包括种有作物的土地面积、休闲地、新开荒地和抛荒未满三年的土地面积。

林业用地面积 指生长乔木、竹类、灌木、沿海红树林等林木的土地面积，包括有林地、灌木林、疏林地、未成林造林地、迹地、苗圃等。

草地面积 指牧区和农区用于放牧牲畜或割草，植被盖度在5% 以上的草原、草坡、草山等面积。包括天然的和人工种植或改良的草地面积。

森林资源 指森林、林木、林地以及依托森林、林木、林地生存的野生动物、植物和微生物。林木指树木和竹子。森林指以乔木为主体的植物群落，是集生的乔木及与共同作用的植物、动物、微生物和土壤、气候等的总体。

活立木总蓄积量 指一定范围内土地上全部树木蓄积的总量，包括森林蓄积、疏林蓄积、散生木蓄积和四旁树蓄积。

森林覆盖率 指一个国家或地区森林面积占土地总面积的百分比。森林覆盖率是反映森林资源的丰富程度和生态平衡状况的重要指标。在计算森林覆盖率时，森林面积包括郁闭度 0.2 以上的乔木林地面积和竹林地面积，国家特别规定的灌木林地面积、农田林网以及四旁（村旁、路旁、水旁、宅旁）林木的覆盖面积。计算公式为:

$$森林覆盖率（\%）=\frac{森林面积}{土地总面积}\times 100\%$$

森林面积 指由乔木树种构成，郁闭度 0.2 以上（含 0.2）的林地或冠幅宽度 10 米以上的林带的面积，即有林地面积。森林面积包括天然起源和人工起源的针叶林面积、阔叶林面积、针阔混交林面积和竹林面积，不包括灌木林地面积和疏林地面积。

森林蓄积量 指一定森林面积上存在着的林木树干部分的总材积。它是反映一个国家或地区森林资源总规模和水平的基本指标之一，也是反映森林资源的丰富程度、衡量森林生态环境优劣的重要依据。

水资源 水在自然界中以固体、液体和气态三种聚集状态存在，分布于海洋、陆地（包括土壤）以及大气之中，通过水循环形成水资源。水资源包括经人类控制并直接可供灌溉、发电、给水、航运、养殖等用途的地表水和地下水，以及江河、湖泊、井、泉、潮汐、港湾和养殖水域等。水资源是发展国民经济不可缺少的重要自然资源。

矿产资源 矿产指由地质作用形成，富集于地壳中或出露于地表达到工农业利用要求的有用矿物。矿产是一种重要的自然资源，是社会发展的重要物质基础。

矿产基础储量 基础储量是查明矿产资源的一部分。它能满足现行采矿和生产所需的指标要求，是控制的、探明的并通过可行性或预可行性研究认为属于经济的、边界经济的部分，用未扣除设计、采矿损失的数量表表示。

矿产保有资源储量 指查明的矿产资源储量（资源储量 = 基础储量 + 资源量）扣除已开采部分损失量和加减应勘查，重算或其它原因增减量而得出的年底实有资源储量。

Explanatory Notes on Main Statistical Indicators

Divisions of Administrative Areas refer to the divisions of administrative areas by the state. The Constitution of the People's Republic of China stipulates that the administrative areas in China are divided as: 1) The whole country is divided into Provinces, autonomous regions and municipalities directly under the central government; 2) Provinces and autonomous regions are divided into autonomous prefectures, counties, autonomous counties and cities; 3) Autonomous prefectures are divided into counties, autonomous counties and cities; 4) Counties and autonomous counties are divided into townships, nationality townships and towns, 5) Municipalities and large cities are divided into districts and counties; 6) The state will, when necessary, establish special administrative regions.

Land Resource Land refers to the surface of the earth, consisting of mainly rocks and its weathering and earth. Land resource can be classified, by its utilization, as land for agriculture, land for construction and unused land. Land for agriculture includes cultivated land, plantation land, forestland, grassland and waters. Land for construction includes land for residential purpose, for manufacturing and mining, for transportation and for water conservancy projects. Unused land refers to land other than land for agriculture and construction, including beaches, deserts, Gobi, glaciers and rock mountains.

Area of Cultivated Land refers to area of land reclaimed for the regular cultivation of various farm crops, including crop-cover land, fallow, newly reclaimed land and land laid idle for less than 3 years.

Area of Afforested Land refers to land for trees bamboo, bushes and mangrove including forest-cover land, bush-covered land, sparse forest land, land planned for afforestation and nurseries of young trees.

Area of Grassland refers to areas of grassland, grass-slopes and grass-covered hills with a vegetation-covering rate of over 5% that are used for animal husbandry or harvesting of grass. It includes natural, cultivated and improved grassland areas.

Forest Resource refers to forests, trees, forestland and wild animals, plants and microorganism that live on forest and trees. Trees include trees and bamboo. Forest refers to the population of clusters of trees and other plants, animals and microorganism as well as the earth and climate that have interactions with the trees.

Total Standing Stock Volume refers to the total stock volume of trees growing in land, including trees in forest, tress in sparse forest, scattered trees and trees planted by the side of villages, farm houses and along roads and rivers.

Forest Coverage Rate refers to the ratio of area of afforested land to total land area. It is a very important indicator that reflects the status of abundance of forest resource and ecosystem balance. Forest area includes the area of trees and bamboo grow with canopy density above 0.2, the area of shrubby tree according to regulations of the government, the area of forest land inside farm land and the area of trees planted by the side of villages, farm houses and along roads and rivers. The formula for calculating forest coverage rate is as follows:

Forestry Coverage Rate (%) = (Area of Afforested Land/Area of Total Land) × 100%

Forest Area refers to the area of forest where trees and bamboo grow with canopy density above 0.2, including land of natural woods and planted woods, but excluding bush land and thin forest land. It reflects the total areas of afforestation.

Stock Volume of Forest refers to total stock volume of wood growing in forest area, which shows the total size and level of forest resources of a country or a region. It is also an important indicator illustrating the richness of forest resource and the status of forest ecological environment.

Water Resource Water exists in the nature in solid, liquid and gaseous states, is distributed in the ocean, land (including earth) and air, and constitutes the water resource through the circulation of water. Water resource includes the surface water and underground water that is controlled by the human being for irrigation, power-generation, water supply, navigation and cultivation. It also includes rivers, lakes, wells, springs, tides, gulf and water area for cultivation. Water resource as an important natural resource is indispensable for the development of the national economy.

Mineral Resources refer to useful minerals that can be used for industrial or agricultural purposes enriched in lithosphere or on earth due to the geological process. minerals are important natural resources, and important material base for social development.

Mineral Basic Mineral Resources Basic reserves are part of total identified mineral resources, including indicated and measured, economic and marginal economic, by feasibility assessment or pre-feasibility study, mineral resources, which are not taken off the loss of designing and mining. Basic reserves can meet the index of present mining and production demand.

Ensured Reserves of Mineral Resources refer to the proven reserves of mineral resources, which equal to the basic reserves and volume of resources minus extracted parts, losses and the increase or decrease reserves by prospecting, repeat calculation or other reasons.

二、综 合

2

GENERAL SURVEY

二 综合

简要说明

一、本篇资料反映广东经济、科技、社会等方面的规模、水平、速度、结构、比例、效益情况，并收录了基本单位统计及第一次全国经济普查相关指标。

二、本篇资料由广东省统计局综合处和普查中心整理提供。

三、综合统计资料是根据广东省统计局各专业统计年报资料以及国家统计局、广东省有关部门提供的统计资料加工整理而成。

四、基本单位资料是根据 2005 年基本单位统计年报和省市有关部门提供的基本单位新增和变更资料整理而成。

2 General Survey

Brief Introduction

Ⅰ. The summary data in this chapter reflect the scale, level, speed, structure, ratio and efficiency of the national economy, science and technology and the social development of Guangdong Province and also cover the related indicators on statistics of basic units and the First National Economic Census.

Ⅱ. The data are prepared and provided by the Division of Comprehensive Statistics and the Census Center of Guangdong Provincial Bureau of Statistics respectively.

Ⅲ. The summary data are processed and prepared in the light of the annual reports of various specialized fields provided by Guangdong Provincial Bureau of Statistics and the statistics provided by the National Bureau of Statistics and some related departments of Guangdong Province.

Ⅳ. The data on basic units are prepared in accordance with the annual report of 2005 basic units and newly-increased figures and changes on basic units which are provided by related departments in provincial and city levels.

2-1 各部门机构数

Grassroots Units in Various Sectors

部　　门		Sector		2000	2004	2005
农村基层组织	**(个)**	**Rural Grassroots Units**	**(unit)**			
镇政府		Town Governments		1556	1188	1145
乡政府		Township Governments		33	12	11
村民委员会		Villagers' Committees		22962	21917	21825
乡镇企业	(万个)	Township Enterprises	(10000 units)	76.66	130.84	121.29
工业企业	**(个)**	**Industrial Enterprises**	**(unit)**	**380231**	**427028**	**445657**
规模以上工业		Industrial Enterprises above Designated Size		19695	34584	35157
# 国有工业		State-owned		2383	1212	1033
集体工业		Collective-owned		4158	1425	1272
建筑业企业	**(个)**	**Construction Enterprises**	**(unit)**	**4593**	**4166**	**4182**
# 国有企业		State-owned		1019	807	704
贸易企业单位数	**(万个)**	**Number of Trade Units**	**(10000 units)**			
卫生事业	(个)	Health Care	(unit)		15744	16318
# 医院及卫生院		Hospitals			2391	2428
社会福利事业单位数		**Social Welfare Institutions**			**1979**	
教育事业		**Education**				
普通高等学校	(所)	Regular Institutions of Higher Education	(unit)	52	94	102
中等学校	(所)	Secondary Schools	(unit)	4808	5111	5114
#普通中学		Regular Secondary Schools		3964	4241	4282
小学	(万所)	Primary Schools	(10000 units)	2.42	2.19	2.12
幼儿园	(所)	Kindergartens	(unit)	12027	10213	10359
艺术表演团体	(个)	Art Performance Troupes	(unit)	138	140	139
文化事业	(个)	Cultural Institutions	(unit)	2492	2315	2132
文物事业	(个)	Cultural Relics	(unit)	133	204	209
广播电视	**(座)**	**Broadcasting and Television Stations**	**(unit)**			
广播电台		Radio Stations		106	22	22
电视台		Television Stations		67	24	24
县、市广播电视台		Wire Broadcasting Stations in Counties and County-level Cities				
科技活动机构数	**(个)**	**Scientific Research and Technological Development Institutions**	**(unit)**	**2566**	**2994**	**3181**
科学研究与技术开发机构		Scientific Research and Technological Development Institutions		445	201	197
全日制普通高等学校		Full-time Regular Institutions of Higher Education		343	189	220
大中型工业企业		Large and Medium-sized Industrial Enterprises		529	818	976
其他		Others		1249	1786	1788

2-2 国民经济和社会发展总量与速度指标

指标	Item	1978	1985	1990
人口与就业	**Population and Employment**			
人口 （万人）	**Population (10000 persons)**			
年底常住人口	Year-end Permanent Population	5064.15	5670.65	6347.19
年底户籍总人口	Year-end Population with Residence Registration	5064.15	5655.60	6246.32
农业人口	Agricultural Population	4240.92	4457.68	4769.01
非农业人口	Non-agricultural Population	823.23	1197.92	1477.31
男性人口	Male	2586.68	2909.52	3213.20
女性人口	Female	2477.47	2746.08	3033.12
就业 （万人）	**Employment (10000 persons)**			
年底从业人员人数	Year-end Employed Persons	2275.95	2731.11	3118.10
# 城镇从业人员	Employed Persons in Urban Areas	515.85	660.82	785.49
城镇登记失业人数	Number of Registered Unemployed Persons in Urban Areas			
宏观经济	**Macro Economy**			
国民核算（当年价） （亿元）	**National Accounts (at current prices) (100 million yuan)**			
地区生产总值	Gross Domestic Product	185.85	577.38	1559.03
第一产业	Primary Industry	55.31	171.87	384.59
第二产业	Secondary Industry	86.62	229.82	615.86
第三产业	Tertiary Industry	43.92	175.69	558.58
人均地区生产总值 （元）	Per Capita Gross Domestic Product (yuan)	370	1026	2484
支出法生产总值 （亿元）	Gross Domestic Expenditures (100 million yuan)	194.14	568.98	1541.99
# 最终消费	Total Consumption	125.71	372.95	916.14
居民消费	Household Consumption	107.15	321.41	744.36
政府消费	Government Consumption	18.56	51.54	171.78
资本形成总额	Gross Capital Formation	54.79	214.97	511.35
固定资产形成总额	Gross Fixed Capital Formation	37.93	160.28	393.26
存货增加	Changes in Inventories	16.86	54.69	118.09
固定资产投资 （亿元）	**Investment in Fixed Assets (100 million yuan)**			
全社会固定资产投资	Total Investment in Fixed Assets	27.23	184.59	381.47
# 国有单位	State-owned Units	20.04	131.11	272.18
集体单位	Collective-owned Units	0.84	24.18	53.81
个体经济	Individual Economy	6.35	29.30	55.48
财政 （亿元）	**Government Finance (100 million yuan)**			
地方财政一般预算收入	Local Government Budgetary Revenue	41.82	69.27	131.02
地方财政一般预算支出	Local Government Budgetary Expenditure	28.70	66.74	150.69
物价总指数 （上年=100）	**Price Indices (preceding year=100)**			
商品零售价格总指数	General Retail Price Index	100.4	113.6	95.6
居民消费价格总指数	General Consumer Price Index	100.3	114.8	97.5
实际利用外资 （亿美元）	**Actual Utilization of Foreign Capital (USD 100 million)**			
协议规定外商直接投资	Amount of Foreign Direct Investment in the Signed Agreements and Contracts		20.01	26.89
外商直接投资	Foreign Direct Investment		5.15	14.60
能源生产与消费 （万吨标准煤）	**Production and Consumption of Energy (10000 tons of SCE)**			
能源生产总量	Total Energy Production			1006.24
能源消费总量	Total Energy Consumption			4063.51

Principal Aggregate Indicators on National Economic and Social Development and Their Related Indices and Growth Rates

1995	2000	2004	2005	速度指标（%） Indices and Growth Rates（%）								
				指数（2005 为以下各年） Index（2005 as percentage of the following years）					平均增长速度 Average Annual Growth Rate			
				1978	1990	1995	2000	2004	1979－2005	1991－2005	1996－2005	2001－2005
7387.49	8650.03	9110.66	9194.00	181.6	144.9	124.5	106.3	100.9	2.2	2.5	2.2	1.2
6788.74	7498.54	7804.75	7899.64	156.0	126.5	116.4	105.3	101.2	1.7	1.6	1.5	1.0
4753.37	5160.26	3973.52	3792.32									
2035.37	2338.29	3797.92	4082.06									
3501.19	3871.13	4025.87	4080.74	157.8	127.0	116.6	105.4	101.4	1.7	1.6	1.5	1.1
3287.55	3627.41	3778.88	3818.90	154.1	125.9	116.2	105.3	101.1	1.6	1.5	1.5	1.0
3551.20	3989.32	4681.89	5022.97	220.7	161.1	141.4	125.9	107.3	3.0	3.2	3.5	4.7
911.90	759.21	830.72	904.27				119.1	108.9				3.6
		35.94	34.49					96.0				
5933.05	10741.25	18864.62	22366.54	3230.5	766.2	313.5	186.3	113.8	13.7	14.5	12.1	13.2
864.49	986.32	1219.84	1395.23	440.7	178.1	143.6	118.6	104.5	5.6	3.9	3.7	3.5
2900.22	4999.51	9280.73	11339.93	6256.0	1228.4	366.1	206.8	115.0	16.6	18.2	13.9	15.6
2168.34	4755.42	8364.05	9631.37	4074.2	690.4	306.5	178.7	113.7	14.7	13.7	11.9	12.3
8129	12736	20876	24438	1774.4	525.4	250.0	171.7	112.4	11.2	11.7	9.6	11.4
5933.05	10741.25	18864.62	22366.54									
3363.38	5714.46	10162.04	11533.44									
2912.58	4474.11	7953.60	8989.70									
450.80	1240.35	2208.44	2543.74									
2394.79	3850.81	7214.70	8383.17									
1819.17	3093.82	5957.86	7407.54									
575.62	756.99	1256.83	975.63									
2327.22	3233.70	6025.53	7164.11	26309.6	1878.0	307.8	221.5	118.9	22.9	21.6	11.9	17.2
1122.84	1286.91	1830.35	2062.31	10291.0	757.7	183.7	160.3	112.7	18.7	14.5	6.3	9.9
363.67	448.71	419.73	396.64	47219.0	737.1	109.1	88.4	94.5	25.6	14.2	0.9	-2.4
249.78	424.35	1133.25	1403.46	22101.7	2529.7	561.9	330.7	123.8	22.1	24.0	18.8	27.0
382.34	910.56	1418.51	1807.20									
525.63	1069.86	1852.95	2289.07	7975.9	1519.1	435.5	214.0	123.5	17.6	19.9	15.9	16.4
111.6	99.9	102.9	101.8	424.4	166.5	99.7	101.8	101.8	5.5	3.5		0.4
114.0	101.4	103.0	102.3				103.6	102.3				0.7
248.32	86.84	193.60	237.44		883.0	95.6	273.4	122.6		15.6	-0.4	22.3
101.80	122.37	100.12	123.64									
2622.53	3711.69	4851.29	4524.97		449.7	172.5	121.9	93.3		10.5	5.6	4.0
7345.30	9447.70	15210.47	17769.37		437.3	241.9	188.1	116.8		10.3	9.2	13.5

2-2 续表 1

指 标	Item	1978	1985	1990
产业经济	**Industry Economy**			
农业	**Agriculture**			
常用耕地面积 （千公顷）	Area of Regularly Cultivated Land (1000 hectares)	2778. 80	2598. 54	2528. 83
农林牧渔从业人员 （万人）	Number of Persons Engaged in Farming, Forestry, Animal Husbandry and Fishery (10000 persons)	1662. 50	1597. 59	1600. 85
农业总产值 （亿元）	Gross Output Value of Agriculture (100 million yuan)	85. 94	245. 21	600. 71
主要农产品产量 （万吨）	Output of Major Farm Products (10000 tons)			
粮食	Grain	1509. 51	1604. 37	1896. 39
油料	Oil-bearing Crops	36. 04	57. 91	58. 93
糖蔗	Sugarcane	835. 42	1831. 40	2093. 46
茶叶	Tea	0. 90	1. 75	2. 59
水果	Fruits	29. 40	116. 28	328. 58
肉类	Meat	48. 45	128. 12	202. 45
水产品	Aquatic Products	65. 50	109. 44	207. 66
工业	**Industry**			
全部工业总产值 （亿元）	Gross Industrial Output Value (100 million yuan)	206. 56	534. 72	1902. 25
主要工业产品产量	Output of Major Industrial Products			
布 （亿米）	Cloth (100 million m)	2. 27	2. 46	4. 59
机制纸及纸板 （万吨）	Machine-made Paper and Paperboard (10000 tons)	27. 47	52. 63	104. 13
成品糖 （万吨）	Sugar (10000 tons)	96. 15	143. 52	184. 50
家用电冰箱 （万台）	Household Refrigerators (10000 sets)		23. 54	105. 75
家用洗衣机 （万台）	Household Washing Machines (10000 sets)		77. 86	143. 01
电视机 （万台）	Television Sets (10000 sets)	1. 72	108. 43	327. 60
# 彩色电视机	Color Television Sets		78. 99	262. 37
照相机 （万架）	Cameras (10000 sets)		18. 68	99. 30
原煤 （万吨）	Coal (10000 tons)	1046. 96	809. 80	889. 76
原油 （万吨）	Crude Oil (10000 tons)	10. 22	10. 02	49. 05
发电量 （亿千瓦时）	Electricity (100 million kwh)	92. 32	167. 13	343. 98
粗钢 （万吨）	Steel (10000 tons)	35. 84	69. 53	116. 96
成品钢材 （万吨）	Steel Products (10000 tons)	43. 67	78. 76	133. 74
水 泥（万吨） （万吨）	Cement (10000 tons)	369. 08	1120. 23	2070. 91
规模以上工业企业主要指标	Main Indicators of Industrial Enterprises above Designated Size			
工业总产值 （亿元）	Gross Industrial Output Value (100 million yuan)	180. 73	471. 83	1605. 80
工业增加值 （亿元）	Value-added of Industry (101 million yuan)			
固定资产原价 （亿元）	Original Value of Fixed Assets (100 million yuan)	111. 42	269. 13	843. 88
主营业务收入 （亿元）	Main Business Revenue (100 million yuan)		412. 77	1287. 91
利润和税金总额 （亿元）	Pre-tax Profits (100 million yuan)	32. 91	75. 99	121. 50
建筑业	**Construction**			
建筑业企业年末人数 （万人）	Number of Employed Persons in Construction Enterprises at the Year-end (10000 persons)	14. 78	54. 47	67. 22
建筑业总产值(当年价)（亿元）	Gross Output Value (at current prices) (100 million yuan)	5. 47	50. 45	113. 40
施工房屋面积 （万平方米）	Floor Space of Buildings under Construction (10000 sq. m)		3040. 50	4477. 30
竣工房屋面积 （万平方米）	Floor Space of Buildings Completed (10000 sq. m)		1426. 80	2345. 40
交通运输	**Transportation**			
货运量 （万吨）	Freight Traffic (10000 tons)	15204	58726	85809
铁路	Railways	3206	3000	4803
公路	Highways	3967	42813	63709
水运	Waterways	7887	12045	16198
管道	Pipelines	143	864	1091
空运	Civil Aviation	1	4	8
客运量 （万人）	Passenger Traffic (10000 persons)	15906	49848	78046
铁路	Railways	2410	3357	4467
公路	Highways	10897	41826	70681
水运	Waterways	2546	4427	2428
空运	Civil Aviation	53	238	470
沿海主要港口货物吞吐量（万吨）	Volume of Freight Handled at Major Coastal Ports (10000 tons)	2786	5073	6895

2-2 1 continued

1995	2000	2004	2005	速度指标（%） Indices and Growth Rates（%）								
				指数（2005 为以下各年） Index（2005 as percentage of the following years）					平均增长速度 Average Annual Growth Rate			
				1978	1990	1995	2000	2004	1979 – 2005	1991 – 2005	1996 – 2005	2001 – 2005
2317. 31	2252. 62	2107. 81	2102. 58	75. 7	83. 1	90. 7	93. 3	99. 8	– 1. 0	– 1. 2	– 1. 0	– 1. 4
1431. 98	1572. 07	1524. 97	1533. 48	92. 2	95. 8	107. 1	97. 5	100. 6	– 0. 3	– 0. 3	0. 7	– 0. 5
1445. 48	1701. 18	2154. 79	2447. 57	479. 9	209. 7	158. 5	123. 3	104. 8	6. 0	5. 1	4. 7	4. 3
1803. 33	1822. 33	1390. 00	1394. 97	92. 4	73. 6	77. 4	76. 5	100. 4	– 0. 3	– 2. 0	– 2. 5	– 5. 2
71. 02	78. 78	77. 51	77. 01	213. 7	130. 7	108. 4	97. 8	99. 4	2. 9	1. 8	0. 8	– 0. 5
1472. 21	1137. 59	940. 77	946. 02	113. 2	45. 2	64. 3	83. 2	100. 6	0. 5	– 5. 2	– 4. 3	– 3. 6
3. 96	4. 21	4. 04	4. 45	494. 4	171. 8	112. 4	105. 7	110. 1	6. 1	3. 7	1. 2	1. 1
414. 51	643. 52	787. 85	831. 69	2828. 9	253. 1	200. 6	129. 2	105. 6	13. 2	6. 4	7. 2	5. 3
305. 06	324. 48	365. 32	384. 31	793. 2	189. 8	126. 0	118. 4	105. 2	8. 0	4. 4	2. 3	3. 4
354. 34	593. 19	671. 38	695. 23	1061. 4	334. 8	196. 2	117. 2	103. 6	9. 1	8. 4	7. 0	3. 2
8849. 90	16904. 47	34443. 48	41661. 74	16634. 5	2352. 5	577. 4	260. 9	119. 2	20. 9	23. 4	19. 2	21. 1
11. 65	16. 99	20. 36	24. 82					104. 0				
288. 10	260. 30	597. 30	690. 61					128. 2				
107. 22	91. 30	106. 99	119. 43					133. 9				
213. 23	320. 70	941. 65	601. 51					64. 4				
187. 51	244. 18	183. 33	266. 41					109. 2				
882. 80	1709. 53	4282. 18	4626. 54					103. 7				
763. 92	1531. 53	3598. 72	4089. 62					108. 9				
3277. 71	3545. 88	4481. 45	4726. 47					100. 9				
1069. 38	161. 71	338. 40	234. 84					64. 4				
650. 97	1393. 17	1481. 90	1470. 03									
821. 06	1292. 69	2061. 08	2163. 36					106. 8				
207. 44	286. 99	734. 99	757. 07					104. 7				
247. 26	406. 28	1198. 83	1365. 77					117. 4				
5317. 92	5872. 00	7611. 58	8031. 74					111. 7				
6502. 97	12480. 93	29554. 92	35942. 74	14652. 0	2298. 0	644. 3	308. 0	119. 8	20. 3	23. 2	20. 5	25. 2
	3422. 60	7439. 53	9416. 39				282. 4	124. 7				23. 1
4298. 15	8005. 77	12713. 34	14453. 16									
6195. 84	12380. 65	28998. 45	34781. 58									
441. 40	1042. 77	2329. 79	2877. 81									
135. 56	141. 45	152. 10	166. 78	1128. 4	248. 1	123. 0	117. 9	109. 7	9. 4	6. 2	2. 1	3. 3
635. 83	1011. 47	1901. 86	2200. 58	40230. 0	1940. 5	346. 1	217. 6	115. 7	24. 9	21. 9	13. 2	16. 8
14374. 50	16333. 82	26480. 38	26886. 00		600. 5	187. 0	164. 6	101. 5		12. 7	6. 5	10. 5
4843. 40	6556. 12											
111063	119216	156094	158470	1042. 3	184. 7	142. 7	132. 9	101. 5	9. 1	4. 2	3. 6	5. 9
7634	15172	19495	18648	581. 7	388. 3	244. 3	122. 9	95. 7	6. 7	9. 5	9. 3	4. 2
68884	75365	102843	105581	2661. 5	165. 7	153. 3	140. 1	102. 7	12. 9	3. 4	4. 4	7. 0
32952	25696	29783	30179	382. 6	186. 3	91. 6	117. 4	101. 3	5. 1	4. 2	– 0. 9	3. 3
1527	2952	3924	3989	2789. 5	365. 6	261. 2	135. 1	101. 7	13. 1	9. 0	10. 1	6. 2
21	31	49	73	7300. 0	912. 5	347. 6	235. 5	149. 0	17. 2	15. 9	13. 3	18. 7
130998	164791	202414	212104	1333. 5	271. 8	161. 9	128. 7	104. 8	10. 1	6. 9	4. 9	5. 2
6283	12165	15142	16106	668. 3	360. 6	256. 3	132. 4	106. 4	7. 3	8. 9	9. 9	5. 8
118406	148945	183012	189881	1742. 5	268. 6	160. 4	127. 5	103. 8	11. 2	6. 8	4. 8	5. 0
5146	2363	1827	2062	81. 0	84. 9	40. 1	87. 3	112. 9	– 0. 8	– 1. 1	– 8. 7	– 2. 7
1163	1318	2433	4055	7650. 9	862. 8	348. 7	307. 7	166. 7	17. 4	15. 4	13. 3	25. 2
11904	18674	38302	48743	1749. 6	706. 9	409. 5	261. 0	127. 3	11. 2	13. 9	15. 1	21. 2

2-2 续表2

指 标	Item	1978	1985	1990
邮电通信业	**Postal and Telecommunication Services**			
邮电业务总量 (亿元)	Total Business Volume (100 million yuan)	1.59	3.63	26.30
函件 (亿件)	Number of Letters Delivered (100 million pieces)		3.76	4.72
报刊累计数 (亿份)	Accumulated Number of Newspapers and Magazines Distributed (100 million copies)		14.25	11.63
局用电话交换机容量 (万门)	Capacity of Local Office Telephone Exchanges (10000 gates)	21.10	40.00	180.70
本地电话用户 (万户)	Number of Subscribers of Local Telephones (10000 subscribers)		24.00	113.00
#城市	Urban Areas		13.00	72.00
移动电话用户 (万户)	Number of Subscribers of Mobile Telephones (10000 subscribers)			1.11
国际互联网用户 (万户)	Number of Internet Subscribers (10000 subscribers)			
国内商业	**Domestic Trade**			
社会消费品零售额 (亿元)	Total Retail Sales of Consumer Goods (100 million yuan)	79.86	289.23	667.36
对外经济贸易和国际旅游	**Foreign Trade and International Tourism**			
海关进出口总额 (亿美元)	Total Exports and Imports (USD 100 million)			418.98
进口额	Imports			196.77
出口额	Exports			222.21
国际游客入境人数 (万人次)	Number of International Tourists (10000 person-times)	169.91	1675.69	2527.54
金融保险	**Banking and Insurance**			
中资金融机构人民币存款余额 (亿元)	Deposits in Renminbi in Domestic-funded Financial Institutions (100 million yuan)			
中资金融机构人民币贷款余额 (亿元)	Loans in Renminbi in Domestic-funded Financial Institutions (100 million yuan)			
保费收入 (亿元)	Amount Insured (100 million yuan)		1.74	18.05
教育、科技、文化	**Education, Science and Technology and Culture**			
教育	Education			
专任教师数 (万人)	Full-time Teachers (10000 persons)			
普通高等学校	Institutions of Higher Education	0.90	1.36	1.57
中等学校	Secondary Schools	15.93	13.57	16.33
小学	Primary Schools	26.09	26.81	27.73
在校学生数 (万人)	Students Enrollment (10000 persons)			
普通高等学校	Institutions of Higher Education	3.07	6.99	9.59
中等学校	Secondary Schools	316.96	255.91	284.52
小学	Primary Schools	743.02	671.25	747.29
国家财政用于教育支出 (亿元)	Government Expenditures on Education (100 million yuan)		10.69	21.34
科技	Science and Technology			
从事科技活动人员 (人)	Number of Persons Engaged in Science and Technology (person)			84576
科技活动经费使用总额 (万元)	Expenditures on Scientific and Technological Activities (10000 yuan)			128238
技术合同金额 (万元)	Amount of Technological Contracts (10000 yuan)			20262
文化	Culture			
出版数量	Publications			
图书 (亿册)	Number of Books Published (100 million copies)	1.72	3.99	2.81
杂志 (万册)	Number of Magazines Issued (10000 copies)	1519	12768	11325
报纸 (亿份)	Number of Newspapers Issued (100 million copies)	3.19	17.18	13.81

2-2　2　continued

1995	2000	2004	2005	速度指标（%）Indices and Growth Rates（%）								
				指数（2005 为以下各年）Index（2005 as percentage of the following years）					平均增长速度 Average Annual Growth Rate			
				1978	1990	1995	2000	2004	1979 - 2005	1991 - 2005	1996 - 2005	2001 - 2005
204.93	602.31	1781.78	2121.94				352.3	119.1				37.0
9.85	10.66	10.67	9.13		193.4	92.7	85.6	85.6		4.5	-0.8	-3.1
15.59	10.78	11.26	11.30		97.2	72.5	104.8	100.4		-0.2	-3.2	0.9
1007.10	1939.50	4377.45	4616.57	21879.5	2554.8	458.4	238.0	105.5	22.1	24.1	16.4	18.9
591.00	1414.94	2954.16	3442.53		3046.5	582.5	243.3	116.5		25.6	19.3	19.5
361.00	916.03	2129.21	2700.89		3751.2	748.2	294.8	126.8		27.3	22.3	24.1
98.78	1357.26	5373.82	6406.61		577172.1	6485.7	472.0	119.2		78.1	51.8	36.4
	216.41	1159.95	1006.36				465.0	86.8				36.0
2478.35	4379.81	6852.03	7882.64	9870.6	1181.2	318.1	180.0	115.0	18.5	17.9	12.3	12.5
1039.72	1701.06	3571.29	4280.02		1021.5	411.7	251.6	119.8		16.8	15.2	20.3
473.80	781.87	1655.60	1898.31		964.7	400.7	242.8	114.7		16.3	14.9	19.4
565.92	919.19	1915.69	2381.71		1071.8	420.9	259.1	124.3		17.1	15.5	21.0
3615.03	6729.18	8741.00	9579.12	5637.8	379.0	265.0	142.4	109.6	16.1	9.3	10.2	7.3
7090.48	16908.26	30723.55	35783.57			504.7	211.6	116.5			17.6	16.2
5495.69	11716.93	19491.77	20745.27			377.5	177.1	106.4			14.2	12.1
67.93	191.88	436.21	499.24		2765.9	734.9	260.2	114.4		24.8	22.1	21.1
1.66	2.04	4.69	5.43	603.3	345.9	327.1	266.2	115.8	6.9	8.6	12.6	21.6
21.38	27.24	33.23	35.13	220.5	215.1	164.3	129.0	105.7	3.0	5.2	5.1	5.2
32.14	36.41	39.65	40.38	154.8	145.6	125.6	110.9	101.8	1.6	2.5	2.3	2.1
15.18	29.95	72.69	87.47	2849.2	912.1	576.2	292.1	120.3	13.2	15.9	19.1	23.9
417.23	541.72	674.51	715.52	225.7	251.5	171.5	132.1	106.1	3.1	6.3	5.5	5.7
883.19	929.93	1049.62	1067.03	143.6	142.8	120.8	114.7	101.7	1.3	2.4	1.9	2.8
84.56	144.39	287.95	329.21		1542.7	389.3	228.0	114.3		20.0	14.6	17.9
105469	222073	301109	354488		419.1	336.1	159.6	117.7		10.0	12.9	9.8
398192	2146502	3982364	4563599		3558.7	1146.1	212.6	114.6		26.9	27.6	16.3
125972	482104	572651	1124740		5551.0	892.8	233.3	196.4		30.7	24.5	18.5
3.69	2.70	2.57	2.26	131.4	80.4	61.2	83.7	87.9	1.0	-1.4	-4.8	-3.5
22740	26299	20640	20371.00	1341.1	179.9	89.3	77.5	98.7	10.1	4.0	-1.1	-5.0
22.64	34.63	43.88	38.24	1198.7	276.9	168.9	110.4	87.1	9.6	7.0	5.4	2.0

2-2 续表3

指标	Item	1978	1985	1990
家庭、生活、环境	**Family, People's Livelihood and Environment**			
家庭	**Family**			
城镇居民平均每户家庭人口(人)	Average Household Size in Urban Areas (person)	4.84	4.19	3.85
农村居民平均每户家庭人口(人)	Average Household Size in Rural Areas (person)	5.99	5.95	5.65
婚姻	**Marriages and Divorces**			
结婚数 (万对)	Number of Marriages (10000 couples)		37.68	50.66
离婚数 (万对)	Number of Divorces (10000 couples)		1.69	2.58
居住	**Housing**			
城镇居民人均使用面积(平方米)	Per Capita Floor Space for Use (sq. m)	5.47	8.55	15.77
农村居民人均居住面积(平方米)	Per Capita Floor Space of Rural Residents (sq. m)	8.73	14.87	17.39
生活	**People's Livelihood**			
城镇居民人均可支配收入 (元)	Per Capita Disposable Income of Urban Residents (yuan)	412.13	954.12	2303.15
农村居民人均纯收入 (元)	Per Capita Net Income of Rural Residents (yuan)	193.25	495.31	1043.03
城乡居民储蓄存款余额 (亿元)	Savings Deposits by Urban and Rural Residents (100 million yuan)	17.56	154.88	752.16
工资	**Wages**			
城镇从业人员劳动报酬 (亿元)	Earnings of Employed Persons in Urban Areas (100 million yuan)	30.59	88.91	223.29
城镇从业人员平均劳动报酬(元)	Average Earnings of Employed Persons in Urban Areas (yuan)	615	1393	2929
卫生	**Health Care**			
医院 (个)	Number of Hospitals (unit)	1968	1853	1885
医生 (万人)	Number of Doctors (10000 persons)	4.79	6.56	8.11
医院床位数 (万张)	Number of Hospital Beds (10000 units)	8.41	9.82	11.41
市政建设	**City Construction**			
全年供水量 (亿吨)	Volume of Water Supply (100 million tons)			20.55
液化石油气供气总量 (万吨)	Total Supply of Liquefied Petroleum Gas (10000 tons)			
年末实有公共汽(电)车营运车辆 (辆)	Number of Public Vehicles (Buses and Trolley-buses) at the Year-end (unit)			3199
年末实有出租汽车数 (辆)	Number of Taxis at the Year-end (unit)			
年末实有铺装道路面积(万平方米)	Length of Paved Roads at the Year-end (10000sq. m)			
园林绿地面积 (公顷)	Area of Greens and Garden Areas (hectare)			12892
环境、灾害	**Environment and Disaster**			
企事业单位污染治理资金(万元)	Funds Used for Pollution Treatment by Enterprises and Institutions (10000 yuan)			18331
环保投资占 GDP 比重 (%)	Percentage of Expenditure on Environmental Protection to GDP (%)		0.29	0.37
火灾发生数 (起)	Number of Fire Disasters (time)			1725
火灾损失 (万元)	Fire Loss (10000 yuan)			9102
交通事故发生数 (起)	Number of Traffic Accidents (time)			25909
交通事故损失 (万元)	Loss of Traffic Accidents (10000 yuan)			5044

注：1. 2003 年起职工改为单位从业人员，2000 年数据作了相应调整。
2. 农业、工业总产值绝对数按当年价格计算，增长速度按可比价计算。
3. 工业指标（全部工业总产值除外）2000－2005 年统计范围为规模以上工业（即全部国有工业及年 销售收入 500 万元以上非国有工业）。规模以上工业总产值 1995 年及以前为乡及乡以上工业。
4. 2000 年起粮食产量为抽样调查数据。
5. 1994 年起财政收入按税改新口径统计（即不含中央返还部分）。
6. 邮电业务总量 2000 年起按 2000 年不变价计算，1995 年以前按 1990 年不变价计算。
7. 1986 年以前中等学校不含成人中专数据。

2-2 3 continued

1995	2000	2004	2005	速度指标（%） Indices and Growth Rates (%) 指数（2005 为以下各年） Index (2005 as percentage of the following years) 1978	1990	1995	2000	2004	平均增长速度 Average Annual Growth Rate 1979 – 2005	1991 – 2005	1996 – 2005	2001 – 2005
3.58	3.57	3.28	3.27	67.6	84.9	91.3	91.6	99.7	-1.4	-1.1	-0.9	-1.7
5.36	5.15	5.01	5.00	83.5	88.5	93.3	97.1	99.8	-0.7	-0.8	-0.7	-0.6
59.67	56.21	63.04	60.03		118.5	100.6	106.8	95.2		1.1	0.1	1.3
3.42	4.75	7.28	8.09		313.6	236.5	170.3	111.1		7.9	9.0	11.2
21.03	24.60	25.12	25.71	470.0	163.0	122.3	104.5	102.3	5.9	3.3	2.0	0.9
20.83	22.42	25.48	25.71	294.5	147.8	123.4	114.7	100.9	4.1	2.6	2.1	2.8
7438.68	9761.57	13627.65	14769.94	3583.8	641.3	198.6	151.3	108.4	14.2	13.2	7.1	8.6
2699.24	3654.48	4365.87	4690.49	2427.2	449.7	173.8	128.3	107.4	12.5	10.5	5.7	5.1
3884.66	8667.29	16193.36	19051.35	108492.9	2532.9	490.4	219.8	117.6	29.5	24.0	17.2	17.1
734.14	1057.57	1820.68	2143.29				202.7	117.7				15.2
8250	13859	22230	24122				174.1	108.5				11.7
2267	2426	2391	2428	123.4	128.8	107.1	100.1	101.5	0.8	1.7	0.7	
9.89	11.12	11.33	11.80	246.3	145.5	119.3	106.1	104.1	3.4	2.5	1.8	1.2
13.78	15.72	18.31	19.26	229.0	168.8	139.8	122.5	105.2	3.1	3.6	3.4	4.1
34.36	36.89	68.61	67.96		330.7	197.8	184.2	99.1		8.3	7.1	13.0
		283.62	323.59									
5860	22255	33965	34263		1071.1	584.7	154.0	100.9		17.1	19.3	9.0
		40799	46121									
8577	24981	34281	38297			446.5	153.3	111.7			16.1	8.9
46375	132666	257094	317045		2459.2	683.7	239.0	123.3		23.8	21.2	19.0
30007	167707	260626	370384		2020.5	1234.3	220.9	142.1		22.2	28.6	17.2
0.64	1.96	2.71	2.50									
1254	8622	16090	3176		184.1	253.3	36.8	19.7		4.2	9.7	-18.1
17419	10065	11476	7629		83.8	43.8	75.8	66.5		-1.2	-7.9	-5.4
42115	66072	68423	67756		261.5	160.9	102.5	99.0		6.6	4.9	0.5
28700	27526	24127	20883		414.0	72.8	75.9	86.6		9.9	-3.1	-5.4

Note: a) Since 2003, the number of staff and workers has referred to the employed persons in units and the data of 2000 have been adjusted accordingly.

b) Figures in value terms on gross output value of agriculture and industry are calculated at current prices, whereas their growth rates are calculated at comparable prices.

c) The industrial indicators from 2000 to 2005 (excluding the gross output value of industry) cover the industrial enterprises above designated size (i. e. all state-owned industrial enterprises and non-state-owned industrial enterprises with an annual sales revenue over 5 million yuan). In 1995 and prior to it, the gross output value of industry above designated size referred to the industry at the township level and over.

d) Figures of output of grain have been obtained from sample surveys since 2000.

e) Figures of government revenue are calculated according to new approach of tax reform since 1994 (excluding the return part from the central government).

f) Since 2000, the total business volumes of postal and telecommunication services have been calculated at 2000 constant prices, whereas the figures before 1995 were calculated at 1990 constant prices.

g) Before 1986, the figures of secondary schools excluded those of specialized secondary schools for adults.

2-3 国民经济和社会发展结构指标
Structural Indicators on National Economic and Social Development

单位:% (%)

指　　标	Item	2000	2003	2004	2005
人口与就业	**Population and Employment**				
人口	**Population**				
城乡结构	Urban and Rural Structure				
非农业	Non-agriculture	31. 2	47. 7	48. 7	51. 7
农　业	Agriculture	68. 8	51. 8	50. 9	48. 0
性别结构	Sexual Structure				
男	Male	51. 6	51. 7	51. 6	51. 7
女	Female	48. 4	48. 3	48. 4	48. 3
就业	**Employment**				
产业结构	Industrial Structure				
第一产业	Primary Industry	39. 9	36. 8	34. 7	32. 1
第二产业	Secondary Industry	28. 0	35. 4	36. 9	38. 1
第三产业	Tertiary Industry	32. 1	27. 8	28. 4	29. 8
按登记注册类型分组	Grouped by Status of Registration				
国有单位	State-owned Units	11. 8	8. 6	8. 0	7. 6
集体单位	Collective-owned Units	59. 4	45. 3	43. 3	40. 6
股份合作单位	Share-holding Cooperative Units	0. 3	0. 5	0. 5	0. 4
联营单位	Joint-operation Units	0. 2	0. 4	0. 3	0. 3
有限责任公司	Limited Liability Corporations	1. 0	3. 3	3. 7	4. 1
股份有限公司	Share-holding Corporations Ltd.	0. 7	1. 0	1. 1	1. 0
外商投资单位	Foreign Funded Units	1. 1	3. 0	3. 4	4. 3
港澳台投资单位	Units with Funds from Hong Kong, Macao and Taiwan	2. 6	9. 6	10. 6	12. 0
私营企业	Private Enterprises	5. 5	12. 1	12. 9	13. 3
个体经济	Individual Economy	7. 7	12. 2	13. 0	14. 6
宏观经济	**Macro Economy**				
国民核算	**National Accounts**				
地区生产总值产业结构	Industrial Structure of Gross Domestic Product				
第一产业	Primary Industry	9. 2	6. 8	6. 5	6. 2
第二产业	Secondary Industry	46. 5	47. 9	49. 2	50. 7
第三产业	Tertiary Industry	44. 3	45. 3	44. 3	43. 1
国内支出结构	Domestic Expenditure Structure				
最终消费	Final Consumption	53. 2		53. 9	51. 6
居民消费	Household Consumption	41. 7		42. 2	40. 2
农村	Rural Households	12. 6		6. 5	6. 3
城镇	Urban Households	29. 1		35. 7	33. 8
政府消费	Government Consumption	11. 5		11. 7	11. 4
资本形成总额	Gross Capital Formation	35. 9		38. 2	37. 5
固定资产形成总额	Gross Fixed Capital Formation	28. 8		31. 6	33. 1
存货增加	Changes in Inventories	7. 0		6. 7	4. 4
净流出	Net Outflow	10. 9		7. 9	11. 0
投资	**Investment**				
经济类型结构	Structure by Ownership				
国有单位	State-owned Units	39. 8	29. 6	30. 4	28. 8
集体单位	Collective-owned Units	13. 9	8. 0	7. 0	5. 5
联营经济单位	Joint-operation Units	0. 3	0. 5	0. 5	0. 3
股份制经济单位	Share-holding Units	15. 0	18. 6	18. 5	19. 9
外商投资经济单位	Foreign Funded Units	4. 4	7. 8	8. 1	10. 0
港澳台商投资经济单位	Units with Funds from Hong Kong, Macao and Taiwan	12. 9	15. 8	16. 0	15. 1
其他经济单位	Other Economic Units	0. 7	0. 9	0. 8	0. 8
个体	Individuals	13. 0	18. 8	18. 8	19. 6

2-3 续表 1 continued

单位:% (%)

指标	Item	2000	2003	2004	2005
资金来源结构	Structure of Sources of Funds				
国家预算内资金	State Budgetary Appropriation	1.7	1.6	1.1	0.9
国内贷款	Domestic Loans	17.2	17.0	16.8	17.2
利用外资	Foreign Investment	10.5	10.1	9.8	9.9
自筹投资	Self-raising Fund	42.9	46.8	49.2	54.1
其他投资	Others	27.7	24.5	23.2	17.9
利用外资	**Utilization of Foreign Capital**				
实际利用外资结构	Structure of Foreign Capital Actually Utilized				
对外借款	Loans from Abroad	4.8	5.8		
外商直接投资	Foreign Direct Investment	84.0	82.2	77.6	81.5
外商其他投资	Other Foreign Investment	11.2	12.0	22.4	18.5
能源生产与消费	**Production and Consumption of Energy**				
能源生产总量结构	Structure of Total Energy Production				
原煤	Coal	8.0	12.0	15.1	7.5
原油	Petroleum Crude Oil	53.6	44.6	43.6	46.4
电力	Electricity	27.1	35.3	30.5	32.9
天然气	Natural Gas	11.3	8.1	10.8	13.2
一次能源消费总量结构	Structure of Total Primary Energy Consumption				
原煤	Coal	52.2	53.5	51.6	52.9
原油	Petroleum Crude Oil	35.0	28.6	28.4	26.1
电力	Electricity	12.6	17.7	20.0	20.8
天然气	Natural Gas	0.2	0.2	0.2	0.3
产业经济	**Industry Economy**				
农业	**Agriculture**				
农林牧渔业产值结构	Structure of Gross Output Value				
农业	Farming	47.5	44.6	44.6	45.3
林业	Forestry	3.5	2.9	2.9	2.7
牧业	Animal Husbandry	26.5	25.3	26.5	26.1
渔业	Fishery	22.5	22.7	21.6	21.4
农林牧渔服务业	Services for Farming, Forestry, Animal Husbandry and Fishery		4.5	4.4	4.5
工业	**Industry**				
国有及年销售收入500万元以上非国有工业产值结构	Structure of Gross Industrial Output Value of State-owned Enterprises and Non-state-owned Enterprises with Annual Sales Revenue over 5 Million Yuan				
按轻重工业分	Grouped by Light and Heavy Industry				
轻工业	Light Industry	52.9	46.3	41.1	40.4
重工业	Heavy Industry	47.1	53.7	58.9	59.6
按经济类型分	Grouped by Ownership				
国有工业	State-owned Industry	11.6	4.2	6.3	5.8
集体工业	Collective-owned Industry	9.6	3.9	1.5	1.3
股份合作工业	Share-holding Cooperative Industry	0.9	0.9	0.3	0.3
股份制工业	Share-holding Industry	14.3	22.0	24.9	25.8
外商投资工业	Foreign Funded Industry	20.2	27.8	31.5	31.1
港澳台商投资工业	Industry with Funds from Hong Kong, Macao and Taiwan	38.0	35.8	32.3	32.6
按企业规模分	Grouped by Size of Enterprises				
大型企业	Large	36.2	35.5	33.1	34.9
中型企业	Medium-sized	11.4	33.8	33.8	33.0
小型企业	Small	52.3	29.6	33.0	32.1
建筑业	**Construction**				
建筑业产值结构	Structure of Gross Output Value of Construction Enterprises				
国有企业	State-owned Enterprises	38.8	27.5	25.6	25.4
城镇集体企业	Collective-owned Enterprises	33.3	16.6	11.9	10.5
股份合作企业	Share-holding Cooperative Enterprises	0.8	0.7	0.6	0.5
联营企业	Joint-operation Enterprises	1.2	0.9	1.4	1.1

2-3 续表 2 continued

单位:% (%)

指 标	Item	2000	2003	2004	2005
有限责任公司	Limited Liability Corporations	13. 9	28. 3	35. 7	37. 8
股份制施工公司	Share-holding Limited Companies	5. 2	8. 1	5. 5	5. 4
私营企业	Private Enterprises	4. 4	15. 9	17. 5	17. 5
港澳台投资企业	Enterprises with Funds from Hong Kong, Macao and Taiwan	1. 6	1. 6	1. 4	1. 2
外商投资企业	Foreign Funded Enterprises	0. 8	0. 4	0. 4	0. 5
其他	Others				0. 1
运输业	**Transportation**				
货运量结构	Structure of Freight Traffic				
铁路	Railways	12. 7	10. 7	12. 5	11. 8
公路	Highways	63. 2	67. 9	65. 9	66. 6
水运	Waterways	21. 6	19. 0	19. 1	19. 0
民用航空	Civil Aviation	...	...	...	...
管道输油(气)	Pipelines	2. 5	2. 3	2. 5	2. 5
客运量结构	Structure of Passenger Traffic				
铁路	Railways	7. 4	6. 8	7. 5	7. 6
公路	Highways	90. 4	91. 2	90. 4	89. 5
水运	Waterways	1. 4	1. 2	0. 9	1. 0
民用航空	Civil Aviation	0. 8	0. 9	1. 2	1. 9
国内商业	**Domestic Trade**				
社会消费品零售总额结构	Structure of Total Retail Sales of Consumer Goods				
城镇	Urban Areas	75. 1	71. 1	75. 6	75. 5
农村	Rural Areas	24. 9	28. 9	24. 4	24. 5
对外经济贸易和国际旅游	**Foreign Trade and International Tourism**				
出口商品结构	Structure of Exports				
初级产品	Primary Goods	3. 7	2. 6	2. 5	2. 1
工业制成品	Manufactured Goods	96. 3	97. 4	97. 5	97. 9
进口商品结构	Structure of Imports				
初级产品	Primary Goods	12. 0	10. 7	11. 2	10. 7
工业制成品	Manufactured Goods	88. 0	89. 3	88. 8	89. 3
国际游客出入境人数结构	Structure of International Tourists				
外国人	Foreigners	4. 2	4. 0	4. 7	5. 6
港澳同胞	Compatriots from Hong Kong and Macao	92. 9	94. 0	93. 2	92. 1
台湾同胞	Compatriots from Taiwan	2. 8	2. 0	2. 1	2. 3
教育、文化	**Education and Culture**				
教育	Education				
在校学生结构	Structure of Enrolled Students				
大学生	Colleges and Universities	2. 0	3. 6	4. 3	5. 0
中学生	Secondary Schools	35. 3	33. 5	34. 1	34. 6
小学生	Primary Schools	62. 7	62. 9	61. 6	60. 4

2-3 续表 3 continued

单位：% (%)

指标	Item	2000	2003	2004	2005
专任教师结构	Structure of Full-time Teachers				
大学	Colleges and Universities	3.3	5.7	6.4	7.1
中学	Secondary Schools	37.3	38.7	39.5	40.1
小学	Primary Schools	59.4	55.5	54.1	52.8
文化	**Culture**				
文化事业机构人员结构	Structure of Persons Engaged in Cultural Activities				
艺术事业	Arts	24.3	25.5	33.4	33.5
图书馆事业	Library	7.0	9.3	12.3	13.6
群众文化事业	Mass Culture	24.5	27.4	34.6	36.9
教育事业	Education	2.2	2.4	3.3	3.8
其他文化事业	Other Cultural Activities	41.1	35.4	16.5	12.2
生活、卫生、环境	**People's Livelihood, Health Care and Environment**				
生活	**People's Livelihood**				
城镇居民消费结构	Consumption Structure of Urban Households				
食品类	Food	38.6	37.2	37.0	36.1
衣着类	Clothing	4.6	5.8	5.8	5.7
用品及其他	Articles for Daily Use and Others	43.0	44.6	46.0	48.2
居住	Residence	13.8	12.4	11.3	10.0
农村居民消费结构	Consumption Structure of Rural Households				
食品类	Food	49.8	47.9	48.8	48.3
衣着类	Clothing	3.9	4.0	3.6	3.9
用品及其他	Articles for Daily Use and Others	32.3	32.1	32.3	33.5
居住	Residence	14.0	16.0	15.3	14.3
卫生	**Health Care**				
执业医师结构	Structure of Certified Doctors				
中医执业医师	Certified Doctors of Traditional Chinese Medicine		14.7	14.6	13.1
西医执业医师	Certified Doctors of Western Medicine		85.3	85.4	86.9
医院床位结构	Structure of Hospital Beds				
县及以上医院	Hospitals at and above County Level	71.4	78.1	78.9	79.7
环境、灾害	**Environment and Disaster**				
企事业单位污染治理资金结构	Structure of Funds Used for Pollution Treatment by Enterprises and Institutions				
国家预算内资金	Government Budgetary Funds		27.8	0.1	…
综合利用利润留成	Profits Obtained from Comprehensive Utilization of Waste Water, Waste Gas and Solid Wastes	4.7			
环境保护补助	Subsidies for Environmental Protection	3.3	1.2	1.4	2.25
其他资金	Other Funds	90.7	71.0	98.5	97.8
火灾事故损失额结构	Structure of Fire Losses Converted into Cash				
特大	Extraordinarily Serious Fires	6.7	5.8	30.0	15.1
重大	Serious Fires	30.4	19.4	16.2	14.6
一般	Ordinary Fires	62.9	74.8	53.8	70.3
交通事故损失额结构	Structure of Losses of Traffic Accidents Converted into Cash				
特大	Extraordinarily Serious Accidents	7.6	9.8	3.5	0.6
重大	Serious Accidents	19.6	21.4	23.1	3.2
一般	Ordinary Accidents	72.8	68.8	73.4	96.2

注：由于数据计算进位的原因，部分结构总和不等于100。
Note: Owing to the rounding-off of figures, some totals in this table are not equal to 100.

2-4 国民经济和社会发展主要指标占全国比重
Percentage of Main Indicators on National Economic and Social Development of Guangdong to the Whole Nation

指标	Item	2004 广东 Guangdong	2004 全国 Whole Nation	2004 广东占全国% As Percentage of the Whole Nation	2005 广东 Guangdong	2005 全国 Whole Nation	2005 广东占全国% As Percentage of the Whole Nation
人口	**Population**						
年底常住人口数（万人）	Year-end Permanent Population (10000 persons)	9110.66	129988.00	7.0	9194.00	130756.00	7.0
土地面积 （万平方公里）	**Land Area (10000 sp. km)**	**17.98**	**960**	**1.9**	**17.98**	**960**	**1.9**
国内生产总值 （亿元）	**Gross Domestic Product (at current prices) (100 million yuan)**	**18864.62**	**159878.00**	**11.8**	**22366.54**	**182321**	**12.3**
第一产业	Primary Industry	1219.84	20955.80	5.8	1395.23	22718.40	6.1
第二产业	Secondary Industry	9280.73	73904.30	12.6	11339.93	86208	13.2
#工业	Industry	8485.85	65210.00	13.0	10482.03	76189.6	13.8
第三产业	Tertiary Industry	8364.05	65018.20	12.9	9631.37	73395	13.1
人均国内生产总值 （元）	**Per Capita Gross Domestic Product (yuan)**	**20876**	**12336**		**24438**	**13985**	
主要工农业产品产量	**Output of Major Farm Products and Industrial Products**						
粮食 （万吨）	Grain (10000 tons)	1390.00	46947.00	3.0	1394.97	48402	2.9
油料 （万吨）	Oil bearing Crops (10000 tons)	77.51	3066.00	2.5	77.01	3077.1	2.5
肉类 （万吨）	Meat (10000 tons)	365.32	7245.00	5.0	384.31	7743	5.0
水产品 （万吨）	Aquatic Products (10000 tons)	671.38	4901.80	13.7	695.23	5106.1	13.6
水果 （万吨）	Fruits (10000 tons)	787.85	15340.90	5.1	831.69	16120.1	5.2
茶叶 （万吨）	Tea (10000 tons)	4.04	83.50	4.8	4.45	93.5	4.8
原煤 （万吨）	Coal (10000 tons)	338.40	196000	0.2	234.84	219000	0.1
发电量 （亿千瓦时）	Electricity (100 million kwh)	2061.08	22033.00	9.4	2163.36	24747	8.7
水泥 （万吨）	Cement (10000 tons)	7611.58	96682.00	7.9	8031.74	106400	7.5
布 （亿米）	Cloth (100 million m)	20.36	482.10	4.2	24.82	470	5.3
机制纸及纸板 （万吨）	Machine-made Paper and Paperboard (10000 tons)	597.30	5413.00	11.0	690.61	5404	12.8
粗钢 （万吨）	Steel (10000 tons)	734.99	28291.00	2.6	757.07	35239	2.1
成品糖 （万吨）	Sugar (10000 tons)	106.99	1034.00	10.3	119.43	903	13.2
平板玻璃 （万重量箱）	Plate Glass (10000 wt. cases)	2076.82	37026.00	5.6	2328.82	36574	6.4
自行车 （万辆）	Bicycles (10000 units)	2050.67	5001.30	41.0	1760.58	5631	31.3
家用电冰箱 （万台）	Household Refrigerators (10000 units)	941.65	3007.60	31.3	601.51	2985.8	20.1
家用洗衣机 （万台）	Household Washing Machines (10000 units)	183.33	2533.40	7.2	266.41	2952.6	9.0
彩电电视机 （万台）	Color Television Sets	3598.72	7431.80	48.4	4089.62	8283.2	49.4
房间空调器 （万台）	Room Air Conditioners (10000 units)	2611.17	6390.30	40.9	3441.69	6764.6	50.9
微型电子计算机（万台）	Microelectronic Computers (10000 units)	1466.75	5974.90	24.5	1664.12	8083.8	20.6
固定资产投资	**Investment in Fixed Assets**						
全社会固定资产投资额 （亿元）	Total Amount of Investment in Fixed Assets (100 million yuan)	6025.53	70477.40	8.5	7164.11	88604.30	8.1
# 国有及其他经济	State-owned Units	4472.55	50631.10	8.8	5364.01	62641.80	8.6
集体单位	Collective-owned Units	419.73	9965.70	4.2	396.64	11925.4	3.3
个体经济	Individual Economy	1133.25	9880.60	11.5	1403.46	14037.10	10.0

2-4 续表 continued

指 标	Item	2004 广东 Guangdong	2004 全国 Whole Nation	2004 广东占全国% As Percentage of the Whole Nation	2005 广东 Guangdong	2005 全国 Whole Nation	2005 广东占全国% As Percentage of the Whole Nation
运输、邮电	**Transport, Postal and Telecommunication Services**						
货物周转量(亿吨公里)	Freight Traffic (100 million ton-kilometers)	4148.54	69445.00	6.0	4359.97	80257.00	5.4
旅客周转量(亿人公里)	Passenger Traffic (100 million person-kilometers)	1738.21	16309.00	10.7	2122.14	17467	12.1
沿海主要港口货物吞吐量 (万吨)	Volume of Freight Handled at Major Coastal Ports (10000 tons)	38302.00	246074.00	15.6	48743.00	292777.00	16.6
邮电业务总量 (亿元)	Total Business Volume of Postal and Telecommunication Services (100 million yuan)	1781.78	9712.30	18.3	2121.94	12198.9	17.4
财政金融	**Government Finance and Banking**						
地方财政一般预算收入 (亿元)	Local Government Budgetary Revenue (100 million yuan)	1418.51	11693.37	12.1	1807.20	14884.2	12.1
地方财政一般预算支出 (亿元)	Local Government Budgetary Expenditure (100 million yuan)	1852.95	20592.81	9.0	2289.07	25154.7	9.1
城乡居民储蓄存款余额 (亿元)	Savings Deposits by Urban and Rural Residents (100 million yuan)	16193.36	119555.40	13.5	19051.35	141051.00	13.5
外贸外经旅游	**Foreign Trade and International Tourism**						
进口总额 (亿美元)	Total Imports (USD 100 million)	1655.60	5612.30	29.5	1898.31	6599.50	28.8
出口总额 (亿美元)	Total Exports (USD 100 million)	1915.69	5933.20	32.3	2381.71	7619.50	31.3
实际外商直接投资 (亿美元)	Foreign Direct Investment (USD 100 million)	100.12	606.30	16.5	123.64	603.30	20.5
旅游外汇收入(亿美元)	Total Foreign Exchange Earnings from International Tourism (USD 100 million)	53.80	257.40	20.9	64.57	293.00	22.0
商业与物价	**Domestic Trade and Prices**						
社会消费品零售总额 (亿元)	Total Amount of Retail Sales of Consumer Goods (100 million yuan)	6852.03	59501.00	11.5	7882.64	67176.6	11.7
商品零售价格指数(%)	General Retail Price Index (%)	102.9	102.8		101.8	100.8	
居民消费价格指数(%)	General Resident Consumer Price Index (%)	103.0	103.9		102.3	101.8	
人民生活	**People's Livelihood**						
职工工资总额 (亿元)	Total Wages of Staff and Workers (100 million yuan)	1795.15	16900.20	10.6	2110.06	19980.80	10.6
城镇居民人均可支配收入 (元)	Per Capita Disposable Income of Urban Households (yuan)	13628	9422		14769.94	10493	
农村居民人均纯收入 (元)	Per Capita Net Income of Rural Households (yuan)	4365.87	2936		4690.49	3255	
教育、科技、卫生	**Education, Science and Technology and Health Care**						
高等学校在校学生数 (万人)	Students Enrolled in Colleges and Universities (10000 persons)	72.69	1333.50	5.5	87.47	1561.80	5.6
国有企事业单位专业技术人员 (万人)	Number of Technical Persons Engaged in State-owned Units (10000 persons)	137.47	2750.00	5.0	139.90		
医院病床位 (万张)	Number of Hospital Beds (10000 units)	18.31	304.70	6.0	19.26	313.5	6.1
专业卫生技术人员 (万人)	Number of Medical Technical Personnel (10000 persons)	28.34	439.00	6.5	29.73	446.00	6.7

注：全国2005年数为快报数。
Note: The 2005 data of the whole nation are based on the advance reports.

2-5 国民经济主要指标分月变化情况

(2005 年，累计绝对数)

指标		Item		1 Jan.
地区生产总值（现价）	(亿元)	Gross Domestic Growth (at current prices)	(100 million yuan)	
第一产业	(亿元)	Primary Industry	(100 million yuan)	
第二产业	(亿元)	Secondary Industry	(100 million yuan)	
第三产业	(亿元)	Tertiary Industry	(100 million yuan)	
工业总产值（现价）	(亿元)	Gross Industrial Output Value (at current prices)	(100 million yuan)	2350.21
工业销售产值（现价）	(亿元)	Gross Industrial Sales Value (at current prices)	(100 million yuan)	2340.07
# 出口产品交货值	(亿元)	Of Which: Delivery Value for Exports	(100 million yuan)	993.81
工业增加值	(亿元)	Value-added of Industry	(100 million yuan)	599.82
轻工业	(亿元)	Light Industry	(100 million yuan)	241.92
重工业	(亿元)	Heavy Industry	(100 million yuan)	357.90
# 集体企业	(亿元)	Of Which: Collective-owned Enterprises	(100 million yuan)	15.51
股份合作企业	(亿元)	Share-holding Cooperative Enterprises	(100 million yuan)	4.27
股份制企业	(亿元)	Share-holding Enterprises	(100 million yuan)	130.21
外商及港澳台投资企业	(亿元)	Foreign Funded Enterprises and Enterprises with Funds from Hong Kong, Macao and Taiwan	(100 million yuan)	375.08
# 国有及国有控股企业	(亿元)	Of Which: State-owned and State-controlled Enterprises	(100 million yuan)	164.10
# 大中型企业	(亿元)	Of Which: Large and Medium-sized Industrial Enterprises	(100 million yuan)	416.94
全社会固定资产投资额	(亿元)	Investment in Fixed Assets	(100 million yuan)	
# 基本建设投资		Of Which: Capital Construction		
更新改造投资		Innovation		
房地产开发投资		Real Estate Development		
来源于广东的财政总收入	(亿元)	Total Government Revenue Created by Guangdong	(100 million yuan)	422.50
	(亿元)			
地方一般预算收入	(亿元)	Local Government Budgetary Revenue	(100 million yuan)	154.72
# 税收收入	(亿元)	Tax Revenue	(100 million yuan)	138.11
地方一般预算支出	(亿元)	Local Government Budgetary Expenditure	(100 million yuan)	112.77
金融机构（含外资）本外币存款余额	(亿元)	Deposits in Renminbi and Foreign Currencies in All Financial Institutions	(100 million yuan)	33274.20
金融机构（含外资）本外币贷款余额	(亿元)	Loans in Renminbi and Foreign Currencies in All Financial Institutions	(100 million yuan)	21910.45
金融机构（不含外资）人民币存款余额	(亿元)	Deposits in Renminbi in Financial Institutions (excluding foreign funded financial institutions)	(100 million yuan)	30830.37
金融机构（不含外资）人民币贷款余额	(亿元)	Loans in Renminbi in Financial Institutions (excluding foreign funded financial institutions)	(100 million yuan)	19468.20
城乡居民储蓄存款余额	(亿元)	Savings Deposits by Urban and Rural Residents	(100 million yuan)	16335.89
城镇居民人均可支配收入	(元)	Per Capita Disposable Income of Urban Households	(yuan)	1283.76
外贸进出口总额	(亿美元)	Total Imports and Exports	(USD 100 million)	255.60
外贸出口总额（海关口径）	(亿美元)	Total Exports (customs statistics)	(USD 100 million)	138.40
# 一般贸易	(亿美元)	Of Which: General Trade		36.10
来料加工	(亿美元)	Processing and Assembling with Customers' Materials	(USD 100 million)	26.00
进料加工	(亿美元)	Processing and Assembling with Import Materials	(USD 100 million)	69.70
外贸进口总额（海关口径）	(亿美元)	Total Imports (customs statistics)	(USD 100 million)	117.20
合同外商直接投资	(亿美元)	Contracted Foreign Direct Investment	(USD 100 million)	
外商直接投资	(亿美元)	Foreign Direct Investment		
货运量	(万吨)	Freight Traffic	(10000 tons)	12089.92
客运量	(万人)	Passengers Traffic	(10000 persons)	17161.30
港口货物吞吐量	(万吨)	Volume of Freight Handled in Coastal Ports	(10000 tons)	4623.00
发电量	(亿千瓦时)	Electricity	(100 million kwh)	171.99
社会消费品零售总额	(亿元)	Total Retail Sales of Consumer Goods	(100 million yuan)	
居民消费价格总指数	(%)	General Consumer Price Index	(%)	101.3
综合经济效益指数	(%)	Overall Economic Efficiency Index	(%)	
产品销售收入	(亿元)	Sales Revenue of Products	(100 million yuan)	
应收帐款净额	(亿元)	Net Amount of Accounts Receivable	(100 million yuan)	
产成品存货	(亿元)	Inventory of Manufactured Products	(100 million yuan)	
利润总额	(亿元)	Total Profits	(100 million yuan)	
税金总额	(亿元)	Total Taxes	(100 million yuan)	

注：1. 工业统计范围为全部国有工业及销售收入在 500 万元以上的非国有工业。
2. 1－12 月累计数不等于年报数。
3. 金融机构存、贷款余额及城乡居民储蓄存款余额“累计”栏均为月末数。

Changes of Main Economic Indicators by Month

(2005, accumulative figures in value terms)

月份 Month 1-2 Jan.-Feb.	1-3 Jan.-Mar.	1-4 Jan.-Apr.	1-5 Jan.-May	1-6 Jan.-Jun.	1-7 Jan.-Jul.	1-8 Jan.-Aug.	1-9 Jan.-Sep.	1-10 Jan.-Oct.	1-11 Jan.-Nov.	1-12 Jan.-Dec.
	4089.47			8902.36			13981.60			21701.28
	166.71			396.05			790.60			1374.59
	2398.01			5446.86			8423.72			10747.25
	1524.75			3059.45			4767.28			9579.44
4444.48	7275.98	9976.80	12806.24	15896.14	18799.65	21843.87	24903.61	28192.03	31600.50	35401.30
4399.54	7096.34	9787.26	12531.78	15480.99	18344.10	21309.67	24331.03	27567.62	30843.86	34494.08
1900.89	3040.32	4240.48	5431.85	6680.64	7918.67	9232.70	10530.75	12008.31	13442.68	15062.24
1130.32	1883.30	2503.16	3211.89	3985.30	4719.04	5478.74	6235.14	7130.18	7861.71	8290.00
454.09	752.81	1108.40	1422.16	1761.89	2082.67	2411.50	2743.79	3133.03	3444.95	3620.79
676.23	1130.48	1394.76	1789.73	2223.41	2636.37	3067.24	3491.35	3997.15	4416.76	4669.21
28.85	32.98	41.85	53.43	66.80	78.82	90.59	101.93	114.02	126.81	133.15
3.91	5.87	8.59	10.35	13.10	15.31	17.64	20.02	22.23	24.76	26.09
259.18	491.34	656.22	857.34	1084.39	1280.08	1479.05	1686.66	1905.59	2143.63	2278.83
701.21	1153.15	1600.83	2042.39	2515.34	2973.32	3460.19	3943.01	4474.59	5012.51	5301.63
305.69	469.23	491.82	628.95	777.10	920.08	1069.23	1220.49	1361.58	1508.26	1576.72
772.00	1215.87	1647.26	2103.96	2588.50	3046.70	3645.99	4153.30	4703.99	5257.52	5563.12
551.39	1034.79	1499.25	2003.58	2681.94	3215.61	3738.16	4458.56	5124.37	5834.90	6957.38
283.73	537.48	781.97	1063.66	1425.46	1697.14	1973.61	2330.30	2663.61	3006.24	3556.95
53.39	99.09	163.38	216.31	293.37	366.94	425.32	553.79	635.75	752.12	929.46
155.59	262.78	372.33	486.88	614.84	735.03	851.78	983.07	1140.28	1288.32	1498.28
688.03	1011.82	1445.95	1790.14	2174.81	2589.30	2917.50	3249.51	3670.89	3996.07	4431.97
256.21	375.78	540.58	664.40	809.79	962.03	1077.90	1321.14	1488.40	1620.75	1806.01
223.94	323.26	463.48	564.39	678.82	814.14	909.82	1131.38	1280.16	1390.56	1525.84
210.80	354.72	513.65	641.64	864.89	1008.79	1189.92	1381.78	1508.85	1727.99	2287.54
33399.15	34119.85	34281.42	34779.22	35528.11	35548.29	36015.19	36670.21	37010.62	37501.42	38119.91
21861.57	21987.87	21902.59	21832.47	22121.56	21900.29	22110.06	22388.21	22482.97	23033.43	23261.21
30905.01	31619.64	31850.48	32343.64	33099.65	33207.78	33688.00	34390.54	34693.35	35167.49	35783.57
19400.47	19487.52	19374.88	19271.75	19559.04	19371.23	19568.62	19820.78	19927.93	20541.24	20745.27
16782.38	17083.41	17280.32	17475.53	17713.11	17917.18	18070.68	18318.28	18461.56	18764.16	19051.35
3302.16	4463.35	5574.23	6701.79	7828.78	8953.79	10086.82	11272.89	12440.94	13583.24	14769.94
495.70	830.60	1184.80	1505.80	1870.50	2232.6	2603.70	3008.30	3407.20	3818.40	4279.80
268.00	452.60	642.50	820.30	1022.60	1226.0	1432.40	1655.60	1883.40	2112.80	2381.60
63.30	102.17	145.90	188.30	235.60	283.80	330.90	379.40	427.80	476.10	533.20
48.20	80.14	111.70	142.10	176.20	211.40	248.70	288.70	327.00	363.80	402.70
144.70	250.90	357.80	455.70	567.80	678.70	791.40	916.40	1049.00	1184.80	1348.00
227.70	378.00	542.30	685.50	847.90	1006.60	1171.30	1352.70	1523.80	1705.60	1898.20
	41.42			101.16			164.01			237.44
	20.77			56.27			92.65			126.77
22238.69	33853.21	45441.40	57374.17	69285.50	81502.20	93875.47	106537.02	119905.76	133949.04	167978.49
35274.75	51653.23	69408.04	86150.67	102428.28	119035.93	135913.86	152470.35	170186.27	186562.20	216055.40
8249.00	12919.00	18017.00	23048.00	27912.00	32836.00	37853.00	43392.00	49050.00	54767.00	60887.00
322.79	495.53	677.70	860.50	1036.54	1227.50	1417.84	1609.26	1789.60	1965.52	2163.36
1230.84	1814.86	2373.46	2958.96	3526.51	4119.67	4715.72	5345.69	6010.05	6664.20	7882.64
102.8	102.9	102.7	102.7	102.8	102.8	102.6	102.4	102.3	102.3	102.3
150.7	145.8	145.2	145.1	146.5	147.4	148.0	148.9	149.5	149.9	152.0
4371.06	7065.62	9528.46	12221.41	15064.52	17967.08	20912.92	23900.00	27098.32	30351.13	34033.32
3360.86	3781.25	3939.58	4128.81	4130.32	4332.85	4473.34	4643.50	4788.95	5000.04	4932.12
1451.31	1618.29	1692.29	1713.89	1763.97	1793.94	1814.37	1820.11	1849.92	1910.41	1924.06
190.02	283.90	400.72	500.85	621.81	761.97	883.87	1022.34	1158.40	1288.95	1457.6
132.47	204.53	270.32	337.14	414.59	493.75	577.09	652.78	741.43	824.83	940.81

Notes: a) Gross industrial output value includes all state-owned enterprises and non-state-owned enterprises with an annual sales revenue over 5 million yuan.

b) The accumulative figures from January to December are not equal to the figures in annual report.

c) The "accumulative" columns of deposits and loans in financial institutions and savings deposits by urban and rural residents refer to the figures at month end.

2-6 国民经济主要指标分月变化情况

（2005 年，比上年同期增长%）

指　　标	Item	1 Jan.
地区生产总值	Gross Domestic Growth	
第一产业	Primary Industry	
第二产业	Secondary Industry	
第三产业	Tertiary Industry	
工业总产值	Gross Industrial Output Value (at current prices)	26.6
工业销售产值	Gross Industrial Sales Value (at current prices)	29.9
出口产品交货值	Of Which: Delivery Value for Exports	37.4
工业增加值	Value-added of Industry	25.4
轻工业	Light Industry	26.6
重工业	Heavy Industry	23.5
#集体企业	Of Which: Collective-owned Enterprises	11.8
股份合作企业	Share-holding Cooperative Enterprises	16.1
股份制企业	Share-holding Enterprises	30.3
外商及港澳台投资企业	Foreign Funded Enterprises and Enterprises with Funds from Hong Kong, Macao and Taiwan	33.7
#国有及国有控股企业	Of Which: State-owned and State-controlled Enterprises	27.8
#大中型企业	Of Which: Large and Medium-sized Industrial Enterprises	28.2
全社会固定资产投资额	Investment in Fixed Assets	
基本建设投资	Of Which: Capital Construction	
更新改造投资	Innovation	
房地产开发投资	Real Estate Development	
来源于广东的财政总收入	Total Government Revenue Created by Guangdong	61.4
地方一般预算收入	Local Government Budgetary Revenue	26.0
#税收收入	Tax Revenue	25.4
地方一般预算支出	Local Government Budgetary Expenditure	3.4
金融机构（含外资）本外币存款余额	Deposits in Renminbi and Foreign Currencies in All Financial Institutions	-144.15
金融机构（含外资）本外币贷款余额	Loans in Renminbi and Foreign Currencies in All Financial Institutions	-17.44
金融机构（不含外资）人民币存款余额	Deposits in Renminbi in Financial Institutions (excluding foreign funded financial institutions)	-119.06
金融机构（不含外资）人民币贷款余额	Loans in Renminbi in Financial Institutions (excluding foreign funded financial institutions)	-55.74
城乡居民储蓄存款余额	Savings Deposits by Urban and Rural Residents	+142.53
城镇居民人均可支配收入	Per Capita Disposable Income of Urban Households	-15.1
外贸进出口总额	Total Imports and Exports	25.8
外贸出口总额（海关口径）	Total Exports (customs statistics)	34.1
#一般贸易	General Trade	52.4
来料加工	Processing and Assembling with Customers' Materials	7.4
进料加工	Processing and Assembling with Import Materials	35.3
外贸进口总额（海关口径）	Total Imports (customs statistics)	17.3
合同外商直接投资	Contracted Foreign Direct Investment	
外商直接投资	Foreign Direct Investment	
货运量	Freight Traffic	16.1
客运量	Passengers Traffic	-2.5
港口货物吞吐量	Volume of Freight Handled in Coastal Ports	18.3
发电量	Electricity	30.4
社会消费品零售总额	Total Retail Sales of Consumer Goods	
居民消费价格总指数	General Consumer Price Index	1.3
综合经济效益指数	Overall Economic Efficiency Index	
产品销售收入	Sales Revenue of Products	
应收帐款净额	Net Amount of Accounts Receivable	
产成品存货	Inventory of Manufactured Products	
利润总额	Total Profits	
税金总额	Total Taxes	

注：金融机构存、贷款余额及城乡居民储蓄存款余额“比上年同期增长”栏为比上年末增长的绝对数。

Changes of Main Economic Indicators by Month

(2005, growth rates over same period of preceding year %)

月份 Month										
1-2 Jan. -Feb.	1-3 Jan. -Mar.	1-4 Jan. -Apr.	1-5 Jan. -May	1-6 Jan. -Jun.	1-7 Jan. -Jul.	1-8 Jan. -Aug.	1-9 Jan. -Sep.	1-10 Jan. -Oct.	1-11 Jan. -Nov.	1-12 Jan. -Dec.
	12.2			12.6			12.3			12.5
	4.6			4.2			2.7			3.2
	14.0			15.7			15.3			15.0
	10.2			8.8			8.9			10.8
19.7	17.9	18.3	19.1	19.9	19.4	19.2	19.1	19.3	19.9	19.5
22.7	19.5	20.6	21.8	22.4	21.5	20.9	20.3	21.3	21.3	20.5
30.0	22.9	23.9	25.4	26.5	25.7	24.8	24.2	23.3	22.9	21.4
18.0	15.9	16.8	16.9	17.1	16.9	16.8	16.8	16.9	17.1	17.0
17.5	14.9	16.6	16.7	16.6	16.5	16.4	16.6	16.8	17.0	17.1
18.4	16.8	16.9	17.0	18.1	17.3	17.1	16.9	17.0	17.2	17.0
8.6	5.6	6.9	6.1	7.7	8.0	8.1	6.8	6.9	7.2	7.3
21.7	23.0	21.0	25.2	29.1	26.4	23.9	23.5	22.4	21.8	22.0
18.6	17.4	14.9	16.0	16.8	16.7	16.8	17.8	18.2	19.0	19.0
23.2	18.4	20.0	20.0	18.7	17.0	17.0	16.5	16.5	16.2	16.2
15.2	12.4	7.6	5.5	9.3	7.4	6.9	8.0	7.2	7.0	6.1
17.3	15.6	16.2	16.1	16.6	16.6	14.9	14.7	14.8	14.7	14.8
25.3	15.0	15.1	16.0	16.2	17.8	16.3	16.7	17.6	17.7	16.3
25.8	16.7	17.4	21.3	24.6	26.1	24.0	23.3	26.1	23.7	22.7
39.7	12.0	6.3	5.6	8.1	12.8	4.3	15.4	11.5	16.0	11.3
14.1	4.1	11.0	8.0	10.4	11.2	10.9	11.0	9.9	10.5	10.5
27.7	20.0	28.6	34.3	32.5	28.7	24.0	26.9	26.4	25.0	25.2
12.9	11.9	12.6	12.6	14.2	14.4	14.5	19.0	18.8	17.7	18.4
12.9	11.5	11.7	11.1	12.6	13.4	13.2	18.5	18.5	17.1	17.5
12.3	17.1	14.5	14.6	17.5	16.2	21.1	20.1	20.1	19.4	23.5
-19.20	701.50	863.07	1360.86	2109.76	2129.93	2596.84	3251.86	3592.26	4083.07	4701.55
-83.09	43.21	-42.06	77.22	929.73	707.36	917.02	1262.62	1358.93	1909.35	2191.43
-44.42	670.21	901.05	1394.21	2150.22	2258.35	2738.56	3441.11	3743.91	4218.05	4834.14
-123.47	-36.42	-149.06	-92.88	699.59	512.48	709.87	1029.52	1138.33	1751.64	2010.07
589.01	890.04	1086.97	1282.16	1519.74	1723.82	1877.31	2124.92	2268.20	2570.79	2857.99
4.8	6.6	7.5	7.6	7.8	7.9	7.8	8.2	8.0	8.4	8.4
13.2	14.4	16.0	16.0	17.5	17.7	18.0	18.6	19.7	19.7	19.8
21.2	21.8	22.6	22.0	23.5	24.3	23.6	24.0	25.4	24.7	24.3
46.3	37.2	37.5	37.6	39.4	41.3	41.6	42.2	42.6	41.4	40.5
-2.1	1.8	2.0	1.2	2.0	3.0	3.3	4.4	5.4	4.1	3.0
20.8	23.6	24.8	23.9	25.3	25.6	24.3	24.5	26.6	26.2	26.5
5.1	6.6	9.0	9.6	11.0	10.7	11.7	12.6	13.4	14.0	14.7
	10.5			25.4			26.9			22.6
	34.0			21.9			19.4			26.6
7.3	5.4	5.8	5.8	6.0	6.2	6.3	6.4	6.6	7.3	7.6
2.9	4.0	4.2	4.4	5.2	5.3	5.5	5.6	5.7	5.3	6.1
6.8	8.7	10.7	12.2	12.9	13.2	12.2	12.1	11.7	11.6	12.2
11.2	8.0	7.6	8.1	7.4	8.0	8.1	7.9	7.4	6.7	6.8
13.5	14.5	14.7	14.8	14.7	14.8	14.7	14.7	14.8	14.9	15.0
2.8	2.9	2.7	2.7	2.8	2.8	2.6	2.4	2.3	2.3	2.3
6.7	2.2	2.8	2.2	3.0	3.2	3.6	3.4	3.3	3.3	2.5
26.0	20.1	20.6	20.9	20.6	20.3	20.0	19.6	19.8	19.9	19.8
24.8	16.3	19.7	20.2	13.6	16.2	15.8	15.6	11.8	15.6	18.6
24.6	17.7	19.3	18.5	18.0	17.5	14.6	11.7	11.0	11.5	16.4
21.9	5.7	6.7	3.5	4.4	6.7	5.9	5.5	4.2	4.0	3.2
18.6	12.1	15.7	15.3	15.7	15.8	15.4	13.7	14.2	13.7	13.8

Note: The "growth rates over same period of preceding year" columns of deposits and loans in financial institutions and savings deposits by urban and rural residents refer to the figures in value terms increasing over the end of the preceding year.

2-7 法人和产业活动单位数（2004－2005年）
Number of Corporate Units and Industrial Establishments（2004－2005）

项　目	Item	2004 法人单位数（个）Corporate Units（unit）	2004 产业单位数（个）Industrial Establishments（unit）	2005 法人单位数（个）Corporate Units（unit）	2005 产业单位数（个）Industrial Establishments（unit）
总　计	**Total**	**434988**	**551542**	**480005**	**594006**
按行业分	By Sector				
第一产业	Primary Industry	62	1029	3710	4857
第二产业	Secondary Industry	155960	165367	172174	181381
采矿业	Mining	1963	2086	2109	2216
制造业	Manufacture	139157	144923	154053	159947
电力、燃气及水的生产和供应业	Production and Supply of Electric Power, Gas and Water	5631	7746	5919	7747
建筑业	Construction	9209	10612	10093	11471
第三产业	Tertiary Industry	278966	385146	304121	407768
交通运输、仓储和邮政业	Transport, Storage and Postal Services	8100	14150	9169	14830
信息传输、计算机服务和软件业	Information Transmission, Computer Services and Software	6797	10681	7868	11176
批发和零售业	Wholesale and Retail Trade	93257	122549	106149	135243
住宿和餐饮业	Accommodations and Catering Services	8211	10862	9057	11673
金融业	Finance	1323	18716	1492	17535
房地产业	Real Estate	19930	23905	22254	26605
租赁和商务服务业	Leasing and Business Services	31154	36596	34729	39769
科学研究、技术服务和地质勘查业	Scientific Research, Technical Services and Geological Prospecting	10564	12319	11727	13444
水利、环境和公共设施管理业	Management of Water Conservancy, Environment and Public Facilities	3433	4325	3618	4491
居民服务和其他服务业	Services to Households and Other Services	8633	10461	9447	11288
教育	Education	27908	37937	28326	38429
卫生、社会保障和社会福利业	Health Care, Social Security and Social Welfare	6833	13309	6906	13346
文化、体育和娱乐业	Culture, Sports and Recreation	4623	6420	4906	6710
公共管理和社会组织	Public Administration and Social Organizations	48200	62916	48473	63229
国际组织	International Organizations				
按注册类型分	By Status of Registration				
内资企业	Domestic Funded Enterprises	393127	504699	434254	544078
国有企业	State-owned Enterprises	62966	115365	64491	115882
集体企业	Collective-owned Enterprises	42453	62969	44387	64491
股份合作企业	Share-holding Cooperative Enterprises	9199	10415	9774	11106
联营企业	Joint-operation Enterprises	2702	4042	2830	4184
有限责任公司	Limited Liability Corporations	35694	45083	41844	50925
股份有限公司	Share-holding Corporations Ltd.	3891	11570	4381	11369
私营企业	Private Enterprises	194683	208149	224236	238141
其他企业	Other Enterprises	41539	47106	42311	47980
港、澳、台商投资企业	Enterprises with Funds from Hong Kong, Macao and Taiwan	30644	33473	33204	35672
合资经营企业（港或澳、台资）	Joint Ventures	4829	5574	5133	5818
合作经营企业（港或澳、台资）	Cooperative Enterprises	3261	3593	3474	3795
港、澳、台商独资经营企业	Sole Investment Enterprises	22257	23623	24280	25395
港、澳、台商投资股份有限公司	Share-holding Corporations Ltd.	297	683	317	664
外商投资企业	Foreign Investment Enterprises	11203	13356	12547	14256
中外合资经营企业	Sino-foreign Joint Ventures	3264	4015	3608	4260
中外合作经营企业	Sino-foreign Cooperative Enterprises	1635	2240	1626	2090
外资企业	Foreign Funded Enterprises	6113	6836	7092	7636
外商投资股份有限公司	Share-holding Corporations Ltd.	191	265	221	269

注：本表2004年数据为广东省第一次全国经济普查数据，其中第一产业数据指第二、三产业法人兼营的第一产业的产业活动单位，与2005年口径不可比。

Note: Data of 2004 in this table referred to the figures of the First National Economic Census, of which the figures of the primary industry were the establishments of the primary industry concurrently run by the corporate units in the secondary and tertiary industries and were not comparable with those of 2005.

2-8 各市法人和产业活动单位数（2004－2005年）
Number of Corporate Units and Industrial Establishments by City（2004－2005）

市 别 City	2004		2005	
	法人单位数（个）Corporate Units（unit）	产业单位数（个）Industrial Establishments（unit）	法人单位数（个）Corporate Units（unit）	产业单位数（个）Industrial Establishments（unit）
总 计 Total	**434988**	**551542**	**480005**	**594006**
广 州 Guangzhou	96678	115918	105031	122606
深 圳 Shenzhen	61905	77350	72418	88369
珠 海 Zhuhai	16933	20182	19651	22909
汕 头 Shantou	19221	22207	20433	23312
佛 山 Foshan	47933	54522	53041	59195
韶 关 Shaoguan	9127	13965	10092	15005
河 源 Heyuan	6581	11059	6892	11303
梅 州 Meizhou	11334	19693	12042	20417
惠 州 Huizhou	16394	21232	19317	24521
汕 尾 Shanwei	4747	7022	4967	7272
东 莞 Dongguan	36490	40909	40938	45249
中 山 Zhongshan	17051	20279	19323	22921
江 门 Jiangmen	17427	21957	17965	21671
阳 江 Yangjiang	7384	9766	7836	10211
湛 江 Zhanjiang	11386	17947	12305	18421
茂 名 Maoming	10166	15295	10798	15899
肇 庆 Zhaoqing	9432	14371	10219	15158
清 远 Qingyuan	7889	13088	8480	13666
潮 州 Chaozhou	10309	12305	11046	13080
揭 阳 Jieyang	12406	15215	12731	15502
云 浮 Yunfu	4181	7246	4480	7319

2-9 各类法人单位及从业人数（2005年）

项 目	Item	法人单位 Corporate Units		企业 Enterprises	
		单位数（个）Number of Units (unit)	年末从业人员（万人）Number of Employed Persons at the Year-end (10000 persons)	单位数（个）Number of Units (unit)	年末从业人员（万人）Number of Employed Persons at the Year-end (10000 persons)
总 计	**Total**	**480005**	**2349. 76**	**379065**	**2053. 57**
按行业分	By Sector				
第一产业	Primary Industry	3710	8. 81	1441	6. 75
第二产业	Secondary Industry	172174	1615. 19	172132	1614. 90
采矿业	Mining	2109	9. 86	2107	9. 86
制造业	Manufacture	154053	1436. 62	154048	1436. 59
电力、燃气及水的生产和供应业	Production and Supply of Electric Power, Gas and Water	5919	22. 59	5887	22. 34
建筑业	Construction	10093	146. 12	10090	146. 11
第三产业	Tertiary Industry	304121	725. 77	205492	431. 92
交通运输、仓储和邮政业	Transport, Storage and Postal Services	9169	56. 42	8894	54. 21
信息传输、计算机服务和软件业	Information Transmission, Computer Services and Software	7868	20. 75	7545	20. 06
批发和零售业	Wholesale and Retail Trade	106149	126. 50	106127	126. 47
住宿和餐饮业	Accommodations and Catering Services	9057	57. 99	8924	57. 32
金融业	Finance	1492	29. 81	1413	28. 99
房地产业	Real Estate	22254	53. 43	20690	52. 13
租赁和商务服务业	Leasing and Business Services	34729	56. 41	28968	47. 09
科学研究、技术服务和地质勘查业	Scientific Research, Technical Services and Geological Prospecting	11727	22. 17	8870	15. 34
水利、环境和公共设施管理业	Management of Water Conservancy, Environment and Public Facilities	3618	15. 72	1329	4. 37
居民服务和其他服务业	Services to Households and Other Services	9447	15. 92	7853	13. 80
教育	Education	28326	111. 15	1203	3. 07
卫生、社会保障和社会福利业	Health Care, Social Security and Social Welfare	6906	38. 05	1007	1. 66
文化、体育和娱乐业	Culture, Sports and Recreation	4906	13. 37	2445	7. 21
公共管理和社会组织	Public Administration and Social Organizations	48473	108. 08	224	0. 19
国际组织	International Organizations				
按注册类型分	By Status of Registration				
内资企业	Domestic Funded Enterprises	434254	1461. 77	333458	1166. 09
国有企业	State-owned Enterprises	64491	356. 28	14559	124. 61
集体企业	Collective-owned Enterprises	44387	155. 57	34740	138. 31
股份合作企业	Share-holding Cooperative Enterprises	9774	19. 21	9330	18. 08
联营企业	Joint-operation Enterprises	2830	11. 69	2602	10. 98
有限责任公司	Limited Liability Corporations	41844	239. 16	41691	238. 79
股份有限公司	Share-holding Corporations Ltd.	4381	62. 23	4350	62. 13
私营企业	Private Enterprises	224236	564. 73	219682	555. 22
其他企业	Other Enterprises	42311	52. 90	6504	17. 96
港、澳、台商投资企业	Enterprises with Funds from Hong Kong, Macao and Taiwan	33204	624. 17	33120	623. 81
合资经营企业（港或澳、台资）	Joint Ventures	5133	96. 23	5103	96. 10
合作经营企业（港或澳、台资）	Cooperative Enterprises	3474	57. 00	3460	56. 91
港、澳、台商独资经营企业	Sole Investment Enterprises	24280	463. 37	24240	463. 22
港、澳、台商投资股份有限公司	Share-holding Corporations Ltd.	317	7. 57	317	7. 57
外商投资企业	Foreign Investment Enterprises	12547	263. 82	12487	263. 68
中外合资经营企业	Sino-foreign Joint Ventures	3608	64. 17	3600	64. 14
中外合作经营企业	Sino-foreign Cooperative Enterprises	1626	29. 78	1614	29. 71
外资企业	Foreign Funded Enterprises	7092	165. 42	7062	165. 38
外商投资股份有限公司	Share-holding Corporations Ltd.	221	4. 46	211	4. 44

Number of Corporate Units and Employed Persons by Type (2005)

事业单位 Institutions		机关 Organs		社会团体 Social Organizations		民办非企业 Non-enterprises Run by Local People		其他组织机构 Other Organizations	
单位数（个）Number of Units (unit)	年末从业人员（万人）Number of Employed Persons at the Year-end (10000 persons)	单位数（个）Number of Units (unit)	年末从业人员（万人）Number of Employed Persons at the Year-end (10000 persons)	单位数（个）Number of Units (unit)	年末从业人员（万人）Number of Employed Persons at the Year-end (10000 persons)	单位数（个）Number of Units (unit)	年末从业人员（万人）Number of Employed Persons at the Year-end (10000 persons)	单位数（个）Number of Units (unit)	年末从业人员（万人）Number of Employed Persons at the Year-end (10000 persons)
40319	173.09	10954	67.92	5969	5.27	7279	16.28	36419	33.62
515	0.83					1		1753	1.22
23	0.27	2		1		3	0.01	13	0.01
				1		1			
2	0.03					1		2	
20	0.24	1				1		10	0.01
1		1						1	
39781	171.99	10952	67.92	5968	5.27	7275	16.27	34653	32.39
210	2.00	2	0.01			6	0.02	57	0.18
232	0.61					12	0.01	79	0.07
7	0.01	4		3	0.01	2		6	
24	0.27					1		108	0.40
23	0.27	21	0.35					35	0.19
81	0.17					109	0.06	1374	1.07
2211	4.63			1		251	0.53	3298	4.17
2673	6.58			1		52	0.07	131	0.19
2192	11.08			1		9	0.03	87	0.24
529	1.11					178	0.25	887	0.76
20174	91.80	1				5919	14.34	1029	1.94
4485	34.29	1	0.02	7	0.03	526	0.73	880	1.31
2007	5.59			10		201	0.18	243	0.39
4933	13.58	10923	67.53	5945	5.22	9	0.07	26439	21.49
40311	173.07	10954	67.92	5964	5.27	7223	15.98	36344	33.44
35614	158.61	10923	67.79	2606	2.54	132	0.42	657	2.31
3311	10.82	12	0.03	371	0.44	943	1.42	5010	4.54
44	0.24			9	0.01	158	0.55	233	0.33
58	0.24	1		26	0.01	63	0.32	80	0.13
23	0.06			4		34	0.06	92	0.25
5	0.02					12	0.07	14	0.02
16	0.04			17	0.02	3342	7.76	1179	1.69
1240	3.05	18	0.10	2931	2.24	2539	5.38	29079	24.17
6	0.01			3		43	0.24	32	0.11
3						16	0.10	11	0.02
						11	0.07	3	0.01
3				3		16	0.07	18	0.08
2	0.01			2		13	0.06	43	0.08
				1		2		5	0.02
1	0.01					9	0.05	2	0.01
1				1		1		27	0.03
						1		9	0.02

2-10 各市分类法人单位及从业人数（2005年）
Number of Corporate Units and Employed Persons by Type by City (2005)

市别 City		法人单位 Corporate Units 单位数（个）Number of Units (unit)	法人单位 Corporate Units 年末从业人员（万人）Number of Employed Persons at the Year-end (10000 persons)	企业 Enterprises 单位数（个）Number of Units (unit)	企业 Enterprises 年末从业人员（万人）Number of Employed Persons at the Year-end (10000 persons)	事业单位 Institutions 单位数（个）Number of Units (unit)	事业单位 Institutions 年末从业人员（万人）Number of Employed Persons at the Year-end (10000 persons)
总　计	**Total**	**480005**	**2349. 76**	**379065**	**2053. 57**	**40319**	**173. 09**
广　州	Guangzhou	105031	397. 30	89142	345. 51	5367	31. 18
深　圳	Shenzhen	72418	419. 92	67990	400. 00	1526	10. 09
珠　海	Zhuhai	19651	73. 51	17460	66. 72	743	3. 22
汕　头	Shantou	20433	81. 25	15689	67. 59	2006	7. 88
佛　山	Foshan	53041	233. 50	46996	213. 72	2008	9. 88
韶　关	Shaoguan	10092	39. 56	5655	27. 60	1635	7. 11
河　源	Heyuan	6892	25. 44	3232	16. 12	1348	5. 65
梅　州	Meizhou	12042	45. 86	5843	31. 18	2527	9. 34
惠　州	Huizhou	19317	110. 06	14085	96. 85	2647	7. 91
汕　尾	Shanwei	4967	24. 21	2055	16. 24	1198	4. 47
东　莞	Dongguan	40938	371. 15	37008	357. 23	1306	6. 54
中　山	Zhongshan	19323	129. 13	17720	122. 32	746	3. 45
江　门	Jiangmen	17965	85. 70	13037	72. 46	2095	7. 94
阳　江	Yangjiang	7836	32. 00	5339	24. 07	1064	4. 48
湛　江	Zhanjiang	12305	49. 22	6105	29. 81	3060	12. 84
茂　名	Maoming	10798	51. 63	5721	35. 73	2255	10. 63
肇　庆	Zhaoqing	10219	43. 24	5369	31. 47	2279	7. 29
清　远	Qingyuan	8480	35. 66	4495	24. 91	1531	6. 70
潮　州	Chaozhou	11046	37. 41	7524	29. 94	1804	4. 46
揭　阳	Jieyang	12731	42. 69	6198	28. 91	2446	8. 25
云　浮	Yunfu	4480	21. 33	2402	15. 19	728	3. 77

市别 City		机关 Organs 单位数（个）Number of Units (unit)	机关 Organs 年末从业人员（万人）Number of Employed Persons at the Year-end (10000 persons)	社会团体 Social Organizations 单位数（个）Number of Units (unit)	社会团体 Social Organizations 年末从业人员（万人）Number of Employed Persons at the Year-end (10000 persons)	民办非企业 Non-enterprises Run by Local People 单位数（个）Number of Units (unit)	民办非企业 Non-enterprises Run by Local People 年末从业人员（万人）Number of Employed Persons at the Year-end (10000 persons)	其他组织机构 Other Organizations 单位数（个）Number of Units (unit)	其他组织机构 Other Organizations 年末从业人员（万人）Number of Employed Persons at the Year-end (10000 persons)
总　计	**Total**	**10954**	**67. 92**	**5969**	**5. 27**	**7279**	**16. 28**	**36419**	**33. 62**
广　州	Guangzhou	1221	10. 02	1147	0. 94	1877	4. 87	6277	4. 79
深　圳	Shenzhen	518	3. 99	318	0. 33	712	2. 82	1354	2. 70
珠　海	Zhuhai	283	2. 23	233	0. 15	349	0. 51	583	0. 68
汕　头	Shantou	482	3. 11	441	0. 22	535	0. 60	1280	1. 85
佛　山	Foshan	431	3. 75	528	0. 48	696	1. 62	2382	4. 03
韶　关	Shaoguan	722	3. 31	234	0. 30	104	0. 18	1742	1. 06
河　源	Heyuan	480	2. 54	169	0. 11	85	0. 12	1578	0. 90
梅　州	Meizhou	751	3. 59	368	0. 29	141	0. 16	2412	1. 29
惠　州	Huizhou	607	3. 46	316	0. 24	273	0. 63	1389	0. 95
汕　尾	Shanwei	409	2. 13	204	0. 14	181	0. 38	920	0. 85
东　莞	Dongguan	423	3. 24	221	0. 23	422	1. 57	1558	2. 33
中　山	Zhongshan	132	1. 84	178	0. 11	104	0. 30	443	1. 11
江　门	Jiangmen	534	3. 37	251	0. 19	148	0. 28	1900	1. 45
阳　江	Yangjiang	369	2. 37	79	0. 08	112	0. 11	873	0. 90
湛　江	Zhanjiang	697	3. 96	145	0. 18	288	0. 49	2010	1. 94
茂　名	Maoming	495	3. 54	180	0. 19	173	0. 38	1974	1. 16
肇　庆	Zhaoqing	599	3. 08	179	0. 15	148	0. 21	1645	1. 05
清　远	Qingyuan	529	2. 70	249	0. 22	226	0. 26	1450	0. 87
潮　州	Chaozhou	307	1. 29	193	0. 43	122	0. 12	1096	1. 17
揭　阳	Jieyang	624	2. 86	244	0. 15	521	0. 53	2698	2. 00
云　浮	Yunfu	341	1. 53	92	0. 14	62	0. 16	855	0. 54

2-11 各市按行业分法人单位数（2005 年）
Number of Corporate Units by Sector by City (2005)

市别 City		总计 Total	第一产业 Primary Industry	第二产业 Secondary Industry	采矿业 Mining	制造业 Manufacture	电力、燃气及水的生产和供应业 Production and Supply of Electric Power, Gas and Water
全 省	**Total Number of Corporate Units**	**480005**	**3710**	**172174**	**2109**	**154053**	**5919**
广 州	Guangzhou	105031	2075	24277	130	21301	228
深 圳	Shenzhen	72418	32	21035	12	19944	76
珠 海	Zhuhai	19651	138	5344	24	4398	52
汕 头	Shantou	20433	59	8158	30	7745	56
佛 山	Foshan	53041	76	28610	64	27470	123
韶 关	Shaoguan	10092	63	2491	186	1310	836
河 源	Heyuan	6892	15	1594	135	859	409
梅 州	Meizhou	12042	147	3590	389	2105	894
惠 州	Huizhou	19317	308	7368	110	6273	284
汕 尾	Shanwei	4967	32	1096	31	871	123
东 莞	Dongguan	40938	7	24378	13	23217	102
中 山	Zhongshan	19323	19	11282	15	10613	71
江 门	Jiangmen	17965	23	7461	112	6777	137
阳 江	Yangjiang	7836	11	3339	56	2787	384
湛 江	Zhanjiang	12305	256	2394	153	2093	100
茂 名	Maoming	10798	47	3306	245	2521	395
肇 庆	Zhaoqing	10219	68	3115	119	2435	393
清 远	Qingyuan	8480	107	2415	160	1422	692
潮 州	Chaozhou	11046	133	5713	39	5370	160
揭 阳	Jieyang	12731	72	4072	28	3730	198
云 浮	Yunfu	4480	22	1136	58	812	206

市别 City		建筑业 Construction	第三产业 Tertiary Industry	交通运输、仓储和邮政业 Transport, Storage and Postal Services	信息传输、计算机服务和软件业 Information Transmission, Computer Services and Software	批发和零售业 Wholesale and Retail Trade	住宿和餐饮业 Accommodations and Catering Services
全 省	**Total Number of Corporate Units**	**10093**	**304121**	**9169**	**7868**	**106149**	**9057**
广 州	Guangzhou	2618	78679	2525	3003	32140	2712
深 圳	Shenzhen	1003	51351	2215	2076	24323	1434
珠 海	Zhuhai	870	14169	495	505	6374	512
汕 头	Shantou	327	12216	474	151	5121	393
佛 山	Foshan	953	24355	587	459	10747	856
韶 关	Shaoguan	159	7538	171	96	1824	210
河 源	Heyuan	191	5283	95	24	737	192
梅 州	Meizhou	202	8305	126	47	1356	140
惠 州	Huizhou	701	11641	331	309	2772	329
汕 尾	Shanwei	71	3839	79	29	510	92
东 莞	Dongguan	1046	16553	556	270	4937	653
中 山	Zhongshan	583	8022	257	284	3055	241
江 门	Jiangmen	435	10481	213	128	2827	309
阳 江	Yangjiang	112	4486	71	46	1294	121
湛 江	Zhanjiang	48	9655	258	103	2167	154
茂 名	Maoming	145	7445	92	53	1523	149
肇 庆	Zhaoqing	168	7036	141	58	961	155
清 远	Qingyuan	141	5958	194	58	773	124
潮 州	Chaozhou	144	5200	142	89	987	98
揭 阳	Jieyang	116	8587	74	40	1208	114
云 浮	Yunfu	60	3322	73	40	513	69

2-11 续表 continued

市别 City		金融业 Finance	房地产业 Real Estate	租赁和商务服务业 Leasing and Business Services	科学研究、技术服务和地质勘查业 Scientific Research, Technical Services and Geological Prospecting	水利、环境和公共设施管理业 Management of Water Conservancy, Environment and Public Facilities
全省	**Total Number of Corporate Units**	**1492**	**22254**	**34729**	**11727**	**3618**
广州	Guangzhou	215	8056	9870	3650	713
深圳	Shenzhen	261	4867	6708	3397	334
珠海	Zhuhai	61	1347	1547	478	140
汕头	Shantou	47	428	596	199	133
佛山	Foshan	106	1389	3754	715	256
韶关	Shaoguan	39	270	372	238	153
河源	Heyuan	42	174	259	138	79
梅州	Meizhou	46	192	424	243	193
惠州	Huizhou	59	1178	1142	415	230
汕尾	Shanwei	58	73	153	94	45
东莞	Dongguan	125	978	4906	332	209
中山	Zhongshan	62	1029	1094	245	66
江门	Jiangmen	54	581	1395	241	201
阳江	Yangjiang	30	195	171	98	74
湛江	Zhanjiang	37	335	445	267	145
茂名	Maoming	38	216	237	172	120
肇庆	Zhaoqing	57	307	414	278	142
清远	Qingyuan	46	312	360	184	125
潮州	Chaozhou	50	120	238	116	98
揭阳	Jieyang	30	129	499	132	102
云浮	Yunfu	29	78	145	95	60

市别 City		居民服务和其他服务业 Services to Households and Other Services	教育 Education	卫生、社会保障和社会福利业 Health Care, Social Security and Social Welfare	文化、体育和娱乐业 Culture, Sports and Recreation	公共管理和社会组织 Public Administration and Social Organizations
全省	**Total Number of Corporate Units**	**9447**	**28326**	**6906**	**4906**	**48473**
广州	Guangzhou	3279	3952	1295	1377	5892
深圳	Shenzhen	1652	1466	318	468	1832
珠海	Zhuhai	602	615	257	245	991
汕头	Shantou	281	1693	225	184	2291
佛山	Foshan	939	1643	449	443	2012
韶关	Shaoguan	147	675	518	124	2701
河源	Heyuan	74	813	193	98	2365
梅州	Meizhou	75	1156	386	183	3738
惠州	Huizhou	224	1662	271	213	2506
汕尾	Shanwei	28	927	122	65	1564
东莞	Dongguan	457	1099	337	207	1487
中山	Zhongshan	185	463	62	136	843
江门	Jiangmen	287	1279	352	249	2365
阳江	Yangjiang	57	693	162	84	1390
湛江	Zhanjiang	103	2301	300	152	2888
茂名	Maoming	66	1743	244	118	2674
肇庆	Zhaoqing	75	1489	282	165	2512
清远	Qingyuan	122	941	271	118	2330
潮州	Chaozhou	135	1044	191	117	1775
揭阳	Jieyang	617	2305	504	107	2726
云浮	Yunfu	42	367	167	53	1591

2-12 各市按注册类型分法人单位数（2005 年）
Number of Corporate Units by Status of Registration by City （2005）

市 别 City	总计 Total	内资企业 Domestic Funded Enterprises	国有企业 State-owned Enterprises	集体企业 Collective-owned Enterprises	股份合作企业 Share-holding Cooperative Enterprises
全 省 Total Number of Corporate Units	**480005**	**434254**	**64491**	**44387**	**9774**
广 州 Guangzhou	105031	98763	10107	11458	4864
深 圳 Shenzhen	72418	63013	3316	1067	930
珠 海 Zhuhai	19651	17090	1595	1232	86
汕 头 Shantou	20433	19550	3592	3145	1317
佛 山 Foshan	53041	49976	2288	4640	1359
韶 关 Shaoguan	10092	9761	2778	942	103
河 源 Heyuan	6892	6652	2312	802	54
梅 州 Meizhou	12042	11751	3939	1322	92
惠 州 Huizhou	19317	16228	4118	1583	143
汕 尾 Shanwei	4967	4767	2001	430	25
东 莞 Dongguan	40938	28272	1180	5842	136
中 山 Zhongshan	19323	17017	935	1807	32
江 门 Jiangmen	17965	16239	2864	3197	70
阳 江 Yangjiang	7836	7674	1766	661	27
湛 江 Zhanjiang	12305	12077	4619	1151	99
茂 名 Maoming	10798	10432	3382	934	78
肇 庆 Zhaoqing	10219	9642	3389	941	33
清 远 Qingyuan	8480	8048	2504	807	88
潮 州 Chaozhou	11046	10588	2509	673	191
揭 阳 Jieyang	12731	12387	3653	1282	23
云 浮 Yunfu	4480	4327	1644	471	24

市 别 City	联营企业 Joint-operation Enterprises	有限责任公司 Limited Liability Corporations	股份有限公司 Share-holding Corporations Ltd.	私营企业 Private Enterprises	其他企业 Other Enterprises
全 省 Total Number of Corporate Units	**2830**	**41844**	**4381**	**224236**	**42311**
广 州 Guangzhou	506	6082	561	60816	4369
深 圳 Shenzhen	1205	5768	884	47964	1879
珠 海 Zhuhai	76	1767	140	11422	772
汕 头 Shantou	55	2168	297	6577	2399
佛 山 Foshan	194	10500	518	26913	3564
韶 关 Shaoguan	93	1081	180	2650	1934
河 源 Heyuan	31	313	86	1358	1696
梅 州 Meizhou	71	460	100	3088	2679
惠 州 Huizhou	118	1243	206	6836	1981
汕 尾 Shanwei	5	97	35	1150	1024
东 莞 Dongguan	104	4231	270	13369	3140
中 山 Zhongshan	26	1772	49	11905	491
江 门 Jiangmen	56	1146	165	6811	1930
阳 江 Yangjiang	23	431	84	3542	1140
湛 江 Zhanjiang	48	961	179	2876	2144
茂 名 Maoming	54	841	196	2825	2122
肇 庆 Zhaoqing	40	432	106	2944	1757
清 远 Qingyuan	59	691	136	2106	1657
潮 州 Chaozhou	21	1114	63	4674	1343
揭 阳 Jieyang	24	487	74	3730	3114
云 浮 Yunfu	21	259	52	680	1176

2-12 续表 continued

市别 City	港、澳、台商投资企业 Enterprises with Funds from Hong Kong, Macao and Taiwan	合资经营企业（港或澳、台资） Joint Ventures	合作经营企业（港或澳、台资） Cooperative Enterprises	港、澳、台商独资经营企业 Sole Investment Enterprises	港、澳、台商投资股份有限公司 Share-holding Corporations Ltd.
全 省 Total Number of Corporate Units	**33204**	**5133**	**3474**	**24280**	**317**
广 州 Guangzhou	3786	721	940	2084	41
深 圳 Shenzhen	6528	1322	256	4915	35
珠 海 Zhuhai	1782	348	131	1292	11
汕 头 Shantou	618	103	98	412	5
佛 山 Foshan	2063	744	126	1165	28
韶 关 Shaoguan	251	58	39	150	4
河 源 Heyuan	182	21	25	131	5
梅 州 Meizhou	189	29	74	83	3
惠 州 Huizhou	2509	303	324	1874	8
汕 尾 Shanwei	174	19	22	131	2
东 莞 Dongguan	10321	599	838	8748	136
中 山 Zhongshan	1745	309	74	1358	4
江 门 Jiangmen	1223	214	132	868	9
阳 江 Yangjiang	119	31	45	42	1
湛 江 Zhanjiang	137	68	13	52	4
茂 名 Maoming	221	64	94	53	10
肇 庆 Zhaoqing	386	43	35	305	3
清 远 Qingyuan	326	45	31	249	1
潮 州 Chaozhou	298	45	131	121	1
揭 阳 Jieyang	232	37	34	159	2
云 浮 Yunfu	114	10	12	88	4

市别 City	外商投资企业 Foreign Investment Enterprises	中外合资经营企业 Sino-foreign Joint Ventures	中外合作经营企业 Sino-foreign Cooperative Enterprises	外资企业 Foreign Funded Enterprises	外商投资股份有限公司 Share-holding Corporations Ltd.
全 省 Total Number of Corporate Units	**12547**	**3608**	**1626**	**7092**	**221**
广 州 Guangzhou	2482	651	424	1367	40
深 圳 Shenzhen	2877	1009	194	1636	38
珠 海 Zhuhai	779	228	79	456	16
汕 头 Shantou	265	87	67	105	6
佛 山 Foshan	1002	507	139	340	16
韶 关 Shaoguan	80	22	22	32	4
河 源 Heyuan	58	14	15	26	3
梅 州 Meizhou	102	26	46	26	4
惠 州 Huizhou	580	153	97	324	6
汕 尾 Shanwei	26	10	5	9	2
东 莞 Dongguan	2345	310	200	1772	63
中 山 Zhongshan	561	107	19	432	3
江 门 Jiangmen	503	167	58	274	4
阳 江 Yangjiang	43	16	18	8	1
湛 江 Zhanjiang	91	52	16	22	1
茂 名 Maoming	145	90	30	23	2
肇 庆 Zhaoqing	191	45	30	111	5
清 远 Qingyuan	106	41	19	46	
潮 州 Chaozhou	160	34	89	34	3
揭 阳 Jieyang	112	34	47	28	3
云 浮 Yunfu	39	5	12	21	1

2-13 民营经济主要指标（2002－2005 年）
Main Indicators on Private Economy（2002－2005）

指 标	Indicator	2002	2003	2004	2005	2005 比 2004 增长（%） Growth Rate in 2005 over 2004（%）
单位个数 （个）	**Number of Units （unit）**	**2103890**	**2249290**	**2420994**	**2782926**	**14.9**
#私营	Private	258620	323077	389771	449194	15.2
个体	Individual	1753093	1855085	1960348	2274011	16.0
从业人数 （万人）	**Number of Employed Persons （10000 persons）**	**1002.45**	**1086.83**	**1380.48**	**1503.11**	**8.7**
#私营	Private	422.35	464.38	605.02	629.85	5.6
个体	Individual	430.82	469.50	606.58	659.51	9.2
地区生产总值（当年价）（亿元）	**Gross Domestic Product（at Current Prices）（100 million Yuan）**	**5265.20**	**6118.62**	**7329.31**	**8602.49**	**14.0**
第一产业	Primary Industry	438.48	462.70	523.58	594.16	4.1
第二产业	Secondary Industry	2129.35	2527.07	3080.75	3658.68	16.9
工业	Industry	1857.07	2198.76	2665.75	3184.21	17.6
#规模以上	Above Designated Size	923.56	1125.53	1414.42	1744.42	21.2
建筑业	Construction	272.28	328.31	415.01	474.48	11.8
第三产业	Tertiary Industry	2697.36	3128.85	3724.98	4349.64	12.8
交通运输仓储和邮政业	Transport，Storage and Postal Services Changes Of Main Economic Indicators By Month	287.09	290.62	324.82	363.04	10.4
批发零售贸易业	Wholesale and Retail Trade	1054.80	1232.71	1452.10	1723.60	14.3
住宿和餐饮业	Accommodations and Catering Services	280.41	304.90	356.44	419.60	12.6
金融业	Finance	36.25	41.81	45.80	49.83	5.4
房地产业	Real Estate	552.50	653.93	808.82	941.39	12.1
其他服务业	Other Services	486.30	604.89	736.99	852.19	12.0
工业 （亿元）	**Industry （100 million Yuan）**					
工业总产值（当年价）	Gross Output Value of Industry（at Current Prices）	7442.40	8935.78	11334.27	12939.08	20.7
产品销售收入	Sales Revenue of Products	7212.02	8217.60	11008.88	12498.06	21.2
利润	Pre-tax Profits	309.80	332.71	511.57	779.66	9.6
税金	Taxes	138.53	151.67	560.04	326.93	12.6
固定资产投资 （亿元）	**Investment in Fixed Assets （100 million Yuan）**	**1501.71**	**1633.12**	**1965.43**	**2480.98**	**26.2**
进出口总额 （万美元）	**Total Value of Imports and Exports （USD 10000）**					
出口总额	Exports	414771	1129850	1877595	2994773	59.5
进口总额	Imports	441290	1109367	1706326	2093517	22.7
运输邮电业	**Transportation，Postal and Telecommunication Services**					
营业收入 （亿元）	Business Revenue （100 million Yuan）	122.10	131.15	142.47	191.10	12.1
货运量 （万吨）	Freight Traffic （10000 tons）	63109.62	65136.24	72661.56	78558.45	9.5
客运量 （万人）	Passenger Traffic （10000 persons）	78823.98	80610.27	83473.83	84877.64	4.1
邮电业务量 （亿元）	Business Transactions of Postal and Telecommunication Services （100 million Yuan）	5.01	6.03	7.49	20.39	14.4
批发零售贸易餐饮业 （亿元）	**Wholesale and Retail Trade and Catering Services （100 million Yuan）**					
批发贸易业销售额	Sales Value of Wholesale Trade	8821.17	9853.25	11616.98	13520.35	16.4
批发贸易业零售额	Retail Sales of Wholesale Trade	3455.13	4014.86	4540.81	5277.20	16.2
批发零售贸易税金	Taxes of Wholesale and Retail Trade	119.60	136.94	160.91	184.07	14.4
餐饮业零售额	Retail Sales of Catering Services	618.01	666.22	771.48	889.69	15.3
餐饮业税金	Taxes of Catering Services	16.42	17.44	19.41	23.50	21.1
税金 （亿元）	**Taxes （100 million Yuan）**	**535.71**	**704.12**	**918.17**	**1184.49**	**29.0**
#私营	Private	141.72	190.78	245.94	310.24	26.1
个体	Individual	139.46	151.51	182.15	210.70	15.7

注：本表民营经济统计范围是指股份合作企业、其他联营企业、其他有限责任公司、私营企业和个体经济。

Note：The statistical coverage of private economy in this table refers to share-holding cooperative enterprises，other joint-operation enterprises，other limited liability corporations，private enterprises and individual economy.

主要统计指标解释

发展速度 用以反映社会经济发展程度的相对指标，根据两个不同时期发展水平的对比而得。由于比较的标准时期不同，发展速度可分为定期发展速度和环比发展速度两种。

增长速度 发展速度－1（或100%）就是增长速度。即增长速度＝发展速度－1（或100%）。

平均每年增长速度 我国计算平均增长速度有两种方法，一种是习惯上经常使用的“水平法”，又称几何平均法，是以间隔最后一年的水平同基期水平对比来计算平均每年增长（或下降）的速度；另一种是“累计法”又称代数平均法或方程法，是以间隔年内各年水平的总和同基期水平对比来计算平均每年增长（或下降）的速度。具体计算方法，可参照中国财经出版社出版的《平均增长速度查对表》。

在一般正常情况下，两种方法计算的平均每年增长速度比较接近，但在经济发展不平衡出现大起大落时，两种方法计算的结果差别较大。

本《年鉴》内所列的平均每年增长速度都是用水平法计算的。从某年到某年平均增长速度的年份，均不包基期年在内。如1981－2005年平均每年增长速度，是以1980年为基期，2005年为报告期，年份从1981年算起，共25年。

当年价格 是报告期的实际价格，如工厂的出厂价格，农产品的收购价格，商品的零售价格等。按当年价格计算，是指一些以货币表现的物量指标，如工业总产值、国内生产总值等，按照当年的实际价格来计算总量。按当年价格计算的价值指标，在不同年份之间进行对比时，因为包含有各年间价格变动的因素，不能确切地反映实物量的增减变动。因此，在计算增长速度时都使用按可比价格计算的数字。

Explanatory Notes on Main Statistical Indicators

Development Rate is calculated by comparing the development levels of two different periods, which is a relative indicator to reflect the development extend of social economy. According to the different bases of comparison, development rates can be classified into fixed-base development rate and chain base development rate.

Growth Rate is equal to development rate minus one (or 100%), i. e. growth rate = development rate − 1 (or 100%)

Average Annual Growth Rate Two methods for calculating average annual growth rate are applied in China, one is often called "level approach" or the method of calculating geometric average, which is derived by comparing the level of the last year of the interval with that of the beginning year; the other is called "accumulative approach" or algebraic average or equation method, which is derived by the summation of the actual figure of each year in the interval divided by the figure in the base year. The detailed calculating methods can be found by reference to the Check Table of Average Growth Rate published by China Financial Publishing House.

Usually the results calculated by the two methods are fairly close, but they differed sharply when uneven economic development occurred with striking fluctuations in growth.

The average annual growth rates listed in this statistical yearbook are calculated by level approach. The base years are not listed when the years are listed for average annual growth rates. For instance, the average annual growth rate of 25 years since 1981 is listed as average annual growth rate of 1981 – 2005, among which 1980 is the base year and 2005 is the reference year.

Current Price refers to the actual price in the reference period, such as factory price, purchasing price of agricultural products, retail price of commodities, etc. Total values of some quantum indicators in value terms at current prices, such as gross industrial output value and gross domestic product, are calculated in accordance with actual prices of current year. When comparing indicators of value over time at current prices, they cannot accurately reflect the changes in real term due to price fluctuations of each year. That is why growth rate is calculated at comparable prices.

三、国民经济核算

3

NATIONAL ECONOMIC ACCOUNTS

三　国民经济核算

简要说明

一、本篇资料反映广东国民经济核算情况，由广东省统计局核算处整理提供。

二、国民经济核算资料主要包括生产总值及其有关资料。生产总值是根据不同产业部门、不同支出构成的特点和资料来源情况而分别采用不同方法计算的。

按支出法计算的生产总值等于最终消费、资本形成总额、货物和服务净出口之和。它与按上述方法计算的生产总值不一定相等，两者之间存在统计误差。

分市的国民经济核算数据由各市统计局提供，由于采取分级核算，各市数据相加不等于全省总计。

本统计年鉴公布的国民经济核算资料，最后一年数据不是最终数，还会发生变动；如果遇到普查年，在能够获得更为详细的基础资料情况下，生产总值的历史数据也会发生变动。1996 年，根据第一次第三产业普查结果，对 1992 年以前全省生产总值的历史数据做了调整；2005 年根据全国第一次经济普查结果，对 1993 －2004 年的全省生产总值历史数据做了调整，本年鉴的数据是调整后的数据。

3 National Economic Accounts

Brief Introduction

Ⅰ. The data in this chapter reflect the national accounts of Guangdong Province, which are prepared and provided by the Division of National Accounts of Guangdong Provincial Bureau of Statistics.

Ⅱ. The data on national accounts mainly include the gross domestic product (GDP) and related data. Data on GDP are calculated with various approaches in the light of the features of various sectors, various expenditure structures and the data resources.

The GDP figures calculated with the expenditure approach equals to the sum of final consumption, total capital formation and net export of goods and services. The data on GDP with this approach may be unequal to the data on GDP calculated with the approaches mentioned above. There is a statistical discrepancy between the two figures.

The data on national accounts by city are provided by the statistical bureaus of various cities. The sum of the city data is not equal to the provincial total due to the decentralized accounting approach.

Data on the national accounts of the latest year published in the yearbook are not final and are subject to changes. When it happens to be a census year, the data of GDP of the past years may also be revised on the basis of more detailed basic data. In 1996, the GDP figures of the year 1992 and prior to it were adjusted in accordance with the result of the first tertiary industry census. In 2005, the GDP figures from the year 1993 to 2004 were adjusted in accordance with the result of the first national economic census. Data published in this yearbook are the adjusted data.

3-1 地区生产总值（1978－2005年）
Gross Domestic Product (1978－2005)

单位：亿元 (100 million yuan)

年份 Year	地区生产总值 Gross Domestic Product	第一产业 Primary Industry	第二产业 Secondary Industry	工业 Industry	建筑业 Construction	第三产业 Tertiary Industry	农林牧渔服务业 Services for Agriculture, Forestry, Animal Husbandry and Fishery	地质勘查水利管理业 Geological Prospecting and Water Conservancy	交通运输仓储邮电通信业 Transport, Storage, Postal and Telecommunication Services
1978	185.85	55.31	86.62	76.12	10.49	43.92	0.16	0.35	10.05
1979	209.34	66.62	91.65	82.36	9.29	51.06	0.22	0.42	11.26
1980	249.65	82.97	102.53	89.87	12.66	64.14	0.26	0.52	13.72
1981	290.36	94.30	120.34	103.60	16.74	75.71	0.32	0.65	16.71
1982	339.92	118.17	135.37	113.13	22.24	86.39	0.40	0.77	18.34
1983	368.75	121.24	152.27	125.82	26.45	95.24	0.47	0.93	19.47
1984	458.74	145.25	187.55	154.33	33.22	125.93	0.63	1.21	25.68
1985	577.38	171.87	229.82	185.81	44.01	175.69	0.90	1.67	35.91
1986	667.53	188.37	255.88	208.46	47.42	223.28	1.16	2.16	40.18
1987	846.69	232.14	330.35	273.77	56.58	284.20	1.53	2.76	53.20
1988	1155.37	306.50	460.17	386.35	73.82	388.70	2.09	4.29	65.22
1989	1381.39	351.73	554.13	464.06	90.07	475.53	2.95	5.93	79.02
1990	1559.03	384.59	615.86	523.42	92.45	558.58	4.39	7.65	101.61
1991	1893.30	416.00	782.67	675.55	107.12	694.63	5.14	8.83	138.54
1992	2447.54	465.83	1100.32	899.28	201.04	881.39	6.02	9.46	174.28
1993	3469.28	558.70	1704.88	1386.83	318.05	1205.70	8.06	13.39	233.15
1994	4619.02	692.25	2253.25	1865.44	387.80	1673.52	9.93	16.21	336.95
1995	5933.05	864.49	2900.22	2448.82	451.40	2168.34	11.64	19.03	433.10
1996	6834.97	935.24	3307.51	2842.85	464.66	2592.22	12.96	20.39	505.91
1997	7774.53	978.32	3704.39	3235.42	468.97	3091.81	14.90	22.51	642.37
1998	8530.88	994.55	4067.12	3564.25	502.87	3469.21	16.24	22.84	705.98
1999	9250.68	1009.01	4359.00	3832.44	526.56	3882.66	18.06	23.40	766.84
2000	10741.25	986.32	4999.51	4463.06	536.45	4755.42	18.83	23.38	938.74
2001	12039.25	988.84	5506.06	4941.20	564.86	5544.35	21.74	25.57	1114.18
2002	13502.42	1015.08	6143.40	5548.41	594.99	6343.94	22.85	27.97	1206.20
2003	15844.64	1072.91	7592.78	6886.97	705.81	7178.94	24.36	30.16	1263.39
2004	18864.62	1219.84	9280.73	8485.85	794.88	8364.05	28.76	35.29	1419.78
2005	22366.54	1395.23	11339.93	10482.03	857.90	9631.37	33.03	40.81	1591.47

注：本表按当年价格计算。
Note: The data in this table are calculated at current prices.

3-1 续表 continued

单位：亿元 (100 million yuan)

年份 Year	批发和零售贸易餐饮业 Wholesale and Retail Trade and Catering Services	金融业 Finance	房地产业 Real Estate	社会服务业 Social Services	卫生、体育社会福利事业 Health Care, Sports and Social Welfare	教育、文化艺术和广播电影电视业 Education, Culture and Arts, Radio, Film and Television	科学研究综合技术服务业 Scientific Research and Polytechnic Services	国家机关、政党机关和社会团体 Government Agencies, Party Agencies and Social Organizations
1978	19.39	4.53	1.42	1.64	1.37	1.77	0.33	2.92
1979	23.52	4.74	1.62	1.81	1.61	2.06	0.38	3.44
1980	29.53	6.10	2.13	2.33	2.07	2.63	0.53	4.33
1981	33.57	6.76	2.79	2.85	2.61	3.47	0.67	5.32
1982	38.07	7.98	3.39	3.29	3.09	4.07	0.82	6.17
1983	41.42	8.94	4.09	3.83	3.52	4.85	0.95	6.77
1984	54.41	11.76	5.09	5.05	4.83	7.31	1.30	8.68
1985	79.86	12.74	6.16	6.28	6.32	12.65	1.67	11.54
1986	89.78	20.84	11.69	13.75	10.18	14.30	2.18	17.07
1987	104.17	34.25	16.44	23.52	11.18	16.30	2.73	18.11
1988	145.89	46.80	22.84	36.40	13.10	23.24	4.50	24.32
1989	136.65	72.70	41.36	47.99	15.72	31.09	6.21	35.91
1990	152.90	82.46	42.87	66.19	18.03	33.88	7.10	41.50
1991	185.77	94.83	54.09	87.98	20.43	38.64	7.95	52.42
1992	236.59	122.79	81.74	105.88	24.10	47.47	10.20	62.86
1993	340.49	149.29	126.25	140.54	34.51	64.10	13.25	82.68
1994	486.46	199.84	171.11	187.31	47.25	90.28	18.15	110.03
1995	647.77	229.27	230.75	261.22	58.72	117.75	22.67	136.42
1996	798.55	264.86	283.92	303.73	70.02	145.42	26.72	159.74
1997	944.61	302.87	342.54	364.75	78.44	171.34	31.95	175.52
1998	1073.36	306.39	419.76	403.53	89.30	196.19	37.90	197.71
1999	1174.76	331.10	505.74	466.23	102.44	227.52	44.61	221.95
2000	1371.49	443.69	626.10	617.99	126.68	271.37	61.05	256.11
2001	1543.83	450.81	696.41	825.89	165.61	307.81	78.26	314.24
2002	1761.27	454.65	808.16	1013.45	196.73	379.05	98.06	375.55
2003	2009.33	534.28	955.66	1093.72	236.64	451.39	113.87	466.15
2004	2321.59	602.68	1103.75	1316.64	283.61	544.68	148.38	558.89
2005	2596.65	673.65	1456.14	1493.19	302.47	608.26	203.71	631.99

3-2 地区生产总值指数（1978－2005年）
Indices of Gross Domestic Product（1978－2005）

上年＝100 (preceding year＝100)

年份 Year	地区生产总值 Gross Domestic Product	第一产业 Primary Industry	第二产业 Secondary Industry	工业 Industry	建筑业 Construction	第三产业 Tertiary Industry	农林牧渔服务业 Services for Agriculture, Forestry, Animal Husbandry and Fishery	地质勘查水利管理业 Geological Prospecting and Water Conservancy	交通运输仓储邮电通信业 Transport, Storage, Postal and Telecommunication Services
1978	101.0	104.3	97.1			101.2			
1979	108.5	106.1	104.3	107.6	89.5	117.6	131.0	118.0	112.7
1980	116.6	112.7	116.9	113.2	136.6	122.1	113.3	121.9	119.5
1981	109.0	105.1	112.9	110.8	122.0	110.0	122.0	120.2	107.5
1982	112.0	111.9	111.5	108.1	124.9	112.5	120.5	118.6	117.4
1983	107.3	103.6	110.1	109.6	111.6	108.9	115.5	113.7	105.0
1984	115.6	112.5	118.8	120.5	113.0	115.7	125.9	123.9	105.7
1985	118.0	106.2	120.7	120.9	120.1	128.7	114.7	112.8	123.1
1986	112.7	105.6	108.1	108.8	105.4	124.7	120.2	118.3	120.9
1987	119.6	109.6	127.5	131.6	112.1	120.6	120.3	118.3	122.2
1988	115.8	106.6	124.9	128.0	111.4	113.7	119.4	117.9	121.8
1989	107.2	107.2	108.6	110.8	97.1	105.7	116.0	114.2	118.2
1990	111.6	107.3	112.7	114.4	102.7	113.4	119.9	117.3	106.8
1991	117.7	105.4	123.6	123.0	127.5	119.4	110.6	108.8	128.3
1992	122.1	105.6	133.4	130.8	149.8	119.0	109.0	107.3	120.9
1993	123.0	102.5	136.3	139.8	117.0	116.7	110.6	109.4	124.9
1994	119.7	103.1	125.7	127.2	116.2	118.4	107.3	103.6	127.6
1995	115.6	105.4	118.7	119.6	112.8	114.6	104.8	103.9	117.3
1996	111.3	104.9	112.6	113.9	102.6	111.5	101.9	101.8	109.4
1997	111.2	104.7	112.9	114.4	100.0	110.7	106.7	104.1	109.1
1998	110.8	103.8	112.4	112.9	107.6	110.4	109.0	101.8	106.7
1999	110.1	103.9	110.6	110.9	107.5	111.2	111.3	102.8	105.7
2000	111.5	102.3	112.0	113.3	99.1	113.2	98.4	97.6	117.3
2001	110.5	102.2	110.7	111.2	106.1	112.0	114.7	104.8	114.0
2002	112.4	104.3	113.7	114.9	103.5	112.5	105.7	106.2	106.3
2003	114.8	102.2	120.3	121.0	113.1	111.3	105.4	102.8	106.1
2004	114.8	104.1	118.8	120.3	102.9	112.0	115.4	110.4	112.1
2005	113.8	104.5	115.0	115.8	105.5	113.7	111.8	113.1	117.3

注：本表按可比价格计算。
Note: The data in this table are calculated at comparable prices.

3-2 续表 continued

上年 = 100 (preceding year = 100)

年份 Year	批发和零售贸易餐饮业 Wholesale and Retail Trade and Catering Services	金融业 Finance	房地产业 Real Estate	社会服务业 Social Services	卫生、体育社会福利事业 Health Care, Sports and Social Welfare	教育、文化艺术和广播电影电视业 Education, Culture and Arts, Radio, Film and Television	科学研究综合技术服务业 Scientific Research and Polytechnic Services	国家机关、政党机关和社会团体 Government Agencies, Party Agencies and Social Organizations
1978								
1979	123.1	103.1	115.2	126.0	114.5	114.2	113.5	114.9
1980	119.6	126.4	136.0	133.8	125.4	123.7	133.5	122.7
1981	106.8	106.4	129.5	123.1	114.3	119.5	122.5	111.2
1982	108.0	110.0	121.0	120.0	116.4	115.1	121.1	113.8
1983	106.9	110.0	117.9	115.5	112.8	117.9	116.3	108.7
1984	116.6	116.8	109.3	111.4	122.3	135.0	127.2	122.3
1985	127.6	130.0	148.3	121.3	139.0	149.4	115.4	130.0
1986	117.9	130.2	161.1	147.8	117.7	118.2	121.1	133.9
1987	116.5	140.3	132.2	139.9	115.4	109.3	121.3	97.2
1988	108.3	115.0	127.6	119.9	105.0	112.4	120.7	105.7
1989	80.1	133.0	141.4	107.1	95.2	113.3	117.0	125.2
1990	112.2	117.3	97.6	128.2	119.7	113.7	119.2	120.6
1991	119.6	107.2	114.3	126.0	112.5	116.7	111.2	125.3
1992	119.4	121.2	146.2	108.1	111.3	113.3	110.9	112.7
1993	122.0	102.5	129.0	103.9	114.4	113.6	119.6	110.9
1994	119.4	107.4	127.4	110.6	113.4	116.1	116.2	111.2
1995	115.9	101.8	122.2	118.0	109.3	114.0	112.8	109.2
1996	114.2	107.5	115.8	110.1	108.7	115.9	109.3	106.4
1997	113.6	109.6	111.6	107.1	107.9	114.8	114.9	105.4
1998	115.0	103.1	110.6	105.1	113.8	115.2	119.6	113.2
1999	110.4	110.8	119.3	109.6	116.0	117.3	119.1	113.7
2000	109.4	122.7	115.4	113.4	112.5	108.5	123.1	106.7
2001	111.6	101.7	108.7	116.3	124.3	108.2	122.9	118.6
2002	113.3	100.6	111.9	120.6	118.4	121.4	121.7	117.1
2003	111.6	110.6	115.3	107.3	117.6	118.6	110.7	119.4
2004	109.8	106.9	108.2	117.9	115.7	115.8	122.9	114.1
2005	109.6	109.6	123.4	113.3	107.3	109.3	135.0	110.5

3-3 地区生产总值指数（1978－2005年）
Indices of Gross Domestic Product (1978－2005)

1978年＝100 (year of 1978＝100)

年份 Year	地区生产总值 Gross Domestic Product	第一产业 Primary Industry	第二产业 Secondary Industry	工业 Industry	建筑业 Construction	第三产业 Tertiary Industry	农林牧渔服务业 Services for Agriculture, Forestry, Animal Husbandry and Fishery	地质勘查水利管理业 Geological Prospecting and Water Conservancy	交通运输仓储邮电通信业 Transport, Storage, Postal and Telecommunication Services
1978	100.0	100.0	100.0	100.0	100.0	100.0	100.0	100.0	100.0
1979	108.5	106.1	104.3	107.6	89.5	117.6	131.0	118.0	112.7
1980	126.5	119.6	121.9	121.8	122.2	143.5	148.5	143.9	134.6
1981	137.9	125.8	137.6	135.0	149.1	157.8	181.2	172.9	144.8
1982	154.4	140.8	153.4	145.9	186.4	177.5	218.3	205.0	170.0
1983	165.6	145.9	168.8	159.9	208.0	193.3	252.2	233.2	178.6
1984	191.4	164.1	200.6	192.7	235.1	223.7	317.7	289.0	188.8
1985	225.7	174.2	242.1	233.0	282.4	287.9	364.4	326.0	232.5
1986	254.5	184.0	261.6	253.4	297.5	359.0	438.0	385.6	281.0
1987	304.5	201.7	333.4	333.4	333.5	433.0	527.1	456.3	343.4
1988	352.6	215.0	416.5	426.7	371.4	492.6	629.1	538.0	418.2
1989	377.9	230.6	452.1	472.8	360.6	520.5	729.6	614.3	494.3
1990	421.6	247.4	509.3	540.9	370.4	590.1	874.7	720.7	527.8
1991	496.1	260.9	629.7	665.4	472.2	704.6	967.8	784.1	677.2
1992	605.8	275.4	840.2	870.4	707.4	838.6	1054.9	841.3	818.6
1993	745.1	282.4	1145.2	1217.2	827.9	979.1	1167.2	920.0	1022.1
1994	891.9	291.2	1439.6	1547.9	962.4	1159.6	1252.3	953.5	1304.3
1995	1030.6	306.9	1709.0	1850.6	1085.2	1329.3	1312.4	990.6	1529.5
1996	1146.8	321.9	1924.2	2108.2	1113.5	1482.0	1337.4	1008.5	1673.6
1997	1275.1	336.9	2172.0	2412.2	1113.7	1640.1	1426.5	1049.6	1826.4
1998	1412.9	349.6	2441.7	2723.9	1198.7	1810.5	1554.5	1068.4	1948.7
1999	1555.9	363.3	2700.6	3021.1	1288.3	2013.9	1729.8	1098.0	2060.5
2000	1734.3	371.7	3024.8	3421.5	1276.9	2279.9	1702.1	1071.7	2416.0
2001	1916.2	379.9	3347.4	3805.4	1354.2	2554.0	1952.3	1123.5	2753.1
2002	2153.3	396.3	3806.6	4372.0	1401.6	2873.3	2064.4	1193.1	2926.6
2003	2473.0	405.1	4579.4	5292.0	1585.6	3198.8	2175.5	1226.3	3105.3
2004	2838.7	421.8	5438.5	6365.6	1631.6	3582.9	2509.8	1353.7	3480.8
2005	3230.5	440.7	6256.0	7372.6	1721.4	4074.2	2806.5	1531.5	4083.3

注：本表按可比价格计算。
Note: The data in this table are calculated at comparable prices.

3-3 续表 continued

1978年=100 (year of 1978 = 100)

年份 Year	批发和零售贸易餐饮业 Wholesale and Retail Trade and Catering Services	金融业 Finance	房地产业 Real Estate	社会服务业 Social Services	卫生、体育社会福利事业 Health Care, Sports and Social Welfare	教育、文化艺术和广播电影电视业 Education, Culture and Arts, Radio, Film and Television	科学研究综合技术服务业 Scientific Research and Polytechnic Services	国家机关、政党机关和社会团体 Government Agencies, Party Agencies and Social Organizations
1978	100. 0	100. 0	100. 0	100. 0	100. 0	100. 0	100. 0	100. 0
1979	123. 1	103. 1	115. 2	126. 0	114. 5	114. 2	113. 5	114. 9
1980	147. 3	130. 4	156. 6	168. 6	143. 5	141. 3	151. 6	141. 0
1981	157. 2	138. 6	202. 8	207. 6	163. 9	168. 9	185. 8	156. 8
1982	169. 7	152. 6	245. 3	249. 1	190. 8	194. 4	224. 9	178. 4
1983	181. 5	167. 8	289. 1	287. 7	215. 1	229. 3	261. 6	194. 0
1984	211. 7	196. 0	316. 0	320. 4	263. 0	309. 4	332. 9	237. 3
1985	270. 1	254. 7	468. 8	388. 6	365. 5	462. 3	384. 2	308. 5
1986	318. 5	331. 7	755. 1	574. 4	430. 2	546. 5	465. 3	413. 1
1987	370. 9	465. 3	998. 5	803. 9	496. 4	597. 3	564. 4	401. 5
1988	401. 6	535. 1	1273. 9	963. 8	521. 2	671. 2	681. 2	424. 3
1989	321. 8	711. 7	1801. 5	1032. 0	496. 3	760. 4	797. 2	531. 4
1990	361. 1	834. 5	1758. 4	1322. 9	594. 1	864. 9	950. 3	640. 8
1991	431. 9	894. 5	2009. 4	1666. 8	668. 2	1009. 8	1056. 4	803. 0
1992	515. 7	1084. 5	2938. 0	1801. 1	743. 9	1143. 8	1171. 5	904. 9
1993	629. 1	1111. 4	3788. 9	1871. 5	851. 3	1299. 3	1400. 6	1003. 2
1994	751. 2	1193. 3	4828. 9	2070. 3	965. 3	1508. 6	1627. 9	1115. 8
1995	870. 7	1214. 2	5898. 5	2443. 5	1054. 8	1720. 5	1836. 8	1218. 4
1996	994. 7	1305. 1	6832. 5	2689. 3	1146. 5	1994. 8	2006. 8	1296. 7
1997	1129. 7	1429. 9	7621. 7	2880. 4	1236. 8	2289. 3	2305. 9	1366. 9
1998	1299. 0	1474. 6	8430. 9	3025. 9	1406. 9	2636. 8	2758. 0	1547. 2
1999	1434. 6	1634. 4	10060. 7	3315. 4	1632. 7	3093. 5	3285. 1	1758. 6
2000	1570. 1	2004. 6	11611. 0	3759. 0	1837. 4	3357. 9	4042. 8	1876. 2
2001	1751. 8	2039. 4	12625. 5	4372. 5	2283. 5	3634. 4	4966. 8	2225. 6
2002	1984. 9	2052. 4	14124. 3	5275. 1	2704. 4	4413. 0	6043. 1	2605. 3
2003	2215. 4	2269. 9	16289. 3	5662. 7	3181. 0	5233. 3	6689. 5	3109. 7
2004	2433. 5	2427. 3	17629. 0	6676. 5	3681. 7	6061. 8	8223. 1	3547. 9
2005	2667. 5	2660. 9	21756. 6	7566. 8	3952. 0	6623. 6	11100. 4	3921. 7

3-4 地区生产总值产业构成（1978－2005年）
Composition of Gross Domestic Product by Industry (1978－2005)

单位：%　　(%)

年份 Year	地区生产总值 Gross Domestic Product	第一产业 Primary Industry	第二产业 Secondary Industry	#工业 Industry	第三产业 Tertiary Industry
1978	100.0	29.8	46.6	41.0	23.6
1979	100.0	31.8	43.8	39.3	24.4
1980	100.0	33.2	41.1	36.0	25.7
1981	100.0	32.5	41.4	35.7	26.1
1982	100.0	34.8	39.8	33.3	25.4
1983	100.0	32.9	41.3	34.1	25.8
1984	100.0	31.7	40.9	33.6	27.4
1985	100.0	29.8	39.8	32.2	30.4
1986	100.0	28.2	38.3	31.2	33.5
1987	100.0	27.4	39.0	32.3	33.6
1988	100.0	26.5	39.8	33.4	33.7
1989	100.0	25.5	40.1	33.6	34.4
1990	100.0	24.7	39.5	33.6	35.8
1991	100.0	22.0	41.3	35.7	36.7
1992	100.0	19.0	45.0	36.7	36.0
1993	100.0	16.1	49.1	40.0	34.8
1994	100.0	15.0	48.8	40.4	36.2
1995	100.0	14.6	48.9	41.3	36.5
1996	100.0	13.7	48.4	41.6	37.9
1997	100.0	12.6	47.6	41.6	39.8
1998	100.0	11.7	47.7	41.8	40.6
1999	100.0	10.9	47.1	41.4	42.0
2000	100.0	9.2	46.5	41.6	44.3
2001	100.0	8.2	45.7	41.0	46.1
2002	100.0	7.5	45.5	41.1	47.0
2003	100.0	6.8	47.9	43.5	45.3
2004	100.0	6.5	49.2	45.0	44.3
2005	100.0	6.2	50.7	46.9	43.1

注：本表按当年价格计算。
Note: The data in this table are calculated at current prices.

3-5 三次产业贡献率(1979－2005年)
Contributing Rate of the Three Industries (1979－2005)

单位:%　　(%)

年份 Year	地区生产总值 Gross Domestic Product	第一产业 Primary Industry	第二产业 Secondary Industry	#工业 Industry	第三产业 Tertiary Industry
1979	100.0	30.0	16.6	24.2	53.4
1980	100.0	31.0	32.1	21.0	36.9
1981	100.0	22.4	45.4	31.0	32.2
1982	100.0	37.8	31.5	17.8	30.7
1983	100.0	18.7	45.1	33.4	36.2
1984	100.0	29.2	40.5	34.1	30.3
1985	100.0	12.2	39.8	31.4	48.0
1986	100.0	14.1	22.3	19.1	63.6
1987	100.0	14.7	47.3	42.9	38.0
1988	100.0	11.4	56.8	52.0	31.8
1989	100.0	25.5	46.2	48.8	28.3
1990	100.0	16.0	43.1	41.7	40.9
1991	100.0	7.5	53.1	44.8	39.4
1992	100.0	5.5	63.1	50.1	31.4
1993	100.0	2.1	72.0	66.8	25.9
1994	100.0	2.5	65.9	60.4	31.6
1995	100.0	4.7	63.9	58.5	31.4
1996	100.0	5.3	60.9	59.4	33.8
1997	100.0	4.9	63.5	63.5	31.6
1998	100.0	3.8	64.4	60.6	31.8
1999	100.0	4.0	59.5	55.7	36.5
2000	100.0	2.0	59.7	60.1	38.3
2001	100.0	2.0	47.3	44.4	50.7
2002	100.0	3.0	51.7	50.3	45.3
2003	100.0	1.2	64.5	60.6	34.3
2004	100.0	1.9	62.7	61.8	35.4
2005	100.0	2.1	55.7	54.1	42.2

注：1. 本表按可比价格计算。
2. 产业贡献率指各产业增加值增量与GDP增量之比。

Note：a) The data in this table are calculated at comparable prices.
b) Industrial contributing rate refers to the proportion of the increment of every industrial value-added to the increment of GDP.

3-6 三次产业拉动率(1979－2005年)
Pulling Rate of the Three Industries (1979－2005)

单位:% (%)

年份 Year	地区生产总值 Gross Domestic Product	第一产业 Primary Industry	第二产业 Secondary Industry	#工业 Industry	第三产业 Tertiary Industry
1979	8.5	2.5	1.4	2.0	4.5
1980	16.6	5.2	5.3	3.5	6.1
1981	9.0	2.0	4.1	2.8	2.9
1982	12.0	4.5	3.8	2.1	3.7
1983	7.3	1.4	3.3	2.4	2.6
1984	15.6	4.5	6.3	5.3	4.7
1985	18.0	2.2	7.1	5.6	8.6
1986	12.7	1.8	2.8	2.4	8.1
1987	19.6	2.9	9.3	8.4	7.5
1988	15.8	1.8	9.0	8.2	5.0
1989	7.2	1.8	3.3	3.5	2.0
1990	11.6	1.8	5.0	4.8	4.7
1991	17.7	1.3	9.4	7.9	7.0
1992	22.1	1.2	14.0	11.1	6.9
1993	23.0	0.5	16.6	15.3	6.0
1994	19.7	0.5	13.0	11.9	6.2
1995	15.6	0.7	9.9	9.1	4.9
1996	11.3	0.6	6.9	6.7	3.8
1997	11.2	0.5	7.1	7.1	3.5
1998	10.8	0.4	7.0	6.5	3.4
1999	10.1	0.4	6.0	5.6	3.7
2000	11.5	0.2	6.9	6.9	4.4
2001	10.5	0.2	5.0	4.7	5.3
2002	12.4	0.4	6.4	6.2	5.6
2003	14.8	0.2	9.6	9.0	5.1
2004	14.8	0.3	9.3	9.1	5.2
2005	13.8	0.3	7.7	7.5	5.8

注：1. 本表按可比价格计算。
2. 产业拉动率指GDP增长速度与各产业贡献率之乘积。

Note：a) The data in this table are calculated at comparable prices.
b) The industrial pulling rate to GDP growth refers to the growth rate of GDP multiplying the industrial contributing rate.

3-7 地区生产总值项目结构（1978－2005年）
Components of Gross Domestic Product（1978－2005）

单位：亿元 （100 million yuan）

年份 Year	地区生产总值 Gross Domestic Product	劳动者报酬 Laborers' Remuneration	生产税净额 Net Taxes on Production	固定资产折旧 Depreciation of Fixed Assets	营业盈余 Operating Surplus
1978	185. 85	112. 58	25. 13	21. 07	27. 07
1979	209. 34	126. 64	28. 07	23. 67	30. 96
1980	249. 65	151. 09	32. 62	28. 25	37. 69
1981	290. 36	175. 16	38. 66	33. 28	43. 26
1982	339. 92	207. 09	43. 58	38. 11	51. 14
1983	368. 75	222. 02	48. 33	41. 82	56. 58
1984	458. 74	274. 33	59. 74	52. 06	72. 61
1985	577. 38	343. 38	74. 24	65. 66	94. 10
1986	667. 53	393. 11	84. 86	77. 99	111. 57
1987	846. 69	486. 39	108. 63	99. 73	151. 94
1988	1155. 37	662. 14	149. 93	135. 89	207. 41
1989	1381. 39	769. 17	176. 84	169. 99	265. 39
1990	1559. 03	864. 69	197. 92	192. 05	304. 37
1991	1893. 30	1031. 46	248. 47	240. 20	373. 17
1992	2447. 54	1287. 81	352. 00	328. 48	479. 25
1993	3469. 28	1792. 93	478. 22	450. 06	748. 08
1994	4619. 02	2359. 00	630. 43	635. 37	994. 21
1995	5933. 05	2928. 62	827. 17	904. 23	1273. 03
1996	6834. 97	3346. 26	985. 78	1076. 00	1426. 92
1997	7774. 53	3706. 48	1111. 15	1209. 40	1747. 51
1998	8530. 88	4360. 50	1268. 93	1369. 14	1532. 31
1999	9250. 68	4529. 46	1375. 14	1592. 07	1754. 01
2000	10741. 25	4882. 06	1759. 12	1853. 60	2246. 48
2001	12039. 25	5258. 38	1939. 52	1988. 27	2853. 08
2002	13502. 42	6001. 77	1988. 13	2162. 42	3350. 11
2003	15844. 64	6629. 48	2303. 35	2471. 85	4439. 96
2004	18864. 62	7457. 50	2659. 30	2843. 99	5903. 83
2005	22366. 54	8832. 24	3040. 37	3585. 20	6908. 74

注：本表按当年价格计算。
Note: The data in this table are calculated at current prices.

3-8 各行业增加值构成项目（2005 年）
Components of Value Added by Sector (2005)

单位：亿元 (100 million yuan)

行业	Sector	地区生产总值 Gross Domestic Product	劳动者报酬 Laborers' Remuneration	生产税净额 Net Taxes on Production	固定资产折旧 Depreciation of Fixed Assets	营业盈余 Operating Surplus
地区生产总值	**Gross Domestic Product**	**22366.54**	**8832.24**	**3040.37**	**3585.20**	**6908.74**
第一产业	Primary Industry	1428.27	1416.54	0.79	10.94	
第二产业	Secondary Industry	11339.93	4204.85	1824.34	1701.83	3608.91
工业	Industry	10482.03	3759.52	1685.45	1647.93	3389.13
建筑业	Construction	857.90	445.33	138.89	53.90	219.78
第三产业	Tertiary Industry	9598.34	3210.85	1215.24	1872.42	3299.83
交通运输、仓储和邮政业	Transport, Storage and Postal Services	990.53	271.59	70.43	271.91	376.60
信息传输、计算机服务和软件业	Information Transmission, Computer Services and Software	687.68	89.87	41.35	215.16	341.29
批发和零售业	Wholesale and Retail Trade	2222.72	447.27	683.48	124.18	967.79
住宿和餐饮业	Accommodations and Catering Services	520.63	183.27	61.86	56.65	218.85
金融业	Finance	673.65	283.19	87.78	31.21	271.47
房地产业	Real Estate	1456.14	247.91	163.43	713.03	331.78
租赁和商务服务业	Leasing and Business Services	773.08	168.83	43.53	168.81	391.91
科学研究、技术服务和地质勘查业	Scientific Research, Technical Services and Geological Prospecting	209.11	116.14	17.60	17.09	58.29
水利、环境和公共设施管理业	Management of Water Conservancy, Environment and Public Facilities	120.68	47.28	4.15	38.56	30.68
居民服务和其他服务业	Services to Households and Other Services	344.85	142.78	16.10	13.06	172.90
教育	Education	527.44	407.00	3.19	72.07	45.18
卫生、社会保障和社会福利业	Health Care, Social Security and Social Welfare	291.75	205.56	1.95	28.70	55.54
文化、体育和娱乐业	Culture, Sports and Recreation	148.10	59.71	16.89	33.97	37.54
公共管理和社会组织	Public Administration and Social Organizations	631.99	540.43	3.50	88.05	0.00

注：1. 本表按当年价格计算。
2. 本表数据按国统字［2004］17 号文中规定的新国民经济行业分类进行核算，与其他未加注表在第一、三产业略有不同。

Note: a) The data in this table are calculated at current prices.
b) The data in this table are in accordance with the new industrial category of national economy from Document 17 [2004] issued by the National Bureau of Statistics, which are different from those concerning the primary and tertiary industries unnoted in other tables.

3-9 支出法地区生产总值（1978－2005年）
Gross Domestic Product by Expenditure Approach（1978－2005）

年份 Year	支出法地区生产总值（亿元）Gross Domestic Product with Expenditure Approach（100 million yuan）	最终消费 Final Consumption Expenditure	资本形成总额 Gross Capital Formation	货物和服务净出口 Net Exports of Goods and Services	资本形成率（投资率）（%）Capital Formation Rate（%）	最终消费率（消费率）（%）Final Consumption Rate（%）
1978	194. 14	130. 02	54. 79	9. 33	28. 2	67. 0
1979	215. 43	147. 11	55. 86	12. 46	25. 9	68. 3
1980	259. 32	180. 93	71. 37	7. 02	27. 5	69. 8
1981	305. 22	201. 43	96. 74	7. 05	31. 7	66. 0
1982	349. 13	233. 21	112. 35	3. 57	32. 2	66. 8
1983	367. 36	252. 07	113. 49	1. 80	30. 9	68. 6
1984	446. 06	288. 26	150. 07	7. 72	33. 6	64. 6
1985	568. 98	347. 18	238. 58	－16. 78	41. 9	61. 0
1986	650. 99	415. 91	256. 75	－21. 67	39. 4	63. 9
1987	815. 05	516. 02	312. 33	－13. 29	38. 3	63. 3
1988	1129. 64	667. 03	462. 07	0. 54	40. 9	59. 0
1989	1348. 54	857. 33	472. 75	18. 46	35. 1	63. 6
1990	1541. 99	938. 48	502. 90	100. 61	32. 6	60. 9
1991	1847. 99	1081. 39	610. 18	156. 42	33. 0	58. 5
1992	2440. 58	1359. 08	987. 96	93. 54	40. 5	55. 7
1993	3465. 31	1852. 06	1554. 46	58. 79	44. 9	53. 4
1994	4618. 25	2598. 57	1930. 86	88. 82	41. 8	56. 3
1995	5933. 05	3363. 38	2394. 79	174. 89	40. 4	56. 7
1996	6834. 97	3859. 32	2782. 89	192. 75	40. 7	56. 5
1997	7774. 53	4245. 18	2974. 45	554. 90	38. 3	54. 6
1998	8530. 88	4582. 16	3331. 11	617. 60	39. 0	53. 7
1999	9250. 68	5083. 60	3511. 30	655. 78	38. 0	55. 0
2000	10741. 25	5714. 46	3850. 81	1175. 99	35. 9	53. 2
2001	12039. 25	6255. 92	4392. 51	1390. 82	36. 5	52. 0
2002	13502. 42	7286. 63	4762. 90	1452. 89	35. 3	54. 0
2003	15844. 64	8643. 44	5911. 97	1289. 23	37. 3	54. 6
2004	18864. 62	10162. 04	7214. 70	1487. 89	38. 2	53. 9
2005	22366. 54	11533. 44	8383. 17	2449. 93	37. 5	51. 6

注：本表按当年价格计算。
Note: The data in this table are calculated at current prices.

3-10 资本形成总额及构成（1978－2005年）
Gross Capital Formation and Its Composition（1978－2005）

年份 Year	资本形成总额（亿元） Gross Capital Formation（100 million yuan）			比重（资本形成总额＝100） Proportion（gross capital formation＝100）	
		固定资本形成总额 Gross Fixed Capital Formation	存货增加 Changes in Inventories	固定资本形成总额 Gross Fixed Capital Formation	存货增加 Changes in Inventories
1978	54.79	37.93	16.86	69.2	30.8
1979	55.86	41.81	14.05	74.8	25.2
1980	71.37	57.15	14.23	80.1	19.9
1981	96.74	73.39	23.34	75.9	24.1
1982	112.35	94.64	17.71	84.2	15.8
1983	113.49	96.80	16.69	85.3	14.7
1984	150.07	133.04	17.03	88.7	11.3
1985	238.58	163.84	74.74	68.7	31.3
1986	256.75	182.15	74.59	70.9	29.1
1987	312.33	197.01	115.32	63.1	36.9
1988	462.07	286.00	176.07	61.9	38.1
1989	472.75	266.68	206.07	56.4	43.6
1990	502.90	336.61	166.29	66.9	33.1
1991	610.18	396.49	213.70	65.0	35.0
1992	987.96	683.66	304.30	69.2	30.8
1993	1554.46	1110.69	443.77	71.5	28.5
1994	1930.86	1375.09	555.76	71.2	28.8
1995	2394.79	1819.17	575.62	76.0	24.0
1996	2782.89	1919.41	863.48	69.0	31.0
1997	2974.45	2079.15	895.30	69.9	30.1
1998	3331.11	2473.82	857.30	74.3	25.7
1999	3511.30	2870.40	640.89	81.7	18.3
2000	3850.81	3093.82	756.99	80.3	19.7
2001	4392.51	3447.52	944.99	78.5	21.5
2002	4762.90	4023.73	739.17	84.5	15.5
2003	5911.97	4986.53	925.44	84.3	15.7
2004	7214.70	5957.86	1256.83	82.6	17.4
2005	8383.17	7407.54	975.63	88.4	11.6

注：本表按当年价格计算。
Note: The data in this table are calculated at current prices.

3-11 最终消费及构成（1978－2005年）
Final Consumption Expenditure and Its Composition (1978－2005)

年份 Year	最终消费（亿元）Final Consumption Expenditure (100 million yuan)	居民消费 Household Consumption	农业居民 Rural Households	非农业居民 Non-rural Households	政府消费 Government Consumption	比重 Proportion: 最终消费=100 Final Consumption Expenditure=100: 居民消费 Household Consumption	政府消费 Government Consumption	居民消费=100 Household Consumption=100: 农业居民 Rural Households	非农业居民 Non-rural Households
1978	130.02	111.46	71.34	40.12	18.56	85.7	14.3	64.0	36.0
1979	147.11	128.48	81.91	46.57	18.63	87.3	12.7	63.8	36.2
1980	180.93	156.51	95.95	60.55	24.42	86.5	13.5	61.3	38.7
1981	201.43	175.12	110.62	64.50	26.31	86.9	13.1	63.2	36.8
1982	233.21	202.70	127.93	74.76	30.51	86.9	13.1	63.1	36.9
1983	252.07	220.14	134.45	85.69	31.93	87.3	12.7	61.1	38.9
1984	288.26	250.92	145.05	105.87	37.34	87.0	13.0	57.8	42.2
1985	347.18	298.00	160.16	137.84	49.17	85.8	14.2	53.7	46.3
1986	415.91	349.52	185.03	164.49	66.39	84.0	16.0	52.9	47.1
1987	516.02	442.20	218.69	223.51	73.82	85.7	14.3	49.5	50.5
1988	667.03	566.25	282.86	283.39	100.77	84.9	15.1	50.0	50.0
1989	857.33	743.90	366.82	377.08	113.42	86.8	13.2	49.3	50.7
1990	938.48	807.84	401.62	406.22	130.64	86.1	13.9	49.7	50.3
1991	1081.39	923.37	412.36	511.00	158.02	85.4	14.6	44.7	55.3
1992	1359.08	1118.52	470.01	648.51	240.55	82.3	17.7	42.0	58.0
1993	1852.06	1574.61	617.45	957.16	277.45	85.0	15.0	39.2	60.8
1994	2598.57	2287.69	845.03	1442.66	310.88	88.0	12.0	36.9	63.1
1995	3363.38	2912.58	1021.83	1890.75	450.80	86.6	13.4	35.1	64.9
1996	3859.32	3343.01	1188.44	2154.56	516.32	86.6	13.4	35.6	64.4
1997	4245.18	3539.62	1222.48	2317.15	705.56	83.4	16.6	34.5	65.5
1998	4582.16	3781.21	1281.92	2499.29	800.95	82.5	17.5	33.9	66.1
1999	5083.60	4072.05	1297.91	2774.14	1011.55	80.1	19.9	31.9	68.1
2000	5714.46	4474.11	1348.67	3125.44	1240.35	78.3	21.7	30.1	69.9
2001	6255.92	4733.53	1415.25	3318.28	1522.40	75.7	24.3	29.9	70.1
2002	7286.63	5449.58	1424.04	4025.54	1837.05	74.8	25.2	26.1	73.9
2003	8643.44	6537.53	1263.84	5273.69	2105.91	75.6	24.4	19.3	80.7
2004	10162.04	7953.60	1224.22	6729.38	2208.44	78.3	21.7	15.4	84.6
2005	11533.44	8989.70	1419.88	7569.82	2543.74	77.9	22.1	15.8	84.2

注：本表按当年价格计算。
Note: The data in this table are calculated at current prices.

3-12　人均地区生产总值及人均消费水平（1978－2005年）
Per Capita Gross Domestic Product and Consumption Level（1978－2005）

年份 Year	人均地区生产总值 Per Capita GDP		人均消费水平 Per Capita Consumption Level					
			居民 Households		农业居民 Rural Households		非农业居民 Non-rural Households	
	绝对数（元）Absolute Figure (yuan)	增长速度（%）Growth Rate（%）	绝对数（元）Absolute Figure (yuan)	增长速度（%）Growth Rate（%）	绝对数（元）Absolute Figure (yuan)	增长速度（%）Growth Rate（%）	绝对数（元）Absolute Figure (yuan)	增长速度（%）Growth Rate（%）
1978	370		222		171		466	
1979	410	6.9	252	8.3	196	9.8	507	2.6
1980	481	14.8	302	14.9	228	14.1	620	12.7
1981	550	7.1	332	7.9	260	13.3	627	-1.9
1982	633	10.0	377	10.3	298	10.4	696	8.3
1983	675	5.6	403	7.2	310	5.1	764	8.5
1984	827	13.8	453	10.3	334	7.8	878	9.7
1985	1026	16.2	529	5.7	372	-2.6	1038	10.2
1986	1164	10.6	609	9.5	430	6.3	1146	8.4
1987	1443	17.0	754	6.4	515	4.9	1382	1.1
1988	1926	13.2	944	-3.5	651	0.5	1716	-6.8
1989	2251	4.8	1212	19.7	831	23.1	2188	15.0
1990	2484	9.1	1287	9.3	896	12.9	2263	4.7
1991	2941	14.7	1434	8.3	906	0.2	2712	14.8
1992	3699	18.8	1690	14.7	1023	9.7	3210	15.7
1993	5085	19.3	2308	20.5	1347	17.6	4280	17.0
1994	6530	15.5	3234	17.8	1831	14.3	5870	15.7
1995	8129	12.0	3991	10.1	2206	8.4	7091	7.6
1996	9139	8.6	4470	6.9	2547	11.6	7660	2.3
1997	10130	8.4	4612	-2.1	2597	-0.4	7807	-4.8
1998	10819	7.9	4796	4.2	2681	5.8	8054	2.2
1999	11415	7.1	5025	4.5	2661	0.8	8598	5.9
2000	12736	7.1	5305	0.2	2680	-1.3	9189	0.2
2001	13852	7.2	5445	1.9	2759	3.0	9312	0.3
2002	15365	11.1	6199	13.2	2904	5.7	10358	10.2
2003	17798	13.4	7342	17.0	3032	3.4	11136	6.4
2004	20876	13.1	8800	15.9	3386	8.2	12409	7.9
2005	24438	12.4	9821	10.3	3947	14.1	13624	8.7

注：本表绝对数按当年价格计算，增长速度按可比价格计算。
Note：The absolute figures in this table are calculated at current prices，whereas the growth rates are calculated at comparable prices.

3-13 人均地区生产总值及人均消费水平指数（1978－2005年）
Indices of Per Capita Gross Domestic Product and Consumption Level (1978－2005)

年份 Year	人均地区生产总值 Per Capita Gross Domestic Product		人均消费水平 Per Capita Consumption Level					
			居民 Households		农业居民 Rural Households		非农业居民 Non-rural Households	
	绝对数（元）Absolute Figure (yuan)	1978年为100（%）Year of 1978＝100 (%)	绝对数（元）Absolute Figure (yuan)	1978年为100（%）Year of 1978＝100 (%)	绝对数（元）Absolute Figure (yuan)	1978年为100（%）Year of 1978＝100 (%)	绝对数（元）Absolute Figure (yuan)	1978年为100（%）Year of 1978＝100 (%)
1978	370	100.0	222	100.0	171	100.0	466	100.0
1979	410	106.9	252	108.3	196	109.8	507	102.6
1980	481	122.6	302	124.4	228	125.2	620	115.6
1981	550	131.3	332	134.2	260	141.9	627	113.4
1982	633	144.4	377	148.1	298	156.7	696	122.8
1983	675	152.5	403	158.7	310	164.8	764	133.3
1984	827	173.5	453	175.0	334	177.6	878	146.3
1985	1026	201.6	529	184.9	372	172.9	1038	161.2
1986	1164	223.1	609	202.5	430	183.7	1146	174.7
1987	1443	260.9	754	215.6	515	192.6	1382	176.6
1988	1926	295.4	944	208.1	651	193.6	1716	164.6
1989	2251	309.6	1212	249.0	831	238.2	2188	189.3
1990	2484	337.7	1287	272.1	896	269.0	2263	198.2
1991	2941	387.5	1434	294.7	906	269.5	2712	227.5
1992	3699	460.3	1690	338.1	1023	295.7	3210	263.2
1993	5085	549.0	2308	407.5	1347	347.8	4280	308.1
1994	6530	633.9	3234	480.2	1831	397.6	5870	356.5
1995	8129	709.8	3991	528.9	2206	430.8	7091	383.5
1996	9139	770.8	4470	565.4	2547	480.6	7660	392.3
1997	10130	835.2	4612	553.4	2597	478.6	7807	373.5
1998	10819	900.8	4796	576.9	2681	506.5	8054	381.6
1999	11415	965.1	5025	602.6	2661	510.6	8598	404.2
2000	12736	1033.7	5305	603.5	2680	503.8	9189	405.0
2001	13852	1108.3	5445	615.2	2759	519.0	9312	406.3
2002	15365	1231.8	6199	696.1	2904	548.8	10358	447.6
2003	17798	1396.4	7342	814.5	3032	567.2	11136	476.2
2004	20876	1579.1	8800	944.4	3386	613.6	12409	513.8
2005	24438	1774.4	9821	1041.6	3947	700.1	13624	558.4

注：本表绝对数按当年价格计算，增长速度按可比价格计算。
Note: The absolute figures in this table are calculated at current prices, whereas the growth rates are calculated at comparable prices.

3-14 各市地区生产总值（2000－2005年）
Gross Domestic Product by City（2000－2005）

单位：万元 （10000 yuan）

市 别 City	2000	2001	2002	2003	2004	2005
广 州 Guangzhou	24927434	28416511	32039616	37586166	44505503	51542283
深 圳 Shenzhen	21874515	24824874	29695184	35857235	42821428	49509078
珠 海 Zhuhai	3314258	3683377	4090357	4767113	5516768	6349521
汕 头 Shantou	4501598	4433662	4593894	4984253	5713070	6513573
佛 山 Foshan	10503780	11891904	13285468	15784876	19180422	23831836
韶 关 Shaoguan	1927224	2120002	2310213	2642288	3051035	3399334
河 源 Heyuan	872194	972821	1096324	1280242	1603001	2049360
梅 州 Meizhou	1805048	1957524	2122138	2383818	2855812	3144589
惠 州 Huizhou	4391944	4789523	5265704	5864620	6864489	8034283
汕 尾 Shanwei	1284943	1398570	1508941	1647400	1901613	2109840
东 莞 Dongguan	8202530	9918905	11869374	14525186	18060258	21816245
中 山 Zhongshan	3454361	4043817	4697341	5720541	7042951	8802018
江 门 Jiangmen	5046565	5345988	5659912	6178068	6956419	8053736
阳 江 Yangjiang	1601958	1743278	1915271	2151434	2511504	2953441
湛 江 Zhanjiang	3738104	4006426	4256642	4839463	5517005	6580938
茂 名 Maoming	4173624	4853418	5377244	6107798	6851631	8082259
肇 庆 Zhaoqing	2497779	2679633	2936618	3283014	3905615	4505704
清 远 Qingyuan	1579175	1677135	1802005	2059870	2554054	3229561
潮 州 Chaozhou	1778725	1888950	2005123	2213636	2520067	2876046
揭 阳 Jieyang	3110869	3198350	3346088	3590698	3857800	4204984
云 浮 Yunfu	1377000	1425408	1477720	1600892	1856148	2137294

注：本表按当年价格计算。
Note: The data in this table are calculated at current prices.

3-15 各市地区生产总值指数（2000－2005年）
Indices of Gross Domestic Product by City（2000－2005）

上年＝100 （preceding year＝100）

市别 City	2000	2001	2002	2003	2004	2005
广州 Guangzhou	113.4	112.7	113.2	115.2	115.0	112.9
深圳 Shenzhen	115.7	114.3	115.8	119.2	117.3	115.1
珠海 Zhuhai	112.0	112.1	112.4	117.5	114.2	113.4
汕头 Shantou	107.0	98.1	105.7	108.8	111.1	111.3
佛山 Foshan	112.5	113.2	113.4	117.4	118.3	119.4
韶关 Shaoguan	111.3	110.2	110.4	112.9	109.1	109.9
河源 Heyuan	110.7	111.7	114.6	116.5	117.5	122.8
梅州 Meizhou	108.2	108.6	108.7	111.5	112.0	107.8
惠州 Huizhou	111.3	109.5	110.7	112.2	115.1	115.8
汕尾 Shanwei	111.5	108.9	109.3	112.9	115.2	116.2
东莞 Dongguan	119.7	119.9	120.5	120.5	121.0	119.4
中山 Zhongshan	112.4	117.0	117.8	119.7	121.5	123.2
江门 Jiangmen	110.2	105.3	108.5	111.0	112.2	112.8
阳江 Yangjiang	109.6	109.7	110.8	111.8	112.6	114.3
湛江 Zhanjiang	107.1	108.3	108.7	110.1	111.0	112.2
茂名 Maoming	111.2	110.3	110.2	111.3	114.2	114.5
肇庆 Zhaoqing	110.6	108.2	110.3	111.4	113.2	114.4
清远 Qingyuan	108.3	106.5	109.7	114.1	120.0	127.8
潮州 Chaozhou	105.6	106.9	108.8	110.7	111.4	112.2
揭阳 Jieyang	105.4	103.5	105.3	107.3	104.0	111.3
云浮 Yunfu	105.3	104.6	105.9	109.8	109.8	113.3

注：本表按可比价格计算。
Note：The data in this table are calculated at comparable prices.

3-16 各市第三产业增加值（2000－2005年）
Value Added of the Tertiary Industry by City（2000－2005）

单位：万元 （10000 yuan）

市　别　City	2000	2001	2002	2003	2004	2005
广　州　Guangzhou	13767475	16320762	18895479	21627825	25453413	29787941
深　圳　Shenzhen	10858007	12366796	14881426	17540952	20588466	23077266
珠　海　Zhuhai	1447512	1634835	1851233	2144999	2493726	2764382
汕　头　Shantou	1933906	1965166	2017557	2142387	2438845	2744954
佛　山　Foshan	4350292	4989400	5618884	6427708	7473063	8680162
韶　关　Shaoguan	729982	826352	924281	1018592	1199056	1359320
河　源　Heyuan	358682	403976	482132	567695	671018	818589
梅　州　Meizhou	613048	701196	783485	868913	997956	1113670
惠　州　Huizhou	1217014	1367754	1526045	1744905	2172273	2698703
汕　尾　Shanwei	444755	480228	524816	591738	653308	765574
东　莞　Dongguan	3436372	4252845	5132474	6315068	7676169	9257593
中　山　Zhongshan	1410899	1591874	1794679	2033614	2415971	3100058
江　门　Jiangmen	2007262	2182364	2298582	2576196	2865556	3075179
阳　江　Yangjiang	502130	578447	649822	736261	857648	1051575
湛　江　Zhanjiang	1332357	1461594	1588490	1730118	1958588	2162861
茂　名　Maoming	1437315	1567241	1774352	2018857	2461468	3047669
肇　庆　Zhaoqing	1049307	1134455	1256446	1427786	1666459	1954176
清　远　Qingyuan	557674	654250	747842	875721	1051062	1246328
潮　州　Chaozhou	625932	682285	722663	806101	902059	1025437
揭　阳　Jieyang	981106	1031604	1096516	1191155	1297573	1458567
云　浮　Yunfu	429046	455315	475747	511194	585099	635839

注：本表按当年价格计算。
Note：The data in this table are calculated at current prices.

3-17 各市第三产业增加值指数（2000－2005年）
Indices of Value Added of the Tertiary Industry by City（2000－2005）

上年＝100　　　　（preceding year＝100）

市别 City	2000	2001	2002	2003	2004	2005
广州 Guangzhou	116.3	114.8	114.0	111.6	113.9	113.3
深圳 Shenzhen	113.3	114.6	114.1	113.5	113.6	112.2
珠海 Zhuhai	108.9	111.5	113.9	115.5	113.3	110.0
汕头 Shantou	106.9	101.2	105.0	106.5	111.2	110.2
佛山 Foshan	113.6	113.6	114.5	113.4	114.6	114.2
韶关 Shaoguan	110.9	111.2	112.3	109.2	114.5	113.5
河源 Heyuan	112.4	110.8	119.4	117.1	115.3	116.7
梅州 Meizhou	112.6	112.7	112.2	111.3	110.7	109.6
惠州 Huizhou	108.6	111.4	110.8	113.2	121.2	116.7
汕尾 Shanwei	112.0	107.2	110.1	114.3	112.3	117.2
东莞 Dongguan	120.0	118.9	119.1	119.7	115.8	118.1
中山 Zhongshan	110.0	111.3	112.9	112.9	118.2	126.5
江门 Jiangmen	110.2	105.7	108.8	112.1	111.5	104.5
阳江 Yangjiang	111.1	114.1	113.4	112.8	112.7	122.8
湛江 Zhanjiang	110.4	109.5	109.3	109.3	111.0	110.8
茂名 Maoming	114.4	111.9	112.6	114.4	120.2	120.4
肇庆 Zhaoqing	112.2	112.2	111.5	113.3	116.3	117.5
清远 Qingyuan	120.0	115.1	114.9	117.7	120.1	118.4
潮州 Chaozhou	107.8	108.4	108.9	112.2	109.6	111.1
揭阳 Jieyang	107.2	105.3	106.7	108.2	106.9	110.8
云浮 Yunfu	104.7	106.4	103.7	110.1	110.9	107.5

注：1. 本表按可比价格计算。
Note: The data in this table are calculated at comparable prices.

3-18 各市地区生产总值（2005 年）
Gross Domestic Product by City (2005)

单位：万元 (10000 yuan)

市别 City	地区生产总值 Gross Domestic Product	第一产业 Primary Industry	第二产业 Secondary Industry	工业 Industry	建筑业 Construction
广州 Guangzhou	51542283	1302159	20452183	18439550	2012633
深圳 Shenzhen	49509078	97385	26334427	24834947	1499480
珠海 Zhuhai	6349521	193293	3391846	3155013	236833
汕头 Shantou	6513573	445195	3323424	2972724	350700
佛山 Foshan	23831836	757645	14394029	13749531	644498
韶关 Shaoguan	3399334	595949	1444065	1276464	167601
河源 Heyuan	2049360	424214	806557	666757	139800
梅州 Meizhou	3144589	725609	1305309	1046409	258900
惠州 Huizhou	8034283	751117	4584463	4229263	355200
汕尾 Shanwei	2109840	506038	838229	701429	136800
东莞 Dongguan	21816245	196179	12362473	11816137	546336
中山 Zhongshan	8802018	308137	5393823	5108223	285600
江门 Jiangmen	8053736	724698	4253860	4005766	248094
阳江 Yangjiang	2953441	801649	1100217	929817	170400
湛江 Zhanjiang	6580938	1450005	2968072	2697957	270115
茂名 Maoming	8082259	1968749	3065841	2658541	407300
肇庆 Zhaoqing	4505704	1417668	1133860	944144	189716
清远 Qingyuan	3229561	715372	1267861	1064261	203600
潮州 Chaozhou	2876046	326422	1524187	1402087	122100
揭阳 Jieyang	4204984	711270	2035147	1850699	184448
云浮 Yunfu	2137294	764217	737238	631471	105767

市别 City	第三产业 Tertiary Industry	交通运输、仓储和邮政业 Transport, Storage and Postal Services	信息传输、计算机服务和软件业 Information Transmission, Computer Services and Software	批发和零售业 Wholesale and Retail Trade	住宿和餐饮业 Accommodations and Catering Services
广州 Guangzhou	29787941	5671613	2320697	5574275	1263192
深圳 Shenzhen	23077266	2192810	1540698	5141601	943437
珠海 Zhuhai	2764382	286468	222766	753288	138673
汕头 Shantou	2744954	276139	394180	811439	189720
佛山 Foshan	8680162	1377842	461583	2134571	581316
韶关 Shaoguan	1359320	197601	83241	320451	65079
河源 Heyuan	818589	82377	65029	130470	56290
梅州 Meizhou	1113670	128058	64667	186082	60447
惠州 Huizhou	2698703	311533	168340	667902	191074
汕尾 Shanwei	765574	37804	57587	292566	49478
东莞 Dongguan	9257593	320602	830345	1898236	468013
中山 Zhongshan	3100058	211034	304990	683341	233257
江门 Jiangmen	3075179	476193	236062	694212	142108
阳江 Yangjiang	1051575	84894	63253	398217	81897
湛江 Zhanjiang	2162861	295293	132408	602599	161366
茂名 Maoming	3047669	366243	121436	884934	284770
肇庆 Zhaoqing	1954176	158664	195832	525080	179059
清远 Qingyuan	1246328	92899	67708	269315	114211
潮州 Chaozhou	1025437	104947	81322	356549	34335
揭阳 Jieyang	1458567	122265	113419	590629	65657
云浮 Yunfu	635839	74475	37189	128589	38549

3-18 续表 continued

单位：万元 (10000 yuan)

市别 City	金融业 Finance	房地产业 Real Estate	租赁和商务服务业 Leasing and Business Services	科学研究、技术服务和地质勘查业 Scientific Research, Technical Services and Geological Prospecting	水利、环境和公共设施管理业 Management of Water Conservancy, Environment and Public Facilities
广州 Guangzhou	1992580	3349057	3077607	696983	305963
深圳 Shenzhen	3108538	4865386	1388699	494401	334871
珠海 Zhuhai	130695	393098	182396	48677	28762
汕头 Shantou	28381	237207	26855	24699	37571
佛山 Foshan	482116	894677	955681	79900	125487
韶关 Shaoguan	32661	97955	32777	21003	16156
河源 Heyuan	30555	110022	12274	18125	14342
梅州 Meizhou	39328	187907	13219	13371	18791
惠州 Huizhou	78290	320573	83677	108631	32645
汕尾 Shanwei	2206	79793	11001	4125	7053
东莞 Dongguan	494893	1490619	2026762	34371	49190
中山 Zhongshan	73938	426027	222819	63663	25483
江门 Jiangmen	77418	219228	126212	38451	30568
阳江 Yangjiang	7379	138832	11792	4346	7384
湛江 Zhanjiang	48600	207744	66030	25426	21474
茂名 Maoming	44057	370110	32004	11352	29894
肇庆 Zhaoqing	52015	175266	43193	28247	21966
清远 Qingyuan	48467	131993	21717	17311	34711
潮州 Chaozhou	33859	108025	16342	6892	11321
揭阳 Jieyang	24859	193909	14958	3681	11125
云浮 Yunfu	11170	95027	17856	4906	5347

市别 City	居民服务和其他服务业 Services to Households and Other Services	教育 Education	卫生、社会保障和社会福利业 Health Care, Social Security and Social Welfare	文化、体育和娱乐业 Culture, Sports and Recreation	公共管理和社会组织 Public Administration and Social Organizations
广州 Guangzhou	930814	1457098	829036	558937	1760089
深圳 Shenzhen	576888	630325	529160	334573	995879
珠海 Zhuhai	94283	116692	75611	35480	257492
汕头 Shantou	65545	191268	168596	20091	273263
佛山 Foshan	312277	386343	275836	114181	498352
韶关 Shaoguan	60572	133830	95764	18139	184091
河源 Heyuan	40778	94024	31676	6497	126129
梅州 Meizhou	32839	149476	56595	12831	150059
惠州 Huizhou	148365	209369	86300	50859	241146
汕尾 Shanwei	36436	66285	31320	5884	84036
东莞 Dongguan	418696	351965	275642	93544	504716
中山 Zhongshan	187268	132498	167384	91759	276599
江门 Jiangmen	278148	315129	123934	31700	285817
阳江 Yangjiang	30393	67645	32849	16406	106288
湛江 Zhanjiang	59699	244190	72778	23509	201745
茂名 Maoming	119064	305716	100547	149609	227931
肇庆 Zhaoqing	64441	168396	90775	22982	228261
清远 Qingyuan	46633	98726	91054	26076	185507
潮州 Chaozhou	43376	71553	57611	7046	92259
揭阳 Jieyang	39079	110506	39717	8910	119853
云浮 Yunfu	28387	70691	30806	10973	81873

注：1. 本表按当年价格计算。
Note: The data in this table are calculated at current prices.

3-19 各市地区生产总值增长速度（2005 年）
Growth Rates of Gross Domestic Product by City (2005)

单位:% (%)

市别 City	地区生产总值 Gross Domestic Product	第一产业 Primary Industry	第二产业 Secondary Industry	工业 Industry	建筑业 Construction
广州 Guangzhou	12.9	5.6	13.0	13.8	5.6
深圳 Shenzhen	15.1	-20.4	17.6	18.8	0.1
珠海 Zhuhai	13.4	4.9	16.7	18.1	0.7
汕头 Shantou	11.3	3.0	13.6	14.6	4.5
佛山 Foshan	19.4	2.0	24.2	24.2	22.5
韶关 Shaoguan	9.9	5.6	8.3	7.9	12.0
河源 Heyuan	22.8	2.6	46.0	50.0	30.1
梅州 Meizhou	7.8	3.0	9.0	11.2	0.4
惠州 Huizhou	15.8	5.4	17.1	17.4	13.9
汕尾 Shanwei	16.2	2.5	24.3	28.2	7.8
东莞 Dongguan	19.4	-2.3	20.8	21.1	13.5
中山 Zhongshan	23.2	2.3	22.7	23.3	11.0
江门 Jiangmen	12.8	0.9	22.2	23.7	-0.5
阳江 Yangjiang	14.3	-4.7	24.3	25.8	16.6
湛江 Zhanjiang	12.2	8.7	15.5	17.6	0.6
茂名 Maoming	14.5	5.5	14.4	16.0	5.7
肇庆 Zhaoqing	14.4	5.8	19.7	21.8	9.7
清远 Qingyuan	27.8	4.0	62.5	78.2	6.9
潮州 Chaozhou	12.2	0.3	15.9	18.5	-10.3
揭阳 Jieyang	11.3	3.5	15.1	17.2	-4.5
云浮 Yunfu	13.3	6.4	28.3	30.7	14.9

市别 City	第三产业 Tertiary Industry	交通运输、仓储和邮政业 Transport, Storage and Postal Services	信息传输、计算机服务和软件业 Information Transmission, Computer Services and Software	批发和零售业 Wholesale and Retail Trade	住宿和餐饮业 Accommodations and Catering Services
广州 Guangzhou	13.3	14.2	11.5	18.3	3.0
深圳 Shenzhen	12.2	19.9	21.9	10.4	10.7
珠海 Zhuhai	10.0	1.1	16.8	8.0	5.3
汕头 Shantou	10.2	2.6	5.0	12.3	6.8
佛山 Foshan	14.2	10.8	5.3	12.8	11.2
韶关 Shaoguan	13.5	8.0	14.6	14.5	23.7
河源 Heyuan	16.7	8.5	13.1	2.9	51.3
梅州 Meizhou	9.6	10.1	9.2	15.1	28.7
惠州 Huizhou	16.7	20.4	10.2	16.1	7.9
汕尾 Shanwei	17.2	38.5	14.0	26.7	12.0
东莞 Dongguan	18.1	10.3	9.6	6.7	16.7
中山 Zhongshan	26.5	15.4	15.0	17.1	21.4
江门 Jiangmen	4.5	23.8	0.2	25.8	-54.1
阳江 Yangjiang	22.8	16.0	-0.4	31.4	52.7
湛江 Zhanjiang	10.8	12.6	-1.0	17.3	20.8
茂名 Maoming	20.4	32.6	29.3	13.7	93.6
肇庆 Zhaoqing	17.5	19.5	51.5	17.3	15.8
清远 Qingyuan	18.4	25.2	12.9	9.1	53.6
潮州 Chaozhou	11.1	14.2	10.2	10.2	1.0
揭阳 Jieyang	10.8	5.1	14.6	20.3	4.5
云浮 Yunfu	7.5	13.4	16.7	-3.7	2.3

3-19 续表 continued

单位：% (%)

市 别 City	金融业 Finance	房地产业 Real Estate	租赁和商务服务业 Leasing and Business Services	科学研究、技术服务和地质勘查业 Scientific Research, Technical Services and Geological Prospecting	水利、环境和公共设施管理业 Management of Water Conservancy, Environment and Public Facilities
广 州 Guangzhou	12.3	18.1	11.4	-1.2	15.2
深 圳 Shenzhen	12.0	13.8	2.4	-5.1	21.4
珠 海 Zhuhai	6.3	35.8	0.9	14.3	-8.9
汕 头 Shantou	-24.6	-0.7	-5.1	21.1	75.0
佛 山 Foshan	18.3	36.4	17.2	-9.8	35.3
韶 关 Shaoguan	11.5	11.4	13.7	-2.1	8.0
河 源 Heyuan	546.3	22.5	7.7	63.9	114.8
梅 州 Meizhou	14.3	10.1	-5.6	24.2	19.9
惠 州 Huizhou	19.3	16.7	7.9	27.2	29.1
汕 尾 Shanwei	-13.9	8.5	19.0	16.4	-0.3
东 莞 Dongguan	11.6	39.2	18.9	-16.2	28.9
中 山 Zhongshan	5.3	54.4	17.5	195.7	82.5
江 门 Jiangmen	-29.1	-6.9	14.5	45.9	8.4
阳 江 Yangjiang	33.6	34.5	8.1	-14.4	-26.3
湛 江 Zhanjiang	78.4	10.6	7.6	0.0	16.9
茂 名 Maoming	22.0	11.6	-1.5	8.9	-4.6
肇 庆 Zhaoqing	37.3	16.5	18.3	11.1	-15.5
清 远 Qingyuan	147.7	3.5	1.0	44.7	13.4
潮 州 Chaozhou	82.5	4.0	2.2	2.2	40.5
揭 阳 Jieyang	58.0	7.1	-15.1	-18.7	52.0
云 浮 Yunfu	-6.5	25.8	20.3	-20.3	27.9

市 别 City	居民服务和其他服务业 Services to Households and Other Services	教育 Education	卫生、社会保障和社会福利业 Health Care, Social Security and Social Welfare	文化、体育和娱乐业 Culture, Sports and Recreation	公共管理和社会组织 Public Administration and Social Organizations
广 州 Guangzhou	10.1	7.9	3.6	0.9	25.9
深 圳 Shenzhen	-7.3	11.8	17.5	13.3	17.8
珠 海 Zhuhai	6.5	6.3	2.7	-21.1	14.1
汕 头 Shantou	-6.1	9.7	82.2	1.5	9.3
佛 山 Foshan	10.5	8.4	9.8	18.5	10.9
韶 关 Shaoguan	19.1	8.1	10.0	24.1	20.6
河 源 Heyuan	12.8	0.2	13.8	2.6	7.7
梅 州 Meizhou	7.0	-3.2	12.7	39.0	5.0
惠 州 Huizhou	18.4	28.1	17.4	15.7	17.0
汕 尾 Shanwei	16.3	0.1	20.2	36.8	10.5
东 莞 Dongguan	28.9	27.9	37.2	26.9	21.7
中 山 Zhongshan	20.8	-4.0	66.7	44.0	38.5
江 门 Jiangmen	-9.6	45.5	14.4	10.7	4.1
阳 江 Yangjiang	10.6	7.9	9.5	62.9	10.5
湛 江 Zhanjiang	-11.3	4.9	-8.2	7.3	6.2
茂 名 Maoming	29.4	-0.1	6.4	110.0	6.5
肇 庆 Zhaoqing	10.6	-2.3	15.9	-1.9	13.6
清 远 Qingyuan	2.6	-4.0	66.4	10.3	12.6
潮 州 Chaozhou	15.5	-5.3	57.5	11.2	-3.0
揭 阳 Jieyang	-9.7	-11.3	9.5	0.8	8.2
云 浮 Yunfu	18.5	-1.8	1.5	34.3	8.2

注：本表按可比价格计算。
Note: The data in this table are calculated at comparable prices.

3-20 各市地区生产总值构成项目（2005 年）
Components of Gross Domestic Product by City (2005)

单位：万元 (10000 yuan)

市 别 City	地区生产总值 Gross Domestic Product	劳动者报酬 Laborers' Remuneration	生产税净额 Net Taxes on Production	固定资产折旧 Depreciation of Fixed Assets	营业盈余 Operating Surplus
广 州 Guangzhou	51542283	18636634	10143314	6937979	15824356
深 圳 Shenzhen	49509078	17577823	7670447	6453333	17807475
珠 海 Zhuhai	6349521	2602918	950114	1247579	1548910
汕 头 Shantou	6513573	2429116	803768	1373856	1906833
佛 山 Foshan	23831836	7673780	3777692	4999592	7380772
韶 关 Shaoguan	3399334	1657654	493924	500328	747428
河 源 Heyuan	2049360	1012436	166996	329081	540847
梅 州 Meizhou	3144589	1547803	451092	436494	709199
惠 州 Huizhou	8034283	3932888	857284	1159239	2084872
汕 尾 Shanwei	2109840	1186637	127485	232734	562985
东 莞 Dongguan	21816245	7969910	2279785	5223394	6343156
中 山 Zhongshan	8802018	3665475	1351484	1502858	2282202
江 门 Jiangmen	8053736	3238677	1200038	1610319	2004702
阳 江 Yangjiang	2953441	1579188	305255	325731	743267
湛 江 Zhanjiang	6580938	3015960	704453	751239	2109286
茂 名 Maoming	8082259	3480410	850768	1055203	2695878
肇 庆 Zhaoqing	4505704	2577778	392749	519744	1015433
清 远 Qingyuan	3229561	1641451	321677	517272	749161
潮 州 Chaozhou	2876046	1171047	266441	359243	1079315
揭 阳 Jieyang	4204984	1801422	328630	584579	1490353
云 浮 Yunfu	2137294	1279983	149103	336853	371355

注：本表按当年价格计算。
Note: The data in value terms in this table are calculated at current prices.

3-21 各市地区生产总值产业构成（2005 年）
Composition of Gross Domestic Product by Industry by City (2005)

单位:%　　　　(%)

市 别 City	地区生产总值 Gross Domestic Product	第一产业 Primary Industry	第二产业 Secondary Industry	#工业 Industry	第三产业 Tertiary Industry
广 州 Guangzhou	100.0	2.5	39.7	35.8	57.8
深 圳 Shenzhen	100.0	0.2	53.2	50.2	46.6
珠 海 Zhuhai	100.0	3.0	53.5	49.7	43.5
汕 头 Shantou	100.0	6.8	51.1	45.6	42.1
佛 山 Foshan	100.0	3.2	60.4	57.7	36.4
韶 关 Shaoguan	100.0	17.5	42.5	37.6	40.0
河 源 Heyuan	100.0	20.7	39.4	32.5	39.9
梅 州 Meizhou	100.0	23.1	41.5	33.3	35.4
惠 州 Huizhou	100.0	9.3	57.1	52.6	33.6
汕 尾 Shanwei	100.0	24.0	39.7	33.2	36.3
东 莞 Dongguan	100.0	0.9	56.7	54.2	42.4
中 山 Zhongshan	100.0	3.5	61.3	58.0	35.2
江 门 Jiangmen	100.0	9.0	52.8	49.7	38.2
阳 江 Yangjiang	100.0	27.1	37.3	31.5	35.6
湛 江 Zhanjiang	100.0	22.0	45.1	41.0	32.9
茂 名 Maoming	100.0	24.4	37.9	32.9	37.7
肇 庆 Zhaoqing	100.0	31.5	25.1	21.0	43.4
清 远 Qingyuan	100.0	22.2	39.2	33.0	38.6
潮 州 Chaozhou	100.0	11.3	53.0	48.8	35.7
揭 阳 Jieyang	100.0	16.9	48.4	44.0	34.7
云 浮 Yunfu	100.0	35.8	34.5	29.5	29.7

注：本表按当年价格计算。
Note: The data in this table are calculated at current prices.

3-22 各市支出法地区生产总值（2005 年）
Gross Domestic Product by Expenditure Approach by City (2005)

市 别 City		支出法地区生产总值（万元）Gross Domestic Product by Expenditure Approach (10000 yuan)	最终消费 Final Consumption	资本形成总额 Gross Capital Formation	货物和服务净流出 Net Export of Goods and Services	资本形成率（投资率）（%）Capital Formation Rate (%)	最终消费率（消费率）（%）Final Consumption Rate (%)
广 州	Guangzhou	51542283	22582575	17487229	11472479	33.9	43.8
深 圳	Shenzhen	49509078	19423879	16428032	13657167	33.2	39.2
珠 海	Zhuhai	6349521	2804915	2920154	624452	46.0	44.2
汕 头	Shantou	6513573	4577397	1603065	333111	24.6	70.3
佛 山	Foshan	23831836	10049139	8519162	5263535	35.7	42.2
韶 关	Shaoguan	3399334	2098182	1123020	178132	33.0	61.7
河 源	Heyuan	2049360	1804899	1202256	-957795	58.7	88.1
梅 州	Meizhou	3144589	2854235	1426344	-1135990	45.4	90.8
惠 州	Huizhou	8034283	3716915	3839347	478021	47.8	46.3
汕 尾	Shanwei	2109840	1773252	1080612	-744024	51.2	84.0
东 莞	Dongguan	21816245	11199843	7097801	3518601	32.5	51.3
中 山	Zhongshan	8802018	4234686	3687402	879930	41.9	48.1
江 门	Jiangmen	8053736	4174017	2762085	1117634	34.3	51.8
阳 江	Yangjiang	2953441	1753282	928733	271426	31.4	59.4
湛 江	Zhanjiang	6580938	4369408	1793239	418291	27.2	66.4
茂 名	Maoming	8082259	3559975	2597994	1924290	32.1	44.0
肇 庆	Zhaoqing	4505704	2288653	2051652	165399	45.5	50.8
清 远	Qingyuan	3229561	2321435	2303440	-1395314	71.3	71.9
潮 州	Chaozhou	2876046	2026102	752242	97702	26.2	70.4
揭 阳	Jieyang	4204984	2737984	1135040	331960	27.0	65.1
云 浮	Yunfu	2137294	1449802	976270	-288778	45.7	67.8

注：本表按当年价格计算。
Note: The data in this table are calculated at current prices.

3-23 各市资本形成总额及构成（2005 年）
Gross Capital Formation and Its Composition by City (2005)

市 别 City		资本形成总额（万元）Gross Capital Formation (10000 yuan)	固定资产形成总额 Gross Fixed Capital Formation	存货增加 Changes in Inventories	比重（资本形成总额=100）Proportion (gross capital formation=100)	
					固定资产形成总额 Gross Fixed Capital Formation	存货增加 Changes in Inventories
广 州	Guangzhou	17487229	16378335	1108894	93.7	6.3
深 圳	Shenzhen	16428032	14178561	2249471	86.3	13.7
珠 海	Zhuhai	2920154	2531657	388497	86.7	13.3
汕 头	Shantou	1603065	1513236	89829	94.4	5.6
佛 山	Foshan	8519162	7799920	719242	91.6	8.4
韶 关	Shaoguan	1123020	1066350	56670	95.0	5.0
河 源	Heyuan	1202256	1137153	65103	94.6	5.4
梅 州	Meizhou	1426344	1221377	204967	85.6	14.4
惠 州	Huizhou	3839347	3514934	324413	91.6	8.4
汕 尾	Shanwei	1080612	1028741	51871	95.2	4.8
东 莞	Dongguan	7097801	6063091	1034710	85.4	14.6
中 山	Zhongshan	3687402	3122229	565173	84.7	15.3
江 门	Jiangmen	2762085	2306898	455187	83.5	16.5
阳 江	Yangjiang	928733	890433	38300	95.9	4.1
湛 江	Zhanjiang	1793239	1761059	32180	98.2	1.8
茂 名	Maoming	2597994	1619392	978602	62.3	37.7
肇 庆	Zhaoqing	2051652	1803778	247874	87.9	12.1
清 远	Qingyuan	2303440	2260024	43416	98.1	1.9
潮 州	Chaozhou	752242	717917	34325	95.4	4.6
揭 阳	Jieyang	1135040	1048515	86525	92.4	7.6
云 浮	Yunfu	976270	979902	-3632	100.4	-0.4

注：本表按当年价格计算。
Note: The data in this table are calculated at current prices.

3-24 各市最终消费及构成（2005年）
Final Consumption Expenditure and Its Composition by City (2005)

市别 City		最终消费（万元）Final Consumption Expenditure (10000 yuan)	居民消费 Household Consumption	农业居民 Rural Households	非农业居民 Non-rural Households	政府消费 Government Consumption	比重 Proportion 最终消费=100 Final Consumption Expenditure=100 居民消费 Household Consumption	政府消费 Government Consumption	居民消费=100 Household Consumption=100 农业居民 Rural Households	非农业居民 Non-rural Households
广州	Guangzhou	22582575	15698270	501441	15196829	6884305	69.5	30.5	3.2	96.8
深圳	Shenzhen	19423879	15756747		15756747	3667132	81.1	18.9		100.0
珠海	Zhuhai	2804915	2035664	69116	1966548	769251	72.6	27.4	3.4	96.6
汕头	Shantou	4577397	3890165	456983	3433182	687232	85.0	15.0	11.7	88.3
佛山	Foshan	10049139	7860115	676659	7183456	2189024	78.2	21.8	8.6	91.4
韶关	Shaoguan	2098182	1615512	607778	1007734	482670	77.0	23.0	37.6	62.4
河源	Heyuan	1804899	1368124	688339	679785	436775	75.8	24.2	50.3	49.7
梅州	Meizhou	2854235	2155249	922182	1233067	698986	75.5	24.5	42.8	57.2
惠州	Huizhou	3716915	2843087	632942	2210145	873828	76.5	23.5	22.3	77.7
汕尾	Shanwei	1773252	1502022	449436	1052586	271230	84.7	15.3	29.9	70.1
东莞	Dongguan	11199843	9794603	2245551	7549052	1405240	87.5	12.5	22.9	77.1
中山	Zhongshan	4234686	3268364	452464	2815900	966322	77.2	22.8	13.8	86.2
江门	Jiangmen	4174017	3385181	718304	2666877	788836	81.1	18.9	21.2	78.8
阳江	Yangjiang	1753282	1402422	498917	903505	350860	80.0	20.0	35.6	64.4
湛江	Zhanjiang	4369408	3511612	1119898	2391714	857796	80.4	19.6	31.9	68.1
茂名	Maoming	3559975	2974197	1237388	1736809	585778	83.5	16.5	41.6	58.4
肇庆	Zhaoqing	2288653	1739121	1000361	738760	549532	76.0	24.0	57.5	42.5
清远	Qingyuan	2321435	1754088	706901	1047187	567347	75.6	24.4	40.3	59.7
潮州	Chaozhou	2026102	1724245	484294	1239951	301857	85.1	14.9	28.1	71.9
揭阳	Jieyang	2737984	2417223	982301	1434922	320761	88.3	11.7	40.6	59.4
云浮	Yunfu	1449802	1123078	583260	539818	326724	77.5	22.5	51.9	48.1

注：本表按当年价格计算。
Note: The data in this table are calculated at current prices.

3-25 各市人均地区生产总值（2000－2005年）
Per Capita Gross Domestic Product by City（2000－2005）

单位：元 （yuan）

市别 City		2000	2001	2002	2003	2004	2005
广州	Guangzhou	25626	28537	32339	38398	45906	53809
深圳	Shenzhen	32800	34822	40369	47029	54236	60801
珠海	Zhuhai	27693	29222	31457	35781	40311	45284
汕头	Shantou	9741	9376	9570	10296	11673	13196
佛山	Foshan	20231	21958	24030	28162	33669	41266
韶关	Shaoguan	7028	7696	8277	9343	10648	11708
河源	Heyuan	3826	4179	4503	5062	6084	7488
梅州	Meizhou	4728	5075	5394	5980	7054	7666
惠州	Huizhou	13877	14590	15529	16860	19189	21896
汕尾	Shanwei	5262	5588	5852	6241	7019	7608
东莞	Dongguan	13679	15268	18131	22174	27554	33263
中山	Zhongshan	15077	17035	19636	23731	29060	36207
江门	Jiangmen	12851	13399	14022	15235	17039	19636
阳江	Yangjiang	7377	7928	8560	9515	10963	12758
湛江	Zhanjiang	6231	6537	6779	7569	8450	9899
茂名	Maoming	7881	9101	9833	10961	12036	13934
肇庆	Zhaoqing	7422	7827	8401	9258	10829	12315
清远	Qingyuan	5003	5225	5446	6080	7344	9070
潮州	Chaozhou	7444	7776	8144	8932	10075	11422
揭阳	Jieyang	6001	6026	6199	6584	6983	7533
云浮	Yunfu	6399	6524	6627	7081	8077	9174

注：本表按当年价格计算。
Note：The data in this table are calculated at current prices.

3-26 各市人均地区生产总值指数（2000－2005年）
Indices of Per Capita Gross Domestic Product by City（2000－2005）

上年＝100 （preceding year＝100）

市别 City	2000	2001	2002	2003	2004	2005
广州 Guangzhou	108.3	110.1	113.8	116.6	116.2	114.3
深圳 Shenzhen	105.2	107.0	112.3	115.0	113.3	111.6
珠海 Zhuhai	104.9	106.4	108.9	114.7	111.1	110.7
汕头 Shantou	104.5	95.8	104.1	107.9	109.9	110.4
佛山 Foshan	106.3	108.6	111.1	115.8	116.4	117.8
韶关 Shaoguan	111.8	109.7	109.0	111.4	107.7	108.5
河源 Heyuan	111.9	109.3	109.6	112.1	112.8	118.2
梅州 Meizhou	108.9	107.5	106.6	110.1	110.3	106.4
惠州 Huizhou	107.7	105.6	107.2	109.4	112.0	112.9
汕尾 Shanwei	110.2	106.2	106.1	110.3	112.3	113.5
东莞 Dongguan	106.6	110.7	119.6	120.4	120.9	119.4
中山 Zhongshan	105.4	112.9	116.9	118.8	120.9	122.8
江门 Jiangmen	108.8	103.6	107.2	110.5	111.5	112.3
阳江 Yangjiang	109.6	108.4	108.9	110.6	111.2	113.1
湛江 Zhanjiang	106.0	106.0	106.0	108.1	108.7	110.2
茂名 Maoming	110.5	108.2	107.5	109.2	111.8	112.3
肇庆 Zhaoqing	109.9	106.4	108.0	109.8	111.3	112.7
清远 Qingyuan	108.8	104.7	106.4	111.5	116.9	124.9
潮州 Chaozhou	104.3	105.2	107.3	110.0	110.4	111.5
揭阳 Jieyang	103.0	101.1	103.6	106.2	102.6	110.1
云浮 Yunfu	105.1	103.0	103.7	108.3	108.0	111.8

注：本表按可比价格计算。
Note：The data in this table are calculated at comparable prices.

3-27 各市人均地区生产总值指数（2000－2005年）
Indices of Per Capita Gross Domestic Product by City (2000－2005)

2000年＝100 (year of 2000＝100)

市 别 City	2000	2001	2002	2003	2004	2005
广 州 Guangzhou	100.0	110.1	125.3	146.2	169.8	194.0
深 圳 Shenzhen	100.0	107.0	120.1	138.1	156.4	174.5
珠 海 Zhuhai	100.0	106.4	115.9	132.9	147.7	163.6
汕 头 Shantou	100.0	95.8	99.8	107.6	118.3	130.6
佛 山 Foshan	100.0	108.6	120.6	139.7	162.6	191.5
韶 关 Shaoguan	100.0	109.7	119.5	133.2	143.4	155.6
河 源 Heyuan	100.0	109.3	119.9	134.4	151.6	179.3
梅 州 Meizhou	100.0	107.5	114.5	126.1	139.0	147.9
惠 州 Huizhou	100.0	105.6	113.2	123.8	138.6	156.5
汕 尾 Shanwei	100.0	106.2	112.7	124.3	139.6	158.5
东 莞 Dongguan	100.0	110.7	132.3	159.4	192.7	230.1
中 山 Zhongshan	100.0	112.9	132.0	156.9	189.6	232.9
江 门 Jiangmen	100.0	103.6	111.2	122.8	136.9	153.6
阳 江 Yangjiang	100.0	108.4	118.0	130.6	145.1	164.1
湛 江 Zhanjiang	100.0	106.0	112.4	121.4	132.0	145.4
茂 名 Maoming	100.0	108.2	116.2	127.0	141.9	159.4
肇 庆 Zhaoqing	100.0	106.4	114.9	126.2	140.5	158.4
清 远 Qingyuan	100.0	104.7	111.5	124.2	145.2	181.3
潮 州 Chaozhou	100.0	105.2	112.9	124.1	137.0	152.7
揭 阳 Jieyang	100.0	101.1	104.7	111.3	114.2	125.8
云 浮 Yunfu	100.0	103.0	106.9	115.8	125.0	139.7

注：本表按可比价格计算。
Note: The data in this table are calculated at comparable prices.

主要统计指标解释

国内（地区）生产总值 指按市场价格计算的一个国家（或地区）所有常住单位在一定时期内生产活动的最终成果。国内（地区）生产总值有三种计算方法，即生产法、收入法和支出法。三种方法分别从不同的方面反映国内生产总值及其构成。

增加值 指常住单位生产过程创造的新增价值和固定资产的转移价值。它可以按生产法计算，也可以按收入法计算，按生产法计算，它等于总产出减去中间投入；按收入法计算，它等于劳动者报酬、生产税净额、固定资产折旧和营业盈余之和。

劳动者报酬 指劳动者因从事生产活动所获得的全部报酬。包括劳动者获得的各种形式的工资、奖金和津贴，既有货币形式的，也有实物形式的，还包括劳动者所享受的公费医疗和医药卫生费、上下班交通补贴、单位支付的社会保险费、住房公积金等。对于个体经济来说，其所有者所获得的劳动报酬和经营利润不易区分，这两部分统一作为劳动者报酬处理。

生产税净额 指生产税减生产补贴后的差额。生产税指政府对生产单位从事生产、销售和经营活动以及因从事生产活动使用某些生产要素（如固定资产、土地、劳动力）所征收的各种税、附加费和规费。生产补贴与生产税相反，指政府对生产单位的单方面转移支付，因此视为负生产税，包括政策性亏损补贴、价格补贴等。

固定资产折旧 指一定时期内为弥补固定资产损耗按照规定的固定资产折旧率提取的固定资产折旧，或按国民经济核算统一规定的折旧率虚拟计算的固定资产折旧。它反映了固定资产在当期生产中的转移价值。各类企业和企业化管理的事业单位的固定资产折旧是指实际计提的折旧费；不计提折旧的政府机关、非企业化管理的事业单位和居民住房的固定资产折旧是按照统一规定的折旧率和固定资产原值计算的虚拟折旧。原则上，固定资产折旧应按固定资产的重置价值计算，但是目前我国尚不具备对全社会固定资产进行重估价的基础，所以暂时还不能采用这种办法。

营业盈余 指常住单位创造的增加值扣除劳动者报酬、生产税净额和固定资产折旧后的余额。它相当于企业的营业利润加上生产税补贴，但要扣除从利润中开支的工资和福利等。

支出法国内（地区）生产总值 指一个国家（或地区）所有常住单位在一定时期内用于最终消费、资本形成总额，以及货物和服务净出口的总额，它反映本期生产的国内生产总值的使用情况。

最终消费 指常住单位在一定时期内对于货物和服务的全部最终消费支出，也就是常住单位为满足物质、文化和精神生活的需要，从本国经济领土和国外购买的货物和服务的支出，不包括非常住单位在本国经济领土内的消费支出。最终消费分为居民消费和政府消费。

居民消费 指常住住户对货物和服务的全部最终消费支出。它除了常住住户直接以货币形式购买货物和服务的消费之外，还包括以其他方式获得的货物和服务的消费，即单位以实物报酬及实物转移的形式提供给劳动者的货物和服务；住户生产并由住户自己消费的货物和服务，其中的服务仅指住户的自有住房服务和付酬的家庭服务；金融机构提供的金融媒介服务；保险公司提供的保险服务。

政府消费 指政府部门为全社会提供公共服务的消费支出和免费或以较低价格向住户提供的消费货物和服务净支出。前者等于政府服务的产出价值减去政府单位所获得的经营收入后的价值，政府服务的产出价值等于它的经常性业务支出加上固定资产折旧；后者等于政府部门免费或以较低价格向住户提供的货物和服务的市场价值减去向住户收取的价值。

资本形成总额 指常住单位在一定时期内获得的减去处置的固定资产加存货的净变动额，包括固定资本形成总额和存货增加。

固定资本形成总额 指生产者在一定时期内获得的固定资产减处置的固定资产的价值总额。固定资产是通过生产活动生产出来的，其使用年限在一年以上，单位价值在规定标准以上的资产，不包括自然资产。固定资本形成总额分有形固定资本形成总额和无形固定资本形成总额。有形固定资本形成总额包括一定时期内完成的建筑工程、安装工程、设备工器具购置（减处置）价值以及土地改良、新增役、种、奶、毛、娱乐用牲畜和新增经济林木价值。无形固定资本形成总额包括矿藏的勘探、计算机软件等获得减处置。

存货增加　指常住单位存货实物量变动的市场价值，即期末价值减期初价值的差额，再扣除当期由于价格变动而产生的持有收益。存货增加可以是正值，也可以是负值；正值表示存货增加，负值表示存货减少。它包括生产单位购进的原材料、燃料和储备物资等存货，以及生产单位生产的产成品、在制品存货等。

货物和服务净流出　指货物和服务流出减货物和服务流入的差额。流出包括常住单位向非常住单位出售或无偿转让的各种货物和服务的价值；流入包括常住单位从非常住单位购买或无偿得到的各种货物和服务价值。由于服务活动的提供与使用同时发生，因此服务的流入流出业务并不发生出入境现象，一般把常住单位从非常住单位得到的服务作为流入，常住单位向非常住单位提供的服务作为流出。

三次产业　根据社会生产活动历史发展的顺序对产业结构的划分，产品直接取自自然界的部门称为第一产业，初级产品进行再加工的部门称为第二产业，为生产和消费提供各种服务的部门称为第三产业。它是世界上通用的产业结构分类，但各国的划分不尽一致。我国的三次产业划分是：

第一产业是指农、林、牧、渔业。

第二产业是指采矿业，制造业，电力、燃气及水的生产和供应业，建筑业。

第三产业是指除第一、二产业以外的其他行业。第三产业包括：交通运输、仓储和邮政业，信息传输、计算机服务和软件业，批发和零售业，住宿和餐饮业，金融业，房地产业，租赁和商务服务业，科学研究、技术服务和地质勘查业，水利、环境和公共设施管理业，居民服务和其他服务业，教育，卫生、社会保障和社会福利业，文化、体育和娱乐业，公共管理和社会组织，国际组织。

Explanatory Notes on Main Statistical Indicators

Gross Domestic Product refers to the final products at market prices produced by all resident units in a country (or a region) during a certain period of time. It is calculated with three approaches, i. e. production approach, income approach and expenditure approach, which reflect gross domestic product and its composition from different aspects.

Value Added refers to the newly increased value and the transfer value of fixed assets created by all resident units in a country (or a region) during a certain period pf time. It can be calculated by both production approach and income approach. In terms of production approach, it is the total output minus intermediate input. In terms of income approach, it is the summation of laborer' remuneration, net taxes on production, depreciation of fixed assets and operating surplus.

Laborers' Remuneration refers to the whole payment of various forms earned by the laborers from the productive activities they engaged in. It includes wages, bonuses and allowances the laborers earned in monetary form and in kind. It also includes the free medical services provided to the laborers and the medicine expenses, traffic subsidies and social insurance fee paid by the laborers' working units for them. As the individual economy is concerned, since the laborers' remuneration is not easily distinguished from the operating profit, both are treated as laborers' remuneration.

Net Taxes on Production refers to the residual of the taxes on production minus the subsidies on production. The taxes on production refers to the various taxes, extra charges and fees levied on the production units on their production, sale and business activities as well as on some factors of production, such as fixed assets, land and labor force, used in the production activities they engaged in. In contrast to the taxes on production, the subsidies on production refer to the unilateral transfer of part of the government's revenue to the production units and are therefore regarded as negative taxes on production. They include subsidies on the loss due to implementation of government policies and price subsidies, etc.

Depreciation of Fixed Assets refers to the depreciation of fixed assets of a given period, drawn in accordance with the stipulated depreciation rate for the purpose of compensating the wear loss of the fixed assets or the depreciation of fixed assets calculated in a fictitious way in accordance with the stipulated unified depreciation rate in the national economic accounting system. It reflects the value of transfer of the fixed assets in the production of the current period. The depreciation of fixed assets in various enterprises and institutions managed as enterprises refers to the depreciation expenses actually drawn and calculated as part of the cost. In government agencies and institutions not managed as enterprises which do not draw the depreciation expenses, as well as for the houses of residents, the depreciation of fixed assets is the imputed depreciation, which is calculated in accordance with the stipulated unified depreciation rate. In principle, the depreciation of fixed assets should be calculated on the basis of the repurchased value of the fixed assets. However, there is no actual condition to reevaluate all the fixed assets in China. Therefore, the above mentioned methods are temporarily adopted at present.

Operating Surplus refers to the balance of the value added created by the resident units deducting the laborers' remuneration, net taxes on production and the depreciation of fixed assets. It is equivalent to the business profit of the enterprises plus subsidies on production, but the wages and welfare expenses paid from the profits should be deducted.

GDP Calculated with Expenditure Approach refers to total expenditure on final consumption, total capital formation and net export of goods and services by resident units of a country in a certain period of time. It reflects the composition of GDP by its use.

Final Consumption refers to the total expenditure of resident units on final consumption of goods and services in a certain period, namely the expenditure of the resident units for purchases of goods and services from domestic economic territory and abroad to meet the requirements of material, cultural and spiritual life. It excludes the expenditure of nonresident units on consumption in the economic territory of the country. The final consumption is classified into household consumption and government consumption.

Households Consumption refers to the total expenditure of resident households on the final consumption of goods and services. In addition to the consumption of goods and services bought by the resident households directly with money, the expenditure on goods and services obtained by the resident households in other ways is also included in the households consumption, which includes: (a) the goods and services provided to the households by the units in the form of payment in kind and transfer in kind; (b) the goods and services produced and consumed by the households themselves, in which the services refer only to the services provided by the residential buildings owned by the households; (c) the services of financial intermediary provided by the financial institutions; (d) and the insurance services provided by the insurance companies.

Government Consumption refers to the expenditure on the consumption of the public services provided by the government to the whole society and the net expenditure on the goods and services provided by the government to the households at free charge or lower prices. The former equals to the output value of the government services minus the value of operating income obtained by the government departments. The latter equals to the market value of the goods and services provided by the government free of charge or at low prices to the households minus the value received by the government from the households.

Total Capital Formation refers to the fixed assets acquired minus those disposed and the change inventory, including the total fixed assets formation and the increase in inventory.

Total Fixed Capital Formation refers to the value of fixed assets purchased, transferred in by the resident units and those produced and used by themselves deducting the value of fixed assets sold and transferred out. It can be classified into total tangible assets formation and total intangible assets formation. The total tangible assets formation include the value of the construction projects, installation projects completed and the equipment, apparatus and instruments purchased as well as the value of land improved, the value of draught animals, breeding stock, milk, wool and recreational animals and the newly increased economic forest in a certain period. The total intangible assets formation includes the prospecting of minerals, the acquisition of computer software, the originals of recreational works and works of literature and arts minus the disposal of them.

Increase in Inventory refers to the market value of the change in inventory, i. e. the difference of value between the beginning and the end of the period. The increase in inventory can be positive or negative. A positive value indicates the increase in stock while a negative value indicates the decrease in stock. The inventory includes the raw materials, fuels and reserve materials purchased by the production units as well as the inventory of finished products, semi-finished products and work in progress, etc.

Net Outflow of Goods and Services refers to the difference of the outflow of goods and services minus the inflow of goods and services. The outflow includes the value of various goods and services sold or gratuitously transferred by the resident units to the nonresident units. The inflow includes the value of various goods and services purchased or gratuitously acquired by the resident units from the non-resident units. Because the provision of services and the use of them happen simultaneously, the inflow and outflow of services do not appear to have the phenomena of crossing the border of the country. The acquisition of services by the resident units from abroad is usually treated as inflow while the provision of services by the resident units to abroad is usually treated as outflow.

Three Industries are the classification of economic activities into three branches of industries according to the historical sequence of development. Primary industry refers to direct extraction of natural resources; secondary industry involves processing of primary products; and tertiary industry provides services of various kinds for production and consumption. Such classification is a common practice in the world, although the grouping varies to some extent form country to country. In China economic activities are categorized into following industries:

Primary industry refers to agriculture, forestry, animal husbandry and fishery.

Secondary industry refers to mining and quarrying, manufacture, production and supply of electric power, water and gas, and construction.

Tertiary industry: refers to all other economic activities not included in primary or secondary industry, including transport, storage and postal services, information transmission, computer services and software, wholesale and retail trade, accommodations and catering services, finance, real estate, leasing and business services, scientific research and technical services, geological prospecting, management of water conservancy, environment and public facilities, services to households and other services, education, health care, social security and social welfare, culture, sports and recreation, public administration and social organizations, and international organizations.

四、人口

4

POPULATION

四 人口

简要说明

一、本篇资料反映广东人口发展变化基本情况，主要内容包括：

1. 年末常住人口、人口出生率、人口死亡率、人口自然增长率。数据由广东省统计局根据人口普查、年度人口变动情况抽样调查或1%人口抽样调查推算所得。

2. 1990－2004年年末常住人口数、出生率、死亡率以及自然增长率，除1990和2000年为根据人口普查结果直接推算外，其余年份均按2005年全国1%人口抽样调查结果进行了平滑调整，故上述年份的数据与以前相应年份发表的数据有所差异。

3. 户籍总人口、男性人口、女性人口、农业人口、非农业人口、迁移人口等，数据来源于广东省公安厅人口统计年报。

二、本资料由广东省统计局人口和社会科技统计处整理提供。

4 Population

Brief Introduction

Ⅰ. The data in this chapter show the basic conditions of development and changes of population in Guangdong, mainly including:

1. The year-end permanent population, birth rate, death rate and natural growth rate of population. The data are estimated on the basis of the population censuses, the annual sample surveys on population changes and the one-percent sample survey on population by Guangdong Provincial Bureau of Statistics.

2. The year-end permanent population, birth rate, death rate and natural growth rate of population from 1990 to 2004. Data are adjusted on the basis of 2005 national one-percent sample survey on population except that the data of 1990 and 2000 are the year-end estimates from the result of population censuses. That is why the above data are different from those issued in the corresponding years.

3. The total population with residence registration, males, females, agricultural population, non-agricultural population and migrant population, etc. They are obtained from the annual reports of population of Guangdong Provincial Department of Public Security.

Ⅱ. The date in this chapter are prepared and provided by the Division of Population, Social, Science and Technology Statistics of Guangdong Provincial Bureau of Statistics.

4-1 人口主要指标
Main Population Figures

项目	Item	1985	1990	1995	2000	2004	2005
年末常住人口 （万人）	**Permanent Population at the Year-end (10000 persons)**	**5670.65**	**6347.19**	**7387.49**	**8650.03**	**9110.66**	**9194.00**
人口密度(人/平方公里)	Population Density (person/sq. km.)	318	353	411	481	507	511
户籍人口	**Population with Residence Registration**						
年末总户数 （万户）	Total Households at the Year-end (10000 households)	1205.64	1411.08	1631.03	1901.91	2065.92	2096.29
年末总人口 （万人）	Total Population at the Year-end (10000 persons)	5655.60	6246.32	6788.74	7498.54	7804.75	7899.64
#农业人口	Agricultural Population	4457.68	4769.01	4753.37	5160.26	3973.52	3792.32
非农业人口比重(%)	Percentage of Non-agricultural Population (%)	21.18	23.65	29.98	31.18	48.66	51.67
性别比 （女=100）	Sex Ratio (Female=100)	106.0	105.9	106.5	106.7	106.5	106.9
人口变动情况 （‰）	**Status of Population Changes (‰)**						
出生率	Birth Rate	20.60	22.26	16.93	12.91	11.81	11.70
死亡率	Death Rate	6.33	5.76	5.33	4.77	4.60	4.68
自然增长率	Natural Growth Rate	14.27	16.50	11.60	8.14	7.21	7.02
迁入率	Immigration Rate	17.82	15.38	16.04	16.59	17.25	13.65
迁出率	Emigration Rate	15.12	12.56	13.31	12.94	13.43	8.97
总迁移率	Total Migration Rate	32.94	27.94	29.35	29.53	30.68	22.62
净迁移率	Net Migration Rate	2.70	2.82	2.73	3.65	3.82	4.68
跨省净迁移率	Net Migration Rate between Provinces	0.39	0.35	1.09	1.01	3.33	2.55

4-2 年末户籍总人口（1978－2005年）
Total Population with Residence Registration at the Year-end (1978－2005)

单位：万人 (10000 persons)

年份 Year	总人口 Total Population	按性别分 By Sex		按农业、非农业分 By Agricultural & Non-agricultural Population		人口密度（人/平方公里） Population Density (person/sq. km.)
		男 Male	女 Female	非农业人口 Non-agricultural Population	农业人口 Agricultural Population	
1978	5064.15	2586.68	2477.47	823.23	4240.92	285
1980	5227.67	2671.28	2556.39	909.71	4317.96	294
1982	5415.35	2771.86	2643.49	971.46	4443.89	304
1983	5494.12	2818.92	2675.20	1001.05	4493.07	309
1984	5576.62	2865.90	2710.72	1097.36	4479.26	313
1985	5656.60	2909.52	2746.08	1197.92	4457.68	318
1986	5740.70	2955.68	2785.02	1254.60	4486.10	323
1987	5832.15	3003.09	2829.06	1309.91	4522.24	328
1988	5928.31	3053.50	2874.81	1366.54	4561.77	333
1989	6024.98	3106.37	2918.61	1422.75	4602.23	338
1990	6246.32	3213.20	3033.12	1477.31	4769.01	353
1991	6348.95	3266.26	3082.69	1540.92	4808.03	363
1992	6463.17	3327.67	3135.50	1640.80	4822.37	373
1993	6581.60	3390.37	3191.23	1808.09	4773.51	386
1994	6691.46	3450.68	3240.78	1964.72	4726.74	401
1995	6788.74	3501.19	3287.55	2035.37	4753.37	411
1996	6896.77	3559.54	3337.23	2107.80	4788.97	421
1997	7013.73	3620.32	3393.41	2173.50	4840.23	433
1998	7115.65	3676.95	3438.70	2219.07	4896.58	444
1999	7298.88	3769.70	3529.18	2276.42	5022.46	457
2000	7498.54	3871.13	3627.41	2338.29	5160.25	481
2001	7565.33	3905.28	3660.05	2391.31	5174.02	486
2002	7649.29	3948.25	3701.04	2767.31	4881.98	492
2003	7723.42	3989.24	3734.18	3681.93	4003.07	499
2004	7804.75	4025.87	3778.88	3797.92	3973.52	507
2005	7899.64	4080.74	3818.90	4082.06	3792.32	511

注：2003年起"按农业、非农业分"的人口，不包括未落常住户口的人数，4-7表同此。

Note: Since 2003, the population grouped by agricultural and non-agricultural population excluded the number of non-permanent population. The same as in Table 4-7.

4-3 人口自然变动情况（1978－2005年）
Status of Natural Population Changes（1978－2005）

单位：万人、‰ （10000 persons，‰）

年份 Year	出生 Birth		死亡 Death		自然增长 Natural Growth of Population	
	出生人数 Number of Birth	出生率 Birth Rate	死亡人数 Number of Death	死亡率 Death Rate	自然增长人数 Number of Natural Growth	自然增长率 Natural Growth Rate
1978	111.23	22.14	27.35	5.44	83.88	16.70
1980	118.31	22.82	28.40	5.48	89.91	17.34
1982	123.98	23.09	31.79	5.92	92.19	17.17
1983	114.55	21.00	34.47	6.32	80.08	14.68
1984	114.86	20.75	34.37	6.21	80.49	14.54
1985	115.70	20.60	35.53	6.33	80.17	14.27
1986	126.23	22.15	32.48	5.70	93.75	16.45
1987	128.00	22.12	32.98	5.70	95.02	16.42
1988	122.90	20.90	29.81	5.07	93.09	15.83
1989	121.15	20.27	34.25	5.73	86.90	14.54
1990	140.11	22.26	36.25	5.76	103.86	16.50
1991	131.31	20.40	38.04	5.91	93.27	14.49
1992	125.17	18.92	40.00	6.05	85.17	12.87
1993	120.00	17.59	38.00	5.57	82.00	12.02
1994	121.00	17.11	38.00	5.37	83.00	11.74
1995	123.54	16.93	38.91	5.33	84.63	11.60
1997	118.40	15.43	37.83	4.93	80.57	10.50
1998	117.00	14.84	40.00	5.07	77.00	9.77
1999	110.00	13.57	39.00	4.81	71.00	8.76
2000	108.85	12.91	40.21	4.77	68.64	8.14
2001	107.99	12.42	39.63	4.56	68.36	7.86
2002	103.94	11.82	39.73	4.52	64.21	7.30
2003	108.00	12.13	41.98	4.71	66.02	7.42
2004	106.73	11.81	41.62	4.60	65.11	7.21
2005	107.11	11.70	42.24	4.68	64.87	7.02

4-4 人口迁移变动情况（1978－2005年）
Status of Migrant Changes（1978－2005）

单位：万人、‰ （10000 persons，‰）

年份 Year	迁入 Immigration		迁出 Emigration		总迁移 Total Migration		净迁移 Net Migration	
	迁入人数 Number of Immigration	迁入率 Immigration Rate	迁出人数 Number of Emigration	迁出率 Emigration Rate	总迁人数 Total Number of Migration	总迁移率 Total Migration Rate	净迁移人数 Net Number of Migration	净迁移率 Net Migration Rate
1978	81.83	16.29	75.58	15.04	157.41	31.33	6.25	1.25
1980	91.45	17.64	82.09	15.83	173.54	33.47	9.36	1.81
1982	71.63	13.34	65.06	12.11	136.69	25.45	6.57	1.23
1983	66.26	12.14	59.35	10.88	125.61	23.02	6.91	1.26
1984	92.30	16.67	83.31	15.05	175.61	31.72	8.99	1.62
1985	100.10	17.82	84.90	15.12	185.00	32.94	15.20	2.70
1986	85.61	15.02	70.83	12.43	156.44	27.45	14.78	2.59
1987	92.89	16.05	73.26	12.66	166.15	28.71	19.63	3.39
1988	93.82	15.96	73.46	12.49	167.28	28.45	20.36	3.47
1989	95.26	15.94	73.87	12.36	169.13	28.30	21.39	3.58
1990	94.39	15.38	77.07	12.56	171.46	27.94	17.32	2.82
1991	97.23	15.44	83.74	13.30	180.97	28.74	13.49	2.14
1992	135.89	21.21	108.39	16.92	244.28	38.13	27.50	4.29
1993	158.20	24.25	128.06	19.63	286.26	43.88	30.14	4.62
1994	140.93	21.24	115.72	17.44	256.65	38.68	25.21	3.80
1995	108.09	16.04	89.74	13.31	197.83	29.35	18.35	2.73
1997	130.94	18.83	98.90	14.22	229.84	33.05	32.04	4.61
1998	117.93	16.69	94.18	13.33	212.11	30.02	23.75	3.36
1999	107.68	14.94	89.13	12.37	196.81	27.31	18.55	2.57
2000	122.72	16.59	95.76	12.94	218.48	29.53	26.96	3.65
2001	109.88	14.59	92.34	12.26	202.22	26.85	17.54	2.33
2002	102.26	13.44	81.95	10.77	184.21	24.21	20.31	2.67
2003	105.27	13.70	83.22	10.83	188.49	24.53	22.05	2.87
2004	133.91	17.25	104.26	13.43	238.17	30.68	29.65	3.82
2005	107.21	13.65	70.45	8.97	177.66	22.62	36.76	4.68

4-5 各市年末常住人口数（2000－2005年）
Permanent Population at the Year-end by City (2000－2005)

单位：万人　　(10000 persons)

市别 City	2000	2001	2002	2003	2004	2005
广州 Guangzhou	994. 80	996. 75	984. 76	972. 93	966. 06	949. 68
深圳 Shenzhen	701. 24	724. 57	746. 62	778. 27	800. 80	827. 75
珠海 Zhuhai	123. 65	128. 45	131. 61	134. 85	138. 86	141. 57
汕头 Shantou	467. 78	477. 98	482. 05	486. 15	492. 74	494. 45
佛山 Foshan	534. 05	549. 09	556. 66	564. 35	575. 01	580. 03
韶关 Shaoguan	273. 65	277. 27	280. 94	284. 65	288. 41	292. 26
河源 Heyuan	226. 78	238. 80	248. 10	257. 77	269. 16	278. 24
梅州 Meizhou	380. 52	390. 85	395. 99	401. 21	408. 53	411. 84
惠州 Huizhou	321. 80	334. 77	343. 41	352. 27	363. 18	370. 69
汕尾 Shanwei	245. 71	254. 81	260. 86	267. 05	274. 76	279. 87
东莞 Dongguan	644. 84	654. 43	654. 84	655. 25	655. 66	656. 07
中山 Zhongshan	236. 47	238. 30	240. 13	241. 98	242. 73	243. 46
江门 Jiangmen	395. 24	402. 70	404. 58	406. 48	410. 03	410. 29
阳江 Yangjiang	217. 20	222. 56	224. 91	227. 30	230. 86	232. 14
湛江 Zhanjiang	603. 43	622. 27	633. 62	645. 19	660. 66	668. 95
茂名 Maoming	524. 82	541. 74	552. 02	562. 49	576. 05	584. 04
肇庆 Zhaoqing	337. 69	347. 04	352. 07	357. 17	364. 17	367. 60
清远 Qingyuan	314. 98	327. 01	334. 81	342. 81	352. 75	359. 37
潮州 Chaozhou	240. 44	245. 37	247. 02	248. 67	251. 59	252. 01
揭阳 Jieyang	524. 61	536. 95	542. 55	548. 21	556. 70	559. 69
云浮 Yunfu	215. 49	221. 47	224. 53	227. 64	231. 95	233. 99

4-6 各市城镇人口占常住人口的比例
Proportion of Urban Population to Permanent Population by City

单位：%　　(%)

市别 City	2000	2005	市别 City	2000	2005
全省 Provincial	**55. 00**	**60. 68**	东莞 Dongguan	60. 0	73. 0
广州 Guangzhou	83. 8	91. 5	中山 Zhongshan	60. 7	74. 3
深圳 Shenzhen	92. 5	100. 0	江门 Jiangmen	47. 1	56. 8
珠海 Zhuhai	85. 5	87. 9	阳江 Yangjiang	41. 9	44. 1
汕头 Shantou	67. 0	72. 3	湛江 Zhanjiang	38. 5	39. 7
佛山 Foshan	75. 1	78. 4	茂名 Maoming	37. 5	39. 3
韶关 Shaoguan	51. 1	49. 8	肇庆 Zhaoqing	32. 5	39. 0
河源 Heyuan	26. 5	32. 5	清远 Qingyuan	32. 6	38. 5
梅州 Meizhou	37. 2	41. 6	潮州 Chaozhou	43. 4	53. 6
惠州 Huizhou	51. 7	55. 0	揭阳 Jieyang	37. 9	41. 2
汕尾 Shanwei	52. 6	51. 9	云浮 Yunfu	35. 9	37. 3

注：本表数据按国家统计局1999年发布的《关于统计上划分城乡的规定（试行）》计算。

Note: The data in this table are calculated according to Interim Regulations on Statistical Classification of Urban and Rural Population issued by National Bureau of Statistics in 1999.

4-7 各市年末户籍人口数（2005年）
Total Population with Residence Registration at the Year-end by City (2005)

单位：万人 (10000 persons)

市别 City	总人口 Total Population	按性别分 By Sex		按农业、非农业分 By Agriculture & Non-agriculture	
		男 Male	女 Female	非农业人口 Non -agricultural Population	农业人口 Agricultural Population
广州 Guangzhou	750.53	383.97	366.56	671.42	78.42
深圳 Shenzhen	181.93	96.69	85.24	181.93	
珠海 Zhuhai	89.60	45.79	43.81	89.60	
汕头 Shantou	491.29	247.11	244.18	486.78	4.51
佛山 Foshan	354.48	177.58	176.90	354.48	
韶关 Shaoguan	318.66	165.28	153.38	156.50	161.56
河源 Heyuan	337.36	173.29	164.07	87.35	249.36
梅州 Meizhou	498.92	256.55	242.37	129.70	368.67
惠州 Huizhou	297.58	152.29	145.29	166.53	130.04
汕尾 Shanwei	315.36	164.00	151.36	158.82	154.02
东莞 Dongguan	165.65	84.07	81.58	66.73	98.60
中山 Zhongshan	140.82	70.55	70.27	72.11	68.16
江门 Jiangmen	386.24	195.83	190.41	218.82	167.42
阳江 Yangjiang	264.15	140.63	123.52	103.01	160.34
湛江 Zhanjiang	714.76	378.76	336.00	269.37	443.75
茂名 Maoming	679.33	360.74	318.59	261.35	415.05
肇庆 Zhaoqing	396.48	204.57	191.91	110.98	283.86
清远 Qingyuan	393.43	204.43	189.00	112.65	280.65
潮州 Chaozhou	250.43	127.42	123.01	74.24	176.16
揭阳 Jieyang	609.28	313.52	295.76	211.34	389.88
云浮 Yunfu	263.36	137.67	125.69	98.35	161.87

4-8 各市年末迁移人口数（2005年）
Number of Migrant Population at the Year-end by City (2005)

单位：人 (person)

市别 City	迁入 Immigration		迁出 Emigration		净迁移 Net Migration	
	省内迁入 From Guangdong	省外迁入 From Other Provinces	迁往省内 To Guangdong	迁往省外 To Other Provinces	省内 From Guangdong	省外 From Other Provinces
广州 Guangzhou	84093	63852	38689	12473	45404	51379
深圳 Shenzhen	62879	88776	1531	4323	61348	84453
珠海 Zhuhai	12244	20298	2148	2726	10096	17572
汕头 Shantou	14783	6959	17562	3873	-2779	3086
佛山 Foshan	20893	16945	7803	6469	13090	10476
韶关 Shaoguan	66708	9564	44967	5970	21741	3594
河源 Heyuan	24098	7564	28743	4350	-4645	3214
梅州 Meizhou	39561	8309	43441	6309	-3880	2000
惠州 Huizhou	55252	27587	37874	18942	17378	8645
汕尾 Shanwei	27051	3001	22490	2510	4561	491
东莞 Dongguan	22913	20113	8464	7334	14449	12779
中山 Zhongshan	13158	5749	8441	2719	4717	3030
江门 Jiangmen	41351	12556	41144	21851	207	-9295
阳江 Yangjiang	14110	2315	16760	2088	-2650	227
湛江 Zhanjiang	47946	12338	55627	13732	-7681	-1394
茂名 Maoming	60665	8835	46162	6459	14503	2376
肇庆 Zhaoqing	36208	8268	36346	8082	-138	186
清远 Qingyuan	17334	8427	22188	6303	-4854	2124
潮州 Chaozhou	11627	2961	16490	1278	-4863	1683
揭阳 Jieyang	37551	9202	43838	5823	-6287	3379
云浮 Yunfu	14098	3959	16293	3906	-2195	53

主要统计指标解释

总人口 指一定时点、一定地区范围内有生命的个人的总和。按不同的统计范围可分为常住人口和户籍人口；统计时点通常为每年12月31日24时。

非农业人口 指按常住户口性质划分的人口。具体为：(1) 设区市的市区和不设区市的市区所辖街道办事处区域内的常住人口；(2) 市辖镇、县辖镇所辖居民委员会或镇政府驻地村民委员会区域内的常住人口。另外在按非农业、农业分的人口中，不包括未落常住户口的人数。

人口密度 指某一时点单位土地面积上居住的人口数。通常以每平方公里常住的人口数表示。

性别比 总人口（或分年龄人口）中男性人数与女性人数之比。通常以每100个女性人口相应有多少男性人口表示。

出生率 也称粗出生率。指某一人口在一定时期（通常为一年）内活产婴儿数与同期总人口的生存人口数（或同期平均总人口、年中人口数）之比。通常以千分比表示。

死亡率 也称粗死亡率。指一定时期（通常为一年）内全部死亡人数与同期平均总人口之比，反映该时期人口的死亡强度。通常以千分比表示。

自然增长率 指一定时期（通常为一年）内人口自然增加数（出生人口减死亡人口）与同期平均总人口之比。通常以千分比表示。

迁入率（迁出率） 指一定时期（通常为一年）内迁入（迁出）人数与同期平均总人口之比。通常以千分比表示。

总迁移率 指一定时期（通常为一年）内人口迁移总量（迁入人口加迁出人口）与同期平均总人口之比。通常以千分比表示。

净迁移率 指一定时期（通常为一年）内人口迁入迁出相抵后（迁入人口减迁出人口）与同期平均总人口之比。通常以千分比表示。

跨省净迁移率 指一定时期（通常为一年）内省外迁入人口和迁往省外（含出国）人口之差与同期平均总人口之比。通常以千分比表示。

Explanatory Notes on Main Statistical Indicators

Total Population refers to the total number of people alive within a given area at a certain point of time. It can be divided into the permanent population and the population with residence registration according to different statistical coverage. The reference time of the statistics on total population is usually taken at midnight of December 31.

Non-agricultural Population refers to the population divided by status of permanent population, including (1) the permanent population under the jurisdiction of sub-district offices of the cities with or without urban districts; (2) and the permanent population under the jurisdiction of neighborhood committees of the townships in cities and counties or village committees where the township governments are located.

Population Density refers to the number of people located in a given land area at a certain point of time, usually expressed in the number of permanent population per square kilometer.

Sex Ratio refers to the ratio of the male population to the female population among the total population (or the population grouped by age), usually expressed in the number of the male population per 100 female populations.

Birth Rate (or Crude Birth Rate) refers to the number of live births to the total number of population alive (or average population, mid-year population) during a certain period of time (usually a year), expressed in ‰.

Death Rate (or Crude Death Rate) refers to the ratio of the number of deaths to the average population during a certain period of time (usually a year), expressed in ‰. Death rate reflects the death intensity of the population during the same period of time.

Natural Growth Rate refers to the ratio of natural increase in population (number of births minus number of deaths) during a certain period of time (usually a year) to the average population of the same period, expressed in ‰.

Immigration Rate (Emigration Rate) refers to the ratio of the number of immigration (emigration) to the average population during a certain period of time (usually a year), expressed in ‰.

Total Migration Rate refers to the ratio of the total number of migration (number of immigration plus number of emigration) to the average population during a certain period of time (usually a year), expressed in ‰.

Net Migration Rate refers to the ratio of the net number of migration (number of immigration minus number of emigration) to the average population during a certain period of time (usually a year), expressed in ‰.

Net Migration Rate between Provinces refers to the ratio of the number of immigration from other provinces minus the number of emigration to other provinces (including those going abroad) to the average population during a certain period of time (usually a year), expressed in ‰.

五、从业人员和职工工资

5

EMPLOYMENT AND WAGES

五 从业人员和职工工资

简要说明

一、本篇资料反映广东劳动就业与工资的基本情况。主要内容包括全社会从业人员数、城镇以上单位在岗职工人数、城镇私营企业和个体工商业从业人数、在岗职工工资总额、平均工资和城镇登记失业率等。

二、本篇资料由广东省统计局人口和社会科技统计处整理提供。

三、本篇资料主要根据国家统计调查制度搜集汇总，部分由省劳动和社会保障厅、省工商行政管理局等部门提供并加工整理。

四、本篇资料中的城镇从业人员、在岗职工、职工及其工资统计范围只包括城镇以上国有、集体及其他经济类型单位，不包括私营企业和个体劳动者。

五、1998 年，劳动统计年报中对全部调查单位改按企业登记注册类型分组。即国有单位中不再包括国有联营和有限责任公司中的国有独资公司；城镇集体单位中不再包括集体联营和股份合作企业；其他单位则包括国有联营和有限责任公司中的国有独资公司，集体联营和股份合作企业。

5 Employment and Wages

Brief Introduction

Ⅰ. The data in this chapter show the basic conditions of labor employment and wages of Guangdong Province, mainly including number of all employed persons, number of fully employed staff and workers in units in urban areas, number of the persons employed in the urban private enterprises and self-employed persons in industry and commerce, total wages and average wage of fully employed staff and workers and registered urban unemployment rate, etc.

Ⅱ. The data in this chapter are prepared and provided by the Division of Population, Social, Science and Technology Statistics of Guangdong Provincial Bureau of Statistics.

Ⅲ. The data in this chapter are collected and tabulated mainly in accordance with the statistical survey scheme of the National Bureau of Statistics, part of which are processed and prepared from the figures provided by Guangdong Provincial Department of Labor and Social Security, Guangdong Provincial Administration for Industry and Commerce and some other related organs.

Ⅳ. The statistical coverage of urban employed persons, fully employed staff and workers, staff and workers and wages in this chapter only includes the state-owned units, the collective-owned units and other types of ownership in urban areas, but excludes the private enterprises and self-employed individuals.

Ⅴ. Since 1998, the statistical coverage of the annual reports of labor statistics has been adjusted, in which all the survey units are grouped by registration ownership of the enterprises, i. e. the state-owned units excludes the exclusively state-invested companies in the state-owned joint ownership units and limited liability companies, the urban collective-owned units excludes the collective-owned joint ownership units and cooperative units, and the other types of ownership include the exclusively state-invested companies in the state-owned joint ownership units and limited liability companies, the collective-owned joint ownership units and cooperative units.

5-1 从业人员主要指标
Main Indicators of Employed Persons

指标	Item	1980	1990	1995	2000	2004	2005
从业人员人数（万人）	**Number of Employed Persons (10000 persons)**	**2367.78**	**3118.10**	**3551.20**	**3989.32**	**4681.89**	**5022.97**
# 城镇从业人员	Urban Employed Persons	563.62	785.49	911.90	759.21	830.72	904.27
国有单位	State-owned Units	400.19	528.13	548.98	425.52	374.34	380.19
# 企业	Enterprises		368.65	354.46	203.71	137.53	134.97
事业和机关	Institutions and Agencies		159.48	194.52	221.81	236.81	245.22
城镇集体单位	Urban Collective-owned Units	163.43	207.62	202.36	105.97	72.28	68.70
其他各种单位	Units of Other Types of Ownership		49.74	160.56	227.73	384.10	455.38
# 农村乡（镇）劳动者	Rural Employed Persons	1793.20	2264.67	2394.40	2789.98	2944.58	3089.48
# 城镇私营企业从业人员	Employed Persons in Urban Private Enterprises			76.00	151.73	311.21	402.05
# 城镇个体劳动者	Self-employed Individuals in Urban Areas	10.96	67.94	129.90	164.94	229.44	306.30
第一产业劳动者	Employed Persons in Primary Industry	1673.57	1651.71	1473.60	1593.68	1622.50	1609.89
第二产业劳动者	Employed Persons in Secondary Industry	404.80	848.37	1199.00	1114.86	1727.86	1916.16
第三产业劳动者	Employed Persons in Tertiary Industry	289.41	618.02	878.60	1280.78	1331.53	1496.92
城镇失业人员就业数	Employees from Urban Unemployed Persons		42.84	43.67	52.65	63.83	59.48
城镇从业人员劳动报酬（亿元）	**Earnings of Urban Employed Persons (100 million yuan)**	**42.83**	**223.29**	**734.14**	**1057.57**	**1820.68**	**2143.29**
国有单位	State-owned Units	32.00	154.96	458.86	612.17	958.73	1078.00
城镇集体单位	Urban Collective-owned Units	10.83	50.06	124.32	93.04	86.16	90.36
其他各种单位	Units of Other Types of Ownership		18.27	150.96	352.37	775.79	974.93
城镇从业人员平均劳动报酬（元）	**Average Labor Remuneration to Urban Employed Persons (yuan)**	**789**	**2929**	**8250**	**13859**	**22230**	**24122**
国有单位	State-Owned Units	828	3000	8540	14296	25686	28553
城镇集体单位	Urban Collective-owned Units	691	2508	6395	8605	11925	13249
其他各种单位	Units of Other Types of Ownership		3972	9546	15538	20770	22018

注：2003 年起城镇职工改为城镇从业人员，2000 年的数据作了相应调整。
Note: Since 2003, the urban staff and workers have been referred to the urban employed persons. The figures in 2000 are adjusted correspondingly.

5-2 从业人员年末人数（1978－2005年）
Number of Employed Persons at the Year-end（1978－2005）

单位：万人 (10000 persons)

年份 Year	从业人员年末人数 Number of Employed Persons at the Year-end	#城镇国有、集体、其他单位从业人员 Employed Persons in Urban State-owned, Collective-owned and Other Types of Ownership	#城镇私营企业从业人员年末人数 Employed Persons in Urban Private Enterprises	#城镇个体劳动者人数 Self-employed Individuals in Urban Areas	#农村社会劳动者人数 Rural Employed Persons
1978	2275. 95	515. 85		2. 60	1757. 50
1979	2304. 95	535. 37		2. 58	1767. 00
1980	2367. 78	563. 62		10. 96	1793. 20
1981	2423. 79	587. 34		10. 75	1825. 70
1982	2521. 38	608. 12		11. 96	1901. 30
1983	2569. 70	612. 65		18. 55	1938. 50
1984	2637. 49	631. 77		24. 92	1980. 80
1985	2731. 11	660. 82		31. 69	2038. 60
1986	2811. 92	686. 20		33. 72	2092. 00
1987	2910. 99	720. 34		42. 54	2148. 62
1988	2994. 72	747. 67		59. 43	2178. 62
1989	3041. 27	762. 61		58. 11	2220. 55
1990	3118. 10	785. 49		67. 94	2264. 67
1991	3259. 20	827. 58	19. 58	68. 23	2290. 41
1992	3367. 21	858. 12	26. 21	76. 37	2336. 13
1993	3433. 91	877. 16	39. 51	103. 72	2325. 94
1994	3493. 15	879. 84	58. 22	117. 01	2345. 19
1995	3551. 20	911. 90	76. 00	129. 90	2394. 40
1996	3641. 30	904. 07	89. 40	132. 00	2406. 07
1997	3701. 90	897. 32	105. 80	138. 00	2448. 07
1998	3783. 87	884. 80	126. 42	154. 94	2507. 57
1999	3796. 32	857. 07	132. 95	169. 34	2538. 30
2000	3989. 32	759. 21	151. 73	164. 94	2789. 98
2001	4058. 63	737. 12	182. 09	184. 94	2858. 71
2002	4134. 37	751. 23	221. 09	214. 10	2784. 39
2003	4395. 93	781. 14	276. 70	236. 97	2824. 53
2004	4681. 89	830. 72	311. 21	229. 44	2944. 58
2005	5022. 97	904. 27	402. 05	306. 30	3089. 48

5-3 按各种分组的从业人员年末人数
Number of Employed Persons at the Year-end by Various Characteristics

单位：万人　　(10000 persons)

项　　目	Item	2000	2003	2004	2005
从业人员总数	**Total Number of Employed Persons**	**3989. 32**	**4395. 93**	**4681. 89**	**5022. 97**
按登记注册类型分组	Grouped by Status of Registration				
国有单位	State-owned Units	471. 03	376. 56	374. 34	380. 19
集体单位	Collective-owned Units	2368. 89	1990. 93	2028. 83	2037. 35
股份合作单位	Cooperative Units	11. 07	22. 68	22. 07	20. 19
联营单位	Joint Ownership	7. 28	16. 09	15. 60	16. 53
有限责任公司	Limited Liability Corporations	38. 29	147. 26	175. 30	205. 69
股份有限公司	Share-holding Corporations Ltd.	29. 79	43. 84	53. 15	52. 33
外商投资单位	Foreign Funded Units	43. 47	129. 94	159. 62	216. 68
港澳台投资单位	Units Funded by Entrepreneurs from Hong Kong, Macao and Taiwan	103. 74	420. 79	497. 45	602. 72
私营企业	Private Enterprises	217. 54	533. 76	603. 30	666. 20
个体经济	Individuals	308. 88	537. 41	607. 55	732. 92
按国民经济行业分组	Grouped by Economic Sector				
农、林、牧、渔业	Farming, Forestry, Animal Husbandry and Fishery		1617. 69	1622. 50	1609. 89
采掘业	Mining and Quarrying		20. 35	18. 18	15. 92
制造业	Manufacturing		1324. 12	1490. 99	1666. 23
电力、煤气及水的生产和供应业	Production and Supply of Electricity, Gas and Water		23. 67	24. 93	24. 27
建筑业	Construction		189. 05	193. 76	209. 74
交通运输、仓储和邮政业	Transport, Storage and Postal Services		108. 00	113. 27	117. 65
信息传输、计算机服务和软件业	Information Transmission, Computer Services and Software		29. 58	34. 12	36. 72
批发和零售业	Wholesale and Retail Trade		418. 91	490. 75	562. 18
住宿和餐馆业	Hotels and Catering Services		164. 44	143. 57	166. 67
金融业	Finance		29. 04	29. 65	29. 83
房地产业	Real Estate		26. 67	35. 36	44. 31
租赁和商务服务业	Leasing and Business Services		35. 35	48. 82	61. 11
科学研究技术服务和地质勘查业	Scientific Research, Technical Services and Geological Prospecting		12. 68	15. 29	16. 35
水利、环境和公共设施管理业	Water Conservancy, Environment and Public Facilities Management		15. 21	13. 86	15. 42
居民服务和其他服务业	Resident Services and Other Services		157. 28	155. 97	179. 84
教育	Education		101. 29	107. 64	113. 18
卫生、社会保障和社会福利业	Health Care, Social Security and Social Welfare		37. 80	40. 83	44. 01
文化、体育和娱乐业	Culture, Sports and Recreation		12. 36	14. 53	17. 03
公共管理和社会组织	Public Administration and Social Organizations		72. 44	87. 90	92. 61

注：2003 年年末从业人员采用新的报表制度和行业分组进行统计，2002 年及以前没有按新的行业分组进行整理。

Note: The number of employed persons at the end of 2003 is calculated according to the new reporting system and sector groups, whereas the figures in 2002 and prior to it are not prepared according to the new sector groups.

5-4 各市从业人员年末人数（2000－2005年）
Number of Employed Persons at the Year-end by City（2000－2005）

单位：万人 （10000 persons）

市 别 City	2000	2002	2003	2004	2005
广 州 Guangzhou	503.69	514.08	521.07	540.71	574.46
深 圳 Shenzhen	308.50	359.30	422.29	456.08	576.26
珠 海 Zhuhai	78.90	88.30	88.79	91.40	94.01
汕 头 Shantou	207.13	206.58	163.49	174.49	179.81
佛 山 Foshan	193.50	205.74	286.39	293.51	348.69
韶 关 Shaoguan	142.20	143.40	144.60	152.91	138.44
河 源 Heyuan	151.05	152.68	120.48	125.34	118.20
梅 州 Meizhou	207.23	209.06	209.43	209.79	211.98
惠 州 Huizhou	186.70	216.55	206.67	212.92	222.62
汕 尾 Shanwei	136.01	141.30	111.83	116.35	117.78
东 莞 Dongguan	97.88	104.10	183.97	303.78	388.13
中 山 Zhongshan	122.45	131.64	144.72	182.98	188.85
江 门 Jiangmen	208.68	209.99	202.67	209.55	214.53
阳 江 Yangjiang	129.57	147.61	142.29	146.52	146.63
湛 江 Zhanjiang	314.87	315.70	295.41	299.85	305.00
茂 名 Maoming	279.31	288.03	280.42	283.91	287.36
肇 庆 Zhaoqing	202.63	204.39	193.86	201.34	215.05
清 远 Qingyuan	178.76	186.24	183.34	185.97	195.95
潮 州 Chaozhou	121.00	122.90	124.71	127.59	129.18
揭 阳 Jieyang	253.79	269.32	262.66	253.97	253.70
云 浮 Yunfu	131.20	130.60	106.85	110.58	114.30

注：2003年起从业人员数采用新的报表制度进行统计，部分市的数据有较大的波动。
Note：Since 2003，the number of employed persons are calculated according to the new reporting system，which leads to the great changes on the figures of some cities.

5-5 单位从业人员年末人数（2005 年）
Number of Employed Persons in Units at the Year-end (2005)

单位：万人 (10000 persons)

项　目	Item	单位从业人员 Employed Persons in Units	国有单位 State-owned Units	城镇集体单位 Urban Collective-owned Units	其他单位 Other Types of Ownership	在岗职工 Fully Employed Staff and Workers	国有单位 State-owned Units	城镇集体单位 Urban Collective-owned Units	其他单位 Other Types of Ownership
合计	**Total**	**904. 27**	**380. 19**	**68. 70**	**455. 38**	**886. 15**	**369. 88**	**67. 44**	**448. 83**
按企业、事业和机关分	Grouped by Enterprises, Institutions and Agencies								
企业	Enterprises	653. 87	134. 97	64. 69	454. 21	640. 69	129. 35	63. 60	447. 74
# 地方	Under the Leadership of Local Governments	619. 88	100. 98	64. 69	454. 21	610. 18	98. 84	63. 60	447. 74
事业	Institutions	175. 50	170. 33	4. 00	1. 18	171. 11	166. 18	3. 84	1. 09
# 地方	Under the Leadership of Local Governments	167. 32	162. 15	4. 00	1. 18	163. 02	158. 09	3. 84	1. 09
机关	Agencies & Organizations	74. 89	74. 89			74. 36	74. 35		
# 地方	Under the Leadership of Local Governments	69. 18	69. 17			68. 68	68. 68		
按国民经济行业分	Grouped by Economic Sector								
农、林、牧、渔业	Farming, Forestry, Animal Husbandry and Fishery	10. 64	9. 59	0. 18	0. 87	10. 28	9. 24	0. 17	0. 87
采矿业	Mining and Quarrying	3. 25	1. 79	0. 04	1. 43	3. 22	1. 76	0. 04	1. 42
制造业	Manufacturing	359. 98	16. 49	22. 81	320. 68	357. 15	16. 07	22. 59	318. 48
电力、燃气及水的生产和供应业	Production and Supply of Electricity, Gas and Water	19. 55	12. 81	1. 68	5. 07	19. 47	12. 76	1. 66	5. 05
建筑业	Construction	58. 59	14. 99	18. 32	25. 29	56. 40	14. 12	17. 78	24. 5
交通运输、仓储和邮政业	Transport, Storage and Postal Services	47. 31	26. 27	2. 01	19. 04	45. 79	25. 18	1. 97	18. 64
信息传输、计算机服务和软件业	Information Transmission, Computer Services and Software	14. 03	6. 54	0. 15	7. 34	13. 37	6. 15	0. 15	7. 07
批发和零售业	Wholesale and Retail Trade	40. 56	13. 89	5. 34	21. 33	39. 42	13. 62	5. 20	20. 6
住宿和餐饮业	Hotels and Catering Services	22. 15	5. 17	1. 31	15. 67	21. 60	5. 08	1. 30	15. 23
金融业	Finance	29. 89	15. 63	5. 37	8. 89	27. 18	13. 91	5. 36	7. 92
房地产业	Real Estate	20. 89	4. 68	2. 05	14. 16	20. 55	4. 59	1. 99	13. 97
租赁和商务服务业	Leasing and Business Services	23. 49	13. 17	4. 71	5. 60	23. 14	13. 01	4. 68	5. 45
科学研究、技术服务和地质勘查业	Scientific Research, Technical Services and Geological Prospecting	12. 32	8. 77	0. 37	3. 18	11. 89	8. 51	0. 36	3. 02
水利、环境和公共设施管理业	Water Conservancy, Environment and Public Facilities Management	11. 91	9. 29	1. 28	1. 34	11. 76	9. 16	1. 27	1. 33
居民服务和其他服务业	Resident Services and Other Services	4. 16	1. 45	0. 64	2. 07	4. 09	1. 43	0. 64	2. 03
教育	Education	98. 36	96. 09	0. 87	1. 40	95. 48	93. 41	0. 79	1. 27
卫生、社会保障和社会福利业	Health Care, Social Security and Social Welfare	38. 24	36. 51	1. 29	0. 44	37. 28	35. 62	1. 24	0. 43
文化、体育和娱乐业	Culture, Sports and Recreation	8. 20	6. 48	0. 16	1. 56	8. 00	6. 31	0. 16	1. 54
公共管理和社会组织	Public Administration and Social Organizations	80. 73	80. 58	0. 12	0. 03	80. 06	79. 94	0. 10	0. 03
按产业分	Grouped by Industry								
第一产业	Primary Industry	10. 64	9. 59	0. 18	0. 87	10. 28	9. 24	0. 17	0. 87
第二产业	Secondary Industry	441. 37	46. 08	42. 85	352. 47	436. 24	44. 71	42. 07	349. 45
第三产业	Tertiary Industry	452. 26	324. 52	25. 67	102. 04	439. 63	315. 93	25. 20	98. 51

5-6 各行业职工年末人数（2005年）
Number of Staff And Workers by Sector at the Year-end (2005)

单位：万人 (10000 persons)

项目	Item	职工人数 Number of Staff and Workers	国有单位 State-owned Units	城镇集体单位 Urban Collective-owned Units	其他单位 Other Types of Ownership
合计	**Total**	**928.44**	**394.05**	**79.97**	**454.42**
按企业、事业和机关分	Grouped by Enterprises, Institutions and Agencies				
企业	Enterprises	678.06	148.76	75.99	453.32
# 地方	Under the Leadership of Local Governments	644.55	115.25	75.99	453.32
事业	Institutions	173.94	168.86	3.98	1.10
# 地方	Under the Leadership of Local Governments	165.59	160.51	3.98	1.10
机关	Agencies & Organizations	76.44	76.44		
# 地方	Under the Leadership of Local Governments	70.74	70.73		
按国民经济行业分	Grouped by Economic Sector				
农、林、牧、渔业	Farming, Forestry, Animal Husbandry and Fishery	11.43	10.32	0.19	0.92
采矿业	Mining and Quarrying	3.83	2.19	0.04	1.60
制造业	Manufacturing	369.19	20.56	27.09	321.54
电力、燃气及水的生产和供应业	Production and Supply of Electricity, Gas and Water	20.75	13.72	1.75	5.28
建筑业	Construction	58.96	15.32	18.63	25.00
交通运输、仓储和邮政业	Transport, Storage and Postal Services	49.34	27.12	3.06	19.17
信息传输、计算机服务和软件业	Information Transmission, Computer Services and Software	13.75	6.44	0.15	7.17
批发和零售业	Wholesale and Retail Trade	51.06	19.91	10.28	20.87
住宿和餐饮业	Hotels and Catering Services	22.26	5.62	1.32	15.32
金融业	Finance	28.89	15.28	5.56	8.05
房地产业	Real Estate	21.43	5.06	2.15	14.23
租赁和商务服务业	Leasing and Business Services	24.74	14.09	5.10	5.55
科学研究、技术服务和地质勘查业	Scientific Research, Technical Services and Geological Prospecting	12.28	8.87	0.37	3.04
水利、环境和公共设施管理业	Water Conservancy, Environment and Public Facilities Management	12.18	9.52	1.32	1.33
居民服务和其他服务业	Resident Services and Other Services	4.18	1.51	0.65	2.03
教育	Education	95.70	93.62	0.80	1.28
卫生、社会保障和社会福利业	Health Care, Social Security and Social Welfare	37.75	36.08	1.25	0.43
文化、体育和娱乐业	Culture, Sports and Recreation	8.34	6.60	0.16	1.57
公共管理和社会组织	Public Administration and Social Organizations	82.35	82.23	0.10	0.03

注：职工包括在岗职工和离开本单位仍保留劳动关系的职工。
Note: The staff and workers include the fully employed staff and workers and the staff and workers who have already left the units but still kept their labor relationship with the units.

5-7 各市单位从业人员和在岗职工（2005 年）
Number of Employed Persons in Units and Fully Employed Staff and Workers by City (2005)

单位：万人 (10000 persons)

市别 City	单位从业人员 Employed Persons in Units				在岗职工 Fully Employed Staff and Workers			
	合计 Total	国有单位 State-owned Units	城镇集体单位 Urban Collective-owned Units	其他单位 Other Types of Ownership	合计 Total	国有单位 State-owned Units	城镇集体单位 Urban Collective-owned Units	其他单位 Other Types of Ownership
年末人数 Year-end Number								
广州 Guangzhou	199.76	86.23	13.99	99.53	192.69	82.64	13.67	96.38
深圳 Shenzhen	166.68	36.27	2.82	127.59	165.38	35.86	2.81	126.72
珠海 Zhuhai	48.92	8.62	3.56	36.74	48.42	8.46	3.52	36.44
汕头 Shantou	30.22	17.50	5.50	7.22	29.40	16.92	5.44	7.04
佛山 Foshan	51.01	18.75	4.09	28.17	49.62	17.90	4.01	27.72
韶关 Shaoguan	25.62	13.78	2.00	9.85	25.39	13.71	1.99	9.70
河源 Heyuan	19.04	9.93	1.80	7.31	18.85	9.81	1.79	7.26
梅州 Meizhou	22.44	16.31	2.52	3.61	22.29	16.20	2.52	3.57
惠州 Huizhou	65.21	15.46	2.92	46.82	64.92	15.40	2.91	46.61
汕尾 Shanwei	13.00	9.12	1.71	2.17	12.55	8.72	1.68	2.15
东莞 Dongguan	19.79	10.29	4.46	5.04	18.86	9.49	4.43	4.94
中山 Zhongshan	23.33	6.87	1.41	15.05	22.90	6.76	1.41	14.73
江门 Jiangmen	35.50	13.85	3.30	18.34	34.88	13.54	3.28	18.05
阳江 Yangjiang	16.78	9.76	4.02	3.00	16.67	9.67	4.01	2.99
湛江 Zhanjiang	39.41	29.07	2.85	7.49	37.76	28.02	2.42	7.32
茂名 Maoming	30.17	21.28	4.30	4.59	29.30	20.49	4.29	4.52
肇庆 Zhaoqing	25.90	14.22	1.44	10.24	25.67	14.07	1.39	10.20
清远 Qingyuan	22.60	11.54	1.10	9.97	22.35	11.37	1.08	9.90
潮州 Chaozhou	11.88	7.46	1.59	2.83	11.49	7.17	1.53	2.79
揭阳 Jieyang	20.08	14.27	2.66	3.15	19.98	14.20	2.65	3.14
云浮 Yunfu	14.90	7.56	0.66	6.68	14.74	7.45	0.64	6.65
年平均人数 Annual Average Number								
广州 Guangzhou	198.20	85.56	13.88	98.77	191.18	81.94	13.55	95.69
深圳 Shenzhen	160.63	34.96	2.76	122.91	159.11	34.34	2.76	122.02
珠海 Zhuhai	47.07	8.61	3.62	34.83	46.59	8.46	3.58	34.55
汕头 Shantou	30.29	17.71	5.44	7.14	29.47	17.12	5.38	6.97
佛山 Foshan	50.54	18.48	4.08	27.98	49.18	17.69	3.98	27.51
韶关 Shaoguan	25.97	13.99	2.01	9.98	25.74	13.91	2.00	9.82
河源 Heyuan	18.11	9.80	1.73	6.57	17.92	9.67	1.72	6.53
梅州 Meizhou	22.63	16.44	2.47	3.73	22.47	16.33	2.46	3.68
惠州 Huizhou	62.45	15.20	2.91	44.33	62.18	15.15	2.90	44.13
汕尾 Shanwei	12.81	9.08	1.64	2.09	12.36	8.68	1.61	2.07
东莞 Dongguan	19.16	9.91	4.48	4.77	18.34	9.22	4.44	4.68
中山 Zhongshan	22.84	6.77	1.38	14.69	22.39	6.65	1.38	14.37
江门 Jiangmen	35.44	13.87	3.33	18.25	34.83	13.56	3.30	17.97
阳江 Yangjiang	16.63	9.72	3.92	3.00	16.51	9.61	3.91	2.99
湛江 Zhanjiang	39.03	29.08	2.88	7.07	37.42	28.05	2.46	6.91
茂名 Maoming	30.05	21.23	4.20	4.61	29.21	20.49	4.19	4.54
肇庆 Zhaoqing	26.00	14.29	1.42	10.29	25.78	14.14	1.38	10.26
清远 Qingyuan	21.40	11.42	1.07	8.90	21.14	11.25	1.06	8.83
潮州 Chaozhou	12.66	7.89	1.72	3.06	12.28	7.61	1.65	3.02
揭阳 Jieyang	19.99	14.23	2.61	3.15	19.89	14.15	2.60	3.13
云浮 Yunfu	14.85	7.53	0.65	6.67	14.70	7.42	0.64	6.64

5-8 各市职工年末人数及年平均人数（2004－2005 年）
Number and Average Number of Staff and Workers by City at Year-end（2004－2005）

单位：万人 (10000 persons)

市 别 City	2004 合计 Total	2004 国有单位 State-owned Units	2004 城镇集体单位 Urban Collective-owned Units	2004 其他单位 Other Types of Ownership	2005 合计 Total	2005 国有单位 State-owned Units	2005 城镇集体单位 Urban Collective-owned Units	2005 其他单位 Other Types of Ownership
全部职工 Total Number								
广 州 Guangzhou	193.03	86.04	14.83	92.16	197.83	86.14	13.97	97.73
深 圳 Shenzhen	137.00	32.49	1.69	102.81	166.48	36.35	2.83	127.30
珠 海 Zhuhai	41.41	7.96	3.26	30.19	48.79	8.71	3.55	36.52
汕 头 Shantou	35.12	20.61	7.62	6.88	35.21	20.17	7.79	7.24
佛 山 Foshan	48.66	18.28	4.10	26.29	50.45	18.31	4.07	28.07
韶 关 Shaoguan	28.82	15.81	2.64	10.38	27.90	14.86	2.16	10.88
河 源 Heyuan	19.39	11.61	2.31	5.47	20.82	11.27	2.18	7.37
梅 州 Meizhou	25.43	18.94	3.06	3.43	24.63	17.77	3.09	3.77
惠 州 Huizhou	54.61	16.56	5.41	32.63	65.99	16.22	3.08	46.69
汕 尾 Shanwei	13.29	9.58	2.03	1.68	13.78	9.33	2.28	2.16
东 莞 Dongguan	17.74	8.30	4.71	4.73	19.04	9.58	4.49	4.97
中 山 Zhongshan	17.94	6.18	1.14	10.62	23.02	6.83	1.42	14.77
江 门 Jiangmen	35.07	14.01	3.69	17.37	35.29	13.79	3.36	18.15
阳 江 Yangjiang	18.38	10.64	4.57	3.16	18.43	10.74	4.55	3.14
湛 江 Zhanjiang	43.41	32.35	4.19	6.88	44.11	31.87	4.50	7.75
茂 名 Maoming	29.81	20.72	4.94	4.16	30.78	21.41	4.59	4.78
肇 庆 Zhaoqing	23.78	14.04	1.58	8.15	26.06	14.37	1.45	10.24
清 远 Qingyuan	19.88	11.87	1.36	6.65	22.82	11.73	1.12	9.97
潮 州 Chaozhou	15.77	9.43	3.89	2.45	15.38	8.94	3.44	3.00
揭 阳 Jieyang	24.33	16.09	5.87	2.37	24.46	15.84	5.36	3.27
云 浮 Yunfu	14.14	7.93	1.49	4.73	15.04	7.68	0.70	6.66
职工平均人数 Average Number								
广 州 Guangzhou	192.85	85.89	15.05	91.91	196.53	85.58	13.87	97.09
深 圳 Shenzhen	132.46	32.03	1.65	98.78	160.21	34.83	2.77	122.60
珠 海 Zhuhai	40.09	7.96	3.37	28.76	46.97	8.72	3.62	34.63
汕 头 Shantou	35.32	20.69	7.71	6.92	35.34	20.42	7.74	7.18
佛 山 Foshan	48.52	18.31	4.09	26.11	50.02	18.11	4.05	27.86
韶 关 Shaoguan	28.96	16.07	2.66	10.23	28.34	15.12	2.17	11.06
河 源 Heyuan	18.38	11.55	2.23	4.60	19.89	11.13	2.11	6.64
梅 州 Meizhou	25.72	19.20	3.05	3.47	24.92	17.99	3.04	3.89
惠 州 Huizhou	52.44	16.27	5.37	30.80	63.25	15.97	3.07	44.21
汕 尾 Shanwei	13.37	9.61	2.07	1.69	13.60	9.29	2.23	2.08
东 莞 Dongguan	17.29	8.13	4.58	4.58	18.53	9.31	4.50	4.71
中 山 Zhongshan	17.41	6.06	1.05	10.30	22.51	6.73	1.39	14.39
江 门 Jiangmen	34.88	14.02	3.81	17.05	35.25	13.81	3.38	18.06
阳 江 Yangjiang	18.21	10.62	4.46	3.13	18.28	10.69	4.45	3.14
湛 江 Zhanjiang	43.13	32.44	4.13	6.57	43.83	31.94	4.53	7.36
茂 名 Maoming	29.79	20.74	4.84	4.21	30.66	21.41	4.49	4.76
肇 庆 Zhaoqing	23.68	14.15	1.53	8.00	26.17	14.44	1.43	10.30
清 远 Qingyuan	19.60	11.93	1.41	6.27	21.60	11.61	1.10	8.88
潮 州 Chaozhou	16.36	9.85	4.01	2.50	16.05	9.24	3.59	3.22
揭 阳 Jieyang	24.15	15.93	5.82	2.40	24.41	15.83	5.32	3.26
云 浮 Yunfu	14.18	7.97	1.51	4.70	15.01	7.66	0.70	6.65

注：职工包括在岗职工和离开本单位仍保留劳动关系的职工。
Note: The staff and workers include the fully employed staff and workers and the staff and workers who have already left the units but still kept their labor relationship with the units.

5-9 各市全部单位各行业在岗职工年末人数（2005 年）
Number of Fully Employed Staff and Workers In all Units by Sector by City at the Year-end (2005)

单位：万人 (10000 persons)

市别	City	合计 Total	农、林、牧、渔业 Farming, Forestry, Animal Husbandry and Fishery	采矿业 Mining and Quarrying	制造业 Manufacturing	电力、燃气及水的生产和供应业 Production and Supply of Electricity, Gas and Water	建筑业 Construction	交通运输、仓储和邮政业 Transport, Storage and Postal Services	信息传输、计算机服务和软件业 Information Transmission, Computer Services and Software	批发和零售业 Wholesale and Retail Trade	住宿和餐饮业 Hotels and Catering Services
广州	Guangzhou	192.69	0.80	0.17	69.33	2.60	12.55	18.49	3.61	10.97	8.31
深圳	Shenzhen	165.38	0.69	0.04	75.85	1.32	12.04	9.97	3.11	10.33	5.18
珠海	Zhuhai	48.42	0.78	0.04	32.43	0.37	1.24	1.32	0.64	1.48	1.15
汕头	Shantou	29.40	0.05	0.03	8.47	1.04	2.18	1.32	0.52	2.34	0.52
佛山	Foshan	49.62	0.05	0.07	22.24	1.21	3.45	1.59	0.73	1.78	1.00
韶关	Shaoguan	25.39	0.48	0.86	7.94	1.54	1.56	1.19	0.26	0.69	0.39
河源	Heyuan	18.85	0.20	0.26	6.13	0.72	1.24	0.45	0.20	0.69	0.47
梅州	Meizhou	22.29	0.20	0.09	4.11	1.18	1.35	0.68	0.30	0.68	0.17
惠州	Huizhou	64.92	0.12	0.04	45.16	0.71	2.92	1.05	0.40	0.88	0.59
汕尾	Shanwei	12.55	0.66	0.13	2.88	0.51	0.61	0.34	0.22	0.63	0.09
东莞	Dongguan	18.86	0.05	0.01	7.16	0.77	0.12	0.72	0.25	0.52	0.10
中山	Zhongshan	22.90	0.01		13.53	0.36	0.72	0.66	0.27	0.39	0.46
江门	Jiangmen	34.88	0.15		16.21	0.90	2.58	0.99	0.26	0.83	0.59
阳江	Yangjiang	16.67	0.50	0.06	3.01	0.52	2.89	0.56	0.22	0.88	0.28
湛江	Zhanjiang	37.76	2.79	0.69	8.12	0.97	2.10	2.60	0.43	1.97	0.57
茂名	Maoming	29.30	1.40	0.21	4.05	0.97	4.27	1.02	0.40	1.09	0.34
肇庆	Zhaoqing	25.67	0.20	0.14	9.43	0.64	1.15	0.82	0.40	0.88	0.54
清远	Qingyuan	22.35	0.37		9.09	0.91	0.50	0.77	0.39	0.31	0.48
潮州	Chaozhou	11.49	0.03	0.01	3.07	0.78	0.69	0.44	0.24	0.39	0.13
揭阳	Jieyang	19.98	0.63		3.15	1.01	1.58	0.49	0.31	1.10	0.15
云浮	Yunfu	14.74	0.13	0.37	5.81	0.46	0.67	0.33	0.20	0.60	0.10

市别	City	金融业 Finance	房地产业 Real Estate	租赁和商务服务业 Leasing and Business Services	科学研究、技术服务和地质勘查业 Scientific Research, Technical Services and Geological Prospecting	水利、环境和公共设施管理业 Water Conservancy, Environment and Public Facilities Management	居民服务和其他服务业 Resident Services and Other Services	教育 Education	卫生、社会保障和社会福利业 Health Care, Social Security and Social Welfare	文化、体育和娱乐业 Culture, Sports and Recreation	公共管理和社会组织 Public Administration and Social Organization
广州	Guangzhou	5.47	5.29	7.00	4.94	2.63	2.00	14.94	8.33	3.04	12.23
深圳	Shenzhen	5.00	9.52	8.31	2.71	1.58	0.76	5.23	3.78	1.37	8.61
珠海	Zhuhai	0.88	0.92	0.78	0.21	0.62	0.20	1.57	0.83	0.42	2.52
汕头	Shantou	0.95	0.37	0.43	0.32	0.50	0.09	4.96	1.66	0.24	3.40
佛山	Foshan	2.82	0.61	1.15	0.39	0.59	0.08	5.31	2.28	0.29	4.01
韶关	Shaoguan	0.63	0.10	0.43	0.31	0.49	0.04	3.69	1.31	0.13	3.34
河源	Heyuan	0.42	0.22	0.25	0.18	0.21	0.02	3.39	0.93	0.09	2.79
梅州	Meizhou	0.76	0.33	0.43	0.25	0.47	0.03	5.54	1.68	0.19	3.85
惠州	Huizhou	0.98	0.81	0.73	0.41	0.61	0.04	3.91	1.46	0.33	3.78
汕尾	Shanwei	0.28	0.06	0.16	0.08	0.18	0.02	2.78	0.66	0.07	2.23
东莞	Dongguan	1.66	0.04	0.17	0.15	0.07	0.01	2.33	1.72	0.14	2.85
中山	Zhongshan	0.92	0.15	0.32	0.29	0.20	0.06	1.94	0.98	0.25	1.40
江门	Jiangmen	1.13	0.23	0.42	0.27	0.62	0.11	4.26	1.77	0.18	3.38
阳江	Yangjiang	0.43	0.50	0.23	0.10	0.30	0.03	2.68	0.83	0.08	2.57
湛江	Zhanjiang	1.04	0.32	0.85	0.42	0.75	0.06	7.40	2.04	0.27	4.36
茂名	Maoming	1.04	0.41	0.36	0.14	0.54	0.38	6.99	1.58	0.19	3.92
肇庆	Zhaoqing	0.75	0.28	0.35	0.27	0.40	0.05	4.14	1.70	0.29	3.26
清远	Qingyuan	0.59	0.06	0.17	0.13	0.41	0.04	3.82	1.10	0.11	3.11
潮州	Chaozhou	0.46	0.09	0.16	0.13	0.21	0.03	2.45	0.72	0.08	1.41
揭阳	Jieyang	0.62	0.18	0.35	0.14	0.28	0.04	5.55	1.22	0.20	3.00
云浮	Yunfu	0.34	0.05	0.12	0.05	0.11	0.02	2.61	0.71	0.06	2.02

5-10 女性从业人员年末人数（2005年）
Number of Female Employed at the Year-end (2005)

单位：万人　　　　(10000 persons)

行业	Sector	合计 Total	国有单位 State-owned Units	城镇集体单位 Urban Collective-owned Units	其他单位 Other Types of Ownership
合计	**Total**	**389.09**	**149.00**	**23.96**	**216.14**
农、林、牧、渔业	Farming, Forestry, Animal Husbandry and Fishery	3.83	3.54	0.04	0.25
采矿业	Mining and Quarrying	0.77	0.48		0.29
制造业	Manufacturing	188.22	6.39	12.18	169.65
电力、燃气及水的生产和供应业	Production and Supply of Electricity, Gas and Water	5.68	3.86	0.46	1.36
建筑业	Construction	7.08	2.08	2.00	2.99
交通运输、仓储和邮政业	Transport, Storage and Postal Services	12.76	7.11	0.56	5.09
信息传输、计算机服务和软件业	Information Transmission, Computer Services and Software	5.22	2.16	0.07	2.99
批发和零售业	Wholesale and Retail Trade	17.12	5.43	2.02	9.67
住宿和餐饮业	Hotels and Catering Services	12.16	2.98	0.76	8.42
金融业	Finance	14.07	7.19	2.13	4.74
房地产业	Real Estate	6.12	1.48	0.61	4.03
租赁和商务服务业	Leasing and Business Services	6.39	3.46	0.58	2.36
科学研究、技术服务和地质勘查业	Scientific Research, Technical Services and Geological Prospecting	3.57	2.55	0.11	0.91
水利、环境和公共设施管理业	Water Conservancy, Environment and Public Facilities Management	5.00	3.90	0.56	0.54
居民服务和其他服务业	Resident Services and Other Services	1.81	0.53	0.32	0.96
教育	Education	51.32	49.84	0.65	0.83
卫生、社会保障和社会福利业	Health Care, Social Security and Social Welfare	23.17	22.12	0.78	0.27
文化、体育和娱乐业	Culture, Sports and Recreation	3.47	2.64	0.07	0.76
公共管理和社会组织	Public Administration and Social Organizations	21.32	21.26	0.06	0.01

5-11 职工工资总额与平均工资（1978－2005 年）
Total Wages and Average Wage of Staff and Workers（1978-2005）

年份 Year	工资总额（亿元） Total Wages（100 million yuan）				平均工资（元） Average Wage（yuan）			
	合计 Total	国有单位 State-owned Units	城镇集体单位 Urban Collective-owned Units	其他单位 Other Types of Ownership	合计 Total	国有单位 State-owned Units	城镇集体单位 Urban Collective-owned Units	其他单位 Other Types of Ownership
1978	30. 59	22. 67	7. 92		615	638	558	
1979	35. 56	26. 37	9. 19		685	718	605	
1980	42. 83	32. 00	10. 83		789	828	691	
1981	49. 40	37. 01	12. 39		873	912	774	
1982	56. 69	43. 03	13. 66		961	1000	856	
1983	60. 85	46. 25	14. 60		1021	1061	907	
1984	72. 82	52. 66	19. 59	0. 57	1187	1261	1017	1697
1985	88. 91	63. 42	23. 85	1. 64	1393	1458	1216	2209
1986	102. 13	73. 10	26. 69	2. 34	1541	1619	1330	2198
1987	121. 10	84. 99	31. 99	4. 12	1743	1805	1544	2469
1988	162. 76	113. 60	41. 23	7. 93	2250	2320	1979	3134
1989	200. 39	139. 38	47. 74	13. 27	2678	2763	2302	3641
1990	223. 29	154. 96	50. 06	18. 27	2929	3000	2508	3972
1991	268. 19	179. 81	60. 15	28. 23	3358	3383	2931	4558
1992	334. 61	222. 27	72. 06	40. 28	4027	4059	3510	5157
1993	455. 33	300. 91	83. 79	70. 63	5327	5431	4388	6435
1994	612. 73	401. 80	107. 03	103. 90	7117	7410	5565	8216
1995	734. 14	458. 86	124. 32	150. 96	8250	8540	6395	9546
1996	803. 50	512. 22	124. 35	166. 93	9127	9494	6799	10569
1997	858. 35	539. 95	120. 36	198. 04	9698	10032	6814	11635
1998	899. 68	530. 11	105. 59	263. 98	10233	10432	6671	12410
1999	970. 70	567. 54	101. 72	301. 44	11309	11579	7025	13492
2000	1038. 38	604. 59	91. 81	341. 98	13823	14387	8615	15240
2001	1146. 11	663. 85	82. 67	399. 59	15682	16779	9040	16392
2002	1306. 32	737. 63	80. 26	488. 43	17814	19696	9881	17597
2003	1515. 58	841. 02	83. 52	591. 05	19986	22944	10836	18782
2004	1771. 05	942. 39	84. 73	743. 94	22116	25979	11937	20267
2005	2085. 64	1058. 97	88. 63	938. 04	23959	28835	13240	21500

注：从 2000 年起统计口径为在岗职工。
Note：Since 2000，the statistical coverage of the data in this table has referred to the fully employed staff and workers.

5-12 各市单位从业人员劳动报酬和在岗职工工资（2005 年）
Labor Remuneration to Employed Persons in Units and Wages of Fully Employed Staff and Workers by City (2005)

市别 City	单位从业人员劳动报酬 Labor remuneration to Employed Persons in Units				在岗职工工资 Wages of Fully Employed Staff and Workers			
	合计 Total	国有单位 State-owned Units	城镇集体单位 Urban Collective-owned Units	其他单位 Other Types of Ownership	合计 Total	国有单位 State-owned Units	城镇集体单位 Urban Collective-owned Units	其他单位 Other Types of Ownership
总额（亿元）Total (100 million yuan)								
广州 Guangzhou	677.26	385.61	23.68	267.97	656.28	376.76	23.10	256.42
深圳 Shenzhen	530.12	166.38	4.74	358.99	516.75	164.03	4.72	348.00
珠海 Zhuhai	105.30	33.26	6.14	65.89	101.77	32.87	6.06	62.85
汕头 Shantou	51.49	36.21	4.60	10.69	50.43	35.54	4.55	10.33
佛山 Foshan	111.18	53.86	7.13	50.19	108.37	52.45	7.00	48.93
韶关 Shaoguan	47.28	27.86	1.96	17.46	46.88	27.73	1.95	17.19
河源 Heyuan	29.29	17.92	2.17	9.20	28.91	17.75	2.15	9.01
梅州 Meizhou	31.88	24.55	2.48	4.84	31.72	24.46	2.48	4.78
惠州 Huizhou	104.87	33.05	3.50	68.32	99.60	32.93	3.48	63.18
汕尾 Shanwei	16.97	12.89	1.53	2.55	16.57	12.55	1.50	2.53
东莞 Dongguan	54.33	36.48	7.18	10.67	51.82	34.96	7.09	9.78
中山 Zhongshan	52.72	23.21	3.05	26.46	50.95	22.92	3.01	25.01
江门 Jiangmen	53.55	27.45	3.87	22.23	52.35	27.06	3.83	21.46
阳江 Yangjiang	23.00	16.10	3.76	3.14	22.89	16.02	3.75	3.13
湛江 Zhanjiang	58.13	46.22	2.81	9.09	56.42	45.30	2.33	8.79
茂名 Maoming	47.55	33.76	4.36	9.43	47.05	33.38	4.35	9.31
肇庆 Zhaoqing	43.84	29.24	1.72	12.88	43.47	29.05	1.68	12.73
清远 Qingyuan	39.15	25.73	1.50	11.92	38.73	25.48	1.49	11.76
潮州 Chaozhou	16.78	12.28	1.24	3.27	16.36	11.99	1.18	3.19
揭阳 Jieyang	23.41	17.90	2.26	3.25	23.30	17.82	2.26	3.23
云浮 Yunfu	21.39	14.23	0.68	6.47	21.22	14.12	0.66	6.44
平均工资（元）Average Wage (yuan)								
广州 Guangzhou	34171	45069	17070	27132	34328	45980	17055	26795
深圳 Shenzhen	33003	47597	17180	29207	32476	47762	17112	28521
珠海 Zhuhai	22372	38641	16952	18916	21844	38834	16926	18191
汕头 Shantou	16999	20442	8454	14965	17112	20757	8463	14833
佛山 Foshan	21998	29148	17472	17936	22037	29649	17577	17787
韶关 Shaoguan	18206	19921	9773	17499	18214	19933	9769	17501
河源 Heyuan	16173	18277	12528	13996	16132	18346	12502	13809
梅州 Meizhou	14086	14938	10064	12990	14115	14977	10065	12998
惠州 Huizhou	16793	21736	12026	15411	16017	21736	11995	14318
汕尾 Shanwei	13250	14195	9305	12245	13405	14455	9302	12197
东莞 Dongguan	28349	36812	16025	22349	28253	37919	15958	20882
中山 Zhongshan	23088	34302	22048	18018	22751	34465	21868	17413
江门 Jiangmen	15108	19788	11624	12185	15030	19957	11604	11942
阳江 Yangjiang	13827	16572	9589	10470	13866	16662	9601	10450
湛江 Zhanjiang	14891	15897	9743	12858	15076	16150	9471	12714
茂名 Maoming	15825	15898	10374	20454	16104	16295	10391	20508
肇庆 Zhaoqing	16863	20466	12134	12511	16863	20541	12214	12414
清远 Qingyuan	18293	22519	13986	13391	18323	22655	14059	13317
潮州 Chaozhou	13254	15564	7202	10690	13320	15752	7129	10568
揭阳 Jieyang	11714	12582	8660	10322	11718	12588	8681	10306
云浮 Yunfu	14401	18903	10406	9710	14438	19028	10441	9695

5-13 各市职工工资总额与平均工资
Total Wages and Average Wage of Staff and Workers by City

市 别 City	2004 合计 Total	2004 国有单位 State-owned Units	2004 城镇集体单位 Urban Collective-owned Units	2004 其他单位 Other Types of Ownership	2005 合计 Total	2005 国有单位 State-owned Units	2005 城镇集体单位 Urban Collective-owned Units	2005 其他单位 Other Types of Ownership
工资总额（亿元） Total Wages (100 million yuan)								
广 州 Guangzhou	598.33	352.98	24.10	221.25	665.32	383.75	23.36	258.21
深 圳 Shenzhen	421.33	143.38	3.32	274.63	519.00	165.17	4.74	349.09
珠 海 Zhuhai	80.29	27.04	5.02	48.23	102.34	33.32	6.12	62.91
汕 头 Shantou	46.92	33.71	4.02	9.19	51.39	36.37	4.62	10.40
佛 山 Foshan	93.97	46.62	6.24	41.12	109.29	53.10	7.05	49.14
韶 关 Shaoguan	45.06	26.21	2.27	16.58	48.82	28.66	1.98	18.18
河 源 Heyuan	23.77	16.07	1.72	5.98	29.48	18.24	2.18	9.07
梅 州 Meizhou	29.67	23.54	2.18	3.96	32.52	25.10	2.52	4.90
惠 州 Huizhou	74.33	29.78	5.22	39.34	100.24	33.46	3.51	63.27
汕 尾 Shanwei	14.56	11.39	1.34	1.84	16.78	12.75	1.51	2.53
东 莞 Dongguan	43.59	28.44	6.33	8.82	52.12	35.14	7.13	9.85
中 山 Zhongshan	38.83	20.56	2.22	16.05	51.14	23.07	3.03	25.04
江 门 Jiangmen	47.62	24.96	3.73	18.94	52.75	27.38	3.86	21.51
阳 江 Yangjiang	20.48	14.34	3.49	2.65	23.16	16.25	3.77	3.14
湛 江 Zhanjiang	50.79	41.66	2.00	7.14	58.35	47.05	2.42	8.88
茂 名 Maoming	42.12	29.27	4.57	8.28	48.58	34.52	4.40	9.65
肇 庆 Zhaoqing	34.94	24.19	1.68	9.07	43.89	29.42	1.72	12.76
清 远 Qingyuan	30.60	21.96	1.48	7.16	39.27	25.97	1.51	11.79
潮 州 Chaozhou	14.96	11.55	1.25	2.16	16.65	12.24	1.21	3.20
揭 阳 Jieyang	21.58	17.14	2.36	2.08	23.57	18.02	2.32	3.24
云 浮 Yunfu	17.90	12.36	1.30	4.25	21.46	14.33	0.68	6.45
平均工资（元） Average Wage (yuan)								
广 州 Guangzhou	31025	41097	16015	24071	33853	44842	16846	26596
深 圳 Shenzhen	31808	44768	20158	27801	32396	47420	17091	28474
珠 海 Zhuhai	20027	33990	14875	16769	21791	38198	16908	18169
汕 头 Shantou	13285	16296	5216	13277	14541	17810	5964	14488
佛 山 Foshan	19369	25456	15237	15747	21850	29324	17426	17636
韶 关 Shaoguan	15556	16308	8524	16206	17222	18960	9116	16439
河 源 Heyuan	12935	13921	7705	12997	14824	16378	10322	13651
梅 州 Meizhou	11536	12259	7127	11421	13049	13949	8295	12597
惠 州 Huizhou	14176	18301	9724	12773	15848	20955	11424	14311
汕 尾 Shanwei	10893	11853	6449	10886	12342	13717	6786	12141
东 莞 Dongguan	25207	34964	13833	19248	28128	37724	15829	20912
中 山 Zhongshan	22302	33908	21102	15588	22722	34300	21821	17398
江 门 Jiangmen	13653	17804	9782	11105	14964	19828	11412	11911
阳 江 Yangjiang	11243	13499	7830	8451	12671	15207	8474	9986
湛 江 Zhanjiang	11777	12843	4844	10869	13313	14731	5344	12063
茂 名 Maoming	14139	14115	9448	19647	15847	16123	9815	20293
肇 庆 Zhaoqing	14753	17097	10936	11342	16772	20368	11985	12393
清 远 Qingyuan	15613	18411	10508	11433	18183	22358	13705	13277
潮 州 Chaozhou	9145	11728	3117	8628	10377	13246	3383	9930
揭 阳 Jieyang	8935	10756	4062	8655	9657	11381	4355	9936
云 浮 Yunfu	12626	15508	8586	9035	14303	18721	9772	9693

注：职工包括在岗职工和离开本单位仍保留劳动关系的职工。
Note: The staff and workers include the fully employed staff and workers and the staff and workers who have already left the units but still kept their labor relationship with the units.

5-14 单位从业人员劳动报酬（2005年）
Labor Remuneration to Employed Persons in Units (2005)

单位：亿元　　　　(100 million yuan)

项　目	Item	合计 Total	国有单位 State-owned Units	城镇集体单位 Urban Collective-owned Units	其他单位 Other Types of Ownership
合　计	**Total**	**2143.29**	**1078.00**	**90.36**	**974.93**
按企业、事业和机关分	Grouped by Enterprises, Institutions and Agencies				
企业	Enterprises	1446.29	391.17	82.98	972.15
#地方	Under the Leadership of Local Governments	1302.67	247.54	82.98	972.15
事业	Institutions	449.02	438.86	7.37	2.78
#地方	Under the Leadership of Local Governments	412.85	402.70	7.37	2.78
机关	Agencies & Organizations	247.98	247.97	0.01	
#地方	Under the Leadership of Local Governments	218.01	218.00	0.01	
按国民经济行业分	Grouped by Economic Sector				
农、林、牧、渔业	Farming, Forestry, Animal Husbandry and Fishery	10.68	8.56	0.20	1.92
采矿业	Mining and Quarrying	8.26	4.10	0.12	4.03
制造业	Manufacturing	649.86	39.22	25.04	585.60
电力、燃气及水的生产和供应业	Production and Supply of Electricity, Gas and Water	67.42	43.82	4.39	19.20
建筑业	Construction	101.03	32.47	17.89	50.66
交通运输、仓储和邮政业	Transport, Storage and Postal Services	150.37	80.78	3.05	66.53
信息传输、计算机服务和软件业	Information Transmission, Computer Services and Software	67.13	29.03	0.45	37.65
批发和零售业	Wholesale and Retail Trade	97.29	34.95	6.47	55.87
住宿和餐饮业	Hotels and Catering Services	38.57	9.26	1.67	27.64
金融业	Finance	126.87	73.47	12.46	40.94
房地产业	Real Estate	51.27	10.78	2.90	37.60
租赁和商务服务业	Leasing and Business Services	54.78	28.26	7.02	19.50
科学研究、技术服务和地质勘查业	Scientific Research, Technical Services and Geological Prospecting	48.98	34.73	1.02	13.22
水利、环境和公共设施管理业	Water Conservancy, Environment and Public Facilities Management	22.29	17.92	1.74	2.63
居民服务和其他服务业	Resident Services and Other Services	8.56	3.63	1.01	3.92
教育	Education	235.95	230.94	1.50	3.51
卫生、社会保障和社会福利业	Health Care, Social Security and Social Welfare	114.27	110.30	2.79	1.18
文化、体育和娱乐业	Culture, Sports and Recreation	26.45	22.85	0.37	3.23
公共管理和社会组织	Public Administration and Social Organizations	263.28	262.93	0.27	0.07
按产业分	Grouped by Industry				
第一产业	Primary Industry	10.68	8.56	0.20	1.92
第二产业	Secondary Industry	826.57	119.61	47.44	659.49
第三产业	Tertiary Industry	1306.04	949.83	42.72	313.52

5-15 在岗职工工资总额（2005 年）
Total Wages of Fully Employed Staff and Workers (2005)

单位：亿元 (100 million yuan)

项目	Item	合计 Total	国有单位 State-owned Units	城镇集体单位 Urban Collective-owned Units	其他单位 Other Types of Ownership
合计	**Total**	**2085.64**	**1058.97**	**88.63**	**938.04**
按企业、事业和机关分	Grouped by Enterprises, Institutions and Agencies				
企业	Enterprises	1396.11	379.21	81.48	935.42
# 地方	Under the Leadership of Local Governments	1260.68	243.78	81.48	935.42
事业	Institutions	442.43	432.67	7.14	2.62
# 地方	Under the Leadership of Local Governments	406.54	396.77	7.14	2.62
机关	Agencies & Organizations	247.10	247.09	0.01	
# 地方	Under the Leadership of Local Governments	217.21	217.20	0.01	
按国民经济行业分	Grouped by Economic Sector				
农、林、牧、渔业	Farming, Forestry, Animal Husbandry and Fishery	10.39	8.29	0.20	1.91
采矿业	Mining and Quarrying	8.12	4.05	0.12	3.96
制造业	Manufacturing	627.36	38.50	24.73	564.13
电力、燃气及水的生产和供应业	Production and Supply of Electricity, Gas and Water	67.14	43.77	4.29	19.08
建筑业	Construction	96.68	30.74	17.21	48.73
交通运输、仓储和邮政业	Transport, Storage and Postal Services	147.23	79.00	3.02	65.21
信息传输、计算机服务和软件业	Information Transmission, Computer Services and Software	64.73	27.72	0.45	36.57
批发和零售业	Wholesale and Retail Trade	93.82	34.47	6.33	53.02
住宿和餐饮业	Hotels and Catering Services	37.09	8.95	1.66	26.48
金融业	Finance	119.42	69.26	12.44	37.71
房地产业	Real Estate	50.22	10.61	2.80	36.81
租赁和商务服务业	Leasing and Business Services	53.31	27.98	6.99	18.34
科学研究、技术服务和地质勘查业	Scientific Research, Technical Services and Geological Prospecting	47.06	33.84	0.99	12.23
水利、环境和公共设施管理业	Water Conservancy, Environment and Public Facilities Management	22.11	17.81	1.71	2.59
居民服务和其他服务业	Resident Services and Other Services	8.36	3.59	1.00	3.77
教育	Education	232.50	227.91	1.42	3.16
卫生、社会保障和社会福利业	Health Care, Social Security and Social Welfare	112.02	108.16	2.71	1.16
文化、体育和娱乐业	Culture, Sports and Recreation	25.91	22.43	0.36	3.12
公共管理和社会组织	Public Administration and Social Organizations	262.17	261.90	0.19	0.07
按产业分	Grouped by Industry				
第一产业	Primary Industry	10.39	8.29	0.20	1.91
第二产业	Secondary Industry	799.30	117.06	46.35	635.90
第三产业	Tertiary Industry	1275.95	933.62	42.08	300.23

5-16 职工工资总额（2005 年）
Total Wages of Fully Employed Staff and Workers (2005)

单位：亿元 (100 million yuan)

项目	Item	合计 Total	国有单位 State-owned Units	城镇集体单位 Urban Collective-owned Units	其他单位 Other Types of Ownership
合计	**Total**	**2110.06**	**1077.23**	**89.64**	**943.19**
按企业、事业和机关分	Grouped by Enterprises, Institutions and Agencies				
企业	Enterprises	1413.61	390.60	82.46	940.55
# 地方	Under the Leadership of Local Governments	1272.71	249.71	82.46	940.55
事业	Institutions	444.59	434.78	7.18	2.63
# 地方	Under the Leadership of Local Governments	408.35	398.54	7.18	2.63
机关	Agencies & Organizations	251.87	251.86	0.01	
# 地方	Under the Leadership of Local Governments	221.85	221.84	0.01	
按国民经济行业分	Grouped by Economic Sector				
农、林、牧、渔业	Farming, Forestry, Animal Husbandry and Fishery	10.63	8.50	0.20	1.93
采矿业	Mining and Quarrying	8.94	4.63	0.12	4.19
制造业	Manufacturing	631.17	40.13	24.91	566.12
电力、燃气及水的生产和供应业	Production and Supply of Electricity, Gas and Water	68.91	45.07	4.36	19.48
建筑业	Construction	97.74	31.39	17.28	49.07
交通运输、仓储和邮政业	Transport, Storage and Postal Services	150.06	80.79	3.09	66.17
信息传输、计算机服务和软件业	Information Transmission, Computer Services and Software	65.45	28.25	0.45	36.75
批发和零售业	Wholesale and Retail Trade	95.51	35.70	6.51	53.30
住宿和餐饮业	Hotels and Catering Services	37.37	9.12	1.67	26.58
金融业	Finance	122.98	72.30	12.72	37.95
房地产业	Real Estate	50.70	10.82	2.84	37.04
租赁和商务服务业	Leasing and Business Services	53.90	28.38	7.07	18.45
科学研究、技术服务和地质勘查业	Scientific Research, Technical Services and Geological Prospecting	47.49	34.25	0.99	12.25
水利、环境和公共设施管理业	Water Conservancy, Environment and Public Facilities Management	22.29	17.96	1.72	2.60
居民服务和其他服务业	Resident Services and Other Services	8.44	3.66	1.01	3.78
教育	Education	232.85	228.25	1.43	3.17
卫生、社会保障和社会福利业	Health Care, Social Security and Social Welfare	112.28	108.41	2.72	1.16
文化、体育和娱乐业	Culture, Sports and Recreation	26.12	22.63	0.36	3.13
公共管理和社会组织	Public Administration and Social Organizations	267.24	266.98	0.19	0.07
按产业分	Grouped by Industry				
第一产业	Primary Industry	10.63	8.50	0.20	1.93
第二产业	Secondary Industry	806.76	121.22	46.67	638.86
第三产业	Tertiary Industry	1292.67	947.51	42.77	302.40

注：职工包括在岗职工和离开本单位仍保留劳动关系的职工。
Note: The staff and workers include the fully employed staff and workers and the staff and workers who have already left the units but still kept their labor relationship with the units.

5-17 单位从业人员年平均劳动报酬（2005 年）
Average Labor Remuneration to Employed Persons in Units (2005)

单位：元 (yuan)

项目	Item	合计 Total	国有单位 State-owned Units	城镇集体单位 Urban Collective-owned Units	其他单位 Other Types of Ownership
合计	**Total**	**24122**	**28553**	**13249**	**22018**
按企业、事业和机关分	Grouped by Enterprises, Institutions and Agencies				
企业	Enterprises	22570	28993	12923	22011
# 地方	Under the Leadership of Local Governments	21467	24525	12923	22011
事业	Institutions	25901	26084	18488	24715
# 地方	Under the Leadership of Local Governments	24955	25118	18488	24715
机关	Agencies & Organizations	33340	33341	19818	
# 地方	Under the Leadership of Local Governments	31719	31720	19818	
按国民经济行业分	Grouped by Economic Sector				
农、林、牧、渔业	Farming, Forestry, Animal Husbandry and Fishery	10120	8942	11085	24028
采矿业	Mining and Quarrying	24010	23030	14175	25673
制造业	Manufacturing	18518	23004	11088	18811
电力、燃气及水的生产和供应业	Production and Supply of Electricity, Gas and Water	34029	33846	25884	37163
建筑业	Construction	17322	21103	9974	20269
交通运输、仓储和邮政业	Transport, Storage and Postal Services	32369	31069	15036	36114
信息传输、计算机服务和软件业	Information Transmission, Computer Services and Software	48535	44157	28993	53013
批发和零售业	Wholesale and Retail Trade	24172	24709	11948	27003
住宿和餐饮业	Hotels and Catering Services	17659	17968	12747	17975
金融业	Finance	42644	46805	22965	47444
房地产业	Real Estate	25173	22899	14482	27522
租赁和商务服务业	Leasing and Business Services	24745	23584	15050	35522
科学研究、技术服务和地质勘查业	Scientific Research, Technical Services and Geological Prospecting	40834	40245	28609	43975
水利、环境和公共设施管理业	Water Conservancy, Environment and Public Facilities Management	19192	19419	13557	23853
居民服务和其他服务业	Resident Services and Other Services	19916	23213	15623	18778
教育	Education	24228	24271	17365	25591
卫生、社会保障和社会福利业	Health Care, Social Security and Social Welfare	30507	30865	21779	26797
文化、体育和娱乐业	Culture, Sports and Recreation	32829	35963	22476	20997
公共管理和社会组织	Public Administration and Social Organizations	32898	32915	22291	27843
按产业分	Grouped by Industry				
第一产业	Primary Industry	10120	8942	11085	24028
第二产业	Secondary Industry	19111	25361	11215	19225
第三产业	Tertiary Industry	29319	29608	16609	31684

5-18 在岗职工年平均工资（2005年）
Annual Average Wage of Fully Employed Staff and Workers (2005)

单位：元 (yuan)

项目	Item	合计 Total	国有单位 State-owned Units	城镇集体单位 Urban Collective-owned Units	其他单位 Other Types of Ownership
合计	**Total**	**23959**	**28835**	**13240**	**21500**
按企业、事业和机关分	Grouped by Enterprises, Institutions and Agencies				
企业	Enterprises	22247	29355	12911	21491
#地方	Under the Leadership of Local Governments	21114	24698	12911	21491
事业	Institutions	26166	26348	18646	25189
#地方	Under the Leadership of Local Governments	25211	25372	18646	25189
机关	Agencies & Organizations	33457	33458	19818	
#地方	Under the Leadership of Local Governments	31824	31825	19818	
按国民经济行业分	Grouped by Economic Sector				
农、林、牧、渔业	Farming, Forestry, Animal Husbandry and Fishery	10163	8954	11283	23982
采矿业	Mining and Quarrying	23841	23023	13774	25323
制造业	Manufacturing	18019	23138	11064	18246
电力、燃气及水的生产和供应业	Production and Supply of Electricity, Gas and Water	34042	33904	25726	37087
建筑业	Construction	17375	21559	9881	20331
交通运输、仓储和邮政业	Transport, Storage and Postal Services	32589	31569	15146	35907
信息传输、计算机服务和软件业	Information Transmission, Computer Services and Software	48972	44712	29264	53257
批发和零售业	Wholesale and Retail Trade	23954	24854	11992	26488
住宿和餐饮业	Hotels and Catering Services	17423	17744	12746	17723
金融业	Finance	44171	49554	23003	49300
房地产业	Real Estate	25113	23035	14417	27370
租赁和商务服务业	Leasing and Business Services	24463	23677	15076	34365
科学研究、技术服务和地质勘查业	Scientific Research, Technical Services and Geological Prospecting	40625	40460	28475	42573
水利、环境和公共设施管理业	Water Conservancy, Environment and Public Facilities Management	19296	19574	13473	23761
居民服务和其他服务业	Resident Services and Other Services	19755	23230	15673	18406
教育	Education	24571	24616	18097	25363
卫生、社会保障和社会福利业	Health Care, Social Security and Social Welfare	30689	31036	22092	27022
文化、体育和娱乐业	Culture, Sports and Recreation	32926	36247	22558	20513
公共管理和社会组织	Public Administration and Social Organizations	33027	33044	20216	27455
按产业分	Grouped by Industry				
第一产业	Primary Industry	10163	8954	11283	23982
第二产业	Secondary Industry	18722	25690	11163	18711
第三产业	Tertiary Industry	29446	29883	16669	31388

5-19 职工年平均工资（2005年）
Annual Average Wage of Staff and Workers (2005)

单位：元 (yuan)

项目	Item	合计 Total	国有单位 State-owned Units	城镇集体单位 Urban Collective-owned Units	其他单位 Other Types of Ownership
合计	**Total**	**23105**	**27497**	**11270**	**21341**
按企业、事业和机关分	Grouped by Enterprises, Institutions and Agencies				
企业	Enterprises	21247	26240	10911	21332
# 地方	Under the Leadership of Local Governments	20143	21646	10911	21332
事业	Institutions	25859	26049	18081	25102
# 地方	Under the Leadership of Local Governments	24924	25094	18081	25102
机关	Agencies & Organizations	33139	33140	18809	
# 地方	Under the Leadership of Local Governments	31529	31529	18809	
按国民经济行业分	Grouped by Economic Sector				
农、林、牧、渔业	Farming, Forestry, Animal Husbandry and Fishery	9335	8217	10295	22703
采矿业	Mining and Quarrying	22180	21055	13076	24085
制造业	Manufacturing	17514	18916	9264	18129
电力、燃气及水的生产和供应业	Production and Supply of Electricity, Gas and Water	32750	32450	24697	36162
建筑业	Construction	16795	20272	9471	20059
交通运输、仓储和邮政业	Transport, Storage and Postal Services	30771	29925	10038	35408
信息传输、计算机服务和软件业	Information Transmission, Computer Services and Software	47971	43301	29233	52754
批发和零售业	Wholesale and Retail Trade	18764	17686	6265	26232
住宿和餐饮业	Hotels and Catering Services	17031	16351	12602	17673
金融业	Finance	42821	47183	22649	48793
房地产业	Real Estate	24264	21305	13492	27010
租赁和商务服务业	Leasing and Business Services	23022	21977	13978	33913
科学研究、技术服务和地质勘查业	Scientific Research, Technical Services and Geological Prospecting	39613	39213	27341	42355
水利、环境和公共设施管理业	Water Conservancy, Environment and Public Facilities Management	18767	18987	13055	23746
居民服务和其他服务业	Resident Services and Other Services	19501	22448	15569	18401
教育	Education	24553	24598	17998	25322
卫生、社会保障和社会福利业	Health Care, Social Security and Social Welfare	30372	30710	21958	26871
文化、体育和娱乐业	Culture, Sports and Recreation	31853	34915	21761	20149
公共管理和社会组织	Public Administration and Social Organizations	32691	32708	20216	27488
按产业分	Grouped by Industry				
第一产业	Primary Industry	9335	8217	10295	22703
第二产业	Secondary Industry	18184	22964	9932	18579
第三产业	Tertiary Industry	28211	28832	13219	31097

注：职工包括在岗职工和离开本单位仍保留劳动关系的职工。
Note: The staff and workers include the fully employed staff and workers and the staff and workers who have already left the units but still kept their labor relationship with the units.

5-20 各市年末城镇登记失业人数和失业率（2003－2005年）
Number of Registered Urban Unemployed Persons and Unemployment Rate by City at the Year-end (2003－2005)

市别 City	2003		2004		2005	
	失业人员（人） Unemployed Persons (person)	失业率（%） Unemployment Rate (%)	失业人员（人） Unemployed Persons (person)	失业率（%） Unemployment Rate (%)	失业人员（人） Unemployed Persons (person)	失业率（%） Unemployment Rate (%)
合　计 Total	**354611**	**2.9**	**359366**	**2.7**	**344904**	**2.6**
广　州 Guangzhou	72823	2.7	67749	2.4	54162	2.1
深　圳 Shenzhen	21914	2.6	26093	2.5	26746	2.4
珠　海 Zhuhai	11131	2.9	11129	2.8	11453	2.8
汕　头 Shantou	17364	3.2	17429	3.0	17731	3.1
佛　山 Foshan	28144	2.3	28492	2.3	26062	2.0
韶　关 Shaoguan	18264	3.4	18070	3.3	18831	3.3
河　源 Heyuan	13127	3.2	14225	3.0	14096	3.1
梅　州 Meizhou	13546	3.0	14627	2.9	14510	2.7
惠　州 Huizhou	13581	2.7	12870	2.5	14001	2.6
汕　尾 Shanwei	8798	3.3	9196	3.4	9436	3.3
东　莞 Dongguan	4996	1.7	5527	1.6	4437	1.3
中　山 Zhongshan	6873	2.4	7470	2.3	6593	2.1
江　门 Jiangmen	21391	3.2	20764	2.9	19639	2.7
阳　江 Yangjiang	15386	3.2	15096	3.1	14608	3.1
湛　江 Zhanjiang	23149	3.2	23760	3.2	22835	3.0
茂　名 Maoming	19988	3.4	19810	3.3	22203	3.4
肇　庆 Zhaoqing	11691	2.9	11376	2.8	10668	2.7
清　远 Qingyuan	10663	3.5	10126	3.1	9796	3.1
潮　州 Chaozhou	6357	2.6	7991	2.6	8142	2.7
揭　阳 Jieyang	8764	2.7	8874	2.7	10350	2.8
云　浮 Yunfu	6661	3.5	8692	3.0	8605	3.0

5-21 各市社会基本养老、失业保险基金征缴额及征缴率（2005年）
Amount Collected and Percentage of Collection of Basic Retirement Security Insurance and Unemployment Insurance by City (2005)

市别 City	基本养老保险 Basic Retirement Security Insurance		失业保险 Unemployment Insurance	
	基金征缴额（万元）Amount Collected (10000 yuan)	基金征缴率（%）Percentage of Collection (%)	基金征缴额（万元）Amount Collected (10000 yuan)	基金征缴率（%）Percentage of Collection (%)
合　计 Total	**4335556**	**96.8**	**323424**	**96.1**
广　州 Guangzhou	863465	94.9	152858	97.6
深　圳 Shenzhen	912883	99.8	16776	99.6
珠　海 Zhuhai	141564	99.3	18699	99.5
汕　头 Shantou	63684	99.7	7606	99.7
佛　山 Foshan	309587	97.6	22128	98.8
韶　关 Shaoguan	57491	90.9	7612	89.7
河　源 Heyuan	25613	93.2	1951	87.5
梅　州 Meizhou	42769	96.2	4202	93.0
惠　州 Huizhou	80929	91.2	9462	91.4
汕　尾 Shanwei	16781	80.3	1553	69.4
东　莞 Dongguan	343429	99.7	28954	99.7
中　山 Zhongshan	141284	100.0	7915	100.0
江　门 Jiangmen	117007	91.0	10971	94.6
阳　江 Yangjiang	22228	95.3	2035	95.8
湛　江 Zhanjiang	77641	78.1	7588	73.5
茂　名 Maoming	63563	86.2	7888	83.7
肇　庆 Zhaoqing	53141	96.4	5129	96.3
清　远 Qingyuan	39554	91.8	3993	84.1
潮　州 Chaozhou	27941	88.9	2272	99.5
揭　阳 Jieyang	44883	92.8	1891	79.9
云　浮 Yunfu	22468	96.3	1942	98.4
省　级 Provincial Level	867649	98.9		

5-22 各市社会保险参保人数（2005年）
Number of Persons Participating in Social Insurance by City (2005)

单位：万人 (10000 persons)

市 别 City	基本养老保险参保人数 Number of Persons Participating in Basic Retirement Security Program	失业保险参保人数 Number of Persons Participating in Unemployment Insurance	医疗保险参保人数 Number of Persons Participating in Health Care Program	工伤保险参保人数 Number of Persons Participating in Industrial Accident Insurance	生育保险参保人数 Number of Persons Participating in Child-bearing Insurance
合 计 Total	**1565.00**	**1131.00**	**1235.00**	**1605.00**	**419.00**
广 州 Guangzhou	205.00	234.00	209.00	168.00	91.00
深 圳 Shenzhen	353.00	143.00	270.00	604.00	80.00
珠 海 Zhuhai	49.00	45.00	54.00	46.00	24.00
汕 头 Shantou	38.00	33.00	21.00	30.00	30.00
佛 山 Foshan	135.00	102.00	116.00	138.00	
韶 关 Shaoguan	32.00	26.00	35.00	15.00	12.00
河 源 Heyuan	21.00	14.00	10.00	13.00	1.00
梅 州 Meizhou	29.00	22.00	16.00	19.00	
惠 州 Huizhou	53.00	45.00	47.00	51.00	42.00
汕 尾 Shanwei	16.00	12.00	4.00	9.00	6.00
东 莞 Dongguan	182.00	178.00	189.00	235.00	20.00
中 山 Zhongshan	75.00	75.00	79.00	74.00	5.00
江 门 Jiangmen	52.00	38.00	45.00	34.00	26.00
阳 江 Yangjiang	22.00	17.00	13.00	13.00	5.00
湛 江 Zhanjiang	54.00	32.00	39.00	22.00	
茂 名 Maoming	35.00	21.00	19.00	24.00	
肇 庆 Zhaoqing	32.00	27.00	30.00	19.00	18.00
清 远 Qingyuan	27.00	13.00	17.00	15.00	8.00
潮 州 Chaozhou	26.00	23.00	4.00	16.00	
揭 阳 Jieyang	26.00	18.00	7.00	9.00	
云 浮 Yunfu	17.00	13.00	12.00	10.00	7.00
省 直 Directly under Provincial Government	84.00			42.00	42.00

主要统计指标解释

劳动力资源总数　指在劳动年龄内，具有劳动能力，在正常情况下，可能或实际参加社会劳动的人口数。劳动力资源的范围为：劳动年龄内（16周岁以上），有劳动能力，实际参加社会劳动和未参加社会劳动的人员。劳动力资源也可划分为：经济活动人口和非经济活动人口。劳动力资源不包括下列人员：

（1）在押犯人；

（2）劳动年龄内丧失劳动能力的人员；

（3）16岁以下实际参加社会劳动的人员。

从业人员　指从事一定社会劳动并取得劳动报酬或经营收入的人员。包括：

（1）在岗职工；

（2）私营业主；

（3）个体户主；

（4）私营和个体从业人员；

（5）乡镇企业从业人员；

（6）农村从业人员；

（7）其他从业人员（包括再就业的离退休人员、民办教师、在各单位中工作的外方人员和港、澳、台方人员和宗教职业者等）。

这一指标反映了一定时期内全部劳动力资源的实际利用情况，是研究我国基本国情国力的重要指标。

经济活动人口　指在16岁以上，有劳动能力，参加或要求参加社会经济活动的人口。包括：从业人员和失业人员。

单位从业人员　指在各级国家机关、政党机关、社会团体及企业、事业单位中工作，并取得劳动报酬的全部人员。包括在岗职工和其他从业人员。各单位的从业人员反映了各单位实际参加生产或工作的全部劳动力。

其他从业人员　指各级国家机关、政党机关、社会团体及企业、事业单位中再就业的离退休人员、民办教师以及在各单位中工作的外方人员和港、澳、台方人员。

职工　指在国有经济、城镇集体经济、联营经济、股份制经济、外商和港、澳、台投资经济、其他经济单位及其附属机构工作，并由其支付工资的各类人员。包括在岗职工和离开本单位仍保留劳动关系的职工（也称为离岗职工或不在岗职工），不包括返聘的离退休人员、民办教师、在本单位工作的外方人员和港、澳、台人员。

在岗职工　指在调查时期（点）在国有经济、城镇集体经济、联营经济、股份制经济、外商和港、澳、台投资经济、其他经济单位及其附属机构中有工作岗位，并参加实际工作和在本单位领取工资的各类人员。

不在岗职工（离岗职工）　是指在调查时期（点）在国有经济、城镇集体经济、联营经济、股份制经济、外商和港、澳、台投资经济、其他经济单位及其附属机构中没有工作岗位、没有参加工作，但仍与单位保留劳动关系的人员。包括长期（6个月以上）病休假人员、下岗职工等。单位对这部分人员只发放生活费，而不发放工资。

城镇私营和个体从业人员　城镇私营从业人员　指在工商管理部门注册登记，其经营地址设在县城关镇（含城关镇）以上的私营企业从业人员。包括：私营企业投资者和雇工。城镇个体从业人员指在工商管理部门注册登记，并持有城镇户口或在城镇长期居住，经批准从事个体工商经营的从业人员。包括：个体经营者和在个体工商户劳动的家庭帮工和雇工。

城镇登记失业人员及失业率　指有非农业户口，在一定的劳动年龄内，有劳动能力，无业而要求就业，并在当地就业服务机构进行求职登记的人员。城镇登记失业率指城镇登记失业人数同城镇从业人数与城镇登记失业人数之和的比。计算公式为：

$$城镇登记失业率 = \frac{城镇登记失业人数}{城镇从业人数 + 城镇登记失业人数} \times 100\%$$

单位从业人员劳动报酬 指各单位在一定时期内直接支付给本单位在岗职工的工资总额和其他从业人员的劳动报酬。

在岗职工工资总额 指各单位在一定时期内直接支付给本单位在岗职工的劳动报酬总额。

不在岗职工（离岗职工）生活费 指各单位在一定时期内按政策直接支付给本单位中离开本单位仍保留劳动关系的这部分不在岗职工的最低生活保障费。

职工工资总额 指各单位在一定时期内直接支付给本单位在岗职工的工资总额和不在岗职工（离岗职工）的生活费。

单位从业人员劳动报酬和职工工资总额的计算原则应以直接支付给职工的全部劳动报酬为根据。各单位支付给职工的劳动报酬以及其他根据有关规定支付的工资，不论是计入成本的还是不计入成本的，不论是按国家规定列入计征奖金税项目的，还是未列入计征奖金税项目的，不论是以货币形式支付的还是以实物形式支付的，均包括在内。

职工平均工资 指企业、事业、机关单位的职工在一定时期内平均每人所得的货币工资额。它表明一定时期职工工资收入的高低程度，是反映职工工资水平的主要指标。计算公式为：

$$职工平均工资 = \frac{报告期实际支付的全部职工工资总额}{报告期全部职工平均人数}$$

职工平均实际工资 指扣除物价变动因素后的职工平均工资。计算公式为：

$$职工平均实际工资 = \frac{报告期职工平均工资}{报告期城镇居民消费价格指数}$$

Explanatory Notes on Main Statistical Indicators

Labor Resources refer to the population within the working age who are capable to work, under normal condition, may participate in or are actually participating in social labor. The coverage of labor resources includes the persons within the working ages (16 and over), who are capable of work, are actually engaged in or are not engaged in social labor. Labor resources can be also divided into economically active population and non-economically active population.

The following persons are not included in the labor resources:

1. Prisoners in custody;
2. Persons within the working age but disabled;
3. Persons actually engaged in social labor but under the age of 16.

Employed Persons refer to the persons who are engaged in social labor and receive remuneration payment or earn business income, including:

1. fully employed staff and workers,
2. employers of private enterprises,
3. self-employed workers,
4. employed persons in private enterprises and individual economy,
5. employed persons in township enterprises,
6. employed persons in the rural areas,
7. and other employed persons (including re-employed retirees, teachers in the schools run by the local people, foreigners and Chinese compatriots from Hong Kong, Macao and Taiwan working in various units, and people engaged in religious profession, etc).

This indicator reflects the actual utilization of total labor force during a certain period of time and is often used for the research onChina' seconomic situation and national strength.

Economically Active Population refers to the population aged 16 and over, who are capable to work, are participating in or willing to participate in the social and economic activities, including employed persons and unemployed persons.

Persons Employed in Various Units refer to all the persons working in government agencies of various levels, political and party organizations, social organizations, enterprises and institutions, and receiving payment, including fully employed staff and workers and other employed persons. This indicator reflects the total number of laborers actually engaged in production or other operations in various units.

Other Employed Persons refer to the re-employed retirees and the teachers in the schools run by the local people, who work in government agencies of various levels, political and party organizations, enterprises and institutions, and foreigners and Chinese compatriots from Hong Kong, Macao and Taiwan working in various units.

Staff and Workers refer to the persons working in and receiving payment from units of state ownership, collective ownership, joint ownership, share holding ownership, foreign ownership, and ownership by entrepreneurs from Hong Kong, Macao and Taiwan, and other types of ownership and their affiliated units. They include the fully-employed staff and workers and the staff and workers who have left their working units while keeping their labor contract (employment relation) unchanged (i. e. staff and workers absent from work or not fully-employed staff and workers), but exclude re-employed retirees, teachers in the schools run by the local people, and foreigners and Chinese compatriots from Hong Kong, Macao and Taiwan working in the units.

Fully Employed Staff and Workers refer to the persons who have work posts, work in and receive payment from units of state ownership, collective ownership, joint ownership, share holding ownership, foreign ownership, and ownership by entrepreneurs from Hong Kong, Macao and Taiwan, and other types of ownership and their affiliated units at the reference period (point).

Not Fully-employed Staff and Workers (Staff and Workers Absent from Work) refer to the persons who do not have work posts and work in, but still keep their labor contract (employment relation) unchanged from the working units of state ownership, collective ownership, joint ownership, share holding ownership, foreign ownership, and ownership by entrepreneurs from Hong Kong, Macao and Taiwan, and other types of ownership and their affiliated units at the reference period (point). They include the persons absent from work on sick leave for a long time (more than six months) and the laid-off workers, who only receive living expenses but no wages from their working units.

Persons Employed in Private Enterprises and Employed Individuals in Urban Areas Persons employed in private enterprises refer to the persons employed in the private enterprises which have been registered at the department of industrial and commercial administration and are situated at a county town (i. e. a town where the county government is located) for business operation or at urban areas with the level higher than a county town, including investors and employees of private enterprises. The self-employed individuals in urban areas refer to persons who hold the certificates of residence in urban areas or have resided in the urban areas for a long time and have been registered at the departments of industrial and commercial administration and approved to be engaged in individual industrial or commercial business, including self-employed persons as well as helpers and hired laborers who work in the individual households engaged in industrial or commercial business.

Registered Unemployed Persons and Registered Unemployment Rate in Urban Areas Registered unemployed persons in urban areas refer to the persons with non-agricultural registration at certain working ages, who are capable of work, unemployed and willing to work, and have been registered at the local employment service agencies to apply for a job. Registered unemployment rate in urban areas refers to the ratio of the number of the registered urban unemployed persons to the sum of the number of the urban employed persons and the registered urban unemployed persons. The formula is as follows:

$$\text{Registered Urban Unemployment Rate} = \frac{\text{Number of Registered Urban Unemployed Persons}}{(\text{Number of Urban Employed Persons} + \text{Number of Registered Urban Unemployed Persons})} \times 100\%$$

Earnings of Persons Employed in Units refer to the total wages directly paid to the fully employed persons in the working units and the remuneration payment to other employed persons during a certain period of time.

Total Wages refer to the total remuneration payment directly paid to the fully employed persons in the working units during a certain period of time.

Living Expenses of Not Fully-employed Staff and Workers (Staff and Workers Absent from Work) refer to the minimum living allowances directly distributed to the not fully employed staff and workers who have left their working units while keeping their labor contract (employment relation) unchanged according to the policies during a certain period of time.

Total Wages of Staff and Workers refer to the total wages directly paid to the fully employed staff and workers and the living expenses to the not fully-employed staff and workers (staff and workers absent from work) in the working units during a certain period of time.

The calculation of earnings of persons employed in units and total wages of staff and workers is based on the total remuneration payment to the staff and workers. Therefore, all the wages and salaries and other payments to staff and workers are included in the total wages regardless of their sources, categories and forms (in kind or cash).

Average Wage of Staff and Workers refer to the average wage in monetary terms per person during a certain period of time for staff and workers in enterprises, institutions and government agencies, which reflects the general level of wage income during a certain period of time and is calculated as follows:

$$\text{Average Wage of Staff and Workers} = \frac{\text{Total Wages of Staff and Workers at the Report Period}}{\text{Average Number of Staff and Workers at the Report Period}}$$

Average Real Wage of Staff and Workers refer to the average wage of staff and workers after removing the effects of price changes, which is calculated as follows:

$$\text{Average Real Wage of Staff and Workers} = \frac{\text{Average Wage of Staff and Workers at the Report Period}}{\text{Urban Consumer Price Indices at the Report Period}}$$

六、固定资产投资

6

INVESTMENT IN FIXED ASSETS

六　固定资产投资

简要说明

一、本篇资料反映广东省固定资产投资的基本情况，主要包括：全社会固定资产投资，国有单位固定资产投资，基本建设、更新改造、其他投资、房地产开发投资情况以及各市固定资产投资的主要指标数据。

二、本篇资料由广东省统计局固定资产投资统计处整理提供。

三、固定资产投资统计的资料来源主要为全面统计报表。按照现行的固定资产投资统计报表制度，全社会固定资产投资按经济类型可分为：国有经济、集体经济、联营经济、股份制经济、港澳台投资经济、外商投资经济、个人投资及其它经济投资。

四、2004 年房地产开发为年快报数。

6　Investment in Fixed Assets

Brief Introduction

Ⅰ. The data in this chapter reflect the basic conditions of investment in fixed assets of Guangdong Province, mainly including the total investment in fixed assets, the investment in fixed assets by the state-owned units, the investment in capital construction, the investment in innovation, other investment, the investment in real estate development and the main indicators on investment in fixed assets by city.

Ⅱ. The data in this chapter are prepared and provided by the Division of Investment and Construction Statistics of Guangdong Provincial Bureau of Statistics.

Ⅲ. The data sources for the statistics of investment in fixed assets mainly come from the complete statistical report forms. According to the present regulations on the statistics of investment in fixed assets, the investment in fixed assets for the whole society is classified by the following types of ownership: state-owned economy, collective-owned economy, joint ownership economy, share-holding economy, economy with funds from Hong Kong, Macao and Taiwan, foreign funded economy, individual investment and investment of other types of ownership.

Ⅳ. The data of investment in real estate development in 2004 refer to the data from the advance annual reports.

6-1 全社会固定资产投资主要指标
Main Indicators of Total Investment in Fixed Assets

项　　目	Item	1995	2000	2003	2004	2005
投资完成额　（亿元）	**Investment　(100 million yuan)**	**2327.22**	**3233.70**	**5030.57**	**6025.53**	**7164.11**
按报表种类分	Grouped by Type of Report Form					
基本建设	Capital Construction	905.97	1163.63	1893.58	2485.72	3660.98
#大中型项目	Large and Medium-sized Projects	332.32	387.63	752.88	1007.91	
更新改造	Innovation	255.61	435.44	658.94	748.14	966.79
#限额以上项目	Projects above Designated Size	54.78	168.41	165.88	245.24	
房地产开发	Real Estate Development	563.89	858.61	1233.52	1355.84	1591.90
其他投资	Others	601.75	776.02	1244.52	1435.83	944.44
按经济类型分	Grouped by Type of Ownership					
国有经济	State-owned Economy	1122.84	1286.91	1487.53	1830.35	2062.31
集体经济	Collective-owned Economy	363.67	448.71	403.92	419.73	396.64
#农村	Rural Collective-owned	195.75	306.43	237.83	168.35	179.34
个体经济	Individuals Economy	249.78	424.35	944.47	1133.25	1403.46
#农村	Rural Individuals	195.50	216.69	146.77	228.26	279.74
联营经济	Joint Ownership Economy	17.22	10.30	23.93	27.69	23.99
股份制经济	Shareholding Economy	108.85	484.00	937.60	1113.51	1426.13
外商投资经济	Foreign Funded Economy	254.88	140.71	393.55	487.89	714.39
港澳台投资经济	Economy with Funds from Hong Kong, Macao and Taiwan	197.93	416.34	794.73	963.60	1081.10
其他经济	Others	12.05	22.39	44.83	49.51	56.09
按构成分	Grouped by Use of Funds					
建筑安装工程	Construction and Installation	1507.92	2103.78	3201.16	3784.12	4520.62
设备工具器具购置	Purchases of Equipment and Instruments	464.75	597.29	977.70	1247.82	1593.83
其他费用	Others	354.55	532.63	851.71	993.59	1049.67
按资金来源分	Grouped by Source of Funds					
国家预算内资金	State Budgetary Appropriations	25.02	54.00	80.96	65.08	62.33
国内贷款	VDomestic Loans	348.81	556.52	853.29	1014.10	1231.51
利用外资	Foreign Investment	431.37	339.86	510.51	587.49	708.53
自筹资金	Fundraising	873.35	1386.29	2354.37	2961.55	3876.50
其他资金	Others	648.67	897.03	1231.44	1397.32	1285.24
房屋建筑面积　（万平方米）	**Floor Space of Buildings　(10000 sq. m)**					
施工面积	Floor Space under Construction	21364.88	23520.91	33965.41	32213.75	38351.76
竣工面积	Floor Space Completed	10689.48	13492.94	16907.21	15871.15	17053.80
#住宅	Residential Buildings	7308.18	8888.66	9444.02	8477.53	9633.54
实际销售商品房屋面积（万平方米）	**Floor Space of Commodity Buildings Actually Sold　(10000 sq. m)**	**1000.41**	**2259.95**	**3061.32**	**3046.91**	**5038.91**
#住宅	Residential Buildings	850.44	2009.34	2739.60	2741.62	4546.32
个人购买商品住宅（万平方米）	**Commodity Residence Purchased by Individuals　(10000 sq. m)**	**606.89**	**1838.43**	**2627.41**	**2645.67**	

6-2 全社会固定资产投资总额（1978－2005 年）
Total Investment in Fixed Assets（1978－2005）

单位：亿元 (100 million yuan)

年份 Year	全社会投资总额 Total Investment	基本建设 Capital Construction	更新改造 Innovation	房地产开发 Real Estate Development	其他投资 Others	城镇集体 Urban Collective-owned Units	农村非农户 Non-rural Households in Rural Areas	城镇和工矿区私人 Individuals in Urban Areas and in Industrial and Mining Areas	农村私人 Individuals in Rural Areas
1978	27.23	17.85	2.19			0.47	0.37		6.35
1979	28.29	17.63	2.43			0.59	0.36		7.28
1980	38.29	22.05	3.67			1.09	0.59		10.89
"六五" 时期 Sixth Five-Year Plan Period	548.80	246.86	98.26		8.94	29.71	42.49	14.40	108.14
1981	60.40	28.37	6.24			2.35	4.06	2.19	17.19
1982	84.73	33.86	17.91			3.64	7.86	1.93	19.53
1983	88.71	35.23	19.91		0.78	4.05	7.86	2.14	18.74
1984	130.37	55.33	21.89		3.43	6.18	12.02	3.03	28.49
1985	184.59	94.07	32.31		4.73	13.49	10.69	5.11	24.19
"七五" 时期 Seventh Five-Year Plan Period	1549.91	680.30	282.17	129.10	22.06	137.12	81.26	57.48	160.42
1986	216.50	103.48	42.78	10.00	2.32	15.09	10.77	5.82	26.24
1987	251.01	107.27	51.36	16.29	4.04	21.91	12.06	8.00	30.08
1988	353.59	146.68	79.22	21.96	6.36	40.91	11.02	19.93	27.51
1989	347.34	147.44	49.71	48.15	4.39	31.05	21.76	14.21	30.63
1990	381.47	175.43	59.10	32.70	4.95	28.16	25.65	9.52	45.96
"八五" 时期 Eighth Five-Year Plan Period	7498.19	2857.35	874.80	1459.87	452.82	255.11	788.56	172.60	637.08
1991	478.20	214.76	74.87	49.75	3.63	33.35	37.86	15.39	48.59
1992	921.75	338.69	128.57	125.57	10.46	77.70	131.62	21.60	87.54
1993	1629.87	546.63	183.87	316.53	175.31	44.66	195.06	40.33	127.48
1994	2141.15	851.30	231.88	404.13	149.06	55.67	228.27	42.87	177.97
1995	2327.22	905.97	255.61	563.89	114.36	43.73	195.75	52.41	195.50
"九五" 时期 Ninth Five-Year Plan Period	13555.17	5291.39	1682.32	3228.69	586.78	289.69	1160.32	254.29	1061.69
1996	2327.64	909.73	277.00	528.85	128.03	57.92	191.99	44.19	189.93
1997	2298.14	903.26	273.90	528.31	100.60	53.38	196.61	39.77	202.31
1998	2668.13	1072.30	327.38	602.72	112.83	60.88	220.84	48.13	223.05
1999	3027.56	1242.47	368.60	710.20	118.93	56.45	244.44	56.76	229.71
2000	3233.70	1163.63	435.44	858.61	126.39	61.06	306.44	65.44	216.69
"十五" 时期 Tenth Five-Year Plan Period	25727.31	10651.23	3373.95	6268.85	1983.58	368.50	2811.54	423.91	1173.23
2001	3536.41	1243.72	485.01	972.34	172.25	60.85	312.48	69.54	220.21
2002	3970.69	1367.23	515.07	1115.25	220.20	50.42	411.07	75.29	216.16
2003	5030.57	1893.58	658.94	1233.52	324.12	41.49	555.75	83.48	239.68
2004	6025.53	2485.72	748.14	1355.84	322.57	103.54	675.82	105.64	228.26
2005	7164.11	3660.98	966.79	1591.90	944.44	112.20	856.42	89.96	268.92

注：1. 1993 年以前房地产开发投资主要是商品房建设投资。
2. 2001－2003 年农村集体改为农村单位，2004 年改为农村非农户。
3. 2005 年全社会投资总额包含基本建设、更新改造、其他投资和房地产开发，其中基本建设、更新改造、其他投资与 2004 年不可比。

Note: a) Prior to 1993, the investment in real estate development was mainly the investment in commercial buildings.
b) The rural collective-owned units referred to the rural units from 2001 to 2003, whereas they referred to the non-rural households in the rural areas in 2004.
c) The total investment of fixed assets of 2005 include the investment in capital construction, innovation, others and real estate development, of which the investment in capital construction, innovation and others is not comparable with that of 2004.

6-3 按资金来源和构成分的全社会固定资产投资（1985－2005年）
Total Investment in Fixed Assets by Source of Funds and Use of Funds(1985－2005)

年份 Year	按资金来源分 By Source of Funds				按构成分 By Use of Funds		
	国家预算内资金 State Budgetary Appropriations	国内贷款 Domestic Loans	利用外资 Foreign Investment	自筹和其他资金 Fundraising and Others	建筑安装工程 Construction and Installation	设备工具器具购置 Purchases of Equipment and Instruments	其他费用 Purchases of Equipment and Instruments
投资额（亿元） Investment(100 million Yuan)							
1985	15.02	45.70	19.00	104.87	138.31	32.71	13.57
1986	17.97	47.13	27.47	113.93	140.21	48.48	27.81
1987	15.70	54.07	29.35	139.98	181.79	52.88	16.34
1988	16.57	88.89	44.44	195.55	224.73	58.94	69.92
1989	13.82	55.79	52.86	182.15	174.33	95.09	77.92
1990	12.92	73.92	61.07	261.60	246.56	103.97	30.94
1991	12.82	108.50	66.69	326.45	331.23	105.47	41.50
1992	12.98	205.51	120.17	667.06	651.18	185.72	84.85
1993	21.09	342.60	285.28	1085.64	1019.74	381.90	228.25
1994	20.70	335.57	479.52	1379.58	1357.19	499.26	284.70
1995	26.98	376.11	465.13	1641.16	1507.92	464.75	354.55
1996	22.52	347.75	494.70	1573.54	1507.04	498.79	321.81
1997	21.75	296.54	477.70	1605.60	1511.58	464.55	322.01
1998	46.53	414.58	394.44	1971.60	1688.14	546.06	433.93
1999	60.95	549.97	323.63	2167.05	1960.22	588.35	478.99
2000	56.80	584.34	357.06	2398.59	2103.78	597.29	532.63
2001	58.10	592.65	361.09	2680.24	2293.93	698.49	543.99
2002	73.58	749.21	439.31	3040.07	2548.91	783.70	638.08
2003	90.23	950.98	568.95	3996.32	3201.16	977.70	851.71
2004	72.39	1132.08	655.75	4864.42	3784.12	1247.82	993.59
2005	69.13	1366.09	786.05	5726.75	4520.62	1593.83	1049.67
构成（%） Percentage（%）							
1985	8.1	24.8	10.3	56.8	74.9	17.7	7.4
1986	8.7	22.8	13.3	55.2	64.8	22.4	12.8
1987	6.6	22.6	12.3	58.5	72.4	21.1	6.5
1988	4.8	25.7	12.9	56.6	63.6	16.7	19.8
1989	4.5	18.3	17.4	59.8	50.2	27.4	22.4
1990	3.2	18.1	14.9	63.9	64.6	27.3	8.1
1991	2.5	21.1	13.0	63.5	69.3	22.1	8.7
1992	1.3	20.4	11.9	66.3	70.6	20.1	9.2
1993	1.2	19.8	16.4	62.6	62.6	23.4	14.0
1994	0.9	15.1	21.6	62.3	63.4	23.3	13.3
1995	1.1	15.0	18.5	65.4	64.8	20.0	15.2
1996	0.9	14.3	20.3	64.5	64.7	21.4	13.8
1997	0.9	12.3	19.9	66.9	65.8	20.2	14.0
1998	1.6	14.7	14.0	69.7	63.3	20.5	16.3
1999	2.0	17.7	10.4	69.9	64.7	19.4	15.8
2000	1.7	17.2	10.5	70.6	65.1	18.5	16.5
2001	1.6	16.1	9.8	72.6	64.9	19.8	15.4
2002	1.7	17.4	10.2	70.7	64.2	19.7	16.1
2003	1.6	17.0	10.1	71.3	63.6	19.4	16.9
2004	1.1	16.8	9.8	72.3	62.8	20.7	16.5
2005	0.9	17.2	9.9	72.1	63.1	22.2	14.7

注：1986年及以后的资金来源为财务拨款数。
Note: The source of funds of 1986 and the years to come refers to financial appropriations.

6-4 全社会固定资产投资（2005 年）
Total Investment in Fixed Assets (2005)

项目 Item	全省合计 Province Total	基本建设 Capital Construction	更新改造 Innovation	房地产开发 Real Estate Development	其他投资 Others	城镇和工矿区私人 Individuals in Urban Areas and in Industrial and Mining Areas	农村私人 Individuals in Rural Areas
投资总额（亿元） Total Investment (100 million yuan)	**7164.11**	**3660.98**	**966.79**	**1591.90**	**585.56**	**89.96**	**268.92**
按隶属关系分 Grouped by Administrative Relationship							
中央项目 Central Government Projects	491.06	283.43	143.41	62.86	1.35		
地方项目 Local Projects	6673.05	3377.55	823.37	1529.03	584.21	89.96	268.92
按构成分 Grouped by Use of Funds							
建筑安装工程 Construction and Installation	4520.62	2374.71	362.03	1169.08	288.16	89.96	236.68
设备工具器具购置 Purchases of Equipment and Instruments	1593.83	730.38	549.82	37.00	244.39		32.24
其他费用 Others	1049.67	555.89	54.94	385.82	53.02		
财务拨贷款合计（亿元） Total Financial Appropriations (100 million yuan)	7948.02	3768.80	990.17	2233.60	596.57	89.96	268.92
国家预算内资金 State Budgetary Appropriations	69.13	51.56	13.28		4.29		
国内贷款 Domestic Loans	1366.09	868.25	96.58	385.75	15.51		
利用外资 Foreign Investment	786.05	496.11	120.00	37.16	132.78		
自筹资金 Fundraising	4300.92	2134.51	720.16	702.33	385.04	89.96	268.92
其他资金 Others	1425.83	218.38	40.15	1108.35	58.95		
新增固定资产（亿元） Newly Increased Fixed Assets (100 million yuan)	**4668.97**	**2055.43**	**669.31**	**1153.51**	**431.84**	**89.96**	**268.92**
房屋建筑面积（万平方米） Floor Space of Buildings (10000 sq. m)							
施工面积 Floor Space Under Construction	38351.76	11038.32	841.71	15110.04	5193.46	1428.52	4739.71
竣工面积 Floor Space Completed	17053.80	4860.71	433.89	4385.16	1205.81	1428.52	4739.71
# 住宅 Residential Buildings	9633.54	433.09	24.43	3476.73	93.46	1293.98	4311.85

6-5 各市全社会固定资产投资额（2000－2005 年）
Total Investment in Fixed Assets by City（2000-2005）

单位：亿元 （100 million yuan）

市 别 City	2000	2001	2002	2003	2004	2005
全省总计 Provincial Total	**3233. 70**	**3536. 41**	**3970. 69**	**5030. 57**	**6025. 53**	**7164. 11**
广 州 Guangzhou	923. 67	972. 50	999. 33	1160. 26	1312. 71	1514. 01
深 圳 Shenzhen	677. 12	716. 67	799. 84	949. 10	1090. 12	1182. 32
珠 海 Zhuhai	95. 08	104. 87	120. 53	141. 05	179. 85	218. 23
汕 头 Shantou	112. 48	102. 97	108. 12	119. 24	131. 94	154. 14
佛 山 Foshan	198. 96	238. 20	290. 43	423. 69	568. 56	741. 43
韶 关 Shaoguan	56. 82	68. 20	72. 33	103. 31	129. 22	139. 75
河 源 Heyuan	26. 54	33. 80	41. 42	56. 29	78. 38	111. 10
梅 州 Meizhou	44. 45	52. 66	63. 11	78. 79	93. 06	97. 66
惠 州 Huizhou	77. 41	84. 43	104. 73	228. 47	297. 62	352. 37
汕 尾 Shanwei	36. 21	38. 48	45. 96	56. 95	73. 44	101. 86
东 莞 Dongguan	102. 89	125. 49	191. 57	319. 39	433. 90	592. 20
中 山 Zhongshan	109. 95	177. 99	219. 00	262. 05	291. 58	320. 92
江 门 Jiangmen	104. 34	108. 84	126. 15	150. 84	195. 69	228. 87
阳 江 Yangjiang	33. 23	39. 61	42. 63	49. 86	56. 68	82. 25
湛 江 Zhanjiang	68. 94	81. 05	93. 27	113. 52	142. 09	168. 00
茂 名 Maoming	12. 57	86. 00	89. 98	93. 37	109. 41	147. 72
肇 庆 Zhaoqing	75. 29	83. 89	94. 16	114. 66	145. 24	178. 01
清 远 Qingyuan	48. 37	46. 54	57. 26	101. 55	156. 80	222. 42
潮 州 Chaozhou	30. 70	34. 41	39. 41	46. 56	75. 48	97. 59
揭 阳 Jieyang	68. 43	71. 00	78. 66	85. 52	87. 81	115. 16
云 浮 Yunfu	32. 98	37. 19	41. 64	53. 01	76. 13	103. 44

注： 全省总计中含不分区部分。
Note：Provincial total includes the part of investment unclassified by region.

6-6 各市全社会固定资产投资额（2005 年）
Total Investment in Fixed Assets by City（2005）

单位：亿元　　(100 million yuan)

市别 City	合计 Total	基本建设 Capital Construction	更新改造 Innovation	房地产开发 Real Estate Development	其他投资 Others	城镇和工矿区私人 Individuals in Urban Areas and in Industrial and Mining Areas	农村私人 Individuals in Rural Areas
全省总计 Total	**7164.11**	**3660.98**	**966.79**	**1591.90**	**585.56**	**89.96**	**268.92**
广州 Guangzhou	1514.01	781.79	193.14	508.08	17.92	2.20	10.87
深圳 Shenzhen	1182.32	599.83	114.21	423.69	42.76	0.56	1.27
珠海 Zhuhai	218.23	146.59	18.84	51.29		0.78	0.74
汕头 Shantou	154.14	56.73	19.05	22.38	39.37	1.95	14.67
佛山 Foshan	741.43	479.08	84.02	143.16	14.40	3.69	17.09
韶关 Shaoguan	139.75	46.43	50.62	11.33	22.29	1.13	7.95
河源 Heyuan	111.10	57.82	11.55	9.59	14.05	4.22	13.87
梅州 Meizhou	97.66	39.67	11.99	9.85	25.81	5.21	5.14
惠州 Huizhou	352.37	267.77	19.12	43.89	4.30	2.70	14.59
汕尾 Shanwei	101.86	46.97	8.43	1.63	19.64	8.65	16.53
东莞 Dongguan	592.20	257.09	62.04	144.43	102.73	2.99	22.92
中山 Zhongshan	320.92	129.80	33.83	80.54	54.44	1.63	20.68
江门 Jiangmen	228.87	108.57	37.24	32.75	37.80	1.56	10.94
阳江 Yangjiang	82.25	35.06	5.43	13.66	15.90	8.31	3.89
湛江 Zhanjiang	168.00	81.54	35.95	20.78	3.13	8.65	17.95
茂名 Maoming	147.72	21.84	54.66	10.91	11.70	9.60	39.01
肇庆 Zhaoqing	178.01	77.21	13.74	21.37	46.93	6.73	12.03
清远 Qingyuan	222.42	70.82	42.45	27.12	69.12	3.36	9.56
潮州 Chaozhou	97.59	60.50	20.94	2.62	7.48	0.68	5.38
揭阳 Jieyang	115.16	61.93	7.60	7.22	17.80	11.02	9.60
云浮 Yunfu	103.44	50.88	10.34	5.61	18.00	4.36	14.25

注：全省总计中含不分区部分。
Note: Provincial total includes the part of investment unclassified by region.

6-7 国有经济固定资产投资主要指标
Main Indicators of Investment in Fixed Assets of State-Owned Units

项目	Item	1995	2000	2003	2004	2005
建设项目个数（个）	**Number of Projects (unit)**					
施工项目	Projects under Construction	6748	8934	6160	7599	7095
全部建成投产项目	Projects Completed and Put into Use	3217	4070	2562	3592	3062
投资总额（亿元）	**Total Investment (100 million yuan)**	**1122.84**	**1286.91**	**1487.53**	**1830.35**	**2062.31**
# 住宅	Residential Buildings	193.93	185.38	68.07	67.20	54.08
按构成分	Grouped by Use of Funds					
建筑安装工程	Construction and Installation	680.01	835.63	955.33	1194.17	1365.02
设备工具器具购置	Purchase of Equipment and Instruments	254.30	222.31	240.40	303.44	345.90
其他费用	Others	188.53	228.97	291.80	332.75	351.41
按建设性质分	Grouped by Type of Construction					
# 新建	New Construction	685.99	635.88	922.12	1108.53	1220.11
扩建	Expansion	258.41	280.76	290.12	424.00	478.22
改建	Reconstruction	101.85	128.62	155.36	178.10	262.00
按资金来源分	Grouped by Source of Funds					
国家预算内资金	State Budgetary Appropriations	19.31	48.77	66.97	65.17	58.78
国内贷款	Domestic Loans	186.84	275.53	320.47	440.75	558.68
利用外资	Foreign Investment	142.71	55.08	37.39	25.62	9.28
自筹资金	Fundraising	550.53	743.32	892.74	1179.29	1282.55
其他资金	Others	223.45	164.21	169.96	119.52	153.02
新增固定资产（亿元）	**Newly Increased Fixed Assets (100 million yuan)**	**634.07**	**1022.34**	**771.04**	**1234.53**	**1195.42**
房屋建筑面积（万平方米）	**Floor Space of Buildings (10000 sq. m)**					
施工面积	Floor Space under Construction	7425.60	5010.21	4492.17	4866.63	3878.94
竣工面积	Floor Space Completed	2486.51	2062.14	1190.78	1545.43	1592.14
#住宅	Residential Buildings	1385.38	1024.44	402.00	347.19	343.53

注：建设项目个数、投资总额按建设性质分不含房地产开发部分。

Note: Number of projects and total investment by type of construction exclude the part of real estate development.

6-8 基础产业、基础设施完成投资
Completed Investment in Infrastructure and Basic Industries

单位：亿元 (100 million yuan)

年份 Year	基础产业 Basic Industries	基础设施 Infrastructure	电力、煤气及水的生产和供应业 Production and Supply of Electric Power, Gas and Water	交通运输、仓储和邮政业 Transport, Storage and Postal Services	信息传输、计算机服务和软件业 Telecommunications and Other Data Transmission Services	水利、环境和公共设施管理业 Water Conservancy, Environment and Public Facilities Management
1990	139.95	132.62	24.73	46.77	28.75	32.37
1995	779.53	738.70	137.77	260.49	160.13	180.31
2000	1159.40	1098.68	204.91	387.43	238.16	268.18
2001	1187.24	1049.32	225.93	340.61	247.38	235.40
2002	1237.56	1127.94	300.13	348.87	242.34	236.60
2003	1655.29	1426.24	338.85	473.57	264.35	349.47
2004	2221.66	1858.46	548.32	627.93	267.91	414.30
2005	2612.47	2154.45	691.16	675.40	241.07	546.82

注：1. 本表包括范围为基本建设、更新改造、其他投资。
2. 因国家统计局调整基础产业、基础设施的统计标准，本表作相应调整。

Note: a) Data in this table include those in capital construction, innovation and other investment.
b) Data in this table are adjusted in accordance with the statistical standards of basic industries and infrastructure stipulated by the National Bureau of Statistics.

6-9 农业、能源、原材料、运输邮电业基本建设投资及比重（1985－2005年）
Investment and Proportion in Capital Construction of Agriculture, Energy, Raw Materials, Transportation, Post and Telecommunications (1985－2005)

年 份 Year	投资额（亿元） Volume of Investment (100 million yuan)				比重（以投资总额为100） Proportion (total investment＝100)			
	农 业 Agriculture	能 源 Energy	原材料 Raw Materials	运输邮电 Transportation, Postal and Telecommunication	农 业 Agriculture	能 源 Energy	原材料 Raw Materials	运输邮电 Transportation, Post and Telecommunications
1985	3.63	6.89	4.68	14.55	3.9	7.3	5.0	15.5
1986	3.51	23.10	6.35	16.07	3.4	22.3	6.1	15.5
1987	3.02	28.18	8.02	15.28	2.8	26.3	7.5	14.2
1988	3.67	26.57	16.36	23.04	2.5	18.1	11.2	15.7
1989	3.05	31.31	8.96	25.42	2.1	21.2	6.1	17.2
1990	4.68	58.80	7.06	32.97	2.7	33.5	4.0	18.8
1991	8.17	60.42	8.47	46.87	3.8	28.1	3.9	21.8
1992	6.65	74.95	16.84	105.85	2.0	22.1	5.0	31.3
1993	6.10	112.65	23.54	132.88	1.1	20.6	4.3	24.3
1994	8.44	249.02	62.39	227.49	1.0	29.3	7.3	26.7
1995	12.49	140.82	132.84	228.74	1.4	15.5	14.7	25.2
1996	25.37	134.32	102.16	253.52	2.8	14.8	11.2	27.9
1997	34.39	161.51	29.71	210.44	3.8	17.9	3.3	23.3
1998	49.12	200.13	36.45	240.43	4.6	18.7	3.4	22.4
1999	42.50	192.07	31.49	266.78	3.4	15.5	2.5	21.5
2000	43.21	148.88	22.24	286.68	3.7	12.8	1.9	24.6
2001	40.52	169.67	33.00	285.20	3.3	13.6	2.7	22.9
2002	31.19	232.96	50.12	280.55	2.3	17.0	3.7	20.5
2003	40.88	248.55	147.59	420.16	2.2	13.1	7.8	22.2
2004	44.05	343.64	223.87	510.96	1.8	13.8	9.0	20.6
2005	5.28	518.81	337.88	537.21	0.1	14.2	9.2	14.7

6-10 农业、能源、原材料、运输邮电业更新改造投资及比重（1985－2005年）
Investment and Proportion in Innovation of Agriculture, Energy, Raw Materials, Transportation, Post and Telecommunications (1985－2005)

年 份 Year	投资额（亿元） Volume of Investment (100 million yuan)				比重（以投资总额为100） Proportion (total investment＝100)			
	农 业 Agriculture	能 源 Energy	原材料 Raw Materials	运输邮电 Transportation, Postal and Telecommunication	农 业 Agriculture	能 源 Energy	原材料 Raw Materials	运输邮电 Transportation, Post and Telecommunications
1985	1.27	3.34	4.26	2.43	3.9	10.3	13.2	7.5
1986	0.98	3.72	6.53	3.83	2.3	8.7	15.3	9.0
1987	1.17	3.20	8.03	5.48	2.3	6.2	15.6	10.7
1988	1.05	4.58	12.99	9.90	1.3	5.8	16.4	12.5
1989	0.73	5.14	7.62	8.20	1.5	10.3	15.3	16.5
1990	1.02	7.42	8.62	10.04	1.7	12.6	14.6	17.0
1991	0.99	6.60	8.29	16.09	1.3	8.8	11.1	21.5
1992	1.50	8.62	18.82	34.05	1.2	6.7	14.6	26.5
1993	1.18	11.62	25.70	57.49	0.6	6.3	14.0	31.3
1994	1.54	14.29	30.85	86.80	0.7	6.2	13.3	37.4
1995	2.63	19.80	23.00	101.72	1.0	7.7	9.0	39.8
1996	4.78	9.88	30.28	122.65	1.7	3.6	10.9	44.3
1997	4.93	25.53	18.74	108.91	1.8	9.3	6.8	39.8
1998	6.20	19.09	22.33	165.43	1.9	5.8	6.8	50.5
1999	7.59	31.30	14.44	183.83	2.1	8.5	3.9	49.9
2000	8.73	33.21	20.43	224.72	2.0	7.6	4.7	51.6
2001	9.35	54.96	17.75	251.66	1.9	11.3	3.7	51.9
2002	10.56	56.72	19.39	226.11	2.1	11.0	3.8	43.9
2003	9.00	70.53	35.97	252.70	1.4	10.7	5.5	38.3
2004	7.41	126.61	41.76	287.77	1.0	16.9	5.6	38.5
2005	0.10	171.19	99.47	104.00	…	17.7	10.3	10.8

6-11 基本建设投资主要指标
Main Indicators of Capital Construction

项　　目	Item	1995	2000	2002	2003	2004	2005
建设项目个数　　（个）	**Number of Projects　　(unit)**						
施工项目	Projects under Construction	4445	4853	5112	6189	6529	13816
# 大中型项目	Large and Medium-sized Projects	98	108	296	441	533	
全部建成投产项目	Projects Completed and Put into Use	1819	2508	2018	2004	1998	5702
# 大中型项目	Large and Medium-sized Projects	22	20	63	79	97	
投资总额　　（亿元）	**Total Investment　　(100 million yuan)**	**905.97**	**1163.63**	**1367.23**	**1893.58**	**2485.72**	**3660.98**
# 住宅	Residential Buildings	77.62	81.24	40.54	44.96	48.15	61.40
按构成分	Grouped by Use of Funds						
建筑安装工程	Construction and Installation	531.49	770.64	916.43	1211.77	1617.50	2374.71
设备工具器具购置	Purchase of Equipment and Instruments	231.25	203.08	251.88	317.61	424.24	730.38
其他费用	Others	143.23	189.92	198.92	364.21	443.98	555.89
按建设性质分	Grouped by Type of Construction						
# 新建	New Construction	624.73	852.39	1056.89	1467.23	1925.99	2835.32
扩建	Expansion	184.73	217.83	225.73	312.89	418.15	645.28
改建	Reconstruction	43.05	60.48	52.19	57.79	82.73	132.44
按资金来源分	Grouped by Source of Funds						
国家预算内资金	State Budgetary Appropriations	19.79	38.87	44.01	53.88	47.48	50.15
国内贷款	Domestic Loans	127.41	271.36	306.42	426.70	598.81	843.49
利用外资	Foreign Investment	217.37	165.58	192.50	269.61	362.92	481.78
自筹资金	Fundraising	449.61	613.35	713.65	1075.35	1363.67	2073.58
其他资金	Others	91.79	74.47	85.16	68.05	112.85	211.97
新增固定资产　　（亿元）	**Newly Increased Fixed Assets (100 million yuan)**	**509.60**	**906.01**	**894.09**	**855.17**	**1452.22**	**2055.43**
房屋建筑面积（万平方米）	**Floor Space of Buildings　(10000 sq. m)**						
施工面积	Floor Space under Construction	3822.75	3817.38	4383.35	6670.01	8537.22	11038.32
竣工面积	Floor Space Completed	1528.53	1756.12	1682.80	1705.17	3052.21	4860.71
# 住宅	Residential Buildings	608.25	550.30	331.07	269.01	343.41	433.09

6-12 国民经济各行业基本建设主要指标（2005 年）
Main Indicators of Capital Construction by Sector (2005)

行　　业	Sector	投资额（亿元）Investment (100 million yuan)	施工项目个数（个）Number of Projects under Construction (unit)	全部建成投产项目个数（个）Number of Projects Completed and Put into Use (unit)	新增固定资产（亿元）Newly Increased Fixed Assets (100 million yuan)
全省总计	**Provincial Total**	**3660.98**	**13816**	**5702**	**2055.43**
农、林、牧、渔业	**Farming, Forestry, Animal Husbandry and Fishery**	**13.86**	**186**	**115**	**8.52**
农业	Farming	5.28	54	31	2.98
林业	Forestry	2.30	19	13	0.70
畜牧业	Animal Husbandry	2.33	38	24	2.10
渔业	Fishery	1.62	26	16	1.27
农、林、牧、渔服务业	Services for Farming, Forestry, Animal Husbandry and Fishery	2.33	49	31	1.46
采矿业	**Mining and Dressing**	**11.79**	**67**	**38**	**6.04**
煤炭开采和洗选业	Coal Mining and Dressing				
石油和天然气开采业	Petroleum and Natural Gas Extraction	5.42	1		
黑色金属矿采选业	Ferrous Metal Minerals Mining and Dressing	0.83	12	3	0.57
有色金属矿采选业	Nonferrous Metals Minerals Mining and Dressing	1.20	11	6	1.26
非金属矿采选业	Nonmetal Minerals Mining and Dressing	4.27	42	28	4.15
其他采矿业	Other Minerals Mining and Dressing	0.07	1	1	0.07
制造业	**Manufacturing**	**1237.62**	**6135**	**2554**	**731.80**
农副食品加工业	Farm and Sideline Food Processing	9.81	81	39	7.41
食品制造业	Food Manufacturing	12.05	97	46	7.59
饮料制造业	Beverage Manufacturing	13.49	43	22	7.09
烟草制品业	Tobacco Products	0.44	1		
纺织业	Textile Industry	45.91	284	120	34.11
纺织服装、鞋、帽制造业	Textile Garments, Footwear and Headgear Manufacturing	40.92	387	200	31.93
皮革、毛皮、羽毛（绒）及其制品业	Feather, Furs, Down and Related Products	25.92	218	118	17.89
木材加工及木、竹、藤、棕、草制品业	Timber Processing, Bamboo, Cane, Palm Fiber & Straw Products	9.03	85	47	4.82
家具制造业	Furniture Manufacturing	21.49	269	114	15.23
造纸及纸制品业	Papermaking and Paper Products	34.00	121	38	11.76
印刷业和记录媒介的复制	Printing and Record Medium Reproduction	14.99	102	43	12.47
文教体育用品制造业	Cultural, Educational and Sports Goods	16.77	112	38	11.34
石油加工、炼焦及核燃料加工业	Petroleum Refining, Coking and Nuclear Fuel Processing	6.68	10	3	1.57
化学原料及化学制品制造业	Raw Chemical Materials and Chemical Products	155.54	280	129	32.25
医药制造业	Medical and Pharmaceutical Products	24.12	85	37	13.04
化学纤维制造业	Chemical Fiber	4.34	8	4	1.33
橡胶制品业	Rubber Products	4.87	53	25	3.81
塑料制品业	Plastic Products	45.03	468	211	36.85
非金属矿物制品业	Nonmetal Mineral Products	95.97	451	247	55.69
黑色金属冶炼及压延加工业	Smelting and Pressing of Ferrous Metals	50.23	60	28	31.86
有色金属冶炼及压延加工业	Smelting and Pressing of Nonferrous Metals	28.33	51	21	16.26
金属制品业	Metal Products	89.84	687	317	63.08
通用设备制造业	General Purposes Equipment Manufacturing	30.30	119	55	21.34
专用设备制造业	Special Purposes Equipment Manufacturing	24.08	167	58	18.92

6-12 续表1 continued

行业	Sector	投资额（亿元）Investment (100 million yuan)	施工项目个数（个）Number of Projects under Construction (unit)	全部建成投产项目个数（个）Number of Projects Completed and Put into Use (unit)	新增固定资产（亿元）Newly Increased Fixed Assets (100 million yuan)
交通运输设备制造业	Transport Equipment Manufacturing	104.02	206	81	53.10
电气机械及器材制造业	Electric Equipment and Machinery	75.11	411	164	49.83
通信设备、计算机及其他电子设备制造业	Telecommunications, Computers and Other Electronic Equipment Manufacturing	167.55	511	205	127.19
仪器仪表及文化、办公用机械制造业	Instruments, Meters, Cultural and Office Machinery	14.51	60	21	10.79
工艺品及其他制造业	Handicraft and Other Manufacturing	69.94	690	110	31.11
废弃资源和废旧材料回收加工业	Waste Sources and Materials Recovery Processing	2.33	18	13	2.15
电力、煤气及水的生产和供应业	**Production and Supply of Electric Power, Gas and Water**	**558.07**	**874**	**368**	**223.37**
电力、热力的生产和供应业	Production and Supply of Electric Power and Heating Power	463.94	616	255	189.87
燃气生产和供应业	Production and Supply of Gas	42.78	31	8	2.56
水的生产和供应业	Production and Supply of Tap Water	51.35	227	105	30.94
建筑业	**Construction**	**66.71**	**168**	**27**	**19.33**
房屋和土木工程建筑业	Building and Civil Engineering Construction	58.14	116	19	15.98
建筑安装业	Construction Installment	1.22	7	1	0.75
建筑装饰业	Construction Decoration	2.16	7	2	0.46
其他建筑业	Other Construction	5.18	38	5	2.14
交通运输、仓储和邮政业	**Transport, Storage and Postal Services**	**562.54**	**968**	**442**	**339.03**
铁路运输业	Railway Transport	6.18	9	2	3.08
道路运输业	Road Transport	343.13	715	369	88.79
城市公共交通业	Urban Public Traffic	85.42	38	6	24.50
水上运输业	Waterway Transport	75.57	84	16	41.36
航空运输业	Air Transport	18.63	14	6	154.70
管道运输业	Pipeline Transport	1.59	4	2	3.55
装卸搬运及其他运输服务业	Loading & Unloading and Other Transport Services	5.83	12	3	1.17
仓储业	Storage	25.33	82	33	21.22
邮政业	Postal Services	0.87	10	5	0.66
信息传输、计算机服务和软件业	**Data Transmission, Computer Services and Software**	**65.27**	**172**	**75**	**57.75**
电信和其他信息传输服务业	Telecommunications and Other Data Transmission Services	54.54	150	67	52.87
计算机服务业	Computer Services	3.58	10	7	2.75
软件业	Software	7.14	12	1	2.13
批发和零售业	**Wholesale and Retail Trade**	**87.96**	**466**	**205**	**48.40**
批发业	Wholesale	36.03	154	81	20.44
零售业	Retail Trade	51.93	312	124	27.96
住宿和餐饮业	**Hotels and Catering Services**	**50.69**	**199**	**80**	**37.70**
住宿业	Hotels	42.40	125	35	31.89
餐饮业	Catering Services	8.30	74	45	5.81
金融业	**Finance**	**6.05**	**24**	**14**	**6.44**
银行业	Banking	5.49	17	11	6.12

6-12 续表2 continued

行业	Sector	投资额（亿元）Investment（100 million yuan）	施工项目个数（个）Number of Projects under Construction（unit）	全部建成投产项目个数（个）Number of Projects Completed and Put into Use（unit）	新增固定资产（亿元）Newly Increased Fixed Assets（100 million yuan）
证券业	Securities	0.08			0.08
保险业	Insurance				
其他金融活动	Other Financial Activities	0.48	7	3	0.24
房地产业	**Real Estate**	**71.86**	**399**	**149**	**53.16**
房地产业	Real Estate	71.86	399	149	53.16
租赁和商务服务业	**Leasing and Business Services**	**32.40**	**135**	**38**	**23.90**
租赁业	Leasing Services	0.12	5		0.05
商务服务业	Business Services	32.28	130	38	23.86
科学研究、技术服务和地质勘查业	**Scientific Research, Technical Services and Geological Prospecting**	**23.56**	**102**	**34**	**7.86**
研究与试验发展	Research and Experimental Development	3.73	32	6	2.47
专业技术服务业	Special Technical Services	12.84	48	21	2.94
科技交流和推广服务业	Scientific & Technological Exchange and Promotion Services	6.40	18	7	2.19
地质勘查	Geological Prospecting	0.59	4		0.27
水利、环境和公共设施管理业	**Water Conservancy, Environment and Public Facilities Management**	**485.17**	**1521**	**485**	**205.85**
水利管理业	Water Conservancy Management	51.47	373	135	20.93
环境管理业	Environment Management	15.31	87	19	4.71
公共设施管理业	Public Facilities Management	418.39	1061	331	180.21
居民服务和其他服务业	**Resident Services and Other Services**	**5.35**	**49**	**18**	**4.34**
居民服务业	Resident Services	3.41	28	12	3.04
其他服务业	Other Services	1.93	21	6	1.30
教育	**Education**	**183.56**	**1007**	**537**	**161.09**
教育	Education	183.56	1007	537	161.09
卫生、社会保障和社会福利业	**Health Care, Social Security and Social Welfare**	**48.52**	**257**	**102**	**23.84**
卫生	Health Care	46.78	216	77	21.76
社会保障业	Social Security	0.55	4	3	0.93
社会福利业	Social Welfare	1.19	37	22	1.14
文化、体育和娱乐业	**Culture, Sports and Recreation**	**60.70**	**215**	**77**	**22.68**
新闻出版业	Publication				
广播、电视、电影和音像业	Radio, Television, Film and Video	7.47	26	7	1.36
文化艺术业	Culture and Arts	25.56	105	38	8.17
体育	Sports	15.77	45	15	6.94
娱乐业	Recreation	11.91	39	17	6.21
公共管理与社会组织	**Public Administration and Social Organizations**	**89.32**	**872**	**344**	**74.33**
中国共产党机关	CPC Agencies	0.86	15	10	0.38
国家机构	Government Agencies	79.34	668	277	69.12
人民政协和民主党派	CPPCC and Democratic Parties				
群众社团、社会团体和宗教组织	Mass Organizations, Social Organizations and Religious Organizations	0.39	8	4	0.36
基层群众自治组织	Self-governing Mass Organizations at the Grass-roots Level	8.74	181	53	4.46
国际组织	**International Organizations**				

6-13 基本建设新增主要生产能力或效益
Newly Increased Production Capacity or Benefit Through Capital Construction

指　标		Item		1995	2000	2004	2005
发电机组装机容量	（万千瓦）	Capacity of Generating Sets	（10000 kw）	178.62	182.72	235.72	184.74
#水力发电	（万千瓦）	Hydropower	（10000 kw）	12.57	48.86	26.32	19.20
火力发电	（万千瓦）	Thermal Power	（10000 kw）	165.45	132.50	164.00	163.50
输电线路（11 万伏及以上）	（公里）	Transmission Lines	（≥110000kv）（km）	1046.43	2145.84	3937.24	2740.83
变电设备(11 万伏及以上)	(万千伏安)	Power Transformer Equipment（≥110000kv）	（10000 kva）	501.50	1477.09	2416.15	1884.75
水泥	（万吨/年）	Cement	（10000 tons/year）	89.60		452.00	609
塑料树脂及共聚物	（吨/年）	Plastic Resin and Copolymer	（tons/year）		3200	26326	16701
新建公路	（公里）	Newly Constructed Highways	（km）	866.77	1120.09	1523.81	1588.14
#高速公路	（公里）	Express Highways	（km）	190.50	174.01	168.86	187.86
改建公路	（公里）	Reconstructed Highways	（km）	947.21	1186.38	2186.14	2301.67
#一级公路	（公里）	First Class Highways	（km）	221.84	113.04	71.10	15.50
新建独立公路桥梁	（延长米）	Newly Constructed Highway Bridges	（extended meter）	11381	7077	8259	9659
	（座）		（set）	49	18	57	104
新（扩）建港口码头	（年吞吐量：万吨）	Newly Constructed or Expanded Ports Annual Handling Capacity	（10000 tons）	1171.00	81.00	423.00	3060.00
	（泊位：个）	Number of Berths	（unit）	15	8	14	12
新（扩）建客、货运站	（个）	Number of Newly Constructed or Expanded Passenger and Freight Stations	（unit）	2	4	9	6
	（平方米）		（sq. m）	15608	9230	181014	42716
长途电缆	（延长公里）	Long-distance Cables	（extended km）	1257.50	11.00	600.00	27.00
市内电话自动交换机	（门）	Local Telephone Exchanges	（gate）	687440	611600	435700	
造林面积	（万亩）	Afforested Areas	（10000 mu）	1.50	17.15	6.00	1.59
水库容量（总库容）	（亿立方米）	Reservoir Capacity	（100 million cu. m）	0.57	3.32	3.00	2.16
有效灌溉面积	（万亩）	Effective Irrigated Areas	（10000 mu）	2.17	75.23	42.28	27.40
除涝面积	（万亩）	Flooded or Waterlogged Areas under Control	（10000 mu）	8.66	78.39	57.00	34.24
粮食仓库	（万公斤）	Grain Storehouses	（10000 kg）	501.00	20151.00	30.00	
	（平方米）		（sq. m）	1631	56967	4500	
高等院校学生席位	（个）	Number of Student Seats of Universities and Colleges	（unit）	4536	21762	68414	146394
	（平方米）		（sq. m）	40499	171239	2530442	3081442
中等学校学生席位	（个）	Number of Student Seats of Regular Secondary Schools	（unit）	286192	200078	169816	300818
	（平方米）		（sq. m）	635303	839458	1080175	1800803
小学校学生席位	（个）	Number of Student Seats of Primary Schools	（unit）	213895	134858	208636	228580
	（平方米）		（sq. m）	537758	390206	909871	1082001
其他学校学生席位	（个）	Number of Student Seats of Other Schools	（unit）	10092	2810	5933	4023
	（平方米）		（sq. m）	111701	28318	81513	31212
医院病床	（张）	Hospital Beds	（piece）	2481	3946	3888	5094
城市自来水供水能力	（万吨/日）	Capacity of City Tap Water Supply	（10000 tons/day）	160.00	86.50	116.10	266.82
城市自来水管道长度	（公里）	Length of City Tap Water Pipes	（km）	164.06	451.53	343.36	379.03
城市道路扩建长度	（公里）	Length of City Road Extended	（km）	89.08	187.47	399.97	
城市道路扩建面积	（万平方米）	Area of City Road Extended	（10000 sq. m）	169.68	603.55	573.50	
城市排水管道铺设长度	（公里）	Length of Sewerage Pipelines	（km）	70.12	64.37	295.85	
城市污水处理能力	（万吨/日）	Disposal Capacity of Sewerage	（10000 tons/day）	7.40	25.00	57.00	
城市防洪堤长度	（公里）	Length of City Embankment	（km）	18.44	129.09	91.18	

6-14 基本建设投资效益指标
Beneficial Indicators of Investment in Capital Construction

项目	Item	1995	2000	2003	2004	2005
固定资产交付使用率	**Rate of Fixed Assets Put into Use**					
本年完成投资 (亿元)	Investment Completed in the Year (100 million yuan)	905.97	1163.63	1893.58	2485.72	3660.98
本年新增固定资产 (亿元)	Newly Increased Fixed Assets in the Year (100 million yuan)	509.60	906.01	855.17	1452.22	2055.43
固定资产交付使用率 (%)	Rate of Fixed Assets Put into Use (%)	56.2	77.9	45.2	58.4	56.1
建成项目投产率	**Rate of Projects Completed and Put into Use**					
本年施工项目 (个)	Number of Projects under Construction	4445	4853	6189	6529	13816
本年建成投产项目 (个)	Projects Completed and Put into Use	1819	2508	2004	1998	5702
建成项目投产率 (%)	Rate of Projects Completed and Put into Use	40.9	51.7	32.4	30.6	41.3
房屋建筑面积竣工率	**Rate of Floor Space of Buildings Completed**					
本年房屋施工面积(万平方米)	Floor Space of Buildings under Construction (10000 sq. m)	3822.75	3817.38	6670.01	8537.22	11038.32
本年房屋竣工面积(万平方米)	Floor Space of Buildings Completed (10000 sq. m)	1528.53	1756.12	1705.17	3052.21	4860.71
房屋面积竣工率 (%)	Rate of Floor Space of Buildings Completed (%)	40.0	46.0	25.6	35.8	44.0
建设周期	**Period to Complete Total Planning Investment**					
计划总投资 (亿元)	Total Planning Investment (100 million yuan)	3176.89	5689.62	8640.69	10810.71	14674.33
本年完成投资 (亿元)	Investment Completed in the Year (100 million yuan)	905.97	1163.63	1893.58	2485.72	3660.98
建设周期 (年/月)	Period of Completing Total Planning Investment (year/month)	3/6	4/11	4/7	4/4	4/7

6-15 更新改造投资效益指标
Beneficial Indicators of Investment in Innovation

项目	Item	1995	2000	2003	2004	2005
固定资产交付使用率	**Rate of Fixed Assets Put into Use**					
本年完成投资 (亿元)	Investment Completed in the Year (100 million yuan)	255.61	435.44	658.94	748.14	966.79
本年新增固定资产 (亿元)	Newly Increased Fixed Assets in the Year (100 million yuan)	188.76	423.41	403.45	408.12	669.31
固定资产交付使用率 (%)	Rate of Fixed Assets Put into Use (%)	73.8	97.2	61.2	54.6	69.2
建成项目投产率	**Rate of Projects Completed and Put into Use**					
本年施工项目 (个)	Number of Projects under Construction	2937	5303	3904	4063	4381
本年建成投产项目 (个)	Projects Completed and Put into Use	1568	2192	1666	2200	2230
建成项目投产率 (%)	Rate of Projects Completed and Put into Use	53.4	41.3	42.7	54.1	50.9
房屋建筑面积竣工率	**Rate of Floor Space of Buildings Completed**					
本年房屋施工面积(万平方米)	Floor Space of Buildings under Construction (10000 sq. m)	852.09	353.88	520.42	487.62	841.71
本年房屋竣工面积(万平方米)	Floor Space of Buildings Completed (10000 sq. m)	378.64	189.78	256.35	226.41	433.89
房屋面积竣工率 (%)	Rate of Floor Space of Buildings Completed (%)	44.4	53.6	49.3	46.4	51.5
建设周期	**Period to Complete Total Planning Investment**					
计划总投资 (亿元)	Total Planning Investment (100 million yuan)	713.13	1120.89	1618.01	1830.39	2109.27
本年完成投资 (亿元)	Investment Completed in the Year (100 million yuan)	255.61	435.44	658.94	748.14	966.79
建设周期 (年/月)	Period of Completing Total Planning Investment (year/month)	2/9	2/7	2/5	2/5	2/1

6-16 更新改造投资主要指标
Main Indicators of Innovation

项目	Item	1995	2000	2003	2004	2005
建设项目个数 （个）	**Number of Projects （unit）**					
施工项目	Projects under Construction	2937	5303	3904	4063	4381
#限额以上项目	Projects above Designated Size	111	186	206	193	
全部建成投产项目	Projects Completed and Put into Use	1568	2192	1666	2200	2230
#限额以上项目	Projects above Designated Size	41	52	58	50	
投资总额 （亿元）	**Total Investment （100 million yuan）**	**255.61**	**435.44**	**658.94**	**748.14**	**966.79**
#住宅	Residential Buildings	12.44	5.20	3.09	2.38	2.27
按构成分	Grouped by Use of Funds					
建筑安装工程	Construction and Installation	127.68	164.50	256.67	265.57	362.03
设备工具器具购置	Purchase of Equipment and Instruments	105.16	219.29	361.10	442.78	549.81
其他费用	Others	22.77	51.65	41.17	39.80	54.94
按建设性质分	Grouped by Type of Construction					
#新建	New Construction	27.96	36.47	69.64	80.24	107.19
扩建	Expansion	149.36	239.94	360.42	401.69	385.55
改建	Reconstruction	50.21	84.32	138.70	159.12	345.20
按资金来源分	Grouped by Source of Funds					
国家预算内资金	State Budgetary Appropriations	3.63	5.62	16.84	10.47	12.96
国内贷款	Domestic Loans	47.08	48.81	75.61	103.12	94.29
利用外资	Foreign Investment	40.97	46.77	86.20	69.73	117.16
自筹资金	Fundraising	138.50	311.73	465.19	551.90	703.15
其他资金	Others	25.43	22.51	15.09	12.94	39.24
新增固定资产 （亿元）	**Newly Increased Fixed Assets （100 million yuan）**	**188.76**	**423.41**	**403.45**	**408.12**	**669.31**
房屋建筑面积 （万平方米）	**Floor Space of Buildings （10000 sq. m）**					
施工面积	Floor Space under Construction	852.09	353.88	520.42	487.62	841.71
竣工面积	Floor Space Completed	378.64	189.78	256.35	226.41	433.89
#住宅	Residential Buildings	125.74	62.00	23.72	7.41	24.43

注：从2003年起取消按用途分组。
Note: Since 2003, the items grouped by type of use has been cancelled.

6-17 国民经济各行业更新改造主要指标（2005年）
Main Indicators of Investment in Innovation by Sector (2005)

行业	Sector	投资额（亿元）Total Investment (100 million yuan)	施工项目个数（个）Number of Projects under Construction (unit)	全部建成投产项目个数（个）Number of Projects Completed and Put into Use (unit)	新增固定资产（亿元）Newly Increased Fixed Assets (100 million yuan)
全省总计	**Provincial Total**	**966.79**	**4381**	**2230**	**669.31**
农、林、牧、渔业	**Farming, Forestry, Animal Husbandry and Fishery**	**1.29**	**34**	**21**	**1.18**
农业	Farming	0.10	5	3	0.08
林业	Forestry	0.62	13	10	0.60
畜牧业	Animal Husbandry	0.10	3	1	0.10
渔业	Fishery	0.06	2	1	0.06
农、林、牧、渔服务业	Services for Farming, Forestry, Animal Husbandry and Fishery	0.40	11	6	0.35
采矿业	**Mining and Dressing**	**6.59**	**46**	**23**	**1.60**
煤炭开采和洗选业	Coal Mining and Dressing	0.33	14	1	0.28
石油和天然气开采业	Petroleum and Natural Gas Extraction	3.37	14	10	0.53
黑色金属矿采选业	Ferrous Metal Minerals Mining and Dressing	0.67	2		0.19
有色金属矿采选业	Nonferrous Metals Minerals Mining and Dressing	1.91	7	3	0.31
非金属矿采选业	Nonmetal Minerals Mining and Dressing	0.31	9	9	0.30
其他采矿业	Other Minerals Mining and Dressing				
制造业	**Manufacturing**	**450.82**	**1639**	**978**	**335.21**
农副食品加工业	Farm and Sideline Food Processing	5.41	59	39	4.30
食品制造业	Food Manufacturing	5.20	38	16	3.77
饮料制造业	Beverage Manufacturing	1.23	17	13	1.13
烟草制品业	Tobacco Products	5.29	7	1	1.17
纺织业	Textile Industry	24.83	117	93	22.03
纺织服装、鞋、帽制造业	Textile Garments, Footwear and Headgear Manufacturing	7.73	52	37	6.94
皮革、毛皮、羽毛(绒)及其制品业	Feather, Furs, Down and Related Products	2.03	33	15	1.42
木材加工及木、竹、藤、棕、草制品业	Timber Processing, Bamboo, Cane, Palm Fiber & Straw Products	3.33	25	16	2.74
家具制造业	Furniture Manufacturing	3.27	37	28	2.90
造纸及纸制品业	Papermaking and Paper Products	9.98	49	27	7.54
印刷业和记录媒介的复制	Printing and Record Medium Reproduction	13.99	46	27	11.82
文教体育用品制造业	Cultural, Educational and Sports Goods	2.48	8	5	2.12
石油加工、炼焦及核燃料加工业	Petroleum Refining, Coking and Nuclear Fuel Processing	64.13	33	25	36.52
化学原料及化学制品制造业	Raw Chemical Materials and Chemical Products	14.76	83	43	10.21
医药制造业	Medical and Pharmaceutical Products	6.18	52	26	4.89
化学纤维制造业	Chemical Fiber	0.86	4	3	0.22
橡胶制品业	Rubber Products	1.23	18	8	1.00
塑料制品业	Plastic Products	10.42	71	50	7.74
非金属矿物制品业	Nonmetal Mineral Products	38.35	151	103	24.03
黑色金属冶炼及压延加工业	Smelting and Pressing of Ferrous Metals	42.23	31	11	38.81
有色金属冶炼及压延加工业	Smelting and Pressing of Nonferrous Metals	2.62	14	9	2.49

6-17 续表 1 continued

行 业	Sector	投资额（亿元）Total Investment (100 million yuan)	施工项目个数（个）Number of Projects under Construction (unit)	全部建成投产项目个数(个) Number of Projects Completed and Put into Use (unit)	新增固定资产（亿元）Newly Increased Fixed Assets (100 million yuan)
金属制品业	Metal Products	12. 61	94	50	9. 64
通用设备制造业	General Purposes Equipment Manufacturing	5. 38	46	25	3. 35
专用设备制造业	Special Purposes Equipment Manufacturing	8. 84	48	27	6. 22
交通运输设备制造业	Transport Equipment Manufacturing	36. 18	50	18	26. 81
电气机械及器材制造业	Electric Equipment and Machinery	36. 62	156	95	29. 67
通信设备、计算机及其他电子设备制造业	Telecommunications, Computers and Other Electronic Equipment Manufacturing	70. 38	229	123	52. 54
仪器仪表及文化、办公用机械制造业	Instruments, Meters, Cultural and Office Machinery	12. 71	41	27	10. 83
工艺品及其他制造业	Handicraft and Other Manufacturing	2. 41	29	17	2. 26
废弃资源和废旧材料回收加工业	Waste Sources and Materials Recovery Processing	0. 11	1	1	0. 11
电力、煤气及水的生产和供应业	**Production and Supply of Electric Power, Gas and Water**	**112. 45**	**564**	**307**	**106. 53**
电力、热力的生产和供应业	Production and Supply of Electric Power and Heating Power	100. 66	357	199	99. 33
燃气生产和供应业	Production and Supply of Gas	2. 70	8	3	0. 17
水的生产和供应业	Production and Supply of Tap Water	9. 09	199	105	7. 03
建筑业	**Construction**	**5. 28**	**15**	**5**	**4. 97**
房屋和土木工程建筑业	Building and Civil Engineering Construction	4. 81	8	2	4. 54
建筑安装业	Construction Installment	0. 30	2	2	0. 30
建筑装饰业	Construction Decoration	0. 07	1		0. 07
其他建筑业	Other Construction	0. 10	4	1	0. 04
交通运输、仓储和邮政业	**Transport, Storage and Postal Services**	**106. 24**	**391**	**232**	**91. 00**
铁路运输业	Railway Transport	1. 97	2	1	1. 47
道路运输业	Road Transport	58. 72	348	218	49. 29
城市公共交通业	Urban Public Traffic	13. 81	7	3	12. 94
水上运输业	Waterway Transport	9. 57	22	4	5. 34
航空运输业	Air Transport	19. 26			19. 26
管道运输业	Pipeline Transport				
装卸搬运及其他运输服务业	Loading & Unloading and Other Transport Services	0. 04	1	1	0. 04
仓储业	Storage	2. 24	5	2	2. 14
邮政业	Postal Services	0. 63	6	3	0. 50
信息传输、计算机服务和软件业	**Data Transmission, Computer Services and Software**	**162. 56**	**706**	**235**	**36. 00**
电信和其他信息传输服务业	Telecommunications and Other Data Transmission Services	157. 96	689	232	33. 06
计算机服务业	Computer Services	0. 75	3		0. 09
软件业	Software	3. 85	14	3	2. 85
批发和零售业	**Wholesale and Retail Trade**	**6. 25**	**58**	**37**	**5. 49**
批发业	Wholesale	2. 26	23	14	1. 86
零售业	Retail Trade	3. 99	35	23	3. 63

6-17 续表2 continued

行业	Sector	投资额(亿元) Total Investment (100 million yuan)	施工项目个数(个) Number of Projects under Construction (unit)	全部建成投产项目个数(个) Number of Projects Completed and Put into Use (unit)	新增固定资产(亿元) Newly Increased Fixed Assets (100 million yuan)
住宿和餐饮业	**Hotels and Catering Services**	**6.95**	**39**	**25**	**6.14**
住宿业	Hotels	3.82	26	17	3.08
餐饮业	Catering Services	3.13	13	8	3.06
金融业	**Finance**	**2.44**	**8**	**5**	**2.32**
银行业	Banking	2.38	8	5	2.26
证券业	Securities				
保险业	Insurance	0.06			0.06
其他金融活动	Other Financial Activities				
房地产业	**Real Estate**	**2.57**	**28**	**17**	**2.29**
房地产业	Real Estate	2.57	28	17	2.29
租赁和商务服务业	**Leasing and Business Services**	**3.58**	**29**	**3**	**1.93**
租赁业	Leasing Services	0.86	18	2	0.86
商务服务业	Business Services	2.73	11	1	1.08
科学研究、技术服务和地质勘查业	**Scientific Research, Technical Services and Geological Prospecting**	**1.61**	**12**	**7**	**0.75**
研究与试验发展	Research and Experimental Development	1.24	7	3	0.38
专业技术服务业	Special Technical Services	0.28	2	1	0.28
科技交流和推广服务业	Scientific & Technological Exchange and Promotion Services	0.08	3	3	0.08
地质勘查	Geological Prospecting	0.01			0.01
水利、环境和公共设施管理业	**Water Conservancy, Environment and Public Facilities Management**	**37.36**	**396**	**158**	**16.12**
水利管理业	Water Conservancy Management	11.45	126	50	5.79
环境管理业	Environment Management	1.89	15	6	1.35
公共设施管理业	Public Facilities Management	24.02	255	102	8.97
居民服务和其他服务业	**Resident Services and Other Services**	**1.41**	**6**	**2**	**0.67**
居民服务业	Resident Services	0.80	4	2	0.66
其他服务业	Other Services	0.61	2		0.01
教育	**Education**	**14.50**	**227**	**78**	**15.22**
教育	Education	14.50	227	78	15.22
卫生、社会保障和社会福利业	**Health Care, Social Security and Social Welfare**	**8.90**	**49**	**24**	**8.10**
卫生	Health Care	8.71	46	21	7.91
社会保障业	Social Security	0.16	1	1	0.16
社会福利业	Social Welfare	0.03	2	2	0.03
文化、体育和娱乐业	**Culture, Sports and Recreation**	**6.03**	**32**	**23**	**5.56**
新闻出版业	Publication	0.41	1	1	0.23
广播、电视、电影和音像业	Radio, Television, Film and Video	1.62	6	3	1.03
文化艺术业	Culture and Arts	1.56	10	8	1.45
体育	Sports	0.14	5	4	0.12
娱乐业	Recreation	2.29	10	7	2.72
公共管理与社会组织	**Public Administration and Social Organizations**	**29.96**	**102**	**50**	**28.23**
中国共产党机关	CPC Agencies	0.08	1	1	0.08
国家机构	Government Agencies	24.25	76	37	22.85
人民政协和民主党派	CPPCC and Democratic Parties				
群众社团、社会团体和宗教组织	Mass Organizations, Social Organizations and Religious Organizations	0.28	1		0.27
基层群众自治组织	Self-governing Mass Organizations at the Grass-roots Level	5.35	24	12	5.03
国际组织	**International Organizations**				

6-18 更新改造新增主要生产能力或效益
Newly Increased Production Capacity or Benefit Through Innovation

指标		Indicator		1995	2000	2004	2005
发电机组装机容量	（万千瓦）	Capacity of Generating Sets	（10000 kw）	13.77	37.26	280.27	298.89
水力发电	（万千瓦）	Hydropower	（10000 kw）	0.31	2.23	5.27	4.82
火力发电	（万千瓦）	Thermal Power	（10000 kw）	13.06	35.00	275.00	260.07
其他发电	（万千瓦）	Others	（10000 kw）	0.40	0.03		32.00
输电线路(11万伏及以上)	（公里）	Transmission Lines（≥110000kv）	（km）	130.70	533.37	3257.40	1325.22
变电设备(11万伏及以上)	（万千伏安）	Power Transformer Equipment(≥110000kv)	（10000 kva）	208.30	57.65	158.00	76.05
水泥	（万吨/年）	Cement	（10000 tons/year）	329.40	11.00	574.25	866.15
塑料树脂及共聚物	（吨/年）	Plastic Resin and Copolymer	（ton/year）	46580	35916	7455	7748
棉印染	（万米/年）	Cotton Goods Printing and Dyeing	（10000 meters/year）	3100	2000		
机制纸及纸板	（万吨/年）	Machine-made Paper and Paperboard	（10000 tons/year）	4.02	1.30	35.00	
新建公路	（公里）	Newly Constructed Highways	（km）	7.57	131.80	281.00	90.29
#高速公路	（公里）	Express Highways	（km）				
改建公路	（公里）	Reconstructed Highways	（km）	320.39	559.22	2601.90	2116.45
#一级公路	（公里）	First Class Highways	（km）	88.89	96.24	106.00	241.20
新建独立公路桥梁	（延长米）	Newly Constructed Highway Bridges	（extended m）	1187	600	335	2669
	（座）		（unit）	7	3	4	10
新(扩)建港口码头(年吞吐量:万吨)		Newly Constructed or Expanded Ports Annual Handling Capacity	（10000 tons）	183.50	80.00	10.00	
	（泊位：个）	Number of Berths	（unit）	6	2	2	
长途电缆	（延长公里）	Long-distance Cables	（extended km）	1168.00	5695.30	188763.90	6162.10
新建微波电路	（公里）	Newly Built Microwave Circuits	（km）	68.00	170.00		
市内电话自动交换机	（门）	Local Telephone Exchanges	（gate）	1266705	1312300	1998900	
造林面积	（万亩）	Afforested Areas	（10000 mu）	2.69	11.00	2.00	6.00
有效灌溉面积	（万亩）	Effective Irrigated Areas	（10000 mu）	6.40	0.66	7.40	7.80
除涝面积	（万亩）	Flooded or Waterlogged Areas under Control	（10000 mu）		3.00	8.90	
排灌装机	（万千瓦）	Installed Capacity of Drainage and Irrigation	（10000 kw）		0.12		
粮食仓库	（万公斤）	Grain Storehouses	（10000 kg）	310.00	10200.00		
	（平方米）		（sq. m）	1405	14140		
中等学校学生席位	（个）	Number of Student Seats of Regular Secondary Schools	（unit）	46797	1722	9458	11843
	（平方米）		（sq. m）	104704	9956	26230	210911
小学校学生席位	（个）	Number of Student Seats of Primary Schools	（unit）	1580	17118	59409	19123
	（平方米）		（sq. m）	7360	53079	100526	78308
医院病床	（张）	Hospital Beds	（piece）	902	840	426	808
城市自来水供水能力	（万吨/日）	City Tap Water Supply Capacity	（10000 tons/day）	58.56	16.00	16.00	81.00
城市自来水管道长度	（公里）	Length of City Tap Water Pipe	（km）	56.82	301.97	431.47	254.68
城市液化石油气储气能力	（吨）	City Storage Capacity of Liquefied Petroleum Gas	（ton）	100			
城市道路扩建长度	（公里）	Length of City Road Extended	（km）	25.74	29.98	28.75	
城市道路扩建面积	（万平方米）	Area of City Road Extended	（10000 sq. m）	36.01	37.43	56.82	
城市排水管道铺设长度	（公里）	Length of Sewerage Pipelines	（km）	29.87	29.56	9.38	
城市污水处理能力	（万吨/日）	Disposal Capacity of Sewerage	（10000 tons/day）	1.00			
城市防洪堤长度	（公里）	Length of City Embankment	（km）	12.30	42.69	67.12	

6-19 各市房屋建筑面积（2005 年）
Floor Space of Buildings by City (2005)

市 别 City	施工建筑面积（万平方米）Floor Space under Construction (10000 sq. m)	# 住宅 Residential Buildings	竣工建筑面积（万平方米）Floor Space Completed (10000 sq. m)	# 住宅 Residential Buildings	竣工价值（亿元）Value Completed (100 million yuan)	# 住宅 Residential Buildings
基本建设总计 Total Capital Construction	**11038. 32**	**838. 33**	**4860. 71**	**433. 09**	**547. 55**	**48. 57**
广 州 Guangzhou	1923. 02	210. 40	1016. 56	94. 76	198. 66	14. 71
深 圳 Shenzhen	1377. 39	163. 52	463. 46	63. 96	61. 47	9. 59
珠 海 Zhuhai	484. 74	21. 17	180. 98	11. 17	19. 86	0. 88
汕 头 Shantou	242. 17	6. 64	159. 09	5. 56	12. 51	0. 32
佛 山 Foshan	1784. 07	80. 62	836. 59	52. 81	72. 40	5. 31
韶 关 Shaoguan	201. 94	27. 99	83. 29	15. 07	5. 93	0. 88
河 源 Heyuan	232. 46	28. 31	109. 86	15. 48	8. 20	1. 08
梅 州 Meizhou	109. 07	5. 25	59. 46	3. 41	4. 38	0. 22
惠 州 Huizhou	690. 75	50. 84	444. 77	35. 29	35. 59	3. 54
汕 尾 Shanwei	97. 42	11. 48	59. 97	6. 96	4. 04	0. 40
东 莞 Dongguan	1416. 69	48. 59	237. 91	13. 88	23. 36	2. 65
中 山 Zhongshan	814. 99	48. 01	423. 25	25. 73	35. 96	2. 26
江 门 Jiangmen	391. 72	3. 28	158. 70	0. 56	10. 13	0. 03
阳 江 Yangjiang	56. 66	17. 54	23. 54	6. 25	1. 96	0. 43
湛 江 Zhanjiang	221. 58	14. 90	116. 56	11. 70	10. 55	1. 24
茂 名 Maoming	154. 14	20. 85	52. 67	16. 30	5. 26	1. 39
肇 庆 Zhaoqing	235. 65	23. 05	118. 84	18. 64	9. 70	1. 20
清 远 Qingyuan	185. 80	34. 38	109. 76	23. 65	7. 12	1. 31
潮 州 Chaozhou	153. 19	11. 80	78. 86	7. 11	7. 17	0. 71
揭 阳 Jieyang	143. 15	2. 70	82. 77	2. 43	9. 05	0. 22
云 浮 Yunfu	121. 73	7. 03	43. 84	2. 39	4. 22	0. 21
更新改造总计 Total Innovation	**841. 71**	**35. 88**	**433. 89**	**24. 43**	**36. 40**	**1. 80**
广 州 Guangzhou	99. 40	7. 38	60. 45	2. 78	6. 10	0. 23
深 圳 Shenzhen	36. 93	2. 36	21. 19	2. 36	1. 81	0. 19
珠 海 Zhuhai	7. 02		0. 31		0. 03	
汕 头 Shantou	37. 63		22. 00		1. 78	
佛 山 Foshan	159. 57	3. 13	77. 14	1. 16	7. 69	0. 06
韶 关 Shaoguan	48. 60	3. 14	35. 61	3. 04	1. 46	0. 22
河 源 Heyuan	15. 48	4. 96	7. 84	4. 13	0. 46	0. 24
梅 州 Meizhou	9. 83	4. 32	6. 73	4. 17	0. 64	0. 31
惠 州 Huizhou	37. 80	0. 43	27. 05	0. 43	1. 40	0. 02
汕 尾 Shanwei	12. 07	0. 49	8. 59	0. 49	0. 61	0. 04
东 莞 Dongguan	38. 38	0. 44	11. 88	0. 05	2. 70	
中 山 Zhongshan	56. 19	2. 77	35. 78	2. 32	2. 89	0. 23
江 门 Jiangmen	157. 32	0. 11	50. 74		3. 45	
阳 江 Yangjiang	6. 26		5. 31		0. 27	
湛 江 Zhanjiang	23. 66	0. 39	14. 57	0. 27	1. 28	0. 01
茂 名 Maoming	16. 46	4. 11	5. 53	1. 46	0. 51	0. 08
肇 庆 Zhaoqing	19. 72	0. 24	7. 04	0. 24	0. 68	0. 02
清 远 Qingyuan	12. 69	0. 18	10. 53	0. 10	0. 83	0. 01
潮 州 Chaozhou	21. 42	0. 82	14. 42	0. 82	1. 15	0. 11
揭 阳 Jieyang	16. 58	0. 25	7. 45	0. 25	0. 44	0. 02
云 浮 Yunfu	8. 71	0. 36	3. 71	0. 36	0. 24	0. 02

注：基本建设、更新改造总计中含不分区部分。
Note: Total capital construction and total innovation include the part of investment unclassified by region.

6-20 房地产开发主要指标
Main Indicators on Real Estate Development

项 目	Item	2000	2002	2003	2004	2005
土地开发及购置 （万平方米）	**Land Development and Purchases (10000 sq. m)**					
本年土地开发面积	Land Space Developed in Current Year	1754. 51	2497. 10	2713. 98	2227. 19	2085. 66
本年土地购置面积	Land Space Purchased in Current Year	1942. 30	2482. 63	2468. 08	2956. 22	2894. 12
本年完成投资额 （亿元）	**Investment Completed in Current Year (100 million yuan)**	**858. 61**	**1115. 25**	**1233. 52**	**1355. 84**	**1591. 90**
# 住宅	Residential Buildings	593. 74	771. 87	827. 44	889. 42	1065. 74
# 经济适用房屋	Economically Affordable Housing	19. 52	14. 08	15. 22	8. 95	2. 86
资金来源小计 （亿元）	**Source of Funds (100 million yuan)**	**1064. 51**	**1452. 40**	**1683. 68**	**1863. 89**	**2233. 60**
# 国内贷款	Domestic Loans	228. 53	317. 37	370. 82	334. 08	385. 75
利用外资	Foreign Investment	39. 16	40. 27	30. 79	38. 26	37. 16
自筹资金	Self-raising Fund	287. 71	381. 54	424. 06	506. 19	702. 33
房屋建筑面积 （万平方米）	**Floor Space of Buildings (10000 sq. m)**					
施工面积	Floor Space under Construction	9922. 12	12024. 89	12854. 98	13911. 55	15110. 04
# 住宅	Residential Buildings	7400. 38	9206. 45	9722. 02	10518. 80	11399. 99
# 经济适用房屋	Economically Affordable Housing	301. 75	290. 53	290. 89	151. 49	70. 80
竣工面积	Floor Space Completed	3161. 39	3908. 76	4383. 68	3407. 83	4385. 16
# 住宅	Residential Buildings	2598. 52	3181. 25	3558. 36	2776. 29	3476. 73
# 经济适用房屋	Economically Affordable Housing	180. 42	148. 57	134. 57	49. 94	33. 86
商品房屋销售额 （亿元）	**Sales Value of Buildings (100 million yuan)**	**729. 50**	**820. 32**	**978. 10**	**1058. 97**	**2238. 66**
# 住宅	Residential Buildings	597. 36	683. 01	820. 13	903. 26	1886. 39
# 经济适用房屋	Economically Affordable Housing	14. 83	11. 10	15. 95	8. 67	4. 70
商品房屋销售面积（万平方米）	**Floor Space of Buildings Sold (10000 sq. m)**	**2259. 95**	**2530. 81**	**3061. 32**	**3046. 91**	**5038. 91**
# 住宅	Residential Buildings	2009. 34	2260. 00	2739. 60	2741. 62	4546. 32
# 经济适用房屋	Economically Affordable Housing	106. 74	95. 38	106. 46	68. 51	33. 96

注：本表2004年为统计快报数据。
Note: Data of 2004 in this table come from the advance reports.

6-21 房地产开发投资情况（2005 年）
Investment in Real Estate Development (2005)

按登记注册类型分组 By Registration Ownership		完成投资额（亿元）Investment Completed (100 million yuan)	#商品房建设 Commercial Buildings	#土地开发 Land Development	#住宅 Residential Buildings
全省总计	**Provincial Total**	**1591.90**	**1187.52**	**104.24**	**1065.74**
内资	Domestic Funded Economy				
国有经济	State-owned Economy	56.02	34.61	5.76	36.16
集体经济	Collective-owned Economy	105.10	77.99	5.31	86.07
联营经济	Joint Ownership Economy	18.77	15.56	0.83	12.99
有限责任公司	Limited Liability Companies	454.36	324.35	34.11	305.95
股份有限公司	Shareholding Companies	114.40	80.91	6.61	70.65
私营个体	Private and Individuals Economy	519.42	397.96	27.95	352.92
其他经济	Others	0.93	0.63	0.01	0.83
港、澳、台商投资经济	Economy with Funds from Hong Kong, Macao & Taiwan	257.28	204.25	20.35	162.25
外商投资经济	Foreign Funded Economy	65.63	51.25	3.31	37.92

6-22 房地产开发房屋建筑面积及价值（2005 年）
Floor Space of Buildings Under Construction and Value of Real Estate Development (2005)

按登记注册类型分组 By Registration Ownership		房屋建筑面积（万平方米）Floor Space of Building Construction (10000 sq. m)			竣工房屋价值（万元）Value of Buildings Completed (10000 yuan)	#住宅 Residential Buildings
		施工面积 Floor Space of Buildings under Construction	竣工面积 Floor Space of Buildings Completed	#住宅 Residential Buildings		
全省总计	**Provincial Total**	**15110.04**	**4385.16**	**3476.73**	**8293512**	**6325273**
内资	Domestic Funded Economy					
国有经济	State-owned Economy	690.99	211.71	170.87	359342	281551
集体经济	Collective-owned Economy	984.14	325.78	285.47	470377	404613
联营经济	Joint Ownership Economy	101.79	36.28	26.77	129640	97554
有限责任公司	Limited Liability Companies	4029.13	1229.59	979.77	2437336	1896202
股份有限公司	Shareholding Companies	829.97	289.32	227.23	587256	443780
私营个体	Private and Individuals Economy	5478.80	1475.89	1171.30	2360450	1840759
其他经济	Others	13.91	6.43	6.01	5990	5459
港、澳、台商投资经济	Economy with Funds from Hong Kong, Macao & Taiwan	2379.02	595.95	452.54	1438263	1087060
外商投资经济	Foreign Funded Economy	602.29	214.22	156.77	504858	268295

6-23 各市房地产开发投资情况（2005 年）
Investment in Real Estate Development by City (2005)

市 别 City	完成投资额（亿元）Investment Completed (100 million yuan)	#商品房建设 Commercial Buildings	#土地开发 Land Development	# 住 宅 Residential Buildings
广 州 Guangzhou	508.08	398.27	23.59	348.50
深 圳 Shenzhen	423.69	325.67	24.84	265.53
珠 海 Zhuhai	51.29	36.94	1.21	32.12
汕 头 Shantou	22.38	16.90	0.99	17.19
佛 山 Foshan	143.16	105.50	18.37	93.54
韶 关 Shaoguan	11.33	8.51	0.42	8.72
河 源 Heyuan	9.59	7.03	1.80	7.13
梅 州 Meizhou	9.85	8.42	1.11	6.98
惠 州 Huizhou	43.89	31.65	6.05	28.73
汕 尾 Shanwei	1.63	1.21	0.13	1.46
东 莞 Dongguan	144.43	95.67	1.55	119.72
中 山 Zhongshan	80.54	52.21	10.93	41.82
江 门 Jiangmen	32.75	27.96	1.11	21.61
阳 江 Yangjiang	13.66	9.28	2.50	8.56
湛 江 Zhanjiang	20.78	14.24	2.92	14.20
茂 名 Maoming	10.91	9.58	0.28	8.94
肇 庆 Zhaoqing	21.37	17.88	1.05	15.79
清 远 Qingyuan	27.12	7.49	3.97	13.00
潮 州 Chaozhou	2.62	1.89	0.41	1.68
揭 阳 Jieyang	7.22	6.40	0.26	5.82
云 浮 Yunfu	5.61	4.37	0.73	4.26

6-24 各市房地产开发房屋建筑面积及价值（2005 年）
Floor Space of Buildings Under Construction and Value of Real Estate Development by City (2005)

市 别 City	房屋建筑面积（万平方米）Floor Space of Building Construction (10000 sq. m)			竣工房屋价值（万元）Value of Buildings Completed (10000 yuan)	
	施工面积 Floor Space of Buildings under Construction	竣工面积 Floor Space of Buildings Completed	# 住 宅 Residential Buildings		# 住 宅 Residential Buildings
广 州 Guangzhou	4846.25	1064.35	802.88	2082435	1556615
深 圳 Shenzhen	3058.90	945.78	704.44	2958863	2144465
珠 海 Zhuhai	572.63	226.10	183.05	383268	302550
汕 头 Shantou	359.84	142.63	109.37	122330	88848
佛 山 Foshan	1321.25	470.22	374.49	908421	706429
韶 关 Shaoguan	237.46	129.03	107.35	102574	83603
河 源 Heyuan	93.00	55.27	50.59	55392	49410
梅 州 Meizhou	112.32	67.86	61.82	63996	52395
惠 州 Huizhou	484.95	133.80	110.10	196204	147066
汕 尾 Shanwei	17.25	14.48	14.16	13787	13305
东 莞 Dongguan	1160.17	132.88	115.23	339275	303164
中 山 Zhongshan	863.16	330.70	251.48	402361	307055
江 门 Jiangmen	512.21	142.46	126.26	131841	114368
阳 江 Yangjiang	221.13	65.72	51.64	74076	56076
湛 江 Zhanjiang	267.88	89.23	81.13	115243	102439
茂 名 Maoming	168.35	80.23	78.96	69124	68227
肇 庆 Zhaoqing	271.22	125.61	108.42	127483	109694
清 远 Qingyuan	330.52	77.14	64.97	61054	46774
潮 州 Chaozhou	43.40	29.98	27.24	36148	30526
揭 阳 Jieyang	112.50	39.03	35.25	32293	28568
云 浮 Yunfu	55.63	22.68	17.91	17344	13696

6-25 商品房屋销售情况（2005年）
Sales of Commodity Buildings (2005)

按登记注册类型分组	By Registration Ownership	实际销售面积（万平方米）Floor Space of Commercial Buildings Actually Sold (10000 sq. m)	#住宅 Residential Buildings	实际销售额（万元）Sales of Commercial Buildings (10000 yuan)	#住宅 Residential Buildings
全省总计	**Provincial Total**	**5038.91**	**4546.32**	**22386643**	**18863862**
内资	Domestic Funded Economy				
国有经济	State-owned Economy	223.73	190.81	1003906	759986
集体经济	Collective-owned Economy	389.83	359.42	1021582	902603
联营经济	Joint Ownership Economy	34.59	30.56	252048	209549
有限责任公司	Limited Liability Companies	1436.32	1297.69	6344831	5357954
股份有限公司	Shareholding Companies	289.13	253.91	1634416	1328589
私营个体	Private and Individuals Economy	1753.56	1598.36	6734746	5713871
其他经济	Others	3.33	3.23	3895	3305
港、澳、台商投资经济	Economy with Funds from Hong Kong, Macao & Taiwan	734.69	664.36	4441448	3908010
外商投资经济	Foreign Funded Economy	173.74	147.98	949771	679995

6-26 各市商品房屋销售情况（2005年）
Sales of Commodity Buildings by City (2005)

市别	City	实际销售面积（万平方米）Floor Space of Commercial Buildings Actually Sold (10000 sq. m)	#住宅 Residential Buildings	实际销售额（万元）Sales of Commercial Buildings (10000 yuan)	#住宅 Residential Buildings
广州	Guangzhou	1272.28	1131.24	6827131	5702816
深圳	Shenzhen	1122.82	1019.81	8513509	7134861
珠海	Zhuhai	190.73	171.49	769747	648248
汕头	Shantou	155.01	128.74	389147	304348
佛山	Foshan	536.18	481.95	1815318	1551060
韶关	Shaoguan	103.99	92.20	143857	106971
河源	Heyuan	42.27	40.65	57864	54973
梅州	Meizhou	65.20	58.37	75749	63034
惠州	Huizhou	149.40	132.10	379705	294171
汕尾	Shanwei	13.72	13.40	16362	15718
东莞	Dongguan	321.85	297.19	1193991	1091095
中山	Zhongshan	295.56	255.56	844446	688562
江门	Jiangmen	198.87	188.06	380318	347355
阳江	Yangjiang	66.68	64.46	96631	87513
湛江	Zhanjiang	92.03	88.12	191776	171134
茂名	Maoming	86.20	85.00	144892	139933
肇庆	Zhaoqing	106.97	97.27	211122	174965
清远	Qingyuan	116.42	107.85	207888	183945
潮州	Chaozhou	37.48	33.79	52018	41344
揭阳	Jieyang	41.81	37.93	42600	34101
云浮	Yunfu	23.46	21.15	32572	27715

主要统计指标解释

固定资产投资额 是以货币形式表现的在一定时期内建造和购置固定资产的工作量以及与此有关的费用的总称。它是反映固定资产投资规模、结构和发展速度的综合性指标，又是观察工程进度和考核投资效果的重要依据。全社会固定资产投资包括国有经济单位投资、城乡集体及其他各种登记注册类型的单位投资和城乡居民个人投资。按照国家统计制度规定，固定资产投资统计范围包括：基本建设投资、更新改造投资、房地产开发投资和其他固定资产投资四个部分。城乡集体经济单位投资包括城镇集体所有制单位投资和农村集体所有制单位投资；其它各种经济类型单位投资包括联营经济、股份制经济、中外合资经济、中外合作经济、外资、与大陆合资经营、与大陆合作经营、港澳台独资及其它经济的单位投资；城乡居民个人投资包括城市、县城、镇、工矿区所辖范围内的个人建房和农村个人建房及购买生产性固定资产的投资。

基本建设投资 是指企业、事业、行政单位以扩大生产能力或工程效益为主要目的的新建、扩建工程及有关工作的投资。

更新改造投资 是指企业、事业单位对原有设施进行固定资产更新和技术改造，以及相应配套的工程和有关工作（不包括大修理和维护工程）的投资。

房地产开发投资 各种登记注册类型的房地产开发公司 、商品房建设公司及其他房地产开发单位统一开发的包括统代建、拆迁还建的住宅、厂房、仓库、饭店、宾馆、度假村、写字楼、办公楼等房屋建筑物和配套的服务设施、土地开发工程，如道路、给水、排水、供电 、供热、通讯、平整场地等基础设施工程的投资。包括实际从事房地产开发或经营活动的附营房地产开发单位。不包括单纯的土地交易活动。

其它固定资产投资 全社会固定资产投资中未列入基本建设、更新改造和房地产开发投资的建造和购置固定资产的活动。包括：

（1）国有单位未纳入基本建设计划和更新改造计划管理，计划总投资（或实际需要总投资）在50万元以上的项目和工程投资，包括用油田维护费和石油开发基金进行的油田维护和开发工程完成的投资；煤炭、铁矿、森工等采掘采伐部门用维简费进行的开拓延伸工程完成的投资；交通部门用公路养路费对原有公路、桥梁进行改建的工程完成的投资；商业部门用简易建筑费建造的仓库工程完成的投资。

（2）城镇集体经济单位固定资产投资：指所有隶属省辖市、县级市和县城（乡镇企业局管理的除外）建造和购置固定资产计划总投资（或实际需要总投资）在50万元以上未列入基本建设计划和更新改造计划的单位（项目）的投资。

（3）除国有、城镇集体以外的其他各种登记注册类型的企业、事业单位（包括城镇私营企、事业单位和个体经营户）建造和购置固定资产计划总投资（或实际需要总投资）在50万元以上的、未列入基本建设计划和更新改造计划的单位（项目）。

（4）城镇和工矿区私人建房投资包括市、县城、镇、工矿区所辖范围内的全部私人建房，不论其房主是否系本地的常住户口均应包括。

（5）农村固定资产投资包括农村区域范围内进行固定资产投资活动的企事业和行政单位及农村个人。

固定资产投资的资金来源 根据固定资产投资的资金来源不同，分为国家预算内资金、国内贷款、债券、利用外资、自筹资金和其他资金来源。

（1）国家预算内资金　分为财政拨款和财政安排贷款两部分。包括中央财政的基本建设基金、专项支出、收回再贷、贴息资金、财政安排的挖潜改造和新产品试制支出、城建支出、商业部门简易建筑支出、不发达地区发展基金等资金中用于固定资产投资的资金；地方财政中由国家统筹安排的固定资产投资资金等。

（2）国内贷款　指报告期固定资产投资单位向银行及非银行金融机构借入的用于固定资产投资的各种国内借款，包括银行利用自有资金及吸收存款发放的贷款、上级主管部门拨入的国内贷款、国家专项贷款

（包括煤代油贷款、劳改煤矿专项贷款等），地方财政专项资金安排的贷款、国内储备贷款、周转贷款等。

（3）债券　是企业（公司）或金融机构通过发行各种债券筹集到的用于固定资产投资的资金，包括由银行代理发行的重点企业债券和重点建设债券。

（4）利用外资　指报告期内收到的用于固定资产建造和购置的国外资金（包括设备、材料、技术）。包括对外借款、外商直接投资、外商其他投资。不包括我国自有外汇资金。

（5）自筹资金　指固定资产投资单位报告期内收到的，由各地区、各部门及企事业单位筹集用于固定资产投资的预算外资金，包括中央各部门、各级地方和企事业单位的自筹资金。

（6）其他资金来源　指报告期收到的除以上各种资金之外其他用于固定资产投资的资金。包括集资、个人资金、无偿捐赠的资金及其他单位拨入的资金。

新增生产能力（或工程效益）　指通过固定资产投资活动而增加的设计能力（或工程效益），是以实物形态表示的固定资产投资成果的指标，也是考核投资经济效果的重要依据之一。

房屋建筑面积　是房屋建筑物勒脚以上外墙外围的水平截面面积，包括房屋建筑物的有效面积和结构面积。房屋建筑面积统计指标是建设规模和建设成果的重要指标之一，也是检查工程形象进度、计算工程造价、分析投资效果、研究施工任务和建筑材料之间平衡情况的重要依据。

住宅　指供人们居住的房屋，包括职工家属宿舍、集体宿舍（包括职工单身宿舍和学生宿舍）及供居住的各种公寓等。住宅建筑面积中不包括作为人防用、不住人的地下室面积和供办公用的公寓。

房屋施工面积　指在报告期内施工的全部房屋建筑面积。包括本期新开工的面积和上期开工跨入本期继续施工的面积，以及上期已停建在本期恢复施工的房屋面积。本期竣工和本期施工后又停缓建的房屋，其建筑面积仍计入本期房屋施工面积中。

房屋竣工面积　指在报告期内房屋建筑按照设计要求已经全部完工，达到住人和使用条件，经验收鉴定合格（或达到竣工验收标准），正式移交使用的各栋房屋建筑面积的总和。

房屋建筑面积竣工率　是指一定时期内房屋竣工面积与施工面积的比率。它是从房屋建筑施工速度的角度反映投资效果的指标。

新增固定资产　指已经完成建造和购置过程，并已交付生产或使用单位的固定资产的价值。它是表示固定资产投资成果的价值指标，也是反映建设进度，计算固定资产投资效果的重要依据。

固定资产交付使用率　指一定时期新增固定资产与同期完成投资额的比率。它是反映各个时期固定资产动用速度，衡量建设过程中投资效果的一个综合性指标。

建设项目投产率　是建设周期的逆指标，是指一定时期内全部建成投产项目个数与同期施工项目个数的比率。它是从建设速度的角度反映投资效果的指标。

Explanatory Notes on Main Statistical Indicators

Amount of Investment in Fixed Assets refers to the sum of the volume of activities in construction and purchases of fixed assets and the related expenses in monetary terms. It is not only a comprehensive indicator which shows the size, pace, proportional relations and use orientation of the investment in fixed assets but also an important basis to follow the progress of projects and check the result of investment. Total investment in fixed assets in the whole country includes the investment by the state-owned units, the investment by the urban and rural collective units, the investment by the units of other types of ownership and the investment by the individuals in the urban and rural areas. According to China's current planning management system, the investment in fixed assets in the whole country is classified into the following four parts: investment in capital construction, investment in innovation, investment in real estate development and other investment in fixed assets. The investment by the urban and rural collective units includes the investment by the urban collective units and the investment by the rural collective units. The investment by the units of other types of ownership includes the investment by the units of joint-owned economy, shareholding economy, Sino-foreign joint economy, Sino-foreign cooperative economy, economy exclusively funded by foreign investors, joint economy with the mainland, cooperative economy with the mainland, economy exclusively funded by compatriots from Hong Kong, Macao and Taiwan and the others. The investment by the individuals in the urban and rural areas includes the investment in personal house buildings in the areas under the jurisdiction of city, county, town and special industrial and mining areas as well as the investment in personal house buildings and purchase of productive fixed assets in the rural areas.

Investment in Capital Construction refers to the new construction projects or extension projects and the related work of the enterprises, institutions or administrative units mainly for the purpose of expanding production capacity or improving project efficiency.

Investment in Innovation refers to the renewal of fixed assets and technological innovation of the original facilities by the enterprises and institutions as well as the corresponding supplementary projects and the related work (excluding major overhaul and maintenance projects).

Investment in Real Estate Development It includes the investment by the real estate development companies, commercial buildings construction companies and other real estate development units of various types of ownership in the construction of house buildings, such as residential buildings, factory buildings, warehouses, hotels, guesthouses, holiday villages, office buildings, and the complementary service facilities and land development projects, such as roads, water supply, water drainage, power supply, heating, telecommunications, land leveling and other projects of infrastructure. It covers the activities of the non-real estate companies in real estate development or management, but excludes the activities in simple land transactions.

Other Investment in Fixed Assets refers to the construction and purchases of fixed assets not listed in the investment in capital construction, investment in innovation and investment in real estate development. It includes:

(1) The following projects of the state-owned units with the total planned (or actually needed) investment of 500, 000 yuan and over, which are not included in the plan of capital construction and the plan of innovation: (a) projects of oil fields maintenance and exploitation with the oil fields maintenance funds and petroleum development funds; (b) opening and extending projects with the maintenance funds in coal, ore and other mining enterprises and logging enterprises; (c) project of reconstruction of the original highways and bridges with the highway maintenance funds in the department of communication; (d) projects of construction of warehouse with the funds of simple construction in the commercial department.

(2) The investment in fixed assets by urban collective units refers to projects of construction and purchases of fixed assets with the total planned investment of 500, 000 yuan and over by all collective units in cities and county towns and in townships which are approved by the State Council or provincial governments, excluding investment by collective units under township enterprise administration offices.

(3) The projects of construction and purchases of fixed assets by the enterprises, institutions or individuals other than those mentioned above with total investment of 500, 000 yuan and over, which are not included in the plan of capital and the plan of innovation.

(4) The private house construction in the urban areas and industrial and mining areas includes all the private house construction under the jurisdiction of cities, counties, towns and industrial and mining areas, no matter whether the owner of the house is registered as the permanent resident in the locality or not.

(5) The individual investment in the rural areas includes the investment in fixed assets by the enterprises, institutions, administration units and rural individuals in the rural areas.

Sources of Funds for Investment in Fixed Assets are classified into state budgetary appropriation, domestic loans, bonds, foreign investment, self-raised funds and others.

(1) State budgetary appropriation refers to the financial appropriation and the loans under financial arrangement. It includes the appropriation in the budge of the central government earmarked for capital construction, the special appropriation, the recall reloans, the discount-interest funds, the appropriation for innovation and trial manufacturing of new products, the appropriation for city construction, the appropriation for simple construction of the commercial departments and the funds for investment in fixed assets from the development funds for the underdeveloped areas, and the appropriation in the budge of the local governments earmarked for investment in fixed assets.

(2) Domestic loans refer to various funds borrowed by enterprises and institutions from banks and non-bank financial institutions during the reference period for the purpose of investment in fixed assets, including loans issued by banks from their self-owned funds and deposit, loans appropriated by higher responsible authorities, special loans by government (including loan for replacing petroleum with coal, special loan for reform-through-labor coal mines), loans arranged by local governments from special funds, domestic reserve loan, and working loan, etc.

(3) Bonds refer to funds raised by enterprises (companies) and financial institutions through issuing various bonds for the propose of investment in fixed assets, including key enterprise bonds and key construction bonds issued by banks as agents.

(4) Foreign investment refers to foreign funds received during the reference period for the purpose of construction and purchases of fixed assets (including equipment, materials and technologies). It includes foreign loans, foreign direct investment and other foreign investment, but excludes self-owned foreign exchanges of China.

(5) Self-raised funds refer to extra-budgetary funds received and raised by enterprises and institutions at all levels during the reference period for the purpose of investment in fixed assets, including self-raised funds by various departments under the central government, local governments at each level, enterprises and institutions.

(6) Other funds refer to funds received during the reference period for the purpose of investment in fixed assets which are not included in the above-mentioned sources, including mass financing, individual funds, donations and funds from other units.

Newly Increased Production Capacity (or Project Efficiency) refers to the increase of designed capacity and project efficiency through investment in fixed assets, which is not only an indicator to reflect the accomplishment of investment in fixed assets in kind but also an important basis to check the economic result of investment.

Floor Space of Buildings under Construction and Completed refers to level cross-section floor space in each story of buildings calculated from the outside line of building walls, including the effective space and structural space occupied by constructions. It is one of the important indicators to reflect construction size and results. It is also used to check the project progress, calculate the value of project, analyze the investment result and study the balance between construction and building materials.

Buildings refer to buildings used as residence by people, including dormitories for family members of staff and workers, mass dormitories like those for single worker and students, and various apartments. The floor space of residential buildings excludes the floor space of basement used as air-raid shelters not for residence and apartments used as offices.

Floor Space under Construction refers to total floor space of all buildings under construction during the reference period, including floor space of newly started buildings during the reference period, floor space of construction extended from the previous period to the current period, and floor space of construction suspended during the previous period but resumed in the current period. Floor space of construction completed in the current period and floor space of construction started and then suspended in the current period are still included in floor space under construction.

Floor Space of Buildings Completed refers to total floor space of all buildings completed in the reference period, which have come up to the designed standards and have been put into use.

Completion Rate of Floor Space of Buildings refers to the ratio of the floor space of buildings completed in certain period of time to the floor space of buildings under construction in the same period, which reflects the investment result of the construction industry from the angle of the speed of project construction.

Newly Increased Fixed Assets refer to the value of fixed assets which have been completed and put into production. It is a value indicator to reflect the achievements of investment in fixed assets and the progress of construction and to evaluate the result of investment in fixed assets.

Rate of Projects of Fixed Assets Completed and Put into Operation refers to the ratio of the newly increased fixed assets to the total investment made in the same period. It is a comprehensive indicator to reflect the speed of the employment of fixed assets and the investment efficiency.

Rate of Construction Projects Completed and Put into Use refers to the ratio of the number of construction projects completed and put into use in certain period of time to the number of projects under construction in the same period. This reflects the investment efficiency from the angle of the speed of projects construction.

七、能源生产和消费

7

PRODUCTION AND CONSUMPTION OF ENERGY

七　能源生产和消费

简要说明

一、本篇资料反映广东能源生产和消费情况。内容主要包括：能源生产、消费及品种构成；分行业能源消费总量；综合能源平衡；能源生产和消费弹性系数；能源加工转换效率；生活用能源消费等资料。

二、本篇资料由广东省统计局工业交通处根据有关资料和调查结果整理提供。

三、能源资料取自全省《地区能源平衡表》和《工业企业能源购进、消费及库存表》等。地区能源平衡表编制范围为辖区内生产和消费能源的单位，其中全部国有工业和年销售收入500万元以上工业企业的能源消费根据国家统计局制发的报表制度由统计系统搜集资料逐级汇总上报；加工转换消费来源于《工业企业能源购进、消费及库存附表》；其他数据来源于有关厅（局）、公司或企业。

四、关于数据口径与计算的说明：

1. 能源生产与消费弹性系数分别以能源生产、消费增长速度与地区生产总值增长速度相比求得。

2. 能源平衡表中，进口量和出口量采用海关统计数据，电力折算标准煤系数按平均发电煤耗计算。

3. 能源加工转换效率表中的电力折算标准煤系数采用当量值计算，每千瓦小时折0.1229千克标准煤。

7 Production and Consumption of Energy

Brief Introduction

Ⅰ. The data in this chapter reflect the energy production and consumption of Guangdong Province, mainly including the energy production and consumption and their composition, the energy consumption by sector, the overall balance of energy, the elasticity coefficient of energy production and consumption, the efficiency of energy conversion and the consumption of energy for residential use, etc.

Ⅱ. The data in this chapter are prepared and provided by the Division of Industrial and Transport Statistics, Statistical Bureau of Guangdong Provincial Bureau of Statistics.

Ⅲ. The data in this chapter come from the energy balance sheet of the whole province and the sheets of? energy purchase, consumption and storage of key energy-consumption industrial enterprises.

The coverage of the regional energy balance includes the units that produce and consume energy. Among them, the data on the energy consumption of? all the state-owned industrial enterprises and the enterprises with yearly sales revenue over 5 million yuan are collected by the statistical agencies in accordance with the statistical reporting scheme stipulated by the State Statistical Bureau and tabulated and reported to the higher authorities level by level; the data on the energy processing, transformation and consumption? are derived from the sheets of energy purchase, consumption and storage of key energy-consumption industrial enterprises, other data are provided by related government departments, companies and enterprises.

Ⅳ. Data coverage and calculation:

(1) The elasticity coefficient of energy production is calculated as the quotient of the growth rate of energy production divided by the growth rate of GDP; and the elasticity coefficient of energy consumption is calculated as the quotient of the growth rate of energy consumption divided by the growth rate of GDP.

(2) In the energy balance, the data on the imports and exports are data from the customs statistics. The coefficient for conversion of electric power into the standard coal equivalent is calculated according to the average consumption of coal for generating electricity.

(3) In the table on the efficiency of energy conversion, the coefficient for conversion of electric power into the standard coal equivalent is calculated in the following way: 1 kwh of electric power is converted into 0.1229 kg standard coal equivalent.

7-1 能源生产总量及构成
Total Production of Energy and Its Composition

项　　目	Item	1990	1995	2000	2004	2005
能源生产总量（万吨标准煤）	**Total Energy Production (10000 tons of SCE)**	**1006.24**	**2622.53**	**3711.69**	**4851.29**	**4524.97**
构　成　　　(%)	**Composition　　(%)**	**100.0**	**100.0**	**100.0**	**100.0**	**100.0**
原　煤	Coal	63.1	29.1	8.0	15.1	7.5
原　油	Crude Oil	7.0	35.5	53.6	43.7	46.4
电　力	Electricity	29.9	34.9	27.1	30.5	32.9
天然气	Natural Gas		0.5	11.3	10.7	13.2

7-2 能源消费总量及构成
Total Consumption of Energy and Its Composition

项　　目	Item	1990	1995	2000	2004	2005
一次能源消费量　（万吨标准煤）	**Primary Energy Consumption (10000 tons of SCE)**	**3690.25**	**6147.61**	**7983.46**	**12013.14**	**13086.58**
构　成　　　(%)	**Composition　　(%)**	**100.0**	**100.0**	**100.0**	**100.0**	**100.0**
原　煤	Coal	56.5	56.4	52.2	51.4	52.8
原　油	Crude Oil	35.3	28.5	35.0	28.4	26.1
电　力	Electricity	8.2	14.9	12.6	20.0	20.8
天然气	Natural Gas		0.2	0.2	0.2	0.3
终端能源消费量　（万吨标准煤）	**Total Final Energy Consumption (10000 tons of SCE)**	**3936.44**	**7062.28**	**9080.20**	**14487.74**	**17271.50**
构　成　　　(%)	**Composition　　(%)**	**100.0**	**100.0**	**100.0**	**100.0**	**100.0**
原　煤	Coal	33.6	27.0	17.1	11.7	11.5
油　品	Oil Products	22.4	20.9	22.6	20.7	23.6
电　力	Electricity	33.0	39.7	45.4	52.6	50.0
其　他	Others	11.0	12.4	14.9	15.0	14.9

7-3 综合能源平衡表
Overall Energy Balance Sheet

单位：万吨标准煤 (10000 tons of SCE)

项目	Item	1990	1995	2000	2004	2005
可供本地区消费的能源量	**Total Energy Available for Consumption by Locality**	**4044.28**	**7344.82**	**9447.70**	**15210.47**	**17769.37**
年初库存量	Stock at the Year-beginning	583.00	614.43	675.20	777.36	800.55
一次能源生产量	Primary Energy Output	1006.24	2622.53	3711.69	4849.15	4524.97
回收能	Recovery of Energy		19.07	96.59	281.96	307.64
外省调入量	Allocation from Other Provinces	2955.36	4293.08	5628.27	8646.07	10140.51
进口量	Imports	473.83	1575.45	2757.39	5324.97	4587.62
我国轮、机在外国加油量	Petroleum Consumed by Chinese Airplanes and Ships Abroad	12.28			38.24	42.07
本省调出量（－）	Allocation over Other Provinces（－）	-113.82	-609.34	-1599.39	-2988.51	-1066.72
出口量（－）	Exports（－）	-153.11	-509.37	-980.31	-918.88	-548.29
外国轮、机在我国加油量(－)	Petroleum Consumed by Foreign Airplanes and Ships in China（－）	-70.30	-50.82	-62.51	-4.34	-5.21
年末库存量（－）	Stock at the Year-end（－）	-649.20	-610.24	-779.26	-795.55	-1013.78
加工转换投入(－)产出(＋)量	**Input-Output in Processing and Transformation**	**-13.74**	**-11.86**	**-35.74**	**-55.68**	**-36.04**
火力发电	Thermal Power					
供热	Heating					
洗选煤					-10.81	-6.10
炼焦	Coking	-4.21	-6.95	-3.85	-9.57	-5.19
炼油	Petroleum Refining	-6.90	-1.86	-26.89	-23.96	-16.03
制气	Gas Production		-3.05	-5.00	-5.03	-6.96
损失量	**Losses**	**113.33**	**271.16**	**331.76**	**664.30**	**461.83**
#运输和输配损失	Losses in Transmission	104.17	266.75	318.75	647.80	452.36
终端消费量	**Final Consumption**	**3936.44**	**7062.28**	**9080.20**	**14490.47**	**17271.50**
第一产业	Primary Industry	193.15	349.96	353.56	329.76	461.06
农、林、牧、渔业	Farming, Forestry, Animal Husbandry and Fishery	193.15	349.96	353.56	329.76	461.06
第二产业	Secondary Industry	2775.58	4626.99	5790.91	9592.23	11225.51
工业	Industry	2728.01	4521.20	5693.02	9438.27	11038.78
#用作原材料、燃料	As Raw Materials and Fuel	335.68	99.90	86.44	278.69	408.03
建筑业	Construction	47.57	105.76	97.90	153.95	186.73
第三产业	Tertiary Industry	515.11	1093.40	1648.93	2848.23	3484.54
交通运输仓储及邮电通信业	Transport, Storage, Postal and Telecommuni-cation Services	339.43	577.29	957.92	1548.45	1918.81
批发和零售贸易业、餐饮业	Wholesale and Retail Tradeand Catering Services	92.16	283.01	403.21	749.08	758.40
其他	Others	83.52	233.10	287.81	550.70	807.32
生活消费	Residential Consumption	452.60	991.92	1286.80	1720.25	2100.39
城镇	Urban Areas	296.73	659.27	818.33	1103.20	1419.60
乡村	Rural Areas	155.87	332.61	468.45	617.05	680.80
平衡差额	**Balance**	**-19.23**	**-0.48**			
消费量合计	**Total Energy**	**4063.51**	**7345.30**	**9447.70**	**15210.47**	**17769.37**

7-4 分行业能源消费总量和原煤、电力消费量（2005年）
Consumption of Total Energy, Coal and Electricity by Sector (2005)

行业	Sector	能源消费总量（万吨标准煤）Total Energy Consumption (10000 tons of SCE)	原煤消费量（万吨）Coal Consumption (10000 tons)	电力消费量（亿千瓦小时）Electricity Consumption (100 million kwh)
消费总量	**Total**	**17769.37**	**9683.05**	**2673.55**
农、林、牧、渔业	**Farming, Forestry, Animal Husbandry and Fishery**	**461.06**	**67.65**	**65.23**
工业合计	**Industry**	**11532.68**	**9524.22**	**1848.44**
采矿业	**Mining and Quarrying**	**111.02**	**9.60**	**17.62**
煤炭开采和洗选业	Coal Mining and Dressing	5.80	2.52	1.14
石油和天然气开采业	Petroleum and Natural Gas Extraction	55.42		7.44
黑色金属矿采选业	Ferrous Metals Mining and Dressing	14.63	1.16	2.59
有色金属矿采选业	Nonferrous Metals Mining and Dressing	11.94	1.17	2.87
非金属矿采选业	Nonmetal Minerals Mining and Dressing	23.23	4.75	3.58
其他采矿业	Other Minerals Mining and Dressing			
制造业	**Manufacturing**	**9611.80**	**3147.84**	**1455.46**
农副食品加工业	Food Processing	172.17	106.79	24.07
食品制造业	Food Production	104.72	69.68	15.18
饮料制造业	Beverage Production	71.74	39.67	9.14
烟草制品业	Tobacco Processing	6.93	1.87	1.18
纺织业	Textile Industry	591.53	400.54	86.97
纺织服装、鞋、帽制造业	Garments and Other Fiber Products	220.20	36.47	41.82
皮革、毛皮、羽毛(绒)及其制品业	Leather, Furs, Down and Related Products	152.55	5.14	35.22
木材加工及木、竹、藤、棕、草制品业	Timber Processing, Bamboo, Cane, Palm Fiber & Straw Products	92.44	37.05	16.71
家具制造业	Furniture Manufacturing	83.67	2.06	19.53
造纸及纸制品业	Paper Making and Paper Products	438.75	433.18	73.12
印刷业和记录媒介的复制	Printing and Record Medium Reproduction	100.89	1.27	23.22
文教体育用品制造业	Cultural, Educational and Sports Articles	150.06	0.52	36.19
石油加工、炼焦及核燃料加工业	Petroleum Processing and Coking	846.98	64.76	27.14
化学原料及化学制品制造业	Raw Chemical Materials and Chemical Products	416.61	128.39	64.17
医药制造业	Medical and Pharmaceutical Products	64.57	32.83	9.44
化学纤维制造业	Chemical Fiber	37.14	2.42	7.71
橡胶制品业	Rubber Products	87.46	17.13	17.13
塑料制品业	Plastic Products	492.36	46.77	115.84
非金属矿物制品业	Nonmetal Mineral Products	2127.16	1420.29	183.97
黑色金属冶炼及压延加工业	Smelting and Pressing of Ferrous Metals	889.75	167.50	82.02
有色金属冶炼及压延加工业	Smelting and Pressing of Nonferrous Metals	263.47	56.97	42.98
金属制品业	Metal Products	372.30	14.20	83.75
通用设备制造业	Ordinary Machinery	128.85	8.57	26.61
专用设备制造业	Equipment for Special Purposes	113.16	5.96	26.67
交通运输设备制造业	Transportation Equipment	126.92	33.28	27.42
电气机械及器材制造业	Electric Equipment and Machinery	485.70	7.20	113.69
通信设备、计算机及其他电子设备制造业	Electronic and Telecommunications Equipment	788.72	5.36	202.06
仪器仪表及文化、办公用机械制造业	Instruments, Meters, Cultural and Office Machinery	104.04	0.07	23.74
工艺品及其他制造业	Other Manufacturing Industry	75.61	0.82	17.87
废弃资源和废旧材料回收加工业		5.35	1.08	0.90
电力、燃气及水的生产和供应业	**Electric Power, Gas and Water Production and Supply**	**1809.86**	**6366.78**	**375.36**
电力、热力的生产和供应业	Electric Power, Steam and Hot Water Production and Supply	1594.53	6358.82	346.36
燃气生产和供应业	Gas Production and Supply	117.49	7.96	0.88
水的生产和供应业	Tap Water Production and Supply	97.84		28.12
建筑业	**Construction**	**186.73**	**2.11**	**34.61**
交通运输、仓储及邮政业	**Transport Storage, Postal and Telecommunication Services**	**1922.78**	**1.40**	**30.44**
批发和零售贸易餐饮业	**Wholesal and Retail Trade and Catering Services**	**758.40**	**23.12**	**149.96**
其他行业	**Others**	**807.32**		**216.25**
生活消费	**Residential Consumption**	**2100.39**	**64.55**	**328.62**

7-5 各市电力消费量（2000－2005 年）
Electricity Consumption by City（2000－2005）

单位：万千瓦小时 (100 million kwh)

市 别 City	2000	2001	2002	2003	2004	2005
全省总计 Provincial Total	**13345809**	**14584244**	**16878253**	**20312922**	**23871351**	**26735565**
广 州 Guangzhou	2387780	2556452	2849015	3349711	3846374	4256676
深 圳 Shenzhen	1903488	2122806	2599207	3234507	3903059	4402089
珠 海 Zhuhai	308222	331500	381788	454651	522292	615812
汕 头 Shantou	439064	469428	543399	676846	783312	875959
佛 山 Foshan	1688410	1898146	2155540	2558540	2919996	3162913
韶 关 Shaoguan	358147	405874	432202	508840	554225	587195
河 源 Heyuan	92712	99431	128789	193951	227720	239029
梅 州 Meizhou	226963	228827	256055	312887	375102	403996
惠 州 Huizhou	435285	495551	608110	746729	895747	1052227
汕 尾 Shanwei	93501	106274	115825	132056	143076	168722
东 莞 Dongguan	1797782	2094159	2600124	3235343	3758498	4198289
中 山 Zhongshan	545426	608500	724675	926725	1110520	1236288
江 门 Jiangmen	646460	677711	774166	895522	1037271	1136262
阳 江 Yangjiang	120876	133583	150202	175254	202296	224597
湛 江 Zhanjiang	241546	262619	295017	342538	411125	490913
茂 名 Maoming	299778	304324	304304	341300	375164	401079
肇 庆 Zhaoqing	240012	265760	296603	350588	408136	485822
清 远 Qingyuan	225951	235140	253784	319475	429370	594692
潮 州 Chaozhou	139519	160058	190207	238633	287938	331724
揭 阳 Jieyang	225112	248853	281280	359237	442689	511288
云 浮 Yunfu	121382	128158	144785	172354	203100	215491

7-6 各市能源单耗（2005 年）
Energy Consumption per Unit by City (2005)

市 别 City	单位 GDP 能耗（吨标准煤/万元）Energy Consumption per GDP (10000 tons of SCE/10000 yuan)	单位 GDP 电耗（千瓦时/万元）Electricity Consumption per GDP (kwh/10000 yuan)	单位工业增加值能耗（吨标准煤/万元）Energy Consumption per Value-added of Industry (10000 tons of SCE/10000 yuan)
全省总计 Provincial Total	**0.79**	**1195.3**	**1.08**
广 州 Guangzhou	0.78	825.9	1.30
深 圳 Shenzhen	0.59	889.1	0.60
珠 海 Zhuhai	0.66	969.9	0.96
汕 头 Shantou	0.69	1344.8	1.21
佛 山 Foshan	0.95	1327.2	0.92
韶 关 Shaoguan	2.11	1727.4	5.95
河 源 Heyuan	0.94	1166.4	0.98
梅 州 Meizhou	1.43	1284.7	4.23
惠 州 Huizhou	0.85	1309.7	0.61
汕 尾 Shanwei	0.57	799.7	0.51
东 莞 Dongguan	0.86	1924.4	1.14
中 山 Zhongshan	0.78	1404.6	0.54
江 门 Jiangmen	0.88	1410.9	1.35
阳 江 Yangjiang	0.89	760.5	1.13
湛 江 Zhanjiang	0.77	746.0	1.41
茂 名 Maoming	1.24	496.2	4.45
肇 庆 Zhaoqing	0.95	1078.2	1.81
清 远 Qingyuan	1.71	1841.4	3.71
潮 州 Chaozhou	1.43	1153.4	1.87
揭 阳 Jieyang	1.01	1215.9	0.96
云 浮 Yunfu	1.42	1008.2	7.37

7-7 平均每天各种能源消费量
Average Daily Energy Consumption

能源品种		Item		1990	1995	2000	2004	2005
合　计	**(吨标准煤)**	**Total**	**(ton of SCE)**	**112476**	**201241**	**248773**	**396999**	**473192**
煤　炭	(吨)	Coal	(ton)	50828	72961	59590	66532	78227
焦　炭	(吨)	Coke	(ton)	2871	3613	3973	7554	8058
原　油	(吨)	Crude Oil	(ton)	754	143	250	158	178
燃料油	(吨)	Fuel Oil	(ton)	4874	7195	9248	14532	18288
汽　油	(吨)	Gasoline	(ton)	3878	7700	8226	12228	19330
煤　油	(吨)	Kerosene	(ton)	866	1535	2444	3573	4212
柴　油	(吨)	Diesel Oil	(ton)	7025	11334	18726	26651	34920
液化石油气	(吨)	Liquefied Petroleum Gas	(ton)	549	5110	8720	13835	16676
电　力	(万千瓦时)	Electricity	(10000 kwh)	9836	19698	33978	60330	69671

7-8 平均每人年生活用能源
Per Capita Annual Average Residential Energy Consumption

能源品种		Item		1990	1995	2000	2004	2005
合　计	**(千克标准煤)**	**Total**	**(kg of SCE)**	**72.04**	**146.11**	**148.90**	**220.41**	**265.88**
煤　炭	(千克)	Coal	(kg)	56.77	40.07	9.63	10.17	12.21
汽　油	(千克)	Gasoline	(kg)	1.65	4.50	4.42	8.70	16.88
煤　油	(千克)	Kerosene	(kg)	1.95	1.18	0.24	0.35	0.38
柴　油	(千克)	Diesel Oil	(kg)		0.37	0.57	1.03	1.13
液化石油气	(千克)	Liquefied Petroleum Gas	(kg)	1.76	24.51	31.47	43.90	50.58
电　力	(千瓦时)	Electricity	(kwh)	63.90	165.24	239.09	368.19	415.99

7-9 分品种生活能源年消费总量
Total Annual Residential Energy Consumption by Variety

能源品种		Item		1990	1995	2000	2004	2005
合　计	**(万吨标准煤)**	**Total**	**(10000 tons of SCE)**	**454.71**	**991.92**	**1286.80**	**1720.25**	**2100.39**
煤　炭	(万吨)	Coal	(10000 tons)	348.03	272.01	83.22	79.34	96.46
汽　油	(万吨)	Gasoline	(10000 tons)	10.44	30.54	38.20	67.89	133.36
煤　油	(万吨)	Kerosene	(10000 tons)	11.98	8.00	2.10	2.71	2.98
柴　油	(万吨)	Diesel Oil	(10000 tons)		2.54	4.90	8.00	8.93
液化石油气	(万吨)	Liquefied Petroleum Gas	(10000 tons)	10.78	166.41	271.96	342.65	399.55
电　力	(亿千瓦小时)	Electricity	(100 million kwh)	39.17	112.18	206.62	287.36	328.62

7-10 能源加工转换效率
Efficiency of Energy Conversion

单位:% (%)

年份 Year	火力发电 Thermal Power Generation	供热 Heating	炼焦 Coking	炼油 Petroleum Refining	制气 Gas Production
1990	31. 13	79. 21	93. 48	99. 44	
1995	31. 85	80. 07	90. 93	99. 89	86. 17
2000	37. 20	87. 19	94. 35	99. 02	79. 18
2001	37. 21	85. 09	95. 23	99. 12	77. 90
2002	36. 36	76. 40	94. 27	98. 40	80. 08
2003	40. 69	71. 43	82. 36	98. 57	78. 67
2004	35. 53	86. 10	91. 53	99. 29	79. 70
2005	36. 22	95. 99	96. 66	99. 53	79. 18

7-11 能源生产弹性系数
Elasticity Coefficient of Energy Production

年份 Year	能源生产比上年增长% Growth Rate of Energy Production over Preceding Year (%)	电力生产比上年增长% Growth Rate of Electricity Production over Preceding Year (%)	本省生产总值比上年增长% Growth Rate of Gross Domestic Product (GDP) over Preceding Year (%)	能源生产弹性系数 Elasticity Coefficient of Energy Production	电力生产弹性系数 Elasticity Coefficient of Electricity Production
1986	1. 0	8. 0	12. 7	0. 08	0. 63
1990	0. 3	15. 3	11. 6	0. 02	1. 32
1995	14. 7	6. 6	14. 9	0. 99	0. 44
1996	43. 3	10. 7	10. 7	4. 05	1. 00
1997	8. 5	8. 0	10. 6	0. 80	0. 75
1998	-4. 1	5. 6	10. 2		0. 55
1999	-10. 3	9. 8	9. 5		1. 03
2000	5. 8	18. 7	10. 8	0. 53	1. 73
2001	-8. 2	5. 9	9. 6		0. 61
2002	6. 5	12. 4	10. 8	0. 60	1. 14
2003	12. 7	17. 7	14. 3	0. 89	1. 24
2004	18. 6	11. 9	14. 2	1. 31	0. 84
2005	-6. 7	7. 4	13. 8		0. 53

7-12 能源消费弹性系数
Elasticity Coefficient of Energy Consumption

年份 Year	能源消费比上年增长 Growth Rate of Energy Consumption over Preceding Year (%)	电力消费比上年增长% Growth Rate of Electricity Consumption over Preceding Year (%)	本省生产总值比上年增长% Growth Rate of Gross Domestic Product (GDP) over Preceding Year (%)	能源消费弹性系数 Elasticity Coefficient of Energy Consumption	电力消费弹性系数 Elasticity Coefficient of Electricity Consumption
1986	8. 4	4. 7	12. 7	0. 66	0. 37
1990	4. 1	14. 3	11. 6	0. 35	1. 24
1995	9. 2	7. 6	14. 9	0. 62	0. 51
1996	5. 5	8. 9	10. 7	0. 51	0. 83
1997	2. 7	7. 1	10. 6	0. 25	0. 67
1998	5. 3	7. 5	10. 2	0. 52	0. 74
1999	4. 3	10. 0	9. 5	0. 45	1. 05
2000	8. 2	22. 9	10. 8	0. 76	2. 12
2001	7. 7	9. 3	9. 6	0. 81	0. 97
2002	11. 6	15. 7	10. 8	1. 07	1. 46
2003	15. 4	20. 3	14. 3	1. 07	1. 42
2004	16. 1	17. 5	14. 2	1. 14	1. 23
2005	16. 8	12. 0	13. 8	1. 21	0. 87

主要统计指标解释

能源生产总量 指一定时期内全国（地区）一次能源生产量的总和，是观察全国（地区）能源生产水平、规模、构成和发展速度的总量指标。一次能源生产量包括原煤、原油、天然气、水电、核能及其他动力能（如风能、地热能等）发电量。不包括低热值燃料生产量、生物质能、太阳能等的利用和由一次能源加工转换而成的二次能源产量。

能源消费总量 指一定时期内全国（地区）物质生产部门、非物质生产部门和生活消 费的各种能源的总和，是观察能源消费水平、构成和增长速度的总量指标，能源消费总量包括原煤和原油及其制品、天然气、电力。不包括低热值燃料、生物质能和太阳能等的利用 。能源消费总量分为三部分，即终端能源消费量、能源加工转换损失量和损失量。

（1）终端能源消费量 指一定时期内全国（地区）物质生产部门、非物质生产部门和生活消费的各种能源在扣除了用于加工转换二次能源消费量和损失量以后的数量。

（2）能源加工转换损失量 指一定时期内全国（地区）投入加工转换的各种能源数量之和与产出各种能源产品之和的差额。它是观察能源在加工转换过程中损失量变化的指标。

（3）能源损失量　指一定时期内能源在输送、分配、储存过程中发生的损失和由客观原因造成的各种损失量。不包括各种气体能源放空、放散量。

能源生产弹性系数 是研究能源生产增长速度与国民经济增长速度之间关系的指标。计算公式：

$$\text{能源生产弹性系数} = \frac{\text{能源生产总量年平均增长速度}}{\text{国民经济年平均增长速度}}$$

国民经济年平均增长速度，可根据不同的目的或需要，用国民生产总值，国内生产总值等指标来计算，本资料是采用国内生产总值指标计算的。

电力生产弹性系数 是研究电力生产增长速度与国民经济增长速度之间关系的指标。一般来说，电力的发展应当快于国民经济的发展，也就是说电力应超前发展。计算公式：

$$\text{电力生产弹性系数} = \frac{\text{电力生产量年平均增长速度}}{\text{国民经济年平均增长速度}}$$

能源消费弹性系数 是反映能源消费增长速度与国民经济增长速度之间比例关系的指标。计算公式：

$$\text{能源消费弹性系数} = \frac{\text{能源消费量年平均增长速度}}{\text{国民经济年平均增长速度}}$$

电力消费弹性系数 是反映电力消费增长速度与国民经济增长速度之间比例关系的指标。计算公式：

$$\text{电力消费弹性系数} = \frac{\text{电力消费量年平均增长速度}}{\text{国民经济年平均增长速度}}$$

能源加工转换效率 指一定时期内能源经过加工、转换后，产出的各种能源产品的数量与同期内投入加工转换的各种能源数量的比率。它是观察能源加工转换装置和生产工艺先进与落后、管理水平高低等的重要指标。计算公式：

$$\text{能源加工转换效率} = \frac{\text{能源加工、转换产出量}}{\text{能源加工、转换投入量}} \times 100\%$$

Explanatory Notes on Main Statistical Indicators

Total Energy Production refers to the total production of primary energy by all energy producing enterprises in the country (region) in a given period of time. It is a comprehensive indicator to show the capacity, scale, composition and development of energy production of the country (region). The production of primary energy includes that of coal, crude oil, natural gas, hydropower and electricity generated by nuclear energy and other means such as wind power and geothermal power. However, it excludes the production of fuel of low calorific value, bioenergy, solar energy and the secondary energy converted from the primary energy.

Total Domestic Energy Consumption refers to the total consumption of energy of various kinds by material production sectors, non-material production sectors and households in the country (region) in a given period of time. It is a comprehensive indicator to show the scale, composition and development of energy consumption. The total energy consumption includes that of coal, crude oil and their products, natural gas and electricity. However, it excludes the consumption of fuel of low calorific value, bioenergy and solar energy. Total domestic energy consumption can be divided into three parts:

(1) Final Energy Consumption: It refers to the total energy consumption by material production sectors, non-material production sectors and households in the country (region) in a given period of time, but excludes the consumption in conversion of the primary energy into the secondary energy and the loss in the process of energy conversion.

(2) Loss During the Process of Energy Conversion: It refers to the total input of various kinds of energy for conversion, minus the total output of various kinds of energy in the country in a given period of time. It is an indicator to show the loss that occurs during the process of energy conversion.

(3) Loss: It refers to the total of the loss of energy during the course of energy transport, distribution and storage and the loss caused by any objective reason in a given period of time. The loss of various kinds of gas due to gas discharges and stocktaking is excluded.

Elasticity Coefficient of Energy Production is an indicator to show the relationship between the growth rate of energy production and the growth rate of the national economy. The formula is:

$$\text{Elasticity Coefficient of Energy Production} = \frac{\text{Average Annual Growth Rate of Energy Production}}{\text{Average Annual Growth Rate of National Economy}}$$

The average annual growth rate of the national economy can be shown by the gross national product, gross domestic product and other indicators, depending on the purposes or needs. The gross domestic product is used in calculation of the ratio in this chapter.

Elasticity Coefficient of Electricity Production is an indicator to show the relationship between the growth rate of electricity production and the growth rate of the national economy. Generally speaking, the growth rate of electricity production should be higher than that of the national economy. Its formula is:

$$\text{Elasticity Coefficient of Electricity Production} = \frac{\text{Average Annual Growth Rate of Electricity Production}}{\text{Average Annual Growth Rate of National Economy}}$$

Elasticity Coefficient of Energy Consumption is an indicator to show the relation ship between the growth rate of energy consumption and the growth rate of the national economy. The formula is:

$$\text{Elasticity Coefficient of Energy Consumption} = \frac{\text{Average Annual Growth Rate of Energy Consumption}}{\text{Average Annual Growth Rate of National Economy}}$$

Elasticity Coefficient of Electricity Consumption is an indicator to show the relationship between the growth rate of electricity, consumption and the growth rate of the national economy. The formula is:

$$\text{Elasticity Coefficient of Electricity Consumption} = \frac{\text{Average Annual Growth Rate of Electricity Consumption}}{\text{Average Annual Growth Rate of National Economy}}$$

Efficiency of Energy Processing and Conversion refers to the ratio of the total output of energy products of various kinds after processing and conversion and the total input of energy of various kinds for processing and conversion in the same reference period. It is an important indicator to show the current conditions of energy processing and conversion equipment, production technique and management. The formula is:

$$\text{Efficiency of Energy Processing \& Conversion} = \frac{\text{Output of Energy after Processing \& Conversion}}{\text{Input of Energy for Processing \& Conversion}} \times 100\%$$

八、财政、银行和保险

8

GOVERNMENT FINANCE,BANKING AND INSURANCE

八 财政、银行和保险

简要说明

一、本篇资料反映广东地方财政一般预算收支、银行、保险等方面的基本情况。
二、本篇资料由广东省统计局综合处负责整理、编辑。
三、资料来源：
财政资料根据广东省财政厅提供的历年《广东省财政总决算报表》的有关项目加工整理。
银行资料由中国人民银行广州分行提供。
保险业务资料由中国保险监督管理委员会广东监管局提供。

8 Government Finance, Banking and Insurance

Brief Introduction

Ⅰ. The data in this chapter show the basic conditions of local government budgetary finance, banking and insurance of Guangdong Province.

Ⅱ. The data in this chapter are prepared by the Division of Comprehensive Statistics of Guangdong Provincial Bureau of Statistics.

Ⅲ. Data sources:

The data on local government finance are prepared in accordance with the related tables of the total final accounts of government finance of Guangdong provided by Guangdong Provincial Department of Finance.

The data on banking are provided by Guangzhou Branch of the People's Bank of China.

The data on insurance are provided by China Insurance Regulatory Commission Guangdong Bureau.

8-1 地方财政一般预算收支和增长速度（1978-2005年）

Local Government Budgetary Revenue and Expenditure and Their Growth Rates (1978－2005)

单位：亿元 (100 million yuan)

年份 Year	地方财政一般预算收入 Local Government Budgetary Revenue	地方财政一般预算支出 Local Government Budgetary Expenditure	收支差额 Balance	增长速度（%）Growth Rate (%) 地方财政一般预算收入 Local Government Budgetary Revenue	增长速度（%）Growth Rate (%) 地方财政一般预算支出 Local Government Budgetary Expenditure	财政收入占地区生产总值的比重（%）Percentage of Budgetary Revenue to GDP (%)
1978	41. 82	28. 70	13. 12	17. 9	42. 6	22. 5
1979	36. 25	29. 88	6. 37	－13. 3	4. 1	17. 3
1980	37. 79	27. 04	10. 75	4. 2	－9. 5	15. 1
1981	41. 01	29. 60	11. 41	8. 5	9. 5	14. 1
1982	42. 23	33. 34	8. 89	3. 0	12. 6	12. 4
1983	44. 29	37. 45	6. 84	4. 9	12. 3	12. 0
1984	49. 28	47. 18	2. 10	11. 3	26. 0	10. 7
1985	69. 27	66. 74	2. 53	40. 6	41. 5	12. 0
1986	82. 41	89. 55	－7. 14	19. 0	34. 2	12. 3
1987	95. 88	96. 59	－0. 71	16. 3	7. 9	11. 3
1988	107. 57	115. 20	－7. 63	12. 2	19. 3	9. 3
1989	136. 87	141. 16	－4. 29	27. 2	22. 5	9. 9
1990	131. 02	150. 69	－19. 67	－4. 3	6. 8	8. 4
1991	177. 35	182. 48	－5. 13	35. 4	21. 1	9. 4
1992	222. 64	219. 61	3. 03	25. 5	20. 3	9. 1
1993	346. 56	331. 27	15. 29	55. 7	50. 8	10. 0
1994	298. 70	416. 83	－118. 13	－13. 8	25. 8	6. 5
1995	382. 34	525. 63	－143. 29	28. 0	26. 1	6. 4
1996	479. 45	601. 23	－121. 78	25. 4	14. 4	7. 0
1997	543. 95	682. 66	－138. 71	13. 5	13. 5	7. 0
1998	640. 75	825. 61	－184. 86	17. 8	20. 9	7. 5
1999	766. 19	1034. 44	－268. 25	19. 6	25. 3	8. 3
2000	910. 56	1069. 86	－159. 30	18. 8	3. 4	8. 5
2001	1160. 51	1321. 33	－160. 82	27. 5	23. 5	9. 6
2002	1201. 61	1521. 08	－319. 47	3. 5	15. 1	8. 9
2003	1315. 52	1695. 63	－380. 11	9. 5	11. 5	8. 3
2004	1418. 51	1852. 95	－434. 44	7. 8	9. 3	7. 5
2005	1807. 20	2289. 07	－481. 87	27. 4	23. 5	8. 3

8-2 地方财政一般预算收支基本情况（2000－2005年）
Basic Conditions of Local Government Budgetary Revenue and Expenditure（2000－2005）

单位：亿元 (100 million yuan)

指 标	Item	2000	2001	2002	2003	2004	2005
财政收入	**Local Government Budgetary Revenue**	**910.56**	**1160.51**	**1201.61**	**1315.52**	**1418.51**	**1807.20**
各项税收	Taxes	798.61	1014.72	1032.33	1109.50	1191.55	1526.97
# 增值税	Value-added Tax	132.13	172.48	205.79	233.68	168.88	323.59
营业税	Business Tax	272.42	318.16	374.88	415.81	484.78	555.77
企业所得税	Enterprise Income Tax	167.42	267.81	182.07	170.02	194.43	236.45
个人所得税	Personal Income Tax	84.80	117.86	100.43	94.77	111.57	132.43
城市维护建设税	Tax on City Maintenance and Construction	30.00	35.43	42.16	47.75	55.24	64.34
印花税	Stamp Tax	32.94	14.78	10.97	14.13	19.86	20.57
农业税	Agricultural Tax	7.29	7.06	8.02	7.98	3.52	0.03
国有资产经营收益	Operating Income from State-owned Assets	7.65	7.06	11.93	20.78	18.76	31.07
国有企业计划亏损补贴	Planned Subsidies for the Loss of State-owned Enterprises	-5.97	-5.20	-5.62	-2.86	-2.26	-1.77
罚没收入、行政性收费收入	Forfeit and Administrative Collect Fees	81.76	96.38	114.37	132.49	144.71	163.74
专项收入	Special Revenue	21.01	25.70	29.73	33.51	44.08	52.42
其他收入	Others	7.49	21.85	18.87	22.10	21.67	34.77
财政支出	**Local Government Budgetary Expenditure**	**1080.32**	**1321.33**	**1521.08**	**1695.63**	**1852.95**	**2289.07**
基本建设支出	Expenditure for Capital Construction	153.35	192.46	211.53	240.87	254.13	264.43
企业挖潜改造资金	Innovation Funds of the Enterprises	29.25	20.97	24.24	22.04	22.70	26.60
科技三项费用	Expenditure for Science and Technology Promotion	21.47	23.61	37.69	36.44	40.65	52.69
农业支出	Expenditure for Agriculture		28.20	32.91	41.63	41.60	45.14
水利和气象支出	Expenditure for Water Conservancy and Meteorology		36.55	42.88	42.88	39.59	52.32
文体广播事业费	Expenditure for Culture, Sports and Broadcasting	26.33	33.50	34.90	38.11	44.30	50.84
教育事业费	Expenditure for Education	144.75	180.28	233.12	265.25	287.95	329.21
科学事业费	Expenditure for Science	10.96	11.65	14.06	15.26	15.77	16.01
卫生经费	Expenditure for Public Health	47.73	53.99	64.42	73.54	72.91	82.36
抚恤和社会福利救济费	Pension and Relief Funds for Social Welfare	14.30	17.89	25.21	30.45	33.68	41.74
行政管理费	Expenditure for Government Administration	100.95	120.30	149.38	175.47	193.10	222.57
城市维护费	Expenditure for City Maintenance	53.48	63.87	68.33	63.50	86.11	106.20
政策性补贴支出	Expenditure for Policy Subsidies	18.11	18.77	12.43	12.48	12.83	13.80
其他支出	Others	459.64	519.29	569.98	637.71	707.63	985.16

8-3 地方财政用于文教、卫生、科学部门的一般预算支出（1980－2005 年）

Local Government Budgetary Expenditure for Culture, Education, Health Care and Science (1980－2005)

单位：亿元 (100 million yuan)

年份 Year	合计 Total	文体广播事业费 Culture, Sports and Broadcasting	#计划生育 Birth Control	教育 Education	卫生 Health	#公费医疗 Free Medical Service	科学 Science
1980	7. 67	0. 79	0. 20	4. 88	1. 86	0. 36	0. 14
1985	17. 12	2. 36	0. 52	10. 69	3. 75	1. 17	0. 32
1990	36. 47	6. 06	1. 19	21. 34	7. 92	3. 13	1. 15
1991	41. 43	6. 63	1. 17	24. 01	9. 17	3. 62	1. 62
1992	53. 84	9. 45	1. 75	30. 05	12. 13	4. 32	2. 21
1993	80. 87	11. 67	2. 13	48. 32	17. 97	6. 31	2. 91
1994	110. 30	15. 47	2. 45	66. 95	23. 15	8. 39	4. 73
1995	135. 22	16. 48	3. 01	84. 56	28. 04	10. 54	6. 14
1996	153. 48	18. 67	3. 39	93. 30	35. 13	12. 82	6. 38
1997	162. 33	22. 40	4. 29	94. 32	37. 00	13. 82	8. 61
1998	182. 20	23. 96	4. 77	109. 11	39. 29	14. 95	9. 84
1999	196. 54	24. 95	6. 65	121. 02	40. 97	15. 27	9. 60
2000	229. 77	26. 33	6. 29	144. 75	47. 73	18. 38	10. 96
2001	279. 42	33. 50	7. 15	180. 28	53. 99	19. 58	11. 65
2002	346. 50	34. 90	9. 19	233. 12	64. 42	23. 09	14. 06
2003	392. 16	38. 11	11. 25	265. 25	73. 54	24. 18	15. 26
2004	420. 94	44. 30	14. 00	287. 95	72. 91	24. 81	15. 78
2005	478. 41	50. 84	16. 72	329. 21	82. 36	28. 35	16. 01

注：本表 1980、1985 年数字包括海南省。
Note: The data of 1980 and 1985 included those of Hainan Province.

8-4 各市地方财政一般预算收支（2000－2005年）
Local Government Budgetary Revenue and Expenditure by City（2000－2005）

单位：亿元 (100 million yuan)

市别 City	地方财政一般预算收入 Local Government Budgetary Revenue					
	2000	2001	2002	2003	2004	2005
全省合计 Provincial Total	**910.56**	**1160.51**	**1201.61**	**1315.52**	**1418.51**	**1807.20**
广州 Guangzhou	200.55	246.19	245.87	274.77	302.87	371.26
深圳 Shenzhen	221.92	262.49	265.93	290.84	321.47	412.38
珠海 Zhuhai	24.23	31.56	31.23	34.82	34.46	48.97
汕头 Shantou	18.94	20.56	20.07	20.78	21.40	29.44
佛山 Foshan	59.53	83.31	85.00	95.44	95.29	130.85
韶关 Shaoguan	8.63	11.10	12.78	14.29	16.41	19.93
河源 Heyuan	2.55	3.14	3.47	4.35	5.86	8.52
梅州 Meizhou	7.18	8.28	8.57	9.46	12.49	15.18
惠州 Huizhou	12.94	18.28	19.72	24.12	25.42	34.72
汕尾 Shanwei	4.16	4.49	4.51	5.05	5.37	7.09
东莞 Dongguan	30.22	45.02	55.29	67.45	72.20	103.97
中山 Zhongshan	17.46	25.55	31.21	36.63	34.54	54.26
江门 Jiangmen	21.24	24.96	25.74	29.37	28.94	41.63
阳江 Yangjiang	3.89	4.77	5.37	6.59	5.99	8.70
湛江 Zhanjiang	12.44	13.88	15.48	16.82	18.34	24.01
茂名 Maoming	9.08	10.59	12.20	14.25	17.76	21.26
肇庆 Zhaoqing	10.97	12.29	12.98	14.44	15.80	20.44
清远 Qingyuan	4.53	5.80	6.60	7.97	9.29	13.25
潮州 Chaozhou	4.60	5.08	5.23	5.90	5.25	8.64
揭阳 Jieyang	9.24	9.83	9.91	10.58	8.12	11.19
云浮 Yunfu	3.65	4.01	4.64	5.92	7.19	9.33

市别 City	地方财政一般预算支出 Local Government Budgetary Expenditure					
	2000	2001	2002	2003	2004	2005
全省合计 Provincial Total	**1080.32**	**1321.33**	**1521.08**	**1695.63**	**1852.95**	**2289.07**
广州 Guangzhou	240.72	292.63	326.67	370.09	408.34	438.41
深圳 Shenzhen	225.04	253.70	307.78	348.95	377.57	599.16
珠海 Zhuhai	31.14	37.35	41.80	45.35	50.89	57.77
汕头 Shantou	27.90	30.15	38.28	44.75	44.54	50.14
佛山 Foshan	72.48	94.67	104.19	120.45	130.93	150.85
韶关 Shaoguan	19.94	24.49	30.45	33.57	42.77	44.55
河源 Heyuan	16.78	17.02	21.98	25.56	29.99	37.00
梅州 Meizhou	23.84	27.02	34.17	38.54	42.04	46.25
惠州 Huizhou	20.14	25.89	33.01	38.78	45.95	52.41
汕尾 Shanwei	9.99	10.95	13.79	15.95	16.62	20.05
东莞 Dongguan	33.61	47.86	64.96	76.52	94.16	117.04
中山 Zhongshan	19.24	26.78	34.97	39.87	43.18	56.71
江门 Jiangmen	28.18	31.42	36.44	41.28	47.58	54.24
阳江 Yangjiang	11.00	11.99	15.26	17.93	20.50	23.17
湛江 Zhanjiang	27.82	31.16	38.58	44.11	48.46	57.95
茂名 Maoming	20.67	23.94	29.52	34.56	41.95	45.28
肇庆 Zhaoqing	20.09	22.64	26.96	31.90	35.53	40.64
清远 Qingyuan	16.35	18.21	23.56	28.22	31.44	38.15
潮州 Chaozhou	11.31	12.56	15.12	17.32	18.88	21.36
揭阳 Jieyang	19.50	20.85	25.61	30.95	29.27	30.99
云浮 Yunfu	11.18	11.42	14.29	17.27	19.99	23.87

8-5 中外资金融机构本外币存贷款余额（2003－2005 年）
Deposits and Loans in Renminbi and Foreign Currencies in All Financial Institutions（2003－2005）

单位：亿元 (100 million yuan)

指　　标	Item	2003	2004	2005
各项存款余额	**Deposits in Various Forms**	**29640.83**	**33213.49**	**38119.91**
企事业单位存款	Deposits of Enterprises and Institutions	9684.01	10710.92	12042.66
储蓄存款	Savings Deposits	15590.68	17631.07	20267.76
活期存款	Current Deposits	6763.71	7974.72	9161.67
定期存款	Time Deposits	8826.97	9656.35	11106.09
信托存款	Trust Deposits	38.80	26.36	23.60
委托存款	Consignment Deposits	103.23	35.28	123.03
其他存款	Other Deposits	4224.11	4809.86	5662.86
各项贷款余额	**Loans in Various Forms**	**20126.24**	**21916.77**	**23261.21**
短期贷款	Short-term Loans	10000.80	9777.16	8883.41
中长期贷款	Medium-term & Long-term Loans	8180.54	9873.90	11436.23
信托存款	Trust Loans	54.22	29.29	25.49
委托贷款	Consignment Loans	105.30	76.40	106.19
其他贷款	Other Loans	359.93	571.62	547.49
票据融资	Bill Financing	1292.00	1493.83	2174.90
各项垫款	All Advances	133.45	94.56	87.50

8-6 中资金融机构人民币存贷款余额（2003－2005 年）
Deposits and Loans in Renminbi in Domestic-funded Financial Institutions（2003－2005）

单位：亿元 (100 million yuan)

指　　标	Item	2003	2004	2005
各项存款余额	**Deposits in Various Forms**	**27171.31**	**30762.07**	**35783.57**
企业存款	Deposits of Enterprises	8971.57	9941.73	11257.50
活期存款	Current Deposits	6194.87	6619.10	7106.79
定期存款	Time Deposits	2776.69	3322.63	4150.71
财政存款	Treasury Deposits	713.10	1012.96	1107.74
机关团体存款	Deposits of Government Agencies and Organizations	886.56	1053.22	1426.19
储蓄存款	Savings Deposits	14061.77	16193.36	19051.35
农业存款	Agricultural Deposits	703.06	790.55	928.46
其他	Others	1835.25	1770.25	2012.33
各项贷款余额	**Loans in Various Forms**	**18190.85**	**19530.29**	**20745.27**
短期贷款	Short-term Loans	9227.29	8832.42	7974.64
工业贷款	Industrial Loans	2172.39	2161.90	1863.25
商业贷款	Commercial Loans	1884.25	1588.26	1331.93
建筑业贷款	Construction Loans	443.96	365.69	297.81
农业贷款	Agricultural Loans	447.45	459.01	436.08
中长期贷款	Medium-term and Long-term Loans	6716.41	8308.59	10403.35
其他	Others	2247.15	2389.28	2367.28

8-7 各市中资金融机构基本情况（2000－2005年）
Basic Conditions of Domestic-funded Financial Institutions by City（2000－2005）

市　别 City	2000				2002			
	机构数（个）Number of Financial Institutions (unit)	年末从业人员（人）Number of Year-end Employed Persons (person)	各项存款（亿元）Deposits in Various Forms (100 million yuan)	各项贷款（亿元）Loans in Various Forms (100 million yuan)	机构数（个）Number of Financial Institutions (unit)	年末从业人员（人）Number of Year-end Employed Persons (person)	各项存款（亿元）Deposits in Various Forms (100 million yuan)	各项贷款（亿元）Loans in Various Forms (100 million yuan)
全省合计 Provincial Total			**16908. 21**	**11203. 80**	**16747**	**217925**	**22921. 81**	**15214. 48**
广　州 Guangzhou			5512. 23	3783. 01	2403	40203	7498. 35	5265. 07
深　圳 Shenzhen			3161. 89	2166. 32	1025	26068	4952. 72	3512. 50
珠　海 Zhuhai			445. 46	272. 79	425	6834	575. 38	347. 17
汕　头 Shantou			540. 19	342. 83	705	9753	638. 20	419. 20
佛　山 Foshan			1952. 99	1406. 75	2113	22094	2434. 40	1588. 47
韶　关 Shaoguan			258. 84	137. 19	458	5994	312. 45	163. 63
河　源 Heyuan			90. 35	59. 19	336	3721	127. 70	68. 83
梅　州 Meizhou			210. 73	142. 23	581	7099	277. 06	190. 40
惠　州 Huizhou			359. 24	207. 24	585	7003	479. 01	265. 38
汕　尾 Shanwei			73. 71	57. 60	239	3215	93. 56	67. 01
东　莞 Dongguan			1228. 49	612. 25	1298	14404	1790. 18	933. 41
中　山 Zhongshan			553. 90	329. 45	652	8069	707. 92	442. 13
江　门 Jiangmen			670. 66	501. 08	1092	12327	793. 84	584. 41
阳　江 Yangjiang			140. 29	80. 18	298	4010	167. 70	97. 17
湛　江 Zhanjiang			400. 83	251. 03	1136	11098	468. 92	280. 83
茂　名 Maoming			328. 70	207. 50	1007	9312	391. 65	224. 14
肇　庆 Zhaoqing			268. 96	198. 80	571	6551	322. 10	236. 41
清　远 Qingyuan			210. 65	139. 56	504	5676	256. 29	164. 41
潮　州 Chaozhou			155. 12	101. 06	362	4483	194. 64	117. 38
揭　阳 Jieyang			230. 12	125. 42	661	6318	294. 54	155. 69
云　浮 Yunfu			114. 86	82. 32	296	3693	145. 22	90. 87

市　别 City	2004				2005			
	机构数（个）Number of Financial Institutions (unit)	年末从业人员（人）Number of Year-end Employed Persons (person)	各项存款（亿元）Deposits in Various Forms (100 million yuan)	各项贷款（亿元）Loans in Various Forms (100 million yuan)	机构数（个）Number of Financial Institutions (unit)	年末从业人员（人）Number of Year-end Employed Persons (person)	各项存款（亿元）Deposits in Various Forms (100 million yuan)	各项贷款（亿元）Loans in Various Forms (100 million yuan)
全省合计 Provincial Total	**16335**	**226887**	**30762. 07**	**19530. 29**	**15433**	**222738**	**35783. 57**	**20745. 27**
广　州 Guangzhou	2387	46678	9645. 64	6556. 94	2053	45800	11065. 22	6873. 34
深　圳 Shenzhen	1105	28180	7100. 74	5242. 78	1119	28354	8478. 18	6168. 03
珠　海 Zhuhai	420	6819	769. 71	417. 18	417	6798	925. 47	424. 33
汕　头 Shantou	691	9372	838. 43	419. 53	655	9196	955. 34	391. 08
佛　山 Foshan	1964	21690	3289. 75	2030. 11	1913	21732	3770. 74	2056. 29
韶　关 Shaoguan	450	5701	396. 90	175. 06	406	5153	461. 78	166. 55
河　源 Heyuan	353	3946	176. 41	92. 99	349	3759	204. 20	107. 99
梅　州 Meizhou	666	7495	387. 26	223. 64	635	7373	429. 79	206. 37
惠　州 Huizhou	674	8415	665. 13	347. 81	664	8012	781. 79	367. 23
汕　尾 Shanwei	258	2766	124. 89	59. 04	246	2937	140. 77	57. 21
东　莞 Dongguan	1284	16023	2462. 87	1405. 25	1262	14985	2933. 40	1500. 52
中　山 Zhongshan	603	7137	959. 72	477. 42	586	7837	1131. 19	479. 02
江　门 Jiangmen	946	11538	1029. 94	573. 42	906	11627	1163. 76	534. 17
阳　江 Yangjiang	306	4152	218. 10	107. 01	289	3986	245. 37	99. 66
湛　江 Zhanjiang	1009	10944	605. 23	292. 50	931	10663	705. 32	285. 97
茂　名 Maoming	832	8818	479. 92	250. 93	717	7915	521. 02	225. 46
肇　庆 Zhaoqing	589	7006	413. 95	257. 76	551	7120	478. 15	229. 43
清　远 Qingyuan	479	5689	329. 68	193. 03	471	5510	386. 23	175. 08
潮　州 Chaozhou	324	4388	275. 33	131. 10	304	4087	324. 04	132. 34
揭　阳 Jieyang	638	6266	407. 18	171. 16	613	6120	468. 15	169. 19
云　浮 Yunfu	357	3864	185. 29	105. 62	346	3774	213. 66	96. 02

注：1. 本表存贷款统计口径为中资金融机构人民币存贷款。
2. “机构数”和“年末从业人员”统计范围为银行业及相关金融机构（不含人民银行、外资银行及资产管理公司）。

Note: a) The deposits and loans in this table refer to the deposits and loans in Renminbi in the domestic-funded financial institutions.
b) The number of financial institutions and the number of year-end employed persons refer to those in banking and related financial institutions (excluding the people's banks, foreign banks and assets management companies).

8-8 各市中外资金融机构本外币存贷款（2000－2005年）

Deposits and Loans in Renminbi and Foreign Currencies in All Financial Institutions by City (2000－2005)

单位：亿元 (100 million yuan)

市别 City	各项存款 Deposits in Various Forms					
	2000	2001	2002	2003	2004	2005
全省合计 Provincial Total	**18975.25**	**21711.62**	**25392.89**	**29640.83**	**33252.01**	**38119.91**
广州 Guangzhou	6161.70	6887.60	8212.77	9379.61	10360.97	11734.10
深圳 Shenzhen	3918.58	4954.76	5917.92	7073.86	8144.03	9486.76
珠海 Zhuhai	519.03	572.78	652.88	747.76	846.77	1014.08
汕头 Shantou	597.13	649.86	698.90	802.43	887.54	995.64
佛山 Foshan	2107.92	2320.53	2610.33	3151.91	3445.59	3906.93
韶关 Shaoguan	262.37	284.05	320.74	364.40	404.36	468.35
河源 Heyuan	90.66	104.77	129.48	155.54	178.00	205.94
梅州 Meizhou	218.35	257.32	290.25	360.07	399.41	438.71
惠州 Huizhou	392.42	442.54	524.45	615.61	710.72	823.96
汕尾 Shanwei	77.79	87.73	98.96	117.24	129.45	144.45
东莞 Dongguan	1320.97	1565.73	1902.41	2237.76	2576.94	3036.77
中山 Zhongshan	616.26	663.91	783.18	915.57	1025.37	1186.76
江门 Jiangmen	801.04	853.84	939.43	1059.25	1165.12	1279.67
阳江 Yangjiang	142.00	154.09	171.37	195.83	221.52	248.75
湛江 Zhanjiang	406.80	448.42	484.08	555.18	618.69	716.97
茂名 Maoming	330.84	351.80	397.03	451.04	484.96	524.90
肇庆 Zhaoqing	280.18	300.41	338.13	392.66	428.72	493.23
清远 Qingyuan	212.76	233.48	264.11	301.74	337.45	393.96
潮州 Chaozhou	161.87	173.02	202.61	239.32	281.83	328.97
揭阳 Jieyang	238.84	274.70	304.38	352.64	415.08	473.60
云浮 Yunfu	117.76	130.27	149.49	171.40	189.46	217.40

市别 City	各项贷款 Loans in Various Forms					
	2000	2001	2002	2003	2004	2005
全省合计 Provincial Total	**12954.62**	**14459.08**	**16823.64**	**20126.24**	**21955.28**	**23261.21**
广州 Guangzhou	4265.18	4680.83	5732.96	6742.81	7242.22	7622.20
深圳 Shenzhen	2906.82	3539.25	4306.46	5419.22	6602.37	7596.72
珠海 Zhuhai	318.86	353.30	384.32	460.33	468.89	486.72
汕头 Shantou	387.59	465.31	461.73	507.08	451.16	421.36
佛山 Foshan	1550.91	1649.62	1692.97	2085.47	2131.63	2122.74
韶关 Shaoguan	147.67	155.78	166.67	180.27	176.17	169.68
河源 Heyuan	63.05	64.07	70.14	79.30	93.20	108.13
梅州 Meizhou	150.54	169.21	191.75	215.62	223.81	206.44
惠州 Huizhou	224.31	234.18	275.68	347.05	378.23	409.44
汕尾 Shanwei	64.01	71.27	70.70	71.39	59.11	57.21
东莞 Dongguan	647.10	764.75	951.18	1247.24	1450.22	1540.48
中山 Zhongshan	356.58	400.01	466.78	520.53	495.97	498.05
江门 Jiangmen	571.00	591.87	628.90	684.21	612.66	565.45
阳江 Yangjiang	88.46	93.58	101.20	110.06	107.65	100.66
湛江 Zhanjiang	289.74	290.70	306.57	329.58	322.83	310.03
茂名 Maoming	220.45	216.81	228.80	260.41	272.87	230.93
肇庆 Zhaoqing	220.51	233.84	250.05	265.89	260.40	232.13
清远 Qingyuan	151.26	148.93	169.00	188.50	195.07	179.13
潮州 Chaozhou	110.33	111.08	119.50	128.98	132.68	137.20
揭阳 Jieyang	132.30	140.25	156.46	175.55	171.71	169.40
云浮 Yunfu	87.97	84.45	91.81	106.77	106.41	97.10

8-9 各市金融机构储蓄存款（2000－2005年）
Savings Deposits in Financial Institutions by City (2000－2005)

单位：亿元 (100 million yuan)

市别 City	中资金融机构人民币储蓄存款 Savings Deposits in Renminbi in Domestic-funded Financial Institutions					
	2000	2001	2002	2003	2004	2005
全省合计 Provincial Total	**8667.26**	**9930.12**	**11819.09**	**14061.77**	**16193.36**	**19051.35**
广州 Guangzhou	2239.64	2600.43	3132.80	3727.33	4256.82	5024.69
深圳 Shenzhen	1082.43	1373.39	1756.49	2199.45	2625.38	3229.38
珠海 Zhuhai	216.08	248.91	297.24	357.39	408.57	480.87
汕头 Shantou	351.40	408.60	470.51	561.27	641.49	733.50
佛山 Foshan	1216.98	1330.83	1535.93	1783.99	2028.81	2358.78
韶关 Shaoguan	165.47	183.25	211.83	240.08	272.58	313.97
河源 Heyuan	69.96	79.41	92.43	107.01	125.74	145.12
梅州 Meizhou	155.14	173.35	200.55	239.60	280.64	318.77
惠州 Huizhou	249.31	274.08	319.11	379.55	447.28	522.21
汕尾 Shanwei	54.18	61.22	70.55	81.49	95.16	108.39
东莞 Dongguan	672.07	799.18	1001.69	1231.06	1431.68	1728.28
中山 Zhongshan	354.65	393.80	462.89	543.70	614.92	725.06
江门 Jiangmen	483.75	513.44	578.35	667.17	753.92	851.93
阳江 Yangjiang	104.99	115.46	128.56	149.28	171.19	189.91
湛江 Zhanjiang	298.14	322.00	360.34	405.62	450.75	505.70
茂名 Maoming	247.45	267.80	300.70	341.50	372.58	410.02
肇庆 Zhaoqing	184.21	199.27	224.95	256.72	293.06	335.91
清远 Qingyuan	146.27	159.80	179.38	206.73	235.29	273.86
潮州 Chaozhou	104.19	118.37	141.77	173.61	207.38	242.65
揭阳 Jieyang	180.82	208.84	241.25	282.33	337.18	387.29
云浮 Yunfu	90.13	98.69	111.78	126.89	142.93	165.09

市别 City	中外资金融机构本外币储蓄存款 Savings Deposits in Renminbi and Foreign Currencies in All Financial Institutions					
	2000	2001	2002	2003	2004	2005
全省合计 Provincial Total	**10031.68**	**11386.03**	**13372.85**	**15590.68**	**17631.07**	**20267.76**
广州 Guangzhou	2679.39	3075.88	3646.93	4242.60	4755.29	5475.77
深圳 Shenzhen	1392.53	1713.69	2128.80	2572.76	2984.38	3525.70
珠海 Zhuhai	262.55	295.61	346.35	403.97	450.23	513.72
汕头 Shantou	402.10	459.41	521.92	609.27	681.66	765.26
佛山 Foshan	1360.26	1480.28	1690.03	1933.47	2159.61	2465.51
韶关 Shaoguan	172.55	190.48	219.52	247.69	279.59	320.00
河源 Heyuan	71.36	80.98	94.11	108.55	127.23	146.36
梅州 Meizhou	167.05	185.50	213.39	252.13	291.27	326.86
惠州 Huizhou	276.76	302.73	349.60	410.40	477.59	548.27
汕尾 Shanwei	58.92	66.16	75.74	86.41	99.51	111.83
东莞 Dongguan	754.19	886.83	1093.03	1317.36	1514.28	1796.69
中山 Zhongshan	409.46	452.95	523.95	601.40	665.91	764.69
江门 Jiangmen	607.86	643.42	716.34	799.83	879.30	951.96
阳江 Yangjiang	107.98	118.66	131.84	152.49	174.31	192.35
湛江 Zhanjiang	310.40	334.58	373.45	418.15	461.71	514.85
茂名 Maoming	251.84	272.58	305.80	346.63	377.23	413.71
肇庆 Zhaoqing	197.79	212.92	239.61	271.41	306.44	347.39
清远 Qingyuan	152.78	166.57	186.58	213.92	242.03	279.69
潮州 Chaozhou	111.13	125.61	149.07	180.23	212.49	246.32
揭阳 Jieyang	190.93	218.66	250.89	290.87	344.10	392.24
云浮 Yunfu	93.87	102.55	115.90	131.14	146.90	168.58

8-10 中资金融机构现金投放回笼差额（2000－2005年）
Cash Statistics of Domestic-funded Financial Institutions (2000－2005)

单位：亿元 (100 million yuan)

指　标	Item	2000	2001	2002	2003	2004	2005
现金收入	**Cash Income**	**38570.44**	**40566.83**	**41747.44**	**50438.71**	**60742.40**	**62272.96**
商品销售收入	Income from Commodity Sales	3489.74	3502.15	3726.83	4351.20	4751.33	4510.51
服务性收入	Income from Service Trade	1875.96	1982.26	2171.48	2376.20	2690.30	2653.63
税款收入	Income from Taxes	228.11	243.19	260.21	306.02	328.26	306.80
城乡个体经营收入	Income from Urban and Rural Individual Business	1463.95	1578.07	1725.27	1959.80	2283.55	2322.58
储蓄存款收入	Income from Savings Deposits	28738.58	30576.48	31195.70	38252.50	47108.05	49082.60
其他金融机构收入	Income from Other Financial Institutions	172.84	154.39	118.41	148.17	155.72	180.21
居民归还贷款收入	Income from Repayment of Loans by Residents	109.34	117.86	128.24	152.21	158.86	185.35
汇兑收入	Income from Remittances	882.97	834.06	801.71	926.63	1027.25	880.21
有价证券收入	Income from Securities	93.79	75.30	38.07	53.45	55.18	35.95
其他	Other Income	1515.16	1503.08	1581.51	1912.51	2183.90	2115.12
现金支出	**Cash Expenditures**	**39323.17**	**41409.82**	**42659.44**	**51458.94**	**61778.50**	**63344.73**
工资支出	Wages	2826.92	2951.60	3249.06	3810.31	4233.96	3908.16
农副产品采购支出	Purchases of Agricultural and Sideline Products	666.68	651.87	737.03	962.99	1007.89	931.80
工矿及其他产品采购支出	Expenditure for Purchases of Industrial and Mineral Products	475.58	453.44	467.08	567.80	615.15	532.80
行政企事业管理费支出	Government and Enterprise Overhead	1975.17	2093.62	2255.79	2601.50	2871.57	2920.85
城乡个体经营支出	Expenditure for Individual Business	1954.39	2067.72	2227.29	2582.33	2961.93	2991.51
储蓄存款支出	Expenditure for Savings Deposits	29407.36	31229.20	31684.60	38390.42	47298.92	49385.52
其他金融机构支出	Expenditure for Other Financial Institutions	114.20	105.89	86.67	93.39	156.10	132.33
居民提取贷款支出	Expenditure for Loans from Residents	93.14	97.47	100.10	116.08	109.12	120.22
汇兑支出	Expenditure for Remittances	237.81	208.71	222.55	284.13	322.85	300.75
有价证券支出	Expenditure for Securities	84.37	66.33	37.92	38.29	37.92	19.94
其他	Other Expenditure	1487.55	1483.97	1591.35	2011.70	2163.09	2100.85
投放	**Currency Issuance**	**752.73**	**842.99**	**912.00**	**1020.24**	**1036.11**	**1071.77**

注：投放栏中的负数表示现金回笼。
Note: The negative amount in currency issuance indicates the amount of cash withdrawn.

8-11 财产保险公司主要指标
Main Indicators of Property Insurance Companies

单位：万元 (10000 yuan)

项目	Item	2004 保费收入 Premium Income	2004 赔款支出 Indemnity Expenditure	2005 保费收入 Premium Income	2005 赔款支出 Indemnity Expenditure
合计	**Total**	**1484029.71**	**676257.58**	**1685170.63**	**845800.87**
企业财产保险	Enterprise Property Insurance	209729.73	76492.93	222004.35	173826.76
家庭财产保险	Household Property Insurance	15730.93	1066.08	12407.59	1170.37
# 投资型家财险	Of Which: Investment Link Household Property Insurance	1486.03	125.36	446.66	164.19
机动车辆及第三者责任	Motor Vehicle and Third Party Liability	934819.78	448116.73	1063848.58	529693.38
# 法定三责险	Of Which: Compulsory Third Party Liability Insurance	3220.82	752.67	3611.49	1061.77
工程保险	Project Insurance	37322.27	10785.93	42979.14	12776.23
责任保险	Liability Insurance	50307.58	26022.25	58002.34	19459.36
信用保险	Credit Insurance	16013.52	3377.12	23565.76	10567.38
保证保险	Guarantee Insurance	29387.29	46739.70	16905.26	24343.42
# 机动车辆消费贷款保证保险	Of Which: Motor Vehicle Consumption Loan Guarantee Insurance	-513.17	44247.06	250.61	22936.13
个人贷款抵押房屋保证保险	Personal Loan Home Mortgage Guarantee Insurance	28526.17	216.69	14236.25	292.60
船舶保险	Ship Insurance	35301.83	18695.46	44728.47	17886.27
货物运输保险	Freight Transport Insurance	46986.12	18562.63	54008.64	22312.82
特殊风险保险	Peculiar Risk Insurance	65780.75	11485.10	68514.78	3559.03
农业保险	Agriculture Insurance	1647.33	707.08	1402.67	1115.53
健康险	Health Insurance	2071.28	1269.38	9787.22	4084.66
意外伤害保险	Accident Injury Insurance	37386.72	12759.37	66225.36	23567.92
其他险	Other Property Insurance	1544.59	177.82	790.47	1437.75

注：本表数据包括深圳，来源于中国保险监督管理委员会广东监管局。
Note: The data in the table include those of Shenzhen and are obtained from China Insurance Regulatory Commission Guangdong Bureau.

8-12 人身保险公司主要指标
Main Indicators of Life Insurance Companies

单位：万元 (10000 yuan)

项 目	Item	2004	2005
保费收入	**Premium Income**	**2878098. 63**	**3307205. 74**
按险种分	Premium by Line of Business:	2878098. 63	3307205. 74
寿险	Life Insurance	2502846. 06	2837669. 22
个人业务	Personal Business	2126143. 86	2427456. 23
新单保费	New Business Premium	1110430. 62	1227106. 35
续期保费	Renewal Premium	1015713. 24	1200349. 88
团体业务	Group Business	376702. 21	410212. 98
新单保费	New Business Premium	350045. 54	389858. 99
续期保费	Renewal Premium	26656. 67	20353. 99
意外伤害险	Accident Injury Insurance	123060. 18	131390. 01
一年期以内业务	Within One-year Period Business	8017. 24	8147. 73
一年期业务	One-year Period Business	115042. 94	123242. 28
健康险	Health Insurance	252192. 39	338146. 51
一年期以内及一年期业务	Within One Year and One-year Period Business	112485. 77	130682. 83
个人业务	Personal Business	69018. 84	82071. 48
团体业务	Group Business	43466. 93	48611. 35
一年期以上业务	Over One-year Period Business	139706. 62	207463. 68
个人业务	Personal Business	134477. 78	167348. 38
团体业务	Group Business	5228. 84	40115. 30
按新型产品分：寿险保费收入合计	Premium by New Product: Total Life Insurance Premium Income	2502846. 06	2837669. 22
普通寿险	Ordinary Insurance	892728. 69	862526. 86
新单保费	New Business Premium	203894. 37	151240. 09
续期保费	Renewal Premium	688834. 32	711286. 77
分红寿险	Dividend Insurance	1492614. 87	1614346. 95
新单保费	New Business Premium	1185600. 43	1168395. 02
续期保费	Renewal Premium	307014. 44	445951. 93
投资连结保险	Investment Link Insurance	56689. 24	73169. 15
万能寿险	Universal Life Insurance	60813. 27	287626. 26
赔款支出	**Total Indemnity Expenditure**	**116190. 56**	**128042. 30**
意外伤害险	Accident Injury Insurance	34764. 94	39643. 16
一年期以内业务	Within One-year Period Business	666. 13	919. 53
一年期业务	One-year Period Business	34098. 82	38723. 63
一年期以内及一年期健康险	Within One Year and One-year Period Health Insurance Business	81425. 61	88399. 14
个人业务	Personal Business	45774. 46	44839. 50
团体业务	Group Business	35651. 15	43559. 64
死伤医疗给付合计	**Total Payment for Death, Injury and Medical Treatment**	**44539. 34**	**57171. 97**
寿险	Life Insurance	36107. 38	39115. 95
个人业务	Personal Business	34744. 04	37282. 60
团体业务	Group Business	1363. 34	1833. 35
一年期以上健康险	Over One-year Period Health Insurance	8431. 96	18056. 03
个人业务	Personal Business	6293. 74	9895. 53
团体业务	Group Business	2138. 22	8160. 50
满期给付合计	**Total Mature Payment**	**142316. 13**	**95542. 20**
寿险	Life Insurance	142302. 29	95521. 46
个人业务	Personal Business	122039. 31	82530. 84
团体业务	Group Business	20262. 99	12990. 62
一年期以上健康险	Over One-year Period Health Insurance	13. 84	20. 74
个人业务	Personal Business	13. 84	20. 74
团体业务	Group Business	0. 00	0. 00
年金给付合计	**Total Annuity Payment**	**86098. 46**	**108490. 79**
个人业务	Personal Business	53963. 02	72191. 07
团体业务	Group Business	32135. 44	36299. 72
退保金	**Withdrawal Amount Insured**	**299005. 83**	**425101. 06**
寿险	Life Insurance	295884. 81	419380. 51
个人业务	Personal Business	166222. 06	220501. 97
团体业务	Group Business	129662. 74	198878. 54
一年期以上健康险	Over One-year Period Health Insurance	3121. 02	5720. 55

注：本表数据包括深圳，来源于中国保险监督管理委员会广东监管局。
Note: The data in the table include those of Shenzhen and are obtained from China Insurance Regulatory Commission Guangdong Bureau.

主要统计指标解释

财政收入　是国家财政参与社会产品分配所取得的收入，是实现国家职能的财力保证。财政收入所包括的内容几经变化，目前主要包括：

（1）各项税收：包括增值税、营业税、消费税、土地增值税、城市维护建设税、资源税、城市土地使用税、印花税、个人所得税、企业所得税、关税、农牧业税和耕地占用税等。

（2）专项收入：包括征收排污费收入、征收城市水资源费收入、教育费附加收入等。

（3）其他收入：包括基本建设贷款归还收入、基本建设收入、捐赠收入等。

（4）国有企业亏损补贴：这项为负收入，冲减财政收入。

财政支出　国家财政将筹集起来的资金进行分配使用，以满足经济建设和各项事业的需要，主要包括基本建设支出、企业挖潜改造资金、地质勘探费用、科技三项费用、支援农村生产支出、农林水利气象等部门的事业费用、工业交通商业等部门的事业费、文教科学卫生事业费、抚恤和社会福利救济费、国防支出、行政管理费、价格补贴支出等科目。

信贷资金　指金融机构以信用方式积聚和分配的货币资金。金融机构信贷资金的来源有各项存款、对国际金融机构负债、流通中货币、银行自有资金及当年结益等；信贷资金的运用有各项贷款、黄金占款、外汇占款、财政借款及在国际金融机构中的资产等。

存款　指企业、机关、团体或居民根据必须收回 的原则，把货币资金存入银行或其他信用机构保管并取得一定利息的一种信用活动形式。根据存款对象的不同可划分为企业存款、财政存款、机关团体存款、基本建设存款、城镇居民储蓄、农村存款等科目。它是银行信贷资金的主要来源。

贷款　指银行或其他信用机构根据资金必须归还的原则 ，按一定利率，为企业、个人等提供资金的一种信用活动形式。我国银行贷款分流动资金贷款、固定资产贷款、城乡个体工商户贷款以及农业贷款等科目。

城乡居民储蓄存款余额　指某一时点城乡居民存入银行及农村信用社的储蓄金额，包括城镇居民储蓄存款和农民个人储蓄存款，不包括居民的手存现金和工矿企业、部队、机关、团体等单位存款。

保险金额　指保险人承担赔偿或者给付保险金责任的最高限额。

保费　指投保人为取得保险人在约定范围内所承担赔偿责任而支付给保险人的费用。

赔款　指保险人根据保险合同的规定，向被保险人支付的赔偿保险责任损失的金额。

给付　包括死伤医疗给付和满期给付。死伤医疗给付是指保险人根据人寿保险及长期健康保险合同的规定，因被保险人在保险期内发生保险责任范围内的保险事故支付给被保险人（或受益人）的金额。满期给付是指被保险人生存期满，保险人按人寿保险合同规定支付给被保险人的满期保险金额。

Explanatory Notes on Main Statistical Indicators

Government Revenue refers to the revenue of the government finance by means of participating in the distribution of the social products, which is the financial resources for ensuring the government to function. The contents of government revenue have been changed several times. Now it includes the following main items:

(1) Various tax revenues, including value added tax, business tax, consumption tax, land value added tax, tax on city maintenance and construction, resources tax, tax on use of urban land, stamp tax, personal income tax, enterprise income tax, tariff, tax on agriculture and animal husbandry and tax on occupancy of cultivated land, etc.

(2) Special revenues, including revenue collected from imposing fee on sewage treatment, revenue collected from imposing fee on urban water resources, and extra-charges for education, etc.

(3) Other revenues, including revenue from the repayment of capital construction loan, revenue from capital construction projects, and donations and grants.

(4) Planned subsidies for the losses of the state-owned enterprises. This is an item of negative revenue, used to eat up part of the government revenue.

Government Expenditure refers to the distribution and use of the funds the government finance has raised, so as to meet the needs of economic construction and various causes. It mainly includes expenditure for capital construction, innovation funds of the enterprises, geological prospecting expenses, expenditures for science and technology promotion, expenditure for supporting rural production, operating expenses of the departments of farming, forestry, water conservancy and meteorology and the others, operating expenses of the departments of industry, transport and commerce, operating expenses of the departments of culture, education, science and public health, pension for the disabled or for the families of the bereaved and relief funds for social welfare, expenditures for national defense, administrative expenses and expenditure for price subsidies, etc.

Credit Funds refer to the funds issued as loans by banking institutions. The sources of credit funds of the banking institutions include deposits, liabilities to international financial institutions, currency in circulation, self-owned funds and current retained profits, etc. The credit funds can be used in forms of loans, gold, foreign exchange, government debt and assets in the international financial institutions.

Deposit is a form of credit by which enterprises, institutions, organizations or residents can put money into banks and other credit institutions for safekeeping and interest earning under the principle of free withdrawal. According to the different depositors, deposits are divided into enterprise deposits, urban saving deposits, rural deposits of government agencies and organizations, capital construction deposits, urban saving deposits, rural deposits and other deposits. Deposits are major sources of the credit funds of banks.

Loan is a form of credit by which banks and other credit institutions provide funds at certain interest rate to enterprises and individuals in the light of the principle of unconditional repayment. Loans from Chinese banks include circulating capital loans, fixed assets loans, loans to urban and rural individuals engaged in industrial and commercial business and agricultural loans.

Savings Deposits by Urban and Rural Residents refer to the total value of savings deposits of urban and rural households in banks and rural credit cooperatives at a given point of time, including the savings deposit of urban residents and the savings deposit of rural residents. The cash in hand by residents and the deposits of organizations such as enterprises, military units, government agencies, institutions and the others are not included.

Amount Insured refers to the amount of maximum that the insurant will get for the claim of the case insured.

Premium is the fee paid by the insurant to the insurer to obtain the obligation of compensation from the insurance within the agreed terms.

Settled Claim is the compensation paid by the insurer to the insurant in accordance with the insurance contract.

Payment includes payment for death, injury or medical treatment and mature payment. Payment for death, injury or medical treatment refers to the money paid to the insurant (or the beneficiary) in accordance with the life or health insurance contract when the insurant encounters accidents within the insured period covered in the contract. Mature payment refers to the mature payment to the insurant in accordance with the life insurance contract at the end of the insured period.

九、物价指数

9

PRICE INDICES

九 物价指数

简要说明

一、本篇资料反映生产、流通、消费等环节的价格变动情况。主要包括居民消费价格指数、商品零售价格指数、农业生产资料价格指数、工业品出厂价格指数和原材料、燃料、动力购进价格指数和固定资产投资价格指数。

二、本篇资料由国家统计局广东调查总队消费价格调查处和生产投资价格调查处整理提供。

三、居民消费价格指数、商品零售价格指数采用分层抽样调查方法编制，即在全省选择不同经济区域的市、县以及有代表性的商品和服务项目作为样本，对市场价格进行经常性调查，以样本推断总体。

四、工业品出厂价格指数和原材料、燃料、动力购进价格指数均采用重点调查与典型调查相结合的方法统计。

五、固定资产投资价格指数采用重点调查与典型调查相结合的方法统计。

9 Price Indices

Brief Introduction

Ⅰ. The data on the price indices in this chapter show the changing trend and the changing rates in production, circulation and consumption, etc, including mainly consumer price indices of residents, retail price indices, price indices of agricultural means of production, ex-factory price indices of industrial products, purchasing price indices of raw materials, fuels and power, and price indices of investment in fixed assets.

Ⅱ. The data are prepared and provided by both the Division of Consumers Price Survey and the Division of Production Price Survey under Guangdong Survey Office of National Bureau of Statistics.

Ⅲ. The data for the calculation of the consumer price indices of residents and the retail price indices in the province are collected with the stratified sampling method. Areas distributed in different economic regions in the cities and counties of the province are selected as the sample areas, and the representative commodities are selected as the sample commodities. Regular surveys are conducted to collect the data on the market prices. The data on the population are estimated on the basis of the sample.

Ⅳ. The data for the calculation of the ex-factory price indices of industrial products and the purchasing price indices of raw materials, fuels and power are all collected by the key units survey and the typical units survey.

Ⅴ. The price indices of investment in fixed assets are collected by the key units survey and the typical units survey.

9-1 各种物价总指数（1978－2005年）
Price Indices（1978－2005）

（上年＝100）　　　　（preceding year＝100）

年份 Year	商品零售价格指数 Retail Price Index	居民消费价格指数 Consumer Price Index	城市居民消费价格指数 Urban Areas	农村居民消费价格指数 Rural Areas	农村工业品零售价格指数 Retail Price Indices of Industrial Products in Rural Areas	工业品出厂价格指数 Ex-factory Price Indices of Industrial Products	原材料、燃料、动力购进价格指数 Purchasing Price Indices of Raw Materials, Fuels and Power	固定资产投资价格指数 Investment in Fixed Assets Price Index
1978	100.4		100.3		100.1			
1979	103.0		104.6		100.3			
1980	108.5		109.5		101.4			
1981	109.3		106.3		101.9			
1982	102.3		102.6		102.1			
1983	100.7		102.8		100.5			
1984	101.2	101.3	101.9	100.4	101.9			
1985	113.6	114.8	117.1	111.2	104.5			
1986	104.8	104.9	104.7	105.3	104.4			
1987	111.7	111.2	112.8	109.7	109.4			
1988	130.2	129.4	129.5	129.3	125.9			
1989	121.0	122.1	121.9	122.4	119.5			
1990	95.6	97.5	97.4	97.6	97.2			
1991	100.6	101.2	102.3	99.9	100.8			
1992	105.8	107.3	108.4	105.9	102.3			
1993	118.2	121.6	122.0	120.6	115.5			
1994	118.9	121.7	121.0	122.5	113.7			
1995	111.6	114.0	113.1	115.3	107.1			
1996	104.4	107.0	107.2	106.5	104.5			
1997	100.1	101.9	102.1	101.5	101.0	100.1	97.3	
1998	97.0	98.2	98.3	98.1	97.7	94.8	91.4	
1999	96.7	98.2	98.4	97.7	97.3	97.7	97.8	
2000	99.9	101.4	102.2	100.0	100.2	103.4	110.9	
2001	98.7	99.3	99.2	99.6	98.4	98.5	99.1	100.2
2002	98.5	98.6	98.6	98.6	98.4	96.5	96.3	99.7
2003	100.0	100.6	100.7	100.4	100.1	99.3	104.1	102.2
2004	102.9	103.0	102.6	103.7	101.0	101.7	110.6	106.4
2005	101.8	102.3	102.0	102.7	100.6	101.5	105.0	101.6

9-2 各种物价总指数（1978－2005年）
Price Indices（1978－2005）

（1978年＝100） （1978＝100）

年份 Year	商品零售价格指数 Retail Price Index	城市居民消费价格指数 Consumer Price Index in Urban Areas	农村工业品零售价格指数 Retail Price Index of Industrial Products in Rural Areas	工业品出厂价格指数 Ex-factory Price Indices of Industrial Products	原材料、燃料、动力购进价格指数 Purchasing Price Indices of Raw Materials，Fuels and Power	固定资产投资价格指数 Investment in Fixed Assets Price Index
1978	100.0	100.0	100.0			
1979	103.0	101.6	100.3			
1980	111.8	114.5	101.7			
1981	122.0	121.7	103.7			
1982	124.9	124.9	105.8			
1983	125.7	128.3	106.3			
1984	127.2	130.8	108.4			
1985	144.5	153.1	113.3			
1986	151.5	160.3	118.3			
1987	169.2	180.9	129.4			
1988	220.3	234.3	163.0			
1989	266.6	285.6	194.8			
1990	254.8	278.2	189.4			
1991	256.4	284.6	190.9			
1992	271.3	308.5	195.3			
1993	320.6	376.4	225.6			
1994	381.3	455.5	256.4			
1995	425.6	515.1	274.6			
1996	444.3	552.2	287.0	100.0	100.0	
1997	444.7	563.7	289.9	100.1	97.3	
1998	431.4	554.2	283.2	94.9	88.9	
1999	417.1	545.3	275.6	92.7	86.9	
2000	416.7	553.0	276.1	95.9	96.4	100.0
2001	411.3	548.5	271.7	94.5	95.5	100.2
2002	405.1	540.9	267.3	91.2	92.0	99.9
2003	405.1	544.7	267.6	90.6	95.8	102.1
2004	416.9	558.9	270.2	92.1	106.0	108.6
2005	424.4	570.1	271.9	93.5	111.3	110.3

注：工业品出厂价格指数，原材料、燃料、动力购进价格指数以1996年为100。固定资产投资价格指数以2000年为100。
Note：The year of 1996 is taken as 100 in the calculation of ex-factory price indices of industrial products and purchasing price indices of raw materials，fuels and power. The year of 2000 is taken as 100 in the calculation of investment in fixed assets price index.

9-3 居民消费价格分类指数（2005 年）
Consumer Price Indices by Category（2005）

（上年=100） （preceding year=100）

项　　目	Item	全　省 Provincial Indices	城　市 Urban Indices	农　村 Rural Indices
居民消费价格指数	**Consumer Price Index**	**102.3**	**102.0**	**102.7**
非食品价格指数	**Non-food Price Index**	**100.9**	**100.6**	**101.6**
服务项目价格指数	**Service Price Index**	**101.7**	**101.4**	**102.4**
扣除鲜菜鲜果价格指数	**Price Index Deducting Fresh Vegetables and Fruits**	**102.0**	**101.7**	**102.5**
消费品价格指数	**Consumer Goods Price Index**	**102.4**	**102.3**	**102.8**
食品	**Food**	**104.7**	**104.7**	**104.6**
粮食	Grain	101.8	102.3	101.1
大米	Rice	101.5	102.1	100.5
粮食制品	Grain Products	103.2	103.1	103.4
淀粉及薯类	Starches and Tubers	102.4	103.7	100.1
干豆类及豆制品	Beans and Its Products	105.1	105.7	103.9
油脂	Oil or Fat	99.9	99.7	100.3
肉禽及其制品	Meat，Poultry and Their Products	105.8	105.6	106.0
蛋	Eggs	104.6	104.8	104.0
水产品	Aquatic Products	109.3	108.9	110.7
菜	Vegetables	110.2	109.9	110.7
鲜菜	Fresh Vegetables	111.4	110.9	112.5
干菜及菜制品	Dried Vegetables and Vegetable Products	100.7	101.5	99.0
调味品	Flavoring	100.6	100.8	100.4
糖	Carbohydrate	104.2	104.2	104.3
食糖	Sugar	111.4	112.5	109.6
糖果	Candy	100.3	99.2	102.5
茶及饮料	Tea and Beverages	101.0	101.2	100.5
干鲜瓜果	Dried and Fresh Melons and Fruits	99.8	100.9	97.1
鲜果	Fresh Fruits	99.1	100.4	96.0
糕点饼干面包	Cake，Biscuit and Bread	101.8	101.8	101.6
奶及奶制品	Milk and Its Products	99.0	98.8	99.7
在外用膳食品	Outward Dinner	102.8	102.8	102.9
其它食品及食品加工服务	Other Foods and Manufacturing Services	104.3	102.7	106.8
烟酒及用品	**Tobacco，Liquor and Articles**	**101.3**	**100.8**	**102.0**
烟草	Tobacco	101.7	101.8	101.6
酒	Liquor	101.6	100.6	102.8
衣着	**Clothing**	**98.3**	**97.4**	**100.4**
服装	Garments	98.0	96.9	100.7
衣着材料	Clothing Material	100.7	101.2	100.2
棉布	Cotton Cloth	99.2	100.4	98.3
毛织品	Woolen Fabrics	101.1	101.5	100.4
丝织品	Silk and Satin	101.4	101.1	101.8
毛线	Knitting Wool	100.2	100.8	99.4
鞋袜帽	Footwear and Hats	98.7	98.1	99.9
鞋	Shoes	98.3	97.8	99.9
袜子	Socks and Stockings	99.7	99.2	100.7

9-3 续表 continued

(上年=100) (preceding year=100)

项　　目	Item	全　省 Provincial Indices	城　市 Urban Indices	农　村 Rural Indices
帽子	Hats	102.8	104.2	100.8
衣着加工服务	Clothing Manufacturing Services	100.4	100.3	100.4
家庭设备用品及维修服务	**Household Facilities, Articles and Services**	**100.6**	**100.7**	**100.4**
耐用消费品	Durable Consumer Goods	99.3	98.9	100.4
家具	Furniture	98.9	97.7	101.6
家庭设备	Household Facilities	99.5	99.5	99.4
室内装饰品	Interior Decorations	100.5	100.1	101.6
床上用品	Bed Articles	99.3	99.6	98.8
家庭日用杂品	Daily Use Household Articles	101.3	101.6	100.7
家庭服务及加工维修服务	Other Household Services and Manufacturing Upkeep	104.4	105.8	100.4
医疗保健和个人用品	**Health Cares & Personal Articles**	**99.2**	**98.9**	**100.0**
医疗保健	Medical Appliances and Articles	99.1	98.7	99.9
中药材及中成药	Traditional Chinese Medicine	97.7	97.2	99.0
西药	Western Medicine	98.9	98.5	99.6
医疗保健服务	Health Care Services	100.4	100.1	100.9
个人用品及服务	Personal Articles and Services	99.5	99.2	100.3
化妆美容用品	Cosmetics and Its Articles	97.5	96.8	99.6
卫生用品	Sanitary Articles	99.5	99.5	99.3
个人饰品	Personal Decorations	101.5	101.3	101.8
个人服务	Personal Services	99.9	99.4	100.7
交通和通讯	**Transportation and Communication**	**99.1**	**99.2**	**98.6**
交通	Transportation	100.7	100.8	100.3
交通工具	Transportation Facility	95.0	94.9	95.1
市区公共交通	Incity Traffic	101.2	100.6	103.6
城市间交通	Intercity Traffic	101.7	102.6	99.2
通信	Telecommunication	97.5	97.7	96.8
通信工具	Telecommunication Facility	87.5	87.6	87.4
通信服务	Telecommunication Services	100.0	100.0	100.0
娱乐教育文化用品及服务	**Recreational, Educational, Cultural Articles and Their Services**	**100.3**	**99.5**	**102.2**
文娱用耐用消费品及服务	Durable Consumer Goods for Recreational Use	93.6	92.6	95.7
教育	Education	102.5	101.6	104.5
教材及参考书	Teaching Materials and Reference Books	102.4	102.7	102.1
学杂托幼费	Tuition and Children Care	102.5	101.4	105.1
文化娱乐用品	Cultural and Recreational Articles	100.7	100.8	100.3
文化娱乐	Stationery and Recreational Articles	99.0	98.9	99.2
书报杂志	Newspapers and Magazines	101.8	101.7	102.0
文娱费	Expenditure of Entertainment	101.4	102.1	100.1
旅游及外出	Touring and Outgoing	100.3	99.2	102.2
居住	**Residence**	**104.4**	**104.5**	**104.4**
建房及装修材料	Building and Building Decoration Materials	101.3	101.5	101.2
租房	Rent	99.9	99.9	100.1
自有住房	Private Housing	105.7	106.5	102.9
水、电、燃料	Water, Electricity and Fuels	106.9	106.4	108.1

9-4 商品零售价格分类指数（2005 年）
Retail Price Indices by Category of Commodities (2005)

（上年=100） (preceding year=100)

项目	Item	全省 Provincial Indices	城市 Urban Indices	农村 Rural Indices
商品零售价格总指数	**Retail Price Index**	**101.8**	**101.5**	**102.2**
食品	**Food**	**104.6**	**104.5**	**104.7**
粮食	Grain	102.0	102.2	101.6
大米	Rice	101.6	102.2	100.9
粮食制品	Grain Products	103.5	102.4	105.6
淀粉及薯类	Starches and Tubers	102.6	103.7	101.2
干豆类及豆制品	Beans and Its Products	104.8	105.8	102.9
油脂	Oil or Fat	100.1	99.8	100.7
肉禽及其制品	Meat, Poultry and Their Products	105.6	105.4	106.1
食用畜肉及副产品	Edible Meat and By-products	104.2	104.3	103.9
禽	Poultry	109.8	108.6	111.7
肉禽加工制品	Processed Products	104.3	103.7	105.4
蛋	Eggs	105.1	105.2	104.9
水产品	Aquatic Products	108.9	108.3	110.1
鱼	Fish	111.7	111.6	111.8
其它水产品	Other Aquatic Products	104.6	104.2	106.0
菜	Vegetables	109.5	109.8	108.8
鲜菜	Fresh Vegetables	110.6	110.8	110.3
干菜及菜制品	Dried Vegetables and Vegetable Products	100.2	101.2	98.5
调味品	Flavoring	100.7	100.7	100.7
糖	Carbohydrate	103.9	103.8	104.3
食糖	Sugar	109.9	110.7	108.8
糖果	Candy	100.4	98.9	102.8
干鲜瓜果	Dried and Fresh, Melons and Fruits	99.6	99.9	99.1
鲜果	Fresh Fruits	99.1	99.4	98.4
糕点饼干面包	Cake	101.8	101.9	101.7
奶及奶制品	Milk and Its Products	99.1	98.9	99.6
在外用膳食品	Outward Dinner Food	102.7	102.8	102.4
其它食品	Other Foods	102.6	102.7	102.4
饮料、烟酒	**Beverages, Tobacco and Liquor**	**101.3**	**101.3**	**101.4**
茶及饮料	Tea and Beverages	100.8	100.8	100.9
茶叶	Tea	102.0	102.1	101.6
饮料	Beverages	100.0	99.7	100.3
烟草	Tobacco	101.5	101.5	101.5
酒	Liquor	101.8	101.7	101.8
服装、鞋帽	**Garments, Shoes and Hats**	**97.8**	**96.7**	**99.9**
服装	Garments	97.5	96.0	100.4
男式服装	Men's Garments	96.6	95.0	99.5
女式服装	Women's Garments	98.1	96.7	100.8
儿童服装	Children's Garments	98.2	96.2	101.4
鞋袜帽	Footwear and Hats	98.6	98.2	99.5
其它	Others	97.9	98.7	97.0
纺织品	**Textiles**	**99.1**	**99.5**	**98.5**
衣着材料	Clothing Materials	100.4	101.1	99.6
床上用品	Bed Articles	98.5	98.9	97.9
家用电器及音像器材	**Household Appliances, Music and Video Equipment**	**96.6**	**96.2**	**97.3**
家庭设备	Household Facilities	99.4	99.3	99.6

9-4 续表 continued

（上年＝100） (preceding year＝100)

项目	Item	全省 Provincial Indices	城市 Urban Indices	农村 Rural Indices
文娱用耐用消费品	Durable Consumer Goods for Recreational Use	93.3	92.0	95.3
音像器材	Audio and Video Equipment	96.5	96.5	96.5
文化办公用品	**Cultural and Office Articles**	**94.8**	**94.3**	**96.1**
日用品	**Articles for Daily Use**	**101.0**	**101.4**	**100.2**
日用百货	General Merchandise for Daily Use	100.4	100.4	100.4
日用杂品	Sundries for Daily Use	101.8	102.9	99.7
洗涤用品	Detergents	100.4	100.4	100.4
其它日用品	Other Articles for Daily Use	101.5	102.0	100.1
体育娱乐用品	**Sports and Recreational Articles**	**99.9**	**100.0**	**99.5**
体育用品	Sports Goods	100.8	100.8	100.6
娱乐用品	Recreational Articles	99.0	99.3	98.3
交通、通信用品	**Transportation and Telecommunication Articles**	**91.6**	**91.2**	**92.5**
交通运输机械	Transportation Machinery	94.9	95.3	93.8
通讯器材	Telecommunication Equipment	88.2	86.8	91.2
家具	**Furniture**	**99.2**	**98.0**	**101.2**
化妆品	**Cosmetics**	**98.8**	**98.7**	**99.2**
金银珠宝	**Gold, Silver and Jewelry**	**105.3**	**105.1**	**105.8**
中西药品及医疗保健用品	**Traditional Chinese & Western Medicine and Health Care Article**	**98.9**	**98.8**	**99.1**
医疗器具及用品	Medical Apparatus and Article	101.0	100.3	102.2
中药材及中成药	Traditional Chinese Medicine Materials and Medicines	98.1	97.8	98.7
西药	Western Medicines	99.1	99.0	99.3
保健器具及用品	Health Care Appliances and Articles	99.5	100.0	98.5
书报杂志及电子出版物	**Books, Newspapers, Magazines and Electronic Publications**	**100.8**	**100.8**	**100.9**
教材及参考书	Teaching Materials and Reference Books	101.6	101.8	101.1
书报杂志	Newspapers and Magazines	101.8	101.7	102.0
电子音像制品	Electronic Audio-video Products	97.7	97.3	98.7
燃料	**Fuels**	**115.6**	**114.8**	**117.2**
煤炭及制品	Coal and Its Products	120.9	109.1	125.1
石油及制品	Petroleum and Its Products	115.2	115.0	115.6
建筑材料及五金电料	**Building Materials and Hardware**	**100.8**	**100.9**	**100.5**
建筑装璜材料	Building Decoration Materials	100.9	101.2	100.5
五金电料	Hardware	100.3	100.2	100.8

9-5 居民消费价格分类指数（2001－2005年）
Consumer Price Indices by Category（2001－2005）

（上年＝100） （preceding year＝100）

项　　目	Item	2001	2002	2003	2004	2005
居民消费价格指数	**Consumer Price Index**	**99.3**	**98.6**	**100.6**	**103.0**	**102.3**
非食品价格指数	**Non-food Price Index**	**99.9**	**98.9**	**99.7**	**100.5**	**100.9**
服务项目价格指数	**Service Price Index**	**103.3**	**101.1**	**100.1**	**100.3**	**101.7**
扣除鲜菜鲜果价格指数	**Price Index Deducting Fresh Vegetables and Fruits**	**99.2**	**98.9**	**100.1**	**103.1**	**102.0**
消费品价格指数	**Consumer Goods Price Index**	**98.1**	**97.9**	**100.8**	**103.9**	**102.4**
食品	**Food**	**98.2**	**98.1**	**102.3**	**107.5**	**104.7**
粮食	Grain	97.6	98.3	101.9	116.8	101.8
大米	Rice	97.9	99.7	101.8	122.0	101.5
粮食制品	Grain Products	96.8	97.8	99.0	107.8	103.2
淀粉及薯类	Starches and Tubers	99.4	103.1	95.4	105.3	102.4
干豆类及豆制品	Beans and Its Products	99.5	97.7	101.3	110.6	105.1
油脂	Oil or Fat	94.5	96.3	108.6	113.2	99.9
肉禽及其制品	Meat，Poultry and Their Products	98.2	99.1	100.6	112.8	105.8
蛋	Eggs	100.8	102.3	99.8	117.3	104.6
水产品	Aquatic Products	93.5	96.5	101.3	108.6	109.3
菜	Vegetables	102.8	90.9	109.7	102.8	110.2
鲜菜	Fresh Vegetables	103.8	89.7	111.7	102.8	111.4
干菜及菜制品	VDried Vegetables and Vegetable Products	96.2	99.0	97.5	102.9	100.7
调味品	Flavoring	100.7	101.2	101.3	100.3	100.6
糖	Carbohydrate	104.4	97.1	98.4	102.0	104.2
食糖	Sugar	114.7	85.3	91.3	106.2	111.4
糖果	Candy	100.0	106.5	102.3	100.2	100.3
茶及饮料	Tea and Beverages	100.9	101.2	98.7	101.2	101.0
干鲜瓜果	Dried and Fresh Melons and Fruits	96.1	99.6	106.9	102.1	99.8
鲜果	Fresh Fruits	95.8	100.0	107.8	100.0	99.1
糕点饼干面包	Cake，Biscuit and Bread	99.3	99.0	100.4	101.8	101.8
奶及奶制品	Milk and Its Products	98.5	99.1	99.8	100.5	99.0
在外用膳食品	Outward Dinner	99.3	99.8	99.9	103.0	102.8
其它食品及食品加工服务	Other Foods and Manufacturing Services	97.3	99.2	99.6	101.0	104.3
烟酒及用品	**Tobacco，Liquor and Articles**	**100.0**	**101.0**	**101.4**	**101.6**	**101.3**
烟草	Tobacco	100.1	101.6	101.7	101.6	101.7
酒	Liquor	99.2	99.5	100.9	102.3	101.6
衣着	**Clothing**	**98.2**	**99.6**	**97.7**	**99.1**	**98.3**
服装	Garments	97.4	99.7	97.6	98.9	98.0
衣着材料	Clothing Material	99.7	100.5	100.6	102.8	100.7
棉布	Cotton Cloth	100.9	99.2	101.1	104.2	99.2
毛织品	Woolen Fabrics	99.1	99.1	98.3	101.6	101.1
丝织品	Silk and Satin	101.9	99.8	100.1	101.6	101.4
毛线	Knitting Wool	99.4	98.6	99.1	100.6	100.2
鞋袜帽	Footwear and Hats	100.4	99.0	97.1	98.7	98.7
鞋	Shoes	100.1	99.3	96.9	98.6	98.3
袜子	Socks and Stockings	102.8	97.9	97.9	98.6	99.7

9-5 续表 continued

（上年＝100） (preceding year = 100)

项　　目	Item	2001	2002	2003	2004	2005
帽子	Hats	97.4	96.6	98.0	99.7	102.8
衣着加工服务	Clothing Manufacturing Services	100.0	100.9	99.9	100.6	100.4
家庭设备用品及维修服务	**Household Facilities, Articles and Services**	**99.4**	**98.8**	**98.0**	**98.6**	**100.6**
耐用消费品	Durable Consumer Goods	97.1	97.2	96.2	97.6	99.3
家具	Furniture	99.0	99.3	98.5	98.0	98.9
家庭设备	Household Facilities	96.0	96.1	94.8	97.3	99.5
室内装饰品	Interior Decorations	97.8	100.7	99.8	98.7	100.5
床上用品	Bed Articles	99.7	100.0	98.7	97.9	99.3
家庭日用杂品	Daily Use Household Articles	100.2	98.7	98.1	99.3	101.3
家庭服务及加工维修服务	Other Household Services and Manufacturing Upkeep	107.5	102.5	102.6	101.0	104.4
医疗保健和个人用品	**Health Cares & Personal Articles**	**99.3**	**98.3**	**100.4**	**99.9**	**99.2**
医疗保健	Medical Appliances and Articles	99.3	97.4	100.6	99.6	99.1
中药材及中成药	Traditional Chinese Medicine	98.7	96.0	104.1	101.3	97.7
西药	Western Medicine	98.4	94.7	97.5	97.4	98.9
医疗保健服务	Health Care Services	101.9	103.4	102.0	100.2	100.4
个人用品及服务	Personal Articles and Services	99.3	100.0	100.1	100.6	99.5
化妆美容用品	Cosmetics and Its Articles	99.4	99.9	99.7	98.4	97.5
卫生用品	Sanitary Articles	98.6	98.1	98.0	99.5	99.5
个人饰品	Personal Decorations	98.4	99.6	102.8	105.6	101.5
个人服务	Personal Services	100.9	102.8	100.5	99.8	99.9
交通和通讯	**Transportation and Communication**	**99.7**	**98.0**	**97.9**	**98.8**	**99.1**
交通	Transportation	98.6	97.5	99.0	100.0	100.7
交通工具	Transportation Facility	95.5	93.6	96.1	95.9	95.0
市区公共交通	Incity Traffic	100.3	99.9	98.9	100.1	101.2
城市间交通	Intercity Traffic	102.3	102.4	98.3	100.0	101.7
通信	Telecommunication	100.8	98.5	96.7	97.8	97.5
通信工具	Telecommunication Facility	82.2	85.6	84.1	88.0	87.5
通信服务	Telecommunication Services	105.0	101.1	99.7	100.1	100.0
娱乐教育文化用品及服务	**Recreational, Educational, Cultural Articles and Their Services**	**101.5**	**98.8**	**98.0**	**99.4**	**100.3**
文娱用耐用消费品及服务	Durable Consumer Goods for Recreational Use	92.7	91.1	92.1	93.8	93.6
教育	Education	106.0	102.2	100.2	101.0	102.5
教材及参考书	Teaching Materials and Reference Books	102.9	101.2	101.4	103.5	102.4
学杂托幼费	Tuition and Children Care	106.4	102.3	100.0	100.6	102.5
文化娱乐用品	Cultural and Recreational Articles	102.8	101.5	100.8	100.2	100.7
文化娱乐	Stationery and Recreational Articles	100.2	99.5	99.5	99.4	99.0
书报杂志	Newspapers and Magazines	103.7	102.5	101.5	100.6	101.8
文娱费	Expenditure of Entertainment	104.9	102.8	101.5	100.6	101.4
旅游及外出	Touring and Outgoing	96.8	93.1	94.7	99.3	100.3
居住	**Residence**	**99.9**	**99.3**	**103.1**	**103.8**	**104.4**
建房及装修材料	Building and Building Decoration Materials	98.6	99.1	101.4	106.0	101.3
租房	Rent	104.5	107.5	105.3	100.0	99.9
自有住房	Private Housing	100.0	96.6	100.0	100.3	105.7
水、电、燃料	Water, Electricity and Fuels	99.1	98.0	104.7	105.4	106.9

9-6 商品零售价格分类指数（2003－2005年）
Retail Price Indices by Category of Commodities (2003－2005)

（上年＝100） (preceding year＝100)

项目	Item	2003	2004	2005
商品零售价格总指数	**Retail Price Index**	**100.0**	**102.9**	**101.8**
食品	**Food**	**102.0**	**107.7**	**104.6**
粮食	Grain	101.1	117.2	102.0
大米	Rice	101.3	122.2	101.6
粮食制品	Grain Products	98.8	107.4	103.5
淀粉及薯类	Starches and Tubers	98.0	106.4	102.6
干豆类及豆制品	Beans and Its Products	101.4	109.0	104.8
油脂	Oil or Fat	108.9	113.0	100.1
肉禽及其制品	Meat, Poultry and Their Products	100.6	112.5	105.6
食用畜肉及副产品	Edible Meat and By-products	101.0	117.2	104.2
禽	Poultry	100.2	106.5	109.8
肉禽加工制品	Processed Products	99.9	104.7	104.3
蛋	Eggs	99.4	117.0	105.1
水产品	Aquatic Products	100.8	108.7	108.9
鱼	Fish	100.5	110.9	111.7
其它水产品	Other Aquatic Products	101.4	105.1	104.6
菜	Vegetables	108.2	103.8	109.5
鲜菜	Fresh Vegetables	109.9	104.0	110.6
干菜及菜制品	Dried Vegetables and Vegetable Products	97.8	102.1	100.2
调味品	Flavoring	101.2	100.6	100.7
糖	Carbohydrate	99.1	101.9	103.9
食糖	Sugar	92.4	105.0	109.9
糖果	Candy	103.7	100.4	100.4
干鲜瓜果	Dried and Fresh, Melons and Fruits	105.9	103.1	99.6
鲜果	Fresh Fruits	106.4	101.7	99.1
糕点饼干面包	Cake	100.6	101.9	101.8
奶及奶制品	Milk and Its Products	100.0	100.7	99.1
在外用膳食品	Outward Dinner Food	99.9	102.3	102.7
其它食品	Other Foods	100.7	101.3	102.6
饮料、烟酒	**Beverages, Tobacco and Liquor**	**100.6**	**101.6**	**101.3**
茶及饮料	Tea and Beverages	99.6	100.9	100.8
茶叶	Tea	100.6	101.6	102.0
饮料	Beverages	98.9	100.3	100.0
烟草	Tobacco	101.4	101.7	101.5
酒	Liquor	100.8	102.2	101.8
服装、鞋帽	**Garments, Shoes and Hats**	**97.1**	**99.0**	**97.8**
服装	Garments	97.6	99.4	97.5
男式服装	Men's Garments	96.3	98.0	96.6
女式服装	Women's Garments	98.5	100.2	98.1
儿童服装	Children's Garments	97.5	100.3	98.2
鞋袜帽	Footwear and Hats	96.3	98.1	98.6
其它	Others	95.2	97.6	97.9
纺织品	**Textiles**	**99.0**	**99.5**	**99.1**
衣着材料	Clothing Materials	100.0	101.0	100.4
床上用品	Bed Articles	98.6	98.8	98.5
家用电器及音像器材	**Household Appliances, Music and Video Equipment**	**94.0**	**95.7**	**96.6**
家庭设备	Household Facilities	95.2	97.3	99.4

9-6 续表 continued

(上年=100) (preceding year=100)

项　　目	Item	2003	2004	2005
文娱用耐用消费品	Durable Consumer Goods for Recreational Use	92.6	93.5	93.3
音像器材	Audio and Video Equipment	95.2	96.9	96.5
文化办公用品	**Cultural and Office Articles**	**94.8**	**95.6**	**94.8**
日用品	**Articles for Daily Use**	**99.1**	**100.3**	**101.0**
日用百货	General Merchandise for Daily Use	99.2	99.3	100.4
日用杂品	Sundries for Daily Use	98.7	99.8	101.8
洗涤用品	Detergents	99.5	101.2	100.4
其它日用品	Other Articles for Daily Use	99.2	101.3	101.5
体育娱乐用品	**Sports and Recreational Articles**	**98.3**	**99.6**	**99.9**
体育用品	Sports Goods	100.4	100.3	100.8
娱乐用品	Recreational Articles	96.3	99.0	99.0
交通、通信用品	**Transportation and Telecommunication Articles**	**90.2**	**92.3**	**91.6**
交通运输机械	Transportation Machinery	96.5	95.3	94.9
通讯器材	Telecommunication Equipment	83.9	89.1	88.2
家具	**Furniture**	**98.7**	**98.7**	**99.2**
化妆品	**Cosmetics**	**99.6**	**98.5**	**98.8**
金银珠宝	**Gold, Silver and Jewelry**	**108.9**	**113.2**	**105.3**
中西药品及医疗保健用品	**Traditional Chinese & Western Medicine and Health Care Article**	**100.4**	**99.7**	**98.9**
医疗器具及用品	Medical Apparatus and Article	101.4	101.8	101.0
中药材及中成药	Traditional Chinese Medicine Materials and Medicines	103.5	102.5	98.1
西药	Western Medicines	98.4	97.5	99.1
保健器具及用品	Health Care Appliances and Articles	98.8	99.3	99.5
书报杂志及电子出版物	**Books, Newspapers, Magazines and Electronic Publications**	**100.4**	**101.5**	**100.8**
教材及参考书	Teaching Materials and Reference Books	100.9	104.0	101.6
书报杂志	Newspapers and Magazines	100.7	100.5	101.8
电子音像制品	Electronic Audio-video Products	98.3	98.0	97.7
燃料	**Fuels**	**113.1**	**112.9**	**115.6**
煤炭及制品	Coal and Its Products	93.7	108.8	120.9
石油及制品	Petroleum and Its Products	113.1	112.9	115.2
建筑材料及五金电料	**Building Materials and Hardware**	**101.3**	**104.4**	**100.8**
建筑装璜材料	Building Decoration Materials	101.7	105.5	100.9
五金电料	Hardware	99.8	100.7	100.3

9-7 各市居民消费价格分类指数（2005 年）
Consumer Price Indices by Category and by City（2005）

（上年 = 100） （preceding year = 100）

市别 City	总指数 General Index	服务项目 Services	食品 Food	#粮食 Grain	#油脂 Oil or Fat	#肉禽及其制品 Meat and Poultry	#蛋 Eggs	#水产品 Aquatic Products	#菜 Vegetables	#干鲜瓜果 Dried and Fresh Melons and Fruits
广州 Guangzhou	101.5	101.4	104.3	104.2	99.4	107.5	106.1	107.8	108.9	95.9
深圳 Shenzhen	101.6	100.8	104.5	103.1	99.0	103.3	107.4	108.5	114.6	102.7
珠海 Zhuhai	102.2	101.8	104.5	96.3	100.0	101.7	105.0	108.4	120.0	98.7
汕头 Shantou	102.5	101.5	104.6	101.7	101.5	107.1	104.6	105.6	105.8	101.8
佛山 Foshan	101.7	102.1	104.7	100.4	97.7	103.3	102.2	109.1	105.4	109.7
韶关 Shaoguan	101.3	101.5	102.1	99.3	96.0	101.6	103.8	107.1	103.4	103.5
河源 Heyuan	102.7	105.7	103.5	105.0	104.2	104.5	105.4	108.3	107.2	96.6
梅州 Meizhou	102.2	101.5	103.7	99.7	97.3	104.1	109.7	108.6	113.8	98.1
惠州 Huizhou	102.0	102.6	104.0	106.9	110.0	101.3	100.8	116.0	115.3	101.6
汕尾 Shanwei	102.3	102.2	104.3	101.5	99.8	106.5	105.3	106.4	112.4	92.2
东莞 Dongguan	102.4	100.4	106.5	102.9	97.6	115.3	106.6	107.3	103.2	104.4
中山 Zhongshan	102.4	101.8	106.8	107.4	100.9	110.0	107.3	114.6	114.8	107.7
江门 Jiangmen	102.8	102.7	106.2	102.1	104.4	108.0	105.2	112.8	117.9	91.0
阳江 Yangjiang	102.3	102.2	103.8	105.8	95.9	109.4	94.6	102.0	97.1	100.5
湛江 Zhanjiang	101.4	101.0	103.3	96.7	98.1	103.5	96.1	107.7	109.4	92.0
茂名 Maoming	101.6	102.2	100.3	101.6	103.0	98.3	98.8	102.3	107.4	89.4
肇庆 Zhaoqing	102.2	101.3	105.2	103.1	98.3	106.2	105.3	105.1	112.7	100.9
清远 Qingyuan	102.1	103.7	103.4	102.7	98.4	106.1	101.8	106.2	102.7	96.7
潮州 Chaozhou	102.7	102.5	108.7	102.5	94.6	106.8	112.9	110.1	127.5	100.8
揭阳 Jieyang	102.4	104.3	104.0	102.1	100.7	103.6	111.3	104.3	117.2	98.8
云浮 Yunfu	101.9	102.1	103.3	111.6	113.4	99.3	103.2	113.5	97.7	84.0

9-7 **续表** continued

(上年=100) (preceding year=100)

市 别 City	#在外用膳食品 Outward Dinner	烟酒及用品 Tobacco, Liquor and Articles	衣着 Clothing	家用设备用品及维修服务 Household Facilities, Articles and Services	医疗保健和个人用品 Health Cares & Personal Articles	交通和通讯 Transportation and Communication	娱乐教育文化用品及服务 Recreation, Education & Culture Articles and Their Services	居住 Residence
广 州 Guangzhou	102.7	102.4	91.9	101.7	100.0	98.8	99.4	102.7
深 圳 Shenzhen	102.6	99.6	103.2	100.6	99.4	98.1	98.2	103.6
珠 海 Zhuhai	103.4	100.0	96.9	100.6	99.3	99.0	102.0	104.4
汕 头 Shantou	101.7	98.3	98.2	101.1	98.1	100.3	98.8	107.7
佛 山 Foshan	107.9	99.4	96.3	99.0	97.8	99.1	98.4	106.5
韶 关 Shaoguan	101.3	100.9	102.2	100.2	99.5	99.2	98.9	104.3
河 源 Heyuan	100.0	100.0	95.2	100.9	102.7	99.8	104.5	104.8
梅 州 Meizhou	98.8	100.5	99.6	100.9	98.8	99.6	100.9	105.3
惠 州 Huizhou	98.4	98.1	97.4	97.9	99.6	100.9	103.6	103.0
汕 尾 Shanwei	105.1	100.5	99.2	97.6	101.7	100.5	100.3	103.7
东 莞 Dongguan	100.0	107.0	94.5	100.0	95.9	100.7	99.7	102.6
中 山 Zhongshan	93.3	97.3	92.9	95.2	96.4	99.8	101.6	105.1
江 门 Jiangmen	103.8	97.6	92.7	97.4	100.0	99.5	104.3	103.8
阳 江 Yangjiang	104.0	100.1	96.4	100.3	98.5	98.0	103.0	106.1
湛 江 Zhanjiang	104.9	101.0	96.2	100.3	97.5	98.5	99.5	105.3
茂 名 Maoming	100.5	99.7	98.8	99.3	99.7	99.8	102.9	108.1
肇 庆 Zhaoqing	106.4	101.1	96.3	98.3	101.0	99.4	100.0	102.7
清 远 Qingyuan	104.4	101.6	99.4	98.2	98.0	98.9	102.4	105.5
潮 州 Chaozhou	112.4	103.3	97.2	97.4	96.9	91.7	101.8	104.4
揭 阳 Jieyang	100.2	99.0	99.0	98.8	96.7	100.1	102.8	105.8
云 浮 Yunfu	110.8	111.0	106.0	99.9	98.7	90.2	101.4	104.9

9-8 各市服务项目价格分类指数（2005年）
Service Price Indices by Category and by City (2005)

（上年=100）　　　　(preceding year = 100)

市别 City	总指数 General Index	通信服务 Communication Services	市区公共交通 Incity Traffic Fare	城市间交通 Intercity Traffic Fare	个人服务 Individual Service	文娱费 Cultural and Recreation	学杂托幼费 Tuition and Child Care	旅游及外出 Touring and Outgoing	医疗保健服务费 Health Care Services
广州 Guangzhou	101.4	100.0	100.6	102.7	99.8	103.4	100.0	103.6	99.6
深圳 Shenzhen	100.8	100.0	100.0	101.7	99.4	98.7	100.0	98.3	100.0
珠海 Zhuhai	101.8	100.0	99.8	107.9	99.6	103.7	102.0	105.5	100.0
汕头 Shantou	101.5	100.0	100.0	102.8	100.4	100.0	100.0	101.3	100.0
佛山 Foshan	102.1	100.0	100.0	100.9	97.4	100.4	102.2	95.6	99.5
韶关 Shaoguan	101.5	100.0	104.6	108.7	100.2	102.9	101.0	92.6	100.4
河源 Heyuan	105.7	100.0	132.3	105.2	99.1	107.4	108.6	103.6	103.3
梅州 Meizhou	101.5	100.0	109.3	99.0	101.2	100.0	105.9	96.3	100.0
惠州 Huizhou	102.6	100.0	100.0	106.3	99.5	107.3	111.2	97.1	100.0
汕尾 Shanwei	102.2	100.0	100.9	100.1	110.9	100.0	103.9	99.8	99.9
东莞 Dongguan	100.4	100.0	100.0	102.0	99.3	106.6	103.4	92.2	100.0
中山 Zhongshan	101.8	100.0	100.0	95.9	100.8	101.7	107.0	94.7	100.2
江门 Jiangmen	102.7	100.1	100.0	106.8	99.9	101.3	108.8	102.6	99.2
阳江 Yangjiang	102.2	100.4	100.0	98.2	99.7	101.9	107.2	100.3	100.9
湛江 Zhanjiang	101.0	100.0	101.9	99.6	97.0	103.2	101.7	92.6	100.1
茂名 Maoming	102.2	100.0	103.7	97.9	99.1	100.0	105.7	104.8	100.0
肇庆 Zhaoqing	101.3	99.7	102.1	105.3	99.9	100.0	103.3	98.9	107.0
清远 Qingyuan	103.7	99.3	100.2	108.1	104.5	100.0	106.7	102.0	101.4
潮州 Chaozhou	102.5	100.0	100.0	100.8	99.1	100.2	105.1	104.4	100.0
揭阳 Jieyang	104.3	100.0	108.9	101.6	96.6	98.9	109.6	95.7	103.7
云浮 Yunfu	102.1	93.1	100.6	103.3	96.3	105.6	105.5	97.7	99.6

9-9 各市居民消费定基价格分类指数（2005 年）
Fixed-base Consumer Price Indices by Category and by City (2005)

（2000 年 = 100） （2000 = 100）

市别 City	总指数 General Index	服务项目 Services	食品 Food	烟酒及用品 Tobacco, Liquor and Articles	衣着 Clothing	家用设备用品及维修服务 Household Facilities, Articles and Services	医疗保健和个人用品 Health Cares & Personal Articles	交通和通讯 Transportation and Communication	娱乐教育文化用品及服务 Recreation, Education & Cultural Articles and Their Services	居住 Residence
广 州 Guangzhou	99.5	106.5	107.0	107.7	83.0	92.2	94.6	91.4	90.2	109.6
深 圳 Shenzhen	102.3	108.0	109.0	100.6	106.0	95.0	101.9	89.1	96.0	112.9
珠 海 Zhuhai	100.3	105.5	106.8	104.0	91.8	93.9	93.6	90.7	100.0	106.7
汕 头 Shantou	103.0	102.8	108.9	113.5	94.0	97.8	92.7	97.1	96.9	108.9
佛 山 Foshan	101.8	101.2	111.5	103.6	96.8	95.6	95.1	94.0	92.1	106.1
韶 关 Shaoguan	103.8	106.9	110.3	106.0	93.9	92.8	101.2	95.1	99.3	111.3
河 源 Heyuan	104.2	110.6	110.2	103.7	102.5	85.2	105.4	91.7	105.4	107.0
梅 州 Meizhou	103.3	105.5	110.5	103.1	92.6	91.0	90.2	96.2	100.7	113.5
惠 州 Huizhou	102.8	107.7	108.6	104.2	99.9	82.5	96.1	99.1	105.5	106.5
汕 尾 Shanwei	103.9	107.9	110.3	100.4	93.1	82.5	103.0	102.8	96.0	112.1
东 莞 Dongguan	102.3	99.2	114.2	111.4	73.5	95.8	93.0	98.1	93.1	107.1
中 山 Zhongshan	105.9	112.5	115.7	102.9	82.9	83.0	94.9	97.8	107.8	114.1
江 门 Jiangmen	103.1	105.1	108.8	95.6	86.6	90.2	107.3	95.4	98.2	110.7
阳 江 Yangjiang	103.6	105.1	112.8	104.6	95.8	89.0	92.2	93.1	95.2	111.2
湛 江 Zhanjiang	102.8	105.7	111.9	102.4	88.0	95.5	92.7	90.9	96.1	112.6
茂 名 Maoming	103.1	109.2	101.5	94.1	94.0	91.7	95.1	97.9	108.0	120.4
肇 庆 Zhaoqing	100.9	100.6	111.5	97.5	92.1	83.4	95.3	82.9	96.0	108.6
清 远 Qingyuan	102.5	103.7	116.4	104.3	87.1	81.2	94.2	91.4	88.7	111.9
潮 州 Chaozhou	103.6	120.6	113.5	106.2	85.9	80.8	92.5	79.9	113.7	113.9
揭 阳 Jieyang	102.0	101.9	106.7	107.8	100.2	97.8	87.5	91.4	92.7	113.4
云 浮 Yunfu	101.9	102.4	104.6	113.5	96.7	101.9	99.7	97.0	87.7	112.3

9-10 居民消费定基价格分类指数（2005年）
Fixed-base Consumer Price Indices By Category (2005)

（2000年=100） (2000=100)

项　目	Item	全省 Provincial Indices	城市 Urban Indices	农村 Rural Indices
居民消费价格指数	**Consumer Price Index**	**103.5**	**102.9**	**104.9**
非食品价格指数	**Non-food Price Index**	**100.0**	**99.4**	**101.5**
服务项目价格指数	**Service Price Index**	**106.7**	**107.0**	**105.7**
扣除鲜菜鲜果价格指数	**Price Index Deducting Fresh Vegetables and Fruits**	**103.2**	**102.5**	**104.9**
消费品价格指数	**Consumer Goods Price Index**	**102.7**	**101.7**	**104.8**
食品	**Food**	**110.1**	**109.8**	**111.0**
粮食	Grain	116.3	112.0	123.8
大米	Rice	123.0	117.7	132.3
粮食制品	Grain Products	104.1	102.8	107.0
淀粉及薯类	Starches and Tubers	105.6	103.0	114.0
干豆类及豆制品	Beans and Its Products	114.4	111.7	119.1
油脂	Oil or Fat	111.9	106.9	121.4
肉禽及其制品	Meat, Poultry and Their Products	116.8	116.6	117.0
蛋	Eggs	126.6	128.1	121.4
水产品	Aquatic Products	108.1	106.7	115.7
菜	Vegetables	112.1	113.9	108.2
鲜菜	Fresh Vegetables	114.5	116.0	111.3
干菜及菜制品	Dried Vegetables and Vegetable Products	96.2	99.1	89.8
调味品	Flavoring	104.2	105.5	102.5
糖	Carbohydrate	105.7	107.8	101.8
食糖	Sugar	106.0	106.4	104.6
糖果	Candy	108.8	110.7	103.4
茶及饮料	Tea and Beverages	102.9	105.2	97.3
干鲜瓜果	Dried and Fresh Melons and Fruits	101.6	103.1	97.4
鲜果	Fresh Fruits	99.2	101.7	91.6
糕点饼干面包	Cake, Biscuit and Bread	102.4	102.8	101.2
奶及奶制品	Milk and Its Products	97.0	95.1	104.4
在外用膳食品	Outward Dinner	104.8	106.3	100.1
其它食品及食品加工服务	Other Foods and Manufacturing Services	101.4	98.9	106.7
烟酒及用品	**Tobacco, Liquor and Articles**	**105.4**	**105.2**	**105.8**
烟草	Tobacco	107.0	106.9	107.0
酒	Liquor	103.6	103.5	103.7
衣着	**Clothing**	**93.1**	**92.8**	**93.8**
服装	Garments	91.8	91.8	91.8
衣着材料	Clothing Material	104.4	104.6	104.3
棉布	Cotton Cloth	104.8	100.7	107.3
毛织品	Woolen Fabrics	99.0	97.4	102.0
丝织品	Silk and Satin	104.8	106.4	102.6
毛线	Knitting Wool	98.0	100.1	95.9
鞋袜帽	Footwear and Hats	93.9	93.2	95.3
鞋	Shoes	93.4	92.4	96.7
袜子	Socks and Stockings	96.6	98.0	93.8

9-10 续表 continued

(2000年=100) (2000=100)

项 目	Item	全 省 Provincial Indices	城 市 Urban Indices	农 村 Rural Indices
帽子	Hats	94.7	95.7	94.0
衣着加工服务	Clothing Manufacturing Services	101.5	105.0	98.7
家庭设备用品及维修服务	**Household Facilities, Articles and Services**	**95.5**	**95.5**	**95.5**
耐用消费品	Durable Consumer Goods	88.0	86.6	91.9
家具	Furniture	93.8	91.7	98.6
家庭设备	Household Facilities	84.7	84.1	86.5
室内装饰品	Interior Decorations	97.5	96.5	99.5
床上用品	Bed Articles	95.7	96.2	94.4
家庭日用杂品	Daily Use Household Articles	97.7	98.2	96.5
家庭服务及加工维修服务	Other Household Services and Manufacturing Upkeep	118.9	123.3	105.7
医疗保健和个人用品	**Health Cares & Personal Articles**	**97.3**	**95.8**	**100.4**
医疗保健	Medical Appliances and Articles	96.1	94.4	99.9
中药材及中成药	Traditional Chinese Medicine	97.4	97.0	98.4
西药	Western Medicine	87.6	85.5	92.9
医疗保健服务	Health Care Services	108.3	105.4	113.3
个人用品及服务	Personal Articles and Services	99.6	98.8	101.1
化妆美容用品	Cosmetics and Its Articles	94.9	96.3	91.4
卫生用品	Sanitary Articles	93.9	93.5	94.3
个人饰品	Personal Decorations	107.9	107.9	107.7
个人服务	Personal Services	104.2	101.3	109.8
交通和通讯	**Transportation and Communication**	**93.7**	**93.9**	**93.0**
交通	Transportation	95.9	95.4	97.1
交通工具	Transportation Facility	78.3	77.9	78.9
市区公共交通	Incity Traffic	100.3	99.3	104.1
城市间交通	Intercity Traffic	105.4	102.9	112.2
通信	Telecommunication	91.5	92.4	88.7
通信工具	Telecommunication Facility	45.6	44.0	49.7
通信服务	Telecommunication Services	106.0	107.0	102.9
娱乐教育文化用品及服务	**Recreation, Education, Culture Articles and Their Services**	**97.9**	**97.5**	**98.8**
文娱用耐用消费品及服务	Durable Consumer Goods for Recreational Use	68.4	64.9	75.8
教育	Education	112.2	113.9	108.7
教材及参考书	Teaching Materials and Reference Books	112.0	112.0	111.9
学杂托幼费	Tuition and Children Care	112.1	114.1	108.3
文化娱乐用品	Cultural and Recreational Articles	106.1	107.4	101.8
文化娱乐	Stationery and Recreational Articles	97.6	98.5	95.0
书报杂志	Newspapers and Magazines	110.5	111.6	107.8
文娱费	Expenditure of Entertainment	111.7	114.0	103.3
旅游及外出	Touring and Outgoing	84.8	83.8	89.6
居住	**Residence**	**110.8**	**109.7**	**113.4**
建房及装修材料	Building and Building Decoration Materials	106.3	107.2	105.4
租房	Rent	118.0	119.6	109.1
自有住房	Private Housing	102.5	102.4	102.5
水、电、燃料	Water, Electricity and Fuels	114.8	110.5	126.0

9-11 工业品出厂价格指数（2003－2005 年）
Ex-factory Price Indices of Industrial Products（2003－2005）

（上年＝100） (preceding year＝100)

项　目	Item	2003	2004	2005
工业品出厂价格分类指数	**Ex-factory Price Indices of Industrial Products**	**99.3**	**101.7**	**101.5**
按轻重工业分	Grouped by Light and Heavy Industries			
轻工业	Light Industry	98.2	100.2	99.8
以农产品为原料	Using Farm Products as Raw Materials	100.7	103.0	101.3
以非农产品为原料	Using Nonfarm Products as Raw Materials	97.4	99.5	99.4
重工业	Heavy Industry	101.7	105.4	105.1
采掘	Mining and Quarrying	111.9	121.3	128.6
原料	Raw Materials	102.8	106.8	107.4
加工	Manufacturing	99.5	102.7	101.2
按生产生活资料分	Grouped by Light and Heavy Industries			
生产资料	Means of Production	100.0	103.1	102.5
采掘	Mining and Quarrying	111.9	121.3	128.6
原料	Raw Materials	102.8	106.5	107.2
加工	Manufacturing	98.4	101.3	100.3
生活资料	Consumer Goods	98.4	99.9	99.7
食品	Food	100.6	103.8	101.9
衣着	Clothing	100.6	102.1	100.5
一般日用品	Articles for Daily Use	99.5	100.5	101.6
耐用消费品	Durable Consumer Goods	95.7	97.4	97.5
按工业部门分	Grouped by Industrial Sectors			
冶金工业	Metallurgical Industry	102.4	111.9	104.9
电力工业	Power Industry	97.6	100.5	102.4
煤炭及炼焦工业	Coal and Coking Industry	103.7	106.3	111.6
石油工业	Petroleum Industry	116.8	114.9	124.9
化学工业	Chemical Industry	100.4	105.5	103.6
机械工业	Machine Industry	96.7	98.4	98.8
建筑材料工业	Building Materials Industry	98.1	105.2	96.2
森林工业	Timber Industry	99.0	100.0	100.4
食品工业	Food Industry	100.7	105.4	101.7
纺织工业	Textile Industry	100.5	103.5	101.5
缝纫工业	Tailoring Industry	99.6	102.6	100.4
皮革工业	Leather Industry	103.6	101.3	101.2
造纸工业	Paper-making Industry	97.6	98.9	101.0
文教艺术用品工业	Industry for Cultural，Educational & Art Articles	98.1	99.0	100.6
其它工业	Others	101.4	101.2	101.1

9-12 各市工业品出厂价格指数（2004－2005年）
Ex-factory Price Indices of Industrial Products by City（2004－2005）

（上年＝100） （preceding year＝100）

市别 City	2004	2005
全省 Province	101.7	101.5
广州 Guangzhou	102.1	101.7
深圳 Shenzhen	99.5	98.7
珠海 Zhuhai	100.1	100.8
汕头 Shantou	103.1	102.4
佛山 Foshan	102.2	101.8
韶关 Shaoguan	111.7	103.2
河源 Heyuan	111.5	103.9
梅州 Meizhou	107.6	101.9
惠州 Huzhou	99.5	97.5
汕尾 Shanwei	101.1	99.7
东莞 Dongguan	101.4	100.4
中山 Zhongshan	101.6	101.4
江门 Jiangmen	103.3	102.1
阳江 Yangjiang	104.4	103.0
湛江 Zhanjiang	109.0	111.8
茂名 Maoming	109.2	112.1
肇庆 Zhaoqing	102.2	100.6
清远 Qingyuan	104.8	103.5
潮州 Chaozhou	101.1	102.5
揭阳 Jieyang	102.3	101.6
云浮 Yunfu	105.0	101.6

9-13 分行业工业品出厂价格指数（2004－2005年）
Ex-factory Price Indices of Industrial Products by Sector（2004－2005）

（上年＝100） (preceding year＝100)

项　目	Item	2004	2005
工业品出厂价格分类指数	**Ex-factory Price Indices of Industrial Products**	**101. 7**	**101. 5**
按工业行业分	Grouped by Industrial Sector		
# 煤炭开采和洗选业	Coal Mining and Dressing	132. 5	152. 5
石油和天然气开采业	Petroleum and Natural Gas Extraction	119. 3	134. 3
黑色金属矿采选业	Ferrous Metal Minerals Mining and Dressing	237. 8	128. 2
有色金属矿采选业	Nonferrous Metals Minerals Mining and Dressing	134. 6	122. 3
非金属矿采选业	Nonmetal Minerals Mining and Dressing	102. 2	102. 3
农副食品加工业	Farm and Sideline Food Processing	110. 2	103. 1
食品制造业	Food Manufacturing	102. 6	101. 2
饮料制造业	Beverage Manufacturing	99. 0	99. 4
烟草制品业	Tobacco Products	105. 5	100. 7
纺织业	Textile Industry	103. 8	101. 6
纺织服装、鞋、帽制造业	Textile Garments, Footwear and Headgear Manufacturing	102. 0	99. 9
皮革、毛皮、羽毛（绒）及其制品业	Feather, Furs, Down and Related Products	101. 4	101. 1
木材加工及木、竹、藤、棕、草制品业	Timber Processing, Bamboo, Cane, Palm Fiber & Straw Products	100. 6	100. 9
家具制造业	Furniture Manufacturing	100. 5	100. 7
造纸及纸制品业	Papermaking and Paper Products	98. 9	101. 0
印刷业和记录媒介的复制	Printing and Record Medium Reproduction	101. 9	99. 5
文教体育用品制造业	Cultural, Educational and Sports Goods	100. 0	101. 5
石油加工、炼焦及核燃料加工业	Petroleum Refining, Coking and Nuclear Fuel Processing	113. 7	122. 7
化学原料及化学制品制造业	Raw Chemical Materials and Chemical Products	106. 4	102. 3
医药制造业	Medical and Pharmaceutical Products	96. 9	101. 5
化学纤维制造业	Chemical Fiber	105. 9	104. 5
橡胶制品业	Rubber Products	99. 9	102. 8
塑料制品业	Plastic Products	106. 8	106. 3
非金属矿物制品业	Nonmetal Mineral Products	104. 8	97. 3
黑色金属冶炼及压延加工业	Smelting and Pressing of Ferrous Metals	120. 0	103. 3
有色金属冶炼及压延加工业	Smelting and Pressing of Nonferrous Metals	120. 5	108. 5
金属制品业	Metal Products	103. 1	103. 6
通用设备制造业	General Purposes Equipment Manufacturing	102. 3	102. 2
专用设备制造业	Special Purposes Equipment Manufacturing	98. 6	100. 6
交通运输设备制造业	Transport Equipment Manufacturing	99. 5	99. 1
电气机械及器材制造业	Electric Equipment and Machinery	99. 7	102. 5
通信设备、计算机及其他电子设备制造业	Telecommunications, Computers and Other Electronic Equipment Manufacturing	97. 4	97. 1
仪器仪表及文化、办公用机械制造业	Instruments, Meters, Cultural and Office Machinery	97. 8	100. 1
工艺品及其他制造业	Handicraft and Other Manufacturing	100. 8	100. 5
电力、热力的生产和供应业	Production and Supply of Electric Power, Steam and Hot Water	100. 5	102. 4
燃气生产和供应业	Production and Supply of Gas	111. 2	115. 9
水的生产和供应业	Production and Supply of Tap Water	101. 7	100. 8

9-14 原材料、燃料、动力购进价格指数（2004－2005年）
Purchasing Price Indices of Raw Materials, Fuels and Power（2004-2005）

（上年＝100）　　(preceding year＝100)

项　目	Item	2004	2005
原材料、燃料、动力购进价格指数	**Purchasing Price Indices of Raw Materials, Fuels and Power**	**110. 6**	**105. 0**
按材料类别分	Grouped by Material		
燃料、动力类	Fuels and Power	110. 3	112. 2
黑色金属材料类	Ferrous Materials	126. 2	110. 5
＃钢材	Of which：Steel	117. 2	108. 5
其它	Others	147. 3	114. 2
有色金属材料和电线类	Nonferrous Materials and Wires	118. 4	111. 4
化工原料类	Chemical Materials	111. 9	107. 2
木材及纸浆类	Timber and Pulp	105. 8	102. 3
建筑材料及非金属矿类	Building Materials and Nonmetal Minerals	110. 5	100. 6
其它工业原材料及半成品类	Raw Materials and Semi-finished Products of Other Industries	107. 5	99. 1
农副产品类	Farm and Sideline Products	110. 3	104. 8
纺织原料类	Textile Raw Materials	108. 2	99. 1
按行业分	Grouped by Sector		
＃煤炭开采和洗选业	Coal Mining and Dressing	108. 9	114. 4
石油和天然气开采业	Petroleum and Natural Gas Extraction	103. 6	108. 7
黑色金属矿采选业	Ferrous Metal Minerals Mining and Dressing	106. 7	113. 5
有色金属矿采选业	Nonferrous Metals Minerals Mining and Dressing	106. 9	107. 0
非金属矿采选业	Nonmetal Minerals Mining and Dressing	106. 1	109. 7
其他矿采选业	Other Minerals Mining and Dressing	107. 4	104. 2
农副食品加工业	Farm and Sideline Food Processing	110. 7	106. 0
食品制造业	Food Manufacturing	110. 0	104. 7
饮料制造业	Beverage Manufacturing	105. 5	104. 9
烟草制品业	Tobacco Products	107. 9	107. 9
纺织业	Textile Industry	104. 5	104. 8
纺织服装、鞋、帽制造业	Textile Garments，Footwear and Headgear Manufacturing	103. 7	102. 9
皮革、毛皮、羽毛（绒）及其制品业	Feather，Furs，Down and Related Products	103. 7	103. 5
木材加工及木、竹、藤、棕、草制品业	Timber Processing，Bamboo，Cane，Palm Fiber & Straw Products	107. 0	108. 3
家具制造业	Furniture Manufacturing	103. 3	104. 9
造纸及纸制品业	Papermaking and Paper Products	105. 8	107. 1
印刷业和记录媒介的复制	Printing and Record Medium Reproduction	103. 7	108. 4
文教体育用品制造业	Cultural，Educational and Sports Goods	104. 5	105. 3
石油加工、炼焦及核燃料加工业	Petroleum Refining，Coking and Nuclear Fuel Processing	109. 2	108. 5
化学原料及化学制品制造业	Raw Chemical Materials and Chemical Products	112. 0	107. 2
医药制造业	Medical and Pharmaceutical Products	102. 8	104. 1
化学纤维制造业	Chemical Fiber	109. 4	106. 9
橡胶制品业	Rubber Products	112. 0	111. 4
塑料制品业	Plastic Products	108. 8	107. 0
非金属矿物制品业	Nonmetal Mineral Products	109. 5	105. 5
黑色金属冶炼及压延加工业	Smelting and Pressing of Ferrous Metals	121. 3	108. 6
有色金属冶炼及压延加工业	Smelting and Pressing of Nonferrous Metals	111. 4	105. 1
金属制品业	Metal Products	111. 7	106. 1
通用设备制造业	General Purposes Equipment Manufacturing	110. 1	104. 6
专用设备制造业	Special Purposes Equipment Manufacturing	111. 0	106. 1
交通运输设备制造业	Transport Equipment Manufacturing	108. 1	103. 9
电气机械及器材制造业	Electric Equipment and Machinery	110. 7	107. 2
通信设备、计算机及其他电子设备制造业	Telecommunications，Computers and Other Electronic Equipment Manufacturing	103. 8	105. 3
仪器仪表及文化、办公用机械制造业	Instruments，Meters，Cultural and Office Machinery	102. 3	103. 1
工艺品及其他制造业	Handicraft and Other Manufacturing	106. 0	105. 2
电力、热力的生产和供应业	Production and Supply of Electric Power，Steam and Hot Water	114. 8	111. 4
燃气生产和供应业	Production and Supply of Gas	114. 6	116. 5
水的生产和供应业	Production and Supply of Tap Water	103. 1	104. 9

9-15 固定资产投资价格指数（2001－2005年）
Price Indices of Investment in Fixed Assets（2001－2005）

（上年＝100）　　　　　　　　　　　　　　　　　　（preceding year＝100）

项目	Item	2001	2002	2003	2004	2005
固定资产投资	**Investment in Fixed Assets**	**100.2**	**99.7**	**102.2**	**106.4**	**101.6**
建筑安装、装饰工程	Construction，Installation and Decoration	101.5	101.2	104.3	109.9	102.3
人工费	Manpower	102.0	102.4	102.9	103.5	104.5
材料费	Materials	100.8	101.2	105.4	113.8	101.7
钢材	Steel	100.3	102.3	111.2	122.2	100.2
木材	Timber	101.5	101.4	99.4	103.8	101.3
水泥	Cement	100.0	98.6	102.3	110.3	100.0
地方建筑材料	Local Building Materials	101.3	98.6	99.3	105.4	103.3
化工材料	Chemical Materials	103.9	100.8	110.0	110.3	106.7
电料	Electrical Materials and Appliances	99.8	100.4	102.3	106.5	105.0
其他材料	Other Materials	101.8	99.8	97.7	102.6	101.7
机械费	Machinery	102.0	101.4	100.9	101.3	101.8
设备、工器具购置	Purchase of Equipment，Tools and Instruments	95.5	94.6	96.8	98.4	98.7
其他费用	Others	100.6	100.7	100.5	102.0	102.2

9-16 农业生产资料价格分类指数（2000－2005年）
Price Indices of Agricultural Means of Production by Category（2000－2005）

（上年＝100）　　　　　　　　　　　　　　　　　　（preceding year＝100）

年份 year	总指数 General Index	小农具 Small Farm Tools	饲料 Forage	产品畜 Product Livestock	役畜 Draught Animals	半机械化农具 Semi-mechanized Farm Tools	机械化农具 Mechanized Farm Machinery	化学肥料 Chemical Fertilizer	农药及农药械 Pesticide and Its Appliances	农用机油 Oil for Farm Machinery	其他农业生产资料 Other Agricultural Means of Production
2000	98.1	97.6	92.2	106.8	94.4	95.7	99.0	94.0	94.5	120.6	99.4
2001	97.1	100.2	99.5	96.5	100.5	99.2	99.4	95.0	97.0	97.2	98.3
2002	98.4	97.4	100.0	92.8	109.3	99.0	98.9	96.9	98.1	102.9	100.9
2003	99.6	97.2	99.1	105.0	101.8	100.5	97.6	97.4	100.6	106.1	104.4
2004	109.4	101.2	116.0	127.3	106.4	102.2	102.0	111.7	102.3	104.5	100.6
2005	105.8	102.4	104.2	105.6	105.0	102.3	102.0	108.0	101.7	107.7	110.7

主要统计指标解释

居民消费价格指数 是度量消费商品及服务项目价格水平随着时间而变动的相对数，反映居民家庭购买的消费品及服务价格水平的变动情况。它是宏观经济分析和决策、调控和价格总水平监测以及国民经济核算的重要指标。其按年度计算的变动率通常被用来作为反映通货膨胀（或紧缩）程度的指标。

商品零售价格指数 是度量市场商品零售价格水平变动趋势和变动程度的相对数，反映商品在流通过程中最后一个环节的价格即工业、商业、餐饮业和其他零售企业向城乡居民、机关团体出售生活消费品和办公用品价格水平的变动趋势。它可以为国家宏观调控和国民经济核算提供参考依据，并在此基础上派生其他价格指数。

城市居民消费价格指数 是反映城市居民家庭所购买的生活消费品和服务项目价格变动趋势及其程度的相对数。编制城市居民消费价格指数，可以观察和分析消费品的零售价格和服务项目价格变动对职工货币工资的影响，作为研究职工生活和确定工资政策的依据。

农村居民消费价格指数 是反映农村居民家庭所购买的生活消费品的价格和服务项目价格变动趋势和程度的相对数。用它可以观察农村消费品的零售价格和服务项目价格变动对农村居民生活消费支出的影响，直接反映农民生活水平的实际变化情况，为分析和研究农村居民生活问题提供依据。

农村工业品零售价格指数 是反映农村市场工业品零售价格水平变动趋势和程度的相对数。通过农村工业品零售价格指数，可以观察工业品零售价格变动对农民货币支出的影响。

工业品出厂价格指数 是反映各工业部门主要工业产品出厂价格变动趋势和程度的相对数。编制该价格指数，用以观察和分析在生产环节中工业品价格变动对企业经济效益及宏观经济运行的影响，并为工业增长速度的科学计算提供重要的依据。

原材料、燃料和动力购进价格指数 是反映工业企业购进原材料、燃料、动力价格的变动趋势和程度的相对数。编制该价格指数，是从投入的角度，观察和分析物料投入价格水平变动对工业产出的影响。

固定资产投资价格指数 是反映全社会及各类工程固定资产投资价格变动幅度和变动趋势的相对数。编制该价格指数，用以消除按现价计算的固定资产指标中的价格变动因素，真实的反映全社会及各类工程固定资产投资的规模、速度、结构和效益，为国家及各部门科学地制定、检查固定资产投资计划和进行国民经济核算提供科学的、可靠的依据。

Explanatory Notes on Main Statistical Indicators

Consumer Price Index measures the relative change in prices of consumer goods and services component in the consumer price index, reflecting the rates of change in consumer goods and services purchased by residents. It is an important indicator for analysis and decision-making of macro-economy, supervision and adjustment of general price level and national economic accounting. The annualized rates of change in general are considered as an inflation indicator.

Retail Price Index measures the relative trend and degree of changes in retail prices of commodities, reflecting the prices in the last link of circulation, i. e. the trend of price changes in urban and rural residents' consumer goods and institutions' office appliances sold by enterprises of industry, commerce, catering services and other retail trades. It can be used as a reference indicator for macro-adjustment and national economic accounting, and a basis to derive other price indices.

Urban Consumer Price Index reflects the trend and degree of changes in prices of consumer goods and services purchased by urban residents and can be used to observe and analyze the impact of price changes in consumer goods and services on money wages of staff and workers, and provide the basis for policy making concerning the living cost and the wages of staff and workers.

Rural Consumer Price Index reflects the trend and degree of changes in prices of consumer goods and services purchased by rural households and can be used to observe and analyze the impact of change in prices of consumer goods and services on living expenditure and actual changes in the living standards of peasants. It provides the basis for analysis and research on the condition of life in rural areas.

Retail Price Index of Industrial Products in Rural Areas reflects the trend and degree of changes in prices of industrial products in rural market and can be used to observe the impact of the price change on farmers' money expenditure.

Ex-factory Price Index of Industrial Products reflects the trend and degree of changes in ex-factory prices of main industrial products of all sectors of the industry. It can be used to observe and analyze the impact of ex-factory price change on enterprise efficiency in the course of manufacture and macro-economy, and provide important data for scientific calculation of the growth rate of industry.

Index of Purchasing Price of Raw Materials, Fuels and Power reflects the trend and degree of changes in price of raw materials, fuels and power purchased by industrial enterprises. In point of input, it can be used to observe and analyze the impact of price changes in raw materials, fuels and power on industrial output.

Price Indices of Investment in Fixed Assets reflects the trend and degree of changes in prices of the investment in fixed assets in various projects and in the whole country. It can remove the factor of price changes in the data of the investment in fixed assets calculated at current prices, truly reflect the scale, growth rate, structure, proportion and efficiency of the investment in fixed assets in various projects and in the whole country, and provide scientific and reliable bases for formulating the plan for the investment in fixed assets and examining its fulfillment as well as for conducting national economic accounting.

十、人民生活

10

PEOPLE'S LIVELIHOOD

十　人民生活

简要说明

一、本篇资料反映广东城乡居民生活状况，包括就业、居民收支、消费水平、住房及主要消费品消费量和拥有量等基本情况。

二、本篇资料由国家统计局广东调查总队整理提供。

三、本篇中有关城镇居民生活状况的数据来源于国家统计局广东调查总队城镇住户抽样调查资料。主要内容包括家庭人口及其构成、家庭现金收支、主要商品购买数量及支出金额、劳动就业状况、居住状况和耐用消费品拥有量等。

四、有关农村居民生活的统计资料主要来源于国家统计局广东调查总队农村住户抽样调查资料。主要内容包括农村居民家庭基本情况、农产品生产情况、家庭总收支和现金收支、出售产品和购买农业生产资料、主要消费品消费量、耐用消费品拥有量等。

五、城镇住户调查资料采用二相抽样和多阶段抽样相结合的调查方法统计。

10 People's Livelihood

Brief Introduction

Ⅰ. The data in this chapter show the basic conditions of the people's livelihood in the urban and rural areas of Guangdong Province, including employment, income and expenditure of the households, level of consumption, housing condition, consumption and possession of the major consumer goods, etc.

Ⅱ. The data in this chapter are prepared and provided by Guangdong Survey Office of National Bureau of Statistics.

Ⅲ. The data on the livelihood of the urban residents come from the data collected by the sample survey on the urban households, which is organized by Guangdong Survey Office of National Bureau of Statistics. The main content of the survey includes the population in the household and its composition, the cash income and expenditure of the household, the quantity of major commodities purchased and the expenditure for them, the employment of the household members, the housing condition and the ownership of the durable consumer goods.

Ⅳ. The data on the livelihood of the rural residents mainly come from the data collected by the sample survey on the rural households, which is organized by Guangdong Survey Office of National Bureau of Statistics. The main content of the survey includes the basic conditions of the rural households, the production of agricultural products, the total income and expenditure of the household, the cash income and expenditure of the household, the products sold and the means of agricultural production purchased, the consumption of major consumer goods and the quantity of durable consumer goods owned., etc.

Ⅴ. The survey data of the urban households are collected by the two-phase sampling scheme and multi-stage sampling scheme.

10-1 人民生活主要指标
Main Indicators of People's Livelihood

指　　标	Item	1990	1995	2000	2004	2005
居民人均消费水平　(元)	**Per Capita Annual Consumption (yuan)**	**1287**	**3991**	**5305**	**8800**	**9821**
城镇居民	Urban Households	2263	7091	9189	12409	13624
农村居民	Rural Households	896	2206	2680	3386	3947
城镇居民	**Urban Households**					
城镇居民家庭每一就业者负担人口　(人)	Number of Dependents per Urban Employee (person)	1.74	1.73	1.81	1.89	1.90
城镇居民家庭人均可支配收入　(元)	Per Capita Annual Disposable Income of Urban Households (yuan)	2303.15	7438.68	9761.57	13627.65	14769.94
城镇居民家庭人均消费性支出　(元)	Per Capita Annual Consumption Expenditure of Urban Households (yuan)	1983.86	6253.68	8016.91	10694.79	11809.87
食品　(元)	Food (yuan)	1134.84	3003.05	3096.33	3953.30	4265.19
衣着　(元)	Clothing (yuan)	137.12	421.73	369.99	620.07	673.90
家庭设备用品及服务　(元)	Household Appliances and Services (yuan)		546.53	603.19	592.66	605.12
医疗保健　(元)	Health Care and Medical Services (yuan)		205.39	346.56	649.70	704.90
交通和通信　(元)	Transport and Communications (yuan)		395.52	1076.80	1754.12	2333.05
教育文化娱乐服务　(元)	Educational, Cultural and Recreational Services (yuan)		684.10	921.44	1577.70	1669.09
居住　(元)	Residence (yuan)		660.75	1099.99	1205.12	1181.42
杂项商品和服务　(元)	Miscellaneous Goods and Services (yuan)		336.62	502.61	342.11	377.20
城镇居民人均使用面积　(平方米)	Per Capita Living Floor Space of Urban Households (sq. m)	15.77	21.03	24.60	25.12	25.71
每百户城镇居民家庭耐用消费品拥有量	Number of Major Durable Consumer Goods Owned per 100 Urban Households					
彩色电视机　(台)	Color TV Set (unit)	74.53	104.97	135.58	154.69	155.26
电冰箱　(台)	Refrigerator (unit)	52.80	74.00	81.87	93.42	93.90
洗衣机　(台)	Washing Machine (unit)	80.73	94.01	97.50	97.36	97.23
摩托车　(辆)	Motorcycle (unit)	3.33	22.59	58.84	76.91	72.83
农村居民	**Rural Households**					
农村居民家庭每个劳动力负担人口　(人)	Number of Dependents per Rural Laborer (person)	1.74	1.72	1.65	1.53	1.55
农村居民人均纯收入　(元)	Per Capita Annual Net Income of Rural Households (yuan)	1043.03	2699.24	3654.48	4365.87	4690.49
农村居民人均生活费支出（元）	Per Capita Annual Living Expenditure of Rural Households (yuan)	932.63	2255.01	2646.02	3240.78	3707.73
# 食品	Food	538.18	1228.00	1317.48	1581.68	1789.42
衣着	Clothing	39.48	91.31	104.21	116.83	143.50
居住	Residence	174.60	345.65	378.86	494.89	530.30
家庭设备、用品及服务	Household Appliances and Services	50.28	140.45	125.65	131.17	152.12
文化教育娱乐用品及服务	Cultural, Educational and Recreational Articles and Services	66.99	245.16	313.46	314.34	360.73
农村居民人均生活用房面积　(平方米)	Per Capita Living Floor Space of Rural Households (sq. m)	17.39	20.83	22.42	25.48	25.71
农村每百户耐用品拥有量	Number of Major Durable Goods Owned per 100 Rural Households					
电视机　(台)	Television Set (unit)	50.31	86.20	102.42	108.83	112.19
电冰箱　(台)	Refrigerator (unit)	1.17	7.90	15.12	20.35	24.73
摩托车　(辆)	Motorcycle (unit)	1.84	15.73	54.18	77.07	86.88
电话机　(部)	Telephone Set (unit)	1.20	9.40	40.82	78.01	82.38

10-2 城镇居民家庭基本情况
Basic Conditions of Urban Households

项目	Item	1990	1995	2000	2004	2005
调查户数 （户）	**Number of Households Surveyed (household)**	**1500**	**1550**	**1600**	**1600**	**1600**
平均每户家庭人口 （人）	**Average Household Size (person)**	**3.85**	**3.58**	**3.57**	**3.28**	**3.27**
平均每户就业人口 （人）	**Average Number of Employed Persons per Household (person)**	**2.21**	**2.07**	**1.97**	**1.74**	**1.72**
平均每户就业率 （%）	**Percentage of Employment per Household (%)**	**57.3**	**57.8**	**55.2**	**53.1**	**52.6**
人均家庭总收入 （元）	**Per Capita Total Income of Households (yuan)**	**2327.43**	**7445.10**	**9853.65**	**14953.40**	**16249.89**
#人均可支配收入	Per Capita Disposable Income	2303.15	7438.70	9761.57	13627.65	14769.94
人均工薪收入	Per Capita Income of Wages and Salaries	1792.23	5738.45	7418.31	11646.42	12265.04
人均经营净收入	Per Capita Net Business Income	54.14	332.59	545.59	738.35	1043.51
人均财产性收入	Per Capita Income from Properties	49.13	297.38	429.94	371.29	417.25
人均转移性收入	Per Capita Income from Transfers	431.93	1076.68	1459.81	2197.34	2524.09
人均消费性支出 （元）	**Per Capita Consumption Expenditure (yuan)**	**1983.87**	**6253.68**	**8016.91**	**10694.79**	**11809.87**
食品	Food	1134.84	3003.05	3096.33	3953.30	4265.19
衣着	Clothing	137.12	421.73	369.99	620.07	673.90
家庭设备用品及服务	Household Appliances and Services	192.87	546.53	603.19	592.66	605.12
医疗保健	Health Care and Medical Services	40.49	205.39	346.56	649.70	704.90
交通和通讯	Transport and Communications	25.65	395.52	1076.80	1754.12	2333.05
教育文化娱乐服务	Educational, Cultural and Recreational Services	165.80	684.10	921.44	1577.70	1669.09
居住	Residence	242.79	660.75	1099.99	1205.12	1181.42
杂项商品和服务	Miscellaneous Goods and Services	44.31	336.61	502.61	342.11	377.20
人均消费性支出构成（%）	**Composition of Per Capita Consumption Expenditure (%)**	**100.0**	**100.0**	**100.0**	**100.0**	**100.0**
食品	Food	57.2	48.0	38.6	37.0	36.1
衣着	Clothing	6.9	6.7	4.6	5.8	5.7
家庭设备用品及服务	Household Appliances and Services	9.7	8.7	7.5	5.5	5.1
医疗保健	Health Care and Medical Services	2.0	3.3	4.3	6.1	6.0
交通和通讯	Transport and Communications	1.3	6.3	13.4	16.4	19.8
教育文化娱乐服务	Educational, Cultural and Recreational Services	8.4	10.9	11.5	14.8	14.1
居住	Residence	12.2	10.6	13.7	11.3	10.0
杂项商品和服务	Miscellaneous Goods and Services	2.2	5.4	6.3	3.2	3.2
平均每百户主要消费品 年末拥有量	**Number of Major Durable Consumer Goods** Owned by per 100 Households at the Year-end					
摩托车 （辆）	Motorcycle (unit)	3.33	22.58	58.84	76.91	72.83
家用汽车 （辆）	Car (unit)			1.70	6.56	9.69
洗衣机 （台）	Washing Machine (unit)	80.73	94.01	97.50	97.36	97.23
电冰箱 （台）	Refrigerator (unit)	52.80	74.00	81.87	93.42	93.90
彩色电视机 （台）	Color Television Set (unit)	74.53	104.97	135.59	154.69	155.26
影碟机 （台）	Video Disc Player (unit)			65.19	85.64	88.34
家用电脑 （台）	Computer (unit)			25.78	64.28	70.34
组合音响 （台）	Hi-fi Stereo Component System (unit)	9.40	31.27	48.55	54.33	56.88
摄像机 （台）	Pickup Camera (unit)			1.97	4.83	6.41
微波炉 （台）	Microwave Oven (unit)			29.86	58.65	61.05
空调器 （台）	Air Conditioner (unit)	2.87	41.20	98.04	155.95	168.66
移动电话 （台）	Mobile Telephone (unit)			57.94	170.86	187.39
平均每人住房使用面积 （平方米）	**Per Capita Living Floor Space (sq. m)**	**15.77**	**21.03**	**24.60**	**25.12**	**25.71**

10-3 城镇居民人均可支配收入及消费性支出（1978－2005年）
Per Capita Disposable Income and Consumption Expenditure of Urban Households（1978－2005）

年份 Year	人均可支配收入（元） Per Capita Disposable Income（yuan）	增长速度（%） Growth Rate（%）			人均消费性支出（元） Per Capita Consumption Expenditure（yuan）	增长速度（%） Growth Rate（%）		恩格尔系数（%） Engle Coefficient
		名义增长（上年为100） Nominal Growth（preceding year＝100）	实际增长（上年为100） Real Growth（preceding year＝100）	实际增长（1978年为100） Real Growth（1978＝100）		名义增长（上年为100） Nominal Growth（preceding year＝100）	实际增长（上年为100） Real Growth（preceding year＝100）	
1978	412.13				399.96			66.6
1979	416.33	1.0	－3.4	96.6	424.96	6.3	1.5	67.0
1980	472.57	13.5	3.7	100.1	485.76	14.3	4.5	65.5
1981	560.69	18.6	11.6	111.7	517.44	6.5	0.2	65.8
1982	631.45	12.6	9.8	122.7	592.08	14.4	11.5	64.2
1983	714.20	13.1	10.0	135.0	660.12	11.5	8.5	64.5
1984	818.37	14.6	12.4	151.8	744.36	12.8	10.7	63.6
1985	954.12	16.6	－0.4	151.1	889.56	19.5	2.1	58.3
1986	1102.09	15.5	10.3	166.7	998.88	12.3	7.2	58.6
1987	1320.89	19.9	6.3	177.1	1215.84	21.7	7.9	56.7
1988	1583.13	19.9	－7.4	163.9	1506.99	23.9	－4.3	56.7
1989	2086.21	31.8	8.1	177.2	1921.05	27.5	4.6	56.5
1990	2303.15	10.4	13.3	200.8	1983.86	3.3	6.0	57.2
1991	2752.18	19.5	16.8	234.6	2388.77	20.4	17.7	53.1
1992	3476.70	26.3	16.5	273.4	2830.62	18.5	10.4	51.5
1993	4632.38	33.2	9.2	298.6	3777.43	33.4	10.3	48.9
1994	6367.08	37.4	13.6	339.2	5181.30	37.2	13.4	46.4
1995	7438.68	16.8	3.3	350.4	6253.68	20.7	6.7	48.0
1996	8157.81	9.7	2.3	358.4	6736.09	7.7	0.5	47.3
1997	8561.71	5.0	2.8	368.4	6853.48	1.7	－0.3	46.0
1998	8839.68	3.2	5.0	387.0	7054.09	2.9	4.7	44.1
1999	9125.92	3.2	4.9	406.0	7517.81	6.6	8.3	40.6
2000	9761.57	7.0	4.7	424.9	8016.91	6.6	4.3	38.6
2001	10415.19	6.7	7.6	457.0	8099.63	1.0	1.8	38.1
2002	11137.20	6.9	10.6	495.7	8988.48	11.0	12.6	38.5
2003	12380.40	11.2	10.4	547.2	9636.24	7.2	6.5	37.2
2004	13627.65	10.1	7.3	587.0	10694.79	11.0	8.2	37.0
2005	14769.94	8.4	6.3	623.8	11809.87	10.4	8.2	36.1

注：1. 可支配收入＝家庭总收入－交纳所得税－个人交纳的社会保障支出－记帐补贴。
2. 消费性支出指用于日常生活的全部支出，包括食品、衣着、家庭设备用品及服务 、医疗保健、交通和通讯、娱乐教育文化服务、居住、杂项商品和服务等八大类支出。
3. 2002年人均可支配收入增幅按可比口径计算。

Note：a） Disposable Income ＝ Total Income of Households - Income Tax Payable - Personal Expenditure on Social Security - Sample Household Subsidy for Keeping Dairies
b） Consumption expenditure refers to total expenditure of the sample households for consumption in daily life，including expenditure on eight categories such as food，clothing，household appliances and services，medicine and medical services，transport and communications，recreational，educational and cultural services，housing，miscellaneous commodities and services.
c） The growth rates of per capita disposable income of 2002 were calculated at comparable prices.

10-4 各市城镇居民人均可支配收入和消费支出
Per Capita Disposable Income and Consumption Expenditure of Urban Households by City

市 别 City	可支配收入（元）Disposable Income（yuan）			消费支出（元）Consumption Expenditure，Region（yuan）		
	2000	2004	2005	2000	2004	2005
广 州 Guangzhou	13621. 83	16884. 16	18287. 24	10988. 99	13120. 83	14468. 24
韶 关 Shaoguan	72208. 56	9929. 70	10908. 36	6159. 81	7532. 27	8113. 64
深 圳 Shenzhen	21577. 24	25864. 70	28665. 25	18200. 67	17810. 39	21188. 84
珠 海 Zhuhai	15375. 90	18346. 54	18907. 73	12616. 21	12826. 21	14323. 66
汕 头 Shantou	8966. 64	11300. 12	12229. 17	7663. 77	8692. 45	9505. 66
佛 山 Foshan	11976. 98	16206. 71	17680. 10	10662. 58	12513. 82	14485. 61
湛 江 Zhanjiang	7096. 96	9159. 40	9867. 36	6329. 84	7168. 92	7669. 84
肇 庆 Zhaoqing	7300. 73	9261. 37	10097. 20	6750. 84	7435. 56	7476. 65
惠 州 Huizhou	10327. 78	14744. 31	15762. 77	8945. 02	12413. 09	12651. 95
梅 州 Meizhou	7310. 32	8318. 23	8842. 84	6166. 69	6588. 12	6757. 02
东 莞 Dongguan	14226. 05	20525. 54	22881. 80	12603. 21	18425. 76	21767. 78
顺 德 Shunde	14393. 82	19857. 94	21015. 03	11529. 99	16988. 20	18550. 56
鹤 山 Heshan	10101. 99	11171. 14	11944. 08	7047. 97	7275. 53	8296. 43
廉 江 Lianjiang	5364. 56	6664. 82	7021. 94	3593. 01	4186. 07	4632. 69
电 白 Dianbai	6346. 72	7902. 89	8241. 21	5334. 68	7455. 32	6350. 38
兴 宁 Xingning	5909. 60	6981. 95	7299. 25	5193. 92	5733. 44	6463. 37
连 州 Lianzhou	7241. 29	8309. 75	9214. 60	5874. 67	5875. 69	7294. 93
普 宁 Puning	7112. 83	7040. 57	7220. 44	5866. 62	5963. 78	6317. 03

10-5 城镇居民家庭年末居住情况
Housing Conditions of Urban Households at the Year-end

项目	Item	1990	1995	2000	2003	2004	2005
调查户数 (户)	**Number of Households Surveyed (household)**	**1500**	**1550**	**1600**	**1600**	**1600**	**1600**
现住房总建筑面积 (平方米/人)	**Total Floor Space of Buildings (sq. m/person)**				**31.76**	**32.50**	**33.18**
现住房屋总使用面积 (平方米/人)	**Total Floor Space of Buildings for Use (sq. m/person)**				**24.63**	**25.12**	**25.71**
房屋产权 (%)	**Property Rights of Buildings (%)**	**100.00**	**100.00**	**100.00**	**100.00**	**100.00**	**100.00**
租赁公房	Public Apartments for Lease	71.80	38.00	16.50	10.75	8.34	6.76
租赁私房	Individual Apartments for Lease	3.13	1.87	1.50	1.81	1.10	1.58
原有私房	Original Individual Apartments	24.80	60.13	70.00	21.97	19.80	18.33
房改私房	Individual Apartments through Housing Reform			12.00	50.71	49.73	44.77
商品房	Commercial Buildings				12.45	18.42	26.01
其他	Others	0.27			2.31	2.61	2.54
住宅建筑式样 (%)	**Design of Residential Buildings (%)**				**100.00**	**100.00**	**100.00**
单栋住宅	Separate Residential Buildings				12.58	12.22	10.94
四居室	Four-room Apartments				6.36	5.71	6.69
三居室	Three-room Apartments				34.98	37.60	38.60
二居室	Two-room Apartments				33.01	32.96	33.89
一居室	One-room Apartment				5.62	4.86	4.45
普通楼房	Ordinary Buildings				4.69	4.76	4.16
平房及其他	Terraces and Others				2.76	1.89	1.28
用水情况 (%)	**Water Use (%)**				**100.00**	**100.00**	**100.00**
独用自来水	Tap Water for Individual Use				98.43	98.18	98.97
公用自来水	Tap Water for Public Use				1.57	1.80	1.01
井、河水	Well & River Water					0.02	0.02
其他	Other						
卫生设备 (%)	**Sanitation Facility (%)**	**100.00**	**100.00**	**100.00**	**100.00**	**100.00**	**100.00**
无卫生设备	Without Sanitation Facility	21.73	6.84	2.56	1.91	1.26	0.70
有厕所浴室	With Washroom and Bathroom	52.47	78.32	81.50	91.12	92.32	95.16
有厕所无浴室	With Washroom but no Bathroom	17.47	10.26	13.69	4.81	4.53	2.70
公用	For Public Use	8.33	4.58	2.25	2.16	1.89	1.44
炊用燃料使用情况 (%)	**Fuel Use (%)**	**100.00**	**100.00**	**100.00**	**100.00**	**100.00**	**100.00**
管道煤气	Pipeline Gas	0.53	7.23	10.00	16.96	19.23	21.27
液化石油气	Liquefied Petroleum Gas	61.74	83.42	86.87	81.13	79.49	77.34
煤	Gas	34.60	8.19	2.94	1.64	1.13	1.01
其他	Other	3.13	1.16	0.19	0.27	0.15	0.38
通信设备使用情况	**Telecommunication Facility**						
无电话 (%)	Percentage of Telephones (%)				100.00	100.00	100.00
是	With Telephones				0.69	0.20	0.22
否	Without Telephones				99.31	99.8	99.78
固定电话 (每百户)	Fixed-line Telephones (per 100 households)				102.04	102.38	101.40
移动电话 (每百户)	Mobile Telephones (per 100 households)				150.53	170.86	187.39
使用互联网 (每百户)	Use of Internet (per 100 households)					31.00	43.15

10-6 按收入等级分的城镇居民家庭平均每人全年现金收入（2005 年）

单位：元

项目	Item	总平均 Average	最低收入户 Lowest Income Households	#困难户 Poor Households
家庭总收入	**Total Income of Households**	**16249.89**	**4543.93**	**3793.32**
# 可支配收入	Of Which: Disposable Income	14769.94	4253.79	3545.55
工薪收入	Income from Wages and Salaries	12265.04	2958.65	2541.31
工资及补贴收入	Income from Wages and Subsidies	12118.75	2766.05	2352.88
其他劳动收入	Other Incomes	146.29	192.60	188.42
经营净收入	Net Business Income	1043.51	392.41	304.32
财产性收入	Income from Properties	417.25	63.47	27.31
利息收入	Interest Income	28.05	2.70	
股息与红利收入	Dividend and Bonus Income	67.95	7.41	14.83
保险收益	Insurance Revenue	2.13		
其它投资收入	Other Investment Income	6.56		
出租房屋收入	Lease Income	309.03	53.23	12.22
知识产权收入	Intellectual Property Income			
其他财产性收入	Other Property Incomes	3.54	0.13	0.26
转移性收入	Income from Transfers	2524.09	1129.40	920.39
养老金或离退休金	Pension or Retirement Annuities	1687.04	706.61	599.36
社会救济收入	Social Relief Income	9.27	42.84	22.95
辞退金	Dismissal Income	55.23		
赔偿收入	Compensation Income	4.10		
保险收入	Insurance Income	33.96	17.85	4.67
# 失业保险金	Of which: Unemployment Insurance Benefits	24.88	17.85	4.67
赡养收入	Alimony Income	174.27	100.46	54.27
捐赠收入	Donated Income	342.14	182.22	156.21
亲友搭伙费	Income from Regular Meals of Kinfolk	86.64	16.23	24.74
提取住房公积金	Withdrawal of Public Reserve Funds for Housing	23.38		
记帐补贴	Sample Household Subsidy for Keeping Dairies	86.70	51.61	48.39
其他转移性收入	Other Transfer Incomes	21.36	11.59	9.78
出售财物收入	**Income from Selling Properties**	**87.52**	**1.26**	**2.15**
出售住房收入	Income from Selling Houses	62.79		
出售其他物品收入	Income from Selling Other Properties	24.72	1.26	2.15
借贷收入	**Loan Income**	**5399.27**	**614.69**	**501.80**
提取储蓄存款	Withdrawal of Savings Deposits	4853.76	563.66	467.84
借入款	Borrowed Money	167.56	44.58	21.06
收回借出款	Repayment of Loans Receivable	7.42		
收回储蓄性保险本	Insured Savings Receivable	1.10		
兑售有价证券	Selling Portfolio			
收回投资本金	Investment Capital Receivable	1.80	1.62	3.24
住房贷款	Loans for Housing	319.66		
汽车贷款	Loans for Automobile			
教育贷款	Loans for Education			
其他贷款	Other Loans			
其他借贷收入	Other Loan Incomes	47.97	4.83	9.66

Per Capita Annual Cash Income of Urban Households by Level of Income (2005)

(yuan)

低收入户 Low Income Households	中等偏下户 Lower Middle Income Households	中等收入户 Middle Income Households	中等偏上户 Upper Middle Income Households	高收入户 High Income Households	最高收入户 Highest Income Households
6394.68	**8962.53**	**13200.82**	**19736.04**	**28446.27**	**44393.81**
6098.28	8349.71	12083.81	17541.55	25391.54	40607.80
4113.12	6249.14	9674.26	15123.19	23349.01	34274.41
3989.60	6154.84	9579.10	15039.56	23250.47	33742.04
123.52	94.31	95.16	83.63	98.54	532.37
815.26	834.65	903.46	1092.05	614.09	3192.08
116.53	206.81	167.27	287.65	635.55	2289.01
2.81	26.32	8.56	34.48	64.44	84.48
54.95	6.48	13.06	85.86	114.13	328.58
1.64		0.70	1.26	0.07	17.16
1.82	2.35	0.07	16.05	11.70	17.09
52.34	171.42	140.85	150.00	443.01	1817.85
2.97	0.24	4.02		2.21	23.84
1349.78	1671.93	2455.83	3233.15	3847.62	4638.32
865.21	1120.86	1764.43	2400.29	2327.43	2615.47
1.51	19.71	1.88	0.16	0.15	
8.63		20.01	48.74	250.84	195.27
		0.36	2.34	39.38	
31.28	22.21	63.32	25.02	38.86	31.61
19.58	21.99	48.21	24.72	13.04	5.16
182.91	172.56	116.26	112.16	257.28	449.38
184.83	201.45	299.43	385.05	625.88	737.83
17.14	63.58	81.82	85.90	151.78	248.96
0.22		13.72	30.71	11.24	146.18
55.65	67.04	84.59	97.65	122.95	151.31
2.40	4.53	10.01	45.14	21.84	62.30
3.01	**29.77**	**1.56**	**297.87**	**89.64**	**128.40**
	1.67		266.17	86.42	
3.01	28.10	1.56	31.70	3.21	128.40
720.74	**1720.98**	**3934.28**	**6140.37**	**11972.83**	**19611.92**
598.46	1616.35	3026.83	5620.03	10585.58	18622.04
117.12	82.22	126.02	301.55	188.90	330.24
1.35	10.06	6.15	4.86	11.37	22.35
	0.74		1.53	7.09	
		6.95			2.15
		762.22	154.66	1104.26	360.69
3.81	11.61	6.10	57.74	75.63	274.44

10-7 按收入等级分的城镇居民家庭平均每人全年现金收入构成（2005年）

单位：%

项目	Item	总平均 Average	最低收入户 Lowest Income Households	#困难户 Poor Households
家庭总收入	**Total Income of Households**	**100.00**	**100.00**	**100.00**
#可支配收入	Of Which: Disposable Income	90.89	93.61	93.47
工薪收入	Income from Wages and Salaries	75.48	65.11	66.99
工资及补贴收入	Income from Wages and Subsidies	74.58	60.87	62.03
其他劳动收入	Other Incomes	0.90	4.24	4.97
经营净收入	Net Business Income	6.42	8.64	8.02
财产性收入	Income from Properties	2.57	1.40	0.72
利息收入	Interest Income	0.17	0.06	
股息与红利收入	Dividend and Bonus Income	0.42	0.16	0.39
保险收益	Insurance Revenue	0.01		
其它投资收入	Other Investment Income	0.04		
出租房屋收入	Lease Income	1.90	1.17	0.32
知识产权收入	Intellectual Property Income			
其他财产性收入	Other Property Incomes	0.02		0.01
转移性收入	Income from Transfers	15.53	24.86	24.26
养老金或离退休金	Pension or Retirement Annuities	10.54	15.94	17.11
社会救济收入	Social Relief Income		0.90	0.61
辞退金	Dismissal Income	0.34		
赔偿收入	Compensation Income			
保险收入	Insurance Income	0.21	0.36	0.10
#失业保险金	Of which: Unemployment Insurance Benefits	0.15	0.39	0.10
赡养收入	Alimony Income	1.07	2.00	1.43
捐赠收入	Donated Income	2.11	4.00	4.10
亲友搭伙费	Income from Regular Meals of Kinfolk	0.53	0.36	0.65
提取住房公积金	Withdrawal of Public Reserve Funds for Housing	0.10		
记帐补贴	Sample Household Subsidy for Keeping Dairies	0.53	1.10	1.28
其他转移性收入	Other Transfer Incomes	0.10	0.20	0.20
出售财物收入	**Income from Selling Properties**	**100.00**	**100.00**	**100.00**
出售住房收入	Income from Selling Houses	71.75		
出售其他物品收入	Income from Selling Other Properties	28.25	100.00	100.00
借贷收入	**Loan Income**	**100.00**	**100.00**	**100.00**
提取储蓄存款	Withdrawal of Savings Deposits	89.90	91.70	93.23
借入款	Borrowed Money	3.10	7.25	4.20
收回借出款	Repayment of Loans Receivable	0.14		
收回储蓄性保险本	Insured Savings Receivable	0.02		
兑售有价证券	Selling Portfolio			
收回投资本金	Investment Capital Receivable	0.03	0.26	0.65
住房贷款	Loans for Housing	5.92		
汽车贷款	Loans for Automobile			
教育贷款	Loans for Education			
其他贷款	Other Loans			
其他借贷收入	Other Loan Incomes	0.89	0.79	1.93

Composition of Per Capita Annual Cash Income of Urban Households by Level of Income (2005)

(%)

低收入户 Low Income Households	中等偏下户 Lower Middle Income Households	中等收入户 Middle Income Households	中等偏上户 Upper Middle Income Households	高收入户 High Income Households	最高收入户 Highest Income Households
100. 00	**100. 00**	**100. 00**	**100. 00**	**100. 00**	**100. 00**
95. 36	93. 16	91. 54	88. 88	89. 26	91. 47
64. 32	69. 73	73. 29	76. 63	82. 08	77. 21
62. 39	68. 67	72. 56	76. 20	81. 73	76. 01
1. 93	1. 05	0. 73	0. 43	0. 35	1. 20
12. 75	9. 31	6. 84	5. 53	2. 16	7. 19
1. 82	2. 31	1. 27	1. 46	2. 23	5. 16
0. 04	0. 29	0. 06	0. 17	0. 23	0. 19
0. 86	0. 07	0. 10	0. 44	0. 40	0. 74
0. 03		0. 01	0. 01		0. 04
0. 03	0. 03		0. 08	0. 04	0. 04
0. 82	1. 91	1. 07	0. 76	1. 56	4. 09
0. 05		0. 03		0. 01	0. 06
21. 11	18. 65	18. 60	16. 38	13. 53	10. 45
13. 83	12. 70	13. 67	12. 16	8. 18	5. 89
	0. 20				
0. 10		0. 10	0. 25	0. 88	0. 44
				0. 10	
0. 40	0. 20	0. 45	0. 10	0. 14	0. 07
0. 30	0. 20	0. 30	0. 10	0. 05	0. 01
2. 82	1. 90	0. 88	0. 50	0. 90	1. 00
2. 89	2. 25	2. 20	1. 95	2. 20	1. 66
0. 20	0. 65	0. 60	0. 44	0. 53	0. 56
		0. 10	0. 16	0. 04	0. 33
0. 87	0. 75	0. 60	0. 49	0. 43	0. 34
			0. 33	0. 13	0. 16
100. 00	**100. 00**	**100. 00**	**100. 00**	**100. 00**	**100. 00**
	5. 61		89. 36	96. 41	
100. 00	94. 39	100. 00	10. 64	3. 59	100. 00
100. 00	**100. 00**	**100. 00**	**100. 00**	**100. 00**	**100. 00**
83. 03	93. 92	76. 93	91. 53	88. 41	94. 95
16. 25	4. 78	3. 20	4. 91	1. 58	1. 68
0. 19	0. 58	0. 16	0. 08	0. 09	0. 11
	0. 04		0. 02	0. 06	
		0. 18			0. 01
		19. 37	2. 52	9. 22	1. 84
0. 53	0. 67	0. 16	0. 94	0. 64	1. 40

10-8 城镇居民家庭平均每人全年消费性支出（2005 年）

单位：元

项　　目	Item	总平均 Average	最低收入户 Lowest Income Households	#困难户 Poor Households
消费性支出	**Total Consumption Expenditure**	**11809.87**	**4063.38**	**3534.43**
食品	Food	4265.19	2066.72	1952.34
#粮食	Grain	284.19	236.06	223.91
肉禽及其制品	Meat, Poultry and Related Products	1508.52	1055.93	1009.72
蛋类	Eggs	55.33	43.47	40.11
水产品	Aquatic Products	405.66	243.31	237.13
奶及奶制品	Milk and Dairy Products	134.49	29.80	16.25
衣着	Clothing	673.90	134.56	96.18
#服装	Garments	490.96	96.89	71.60
家庭设备用品及服务	Household Appliances and Services	605.12	105.73	87.34
#耐用消费品	Durable Consumer Goods	230.86	22.94	21.75
医疗保健	Health Care and Medical Services	704.90	353.52	114.98
交通通讯	Transport and Communications	2333.05	355.44	310.67
娱乐教育文化服务	Recreational, Educational and Cultural Services	1669.09	431.24	385.69
#文娱用耐用消费品	Durable Consumer Goods for Recreational Use	353.93	54.00	34.02
居住	Residence	1181.42	537.04	515.28
#住房	Housing	278.13	34.48	37.80
杂项商品及其服务	Miscellaneous Goods and Services	377.20	79.12	71.95

10-9 城镇居民家庭平均每人全年消费性支出构成（2005 年）

单位:%

项　　目	Item	总平均 Average	最低收入户 Lowest Income Households	#困难户 Poor Households
消费性支出	**Total Consumption Expenditure**	**100.0**	**100.0**	**100.0**
食品	Food	36.1	50.9	55.2
#粮食	Grain	2.4	5.8	6.3
肉禽及其制品	Meat, Poultry and Related Products	12.8	26.0	28.6
蛋类	Eggs	0.5	1.1	1.1
水产品	Aquatic Products	3.4	6.0	6.7
奶及奶制品	Milk and Dairy Products	1.1	0.7	0.5
衣着	Clothing	5.7	3.3	2.7
#服装	Garments	4.2	2.4	2.0
家庭设备用品及服务	Household Appliances and Services	5.1	2.6	2.5
#耐用消费品	Durable Consumer Goods	2.0	0.6	0.6
医疗保健	Health Care and Medical Services	6.0	8.7	3.3
交通通讯	Transport and Communications	19.8	8.7	8.8
娱乐教育文化服务	Recreational, Educational and Cultural Services	14.1	10.6	10.9
#文娱用耐用消费品	Durable Consumer Goods for Recreational Use	3.0	1.3	1.0
居住	Residence	10.0	13.2	14.6
#住房	Housing	2.4	0.8	1.1
杂项商品及其服务	Miscellaneous Goods and Services	3.2	1.9	2.0

Per Capita Annual Consumption Expenditure of Urban Households (2005)

(yuan)

低收入户 Low Income Households	中等偏下户 Lower Middle Income Households	中等收入户 Middle Income Households	中等偏上户 Upper Middle Income Households	高收入户 High Income Households	最高收入户 Highest Income Households
5427.51	**7329.22**	**9670.62**	**14192.59**	**19936.40**	**29583.17**
2647.49	3249.09	4025.86	5310.35	5698.15	7739.40
270.75	276.77	273.41	295.72	308.72	348.75
1307.64	1424.41	1583.59	1691.58	1638.10	1761.71
41.74	52.25	53.85	62.22	66.80	68.11
280.82	358.53	434.99	495.05	457.86	526.93
57.44	80.06	121.31	200.99	181.50	300.28
237.99	334.06	542.00	843.66	1205.02	1949.92
180.33	244.88	396.21	609.25	869.52	1428.54
238.81	353.24	477.42	699.95	1176.51	1683.57
108.23	127.09	202.28	273.12	467.56	583.75
383.59	433.04	662.32	938.62	1013.19	1347.54
513.54	903.19	1226.22	2470.21	5755.36	8698.59
609.01	982.81	1363.82	2134.78	2720.65	4459.39
104.03	196.59	317.30	483.11	557.66	932.21
667.54	883.07	1104.99	1361.95	1678.40	2468.03
70.74	172.37	268.02	329.50	391.70	833.68
129.54	190.72	268.00	433.08	689.12	1236.73

Composition of Per Capita Annual Consumption Expenditure of Urban Households (2005)

(%)

低收入户 Low Income Households	中等偏下户 Lower Middle Income Households	中等收入户 Middle Income Households	中等偏上户 Upper Middle Income Households	高收入户 High Income Households	最高收入户 Highest Income Households
100.0	**100.0**	**100.0**	**100.0**	**100.0**	**100.0**
48.8	44.3	41.6	37.4	28.6	26.2
5.0	3.8	2.8	2.1	1.5	1.2
24.1	19.4	16.4	11.9	8.2	6.0
0.8	0.7	0.6	0.4	0.3	0.2
5.2	4.9	4.5	3.5	2.3	1.8
1.1	1.1	1.3	1.4	0.9	1.0
4.4	4.6	5.6	5.9	6.0	6.6
3.3	3.3	4.1	4.3	4.4	4.8
4.4	4.8	4.9	4.9	5.9	5.7
2.0	1.7	2.1	1.9	2.3	2.0
7.1	5.9	6.8	6.6	5.1	4.6
9.5	12.3	12.7	17.4	28.9	29.4
11.2	13.4	14.1	15.0	13.6	15.1
1.9	2.7	3.3	3.4	2.8	3.2
12.3	12.0	11.4	9.6	8.4	8.3
1.3	2.4	2.8	2.3	2.0	2.8
2.4	2.6	2.8	3.1	3.5	4.2

10-10 按收入等级分的城镇居民家庭平均每人全年购买主要食品数量(2005年)
Per Capita Annual Purchase of Major Food Commodities of Urban Households by Level of Income (2005)

项目 Item	总平均 Average	最低收入户 Lowest Income Households	#困难户 Poor Households	低收入户 Low Income Households	中等偏下户 Lower Middle Income Households	中等收入户 Middle Income Households	中等偏上户 Upper Middle Income Households	高收入户 High Income Households	最高收入户 Highest Income Households
粮食 (公斤) Grain (kg)	70.29	72.00	68.32	83.69	76.80	68.01	64.87	63.61	63.27
# 富强粉 (公斤) Fuqiang Flour (kg)	0.63	0.34	0.23	0.68	0.45	0.49	0.57	1.18	1.29
大米 (公斤) Rice (kg)	53.94	60.01	57.63	68.85	62.01	52.23	47.13	44.28	41.24
其他粮食 (公斤) Other Grain (kg)	2.71	1.36	1.17	2.50	2.23	2.56	3.24	3.07	4.46
粮食制品 (公斤) Grain Products (kg)	13.01	10.29	9.30	11.67	12.11	12.74	13.93	15.07	16.29
食用油 (公斤) Edible Oil (kg)	8.76	8.10	7.70	8.93	9.47	8.84	8.64	7.92	8.75
鲜菜 (公斤) Fresh Vegetables (kg)	104.63	90.56	88.32	93.70	98.20	108.10	112.93	109.35	116.78
干菜 (公斤) Dried Vegetables (kg)	0.84	0.43	0.42	0.63	0.63	0.82	1.04	0.94	1.57
猪肉 (公斤) Pork (kg)	28.92	24.56	23.83	29.32	28.92	29.47	30.38	28.22	30.04
牛羊肉 (公斤) Beef and Mutton (kg)	3.16	2.20	2.12	2.31	2.99	3.35	3.57	3.76	3.64
肉制品 (公斤) Meal Products (kg)	4.66	3.31	3.35	3.67	4.09	5.02	5.39	4.86	5.96
家禽 (公斤) Poultry (kg)	18.51	14.14	13.35	18.34	18.33	18.58	21.24	18.67	18.03
蛋 (公斤) Eggs (kg)	7.18	5.70	5.24	5.39	6.66	7.19	8.10	8.67	8.53
鱼 (公斤) Fish (kg)	18.91	15.57	15.12	14.79	17.82	20.63	22.13	18.27	19.41
虾 (公斤) Shrimp (kg)	1.34	0.94	1.00	1.45	1.48	1.28	1.33	1.28	1.61
白酒 (公斤) Spirits (kg)	0.75	0.49	0.34	0.81	0.89	0.69	0.68	1.14	0.58
果酒 (公斤) Fruit Wine (kg)	0.19	0.05	0.05	0.02	0.12	0.16	0.31	0.24	0.47
啤酒 (公斤) Beer (kg)	1.25	0.89	1.17	0.51	0.72	1.11	2.18	1.38	1.72
其他酒 (公斤) Other Liquor (kg)	0.25	0.33	0.36	0.30	0.23	0.22	0.24	0.24	0.24
碳酸饮料 (公斤) Carbonic Acid Drink (kg)	2.04	0.99	1.04	1.21	1.71	2.07	2.64	2.52	3.13
果蔬饮料 (公斤) Fruits & Vegetable Drink (kg)	0.84	0.24	0.14	0.23	0.52	0.63	1.37	1.20	1.89
瓶装饮用水 (公斤) Bottle Drinking Water (kg)	19.57	2.79	2.23	4.23	15.15	19.94	25.28	27.81	44.97
鲜果 (公斤) Fresh Fruits (kg)	32.13	15.22	13.96	20.43	26.10	34.47	38.28	40.16	51.97
鲜瓜 (公斤) Fresh Melons (kg)	6.79	3.15	3.12	3.18	5.07	7.03	8.31	9.40	12.52
干果 (公斤) Dried Fruits (kg)	0.55	0.24	0.22	0.36	0.45	0.55	0.70	0.73	0.84
瓜果制品 (公斤) Melon & Fruits Products (kg)	0.53	0.19	0.17	0.29	0.41	0.55	0.67	0.73	0.95
坚果及果仁 (公斤) Nuts and Kernels (kg)	2.30	1.47	1.48	1.63	2.05	2.24	2.78	2.58	3.35
糕点 (公斤) Cake (kg)	4.13	1.75	1.40	2.40	3.28	4.38	5.00	5.43	6.96
鲜乳 (公斤) Fresh Milk (kg)	8.37	2.14	1.15	4.11	5.85	7.57	11.40	13.17	16.49
奶粉 (公斤) Milk Powder (kg)	0.63	0.17	0.11	0.30	0.32	0.60	1.04	0.51	1.45
酸奶 (公斤) Yogurt (kg)	1.86	0.21	0.15	0.84	0.93	1.39	2.48	3.50	5.07
茶叶 (公斤) Tea (kg)	0.40	0.23	0.25	0.27	0.43	0.42	0.51	0.36	0.43

10-11 按收入等级分的城镇每百户居民家庭全年购买非食品数量（2005年）
Annual Purchases of Non-food Commodities per 100 Urban Households by Level of Income (2005)

项目 Item	总平均 Average	最低收入户 Lowest Income Households	#困难户 Poor Households	低收入户 Low Income Households	中等偏下户 Lower Middle Income Households	中等收入户 Middle Income Households	中等偏上户 Upper Middle Income Households	高收入户 High Income Households	最高收入户 Highest Income Households
洗衣机（台）Washing Machine (unit)	4.92	1.68	3.48	4.80	2.76	6.24	4.20	8.16	7.20
电风扇（台）Electric Fan (unit)	14.28	1.68	0.48	7.92	14.04	16.20	19.32	15.96	15.96
电冰箱（台）Refrigerator (unit)	2.64			0.60	2.04	1.32	2.88	7.56	5.88
微波炉（台）Microwave Oven (unit)	2.16	0.24	0.48	1.20	2.40	2.52	2.88	2.40	1.80
空调器（台）Air Conditioner (unit)	6.24			4.92	4.92	7.08	5.28	12.00	11.04
电炊具（台）Electric Cooking Appliance (unit)	16.68	4.32		6.12	14.40	14.52	25.20	23.16	22.08
淋浴热水器（台）Shower (unit)	7.08	3.60	6.24	3.60	7.44	5.52	6.96	9.72	13.92
排油烟机（台）Smoke Absorber (unit)	1.92	1.32		0.12	3.72	0.96	3.48	0.84	
吸尘器（台）Dust Catcher (unit)	0.84				0.48		1.44	1.32	2.88
消毒碗柜（台）Sterilizer Cupboard (unit)	1.32			1.20	0.24	2.28	3.00		0.84
饮水机（台）Drinking Water Equipment (unit)	3.24	2.52	3.36	0.96	0.84	4.56	4.08	4.56	4.08
取暖器（台）Heater (unit)	2.28	0.72	1.68	0.36	2.04	0.72	3.24	3.96	4.80
摩托车（辆）Motorcycle (unit)	1.68	1.56	1.80		2.52	1.68	2.76	1.08	
自行车（辆）Bicycle (unit)	8.52	8.88	6.60	11.28	9.24	7.08	7.68	11.16	6.84
家用汽车（辆）Automobile (unit)	1.92				0.60		1.44	6.48	8.04
电话机（部）Telephone (unit)	11.52	4.56	5.04	7.08	6.48	12.60	16.56	16.68	13.68
移动电话（部）Mobile Telephone (unit)	23.64	2.88	2.16	10.32	15.24	24.96	27.60	33.12	50.28
传真机（台）Fax Machine (unit)									
彩色电视机（台）Color Television Set (unit)	4.80	4.92	1.68	2.88	3.24	4.92	5.76	6.00	5.76
影碟机（台）Video Disc Player (unit)	5.16	1.56	1.08	1.56	2.16	4.44	8.28	3.84	13.80
家用电脑（台）Computer (unit)	5.40	0.84	1.32	3.12	4.80	9.84	5.04	2.64	7.56
组合音响（台）Hi-fi Stereo Component System (unit)	0.96				0.60	1.08	0.60	2.40	2.52
录音机（台）Radio Cassette Player (unit)	4.92	1.92		2.16	2.28	2.64	8.64	7.80	9.12
摄像机（部）Pickup Camera (unit)	0.36					0.36	0.48	0.12	1.80
照相机（部）Camera (unit)	3.12					2.64	4.44	4.08	11.88
钢琴（架）Piano (unit)	0.12						0.48		
其他中高档乐器（件）Other Medium and High GradeMusical Instruments (unit)	0.60	1.08					0.72	2.04	1.56

10-12 按收入等级分的城镇居民家庭平均每百户年底耐用消费品拥有量(2005年)

Number of Durable Consumer Goods Owned per 100 Urban Households at the Year-end by Level of Income (2005)

项目 Item	总平均 Average	最低收入户 Lowest Income Households	#困难户 Poor Households	低收入户 Low Income Households	中等偏下户 Lower Middle Income Households	中等收入户 Middle Income Households	中等偏上户 Upper Middle Income Households	高收入户 High Income Households	最高收入户 Highest Income Households
组合家具 (套) Composite Furniture (set)	83.39	60.73	60.72	57.75	71.03	74.82	93.15	104.28	125.86
摩托车 (辆) Motorcycle (unit)	72.83	55.04	53.23	66.09	78.65	82.68	71.41	79.68	61.98
自行车 (辆) Bicycle (unit)	112.50	147.46	136.32	151.70	132.74	117.86	88.54	83.49	75.82
助力车 (辆) Power-assisting Bicycle (unit)	4.35	1.90	1.75	12.50	4.64	5.12	2.11	2.21	4.17
家用汽车 (辆) Automobile (unit)	9.69				1.32	3.37	8.94	23.99	42.76
洗衣机 (台) Washing Machine (unit)	97.23	83.98	78.88	86.40	94.95	98.82	102.59	101.96	104.37
电风扇 (台) Electric Fan (unit)	295.99	246.95	248.58	303.36	306.24	302.63	296.87	316.15	282.99
电冰箱 (台) Refrigerator (unit)	93.90	66.10	56.42	68.93	90.39	95.24	102.13	110.57	112.34
彩色电视机 (台) Color Television Set (unit)	155.26	117.08	117.70	129.37	141.11	154.36	165.56	185.38	191.02
影碟机 (台) Video Disc Player (unit)	88.34	65.23	59.85	72.25	73.09	87.28	94.14	109.73	121.38
录放像机 (台) Video Recorder (unit)	17.23	7.10	7.30	5.20	11.80	17.35	22.87	26.26	26.52
家用电脑 (台) Computer (unit)	70.34	21.55	22.25	33.78	53.50	75.27	82.09	104.27	112.13
组合音响 (台) Hi-fi Stereo Component System (unit)	56.88	31.38	26.97	37.15	48.09	52.10	62.69	79.54	89.68
收录机 (台) Radio Cassette Player (unit)	47.08	31.93	22.35	38.23	48.25	50.57	50.02	51.66	49.51
摄像机 (台) Pickup Camera (unit)	6.41	0.23		0.76	0.53	3.01	6.13	15.89	26.06
照相机 (架) Camera (unit)	64.52	17.60	15.04	32.07	38.96	56.81	79.83	99.84	132.64
钢琴 (架) Piano (unit)	4.12				0.41	1.59	4.01	7.67	20.06
其它中高档乐器 (件) Other Medium and High Grade Musical Instrument (unit)	9.17	2.91	4.24	1.53	4.36	6.08	14.81	12.80	21.25
微波炉 (台) Microwave Oven (unit)	61.05	25.96	31.28	34.82	48.12	64.27	70.42	82.96	93.49
空调器 (台) Air Conditioner (unit)	168.66	54.97	41.55	77.97	109.81	163.53	208.15	260.83	301.15
电炊具 (台) Electric Cooking Appliance (unit)	122.64	65.01	55.92	94.57	97.82	113.31	155.03	162.25	159.41
淋浴热水器 (台) Shower (unit)	105.23	90.76	82.06	98.21	102.53	104.18	108.64	109.72	120.37
排油烟机 (台) Smoke Absorber (unit)	81.61	62.83	56.00	67.02	75.64	82.09	90.64	91.06	93.94
消毒碗柜 (台) Sterilizer Cupboard (unit)	81.11	63.98	60.44	69.39	76.07	82.55	88.79	89.46	89.76
洗碗机 (台) Bowl-washing Machine (unit)	1.13			1.88	0.36	0.92	0.97	1.33	3.48
饮水机 (台) Drinking Water Equipment (unit)	41.95	25.20	21.29	28.74	36.46	42.67	45.57	54.06	58.66
吸尘器 (台) Dust Catcher (unit)	12.50	0.64		2.17	1.95	6.79	17.43	31.28	34.91
健身器材 (件) Body Building Equipment (unit)	8.41	0.64		1.19	2.99	7.86	11.41	15.47	19.90
移动电话 (台) Mobile Telephone (unit)	187.39	82.60	72.98	124.86	158.71	197.69	221.30	248.73	243.02
传真机 (部) Fax Machine (unit)	2.67				0.33	2.16	2.02	8.59	8.51

10-13 农村居民家庭基本情况
Basic Conditions of Rural Households

项目	Item	1990	1995	2000	2004	2005
调查户数 （户）	**Number of Households Surveyed (household)**	**2560**	**2480**	**2560**	**2560**	**2560**
调查户人口、劳动力 （人）	**Number of Residents and Laborers Surveyed (person)**					
常住人口	Number of Permanent Residents in the Households Surveyed	14459	13289	13190	12833	12795
平均每户常住人口	Average Number of Permanent Residents per Household	5. 65	5. 36	5. 15	5. 01	5. 00
平均每户整半劳动力	Average Number of Full/Semi Labor Force per Household	3. 25	3. 11	3. 11	3. 27	3. 23
平均每个劳动力负担人口	Average Number of Dependents per Laborer	1. 74	1. 72	1. 65	1. 53	1. 55
平均每百个劳动力的文化程度（%）	Average Education Level per 100 Laborers (%)					
文盲或半文盲	Illiterate and Semi-illiterate	13. 8	7. 4	4. 3	4. 3	3. 8
小学程度	Primary School	44. 3	40. 0	33. 2	26. 5	25. 5
初中程度	Junior Secondary School	32. 9	40. 7	48. 9	54. 1	53. 9
高中程度	Senior Secondary School	8. 4	10. 0	10. 0	10. 5	11. 8
中专程度	Specialized Secondary School	0. 5	1. 7	3. 1	3. 6	3. 5
大专程度	College and Higher Level	0. 1	0. 3	0. 6	0. 9	1. 5
平均每人经营耕地面积 （亩）	**Per Capita Area of Cultivated Land under Management (mu)**	**1. 04**	**0. 90**	**0. 85**	**0. 68**	**0. 66**
平均每户年末生产性固定资产原值 （元）	**Original Value of Productive Fixed Asset Owned per Household at the Year-end (yuan)**	**1385. 96**	**2744. 85**	**4504. 29**	**3702. 12**	**3842. 26**
农林牧渔业	Farming, Forestry, Animal Husbandry and Fishery			2172. 85	2477. 09	2269. 54
# 房屋及建筑物	Of Which: Houses and Buildings	255. 65	647. 81	929. 03	1108. 78	891. 2
役畜、产品畜	Drought Animals and Commodity Animals	390. 70	657. 45	509. 72	510. 53	575. 6
大中型铁木农具	Large and Medium Iron and Wood Farm Implements	105. 42	175. 41	260. 04	278. 37	287. 72
农林牧渔机械	Farming, Forestry, Animal Husbandry and Fishery Machinery	188. 33	261. 16	416. 98	496. 99	440. 43
采矿业	Mining and Quarrying				3. 91	0. 12
制造业	Manufacturing	69. 60	64. 17	434. 11	150. 54	196. 04
# 房屋及建筑物	Of Which: Houses and Buildings			126. 76	49. 45	55. 31
生产设备	Equipments for Production			279. 10	86. 11	137. 34
电力煤气与水的生产及供应	Production and Supply of Electricity, Gas and Water				4. 02	…
建筑业	Construction			51. 69	92. 21	50. 31
交通运输业、仓储和邮政业	Transport, Storage and Postal Services	287. 82	681. 26	826. 67	692. 73	488. 64
批发和零售贸易业	Wholesale and Retail Trade				163. 87	287. 66
住宿和餐饮业	Hotels and Catering Services				26. 76	382. 42
居民服务与其他服务业	Services to Households and Other Services				31. 12	96. 88
教育	Education					3. 32
卫生、社会保障和福利业	Health Care, Social Security and Social Welfare				8. 13	43. 16
文化、体育和娱乐业	Culture, Sports and Recreation					15. 63
其他	Others				51. 73	8. 55
平均每百户年末拥有主要固定资产	**Major Fixed Assets Owned per 100 Households at the Year-end**					
房屋及建筑物 （平方米）	Houses and Buildings (sq. m)			1561. 48	1823. 79	1225. 98
汽车 （辆）	Motor Vehicles (unit)	0. 44	1. 15	1. 35	1. 21	1. 00
大中型拖拉机 （台）	Large and Medium Tractors (unit)	0. 29	0. 38	0. 20	0. 47	0. 23
小型及手扶拖拉机 （台）	Small and Walking Tractors (unit)	5. 90	7. 19	9. 06	7. 89	6. 11
机动脱粒机 （台）	Motorized Threshing Machines (unit)	3. 36	7. 38	12. 41	14. 10	13. 95
胶轮大车 （辆）	Carts with Rubber Tires (unit)	1. 86	1. 94	5. 86	5. 55	4. 59
役畜 （头）	Drought Animals (head)	51. 50	50. 69	39. 73	30. 88	26. 95
产品畜 （头）	Commodity Animals (head)	31. 04	32. 70	27. 93	20. 39	18. 01
收割机 （台）	Reaping Machines (unit)			0. 47	1. 41	0. 63
水泵 （台）	Pumps (unit)	2. 71	7. 93	13. 36	14. 20	17. 19
农用动力机械 （台）	Farm Power Machinery (unit)			6. 52	11. 17	11. 27

注：1990、1995 年农林牧渔业的房屋及建筑物包含工业用房屋及建筑物。1990、1995 年制造业不含房屋及建筑物。

Note: In 1990 and 1995, the houses and buildings of farming, forestry, animal husbandry and fishery included the houses and buildings for industrial use. The manufacturing of 1990 and 1995 excluded the houses and buildings.

10-14 农村居民平均每人纯收入及生活消费支出（1978－2005年）
Per Capita Net Income and Consumption Expenditure of Rural Households（1978－2005）

年份 Year	人均纯收入（元）Per Capita Net Income (yuan)	增长速度（%）Growth Rate（%）			人均生活消费支出（元）Per Capita Living Expenditure (yuan)	增长速度（%）Growth Rate（%）			恩格尔系数（%）Engle Coefficient
		名义增长（上年为100）Nominal Growth (preceding year＝100)	实际增长（上年为100）Real Growth (preceding year＝100)	实际增长（1978年为100）Real Growth (1978＝100)		名义增长（上年为100）Nominal Growth (preceding year＝100)	实际增长（上年为100）Real Growth (preceding year＝100)	实际增长（1978年为100）Real Growth (1978＝100)	
1978	193. 25	7. 9		100. 0	184. 89	－2. 6		100. 0	61. 7
1979	222. 72	15. 2	13. 6	113. 6	205. 18	11. 0	10. 1	110. 1	59. 9
1980	274. 37	23. 2	19. 4	135. 6	222. 22	8. 3	3. 9	114. 4	60. 4
1981	325. 37	18. 6	11. 4	151. 1	266. 05	19. 7	12. 1	128. 2	59. 3
1982	381. 79	17. 3	12. 7	170. 3	312. 44	17. 4	16. 2	149. 0	58. 4
1983	395. 92	3. 7	7. 0	182. 2	328. 76	5. 2	6. 3	158. 4	60. 3
1984	425. 34	7. 4	7. 2	195. 3	346. 19	5. 3	5. 0	166. 3	59. 3
1985	495. 31	16. 5	9. 8	214. 5	388. 00	12. 1	5. 7	175. 8	60. 4
1986	546. 43	10. 3	7. 6	230. 8	454. 06	17. 0	11. 1	195. 3	58. 8
1987	662. 24	21. 2	11. 1	256. 4	545. 25	20. 1	9. 5	213. 9	57. 3
1988	808. 70	22. 1	2. 7	263. 3	684. 67	25. 6	3. 2	220. 7	55. 2
1989	955. 02	18. 1	2. 0	268. 6	870. 59	27. 2	7. 3	236. 8	53. 7
1990	1043. 03	9. 2	1. 6	272. 9	932. 63	7. 1	－0. 3	236. 1	57. 7
1991	1143. 06	9. 6	9. 4	298. 5	942. 40	1. 1	1. 2	238. 9	57. 4
1992	1307. 65	14. 4	10. 4	329. 6	1060. 29	12. 5	8. 8	259. 9	54. 0
1993	1674. 78	28. 1	6. 1	349. 7	1391. 01	31. 2	6. 8	277. 6	52. 8
1994	2181. 52	30. 3	3. 8	363. 0	1882. 00	35. 3	3. 6	287. 6	55. 6
1995	2699. 24	23. 7	6. 5	386. 6	2255. 01	19. 8	5. 3	302. 9	54. 5
1996	3183. 46	17. 9	7. 6	415. 9	2584. 16	14. 6	6. 9	323. 8	51. 6
1997	3467. 69	8. 9	4. 2	433. 4	2617. 65	1. 3	0. 3	324. 7	52. 3
1998	3527. 14	1. 7	3. 4	448. 2	2683. 18	2. 5	3. 8	337. 1	51. 1
1999	3628. 93	2. 9	6. 2	475. 9	2645. 94	－1. 4	1. 7	342. 8	50. 7
2000	3654. 48	0. 7	0. 9	480. 2	2646. 02	…	…	342. 9	49. 8
2001	3769. 79	3. 2	3. 5	497. 0	2703. 36	2. 2	2. 5	351. 4	49. 9
2002	3911. 91	3. 8	5. 1	522. 4	2825. 01	4. 5	6. 0	372. 5	47. 6
2003	4054. 58	3. 6	3. 4	540. 1	2927. 35	3. 6	3. 4	385. 2	47. 9
2004	4365. 87	7. 7	4. 0	561. 8	3240. 78	10. 7	6. 7	411. 0	48. 8
2005	4690. 49	7. 4	4. 5	587. 0	3707. 73	14. 4	11. 4	457. 9	48. 3

注：农村居民现金纯收入受农村生活消费品价格指数和农村服务项目价格指数 以及农业生产资料价格指数的影响（购买生产性固定资产部分）；实物纯收入受自产自用产品价格指数影响。名义增长扣除物价因素影响后为实际增长。

Note：The figures of per capita net income of rural households are affected by the price indices of rural living consumer goods, rural services and agricultural producer goods (for purchase of productive fixed assets); and the figures of real net income are affected by the price index of products for self-consumption. After price factor is deducted from the nominal growth rate, that is the real growth rate.

10-15 农村居民家庭房屋情况
Housing Conditions of Rural Households

项目	Item	1990	1995	2000	2004	2005
平均每户年内新建房屋	**Houses Newly Built by per Household within the Year**					
面积（平方米）	Floor Space (sq. m)	4.19	5.11	6.34	3.20	2.85
#砖木结构（平方米）	Brick and Wood Structure (sq. m)	1.49	0.64	0.29		0.09
钢筋混凝土结构（平方米）	Reinforced Concrete Structure (sq. m)	2.53	3.87	6.02	3.19	2.76
在新建房屋面积中（平方米）	Floor Space of Newly-built Houses (sq. m)					
生活用房（平方米）	Floor Space for Living (sq. m)	3.23	4.67	6.01	3.20	2.85
楼房（平方米）	Floor Space of Multi-story Buildings (sq. m)	1.79	0.75	5.60	3.03	2.67
每平方米价值（元）	Value per Square Meter (yuan)	137.33	308.20	340.89	436.77	459.57
年末住房每平方米价值（元）	**Value per Square Meter at the Year-end (yuan)**	**56.41**	**181.41**	**288.25**	**319.58**	**376.90**
平均每人年末生活住房面积（平方米）	**Per Capita Floor Space for Living at the Year-end (sq. m)**	**17.39**	**20.83**	**22.42**	**25.48**	**25.71**
#砖木结构	Brick and Wood Structure	10.67	10.55	7.52	6.98	5.28
钢筋混凝土结构	Reinforced Concrete Structure	2.63	8.57	13.03	16.81	19.06
#楼房面积	Multi-story Buildings			12.52	16.55	18.2

10-16 农村居民家庭平均每户购买农业生产资料
Average Purchase of Agricultural Producer Goods per Rural Household

项目	Item	1990	1995	2000	2004	2005
化肥（公斤）	Chemical Fertilizer (kg)	641.33	487.58	553.22	485.37	503.24
饼肥（公斤）	Cake Fertilizer (kg)	14.47	5.09	9.78	27.02	17.18
农用薄膜（公斤）	Farming Plastic Pellicle (kg)	0.58	0.57	0.63	1.08	0.78
生产用种籽（公斤）	Seed for Production Use (kg)			9.85	10.41	6.74
生产用饲料（公斤）	Forage for Production Use (kg)			721.69	980.36	1332.29

10-17 农村居民家庭平均每人总收入和纯收入及构成
Per Capita Total and Net Income and Their Composition of Rural Households

项目	Item	1990	1995	2000	2004	2005
总收入 (元)	**Total Income (yuan)**	**1508.71**	**3567.43**	**4574.43**	**5379.72**	**5957.83**
工资性收入	Income of Wages and Salaries	245.52	712.24	1362.16	2173.21	2562.39
# 在非企业组织中得到收入	From Non-enterprise Organizations	10.83	39.60	177.26	186.09	228.05
在本地企业中得到收入	From Local Enterprises			386.59	374.28	438.89
常住人口外出从业得到收入	From Outward Employment of Permanent Residents			728.74	1370.24	1550.18
家庭经营收入	Income from Household Operations	1181.51	2579.07	2869.35	2768.64	2944.16
转移性收入	Income from Transfers	72.96	226.06	269.24	190.97	284.02
财产性收入	Income from Properties	8.72	50.06	73.68	246.89	167.25
总收入构成 (%)	Composition of Total Income (%)	100.0	100.0	100.0	100.0	100.0
工资性收入	Income of Wages and Salaries	16.3	20.0	29.8	40.4	43.0
家庭经营收入	Income from Household Operations	78.3	72.3	62.7	51.5	49.4
转移性收入	Income from Transfers	4.8	6.3	5.9	3.5	4.8
财产性收入	Income from Properties	0.6	1.4	1.6	4.6	2.8
纯收入 (元)	**Net Income (yuan)**	**1043.03**	**2699.24**	**3654.48**	**4365.87**	**4690.49**
按收入来源分	By Source of Income					
工资性收入	Income of Wages and Salaries	245.52	712.24	1362.16	2173.21	2562.39
家庭经营纯收入	Income from Household Operations	745.35	1756.64	2002.93	1805.69	1731.97
转移性收入	Income from Transfers	43.44	180.30	215.71	140.09	228.88
财产性收入	Income from Properties	8.72	50.06	73.68	246.89	167.25
按收入来源分构成 (%)	Composition by Source of Income (%)	100.0	100.0	100.0	100.0	100.0
工资性收入	Income of Wages and Salaries	23.5	26.4	37.3	49.8	54.6
家庭经营纯收入	Income from Household Operations	71.5	65.1	54.8	41.4	36.9
转移性收入	Income from Transfers	4.2	6.7	5.9	3.2	4.9
财产性收入	Income from Properties	0.8	1.8	2.0	5.6	3.6
按收入性质分 (元)	By Type of Income (yuan)					
生产性纯收入	Productive Income	990.87	2468.88	3365.09	3978.90	4294.36
农业生产性收入	Agricultural Productive Income	601.69	1253.80	1384.25	1340.58	1315.43
非农业生产性收入	Non-agricultural Productive Income	389.18	1215.08	1980.84	2638.32	2978.93
非生产性纯收入	Non-productive Income	52.16	230.36	289.39	386.98	396.13
按收入性质分构成 (%)	Composition by Type of Income (%)	100.0	100.0	100.0	100.0	100.0
生产性纯收入	Productive Income	95.0	91.5	92.1	91.1	91.6
农业生产性收入	Agricultural Productive Income	57.7	46.5	37.9	30.7	28.1
非农业生产性收入	Non-agricultural Productive Income	37.3	45.0	54.2	60.4	63.5
非生产性纯收入	Non-productive Income	5.0	8.5	7.9	8.9	8.4

10-18 农村居民家庭平均每人家庭经营纯收入及构成
Per Capita Net Income from Household Operations and Its Composition of Rural Households

项目	Item	1990	1995	2000	2004	2005
家庭经营纯收入 （元）	**Net Income from Household Operations (yuan)**	**745. 35**	**1756. 64**	**2002. 93**	**1805. 69**	**1731. 97**
农业收入	Agriculture	432. 41	885. 89	944. 73	898. 95	871. 88
林业收入	Forestry	5. 46	19. 36	16. 00	30. 67	25. 30
牧业收入	Animal Husbandry	127. 97	236. 44	278. 31	258. 37	252. 83
渔业收入	Fishery	35. 85	112. 11	145. 21	152. 58	165. 42
工业收入	Industry	21. 27	24. 83	49. 39	51. 93	36. 00
建筑业收入	Construction	36. 65	140. 01	137. 32	59. 13	32. 27
交通、运输和邮电业收入	Transport, Postal and Telecommunication Services	22. 83	76. 97	119. 60	83. 37	80. 80
批发和零售贸易、餐饮业收入	Wholesale and Retail Trades and Catering Services	33. 39	120. 41	156. 28	160. 85	190. 53
社会服务业收入	Social Services	16. 06	45. 07	54. 43	39. 57	35. 09
文教卫生业收入	Culture, Education and Health Care			15. 89	11. 64	8. 18
其他家庭经营收入	Other Household Operations	13. 46	95. 55	85. 77	58. 62	33. 68
家庭经营纯收入构成 （%）	**Composition of Net Income from Household Operations (%)**	**100. 0**	**100. 0**	**100. 0**	**100. 0**	**100. 0**
农业收入	Agriculture	58. 0	50. 5	47. 1	49. 8	50. 3
林业收入	Forestry	0. 7	1. 1	0. 8	1. 7	1. 5
牧业收入	Animal Husbandry	17. 2	13. 5	13. 9	14. 3	14. 6
渔业收入	Fishery	4. 8	6. 4	7. 2	8. 5	9. 5
工业收入	Industry	2. 9	1. 4	2. 5	2. 9	2. 1
建筑业收入	Construction	4. 9	7. 9	6. 9	3. 3	1. 9
交通、运输和邮电业收入	Transport, Postal and Telecommunication Services	3. 1	4. 3	6. 0	4. 6	4. 7
批发和零售贸易、餐饮业收入	Wholesale and Retail Trades and Catering Services	4. 5	6. 9	7. 8	8. 9	11. 0
社会服务业收入	Social Services	2. 1	2. 6	2. 7	2. 2	2. 0
文教卫生业收入	Culture, Education and Health Care			0. 8	0. 6	0. 5
其他家庭经营收入	Other Household Operations	1. 8	5. 4	4. 3	3. 2	1. 9

注：1990、1995 年的社会服务业收入含文教卫生业收入。
Note: The incomes of social services of 1990 and 1995 included those of culture, education and health care.

10-19 农村居民家庭平均每人总支出及构成
Per Capita Total Expenditure and Its Composition of Rural Households

项目	Item	1990	1995	2000	2004	2005
总支出 （元）	**Total Expenditure (yuan)**	**1410.21**	**3151.31**	**3613.14**	**4315.70**	**5081.02**
家庭经营费用支出	Expenditure on Household Business	373.64	714.47	753.10	905.54	1154.16
农业生产支出	Agriculture	156.15	239.09	240.90	256.92	295.25
林业生产支出	Forestry	0.79	1.72	8.98	2.54	3.10
牧业生产支出	Animal Husbandry	160.86	354.90	262.66	434.75	613.10
渔业生产支出	Fishery	29.28	50.69	135.31	120.69	166.44
工业生产支出	Industry	6.19	3.88	17.31	35.00	8.79
建筑业支出	Construction	0.59	9.06	7.76	1.92	3.78
交通运输、邮电业支出	Transport, Postal and Telecommunication Services	12.52	24.74	34.56	23.72	23.75
批发和零售贸易、餐饮业支出	Wholesale and Retail Trades and Catering Services	2.94	15.89	23.86	19.62	21.36
社会服务业支出	Social Services	1.31	5.95	3.37	1.46	11.63
文教卫生业支出	Culture, Education and Health Care			2.56	0.62	0.61
其他家庭经营支出	Other Household Operations	3.01	8.55	15.83	8.30	6.35
购置生产性固定资产支出	Expenditure on Purchase of Productive Fixed Assets	24.87	25.40	30.57	28.36	31.28
农林牧渔业机械	Farming, Forestry, Animal Husbandry and Fishery Machinery	8.84	2.93	5.78	12.29	13.96
运输机械	Transport Machinery	12.31	5.29	7.97	0.89	1.53
建造生产性固定资产雇工支出	Expenditure on Employees for Building of Productive Fixed Assets				0.36	0.77
税费支出	Expenditure on Taxes and Fees	46.16	73.81	55.05	8.19	6.78
缴纳生产税	Production Taxes	21.79	39.62	30.50	6.14	2.67
"一事一议"筹资	Ad Hoc Fees				0.15	0.37
村提留	Fees Retained by Villages	1.24	3.65	3.47		
乡统筹	Fees Retained by Townships	16.19	21.38	13.79		
其他各项收费	Other Fees	6.94	9.16	7.29	1.90	3.74
生活消费支出	Expenditure on Household Consumption	932.63	2255.01	2646.02	3240.78	3707.73
转移性支出	Transfer Expenditure	29.95	75.18	123.95	127.29	169.70
寄给和带给家庭非常住人口	Posted and Sent to Non-permanent Family Members	2.76	4.61	12.07	42.46	43.56
赠送农村以外亲友	Gifts to Non-rural Relatives	4.11	4.95	8.76	3.94	5.67
其他转移性支出	Other Transfer Expenditures	23.08	65.62	103.12	80.89	120.47
财产性支出	Property Expenditure	2.96	7.44	4.45	5.18	10.59
总支出构成 （%）	**Composition of Total Expenditure (%)**	**100.0**	**100.0**	**100.0**	**100.0**	**100.0**
家庭经营费用支出	Expenditure on Household Operations	26.5	22.7	20.9	21.0	22.8
购置生产性固定资产支出	Expenditure on Purchase of Productive Fixed Assets	1.8	0.8	0.9	0.7	0.6
建造生产性固定资产雇工支出	Expenditure on Employees for Building of Productive Fixed Assets				…	…
税费支出	Expenditure on Taxes and Fees	3.3	2.4	1.5	0.2	0.1
生活消费支出	Expenditure on Household Consumption	66.1	71.5	73.2	75.1	73.0
转移性支出	Transfer Expenditure	2.1	2.4	3.4	2.9	3.3
财产性支出	Property Expenditure	0.2	0.2	0.1	0.1	0.2

10-20 农村居民家庭平均每人生活消费支出
Per Capita Consumption Expenditure of Rural Households

单位：元 (yuan)

项　　目	Item	1990	1995	2000	2004	2005
生活消费支出	**Consumption Expenditure**	**932.63**	**2255.01**	**2646.02**	**3240.78**	**3707.73**
食品	**Food**	**538.18**	**1228.00**	**1317.48**	**1581.68**	**1789.42**
主食	Staple Food	143.85	328.46	323.61	363.07	360.07
副食	Non-staple Food	288.81	684.88	706.71	838.55	962.38
其他食品	Other Food	75.61	144.48	214.57	261.32	326.41
在外饮食	Dining Out	23.03	59.47	65.89	109.75	133.27
其他	Others	6.88	10.71	6.70	8.99	7.29
衣着	**Clothing**	**39.48**	**91.31**	**104.21**	**116.83**	**143.50**
居住	**Residence**	**174.60**	**345.65**	**378.86**	**494.89**	**530.30**
住房	Housing	124.34	210.52	222.88	278.04	268.68
电费	Electric Expenses	15.77	40.19	54.46	65.37	83.50
水费	Water Expenses			6.21	11.03	12.76
燃料	Fuels	34.24	58.40	89.40	120.68	144.84
其他	Others	0.25	36.54	5.91	19.77	20.52
家庭设备、用品及服务	**Household Appliances and Services**	**50.28**	**140.54**	**125.65**	**131.17**	**152.12**
# 耐用消费品	Durable Consumer Goods	25.51	42.53	37.35	42.04	49.76
家庭日用杂品	Household Articles for Daily use	22.69	83.94	75.02	75.48	84.30
医疗保健	**Health Care and Medical Services**	**32.63**	**67.51**	**100.31**	**153.17**	**203.85**
# 医疗卫生保健用品	Facilities and Articles for Health Care and Medical Services	22.82	37.34	52.76	63.99	80.16
医疗保健服务费	Expenses of Health Care and Medical Services	9.81	28.62	39.75	89.18	123.69
交通和通讯	**Transport and Communications**	**14.56**	**82.08**	**205.52**	**350.27**	**411.64**
# 交通、通讯工具	Transport and Communication Tools	6.91	47.14	56.97	86.00	68.29
交通费	Transport Expenses	7.16	19.73	45.08	70.74	90.88
邮电费	Postal and Telecommunication Expenses	0.49	10.88	80.80	149.63	175.89
交通、通讯修理费	Maintenance Expenses of Transport and Communication Tools		4.33	9.48	10.58	18.05
文化教育娱乐用品及服务	**Cultural, Educational and Recreational Articles and Services**	**66.99**	**245.16**	**313.46**	**314.34**	**360.73**
文化教育娱乐用品	Cultural, Educational and Recreational Articles	25.06	39.47	45.37	37.16	45.58
文化教育娱乐服务	Cultural, Educational and Recreational Services	41.93	205.68	268.09	277.18	315.15
#学杂费	Tuition and Miscellaneous	36.77	187.33	247.71	214.23	234.83
技术培训费	Technical Training Fees	2.15	6.05	2.13	4.43	4.50
休闲娱乐费	Recreational Fees	1.38	6.63	12.90	8.02	9.12
其他商品和服务	**Other Commodities and Services**	**15.91**	**54.76**	**100.53**	**98.44**	**116.17**

10-21 农村居民家庭平均每人现金收入
Per Capita Cash Income of Rural Households

单位：元 (yuan)

项　　目	Item	1990	1995	2000	2004	2005
年内现金收入	**Cash Income within the Year**	**1156.16**	**2849.86**	**3781.19**	**4794.25**	**5381.66**
工资性收入	**Income of Wages and Salaries**	**242.51**	**708.89**	**1360.80**	**2173.13**	**2562.34**
# 在非企业组织中得到收入	From Non-enterprise Organizations			177.26	186.09	228.00
在本地企业中得到收入	From Local Enterprises			385.63	374.28	438.89
常住人口外出从业得到收入	From Outward Employment of Permanent Residents			728.38	1370.17	1550.18
家庭经营现金收入	**Cash Income from Household Operations**	**832.22**	**1892.34**	**2051.18**	**2185.27**	**2369.45**
农业现金收入	From Agriculture	647.78	1270.03	1300.46	1610.49	1851.69
# 出售产品的现金收入	By Selling Products	647.78	1270.03	1259.43	1591.21	1821.94
出售农业产品	By Farming Crops	311.37	566.80	527.30	638.69	686.14
# 出售粮食	Grain	85.92	112.11	118.23	191.88	153.55
出售林业产品	Forestry Products	5.76	16.76	35.36	33.21	24.19
出售牧业产品	Animal Husbandry Products	268.56	535.45	446.23	651.14	787.35
出售渔业产品	Fishery Products	62.09	151.02	250.54	268.17	324.26
工业的现金收入	From Industry	28.60	29.26	68.84	89.29	48.05
建筑业的现金收入	From Construction	39.09	152.90	149.75	62.28	36.68
运输业的现金收入	From Transport	37.10	110.33	160.17	116.93	111.24
批发和零售贸易、餐饮业现金收入	From Wholesale and Retail Trade and Catering Services	37.50	138.70	187.17	184.10	222.95
社会服务业现金收入	From Social Services	18.11	52.89	60.05	41.51	48.20
文教卫生业现金收入	From Culture, Education and Health Care			19.17	12.39	9.76
其他行业收入	From Others	24.04	138.23	105.57	68.28	40.88
转移性现金收入	**Cash Income from Transfers**	**72.71**	**209.70**	**259.54**	**190.25**	**283.30**
家庭非常住人口寄回或带回现金	Cash Posted or Sent Back by Non-permanent Family Members	23.25	77.88	109.46	50.45	116.77
亲友赠送的现金	Cash Presented by Relatives	38.70	65.58	76.62	73.68	81.31
# 农村外部亲友赠送	From Non-rural Relatives	9.18	19.82	22.64	21.91	26.28
其他转移性现金收入	Other Cash Incomes from Transfers	10.76	66.24	73.46	66.12	85.22
财产性现金收入	**Cash Income from Properties**	**8.72**	**38.93**	**73.67**	**245.59**	**166.58**
租金收入	Rental Income		9.06	25.98	56.67	75.73
土地征用补偿收入	Compensation Income for Land Expropriation		10.07	10.65	86.01	7.10
其他财产性现金收入	Other Cash Incomes from Properties	8.72	19.80	37.04	102.91	83.75

10-22 农村居民家庭平均每人现金支出
Per Capita Cash Expenditure of Rural Households

单位：元 (yuan)

项 目	Item	1990	1995	2000	2004	2005
年内现金支出	**Cash Expenditure within the Year**	**1089. 40**	**2609. 02**	**3090. 92**	**3801. 01**	**4542. 99**
生产费用支出的现金	**Cash Expenditure on Production**	**324. 10**	**655. 61**	**740. 71**	**871. 53**	**1133. 43**
家庭经营费用支出	Expenditure on Household Operations	299. 25	630. 21	710. 14	842. 82	1101. 38
农业生产支出	Farming Production	132. 66	220. 12	231. 14	245. 91	286. 63
林业生产支出	Forestry Production	0. 37	1. 57	8. 69	2. 26	2. 91
牧业生产支出	Animal Husbandry Production	109. 50	294. 76	233. 41	385. 28	570. 77
渔业生产支出	Fishery Production	28. 68	46. 61	133. 33	119. 97	165. 50
工业生产支出	Industry Production	6. 07	3. 87	17. 15	35. 00	8. 79
建筑业支出	Construction	0. 58	8. 68	7. 50	1. 67	3. 71
交通运输、邮电业支出	Transport, Postal and Telecommunication Services	12. 48	24. 58	34. 39	23. 72	23. 73
批发和零售贸易、餐饮业支出	Wholesale and Retail Trades and Catering Services	2. 79	15. 87	22. 86	18. 75	20. 87
社会服务业支出	Social Services	1. 30	5. 95	3. 29	1. 42	11. 57
文教卫生业支出	Culture, Education and Health Care			2. 56	0. 62	0. 61
其他经营支出	Other Household Operations	4. 82	8. 20	15. 82	8. 21	6. 28
购买生产性固定资产支出	Expenditure on Purchase of Productive Fixed Assets	24. 85	25. 40	30. 57	28. 36	31. 28
建、造生产性固定资产雇工支出	Expenditure on Employees for Building of Productive Fixed Assets				0. 36	0. 77
税费支出	**Expenditure for Taxes and Fees**	**22. 74**	**38. 04**	**29. 45**	**8. 16**	**6. 78**
缴纳生产税	Production Taxes	8. 06	16. 02	15. 15	6. 11	2. 67
“一事一议”筹资	Ad Hoc Fees				0. 15	0. 37
村提留	Fees Retained by Villages	1. 24	3. 65	1. 15		
乡统筹	Fees Retained by Townships	7. 35	10. 05	7. 20		
其他各项收费	Other Fees	6. 09	8. 32	5. 95	1. 90	3. 74
生活消费支出的现金	**Cash Expenditure for Consumption**	**686. 43**	**1790. 33**	**2197. 64**	**2791. 74**	**3224. 28**
食品	Food	322. 57	794. 04	908. 45	1196. 85	1369. 96
# 主食	Staple Food	18. 62	73. 19	81. 61	142. 61	152. 50
副食	Non-staple Food	203. 78	513. 48	548. 06	683. 38	767. 14
衣着	Clothing	38. 20	89. 73	101. 76	116. 49	143. 49
居住	Residence	145. 43	317. 26	343. 87	431. 59	466. 47
家庭设备、用品及服务	Household Appliances and Services	50. 14	139. 78	123. 73	130. 59	151. 96
医疗保健	Health Care and Medical Services	32. 63	67. 51	100. 31	153. 17	203. 85
交通和通讯	Transport and Communications	14. 56	82. 08	205. 52	350. 27	411. 64
文化教育娱乐用品及服务	Cultural, Educational and Recreational Articles and Services	66. 99	245. 16	313. 46	314. 34	360. 73
其他商品和服务	Other Commodities and Services	15. 91	54. 77	100. 54	98. 44	116. 17
财产性支出	**Property Expenditure**	**2. 25**	**5. 00**	**4. 45**	**5. 18**	**10. 59**
转移性支出	**Transfer Expenditure**	**53. 88**	**120. 04**	**118. 67**	**124. 39**	**167. 90**
寄给和带给在外人口的现金	Cash Posted and Sent to Outward Population	2. 53	3. 98	11. 37	42. 17	43. 41
赠送亲友的现金	Cash to Relatives	30. 63	64. 12	72. 82	52. 92	80. 20
其他转移性支出	Other Transfer Expenditures	20. 72	51. 94	34. 48	29. 30	44. 29

10-23 农村居民家庭平均每人主要食品消费量及衣着购买量
Per Capita Consumption of Major Food and Purchase of Clothing of Rural Households

项目	Item	1990	1995	2000	2004	2005
粮食（原粮）（公斤）	Grain（Crude Grain）(kg)	260. 30	252. 19	252. 79	230. 57	229. 54
# 稻谷（公斤）	Rice (kg)	248. 17	223. 43	216. 99	222. 50	220. 20
蔬菜（公斤）	Vegetable (kg)	112. 77	112. 36	116. 39	131. 02	122. 02
食油（公斤）	Edible Oil (kg)	4. 85	7. 17	5. 93	7. 23	6. 40
肉类（公斤）	Meat (kg)	15. 42	17. 63	23. 88	25. 24	28. 28
家禽（公斤）	Poultry (kg)	4. 43	7. 38	10. 60	10. 17	10. 93
蛋类（公斤）	Eggs (kg)	1. 73	2. 98	2. 78	2. 63	2. 86
水产品（公斤）	Aquatic Products (kg)	9. 50	12. 04	11. 72	13. 43	14. 48
食糖（公斤）	Sugar (kg)	3. 96	2. 87	1. 34	1. 98	1. 89
卷烟（盒）	Cigarette (pack)	22. 20	21. 84	25. 42	20. 87	24. 87
酒类（公斤）	Liquor (kg)	5. 10	3. 62	4. 71	3. 12	3. 72
茶叶（公斤）	Tea (kg)	0. 52	0. 55	0. 41	0. 53	0. 50
水果（公斤）	Fruits (kg)	7. 32	12. 81	19. 12	14. 02	13. 63
购买服装（件）	Purchase of Garments (piece)	1. 10	0. 95	2. 14	1. 79	2. 11

10-24 农村居民家庭平均每百户主要耐用物品年末拥有量
Number of Durable Consumer Goods Owned per 100 Rural Households at the Year-end

项目	Item	1990	1995	2000	2004	2005
自行车（辆）	Bicycle (unit)	186. 09	216. 85	162. 46	139. 22	109. 65
摩托车（辆）	Motorcycle (unit)	1. 84	15. 73	54. 18	77. 07	86. 88
电风扇（台）	Electric Fan (unit)	163. 48	266. 69	271. 48	305. 20	289. 77
洗衣机（台）	Washing Machine (unit)	4. 26	14. 88	25. 00	29. 02	29. 49
电冰箱（台）	Refrigerator (unit)	1. 17	7. 90	15. 12	20. 35	24. 73
黑白电视机（台）	Black and White Television Set (unit)	40. 51	51. 85	29. 22	12. 70	8. 28
彩色电视机（台）	Color Television Set (unit)	9. 80	34. 35	73. 20	96. 13	103. 91
收录机（台）	Radio Cassette Player (unit)	41. 33	49. 44	27. 19	15. 20	9. 77
照相机（架）	Camera (unit)	0. 70	1. 98	3. 98	5. 98	6. 52
影碟机（台）	Video Recorder (unit)			34. 61	58. 00	58. 91
录像机（台）	Video Disc Player (unit)		2. 30	5. 55	5. 70	5. 00
组合音响（台）	Hi-fi Stereo Component System (unit)			22. 77	32. 19	33. 13
空调机（台）	Air Conditioner (unit)		0. 65	3. 05	9. 30	18. 13
家用计算机（台）	Household Computer (unit)			1. 95	6. 33	9. 26
移动电话（部）	Mobile Telephone (unit)			14. 49	79. 30	116. 41
电话机（台）	Telephone Set (unit)	1. 20	9. 40	40. 82	78. 01	82. 38
热水器（台）	Water Heater (unit)		5. 56	20. 94	33. 48	38. 67

10-25 按人均纯收入等级分的农村居民家庭基本情况（2005年）

Basic Conditions of Rural Households Grouped by Per Capita Annual Net Income (2005)

项目	Item	低收入户 Low Income Households	#人均纯收入1500元以下户 Per Capita Income at 1500 yuan and below	中低收入户 Middle Low Income Households	中等收入户 Middle Income Households	中高收入户 Middle High Income Households	高收入户 High Income Households
调查户人口、劳动力（人）	**Number of Residents and Laborers Surveyed (person)**						
平均每户常住人口	Average Number of Permanent Residents per Household	5. 41	5. 11	5. 32	5. 14	4. 84	4. 28
平均每户整半劳动力	Average Number of Full/Semi Labor Force per Household	2. 77	2. 50	3. 18	3. 39	3. 60	3. 22
平均每个劳动力负担人口	Average Number of Dependents per Laborer	1. 95	2. 05	1. 67	1. 52	1. 35	1. 33
平均每百个劳动力的文化程度	Average Education Level per 100 Laborers						
文盲或半文盲	Illiterate and Semi-illiterate	7. 11	6. 42	3. 68	3. 51	3. 09	2. 24
小学程度	Primary School	34. 30	35. 47	29. 14	24. 99	20. 96	19. 75
初中程度	Junior Secondary School	49. 01	48. 68	55. 28	56. 36	57. 93	49. 85
高中程度	Senior Secondary School	7. 96	6. 04	9. 20	11. 05	12. 54	17. 50
中专程度	Specialized Secondary School	1. 13	2. 64	2. 33	3. 28	3. 74	6. 72
大专程度	College and Higher Level	0. 49	0. 75	0. 37	0. 81	1. 74	3. 94
总收入（元）	**Total Income (yuan)**	**2779. 60**	**2152. 05**	**3890. 75**	**4830. 03**	**6561. 38**	**13225. 44**
工资性收入	Income of Wages and Salaries	840. 54	416. 12	1630. 72	2282. 27	3315. 23	5385. 32
# 在非企业组织中得到收入	From Non-enterprise Organizations	42. 43	10. 06	73. 87	156. 25	227. 37	741. 94
在本地企业中得到收入	From Local Enterprises	173. 73	106. 61	257. 72	322. 94	299. 17	1297. 58
常住人口外出从业得到收入	From Outward Employment of Permanent Residents	306. 96	81. 27	940. 18	1511. 76	2484. 98	2870. 31
家庭经营收入	Income from Household Operations	1820. 59	1660. 09	2069. 17	2244. 54	2782. 37	6479. 68
转移性收入	Income from Transfers	98. 14	61. 85	158. 30	239. 27	344. 35	661. 23
财产性收入	Income from Properties	20. 33	13. 99	32. 57	63. 95	119. 43	699. 20
总收入构成（%）	Composition of Total Income (%)	100. 0	100. 0	100. 0	100. 0	100. 0	100. 0
工资性收入	Income of Wages and Salaries	30. 3	19. 3	41. 9	47. 3	50. 5	40. 7
家庭经营收入	Income from Household Operations	65. 5	77. 1	53. 2	46. 5	42. 4	49. 0
转移性收入	Income from Transfers	3. 5	2. 9	4. 1	4. 9	5. 3	5. 00
财产性收入	Income from Properties	0. 7	0. 7	0. 8	1. 3	1. 8	5. 30
纯收入（元）	**Net Income (yuan)**	**1886. 37**	**1155. 08**	**2995. 51**	**4045. 71**	**5561. 49**	**10137. 77**
工资性收入	Income of Wages and Salaries	840. 54	416. 12	1630. 72	2282. 27	3315. 23	5385. 32
家庭经营纯收入	Income from Household Operations	959. 24	688. 08	1210. 62	1509. 62	1851. 60	3490. 64
转移性收入	Income from Transfers	66. 26	36. 88	121. 61	189. 87	275. 22	562. 61
财产性收入	Income from Properties	20. 33	13. 99	32. 57	63. 95	119. 43	699. 20
纯收入构成（%）	Composition of Net Income (%)	100. 0	100. 0	100. 0	100. 0	100. 0	100. 0
工资性收入	Income of Wages and Salaries	44. 6	36. 0	54. 4	56. 4	59. 6	53. 1
家庭经营纯收入	Income from Household Operations	50. 9	59. 6	40. 4	37. 3	33. 3	34. 4
转移性收入	Income from Transfers	3. 5	3. 2	4. 1	4. 7	5. 0	5. 6
财产性收入	Income from Properties	1. 1	1. 2	1. 1	1. 6	2. 1	6. 9

10-26 按人均纯收入等级分的农村居民家庭平均每人生活消费支出（2005年）
Average Consumption Expenditure of Rural Households Grouped by Per Capita Annual Net Income (2005)

单位：元 (yuan)

项目	Item	低收入户 Low Income Households	#人均纯收入1500元以下户 Per Capita Income at 1500 yuan and below	中低收入户 Middle Low Income Households	中等收入户 Middle Income Households	中高收入户 Middle High Income Households	高收入户 High Income Households
生活消费支出	**Living Expenditure**	**2245.86**	**1968.88**	**2789.16**	**3509.95**	**4229.32**	**6336.95**
食品	**Food**	**1257.27**	**1100.35**	**1465.42**	**1789.16**	**2005.68**	**2621.51**
主食	Staple Food	327.93	329.89	341.52	366.20	395.67	376.16
副食	Non-staple Food	666.77	562.61	787.42	987.80	1097.24	1370.92
其他食品	Other Food	202.62	158.13	265.17	334.80	371.76	497.81
在外饮食	Dining Out	54.08	45.21	63.90	92.76	131.73	370.29
其他	Others	5.86	4.51	7.40	7.59	9.28	6.33
衣着	**Clothing**	**66.80**	**42.60**	**102.08**	**140.50**	**186.22**	**247.32**
居住	**Residence**	**285.38**	**202.52**	**389.98**	**483.12**	**632.79**	**955.57**
住房	Housing	102.73	20.76	180.29	239.29	375.74	502.80
电费	Electric Expenses	49.07	46.77	57.17	72.87	76.45	180.63
水费	Water Expenses	5.16	4.59	5.44	7.36	9.69	41.45
燃料	Fuels	123.53	128.43	134.92	144.82	145.41	183.54
其他	Others	4.89	1.96	12.17	18.79	25.50	47.15
家庭设备、用品及服务	**Household Appliances and Services**	**81.67**	**66.82**	**103.52**	**142.42**	**188.30**	**272.45**
#耐用消费品	Durable Consumer Goods	25.84	21.34	30.11	38.12	70.84	115.60
家庭日用杂品	Household Articles for Daily use	49.53	41.47	64.42	85.4	104.41	132.32
医疗保健	**Health Care and Medical Services**	**108.81**	**108.56**	**119.95**	**206.23**	**192.53**	**438.50**
#医疗卫生保健用品	Facilities and Articles for Health Care and Medical Services	45.93	39.62	50.06	82.47	92.19	144.55
医疗保健服务费	Expenses of Health Care and Medical Services	62.87	68.95	69.89	123.75	100.34	293.95
交通和通讯	**Transport and Communications**	**149.23**	**117.00**	**256.27**	**362.89**	**492.33**	**904.35**
#交通、通讯工具	Transport and Communication Tools	21.35	11.10	36.93	64.49	58.05	182.85
交通费	Transport Expenses	24.89	13.53	56.80	89.35	131.15	173.01
邮电费	Postal and Telecommunication Expenses	64.70	55.50	110.53	156.40	227.59	362.86
交通、通讯修理费	Maintenance Expenses of Transport and Communication Tools	8.97	8.53	11.93	12.40	19.26	42.59
文化教育娱乐用品及服务	**Cultural, Educational and Recreational Articles and Services**	**245.10**	**282.15**	**280.26**	**280.80**	**375.69**	**686.42**
文化教育娱乐用品	Cultural, Educational and Recreational Articles	22.46	23.98	30.91	36.66	48.97	99.95
文化教育娱乐服务	Cultural, Educational and Recreational Services	222.64	258.17	249.35	244.14	326.71	586.47
#学杂费	Tuition and Miscellaneous	195.23	219.45	210.31	184.32	230.66	380.97
技术培训费	Technical Training Fees	2.43	4.32	2.96	0.70	6.71	11.09
休闲娱乐费	Recreational Fees	1.21	0.55	4.07	6.03	9.80	28.37
其他商品和服务	**Other Commodities and Services**	**51.62**	**48.88**	**80.69**	**104.84**	**155.78**	**210.82**

10-27 广东农村全面小康监测情况（2000－2005年）
Statistics on Monitoring Well-off Society in an All-round Way in Rural Areas of Guangdong（2000－2005）

项目	Item	权数（%）Weight	2000年实现程度（%）Percentage of Realization	2001年实现程度（%）Percentage of Realization	2002年实现程度（%）Percentage of Realization
农村全面小康实现程度	**Percentage of Realization of Overall Well-off Society in Rural Areas**	**100**	**29.0**	**33.3**	**38.4**
经济发展	**Economic Development**	**29**	**43.4**	**47.6**	**52.6**
农村居民人均可支配收入	Per Capita Disposable Income of Rural Households	20	36.7	40.4	45.2
第一产业劳动力比重	Percentage of Laborers in Primary Industry	5	67.3	72.7	80.0
小城镇人口比重	Percentage of Population in Small Towns	4	47.4	52.1	55.3
社会发展	**Social Development**	**20**	**39.7**	**40.2**	**36.7**
农村合作医疗覆盖率	Coverage Rate of Cooperation Medical Services in Rural Areas	8	12.5	13.1	16.3
农村养老覆盖率	Coverage Rate of Old-age Pension in Rural Areas	4	0.0	4.8	5.4
万人农业科技人员数	Number of Scientific and Technological Personnel in Agriculture per 10000 Population	4	73.3	70.0	45.3
农村居民基尼系数	Engle Coefficient of Rural Households	4	100.0	100.0	100.0
人口素质	**Quality of Population**	**15**	**19.0**	**25.5**	**31.5**
平均受教育年限	Average Year of Education	12	6.9	15.0	22.5
平均预期寿命	Average Anticipated Life-span	3	67.3	67.3	67.3
生活质量	**Quality of Life**	**23**	**20.6**	**24.5**	**34.3**
恩格尔系数	Engle Coefficient	4	－8.9	－10.0	15.6
居住质量指数	Quality Index of Residence	11	43.2	45.4	46.7
农民文化娱乐支出比重	Percentage of Cultural and Recreational Expenditure of Rural Households	3	0.0	－4.4	4.4
农民信息化程度	Percentage of Information of Rural Households	5	6.9	23.6	40.1
民主法制	**Democracy and Legal System**	**6**	**0.0**	**18.3**	**36.7**
农民对村政务公开的满意度	Satisfactory Rate of Rural Households' Opinions to Publicity of Village Administration Affairs	3	0.0	16.7	33.3
农民社会安全满意度	Satisfactory Rate of Rural Households' Opinions to Social Security	3	0.0	20.0	40.0
资源环境	**Resource Environment**	**7**	**14.3**	**14.3**	**14.3**
常用耕地面积变动幅度	Changes in Regularly Cultivated Land	3	－100.0	－100.0	－100.0
森林覆盖率	Forest Coverage Rate	2	100.0	100.0	100.0
万元农业GDP用水量	Consumption of Water in per 10000 Value-added of Agriculture	2	100.0	100.0	100.0

10-27 续表 continued

项　目	Item	2003 年实现程度（%）Percentage of Realization	2004 年实现程度（%）Percentage of Realization	2005 年实现程度（%）Percentage of Realization
农村全面小康实现程度	**Percentage of Realization of Overall Well-off Society in Rural Areas**	**43. 1**	**46. 7**	**53. 9**
经济发展	**Economic Development**	**55. 5**	**61. 2**	**64. 6**
农村居民人均可支配收入	Per Capita Disposable Income of Rural Households	46. 8	51. 7	56. 1
第一产业劳动力比重	Percentage of Laborers in Primary Industry	88. 0	100. 0	100. 0
小城镇人口比重	Percentage of Population in Small Towns	58. 4	60. 5	63. 2
社会发展	**Social Development**	**38. 9**	**41. 3**	**47. 0**
农村合作医疗覆盖率	Coverage Rate of Cooperation Medical Services in Rural Areas	25. 5	33. 1	48. 3
农村养老覆盖率	Coverage Rate of Old-age Pension in Rural Areas	5. 5	2. 4	5. 9
万人农业科技人员数	Number of Scientific and Technological Personnel in Agriculture per 10000 Population	38. 0	38. 0	28. 0
农村居民基尼系数	Engle Coefficient of Rural Households	100. 0	100. 0	100. 0
人口素质	**Quality of Population**	**37. 0**	**37. 5**	**38. 0**
平均受教育年限	Average Year of Education	29. 4	30. 0	30. 6
平均预期寿命	Average Anticipated Life-span	67. 3	67. 3	67. 3
生活质量	**Quality of Life**	**40. 8**	**42. 2**	**50. 1**
恩格尔系数	Engle Coefficient	12. 2	2. 2	7. 8
居住质量指数	Quality Index of Residence	52. 3	52. 6	61. 6
农民文化娱乐支出比重	Percentage of Cultural and Recreational Expenditure of Rural Households	13. 3	13. 3	20. 0
农民信息化程度	Percentage of Information of Rural Households	54. 9	68. 4	76. 6
民主法制	**Democracy and Legal System**	**55. 0**	**71. 8**	**75. 9**
农民对村政务公开的满意度	Satisfactory Rate of Rural Households' Opinions to Publicity of Village Administration Affairs	50. 0	78. 0	73. 0
农民社会安全满意度	Satisfactory Rate of Rural Households' Opinions to Social Security	60. 0	65. 6	78. 8
资源环境	**Resource Environment**	**14. 3**	**14. 3**	**56. 7**
常用耕地面积变动幅度	Changes in Regularly Cultivated Land	-100. 0	-100. 0	33. 3
森林覆盖率	Forest Coverage Rate	100. 0	100. 0	100. 0
万元农业 GDP 用水量	Consumption of Water in per 10000 Value-added of Agriculture	100. 0	63. 3	48. 5

主要统计指标解释

居民消费水平 居民消费水平是指按人口平均计算的居民消费额。居民消费水平表明国家对人民的物质文化生活需要的满足程度，它是反映一个国家（或地区）的经济发展水平和人民物质文化生活水平的综合指标。

居民消费水平，可以按国民收入口径，即居民物质产品消费进行计算，也可以按国内生产总值口径，即包括劳务以内的总消费进行计算。根据计算居民消费的不同价格，可以计算出按当年价格计算的居民消费和按可比价格计算的居民消费水平，后者便于观察居民实际消费水平的增长变化。为了观察居民消费的实物构成，还可以进一步计算各种消费品的平均消费的数量和金额，以反映居民在取得基本生存资料的基础上逐步向需要享受资料和发展资料的方向发展的趋势。

城镇居民家庭可支配收入 是指居民家庭在支付个人所得税和交纳的社会保障支出之后，所余下的实际收入。即用实际收入减掉个人所得税减掉个人交纳的社会保障支出以及记帐补贴。

城镇居民家庭消费性支出 是指调查户用于日常生活的全部支出，包括食品、衣着、家庭设备用品及服务、医疗、保健、交通和通讯、娱乐教育文化服务、居住、杂项商品和服务八大类支出。

农村居民家庭总收入 是指调查期内农村住户和住户成员从各种来源渠道得到的收入总和。按收入的性质划分为工资性收入、家庭经营收入、财产性收入和转移性收入。

农村居民家庭纯收入 是指农村住户当年从各个来源得到的总收入相应地扣除所发生的费用后的收入总和。纯收入主要用于再生产投入和当年生活消费支出，也可用于储蓄和各种非义务性支出。“农民人均纯收入”按人口平均的纯收入水平，反映的是一个地区或一个农户农村居民的平均收入水平。计算方法：

纯收入 = 总收入 – 家庭经营费用支出 – 税费支出 – 生产性固定资产折旧 – 农村亲友赠送收入。

农村全面小康监测 是指运用农村全面小康社会的指标体系、衡量标准，再选择科学评价模型对一个区域的农村全面小康社会实现程度和进程进行综合评价。农村全面小康监测其标准由 2003 年国家统计局与国务院政策研究室共同研究制定，涵盖了六个方面十八项指标。

全面小康社会是一个阶段性目标，这个目标界于总体小康与基本实现现代化两个目标之间。因此，全面小康社会的标准既要高于 20 世纪 90 年代初制定的总体小康标准，又要低于基本实现现代化的标准。

Explanatory Notes on Main Statistical Indicators

Consumption Level of Residents refers to per capita consumption of residents. It shows the level of the people's material and cultural life. It is a comprehensive indicator to reflect the economic development of a country (or region) and the level of the material and cultural life of the people.

Consumption level of residents can be calculated either in terms of national income (i. e. the material product consumption of residents) or in terms of gross domestic product (i. e. the total consumption including that of service). In accordance with the different prices to calculate the consumption of residents, the consumption of residents at current prices and that at comparable prices are obtained respectively. The latter is used to reflect the growth changes of actual consumption of residents. In order to observe the composition of residential consumption in kind, the volume and value of average consumption of various consumer goods can be further calculated to show the trend of asking for means of enjoyment and development on the basis of satisfying the need of existence.

Disposable Income of Urban Households refers to the actual income of the sample households which excludes the personal income tax and the expenditure on social security, i. e. total income of sample households minus personal income tax, expenditure on social security and sample household subsidy for keeping dairies.

Consumption Expenditure of Urban Households refers to total expenditure of the sample households for consumption in daily life, including expenditure on eight categories such as food, clothing, household appliances and services, health care and medical services, transport and communications, recreational, educational and cultural services, residence, miscellaneous goods and services.

Total Income of Rural Households refers to the sum of income earned from various sources by the rural households and their members during the reference period, and is classified as income from wages and salaries, income from household operations, income from properties and income from transfers.

Net Income of Rural Households refers to the total income of rural households from all sources minus all corresponding expenses. The net income is mainly used as input for reproduction and as consumption expenditure of the year, and also used for savings and non-compulsory expenses of various forms. " Per capita net income of farmers" is the level of net income averaged by population which reflects the average income level of rural households in a given area. The formula for calculation is as follows:

Net Income = Total Income − Household Operation Expenses − Taxes and Fees − Depreciation of Fixed Assets for Production − Gifts from Rural Relatives.

Monitoring of Well – off Society in an All – round Way in Rural Areas The Standards of a well-off society in an all-round way in rural areas were formulated by National Bureau of Statistics and Policy Research Office of the State Council, including eighteen indicators in six aspects. It can be used to conduct a comprehensive evaluation of the realization and process of a well-off society in an all-round way in rural areas of a region on the basis of the indicator system, standard measurement and furthermore scientific model.

Building a well-off society in an all-round way is a phased target, lying in an overall well-off society and basic realization of modernization. In this way, the standards of a well-ff society in an all-round way are higher than the standards of an overall well-off society formulated in the early 1990s, but lower than the standards of basic realization of modernization.

十一、农 业

11

AGRICULTURE

十一 农业

简要说明

一、本篇资料反映广东省农业生产和农村经济的基本情况。内容主要包括农村劳动力、耕地、农业产值、主要产品产量、农业自然灾害和乡镇企业等方面的统计资料。

二、本篇资料主要由广东省统计局农村统计处整理提供。

三、本篇资料主要来源于广东省《农林牧渔业综合统计报表》。农林牧渔业综合统计报表制度的统计范围包括各市县区的各种经济类型的全部农林牧渔业以及各非农行业附属的农林牧渔业生产单位。

11 Agriculture

Brief Introduction

Ⅰ. The data in this chapter show the basic conditions of agricultural production and rural economy in Guangdong, including mainly rural labor force, cultivated land, output value of agriculture, output of major products as well as statistics on natural disasters` in agriculture and township enterprises.

Ⅱ. The data in this chapter are mainly prepared and provided by the Division of Rural Socio-economic Statistics of Guangdong Provincial Bureau of Statistics.

Ⅲ. The data in this chapter mainly come from the statistical reporting summary tables on farming, forestry, animal husbandry and fishery of Guangdong Province. The statistical coverage of the statistical reporting summary scheme includes all the productive units of farming, forestry, animal husbandry and fishery and those related non-agricultural affiliated units with various ownership in the cities and counties and districts of Guangdong Province.

11-1 农业主要指标
Main Indicators on Agriculture

指标	Item	1995	2000	2004	2005	2005比2004增长% Growth Rate in 2005 over 2004
乡镇户数（万户）	Number of Rural Households (10000 households)	1283.73	1419.91	1493.86	1540.84	3.1
乡镇人口（万人）	Rural Population (10000 persons)	5622.31	6046.62	6254.50	6451.55	3.2
乡镇从业人员（万人）	Number of Rural Employed Persons (10000 persons)	2519.21	2789.89	2944.58	3089.48	4.9
第一产业	Primary Industry	1431.98	1572.07	1524.97	1533.48	0.6
第二产业	Secondary Industry	584.04	655.41	782.86	883.36	12.8
第三产业	Tertiary Industry	503.19	562.41	636.75	672.64	5.6
常用耕地面积（万亩）	Regularly Cultivated Land (10000 mu)	3475.97	3378.03	3161.72	3153.87	-0.2
有效灌溉面积（万亩）	Effective Irrigated Area (10000 mu)	2232.41	2217.77	1968.83	1976.72	0.4
农业机械总动力（亿瓦特）	Total Power of Agricultural Machinery (100 million w)	166.96	176.39	179.87	178.21	-0.9
化肥施用量（折纯）（万吨）	Consumption of Chemical Fertilizers (100 percent equivalent) (10000 tons)	195.71	176.20	201.30	204.62	1.6
农药施用量（万吨）	Consumption of Pesticides (10000 tons)	8.04	8.47	8.50	8.70	2.4
农村用电量（万千瓦时）	Electricity Consumed in Rural Areas (10000 kwh)	1862658	4054461	7482272	7664302	2.4
农业总产值（亿元）	Gross Output Value of Agriculture (100 million yuan)	1445.48	1701.18	2154.79	2447.57	4.8
农业增加值（亿元）	Value-added of Agriculture (100 million yuan)	868.99	1000.06	1261.42	1442.80	4.9
主要产品产量（万吨）	Output of Major Products (10000 tons)					
粮食	Grain	1803.33	1822.33	1390.00	1394.97	0.4
糖蔗	Sugarcane	1472.21	1137.59	940.77	946.02	0.6
花生	Peanuts	69.98	77.68	76.47	75.86	-0.8
烟叶	Tobacco	5.04	6.21	6.27	6.30	0.4
蔬菜	Vegetables	1703.86	2214.8	2557.65	2596.02	1.5
水果	Fruits	414.51	643.52	787.85	831.69	5.6
水产品	Aquatic Products	354.34	593.19	671.38	695.23	3.6
猪肉	Pork	188.75	206.85	242.14	256.28	5.8
荒山造林面积（万亩）	Afforested Area in Barren Mountains (10000 mu)	31.02	25.76	59.94	27.51	-54.1
乡镇企业单位数（万个）	Number of Township Enterprises (10000 units)	144.66	76.66	124.46	121.29	-2.5
乡镇企业人数（万人）	Number of Employed Persons in Township Enterprises (10000 persons)	1072.11	928.28	1176.85	1207.90	2.6
乡镇企业总收入（亿元）	Gross Income of Township Enterprises (100 million yuan)	4622.35	8555.76	13126.93	13993.09	6.6
乡镇企业实交国家税金（亿元）	Taxes Actually Handed over to the State by Township Enterprises (100 million yuan)	133.74	196.44	293.60	330.19	12.5
乡镇企业纯利润（亿元）	Net Profits of Township Enterprises (100 million yuan)	289.08	427.77	607.83	552.00	-9.2
乡镇企业固定资产原值（亿元）	Original Value of Fixed Assets of Township Enterprises (100 million yuan)	1704.65	3223.06	4545.42	5059.13	11.3

注：1. 表中产值按当年价格计算，增长速度按可比价格计算。
2. 1998年起水产品产量按新标准计算。
3. 2001年起乡镇企业按新口径统计。
4. 1998年起粮食、水果、猪肉采用抽样调查数。
5. 常用耕地面积2002年起按新口径统计。
6. 2004年起粮食产量含大豆。

Note: a) The output value in this table are calculated at current prices, whereas the growth rates are calculated at comparable prices.
b) Since 1998, the output of aquatic products have been calculated in accordance with the new criterions.
c) Since 2001, the township enterprises have been calculated in accordance with the new stipulations.
d) Since 1998, the figures of grain, fruits and pork have been obtained from the agricultural sample surveys.
e) Since 2002, the regularly cultivated land has been calculated in accordance with the new stipulations.
f) In 2004, the output of grain includes that of soybeans.

11-2 主要农牧渔业生产情况（2000－2005年）
Output of Main Farming, Animal Husbandry and Fishery (2000－2005)

指标	Item	2000	2001	2002	2003	2004	2005
农产品产量（万吨）	**Yield of Farm Crops (10000 tons)**						
粮食	Grain	1841.06	1738.91	1496.83	1502.92	1390.00	1394.97
谷物	Cereal	1623.28	1523.40	1313.14	1321.23	1185.74	1185.11
#稻谷	Rice	1528.53	1441.35	1243.46	1250.38	1123.13	1116.99
早稻	Early Rice	759.50	697.39	615.64	611.67	586.50	537.98
晚稻	Late Rice	769.03	743.97	627.82	638.71	536.63	579.01
小麦	Wheat	4.28	3.10	2.61	1.45	1.71	1.85
玉米	Corn	76.10	65.20	56.26	58.28	56.06	61.52
豆类	Beans	18.73	17.36	12.67	14.92	23.98	24.38
薯类	Tubers	199.05	198.15	171.02	166.77	180.28	185.48
糖蔗	Sugarcane	1137.59	1073.38	1136.45	952.87	940.77	946.02
花生	Peasants	77.68	79.73	75.19	80.73	76.47	75.86
黄红麻	Jute and Ambary Hemp	0.26	0.25	0.22	0.20	0.17	0.14
黄（烤）烟	Flue-cured Tobacco	4.95	5.52	4.94	4.79	5.04	5.06
红（土）烟	Crude Tobacco	1.26	1.27	1.14	1.21	1.23	1.24
蔬菜	Vegetables	2214.80	2377.60	2442.53	2584.20	2557.65	2596.02
茶叶	Tea	4.21	4.15	4.24	4.14	4.04	4.45
蚕茧	Silkworm Cocoons	3.09	4.54	5.28	5.16	5.72	6.52
水果	Fruits	643.52	590.74	698.91	718.59	787.85	831.69
家畜年末存栏头数（万头）	**Number of Poultry on Hand at the Year-end (10000 heads)**						
黄牛年末存栏头数	Number of Yellow Cattle on Hand at the Year-end	189.15	185.84	183.33	178.80	173.03	170.33
水牛年末存栏头数	Number of Buffaloes on Hand at the Year-end	227.77	223.51	218.68	208.64	201.35	197.09
奶牛年末存栏头数	Number of Milk Cows on Hand at the Year-end	3.72	4.12	4.38	4.06	4.43	4.83
山羊年末存栏头数	Number of Goats on Hand at the Year-end	29.33	29.66	28.33	33.54	33.48	39.20
生猪年末存栏头数	Number of Hogs on Hand at the Year-end	2034.79	2003.33	2104.58	2175.54	2234.47	2143.50
肉猪出栏头数（万头）	Number of Slaughtered Fattened Hogs (10000 heads)	2954.98	3052.19	3145.24	3325.24	3459.11	3616.74
家禽年末存栏只数（万只）	Number of Poultry on Hand at the Year-end (10000 heads)	38933.56	37202.26	34496.04	33831.04	35698.38	34834.28
当年出售和自宰的家禽（万只）	Number of Poultry Sold and Slaughtered in Current Year (10000 heads)	92913.43	94517.24	101298.87	102183.02	98744.44	101019.40
肉类总产量（万吨）	**Output of Meat (10000 tons)**	**324.48**	**333.25**	**343.63**	**358.50**	**365.32**	**384.31**
猪肉	Pork	206.85	213.65	220.17	232.77	242.14	256.28
牛肉	Beef	5.17	5.11	5.65	6.37	6.76	7.21
羊肉	Mutton	0.43	0.49	0.54	0.57	0.65	0.71
禽肉	Meat of Poultry	111.50	113.42	111.15	112.09	109.61	113.66
牛奶产量（万吨）	**Output of Milk (10000 tons)**	**9.19**	**10.18**	**10.82**	**10.55**	**10.94**	**11.94**
禽蛋产量（万吨）	**Output of Poultry Eggs (10000 tons)**	**33.08**	**33.14**	**32.83**	**32.52**	**31.67**	**33.19**
水产品总产量（万吨）	**Total Aquatic Products (10000 tons)**	**593.19**	**609.67**	**628.06**	**648.55**	**671.38**	**695.23**
海水产品	Seawater Aquatic Products	360.45	367.07	374.36	379.21	388.60	397.95
淡水产品	Freshwater Aquatic Products	232.74	242.60	253.70	269.34	282.78	297.28

11-3 农村经济主要比例关系和效益指标
Main Proportions and Efficiency Indicators in Rural Economy

项　　目	Item	1990	1995	2000	2004	2005
各产业劳动力比例 (%)	**Proportions on Laborers of Industry (%)**	**100.0**	**100.0**	**100.0**	**100.0**	**100.0**
第一产业	Primary Industry	67.7	56.8	56.3	51.8	49.6
第二产业	Secondary Industry	16.4	23.2	23.5	26.6	28.6
第三产业	Tertiary Industry	15.9	20.0	20.2	21.6	21.8
劳动生产条件	**Production Condition**					
复种指数 (%)	Multiple Crop Index (%)	225.0	229.0	229.0	226.9	229.02
平均每亩耕地化肥施用量 (公斤)	Amount of Chemical Fertilizers Consumed per Mu of Cultivated Land (kg)	42.9	56.0	52.1	63.7	64.9
平均每亩耕地农药施用量 (公斤)	Amount of Pesticides Consumed per Mu of Cultivated Land (kg)	2.0	2.3	2.5	2.7	2.8
投入产出率 (%)	**Input output Rate (%)**					
农业	Agriculture			41.2	41.5	41.1
种植业	Faming			31.6	30.1	30.1
林业	Forestry			24.7	25.8	25.8
牧业	Animal Husbandry			54.6	56.1	55.1
渔业	Fishery			41.4	43.1	43.0
农林牧渔服务业					69.9	69.9
产出率	**Output Rate**					
耕地 (元/亩)	Cultivated Land (yuan/mu)			1684	2462	2881
园地 (元/亩)	Garden Plot (yuan/mu)			914	1148	1258
淡水养殖水面 (元/亩)	Freshwater Area (yuan/mu)			3643	4364	4965
生猪出栏率 (%)	Slaughtered Fattened Hog Rate (%)			146	159	160
劳动生产率（每个劳动力创造或生产的）	**Labor Productivity (created or produced by per laborer)**					
农业总产值 (元)	Gross Output Value of Agriculture (yuan)	3753	10094	10821	14130	15961
农业增加值 (元)	Value Added of Agriculture (yuan)	2402	6068	6361	8272	9409
粮食产量 (公斤)	Output of Grain (kg)	1341	1555	1467	1064	1062
糖蔗产量 (公斤)	Output of Sugarcane (kg)	1480	1269	916	720	721
水果产量 (公斤)	Output of Fruits (kg)	232	357	518	603	633
水产品产量 (公斤)	Output of Aquatic Products (kg)	3082	4277	5834	6127	6127

注：2000年起“产出率”中“园地”改由按年末实有面积计算。
Note: Since 2000, the output rate of garden plot has been calculated by the year-end real land.

11-4 农副产品人均拥有量
Per Capita Amount of Farm and Sideline Products Owned

单位：公斤/人 (kilogram/person)

年份 Year	粮食 Grain		稻谷 Rice		花生 Peanuts	
	按总人口 By Total Population	按农业人口 By Agricultural Population	按总人口 By Total Population	按农业人口 By Agricultural Population	按总人口 By Total Population	按农业人口 By Agricultural Population
1978	298.08	364.92	262.35	321.18	6.94	8.50
1980	321.73	398.79	291.51	361.33	9.56	11.86
1985	283.68	367.06	257.14	332.72	10.09	13.06
1990	303.60	403.42	270.09	358.90	9.28	12.33
1991	295.09	398.33	260.14	351.16	8.84	11.93
1992	280.11	380.12	247.91	336.42	9.33	12.66
1993	249.79	339.53	218.60	297.16	10.12	13.76
1994	250.53	350.02	216.08	301.89	9.60	13.41
1995	267.55	380.45	230.55	327.82	10.38	14.76
1996	276.57	396.43	237.84	340.82	10.68	15.31
1997	282.77	408.50	240.01	346.72	10.65	15.39
1998	266.70	387.01	239.01	346.83	9.82	14.25
1999	268.59	390.32	226.18	328.69	10.17	14.78
2000	246.30	357.93	206.59	300.22	10.50	15.26
2001	228.57	333.17	191.37	278.95	10.59	15.43
2002	195.10	295.18	163.46	247.31	9.88	14.95
2003	193.59	333.50	162.68	280.24	10.50	18.09
2004	179.03	348.52	144.66	281.61	9.85	19.17
2005	176.58	367.84	141.40	294.54	9.60	20.00

年份 Year	糖蔗 Sugarcane		水果 Fruits		水产品 Aquatic Products	
	按总人口 By Total Population	按农业人口 By Agricultural Population	按总人口 By Total Population	按农业人口 By Agricultural Population	按总人口 By Total Population	按农业人口 By Agricultural Population
1978	164.97	201.96	5.81	7.11	12.93	15.83
1980	159.68	197.92	5.57	6.90	12.12	15.02
1985	323.82	419.00	20.56	26.60	19.49	44.18
1990	335.17	445.37	52.60	69.90	33.25	44.18
1991	360.12	486.12	62.74	83.81	35.86	47.91
1992	351.38	476.84	70.19	95.24	38.84	52.71
1993	245.79	334.11	61.70	83.87	41.66	56.63
1994	210.53	294.14	60.51	84.53	47.33	66.12
1995	218.43	310.59	61.43	87.74	52.57	74.75
1996	203.58	291.75	55.74	79.89	57.74	82.81
1997	234.25	338.40	59.59	86.09	74.53	107.66
1998	228.88	332.13	64.14	93.07	78.46	113.85
1999	169.04	245.65	86.40	104.48	79.91	116.13
2000	153.76	223.44	86.98	126.39	80.17	116.51
2001	142.51	207.73	78.43	114.33	80.95	117.99
2002	149.39	226.02	91.87	139.00	82.56	124.91
2003	123.97	213.57	93.49	161.06	84.38	145.36
2004	121.17	235.88	101.47	197.54	86.47	168.34
2005	119.75	249.46	105.28	219.31	88.01	183.33

11-5 农村基层组织情况
Basic Conditions of Rural Grassroots Units

项目	Item	1990	1995	2000	2004	2005
农村基层组织 (个)	**Rural Grassroots Units (unit)**					
镇政府	Number of Town Governments	1296	1531	1556	1188	1145
乡政府	Number of Township Governments	339	61	33	12	11
村民委员会	Number of Villagers' Committees	23858	22869	22962	21917	21825
乡镇户数 (万户)	**Number of Rural Households (10000 households)**	**1141.71**	**1283.73**	**1419.91**	**1493.86**	**1540.84**
# 农业户数	Number of Agricultural Households	997.83	1024.01	1148.44		
乡镇人口 (万人)	**Population in Rural Areas (10000 persons)**	**5241.91**	**5622.31**	**6046.62**	**6254.50**	**6451.55**
# 农业人口	Agricultural Population	4700.52	4639.23	5110.47		
乡镇从业人员 (万人)	**Number of Rural Employed Persons (10000 persons)**	**2363.37**	**2519.21**	**2789.89**	**2944.58**	**3089.48**
按性别分	Grouped by Sex					
男	Male	1218.95	1301.24	1450.37	1539.86	1615.99
女	Female	1144.42	1217.97	1339.52	1404.72	1473.49
按部门分	Grouped by Sector					
#农、林、牧、渔业从业人员	Farming, Forestry, Animal Husbandry and Fishery	1600.85	1431.98	1572.07	1524.97	1533.48
工业从业人员	Industry	248.57	352.37	420.11	544.46	632.09
建筑业从业人员	Construction	138.79	180.88	195.77	201.27	214.39
交通、仓储和邮电通讯业从业人员	Transport, Storage, Postal and Telecommunication Services	48.02	70.52	76.54	74.04	78.36
批发零售贸易业和餐饮业从业人员	Wholesale, Retail Trade and Catering Services	63.83	92.18	130.23	157.54	172.42
外出从业人员 (万人)	**Outward Employed Persons (10000 persons)**	**274.45**	**433.70**	**463.11**		

11-6 各市农村基层组织情况（2005 年）
Basic Conditions of Rural Grassroots Units by City (2005)

市别 City		乡镇个数 (个) Number of Townships (unit)	乡镇户数 (万户) Number of Rural Households (10000 households)	乡镇人口 (万人) Rural Population (10000 persons)	乡镇从业人员 (万人) Rural Employed Persons (10000 persons)	按性别分 By Sex		按产业分 By Industry		
						男 Male	女 Female	第一产业 Primary Industry	第二产业 Secondary Industry	第三产业 Tertiary Industry
广州	Guangzhou	33	80.48	305.71	161.37	83.72	77.65	74.30	46.00	41.07
深圳	Shenzhen									
珠海	Zhuhai	15	14.76	67.84	38.26	18.63	19.62	8.84	18.28	11.13
汕头	Shantou	32	82.38	398.37	163.54	88.00	75.54	73.27	55.35	34.92
佛山	Foshan	20	87.96	329.07	200.48	103.65	96.83	30.05	112.34	58.09
韶关	Shaoguan	97	55.42	228.12	102.11	52.47	49.64	71.48	9.88	20.75
河源	Heyuan	98	69.08	311.16	137.02	71.00	66.02	71.73	20.02	45.27
梅州	Meizhou	104	113.86	466.20	188.71	95.77	92.94	105.65	32.22	50.84
惠州	Huizhou	51	77.87	336.26	171.29	84.68	86.62	67.33	73.67	30.29
汕尾	Shanwei	42	58.68	298.75	121.34	68.93	52.41	63.68	24.62	33.04
东莞	Dongguan	28	46.50	165.65	83.07	42.78	40.29	11.06	44.72	27.29
中山	Zhongshan	18	37.06	161.57	116.20	58.21	57.98	17.20	64.32	34.68
江门	Jiangmen	66	81.99	285.75	159.14	79.40	79.75	83.95	37.73	37.47
阳江	Yangjiang	39	60.01	228.55	119.08	64.83	54.26	75.63	24.11	19.34
湛江	Zhanjiang	87	131.49	591.57	282.50	151.72	130.78	202.41	37.88	42.21
茂名	Maoming	87	137.91	589.45	265.54	141.89	123.65	166.53	58.47	40.54
肇庆	Zhaoqing	96	84.08	339.34	175.49	89.06	86.43	95.51	38.08	41.89
清远	Qingyuan	80	85.49	351.79	159.98	83.64	76.34	98.22	22.45	39.31
潮州	Chaozhou	41	52.41	217.33	95.94	50.00	45.94	43.04	32.34	20.57
揭阳	Jieyang	67	112.12	522.13	224.85	122.47	102.38	111.46	60.16	53.23
云浮	Yunfu	55	70.95	256.31	123.29	64.99	58.31	62.12	33.80	27.38

注：乡镇个数为广东省民政厅统计年报数。
Note: The number of townships comes from the annual reports of the Guangdong Provincial Department of Civil Affairs.

11-7 耕 地 面 积
Area of Cultivated Land

单位：万亩 (10000 mu)

项　　目	Item	1980	1990	1995	2000	2004	2005
年末实有常用耕地面积	**Area of Regularly Cultivated Land at the Year-end**	**4126.07**	**3793.25**	**3475.97**	**3378.93**	**3161.72**	**3153.87**
水（旱）田	Paddy Field	3192.88	2849.78	2547.98	2461.00	2276.11	2214.78
旱地	Dry Field	933.19	943.47	927.99	917.93	885.61	939.09
当年增加耕地面积	**Increase of Cultivated Land in the Year**	**9.71**	**32.27**	**41.66**	**11.17**	**33.45**	**23.58**
# 新开荒	Newly Reclaimed Wasteland	3.73	16.04	11.46	4.57	5.26	4.63
当年减少耕地面积	**Decrease of Cultivated Land in the Year**	**37.09**	**25.90**	**52.78**	**49.58**	**76.25**	**29.97**
# 国家基建占用	Occupied by Capital Construction	3.81	4.00	7.44	10.25	12.12	10.33
种果占用	Occupied by Fruits Planting	4.61	4.42	4.89	12.11	7.85	6.38

注：1. 1995 年起国家基建占用为广东省国土资源厅统计年报数。
2. 2000 年起国家基建占用改为建设用地，与往年数字不可比。
3. 常用耕地面积 2002 年起按新口径统计。

Note: a) Since 1995, the cultivated land occupied by capital construction have been obtained from the annual statistical reports by Guangdong Provincial Department of Land and Resources.
b) Since 2000, the cultivated land occupied by capital construction refers to the land for construction, which is not comparable with the previous years.
c) Since 2002, the regularly cultivated land has been calculated in accordance with the new stipulations.

11-8 各市耕地面积（2005 年）
Cultivated Land by City (2005)

单位：万亩 (10000 mu)

市　别	City	年末实有常用耕地面积 Regularly Cultivated Land at the Year-end	水田 Paddy Field	水浇地 Irrigated Land	当年增加耕地面积 Cultivated Land Increased in Current Year	#新开荒 Newly Reclaimed Wasteland	当年减少耕地面积 Cultivated Land Decreased in Current Year	建设用地 Land for Construction	农业结构调整 Adjustment of Agricultural Structure
广　州	Guangzhou	195.14	167.55	16.34	4.46	0.55	6.49	6.96	1.77
深　圳	Shenzhen	3.53	1.30	1.52	0.35	0.04	0.81		0.07
珠　海	Zhuhai	24.07	15.37	3.73	0.37	0.31	1.23		0.79
汕　头	Shantou	65.39	53.35	11.58	0.04		0.39	0.27	
佛　山	Foshan	83.86	48.77	33.02	0.07	0.04	3.31	0.19	0.19
韶　关	Shaoguan	195.01	147.89	39.85	0.64	0.47	0.63	0.01	0.07
河　源	Heyuan	159.10	121.90	33.85	2.68	0.64	0.60	0.04	0.06
梅　州	Meizhou	182.93	148.41	34.40	0.63	0.13	3.11	0.17	0.46
惠　州	Huizhou	153.12	110.05	29.47	0.34		0.43	0.34	
汕　尾	Shanwei	90.00	59.06	22.29			1.35	0.40	
东　莞	Dongguan	50.29	7.40	0.19	1.78		0.43	0.37	0.01
中　山	Zhongshan	43.33	17.21	16.02	0.92		2.17	0.06	0.66
江　门	Jiangmen	197.96	162.94	31.50	0.90	0.22	2.90	0.03	0.69
阳　江	Yangjiang	155.75	117.51	35.60	0.11	0.01	0.44	0.16	0.04
湛　江	Zhanjiang	454.31	187.56	136.59	5.47	0.39	2.46	0.19	1.28
茂　名	Maoming	341.03	287.17	17.57	2.36	0.99	0.10		0.03
肇　庆	Zhaoqing	197.99	160.42	12.80	0.08	0.03	0.55	0.21	0.17
清　远	Qingyuan	241.32	155.77	42.81	2.24	0.70	1.94	0.67	0.74
潮　州	Chaozhou	56.13	43.93	10.46			0.29		
揭　阳	Jieyang	137.64	104.28	20.18	0.15	0.09	0.27	0.26	
云　浮	Yunfu	125.96	95.85	20.37			0.09		

注：建设用地为广东省国土厅统计年报数，年末实有常用耕地面积按新口径统计。

Note: Data on the land for construction are obtained from the annual statistical reports by Guangdong Provincial Department of Land and Resources. The regularly cultivated land at the year-end is calculated in accordance with the new stipulations.

11-9 农村劳动力情况
Statistics on Rural Laborers

单位:% (%)

项目	Item	2000	2004	2005
性别	**By Sex**	**100.0**	**100.0**	**100.0**
男劳动力	Male	51.6	51.6	52.6
女劳动力	Female	48.4	48.4	47.4
文化程度	**By Educational Level**	**100.0**	**100.0**	**100.0**
文盲与半文盲	Illiterate and Semi-illiterate	4.0	4.3	3.8
小学程度	Primary School	33.5	26.5	25.5
初中程度	Junior Secondary School	48.9	54.1	53.9
高中程度	Senior Secondary School	9.9	10.5	11.8
中专程度	Specialized Secondary School	3.1	3.7	3.5
大专及其以上程度	College and Higher Level	0.6	0.9	1.5
专业技术	**By Status of Technical Training**	**100.0**	**100.0**	**100.0**
受过专业培训	Various Technical Trainings Received	11.4	14.0	15.1
未受过专业培训	Various Technical Trainings Not Received	88.6	86.0	84.9
行业分布情况	**By Sector**		**100.0**	**100.0**
农业	Farming, Forestry, Animal Husbandry and Fishery		54.6	48.6
采矿业	Mining		0.2	0.1
制造业	Manufacturing		14.7	17.7
电力煤气及水的生产供应业	Production and Supply of Electricity, Gas and Water		0.4	0.6
建筑业	Construction		2.8	2.9
交通运输仓储及邮电通讯业	Transport, Storage, Postal and Telecommunication Services		2.4	2.8
批发和零售贸易	Wholesale and Retail Trade		4.3	5.2
住宿和餐饮业	Accommodations and Catering Services		2.4	2.7
居民服务和其他服务业	Services to Households and Other Services		4.6	6.3
教育	Education		1.2	0.8
卫生、社会保障和社会福利业	Health Care, Social Security and Social Welfare		0.7	0.5
文化、体育和娱乐业	Culture, Sports and Recreation		0.2	0.2
其它	Others		11.5	11.6

注：本表数据为抽样调查数。
Note: Data in this table are obtained from the sample surveys.

11-10 农村三次产业劳动力素质结构
Structure of Educational Level of Rural Laborers by Industry

单位:% (%)

项目	Item	从事第一产业的劳动力 Laborers Engaged in Primary Industry			从事第二、三产业的劳动力 Laborers Engaged in Second Industry and Tertiary Industry		
		2000	2004	2005	2000	2004	2005
性别	**Sex**	**100.0**	**100.0**	**100.0**	**100.0**	**100.0**	**100.0**
男劳动力	Male	45.9	46.9	46.6	60.1	57.6	59.0
女劳动力	Female	54.1	53.1	53.4	39.9	42.4	41.0
文化程度	**Educational Level**	**100.0**	**100.0**	**100.0**	**100.0**	**100.0**	**100.0**
文盲与半文盲	Illiterate and Semi-illiterate	6.2	7.1	6.6	0.6	1.1	1.1
小学程度	Primary School	43.7	36.8	36.3	17.9	14.4	15.5
初中程度	Junior Secondary School	40.2	46.3	46.2	62.1	63.4	61.3
高中程度	Senior Secondary School	8.1	8.5	9.9	11.7	12.9	13.5
中专程度	Specialized Secondary School	1.1	1.2	0.7	6.4	6.4	6.1
大专及其以上程度	College and Higher Level	0.1	0.1	0.3	1.3	1.8	2.5
专业技术情况	**Status of Technical Training**	**100.0**	**100.0**	**100.0**	**100.0**	**100.0**	**100.0**
受过各种专业培训的劳动力	Various Technical Trainings Received	2.8	5.2	4.1	24.6	24.9	25.8
没有受过专业培训的劳动力	Various Technical Trainings Not Received	97.2	94.8	95.9	75.4	75.1	74.2

注：本表数据为抽样调查数。
Note: Data in this table are obtained from the sample surveys.

11-11 农村劳动力就业地点分布情况
Distribution of Employment Locations of Rural Laborers

单位:% (%)

项目	Item	2000	2004	2005
总计	**Total**	**100.0**	**100.0**	**100.0**
乡内	Within Townships	74.8	75.5	73.7
县内乡外	Outside Townships but Within Counties	7.1	2.6	2.7
省内县外	Outside Counties but Within Provinces	17.7	21.3	23.0
省外	Outside Provinces	0.4	0.5	0.5
国外	Foreign Countries		0.1	0.1

注：本表数据为抽样调查数。
Note: Data in this table are obtained from the sample surveys.

11-12 农村转移劳动力情况
Transfer of Rural Laborers

单位:% (%)

项目	Item	2000	2004	2005
转移劳动力占农村劳动力比重	**Percentage of Transferred Laborers to Rural Laborer Force**	**37.8**	**42.6**	**47.1**
转移劳动力的性别和文化技术素质情况	**Percentage of Transferred Laborers by Sex and Educational Level**			
性别	By Sex	100.0	100.0	100.0
男劳动力	Male	60.3	57.9	59.3
女劳动力	Female	39.7	42.1	40.7
文化程度	By Educational Level	100.0	100.0	100.0
文盲与半文盲	Illiterate and Semi-illiterate	0.6	1.1	1.0
小学程度	Primary School	17.9	14.1	15.3
初中程度	Junior Secondary School	62.2	63.6	62.1
高中程度	Senior Secondary School	11.7	12.9	13.5
中专程度	Specialized Secondary School	6.3	6.5	5.6
大专及其以上程度	College and Higher Level	1.3	1.8	2.5
专业技术	By Status of Technical Training	100.0	100.0	100.0
受过专业培训	Various Technical Training Received	15.6	25.1	25.9
未受过专业培训	Various Technical Training Not Received	84.4	74.9	74.1
转移劳动力行业分布情况	**Distribution of Transferred Laborers by Sector**		**100.0**	**100.0**
农业	Farming, Forestry, Animal Husbandry and Fishery		0.4	0.2
采矿业	Mining		0.5	0.1
制造业	Manufacturing		31.9	34.4
电力煤气及水的生产供应业	Production and Supply of Electricity, Gas and Water		0.9	1.1
建筑业	Construction		6.2	5.6
交通运输仓储及邮电通讯业	Transport, Storage, Postal and Telecommunication Services		5.2	5.5
批发和零售贸易	Wholesale and Retail Trade		9.6	10.1
住宿和餐饮业	Accommodations and Catering Services		5.2	5.4
居民服务和其他服务业	Services to Households and Other Services		10.5	12.7
教育	Education		2.7	1.7
卫生、社会保障和社会福利业	Health Care, Social Security and Social Welfare		1.4	1.0
文化、体育和娱乐业	Culture, Sports and Recreation		0.5	0.4
其它	Others		25.0	21.8

注：本表数据为抽样调查数。
Note: Data in this table are obtained from the sample surveys.

11-13 农村劳动力外出务工情况（2003－2005年）
Statistics on Rural Outgoing Laborers（2003－2005）

单位:%　　(%)

项　目	Item	2003	2004	2005
当年外出务工的劳动力占总劳动力比重	**Percentage of Outgoing Laborers to Total Labor Force in Current Year**	**25.2**	**25.3**	**26.8**
外出务工劳动力的性别、年龄和文化技术素质情况	**Percentage of Outgoing Laborers by Sex, Age, Educational Level and Technical Training**			
性别	By Sex	100.0	100.0	100.0
男劳动力	Male	55.2	55.1	59.0
女劳动力	Female	44.8	44.9	41.0
年龄	By Age	100.0	100.0	100.0
16－20岁	16－20	23.4	19.7	22.2
21－25岁	21－25	41.1	41.5	40.6
26－30岁	26－30	15.7	18.0	18.7
31－35岁	31－35	8.3	7.8	8.0
36－40岁	36－40	5.3	6.0	4.6
41－45岁	41－45	3.5	3.9	3.2
46－50岁	46－50	1.3	1.6	1.7
50岁以上	50 and over	1.4	1.4	1.0
文化程度	By Educational Level	100.0	100.0	100.0
文盲与半文盲	Illiterate and Semi-illiterate	0.3	0.6	0.2
小学程度	Primary School	10.0	8.7	9.8
初中程度	Junior Secondary School	72.9	72.9	70.5
高中程度	Senior Secondary School	9.5	9.7	10.6
中专程度	Specialized Secondary School	6.3	6.8	6.7
大专及其以上程度	College and Higher Level	1.0	1.4	2.2
专业技术	By Technical Training	100.0	100.0	100.0
受过各种专业培训的劳动力	Various Technical Trainings Received	18.7	26.8	31.1
没有受过专业培训的劳动力	Various Technical Trainings Not Received	81.3	73.2	68.9
外出从事的行业	**Outgoing Laborers by Sector**	**100.0**	**100.0**	**100.0**
农林牧渔业	Farming, Forestry, Animal Husbandry and Fishery	0.6	0.9	0.4
采矿业	Mining	0.4	0.3	0.1
制造业	Manufacturing	40.2	44.0	48.3
电力煤气及水的生产供应业	Production and Supply of Electricity, Gas and Water	0.7	0.6	0.6
建筑业	Construction	5.1	4.9	5.1
交通运输仓储及邮电通讯业	Transport, Storage, Postal and Telecommunication Services	5.0	4.3	5.0
批发和零售贸易	Wholesale and Retail Trade	8.9	7.9	7.7
住宿和餐饮业	Accommodations and Catering Services	8.6	7.4	8.3
居民服务和其他服务业	Services to Households and Other Services	12.5	11.7	10.4
教育	Education	0.4	0.8	0.6
卫生、社会保障和社会福利业	Health Care, Social Security and Social Welfare	0.6	1.1	0.9
文化、体育和娱乐业	Culture, Sports and Recreation	0.5	0.3	0.4
其它	Others	16.5	15.8	12.2
外出劳动力从业时间情况	**Employment Period of Outgoing Laborers**	**100.0**	**100.0**	**100.0**
外出从业累计1个月以下人数占外出人数比重	Percentage of Outgoing Laborers Employed under 1 Month to Total Outgoing Laborers	0.1		0.1
外出从业累计1－3个月人数占外出人数比重	Percentage of Outgoing Laborers Employed from 1 Month to 3 Months to Total Outgoing Laborers	2.9	2.5	3.1
外出从业累计3－6个月人数占外出人数比重	Percentage of Outgoing Laborers Employed from 3 Months to 6 Months to Total Outgoing Laborers	9.9	6.5	6.8
外出从业累计6个月以上人数占外出人数比重	Percentage of Outgoing Laborers Employed over 6 Months to Total Outgoing Laborers	87.1	91.0	90.0

注：本表数据为抽样调查数。
Note: The data in this table refer to the figures from the sample surveys.

11-14 农业机耕、农田水利、化肥和农药施用量及农村用电量

Statistics on Tractor Ploughing, Water Conservancy, Consumption of Chemical Fertilizers and Pesticides and Electricity Consumption in Rural Areas

项 目	Item	1990	1995	2000	2004	2005
有效灌溉面积 （万亩）	Effective Irrigated Area （10000 mu）	2692. 69	2232. 41	2217. 77	1968. 83	1976. 72
占耕地面积 （%）	Percentage to Total Cultivated Land （%）	71. 1	64. 2	65. 6	62. 3	62. 7
旱涝保收面积 （万亩）	Dried and Flooded Area under Control and Ensuring Stable Yields （10000 mu）	2004. 15	1645. 58	1626. 68	1414. 80	1403. 06
占耕地面积 （%）	Percentage to Total Cultivated Land （%）	52. 9	47. 3	48. 1	44. 7	44. 5
化肥施用量 （万吨）	Consumption of Chemical Fertilizers （10000 tons）					
实物量	Gross Weight	541. 40	601. 09	611. 12	645. 13	661. 55
# 氮肥	Nitrogenous Fertilizer	281. 60	271. 75	248. 15	244. 81	246. 05
磷肥	Phosphate Fertilizer	134. 32	146. 00	153. 01	161. 81	165. 64
钾肥	Potash Fertilizer	59. 55	78. 69	79. 35	88. 98	93. 77
折纯量	Effective Weight（100 percent equivalent）	162. 41	195. 71	176. 20	201. 30	204. 62
# 氮肥	Nitrogenous Fertilizer	95. 82	99. 49	95. 89	96. 03	93. 78
磷肥	Phosphate Fertilizer	20. 08	27. 16	18. 36	18. 75	18. 96
钾肥	Potash Fertilizer	27. 57	34. 14	35. 84	39. 80	41. 54
农药施用量 （万吨）	Consumption of Pesticides （10000 tons）	7. 95	8. 04	8. 47	8. 50	8. 70
农村小型水电站 （个）	Number of Small Hydropower Stations in Rural Areas （unit）	10124	7988	5478	5117	5121
发电能力 （万千瓦）	Generating Capacity （10000 kw）	81. 47	130. 14	142. 57	183. 16	184. 57
农村用电量 （万千瓦时）	Consumption of Electricity in Rural Areas （10000 kwh）	581030	1862658	4054461	7482272	7664302
农业机械总动力 （亿瓦特）	Total Power of Agricultural Machinery （100 million w）	127. 88	166. 96	176. 39	179. 87	178. 21

11-15 农业自然灾害情况

Statistics on Agriculture Covered and Affected by Natural Disasters

项 目	Item	1995	2000	2004	2005
农作物受灾面积 （万亩）	Area of Farm Crops Covered by Natural Disasters （10000 mu）	1719. 05	948. 43	1210. 00	1088. 03
# 绝收面积	Area without Output	162. 02	84. 14	171. 82	201. 39
受灾人口 （万人）	Number of Persons Covered by Natural Disasters（10000 persons）	2927	1801	1507	1504
被困人口 （万人）	Number of Persons Trapped by Natural Disasters（10000 persons）		38. 53	10. 03	25. 15
紧急转移安置人口（万人）	Number of Persons Receiving Emergence Transfer and Settlement （10000 persons）		27. 73	1. 82	59. 66
饮水困难人口 （万人）	Number of Persons Affected by Drinking Water （10000 persons）		23. 16	208. 22	57. 81
因灾死亡人口 （人）	Number of Dead Persons in Natural Disasters （person）	355	102	53	113
因灾伤病人口 （人）	Number of Wounded Persons in Natural Disasters （person）	3444	14454	1642	4448
倒塌房屋 （间）	Number of Broken Buildings （room）	166736	27743	9029	96583
损坏房屋 （间）	Number of Damaged Buildings （room）	700458	74052	61804	285668
因灾死亡大牲畜 （头）	Number of Dead Large Livestock in Natural Disasters （head）	6877	62417	1055	39562
直接经济损失 （亿元）	Volume of Direct Economic Loss （100 million yuan）	119. 69	38. 2	26. 21	82. 06

11-16 农村居民家庭主要农产品生产情况
Production Conditions of Major Farm Products of Rural Households

项　　目	Item	1990	1995	2000	2004	2005
平均每户主要农作物播种面积　（亩）	**Sown Area of Major Crops per Household (mu)**	**10.67**	**10.12**	**7.71**	**6.56**	**6.21**
粮食	Grain	8.35	6.48	5.47	4.27	4.13
# 水稻	Rice		5.76	4.94	3.91	3.77
油料	Oil-bearing Crops	0.77	0.71	0.52	0.53	0.48
糖料	Sugar Crops	0.32	0.26	0.12	0.11	0.27
烟叶	Tobacco	0.14	0.04	0.09	0.07	0.06
蔬菜	Vegetables	0.98	2.59	1.41	1.48	1.25
果用瓜	Melons	0.11	0.04	0.10	0.09	0.02
平均每人主要农林产品产量　（公斤）	**Per Capita Output of Major Farm and Forestry Products (kg)**					
粮食	Grain	504.08	404.73	448.85	303.41	291.89
# 稻谷	Rice	428.47	348.38	375.57	286.00	274.42
油料	Oil-bearing Crops	17.47	18.71	19.07	20.90	16.06
糖料	Sugar Crops	253.32	215.10	105.86	90.50	194.32
烟叶	Tobacco	2.87	1.00	2.16	2.09	1.70
蔬菜	Vegetables	205.02	330.99	387.36	348.78	352.00
果用瓜	Melons	27.98	7.96	29.03	29.37	5.48
水果	Fruits	54.11	59.82	31.78	42.83	50.39
茶叶	Tea	0.14	0.08	0.29	0.18	0.24
平均每户出售和自宰畜禽量及其他	**Sold and Slaughtered Livestock, Poultry and Other Animal Products per Household**					
出售和自宰肉猪头数（头）	Number of Sold and Slaughtered Fattened Hogs (head)	2.12	2.03	2.12	1.79	1.89
猪肉产量　（公斤）	Pork (kg)	186.97	178.31	183.08	126.70	141.48
出售和自宰家禽只数（只）	Number of Sold and Slaughtered Poultry (head)	24.71	47.13	46.87	58.80	102.67
家禽产量　（公斤）	Poultry (kg)		89.04	85.46	125.27	222.59
蛋类产量　（公斤）	Poultry Eggs (kg)	10.07	6.92	7.35	8.10	3.95
蜂蜜产量　（公斤）	Honey (kg)	0.03	0.05	1.04	0.73	0.12
蚕茧产量　（公斤）	Silkworm Cocoon (kg)	4.80	5.94	3.95	7.47	4.27
牛、羊奶产量　（公斤）	Milk (kg)	0.15	1.16	0.13	0.21	0.40
水产品产量　（公斤）	Aquatic Products (kg)	98.64	119.92	200.16	171.66	159.47

11-17 农村居民家庭出售主要农产品数量
Amount of Major Farm Products Sold by Rural Households

项　　目	Item	1990	1995	2000	2004	2005
平均每人出售量	**Per Capita Amount Sold**					
粮食（原粮）（公斤）	Grain (Unprocessed Food Grain) (kg)	125.00	61.96	86.36	98.08	90.55
# 稻谷（公斤）	Rice (kg)		50.89	75.34	88.68	79.72
油料（公斤）	Oil Bearing Crops (kg)	4.89	4.08	4.42	6.19	5.92
糖料（公斤）	Sugar Crops (kg)	258.39	164.65	96.35	89.23	194.27
烟叶（公斤）	Tobacco (kg)	2.53	0.82	2.03	2.08	1.62
蔬菜（公斤）	Vegetables (kg)	95.92	206.29	255.31	258.92	278.88
果用瓜（公斤）	Melons (kg)	25.62	5.69	25.11	28.92	5.36
水果（公斤）	Fruits (kg)	48.47	48.55	24.20	39.43	48.59
茶叶（公斤）	Tea (kg)	0.08	0.04	0.25	0.14	0.17
平均每户出售量	**Amount Sold by per Household**					
生猪（头）	Fattened Hog (head)	2.06	1.62	2.01	1.75	1.85
猪肉（公斤）	Pork (kg)	178.18	162.92	165.42	157.85	177.98
肉牛（头）	Beef Cattle (head)	0.01	0.01	0.02	0.01	0.01
兔（只）	Rabbit (head)	0.01	0.03	0.05	0.03	0.02
家禽（只）	Poultry (head)	14.51	34.29	30.34	45.55	89.74
蛋类（公斤）	Eggs (kg)	4.58	0.61	1.87	4.40	0.65
蜂蜜（公斤）	Honey (kg)	0.03	0.05	0.46	0.72	0.11
蚕茧（公斤）	Silkworm Cocoon (kg)	4.80	5.88	3.78	7.47	4.27
牛羊奶（公斤）	Milk (kg)	0.13	1.13	0.11	0.18	0.35
水产品（公斤）	Aquatic Products (kg)	89.09	102.40	175.92	167.01	155.56

11-18 农林牧渔总产值和指数（1978－2005 年）
Gross Output Value of Farming, Forestry, Animal Husbandry and Fishery and Their Indices (1978－2005)

年份 Year	农林牧渔总产值 Gross Output Value of Farming, Forestry, Animal Husbandry and Fishery	农业产值 Farming	林业产值 Forestry	牧业产值 Animal Husbandry	渔业产值 Fishery	农林牧渔服务业产值 Services for Farming, Forestry, Animal Husbandry and Fishery
绝对值（亿元） Output Value (100 million yuan)						
1978	85. 94	59. 56	4. 98	15. 98	5. 42	
1979	91. 53	67. 19	7. 67	13. 58	3. 09	
1980	126. 25	97. 15	6. 83	17. 75	4. 52	
1981	133. 85	99. 33	7. 81	21. 62	5. 09	
1982	135. 52	98. 33	8. 33	21. 73	7. 13	
1983	169. 96	120. 06	10. 72	28. 57	10. 61	
1984	200. 07	141. 22	12. 13	33. 81	12. 91	
1985	245. 21	149. 09	21. 09	54. 68	20. 35	
1986	279. 15	168. 68	24. 38	60. 74	25. 35	
1987	348. 61	214. 47	16. 74	78. 26	39. 14	
1988	473. 78	277. 38	27. 66	114. 28	54. 46	
1989	548. 60	323. 15	28. 00	134. 60	62. 85	
1990	600. 71	359. 39	28. 46	143. 68	69. 18	
1991	654. 82	388. 90	29. 64	156. 08	80. 20	
1992	737. 11	428. 99	32. 86	175. 36	99. 90	
1993	899. 03	486. 46	35. 51	223. 16	153. 90	
1994	1151. 38	628. 17	41. 07	279. 98	202. 16	
1995	1445. 48	777. 72	46. 12	349. 11	272. 53	
1996	1577. 89	825. 60	49. 64	398. 12	304. 53	
1997	1656. 46	851. 35	52. 10	425. 67	327. 34	
1998	1705. 44	861. 97	54. 65	441. 61	347. 21	
1999	1745. 02	859. 66	58. 77	457. 51	369. 08	
2000	1701. 18	807. 94	59. 64	450. 18	383. 42	
2001	1722. 35	817. 95	56. 78	457. 56	390. 06	
2002	1781. 06	841. 77	57. 09	465. 91	416. 29	
2003	1908. 66	851. 72	55. 72	482. 83	432. 74	85. 65
2004	2154. 79	959. 97	61. 72	571. 09	466. 45	95. 56
2005	2447. 57	1109. 18	66. 25	638. 61	523. 79	109. 74
指数（1978＝100） Indices (1978＝100)						
1978	100. 0	100. 0	100. 0	100. 0	100. 0	
1979	99. 2	99. 4	85. 1	104. 6	93. 7	
1980	110. 2	111. 8	108. 3	104. 4	102. 8	
1981	112. 8	110. 3	119. 6	122. 9	111. 9	
1982	131. 2	127. 4	133. 4	148. 6	135. 0	
1983	134. 6	127. 2	140. 4	159. 8	164. 3	
1984	147. 1	138. 9	147. 6	175. 5	185. 5	
1985	157. 8	145. 5	154. 8	202. 2	216. 2	
1986	167. 5	151. 0	173. 4	219. 6	257. 0	
1987	183. 6	165. 8	166. 9	237. 7	313. 2	
1988	197. 7	173. 4	223. 2	259. 2	350. 3	
1989	213. 2	186. 9	232. 3	279. 4	389. 9	
1990	228. 9	201. 5	215. 7	306. 2	429. 3	
1991	243. 0	211. 9	213. 8	332. 6	470. 1	
1992	257. 7	220. 3	218. 9	357. 8	536. 5	
1993	267. 6	213. 7	222. 6	398. 9	644. 5	
1994	279. 5	219. 5	227. 5	415. 1	716. 3	
1995	302. 7	237. 1	239. 6	443. 5	800. 1	
1996	320. 9	245. 0	246. 5	485. 9	882. 9	
1997	342. 7	263. 7	249. 2	509. 5	953. 5	
1998	359. 3	272. 7	258. 1	535. 8	1033. 7	
1999	379. 1	286. 8	271. 8	563. 9	1101. 9	
2000	389. 3	288. 6	281. 3	579. 6	1184. 5	
2001	400. 1	295. 6	294. 0	592. 7	1230. 1	
2002	426. 1	323. 4	285. 8	601. 4	1310. 6	
2003	438. 2	331. 6	277. 8	614. 8	1367. 5	100. 0
2004	457. 9	350. 5	287. 2	625. 9	1433. 1	107. 8
2005	479. 9	362. 3	295. 5	660. 4	1514. 2	120. 5

注：本表绝对数按现价计算，指数按可比价计算。

Note: Data in value terms in this table are calculated at current prices, whereas the related indices are calculated at comparable prices.

11-19 农林牧渔总产值指数（1979－2005年）
Indices of Gross Output Value of Farming, Forestry, Animal Husbandry and Fishery (1979－2005)

（上年＝100） (Preceding year＝100)

年份 Year	农林牧渔总产值 Gross Output Value of Farming, Forestry, Animal Husbandry and Fishery	农业产值 Farming	林业产值 Forestry	牧业产值 Animal Husbandry	渔业产值 Fishery	农林牧渔服务业产值 Services for Farming, Forestry, Animal Husbandry and Fishery
1979	99.2	99.4	85.1	104.6	93.7	
1980	111.1	112.5	127.3	99.8	109.7	
1981	102.4	98.7	110.4	117.6	108.9	
1982	116.3	115.5	111.5	120.9	120.6	
1983	102.6	99.9	105.2	107.6	121.7	
1984	109.3	109.2	105.1	109.8	112.9	
1985	107.3	104.8	104.9	115.2	116.5	
1986	106.1	103.8	112.0	108.6	118.9	
1987	109.6	109.8	96.3	108.2	121.9	
1988	107.7	104.6	133.7	109.0	111.8	
1989	107.8	107.8	104.1	107.8	111.3	
1990	107.4	107.8	92.9	109.6	110.1	
1991	106.2	105.1	99.1	108.6	109.5	
1992	106.0	103.9	102.4	107.6	114.1	
1993	103.8	97.0	101.7	111.5	120.1	
1994	104.4	102.7	102.2	104.1	111.1	
1995	108.3	108.0	105.3	106.8	111.7	
1996	106.0	103.3	102.9	109.6	110.3	
1997	106.8	107.6	101.1	104.8	108.0	
1998	104.8	103.4	103.6	105.2	108.4	
1999	105.5	105.2	105.3	105.2	106.6	
2000	102.7	100.6	103.5	102.8	107.5	
2001	102.8	102.4	104.5	102.2	103.8	
2002	106.5	109.4	97.2	101.5	106.5	
2003	102.8	102.5	97.2	102.2	104.3	
2004	104.5	105.7	103.4	101.8	104.8	107.8
2005	104.8	103.4	102.9	105.5	105.7	111.8

注：指数按可比价计算。
Note: The indices are calculated at comparable prices.

11-20 各市农林牧渔业总产值（2005年）

Gross Output Value of Farming, Forestry, Animal Husbandry and Fishery by City (2005)

单位：亿元 (100 million yuan)

市别 City		农林牧渔业总产值 Gross Output Value of Farming, Forestry, Animal Husbandry and Fishery	农业产值 Farming	林业产值 Forestry	牧业产值 Animal Husbandry	渔业产值 Fishery	农林牧渔服务业产值 Services for Farming, Forestry, Animal Husbandry and Fishery
广州	Guangzhou	220.81	112.67	3.84	47.70	37.66	18.94
深圳	Shenzhen	21.74	5.32	0.49	7.53	7.68	0.72
珠海	Zhuhai	33.77	6.09	0.13	4.33	21.39	1.83
汕头	Shantou	84.39	35.99	0.42	20.50	25.89	1.59
佛山	Foshan	159.78	46.03	0.30	47.66	64.94	0.85
韶关	Shaoguan	98.90	60.11	5.48	26.44	6.06	0.81
河源	Heyuan	65.59	39.91	4.61	17.16	2.70	1.21
梅州	Meizhou	112.87	66.76	3.38	36.47	5.30	0.96
惠州	Huizhou	120.74	62.56	4.49	30.15	20.53	3.01
汕尾	Shanwei	89.76	28.42	1.16	16.69	41.66	1.83
东莞	Dongguan	42.05	10.72	0.17	24.25	6.26	0.64
中山	Zhongshan	52.91	14.85	0.09	8.12	29.27	0.58
江门	Jiangmen	143.35	50.17	1.86	41.82	45.01	4.50
阳江	Yangjiang	127.42	43.85	3.44	26.65	49.22	4.26
湛江	Zhanjiang	233.02	111.30	6.09	48.92	62.35	4.35
茂名	Maoming	296.95	129.01	8.36	107.71	43.18	8.69
肇庆	Zhaoqing	202.19	93.75	19.18	60.08	28.05	1.13
清远	Qingyuan	107.52	61.43	5.72	32.43	5.97	1.97
潮州	Chaozhou	59.63	26.49	1.77	15.45	14.51	1.42
揭阳	Jieyang	111.42	66.08	1.92	28.98	12.35	2.10
云浮	Yunfu	119.66	53.07	6.36	50.53	9.25	0.46

注：本表按当年价格计算。
Note: Data in this table are calculated at current prices.

11-21 各市农林牧渔业总产值指数（2005年）

Indices of Gross Output Value of Farming, Forestry, Animal Husbandry and Fishery by City (2005)

（上年=100） (Preceding yera = 100)

市别 City		农林牧渔业总产值 Gross Output Value of Farming, Forestry, Animal Husbandry and Fishery	农业产值 Farming	林业产值 Forestry	牧业产值 Animal Husbandry	渔业产值 Fishery	农林牧渔服务业产值 Services for Farming, Forestry, Animal Husbandry and Fishery
广州	Guangzhou	104.1	102.3	103.7	108.4	101.2	112.1
深圳	Shenzhen	87.8	95.6	95.6	96.9	65.7	129.8
珠海	Zhuhai	105.3	113.9	102.8	99.9	104.3	102.0
汕头	Shantou	103.7	103.9	96.6	103.6	102.7	126.6
佛山	Foshan	103.8	102.6	103.0	98.3	107.8	96.5
韶关	Shaoguan	104.8	104.6	98.2	106.7	104.7	112.8
河源	Heyuan	105.1	103.5	111.3	107.2	105.5	106.9
梅州	Meizhou	103.2	102.9	101.7	104.5	101.9	93.2
惠州	Huizhou	108.7	106.2	99.6	114.7	101.4	307.4
汕尾	Shanwei	106.1	106.9	92.0	107.1	105.6	114.8
东莞	Dongguan	104.1	91.3	82.8	117.6	100.9	67.5
中山	Zhongshan	104.7	100.8	35.3	92.5	111.0	99.4
江门	Jiangmen	100.3	100.3	96.6	89.6	112.3	97.7
阳江	Yangjiang	107.4	106.0	106.2	105.7	110.2	105.5
湛江	Zhanjiang	109.1	105.6	101.6	105.4	117.9	113.4
茂名	Maoming	105.5	100.5	102.7	113.3	102.0	115.8
肇庆	Zhaoqing	108.1	108.7	105.3	109.0	108.6	66.8
清远	Qingyuan	104.0	106.0	93.2	98.6	111.9	147.9
潮州	Chaozhou	101.7	103.8	110.5	98.2	101.0	94.3
揭阳	Jieyang	104.5	102.4	102.1	108.8	106.4	101.9
云浮	Yunfu	107.2	104.0	115.6	109.2	109.9	107.0

注：本表按缩减法计算。
Note: The data in this table are calculated by the contracting method.

11-22 农作物播种面积（1978－2005年）
Total Sown Area of Farm Crops（1978－2005）

单位：万亩 （10000 mu）

年份 Year	农作物总播种面积 Total Sown Area	一、粮食作物 Grain Crops	#稻谷 Rice	#薯类 Tubers	二、大豆 Soybean	三、经济作物 Economic Crops
1978	9962.46	7603.47	5790.39	873.02	163.71	1277.28
1979	9492.62	7300.54	5691.88	845.65	185.91	1258.28
1980	8954.84	6908.02	5596.10	800.67	198.18	1213.98
1981	8567.83	6548.40	5450.29	767.07	199.33	1302.19
1982	8539.77	6475.65	5373.51	778.51	218.52	1327.84
1983	8364.03	6485.66	5406.97	780.98	197.43	1126.05
1984	8313.00	6269.47	5272.01	765.51	193.21	1213.32
1985	8036.82	5750.76	4815.81	730.83	175.22	1417.68
1986	8037.18	5731.76	4804.77	745.48	177.59	1334.07
1987	8064.78	5679.94	4750.06	743.22	174.25	1324.67
1988	8063.89	5598.29	4678.26	726.61	172.60	1318.08
1989	8322.71	5777.18	4768.32	743.93	173.64	1324.88
1990	8507.35	5822.06	4763.67	751.70	172.44	1338.43
1991	8489.09	5643.92	4596.92	746.74	163.30	1374.36
1992	8231.36	5303.82	4313.79	710.56	157.48	1393.07
1993	7718.41	4840.76	3944.83	681.66	160.54	1295.77
1994	7807.99	4959.10	4005.47	747.93	157.12	1224.21
1995	7957.19	5052.24	4052.13	775.96	155.84	1185.17
1996	8156.22	5120.09	4066.33	778.70	155.04	1202.15
1997	8267.25	5144.06	4055.92	772.52	149.14	1211.80
1998	8310.73	5147.65	4029.10	768.09	146.06	1185.21
1999	7894.24	4912.04	3836.30	697.22	144.52	1071.27
2000	7735.35	4649.83	3619.05	640.15	145.46	1093.04
2001	7868.21	4634.79	3638.28	661.15	132.19	1088.71
2002	7207.37	4021.44	3151.22	582.81	102.14	1068.46
2003	7294.58	4012.81	3144.56	578.14	114.54	1055.55
2004	7211.96	4184.55	3208.50	581.55	120.60	1008.72
2005	7223.06	4179.75	3206.40	579.75	125.70	1001.56

11-22 续表 continued

单位：万亩 (10000 mu)

年份 Year	#糖蔗 Sugarcane	#花生 Peanuts	#黄红麻 Jute and Ambary Hemp	#红（土）烟 Crude Tobacco	#黄（烤）烟 Flue cured Tobacco	四、其他作物 Other Crops
1978	258.96	486.62	94.93	27.25	41.94	918.00
1979	227.15	519.73	58.62	25.65	33.79	747.89
1980	218.57	553.24	42.05	21.87	16.75	634.66
1981	272.52	591.41	46.56	24.58	20.48	517.91
1982	331.53	588.01	28.01	24.99	23.74	517.76
1983	312.86	489.74	18.68	21.66	21.59	554.89
1984	341.02	523.56	29.92	21.87	17.19	637.00
1985	442.83	545.78	58.31	28.69	26.56	693.16
1986	405.07	560.80	14.53	23.67	18.20	793.76
1987	344.72	533.13	10.00	19.65	21.77	885.92
1988	354.90	497.82	10.43	22.18	39.21	974.92
1989	338.02	486.05	8.22	47.31	24.94	1047.01
1990	419.73	485.96	7.26	21.89	46.66	1174.42
1991	453.90	472.15	8.12	22.63	59.30	1307.51
1992	461.14	471.88	9.52	22.07	57.01	1376.99
1993	353.65	499.78	7.31	15.58	58.34	1421.34
1994	325.62	505.35	4.45	11.45	41.70	1467.56
1995	320.18	499.60	4.05	8.43	35.90	1563.94
1996	329.28	497.42	3.82	8.22	36.88	1678.94
1997	334.02	499.70	5.88	12.09	43.36	1762.26
1998	325.59	510.83	2.51	11.02	39.28	1831.81
1999	261.47	468.50	1.90	8.68	34.04	1766.41
2000	239.60	496.61	1.55	7.98	38.66	1847.01
2001	215.25	511.57	1.41	8.53	44.95	2012.52
2002	222.66	472.49	1.21	7.32	38.95	2015.33
2003	198.29	488.66	1.14	7.39	37.47	2111.68
2004	193.45	462.20	0.96	7.38	40.04	2018.69
2005	188.08	464.11	0.80	7.66	39.81	2041.75

注：2004 年起粮食播种面积含大豆。
Note: Since 2004, the sown area of grain includes soybeans.

11-23 农作物产量（1978－2005年）
Total Output of Farm Crops (1978－2005)

单位：万吨 (10000 tons)

年份 Year	粮食作物 Grain Crops	#稻谷 Rice	#薯类 Tubers	大豆 Soybean	主要经济作物 Major Economic Crops				
					糖蔗 Sugarcane	花生 Peanuts	黄红麻 Jute and Ambary Hemp	红（土）烟 Crude Tobacco	黄（烤）烟 Flue-cured Tobacco
1978	1509. 51	1328. 56	121. 04	7. 99	835. 42	35. 17	18. 07	1. 97	2. 76
1979	1605. 36	1435. 22	125. 15	9. 56	742. 90	40. 70	13. 25	1. 86	2. 14
1980	1681. 91	1523. 92	123. 68	11. 47	834. 73	50. 00	10. 18	1. 68	1. 04
1981	1521. 00	1372. 22	122. 53	12. 01	1235. 50	57. 39	12. 96	2. 09	1. 59
1982	1795. 72	1627. 37	138. 98	14. 44	1496. 10	61. 90	7. 53	2. 38	2. 29
1983	1817. 48	1673. 12	138. 98	10. 80	1159. 83	48. 08	4. 84	1. 69	1. 72
1984	1819. 33	1666. 08	130. 21	11. 90	1454. 15	53. 40	6. 48	1. 95	1. 55
1985	1604. 37	1454. 29	131. 88	11. 32	1831. 40	57. 07	11. 30	2. 60	2. 29
1986	1567. 00	1421. 55	128. 01	12. 27	1622. 13	60. 40	3. 57	1. 83	1. 67
1987	1701. 81	1536. 46	146. 48	12. 43	1338. 60	53. 50	2. 13	1. 91	2. 14
1988	1636. 70	1472. 95	143. 42	12. 32	1538. 68	51. 80	2. 15	2. 31	3. 49
1989	1817. 21	1630. 29	153. 47	13. 25	1681. 34	55. 38	1. 04	2. 57	4. 58
1990	1896. 29	1687. 00	167. 05	13. 87	2093. 46	57. 95	1. 04	2. 44	4. 64
1991	1873. 50	1651. 65	176. 59	12. 60	2286. 38	56. 11	1. 49	2. 65	5. 81
1992	1810. 40	1602. 27	170. 28	13. 94	2271. 06	60. 30	1. 88	2. 48	6. 14
1993	1629. 11	1425. 81	169. 20	15. 28	1603. 11	66. 02	1. 33	1. 74	5. 96
1994	1662. 66	1434. 04	194. 68	15. 44	1397. 22	63. 71	0. 68	1. 22	4. 08
1995	1803. 33	1553. 90	209. 40	16. 50	1472. 21	69. 98	0. 79	1. 08	3. 96
1996	1891. 43	1626. 29	210. 28	17. 32	1392. 00	73. 05	0. 72	1. 11	4. 18
1997	1966. 75	1669. 33	228. 35	17. 61	1629. 27	74. 10	0. 95	1. 88	5. 45
1998	1884. 13	1688. 53	238. 28	17. 32	1616. 94	69. 38	0. 42	1. 82	4. 79
1999	1935. 82	1630. 13	214. 38	17. 91	1218. 30	73. 31	0. 30	1. 40	4. 40
2000	1822. 33	1528. 53	199. 05	18. 73	1137. 59	77. 68	0. 27	1. 26	4. 95
2001	1721. 55	1441. 35	198. 15	17. 36	1073. 38	79. 73	0. 25	1. 27	5. 52
2002	1484. 16	1243. 46	171. 02	12. 67	1136. 45	75. 19	0. 22	1. 14	4. 94
2003	1488. 00	1250. 38	166. 77	14. 92	952. 87	80. 73	0. 20	1. 21	4. 79
2004	1390. 00	1123. 13	180. 28	18. 10	940. 77	76. 47	0. 17	1. 23	5. 04
2005	1394. 97	1116. 99	185. 48	18. 87	946. 02	75. 86	0. 14	1. 24	5. 06

注：2004年起粮食产量含大豆。
Note: Since 2004, the output of grain includes that of soybeans.

11-24 农、林、牧、渔场基本情况
Basic Statistics on Farming, Forestry, Animal Husbandry and Fishery

项　　目		Item		1990	1995	2000	2004	2005
个数	(个)	Number of Farms	(unit)	599	585	6271	4258	3983
粮食播种面积	(万亩)	Total Sown Area of Grain	(10000 mu)	50.61	34.23	32.39	27.08	32.79
粮食总产量	(万吨)	Total Output of Grain	(10000 tons)	15.26	11.23	13.67	9.17	11.78
花生播种面积	(万亩)	Sown Area of Peanuts	(10000 mu)	7.37	5.60	8.59	6.40	7.16
花生总产量	(万吨)	Output of Peanuts	(10000 tons)	0.87	0.71	1.35	1.01	1.20
蔬菜播种面积	(万亩)	Sown Area of Vegetables	(10000 mu)			31.37	33.98	31.58
蔬菜总产量	(万吨)	Total Output of Vegetables	(10000 tons)			50.18	69.41	48.08
水果年末实有面积	(万亩)	Actual Area of Fruits at the Year-end	(10000 mu)		46.01	92.22	87.79	78.85
水果产量	(万吨)	Output of Fruits	(10000 tons)		15.99	39.73	35.41	35.27
茶叶年末实有面积	(万亩)	Actual Area of Tea at the Year-end	(10000 mu)		10.32	11.75	7.49	5.80
茶叶产量	(万吨)	Output of Tea	(10000 tons)		0.76	0.66	0.73	0.58
牛年末存栏头数	(万头)	Number of Cattle on Hand at the Year-end	(10000 heads)	9.21	8.00	7.25	4.45	4.31
生猪年末存栏头数	(万头)	Number of Hogs on Hand at the Year-end	(10000 heads)	49.16	48.89	139.38	137.76	150.61
鸡鸭鹅年末存栏只数	(万只)	Number of Chickens, Ducks and Geese on Hand at the Year-end	(10000 heads)			1650.08	1471.12	1927.18
山羊年末存栏只数	(万只)	Number of Goats on Hand at the Year-end	(10000 heads)		0.21	1.37	1.48	1.65
水产品产量	(万吨)	Output of Aquatic Products	(10000 tons)	1.80	6.18	17.66	21.86	20.00

注：1999年以前只统计国营农场，1999年及以后包括国营、集体、联营、私营农场。
Note: Data in the table only included the state-owned farms before 1999, and have included the state-owned, collective-owned, joint ownership and private farms since 1999.

11-25 主要农作物播种面积、亩产及总产量
Sown Area, Yield and Total Output of Major Farm Crops

单位：万亩、公斤、万吨 (10000 mu, kg, 10000 tons)

作物名称 Farm Crop		2000 播种面积 Sown Area	2000 亩产 Yield per Mu	2000 总产量 Total Output	2004 播种面积 Sown Area	2004 亩产 Yield per Mu	2004 总产量 Total Output	2005 播种面积 Sown Area	2005 亩产 Yield per Mu	2005 总产量 Total Output
农作物播种面积	**Total**	**7735.35**			**7172.69**			**7223.06**		
粮食作物	**Grain Crops**	**4649.83**	**392**	**1822.33**	**4184.55**	**332**	**1390.00**	**4179.75**	**334**	**1394.97**
稻谷	Rice	3619.05	422	1528.53	3208.50	350	1123.13	3206.40	348	1116.99
早稻	Early Rice	1745.35	435	759.50	1539.30	381	586.50	1551.60	347	537.98
晚稻	Late Rice	1873.70	410	769.03	1669.20	321	536.63	1654.80	350	579.01
小麦	Wheat	22.22	193	4.28	9.00	190	1.71	9.75	190	1.85
旱粮	Upland Grain	368.41	246	90.46	385.50	220	84.88	258.15	278	71.78
薯类	Tubers	640.15	311	199.05	581.55	310	180.28	579.75	320	185.48
大 豆	**Soybean**	**145.46**	**129**	**18.73**	**120.60**	**150**	**18.10**	**125.70**	**150**	**18.87**
经济作物	**Economic Crops**	**1093.04**			**1008.72**			**1001.56**		
甘蔗	Sugarcane and Fruit Cane	267.12	4692	1253.21	226.89	4894	1110.37	221.21	5037	1114.25
糖蔗	Sugarcane	239.60	4748	1137.59	193.45	4863	940.77	188.09	5030	946.02
果蔗	Fruit Cane	27.52	4202	115.62	33.44	5072	169.60	33.12	5079	168.23
油料作物	Oil-bearing Crops	515.75	153	78.78	474.32	163	77.52	476.94	161	77.01
#花生	Peanuts	496.61	156	77.68	462.20	165	76.47	464.11	163	75.86
芝麻	Sesame	4.13	68	0.28	2.28	69	0.16	2.34	67	0.16
油菜籽	Rape Seeds	15.01	55	0.82	9.84	90	0.89	10.49	95	0.99
麻类	Fiber Crops	1.58	173	0.27	0.96	172	0.17	0.80	174	0.14
# 黄红麻	Jute and Ambary Hemp	1.55	173	0.27	0.96	172	0.17	0.80	174	0.14
烟叶	Tobacco	46.65	133	6.21	47.42	132	6.27	47.47	133	6.30
黄（烤）烟	Flue-cured Tobacco	38.66	128	4.95	40.04	126	5.04	39.81	127	5.06
红（土）烟	Crude Tobacco	7.98	157	1.26	7.38	167	1.23	7.66	162	1.24
木薯	Cassava	186.20	1124	209.37	155.63	1186	184.54	154.92	1203	186.43
药材	Medicinal Plants	30.90			33.12			37.39		
其他经济作物	Other Economic Crops	44.84			70.38			62.83		
其他作物	**Other Crops**	**1847.01**			**1979.42**			**2041.75**		
# 蔬菜	Vegetables	1515.15	1462	2214.80	1720.00	1487	2557.65	1744.08	1488	2596.02

注：2004 年起粮食作物含大豆。
Note: Since 2004, the grain crops include soybeans.

11-26 各市主要农作物播种面积、亩产及总产量（2005年）
Sown Area, Yield and Total Output of Major Farm Crops by City (2005)

单位：亩、公斤、吨 (mu, kg, ton)

市别 City		粮食作物 Grain Crops 播种面积 Sown Area	亩产 Yield per Mu	总产量 Total Output	#稻谷 Rice 播种面积 Sown Area	亩产 Yield per Mu	总产量 Total Output
广　州	Guangzhou	1465373	353	517309	1217542	370	450276
深　圳	Shenzhen	1572	381	599	12	333	4
珠　海	Zhuhai	154097	372	57318	122797	383	47029
汕　头	Shantou	1084615	464	503530	765651	467	357384
佛　山	Foshan	381798	342	130501	290832	369	107204
韶　关	Shaoguan	2541621	383	973478	1846591	438	809070
河　源	Heyuan	2921457	350	1022779	2185669	401	875811
梅　州	Meizhou	3527690	378	1332275	2641849	426	1126602
惠　州	Huizhou	2269199	327	742075	1467976	345	506277
汕　尾	Shanwei	1561747	329	513200	996799	343	341661
东　莞	Dongguan	63090	317	20010	23307	356	8298
中　山	Zhongshan	365968	361	132265	302461	367	110897
江　门	Jiangmen	2798168	325	909171	2365796	348	822625
阳　江	Yangjiang	2291899	335	768234	1599794	374	597803
湛　江	Zhanjiang	4599010	337	1551099	3078834	368	1133344
茂　名	Maoming	3920800	400	1569056	2791131	443	1237281
肇　庆	Zhaoqing	3270368	391	1279937	2516652	432	1087094
清　远	Qingyuan	3190496	333	1061824	2350882	380	892656
潮　州	Chaozhou	1028582	441	453157	707385	467	330564
揭　阳	Jieyang	2438230	432	1052281	1512787	450	681213
云　浮	Yunfu	2374047	405	962024	1608694	471	757920

市别 City		大豆 Soybean 播种面积 Sown Area	亩产 Yield per Mu	总产量 Total Output	经济作物 Economic Crops 播种面积 Sown Area	#糖蔗 Sugarcane 播种面积 Sown Area	亩产 Yield per Mu	总产量 Total Output
广　州	Guangzhou	14288	183	2617	357384	22275	7737	172340
深　圳	Shenzhen				310			
珠　海	Zhuhai	1461	298	435	57534	51759	7073	366081
汕　头	Shantou	5973	136	814	25474			
佛　山	Foshan	1251	152	190	119858	318	6428	2044
韶　关	Shaoguan	175019	153	26802	1006257	45170	4880	220412
河　源	Heyuan	274367	132	36256	447072	8176	4185	34217
梅　州	Meizhou	144398	120	17319	506346			
惠　州	Huizhou	111427	116	12953	481435	22277	4843	107898
汕　尾	Shanwei	27134	121	3281	210097	1360	4763	6478
东　莞	Dongguan				18011	55	8182	450
中　山	Zhongshan	5441	258	1404	54692	9505	6053	57531
江　门	Jiangmen	62826	153	9628	477922	43595	5107	222632
阳　江	Yangjiang	144458	115	16632	519590	12552	4345	54533
湛　江	Zhanjiang	57150	143	8187	2524273	1499542	4955	7430887
茂　名	Maoming	75146	176	13203	947837	58441	4577	267457
肇　庆	Zhaoqing	45010	154	6912	1052582	33846	5312	179803
清　远	Qingyuan	118564	129	15270	877557	59714	4586	273870
潮　州	Chaozhou	10408	131	1361	49825	4488	4471	20065
揭　阳	Jieyang	53498	142	7577	216308	6405	5598	35853
云　浮	Yunfu	117028	200	23404	596347	515	2181	1123

11-26 续表 continued

单位：亩、公斤、吨 (mu, kg, ton)

市别 City	#花生 Peanuts 播种面积 Sown Area	#花生 Peanuts 亩产 Yield per Mu	#花生 Peanuts 总产量 Total Output	#黄红麻 Jute and Ambary Hemp 播种面积 Sown Area	#黄红麻 Jute and Ambary Hemp 亩产 Yield per Mu	#黄红麻 Jute and Ambary Hemp 总产量 Total Output
广州 Guangzhou	124401	180	22372			
深圳 Shenzhen	300	223	67			
珠海 Zhuhai	4389	219	961			
汕头 Shantou	21442	167	3588			
佛山 Foshan	30309	200	6051			
韶关 Shaoguan	562990	213	120198	22	136	3
河源 Heyuan	364844	148	53925			
梅州 Meizhou	208055	138	28773	408	301	123
惠州 Huizhou	411652	149	61241			
汕尾 Shanwei	167347	135	22650			
东莞 Dongguan	574	199	114			
中山 Zhongshan	2230	210	468			
江门 Jiangmen	242287	161	39095			
阳江 Yangjiang	364439	135	49317	600	133	80
湛江 Zhanjiang	737681	167	123402	394	563	222
茂名 Maoming	631941	180	113846	1044	189	197
肇庆 Zhaoqing	393906	177	69628	1116	167	186
清远 Qingyuan	457003	158	72146	95	105	10
潮州 Chaozhou	31967	150	4808			
揭阳 Jieyang	157141	163	25601	420	171	72
云浮 Yunfu	288468	171	49313	3921	129	506

市别 City	#烟叶 Tobacco 播种面积 Sown Area	#烟叶 Tobacco 亩产 Yield per Mu	#烟叶 Tobacco 总产量 Total Output	其他作物 Other Crops 播种面积 Sown Area	#蔬菜 Vegetables 播种面积 Sown Area	#蔬菜 Vegetables 亩产 Yield per Mu	#蔬菜 Vegetables 总产量 Total Output
广州 Guangzhou	30	200	6	2317593	2272703	1535	3488899
深圳 Shenzhen				104285	104059	1361	141652
珠海 Zhuhai				128607	110557	1493	165019
汕头 Shantou				663525	654162	2367	1548663
佛山 Foshan	14	143	2	1510093	1151261	1729	1990629
韶关 Shaoguan	237653	132	31273	1732388	1472701	1283	1889626
河源 Heyuan				706110	634788	1052	667641
梅州 Meizhou	91305	133	12174	1232966	933870	1417	1323321
惠州 Huizhou				1403424	1279567	1508	1929271
汕尾 Shanwei				665228	580580	1209	701754
东莞 Dongguan				329547	315537	1458	460204
中山 Zhongshan				444590	404719	1446	585343
江门 Jiangmen	59	119	7	1309817	1115202	1329	1481842
阳江 Yangjiang	550	105	58	998245	912661	985	898872
湛江 Zhanjiang	11874	176	2087	1824580	1663214	1275	2120021
茂名 Maoming	32285	222	7167	1531387	1459782	1502	2193257
肇庆 Zhaoqing	52492	149	7839	1572759	1263319	1773	2240463
清远 Qingyuan	24056	107	2571	1945489	1571796	1310	2058713
潮州 Chaozhou				318182	255867	2074	530554
揭阳 Jieyang	352	105	37	1078381	860939	2193	1888148
云浮 Yunfu	4075	144	586	755917	619493	1326	821221

11-27 造林面积及主要林产品产量
Afforested Area and Output of Major Forest Products

项　　目	Item	1990	1995	2000	2004	2005
当年荒山造林面积 （万亩）	Total Afforested Area in Barren Mountains in Current Year (10000 mu)	467.93	31.02	25.76	59.94	27.50
人工造林	Artificial Afforested	388.26	31.02	25.76	59.94	27.50
年末实有育苗面积 （万亩）	Actual Area of Grown Seedlings at the Year-end (10000 mu)	8.20	3.51	3.12	4.28	2.95
当年幼林抚育实际面积 （万亩）	Area of Tending Young Forest in Current Year (10000 mu)	804.40	584.33	333.37	213.46	219.69
当年迹地更新面积 （万亩）	Area of Slash Reforestation in Current Year (10000 mu)	78.80	129.86	159.44	131.50	143.84
主要林产品产量	Output of Major Forest Products					
油桐籽 （吨）	Tung-oil Seeds (ton)	2622	3536	3817	4710	5193
油茶籽 （吨）	Tea-oil Seeds (ton)	23736	24997	26268	29777	30470
棕片 （吨）	Palm Pieces (ton)	466	606	663	1952	1640
松脂 （万吨）	Rosin (10000 tons)	10.02	11.46	11.31	11.64	15.46
竹笋干 （吨）	Dry Bamboo Products (ton)	2770	9004	14132	16982	17825
板栗 （吨）	Chinese Chestnuts (ton)	1614	3577	5440	8520	8637
松香类产品 （万吨）	Rosin Products (10000 tons)	9.42	11.11	9.61	7.69	7.38

11-28 水产养殖面积和水产品产量
Cultured Area and Output of Aquatic Products

指　　标	Item	1990	1995	2000	2004	2005
水产品产量 （万吨）	**Output of Aquatic Products (10000 tons)**	**207.66**	**354.34**	**593.19**	**671.38**	**695.23**
海水产品	Seawater Aquatic Products	124.53	197.21	360.45	388.60	397.95
捕捞	Catches	110.74	161.42	191.48	177.90	172.05
养殖	Artificially Cultured	13.79	35.79	168.97	210.70	225.90
淡水产品	Freshwater Aquatic Products	83.13	157.13	232.74	282.78	297.28
捕捞	Catches	4.19	7.36	13.52	12.94	13.03
养殖	Artificially Cultured	78.94	149.77	219.22	269.84	284.25
养殖面积 （万亩）	**Cultured Area (10000 mu)**	**515.50**	**688.73**	**846.76**	**898.50**	**906.97**
海水养殖	Seawater	138.50	174.23	292.33	331.87	336.60
淡水养殖	Freshwater	377.00	494.50	554.43	566.63	570.37

注：1998年起水产品产量按新标准计算。
Note: Since 1998, the outputs of aquatic products have been calculated in accordance with the new criterions.

11-29 牲畜头数及肉类产量
Number of Livestock and Output of Meat

项　　目	Item	1990	1995	2000	2004	2005
黄、水牛年末存栏头数（万头）	**Number of Yellow Cattle and Buffaloes on Hand at the Year-end (10000 heads)**	**473.54**	**468.97**	**416.92**	**374.38**	**372.26**
黄牛	Cattle	198.33	209.49	189.15	173.03	170.33
# 从事农事劳役的	For Drought on Farming	136.71	145.93	130.06	120.95	116.98
水牛	Buffalo	275.21	259.48	227.77	201.35	197.09
# 从事农事劳役的	For Drought on Farming	212.18	190.96	165.14	150.72	145.78
奶牛年末存栏头数（万头）	**Number of Milk Cows on Hand at the Year-end (10000 heads)**	**2.95**	**2.56**	**3.72**	**4.43**	**4.83**
牛奶产量（万吨）	Output of Milk (10000 tons)	5.51	5.49	9.19	10.94	11.94
山羊年末存栏只数（万只）	**Number of Goats on Hand at the Year-end (10000 heads)**	**14.21**	**27.30**	**29.33**	**33.48**	**39.20**
生猪年末存栏头数（万头）	**Number of Hogs on Hand at the Year-end (10000 heads)**	**2058.89**	**2183.95**	**2034.79**	**2234.47**	**2143.50**
# 能繁殖母猪（万头）	Number of Female Hogs with Fertility (10000 heads)	141.98	137.25	143.75	161.70	162.77
生猪全年饲养量（万头）	Total Number of Hogs Raised in the Whole Year (10000 heads)	3851.74	4579.16	4989.77	5693.58	5760.24
肉猪出栏头数（万头）	Number of Slaughtered Fattened Hogs (10000 heads)	1792.85	2395.21	2954.98	3459.11	3616.74
肉类产量（万吨）	**Output of Meat (10000 tons)**	**202.45**	**305.06**	**324.48**	**365.32**	**384.31**
猪肉	Pork	145.35	188.75	206.85	242.14	256.28
牛肉	Beef	2.88	5.68	5.17	6.76	7.21
羊肉	Mutton	0.15	0.44	0.43	0.65	0.71
禽肉	Meat of Poultry	54.02	109.94	111.50	109.61	113.66
兔肉	Rabbit Meat	0.05	0.25	0.53	0.66	0.64

注：表中2000年及其以后的数据按农业普查结果进行了调整，1990、1995年的数据仍按原来口径计算。
Note: Data of 2000 and the years to come have been adjusted in accordance with the results of agricultural census, whereas those of 1990 and 1995 were calculated in accordance with the original statistical coverage.

11-30 各市造林面积、水产品产量、牲畜头数及猪肉产量（2005年）

Afforested Area, Output of Aquatic Products, Number of Livestock and Output of Pork by City (2005)

市别 City	造林总面积（万亩）Afforested Area (10000 mu)	水产品产量（万吨）Output of Aquatic Products (10000 tons)	#淡水养殖 In Freshwater	黄牛年末存栏头数（万头）Number of Yellow Cattle on Hand at the Year-end (10000 heads)	水牛年末存栏头数（万头）Number of Buffaloes on Hand at the Year-end (10000 heads)	生猪年末存栏头数（万头）Number of Hogs on Hand at the Year-end (10000 heads)	肉猪出栏头数（万头）Number of Slaughtered Fattened Hogs (10000 heads)	猪肉产量（万吨）Output of Pork (10000 tons)
广州 Guangzhou	5.95	38.83	27.06	1.67	2.01	105.44	218.03	15.92
深圳 Shenzhen	3.19	8.43	0.72			17.15	51.55	3.59
珠海 Zhuhai	0.34	15.90	12.47	0.01	0.13	24.54	30.59	1.92
汕头 Shantou	1.07	35.09	5.68	0.39	0.16	36.98	39.70	6.76
佛山 Foshan	1.50	51.93	51.28	0.12	1.63	98.81	228.34	15.86
韶关 Shaoguan	14.26	7.96	7.73	11.62	17.08	133.86	213.79	14.97
河源 Heyuan	40.88	3.54	3.40	9.20	11.79	88.13	110.93	7.89
梅州 Meizhou	11.28	8.22	7.72	9.55	11.82	166.34	233.91	16.69
惠州 Huizhou	3.67	16.45	7.70	10.72	9.12	108.38	192.51	12.91
汕尾 Shanwei	3.74	57.41	3.35	7.83	2.93	37.91	105.15	7.01
东莞 Dongguan	2.19	6.79	3.83	0.04	0.04	21.41	227.38	15.92
中山 Zhongshan	1.00	28.61	26.06	0.01	0.02	25.21	60.70	3.85
江门 Jiangmen	32.37	71.16	25.56	0.92	7.18	140.66	251.20	16.07
阳江 Yangjiang	12.02	91.78	8.00	8.22	11.60	132.01	126.55	9.08
湛江 Zhanjiang	16.01	84.78	7.70	42.02	27.20	184.99	300.98	21.51
茂名 Maoming	13.50	85.65	25.23	27.80	36.46	294.67	499.01	38.11
肇庆 Zhaoqing	30.09	30.03	29.55	13.36	29.80	231.61	379.58	25.85
清远 Qingyuan	12.35	7.79	7.57	15.08	17.66	142.16	213.33	14.93
潮州 Chaozhou	0.92	16.79	3.94	2.61	0.78	45.48	78.23	5.76
揭阳 Jieyang	2.65	14.55	6.98	5.38	2.58	105.98	150.25	10.85
云浮 Yunfu	18.71	10.48	10.36	3.74	6.96	84.89	178.57	12.17

注：1. 水产品产量按新标准计算。
2. 造林总面积包括荒山造林，迹地更新和低产林改造三项指标。

Note: a) Figures of aquatic products are calculated in accordance with the new criterions.
b) Data on afforested area include afforestation in barren hill, slash reforestation and transformation of low-yield forest.

11-31 茶叶、桑、水果面积及产量
Planted Area and Output of Tea, Mulberry and Fruits

指 标	Item	1980	1990	1995	2000	2004	2005
茶叶年末实有面积 （万亩）	Planted Area of Tea at the Year-end (10000 mu)	54.08	64.42	68.74	64.80	58.47	54.05
茶叶总产量 （万吨）	Output of Tea (10000 tons)	1.00	2.59	3.96	4.21	4.04	4.45
桑地年末实有面积 （万亩）	Planted Area of Mulberries at the Year-end (10000 mu)	21.10	29.71	37.76	26.89	43.64	43.64
蚕茧总产量 （万吨）	Output of Mulberries (10000 tons)	2.17	2.55	3.32	3.09	5.72	6.52
水果年末实有面积 （万亩）	Planted Area of Fruits at the Year-end (10000 mu)	177.40	967.11	1103.46	1502.35	1479.98	1495.37
水果总产量 （万吨）	Gross Output of Fruits (10000 tons)	29.10	328.58	414.51	643.52	787.85	831.69
# 柑桔橙年末实有面积（万亩）	Planted Area of Citruses at the Year-end (10000 mu)	40.00	288.99	169.84	123.34	219.58	249.03
柑桔橙总产量 （万吨）	Output of Citruses (10000 tons)	11.66	151.42	107.43	81.06	121.91	143.02
香（大）蕉年末实有面积 （万亩）	Planted Area of Bananas at the Year-end (10000 mu)	9.40	103.10	131.41	151.51	189.00	192.59
香（大）蕉总产量 （万吨）	Output of Bananas (10000 tons)	3.41	105.39	157.60	235.30	320.92	330.23
菠萝年末实有面积 （万亩）	Planted Area of Pineapples at the Year-end (10000 mu)	32.40	51.15	38.60	44.58	39.14	40.70
菠萝总产量 （万吨）	Output of Pineapples (10000 tons)	2.54	21.47	26.30	47.53	47.51	52.10
荔枝年末实有面积 （万亩）	Planted Area of Lychees at the Year-end (10000 mu)	35.60	178.99	294.17	474.83	426.16	417.21
荔枝总产量 （万吨）	Output of Lychees (10000 tons)	3.59	9.73	26.91	64.75	94.01	86.21
龙眼年末实有面积 （万亩）	Planted Area of Longans at the Year-end (10000 mu)	2.96	29.01	113.50	236.31	190.63	186.63
龙眼总产量 （万吨）	Output of Longans (10000 tons)	0.83	2.88	7.60	34.68	39.16	46.40

11-32 各市水果面积及产量（2005 年）
Planted Area and Output of Fruits by City（2005）

单位：万亩、万吨　　　　(10000 mu，10000 tons)

市 别 City	水果合计 Fruits		#柑桔橙 Citrus		#香（大）蕉 Banana	
	年末面积 Year-end Area	总产量 Total Output	年末面积 Year-end Area	总产量 Total Output	年末面积 Year-end Area	总产量 Total Output
广 州 Guangzhou	106.56	50.23	1.78	1.02	15.41	28.58
深 圳 Shenzhen	14.92	2.58	0.59	0.35	0.11	0.07
珠 海 Zhuhai	10.55	11.15	0.11	0.10	5.50	10.38
汕 头 Shantou	21.51	19.29	1.27	2.44	3.80	8.86
佛 山 Foshan	7.87	6.00	0.29	0.23	2.73	4.24
韶 关 Shaoguan	47.30	25.09	17.52	10.44	0.37	0.26
河 源 Heyuan	82.33	28.34	14.62	6.83	1.14	0.62
梅 州 Meizhou	111.58	78.22	11.48	8.94	5.85	5.18
惠 州 Huizhou	90.81	48.76	23.06	22.90	5.44	6.35
汕 尾 Shanwei	60.19	14.78	1.51	1.13	3.66	1.95
东 莞 Dongguan	17.71	18.34	0.02	0.14	7.55	12.40
中 山 Zhongshan	12.46	19.74	0.38	0.57	9.12	17.81
江 门 Jiangmen	39.11	17.58	2.23	3.04	4.66	7.32
阳 江 Yangjiang	125.59	29.07	17.68	9.90	4.22	3.34
湛 江 Zhanjiang	133.01	150.89	8.25	4.98	36.86	77.27
茂 名 Maoming	422.72	202.25	2.07	1.72	58.02	109.92
肇 庆 Zhaoqing	99.78	59.42	59.84	31.32	8.74	12.46
清 远 Qingyuan	71.38	26.24	38.40	16.82	1.04	1.24
潮 州 Chaozhou	28.28	11.21	1.40	1.27	1.07	1.20
揭 阳 Jieyang	129.49	44.32	6.95	9.78	6.55	6.73
云 浮 Yunfu	114.43	36.82	39.57	18.58	4.99	3.97

市 别 City	#菠萝 Pineapple		#荔枝 Lychee		#龙眼 Longan	
	年末面积 Year-end Area	总产量 Total Output	年末面积 Year-end Area	总产量 Total Output	年末面积 Year-end Area	总产量 Total Output
广 州 Guangzhou	0.21	0.09	51.75	5.20	11.74	3.19
深 圳 Shenzhen	0.11	0.05	11.12	1.50	2.51	0.39
珠 海 Zhuhai			4.11	0.38	0.44	0.08
汕 头 Shantou	0.11	0.08	4.50	0.98	0.72	0.34
佛 山 Foshan	0.03	0.05	1.18	0.24	2.36	0.38
韶 关 Shaoguan			0.12	0.02	0.37	0.06
河 源 Heyuan	0.06	0.02	8.94	0.55	3.36	0.68
梅 州 Meizhou	0.24	0.12	6.42	1.69	5.64	1.82
惠 州 Huizhou	0.66	0.25	34.27	6.99	14.14	4.07
汕 尾 Shanwei	2.27	0.71	27.66	3.64	4.54	1.10
东 莞 Dongguan			8.34	2.10	0.94	0.15
中 山 Zhongshan	0.31	0.20	1.32	0.37	0.73	0.27
江 门 Jiangmen	0.23	0.21	16.91	2.70	10.03	1.68
阳 江 Yangjiang	0.26	0.08	57.36	7.89	29.79	3.91
湛 江 Zhanjiang	28.03	46.13	26.69	5.74	16.34	3.21
茂 名 Maoming	0.32	0.23	169.04	33.83	113.71	24.89
肇 庆 Zhaoqing	0.55	0.31	6.46	1.96	4.82	1.68
清 远 Qingyuan	0.01		3.22	0.36	4.32	1.10
潮 州 Chaozhou	1.69	0.77	5.95	1.37	4.33	1.59
揭 阳 Jieyang	5.22	2.58	30.70	6.10	11.13	1.88
云 浮 Yunfu	0.38	0.22	27.59	3.40	14.59	2.71

11-33 主要农副产品产量与最高年份比较（2005 年）
Output of Major Farm and Sideline Products in Comparison with Peak Year (2005)

指　　标		Item		2005	建国以来最高年 Peak Year since 1949		
					年份 Year	产量 Output	2005 为建国以来最高年份% Percentage of 2005 to Peak Year
粮食总产量	**（万吨）**	**Total Output of Grain**	**（10000 tons）**	**1394. 97**	**1997**	**1966. 75**	**70. 9**
# 稻谷		Output of Rice		1116. 99	1998	1688. 53	66. 2
早稻		Early Rice		537. 98	1983	862. 25	62. 4
晚稻		Late Rice		579. 01	1998	866. 51	66. 8
经济作物	**（万吨）**	**Economic Crops**	**（10000 tons）**				
甘蔗		Sugarcane and Fruit Canes		1114. 25	1992	2376. 62	46. 9
# 糖蔗		Sugarcane		946. 02	1992	2271. 06	41. 7
油料作物		Oil-bearing Crops		77. 01	2003	81. 93	94. 0
# 花生		Peanuts		75. 86	2003	80. 73	94. 0
黄红麻		Jute and Ambary Hemp		0. 14	1978	18. 07	0. 8
烟叶		Tobacco		6. 30	1992	8. 62	73. 1
黄（烤）烟		Flue-cured Tobacco		5. 06	1992	6. 14	82. 4
红（土）烟		Crude Tobacco		1. 24	1991	2. 66	46. 6
其他作物		**Other Crops**					
# 蔬菜	（万吨）	Vegetables	（10000 tons）	2596. 02	2003	2584. 20	100. 5
水果	（万吨）	Fruits	（10000 tons）	831. 69	2004	787. 85	105. 6
水产品	（万吨）	Aquatic Products	（10000 tons）	695. 23	2004	671. 38	103. 6
生猪年末存栏量	（万头）	Number of Hogs on Hand at the Year-end	（10000 heads）	2143. 50	2004	2234. 47	95. 9
生猪出栏头数	（万头）	Number of Slaughtered Fattened Hogs	（10000 heads）	3616. 74	2004	3459. 11	104. 6
猪肉产量	（万吨）	Output of Pork	（10000 tons）	256. 28	2004	242. 14	105. 8
三鸟饲养量	（万只）	Number of Poultry Raised	（10000 units）	127070. 31	2003	128078. 49	99. 2

注：1. 1998 年起水产品产量按新标准计算。
2. 1998 年起主要农产品产量采用抽样调查数，其他年份均为全面统计数。
3. 2004 年起粮食产量含大豆。

Note: a) The outputs of aquatic products have been calculated in accordance with the new criterions since 1998.
b) Since 1998, the outputs of major agricultural products have been obtained from the sample surveys, while those of other years were obtained from complete enumeration.
c) Since 2004, the output of grain has included that of soybeans.

11-34 乡镇企业基本情况（2005年）
Basic Conditions on Township Enterprises（2005）

项　　目	Item	企业个数（个）Number of Enterprises (unit)	从业人员年末人数（万人）Number of Employed Persons at the Year-end (10000 persons)	营业收入（亿元）Business Income (100 million yuan)	利润总额（亿元）Total Profits (100 million yuan)	上交税金（亿元）Taxes Payable (100 million yuan)	固定资产原值（亿元）Original Value of Fixed Assets (100 million yuan)
总　　计	**Total**	**1212946**	**1207.90**	**13993.09**	**653.29**	**330.19**	**5059.13**
按登记注册类型分	Grouped by Status of Registration						
内资企业小计	Domestic Funded Enterprises	1192058	863.18	9725.53	475.05	227.16	3072.38
集体企业	Collective-owned Enterprises	22550	85.37	872.18	40.14	21.65	395.05
股份合作企业	Share-holding Cooperative Enterprises	3141	3.67	57.32	2.70	1.27	28.34
联营企业	Joint-operation Enterprises	2733	3.96	40.27	2.60	1.12	20.50
有限责任公司	Limited Liability Corporations	16928	71.00	1294.73	45.68	33.79	500.81
股份有限公司	Share-holding Corporation Ltd.	925	6.32	144.20	6.67	4.87	92.58
私营企业	Private Enterprises	230932	326.17	4062.76	197.24	100.70	1298.36
个体独资企业	Enterprises Exclusively Funded by Individuals						
其他企业	Other Enterprises	914849	366.70	3254.07	180.02	63.75	736.73
港、澳、台商投资企业	Enterprises with Funds from Hong Kong，Macao and Taiwan	17414	287.18	3174.59	130.86	76.95	1496.81
外商投资企业	Foreign Funded Enterprises	3474	57.54	1092.97	47.38	26.08	489.94
按国民经济行业分	Grouped by Sector						
农、林、牧、渔业	Farming，Forestry，Animal Husbandry and Fishery	13483	10.67	77.61	6.06	1.50	33.61
采矿业	Mining	9864	12.78	183.25	13.18	4.24	63.32
#规模以上	Of Which：above Designated Size						
制造业	Manufacturing	314494	856.08	11152.98	461.55	248.42	4119.26
#规模以上	Of Which：above Designated Size						
建筑业	Construction	41608	55.48	459.46	28.79	12.38	112.31
#资质等级以外企业	Enterprises under Qualification Criteria	1768	7.22	74.77	3.07	2.50	18.68
交通运输仓储业	Transport and Storage	152163	33.19	300.60	22.48	6.75	114.20
批发零售业	Wholesale and Retail Trade	458885	125.06	1059.02	62.81	27.70	239.04
住宿及餐饮业	Accommodations and Catering Services	105543	63.71	424.35	30.09	14.35	201.68
#餐饮业	Of Which：Catering Services	68006	41.37	276.54	19.18	9.14	104.41
社会服务业	Social Services	71752	29.54	166.72	14.47	7.12	89.95
其他	Others	45154	21.40	169.10	13.87	7.73	85.77

11-35 乡镇工业企业生产销售情况（2005 年）
Production and Sales of Township Industrial Enterprises (2005)

项　目	Item	企业个数（个）Number of Enterprises (unit)	从业人员年平均数（万人）Annual Average Number of Employed Persons (10000 persons)	增加值（亿元）Value-addedd (100 million yuan)	现价总产值（亿元）Gross Output Value at Current Prices (100 million yuan)	现价销售产值（亿元）Sales Value at Current Prices (100 million yuan)
总　计	**Total**	**18694**	**425.46**	**1705.15**	**7448.89**	**7212.74**
按轻重工业分	Group by Light and Heavy Industry					
轻工业	Light Industry	12847	336.45	1265.07	5418.76	5219.32
以农产品为原料	Using Farm Produce as Raw Materials	3157	72.14	310.31	1380.86	1334.06
以非农产品为原料	Using Non-farm Produce as Raw Materials	9690	264.31	954.77	4037.91	3885.26
重工业	Heavy Industry	5847	89.01	440.07	2030.13	1993.42
采掘工业	Mining and Quarrying	279	2.19	10.02	54.23	45.22
原料工业	Raw Materials Industry	672	9.05	63.03	297.63	293.29
加工工业	Processing Industry	4896	77.78	367.02	1678.27	1654.91
按工业行业分	Grouped by Sector					
煤炭采选业	Mining and Washing of Coal	13	0.52	0.78	3.48	3.48
黑色金属矿采选业	Mining and Dressing of Ferrous Metal Ores	19	0.22	1.23	14.94	15.11
有色金属矿采选业	Mining and Dressing of Nonferrous Metals Ores	24	0.16	2.33	11.10	9.36
非金属矿采选业	Mining and Dressing of Nonmetal Ores	209	0.85	5.26	25.09	24.30
其他矿采选业	Mining and Dressing of Other Ores	147	0.50	2.64	13.90	12.49
木材及竹材采运业	Logging and Transport of Timber and Bamboo					
食品加工业	Food Processing	854	4.79	41.77	227.21	219.59
食品制造业	Manufacture of Food	345	4.43	22.67	85.17	86.55
饮料制造业	Manufacture of Beverage	104	0.77	11.22	39.80	38.18
烟草加工业	Tobacco Processing	1	0.02	0.10	0.66	0.56
纺织业	Textile Industry	793	22.42	96.02	460.21	435.54
服装、鞋、帽制造业	Manufacture of Textile Garments, Footwear and Headgear	3362	71.61	202.25	833.49	803.28
皮革、毛皮、羽绒及其制品业	Leather, Furs, Down and Related Products	677	26.68	63.40	270.27	264.95
木材加工及竹、藤、棕、草制品业	Timber Processing, Bamboo, Cane, Palm Fiber and Straw Products	346	4.83	21.47	96.60	92.97
家具制造业	Manufacture of Furniture	392	12.75	34.01	128.31	121.85
造纸及纸制品业	Papermaking and Paper Products	621	11.07	70.00	301.97	293.04
印刷业、记录媒介的复制	Printing and Record Medium Reproduction	272	6.25	19.31	83.37	81.43
文教体育用品制造业	Manufacture of Cultural, Educational and Sports Goods	318	17.13	34.70	137.77	133.71
石油加工、炼焦及核燃料加工业	Petroleum Refining, Coking and Nuclear Fuel Processing	72	0.27	7.24	47.37	42.80
化学原料及化学制品制造业	Manufacture of Raw Chemical Materials and Chemical Products	602	7.02	70.29	317.46	309.45
医药制造业	Manufacture of Medicines	58	1.46	12.92	55.85	49.63
化学纤维制造业	Manufacture of Chemical Fibers	60	0.95	4.31	20.57	19.75
橡胶制品业	Rubber Products	193	3.82	11.63	49.01	48.60
塑料制品业	Plastic Products	1448	28.07	105.65	487.03	477.71
非金属矿物制品业	Nonmetal Mineral Products	834	15.69	75.38	325.17	312.72
黑色金属冶炼及压延加工业	Smelting and Pressing of Ferrous Metals	151	1.71	20.78	106.18	91.81
有色金属冶炼及压延加工业	Smelting and Pressing of Nonferrous Metals	122	2.15	19.43	92.93	93.63
金属制品业	Metal Products	2008	36.54	169.38	753.30	719.71
通用设备制造业	Manufacture of General Purpose Equipment	250	5.51	18.54	80.98	78.19
专用设备制造业	Manufacture of Special Purpose Equipment	199	4.29	19.46	80.14	78.69
交通运输设备制造业	Manufacture of Transport Equipment	128	2.51	14.99	81.97	82.20
电气机械及器材制造业	Manufacture of Electrical Machinery and Equipment	1128	31.22	154.10	730.27	711.18
通信设备、计算机及其他电子设备制造业	Manufacture of Communication Equipment, Computers and Other Electronic Equipment	1255	56.59	196.68	792.45	759.86
仪器仪表及文化、办公用机械制造业	Manufacture of Instruments, Meters and Machinery for Cultural and Office Use	119	4.95	16.69	57.64	54.25
工艺品及其他制造业	Handicraft and Other Manufactures	1368	35.78	123.04	521.49	494.23
废弃资源和废旧材料回收加工业	Recycling and Disposal of Waste	19	0.20	10.18	22.20	20.20
电力、热力的生产和供应业	Production and Supply of Electric Power and Heat Power	72	0.65	15.62	60.96	67.04
燃气生产和供应业	Production and Supply of Gas	13	0.03	0.52	3.58	3.56
水的生产和供应业	Production and Supply of Water	98	1.04	9.16	29.04	61.16

11-36 各市乡镇企业基本情况（2005 年）
Basic Conditions on Township Enterprises by City (2005)

市 别 City	企业单位数（个）Number of Enterprises (unit)	企业人数（万人）Number of Employed Persons (10000 persons)	现价总产值（亿元）Gross Output Value at Current Prices (100 million yuan)	利润总额（亿元）Total Profits (100 million yuan)	上交税金（亿元）Taxes Payable (100 million yuan)	固定资产原值 亿元 Original Value of Fixed Assets (100 million yuan)
广 州 Guangzhou	72481	112. 71	1742. 19	72. 30	46. 96	530. 18
深 圳 Shenzhen						
珠 海 Zhuhai	12173	21. 52	511. 14	16. 72	9. 69	238. 51
汕 头 Shantou	33610	59. 71	882. 38	30. 55	14. 28	346. 74
佛 山 Foshan	6497	8. 08	250. 17	14. 75	5. 73	146. 07
韶 关 Shaoguan	75121	23. 01	104. 47	12. 75	2. 82	40. 84
河 源 Heyuan	42238	17. 38	106. 54	9. 51	3. 14	46. 06
梅 州 Meizhou	119756	44. 87	267. 43	21. 35	8. 93	137. 48
惠 州 Huizhou	80256	86. 89	755. 67	58. 09	12. 98	306. 90
汕 尾 Shanwei	48450	40. 28	256. 39	8. 68	2. 44	62. 97
东 莞 Dongguan	72411	268. 04	2377. 73	105. 83	61. 40	1099. 35
中 山 Zhongshan	62352	104. 79	1843. 00	80. 75	60. 44	700. 25
江 门 Jiangmen	96773	89. 24	1432. 31	45. 97	35. 49	425. 34
阳 江 Yangjiang	33910	22. 42	245. 28	13. 87	8. 71	93. 05
湛 江 Zhanjiang	92517	45. 27	494. 70	30. 32	8. 64	120. 85
茂 名 Maoming	129833	78. 26	845. 21	48. 39	11. 47	173. 66
肇 庆 Zhaoqing	66020	45. 56	391. 00	15. 00	7. 90	184. 84
清 远 Qingyuan	46912	31. 21	264. 92	18. 21	7. 20	99. 49
潮 州 Chaozhou	42937	39. 74	554. 00	23. 48	9. 17	87. 78
揭 阳 Jieyang	44109	51. 00	769. 77	17. 88	7. 43	160. 14
云 浮 Yunfu	34590	17. 91	178. 58	8. 90	5. 35	58. 64

11-37 全省财政收入前100名的镇（区）（2005年）
Government Revenue of the Province's Top 100 Towns (Districts) (2005)

单位：人、万元 (person, 10000 yuan)

地 区		Region	乡镇总人口 Total Population in Towns	乡镇从业人员 Employed Persons in Towns	财政总收入 Total Government Revenue	财政支出 Government Expenditure
东莞市	虎门镇	Humen Town in Dongguan City	731724	530155	266529	86608
佛山市	南海区大沥镇	Dali Town in Nanhai District of Foshan City	563425	352000	194873	137719
佛山市	南海区狮山镇	Shishan Town in Nanhai District of Foshan City	379179	274800	185929	183712
佛山市	顺德区容桂街道办	Ronggui Street Community in Shunde District of Foshan City	406063	223929	158658	157667
佛山市	顺德区乐从镇	Lecong Town in Shunde District of Foshan City	181623	94132	137788	137667
佛山市	顺德区勒流镇	Leliu Town in Shunde District of Foshan City	197065	149144	109008	108036
中山市	火炬区	Huoju District in Zhongshan City	189913	178598	106360	105889
东莞市	东城区	Dongcheng District in Dongguan City	323277	275495	100985	87294
东莞市	长安镇	Changan Town in Dongguan City	504687	436288	100270	9857
东莞市	厚街镇	Houjie Town in Dongguan City	496527	396295	93792	47441
东莞市	大岭山镇	Dalingshan Town in Dongguan City	237224	208243	92054	28872
佛山市	南海区里水镇	Lishui Town in Nanhai District of Foshan City	248600	155000	80264	78404
佛山市	南海区西樵镇	Xiqiao Town in Nanhai District of Foshan City	214903	76148	79924	78382
佛山市	顺德区陈村镇	Chencun Town in Shunde District of Foshan City	122738	73161	78938	78838
佛山市	顺德区龙江镇	Longjiang Town in Shunde District of Foshan City	174976	122348	73170	72921
东莞市	塘厦镇	Tangxia Town in Dongguan City	372341	267454	71426	68662
东莞市	南城区	Nancheng District in Dongguan City	153544	123176	66271	63513
佛山市	南海区九江镇	Liujiang Town in Nanhai District of Foshan City	149336	101993	64640	61006
增城市	仙村镇	Xiancun Town in Zengcheng District	322380	225985	63926	63406
东莞市	常平镇	Changping Town in Dongguan City	430014	362772	60889	51455
广州市	番禺区新造镇	Xinzao Town in Panju District of Guangzhou City	19763	11956	56693	57527
中山市	小榄镇	Xiaolan Town in Zhongshan City	312311	240422	51061	199844
东莞市	万江区	Wanjiang District in Dongguan City	137893	94356	48696	49022
中山市	古镇镇	Guzhen Town in Zhongshan City	137581	75926	47998	49463
东莞市	樟木头镇	Zhangmutou Town in Dongguan City	144905	102665	46882	46019
佛山市	顺德区杏坛镇	Xingtang Town in Shunde District of Foshan City	161355	100040	46876	46827
佛山市	南海区罗村街道办	Luocun Street Community in Nanhai District of Foshan City	146263	108000	46375	46388
东莞市	麻涌镇	Mayong Town in Dongguan City	110022	83542	46124	39978
佛山市	南海区丹灶镇	Danzao Town in Nanhai District of Foshan City	160109	112656	45457	45294
东莞市	清溪镇	Qingxi Town in Dongguan City	366138	325467	40424	37602
江门市	新会区会城镇	Huicheng Town in Xnnhui District of Jiangmen City	301425	102845	38682	35317
佛山市	顺德区均安镇	Junan Town in Shunde District of Foshan City	131856	84742	37841	37831
东莞市	大朗镇	Dalang Town in Dongguan City	228167	189770	36969	37615
中山市	石岐区	Shiqi District in Zhongshan City	199373	100472	34868	30652
广州市	花都区狮岭镇	Shiling Town in Huadu District of Guangzhou City	127194	95960	34817	34907
东莞市	寮步镇	Liaobu Town in Dougguan City	250046	194367	34276	34207
东莞市	凤岗镇	Fenggang Town in Dongguan City	212906	188909	34105	29433
东莞市	黄江镇	Huangjiang Town in Dongguan City	213640	173270	33895	31680
佛山市	顺德区北滘镇	Beijiao Town in Shunde District of Foshan City	186338	117727	32088	33105
东莞市	石龙镇	Shilong Town in Donguan City	145365	71903	30800	30674
中山市	东区	Dongqu District in Zhongshan City	105602	71204	30292	20508
东莞市	石碣镇	Shijie Town in Donguan City	179367	133953	29367	28040
东莞市	高步镇	Gaobu Town in Donguan City	125169	105278	28154	20213
佛山市	顺德区伦教街道办	Lunjiao Street Community in Shunde District of Foshan City	155207	127872	27945	26971
东莞市	石排镇	Shipai Town in Dongguan City	125362	96977	27428	18418
东莞市	桥头镇	Qiaotou Town in Dongguan City	140863	123750	27159	24260
珠海市	金湾区平沙镇	Pingsha Town in Jinwan District of Zhuhai City	71698	26661	25619	21939
中山市	三乡镇	Sanxiang Town in Zhongshan City	147894	117308	24970	23031
中山市	沙溪镇	Shaxi Town in Zhongshan City	129905	105708	24403	20884
东莞市	沙田镇	Shatian Town in Dongguan City	116098	97578	24177	23725

11-37 续表 continued

单位：人、万元 (person，10000 yuan)

地区		Region	乡镇总人口 Total Population in Towns	乡镇从业人员 Employed Persons in Towns	财政总收入 Total Government Revenue	财政支出 Government Expenditure
东莞市	中堂镇	Zhongtang Town in Dongguan City	131845	94579	23932	23592
广州市	花都区花东镇	Huadong Town in Huadu District of Guangzhou City	97168	55211	23718	23684
中山市	坦洲镇	Tanzhou Town in Zhongshan City	158523	119931	23519	22940
东莞市	茶山镇	Chashan Town in Dongguan City	168957	149562	22690	19610
潮安县	枫溪镇	Fengxi Town in Chaoan County	131466	71706	20982	20597
广州市	番禺区沙湾镇	Shawan Town in Panyu District of Guangzhou City	133330	98128	20749	20023
广州市	番禺区南村镇	Nancun Town in Panyu District of Guangzhou City	75133	56772	20679	20634
中山市	东升镇	Dongsheng Town in Zhongshan City	123359	88721	19803	21486
东莞市	横沥镇	Hengli Town in Dongguan City	178593	153847	19624	19507
中山市	南区	Nanqu District in Zhongshan City	45016	42188	19196	16205
中山市	南头镇	Nantou Town in Zhongshan City	82995	64125	18916	18827
汕头市	潮南区峡山镇	Xiashan Town in Chaonan District of Shantou City	201320	94510	18877	18859
佛山市	三水区芦苞镇	Lubao Town in Shanshui District of Foshan City	38772	22107	18659	18705
佛山市	三水区乐平镇	Leping Town in Shanshui District of Foshan City	86628	56050	18584	12179
广州市	番禺区石基镇	Shiji Town in Panyu District of Guangzhou City	220654	164122	18352	22115
广州市	白云区江高镇	Jianggao Town in Baiyun District of Guangzhou City	181223	106720	18143	18991
中山市	西区	Xiqu District in Zhongshan City	62589	62152	17942	15891
中山市	东凤镇	Dongfeng Town in Zhongshan City	114052	47250	17855	17703
增城市	荔城镇	Licheng Town in Zengcheng City	180741	90192	17853	17853
中山市	黄圃镇	Huangpu Town in Zhongshan City	121029	80753	17382	16983
东莞市	道窖镇	Dajiao Town in Dongguan City	141185	98887	17152	20141
广州市	番禺区石楼镇	Shilou Town in Panyu District of Guangzhou City	100834	69764	17117	17116
中山市	横栏镇	Henglan Town in Zhongshan City	83593	65422	17017	14536
广州市	番禺区大岗镇	Dagang Town in Panyu District of Guangzhou City	100979	75966	16874	16911
增城市	沙埔镇	Shapu Town in Zengcheng City	161592	112560	16481	16902
中山市	港口镇	Gangkou Town in Zhongshan City	106762	68708	16000	16386
广州市	南沙区南沙街道办	Nansha Street Community in Nansha District of Guangzhou City	87433	54939	15958	13565
广州市	番禺区钟村镇	Zhongcun Town in Panyu District of Guangzhou City	95990	61444	15572	18399
东莞市	东坑镇	Dongkeng Town in Dougguan City	100399	65113	15086	15042
佛山市	禅城区南庄镇	Nanzhuang Town in Chancheng District of Foshan City	132006	105605	14878	14870
广州市	花都区炭步镇	Tanbu Town in Huadu District of Guangzhou City	53381	38789	14549	14550
东莞市	企石镇	Qishi Town in Dongguan City	93160	74481	14295	14235
东莞市	谢岗镇	Xiegang Town in Dongguan City	99713	87021	14181	13479
中山市	民众镇	Minzhong Town in Zhongshan City	103691	65587	14135	14135
中山市	三角镇	Sanjiao Town in Zhongshan City	116990	73330	13398	15587
惠州市	惠阳区新圩镇	Xinxu Town in Huiyang District of Huizhou City	117224	93695	13393	12632
四会市	大旺镇	Dawan Town in Sihui City	38213	19484	13302	11000
东莞市	望牛墩镇	Wangniudun Town in Dongguan City	86714	66047	12900	12598
中山市	大涌镇	Dayong Town in Zhongshan City	63545	49765	12447	12398
佛山市	三水区白坭镇	Baini Town in Sanshui District of Foshan City	70683	57763	11547	11485
珠海市	金湾区三灶镇	Sanzao Town in Jinwan District of Zhuhai City	122292	74887	11373	11114
广州市	番禺区化龙镇	Hualong Town in Panyu District of Guangzhou City	51112	34838	11222	7833
佛山市	三水区大塘镇	Datang Town in Sanshui District of Foshan City	54478	29825	11134	8647
江门市	新会区双水镇	Shuangshui Town in Xinhui District of Jiangmen City	92610	52191	11080	11755
中山市	南朗镇	Nanlang Town in Zhongshan City	92987	68422	11039	10843
台山市	台城镇	Taicheng Town in Taishan City	171246	54516	10481	10897
蕉岭县	蕉城镇	Jiaocheng Town in Jiaoling District	70354	9558	10090	10000
中山市	神湾镇	Shenwan Town in Zhongshan City	34052	26623	10037	9814
江门市	新会区古井镇	Gujing Town in Xinhui District of Jiangmen City	41863	22679	9937	9667
珠海市	斗门区井岸镇	Jingan Town in Doumen District of Zhuhai City	183032	15275	9837	9467

主要统计指标解释

农林牧渔业增加值 是指农、林、牧、渔及农林牧渔服务业在一定时期内生产货物或提供服务活动而增加的价值。它反映了农业生产经营活动的最终成果和对社会的贡献。

农业增加值的计算方法有两种：(1) 生产法，是从生产角度进行计算的一种方法。即用农业总产出减去农业中间消耗求得。由于农户没有健全的核算记录，故农业增加值一般是采用生产法计算的。(2) 分配法，是从分配角度进行计算的一种方法。是通过农业生产单位在生产经营和劳务活动过程中形成的不含中间消耗的各种收入来计算。具体包括农业劳动者收入、福利基金、利税、固定资产折旧及大修理和其他。

农林牧渔业总产值 是以货币表现的农林牧渔业的全部产品总量和对农林牧渔业生产活动进行的各种支持性服务活动的价值。它反映一定时期内农林牧渔业生产总规模和总成果，是观察农林牧渔业生产水平和发展速度，研究农林牧渔业内部比例关系、农林牧渔业与工业、农林牧渔业与国家建设、人民生活比例关系的重要指标，同时也是计算农林牧渔业劳动生产率和农林牧渔业增加值的基础资料。

农林牧渔业总产值的计算，一般采用" 产品法"，即凡有产品产量的，都按单位产品价格乘产量的办法求得每种产品产量的产值，然后相加求得各业的产值，最后各业相加求出农林牧渔业总产值。

常用耕地面积 指耕地总资源中专门种植农作物并经常进行耕种、能够正常收获的土地。包括当年实际耕种的熟地；弃耕、休闲不满三年，随时可以复耕的地；开荒利用三年以上的地；小于1米宽的沟、渠、路、田埂。不包括临时种植农作物的坡度在25度以上的陡坡地；在河套、湖畔、库区临时开发的成片或零星土地；也不包括已列为国家和省退耕计划但仍临时耕种的土地。常用耕地分为基本农田和零星可用耕地。

农作物播种面积 是指一定生产季节结束时实际播种或移植有农作物的面积。播种面积的大小，反映农作物的生产规模和耕地的利用程度。正确地核算播种面积，对于组织农业生产活动，计算农作物产量，研究农作物的种植结构和分布情况以及制定各项增产技术措施，都是非常必要的。

播种面积的统计年度，凡是能在本日历年度内（自1月1日至12月31日）收获的农作物（包括上年秋冬播和本年春播、夏播以及南方地区的晚秋播而在本年收获的全部作物）播种面积，都包括在内。

农作物总产量 是指在一定时期内（通常是一年）生产的各种农作物产品总产量。它是衡量农业生产成果，统筹安排城乡人民生活，研究生产、积累和消费比例关系及编制国民经济计划的基本数据。不论是种植在耕地上或非耕地上的农作物产量，都包括在内。有的农作物收割期较长，虽在当年冬季就开始收割，但需跨年延到来年春季才能收完的，仍计算为本年农作物总产量。

农作物总产量是指全社会的产量，包括国有农场等国有经济单位的产量、集体统一经营的和农户承包地的产量，还包括农民自留地、工矿企业职工农属办的农场和其他单位生产的农作物产量。

农作物总产量是统计晒干入库的产量。有些地区，粮食脱粒、晒干、入库比较迟，是按照折干比例折成晒干的粮食产量进行统计的。

农业机械总动力 是指主要用于农、林、牧、渔业的各种动力机械的动力总和。包括耕作机械、排灌机械、收获机械、农产品加工机械、运输机械、植保机械、牧业机械、林业机械、渔业机械和其他农业机械。内燃机按引擎马力计算，电动机功率折成马力计入。

乡镇企业 是指农村乡（包区、镇）、村组各级集体办、联户办和个体办的，从事工业、建筑业、交通运输业、商业饮食业、服务业和其他生产经营活动的经济组织，以及农村乡（包括区、镇）、村集体举办的农业企业。乡镇企业必须同时具备以下四个条件：

（1）有固定的（或相对固定的）生产经营组织、场所、设备和从事生产经营的人员；

（2）常年从事生产经营活动，或从事季节性生产经营，全年开工时间在三个月以上；

（3）具备独立核算的条件，或虽非独立核算单位但有单独的帐目；

（4）有当地工商行政或有关部门颁发的营业（经营）执照。此条件农业企业除外。

乡镇企业总产值　是以货币表现的乡镇农业、工业、建筑业、交通运输业、商业饮食业、服务业和其它企业的经营收入、产品销售收入、劳务收入和其它收入。

（1）农业企业以实际收入计算；

（2）工业企业以产品销售收入和其它收入计算；

（3）建筑业收入总包单位以全价计算总收入，非总包单位以实际收入计算；

（4）交通运输业以实际收入计算；

（5）商业的零售商店按零售额计算总收入，批发部门、代购代销、物资供销、仓储等均以手续费计算总收入。饮食业按营业额计算总收入；

（6）服务业以实际收入计算；

（7）其它企业以实际收入计算。

Explanatory Notes on Main Statistical Indicators

Value-added of Farming, Forestry, Animal Husbandry and Fishery refers to the value-added of the good and services produced or provided by farming, forestry, animal husbandry, fishery and services for farming, forestry, animal husbandry and fishery in a given period of time. It shows the final results of the activities of production and management of agriculture and its contributions to the society.

The value-added of agriculture is calculated with two approaches:

(1) Production approach is a method from the production angle, i. e. total output of agriculture minus intermediate consumption of agriculture. The value added of agriculture is usually calculated with the production approach due to no complete accounting records of the rural households available;

(2) Distribution approach is a method from the distribution angle, i. e. various incomes from the activities of production and management of the productive units of agriculture without intermediate consumption, including incomes of the rural laborers, welfare funds, profit and tax, depreciation of fixed assets and major overhaul and others.

Gross Output Value of Agriculture refers to the total volume of products of farming, forestry, animal husbandry, and fishery and the value of various services supporting the production of farming, forestry, animal husbandry and fishery in monetary terms, which reflects the total scale and total results of farming, forestry, animal husbandry and fishery production during a given period of time. It is an important indicator to observe the production level and development speed of farming, forestry, animal husbandry and fishery, to study the internal structure of farming, forestry, animal husbandry and fishery, and to review the relationship among farming, forestry, animal husbandry, and fishery and industry, national construction and people's life. It is also the basic data to calculate the labor productivity and value-added of farming, forestry, animal husbandry and fishery.

Generally, the gross output value of farming, forestry, animal husbandry and fishery is calculated with the production approach, i. e. the gross output value of each single product is obtained by multiplying the output of each product by its price. Then the output value of each sector is obtained. Finally, the sum of output value of all sectors is equal to the gross output value of farming, forestry, animal husbandry and fishery.

Area of Regularly Cultivated Land refers to farmland among the total land resources which is exclusively used for farming and is under regular cultivation with harvest in normal years. Included are currently cultivated land, land that has been abandoned or put in idle for less than 3 years and could be re-used for cultivation at any time, and new-claimed land that has been put into cultivation for more than 3 years. Excluded under this category are steep slope land over 25 degrees under temporary cultivation, land (large or small plots) that is claimed along river bends, lake sides or banks of reservoirs, as well as land that has been designated under the "Green for Grain" programmes of the state and provincial governments but is still temporarily under cultivation. Regularly cultivated land is classified into basic farmland and odd pieces of land used for cultivation.

Sown Area of Crops refers to area of land sown or transplanted crops at the end of a production season, which reflects the scale of crops and the use of cultivated area. It is very imperative to calculate the sown area correctly in order to organize the production activities of agriculture, calculate the yield of crops, study the composition and distribution of crops and work out the technical measures to increase production.

The statistical year of sown area refers to area of land sown during the year (from Jan. 1 to Dec. 31) with a harvest of crops (including all those sown in the autumn and winter of the preceding year, in the spring and summer of the current year in the late autumn in the southern regions).

Total Output of Crops refers to the total output of farm crops of various kinds during a given period of time (usually a year). It is the basic figure to examine the production results of agriculture, make overall arrangements of the life of the urban and rural households, study the proportionate relationships between production, accumulation and consumption and work out a plan of national economy. It covers the output of crops regardless of being in cultivated area or non-cultivated area. For some crops with a fairly long reaping period, though they begin reaping in the winter of the current year until the spring of the following year, they should be included in the total output of crops of the current year.

The total output of crops refers to the total output of the whole society, including the output from the state-owned units (i. e. state-owned farms), collective owned units and contracted land of peasants as well as the rural household plots, the farms owned by the rural family members of staff and workers of industrial and mining enterprises and others.

The total output of crops is the output of dry crops in inventory. In some areas, it is estimated with the conversion of dry crops due to the delay of threshing, drying and putting in inventory.

Total Power of Farm Machinery refers to total mechanical power of machinery used in farming, forestry, animal husbandry, and fishery, including ploughing, irrigation and drainage, harvesting, transport, plant protection, stock breeding, forestry and fishery. The power of internal combustion engines is required to convert horsepower into watts and the power of electric motors is required to be converted into watts.

Township Enterprises refer to economic organizations owned by the collective of various levels, joint households and individuals of towns and villages and engaged in the activities of industry, construction, transportation, commerce, catering, service and other business operation as well as the agricultural enterprises owned by the collective at township level.

Township enterprises must satisfy the following four items:

(1) Having a regular (or fairly regular) operational organization, location, equipment and personnel;

(2) Engaged in the activities of business operation for years of seasonal operation with three months and more of a year;

(3) Qualifying with independent accounting systems or with separate accounts though not a unit with independent accounting systems;

(4) Having a business (operation) license issued by the local administration department for industry and commerce of other related departments. This item excludes the agricultural enterprises.

Gross Output Value of Township Enterprises refers to the operation income, sales income of products, service income and other incomes in monetary terms of the township enterprises engaged in agriculture, industry, construction, transportation, commerce, catering, service and others.

(1) The output value of agricultural enterprises is calculated according to actual income;

(2) The output value of industrial enterprises is calculated according to sales in come of products and other incomes;

(3) The total income of the overall contractor units of construction is calculate according to complete price, but that of the non-overall contractor units is calculated according to actual income;

(4) The output value of transportation enterprises is calculated according to actual income;

(5) The total income of retail shops is calculated according to retail sales. As for the wholesale departments, purchasing and marketing agencies, material supply and marketing centers and storage activities and the other, their total income is calculated according to commission charges. The total income of catering enterprises is calculated according to turnover;

(6) The output value of service enterprises is calculated according to actual income;

(7) The output value of other enterprises is calculated according to actual income.

十二、工 业

12

INDUSTRY

十二 工业

简要说明

一、本篇主要包括如下资料：

1. 全省工业总产值和指数。

2. 规模以上工业企业（即全部国有工业及年销售收入500万元以上非国有工业）按行业和地区分组的企业单位数和工业总产值（1995年及以后工业总产值按新规定计算）。

3. 规模以上工业经济效益指标。

4. 规模以上工业企业按国有及国有控股、集体、股份合作、股份制、三资及企业规模分组的主要经济指标。

5. 主要工业产品产量。

6. 重点企业集团主要指标。

7. 建立现代企业制度重点企业主要指标。

8. 企业宏观经济景气状况和企业综合生产经营状况。

二、本篇资料分别由广东省统计局工业交通处、国家统计局广东调查总队整理提供。

三、本篇工业资料是根据国家统计局工业统计报表制度经各市、县统计局收集、汇总整理的，其中1995年度资料通过第三次全国工业普查取得，2004年数据根据2004年广东省第一次全国经济普查取得。

四、本篇重点企业集团和国家重点企业资料主要是根据国家统计局企业调查报表制度经各市企业调查队和有关市统计局调查、收集、汇总整理的。

五、本资料中，从2003年起，工业行业分类按2002年《国民经济行业分类标准》划分；企业大中小型划分按2003年《统计上大中小型企业划分办法（暂行）》标准执行。

六、本篇规模以上工业增加值按生产法计算。

12 Industry

Brief Introduction

Ⅰ. The data in this chapter cover the following data:

(1) The gross industrial output value and its indices of the province,

(2) The number of industrial enterprises above designated size (namely, all state-owned industrial enterprises and non-state-owned industrial enterprises with an annual sales revenue over 5 million yuan) by industrial sector and by city, and its gross industrial output value (the data on gross industrial output value have been calculated in accordance with the new stipulations since 1995),

(3) The indicators on economics benefit of industrial enterprises above designated size,

(4) The main economic indicators of the industrial enterprises above designated size by state-owned and state-holding, collective-owned, share-holding cooperative, share-holding, foreign funded enterprises, and size of enterprises,

(5) The output of major industrial products,

(6) The main indicators of key enterprise groups,

(7) The main indicators of key enterprises conducting modern enterprise system,

(8) And the macro economic business climate and the situations of production and management of enterprises.

Ⅱ. The data in this chapter are prepared and provided by the Division of Industry and Transport Statistics of Guangdong Provincial Bureau of Statistics and Guangdong Survey Office of the National Bureau of Statistics respectively.

Ⅲ. The data in this chapter are collected, tabulated and prepared by the city and county statistical bureaus mainly in accordance with the industrial statistical reporting scheme stipulated by the National Bureau of Statistics, of which the annual data of 1995 were collected in the Third National Industrial Census and the data of 2004 were collected in the First National Economic Census of Guangdong.

Ⅳ. The data of key provincial enterprise groups and key enterprise groups are collected, tabulated and prepared by the enterprise survey organizations and the statistical bureaus of related cities mainly in accordance with the industrial statistical reporting scheme stipulated by the National Bureau of Statistics.

Ⅴ. Since 2003, the category of industrial sectors in this chapter has been in accordance with the 2002 Category Standards of National Economic Sectors and the category of large and medium-sized industrial enterprises has been in accordance with the 2003 Interim Regulations of Statistical Category of Large and Medium-sized Industrial Enterprises.

Ⅵ. The value-added of industrial enterprises above designated size in this chapter is calculated by the production approach.

12-1 工业主要指标
Main Indicators on Industry

指标	Item	2000	2004	2005	2005比2004增长（%）Growth Rate in 2005 over 2004 (%)
全部工业	**All Industrial Enterprises**				
企业（单位）数（个）	Number of Enterprises (unit)	380231	427028	445657	4.4
工业总产值（亿元）	Gross Industrial Output Value (100 million yuan)	16904.47	34443.48	41661.74	19.2
工业增加值（亿元）	Value-added of Industry (100 million yuan)	4295.03	8485.85	10482.03	15.8
产品销售收入（亿元）	Sales Revenue (100 million yuan)	16615.84	33792.90		
利税总额（亿元）	Total Pre-tax Profits (100 million yuan)	1311.40	2449.85		
从业人员平均人数(万人)	Average Number of Employed Persons (10000 persons)	1172.23	1620.30		
规模以上工业	**Industrial Enterprises above Designated Size**				
企业（单位）数（个）	Number of Enterprises (unit)	19695	34584	35157	1.7
工业总产值（亿元）	Gross Industrial Output Value (100 million yuan)	12480.93	29554.92	35942.74	19.8
工业增加值（亿元）	Value-added of Industry (100 million yuan)	3422.60	7439.53	9416.39	24.7
主营业务收入（亿元）	Main Business Revenue (100 million yuan)	12380.65	28998.45	34781.58	19.9
资产总计（亿元）	Total Assets (100 million yuan)	14370.57	23840.02	27076.08	13.6
流动资产平均余额(亿元)	Average Balance of Circulating Funds (100 million yuan)	6626.81	11950.52	14411.12	20.6
固定资产净值平均余额（亿元）	Average Balance of Net Value of Fixed Assets (100 million yuan)	5420.33	7906.66	8834.68	11.7
负债总计（亿元）	Total Liabilities (100 million yuan)	8272.36	13818.03	15661.24	13.3
所有者权益合计(亿元)	Total Creditors' Equity (100 million yuan)	6098.21	10021.99	11414.84	13.9
利润总额（亿元）	Total Profits (100 million yuan)	564.75	1449.96	1693.99	16.8
亏损企业亏损额(亿元)	Loss Value of Loss-making Enterprises (100 million yuan)	156.03	193.28	222.16	14.9
利税总额（亿元）	Total Pre-tax Profits (100 million yuan)	1042.77	2329.79	2877.81	23.5
应交增值税（亿元）	Value-added Tax Payable (100 million yuan)	360.83	671.99	956.53	42.3
从业人员平均人数(万人)	Average Employed Persons (10000 persons)	572.79	996.44	1085.65	9.0
九大产业工业总产值	**Gross Industrial Output Value of Nine Industries**	**8925.04**	**21371.88**	**25921.83**	**19.15**
三大新兴产业（亿元）	Three Fresh Industries (100 million yuan)	5400.03	15071.51	18363.02	20.0
电子信息业	Electronic Information	2418.42	8099.81	9831.34	19.6
电气机械及专用设备	Electric Equipment and Special Purposes Equipment	1626.08	4210.65	5256.75	23.0
石油及化学	Petroleum and Chemistry	1355.53	2761.05	3274.93	16.9
三大传统产业（亿元）	Three Traditional Industries (100 million yuan)	2643.70	4273.52	5072.51	16.9
纺织服装	Textile and Garments	1226.64	1804.19	2150.39	17.4
食品饮料	Food and Beverage	799.11	1382.95	1635.73	16.5
建筑材料	Building Materials	617.95	1086.37	1286.39	16.7
三大潜力产业（亿元）	Three Potential Industries (100 million yuan)	881.31	2026.85	2486.30	20.9
森工造纸	Logging and Papermaking	387.69	716.77	839.86	15.4
医药	Medicine	183.88	258.84	286.75	9.1
汽车及摩托车	Motor Vehicle	309.74	1051.24	1359.69	27.4

注：1. 产值按当年价格计算。
2. 表中增长速度按可比口径计算。

Note: a) The data of gross output value are calculated at current prices.
b) The growth rates in this table are calculated at comparable prices.

12-2 规模以上工业企业单位数和产值
Number of Industrial Enterprises above Designated Size and Their Gross Output Values

项　　目	Item	2000	2001	2003	2004	2005
工业企业单位数　（个）	**Total Number of Industrial Enterprises　（unit）**	**19695**	**20721**	**24494**	**34584**	**35157**
按经济类型分	Grouped by Ownership					
#国有及国有控股工业	Of the Total：State-owned and State-controlled Industry	3320	2793	2103	2090	1806
国有工业	State-owned Industry	2383	1914	1344	1212	1033
集体工业	Collective-owned Industry	4158	3094	2513	1425	1272
股份合作工业	Share-holding Cooperative Industry	299	304	305	330	331
股份制工业	Share-holding Industry	1875	3444	5549	11943	12753
外商投资工业	Foreign Funded Industry	1682	1478	2070	4385	4416
港澳台投资工业	Industry with Funds from Hong Kong，Macao and Taiwan	6731	7542	8549	11151	11292
按轻重工业分	Grouped by Light and Heavy Industry					
轻工业	Light Industry	12255	13087	14834	19705	20201
重工业	Heavy Industry	7440	7634	9660	14879	14956
按企业规模分	Grouped by Size of Enterprises					
大型企业	Large	823	886	182	238	288
中型企业	Medium	1228	1457	3110	3771	4189
小型企业	Small	17644	18378	21202	30575	30680
工业总产值　（亿元）	**Gross Industrial Output Value　（100 million yuan）**	**12480.93**	**14035.35**	**21513.46**	**29554.92**	**35942.74**
按经济类型分	Grouped by Ownership					
#国有及国有控股工业	Of the Total：State-owned and State-controlled Industry	3126.12	3236.65	3949.03	6039.24	6375.54
国有工业	State-owned Industry	1450.86	1113.38	910.68	1862.55	2068.75
集体工业	Collective-owned Industry	1202.49	931.16	849.63	448.82	468.56
股份合作工业	Share-holding Cooperative Industry	106.87	153.79	203.11	84.43	103.72
股份制工业	Share-holding Industry	1780.64	2663.10	4722.31	7359.18	9256.47
外商投资工业	Foreign Funded Industry	2527.06	3020.20	5971.94	9306.15	11167.53
港澳台投资工业	Industry with Funds from Hong Kong，Macao and Taiwan	4747.30	5470.76	7709.39	9556.42	11708.00
按轻重工业分	Grouped by Light and Heavy Industry					
轻工业	Light Industry	6607.84	7165.90	9959.51	12146.01	14506.76
重工业	Heavy Industry	5873.09	6869.44	11553.95	17408.91	21435.97
按企业规模分	Grouped by Size of Enterprises					
大型企业	Large	4523.92	5671.07	6204.03	9795.95	12558.39
中型企业	Medium	1427.65	1863.63	8149.50	10003.93	11853.06
小型企业	Small	6529.37	6500.65	7159.93	9755.04	11531.28

注：1. 本表产值均为现价。
2. 从2003年起，企业规模按新划分标准执行，与以往年份不可比。

Note：a）Values in this table are calculated at current prices.
b）Since 2003，the size of enterprises has been calculated according to the new standards，which is not comparable with that in the preceding years.

12-3 规模以上工业企业增加值和指数
Value-added of Industrial Enterprises and Their Indices

项　目	Item	2000	2003	2004	2005
工业增加值　（亿元）	**Value-added of Industry　(100 million yuan)**	**3422.6**	**5718.14**	**7439.53**	**9416.39**
按经济类型分	Grouped by Ownership				
# 国有及国有控股工业	Of the Total: State-owned and State-controlled Industry	1035.41	1440.71	1548.43	1690.01
国有工业	State-owned Industry	574.73	399.96	358.73	563.00
集体工业	Collective-owned Industry	301.48	215.74	121.91	137.07
股份合作工业	Share-holding Cooperative Industry	29.15	48.21	20.46	27.22
股份制工业	Share-holding Industry	158.86	1390.26	2009.10	2443.57
外商投资工业	Foreign Funded Industry	575.31	2051.59	2091.83	2659.82
港澳台投资工业	Industry with Funds from Hong Kong, Macao and Taiwan	1290.47	1349.26	2603.80	3283.07
按轻重工业分	Grouped by Light and Heavy Industry				
轻工业	Light Industry	1628.13	2589.71	3269.19	3937.55
重工业	Heavy Industry	1794.47	3128.42	4170.34	5478.84
按企业规模分	Grouped by Size of Enterprises				
大型企业	Large	610.13	1512.97	2283.17	2989.39
中型企业	Medium	1513.26	2345.68	2563.21	3125.07
小型企业	Small	1298.55	1859.48	2593.15	3301.94
工业增加值指数(2000＝100)（%）	**Indices of Value-added of Industry (2000＝100)　(%)**	**100.0**	**177.0**	**226.4**	**282.4**
按经济类型分	Grouped by Ownership				
# 国有及国有控股工业	Of the Total: State-owned and State-controlled Industry	100.0	147.4	155.8	167.5
国有工业	State-owned Industry	100.0	73.7	65.0	100.5
集体工业	Collective-owned Industry	100.0	75.8	42.1	46.7
股份合作工业	Share-holding Cooperative Industry	100.0	175.2	73.1	95.8
股份制工业	Share-holding Industry	100.0	912.2	1317.5	1578.7
外商投资工业	Foreign Funded Industry	100.0	377.8	378.8	474.5
港澳台投资工业	Industry with Funds from Hong Kong, Macao and Taiwan	100.0	110.8	210.2	261.1
按轻重工业分	Grouped by Light and Heavy Industry				
轻工业	Light Industry	100.0	167.0	210.4	253.9
重工业	Heavy Industry	100.0	183.7	232.3	290.4
按企业规模分	Grouped by Size of Enterprises				
大型企业	Large	100.0	262.7	389.8	502.9
中型企业	Medium	100.0	164.2	176.5	212.0
小型企业	Small	100.0	151.7	208.0	260.9

注：2000年大中小型按新划分标准汇总。
Note: The data of large, medium and small-sized industrial enterprises of 2000 were tabulated according to the new classification standards.

12-4 全部工业总产值和指数（1978－2005 年）
Gross Industrial Output Value of All Industrial Enterprises and Theirs Indices（1978－2005）

年份 Year	绝对数（亿元） Absolute Figures（100 million yuan）			指数（1978＝100）Indices	
	全部工业总产值 Gross Industrial Output Value	#国有及国有控股工业 State-owned and State-controlled Industry	#国有工业 State-owned Industry	全部工业总产值 Gross Industrial Output Value	#国有工业 State-owned Industry
1978	206.56		131.83	100.0	100.0
1979	221.46		142.64	107.5	106.1
1980	248.68		146.95	117.4	109.2
1981	282.95		165.53	134.5	120.3
1982	313.76		178.78	145.7	129.5
1983	356.91		204.68	163.4	144.1
1984	433.40		240.19	196.4	164.0
1985	534.72		298.42	249.6	194.0
1986	632.89		334.59	288.3	209.7
1987	878.29		427.10	384.6	255.4
1988	1318.90		594.98	519.3	316.7
1989	1647.24		714.93	603.9	335.8
1990	1902.25		765.43	707.1	366.9
1991	2524.12		973.59	909.6	442.1
1992	3479.39		1202.46	1243.0	532.5
1993	5237.37		1445.38	1731.0	552.4
1994	7273.95		1562.24	2305.9	536.8
1995	9720.54		1709.89	2880.8	539.8
1995（新规定） （New Stipulations）	8849.90		1465.82		
1996	10530.93		1544.58	3404.9	549.8
1997	12372.69		1574.39	4040.7	590.0
1998	13799.16		1453.79	4708.5	526.3
1999	15303.33	3025.68	1427.42	5385.9	487.2
2000	16904.47	3126.12	1536.50	6376.7	472.1
2001	18909.91	3309.51	1186.24	7428.9	374.8
2002	21788.71	3369.50	1217.66	8847.8	392.4
2003	27375.56	4017.54	979.19	11281.8	379.3
2004	34443.48	6039.24	1862.55	13958.7	709.5
2005	41661.74	6375.54	2068.75	16634.5	776.4

注：1. 工业总产值按当年价计算，指数按可比价计算。
2. 2000 年起全部工业总产值中规模以下部分为抽样调查数。

Note：a） The gross industrial output values are calculated at current prices，whereas their indices are calculated at comparable prices.
b） Since 2000，the data of the industrial enterprises below designated size in the gross industrial output value have been obtained form sample surveys.

12-5 规模以上工业总产值和指数（1978－2005 年）
Gross Output Value of Industrial Enterprises above Designated Size and Their Indices（1978－2005）

单位：亿元 （100 million yuan）

年份 Year	工业总产值 Gross Industrial Output Value	轻工业 Light Industry	重工业 Heavy Industry	#大中型工业 Large and Medium-sized Industry	指数（1978＝100）Gross Output Value Indices	轻工业 Light Industry	重工业 Heavy Industry	#大中型工业 Large and Medium-sized Industry
1978	180.73	102.32	78.41	49.34	100.0	100.0	100.0	100.0
1979	194.64	110.28	84.36	54.91	105.8	105.3	106.4	109.5
1980	212.69	128.17	84.52	56.33	115.8	127.7	100.7	103.1
1981	241.93	152.97	88.96	66.89	128.7	151.3	102.1	133.0
1982	263.02	164.17	98.85	75.37	139.9	164.2	111.2	148.5
1983	293.70	180.60	113.10	92.78	157.1	184.5	124.7	181.5
1984	359.87	223.29	136.58	110.63	188.1	226.1	142.8	209.9
1985	471.83	289.68	182.15	166.11	236.0	279.6	179.8	302.0
1986	550.49	344.70	205.79	210.27	269.5	327.7	194.7	379.7
1987	747.47	472.45	275.02	299.19	350.1	426.5	252.2	522.3
1988	1118.00	718.03	399.97	459.74	472.5	582.1	332.2	720.2
1989	1399.45	893.20	506.25	622.42	543.2	594.3	389.2	863.6
1990	1605.80	1057.02	548.78	734.35	637.6	795.5	435.8	1042.2
1991	2144.93	1371.46	773.47	1057.02	820.0	1009.7	622.1	1476.1
1992	2884.93	1796.12	1088.23	1408.48	1096.0	1331.0	854.4	1980.5
1993	4252.70	2515.77	1736.93	1891.29	1470.7	1751.6	1188.8	2412.8
1994	5565.48	3224.69	2340.79	2563.27	1819.1	2135.9	1507.6	2863.3
1995（原规定）(Original Stipulations)	7189.24	4148.78	3040.46	3227.59	2274.1	2581.8	1993.2	3519.7
1995（新规定）(New Stipulations)	6502.97	3776.94	2726.03	2824.61				
1996	7490.49	4344.25	3146.24	3470.81	2625.4	2989.5	2290.2	4253.6
1997	8442.32	4914.09	3528.23	3950.86	3045.3	3470.5	2652.8	5176.4
1998	9738.56	5765.51	3973.05	4169.16	3508.2	3866.1	3228.5	5927.0
1999	10538.17	6011.06	4527.11	4711.94	4016.9	4299.1	3861.3	7070.9
2000	12480.93	6607.84	5873.09	5951.56	4757.4	4737.6	5027.4	8590.8
2001	14035.35	7165.90	6869.44	7534.70	5637.5	5400.9	6234.0	12181.8
2002	16378.60	8161.63	8216.97	8755.02	6787.6	6313.7	7742.6	14472.0
2003	21513.46	9959.51	11553.95	14353.53	9051.9	7845.4	11063.4	19955.4
2004	29554.92	12146.01	17408.91	19799.88	12228.7	9549.6	15380.9	27054.8
2005	35942.74	14506.76	21435.97	24403.13	14652.0	11434.3	17914.1	32852.0

注：1. 绝对数按现价计算，指数按可比价计算。
2. 1997 年以前为乡及乡以上工业。

Note：a) Values in this table are calculated at current prices, whereas their indices are calculated at comparable prices.
b) In 1997 and prior to it, the data referred to the township industrial enterprises and above.

12-6 规模以上分行业工业增加值和增长速度（2004－2005年）
Value-added of Industry and Growth Rates above Designated Size by Sector（2004－2005）

行 业	sector	工业增加值（亿元）Value-added of Industry（100 million yuan） 2004	2005	2005比2004增长（%）Growth Rate in 2005 over 2004（%）
总计	**Total**	**7439.53**	**9416.39**	**24.7**
煤炭开采和洗选业	Mining and Washing of Coal	3.93	1.42	－76.3
石油和天然气开采业	Extraction of Petroleum and Natural Gas	312.24	449.08	7.1
黑色金属矿采选业	Mining and Dressing of Ferrous Metal Ores	7.33	11.67	24.2
有色金属矿采选业	Mining and Dressing of Nonferrous Metals Ores	7.37	11.57	28.4
非金属矿采选业	Mining and Dressing of Nonmetal Ores	11.28	13.14	13.9
其他矿采选业	Mining and Dressing of Other Ores			
农副食品加工业	Processing of Farm and Sideline Food	124.54	176.93	37.7
食品制造业	Manufacture of Food	118.55	140.29	17.0
饮料制造业	Manufacture of Beverage	81.65	118.45	46.0
烟草制品业	Tobacco Products	105.81	124.78	17.1
纺织业	Textile Industry	250.18	293.32	15.4
纺织服装、鞋、帽制造业	Manufacture of Textile Garments, Footwear and Headgear	217.08	260.13	20.0
皮革、毛皮、羽毛(绒)及其制品业	Feather, Furs, Down and Related Products	144.69	186.64	27.6
木材加工及木、竹、藤、棕、草制品业	Timber Processing, Bamboo, Cane, Palm Fiber & Straw Products	34.34	42.31	22.1
家具制造业	Manufacture of Furniture	82.54	107.72	29.7
造纸及纸制品业	Papermaking and Paper Products	136.02	168.46	22.6
印刷业和记录媒介的复制	Printing and Record Medium Reproduction	83.01	106.86	29.6
文教体育用品制造业	Manufacture of Cultural, Educational and Sports Goods	108.88	128.69	16.5
石油加工、炼焦及核燃料加工业	Petroleum Refining, Coking and Nuclear Fuel Processing	149.28	185.10	1.0
化学原料及化学制品制造业	Manufacture of Raw Chemical Materials and Chemical Products	497.46	525.49	3.3
医药制造业	Manufacture of Medicines	103.74	113.82	8.2
化学纤维制造业	Manufacture of Chemical Fibers	11.20	18.88	61.3
橡胶制品业	Rubber Products	38.91	47.02	17.6
塑料制品业	Plastic Products	222.63	298.60	26.2
非金属矿物制品业	Nonmetal Mineral Products	253.75	308.30	24.9
黑色金属冶炼及压延加工业	Smelting and Pressing of Ferrous Metals	95.43	125.33	27.1
有色金属冶炼及压延加工业	Smelting and Pressing of Nonferrous Metals	103.45	154.04	37.3
金属制品业	Metal Products	281.64	369.01	26.5
通用设备制造业	Manufacture of General Purpose Equipment	143.27	171.24	17.0
专用设备制造业	Manufacture of Special Purpose Equipment	133.64	155.20	15.5
交通运输设备制造业	Manufacture of Transport Equipment	332.27	434.80	32.1
电气机械及器材制造业	Manufacture of Electrical Machinery and Equipment	750.97	961.59	24.9
通信设备、计算机及其他电子设备制造业	Manufacture of Communication Equipment, Computers and Other Electronic Equipment	1645.62	2095.27	31.1
仪器仪表及文化、办公用机械制造业	Manufacture of Instruments, Meters and Machinery for Cultural and Office Use	181.46	205.59	13.2
工艺品及其他制造业	Handicraft and Other Manufactures	87.14	119.35	36.3
废弃资源和废旧材料回收加工业	Recycling and Disposal of Waste	6.99	12.82	80.8
电力、热力的生产和供应业	Production and Supply of Electric Power and Heat Power	499.82	694.67	35.8
燃气生产和供应业	Production and Supply of Gas	20.32	21.56	－8.4
水的生产和供应业	Production and Supply of Water	51.13	57.24	11.0

12-7 规模以上九大产业工业总产值和增长速度（2004－2005年）
Industrial Output Value of Nine Industries and Growth Rate above Designated Size（2004－2005）

行 业	Sector	工业总产值（亿元）Gross Industrial Output Value（100 million yuan） 2004	2005	2005比2004增长（%）Growth Rate in 2005 over 2004（%）
规模以上工业总产值	**Gross Industrial Output Value above Designated Size**	**29554.92**	**35942.74**	**19.8**
九大产业工业总产值	**Gross Industrial Output Value of Nine Industries**	**21371.88**	**25921.83**	**19.5**
三大新兴产业	**Three Fresh Industries**	**15071.51**	**18363.02**	**20.0**
电子信息业	Electronic Information	8099.81	9831.34	19.6
通信设备、计算机及其他电子设备制造业	Manufacture of Communication Equipment, Computers and Other Electronic Equipment	8099.81	9831.34	19.6
电气机械及专用设备	Electrical Machinery and Special Purpose Equipment	4210.65	5256.75	23.0
专用设备制造业	Manufacture of Special Purpose Equipment	457.06	538.51	16.1
电气机械及器材制造业	Manufacture of Electrical Machinery and Equipment	2981.57	3787.67	25.2
仪器仪表及文化、办公用机械制造业	Manufacture of Instruments, Meters and Machinery for Cultural and Office Use	772.02	930.57	18.8
石油及化学	Petroleum and Chemistry	2761.05	3274.93	16.9
石油和天然气开采业	Extraction of Petroleum and Natural Gas	352.50	480.26	34.2
石油加工、炼焦及核燃料加工业	Petroleum Refining, Coking and Nuclear Fuel Processing	789.92	958.41	19.5
化学原料及化学制品制造业	Manufacture of Raw Chemical Materials and Chemical Products	1465.73	1652.88	11.1
橡胶制品业	Rubber Products	152.90	183.39	18.2
三大传统产业	**Three Traditional Industries**	**4273.52**	**5072.51**	**16.9**
纺织服装	Textile and Garments	1804.19	2150.39	17.4
纺织业	Textile Industry	953.20	1111.04	14.8
纺织服装、鞋、帽制造业	Manufacture of Textile Garments, Footwear and Headgear	795.81	959.53	18.8
化学纤维制造业	Manufacture of Chemical Fibers	55.18	79.83	42.5
食品饮料	Food and Beverage	1382.95	1635.73	16.5
农副食品加工业	Processing of Farm and Sideline Food	645.00	742.74	13.5
食品制造业	Manufacture of Food	331.33	403.10	19.9
饮料制造业	Manufacture of Beverage	252.26	318.53	24.4
烟草制品业	Tobacco Products	154.36	171.37	9.4
建筑材料	Building Materials	1086.37	1286.39	16.7
非金属矿采选业	Mining and Dressing of Nonmetal Ores	37.66	41.26	7.9
非金属矿物制品业	Nonmetal Mineral Products	886.90	1053.53	17.0
建筑、安全用金属制品制造业	Manufacture of Metal Products for Architecture and Safety	161.81	191.59	16.7
三大潜力产业	**Three Potential Industries**	**2026.85**	**2486.30**	**20.9**
森工造纸	Logging and Papermaking	716.77	839.86	15.4
木材加工及木、竹、藤、棕、草制品业	Timber Processing, Bamboo, Cane, Palm Fiber and Straw Products	140.99	173.12	21.0
造纸及纸制品业	Papermaking and Paper Products	575.79	666.74	14.1
医药	Medicine	258.84	286.75	9.1
医药制造业	Manufacture of Medicines	258.84	286.75	9.1
汽车及摩托车	Motor Vehicle	1051.24	1359.69	27.4
汽车制造业	Manufacture of Automobiles	831.97	1098.61	30.1
摩托车制造业	Manufacture of Motorcycles	219.27	261.09	17.3

注：本表产值按现行价格计算，增长速度按可比价格计算。
Note: The data of gross industrial output value are calculated at current prices, whereas their growth rates are calculated at comparable prices.

12-8 规模以上九大产业工业增加值和增长速度（2004－2005年）
Value-added of Industry of Nine Industries and Growth Rates above Designated Size（2004－2005）

行业	Sector	工业增加值（亿元）Value-added of Industry（100 million yuan）		2005比2004增长（%）Growth Rate in 2005 over 2004（%）
		2004	2005	
规模以上工业增加值	**Value-added of Industry above Designated Size**	**7439.53**	**9416.39**	**24.7**
九大产业工业增加值	**Value-added of Industry of Nine Industries**	**5501.62**	**6833.48**	**22.4**
三大新兴产业	**Three Fresh Industries**	**3709.58**	**4624.35**	**22.8**
电子信息业	Electronic Information	1645.62	2095.27	31.1
通信设备、计算机及其他电子设备制造业	Manufacture of Communication Equipment, Computers and Other Electronic Equipment	1645.62	2095.27	31.1
电气机械及专用设备	Electrical Machinery and Special Purpose Equipment	1066.07	1322.39	22.2
专用设备制造业	Manufacture of Special Purpose Equipment	133.64	155.20	15.5
电气机械及器材制造业	Manufacture of Electrical Machinery and Equipment	750.97	961.59	24.9
仪器仪表及文化、办公用机械制造业	Manufacture of Instruments, Meters and Machinery for Cultural and Office Use	181.46	205.59	13.2
石油及化学	Petroleum and Chemistry	997.89	1206.69	4.9
石油和天然气开采业	Extraction of Petroleum and Natural Gas	312.24	449.08	7.1
石油加工、炼焦及核燃料加工业	Petroleum Refining, Coking and Nuclear Fuel Processing	149.28	185.10	1.0
化学原料及化学制品制造业	Manufacture of Raw Chemical Materials and Chemical Products	497.46	525.49	3.3
橡胶制品业	Rubber Products	38.91	47.02	17.6
三大传统产业	**Three Traditional Industries**	**1224.04**	**1499.57**	**20.7**
纺织服装	Textile and Garments	478.46	572.32	17.8
纺织业	Textile Industry	250.18	293.32	15.4
纺织服装、鞋、帽制造业	Manufacture of Textile Garments, Footwear and Headgear	217.08	260.13	20.0
化学纤维制造业	Manufacture of Chemical Fibers	11.20	18.88	61.3
食品饮料	Food and Beverage	430.56	560.45	28.2
农副食品加工业	Processing of Farm and Sideline Food	124.54	176.93	37.3
食品制造业	Manufacture of Food	118.55	140.29	17.0
饮料制造业	Manufacture of Beverage	81.65	118.45	46.0
烟草制品业	Tobacco Products	105.81	124.78	17.1
建筑材料	Building Materials	315.03	366.80	14.7
非金属矿采选业	Mining and Dressing of Nonmetal Ores	11.28	13.14	13.9
非金属矿物制品业	Nonmetal Mineral Products	253.75	308.30	24.9
建筑、安全用金属制品制造业	Manufacture of Metal Products for Architecture and Safety	50.00	45.36	-10.6
三大潜力产业	**Three Potential Industries**	**568.00**	**709.56**	**23.1**
森工造纸	Logging and Papermaking	170.36	210.77	21.9
木材加工及木、竹、藤、棕、草制品业	Timber Processing, Bamboo, Cane, Palm Fiber and Straw Products	34.34	42.31	22.1
造纸及纸制品业	Papermaking and Paper Products	136.02	168.46	22.6
医药	Medicine	103.74	113.82	8.2
医药制造业	Manufacture of Medicines	103.74	113.82	8.2
汽车及摩托车	Motor Vehicle	293.90	384.97	29.1
汽车制造业	Manufacture of Automobiles	250.36	327.99	29.1
摩托车制造业	Manufacture of Motorcycles	43.54	56.98	28.9

注：本表产值按现行价格计算，增长速度按可比价格计算。
Note: The data of gross industrial output value are calculated at current prices, whereas their growth rates are calculated at current prices.

12-9 规模以上制造业工业企业主要经济指标
Main Economic Indicators of Manufacturing Industry above Designated Size

项 目	Item	2000	2004	2005	2005比2004增长（%）Growth Rate in 2005 over 2004（%）
企业（单位）数 （个）	Number of Enterprises （unit）	18571	33530	34123	1. 8
工业总产值 （亿元）	Gross Industrial Output Value （100 million yuan）	11352. 62	26872. 04	32719. 04	20. 0
工业增加值 （亿元）	Value-added of Industry （100 million yuan）	276. 91	6526. 11	8156. 04	23. 1
主营业务收入 （亿元）	Main Business Revenue （100 million yuan）	10865. 66	26401. 93	31768. 01	20. 3
资产总计 （亿元）	Total Assets （100 million yuan）	11653. 11	19641. 60	22687. 34	15. 5
流动资产平均余额 （亿元）	Average Balance of Circulating Funds （100 million yuan）	5851. 64	10909. 22	13324. 37	22. 1
固定资产净值平均余额 （亿元）	Average Balance of Net Value of Fixed Assets （100 million yuan）	3829. 52	5459. 25	6289. 51	15. 2
负债总计 （亿元）	Total Liabilities （100 million yuan）	6950. 47	11643. 29	13350. 07	14. 7
所有者权益合计 （亿元）	Total Creditors' Equity （100 million yuan）	4576. 24	7998. 30	9337. 27	16. 7
利润总额 （亿元）	Total Profits （100 million yuan）	348. 92	1139. 30	1295. 53	13. 7
亏损企业亏损额 （亿元）	Loss Value of Loss-making Enterprises （100 million yuan）	131. 89	166. 75	196. 09	17. 6
利税总额 （亿元）	Total Pre-tax Profits （100 million yuan）	729. 92	1726. 00	2273. 57	31. 7
应交增值税 （亿元）	Value-added Tax Payable （100 million yuan）	277. 66	554. 75	777. 85	40. 2
从业人员平均人数 （万人）	Average Employed Persons （10000 persons）	546. 03	970. 78	1062. 06	9. 4

注：本表产值均为现价。
Note: Values in this table are calculated at current prices.

12-10 规模以上高技术制造业主要指标

行业	Sector	企业数（个） Number of Enterprises (unit)		
		2000	2004	2005
合计	**Total**	**1738**	**3797**	**3743**
核燃料加工	Nuclear Fuel Processing			
信息化学品制造	Manufacture of Information Chemical Products	45	50	51
医药制造业	Manufacture of Medicines	255	304	312
化学药品制造	Manufacture of Chemical Pharmaceutical Products	98	109	119
中成药制造	Manufacture of Medicaments of Chinese Type	104	76	77
生物 生化制品的制造	Manufacture of Biological and Biochemical Products	18	32	33
航空航天器制造	Manufacture of Planes and Aerospace Aircraft	1	3	4
飞机制造及修理	Manufacture and Repair of Planes	1	3	4
航天器制造	Manufacture of Aircraft			
其他飞行器制造	Manufacture of Other Aircraft			
电子及通信设备制造业	Manufacture of Electronic and Communication Equipment	1145	2563	2524
通信设备制造	Manufacture of Communication Equipment	199	326	302
通信传输设备制造	Manufacture of Communication Transmission Equipment	30	46	47
通信交换设备制造	Manufacture of Communication Exchange Equipment	58	44	41
通信终端设备制造	Manufacture of Communication Terminal Equipment	45	101	91
移动通信及终端设备制造	Manufacture of Mobile Communication and Terminal Equipment	2	74	68
雷达及配套设备制造	Manufacture of Radars and Their Parts and Auxiliary Equipment		3	3
广播电视设备制造	Manufacture of Broadcasting and Television Equipment	14	105	109
电子器件制造	Manufacture of Electronic Devices	140	358	345
电子真空器件制造	Manufacture of Electronic Vacuum Devices	14	23	23
半导体分立器件制造	Manufacture of Semiconductor Discrete Devices	16	49	40
集成电路制造	Manufacture of Integrated Circuits	82	119	116
光电子器件及其他电子器件制造	Manufacture of Optical Electronic Devices and Others	28	167	166
电子元件制造	Manufacture of Electronic Parts	434	1067	1086
家用视听设备制造	Manufacture of Household Audio-visual Equipment	233	552	524
其他电子设备制造	Manufacture of Other Electronic Components	125	152	155
电子计算机及办公设备制造业	Manufacture of Electronic Computers and Office Equipment	187	547	537
电子计算机整机制造	Manufacture of Complete Electronic Computers	44	78	67
计算机网络设备制造	Manufacture of Computer Network Equipment	4	42	33
电子计算机外部设备制造	Manufacture of External Equipment of Electronic Computers	92	344	356
办公设备制造	Manufacture of Office Equipment	47	83	81
医疗设备及仪器仪表制造业	Manufacture of Medical Equipment, Instruments and Meters	105	330	315
医疗仪器设备及器械制造	Manufacture of Medical Equipment and Appliances	29	93	88
仪器仪表制造	Manufacture of Instruments and Meters	76	237	227

Main Indicators of High-tech Manufacture above Designated Size

平均从业人员（万人） Average Number of Employed Persons (10000 persons)			工业总产值（亿元） Gross Industrial Output Value (100 million yuan)			工业增加值（亿元） Value-added of Industry (100 million yuan)		
2000	2004	2005	2000	2004	2005	2000	2004	2005
81.65	**194.93**	**222.57**	**2743.31**	**8872.28**	**10750.54**	**688.31**	**1885.85**	**2364.94**
1.47	1.10	1.12	26.11	33.98	39.80	6.71	5.82	11.92
6.28	7.46	7.08	186.13	258.84	286.75	66.43	103.74	113.82
3.04	3.18	3.57	102.92	128.71	161.17	32.95	45.03	61.51
2.66	2.63	1.98	65.93	77.78	63.66	26.62	40.02	28.90
0.23	0.45	0.43	10.04	19.40	23.17	4.26	8.45	11.49
0.22	0.31	0.34	4.67	13.46	17.36	2.26	5.24	7.22
0.22	0.31	0.34	4.67	13.46	17.36	2.26	5.24	7.22
59.94	136.85	154.76	1867.79	5059.97	5845.47	459.90	1277.86	1519.74
10.40	22.01	27.02	538.42	1652.22	1730.16	187.80	525.48	608.58
1.05	1.38	1.43	23.10	34.27	39.03	5.36	11.25	12.03
4.03	5.05	6.18	289.99	579.05	667.63	132.67	330.73	250.73
2.48	6.91	7.83	120.33	263.00	334.70	19.82	34.63	45.97
0.04	6.35	8.79	8.42	713.82	621.60	1.43	134.27	277.54
	0.16	0.17		1.01	0.56		0.27	0.16
0.34	2.53	2.37	5.68	55.57	51.64	1.21	10.48	17.87
6.83	18.37	20.01	222.86	806.52	876.04	40.45	196.24	215.99
1.51	1.46	1.46	99.77	127.82	123.72	14.10	30.37	31.04
0.53	1.69	1.72	4.96	36.31	48.20	1.02	9.80	13.10
3.31	6.99	7.43	93.20	380.83	447.31	17.38	70.35	107.08
1.49	8.23	9.40	24.93	261.56	256.82	7.94	85.72	64.77
23.25	55.83	61.42	484.36	1159.06	1534.74	108.96	249.48	345.05
14.44	33.27	36.95	527.30	1295.03	1527.33	101.69	271.62	295.55
4.68	4.68	6.83	89.16	90.57	125.01	19.80	24.29	36.54
11.50	40.11	48.79	606.55	3274.40	4251.83	135.53	421.58	623.53
2.49	12.75	15.04	254.53	1774.65	2322.12	64.04	154.09	256.30
0.09	0.81	0.83	2.29	25.66	27.33	0.64	5.51	6.60
5.72	22.23	28.60	248.51	1239.53	1636.41	46.04	208.16	312.63
3.22	4.32	4.32	101.21	234.55	265.96	24.81	53.82	48.00
2.24	9.10	10.48	52.06	231.64	309.32	17.48	71.60	88.71
0.39	2.20	2.28	6.88	47.01	56.29	1.63	14.30	17.58
1.85	6.89	8.20	45.17	184.63	253.03	15.85	57.30	71.13

12-10 续表

行 业	Sector	资产总计（亿元） Total Assets (100 million yuan)		
		2000	2004	2005
合计	**Total**	**2355.67**	**5485.37**	**6465.73**
核燃料加工	Nuclear Fuel Processing			
信息化学品制造	Manufacture of Information Chemical Products	31.89	38.66	55.11
医药制造业	Manufacture of Medicines	292.87	376.54	387.45
化学药品制造	Manufacture of Chemical Pharmaceutical Products	155.91	161.76	183.57
中成药制造	Manufacture of Medicaments of Chinese Type	111.81	143.21	130.37
生物生化制品的制造	Manufacture of Biological and Biochemical Products	16.92	33.07	34.18
航空航天器制造	Manufacture of Planes and Aerospace Aircraft	7.11	27.91	29.57
飞机制造及修理	Manufacture and Repair of Planes	7.11	27.91	29.57
航天器制造	Manufacture of Aircraft			
其他飞行器制造	Manufacture of Other Aircraft			
电子及通信设备制造业	Manufacture of Electronic and Communication Equipment	1651.43	3566.38	4061.77
通信设备制造	Manufacture of Communication Equipment	507.48	1291.43	1337.09
通信传输设备制造	Manufacture of Communication Transmission Equipment	28.84	41.39	46.64
通信交换设备制造	Manufacture of Communication Exchange Equipment	290.78	695.89	739.04
通信终端设备制造	Manufacture of Communication Terminal Equipment	68.86	130.78	165.53
移动通信及终端设备制造	Manufacture of Mobile Communication and Terminal Equipment	12.50	344.09	284.00
雷达及配套设备制造	Manufacture of Radars and Their Parts and Auxiliary Equipment		0.67	1.82
广播电视设备制造	Manufacture of Broadcasting and Television Equipment	5.95	34.83	35.46
电子器件制造	Manufacture of Electronic Devices	238.40	577.89	629.57
电子真空器件制造	Manufacture of Electronic Vacuum Devices	129.19	114.12	105.46
半导体分立器件制造	Manufacture of Semiconductor Discrete Devices	7.43	37.11	45.17
集成电路制造	Manufacture of Integrated Circuits	86.96	282.14	319.46
光电子器件及其他电子器件制造	Manufacture of Optical Electronic Devices and Others	14.82	144.53	159.48
电子元件制造	Manufacture of Electronic Parts	380.79	908.45	1204.28
家用视听设备制造	Manufacture of Household Audio-visual Equipment	451.49	683.34	773.08
其他电子设备制造	Manufacture of Other Electronic Components	67.32	69.76	80.47
电子计算机及办公设备制造业	Manufacture of Electronic Computers and Office Equipment	309.01	1275.21	1687.66
电子计算机整机制造	Manufacture of Complete Electronic Computers	102.02	500.61	712.29
计算机网络设备制造	Manufacture of Computer Network Equipment	2.75	16.80	19.71
电子计算机外部设备制造	Manufacture of External Equipment of Electronic Computers	132.22	652.44	829.91
办公设备制造	Manufacture of Office Equipment	72.01	105.37	125.76
医疗设备及仪器仪表制造业	Manufacture of Medical Equipment, Instruments and Meters	63.36	200.67	244.17
医疗仪器设备及器械制造	Manufacture of Medical Equipment and Appliances	10.55	54.18	58.25
仪器仪表制造	Manufacture of Instruments and Meters	52.80	146.50	185.92

12-10 continued

主营业务收入（亿元）Main Business Revenue（100 million yuan）			利润总额（亿元）Total Profits（100 million yuan）			税金总额（亿元）Total Taxes（100 million yuan）		
2000	2004	2005	2000	2004	2005	2000	2004	2005
2650.24	**8745.20**	**10472.92**	**144.19**	**331.63**	**371.97**	**59.79**	**107.68**	**179.33**
24.08	32.65	38.53	0.39	2.43	4.63	0.42	0.94	0.98
158.33	225.10	254.10	13.72	21.19	19.79	11.57	17.13	19.28
87.21	109.10	138.94	5.66	11.14	8.37	6.38	8.47	9.36
57.25	67.57	62.34	6.10	6.51	7.37	3.82	5.51	6.51
7.73	18.31	19.83	1.53	2.02	2.15	0.92	1.25	1.54
4.67	12.53	17.43	0.86	0.74	0.95	0.54	1.10	1.49
4.67	12.53	17.43	0.86	0.74	0.95	0.54	1.10	1.49
1845.31	4974.80	5690.02	109.08	208.74	218.52	39.67	65.89	120.23
514.23	1652.18	1689.82	57.14	108.60	98.59	23.05	37.92	65.54
25.29	34.22	37.76	2.04	2.96	4.36	0.34	0.95	1.11
270.77	612.02	750.03	40.07	70.69	66.17	17.37	30.76	51.35
118.30	258.89	334.45	5.90	3.59	5.43	1.28	1.19	1.61
8.11	691.04	508.16	0.31	28.18	18.59	0.27	3.16	8.88
	1.02	0.56		-0.05	-0.04		0.01	0.04
5.37	52.40	47.30	0.10	1.90	1.64	0.10	0.79	2.31
207.09	794.41	865.41	10.36	29.51	30.68	3.07	6.90	14.94
94.71	128.69	123.55	5.57	7.57	5.49	1.20	1.98	3.36
4.60	35.46	47.15	0.10	1.88	4.02	0.05	0.57	0.54
90.71	375.38	438.81	4.15	8.90	9.54	1.26	1.37	6.68
17.06	254.88	255.90	0.54	11.15	11.63	0.57	2.99	4.36
452.24	1135.92	1491.78	27.86	42.32	52.65	9.16	8.04	15.80
576.74	1248.84	1473.24	11.96	24.10	30.12	3.65	11.12	19.94
89.65	90.04	121.91	1.66	2.36	4.88	0.63	1.11	1.65
570.26	3266.61	4169.64	18.79	86.59	108.00	6.34	14.35	30.04
227.08	1752.74	2293.23	9.92	43.13	49.83	4.44	6.89	6.43
1.46	23.93	25.94	0.05	-0.16	-0.16	0.02	0.29	0.59
244.51	1246.87	1590.09	7.58	36.28	49.88	1.09	5.56	19.82
97.22	243.07	260.38	1.25	7.35	8.45	0.78	1.63	3.20
47.58	233.51	303.19	1.36	11.95	20.08	1.26	8.26	7.32
6.36	46.50	54.73	0.07	4.22	5.88	0.27	2.40	1.90
41.22	187.01	248.46	1.28	7.73	14.19	0.98	5.85	5.42

12-11 各市规模以上工业企业单位数和工业总产值（2000－2005年）
Number of Industrial Enterprises and Gross Output Value above Designated Size by City (2000－2005)

市 别 City	工业企业单位数（个） Number of Industrial Enterprises (unit)						工业总产值（亿元） Gross Output Value of Industry (100 million yuan)					
	2000	2001	2002	2003	2004	2005	2000	2001	2002	2003	2004	2005
广 州 Guangzhou	4531	4572	4632	4709	5321	5240	2568.57	2829.15	3176.43	4017.83	5153.28	6032.05
深 圳 Shenzhen	1834	1749	2134	2317	5687	5214	2566.93	3079.63	3628.52	5245.10	8020.59	9867.55
珠 海 Zhuhai	771	798	790	798	1019	992	630.17	662.30	758.81	1008.98	1363.76	1569.56
汕 头 Shantou	794	834	893	1048	1334	1490	344.34	324.88	361.14	461.17	656.36	761.37
佛 山 Foshan	2180	2468	2861	3359	5189	5148	1560.55	1782.35	2040.66	2581.96	3651.62	4780.88
韶 关 Shaoguan	406	387	413	369	381	392	151.01	163.24	185.18	236.27	343.51	393.36
河 源 Heyuan	148	143	144	163	197	226	35.81	42.17	49.17	67.82	116.55	182.1
梅 州 Meizhou	371	373	345	348	407	392	81.81	83.48	91.09	113.96	191.23	206.98
惠 州 Huizhou	689	702	765	808	1257	1243	657.83	708.12	862.39	1020.44	1261.41	1428.66
汕 尾 Shanwei	94	105	123	145	155	179	30.08	33.46	38.14	48.92	83.69	113.45
东 莞 Dongguan	1663	1680	1805	2042	4224	4504	914.64	1039.68	1352.69	2144.93	3348.74	3940.11
中 山 Zhongshan	1074	1516	2018	2496	3120	3291	532.95	684.42	948.08	1309.25	1795.31	2221.45
江 门 Jiangmen	1599	1817	1918	2111	2300	2365	871.15	944.35	1027.74	1116.95	1206.10	1453.25
阳 江 Yangjiang	250	287	325	367	443	498	66.17	76.99	97.61	120.99	169.42	213.82
湛 江 Zhanjiang	458	449	484	525	539	578	269.10	282.01	332.34	404.37	498.17	644.27
茂 名 Maoming	447	444	491	520	632	590	373.22	405.43	420.20	521.44	647.78	702.04
肇 庆 Zhaoqing	981	960	971	820	599	684	392.04	430.43	484.65	446.65	254.01	321.2
清 远 Qingyuan	304	265	269	286	319	426	77.51	77.66	78.51	101.84	194.47	364.34
潮 州 Chaozhou	326	424	450	495	663	727	73.88	92.06	119.35	152.75	231.69	293.72
揭 阳 Jieyang	455	454	481	454	567	714	136.46	149.64	168.17	209.13	248.96	298.82
云 浮 Yunfu	320	294	307	314	231	264	146.71	143.89	157.72	182.68	118.49	153.77

注：本表产值按现价计算。
Note: The data of gross industrial output value are calculated at current prices.

12-12 各市规模以上工业增加值和指数（2000－2005 年）
Value-add of Industry and Indices above Designated Size by City（2000－2005）

市别 City	工业增加值（亿元） Value-add of Industry（100 million yuan）						指数（2000＝100） Indices					
	2000	2001	2002	2003	2004	2005	2000	2001	2002	2003	2004	2005
广 州 Guangzhou	708.40	794.85	902.04	1149.17	1364.34	1654.03	100.0	113.8	129.2	161.5	187.7	223.8
深 圳 Shenzhen	706.85	880.68	1019.61	1463.67	2093.42	2571.95	100.0	126.7	156.2	218.9	314.6	391.6
珠 海 Zhuhai	156.16	163.04	182.31	216.93	270.42	328.74	100.0	116.2	129.4	153.1	190.6	229.9
汕 头 Shantou	88.56	84.13	93.00	119.23	158.22	190.30	100.0	95.0	105.0	121.0	155.8	183.0
佛 山 Foshan	401.78	470.80	514.37	641.43	947.11	1303.31	100.0	117.2	128.1	159.7	230.8	312.0
韶 关 Shaoguan	50.72	59.76	66.14	84.34	99.13	108.63	100.0	116.6	124.8	143.0	150.4	159.8
河 源 Heyuan	10.66	12.96	15.19	20.95	33.47	57.78	100.0	116.7	139.8	193.2	276.8	460.0
梅 州 Meizhou	29.46	31.43	33.93	40.67	67.12	72.49	100.0	107.6	113.0	129.6	198.8	210.7
惠 州 Huizhou	129.08	131.15	190.95	233.37	278.72	315.32	100.0	108.2	129.6	154.5	185.5	215.2
汕 尾 Shanwei	8.74	9.91	10.51	13.52	21.94	29.17	100.0	115.5	137.0	171.6	275.5	367.4
东 莞 Dongguan	259.44	290.67	466.61	595.48	816.15	1060.49	100.0	122.0	150.1	187.3	253.1	327.6
中 山 Zhongshan	136.16	166.64	230.37	255.88	425.38	551.20	100.0	122.4	169.2	236.3	386.6	494.0
江 门 Jiangmen	189.49	191.26	211.96	232.96	255.66	355.10	100.0	112.6	124.8	143.7	152.7	207.7
阳 江 Yangjiang	21.55	24.70	31.36	37.71	51.00	66.26	100.0	111.9	134.7	163.3	211.5	266.8
湛 江 Zhanjiang	99.80	105.80	112.33	146.54	175.50	229.87	100.0	109.2	122.4	142.7	156.8	183.7
茂 名 Maoming	78.44	85.89	94.02	108.38	135.47	165.28	100.0	108.3	117.0	131.4	150.3	163.6
肇 庆 Zhaoqing	36.36	38.83	45.24	52.29	59.34	76.86	100.0	108.5	125.4	148.1	164.5	211.8
清 远 Qingyuan	21.22	24.56	26.09	31.52	44.08	90.83	100.0	94.5	103.6	132.9	177.3	353.0
潮 州 Chaozhou	20.19	22.32	28.53	36.44	51.29	69.46	100.0	109.0	136.4	174.5	243.0	321.1
揭 阳 Jieyang	39.09	41.53	46.01	56.28	61.41	77.62	100.0	107.5	119.8	141.9	151.4	188.3
云 浮 Yunfu	22.37	22.58	23.59	26.45	30.37	41.70	100.0	100.9	105.4	118.2	129.3	174.7

注：本表产值按现价计算，指数按可比价格计算。
Note：The data of gross industrial output value are calculated at current prices.

12-13 各市规模以上分行业工业企业单位数（2005 年）

单位：个

项　　目	Item	全省 Provincial Total	广州 Guangzhou
全省总计	**Provincial Total**	**35157**	**5240**
按经济类型分	Grouped by Ownership		
# 国有及国有控股工业	Of the Total: State-owned and State-controlled Industry	1806	490
国有工业	State-owned Industry	1033	211
集体工业	Collective-owned Industry	1272	263
股份合作工业	Share-holding Cooperative Industry	331	98
股份制工业	Share-holding Industry	12753	1999
外商投资工业	Foreign Funded Industry	4416	828
港澳台投资工业	Industry with Funds from Hong Kong, Macao and Taiwan	11292	1351
按轻重工业分	Grouped by Light and Heavy Industry		
轻工业	Light Industry	20201	3028
重工业	Heavy Industry	14956	2212
按企业规模分	Grouped by Size of Enterprises		
大型企业	Large	288	43
中型企业	Medium	4189	563
小型企业	Small	30680	4634
按行业分	Grouped by Sector		
煤炭开采和洗选业	Mining and Washing of Coal	16	
石油和天然气开采业	Extraction of Petroleum and Natural Gas	5	
黑色金属矿采选业	Mining and Dressing of Ferrous Metal Ores	35	
有色金属矿采选业	Mining and Dressing of Nonferrous Metals Ores	35	1
非金属矿采选业	Mining and Dressing of Nonmetal Ores	177	22
其他矿采选业	Mining and Dressing of Other Ores		
农副食品加工业	Processing of Farm and Sideline Food	720	98
食品制造业	Manufacture of Food	595	142
饮料制造业	Manufacture of Beverage	187	35
烟草制品业	Tobacco Products	10	1
纺织业	Textile Industry	2104	350
纺织服装、鞋、帽制造业	Manufacture of Textile Garments, Footwear and Headgear	2474	418
皮革、毛皮、羽毛（绒）及其制品业	Feather, Furs, Down and Related Products	1344	239
木材加工及木、竹、藤、棕、草制品业	Timber Processing, Bamboo, Cane, Palm Fiber & Straw Products	381	46
家具制造业	Manufacture of Furniture	788	79
造纸及纸制品业	Papermaking and Paper Products	1280	175
印刷业和记录媒介的复制	Printing and Record Medium Reproduction	978	149
文教体育用品制造业	Manufacture of Cultural, Educational and Sports Goods	878	126
石油加工、炼焦及核燃料加工业	Petroleum Refining, Coking and Nuclear Fuel Processing	89	16
化学原料及化学制品制造业	Manufacture of Raw Chemical Materials and Chemical Products	1862	424
医药制造业	Manufacture of Medicines	312	70
化学纤维制造业	Manufacture of Chemical Fibers	94	8
橡胶制品业	Rubber Products	397	92
塑料制品业	Plastic Products	2660	305
非金属矿物制品业	Nonmetal Mineral Products	2017	266
黑色金属冶炼及压延加工业	Smelting and Pressing of Ferrous Metals	280	32
有色金属冶炼及压延加工业	Smelting and Pressing of Nonferrous Metals	526	63
金属制品业	Metal Products	2929	339
通用设备制造业	Manufacture of General Purpose Equipment	1203	223
专用设备制造业	Manufacture of Special Purpose Equipment	1060	174
交通运输设备制造业	Manufacture of Transport Equipment	831	265
电气机械及器材制造业	Manufacture of Electrical Machinery and Equipment	3519	399
通信设备、计算机及其他电子设备制造业	Manufacture of Communication Equipment, Computers and Other Electronic Equipment	2980	346
仪器仪表及文化、办公用机械制造业	Manufacture of Instruments, Meters and Machinery for Cultural and Office Use	631	101
工艺品及其他制造业	Handicraft and Other Manufactures	918	144
废弃资源和废旧材料回收加工业	Recycling and Disposal of Waste	76	10
电力、热力的生产和供应业	Production and Supply of Electric Power and Heat Power	447	40
燃气生产和供应业	Production and Supply of Gas	47	11
水的生产和供应业	Production and Supply of Water	272	31

Number of Industrial Enterprises by Sector above Designated Size by City (2005)

(unit)

深 圳 Shenzhen	珠 海 Zhuhai	汕 头 Shantou	佛 山 Foshan	韶 关 Shaoguan	河 源 Heyuan	梅 州 Meizhou	惠 州 Huizhou	汕 尾 Shanwei
5214	**992**	**1490**	**5148**	**392**	**226**	**392**	**1243**	**179**
215	33	98	104	111	39	63	93	26
47	5	66	48	69	28	53	59	24
14	26	52	194	12	11	27	33	16
11	1	62	69	14	4	2	4	
1769	259	817	2547	193	78	132	211	65
930	193	113	403	14	9	32	170	8
2290	494	263	942	58	75	72	710	58
2559	524	1128	2685	121	105	164	740	143
2655	468	362	2463	271	121	228	503	36
86	13	3	24	4	1	1	14	1
960	144	86	506	43	33	43	203	21
4168	835	1401	4618	345	192	348	1026	157
				12		4		
3								
				2	8	9	2	
				11	3	2	1	
	6	2	12	4	7	2	7	1
43	17	55	80	8	10	7	35	4
48	22	56	47	1	8	3	7	8
21	8	12	23	4	2	5	4	4
2		1		1		1		
118	38	186	391	24	25	15	79	34
317	104	186	242	9	4	8	53	30
99	14	21	167		4	1	121	13
43	7	3	49	10	5	15	8	2
100	6	6	159	17	9	10	30	2
153	33	67	172	14	3	6	29	2
160	22	86	138	5	2	4	23	2
139	26	109	66	7	3	1	38	4
7		1	18					
227	73	89	240	22	5	11	68	3
45	24	16	30	5	5	4	9	
4	5	5	13		1		5	
48	4	8	47		1	2	7	
417	73	195	448	3	7	1	91	11
125	27	25	513	44	27	103	57	2
19	3	1	59	5	19	10	7	
35	9	9	226	29	3	7	13	
312	43	38	587	6	2	4	57	2
144	25	27	267	33	1	11	22	1
234	36	45	166	18	5	1	13	
142	32	22	110	10	2	12	22	5
681	97	55	592	11	14	16	113	2
1077	159	39	119	6	9	40	220	6
250	41	13	28	3	2	3	21	1
153	25	88	62	4	5	31	52	19
2			18	1			3	
19	7	15	20	56	21	35	13	11
	3	1	4	1		1		
27	3	8	35	6	4	7	13	10

12-13 续表

单位：个

项　　目	Item	东 莞 Dongguan	中 山 Zhongshan
全省总计	**Provincial Total**	**4504**	**3291**
按经济类型分	Grouped by Ownership		
# 国有及国有控股工业	Of the Total: State-owned and State-controlled Industry	9	7
国有工业	State-owned Industry	4	5
集体工业	Collective-owned Industry	162	153
股份合作工业	Share-holding Cooperative Industry	1	2
股份制工业	Share-holding Industry	824	1251
外商投资工业	Foreign Funded Industry	820	308
港澳台投资工业	Industry with Funds from Hong Kong, Macao and Taiwan	2481	916
按轻重工业分	Grouped by Light and Heavy Industry		
轻 工 业	Light Industry	2569	2187
重 工 业	Heavy Industry	1935	1104
按企业规模分	Grouped by Size of Enterprises		
大型企业	Large	53	22
中型企业	Medium	713	316
小型企业	Small	3738	2953
按行业分	Grouped by Sector		
煤炭开采和洗选业	Mining and Washing of Coal		
石油和天然气开采业	Extraction of Petroleum and Natural Gas		
黑色金属矿采选业	Mining and Dressing of Ferrous Metal Ores		
有色金属矿采选业	Mining and Dressing of Nonferrous Metals Ores		
非金属矿采选业	Mining and Dressing of Nonmetal Ores	3	2
其他矿采选业	Mining and Dressing of Other Ores		
农副食品加工业	Processing of Farm and Sideline Food	19	30
食品制造业	Manufacture of Food	43	42
饮料制造业	Manufacture of Beverage	8	12
烟草制品业	Tobacco Products		
纺织业	Textile Industry	270	209
纺织服装、鞋、帽制造业	Manufacture of Textile Garments, Footwear and Headgear	244	380
皮革、毛皮、羽毛（绒）及其制品业	Feather, Furs, Down and Related Products	254	115
木材加工及木、竹、藤、棕、草制品业	Timber Processing, Bamboo, Cane, Palm Fiber & Straw Products	43	20
家具制造业	Manufacture of Furniture	157	86
造纸及纸制品业	Papermaking and Paper Products	267	116
印刷业和记录媒介的复制	Printing and Record Medium Reproduction	92	111
文教体育用品制造业	Manufacture of Cultural, Educational and Sports Goods	203	77
石油加工、炼焦及核燃料加工业	Petroleum Refining, Coking and Nuclear Fuel Processing	2	2
化学原料及化学制品制造业	Manufacture of Raw Chemical Materials and Chemical Products	150	167
医药制造业	Manufacture of Medicines	9	22
化学纤维制造业	Manufacture of Chemical Fibers	19	8
橡胶制品业	Rubber Products	69	38
塑料制品业	Plastic Products	476	253
非金属矿物制品业	Nonmetal Mineral Products	91	72
黑色金属冶炼及压延加工业	Smelting and Pressing of Ferrous Metals	16	12
有色金属冶炼及压延加工业	Smelting and Pressing of Nonferrous Metals	34	29
金属制品业	Metal Products	323	308
通用设备制造业	Manufacture of General Purpose Equipment	118	129
专用设备制造业	Manufacture of Special Purpose Equipment	194	67
交通运输设备制造业	Manufacture of Transport Equipment	38	48
电气机械及器材制造业	Manufacture of Electrical Machinery and Equipment	507	620
通信设备、计算机及其他电子设备制造业	Manufacture of Communication Equipment, Computers and Other Electronic Equipment	623	177
仪器仪表及文化、办公用机械制造业	Manufacture of Instruments, Meters and Machinery for Cultural and Office Use	97	33
工艺品及其他制造业	Handicraft and Other Manufactures	80	64
废弃资源和废旧材料回收加工业	Recycling and Disposal of Waste	1	6
电力、热力的生产和供应业	Production and Supply of Electric Power and Heat Power	18	9
燃气生产和供应业	Production and Supply of Gas		1
水的生产和供应业	Production and Supply of Water	36	26

12-13 continued

(unit)

江 门 Jiangmen	阳 江 Yangjiang	湛 江 Zhanjiang	茂 名 Maoming	肇 庆 Zhaoqing	清 远 Qingyuan	潮 州 Chaozhou	揭 阳 Jieyang	云 浮 Yunfu
2365	**498**	**578**	**590**	**684**	**426**	**727**	**714**	**264**
73	29	96	54	59	46	47	82	32
50	24	70	42	42	36	47	77	26
113	12	21	49	21	21	10	41	21
15		2	9	6	3	26		2
783	232	263	217	260	151	306	290	106
251	19	48	33	78	31	57	52	19
667	70	77	98	175	139	150	148	58
1418	390	373	350	328	155	566	535	133
947	108	205	240	356	271	161	179	131
10	1	1	2	3	2	1		3
215	32	60	25	53	55	41	48	29
2140	465	517	563	628	369	685	666	232
		2						
1	1		1	2	7			2
	1	3	8	1	2		1	1
32	1	13	40	10	3	2	2	6
48	21	118	56	15	14	17	17	8
39	6	18	7	8	1	26	55	8
3	3	18	6	6	2	3	7	1
2	1						1	
148	7	17	13	59	21	13	72	15
220	20	6	2	24	23	55	107	22
108	8	20	97	35	9	11	6	2
22	37	26	14	20	5		2	4
58	21	8	11	13	10		4	2
100	18	31	12	25	11	19	14	13
50	11	12	8	22	4	54	22	1
24	3	1	1	7	10	4	28	1
4	1	5	32				1	
114	10	24	70	65	26	27	25	22
10	3	16	4	7	6	8	14	5
14			2	3	1		6	
36	4	7	10	4	8		10	2
132	17	36	22	20	18	53	75	7
109	10	34	33	47	72	286	21	53
46	13		7	4	11	2	13	1
20	4	3		12	14	6	3	7
405	224	25	10	87	13	46	69	29
89	12	8	12	37	22	5	12	5
39	2	24	4	14	8	3	11	2
80	5	14	2	10	5	1	6	
221	9	52	12	34	24	17	35	8
79	4	2	4	38	10	9	9	4
11		1	1	5	1	3	15	1
54	6	7	61	17	6	17	20	3
13		7		5	9	1		
17	8	5	22	19	41	24	23	24
3	1	7	1			12		1
14	6	8	5	9	9	3	8	4

12-14 各市规模以上分行业工业总产值（2005年）

单位：亿元

项目	Item	全省 Provincial Total	广州 Guangzhou
全省总计	**Provincial Total**	**35942.74**	**6032.05**
按经济类型分	Grouped by Ownership		
#国有及国有控股工业	Of the Total：State-owned and State-controlled Industry	6375.54	1852.81
国有工业	State-owned Industry	2068.75	402.23
集体工业	Collective-owned Industry	468.56	70.07
股份合作工业	Share-holding Cooperative Industry	103.72	24.70
股份制工业	Share-holding Industry	9256.47	1326.62
外商投资工业	Foreign Funded Industry	11167.53	2565.88
港澳台投资工业	Industry with Funds from Hong Kong，Macao and Taiwan	11708.00	1521.50
按轻重工业分	Grouped by Light and Heavy Industry		
轻工业	Light Industry	14506.76	2378.18
重工业	Heavy Industry	21435.97	3653.87
按企业规模分	Grouped by Size of Enterprises		
大型企业	Large	12558.39	2054.81
中型企业	Medium	11853.06	2204.65
小型企业	Small	11531.28	1772.58
按行业分	Grouped by Sector		
煤炭开采和洗选业	Mining and Washing of Coal	3.21	
石油和天然气开采业	Extraction of Petroleum and Natural Gas	480.26	
黑色金属矿采选业	Mining and Dressing of Ferrous Metal Ores	27.19	
有色金属矿采选业	Mining and Dressing of Nonferrous Metals Ores	28.99	0.53
非金属矿采选业	Mining and Dressing of Nonmetal Ores	41.26	3.42
其他矿采选业	Mining and Dressing of Other Ores		
农副食品加工业	Processing of Farm and Sideline Food	742.74	110.15
食品制造业	Manufacture of Food	403.10	149.32
饮料制造业	Manufacture of Beverage	318.53	98.34
烟草制品业	Tobacco Products	171.37	75.29
纺织业	Textile Industry	1111.04	177.34
纺织服装、鞋、帽制造业	Manufacture of Textile Garments，Footwear and Headgear	959.53	151.65
皮革、毛皮、羽毛（绒）及其制品业	Feather，Furs，Down and Related Products	692.22	147.26
木材加工及木、竹、藤、棕、草制品业	Timber Processing，Bamboo，Cane，Palm Fiber & Straw Products	173.12	15.75
家具制造业	Manufacture of Furniture	406.05	26.01
造纸及纸制品业	Papermaking and Paper Products	666.74	85.88
印刷业和记录媒介的复制	Printing and Record Medium Reproduction	381.11	36.79
文教体育用品制造业	Manufacture of Cultural，Educational and Sports Goods	488.42	60.73
石油加工、炼焦及核燃料加工业	Petroleum Refining，Coking and Nuclear Fuel Processing	958.41	249.02
化学原料及化学制品制造业	Manufacture of Raw Chemical Materials and Chemical Products	1652.88	729.49
医药制造业	Manufacture of Medicines	286.75	82.30
化学纤维制造业	Manufacture of Chemical Fibers	79.83	2.94
橡胶制品业	Rubber Products	183.39	66.16
塑料制品业	Plastic Products	1243.77	159.58
非金属矿物制品业	Nonmetal Mineral Products	1053.53	124.73
黑色金属冶炼及压延加工业	Smelting and Pressing of Ferrous Metals	727.11	246.10
有色金属冶炼及压延加工业	Smelting and Pressing of Nonferrous Metals	660.21	103.33
金属制品业	Metal Products	1467.53	170.51
通用设备制造业	Manufacture of General Purpose Equipment	657.38	192.03
专用设备制造业	Manufacture of Special Purpose Equipment	538.51	60.58
交通运输设备制造业	Manufacture of Transport Equipment	1592.42	1078.17
电气机械及器材制造业	Manufacture of Electrical Machinery and Equipment	3787.67	361.59
通信设备、计算机及其他电子设备制造业	Manufacture of Communication Equipment，Computers and Other Electronic Equipment	9831.34	708.63
仪器仪表及文化、办公用机械制造业	Manufacture of Instruments，Meters and Machinery for Cultural and Office Use	930.57	66.52
工艺品及其他制造业	Handicraft and Other Manufactures	482.03	72.46
废弃资源和废旧材料回收加工业	Recycling and Disposal of Waste	71.78	13.02
电力、热力的生产和供应业	Production and Supply of Electric Power and Heat Power	2381.41	341.69
燃气生产和供应业	Production and Supply of Gas	137.77	44.17
水的生产和供应业	Production and Supply of Water	123.60	20.60

注：1. 本表产值按现价计算。
2. 广东电网公司企业数按1家归入广州，工业总产值按比例计算分别归入各市。

Gross Output Value of Industry by Sector above Designated Size by City (2005)

(100 million yuan)

深圳 Shenzhen	珠海 Zhuhai	汕头 Shantou	佛山 Foshan	韶关 Shaoguan	河源 Heyuan	梅州 Meizhou	惠州 Huizhou	汕尾 Shanwei
9867.55	**1569.56**	**761.37**	**4780.88**	**393.36**	**182.10**	**206.98**	**1428.66**	**113.45**
1697.15	318.53	122.99	363.02	265.71	35.62	74.40	142.81	16.33
315.19	34.61	79.36	223.48	66.28	15.15	67.15	65.55	14.70
7.12	13.27	20.42	88.34	2.07	10.09	4.38	9.72	10.62
4.48	0.42	15.09	21.80	3.19	1.80	0.35	1.31	
1857.19	338.56	342.57	2285.40	245.73	66.36	69.41	52.73	15.35
4157.55	741.79	122.77	594.68	10.58	7.36	23.86	559.11	5.71
3390.09	433.69	147.93	1274.26	60.77	73.17	29.15	728.82	62.83
2657.96	682.42	437.55	2362.32	64.94	54.29	72.81	727.17	53.74
7209.58	887.14	323.81	2418.56	328.43	127.81	134.17	701.49	59.70
4952.46	725.78	106.14	1315.39	200.88	22.62	58.71	605.65	42.31
2865.30	436.31	183.27	1476.67	83.14	82.37	67.25	508.24	38.89
2049.79	407.47	471.97	1988.83	109.33	77.12	81.02	314.77	32.25
				1.64		1.57		
349.23								
				4.74	14.60	1.62	0.86	
				10.60	7.39	1.25	0.23	
	1.81	0.85	3.08	0.65	1.54	0.26	0.58	0.03
89.02	25.77	42.55	104.02	2.94	5.67	0.86	9.95	1.91
44.23	11.76	15.80	47.09	0.51	5.18	0.43	1.78	1.74
57.03	13.19	6.53	27.73	4.92	1.02	1.45	3.84	1.85
19.88		0.59		27.91		39.48		
68.39	25.28	64.36	178.19	6.72	11.33	1.96	34.41	23.07
105.94	27.29	63.06	145.88	1.63	2.69	2.50	19.06	4.28
70.51	10.55	5.19	95.21		6.20	0.12	37.51	2.38
18.47	2.16	28.48	31.84	2.80	5.02	2.82	2.06	0.46
86.40	4.85	1.72	72.64	2.40	1.92	4.70	10.45	0.30
75.77	23.73	20.84	85.85	3.47	0.51	0.82	7.91	0.84
122.97	5.94	38.64	47.77	0.89	0.12	0.23	6.95	0.26
78.03	10.58	35.72	55.95	5.55	1.19	0.17	16.49	3.45
3.72		0.05	71.99					
133.89	103.27	52.42	166.47	13.88	1.49	2.82	22.14	0.39
44.95	36.57	10.48	25.28	3.06	5.50	1.16	4.14	
10.71	15.72	6.55	6.15		0.34		1.78	
32.56	0.80	1.84	19.62		1.34	1.93	1.26	
226.75	52.72	73.55	231.70	0.70	3.96	0.05	43.16	2.89
82.55	12.49	6.79	426.68	9.84	10.60	38.20	16.00	1.40
47.99	20.76	0.86	100.09	114.76	39.48	2.37	9.82	
22.93	11.35	11.41	315.60	59.99	1.00	9.47	4.46	
258.79	21.62	10.31	299.10	1.33	1.14	1.87	31.51	0.11
82.48	15.48	6.25	105.44	10.24	3.72	3.77	21.06	0.18
145.68	24.73	11.27	102.38	5.82	15.85	0.26	3.99	
108.90	29.26	31.91	87.38	2.74	0.20	5.79	37.11	0.39
682.16	327.39	38.47	1141.79	6.24	6.92	7.81	129.14	2.71
5734.78	497.69	35.53	289.72	19.70	5.81	17.60	855.33	41.88
316.57	109.29	7.88	155.35	0.51	0.62	0.73	18.02	0.06
172.97	14.68	26.11	57.72	1.05	1.53	6.84	13.72	7.48
0.15			13.76	0.13			1.52	
539.17	75.99	101.97	242.45	64.89	17.88	44.77	58.76	14.41
	32.97	0.15	10.93	0.34		0.09		
33.96	3.89	3.24	16.03	0.77	0.33	1.21	3.65	0.98

Note: a) The data of gross industrial output value are calculated at current prices.
b) Guangdong Power Grid Company is treated as one enterprise under the jurisdiction of Guangzhou, whereas its gross output value of industry is proportioned to the output values of different cities.

12-14 续表

单位：亿元

项　　目	Item	东　莞 Dongguan	中　山 Zhongshan
全省总计	**Provincial Total**	**3940. 11**	**2221. 45**
按经济类型分	Grouped by Ownership		
# 国有及国有控股工业	Of the Total: State-owned and State-controlled Industry	334. 62	82. 58
国有工业	State-owned Industry	255. 87	78. 75
集体工业	Collective-owned Industry	70. 09	77. 92
股份合作工业	Share-holding Cooperative Industry	0. 19	1. 94
股份制工业	Share-holding Industry	461. 73	531. 45
外商投资工业	Foreign Funded Industry	1143. 12	631. 87
港澳台投资工业	Industry with Funds from Hong Kong, Macao and Taiwan	1963. 30	751. 64
按轻重工业分	Grouped by Light and Heavy Industry		
轻 工 业	Light Industry	1723. 72	1366. 84
重 工 业	Heavy Industry	2216. 39	854. 61
按企业规模分	Grouped by Size of Enterprises		
大型企业	Large	1117. 26	433. 47
中型企业	Medium	1677. 51	817. 29
小型企业	Small	1145. 33	970. 69
按行业分	Grouped by Sector		
煤炭开采和洗选业	Mining and Washing of Coal		
石油和天然气开采业	Extraction of Petroleum and Natural Gas		
黑色金属矿采选业	Mining and Dressing of Ferrous Metal Ores		
有色金属矿采选业	Mining and Dressing of Nonferrous Metals Ores		
非金属矿采选业	Mining and Dressing of Nonmetal Ores	0. 31	0. 12
其他矿采选业	Mining and Dressing of Other Ores		
农副食品加工业	Processing of Farm and Sideline Food	65. 63	22. 47
食品制造业	Manufacture of Food	35. 79	30. 93
饮料制造业	Manufacture of Beverage	56. 03	23. 06
烟草制品业	Tobacco Products		
纺织业	Textile Industry	187. 62	121. 46
纺织服装、鞋、帽制造业	Manufacture of Textile Garments, Footwear and Headgear	122. 42	158. 94
皮革、毛皮、羽毛（绒）及其制品业	Feather, Furs, Down and Related Products	96. 99	103. 59
木材加工及木、竹、藤、棕、草制品业	Timber Processing, Bamboo, Cane, Palm Fiber & Straw Products	12. 50	7. 02
家具制造业	Manufacture of Furniture	111. 83	30. 07
造纸及纸制品业	Papermaking and Paper Products	184. 17	79. 25
印刷业和记录媒介的复制	Printing and Record Medium Reproduction	43. 04	27. 61
文教体育用品制造业	Manufacture of Cultural, Educational and Sports Goods	114. 52	74. 26
石油加工、炼焦及核燃料加工业	Petroleum Refining, Coking and Nuclear Fuel Processing	0. 30	25. 22
化学原料及化学制品制造业	Manufacture of Raw Chemical Materials and Chemical Products	84. 76	90. 74
医药制造业	Manufacture of Medicines	6. 10	27. 08
化学纤维制造业	Manufacture of Chemical Fibers	11. 88	5. 16
橡胶制品业	Rubber Products	18. 86	13. 49
塑料制品业	Plastic Products	183. 85	123. 95
非金属矿物制品业	Nonmetal Mineral Products	47. 64	40. 36
黑色金属冶炼及压延加工业	Smelting and Pressing of Ferrous Metals	26. 01	13. 71
有色金属冶炼及压延加工业	Smelting and Pressing of Nonferrous Metals	23. 32	23. 85
金属制品业	Metal Products	141. 83	131. 82
通用设备制造业	Manufacture of General Purpose Equipment	47. 18	62. 88
专用设备制造业	Manufacture of Special Purpose Equipment	83. 57	47. 46
交通运输设备制造业	Manufacture of Transport Equipment	26. 03	28. 76
电气机械及器材制造业	Manufacture of Electrical Machinery and Equipment	454. 57	380. 36
通信设备、计算机及其他电子设备制造业	Manufacture of Communication Equipment, Computers and Other Electronic Equipment	1172. 65	304. 31
仪器仪表及文化、办公用机械制造业	Manufacture of Instruments, Meters and Machinery for Cultural and Office Use	160. 49	83. 65
工艺品及其他制造业	Handicraft and Other Manufactures	24. 98	28. 76
废弃资源和废旧材料回收加工业	Recycling and Disposal of Waste	0. 22	1. 03
电力、热力的生产和供应业	Production and Supply of Electric Power and Heat Power	380. 20	97. 92
燃气生产和供应业	Production and Supply of Gas		1. 13
水的生产和供应业	Production and Supply of Water	14. 80	11. 04

12-14 continued

(100 million yuan)

江 门 Jiangmen	阳 江 Yangjiang	湛 江 Zhanjiang	茂 名 Maoming	肇 庆 Zhaoqing	清 远 Qingyuan	潮 州 Chaozhou	揭 阳 Jieyang	云 浮 Yunfu
1453.25	**213.82**	**644.27**	**702.04**	**321.20**	**364.34**	**293.72**	**298.82**	**153.77**
167.17	28.27	137.78	493.35	71.59	55.83	37.90	40.81	36.28
138.03	16.81	69.90	54.69	34.94	36.13	37.90	39.92	22.11
29.04	1.83	15.72	7.95	4.09	4.13	1.80	14.99	4.89
12.63		1.03	2.19	1.48	0.40	7.90		2.80
338.44	85.91	185.33	557.61	109.19	124.47	114.65	104.57	43.21
326.36	23.65	60.99	16.64	63.10	35.18	22.47	37.62	17.24
447.75	43.43	292.70	34.23	80.88	150.19	87.85	75.78	58.05
753.03	139.42	252.06	108.69	130.72	113.70	172.87	189.61	64.71
700.21	74.39	392.21	593.36	190.48	250.64	120.85	109.21	89.06
263.17	17.46	37.05	450.62	51.27	39.44	16.30	20.93	26.64
490.84	74.61	245.87	93.50	96.62	163.94	85.18	96.79	64.83
699.23	121.74	361.34	157.93	173.30	160.96	192.24	181.10	62.29
		131.03						
0.13	0.08		0.06	2.25	2.75			0.09
	0.13	1.07	2.63	4.56	0.42			0.18
10.46	0.05	2.57	8.38	1.53	0.68	0.13	0.05	4.77
20.98	39.22	149.39	16.39	5.12	15.11	7.90	2.96	4.72
26.98	1.01	4.13	1.52	2.41	0.05	10.74	9.42	2.25
0.23	1.46	6.07	4.81	6.58	0.46	2.74	1.14	0.05
0.07	0.07	8.08						
102.42	3.38	12.20	6.71	26.01	16.71	4.79	30.91	7.79
70.29	3.81	1.47	0.40	7.22	7.81	17.73	40.81	4.67
34.35	1.45	6.44	29.08	17.89	20.38	2.37	4.60	0.15
11.36	10.12	7.75	3.60	5.67	4.14		0.39	0.69
22.24	10.11	7.26	3.94	4.32	3.75		1.00	0.17
51.21	3.39	12.88	2.57	11.51	7.64	4.45	2.27	1.76
19.43	2.15	4.14	1.74	3.94	0.31	14.97	3.15	0.05
10.35	1.49	0.10	1.39	3.25	7.21	1.10	6.40	0.50
7.18	0.09	120.10	480.35				0.37	
130.86	2.61	18.37	43.99	24.85	9.34	4.50	10.00	6.58
6.97	1.85	4.22	0.75	9.54	2.21	0.92	11.30	2.37
11.86			0.20	0.99	1.26		4.29	
10.60	0.99	3.01	3.08	0.36	3.29		3.85	0.36
51.88	5.37	7.61	4.94	3.34	14.41	19.25	31.74	2.35
50.58	4.30	8.95	9.73	20.82	39.08	75.45	4.00	23.36
25.17	21.17		11.40	1.11	16.23	12.00	17.23	0.85
11.66	0.95	8.77	0.00	8.93	34.56	5.11	0.82	2.69
221.19	60.19	5.52	1.42	42.11	5.18	11.82	24.57	25.59
51.37	5.71	5.55	3.35	9.30	23.92	2.33	3.32	1.81
11.59	0.15	11.55	0.55	2.25	1.61	0.26	8.63	0.33
133.60	0.99	6.60	0.15	7.88	3.03	0.05	3.48	
134.92	5.15	25.94	3.06	9.95	40.08	9.54	10.31	9.56
63.68	1.03	0.28	0.55	37.48	19.95	7.45	3.17	14.11
3.57		0.07	0.16	1.23	0.48	0.40	4.83	0.14
16.46	1.58	0.80	14.69	3.77	2.58	3.07	9.09	1.69
23.99		2.86		1.27	10.84	2.99		
100.26	13.57	55.50	39.03	32.41	47.85	35.80	43.38	33.51
0.90	9.31	2.65	0.19			34.87		0.07
4.45	0.85	1.33	1.21	1.33	1.02	1.01	1.33	0.56

12-15 规模以上工业企业主要指标（1978－2005年）
Main Indicators of Industrial Enterprises above Designated Size（1978－2005）

年份 Year	全部从业人员年平均人数（万人） Hnnual Average Number of Employed persons（10000 persons）	总产值（亿元） Gross Output Value of Industry（100 million yuan）	固定资产原价（亿元） Original Value of Fixed Assets（100 million yuan）	主营业务收入（亿元） Main Business Revenue（100 million yuan）	利税总额（亿元） Total Pre-tax Profits（100 million yuan）	百元固定资产实现利税（元） Pre-tax Profits per 100 yuan of Original Value of Fixed Assets（yuan）	资金利税率（%） Ratio of Pre-tax Profits to Total Capital（%）	产值利税率（%） Ratio of Pre-tax Profits to Gross Output Value（%）	百元主营业务收入实现利税（元） Pre-tax Profits per 100 yuan of Main Business Revenue（yuan）	全员劳动生产率（元/人） Overall Labor Productivity（yuan/person）
1978	170. 51	168. 91	111. 42		32. 91	29. 54	29. 41	19. 48		9906
1979	171. 76	181. 96	129. 09	170. 09	34. 48	26. 71	25. 36	18. 45	20. 27	10594
1980	182. 39	198. 83	136. 59	189. 97	38. 51	28. 19	27. 45	19. 37	20. 27	10902
1981	189. 08	226. 26	152. 58	215. 09	42. 12	27. 60	27. 13	18. 61	19. 58	11966
1982	194. 33	245. 54	172. 00	231. 20	44. 62	25. 94	25. 41	18. 17	19. 30	12635
1983	197. 50	275. 25	226. 58	226. 91	48. 59	21. 45	24. 46	17. 65	21. 42	13937
1984	241. 42	336. 45	221. 46	313. 33	56. 83	25. 66	24. 96	16. 89	18. 14	13937
1985	298. 66	438. 91	269. 13	412. 77	75. 99	29. 23	25. 87	17. 31	18. 41	14696
1986	323. 16	522. 35	335. 19	498. 80	80. 90	24. 14	20. 86	15. 49	16. 22	16164
1987	353. 95	711. 04	433. 95	692. 47	102. 24	23. 56	21. 18	14. 38	14. 76	20089
1988	382. 19	1056. 47	540. 37	1016. 20	140. 65	26. 03	22. 45	13. 31	13. 84	27643
1989	387. 90	1321. 33	700. 66	1222. 20	138. 71	19. 80	16. 05	10. 50	11. 35	34064
1990	390. 28	1379. 98	843. 88	1287. 91	121. 50	14. 40	12. 35	8. 80	9. 43	35359
1991	433. 18	2018. 62	1339. 04	1875. 02	188. 08	14. 05	14. 88	9. 32	10. 03	46600
1992	450. 99	2696. 47	1485. 36	2537. 84	248. 78	22. 32	10. 02	9. 23	9. 80	59790
1993	478. 39	4085. 35	2099. 09	3920. 98	397. 40	18. 93	10. 79	9. 73	10. 14	85379
1994	537. 57	5325. 35	3309. 63	4826. 68	478. 41	14. 46	9. 20	8. 89	9. 91	99063
1995	537. 83	6325. 19	4298. 15	6195. 84	445. 53	10. 37	6. 32	7. 04	7. 19	117606
1996	529. 13	7308. 51	5066. 23	6808. 08	489. 26	9. 66	6. 27	6. 69	7. 19	36094
1997	522. 94	8201. 71	5904. 95	7767. 79	617. 90	10. 46	6. 77	7. 53	7. 95	40040
1998	548. 59	9738. 56	6968. 36	9243. 42	622. 82	8. 94	5. 75	6. 40	6. 74	44553
1999	537. 77	10538. 17	7399. 10	10208. 99	778. 94	10. 53	6. 85	7. 39	7. 63	50307
2000	572. 89	12480. 93	8005. 77	12380. 65	1042. 77	13. 03	8. 66	8. 35	8. 42	58836
2001	578. 94	14035. 35	8655. 82	13891. 46	1139. 98	13. 17	8. 75	8. 12	8. 21	67012
2002	644. 39	16378. 60	9550. 47	16247. 73	1380. 24	14. 45	10. 10	8. 43	8. 50	58940
2003	741. 17	21513. 46	10768. 77	21566. 93	1850. 90	17. 19	11. 22	8. 60	8. 56	77150
2004	996. 44	29554. 92	12713. 34	28998. 45	2329. 79	18. 33	11. 73	7. 90	8. 03	74661
2005	1085. 65	35942. 74	14453. 16	34781. 58	2877. 81	19. 91	12. 38	8. 01	8. 27	86735

注：1. 利税总额包括增值税。
2. 全员劳动生产率1996年后按工业增加值计算。
3. 1998年起统计口径为规模以上工业。1997年以前为独立核算工业企业。

Note：a）Total pre-tax profits include value-added tax.
b）The figures of overall labor productivity since 1996 have been calculated by value-added of industry.
c）Since 1998，the statistical coverage has included the industrial enterprises above designated size，while it only referred to the industrial enterprises with independent accounting systems before 1997.

12-16 规模以上国有及国有控股工业企业主要指标（1978－2005年）
Main Indicators of State-owned and State-controlled Industrial Enterprises above Designated Size (1978－2005)

年份 Year	全部从业人员年平均人数（万人）Annual Average Number of Employed persons (10000 persons)	总产值（亿元）Gross Output Value of Industry (100 million yuan)	固定资产原价（亿元）Original Value of Fixed Assets (100 million yuan)	主营业务收入（亿元）Main Business Revenue (100 million yuan)	利税总额（亿元）Total Pre-tax Profits (100 million yuan)	百元固定资产实现利税（元）Pre-tax Profits per 100 yuan of Original Value of Fixed Assets (yuan)	资金利税率（%）Ratio of Pre-tax Profits to Total Capital (%)	产值利税率（%）Ratio of Pre-tax Profits to Gross Output Value (%)	百元主营业务收入实现利税（元）Pre-tax Profits per 100 yuan of Main Business Revenue (yuan)	全员劳动生产率（元/人）Overall Labor Productivity (yuan/person)
1978	120.35	122.28	96.06		26.09	27.16	25.74	21.34		10159
1979	121.97	132.30	103.51	126.87	26.89	25.96	23.95	20.31	21.18	10847
1980	126.09	136.30	107.27	127.97	28.33	25.90	25.01	20.57	22.19	10829
1981	132.60	153.54	118.82	147.85	31.18	26.24	25.99	20.31	21.09	11579
1982	139.90	165.82	131.82	158.43	33.29	25.26	24.79	20.08	21.01	11853
1983	142.18	188.09	147.53	178.04	38.18	25.88	25.58	20.30	21.45	13228
1984	143.08	222.35	162.13	205.73	44.02	27.15	26.60	19.80	21.39	15540
1985	144.14	277.87	203.80	265.05	56.34	27.64	27.36	20.28	21.26	19278
1986	150.14	312.74	235.47	305.42	59.70	25.36	23.70	19.09	19.55	20829
1987	156.48	400.55	294.46	402.63	72.44	24.60	23.40	18.09	17.99	25598
1988	162.43	555.41	328.58	545.00	91.05	27.71	24.83	16.39	16.71	34194
1989	162.85	670.95	404.50	631.61	94.11	23.26	20.05	14.93	14.90	41200
1990	163.80	713.88	488.36	689.83	84.35	17.27	14.94	11.82	12.23	43582
1991	173.85	906.72	612.24	853.62	116.26	18.99	17.32	12.82	13.62	52155
1992	171.60	1118.86	751.42	1073.94	131.24	17.47	16.50	11.73	12.22	65202
1993	153.26	1371.58	856.85	1372.66	169.40	19.77	12.67	12.35	12.34	89494
1994	152.25	1498.80	1076.47	1400.87	176.81	16.42	11.17	11.80	12.62	98443
1995	142.83	1396.35	1315.16	1499.25	160.57	12.21	8.58	11.50	10.71	97763
1996	137.50	1476.12	1599.77	1555.28	139.01	8.69	6.49	9.42	8.94	34057
1997	124.71	1505.06	1794.89	1657.79	160.92	8.97	6.68	10.69	9.71	36596
1998	102.67	1453.79	1790.91	1616.64	163.10	9.11	6.71	11.22	10.09	47019
1999	128.16	3025.68	3520.17	3153.04	376.11	10.68	7.86	12.34	11.93	72606
2000	104.39	3126.12	3513.50	3583.55	433.35	12.33	9.24	13.86	12.09	91413
2001	91.77	3236.65	3982.54	3757.95	486.46	12.21	9.67	15.03	12.94	112515
2002	83.25	3264.46	3942.57	3800.38	483.25	12.26	10.39	14.80	12.72	132894
2003	75.20	3949.03	4603.66	4717.48	623.49	13.54	11.91	15.79	13.22	191590
2004	72.53	6039.24	4913.92	6031.47	779.41	15.86	13.70	12.91	12.92	213941
2005	69.42	6375.54	5153.83	6261.70	800.26	15.53	14.08	12.55	12.78	243447

注：1998年以前为国有工业，1999年起为国有及国有控股工业。

Note: In 1998 and prior to it, the statistical coverage in this table referred the state-owned enterprises, while it has included the state-owned and state-holding industrial enterprises since 1999.

12-17 规模以上工业企业主要经济效益指标（2005 年）

项　　目	Item	总资产贡献率（%）Ratio of Total Assets to Industrial Output Value（%）
全省总计	**Provincial Total**	**11.29**
按经济类型分	Grouped by Ownership	
# 国有及国有控股工业	Of the Total: State-owned and State-controlled Industry	13.03
国有工业	State-owned Industry	12.29
集体工业	Collective-owned Industry	7.99
股份合作工业	Share-holding Cooperative Industry	11.04
股份制工业	Share-holding Industry	11.75
外商投资工业	Foreign Funded Industry	11.75
港澳台投资工业	Industry with Funds from Hong Kong, Macao and Taiwan	10.28
按轻重工业分	Grouped by Light and Heavy Industry	
轻工业	Light Industry	10.42
重工业	Heavy Industry	11.87
按企业规模分	Grouped by Size of Enterprises	
大型企业	Large	13.39
中型企业	Medium	9.79
小型企业	Small	11.12
按行业分	Grouped by Sector	
煤炭开采和洗选业	Mining and Washing of Coal	17.27
石油和天然气开采业	Extraction of Petroleum and Natural Gas	133.72
黑色金属矿采选业	Mining and Dressing of Ferrous Metal Ores	26.93
有色金属矿采选业	Mining and Dressing of Nonferrous Metals Ores	29.96
非金属矿采选业	Mining and Dressing of Nonmetal Ores	10.27
其他矿采选业	Mining and Dressing of Other Ores	
农副食品加工业	Processing of Farm and Sideline Food	10.77
食品制造业	Manufacture of Food	16.02
饮料制造业	Manufacture of Beverage	18.17
烟草制品业	Tobacco Products	85.11
纺织业	Textile Industry	5.59
纺织服装、鞋、帽制造业	Manufacture of Textile Garments, Footwear and Headgear	8.10
皮革、毛皮、羽毛（绒）及其制品业	Feather, Furs, Down and Related Products	5.52
木材加工及木、竹、藤、棕、草制品业	Timber Processing, Bamboo, Cane, Palm Fiber & Straw Products	10.27
家具制造业	Manufacture of Furniture	6.68
造纸及纸制品业	Papermaking and Paper Products	8.30
印刷业、记录媒介的复制	Printing and Record Medium Reproduction	7.88
文教体育用品制造业	Manufacture of Cultural, Educational and Sports Goods	5.79
石油加工、炼焦及核燃料加工业	Petroleum Refining, Coking and Nuclear Fuel Processing	19.97
化学原料及化学制品制造业	Manufacture of Raw Chemical Materials and Chemical Products	20.55
医药制造业	Manufacture of Medicines	11.14
化学纤维制造业	Manufacture of Chemical Fibers	5.37
橡胶制品业	Rubber Products	7.84
塑料制品业	Plastic Products	6.72
非金属矿物制品业	Nonmetal Mineral Products	8.85
黑色金属冶炼及压延加工业	Smelting and Pressing of Ferrous Metals	6.29
有色金属冶炼及压延加工业	Smelting and Pressing of Nonferrous Metals	10.77
金属制品业	Metal Products	12.26
通用设备制造业	Manufacture of General Purpose Equipment	10.53
专用设备制造业	Manufacture of Special Purpose Equipment	10.53
交通运输设备制造业	Manufacture of Transport Equipment	19.23
电气机械及器材制造业	Manufacture of Electrical Machinery and Equipment	7.82
通信设备、计算机及其他电子设备制造业	Manufacture of Communication Equipment, Computers and Other Electronic Equipment	8.70
仪器仪表及文化、办公用机械制造业	Manufacture of Instruments, Meters and Machinery for Cultural and Office Use	7.81
工艺品及其他制造业	Handicraft and Other Manufactures	9.28
废弃资源和废旧材料回收加工业	Recycling and Disposal of Waste	14.48
电力、热力的生产和供应业	Production and Supply of Electric Power and Heat Power	11.20
燃气的生产和供应业	Production and Supply of Gas	4.80
水的生产和供应业	Production and Supply of Water	4.28

Main Indicators on Economic Benefit of Industrial Enterprises above Designated Size (2005)

资本保值增值率（%） Ratio of Capital Maintenance and Appreciation (%)	资产负债率（%） Assets-Liability Ratio (%)	流动资产周转率（次） Number of Times of Turnover of Circulating Funds (times)	成本费用利润率（%） Ratio of Profits to Industrial Costs (%)	全员劳动生产率（元/人） Overall Labor Productivity (yuan/person)	产品销售率（%） Proportion of Products Sold (%)	综合指数（%） Comprehensive Index (%)
113.90	**57.84**	**2.41**	**5.16**	**86735**	**97.50**	**157.31**
98.44	53.21	2.39	6.70	243444	98.71	259.26
94.71	52.46	2.98	4.94	203764	99.53	232.62
105.70	63.63	2.21	3.24	37563	98.23	110.04
117.96	62.40	2.45	3.95	57674	97.62	134.9
118.89	60.37	2.23	4.69	95665	97.00	160.52
116.78	58.50	2.68	5.17	119917	97.83	181.41
114.64	56.66	2.22	5.80	66966	97.23	144.05
114.91	56.28	2.26	4.18	61096	97.36	135.09
113.21	58.86	2.53	5.83	124188	97.60	184.73
117.79	58.73	2.89	4.95	186313	97.37	226.03
111.15	56.38	2.17	5.26	76058	97.24	145.65
113.89	58.68	2.26	5.29	64200	97.91	142.4
25.63	78.47	3.42	2.71	19924	111.58	113.32
126.84	13.23	12.43	334.21	29428298	98.31	19511.34
133.06	57.52	1.36	33.53	177417	94.89	340.4
159.71	45.40	2.68	18.52	113827	100.55	268.23
110.31	41.74	2.11	5.70	56479	98.01	135.74
114.97	60.85	2.90	3.46	151972	96.66	194.07
99.61	54.40	1.91	9.31	119629	98.09	194.99
104.07	49.00	2.30	7.95	243054	97.29	273.02
120.13	21.52	2.02	35.06	1749642	101.08	1413.41
110.96	56.00	2.29	2.16	49466	97.03	111.11
116.27	58.72	2.57	2.16	30713	97.13	107.92
110.67	58.66	2.34	1.80	23986	98.29	94.81
114.53	56.85	2.29	5.25	61972	95.90	139.42
115.85	60.88	2.32	2.04	42671	98.81	109.5
111.39	56.69	2.01	4.34	79184	97.50	139.77
122.92	52.10	1.62	5.72	58258	96.06	129.01
101.93	50.91	2.21	2.66	23795	98.10	95.97
108.15	53.61	5.46	2.20	775763	96.38	609.14
119.69	52.15	2.31	10.82	237067	98.80	287.05
104.47	50.70	1.25	8.54	160753	90.64	201.01
138.63	54.15	1.92	3.01	107043	95.05	148.57
119.38	47.02	2.18	4.58	41536	96.02	119.54
120.29	53.54	2.10	3.28	51601	98.05	118.25
112.12	61.81	2.16	4.23	69704	97.32	135.65
130.13	66.31	2.80	1.85	188307	95.99	200.95
122.91	64.03	2.78	3.39	154545	96.55	194.27
125.43	54.69	2.47	4.76	60612	97.91	143.97
113.13	56.94	1.87	5.67	74650	97.15	145.01
119.16	52.95	1.63	7.31	67397	96.51	145.16
116.41	57.19	2.34	9.06	180720	98.05	243.55
121.77	63.67	2.21	3.15	72922	97.04	132.78
115.65	65.09	2.58	3.43	105167	97.14	157.45
143.16	48.18	2.82	3.62	71752	99.00	144.07
112.31	53.74	2.56	3.28	39250	97.30	118.92
225.08	68.67	4.02	2.29	125378	94.99	203.64
101.08	55.28	2.75	9.07	513444	99.80	432.47
105.22	69.69	4.08	1.42	315907	99.98	282.71
98.49	43.35	1.06	6.76	126716	98.09	159.18

12-18 各市规模以上工业主要经济指标（2005年）
Main Economic Indicators above Designated Size by City (2005)

单位：亿元 (100 million yuan)

市 别 City	主营业务收入 Main Business Revenue	资产合计 Total Assets	负债合计 Total Liabilities	利润总额 Total Profits	利税总额 Total Pre-tax Profits	从业人员平均人数（万人）Average Number of Employed Persons (10000 persons)
广 州 Guangzhou	5994. 68	4833. 84	2615. 84	404. 83	693. 98	141. 03
深 圳 Shenzhen	9473. 84	6981. 49	4147. 23	563. 76	806. 02	228. 28
珠 海 Zhuhai	1485. 07	1312. 15	810. 83	53. 38	82. 05	34. 33
汕 头 Shantou	757. 43	757. 80	364. 32	41. 20	67. 81	28. 48
佛 山 Foshan	4528. 61	3072. 39	1901. 58	168. 22	338. 25	127. 03
韶 关 Shaoguan	379. 67	482. 71	296. 89	16. 75	48. 88	11. 86
河 源 Heyuan	173. 58	152. 61	79. 20	15. 68	23. 96	7. 67
梅 州 Meizhou	203. 01	286. 75	162. 47	11. 91	46. 13	9. 47
惠 州 Huizhou	1423. 78	968. 20	606. 15	36. 71	57. 57	49. 65
汕 尾 Shanwei	109. 72	79. 01	30. 59	5. 73	7. 91	7. 15
东 莞 Dongguan	3912. 15	3345. 33	1858. 09	124. 35	188. 93	199. 61
中 山 Zhongshan	2082. 97	1358. 96	857. 67	55. 05	110. 31	94. 98
江 门 Jiangmen	1409. 06	1152. 17	692. 84	47. 45	109. 32	48. 31
阳 江 Yangjiang	203. 41	120. 67	65. 88	12. 35	22. 78	10. 26
湛 江 Zhanjiang	573. 40	499. 07	268. 52	69. 72	104. 54	12. 40
茂 名 Maoming	686. 73	360. 11	153. 09	24. 21	75. 96	10. 18
肇 庆 Zhaoqing	309. 44	363. 75	211. 35	9. 45	22. 57	17. 09
清 远 Qingyuan	343. 32	349. 37	218. 46	7. 83	17. 78	13. 21
潮 州 Chaozhou	291. 41	193. 50	97. 04	9. 69	21. 33	14. 07
揭 阳 Jieyang	293. 91	238. 72	122. 62	12. 51	22. 25	12. 51
云 浮 Yunfu	146. 39	167. 49	100. 58	3. 22	9. 48	8. 09

12-19 各市规模以上工业企业主要经济效益指标（2005年）

Main Indicators on Economic Benefit of Industrial Enterprises above Designated Size by City (2005)

市 别 City	总资产贡献率（%）Ratio of Total Assets to Industrial Output Value (%)	资本保值增值率（%）Ratio of Capital Maintenance and Appreciation (%)	资产负债率（%）Assets-Liability Ratio (%)	流动资产周转率（次）Number of Times of Turnover of Circulating Funds (times)	成本费用利润率（%）Ratio of Profits to Industrial Costs (%)	全员劳动生产率（元/人）Overall Labor Productivity (yuan/person)	产品销售率（%）Proportion of Products Sold (%)	综合指数（%）Comprehensive Index (%)
全省合计 Total	**11.29**	**113.90**	**57.84**	**2.41**	**5.16**	**86735**	**97.50**	**157.31**
广 州 Guangzhou	14.90	110.70	54.12	2.39	7.30	117279	98.00	190.09
深 圳 Shenzhen	12.27	111.48	59.40	2.31	6.35	112666	97.35	178.02
珠 海 Zhuhai	6.82	112.95	61.79	2.24	3.71	95758	97.41	146.60
汕 头 Shantou	9.56	124.45	48.08	2.40	5.80	66822	96.95	145.66
佛 山 Foshan	11.83	119.23	61.89	2.58	3.88	102600	96.39	164.78
韶 关 Shaoguan	11.40	101.26	61.50	2.43	4.77	91602	97.75	157.09
河 源 Heyuan	16.45	128.32	51.90	2.67	9.94	75342	95.28	182.28
梅 州 Meizhou	17.34	109.68	56.66	2.03	6.97	76578	98.18	165.08
惠 州 Huizhou	6.31	111.44	62.61	2.51	2.65	63505	99.06	124.54
汕 尾 Shanwei	10.65	137.20	38.72	3.51	5.54	40813	96.73	143.58
东 莞 Dongguan	6.04	117.95	55.54	2.15	3.29	53129	99.47	118.32
中 山 Zhongshan	8.46	115.03	63.11	2.66	2.72	58031	96.17	126.92
江 门 Jiangmen	10.54	118.28	60.13	2.58	3.52	73510	97.60	143.94
阳 江 Yangjiang	19.58	139.54	54.59	2.95	6.60	64606	94.73	173.20
湛 江 Zhanjiang	22.03	97.06	53.80	2.62	15.57	185435	94.64	275.93
茂 名 Maoming	21.92	110.07	42.51	5.16	3.78	162284	96.45	244.25
肇 庆 Zhaoqing	7.03	118.50	58.10	1.87	3.18	44968	98.04	111.92
清 远 Qingyuan	6.04	138.75	62.53	2.71	2.40	68777	96.63	131.60
潮 州 Chaozhou	11.92	119.42	50.15	2.83	3.48	49356	99.28	134.62
揭 阳 Jieyang	10.16	112.27	51.36	2.45	4.49	62051	98.30	138.00
云 浮 Yunfu	7.02	106.16	60.05	2.37	2.27	51536	97.97	115.72

市 别 City	总资产贡献率比去年增长百分点 Percentage Points of Ratio of Total Assets to Industrial Output Value Compared with Preceding Year	资本保值增值率比去年增长百分点 Percentage Points of Ratio of Capital Maintenance and Appreciation Compared with Preceding Year	资产负债率比去年增长百分点 Percentage Points of Assets-Liability Ratio Compared with Preceding Year	流动资产周转率比去年增长（次数）Number of Times of Turnover of Circulating Funds Compared with Preceding Year (times)	成本费用利润率比去年增长百分点 Percentage Points of Ratio of Profits to Industrial Costs Compared with Preceding Year	全员劳动生产率比去年增长（%）Overall Labor Productivity Compared with Preceding Year (%)	产品销售率比去年增长百分点 Percentage Points of Proportion of Products Sold Compared with Preceding Year	综合指数比去年增长百分点 Percentage Points of Comprehensive Index Compared with Preceding Year
全省合计 Total	**0.77**	**-6.58**	**-0.12**	**-0.02**	**-0.12**	**12074**	**-0.29**	**7.20**
广 州 Guangzhou	-1.17	0.57	0.88	0.03	-1.23	18521	0.70	4.86
深 圳 Shenzhen	1.07	-19.96	0.35	-0.09	-0.32	13667	-0.55	5.51
珠 海 Zhuhai	-0.82	-2.50	2.22	-0.08	-0.36	7057	0.38	-0.19
汕 头 Shantou	1.87	-14.53	-3.76	0.00	1.84	6027	0.89	12.32
佛 山 Foshan	3.29	-8.43	-1.45	0.04	0.91	20978	-0.94	21.89
韶 关 Shaoguan	-1.87	-5.59	2.63	0.07	-2.58	7363	0.32	-9.24
河 源 Heyuan	6.43	-8.55	-1.23	0.39	3.77	20868	-1.69	41.38
梅 州 Meizhou	-0.38	-8.95	1.34	-0.02	-0.32	11227	0.88	3.64
惠 州 Huizhou	-0.26	-5.40	-0.78	0.03	-0.51	6666	1.01	1.54
汕 尾 Shanwei	0.36	23.54	-7.78	0.05	-0.30	-2529	-0.68	1.53
东 莞 Dongguan	0.16	-19.77	0.37	-0.18	0.12	7809	-0.38	1.05
中 山 Zhongshan	0.63	-4.94	-0.02	-0.09	-0.15	6322	-1.11	2.69
江 门 Jiangmen	2.49	5.27	-3.71	0.25	0.18	17615	-0.06	20.30
阳 江 Yangjiang	11.91	32.84	-11.45	-0.32	5.11	8282	-0.48	49.55
湛 江 Zhanjiang	5.64	-7.28	-0.70	0.54	2.38	26312	-4.93	39.20
茂 名 Maoming	1.16	21.07	-0.52	0.09	-1.37	32165	0.67	20.29
肇 庆 Zhaoqing	1.86	28.74	-1.88	0.33	0.99	2726	1.58	16.19
清 远 Qingyuan	0.68	5.72	-0.84	0.50	0.26	17894	-0.68	18.92
潮 州 Chaozhou	2.72	10.31	-1.56	0.30	0.91	7742	-3.91	17.00
揭 阳 Jieyang	1.76	25.70	3.22	-0.17	1.37	7171	1.66	14.80
云 浮 Yunfu	0.60	0.22	0.17	0.47	0.41	9332	-0.28	12.95

12-20 各市规模以上国有及国有控股工业企业主要经济效益指标（2005年）
Main Indicators on Economic Benefit of State-owned and State-controlled Industrial Enterprises above Designated Size by City (2005)

市 别 City	总资产贡献率（%）Ratio of Total Assets to Industrial Output Value (%)	资本保值增值率（%）Ratio of Capital Maintenance and Appreciation (%)	资产负债率（%）Assets-Liability Ratio (%)	流动资产周转率（次）Number of Times of Turnover of Circulating Funds (times)	成本费用利润率（%）Ratio of Profits to Industrial Costs (%)	全员劳动生产率（元/人）Overall Labor Productivity (yuan/person)	产品销售率（%）Proportion of Products Sold (%)	综合指数（%）Comprehensive Index (%)
全省合计 Total	**13.03**	**98.44**	**53.21**	**2.39**	**6.70**	**243447**	**98.71**	**259.26**
广 州 Guangzhou	15.24	99.66	49.54	2.26	8.00	263784	98.86	279.52
深 圳 Shenzhen	11.78	99.67	53.92	1.90	8.24	382820	99.19	342.60
珠 海 Zhuhai	9.21	84.37	64.00	2.05	4.12	248445	99.13	239.04
汕 头 Shantou	9.36	104.57	41.30	2.67	7.73	189914	98.33	227.37
佛 山 Foshan	9.81	103.39	57.61	3.03	3.33	198694	99.51	220.48
韶 关 Shaoguan	13.36	96.55	63.63	2.77	5.12	145288	98.09	196.75
河 源 Heyuan	22.18	109.40	58.80	1.75	25.20	161809	97.04	291.62
梅 州 Meizhou	41.29	100.45	61.78	2.67	7.94	184965	97.73	283.68
惠 州 Huizhou	9.14	102.20	52.63	2.97	4.64	118555	97.37	174.57
汕 尾 Shanwei	8.14	105.16	63.75	3.67	2.67	56471	98.29	133.94
东 莞 Dongguan	15.71	96.26	39.96	4.35	9.72	764031	100.00	610.40
中 山 Zhongshan	8.65	109.84	52.43	3.77	3.52	197488	100.33	226.58
江 门 Jiangmen	7.02	77.99	67.25	2.34	2.80	140996	97.53	165.66
阳 江 Yangjiang	7.99	85.84	63.13	3.46	1.78	104047	97.59	154.58
湛 江 Zhanjiang	12.26	85.55	52.77	1.98	7.20	132832	98.05	186.81
茂 名 Maoming	21.40	105.20	41.80	6.10	2.50	442445	95.83	416.78
肇 庆 Zhaoqing	7.12	98.70	59.70	1.32	4.91	80966	99.25	132.53
清 远 Qingyuan	7.04	97.19	64.01	2.65	2.25	159210	99.92	181.58
潮 州 Chaozhou	9.05	105.50	58.27	3.50	2.99	76388	99.90	148.63
揭 阳 Jieyang	9.22	111.34	60.84	3.47	3.68	104692	100.03	168.95
云 浮 Yunfu	7.69	86.96	59.18	2.51	2.58	108071	99.46	151.44

12-21 各市按经济类型分的规模以上工业企业资产（2005年）
Total Assets of Industrial Enterprises above Designated Size by Ownership by City (2005)

单位：亿元 (100 million yuan)

市别 City		资产合计 Total Assets	#国有及国有控股工业 State-owned and State-controlled Industry	集体工业 Collective-owned Industry	股份合作制工业 Share-holding Cooperative Industry	股份制工业 Share-holding Industry	外商投资工业 Foreign Funded Industry	港澳台投资工业 Industry with Funds from Hong Kong, Macao and Taiwan
广州	Guangzhou	4833.84	1885.05	70.83	18.29	1150.99	1593.19	1363.73
深圳	Shenzhen	6981.49	1886.88	12.34	5.57	2034.31	2072.97	2387.50
珠海	Zhuhai	1312.15	237.04	30.14	0.23	261.83	545.85	432.12
汕头	Shantou	757.80	184.48	13.87	16.14	307.80	163.59	142.07
佛山	Foshan	3072.39	385.25	48.30	7.03	1431.23	427.16	788.62
韶关	Shaoguan	482.71	336.98	1.78	9.62	310.69	11.71	73.70
河源	Heyuan	152.61	51.09	3.38	1.29	59.07	4.84	60.98
梅州	Meizhou	286.75	76.34	13.05	0.20	133.23	35.51	35.70
惠州	Huizhou	968.20	141.76	12.11	1.82	61.71	265.08	530.06
汕尾	Shanwei	79.01	20.14	3.09		12.52	4.16	39.22
东莞	Dongguan	3345.33	340.64	125.42	0.09	284.69	907.19	1722.86
中山	Zhongshan	1358.96	94.39	43.82	0.78	263.97	410.79	511.89
江门	Jiangmen	1152.17	249.44	24.52	8.00	234.27	249.12	363.06
阳江	Yangjiang	120.67	24.10	0.68		51.31	7.51	27.46
湛江	Zhanjiang	499.07	166.95	19.36	0.54	151.70	45.32	186.61
茂名	Maoming	360.11	245.83	4.33	1.40	243.79	15.97	15.90
肇庆	Zhaoqing	363.75	120.56	6.02	0.56	114.21	88.28	82.54
清远	Qingyuan	349.37	94.79	4.39	2.26	110.23	25.08	137.66
潮州	Chaozhou	193.50	34.18	1.93	4.29	78.23	10.23	55.20
揭阳	Jieyang	238.72	46.52	8.19		86.70	26.27	51.64
云浮	Yunfu	167.49	54.47	5.86	0.54	37.42	13.59	72.63

12-22 各市规模以上大中型工业企业主要指标（2005年）
Main Indicators of Large and Medium-sized Industrial Enterprises above Designated Size by City (2005)

单位：亿元 (100 million yuan)

市别 City		企业个数 Number of Enterprises	#大型 Large-sized	工业总产值（当年价）Gross Output Value of Industry (at current prices)	#大型 Large-sized	资产总计 Total Assets	#大型 Large-sized
全省合计	**Total**	**4477**	**288**	**24411.45**	**12558.39**	**17969.79**	**7950.73**
广州	Guangzhou	606	43	4259.46	2054.81	3403.23	1433.45
深圳	Shenzhen	1046	86	7817.76	4952.46	5005.10	2711.15
珠海	Zhuhai	157	13	1162.09	725.78	945.10	439.82
汕头	Shantou	89	3	289.40	106.14	308.39	85.45
佛山	Foshan	530	24	2792.05	1315.39	1948.00	926.81
韶关	Shaoguan	47	4	284.03	200.88	336.71	202.40
河源	Heyuan	34	1	104.98	22.62	87.51	23.82
梅州	Meizhou	44	1	125.97	58.71	161.97	41.82
惠州	Huizhou	217	14	1113.90	605.65	660.83	269.92
汕尾	Shanwei	22	1	81.20	42.31	52.91	24.53
东莞	Dongguan	766	53	2794.77	1117.26	2292.33	824.97
中山	Zhongshan	338	22	1250.76	433.47	805.78	267.09
江门	Jiangmen	225	10	754.02	263.17	690.91	244.30
阳江	Yangjiang	33	1	92.07	17.46	56.67	18.06
湛江	Zhanjiang	61	1	282.92	37.05	278.92	35.80
茂名	Maoming	27	2	544.11	450.62	268.93	200.93
肇庆	Zhaoqing	56	3	147.89	51.27	188.15	83.46
清远	Qingyuan	57	2	203.38	39.44	193.42	31.76
潮州	Chaozhou	42	1	101.48	16.30	69.74	16.96
揭阳	Jieyang	48		117.72	20.93	111.04	21.41
云浮	Yunfu	32	3	91.47	26.64	104.14	46.85

注：广东电网公司企业数按1家纳入广州市统计，工业总产值等指标按比例计算计入各市电网公司。

Note: Guangdong Power Grid Company is treated as one enterprise under the jurisdiction of Guangzhou, whereas its other indicators including gross output value of industry are proportioned to the statistics of different cities.

12-23 规模以上工业企业主要经济指标（2005 年）

单位：亿元

项 目	Item	企业单位数（个）Number of Enterprises (unit)	工业总产值（当年价）Gross Industrial Output Value (at current prices)
全省总计	**Provincial Total**	**35157**	**35942.74**
按经济类型分	Grouped by Ownership		
# 国有及国有控股工业	Of the Total: State-owned and State-controlled Industry	1806	6375.54
国有工业	State-owned Industry	1033	2068.75
集体工业	Collective-owned Industry	1272	468.56
股份合作工业	Share-holding Cooperative Industry	331	103.72
股份制工业	Share-holding Industry	12753	9256.47
外商投资工业	Foreign Funded Industry	4416	11167.53
港澳台投资工业	Industry with Funds from Hong Kong, Macao and Taiwan	11292	11708.00
按轻重工业分	Grouped by Light and Heavy Industry		
轻 工 业	Light Industry	20201	14506.76
重 工 业	Heavy Industry	14956	21435.97
按企业规模分	Grouped by Size of Enterprises		
大型企业	Large	288	12558.39
中型企业	Medium	4189	11853.06
小型企业	Small	30680	11531.28
按行业分	Grouped by Sector		
煤炭开采和洗选业	Mining and Washing of Coal	16	3.21
石油和天然气开采业	Extraction of Petroleum and Natural Gas	5	480.26
黑色金属矿采选业	Mining and Dressing of Ferrous Metal Ores	35	27.19
有色金属矿采选业	Mining and Dressing of Nonferrous Metals Ores	35	28.99
非金属矿采选业	Mining and Dressing of Nonmetal Ores	177	41.26
农副食品加工业	Processing of Farm and Sideline Food	720	742.74
食品制造业	Manufacture of Food	595	403.10
饮料制造业	Manufacture of Beverage	187	318.53
烟草制品业	Tobacco Products	10	171.37
纺织业	Textile Industry	2104	1111.04
纺织服装、鞋、帽制造业	Manufacture of Textile Garments, Footwear and Headgear	2474	959.53
皮革、毛皮、羽毛（绒）及其制品业	Feather, Furs, Down and Related Products	1344	692.22
木材加工及木、竹、藤、棕、草制品业	Timber Processing, Bamboo, Cane, Palm Fiber & Straw Products	381	173.12
家具制造业	Manufacture of Furniture	788	406.05
造纸及纸制品业	Papermaking and Paper Products	1280	666.74
印刷业和记录媒介的复制	Printing and Record Medium Reproduction	978	381.11
文教体育用品制造业	Manufacture of Cultural, Educational and Sports Goods	878	488.42
石油加工、炼焦及核燃料加工业	Petroleum Refining, Coking and Nuclear Fuel Processing	89	958.41
化学原料及化学制品制造业	Manufacture of Raw Chemical Materials and Chemical Products	1862	1652.88
医药制造业	Manufacture of Medicines	312	286.75
化学纤维制造业	Manufacture of Chemical Fibers	94	79.83
橡胶制品业	Rubber Products	397	183.39
塑料制品业	Plastic Products	2660	1243.77
非金属矿物制品业	Nonmetal Mineral Products	2017	1053.53
黑色金属冶炼及压延加工业	Smelting and Pressing of Ferrous Metals	280	727.11
有色金属冶炼及压延加工业	Smelting and Pressing of Nonferrous Metals	526	660.21
金属制品业	Metal Products	2929	1467.53
通用设备制造业	Manufacture of General Purpose Equipment	1203	657.38
专用设备制造业	Manufacture of Special Purpose Equipment	1060	538.51
交通运输设备制造业	Manufacture of Transport Equipment	831	1592.42
电气机械及器材制造业	Manufacture of Electrical Machinery and Equipment	3519	3787.67
通信设备、计算机及其他电子设备制造业	Manufacture of Communication Equipment, Computers and Other Electronic Equipment	2980	9831.34
仪器仪表及文化、办公用机械制造业	Manufacture of Instruments, Meters and Machinery for Cultural and Office Use	631	930.57
工艺品及其他制造业	Handicraft and Other Manufactures	918	482.03
废弃资源和废旧材料回收工业	Recycling and Disposal of Waste	76	71.78
电力、热力的生产和供应业	Production and Supply of Electric Power and Heat Power	447	2381.41
燃气生产和供应业	Production and Supply of Gas	47	137.77
水的生产和供应业	Production and Supply of Water	272	123.60

注：工业增加值分行业按企业数汇总与总计不等。

Main Economic Indicators of Industrial Enterprises above Designated Size (2005)

(100 million yuan)

工业增加值 Value-added of Industry	年末资产总计 Total Assets at the Year-end	流动资产年平均余额 Average Balance of Circulating Funds	固定资产净值平均余额 Average Balance of Net Value of Fixed Assets	主营业务收入 Main Business Revenue	主营业务税金及附加 Tax and Extra Charges on Main Business	利润总额 Total Profits	利税总额 Total Pre-tax Profits	本年应交增值税 Value-added Tax Payable in Current Year	全部从业人员年平均人数（万人） Annual Average Number of Employed Persons (10000 persons)
9416.39	**27076.08**	**14411.12**	**8834.68**	**34781.58**	**227.29**	**1693.99**	**2877.81**	**956.53**	**1085.65**
1690.01	6676.89	2621.40	3061.53	6261.70	129.44	387.31	800.26	283.51	69.42
563.00	2503.25	685.83	1393.33	2046.77	74.80	92.70	285.13	117.63	27.63
137.07	453.43	202.16	176.49	447.09	3.31	13.87	30.85	13.67	36.49
27.22	78.66	42.62	28.72	104.33	0.61	3.92	7.92	3.39	4.72
2443.57	7419.91	4042.85	2292.84	9032.68	64.77	401.62	794.97	328.58	255.43
2659.82	6923.40	4076.92	1839.95	10921.60	37.45	534.83	793.05	220.77	221.81
3283.07	9081.14	5009.37	2929.39	11110.07	38.76	605.18	883.52	239.58	490.26
3937.55	10715.47	6196.47	3098.01	14013.39	128.54	555.74	1064.14	379.86	644.48
5478.84	16360.61	8214.65	5736.68	20768.19	98.75	1138.25	1813.67	576.67	441.17
2989.39	7950.73	4238.40	2450.02	12266.35	129.05	572.88	1024.10	322.17	160.45
3125.07	10019.06	5321.37	3206.71	11540.32	40.90	575.33	914.27	298.04	410.88
3301.94	9106.29	4851.35	3177.95	10974.90	57.33	545.78	939.43	336.32	514.32
1.42	2.81	1.16	1.45	3.96	0.04	0.10	0.46	0.32	0.71
449.08	162.37	20.68	59.09	257.11	15.57	177.57	216.20	23.06	0.15
11.67	37.70	18.75	8.48	25.57	0.52	6.85	9.67	2.30	0.66
11.57	24.38	11.20	7.74	30.03	0.28	4.66	6.87	1.93	1.02
13.14	42.59	18.89	14.99	39.77	0.49	2.12	4.17	1.56	2.33
176.93	406.65	247.74	126.34	718.32	2.24	23.58	39.24	13.42	11.64
140.29	374.46	209.41	107.99	400.45	1.01	33.94	58.22	23.27	11.73
118.45	285.47	135.88	101.30	311.98	9.84	22.14	51.00	19.02	4.87
124.78	132.77	84.49	29.09	170.65	65.65	27.34	112.81	19.82	0.71
293.32	917.76	467.40	356.37	1071.21	3.23	22.46	45.82	20.13	59.30
260.13	586.34	360.07	157.29	927.07	3.39	19.47	44.86	22.00	84.69
186.64	453.56	285.14	117.68	666.64	1.89	11.67	24.34	10.78	77.81
42.31	144.60	71.45	53.27	163.79	0.77	8.13	13.91	5.01	6.83
107.72	272.31	172.08	72.39	399.03	0.96	7.89	17.15	8.30	25.25
168.46	655.27	320.48	262.45	644.80	5.00	26.54	48.68	17.14	21.27
106.86	424.12	223.11	156.34	362.18	1.06	19.56	31.42	10.80	18.34
128.69	351.68	214.08	114.64	473.23	0.81	12.18	19.60	6.61	54.08
185.10	419.79	167.60	166.49	914.53	22.90	19.12	79.50	37.48	2.39
525.49	1269.80	710.48	380.50	1642.87	10.78	159.50	255.01	84.73	22.17
113.82	387.45	203.97	105.93	254.10	1.59	19.79	39.07	17.69	7.08
18.88	86.62	39.00	36.86	74.92	0.07	2.19	3.73	1.47	1.76
47.02	167.98	81.50	52.42	177.55	1.01	7.72	12.28	3.55	11.32
298.60	1080.78	583.20	341.37	1222.52	3.45	38.61	66.57	24.51	57.87
308.30	1030.64	458.25	446.12	988.94	5.31	39.74	83.98	38.93	44.23
125.33	592.29	250.98	214.81	703.36	1.27	12.72	28.81	14.82	6.66
154.04	391.17	230.73	115.64	641.33	1.47	20.84	38.02	15.71	9.97
369.01	936.37	582.69	264.92	1438.14	4.35	65.21	109.05	39.49	60.88
171.24	571.21	340.30	144.34	634.88	1.75	34.11	57.28	21.42	22.94
155.20	528.08	322.95	136.41	525.43	1.63	35.73	53.55	16.19	23.03
434.80	1112.32	669.09	282.51	1564.99	33.35	128.36	213.20	51.49	24.06
961.59	2617.81	1645.42	574.04	3636.02	5.82	111.07	190.08	73.19	131.87
2095.27	5623.68	3727.32	1153.89	9599.28	7.45	318.07	465.13	139.61	199.23
205.59	558.93	323.28	143.56	911.65	0.60	31.83	42.83	10.40	28.65
119.35	284.25	178.92	69.49	458.27	1.28	14.52	25.34	9.54	30.41
12.82	23.18	17.36	5.05	69.84	0.27	1.52	3.13	1.34	1.02
694.67	3578.62	862.93	2153.56	2373.16	9.14	197.30	348.37	141.93	13.53
21.56	93.45	40.36	42.52	164.85	0.08	2.27	3.79	1.44	0.68
57.24	446.83	112.78	257.35	119.11	0.99	7.59	14.71	6.13	4.52

Note: The accumulative figure of value-added of industry by sector on the basis of number of enterprises is not equal to the provincial total.

12-24 规模以上国有及国有控股工业企业主要经济指标（2005 年）

单位：亿元

项目	Item	企业单位数（个） Number of Enterprises (unit)	工业总产值（当年价） Gross Industrial Output Value (at current prices)
全省总计	**Provincial Total**	**1806**	**6375.54**
按轻重工业分	Grouped by Light and Heavy Industry		
轻工业	Light Industry	776	1160.26
重工业	Heavy Industry	1030	5215.28
按企业规模分	Grouped by Size of Enterprises		
大型企业	Large	44	4130.40
中型企业	Medium	358	1574.67
小型企业	Small	1404	670.47
按行业分	Grouped by Sector		
煤炭开采和洗选业	Mining and Washing of Coal		
石油和天然气开采业	Extraction of Petroleum and Natural Gas	2	2.84
黑色金属矿采选业	Mining and Dressing of Ferrous Metal Ores	6	15.72
有色金属矿采选业	Mining and Dressing of Nonferrous Metals Ores	14	19.50
非金属矿采选业	Mining and Dressing of Nonmetal Ores	21	7.37
农副食品加工业	Processing of Farm and Sideline Food	121	60.16
食品制造业	Manufacture of Food	58	23.57
饮料制造业	Manufacture of Beverage	43	65.48
烟草制品业	Tobacco Products	7	170.54
纺织业	Textile Industry	57	52.96
纺织服装、鞋、帽制造业	Manufacture of Textile Garments, Footwear and Headgear	27	9.35
皮革、毛皮、羽毛（绒）及其制品业	Feather, Furs, Down and Related Products	8	0.83
木材加工及木、竹、藤、棕、草制品业	Timber Processing, Bamboo, Cane, Palm Fiber & Straw Products	12	4.35
家具制造业	Manufacture of Furniture	11	1.46
造纸及纸制品业	Papermaking and Paper Products	39	64.95
印刷业和记录媒介的复制	Printing and Record Medium Reproduction	86	22.08
文教体育用品制造业	Manufacture of Cultural, Educational and Sports Goods	12	10.89
石油加工、炼焦及核燃料加工业	Petroleum Refining, Coking and Nuclear Fuel Processing	7	704.83
化学原料及化学制品制造业	Manufacture of Raw Chemical Materials and Chemical Products	97	127.26
医药制造业	Manufacture of Medicines	45	82.95
化学纤维制造业	Manufacture of Chemical Fibers	1	9.18
橡胶制品业	Rubber Products	17	32.70
塑料制品业	Plastic Products	33	51.18
非金属矿物制品业	Nonmetal Mineral Products	121	57.73
黑色金属冶炼及压延加工业	Smelting and Pressing of Ferrous Metals	16	270.20
有色金属冶炼及压延加工业	Smelting and Pressing of Nonferrous Metals	22	61.39
金属制品业	Metal Products	48	28.19
通用设备制造业	Manufacture of General Purpose Equipment	59	45.53
专用设备制造业	Manufacture of Special Purpose Equipment	59	22.20
交通运输设备制造业	Manufacture of Transport Equipment	112	636.41
电气机械及器材制造业	Manufacture of Electrical Machinery and Equipment	88	295.66
通信设备、计算机及其他电子设备制造业	Manufacture of Communication Equipment, Computers and Other Electronic Equipment	118	1227.35
仪器仪表及文化、办公用机械制造业	Manufacture of Instruments, Meters and Machinery for Cultural and Office Use	23	11.73
工艺品及其他制造业	Handicraft and Other Manufactures	28	11.89
电力、热力的生产和供应业	Production and Supply of Electric Power and Heat Power	288	2062.26
燃气生产和供应业	Production and Supply of Gas	8	52.57
水的生产和供应业	Production and Supply of Water	92	52.32

Main Economic Indicators of State-owned and State-controlled Industrial Enterprises above Designated Size (2005)

(100 million yuan)

工业增加值 Value-added of Industry	年末资产总计 Total Assets at the Year-end	流动资产年平均余额 Average Balance of Circulating Funds	固定资产净值平均余额 Average Balance of Net Value of Fixed Assets	主营业务收入 Main Business Revenue	主营业务税金及附加 Tax and Extra Charges on Main Business	利润总额 Total Profits	利税总额 Total Pre-tax Profits	本年应交增值税 Value-added Tax Payable in Current Year	全部从业人员年平均人数（万人） Annual Average Number of Employed Persons (10000 persons)
1690. 01	**6676. 89**	**2621. 40**	**3061. 53**	**6261. 70**	**129. 44**	**387. 31**	**800. 26**	**283. 51**	**69. 42**
406. 64	1366. 63	699. 52	466. 40	1093. 74	75. 71	53. 11	183. 47	54. 65	24. 32
1283. 38	5310. 26	1921. 88	2595. 13	5167. 96	53. 73	334. 20	616. 78	228. 85	45. 10
950. 49	3223. 82	1283. 84	1459. 81	4057. 27	112. 98	183. 40	466. 90	170. 52	23. 47
506. 48	2163. 22	921. 54	889. 07	1557. 41	13. 54	146. 03	242. 89	83. 32	27. 38
233. 04	1289. 85	416. 02	712. 65	647. 02	2. 92	57. 88	90. 47	29. 67	18. 57
2. 03	10. 01	0. 66	9. 89	2. 78	0. 09	0. 60	0. 69		0. 09
8. 42	31. 54	15. 79	6. 69	14. 76	0. 31	6. 18	8. 07	1. 58	0. 39
8. 98	20. 94	7. 68	7. 02	19. 84	0. 17	4. 08	5. 55	1. 30	0. 71
3. 59	18. 82	6. 82	6. 07	7. 12	0. 16	0. 13	0. 78	0. 49	1. 15
13. 58	41. 50	19. 74	17. 71	59. 93	0. 30	1. 80	4. 05	1. 95	1. 40
6. 64	41. 07	22. 20	14. 12	22. 66	0. 15	0. 42	1. 81	1. 24	0. 99
25. 23	79. 32	29. 32	30. 12	62. 34	4. 68	5. 01	13. 89	4. 20	0. 97
124. 55	130. 92	84. 32	28. 63	169. 83	65. 65	27. 31	112. 67	19. 71	0. 68
16. 15	70. 48	34. 71	29. 02	46. 26	0. 29	-3. 38	-1. 62	1. 47	2. 69
3. 15	7. 56	4. 43	2. 09	9. 31	0. 05	0. 42	0. 78	0. 31	1. 16
0. 30	7. 36	5. 07	0. 33	0. 77		-0. 13	-0. 08	0. 05	0. 07
1. 35	14. 43	2. 53	10. 99	4. 43	0. 05	-0. 10	0. 15	0. 20	0. 22
0. 53	3. 12	1. 13	1. 81	1. 27	0. 00	-0. 06		0. 06	0. 15
14. 71	138. 45	47. 80	63. 36	62. 55	0. 13	0. 31	3. 10	2. 66	1. 77
10. 13	37. 22	16. 61	14. 65	18. 30	0. 07	0. 51	1. 70	1. 12	1. 04
3. 41	18. 38	10. 53	4. 41	11. 21	0. 07	1. 05	1. 49	0. 37	0. 48
126. 29	295. 31	103. 86	130. 60	682. 38	18. 79	15. 31	67. 36	33. 26	1. 54
28. 27	164. 92	63. 89	78. 27	123. 93	0. 30	1. 89	6. 21	4. 02	3. 35
35. 48	147. 52	88. 02	29. 35	80. 51	0. 55	9. 37	17. 06	7. 14	1. 97
2. 74	6. 43	2. 82	1. 26	8. 51	0. 00	1. 56	1. 90	0. 34	0. 03
8. 76	44. 87	13. 49	20. 99	32. 31	0. 20	2. 11	2. 88	0. 57	0. 90
11. 28	70. 74	32. 05	25. 61	55. 08	0. 08	0. 87	2. 23	1. 28	1. 05
17. 59	87. 79	38. 40	36. 81	58. 45	0. 43	-0. 26	3. 21	3. 04	2. 91
30. 67	283. 70	90. 61	142. 58	273. 43	0. 58	5. 91	11. 72	5. 23	2. 10
7. 88	51. 12	25. 46	21. 29	61. 09	0. 25	1. 12	3. 47	2. 10	0. 88
6. 74	30. 57	15. 93	10. 71	27. 13	0. 13	1. 00	1. 92	0. 79	1. 02
10. 87	67. 81	40. 69	17. 59	43. 93	0. 16	1. 71	3. 45	1. 58	1. 82
6. 37	36. 46	21. 08	10. 03	21. 11	0. 21	1. 00	1. 86	0. 65	1. 04
177. 23	459. 86	297. 43	124. 53	624. 77	24. 34	71. 77	120. 31	24. 20	4. 99
68. 35	189. 87	134. 85	32. 85	265. 33	0. 56	6. 67	13. 05	5. 82	4. 19
270. 59	841. 88	613. 94	139. 75	1207. 98	1. 61	43. 39	72. 30	27. 30	12. 43
4. 52	34. 64	16. 85	5. 64	10. 39	0. 05	1. 24	2. 03	0. 74	0. 45
9. 15	5. 35	3. 13	1. 94	3. 92	0. 02	0. 37	0. 62	0. 23	0. 38
590. 08	2908. 82	642. 68	1817. 01	2064. 80	8. 54	177. 80	311. 32	124. 98	11. 34
6. 40	36. 14	11. 36	17. 94	53. 45	0. 04	1. 51	2. 03	0. 48	0. 38
27. 98	241. 94	55. 53	149. 87	49. 85	0. 44	-1. 17	2. 30	3. 03	2. 70

12-25 规模以上集体工业企业主要经济指标（2005 年）

单位：亿元

项 目	Item	企业单位数（个）Number of Enterprises (unit)	工业总产值（当年价）Gross Industrial Output Value (at current prices)
全省总计	**Provincial Total**	**1272**	**468.56**
按轻重工业分	Grouped by Light and Heavy Industry		
轻 工 业	Light Industry	680	250.37
重 工 业	Heavy Industry	592	218.19
按企业规模分	Grouped by Size of Enterprises		
大型企业	Large	1	7.58
中型企业	Medium	61	136.91
小型企业	Small	1210	324.07
按行业分	Grouped by Sector		
煤炭开采和洗选业	Mining and Washing of Coal	1	0.07
黑色金属矿采选业	Mining and Dressing of Ferrous Metal Ores	6	2.25
有色金属矿采选业	Mining and Dressing of Nonferrous Metals Ores	3	0.47
非金属矿采选业	Mining and Dressing of Nonmetal Ores	40	6.55
农副食品加工业	Processing of Farm and Sideline Food	25	13.04
食品制造业	Manufacture of Food	17	3.74
饮料制造业	Manufacture of Beverage	5	1.67
纺织业	Textile Industry	84	26.72
纺织服装、鞋、帽制造业	Manufacture of Textile Garments, Footwear and Headgear	74	18.38
皮革、毛皮、羽毛（绒）及其制品业	Feather, Furs, Down and Related Products	45	34.00
木材加工及木、竹、藤、棕、草制品业	Timber Processing, Bamboo, Cane, Palm Fiber & Straw Products	10	1.88
家具制造业	Manufacture of Furniture	8	1.42
造纸及纸制品业	Papermaking and Paper Products	61	22.15
印刷业和记录媒介的复制	Printing and Record Medium Reproduction	27	4.96
文教体育用品制造业	Manufacture of Cultural, Educational and Sports Goods	33	23.59
石油加工、炼焦及核燃料加工业	Petroleum Refining, Coking and Nuclear Fuel Processing	3	0.46
化学原料及化学制品制造业	Manufacture of Raw Chemical Materials and Chemical Products	47	12.37
医药制造业	Manufacture of Medicines	7	3.22
化学纤维制造业	Manufacture of Chemical Fibers	4	0.95
橡胶制品业	Rubber Products	19	5.34
塑料制品业	Plastic Products	59	14.68
非金属矿物制品业	Nonmetal Mineral Products	138	43.80
黑色金属冶炼及压延加工业	Smelting and Pressing of Ferrous Metals	9	12.75
有色金属冶炼及压延加工业	Smelting and Pressing of Nonferrous Metals	34	18.65
金属制品业	Metal Products	108	25.14
通用设备制造业	Manufacture of General Purpose Equipment	41	12.43
专用设备制造业	Manufacture of Special Purpose Equipment	21	5.33
交通运输设备制造业	Manufacture of Transport Equipment	26	5.71
电气机械及器材制造业	Manufacture of Electrical Machinery and Equipment	91	32.61
通信设备、计算机及其他电子设备制造业	Manufacture of Communication Equipment, Computers and Other Electronic Equipment	44	20.70
仪器仪表及文化、办公用机械制造业	Manufacture of Instruments, Meters and Machinery for Cultural and Office Use	17	11.33
工艺品及其他制造业	Handicraft and Other Manufactures	34	12.43
废弃资源和废旧材料回收工业	Recycling and Disposal of Waste	4	5.35
电力、热力的生产和供应业	Production and Supply of Electric Power and Heat Power	17	22.41
燃气生产和供应业	Production and Supply of Gas	1	0.60
水的生产和供应业	Production and Supply of Water	109	41.40

Main Economic Indicators of Collective-owned Industrial Enterprises above Designated Size (2005)

(100 million yuan)

工业增加值 Value-added of Industry	年末资产总计 Total Assets at the Year-end	流动资产年平均余额 Average Balance of Circulating Funds	固定资产净值平均余额 Average Balance of Net Value of Fixed Assets	主营业务收入 Main Business Revenue	主营业务税金及附加 Tax and Extra Charges on Main Business	利润总额 Total Profits	利税总额 Total Pre-tax Profits	本年应交增值税 Value-added Tax Payable in Current Year	全部从业人员年平均人数(万人) Annual Average Number of Employed Persons (10000 persons)
137.07	**453.43**	**202.16**	**176.49**	**447.09**	**3.31**	**13.87**	**30.85**	**13.67**	**36.49**
74.10	248.16	113.49	98.89	236.43	1.80	8.03	15.68	5.85	20.84
62.97	205.28	88.67	77.60	210.66	1.52	5.85	15.19	7.82	15.65
1.86	6.73	4.40	1.05	7.58	0.05	0.02	0.07		0.80
43.54	183.88	70.40	62.05	129.21	0.66	4.34	8.02	3.02	11.65
91.68	262.83	127.36	113.39	310.30	2.61	9.51	22.77	10.65	24.04
0.03	0.02	0.02		0.09			0.01	0.01	0.03
0.66	0.81	0.50	0.16	2.08	0.08	0.21	0.46	0.17	0.02
0.16	0.10	0.09	0.04	0.47	0.01	0.02	0.07	0.04	0.04
1.85	2.40	1.54	0.69	6.23	0.10	0.40	0.73	0.23	0.22
2.27	5.43	4.01	2.09	12.85	0.07	0.16	0.76	0.53	0.23
0.85	4.73	2.77	1.51	3.54	0.03	0.14	0.31	0.14	0.18
0.47	2.10	0.79	0.63	1.49		0.14	0.21	0.07	0.09
6.99	11.40	7.44	4.74	25.99	0.15	0.40	1.01	0.46	2.19
5.07	7.96	5.62	2.53	17.53	0.11	0.13	0.68	0.44	2.22
9.67	17.38	12.22	3.43	28.92	0.21	0.26	0.66	0.19	3.72
0.52	0.75	0.55	0.24	1.87	0.01	0.07	0.14	0.06	0.11
0.36	0.53	0.45	0.07	1.34	0.01	0.04	0.07	0.02	0.16
5.18	14.76	7.74	6.15	21.97	0.20	0.60	1.46	0.66	0.85
1.46	3.52	2.04	1.53	4.91	0.03	0.14	0.35	0.18	0.19
6.48	7.16	9.61	3.88	23.73	0.03	0.39	0.63	0.21	2.74
0.15	0.08	0.08	0.01	0.46		0.09	0.11	0.02	0.01
3.11	6.83	4.16	2.05	11.87	0.08	0.67	1.09	0.34	0.43
1.01	2.45	1.11	0.51	2.52	0.01	0.16	0.30	0.13	0.12
0.23	0.46	0.24	0.21	0.89		0.02	0.05	0.03	0.04
1.19	2.26	1.48	0.60	4.77	0.05	0.07	0.42	0.30	0.51
4.14	7.47	4.49	2.17	13.53	0.16	0.45	1.04	0.43	0.95
11.85	50.10	19.26	26.26	41.76	0.38	0.32	2.68	1.98	2.29
3.64	4.29	2.25	1.29	12.38	0.03	1.22	1.46	0.21	0.43
4.58	7.10	3.50	2.73	18.74	0.08	0.04	1.59	1.47	0.40
5.97	16.33	10.40	5.49	24.13	0.15	0.47	1.33	0.71	1.52
3.51	7.23	4.32	1.84	12.16	0.20	0.62	1.31	0.49	0.90
1.55	3.43	2.34	0.90	5.40	0.07	0.15	0.34	0.12	0.47
1.54	5.48	3.17	1.06	5.45	0.04	0.28	0.57	0.25	0.35
9.77	40.95	22.05	14.03	30.94	0.22	-0.12	0.86	0.76	4.32
9.09	15.64	6.26	7.56	20.70	0.10	0.59	1.06	0.37	6.38
5.62	4.05	2.27	2.45	9.25	0.09	0.45	0.61	0.07	1.78
3.53	4.14	3.03	0.91	11.43	0.11	0.19	0.45	0.15	1.09
1.20	1.61	1.20	0.30	5.20	0.03	0.39	0.49	0.07	0.05
6.17	71.28	20.30	19.49	21.08	0.07	0.48	1.33	0.78	0.34
0.15	0.16	0.13	0.04	0.62			0.02	0.02	
17.04	123.06	34.72	58.89	40.76	0.40	4.22	6.16	1.54	1.12

12-26 规模以上股份合作工业企业主要经济指标（2005 年）

单位：亿元

项　　目	Item	企业单位数（个）Number of Enterprises (unit)	工业总产值（当年价）Gross Industrial Output Value (at current prices)
全省总计	**Provincial Total**	**331**	**103.72**
按轻重工业分	Grouped by Light & Heavy Industry		
轻 工 业	Light Industry	167	44.68
重 工 业	Heavy Industry	164	59.04
按企业规模分	Grouped by Size of Enterprises		
大型企业	Large		
中型企业	Medium	9	17.80
小型企业	Small	322	85.92
按行业分	Grouped by Sector		
煤炭开采和洗选业	Mining and Washing of Coal	1	0.25
黑色金属矿采选业	Mining and Dressing of Ferrous Metal Ores		
有色金属矿采选业	Mining and Dressing of Nonferrous Metals Ores		
非金属矿采选业	Mining and Dressing of Nonmetal Ores		
农副食品加工业	Processing of Farm and Sideline Food	9	5.68
食品制造业	Manufacture of Food	4	0.28
饮料制造业	Manufacture of Beverage	2	0.13
烟草制品业	Tobacco Products		
纺织业	Textile Industry	16	5.37
纺织服装、鞋、帽制造业	Manufacture of Textile Garments, Footwear and Headgear	19	7.47
皮革、毛皮、羽毛（绒）及其制品业	Feather, Furs, Down and Related Products	1	0.25
木材加工及木、竹、藤、棕、草制品业	Timber Processing, Bamboo, Cane, Palm Fiber & Straw Products	1	0.14
家具制造业	Manufacture of Furniture	6	1.33
造纸及纸制品业	Papermaking and Paper Products	11	1.72
印刷业和记录媒介的复制	Printing and Record Medium Reproduction	18	2.17
文教体育用品制造业	Manufacture of Cultural, Educational and Sports Goods	3	0.49
石油加工、炼焦及核燃料加工业	Petroleum Refining, Coking and Nuclear Fuel Processing	1	1.15
化学原料及化学制品制造业	Manufacture of Raw Chemical Materials and Chemical Products	20	6.46
医药制造业	Manufacture of Medicines	6	1.84
化学纤维制造业	Manufacture of Chemical Fibers	1	0.14
橡胶制品业	Rubber Products	2	0.39
塑料制品业	Plastic Products	21	5.43
非金属矿物制品业	Nonmetal Mineral Products	27	8.67
黑色金属冶炼及压延加工业	Smelting and Pressing of Ferrous Metals	1	0.36
有色金属冶炼及压延加工业	Smelting and Pressing of Nonferrous Metals	7	2.75
金属制品业	Metal Products	32	17.46
通用设备制造业	Manufacture of General Purpose Equipment	20	3.11
专用设备制造业	Manufacture of Special Purpose Equipment	17	6.01
交通运输设备制造业	Manufacture of Transport Equipment	13	3.37
电气机械及器材制造业	Manufacture of Electrical Machinery and Equipment	30	9.57
通信设备、计算机及其他电子设备制造业	Manufacture of Communication Equipment, Computers and Other Electronic Equipment	18	4.43
仪器仪表及文化、办公用机械制造业	Manufacture of Instruments, Meters and Machinery for Cultural and Office Use	4	1.51
工艺品及其他制造业	Handicraft and Other Manufactures	7	2.03
电力、热力的生产和供应业	Production and Supply of Electric Power and Heat Power	9	2.21
燃气生产和供应业	Production and Supply of Gas	3	1.48
水的生产和供应业	Production and Supply of Water	1	0.07

Main Economic Indicators of Share-holding Cooperative Industrial Enterprises above Designated Size (2005)

(100 million yuan)

工业增加值 Value-added of Industry	年末资产总计 Total Assets at the Year-end	流动资产年平均余额 Average Balance of Circulating Funds	固定资产净值平均余额 Average Balance of Net Value of Fixed Assets	主营业务收入 Main Business Revenue	主营业务税金及附加 Tax and Extra Charges on Main Business	利润总额 Total Profits	利税总额 Total Pre-tax Profits	本年应交增值税 Value-added Tax Payable in Current Year	全部从业人员年平均人数(万人) Annual Average Number of Employed Persons (10000 persons)
27.22	**78.66**	**42.62**	**28.72**	**104.33**	**0.61**	**3.92**	**7.92**	**3.39**	**4.72**
11.64	27.87	14.96	10.95	41.78	0.20	1.06	2.71	1.45	2.46
15.59	50.79	27.67	17.77	62.55	0.41	2.86	5.20	1.93	2.26
4.88	11.72	7.83	2.32	17.58	0.12	1.58	2.28	0.58	0.68
22.34	66.94	34.79	26.40	86.76	0.49	2.34	5.64	2.81	4.04
0.15	0.09	0.01	0.05	0.25		0.03	0.06	0.03	0.05
1.50	2.29	1.54	0.59	5.03		0.11	0.21	0.10	0.11
0.06	0.26	0.15	0.07	0.26		0.01	0.02	0.01	0.02
0.03	0.09	0.06	0.04	0.11			0.01	0.01	0.01
1.33	5.02	2.32	2.97	5.07	0.05	0.15	0.35	0.15	0.19
2.36	4.28	1.62	2.68	6.58	0.02	0.21	0.41	0.18	0.56
0.05	0.08	0.07	0.02	0.25		0.01	0.02	0.01	0.05
0.04	0.04	0.03	0.01	0.14			0.01	0.01	0.01
0.24	0.55	0.45	0.16	1.28			0.04	0.04	0.06
0.39	0.99	0.60	0.28	1.72	0.01	0.04	0.10	0.05	0.09
0.51	1.92	0.95	0.71	2.11	0.02	0.07	0.16	0.07	0.10
0.11	0.23	0.14	0.07	0.46		0.01	0.03	0.02	0.04
0.26	0.18	0.18	0.03	1.19	0.07	0.03	0.11	0.01	…
1.51	7.05	4.45	1.15	6.36	0.05	0.32	0.67	0.30	0.24
0.87	1.96	0.98	0.72	1.70	0.02	0.12	0.27	0.13	0.13
0.03	0.14	0.08	0.03	0.13			0.01	0.01	0.01
0.09	0.11	0.09	0.01	0.40		0.01	0.01		0.01
1.08	3.06	1.61	1.21	5.11	0.02	0.08	0.23	0.13	0.23
2.02	4.64	2.67	1.31	8.35	0.06	0.20	0.68	0.42	0.49
0.12	0.13	0.11	0.02	0.36		0.03	0.11	0.08	0.01
0.68	0.96	0.68	0.31	2.52		0.27	0.31	0.04	0.07
3.60	9.21	6.49	2.00	16.61	0.11	0.99	1.35	0.25	0.57
0.71	2.60	1.26	0.76	2.66	0.02	0.06	0.18	0.10	0.18
1.46	4.73	3.12	1.36	6.05	0.02	0.62	0.96	0.32	0.30
1.07	2.60	1.39	0.43	3.39	0.01	0.18	0.27	0.08	0.13
2.65	6.92	4.38	1.84	8.92	0.05	0.14	0.53	0.34	0.34
1.74	4.60	3.79	0.42	6.32	0.01	0.06	0.25	0.18	0.14
0.32	0.59	0.53	0.01	1.49	0.01	0.06	0.13	0.06	0.07
0.79	1.19	0.69	0.20	2.02	0.01	-0.01	0.07	0.07	0.37
1.01	10.48	1.45	8.72	2.17	0.03	0.05	0.19	0.11	0.09
0.41	0.75	0.52	0.19	5.24		0.07	0.13	0.06	0.03
0.02	0.91	0.21	0.37	0.07		-0.02	-0.02		0.01

12-27 规模以上股份制工业企业主要经济指标（2005 年）

单位：亿元

项目	Item	企业单位数（个）Number of Enterprises (unit)	工业总产值（当年价）Gross Industrial Output Value (at current prices)
全省总计	**Provincial Total**	**12753**	**9256.47**
按轻重工业分	Grouped by Light and Heavy Industry		
轻工业	Light Industry	7012	4036.61
重工业	Heavy Industry	5741	5219.86
按企业规模分	Grouped by Size of Enterprises		
大型企业	Large	44	2758.62
中型企业	Medium	944	2567.55
小型企业	Small	11765	3930.30
按行业分	Grouped by Sector		
煤炭开采和洗选业	Mining and Washing of Coal	13	2.48
黑色金属矿采选业	Mining and Dressing of Ferrous Metal Ores	18	22.64
有色金属矿采选业	Mining and Dressing of Nonferrous Metals Ores	21	21.44
非金属矿采选业	Mining and Dressing of Nonmetal Ores	34	7.06
农副食品加工业	Processing of Farm and Sideline Food	313	308.92
食品制造业	Manufacture of Food	251	89.76
饮料制造业	Manufacture of Beverage	76	74.36
烟草制品业	Tobacco Products	4	1.56
纺织业	Textile Industry	659	241.99
纺织服装、鞋、帽制造业	Manufacture of Textile Garments, Footwear and Headgear	717	270.56
皮革、毛皮、羽毛（绒）及其制品业	Feather, Furs, Down and Related Products	306	80.92
木材加工及木、竹、藤、棕、草制品业	Timber Processing, Bamboo, Cane, Palm Fiber & Straw Products	141	70.94
家具制造业	Manufacture of Furniture	250	92.01
造纸及纸制品业	Papermaking and Paper Products	561	187.26
印刷业和记录媒介的复制	Printing and Record Medium Reproduction	473	125.48
文教体育用品制造业	Manufacture of Cultural, Educational and Sports Goods	191	72.32
石油加工、炼焦及核燃料加工业	Petroleum Refining, Coking and Nuclear Fuel Processing	53	807.14
化学原料及化学制品制造业	Manufacture of Raw Chemical Materials and Chemical Products	842	445.34
医药制造业	Manufacture of Medicines	159	148.14
化学纤维制造业	Manufacture of Chemical Fibers	21	11.95
橡胶制品业	Rubber Products	118	59.20
塑料制品业	Plastic Products	884	305.76
非金属矿物制品业	Nonmetal Mineral Products	913	498.20
黑色金属冶炼及压延加工业	Smelting and Pressing of Ferrous Metals	122	282.96
有色金属冶炼及压延加工业	Smelting and Pressing of Nonferrous Metals	265	326.94
金属制品业	Metal Products	1146	407.30
通用设备制造业	Manufacture of General Purpose Equipment	501	208.19
专用设备制造业	Manufacture of Special Purpose Equipment	453	150.49
交通运输设备制造业	Manufacture of Transport Equipment	316	194.16
电气机械及器材制造业	Manufacture of Electrical Machinery and Equipment	1425	1665.80
通信设备、计算机及其他电子设备制造业	Manufacture of Communication Equipment, Computers and Other Electronic Equipment	855	1463.44
仪器仪表及文化、办公用机械制造业	Manufacture of Instruments, Meters and Machinery for Cultural and Office Use	160	69.94
工艺品及其他制造业	Handicraft and Other Manufactures	265	153.93
废弃资源和废旧材料回收工业	Recycling and Disposal of Waste	45	47.51
电力、热力的生产和供应业	Production and Supply of Electric Power and Heat Power	95	304.16
燃气生产和供应业	Production and Supply of Gas	13	5.71
水的生产和供应业	Production and Supply of Water	74	30.51

Main Economic Indicators of Share-holding Industrial Enterprises above Designated Size (2005)

(100 million yuan)

工业增加值 Value-added of Industry	年末资产总计 Total Assets at the Year-end	流动资产年平均余额 Average Balance of Circulating Funds	固定资产净值平均余额 Average Balance of Net Value of Fixed Assets	主营业务收入 Main Business Revenue	主营业务税金及附加 Tax and Extra Charges on Main Business	利润总额 Total Profits	利税总额 Total Pre-tax Profits	本年应交增值税 Value-added Tax Payable in Current Year	全部从业人员年平均人数（万人） Annual Average Number of Employed Persons (10000 persons)
2443.57	**7419.91**	**4042.85**	**2292.84**	**9032.68**	**64.77**	**401.62**	**794.97**	**328.58**	**255.43**
1036.37	2843.19	1680.07	752.80	3860.78	24.88	122.80	254.81	107.13	141.85
1407.20	4576.72	2362.78	1540.04	5171.90	39.88	278.81	540.15	221.46	113.58
718.53	2217.38	1336.04	555.95	2753.00	28.29	133.07	269.15	107.79	30.48
725.24	2345.76	1229.33	703.37	2484.15	15.61	134.90	235.34	84.83	68.90
999.80	2856.77	1477.49	1033.52	3795.53	20.87	133.65	290.48	135.96	156.05
1.09	2.26	1.03	1.10	3.17	0.04	0.08	0.37	0.25	0.56
10.48	34.49	17.29	7.91	21.52	0.42	6.66	9.09	2.01	0.55
9.03	17.09	7.60	6.69	22.44	0.25	3.52	5.47	1.70	0.75
2.22	14.26	5.04	3.23	6.88	0.10	0.29	0.68	0.29	0.53
68.17	167.20	97.03	52.65	296.01	1.02	8.66	15.31	5.63	5.38
23.77	71.74	43.47	21.02	88.20	0.43	2.62	6.65	3.60	3.60
26.88	64.98	30.18	21.21	72.89	6.58	3.54	14.65	4.53	1.61
0.72	4.59	0.96	1.79	1.69	0.02	0.16	0.42	0.24	0.09
62.60	173.35	79.11	75.11	234.31	1.18	4.93	12.02	5.91	12.50
70.96	146.81	90.31	38.97	259.29	1.44	7.10	15.01	6.47	17.51
20.40	36.54	23.22	10.44	79.03	0.43	1.63	4.25	2.19	6.81
16.02	66.36	27.36	25.61	69.01	0.55	4.61	7.62	2.46	2.11
24.16	41.52	25.98	10.56	88.66	0.45	2.46	5.86	2.95	5.04
43.09	154.03	77.33	53.94	182.65	1.12	3.35	10.38	5.91	7.12
32.82	125.88	62.35	47.10	119.39	0.52	4.80	9.54	4.22	5.62
18.15	48.18	27.71	15.12	64.01	0.33	2.66	4.93	1.94	4.58
158.33	336.86	122.59	150.00	782.64	19.40	19.41	74.74	35.93	2.05
102.35	323.08	167.16	100.50	438.23	3.01	16.58	32.84	13.25	8.54
58.81	225.05	119.98	56.57	136.66	1.12	10.44	21.26	9.70	3.99
2.60	5.55	3.93	1.26	11.11	0.02	0.00	0.22	0.20	0.35
15.17	61.22	23.07	23.90	57.67	0.35	3.16	4.90	1.39	2.01
73.66	259.13	138.22	78.63	309.41	1.19	11.41	21.05	8.45	12.42
137.86	406.83	183.52	159.66	462.00	2.88	15.74	36.85	18.23	19.75
62.02	200.13	74.30	90.57	264.33	0.98	7.55	17.45	8.92	3.55
77.82	185.23	113.11	57.13	318.45	1.22	10.39	19.91	8.30	5.45
102.98	221.35	140.07	67.06	400.05	1.80	14.08	33.49	17.61	18.30
52.86	186.87	115.22	39.71	197.75	0.85	6.30	13.89	6.74	8.54
44.00	151.48	91.54	36.01	143.41	0.79	6.92	13.06	5.35	6.83
47.89	161.89	102.51	39.13	192.29	3.24	4.91	13.43	5.28	6.30
429.03	1127.19	753.12	200.72	1584.42	4.29	50.47	90.54	35.78	40.18
429.29	1332.33	976.98	205.27	1533.09	5.38	96.62	166.28	64.28	30.65
20.35	90.70	48.25	22.62	66.25	0.31	4.60	7.68	2.77	2.68
29.43	62.77	42.35	12.49	141.77	0.46	3.06	6.33	2.81	5.93
8.40	16.10	12.22	3.34	45.49	0.21	0.42	1.68	1.05	0.74
145.34	807.14	174.00	505.53	304.04	2.21	58.68	91.28	30.39	1.94
1.23	3.84	2.29	0.81	5.67	0.02	0.07	0.27	0.18	0.05
13.57	85.91	22.45	49.51	28.77	0.16	3.71	5.52	1.65	0.81

12-28 规模以上“三资”工业企业主要经济指标（2005年）

单位：亿元

项目	Item	企业单位数（个） Number of Enterprises (unit)	工业总产值（当年价） Gross Industrial Output Value (at current prices)
全省总计	**Provincial Total**	**15708**	**22875.53**
按经济类型分	Grouped by Ownership		
外商投资工业	Foreign Funded Industry	4416	11167.53
港澳台投资工业	Industry with Funds from Hong Kong, Macao and Taiwan	11292	11708.00
按轻重工业分	Grouped by Light and Heavy Industry		
轻 工 业	Light Industry	9497	9196.26
重 工 业	Heavy Industry	6211	13679.27
按企业规模分	Grouped by Size of Enterprises		
大型企业	Large	231	8193.09
中型企业	Medium	2965	8629.02
小型企业	Small	12512	6053.42
按行业分	Grouped by Sector		
煤炭开采和洗选业	Mining and Washing of Coal	1	0.41
石油和天然气开采业	Extraction of Petroleum and Natural Gas	4	479.89
黑色金属矿采选业	Mining and Dressing of Ferrous Metal Ores	1	0.50
有色金属矿采选业	Mining and Dressing of Nonferrous Metals Ores	1	0.30
非金属矿采选业	Mining and Dressing of Nonmetal Ores	27	8.53
农副食品加工业	Processing of Farm and Sideline Food	209	361.77
食品制造业	Manufacture of Food	225	270.19
饮料制造业	Manufacture of Beverage	74	233.86
烟草制品业	Tobacco Products	1	0.17
纺织业	Textile Industry	1062	733.40
纺织服装、鞋、帽制造业	Manufacture of Textile Garments, Footwear and Headgear	1407	587.40
皮革、毛皮、羽毛（绒）及其制品业	Feather, Furs, Down and Related Products	870	553.30
木材加工及木、竹、藤、棕、草制品业	Timber Processing, Bamboo, Cane, Palm Fiber & Straw Products	153	86.76
家具制造业	Manufacture of Furniture	396	275.32
造纸及纸制品业	Papermaking and Paper Products	440	415.89
印刷业和记录媒介的复制	Printing and Record Medium Reproduction	260	217.33
文教体育用品制造业	Manufacture of Cultural, Educational and Sports Goods	602	374.62
石油加工、炼焦及核燃料加工业	Petroleum Refining, Coking and Nuclear Fuel Processing	18	133.27
化学原料及化学制品制造业	Manufacture of Raw Chemical Materials and Chemical Products	722	1102.53
医药制造业	Manufacture of Medicines	114	120.10
化学纤维制造业	Manufacture of Chemical Fibers	55	63.63
橡胶制品业	Rubber Products	216	109.18
塑料制品业	Plastic Products	1315	836.04
非金属矿物制品业	Nonmetal Mineral Products	513	370.62
黑色金属冶炼及压延加工业	Smelting and Pressing of Ferrous Metals	77	398.20
有色金属冶炼及压延加工业	Smelting and Pressing of Nonferrous Metals	134	268.29
金属制品业	Metal Products	1046	875.65
通用设备制造业	Manufacture of General Purpose Equipment	421	382.68
专用设备制造业	Manufacture of Special Purpose Equipment	455	342.68
交通运输设备制造业	Manufacture of Transport Equipment	347	1336.68
电气机械及器材制造业	Manufacture of Electrical Machinery and Equipment	1559	1950.14
通信设备、计算机及其他电子设备制造业	Manufacture of Communication Equipment, Computers and Other Electronic Equipment	1918	8253.87
仪器仪表及文化、办公用机械制造业	Manufacture of Instruments, Meters and Machinery for Cultural and Office Use	430	844.24
工艺品及其他制造业	Handicraft and Other Manufactures	495	254.70
废弃资源和废旧材料回收工业	Production and Supply of Electric Power and Heat Power	11	11.75
电力、热力的生产和供应业	Production and Supply of Gas	102	495.52
燃气生产和供应业	Production and Supply of Water	21	109.45
水的生产和供应业	Production and Supply of Tap Water	6	16.66

Main Indictors of Foreign Funded Industrial Enterprises above Designated Size (2005)

(100 million yuan)

工业增加值 Value-added of Industry	年末资产总计 Total Assets at the Year-end	流动资产年平均余额 Average Balance of Circulating Funds	固定资产净值平均余额 Average Balance of Net Value of Fixed Assets	主营业务收入 Main Business Revenue	主营业务税金及附加 Tax and Extra Charges on Main Business	利润总额 Total Profits	利税总额 Total Pre-tax Profits	本年应交增值税 Value-added Tax Payable in Current Year	全部从业人员年平均人数（万人） Annual Average Number of Employed Persons (10000 persons)
5942.88	**16004.54**	**9086.29**	**4769.34**	**22031.66**	**76.21**	**1140.02**	**1676.58**	**460.35**	**712.06**
2659.82	6923.40	4076.92	1839.95	10921.60	37.45	534.83	793.05	220.77	221.81
3283.07	9081.14	5009.37	2929.39	11110.07	38.76	605.18	883.52	239.58	490.26
2462.64	6810.33	3985.98	1946.47	8941.34	30.35	373.20	625.38	221.83	437.94
3480.24	9194.22	5100.31	2822.87	13090.33	45.85	766.82	1051.19	238.52	274.12
1871.18	4056.16	2510.94	911.41	7922.28	36.24	367.24	528.76	125.28	122.46
2191.18	6786.16	3756.07	2142.64	8405.64	14.49	405.93	604.35	183.93	312.95
1880.52	5162.22	2819.29	1715.29	5703.75	25.47	366.85	543.45	151.13	276.65
0.15	0.44	0.10	0.31	0.45		-0.01	-0.01	0.03	0.08
448.80	162.23	20.56	58.98	256.81	15.56	177.52	216.14	23.06	0.07
0.12	0.40	0.21	0.05	0.41		-0.02	-0.01	0.01	0.02
0.08	0.30	0.11	0.01	0.30		0.07	0.07		0.01
2.12	8.27	4.04	2.65	8.43	0.03	0.39	0.63	0.21	0.22
89.69	202.19	130.03	57.57	351.83	0.75	12.18	18.49	5.56	4.73
99.18	251.18	143.20	76.25	272.56	0.41	28.47	47.13	18.25	6.45
88.98	191.16	97.61	72.58	228.45	2.99	18.13	35.18	14.06	2.82
0.01	0.04	0.04	0.01	0.20			0.01	0.01	0.01
196.04	657.19	342.72	244.47	710.99	1.18	15.21	27.86	11.47	39.09
161.90	395.82	241.32	103.70	570.27	1.31	10.14	24.51	13.06	59.40
150.30	390.17	243.71	100.97	536.00	1.11	9.24	18.17	7.82	65.19
21.85	72.06	40.07	25.44	80.08	0.07	3.18	5.23	1.98	3.68
73.47	213.58	135.90	55.13	273.81	0.25	4.13	8.55	4.17	18.22
109.44	454.97	217.27	192.49	400.31	3.35	21.51	34.26	9.40	11.22
60.47	260.78	142.44	93.68	208.76	0.27	13.43	18.83	5.13	10.77
100.32	290.15	171.88	93.37	367.97	0.39	8.22	12.82	4.21	45.80
22.00	77.47	41.31	15.24	112.99	3.04	-0.68	2.91	0.55	0.20
399.70	841.21	498.52	237.31	1105.15	7.23	140.94	216.98	68.81	10.34
49.04	138.82	68.86	43.74	101.01	0.36	7.86	14.92	6.70	2.43
15.04	79.18	33.85	34.68	59.63	0.01	1.96	3.13	1.16	1.24
28.27	99.58	54.38	25.83	105.98	0.55	4.29	6.44	1.60	8.39
198.91	769.88	415.95	244.99	816.41	1.63	23.03	37.92	13.26	40.44
118.69	477.62	206.02	219.71	350.75	0.57	19.78	34.13	13.78	15.04
50.75	363.72	165.43	115.13	396.12	0.06	3.08	7.83	4.69	2.10
59.58	175.37	98.23	51.45	259.59	0.05	9.15	13.83	4.63	3.18
218.98	626.25	381.91	171.88	856.93	1.07	43.92	60.72	15.73	33.89
101.58	341.08	197.69	94.18	373.51	0.45	25.50	38.17	12.22	11.08
98.29	339.09	209.94	89.25	338.08	0.41	25.88	35.62	9.33	13.88
374.35	843.75	499.16	214.81	1317.82	29.74	123.57	198.10	44.79	14.84
489.05	1379.36	822.63	342.25	1888.60	0.77	57.63	91.45	33.05	81.57
1634.09	4165.30	2698.37	929.27	7952.94	1.66	217.35	291.29	72.28	158.31
178.05	455.88	267.98	116.47	831.35	0.19	26.72	34.28	7.37	23.82
69.99	193.05	116.85	51.04	253.02	0.58	9.72	15.83	5.53	21.08
1.55	3.28	2.32	0.99	12.00		0.30	0.41	0.11	0.11
206.48	942.96	315.74	525.54	484.24	0.12	73.91	98.74	24.71	1.75
16.77	63.29	29.32	27.51	131.89	0.03	2.35	3.21	0.08	0.33
8.80	77.48	30.62	40.41	16.04	0.01	1.97	2.76	0.08	0.25

12-29 规模以上大中型工业企业主要经济指标（2005 年）

单位：亿元

项目	Item	企业单位数（个）Number of Enterprises (unit)	工业总产值（当年价）Gross Industrial Output Value (at current prices)
全省总计	**Provincial Total**	**4477**	**24411.45**
按轻重工业分	Grouped by Light & Heavy Industry		
轻工业	Light Industry	2427	8842.90
重工业	Heavy Industry	2050	15568.55
按企业规模分	Grouped by Size of Enterprises		
大型企业	Large	288	12558.39
中型企业	Medium	4189	11853.06
按行业分	Grouped by Sector		
煤炭开采和洗选业	Mining and Washing of Coal	2	1.08
石油和天然气开采业	Extraction of Petroleum and Natural Gas		
黑色金属矿采选业	Mining and Dressing of Ferrous Metal Ores	2	14.49
有色金属矿采选业	Mining and Dressing of Nonferrous Metals Ores	6	18.48
非金属矿采选业	Mining and Dressing of Nonmetal Ores	5	8.25
农副食品加工业	Processing of Farm and Sideline Food	72	235.41
食品制造业	Manufacture of Food	71	254.37
饮料制造业	Manufacture of Beverage	36	233.26
烟草制品业	Tobacco Products	4	170.47
纺织业	Textile Industry	245	561.38
纺织服装、鞋、帽制造业	Manufacture of Textile Garments, Footwear and Headgear	211	344.65
皮革、毛皮、羽毛（绒）及其制品业	Feather, Furs, Down and Related Products	179	389.30
木材加工及木、竹、藤、棕、草制品业	Timber Processing Bamboo, Cane, Palm Fiber & Straw Products	30	79.70
家具制造业	Manufacture of Furniture	104	206.88
造纸及纸制品业	Papermaking and Paper Products	99	306.90
印刷业和记录媒介的复制	Printing and Record Medium Reproduction	86	175.91
文教体育用品制造业	Manufacture of Cultural, Educational and Sports Goods	165	302.61
石油加工、炼焦及核燃料加工业	Petroleum Refining, Coking and Nuclear Fuel Processing	8	849.66
化学原料及化学制品制造业	Manufacture of Raw Chemical Materials and Chemical Products	101	790.71
医药制造业	Manufacture of Medicines	64	174.45
化学纤维制造业	Manufacture of Chemical Fibers	12	46.77
橡胶制品业	Rubber Products	44	89.97
塑料制品业	Plastic Products	264	492.81
非金属矿物制品业	Nonmetal Mineral Products	219	487.38
黑色金属冶炼及压延加工业	Smelting and Pressing of Ferrous Metals	31	449.89
有色金属冶炼及压延加工业	Smelting and Pressing of Nonferrous Metals	67	391.58
金属制品业	Metal Products	222	587.01
通用设备制造业	Manufacture of General Purpose Equipment	115	371.14
专用设备制造业	Manufacture of Special Purpose Equipment	109	279.70
交通运输设备制造业	Manufacture of Transport Equipment	153	1340.74
电气机械及器材制造业	Manufacture of Electrical Machinery and Equipment	578	2721.30
通信设备、计算机及其他电子设备制造业	Manufacture of Communication Equipment, Computers and Other Electronic Equipment	847	9008.51
仪器仪表及文化、办公用机械制造业	Manufacture of Instruments, Meters and Machinery for Cultural and Office Use	123	764.76
工艺品及其他制造业	Handicraft and Other Manufactures	83	214.05
废弃资源和废旧材料回收工业	Recycling and Disposal of Waste	4	14.04
电力、热力的生产和供应业	Production and Supply of Electric Power and Heat Power	89	1960.28
燃气生产和供应业	Production and Supply of Gas	3	18.88
水的生产和供应业	Production and Supply of Water	24	54.67

Main Economic Indicators Of Large and Medium-Sized Industrial Enterprises above Designated Size (2005)

(100 million yuan)

工业增加值 Value-added of Industry	年末资产总计 Total Assets at the Year-end	流动资产年平均余额 Average Balance of Circulating Funds	固定资产净值平均余额 Average Balance of Net Value of Fixed Assets	主营业务收入 Main Business Revenue	主营业务税金及附加 Tax and Extra Charges on Main Business	利润总额 Total Profits	利税总额 Total Pre-tax Profits	本年应交增值税 Value-added Tax Payable in Current Year	全部从业人员年平均人数(万人) Annual Average Number of Employed Persons (10000 persons)
6114.46	**17969.79**	**9559.77**	**5656.74**	**23806.68**	**169.95**	**1148.21**	**1938.37**	**620.21**	**571.33**
2479.33	6755.08	3890.81	1861.03	8564.89	104.59	393.32	730.59	232.68	316.10
3635.12	11214.71	5668.96	3795.71	15241.79	65.36	754.89	1207.78	387.53	255.24
2989.39	7950.73	4238.40	2450.02	12266.35	129.05	572.88	1024.10	322.17	160.45
3125.07	10019.06	5321.37	3206.71	11540.32	40.90	575.33	914.27	298.04	410.88
0.39	1.16	0.18	0.86	1.14	0.01	0.05	0.16	0.10	0.11
									0.35
8.07	29.44	15.03	6.38	13.30	0.29	6.00	7.76	1.47	0.65
8.38	18.44	7.32	6.78	19.61	0.18	3.85	5.32	1.29	0.74
3.66	10.42	4.98	4.63	7.83	0.09	0.53	1.08	0.46	5.10
67.43	159.16	92.52	48.32	231.24	1.03	11.24	17.78	5.51	5.91
99.53	234.46	124.68	67.99	254.31	0.38	29.12	46.86	17.36	3.10
87.02	183.00	88.48	64.47	233.57	8.36	14.63	36.53	13.54	0.67
124.52	130.73	84.28	28.57	169.77	65.64	27.32	112.66	19.70	25.04
153.74	504.16	261.24	183.19	540.58	1.04	9.60	19.11	8.47	27.29
93.75	263.44	148.75	71.83	328.04	0.61	9.05	17.17	7.51	42.38
105.68	271.97	166.68	71.59	375.33	1.12	7.04	13.04	4.88	1.94
17.19	68.23	33.39	21.34	73.46	0.32	4.84	7.25	2.09	12.97
55.99	161.67	99.21	41.50	205.60	0.29	3.72	6.78	2.77	8.30
77.60	388.28	157.04	182.92	298.66	3.29	12.73	23.44	7.42	8.59
49.11	200.09	110.92	71.91	167.11	0.37	11.99	16.61	4.25	31.59
79.92	229.52	137.02	76.10	297.54	0.30	9.55	13.34	3.49	1.89
152.34	364.39	138.92	145.65	806.63	21.75	13.70	69.88	34.43	8.12
318.01	597.38	326.11	170.46	795.22	7.41	114.89	179.28	56.98	4.04
73.94	237.93	129.95	59.87	156.15	1.05	15.04	28.27	12.18	0.89
12.17	52.22	21.60	23.97	42.62	0.03	2.39	3.29	0.87	5.09
23.79	99.04	40.60	35.55	87.64	0.66	5.87	7.80	1.27	23.19
118.38	513.35	258.93	152.82	485.48	1.24	15.43	24.08	7.41	16.06
155.65	522.58	219.71	236.57	457.06	2.02	25.33	44.14	16.79	3.94
67.27	449.67	162.99	174.66	440.51	0.79	6.68	16.98	9.51	4.89
95.39	240.89	146.14	71.77	376.71	0.85	14.36	22.07	6.86	21.50
149.34	402.72	245.09	114.73	574.58	0.76	36.30	47.08	10.02	9.94
98.76	333.20	192.56	84.58	360.39	0.73	21.94	33.93	11.26	10.24
81.93	276.32	166.97	70.01	274.69	0.65	24.29	32.77	7.83	15.62
373.45	863.62	535.35	210.96	1312.90	31.37	120.07	195.18	43.74	80.80
700.58	1958.19	1208.61	419.00	2607.30	3.08	84.62	133.45	45.75	150.54
1889.29	4955.72	3297.01	995.19	8797.79	5.22	300.93	427.03	120.88	17.45
158.96	414.62	229.45	110.76	753.24	0.27	25.70	32.42	6.45	10.40
47.90	124.55	82.10	27.23	211.16	0.19	8.18	12.26	3.89	0.26
2.84	7.70	5.40	1.45	13.37	0.08	0.08	0.26	0.10	9.49
527.99	2422.18	552.70	1440.01	1963.47	8.02	149.19	277.37	120.16	0.34
2.81	28.32	6.93	15.56	19.77	0.03	0.11	0.51	0.37	1.89
31.70	251.02	60.91	147.56	52.90	0.42	1.84	5.42	3.16	

12-30 规模以上工业产品产量
Output of Industrial Products above Designated Size

产品名称		Item		1995	2000	2004	2005
化学纤维	(万吨)	Chemical Fiber	(10000 tons)	33.94	45.00	47.16	46.50
#合成纤维		Synthetic Fiber		32.42	45.00	43.79	40.28
纱	(万吨)	Yarn	(10000 tons)	15.90	16.99	28.38	36.64
布	(亿米)	Cloth	(100 million m)	11.65	16.99	20.36	24.82
#纯棉布		Pure Cotton Cloth		8.05	7.49	12.19	17.75
丝	(万吨)	Silk	(10000 tons)	0.27	0.05	0.10	0.11
呢绒	(万米)	Woolen Piece Goods	(10000 m)	1263.30	676.00	1152.03	947.17
机制纸及纸板	(万吨)	Machine-made Paper and Paperboard	(10000 tons)	288.10	260.30	597.30	690.61
家用电冰箱	(万台)	Household Refrigerators	(10000 sets)	213.23	320.70	941.65	601.51
冷柜	(万台)	Freezers	(10000 sets)	13.87		46.96	79.80
家用洗衣机	(万台)	Household Washing Machines	(10000 sets)	187.51	244.18	183.33	266.41
吸尘器	(万台)	Dust Catchers	(10000 sets)	566.99	251.80	1168.88	1163.05
电风扇	(万台)	Electric Fans	(10000 sets)	7999.52	6759.02	16796.35	10174.90
房间空气调节器	(万台)	House Air Conditioners	(10000 sets)	256.79	697.91	2611.17	3441.69
排油烟机	(万台)	Smoke Absorbers	(10000 sets)	179.78	43.39	276.21	312.78
微波炉	(万台)	Microwave Ovens	(10000 sets)	67.24	906.51	2332.88	2874.37
日用精铝制品	(万吨)	Fine Aluminum Products for Daily Use	(10000 tons)	16.64	1.23	5.55	
日用陶瓷	(亿件)	Household Ceramics	(100 million pcs)	3.91	10.98	25.29	26.31
日用玻璃制品	(万吨)	Daily Use Glassware	(10000 tons)	159.67	51.46	78.69	106.73
合成洗涤剂	(万吨)	Synthetic Detergents	(10000 tons)	34.90	26.31	71.89	149.20
原盐	(万吨)	Salt	(10000 tons)	25.55	17.87	19.13	18.87
成品糖	(万吨)	Sugar	(10000 tons)	107.22	91.30	106.99	119.43
卷烟	(万箱)	Cigarettes	(10000 units)	157.27	177.30	203.66	210.71
罐头	(万吨)	Canned Food	(10000 tons)	14.06	7.11	14.90	13.81
饮料酒(混合量)	(万千升)	Alcoholic Beverages (mixed weight)	(10000 kiloliter)	132.52	178.66	268.69	263.35
#白酒(商品量)		Spirits (commodity weight)		34.77	17.88	9.96	7.61
啤酒		Beer		93.86	158.89	249.76	253.69
乳制品	(万吨)	Dairy Products	(10000 tons)	1.39	1.29	21.21	19.55
中成药	(万吨)	Traditional Chinese Patent Medicine	(10000 tons)	8.16	6.05	15.75	9.03
化学原料药	(万吨)	Chemical Raw Medicine	(10000 tons)	2.48	1.94	2.08	2.82
电视机	(万部)	Television Sets	(10000 units)	882.80	1709.53	4282.18	4626.54
#彩色电视机		Color TV Sets		763.92	1531.53	3598.72	4089.62
组合音响	(万部)	Hi-fi Stereo Component System	(10000 units)	2094.09	2344.58	4822.90	5249.07
照相机	(万架)	Camera	(10000 units)	3277.71	3545.88	4481.45	4726.47
缝纫机	(万架)	Sewing Machine	(10000 units)	126.92	33.94	186.73	200.85
表	(万只)	Watches	(10000 units)	38512.21	19123.23	19060.10	9958.44
收音机	(万台)	Radios	(10000 sets)	7341.19	2730.02	5588.63	5048.32
农用化肥	(万吨)	Chemical Fertilizer	(10000 tons)	53.90	34.65	21.88	36.47
#氮肥		Nitrogen Fertilizer		35.23	15.98	2.27	3.04
磷肥		Phosphate Fertilizer		18.67	18.67	19.61	31.48
化学农药	(万吨)	Chemical Pesticide	(10000 tons)	2.02	0.84	0.63	1.19
乙烯	(万吨)	Ethylene	(10000 tons)	0.11	54.85	61.09	56.17
合成橡胶	(万吨)	Synthetic Rubber	(10000 tons)	5.30	5.45	2.64	7.85
轮胎外胎	(万条)	Tires	(10000 pieces)	755.15	359.13	1689.92	833.02
交流电动机	(万千瓦)	Alternating Current Motors	(10000 kw)	399.67	236.21	672.08	405.62
汽车	(万辆)	Motor Vehicles	(10000 units)	2.64	3.94	27.41	41.36
#载货汽车		Trucks		0.33	0.53	0.56	0.51
客车		Buses		0.74	0.18	0.42	0.11
轿车		Cars		1.12	3.22	26.65	40.74

12-30 续表 continued

产品名称		Item		1995	2000	2004	2005
摩托车	(万辆)	Motorcycles	(10000 units)	82.29	146.31	374.77	455.82
自行车	(万辆)	Bicycles	(10000 units)	744.86	1038.00	2050.67	1760.58
小型拖拉机	(万台)	Mini tractors	(10000 units)	4.60	1.28	1.85	1.89
内燃机	(万千瓦)	Internal Combustion Engine	(10000 kw)	114.00	66.00	54.62	64.13
移动通信设备	(万部)	Mobile Communication Equipment	(10000 units)	541.81	36.40	77.05	
电话单机	(万部)	Telephone Sets	(10000 units)	8141.80	7700.05	16038.53	15062.47
传真机	(万部)	Fax Machines	(10000 units)	130.07	109.57	442.98	402.04
磁带	(亿米)	Tapes	(100 million m)	479.79	134.26	440.93	
微型电子计算机	(万部)	Micro-computers	(10000 units)	41.67	169.74	1466.75	1664.12
半导体集成电路	(亿块)	Semiconductor Integrated Circuit	(100 million pieces)	44.62	11.76	43.19	56.37
原煤	(万吨)	Coal	(10000 tons)	1069.38	161.71	338.40	234.84
原油	(万吨)	Crude Oil	(10000 tons)	650.97	1393.17	1481.90	1470.03
汽油	(万吨)	Gasoline	(10001 tons)	286.47	331.50	400.36	367.23
柴油	(万吨)	Diesel Oil	(10000 tons)	377.36	654.02	866.70	875.28
天然气	(亿立方米)	Natural Gas	(100 million cu. m)	1.03	34.60	42.82	44.75
发电量	(亿千瓦小时)	Electricity	(100 million kwh)	821.06	1292.69	2061.08	2163.36
#水电		Hydropower		131.10	1038.61	112.58	129.44
生铁	(万吨)	Pig Iron	(10000 tons)	140.95	201.57	428.94	464.69
粗钢	(万吨)	Steel	(10000 tons)	207.44	286.99	734.99	757.07
成品钢材	(万吨)	Rolled Steel Products	(10000 tons)	247.26	406.28	1198.83	1365.77
焦炭	(万吨)	Coke	(10000 tons)	54.47	53.96	90.62	124.58
水泥	(万吨)	Cement	(10000 tons)	5317.92	5872.00	7611.58	8031.74
平板玻璃	(万重量箱)	Plate Glass	(10000 wt. cases)	854.78	632.59	2076.82	2328.82
硫酸	(万吨)	Sulphuric Acid	(10000 tons)	111.58	138.75	159.30	172.64
纯碱	(万吨)	Soda Ash	(10000 tons)	13.61	24.28	29.29	31.91
烧碱	(万吨)	Caustic Soda	(10000 tons)	15.97	16.43	21.21	22.77
合成氨	(万吨)	Synthetic Ammonia	(10000 tons)	52.61	23.43	5.89	4.39

注：1. 纱包括纯棉纱、棉混纺纱、纯化纤纱，不包括棉线、代用纤维纱和手工纺纱。
2. 布包括纯棉布、棉混纺布、纯化纤布，不包括代用纤维布、手工织布。
3. 农用化肥按有效成分102%计算。
4. 发电设备指500千瓦以上的，包括水轮发电机组、汽轮发电机和燃气轮发电机。
5. 原煤包括无烟煤、烟煤、褐煤，不包括石煤。
6. 原油包括天然原油和人造原油，1995年不包括人造原油。
7. 成品钢材已剔除重复加工的钢材。
8. 1995年为全社会数。

Note: a) Yarn includes pure and blended cotton yarn, pure chemical fiber yarn, but excludes cotton thread, substitute fiber yarn and hand made yarn.
b) Cloth includes pure and blended cotton cloth, pure chemical fiber cloth and canvas, but excludes substitute fiber cloth, hand woven cloth and cord fabric.
c) The output of chemical fertilizers is calculated on the basis of 100 per cent effective content equivalent.
d) Power generating equipment refers to units with a generating capacity of 500 kw and above, including hydro-turbine generating units, steam turbine generating units and gas turbine generating units.
e) Crude coal includes anthracite, bituminous coal and lignite, but excludes stone coal.
f) Crude oil includes natural and synthetic crude oil. But the synthetic crude oil was excluded in 1995.
g) The output of rolled steel products excludes the steel products reprocessed.
h) whereas it covered the whole society in 1995.

12-31 重点企业集团主要经济指标（2005 年）

单位：万元

项目	Item	单位数（个）Number of Enterprise Groups	年末资产合计 Total Assets at the Year-end	固定资产原价 Original Value of Fixed Assets	累计折旧 Depreciation of Fixed Assets	本年折旧 Depreciation in Current Year
总　计	**Total**	**167**	**167649191**	**82377571**	**25111471**	**3976640**
按集团审批部门分	Grouped by Examination and Approval Department					
国务院主管部门	Responsible Department with the State Council	16	67519469	32831229	9937888	1837463
省级人民政府	Provincial People's Government	62	62977451	34560338	9928638	1432218
省级人民政府主管部门	Responsible Department with the Provincial People's Government	15	4582651	2340565	659165	92565
其他	Others	74	32569620	12645439	4585780	614394
按母公司控股情况分	Grouped by Shares Held by Parent Company					
国有及国有控股	State-owned Enterprises and Joint-ownership Enterprises	115	119022719	74867260	22724877	3547150
国有绝对控股	Shares Absolutely Held by State	99	110845611	72542931	21875908	3437669
国有相对控股	Shares Relatively Held by State	16	8177108	2324329	848969	109481
集体及集体控股	Collective-owned and Collective-holding Enterprises	10	4749936	1700181	532293	111039
集体绝对控股	Shares Absolutely Held by Collective	6	2724749	726664	267741	31045
集体相对控股	Shares Relatively Held by Collective	4	2025187	973517	264552	79994
其他	Others	42	43876536	5810130	1854301	318451
按集团主营行业类别分	Grouped by Sector of Main Business					
第一产业	Primary Industry	3	1416659	767696	168269	19609
农、林、牧、渔业	Farming, Forestry, Animal Husbandry and Fishery	3	1416659	767696	168269	19609
第二产业	Secondary Industry	99	98849344	60459871	20891357	3265190
工业小计	Industry	88	93574504	59172615	20438985	3219588
制造业	Manufacturing	77	45797328	18320793	6362758	955035
电力、煤气及水的生产和供应业	Production and Supply of Electric Power, Gas and Tap Water	11	47777176	40851822	14076227	2264553
建筑业	Construction	11	5274840	1287256	452372	45602
第三产业	Tertiary Industry	65	67383188	21150004	4051845	691841
交通运输、仓储和邮政业	Transport, Storage and Postal Services	11	18901267	14108293	2112693	416321
信息传输、计算机服务和软件业	Infprmation Transfer, Computer Services and Software	1	376224	99559	32757	9543
批发和零售业	Wholesale and Retail Trade	21	6515268	1749695	472463	51294
住宿和餐饮业	Hotels and Catering Services	2	126504	111620	68436	5062
金融业	Finance and Insurance	4	30331083	1223010	351065	71369
房地产业	Real Estate	17	5487449	933271	324796	33148
其他合计	Others	9	5645393	2924556	689635	105104
租赁和商务服务业	Leasing and Business Services	8	5263426	2843782	661138	101180
文化、体育和娱乐业	Culture, Sports and Recreation	1	381967	80774	28497	3924
按母公司登记注册类型分	Grouped by Ownership of Parent Company					
国有企业	State-owned Enterprises	28	18000242	7557405	2240812	358946
公司制企业小计	Incorporated Enterprises	133	146781803	74125626	22646567	3588960
国有独资公司	Companies Exclusively Funded by State	45	73443510	53047204	15133212	2483176
其他有限责任公司	Other Limited Liability Companies	39	22688207	12384571	4506019	680816
股份有限公司	Share-holding Companies	40	47148704	6615053	2147782	330685
中外合资企业	Sino-foreign Joint Ventures	5	2814830	1695952	649351	74671
港澳台合资企业	Joint Ventures with Hong Kong, Macao and Taiwan	4	686552	382846	210203	19612
其他	Others	6	2867146	694540	224092	28734

Main Economic Indicators of Key Enterprise Groups（2005）

(10000 yuan)

累计对外投资 Cumulative Foreign Investment	本年对外投资 Foreign Investment in Current Year	存货 Inventory	流动资产年平均余额 Annual Average Balance of Circulating Funds	应收帐款 Debts Receivable	年末负债合计 Total Liabilities at the Year-end	流动负债 Liquid Liabilities	年末股东（所有者）权益总计 Total Shareholders' (Creditors') Equity at the Year-end	股本（实收资本）Stock Capital (Total Capital Hold)	投资收益 Investment Revenue
24700732	**6923532**	**13338090**	**64859654**	**8059584**	**106319976**	**54432253**	**61329215**	**21385415**	**1469958**
18576738	6357336	1587400	21395441	1059428	49748687	14077072	17770782	7708949	643145
3934354	370187	6636071	25558226	4338615	37073799	24699854	25903652	8722106	476109
176634	20286	385931	1836228	538573	2685451	1936320	1897200	794624	5680
2013006	175723	4728688	16069759	2122968	16812039	13719007	15757581	4159736	345024
6263223	673048	9362914	42906674	5949172	68481247	40787162	50541472	18916461	795378
6026755	577880	7102031	37134415	4907705	63076711	35937422	47768900	17995212	661353
236468	95168	2260883	5772259	1041467	5404536	4849740	2772572	921249	134025
166787	13368	929175	2835216	495905	3276698	2805201	1473238	330618	15465
78074	13368	662909	2014288	279963	1899158	1813738	825591	166018	15370
88713		266266	820928	215942	1377540	991463	647647	164600	95
18270722	6237116	3046001	19117764	1614507	34562031	10839890	9314505	2138336	659115
106796		127618	572946	52190	798838	631095	617821	253055	1869
106796		127618	572946	52190	798838	631095	617821	253055	1869
4318329	531725	8929187	40297537	6595722	56738268	37688997	42111076	15350393	585891
3072585	472430	8261841	375694560	6107089	53393592	34757598	40180912	14975672	543424
1869335	181209	7101062	25831191	4984975	27049061	23922281	18748263	5499793	420138
1203250	291221	1160779	11733369	1122114	26344531	10835317	21432645	9475879	123286
1245744	59295	667346	2732977	488633	3344676	2931399	1930164	374721	42467
20275607	6391807	4281285	23989171	1411672	48782870	16112161	18600318	5781967	882198
1148807	117992	517203	3529212	408886	11075681	4138391	7825586	3017873	166210
61516	53	10250	182593	13062	327768	314903	48456	45000	176
413317	27880	1131255	4205734	670760	4500372	4112676	2014896	727768	30460
19841		16573	76294	6367	36413	22562	90091	18325	1115
18073466	6217502	133202	11222948	79401	26344967	3607623	3986116	1008494	612612
233240	22317	2115133	3373223	123029	3407066	2828863	2080383	746130	39278
325420	6063	357669	1399167	110167	3090603	1087143	2554790	218377	32347
321650	5842	265161	1215169	93631	2956914	961657	2306512	167281	31847
3770	221	92508	183998	16536	133689	125486	248278	51096	500
233777	60101	1236255	7378614	963958	10068513	8044986	7931729	2110571	165159
22326295	6862719	11463720	55325670	6778875	94229270	44525628	52552533	19145091	1297057
2596454	211789	3852478	21841252	2634980	42942234	21931857	30501276	13573027	410437
1285535	326021	3047213	9731745	1766081	13407350	9215490	9280857	2163522	136143
18288315	6283785	4168421	22121106	2170098	36215126	11987364	10933578	2935894	732254
117221	41124	254689	1180010	171384	1113685	878332	1701145	406051	10066
38770		140919	451557	36332	550875	512585	135677	66597	8157
37160	712	638115	2155370	316751	2022193	1861639	844953	129753	7742

12-31 续表

单位：万元

项　　目	Item	营业收入 Business Revenue	主营业务收入 Main Business Revenue	主营业务成本 Main Business Cost	主营业务税金及附加 Tax and Extra Charges of Main Business	其他业务收入 Other Business Revenue
总　计	**Total**	**107068161**	**105353682**	**86558804**	**1097365**	**1714479**
按集团审批部门分	Grouped by Examination and Approval Department					
国务院主管部门	Responsible Department with the State Council	33660796	33523259	26529496	262426	137537
省级人民政府	Provincial People's Government	45857211	45035346	38546421	281933	821865
省级人民政府主管部门	Responsible Department with the Provincial People's Government	3468697	3387095	2838996	50399	81602
其他	Others	24081457	23407982	18643891	502607	673475
按母公司控股情况分	Grouped by Shares Held by Parent Company					
国有及国有控股	State-owned Enterprises and Joint-ownership Enterprises	79361122	78097240	66800108	842775	1263882
国有绝对控股	Shares Absolutely Held by State	69535593	68436789	58608526	788730	1098804
国有相对控股	Shares Relatively Held by State	9825529	9660451	8191582	54045	165078
集体及集体控股		4675335	4609213	3950810	24518	66122
集体绝对控股	Shares Absolutely Held by Collective	2787586	2738898	2287624	16300	48688
集体相对控股	Shares Relatively Held by Collective	1887749	1870315	1663186	8218	17434
其他	Others	23031704	22647229	15807886	230072	384475
按集团主营行业类别分	Grouped by Sector of Main Business					
第一产业	Primary Industry	639447	632292	546707	3199	7155
农、林、牧、渔业	Farming, Forestry, Animal Husbandry and Fishery	639447	632292	546707	3199	7155
第二产业	Secondary Industry	78950041	77714993	66888453	711183	1235048
工业小计	Industry	74471077	73279553	62913400	616135	1191524
制造业	Manufacturing	48139275	47050097	39511545	440510	1089178
电力、煤气及水的生产和供应业	Production and Supply of Electric Power, Gas and Tap Water	26331802	26229456	23401855	175625	102346
建筑业	Construction	4478964	4435440	3975053	95048	43524
第三产业	Tertiary Industry	27478673	27006397	19123644	382983	472276
交通运输、仓储和邮政业	Transport, Storage and Postal Services	3777448	3688334	2433073	106866	89114
信息传输、计算机服务和软件业	Infpmation Transfer, Computer Services and Software	57359	56813	55774	389	546
批发和零售业	Wholesale and Retail Trade	11891640	11648012	10677147	51316	243628
住宿和餐饮业	Hotels and Catering Services	117473	117350	35412	5236	123
金融业	Finance and Insurance	7844226	7811449	3369351	99753	32777
房地产业	Real Estate	2102116	2062611	1469316	93738	39505
其他合计	Others	1688411	1621828	1083571	25685	66583
租赁和商务服务业	Leasing and Business Services	1433130	1369719	875370	24997	63411
文化、体育和娱乐业	Culture, Sports and Recreation	255281	252109	208201	688	3172
按母公司登记注册类型分	Grouped by Ownership of Parent Company					
国有企业	State-owned Enterprises	14177458	13648703	11500152	345193	528755
公司制企业小计	Incorporated Enterprises	89896441	88772804	72560585	738850	1123637
国有独资公司	Companies Exclusively Funded by State	44000382	43563377	38405179	366526	437005
其他有限责任公司	Other Limited Liability Companies	19124605	18691804	15874148	110910	432801
股份有限公司	Share-holding Companies	24098653	23895140	16279178	194761	203513
中外合资企业	Sino-foreign Joint Ventures	2165541	2126743	1567199	66253	38798
港澳台合资企业	Joint Ventures with Hong Kong, Macao and Taiwan	507260	495740	434881	400	11520
其他	Others	2994262	2932175	2498067	13322	62087

12-31 continued

(10000 yuan)

营业外收入 Nonbusiness Revenue	新产品销售收入 Sales Revenue of New Products	存货跌价损失和营业、管理、财务等费用合计 Total Loss of Stock due to Drop in Price and Expenses on Operation, Management and Finance				利润总额 Total Profits	应交所得税 Income Tax Payable	应缴增值税 Value Added Payable	固定资产投资完成额 Completed Investment in Fixed Assets	研究开发费用 Expenditure on Research and Development
			#税金 Taxes	劳动、待业保险费 Expenses on Labor and Unemployed Insurance	利息支出 Interest Expenditure					
368137	**13862359**	**11944928**	**208766**	**463122**	**1711572**	**5153552**	**1180809**	**2689585**	**10916082**	**1004769**
47735	253183	2578941	40090	148756	602441	1564864	414718	1268632	3659613	89162
186889	5626068	5934608	63620	162755	794959	1594672	438454	848446	4982942	580613
6329	377771	363449	10858	22023	51941	160403	35103	63946	359951	29646
127184	7605337	3067930	94198	129588	262231	1833613	292534	508561	1913576	305348
341893	10498457	8546492	128689	404276	1521340	3937123	1014274	2339090	10139405	722042
313053	6877291	7018458	118409	389824	1433731	3873064	952484	2208467	9763577	450725
28840	3621166	1528034	10280	14452	87609	64119	61790	130623	375828	271317
4320	1307791	555093	6892	3868	54708	144270	27495	103433	145527	53124
2230	913351	393938	6267	3002	23728	91211	16006	57932	87651	22087
2090	394440	161155	625	866	30980	53059	11489	45501	57876	31037
21924	2056111	2843343	73185	54978	135524	1072106	139040	247062	631150	229603
1771		78342	1485	11212	19651	17496	251	10221	44117	476
1771		78342	1485	11212	19651	17496	251	10221	44117	476
234639	13793751	7896666	110111	304966	1152684	3568922	873054	2556354	7560883	997382
221690	13793751	7604580	104526	272511	1107928	3453461	857142	2511019	7399912	996036
132156	13793751	6336429	76261	139377	466458	1777932	303486	959381	2083100	930375
89534		1268151	28265	133134	641470	1675529	553656	1551638	5316812	65661
12949		292086	5585	32455	44756	115461	15912	45335	160971	1346
131727	68608	3969920	97170	146944	539237	1567134	307504	123010	3311082	6911
15096	670	757917	9602	46142	302189	555861	131648	22528	2818947	1640
28	56813	14979	68	357	7404	-16504	12	309		143
30079	11070	754538	66750	38276	62866	165719	49057	71665	153652	2162
528		59193	1188	4138	257	18942	7012	469	1414	
13380		1596779	6985	39837	13628	407432	52154	17712	32893	2096
22104		386598	7554	7422	60567	203028	41881	1120	164169	870
50512	55	399916	5023	10772	92326	232656	25740	9207	140007	
49995		364423	4699	6795	91828	219245	19366	4289	139933	
517	55	35493	324	3977	498	13411	6374	4918	74	
52066	4025253	1439745	34660	74140	203517	649827	132206	329729	1411733	33994
313888	8834576	10115254	172380	386614	1477783	4419365	1032290	2308371	9354010	949091
237580	376440	3910452	69228	266098	955237	2139075	673989	1588803	7189598	111272
46870	2281561	1913980	73407	37057	306459	1079417	170349	440675	1298070	296766
25644	5559203	3940934	23625	72467	199771	954746	156913	221576	655268	500023
3154	617372	288889	5387	10079	166	224260	27989	44308	201638	36477
640		60999	733	913	16150	21867	3050	13009	9436	4553
2183	1002530	389929	1726	2368	30272	84360	16313	51485	150339	21684

12-32 重点企业集团财务指标
Financial Indicators of Key Enterprise Groups

单位：万元 (10000 yuan)

指　　标	Item	2000	2004	2005
企业集团单位总数（个）	Total Number of Enterprise Groups (unit)	145	167	167
年末资产总计	Total Assets at the Year-end	76227716	154223481	167649191
固定资产原价	Original Value of Fixed Assets	29660211	72544366	82377571
累计折旧	Cumulative Depreciation	8608547	21524955	25111471
#本年折旧	Depreciation in Current Year	1373651	3440513	3976640
累计对外投资	Cumulative Foreign Investment	5323965	18441908	24700732
# 本年对外投资	Foreign Investment in Current Year	383023	5912180	6923532
存货	Inventory	14653152	12308999	13338090
流动资产年平均余额	Annual Average Balance of Circulating Funds	33432647	62794007	64859654
应收帐款	Debts Receivable	6990564	8491506	8069543
年末负债合计	Total Liabilities at the Year-end	48494410	96039962	106319976
流动负债	Liquid Liabilities	41830220	50124173	54432253
年末少数股东权益	Minority of Creditors' Equity at the Year-end	4491167	11242945	11752877
年末股东（所有者）权益合计	Total Shareholders' (Creditors') Equity at the Year-end	23242139	46940574	49576338
股本（实收资本）	Capital Stock (Total Capital Hold)	10334753	19683901	21385415
主营业务收入	Revenue of Main Business	38934641	92615766	105353682
# 主营业务成本	Costs of Main Business	31381032	74279097	86558804
主营业务税金及附加	Taxes and Extra Charges	493999	962017	1097365
其他业务收入	Other Business Revenue	1405360	2436612	1714479
新产品销售收入	Sales Revenue of New Products	5380518	13919991	13862359
出口销售总额	Total Export Sales	6988137	13340674	16225203
存货跌价损失和营业、管理、财务等费用合计	Total Losses of Stock due to Drop in Price and Expenses on Operation, Management and Finance	6128516	11248641	11944928
# 税金	Taxes	158632	193790	208766
劳动、待业保险费	Expenses on Labor and Unemployed Insurance	253616	441675	463122
# 利息支出	Interest Expenditure	1001967	1634430	1711572
投资收益	Investment Revenue	466775	855890	1469958
营业外收入	Nonbusiness Revenue	428019	316919	368137
利润总额	Total Profits	2100309	4915235	5153552
应交所得税	Income Tax Payable	335124	1102995	1180809
应缴增值税	Value Added Tax Payable	1135452	2422616	2689585
固定资产投资完成额	Completed Investment in Fixed Assets	3362357	9865112	10916082
研究开发费用	Expenditure on Research and Development	706524	854299	1004769

12-33 重点企业集团劳动工资及主营业务指标
Wages and Main Business Indicators of Key Enterprise Groups

指标	Item	2000	2004	2005
企业集团单位总数（个）	Total Number of Enterprise Groups (unit)	145	167	167
年末从业人员（人）	Number of Employed Persons at the Year-end (person)	1052922	1310657	1361095
# 在岗职工	Fully Employed Staff and Workers	1011250	1228131	1289265
其他从业人员	Others	41672	82526	71830
研究开发人员	Persons Engaged in Research and Development		35723	40418
从业人员劳动报酬（万元）	Earnings of Employed Persons (10000 yuan)	1961508	3978190	4412114
# 在岗职工	Fully Employed Staff and Workers	1922487	3876754	4323095
其他从业人员	Others	39021	101436	89019
研究开发人员劳动报酬	Earnings of Persons Engaged in Research and Development		224413	263616
主营业务指标	**Main Business**			
农林牧渔业总产值（万元）	Total Value of Farming, Forestry, Animal Husbandry and Fishery (10000 yuan)		353189	397841
采矿业总产值（万元）	Total Value of Mining and Quarrying Industry (10000 yuan)		70187	77755
制造业工业总产值（万元）	Total Value of Manufacturing Industry (10000 yuan)		40105389	45160192
电力、煤气及水的生产和供应业工业总产值（万元）	Total Value of Electric Power, Gas and Water Production and Supply (10000 yuan)		21295737	25439432
建筑业总产值（万元）	Total Value of Construction (10000 yuan)		3525544	4007422
交通运输业	Transport			
货运量（万吨）	Freight Traffic (10000 tons)		108566	132743
客运量（万人）	Passenger Traffic (10000 persons)		67491	74258
批发零售业商品销售总额（万元）	Total Sales of Commodities by Wholesale and Retail Trade (10000 yuan)		16282921	17784135
外贸企业	Foreign Trade Enterprises			
进出口总额（万美元）	Total Exports and Imports (USD 10000)		897231	984167
# 出口额（万美元）	Exports (USD 10000)		546116	634949

注：本表产值按现行价格计算。
Note: The data of gross industrial output value are calculated at current prices.

12-34　重点企业主要经济指标（2005 年）

单位：万元

项　　目	Item	单位数（个）Number of Enterprises (unit)	注册资本金合计 Total Registered Capital	年末资产合计 Total Assets at the Year-end	固定资产原价 Original Value of Fixed Assets	累计折旧 Depreciation of Fixed Assets
总计	**Total**	**146**	**17035657**	**72293443**	**45331149**	**13863849**
按控股情况分	Grouped by Shares Held					
国有绝对控股	Shares Absolutely Held by State	96	15664251	61252521	42396761	12691154
国有相对控股	Shares Relatively Held by State	17	1062900	6722120	1497094	589194
集体绝对控股	Shares Absolutely Held by Collective	3	44912	1884745	382721	128458
集体相对控股	Shares Relatively Held by Collective	2	7436	5495	3325	1773
其他	Others	28	256158	2428562	1051248	453270
按企业规模分	Grouped by Size of Enterprises					
大型	Large	62	15627531	66025194	42545107	12637754
中型	Medium	55	931829	4624066	2491568	1150716
小型	Small	22	140268	479413	221462	45787
其他	Others	7	336029	1164770	73012	29592
按主营行业分	Grouped by Sector of Main Business					
采掘业	Mining and Quarrying	2	64681	127060	113738	53444
制造业	Manufacturing	79	2527666	16487048	7492479	2866423
电力、煤气及水的生产和供应业	Production and Supply of Electric power, Gas and Water	4	7048638	33620537	25394892	7517676
建筑业	Construction	7	178425	1164211	115113	51189
交通运输、仓储和邮政业	Transport and Postal Services	7	5391667	12442564	11463531	3149381
批发和零售业	Wholesale and Retail Trade	23	233000	1381200	367176	119250
住宿和餐饮业	Hotels and Catering Services	2	7352	17412	14367	4567
房地产业	Real Estate Trade	3	107693	227142	7041	2067
租赁和商务服务业	Leasing and Business Services	19	1476535	6826269	362812	99762
按登记注册类型分	Grouped by Registration Ownership					
国有企业	State-owned Enterprises	34	6300882	18227887	12441331	3627935
国有独资企业	Companies Exclusively Funded by State	27	7144476	33294359	27888238	8266475
其他有限责任公司	Other Limited Liability Companies	35	1812191	8951645	1430943	554100
股份有限公司	Share-holding Companies	42	1597599	9343141	2845775	1135187
中外合资企业	Sino-foreign Joint Ventures	3	34747	113008	87967	46276
港澳台合资企业	Joint Ventures with Hong Kong, Macao and Taiwan	2	102118	479506	253433	107055
其他	Others	3	43644	1883897	383462	126821

Main Economic Indicators of Key Enterprises (2005)

(10000 yuan)

本年折旧 Deprecia-tion in Current Year	存货 Inventory	累计对外投资 Cumulative Foreign Investment	#本年对外投资 Foreign Investment in Current Year	流动资产年平均余额 Annual Average Balance of Circulating Funds	应收帐款 Debts Receivable	年末负债合计 Total Liabilities at the Year-end	流动负债 Liquid Liabilities	年末股东（所有者）权益合计 Total Shareholders' (Creditors') Equity at the Year-end	股本（实收资本）Capital Stock (Total Capital Hold)	投资收益 Investment Revenue	营业外收入 Nonbusiness Revenue
2198745	**3969391**	**6936486**	**386715**	**23287456**	**2316104**	**39980324**	**24398290**	**32313119**	**17758762**	**893991**	**101948**
2032944	2324538	5970835	358862	16514878	1476071	33715276	18803891	27537245	16398158	582561	93250
89939	776177	590530	13119	4068775	605745	3127712	2766527	3594408	1062899	276376	4426
15207	528647	32575	412	1497339	128995	1417771	1392588	466974	35648	8465	857
48	460			1380	204	3075	2553	2420	5627	34	12
60607	339569	342546	14322	1205084	105089	1716490	1432731	712072	256430	26555	3403
2068934	3478298	5683352	341003	20351409	1919747	36374218	21535633	29650976	16110533	830404	74466
121494	467315	756260	28008	2137881	340468	2738326	2126265	1885740	1176792	54544	26118
5202	20800	83863	4826	184629	52941	251204	215873	228209	153391	1834	484
3115	2978	413011	12878	613537	2948	616576	520519	548194	318046	7209	880
-2232	17237	2982	1460	61921	9344	61950	61225	65110	64681	-44	783
363120	2883299	767778	83499	9411875	1371188	9698439	8232389	6788609	2309742	116791	35388
1468828	363084	2427636	94923	7479414	422373	20516317	8456483	13104220	6667289	330972	29479
8192	225523	211455	15748	823411	131442	893879	800653	270332	175830	5118	4151
328676	131318	544417	74779	1911906	200215	4231093	2749268	8211471	6599311	61798	9014
11730	127391	111163	3936	807400	147901	869103	722981	512097	224226	12195	16287
385	116	1388		2468	117	10288	10257	7124	7068	12	155
140	52210	72553	-79	148581	1923	100578	92164	126564	98975	7743	79
19906	169213	2797114	112449	2640480	31601	3598677	3272870	3227592	1611640	359406	6612
407515	1067392	2563648	178598	5146316	548934	7865282	6030137	10362605	7630046	118564	35419
1553035	804464	615201	48423	8433003	538508	20435973	9946733	12858386	7159531	129623	44800
68500	461532	2848204	130921	2495468	171093	5297960	2723119	3653685	1206685	344599	9971
139151	1075013	770028	28361	5439742	907643	4506280	3958362	4836861	1591255	285489	7878
4289	16542			52679	10193	61272	57672	51736	34747		57
11051	17760	106830		226225	12412	396166	291726	83340	102118	7251	2952
15204	526658	32575	412	1494023	127321	1417391	1390541	466506	34380	8465	871

12-34 续表

单位：万元

项　目	Item	营业收入 Business Revenue	主营业务收入 Main Business Revenue	新产品销售收入 Sales Revenue of New Products	出口销售总额 Total Export Sales	主营业务成本 Main Business Cost
总计	**Total**	**41287481**	**40505942**	**2377584**	**4339077**	**35214433**
按控股情况分	Grouped by Shares Held					
国有绝对控股	Shares Absolutely Held by State	33841341	33240445	584040	2674073	29543540
国有相对控股	Shares Relatively Held by State	4285333	4171907	899257	1204414	3158303
集体绝对控股	Shares Absolutely Held by Collective	1996559	1966161	829920	354642	1606981
集体相对控股	Shares Relatively Held by Collective	311	311		65	306
其他	Others	1163937	1127118	64367	105883	905303
按企业规模分	Grouped by Size of Enterprises					
大型	Large	38466785	37783407	2309909	4002024	32799970
中型	Medium	2719349	2629593	67511	331506	2334483
小型	Small	94787	88192	164	5547	79329
其他	Others	6560	4750			651
按主营行业分	Grouped by Sector of Main Business					
采掘业	Mining and Quarrying	81057	80219		571	53445
制造业	Manufacturing	13638741	13404047	2377584	3099238	10515015
电力、煤气及水的生产和供应业	Production and Supply of Electric Power, Gas and Water	19869066	19805328			18605051
建筑业	Construction	967168	946715			905221
交通运输、仓储和邮政业	Transport and Postal Services	4352950	4097535			3136397
批发和零售业	Wholesale and Retail Trade	2156248	2128889		1238281	1984832
住宿和餐饮业	Hotels and Catering Services	6164	6164			874
房地产业	Real Estate Trade	2051	1985			898
租赁和商务服务业	Leasing and Business Services	214036	35060		987	12700
按登记注册类型分	Grouped by Registration Ownership					
国有企业	State-owned Enterprises	7794108	7370883	251669	881580	5563800
国有独资企业	Companies Exclusively Funded by State	22712774	22597988	128774	109529	21074985
其他有限责任公司	Other Limited Liability Companies	1932107	1884725	171382	423068	1639289
股份有限公司	Share-holding Companies	6685850	6546807	995839	2525111	5237769
中外合资企业	Sino-foreign Joint Ventures	101871	87878		18740	43373
港澳台合资企业	Joint Ventures with Hong Kong, Macao and Taiwan	68026	55314		26833	52493
其他	Others	1992745	1962347	829920	354216	1602724

12-34 continued

(10000 yuan)

主营业务税金及附加 Main Business Tax and Extra Charges	其他业务收入 Other Business Revenue	存货跌价损失和营业、管理、财务等费用合计 Total Loss of Stock due to Drop in Price and Expenses on Operation, Management and Finance	税金 Taxes	劳动、待业保险费 Expenses on Labor and Unemployed Insurance	利息支出 Interest Expenditure	利润总额 Total Profits	应交所得税 Income Tax Payable	应缴增值税 Value Added Tax Payable	固定资产投资完成额 Completed Investment in Fixed Assets	研究开发费用 Expenditure on Research and Development
922652	**781539**	**3412832**	**32913**	**185827**	**832587**	**1981624**	**500282**	**1495742**	**4450886**	**452182**
878960	600896	1984923	26454	169247	734847	1461206	478763	1370544	4277576	159625
14068	113426	915444	3323	9388	47564	435179	3546	40784	58138	260250
8403	30398	316788	17	176	17744	71883	11809	42368	40313	15896
		689	4	6		-95		29		1
21221	36819	194988	3115	7010	32432	13451	6164	42017	74859	16410
895996	683378	3044731	25742	162241	763840	1993100	483507	1440002	4333950	392865
24765	89756	327046	6043	20578	61764	3437	15830	54717	113288	11216
1558	6595	18147	534	2491	1206	-4659	945	1023	2663	8
333	1810	22908	594	517	5777	-10254			985	48093
1230	838	15011	178	1616	716	9376	3115	6457	4663	629
639814	234694	1918917	15403	56484	193020	561575	121885	408914	575081	362540
139851	63738	610203	408	529	433133	783171	295195	1056201	3337059	40221
24105	20453	21517	461	2945	2132	5873	1495	521	19068	
112790	255415	579242	5967	112679	145957	176434	47930	8409	508550	380
2663	27359	146862	3563	8865	13989	42122	11766	15209	3758	224
354		5302	166	459	397	-217		4	331	
132	66	6345	109	232	2391	501				
1713	178976	109433	6658	2018	40852	402789	18896	27	2376	48188
689133	423225	848540	15094	110580	219384	396565	120020	214927	307160	14447
168154	114786	805621	5037	34971	476305	688279	325746	1118096	3899341	83340
32418	47382	226286	3947	15971	38263	353370	18692	42364	110144	60455
23864	139043	1154080	7607	23172	67546	504989	23599	76969	91576	278039
5	13993	5915	867	526	1513	-2660	412	1850	675	2
	12712	56094	341	589	11890	-31205		-1012	1677	3
9078	30398	316296	20	18	17686	72286	11813	42548	40313	15896

12-35 重点企业财务指标
Financial Indictors of key Enterprises

单位：万元 (10000 yuan)

指　　标	Item	2000	2004	2005
单位个数	Number of Enterprises	199	146	146
年末资产总计	Total Assets at the Year-end	39471107	68699606	72293443
固定资产原价	Original Value of Fixed Assets	18291593	40875464	45331149
累计折旧	Cumulative Depreciation	5016641	11704039	13863849
# 本年折旧	Depreciation in Current Year	605398	1824614	2198745
累计对外投资	Cumulative Foreign Investment	4478908	6631815	6936486
#本年对外投资	Foreign Investment in Current Year	388039	717972	386715
存货	Inventory	4119392	3870781	3969391
流动资产年平均余额	Annual Average Balance of Circulating Funds	15284674	22584858	23287456
应收帐款	Debts Receivable		2479524	2316104
年末负债合计	Total Liabilities at the Year-end	2474190	37831629	39980324
流动负债	Liquid Liabilities	22632334	22697633	24398290
年末股东（所有者）权益合计	Total Shareholders'（Creditors'）Equity at Year-end	14967313	30867977	32313119
股本（实收资本）	Capital Stock（ Total Capital Hold）	16838773	17283161	17758762
营业收入	Business Revenue	9801274	36892873	41287481
主营业务收入	Revenue of Main Business	8974632	35643801	40505942
#出口销售总额	Total Export Sales	17588828	3306559	4339077
#主营业务成本	Costs of Main Business	14540476	30379883	35214433
#主营业务税金及附加	Tax and Extra Charges	247753	800966	922652
其他业务收入	Other Business Revenue	826642	1249072	781539
新产品销售收入	Sales Revenue of New Products		2024670	2377584
存货跌价损失和营业、管理、财务等费用合计	Total Losses of Stock due to Drop in Price and Expenses on Operation, Management and Finance	1816406	3754509	3412832
# 税金	Taxes	2611367	24742	32913
劳动、待业保险费	Expenses on Labor and Unemployed Insurance	2586983	169156	185827
# 利息支出	Interest Expenditure	29235	672012	832587
投资收益	Investment Revenue	152853	783739	893991
营业外收入	Nonbusiness Revenue	444862	93979	101948
利润总额	Total Profits	456036	1531130	1981624
应交所得税	Income Tax Payable	183643	442610	500282
应缴增值税	Value Added Tax Payable	812591	1229463	1495742
固定资产投资完成额	Completed Investment in Fixed Assets	161192	5401664	4450886
研究开发费用	Expenditure on Research and Development	413842	473123	452182

12-36 重点企业劳动工资和主营业务指标
Wages and Main Business Indicators of Key Enterprises

指 标	Item	2000	2004	2005
单位数 （个）	Number of Enterprises （unit）	199	146	146
年末从业人员 （人）	Number of Employed Persons at the Year-end （person）	602268	566251	594162
#在岗职工	Fully Employed Staff and Workers	571263	542065	565648
其他从业人员	Others	31005	24186	28514
研究开发人员	Persons Engaged in Research and Development		21039	18946
从业人员劳动报酬 （万元）	Earnings of Employed Persons （10000 yuan）	1081099	1932247	2199541
#在岗职工	Fully Employed Staff and Workers	1052338	1901692	2155476
其他从业人员	Others	28761	30555	44065
研究开发人员报酬	Earnings of Persons Engaged in Research and Development		148989	175355
主营业务指标	**Main Business**			
采掘业工业总产值 （万元）	Total Value of Mining and Quarrying Industry （10000 yuan）	20217	70779	83210
制造业工业总产值 （万元）	Total Value of Manufacturing Industry （10000 yuan）	10967472	13400682	13448437
电力、煤气及水的生产和供应业工业总产值 （万元）	Total Value of Electric Power, Gas and Water Production and Supply （10000 yuan）	261254	15796178	19081255
建筑业总产值 （万元）	Total Value of Construction （10000 yuan）	337025	633663	783909
交通运输业	Transport			
货运量 （万吨）	Freight Traffic （10000 tons）	27339	34252	36395
客运量 （万人）	Passenger Traffic （10000 persons）	12263	13825	14401
批发零售贸易业商品销售总额 （万元）	Total Sales of Commodities by Wholesale and Retail Trade （10000 yuan）	3041694	2862475	2132777
外贸企业	Foreign Trade Enterprises			
进出口总额 （万美元）	Total Exports and Imports （USD 10000）	150068	174234	210309
# 出口额 （万美元）	Exports （USD 10000）	102055	129570	160166

注：本表产值按现价计算。
Note: The data of gross industrial output value are calculated at current prices.

12-37 企业宏观经济景气状况（2000－2005年）
Macro Economic Climate Situations of Enterprises （2000－2005）

指 标	Item	2000	2001	2002	2003	2004	2005
一 季 度	**1st Quarter**						
乐观	Optimistic	40. 81	40. 27	39. 73	40. 18	45. 98	45. 82
一般	Neither Optimistic Nor Pessimistic	47. 87	46. 85	47. 24	50. 00	46. 42	46. 79
不乐观	Pessimistic	11. 32	12. 88	13. 03	9. 82	7. 60	7. 39
企业家信心指数	Entrepreneurs' Confidence Index	129. 49	127. 39	126. 70	130. 35	138. 38	138. 43
二 季 度	**2nd Quarter**						
乐观	Optimistic	41. 58	39. 33	36. 24	32. 21	43. 02	43. 36
一般	Neither Optimistic Nor Pessimistic	45. 96	46. 24	52. 15	51. 23	48. 97	47. 05
不乐观	Pessimistic	12. 46	14. 43	11. 61	16. 56	8. 00	9. 58
企业家信心指数	Entrepreneurs' Confidence Index	129. 12	124. 91	124. 63	115. 66	135. 03	133. 79
三 季 度	**3rd Quarter**						
乐观	Optimistic	40. 41	32. 48	33. 20	39. 99	45. 78	40. 81
一般	Neither Optimistic Nor Pessimistic	46. 64	54. 86	54. 21	51. 97	46. 55	49. 97
不乐观	Pessimistic	12. 95	12. 66	12. 59	8. 04	7. 67	9. 21
企业家信心指数	Entrepreneurs' Confidence Index	127. 45	119. 82	120. 61	131. 95	138. 12	131. 6
四 季 度	**4th Quarter**						
乐观	Optimistic	40. 96	37. 77	35. 81	43. 46	44. 54	40. 61
一般	Neither Optimistic Nor Pessimistic	45. 05	47. 11	53. 95	48. 82	47. 55	49. 65
不乐观	Pessimistic	13. 99	15. 12	10. 24	7. 72	7. 92	9. 74
企业家信心指数	Entrepreneurs' Confidence Index	126. 97	122. 65	125. 57	135. 74	136. 61	130. 88

12-38 企业综合生产经营状况（2000－2005年）
Comprehensive Production and Management Situations of Enterprises （2000－2005）

指 标	Item	2000	2001	2002	2003	2004	2005
一 季 度	**1st Quarter**						
良好	Improving	45. 01	40. 77	38. 39	42. 88	43. 40	48. 22
一般	Retaining the Same Level	37. 43	41. 77	48. 99	45. 70	47. 62	42. 02
不佳	Worse	17. 56	17. 46	12. 62	11. 42	8. 98	9. 76
企业景气指数	Business Climate Index	127. 44	123. 30	125. 77	131. 46	134. 42	138. 46
二 季 度	**2nd Quarter**						
良好	Improving	40. 84	42. 58	40. 44	38. 54	48. 12	43. 47
一般	Retaining the Same Level	44. 84	42. 12	48. 54	43. 42	43. 15	47. 61
不佳	Worse	14. 32	15. 30	11. 02	18. 04	8. 73	8. 92
企业景气指数	Business Climate Index	126. 52	127. 27	129. 42	120. 50	139. 40	134. 55
三 季 度	**3rd Quarter**						
良好	Improving	45. 43	40. 87	40. 50	44. 28	47. 97	44. 15
一般	Retaining the Same Level	40. 38	47. 72	48. 80	46. 87	42. 99	47. 38
不佳	Worse	14. 19	11. 41	10. 70	8. 85	9. 03	8. 48
企业景气指数	Business Climate Index	131. 25	129. 46	129. 80	135. 42	138. 94	135. 66
四 季 度	**4th Quarter**						
良好	Improving	46. 51	41. 00	41. 00	47. 62	48. 82	47. 81
一般	Retaining the Same Level	40. 66	41. 77	48. 52	44. 01	42. 11	42. 74
不佳	Worse	12. 83	17. 23	10. 48	8. 37	9. 07	9. 45
企业景气指数	Business Climate Index	133. 68	123. 78	130. 51	139. 25	139. 75	138. 36

12-39 全省工业总产值最大的50家工业企业（2005年）
Gross output value of the province's top 50 industrial enterprises (2005)

序号 Order	企业名称	Name of Enterprises	工业总产值（现价）（万元） Gross Industrial Output Value (at current prices) (10000 yuan)
1	广东电网公司	GUANGDONG POWER GRID CORPORATION	13084171
2	中石化股份有限公司茂名分公司	SINOPEC MAOMING COMPANY	4311636
3	联想国际信息产品（深圳）有限公司	INTERNATIONAL INFORMATION PRODUCTS(SHENZHEN)CO. ,LTD.	4255198
4	华为技术有限公司	HUAWEI TECHNOLOGIES CO. , LTD.	3857798
5	广州本田汽车有限公司	GUANGZHOU HONDA AUTOMOBILE CO. , LTD.	3490060
6	中海石油（中国）有限公司深圳分公司	CNOOC CHINA LIMITED—SHENZHEN	3465270
7	美的集团有限公司	GUANGDONG MD HOLDING CO. , LTD.	3326353
8	深圳富泰宏精密工业有限公司	SHENZHEN FUTAIHONG PRECISION INDUSTRIAL CO. , LTD.	2976015
9	东风汽车有限公司乘用车公司	DONGFENG NISSAN PASSENGER VEHICLE LOMPANY	2643616
10	中兴通讯股份有限公司	ZHONGXING COMMUNICATION EQUIPMENT CO. , LTD.	2316108
11	中国石油化工股份有限公司广州分公司	SINOPEC GUANGZHOU BRANCH	2197862
12	珠海格力电器股份有限公司	GREE ELECTRIC APPLIANCES, INC. OF ZHUHAI	2111400
13	广州宝洁有限公司	PROCTER & GAMBLE (GUANGZHOU) CO. , LTD.	2017650
14	群康科技深圳有限公司	INMOCOM TECHNOLOGY (SHENZHEN) CO. , LTD	1737490
15	深圳创维－RGB电子有限公司	SHENZHEN CHUANG WEI RGB ELECTRONIC CO. , LTD.	1671813
16	伟创力实业（珠海）有限公司	FLEXTRONICS INDUSTRIAL (ZHUHAI) CO. , LTD.	1599509
17	乐金电子（惠州）有限公司	LG ELECTRONICS (HUIZHOU) INC.	1566856
18	广东卷烟总厂	GUANGDONG GENERAL CIGARETTE FACTORY	1498590
19	安利（中国）日用品有限公司	ANLI (CHINA) DAILY NECESSITIES CO. , LTD.	1367605
20	广东格兰仕集团有限公司	GALANZ ELECTRIC APPLIANCE FACTORY CO. , LTD. GUANGDONG	1355239
21	佛山市顺德区顺达电脑厂有限公司	MITAC COMPUTER (SHUNDE) LTD.	1346132
22	中海石油（中国）有限公司湛江分公司	CNOOC (CHINA) LIMITED—ZHANJIANG	1306669
23	建兴光电科技（广州）有限公司	LITEON OPTO TECHNOLOGY (GUANGZHOU) CO. , LTD.	1154243
24	恩斯迈电子（深圳）有限公司	MSI COMPUTER (SHENZHEN) CO. , LTD.	1145680
25	广东省韶关钢铁集团有限公司	SHAOGUAN IRON & STEEL GROUP LIMITED COMPANY OF GUANGDONG PROVINCE	1132356
26	东风本田发动机有限公司	DONGFENG HONDA ENGINE CO. , LTD.	1076866
27	TCL王牌电器（惠州）有限公司	TCL ELECTRIC APPLIANCE HOLDING COMPANY LIMITED	1068028
28	湛江东兴石油企业有限公司	ZHANJIANG DONGXING OIL ENTERPRISE CO. , LTD.	1042179
29	晶冠科技（深圳）有限公司	PROVIEW OPTROMICS (SHENZHEN) CO. , LTD.	1010380
30	康佳集团股份有限公司	KONKA GROUP JOINT STOCK CO. , LTD.	954100
31	长城国际系统科技（深圳）有限公司	CHANGCHENG INTERNATIONAL INFORMATION PRODUCTS (SHENZHEN) CO. , LTD.	890952
32	广东科龙电器股份有限公司	GUANGDONG KELON ELECTRICAL HOLDING COMPANY LTD.	833068
33	佳能珠海有限公司	CANON ZHUHAI INC.	830035
34	鑫茂科技（深圳）有限公司	PC PRO TECHNOLOGY (SHENZHEN) CO. , LTD.	807941
35	佛山普立华科技有限公司	PREMIER CAMERA (CHINA) LIMITED	803941
36	深圳开发科技股份有限公司	SHENZHEN KAIFA TECHNOLOGY JOINT STOCK CO. , LTD.	800001
37	爱普生技术（深圳）有限公司	EPSON ENGINEERING (SHENZHEN) COMPANY LIMITED	771656
38	广东核电合营有限公司	GUANGDONG NUCLEAR POWER JOINT VENTURE CO. , LTD.	744166
39	富士施乐高科技（深圳）有限公司	FUJI XEROX OF SZ LTD	722171
40	江门市大长江集团有限公司	JIANGMEN GREAT CHANGJIANG GROUP CO. , LTD.	707218
41	广州珠江钢铁有限公司	GUANGZHOU ZHUJIAN STEEL CO. , LTD.	706468
42	伟创力电脑（珠海）有限公司	FLEXTRONICS COMPUTER (ZHUHAI) CO. , LTD.	693958
43	伟创力科技（珠海）有限公司	FLEXTRONICS TECHNOLOGY (ZHUHAI) CO. , LTD.	673631
44	捷普电子（广州）有限公司	JABIL CIRCUIT (GUANGZHOU) LTD.	658540
45	深圳三星科健移动通信技术有限公司	SHENZHEN SAMSUNG KEJIAN MOBILE TELECOMMUNICATION TECHNOLOGY CO. , LTD.	657495
46	惠州三星电子有限公司	SAMSUNG ELECTRONICS CO. , LTD	629555
47	东莞三星视界有限公司	GUANGDONG SANXING SDI CO. , LTD.	626135
48	佳能（中山）办公设备有限公司	CANON ZHONGSHAN BUSINESS MACHINES CO. , LTD.	616425
49	东莞市方正科技电脑有限公司	DONGGUAN FOUNDER TECHNOLOGY COMPUTER CO. LTD	591314
50	台达电子电源（东莞）有限公司	DELTA ELECTRONCS POWER (DONGGUAN COMPANY LIMITDE	586914

12-40 全省主营业务收入最大的50家工业企业（2005年）
Main Business Revenue of the province's top 50 industrial enterprises (2005)

序号 Order	企业名称	Name of Enterprises	主营业务收入（万元） Main Business Revenue (10000 yuan)
1	广东电网公司	GUANGDONG POWER GRID CORPORATION	13084171
2	华为技术有限公司	HUAWEI TECHNOLOGIES CO., LTD.	4814843
3	联想国际信息产品（深圳）有限公司	INTERNATIONAL INFORMATION PRODUCTS(SHENZHEN)CO.,LTD.	4287766
4	中石化股份有限公司茂名分公司	SINOPEC MAOMING COMPANY	4117836
5	广州本田汽车有限公司	GUANGZHOU HONDA AUTOMOBILE CO., LTD.	3431338
6	美的集团有限公司	GUANGDONG MD HOLDING CO., LTD.	3408181
7	东风汽车有限公司乘用车公司	DONGFENG NISSAN PASSENGER VEHICLE LOMPANY	2611208
8	中国石油化工股份有限公司广州分公司	SINOPEC GUANGZHOU BRANCH	2216801
9	中兴通讯股份有限公司	ZHONGXING COMMUNICATION EQUIPMENT CO., LTD.	2200000
10	广州宝洁有限公司	PROCTER & GAMBLE (GUANGZHOU) CO., LTD.	1874075
11	深圳富泰宏精密工业有限公司	SHENZHEN FUTAIHONG PRECISION INDUSTRIAL CO., LTD.	1862334
12	珠海格力电器股份有限公司	GREE ELECTRIC APPLIANCES INCORPORATED CO. OF ZHUHAI	1787143
13	伟创力实业（珠海）有限公司	FLEXTRONICS INDUSTRIAL (ZHUHAI) CO., LTD.	1599509
14	中海石油（中国）有限公司深圳分公司	CNOOC CHINA LIMITED—SHENZHEN	1599168
15	安利（中国）日用品有限公司	ANLI (CHINA) DAILY NECESSITIES CO., LTD.	1553439
16	乐金电子（惠州）有限公司	LG ELECTRONICS (HUIZHOU) INC.	1534127
17	广东卷烟总厂	GUANGDONG GENERAL CIGARETTE FACTORY	1483266
18	群康科技深圳有限公司	INMOCOM TECHNOLOGY (SHENZHEN) CO., LTD	1415390
19	深圳创维－RGB电子有限公司	SHENZHEN CHUANG WEI RGB ELECTRONIC CO., LTD.	1295201
20	佛山市顺德区顺达电脑厂有限公司	MITAC COMPUTER (SHUNDE) LTD.	1265566
21	广东格兰仕集团有限公司	GALANZ ELECTRIC APPLIANCE FACTORY CO., LTD. GUANGDONG	1187457
22	TCL王牌电器（惠州）有限公司	TCL ELECTRIC APPLIANCE HOLDING COMPANY LIMITED	1168038
23	建兴光电科技（广州）有限公司	LITEON OPTO TECHNOLOGY (GUANGZHOU) CO., LTD.	1151238
24	恩斯迈电子（深圳）有限公司	MSI COMPUTER (SHENZHEN) CO., LTD.	1145680
25	广东省韶关钢铁集团有限公司	SHAOGUAN IRON & STEEL GROUP LIMITED COMPANY OF GUANGDONG PROVINCE	1109751
26	东风本田发动机有限公司	DONGFENG HONDA ENGINE CO., LTD.	1077334
27	晶冠科技（深圳）有限公司	PROVIEW OPTROMICS (SHENZHEN) CO., LTD.	1012099
28	中海石油（中国）有限公司湛江分公司	CNOOC (CHINA) LIMITED—ZHANJIANG	941967
29	康佳集团股份有限公司	KONKA GROUP JOINT STOCK CO., LTD.	921605
30	湛江东兴石油企业有限公司	ZHANJIANG DONGXING OIL ENTERPRISE CO., LTD.	838320
31	佳能珠海有限公司	CANON ZHUHAI INC.	830423
32	鑫茂科技（深圳）有限公司	PC PRO TECHNOLOGY (SHENZHEN) CO., LTD.	803787
33	深圳开发科技股份有限公司	SHENZHEN KAIFA TECHNOLOGY JOINT STOCK CO., LTD.	800001
34	佛山普立华科技有限公司	PREMIER CAMERA (CHINA) LIMITED	798217
35	爱普生技术（深圳）有限公司	EPSON ENGINEERING (SHENZHEN) COMPANY LIMITED	771656
36	广东核电合营有限公司	GUANGDONG NUCLEAR POWER JOINT VENTURE CO., LTD.	744166
37	江门市大长江集团有限公司	JIANGMEN GREAT CHANGJIANG GROUP CO., LTD.	710080
38	富士施乐高科技（深圳）有限公司	FUJI XEROX OF SZ LTD	701137
39	惠州三星电子有限公司	SAMSUNG ELECTRONICS CO., LTD	676733
40	广东科龙电器股份有限公司	GUANGDONG KELON ELECTRICAL HOLDING COMPANY LTD.	676454
41	广州珠江钢铁有限公司	GUANGZHOU ZHUJIAN STEEL CO., LTD.	674922
42	捷普电子（广州）有限公司	JABIL CIRCUIT (GUANGZHOU) LTD.	661353
43	深圳三星科健移动通信技术有限公司	SHENZHEN SAMSUNG KEJIAN MOBILE TELECOMMUNICATION TECHNOLOGY CO., LTD.	656443
44	伟创力科技（珠海）有限公司	FLEXTRONICS TECHNOLOGY (ZHUHAI) CO., LTD.	652874
45	佳能（中山）办公设备有限公司	CANON ZHONGSHAN BUSINESS MACHINES CO., LTD.	637880
46	广州钢铁股份有限公司	GUANGZHOU IRON AND STEEL (GROUP) CO., LTD.	629093
47	东莞三星视界有限公司	GUANGDONG SANXING SDI CO., LTD.	622217
48	长城国际系统科技（深圳）有限公司	CHANGCHENG INTERNATIONAL INFORMATION PRODUCTS (SHENZHEN) CO., LTD.	611037
49	台达电子电源（东莞）有限公司	DELTA ELECTRONCS POWER (DONGGUAN COMPANY LIMITDE	598827
50	旭丽电子（广州）有限公司	SILITEK ELECTRONIC (GUANGZHOU) CO., LTD	582917

12-41 全省固定资产净值最大的50家工业企业（2005年）
Net value of fixed assets of the province's top 50 industrial enterprises (2005)

序号 Order	企业名称	Name of Enterprises	固定资产净值（万元） Net Value of Fixed Assets (10000 yuan)
1	广东电网公司	GUANGDONG POWER GRID CORPORATION	8434927
2	岭澳核电有限公司	LING' AO NUCLEAR POWER	2302855
3	广东核电合营有限公司	GUANGDONG NUCLEAR POWER JOINT VENTURE CO., LTD.	1377305
4	中石化股份有限公司茂名分公司	SINOPEC MAOMING COMPANY	819732
5	华为技术有限公司	HUAWEI TECHNOLOGIES CO., LTD.	691036
6	广东省韶关钢铁集团有限公司	SHAOGUAN IRON & STEEL GROUP LIMITED COMPANY OF GUANGDONG PROVINCE	643530
7	广东省珠海发电厂	GUANGDONG ZHUHAI POWER STATION	611012
8	广州珠江钢铁有限公司	GUANGZHOU ZHUJIAN STEEL CO., LTD.	553084
9	广东国华粤电台山发电有限公司	GUANGDONG GUOHUA YUEDIAN TAISHAN POWER GENERATION CO., LTD	535911
10	中海石油（中国）有限公司湛江分公司	CNOOC CHINA LIMITED—ZHANJIANG	490728
11	美的集团有限公司	GUANGDONG MD HOLDING CO., LTD.	463520
12	中国石油化工股份有限公司广州分公司	SINOPEC GUANGZHOU BRANCH	439799
13	广州市自来水公司	GUANGZHOU WATER SUPPLY COMPANY	422111
14	广州本田汽车有限公司	GUANGZHOU HONDA AUTOMOBILE CO., LTD.	365552
15	广东蓄能发电有限公司	GUANGDONG PUMPED STORAGE POWER STATION JOINT VENTURE CORPORATION	353559
16	深圳市水务（集团）有限公司	SHENZHEN WATER (GROUP) CO., LTD.	343123
17	东莞玖龙纸业有限公司	NINE DRAGONS PAPER INDUSTRIES CO., LTD.	330824
18	深圳赛格三星股份有限公司	SHENZHEN SEG SAMSUNG GLASS CO., LTD.	325250
19	广东省开平涤纶企业集团公司	KAI PING POLYESTER ENTERPRISES GROUP CO.,LTD. GUANGDONG	266279
20	华能国际电力股份有限公司广东分公司	HUANENG INTERNATIONAL ELECTRIC POWER DEVELOPMENT CORPORATION GUANGDONG BRANCH	256017
21	珠海碧阳化工有限公司	BP ZHUHAI CHEMICAL CO., LTD	252581
22	湛江电力有限公司	ZHANJIANG ELECTRIC POWER CO., LTD.	249250
23	深圳赛意法微电子有限公司	SHENZHEN MICROELECTRONICS CO., LTD.	241997
24	中兴通讯股份有限公司	ZHONGXING COMMUNICATION EQUIPMENT CO., LTD.	219033
25	广东广合电力有限公司	GUANGDONG GUANG HOPE ELECTRIC POWER CO., LTD.	217099
26	广东卷烟总厂	GUANGDONG GENERAL CIGARETTE FACTORY	212896
27	深圳市西部电力有限公司	SHENZHEN WEST POWER CO., LTD.	212456
28	广州东方电力有限公司	GUANGZHOU ORIENTAL POWER CO., LTD.	212321
29	广东科龙电器股份有限公司	GUANGDONG KELON ELECTRICAL HOLDING COMPANY LTD.	187347
30	中国石化集团茂名石油化工公司	MAOMING PETROCHEMICAL CORP. OF SINOPEC	181666
31	深圳南山热电股份有限公司	SHANZHAN NANSHAN POWER CO. LTD	179747
32	广州市越堡水泥有限公司	GUANGZHOU HEIDELBERG YUEXIU CEMENT CO., LTD	178315
33	东莞建晖纸业有限公司	DONGGGUAN JIANHUI PAPER CO., LTD	176371
34	广州恒运企业集团股份有限公司	GUANGZHOU HENGYUN ENTERPRISES HOLDING LTD.	170126
35	广东格兰仕集团有限公司	GALANZ GROUP CO. LTD OF GUANGDONG	165223
36	佛山塑料集团股份有限公司	FOSHAN PLASTICS GROUP CO., LTD.	164741
37	广州钢铁股份有限公司	GUANGZHOU IRON AND STEEL CO., LTD	157611
38	珠海格力电器股份有限公司	GREE ELECTRIC APPLIANCES, INC. OF ZHUHAI	154300
39	广州市华南橡胶轮胎有限公司	SOUTN CHINA TIRE&RUBBER CO., LTD	152049
40	广州宝洁有限公司	PROCTER & GAMBLE (GUANGZHOU) CO., LTD.	150590
41	东莞德永佳纺织制衣有限公司	DONGGUAN TEXWINCA TEXTILE&GARNENT LIMITDE	135345
42	东莞理文造纸厂有限公司	DONGGUAN LEE & MAN PAPER FACTORY CO., LTD.	133490
43	广州市煤气公司	GUANGZHOU GAS COMPANY	133458
44	佛山市沙口发电厂有限公司	FOSHAN SHAKOU POWER PLANT CO., LTD	131775
45	华通电脑（惠州）有限公司	COMPEQ MANUFA CTURING (HUIZHOU) CO., LTD	125939
46	广东省电力发展股份有限公司沙角A电厂	SHAJIAO A POWER STATION OF GUANGDONG ELECTRIC POWER DEVDLOPMENT CO., LTD	124547
47	主力实业（深圳）有限公司	MAIN POWER INDUSTRIAL (SHENZHEN) CO., LTD.	123799
48	广东省韶关粤江发电有限公司	GUANGDONG SHAOGUAN YUE JIANG POWER CO. LTD	123420
49	安利（中国）日用品有限公司	ANLI (CHINA) DAILY NECESSITIES CO., LTD.	122929
50	广东省连州粤连电厂有限公司	YUELIAN POWER PLANT CO., LTD. LIANZHOU, GUANGDONG	121304

主要统计指标解释

工业 指从事自然资源的开采，对采掘品和农产品进行加工和再加工的物质生产部门。具体包括：(1) 对自然资源的开采，如采矿、晒盐、森林采伐等（但不包括禽兽捕猎和水产捕捞）；(2) 对农副产品的加工、再加工，如粮油加工、食品加工、轧花、缫丝、纺织、制革等；(3) 对采掘品的加工、再加工，如炼铁、炼钢、化工生产、石油加工、机器制造、木材加工等，以及电力、自来水、煤气的生产和供应等；(4) 对工业品的修理、翻新，如机器设备的修理、交通运输工具（包括小卧车）的修理等。

1984 年以前农村的村及村以下办工业归属农业，1984 年以后划归工业。

工业统计调查单位 工业统计调查单位分为两类：独立核算法人工业企业和工业生产活动单位。

(1) 独立核算法人工业企业 是指从事工业生产经营活动的单位。独立核算法人工业企业应同时具备以下条件：①依法成立，有自己的名称、组织机构和场所，能够承担民事责任；②独立拥有和使用资产，承担负债，有权与其他单位签订合同；③独立核算盈亏，并能够编制资产负债表。

(2) 工业生产活动单位 是指在一个场所从事一种或主要从事一种工业生产活动的经济单位。它包括独立核算工业企业按主营业务活动（即工业生产活动）划分的主营业务活动单位和非工业企业所属的工业生产活动单位（即原非独立核算工业生产单位）。工业生产活动单位，一般应同时具备以下三个条件：①具有一个场所，从事一种或主要从事一种工业活动；②单独组织工业生产、经营或业务活动；③单独核算收入和支出。

本年鉴中涉及的企业登记注册类型：

(1) 国有及国有控股企业 指国有企业加上国有控股企业。国有企业（即过去的全民所有制工业或国营工业）是指企业全部资产归国家所有，并按《中华人民共和国企业法人登记管理条例》规定登记注册的非公司制的经济组织。包括国有企业、国有独资公司和国有联营企业。1957 年以前的公私合营和私营工业，后均改造为国营工业，1992 年改为国有工业，这部分工业的资料不单独分列时，均包括在国有企业内。国有控股企业是对混合所有制经济的企业进行的“国有控股”分类。它是指这些企业的全部资产中国有资产（股份）相对其他所有者中的任何一个所有者占资（股）最多的企业。该分组反映了国有经济控股情况。

(2) 集体企业 指企业资产归集体所有，并按《中华人民共和国企业法人登记管理条例》规定登记注册的经济组织。是社会主义公有制经济的组成部分。包括城乡所有使用集体投资举办的企业，以及部分个人通过集资自愿放弃所有权并依法经工商行政管理机关认定为集体所有制的企业。

(3) 股份有限公司 指根据《中华人民共和国企业法人登记管理条例》规定登记注册，其全部注册资本由等额股份构成并通过发行股票筹集资本，股东以其认购的股份对公司承担有限责任，公司以其全部资产对其债务承担责任的经济组织。

(4) 港、澳、台商投资企业 指企业注册登记类型中的港澳台、合资、合作、独资经营企业和股份有限公司之和。

(5) 外商投资企业 指企业注册登记类型中的中外合资、合作经营企业、外资企业和外商投资股份有限公司之和。

(6) 本年鉴中涉及的名为“其他”的企业 均指除国有企业、集体企业、个体经营以外的其他类型工业企业（单位）。包括联营企业、私营企业、股份有限公司、有限责任公司；外商投资企业（中外合资经营、中外合作经营、外资企业），港、澳、台投资企业（与大陆合资经营、与大陆合作经营、港、澳、台独资企业）及其他企业。

轻工业 指主要提供生活消费品和制作手工工具的工业。按其所使用的原料不同，可分为两大类：(1) 以农产品为原料的轻工业，是指直接或间接以农产品为基本原料的轻工业。主要包括食品制造、饮料制造、烟草加工、纺织、缝纫、皮革和毛皮制作、造纸以及印刷等工业；(2) 以非农产品为原料的轻工业，是指以工业品为原料的轻工业。主要包括文教体育用品、化学药品制造、合成纤维制造、日用化学制品、日用玻璃制品、日用金属制品、手工工具制造、医疗器械制造、文化和办公用机械制造等工业。

重工业 是指为国民经济各部门提供物质技术基础的主要生产资料的工业。按其生产性质和产品用途，可分为下列三类：（1）采掘（伐）工业，是指对自然资源的开采，包括石油开采、煤炭开采、金属矿开采、非金属矿开采和木材采伐等工业；（2）原材料工业，指向国民经济各部门提供基本材料、动力和燃料的工业。包括金属冶炼及加工、炼焦及焦炭化学、化工原料、水泥、人造板以及电力、石油和煤炭加工等工业；（3）加工工业，是指对工业原材料进行再加工制造的工业。包括装备国民经济各部门的机械设备制造工业、金属结构、水泥制品等工业，以及为农业提供的生产资料如化肥、农药等工业。

根据上述划分原则，修理业中以重工业产品为修理作业对象的划为重工业，反之划为轻工业。

工业总产值 是以货币表现的工业企业在一定时期内生产的已出售或可供出售工业产品总量，它反映一定时间内工业生产的总规模和总水平。它包括：在本企业内不再进行加工，经检验、包装入库（规定不需包装的产品除外）的成品价值，对外加工费收入，自制半成品、在产品期末期初差额价值。工业总产值采用“工厂法”计算，即以工业企业作为一个整体，按企业工业生产活动的最终成果来计算，企业内部不允许重复计算，不能把企业内部各个车间（分厂）生产的成果相加。但在企业之间、行业之间、地区之间存在着重复计算。

轻重工业总产值的划分也是按“工厂法”计算的，即一个工业企业在正常情况下生产的主要产品的性质属于轻工业，则该企业的全部总产值作为轻工业总产值；一个工业企业生产的主要产品的性质属于重工业，则该企业的全部总产值作为重工业总产值。

工业增加值 是指工业行业在报告期内以货币表现的工业生产活动的最终成果，是企业全部生产活动的总成果扣除了在生产过程中消耗或转移的物质产品和劳务价值后的余额，是企业生产过程中新增加的价值。

实收资本 指企业实际收到的投资人投入的资本。按投资主体可分为国家资本、集体资本、法人资本、个人资本、港澳台资本和外商资本等。

资产合计 指企业拥有或控制的能以货币计量的经济资源。包括各种财产、债权和其他权利。资产按其流动性划分为流动资产、长期投资、固定资产、无形及递延资产和其他资产。

（1）流动资产 指企业可以在一年内或者超过一年的一个生产周期内变现或者耗用的资产合计，包括现金及各种存款、短期投资、应收及预付款项、存货等。

（2）固定资产 指企业固定资产净值、固定资产清理、在建工程、待处理固定资产损失所占用的资金合计。

（3）无形资产 指企业长期使用而没有实物形态的资产。包括专利权、非专利技术、商标权、著作权、土地使用权、商誉等。

负债合计 指企业承担的能以货币计量，将以资产或劳务偿付的债务。负债一般按偿还期长短分为流动负债和长期负债、递延税项等。

（1）流动负债 指企业在一年内或者超过一年的一个营业周期内需要偿还的债务合计，其中包括短期借款、应付及预收款项、应付工资、应交税金和应交利润等。

（2）长期负债 指企业在一年以上或者超过一年的一个营业周期以上需要偿还的债务合计，其中包括长期借款、应付债务、长期应付款项等。

所有者权益 指企业投资人对企业净资产的所有权。企业净资产等于企业全部资产减去全部负债后的余额，其中包括投资者对企业的最初投入，以及资本公积金、盈余公积金和未分配利润，对股份制企业即为股东权益。

固定资产原价 指企业在建造、购置、安装、改建、扩建、技术改造某项固定资产时所支出的全部货币总额。它一般包括买价、包装费、运杂费和安装费等。

固定资产净值 是指固定资产原价减去历年已提折旧额后的净额。

主营业务收入 指企业销售产品和提供劳务等主要经营业务取得的业务总额。

主营业务成本 指企业销售产品和提供劳务等主要经营业务的实际成本。

主营业务税金及附加 指企业销售产品和提供工业性劳务等主要经营业务应负担的城市维护建设税、消费税、资源税和教育费附加。

主营业务利润 指企业销售产品和提供工业性劳务等主要经营业务收入扣除其成本、费用、税金后的利润。

利润总额 指企业实现的利润。

应交增值税 指企业在报告期内应交纳的增值税额。

工业经济效益综合指数 是指现行综合评价工业经济效益总体水平及工业经济运行质量的指数。它是以若干项代表性经济效益指标，分别除以各项指标的标准值，再乘以各自的权数，加总后除以总权数求得。其计算公式为：

$$\text{工业经济效益综合指数} = \left(\frac{\text{某项经济效益指标报告期数值}}{\text{该项指标标准值}} \times \text{权数}\right) \div \text{总权数}$$

上式总权数为100。

（1）总资产贡献率 是指企业在一定时期内全部资产获利能力，是企业经营业绩和管理水平的集中体现，是评价和考核企业盈利能力的核心指标。计算公式为：

$$\text{总资产贡献率（\%）} = \frac{\text{利润总额} + \text{税金总额} + \text{利息支出}}{\text{平均资产总额}} \times 100\% \times \frac{12}{\text{累计月数}}$$

税金总额为产品销售税金及附加与应交增值税之和，平均资产总额为期初、期末资产总计的算术平均值。

（2）资本保值增值率 是反映企业净资产变动状况的一个重要指标，是企业发展能力的集中体现。它是指报告期末所有者权益总额与上年同期期末所有者权益总额的比率。计算公式为：

$$\text{资本保值增值率（\%）} = \frac{\text{报告期期末所有者权益}}{\text{上年同期期末所有者权益}} \times 100\%$$

所有者权益等于资产总计减负债总计。

（3）资产负债率 是指反映企业经营风险的大小，反映企业利用债权人提供的资金从事经营活动的能力。计算公式为：

$$\text{资产负债率（\%）} = \frac{\text{负债总计}}{\text{资产总计}} \times 100\%$$

资产及负债均为报告期末数。

（4）流动资产周转率 是指一定时期内流动资产完成的周转次数，反映投入工业企业流动资金的周转速度，一般以一年时间内周转多少次表示。计算公式为：

$$\text{流动资产周转次数} = \frac{\text{产品销售收入}}{\text{流动资产平均余额}} \times \frac{12}{\text{累计月数}}$$

（5）成本费用利润率 是指工业企业投入生产成本及费用的经济效益，同时也反映企业降低成本所取得的经济效益。计算公式是：

$$\text{成本费用利润率（\%）} = \frac{\text{利润总额}}{\text{成本费用总额}} \times 100\%$$

成本费用总额为产品销售成本、销售费用、管理费用、财务费用之和。

（6）增加值现价劳动生产率 是指反映企业的生产效率和劳动投入的经济效益。一般用平均每人一年创造的工业增加值表示。计算公式为：

$$\text{增加值现价劳动生产率（元/人）} = \frac{\text{工业增加值}}{\text{全部职工平均人数}} \times \frac{12}{\text{累计月数}}$$

（7）产品销售率 是指反映工业产品已实现销售的程度，是分析工业产销衔接情况、研究工业产品满足社会需求的指标。计算公式是：

$$产品销售率（\%）=\frac{现价工业销售产值}{现价工业总产值}\times 100\%$$

企业集团 指以母公司为主体，通过投资及生产经营协作等多种方式，与众多的企事业单位共同组成的经济联合体。企业集团不具有企业法人资格。统计范围：1、省人民政府批准成立的企业集团；2、年营业收入（主营业务收入与其他业务收入合计数）和资产总计均在5亿元以上的企业集团；3、省重点企业，包括：省工业龙头企业；4、国家重点企业，包括：国务院批准的国家试点企业集团，520户国家重点企业，重组为集团公司的原512户国家重点企业；5、国务院主管部门批准成立的企业集团；6、中央企工委管理的企业集团；7、广东省属资产经营公司、省政府授权经营企业集团公司、省政府持股企业。共有167家企业上报2005年企业集团年报。

现代企业制度 是适应市场经济要求、依法规范的企业制度。其典型形式是公司。其基本特征是产权清晰、权责明确、政企分开、管理科学。它包含两个层次的涵义：现代企业制度是市场经济体制的基础；现代企业制度就是现代公司制度。

重点企业建立现代企业制度试点企业调查：由于企业重组、兼并、破产等原因，2005年年报有146家重点企业上报资料。

Explanatory Notes on Main Statistical Indicators

Industry refers to the material production sector which is engaged in extraction of natural resources and processing and reprocessing of minerals and agricultural products, including (1) extraction of natural resources, such as mining, salt production (but not including hunting and fishing); (2) processing and reprocessing of farm and sideline produces, such as rice husking, flour milling, wine making, oil pressing, silk reeling, spinning and weaving, and leather making; (3) manufacture of industrial products, such as steel making, iron smelting, chemicals manufacturing, petroleum processing, machine building, timber processing; water and gas production and electricity generation and supply; (4) repairing of industrial products such as the repairing of machinery and means of transport (including cars).

Prior to 1984, the rural industry run by villages and cooperative organizations under village was classified into agriculture. Since 1984, it has been grouped into industry.

Units of Industrial Statistics Survey They are classified into two categories: corporate industrial enterprises with independent accounting system and industrial establishments.

(1) Corporate industrial enterprises with independent accounting system refer to enterprises engaging in industrial production activities, which meet the following requirements: ①They are established legally, having their own names, organizations, location, able to take civil liability; ②They possess and use their assets independently, assume liabilities, and are entitled to sign contracts with other units; ③They are financially independent and compile their own balance sheets.

(2) Industrial establishments refer to economic units which located in one single place and engaged entirely or primarily in one kind of industrial activity, including financially independent industrial enterprises and units engaged in industrial activities under the non-industrial enterprises (or financially dependent). Industrial establishments generally meet the following requirements: ① They have each one location and are engaged in one kind of industrial activity each; ② They operate and manage their industrial production activities separately; ③ They have accounts of income and expenditure separately.

Enterprises covered in the industrial statistics in the Yearbook include following categories by their registration:

(1) State-owned and State-Controlled Enterprises refer to state-owned enterprises plus state-holding enterprises. State-owned enterprises (originally known as state-run enterprises with ownership by the whole society) are non-corporate economic entities registered in accordance with the Regulation of the People's Republic of China on the Management of Registration of Legal Enterprises, where all assets are owned by the state. Included in this category are state-owned enterprises, state-funded corporations and state-owned joint-operation enterprises. Joint state-private industries and private industries, which existed before 1957, were transformed into state-run industries and then into state-owned industries after 1992. Statistics on those enterprises are included in the state-owned industries instead of grouping them separately. State-controlled enterprises are a sub-classification of enterprises with mixed ownership, referring to enterprises where the percentage of state assets (or shares by the state) is larger than any other single share holder of the same enterprise. This sub-classification illustrates the control of the state over a particular industry.

(2) Collective-owned Enterprises refer to economic entities registered in accordance with the Regulation of the People's Republic of China on the Management of Registration of Legal Enterprises, where assets are owned by collectively. Collective enterprises constitute an integral part of the socialist economy with public ownership. They include urban and rural enterprises invested by collectives, and some enterprises registered in industrial and commer-

cial administration agency as collective units where funds are pulled together by individuals who voluntarily give up their right of ownership.

(3) Share-holding Corporations Ltd. refer to economic units registered in accordance with the Regulation of the People's Republic of China on the Management of Registration of Corporate Enterprises, with total registered capitals divided into equal shares and raised through issuing stocks. Each investor bears limited liability to the corporation depending on the holding of shares, and the corporation bears liability to its debt to the maximum of its total assets.

(4) Enterprises with Funds form Hong Kong, Macao and Taiwan refer to all industrial enterprises registered as the joint-venture, cooperative, sole (exclusive) investment industrial enterprises and limited liability corporations with funds from Hong Kong, Macao and Taiwan.

(5) Foreign Funded Enterprises refer to all industrial enterprises registered as the joint-venture, cooperative, sole (exclusive) investment industrial enterprises and limited liability corporations with foreign funds.

(6) "Other" Enterprises covered in the industrial statistics in the Yearbook refer to other types of industrial enterprises (units) except state-owned enterprises, collective-owned enterprises and individual operation, including joint-operation enterprises, private enterprises, share-holding companies, limited liability corporations, foreign-funded enterprises (joint ventures, cooperative operation and exclusively-operated enterprises), enterprises with funds from Hong Kong, Macao and Taiwan (joint ventures, cooperative operation and exclusively-operated enterprises) and other enterprises.

Light Industry refers to the industry that produces consumer goods and hand tools. It consists of two categories, depending on the materials used:

(1) Industries using farm products as raw materials. These are branches of light industry which directly or indirectly use farm products as basic raw materials, including the manufacture of food and beverages, tobacco processing, textile, clothing, fur and leather manufacturing, paper making, printing, etc.

(2) Industries using non farm products as raw materials. These are branches of light industry which use manufactured goods as raw materials, including the manufacture of cultural, educational articles and sports goods, chemicals, synthetic fiber, chemical products for daily use, glass products for daily use, metal products for daily use, hand tools, medical apparatus and instruments, and the manufacture of cultural and clerical machinery.

Heavy Industry refers to the industry which produces capital goods, and provides various sectors of the national economy with necessary material and technical basis. It consists of the following three branches according to the purpose of production or the use of products:

(1) Mining, quarrying and logging industry refers to the industry that extracts natural resources, including extraction of petroleum, coal, metal and non-metal ores.

(2) Raw materials industry refers to the industry that provides various sectors of the national economy with raw materials, fuels and power. It includes smelting and processing of metals, coking and coke chemistry, chemical materials and building materials such as cement, plywood, and power, petroleum refining and coal dressing.

(3) Manufacturing industry refers to the industry that processes raw materials. It includes machine-building industry which equips sectors of the national economy, industries of metal structure and cement products, industries producing means of agricultural production, such as chemical fertilizers and pesticides.

According to the above principle of classification, the repairing trades, which are engaged primarily in repairing products of heavy industry, are classified into heavy industry while these engaged in repairing products of light industry are classified into light industry.

Gross Industrial Output Value refers to the total volume of industrial products sold or available for sale in monetary terms during a given period. It reflects the total achievements and overall scale of industrial production during a given period. It includes the value of the finished products, which are not to be further processed in the enterprises and have been inspected, packed and put in storage, the income from external processing and the value of change in semi-finished products at the end and at the beginning of the reference period. The gross industrial output value is calculated by the factory approach, i. e. industrial enterprise is used as the basic accounting unit in calculating the gross industrial output value. No double calculations are to be made within the same enterprise and the output value of different workshops (branch factories) should not be added. However, double counting does occur among different enterprises. However, this approach does not exclude the possibility of double counting between enterprises, sectors and regions.

Output value of light and heavy industries is also classified by the factory approach. Under normal conditions, if the major products of an industrial enterprise belong to light industry products, the gross output value of that enterprise is classified wholly into light industry; the same principle applies to heavy industry.

Value-added of Industry refers to the final results of industrial production of industrial enterprises in monetary terms during the reference period. It equals to the total achievements of all industrial production minus the goods and services consumed or transferred during the industrial production of enterprises. It is the newly added value during the industrial production of enterprises.

Capital Obtained refers to capital actually received by enterprises from investors. It can be further classified by investors as state capital, collective capital, corporate capital, individual capital, capital from Hong Kong, Macao and Taiwan, and foreign capital.

Total Assets refer to all economic resources, in monetary terms, that is owned or controlled by enterprises, including properties, creditors equity and other economic rights of all forms. Classified by the degree of equitability, total assets include circulating assets, long-term investment, fixed assets, intangible assets and deferred assets, and other assets.

(1) Circulating Assets refer to the assets which can be cashed in or spent or consumed in an operating cycle of one year or over one year, including cash, all kinds of deposits, short-term investment, receivables, advance payment and stock, etc.

(2) Fixed Assets refer to the total capital held by net value of fixed assets, clearance of fixed assets, projects under construction and fixed assets losses in suspense.

(3) Intangible Assets refer to the assets without material form used by enterprises over a long time, including patents, non-patent technologies, trade marks, copyright, land use right and business reputation, etc.

Total Liabilities refer to payable liabilities of enterprises that have to repay in terms of money, assets or labor services. In terms of payment, it can be classified as liquid liabilities, long-term liabilities and deferred taxes, etc.

(1) Liquid Liabilities refer to total debt payable by enterprises within an operating cycle of one year or over one year, including short-term loans, payables and advance payments, wages payable, taxes payable and profits payable, etc.

(2) Long-term Liabilities refer to total debt payable by enterprises within an operation cycle of one year or over one year, including long-term loans, payable liabilities and long-term payables, etc.

Creditors' Equity refers to investors' ownership of net assets of the enterprise. It is equal to the total assets of the enterprise minus its total liabilities, including the primary input from investors, capital accumulation fund, surplus accumulation fund and undistributed profit. It is the stock-holders' equity in stock companies.

Original Value of Fixed Assets refers to the total value of fixed assets owned by industrial enterprises in monetary term, calculated at the cost paid at the time of purchase, installation, reconstruction, expansion, and technical innovation and transformation of the said assets, which includes expenses on purchase, package, transportation, and installation, etc.

Net Value of Fixed Assets refers to the original value of fixed assets minus depreciation over the years.

Main Business Revenue refers to the revenue from the sales of products and from rendering of industrial services by industrial enterprises.

Main Business Cost refers to the actual cost of products sold and industrial services provided by industrial enterprises.

Tax and Extra Charges on Main Business refer to the tax on city maintenance and construction, consumption tax, resources tax and extra charges for education, which should be borne by the enterprises in selling products and providing industrial services.

Total Profits refer to the profits gained by the enterprises.

Value-added Tax Payable refers to the amount of the value-added tax which should be paid by the enterprises during the reference period.

Aggregative Index on Economic Efficiency of Industry refers to the current comprehensive index to evaluate the general level of economic efficiency of industry and the performance quality of industrial economy. It is calculated by some representative indicators on economic efficiency divided by their standard values of each indicator respectively, multiplying each weight, and then divided by total weight. The formula used is:

$$\text{Aggregative Index on Economic Results of Industry} = \left(\frac{\text{Value of an Indicator on Economic Results in Reference Period}}{\text{Standard Value of the Indicator}} \times \text{Weight}\right) \div \text{Total Weight}$$

Total Weight = 100

(1) Contribution Rate of Total Assets refers to the profit-making capability of all assets of the enterprise and is a key indicator manifesting the performance and management and evaluating the profit-making potential of the enterprise. It is calculated as follows:

$$\text{Contribution Rate of Total Assets (\%)} = \frac{\text{Total profits} + \text{Total Taxes} + \text{Interest Expenditure}}{\text{Average Assets}} \times 100\%$$

Total taxes are the sum of tax and extra charges on the sales of products and value-added tax payable; and average assets are the arithmetic mean of the sum of beginning assets and ending assets.

(2) Value Preserving and Increasing Rate of Capital is an important indicator to reflect the changes of net assets of an enterprise, which embodies a concentrated picture of development capability. It is the ratio of total creditors' equity at the end of the reference period over that of the same period of the previous year. It is calculated as follows:

$$\text{Value Preserving and Increasing Rate of Capital (\%)} = \frac{\text{Total Creditors' Equity at the End of Reference Period}}{\text{Total Creditors' Equity of the Same Period of the Previous Year}} \times 100\%$$

Creditors' equity is equal to the total assets of the enterprise minus its total liabilities.

(3) Ratio of Debts to Assets reflects both the operation risk and the capability of the enterprise in making use of the capital from the creditors. It is calculated as follows:

$$\text{Ratio of Debts to Assets (\%)} = \frac{\text{Total Debts}}{\text{Total Assets}} \times 100\%$$

Both assets and debts are figures at the end of the reference period.

(4) Rate of Turnover of Working Capital refers to the number of times of turnover of working capital in a given period of time, which reflects the speed of the turnover of working capital. It is expressed as times of turnover within a year and is calculated as follows:

$$\text{Turnover of Working Capital} = \frac{\text{Sales Revenue of Products}}{\text{Average Balance of Total Working Capital}} \times \frac{12}{\text{Number of Cumulative Months}}$$

(5) Ratio of Profits to Total Industrial Costs refers to the ratio of profits realized in a given period to the total costs in the same period, which reflects the economic efficiency of input cost and is calculated as follows:

$$\text{Ratio of Profits to Total Industrial Costs (\%)} = \frac{\text{Total Profits}}{\text{Total Costs}} \times 100\%$$

Total costs are the sum of cost of products sold, marketing cost, management cost and financial cost.

(6) Value-added Labor Productivity at Current Prices reflects the production efficiency of the enterprise and economic efficiency of its labor input. It is usually expressed as the value-added created by average number of staff and workers of an industrial enterprise in a year. The formula used is:

$$\begin{matrix}\text{Value-added Labor Productivity} \\ \text{(yuan/person)}\end{matrix} = \frac{\text{Value Added of Industry}}{\begin{matrix}\text{Average Number of} \\ \text{Staff and Workers}\end{matrix}} \times \frac{12}{\text{Number of Cumulative Months}}$$

(7) Ratio of Sale to Gross Output Value refers to the sales of industrial products to the gross industrial output value, and is used to analyze the linkage between production and sales and the extent of the needs of the society that has been met by the supply of industrial products. It is calculated as follows:

$$\text{Ratio of Sales to Gross Output Value (\%)} = \frac{\text{Industrial Sales}}{\text{Gross Industrial Output Value (at Current Prices)}} \times 100\%$$

Enterprise Group refers to an economic union, with parent company as mainstay, made up of many enterprises and institutions by means of various forms such as investment and production cooperation, etc. It is not qualified as a legal person. The statistical coverage includes: 1. the enterprise groups approved by Guangdong Provincial People's Government; 2. the enterprises groups with both annual business revenue (sum of main business revenue and other business revenues) and assets over 500 million yuan; 3. the key provincial enterprises, including 50 leading provincial industrial enterprises, 4 enterprise groups engaged in assets operation and 20 groups authorized by the provincial departments; 4. the key state enterprises, including the pilot state enterprise groups approved by the State Council, 520 key state enterprises and the groups restructured from the 512 original key state enterprises; 5. the enterprise groups approved by the competent departments of the State Council; 6. the enterprises groups managed by the Central Enterprise Working Committee; 7. and the assets operation companies under Guangdong Province, the enterprise groups authorized by the provincial government and the enterprises with shares held by the provincial government. There are a total of 167 enterprises reporting their annual group statistics in 2005.

Modern Enterprise System refers to the enterprise system in conformity with the requirements of market economy and the standard of law. Company is its typical form. It is basically characterized with clear property definition, explicit responsibility, separation from government and scientific management. The definition covers two points, including both the base of market economic system and modern company system.

Owing to restructuring, merging, bankruptcy and the other, 146 of the key enterprises reported their annual statistics in 2005.

十三、建筑业

13

CONSTRUCTION

十三　建筑业

简要说明

一、本篇资料反映广东省建筑业发展的基本情况。主要内容包括全省和各市建筑业企业生产经营的情况，主要指标有企业个数、从业人员数、建筑业总产值、房屋建筑面积、建筑业增加值、利润总额、利税总额等。

二、本篇资料由广东省统计局固定资产投资处整理提供。

三、本篇资料是根据国家统计局制定的《建筑业统计报表制度》整理汇总的。统计范围包括：广东境内具有法人资格的独立核算建筑业企业和辖区内建筑业法人所属的产业活动单位。2004 年和 2005 年统计范围为具有建筑业资质的独立核算建筑业企业。

13 Construction

Brief Introduction

Ⅰ. The data in this chapter show the development of the construction industry in Guangdong Province. They cover mainly the statistics of production and management of the enterprises of construction of the whole province and its cities, including the number of enterprises, the number of employed persons, gross output value of construction, floor space of buildings, value-added of construction, total profits and total pre-tax profits, etc.

Ⅱ. The data in this chapter are prepared and provided by the Division of Investment and Construction Statistics of Guangdong Provincial Bureau of Statistics.

Ⅲ. The data in this chapter are collected in accordance with the Reporting Scheme of Construction Statistics stipulated by the National Bureau of Statistics. The coverage of construction statistics includes the construction enterprises of various types of ownership (excluding individual enterprises) with qualification of legal person and independent accounting system and industrial establishments affiliated with corporate construction enterprises under the jurisdiction of Guangdong Province. The data of 2004 and 2005 include all the construction enterprises of various types of ownership with qualification certificates and with independent accounting system.

13-1 建筑业企业生产情况（2004－2005年）
Production Conditions of Construction Enterprises（2004－2005）

项　　目	Item	2004 合计 Total	#国有及国有控股企业 State-owned and State-hold-ing Enterprises	2005 合计 Total	#国有及国有控股企业 State-owned and State-hold-ing Enterprises
企业个数　（个）	**Number of Construction Enterprises　(unit)**	**4166**	**807**	**4182**	**704**
建筑业合同情况	**Contracts of Construction**				
签订的合同额　（亿元）	Value of Contracts Signed　(100 million yuan)	3568.01	1818.05	4284.86	2210.03
上年结转合同额　（亿元）	Value of Contracts Carried-over from the Previous Year　(100 million yuan)	1491.38	776.81	1767.32	935.64
本年新签合同额　（亿元）	Value of Newly-signed Contracts in Current Year　(100 million yuan)	2076.64	1041.24	2517.55	1274.38
承包工程完成情况	**Contracted Projects Completed**				
直接从建设单位承揽工程完成产值　（亿元）	Output Value of Contracted Projects Completed Directly from Construction Units　(100 million yuan)	1980.56	928.15	2310.09	1076.13
自行完成施工产值（亿元）	Output Value of Self-completed Projects　(100 million yuan)	1779.40	763.73	2094.69	894.57
分包出去工程的产值（亿元）	Output Value of Outsourcing Projects　(100 million yuan)	201.16	164.42	215.40	181.55
从建设单位以外承揽工程完成产值　（亿元）	Output Value of Contracted Projects Completed outside Construction Units　(100 million yuan)	121.44	64.32	104.90	52.67
建筑业总产值　（亿元）	**Gross Output Value of Construction　(100 million yuan)**	**1901.86**	**828.04**	**2200.58**	**947.25**
#装饰装修产值　（亿元）	Output Value of Decoration Projects　(100 million yuan)	211.56	61.68	252.04	66.87
在外省完成的产值　（亿元）	Output Value Completed in Other Provinces　(100 million yuan)	211.19	124.81	253.38	165.83
建筑工程产值　（亿元）	Output Value of Construction Projects　(100 million yuan)	1595.81	722.34	1864.64	822.00
安装工程产值　（亿元）	Output Value of Installation Projects　(100 million yuan)	236.48	80.85	262.49	93.62
其他产值　（亿元）	Other Output Values　(100 million yuan)	68.55	24.85	73.45	31.63
竣工产值　（亿元）	**Output Value Completed　(100 million yuan)**	**1475.69**	**645.47**	**1667.95**	**754.85**
房屋建筑施工面积　（万平方米）	**Floor Space of Building under Construction　(10000 sq. m)**	**26480.38**	**9090.07**	**26886.00**	**9430.46**
#新开工面积　（万平方米）	Floor Space of Newly-started Buildings　(10000 sq. m)	12085.63	4293.12	12284.93	4085.04
#实行投标承包面积　（万平方米）	Floor Space of Contracted Projects through Bidding　(10000 sq. m)	17572.35	6885.47	17039.53	6941.57
#新开工面积（万平方米）	Floor Space of Newly-started Buildings　(10000 sq. m)	8209.95	3469.55	8120.43	3122.80
劳动人员情况	**Labor Force**				
劳动生产率平均人数　（万人）	Average Person in Labor Productivity　(10000person)	154.05	50.67	166.65	50.50
期末从业人数　（万人）	Number of Employed Persons at the Year-end　(10000 persons)	152.10	48.45	166.78	50.60
#工程技术人员　（万人）	Number of Engineering Technical Personnel　(10000 persons)	23.63	7.33	24.48	7.92

13-2 建筑业企业主要指标（1978－2005 年）
Main Economic Indicators on Construction Enterprises（1978－2005）

年份 Year	建筑业企业单位数（个）Number of Construction Enterprises（unit）	建筑业企业总产值（亿元）Gross Output Value of Construction Enterprises（100 million yuan）	建筑业企业增加值（亿元）Value-added of Construction Enterprises（100 million yuan）	建筑业企业利税总额（亿元）Total Pre-tax Profitsof Construction Enterprises（100 million yuan）	建筑业企业从业人员（万人）Number of Employed Persons of Construction Enterprises（10000 persons）
1978	178	5.47		0.20	14.78
1979	188	6.32		0.23	16.27
1980	204	8.88		0.32	19.45
1981	224	13.44		0.49	24.29
1982	246	19.66		0.72	29.94
1983	269	24.51		0.90	36.23
1984	357	36.83		1.31	47.12
1985	462	50.45		1.54	54.47
1986	448	57.14		1.28	58.24
1987	492	65.96		1.56	59.08
1988	596	86.74		2.74	66.56
1989	646	125.65		3.62	71.88
1990	686	113.40		3.12	67.22
1991	705	137.30		4.33	67.71
1992	910	216.56		9.65	84.80
1993	1766	459.95		23.03	144.12
1994	1587	535.75		31.29	150.05
1995	1618	635.83		39.47	135.56
1996	2031	632.16	182.74	35.74	146.56
1997	2399	732.97	170.13	38.26	143.89
1998	2961	800.00	176.70	43.11	142.82
1999	3283	954.44	199.50	53.06	144.78
2000	4593	1011.47	205.89	58.24	141.45
2001	3699	1246.48	266.00	84.51	147.08
2002	4019	1418.41	363.65	88.95	150.05
2003	4488	1702.87	364.20	127.48	161.48
2004	4166	1901.86	794.88	143.75	152.10
2005	4182	2200.58	855.87	164.38	166.78

注：2005 年建筑业增加值为快报数。
Note：The value-added of construction in 2005 is the figure from the advance reports.

13-3 各市建筑业企业个数
Number of Construction Enterprises by City

单位：个 (unit)

市 别 City	1995	2000	2003	2004	2005
全省总计 Provincial Total	**1618**	**4592**	**4488**	**4166**	**4182**
广 州 Guangzhou	263	757	1214	807	764
深 圳 Shenzhen	110	447	623	603	604
珠 海 Zhuhai	79	142	173	157	165
汕 头 Shantou	165	271	179	203	199
佛 山 Foshan	87	248	445	525	502
韶 关 Shaoguan	54	110	80	65	66
河 源 Heyuan	36	117	81	117	82
梅 州 Meizhou	33	154	80	120	111
惠 州 Huizhou	70	241	115	121	124
汕 尾 Shanwei	24	100	40	43	43
东 莞 Dongguan	8	183	253	244	361
中 山 Zhongshan	10	385	368	264	273
江 门 Jiangmen	127	342	162	173	156
阳 江 Yangjiang	60	122	77	98	91
湛 江 Zhanjiang	123	238	102	120	125
茂 名 Maoming	97	146	106	99	100
肇 庆 Zhaoqing	81	136	113	103	122
清 远 Qingyuan	38	136	82	79	74
潮 州 Chaozhou	49	139	80	90	90
揭 阳 Jieyang	61	121	80	86	84
云 浮 Yunfu	43	57	35	49	46

13-4 各市建筑业企业总产值
Gross Output Value of Construction Enterprises by City

单位：亿元 (100 million yuan)

市 别 City	1995	2000	2003	2004	2005
全省总计 Provincial Total	**635.83**	**944.61**	**1702.87**	**1901.86**	**2200.58**
广 州 Guangzhou	181.62	256.13	478.58	546.68	633.99
深 圳 Shenzhen	73.81	153.02	392.18	458.37	545.62
珠 海 Zhuhai	17.14	33.11	43.15	46.71	52.48
汕 头 Shantou	69.99	80.67	100.40	121.34	127.78
佛 山 Foshan	45.45	73.08	132.30	149.74	154.68
韶 关 Shaoguan	15.23	24.14	30.46	31.04	29.25
河 源 Heyuan	2.95	5.74	11.80	13.25	17.01
梅 州 Meizhou	4.71	15.14	55.52	58.59	54.81
惠 州 Huizhou	12.36	20.35	37.30	35.89	46.94
汕 尾 Shanwei	2.75	5.49	6.55	6.58	6.95
东 莞 Dongguan	9.49	40.45	76.48	57.50	84.35
中 山 Zhongshan	9.64	26.20	55.65	64.05	73.41
江 门 Jiangmen	62.97	47.18	50.66	51.64	56.06
阳 江 Yangjiang	12.14	18.80	28.45	31.70	32.97
湛 江 Zhanjiang	40.07	45.61	61.66	65.15	75.96
茂 名 Maoming	25.74	39.05	56.18	60.26	92.14
肇 庆 Zhaoqing	13.12	15.40	24.51	28.97	39.99
清 远 Qingyuan	7.11	11.49	18.99	22.21	20.19
潮 州 Chaozhou	7.74	12.71	15.07	17.76	18.99
揭 阳 Jieyang	13.47	12.24	16.58	22.21	21.78
云 浮 Yunfu	8.33	8.61	10.41	12.22	15.20

13-5 各市建筑业企业增加值
Value-added of Construction Enterprises by City

单位：亿元 (100 million yuan)

市别 City	1995	2000	2003	2004	2005
全省总计 Provincial Total	**185.37**	**205.89**	**364.19**	**794.88**	**855.87**
广州 Guangzhou	62.57	60.80	108.77	186.73	200.79
深圳 Shenzhen	22.39	33.34	72.54	147.43	149.59
珠海 Zhuhai	3.71	5.64	8.00	22.92	23.63
汕头 Shantou	17.03	18.24	23.86	30.88	34.49
佛山 Foshan	11.82	15.70	31.24	51.44	64.30
韶关 Shaoguan	4.21	5.57	6.65	14.77	16.22
河源 Heyuan	1.13	1.58	3.29	10.31	11.25
梅州 Meizhou	1.59	3.72	14.87	25.24	25.33
惠州 Huizhou	3.11	4.76	7.31	29.72	34.44
汕尾 Shanwei	0.87	1.47	1.53	12.14	12.15
东莞 Dongguan	2.23	7.48	13.99	46.77	54.50
中山 Zhongshan	2.05	4.35	11.19	24.82	32.48
江门 Jiangmen	14.57	9.71	11.13	24.50	24.75
阳江 Yangjiang	3.88	4.24	7.26	14.08	14.50
湛江 Zhanjiang	11.73	8.67	11.69	25.46	26.95
茂名 Maoming	7.20	8.02	13.00	35.62	35.64
肇庆 Zhaoqing	3.95	3.29	5.15	16.92	18.93
清远 Qingyuan	1.44	1.35	2.70	18.54	19.45
潮州 Chaozhou	2.15	2.26	2.78	13.14	13.18
揭阳 Jieyang	4.92	3.32	4.42	18.37	18.40
云浮 Yunfu	2.82	2.38	2.81	9.05	10.55

注：2005年均为快报数。
Note: The data of 2005 refer to the data from the advance reports.

13-6 各市建筑业企业利税总额
Total Pre-tax Profits of Construction Enterprises by City

单位：亿元 (100 million yuan)

市别 City	1995	2000	2003	2004	2005
全省总计 Provincial Total	**39.47**	**58.24**	**127.48**	**143.75**	**164.38**
广州 Guangzhou	13.53	15.17	35.88	37.81	45.42
深圳 Shenzhen	6.82	13.79	28.37	34.60	39.76
珠海 Zhuhai	0.73	1.43	2.79	4.11	4.16
汕头 Shantou	2.92	4.14	6.40	9.34	9.86
佛山 Foshan	3.23	4.70	14.39	13.49	14.31
韶关 Shaoguan	0.35	2.00	1.17	1.38	1.57
河源 Heyuan	0.29	0.53	1.19	0.97	1.23
梅州 Meizhou	0.30	0.81	8.66	8.26	6.47
惠州 Huizhou	0.42	1.02	1.92	2.12	3.63
汕尾 Shanwei	0.10	0.58	0.43	0.41	0.58
东莞 Dongguan	0.36	2.25	4.16	4.60	6.36
中山 Zhongshan	0.30	1.53	4.39	4.62	6.09
江门 Jiangmen	3.00	2.37	3.36	2.79	3.79
阳江 Yangjiang	0.86	1.15	2.25	2.95	3.24
湛江 Zhanjiang	1.87	1.69	2.64	3.47	3.80
茂名 Maoming	1.22	1.82	4.00	4.68	5.97
肇庆 Zhaoqing	0.72	0.77	1.50	2.32	2.55
清远 Qingyuan	0.31	0.40	1.07	1.42	1.20
潮州 Chaozhou	0.33	0.66	0.82	0.91	1.17
揭阳 Jieyang	1.40	0.73	1.20	2.54	2.09
云浮 Yunfu	0.41	0.70	0.91	0.98	1.13

13-7 各市建筑业企业利润总额
Total Profits of Construction Enterprises by City

单位：亿元 (100 million yuan)

市 别 City	1995	2000	2003	2004	2005
全省总计 Provincial Total	**19.06**	**22.73**	**63.16**	**68.92**	**70.53**
广 州 Guangzhou	7.53	5.20	16.72	15.48	18.64
深 圳 Shenzhen	4.18	7.57	13.98	16.76	15.65
珠 海 Zhuhai	0.23	0.37	1.34	2.35	1.98
汕 头 Shantou	0.96	1.36	2.72	4.58	3.74
佛 山 Foshan	1.52	2.00	9.08	7.68	6.54
韶 关 Shaoguan	-0.08	0.23	0.27	0.41	0.43
河 源 Heyuan	0.08	0.29	0.61	0.48	0.48
梅 州 Meizhou	-0.02	0.21	6.32	6.02	4.56
惠 州 Huizhou	0.08	0.35	0.61	0.69	1.02
汕 尾 Shanwei	0.02	0.22	0.13	0.10	0.18
东 莞 Dongguan	0.14	1.14	1.94	2.49	3.81
中 山 Zhongshan	0.15	0.78	2.71	2.71	3.63
江 门 Jiangmen	1.38	0.34	1.23	0.71	1.55
阳 江 Yangjiang	0.44	0.61	1.03	1.66	1.38
湛 江 Zhanjiang	0.66	0.28	0.67	1.26	1.19
茂 名 Maoming	0.48	0.77	1.61	2.08	2.49
肇 庆 Zhaoqing	0.20	0.09	0.61	0.64	0.65
清 远 Qingyuan	0.07	0.01	0.29	0.53	0.46
潮 州 Chaozhou	0.12	0.28	0.34	0.43	0.49
揭 阳 Jieyang	0.76	0.26	0.53	1.42	1.22
云 浮 Yunfu	0.16	0.37	0.43	0.43	0.43

13-8 各市建筑业企业房屋建筑施工面积
Floor Space of Buildings under Construction of Construction Enterprises by City

单位：万平方米 (10000 sq. m)

市 别 City	1995	2000	2003	2004	2005
全省总计 Provincial Total	**14374.46**	**16333.82**	**22184.74**	**26480.38**	**26886.00**
广 州 Guangzhou	2708.59	3161.25	4291.55	4727.78	5311.14
深 圳 Shenzhen	1250.32	1999.65	3840.25	4826.22	4800.07
珠 海 Zhuhai	338.21	733.57	416.68	500.61	625.51
汕 头 Shantou	1794.87	1477.16	1530.69	1777.49	2176.29
佛 山 Foshan	1466.87	1763.57	2228.07	2860.49	2782.45
韶 关 Shaoguan	387.54	362.44	390.68	439.26	424.57
河 源 Heyuan	112.62	79.80	163.09	199.23	294.41
梅 州 Meizhou	205.43	273.56	710.12	858.84	776.23
惠 州 Huizhou	309.81	366.05	581.07	696.36	772.13
汕 尾 Shanwei	100.26	127.42	100.28	127.11	114.77
东 莞 Dongguan	278.72	1217.56	1558.17	979.98	1234.98
中 山 Zhongshan	307.69	400.99	823.10	922.64	945.60
江 门 Jiangmen	1747.11	1329.02	1555.87	3194.74	1585.95
阳 江 Yangjiang	264.29	270.81	497.29	531.86	525.95
湛 江 Zhanjiang	1185.99	857.19	1002.37	1040.92	1399.47
茂 名 Maoming	537.02	734.43	989.29	1154.87	1395.55
肇 庆 Zhaoqing	462.08	386.93	465.55	463.58	531.11
清 远 Qingyuan	197.32	249.02	444.48	467.24	466.45
潮 州 Chaozhou	229.20	217.15	204.65	222.58	206.67
揭 阳 Jieyang	258.16	193.91	213.57	293.22	277.75
云 浮 Yunfu	232.36	132.34	177.93	195.35	238.96

13-9 各市建筑业企业期末从业人员
Number of Employed Persons of Construction Enterprises at the Year-end by City

单位：万人 (10000 persons)

市别 City	1995	2000	2003	2004	2005
全省总计 Provincial Total	**135.56**	**141.46**	**161.48**	**152.10**	**166.78**
广州 Guangzhou	30.43	26.40	31.34	29.80	30.80
深圳 Shenzhen	10.67	20.15	24.74	23.05	26.85
珠海 Zhuhai	2.13	3.55	4.24	3.03	3.24
汕头 Shantou	16.04	14.29	12.35	12.37	12.63
佛山 Foshan	7.15	8.62	11.27	11.63	13.71
韶关 Shaoguan	4.52	4.46	3.93	3.67	3.69
河源 Heyuan	1.59	1.74	2.36	2.18	2.09
梅州 Meizhou	2.24	3.58	5.64	7.28	7.27
惠州 Huizhou	2.98	3.33	4.37	3.82	3.94
汕尾 Shanwei	1.53	1.25	1.37	1.26	1.28
东莞 Dongguan	2.24	6.65	9.34	6.56	7.78
中山 Zhongshan	1.66	3.71	6.03	5.60	5.75
江门 Jiangmen	13.23	10.26	10.25	8.01	10.58
阳江 Yangjiang	3.97	3.54	4.22	4.52	4.54
湛江 Zhanjiang	12.08	8.03	8.67	7.93	7.87
茂名 Maoming	7.17	8.92	8.28	8.03	10.44
肇庆 Zhaoqing	3.82	3.61	3.62	3.33	3.70
清远 Qingyuan	2.74	2.74	2.36	2.14	2.46
潮州 Chaozhou	2.16	2.10	1.93	2.12	2.17
揭阳 Jieyang	3.83	2.88	3.36	3.89	3.86
云浮 Yunfu	3.38	1.65	1.83	1.88	2.13

13-10 各市建筑业企业劳动生产率
Labor Productivity of Construction Enterprises by City

单位：元/人 (yuan/person)

市别 City	1995	2000	2003	2004	2005
全省总计 Provincial Total	**46904**	**66780**	**105532**	**123458**	**132049**
广州 Guangzhou	59682	97020	152004	178295	204454
深圳 Shenzhen	69164	80901	143759	171856	183515
珠海 Zhuhai	80449	93266	103990	149849	162503
汕头 Shantou	43638	56450	78421	97024	99266
佛山 Foshan	63568	84781	113673	129286	115051
韶关 Shaoguan	33688	54118	76283	83806	83704
河源 Heyuan	18574	33011	52840	71304	82741
梅州 Meizhou	21030	42280	97708	79301	78866
惠州 Huizhou	41472	61099	85663	91845	119974
汕尾 Shanwei	18001	43892	49279	53113	51367
东莞 Dongguan	42384	60826	79556	81264	108136
中山 Zhongshan	58090	70621	91448	109962	119772
江门 Jiangmen	47599	45985	59843	72129	64418
阳江 Yangjiang	30574	53113	71618	76751	78360
湛江 Zhanjiang	33173	56804	78326	88954	98452
茂名 Maoming	35897	43778	70678	81698	90457
肇庆 Zhaoqing	34340	42654	72430	88225	107435
清远 Qingyuan	25967	41919	78886	105829	90596
潮州 Chaozhou	35841	60518	76248	81153	91838
揭阳 Jieyang	35164	42514	54236	69301	57368
云浮 Yunfu	24654	52186	56943	69909	74640

主要统计指标解释

建筑业总产值 建筑业总产值是以货币表现的建筑业企业在一定时期内生产的建筑业产品和服务的总和。建筑业总产值包括三部分内容：

⑴建筑工程产值：指列入建筑工程预算内的各种工程价值。

⑵设备安装工程产值：指设备安装工程价值。

⑶其他产值：建筑业总产值中除建筑工程、安装工程以外的产值。包括房屋构筑物修理产值、非标准设备制造产值、总包企业向分包企业收取的管理费以及不能明确划分的施工活动所完成的产值。

a. 房屋构筑物修理产值：指房屋和构筑物的修理所完成的价值，但不包括被修理房屋构筑物的本身价值和生产设备的修理价值。

b. 非标准设备制造产值：指加工制造没有定型的非标准生产设备的加工费和原材料价值以及附属加工厂为本企业承建工程制作的非标准设备的价值。

竣工产值 一般是以单位工程为对象，当该工程按照设计所规定的工程内容全部完成，达到了设计规定的交工条件，经有关部门检查验收鉴定合格的单位工程价值，即为竣工产值。

建筑业增加值 是指建筑业企业在报告期内以货币表现的建筑业生产经营活动的最终成果。建筑业增加值有两种计算方法：一是生产法，即建筑业总产出中减去建筑业中间消耗后的余额。二是分配法（收入法），即从收入的角度出发，根据生产要素在生产过程中应得到的收入份额计算，具体构成项目有固定资产折旧、劳动者报酬、生产税净额、营业盈余。2004 年以前，建筑业统计报表制度中采用旧的分配法（收入法）计算建筑业增加值，2005 年以后采用新的收入法计算建筑业增加值。

房屋施工面积 指在报告期内施过工的全部房屋建筑面积，它包括本期新开工的房屋面积、上期跨入本期继续施工的房屋面积、上期停缓建在本期恢复施工的房屋面积、本期竣工的房屋面积以及本期施工后又停缓建的房屋面积。

建筑业劳动生产率平均人数 指建筑业企业（或单位）报告期实际拥有的、与建筑施工活动有关的人员的平均人数，包括参加本企业（或单位）建筑施工活动的非本企业（或单位）人员，但不包括企业内部社会服务性机构的人员以及由本企业支付工资但所从事的工作与本企业生产基本无关的人员。

年末从业人员中工程技术人员 指负担工程技术和工程技术管理工作，并具有工程技术工作能力的人员。

利润总额 指企业在生产经营过程中各种收入扣除各种耗费后的盈余，反映企业在报告期内实现的亏盈总额，包括营业利润、补贴收入、投资净收益和营业外收支净额。

工程结算税金及附加 指因从事建筑业生产活动，取得工程价款结算收入而按规定应该交纳的营业税、城市维护建设税等以及随同营业税金一并计算交纳的教育费附加等。

管理费用中税金 指企业按规定从管理费用中支付的各种税金，包括房产税、土地使用税、车船使用税、印花税等。

利税总额 = 工程结算税金及附加 + 管理费用中税金 + 利润总额

建筑业全员劳动生产率 = 建筑业总产值 ÷ 计算建筑业劳动生产率的平均人数

Explanatory Notes on Main Statistical Indicators

Gross Output Value of Construction refers to total of construction products, expressed in monetary terms, completed by construction and installation enterprises during a given period of time. It includes:

(1) Output value of construction projects, that is the value of projects covered by the project budgets;

(2 Output value of installation projects, that is the value of the installation of equipment;

(3) Other output values, those are the values excluding output value of construction projects and output value of installation projects, including output value of repair of buildings and structures, output value of manufactured non-standard equipment, management expenses received by head enterprises from subcontract enterprises and output value of construction activities completed but unclassified.

a. Output value of repair of buildings and structures, that is the value created through the repairs of buildings or structures, but does not include the value of buildings or structures being repaired and the value of the repair of production equipment.

b. Output value of manufactured non-standard equipment, that is the value of non-standard production equipment (including raw materials and manufacturing cost) made for the construction project, and equipment manufactured by subsidiary workshops.

Output Value Completed refers to the value of unit project completed, which has come up to the designed standards for putting into use and has been checked and accepted as qualified project by related departments.

Value-added of Construction refers to the final result of the activities of production and management of construction in monetary terms in the reference period. The value-added of construction is calculated with two approaches: one is the production approach, that is the total value of construction minus the total intermediate consumption of construction; the other is the allocation approach (income approach), that is the sum of income of various production factors in the production process, including depreciation of fixed assets, labors' remuneration, net taxes on production and operating surplus. In 2004 and prior to it, the value-added of construction was calculated with the allocation (income) approach according to the statistical reporting system of construction. In 2005 and years to come, the new approach is used to calculate the value-added of construction.

Floor Space of Buildings under Construction refers to the floor space of buildings under construction during the reference period, including newly started buildings, buildings started earlier and continued during the reference period, and buildings suspended earlier but resumed during the reference period, buildings completed during the reference period, and buildings under construction and then suspended during the reference period.

Average Number of Labor Productivity of Construction refers to the average number actually employed in the construction enterprises (units) and engaged in related activities of construction in the reference period, including the personnel who are not the staff members of the enterprises (units) but take part in the construction activities of the enterprises (units), and excluding the personnel employed in social service institutions of the enterprises and those receiving remunerations therefrom but engaged in activities basically having nothing to do with the production of the enterprises.

Total Profits refer to the surplus of production and operation of the enterprises, i. e. various incomes deducting all expenses. It reflects the total profits or losses realized by the enterprises in the reference period, including profits from operation, income from subsidies, net investment earnings and net income from activities other than operation.

Taxes and Extra Charges on Project Settle Accounts refer to business tax, city maintenance and construction and extra charges for education calculated and paid with business tax, which should be borne by the enterprises in obtaining project settle incomes from the production activities of construction.

Taxes from Management Expenses refer to the taxes which should be borne by the enterprises from management expenses, including property tax, land use tax, and vehicle and vessel use tax.

Total Pre-tax Profits = Taxes and Extra Charges on Project Settle Accounts + Taxes from Management Expenses + Total Profits

Overall Labor Productivity of Construction = Gross Output Value of Construction ÷ Average Number of Labor Productivity of Construction

十四、运输、邮电

14

TRANSPORTATION,POSTAL AND TELECOMMUNICATION SERVICES

十四　运输、邮电

简要说明

一、本篇资料反映广东运输和邮电通信业发展的基本状况。

交通运输业资料主要包括：五种运输方式的线路里程、运输设备拥有量、各种运输方式完成的货物运输量和旅客运输量、港口设备拥有量、港口货物吞吐量等。

邮电通信业资料主要包括：邮电业务量、邮电通信工具、邮电通信网、邮电通信水平等。

二、本篇资料由广东省统计局工业交通统计处整理、编辑。

三、资料分别来源于各市统计局以及省内民航、铁路、公路、水运、港口、公安、邮电等部门。管道运输资料由有关管道运输企业提供。

14 Transportation,Postal and Telecommunication Services

Brief Introduction

Ⅰ. The data in this chapter cover mainly the basic conditions of the development of transport, postal and telecommunication services in Guangdong Province.

The data on transport cover mainly the routes length of five means of transportation, the transport equipment owned, the freight and passenger traffic by various means of transportation, the port equipment owned and the cargo handled in ports, etc.

The data on postal and telecommunication services cover mainly the business volume of postal and telecommunication services, means of post and telecommunications, network of post and telecommunications, and the level of the development of postal and telecommunication services, etc.

Ⅱ. The data in this chapter are prepared and compiled by the Division of Industry and Transport Statistics of Guangdong Provincial Bureau of Statistics.

Ⅲ. The data in this chapter come from the statistical bureaus of cities and the provincial departments of civil aviation, railways, highways, waterways, ports, public securities, and post and telecommunications respectively. The data on the pipeline transport are provided by related pipeline transport enterprises.

14-1 运输邮电主要指标
Main Indicators on Transport, Postal and Telecommunication Services

指标	Item	1995	2000	2004	2005	2005 比 2004 增长% Growth Rate in 2005 over 2004 (%)
铁路营业里程 (公里)	Length of Railways in Operation (km)	1861	1942	1875	1924	2.6
公路通车里程 (公里)	Length of Highways (km)	84563	102606	111453	115337	3.5
内河通航里程 (公里)	Length of Navigable Inland Waterways (km)	10808	13696	13596	13596	0.0
民航航线里程 (公里)	Length of Civil Aviation Routes (km)	296226	500322	819626	1080706	31.9
港口码头泊位 (个)	Number of Berths in Coastal Ports (unit)	2285	3191	3054	2926	-4.2
# 万吨级泊位 (个)	Berths at 10000 Ton Class (unit)	93	126	175	191	9.1
码头泊位长度 (米)	Length of Quay Line (m)	111262	180238	190484	172594	-9.4
公路桥梁 (座)	Highway Bridges (unit)	15859	19668	23023	23948	4.0
# 永久式 (座)	Permanent (unit)	15806	19656	23012	23944	4.1
民用汽车 (辆)	Civil Motor Vehicles (unit)	1147348	1729054	3054025	3772891	23.5
机动船艘数 (艘)	Number of Motor Vessels (unit)	33117	21733	19147	16208	-15.3
吨位数 (净载重吨)	Tonnage (dead weight ton)	7888261	5268845	6360385	7359703	15.7
民用飞机 (架)	Civil Aircraft (unit)	97	106	138	241	74.6
长途电话交换机容量(路端)	Capacity of Automatic Long-distance Telephone Exchanges (line)	449548	703352	1853195	2060169	11.2
局用电话交换机总容量 (万门)	Total Capacity of Office Telephone Exchanges (10000 gates)	1007.10	1939.45	4377.45	4616.57	5.5
移动电话交换机容量 (万户)	Capacity of Mobile Telephone Exchanges (10000 subscribers)	145.00	1825.40	5870.70	7925.00	35.0
本地电话用户数 (万户)	Number of Subscribers of Local Telephones (10000 subscribers)	591.00	1414.94	2954.16	3442.53	16.5
移动电话用户数 (万户)	Number of Subscribers of Mobile Telephones (10000 subscribers)	98.78	1357.26	5373.82	6406.61	19.2
长途电话业务电路 (路)	Long-distance Telephone Lines (line)	159162	478746	1549099	1684107	8.7
客运量 (万人)	Passenger Traffic (10000 persons)	130998	164791	202414	212104	4.8
旅客周转量 (亿人公里)	Passenger-kilometers (100 million passenger-km)	936.29	1218.59	1738.21	2122.14	22.1
货运量 (万吨)	Freight Traffic (10000 tons)	111063	119216	156094	158470	1.5
货物周转量 (亿吨公里)	Freight Ton-kilometers (100 million ton-km)	4642.91	3064.51	4148.54	4359.97	5.1
港口货物吞吐量 (万吨)	Volume of Freight Handled in Coastal Ports (10000 tons)	18933	31649	62715	70926	13.1
港口旅客吞吐量 (万人)	Volume of Passengers Handled in Coastal Ports (10000 persons)	2795	1710	2161	2408	11.4
航站旅客吞吐量 (万人)	Volume of Passengers Handled at Airports (10000 persons)	1963.00	2142.84	3660.71	4100.50	12.0
邮电业务总量 (亿元)	Business Volume of Postal and Telecommunication Services (100 million yuan)	204.93	602.31	1781.78	2121.94	19.1

注：1. 1995 年邮电业务总量按 1990 年不变价计算，从 2000 年起，邮电业务总量按 2000 年不变价计算。
2. 铁路客货运输量按运送数计算，航空货运不计行李，下同。

Note: a) In 1995, the total business volume of postal and telecommunication services was calculated at 1990 constant prices. Since 2000, it has been calculated at 2000 constant prices.
b) The freight and passenger traffic carried by railway is calculated on the basis of the number of transportation, whereas the freight traffic by airway excludes luggage. The same as in the following tables.

14-2 全社会旅客运输量（1985－2005年）
Total Passenger Traffic（1985－2005）

年份 Year	客运量（万人） Passenger Traffic（10000 persons） 合计 Total	铁路 Railways	公路 Highways	水路 Waterways	民航 Civil Aviation	旅客周转量（亿人公里） Passenger-kilometers（100 million passenger-km） 合计 Total	铁路 Railways	公路 Highways	水路 Waterways	民航 Civil Aviation
1985	49848	3357	41826	4427	238	270.23	50.41	178.27	20.46	21.09
1986	126890	3742	113561	9295	292	450.35	56.70	346.81	19.82	27.02
1987	158715	4129	144684	9557	345	796.86	66.98	678.04	21.20	30.64
1988	218915	4828	204278	9420	389	402.34	82.53	261.18	22.43	36.20
1989	66727	4882	58110	3377	358	447.62	84.38	309.25	20.50	33.49
1990	78046	4467	70681	2428	470	453.21	82.56	307.40	19.68	43.57
1991	83460	5004	75570	2317	569	526.66	102.11	348.85	20.89	54.81
1992	93678	6243	83128	3503	804	624.55	131.99	385.76	25.75	81.05
1993	95468	6835	84708	3078	847	696.92	161.04	422.88	25.60	87.40
1994	125036	6920	111447	5636	1033	929.48	164.11	619.52	33.21	112.64
1995	130998	6283	118406	5146	1163	936.29	163.11	613.07	31.13	128.98
1996	128831	5593	117815	4232	1191	938.65	153.86	626.60	20.65	137.54
1997	123649	6201	113259	3032	1157	957.20	177.61	616.48	17.21	145.90
1998	132462	6743	121795	2729	1195	994.84	194.16	630.65	13.87	156.16
1999	148636	7553	137324	2605	1154	1082.14	212.13	700.74	13.62	155.65
2000	164791	12165	148945	2363	1318	1218.59	241.51	780.74	11.65	184.69
2001	178676	12783	161967	2382	1544	1342.12	252.37	858.86	11.40	219.49
2002	188657	13310	171191	2347	1809	1490.34	273.19	945.16	11.31	260.68
2003	191202	12935	174288	2208	1771	1505.83	267.14	983.67	11.41	243.61
2004	202414	15142	183012	1827	2433	1738.21	308.38	1076.06	10.17	343.60
2005	212104	16106	189881	2062	4055	2122.14	327.74	1190.73	9.54	594.13

14-3 各市客运量（2001－2005年）
Passenger Traffic by City（2001－2005）

单位：万人 （10000 persons）

市别 City	2001	2002	2003	2004	2005
总计 Total	**178676**	**188657**	**191202**	**202414**	**212104**
广州 Guangzhou	21206	23329	23976	27975	30886
深圳 Shenzhen	8528	9155	8774	10086	10417
珠海 Zhuhai	3239	3311	3239	4320	5000
汕头 Shantou	1971	2111	2003	1985	2069
佛山 Foshan	9770	11484	12027	13538	14572
韶关 Shaoguan	2690	2919	3123	3435	3868
河源 Heyuan	2851	2944	2860	1986	2069
梅州 Meizhou	4628	5228	5823	5967	6580
惠州 Huizhou	4530	4503	4136	4994	5149
汕尾 Shanwei	4058	4565	4647	4008	4402
东莞 Dongguan	31220	32100	32588	33240	33551
中山 Zhongshan	7496	8625	8516	9236	10300
江门 Jiangmen	7149	7182	8366	8304	8349
阳江 Yangjiang	4773	5059	5211	5575	6121
湛江 Zhanjiang	5751	5905	5578	6364	6513
茂名 Maoming	21275	21836	21883	21924	22428
肇庆 Zhaoqing	6576	6827	6723	4205	4536
清远 Qingyuan	3925	4112	3932	4458	5273
潮州 Chaozhou	1551	1622	1656	1681	1712
揭阳 Jieyang	4083	3031	3039	3095	3281
云浮 Yunfu	7079	7690	8394	8463	4869
不分地区 Unclassified by Region	14327	15119	14706	17575	20161

注：分市数据仅含公路和水路运输，铁路和民航运输在“不分地区”反映。下表同。

Note: The data by city only include the figures by highway and waterway, whereas the data by railway and civil aviation can be found in Unclassified by Region. The same as in the following table.

14-4 各市旅客周转量（2001－2005年）
Passenger-kilometers by City（2001－2005）

单位：亿人公里 （100 million passenger-km）

市 别 City	2001	2002	2003	2004	2005
总 计 Total	**1342.12**	**1490.34**	**1505.83**	**1738.21**	**2122.14**
广 州 Guangzhou	102.34	113.39	129.03	158.42	208.86
深 圳 Shenzhen	50.06	54.52	54.07	63.14	69.53
珠 海 Zhuhai	20.29	20.52	22.70	30.87	35.41
汕 头 Shantou	19.87	20.88	19.00	21.39	22.78
佛 山 Foshan	27.97	33.38	35.63	42.13	46.33
韶 关 Shaoguan	14.53	15.41	16.79	20.39	22.50
河 源 Heyuan	27.84	29.10	29.19	34.94	36.97
梅 州 Meizhou	33.08	38.31	42.48	43.84	68.28
惠 州 Huizhou	23.70	23.65	19.65	29.79	35.97
汕 尾 Shanwei	23.24	25.15	26.03	28.91	32.15
东 莞 Dongguan	103.16	109.18	112.70	116.63	118.53
中 山 Zhongshan	35.68	40.33	39.61	43.94	49.24
江 门 Jiangmen	52.79	39.41	48.36	52.15	57.09
阳 江 Yangjiang	27.24	28.87	29.74	33.11	36.71
湛 江 Zhanjiang	56.08	56.40	50.88	59.58	62.10
茂 名 Maoming	90.68	97.83	104.30	104.66	110.00
肇 庆 Zhaoqing	38.01	39.53	38.96	22.32	25.40
清 远 Qingyuan	29.29	29.78	29.36	30.05	34.65
潮 州 Chaozhou	13.40	14.01	14.31	15.03	15.49
揭 阳 Jieyang	30.68	71.48	71.98	73.43	78.24
云 浮 Yunfu	50.32	55.35	60.33	61.52	34.05
不分地区 Unclassified by Region	471.87	533.87	510.75	651.98	921.87

14-5 全社会货物运输量（1985－2005年）
Total Freight Traffic（1985－2005）

年份 Year	货运量（万吨） Freight Traffic（10000 tons）						货物周转量（亿吨公里） Freight Ton-kilometers（100 million ton-km）					
	合计 Total	铁路 Railways	公路 Highways	水路 Waterways	民航 Civil Aviation	管道 Pipelines	合计 Total	铁路 Railways	公路 Highways	水路 Waterways	民航 Civil Aviation	管道 Pipelines
1985	58726	3000	42813	12045	4	864	1767.86	102.29	156.45	1503.47	0.38	5.27
1986	65078	4269	49030	10831	4	944	1845.33	130.02	127.28	1581.60	0.45	5.98
1987	74571	4493	57393	11664	5	1016	1982.59	142.56	179.41	1653.81	0.54	6.27
1988	79811	4504	57717	16583	6	1001	2209.11	151.55	216.22	1834.41	0.67	6.26
1989	85054	4888	63254	15820	6	1086	2419.57	168.39	301.16	1942.79	0.71	6.52
1990	85809	4803	63709	16198	8	1091	2598.88	179.54	346.27	2065.69	0.90	6.48
1991	94136	5347	69784	17718	10	1277	3181.83	206.18	386.49	2580.79	1.06	7.31
1992	113119	6089	84181	21346	12	1491	3560.59	239.34	583.36	2727.97	1.41	8.51
1993	125273	6595	87567	29660	14	1437	3797.09	261.91	428.17	3097.19	1.70	8.12
1994	119901	6971	81361	30165	20	1384	4326.09	280.31	443.54	3592.35	2.39	7.50
1995	111063	7634	68884	32952	21	1572	4642.91	290.78	352.45	3990.19	2.75	6.74
1996	95598	8138	60131	25699	24	1606	3761.09	294.12	327.81	3129.27	3.27	6.62
1997	99763	8430	62728	26873	25	1707	3837.78	294.45	341.08	3185.26	3.99	13.00
1998	101933	8288	65682	25669	28	2266	3453.92	290.65	371.08	2750.19	4.90	37.10
1999	106334	8150	70626	24857	31	2670	2980.69	282.68	426.70	2223.75	5.45	42.11
2000	119216	15172	75365	25696	31	2952	3064.51	295.97	472.49	2247.86	6.45	41.74
2001	131621	15435	86555	26434	35	3162	3221.47	296.79	522.89	2350.73	7.54	43.52
2002	137032	14790	92736	26263	42	3201	3229.39	277.87	576.35	2323.27	9.94	41.96
2003	143964	15375	97806	27412	42	3329	3666.83	285.02	614.01	2719.83	11.76	36.21
2004	156094	19495	102843	29783	49	3924	4148.54	341.26	657.49	3091.39	13.22	45.18
2005	158470	18648	105581	30179	73	3989	4359.97	319.68	781.41	3195.85	17.45	45.58

14-6 各市货运量（2001－2005年）
Freight Traffic by City （2001－2005）

单位：万吨 （10000 tons）

市别 City	2001	2002	2003	2004	2005
总计 Total	**131621**	**137032**	**143964**	**156094**	**158470**
广州 Guangzhou	22429	23323	23985	28216	31311
深圳 Shenzhen	5060	5770	6431	7589	9395
珠海 Zhuhai	3920	4139	4229	4369	3330
汕头 Shantou	1587	1396	1481	1604	1696
佛山 Foshan	11449	12346	14303	15718	17354
韶关 Shaoguan	4569	4665	5281	5670	6086
河源 Heyuan	1848	2033	1936	923	986
梅州 Meizhou	4289	4701	5239	5795	6063
惠州 Huizhou	3699	3755	3280	3918	4786
汕尾 Shanwei	1491	1625	1883	1170	1399
东莞 Dongguan	5527	5857	5877	6054	6400
中山 Zhongshan	3468	3956	4331	5248	5985
江门 Jiangmen	3710	4075	4307	4115	5025
阳江 Yangjiang	3212	3505	3589	3789	4034
湛江 Zhanjiang	4712	4419	4197	4581	5016
茂名 Maoming	8225	9561	10012	9166	9890
肇庆 Zhaoqing	5420	5668	5859	3197	3689
清远 Qingyuan	3354	3000	2493	2774	3370
潮州 Chaozhou	1660	1740	1856	1893	2110
揭阳 Jieyang	2888	2076	2083	2141	2280
云浮 Yunfu	10472	11390	12566	14696	5556
不分地区 Unclassified by Region	18632	18033	18747	23469	22710

注：分市数据仅含公路和水路运输，铁路、民航和管道运输在"不分地区"反映。下表同。
Note: The data by city only include the figures by highway and waterway, whereas the data by railway, civil aviation and pipeline can be found in Unclassified by Region. The same as in the following table.

14-7 各市货物周转量（2001－2005年）
Freight Ton-kilometers by City（2001－2005）

单位：亿吨公里 （100 million ton-km）

市别 City	2001	2002	2003	2004	2005
总计 Total	**3221.47**	**3229.39**	**3666.83**	**4148.54**	**4359.97**
广州 Guangzhou	2086.28	1999.18	2271.02	2497.35	2459.51
深圳 Shenzhen	202.24	258.65	367.08	488.05	599.60
珠海 Zhuhai	18.67	19.88	21.97	60.75	92.18
汕头 Shantou	18.96	25.05	24.66	26.74	30.37
佛山 Foshan	112.90	126.76	142.49	162.71	182.11
韶关 Shaoguan	26.15	27.14	33.29	35.72	38.74
河源 Heyuan	17.51	18.58	18.59	7.84	8.48
梅州 Meizhou	27.65	31.68	35.45	46.03	69.54
惠州 Huizhou	32.33	32.47	26.69	29.89	40.29
汕尾 Shanwei	8.73	9.43	10.92	9.04	13.42
东莞 Dongguan	40.62	42.07	42.28	42.37	42.48
中山 Zhongshan	24.95	26.86	28.91	38.05	43.03
江门 Jiangmen	21.34	26.98	44.74	43.20	46.28
阳江 Yangjiang	20.77	22.21	22.78	24.66	28.21
湛江 Zhanjiang	43.30	47.48	47.88	52.51	57.47
茂名 Maoming	42.34	53.72	61.87	60.49	66.60
肇庆 Zhaoqing	34.42	36.14	37.39	20.79	24.87
清远 Qingyuan	31.25	27.80	25.51	26.52	33.97
潮州 Chaozhou	15.46	16.57	17.59	18.41	35.52
揭阳 Jieyang	16.90	19.58	19.68	19.87	21.69
云浮 Yunfu	30.83	31.38	33.06	37.91	42.88
不分地区 Unclassified by Region	347.85	329.77	332.99	399.66	382.72

14-8 运输工具和线路拥有量
Number of Means of Transport and Length of Transport Routes

项　　目		Item		2000	2002	2003	2004	2005
铁 路		**Railways**						
铁路机车	(台)	Locomotives	(unit)	538	446	442	470	470
铁路营业里程	(公里)	Length of Railways in Operation	(km)	1942	1883	1883	1875	1924
中央铁路	(公里)	National Railways	(km)	694	691	691	641	693
地方铁路	(公里)	Local Railways	(km)	1248	1192	1192	1234	1231
公 路		**Highways**						
公路通车里程	(公里)	Length of Highways	(km)	102606	108538	110252	111453	115337
民用汽车	(辆)	Civil Motor Vehicles	(unit)	1729054	2308875	2579592	3054025	3772891
载客汽车	(辆)	Buses and Cars	(unit)	853375	1302877	1597383	1987336	2474370
	(客位)		(seat)	7969195	10913120	12516077	14967204	21046199
载货汽车	(辆)	Trucks	(unit)	843779	973938	937949	1010707	1188439
	(吨位)		(tonnage)	3517470	2958628	2095356	2036568	2621099
其他汽车	(辆)	Other Vehicles	(unit)	31900	32060	44260	55982	110082
农用运输车	(辆)	Vehicles for Agricultural Use	(unit)		44562	21193	21629	
拖拉机	(台)	Tractors	(unit)	35925	10973	8184	8489	99112
摩托车	(辆)	Motorcycles	(unit)	6799167	8572091	9284836	9910316	10893167
其他类型车	(辆)	Other Kinds of Vehicles	(unit)	137332	110542	109286	108121	98
挂车	(辆)	Trailers	(unit)	6040	8047	12768	30494	35156
水 运		**Waterways**						
内河通航里程	(公里)	Length of Navigable Inland Waterways	(km)	13696	13687	13613	13596	13596
机 动 船	(艘)	Motor Vessels	(unit)	21733	20960	20499	19147	16208
	(净载重吨位)		(dead weight tonnage)	5268845	5223565	6525298	6360385	7359703
	(客位)		(seat)	149004	129797	83546	73485	70794
	(总功率千瓦)		(kw)		3397174	3892383	3767247	4222718
驳 船	(艘)	Barges	(unit)	1076	341	453	254	110
	(净载重吨位)		(dead weight tonnage)	274836	109476	116288	82372	60211
	(客位)		(seat)	395	303	164	121	48
民 航		**Civil Aviation**						
民用航空航线里程	(公里)	Length of Civil Aviation Routes	(km)	500322	649229	645409	819626	1080706
民用飞机	(架)	Number of Civil Aircrafts	(unit)	106	113	125	138	241
管道		**Pipelines**						
条数	(条)	Number of Pipelines	(line)	45	63	60	64	63
输油（气）里程	(公里)	Length of Pipelines	(km)	1535.57	1615.18	1615.92	1809	1813.26

注：由于汽车划分标准和管理权限调整，2005 年其他汽车、农用运输车、拖拉机和其他类型车数据有变动。

Note: In 2005, there are some changes in the data of other vehicles, vehicles for agricultural use, tractors and other kinds of vehicles due to the adjustment of classification standards and management authority of vehicles.

14-9 各市机动车辆拥有量（2005年）
Number of Motor Vehicles Owned by City (2005)

单位：辆 (unit)

市别 City	总计 Total	汽车 Motor Vehicles	载客汽车 Passenger Vehicles	载货汽车 Trucks	其他汽车 Others	拖拉机 Trackers	摩托车 Motor-cycles	其它类型车 Other Kinds of Vehicles
广州 Guangzhou	1773818	761521	566792	178512	16217	619	1004808	51
深圳 Shenzhen	813108	770877	573389	176784	20704		28816	4
珠海 Zhuhai	167096	105938	70933	32914	2091	1425	57629	1
汕头 Shantou	638821	138756	89436	43663	5657	3527	495703	
佛山 Foshan	1755381	421607	264204	151417	5986	1828	1330022	6
韶关 Shaoguan	330117	53018	28497	22241	2280	15418	261238	13
河源 Heyuan	313917	36978	19170	15041	2767	2971	273482	
梅州 Meizhou	637453	62061	28968	25636	7457	10169	564650	
惠州 Huizhou	591151	113063	68552	41126	3385		477330	
汕尾 Shanwei	183980	20184	11392	6196	2596	2230	161275	1
东莞 Dongguan	1184646	406577	268918	129298	8361	9	775838	
中山 Zhongshan	559657	190965	112424	74845	3696		367524	5
江门 Jiangmen	1248468	142950	84242	55082	3626	9962	1094277	5
阳江 Yangjiang	578324	38509	21926	15410	1173	11	539572	4
湛江 Zhanjiang	541434	88771	38981	44480	5310	3191	447774	8
茂名 Maoming	1025833	95803	37310	54780	3713	7560	922016	
肇庆 Zhaoqing	641037	64110	32519	29904	1687	14073	562671	
清远 Qingyuan	446073	59494	28340	29397	1757	18266	368146	
潮州 Chaozhou	444195	65083	35348	21510	8225	1125	377738	
揭阳 Jieyang	430759	60394	40909	18476	1009	5649	364629	
云浮 Yunfu	421595	33996	16671	15729	1596	1079	386426	
不分地区 Unclassified by Region	73841	42236	35449	5998	789		31603	

14-10 各市公路基本情况（2005年）
Basic Conditions of Highways by City (2005)

单位：公里 (km)

市别 City	通车里程 Length of Highways	晴雨通车里程 Length of Highways in Any Weathers	按等级分 By Class		按路面分 By Pavement		桥梁 Bridges	
			等级路 Expressways and Class I to IV Highways	等外路 Highways below Class IV	有路面里程 Paved Highways	无路面里程 Not-paved Highways	座 Unit	米 Meter
广州 Guangzhou	5059.1	5057.6	4423.3	635.8	4982.1	77.0	1332	69166.0
深圳 Shenzhen	1335.3	1335.3	1335.3		1335.3		491	17194.7
珠海 Zhuhai	1074.3	1074.3	1041.3	33.0	1074.3		251	26642.1
汕头 Shantou	1757.5	1742.8	1747.7	9.8	1757.5		412	12339.6
佛山 Foshan	3928.2	3928.2	3843.8	84.4	3928.2		1269	92599.5
韶关 Shaoguan	9243.6	9098.1	7082.7	2161.0	9110.0	133.6	1190	37915.3
河源 Heyuan	8916.4	8912.8	6559.3	2357.1	7837.4	1079.1	1450	42360.4
梅州 Meizhou	12165.0	12125.4	11385.9	779.1	12140.5	24.5	1986	53592.7
惠州 Huizhou	7260.0	7260.0	7092.5	167.4	7260.0		1160	43609.3
汕尾 Shanwei	3689.7	3530.5	3450.9	238.8	3683.7	6.0	776	22745.2
东莞 Dongguan	2569.8	2555.8	2539.2	30.6	2556.5	13.3	599	51417.5
中山 Zhongshan	1256.8	1256.8	1210.2	46.7	1256.8		542	29929.9
江门 Jiangmen	4115.3	4113.9	4079.7	35.6	4102.3	13.0	1268	48396.4
阳江 Yangjiang	4087.3	4087.3	4064.7	22.6	4087.3		680	26561.6
湛江 Zhanjiang	7525.6	7525.6	6783.2	742.4	7332.0	193.6	857	29124.1
茂名 Maoming	8761.3	8546.2	8473.6	287.6	8557.4	203.9	1885	58609.2
肇庆 Zhaoqing	8229.4	8204.5	7994.0	235.4	8225.6	3.8	1231	42045.5
清远 Qingyuan	10739.7	10675.4	10236.5	503.2	10695.1	44.6	1603	67274.8
潮州 Chaozhou	1901.6	1901.6	1630.6	270.9	1901.6		454	14760.6
揭阳 Jieyang	4182.6	4182.6	4028.2	154.4	4182.0	0.7	1017	33045.5
云浮 Yunfu	4398.4	4398.4	4333.2	65.2	4398.4		815	22241.5
高速公路公司 Expressway Company	3140.2	3140.2	3140.2		3140.2		2680	419028.8

14-11 公路通车里程和桥梁数
Length of Highways and Number of Bridges

项目	Item	1995	2000	2001	2002	2003	2004	2005
通车里程 （公里）	**Length of Highways (km)**	**84563**	**102606**	**104799**	**108538**	**110252**	**111453**	**115337**
# 晴雨通车里程	Length of Highways in Any Weathers	78974	100863	103992	107730	109447	77877	114653
按等级分	By Class							
等级路	Expressways and Class Ⅰ to Ⅳ Highways	70413	93695	93823	97711	99734	101708	106476
高速公路	Expressways	358	1186	1500	1741	2303	2519	3140
一 级	First Class	2731	5391	6003	6255	6542	7030	7301
二 级	Second Class	6374	13397	14425	15159	15926	16590	17146
三 级	Third Class	5190	9156	9924	10384	10807	11629	12461
四 级	Fourth Class	55760	64565	61971	64172	64156	63940	66428
等外公路	Highways below Class Ⅳ	14150	8911	10976	10827	10518	9745	8861
按路面分	By Pavement							
有路面里程	Paved Highways	77879	100733	102710	106527	108271	109573	113544
高级、次高级	High Class, Second High Class	22565	39265	44016	47136	51891	58729	66580
中级	Medium Class	13860	14510	14483	14046	13076	12024	10955
低 级	Low Class	41454	46958	44211	45345	43304	38820	36009
无路面里程	Not-paved Highways	6684	1873	2089	2011	1981	1880	1793
桥 梁 （座）	**Bridges (unit)**	**15859**	**19668**	**21454**	**21841**	**22399**	**23023**	**23948**
（米）	(m)	569525	819770	980594	995839	1029090	1124448	1260600
# 永久式 （座）	Permanent (unit)	15806	19656	21439	21831	22392	23012	23944
（米）	(m)	568022	819502	980142	995470	1028915	1124122	1260514
半永久式 （座）	Semi-permanent (unit)	43	12	15	7	4	8	4
（米）	(m)	1327	268	452	313	119	270	86
渡 口 （个）	**Ferries (unit)**	**37**	**33**	**33**	**31**	**26**	**25**	**25**

14-12 输油（气）管道长度和运输量
Length and Traffic of Petroleum and Gas Pipelines

项　目	Item	1995	2000	2004	2005
总计	Total				
条数 （条）	Number of Pipelines (line)	26	45	64	63
输油（气）里程 （公里）	Length of Pipelines (km)	324.90	1535.57	1808.87	1813.26
输油（气）延展里程 （公里）	Extended Length of Pipelines (km)	339.68	1551.15	1808.87	1813.26
输油（气）量 （万吨）	Pipeline Traffic (10000 tons)	1572	2952	3924	3989
输油（气）周转量 （万吨公里）	Ton-kilometers (10000 ton-km)	67382	417432	451815	455853
输原油管道	Crude Oil Pipelines				
条 数 （条）	Number of Pipelines (line)	4	7	4	5
输油里程 （公里）	Length of Pipelines (km)	173.79	352.67	345.17	377.67
输油延展里程 （公里）	Extended Length of Pipelines (km)	186.97	365.85	345.17	377.67
输 油 量 （万吨）	Pipeline Traffic (10000 tons)	1134	1912	2316	2434
输油周转量 （万吨公里）	Ton-kilometers (10000 ton-km)	64063	189623	230527	219479
输成品油管道	Refined Oil Pipelines				
条数 （条）	Number of Pipelines (line)	22	27	46	42
输油里程 （公里）	Length of Pipelines (km)	151.11	211.00	444.22	295.22
输油延展里程 （公里）	Extended Length of Pipelines (km)	152.71	213.40	444.22	295.22
输 油 量 （万吨）	Pipeline Traffic (10000 tons)	438	663	1186	931
输油周转量 （万吨公里）	Ton-kilometers (10000 ton-km)	3319	13250	18602	14277
输气管道	Gas Pipelines				
条数 （条）	Number of Pipelines (line)		11	14	16
输气里程 （公里）	Length of Pipelines (km)		971.90	1019.48	1140.37
输气延展里程 （公里）	Extended Length of Pipelines (km)		971.90	1019.48	1140.37
输气量 （万吨）	Pipeline Traffic (10000 tons)		377	422	624
输气周转量 （万吨公里）	Ton-kilometers (10000 ton-km)		214559	202686	222097

14-13 民航航站吞吐量
Volume of Civil Aviation Handled at Airports

年份 Year	合计 Total			进港 In-port			出港 Out-port		
	架次（万次）Sorties (10000 sorties)	旅客（万人）Passenger Traffic (10000 persons)	货、邮、行（万吨）Freight Traffic (10000 tons)	架次（万次）Sorties (10000 sorties)	旅客（万人）Passenger Traffic (10000 persons)	货、邮、行（万吨）Freight Traffic (10000 tons)	架次（万次）Sorties (10000 sorties)	旅客（万人）Passenger Traffic (10000 persons)	货、邮、行（万吨）Freight Traffic (10000 tons)
1980	1.6	161	2.9	0.8	81	1.4	0.8	80	1.5
1985	4.0	318	6.2	2.0	160	3.0	2.0	158	3.2
1990	6.2	687	13.5	3.1	343	5.9	3.1	344	7.6
1995	17.7	1963	39.5	8.8	963	14.1	8.9	1000	25.4
1996	18.2	2025	45.6	9.1	993	15.9	9.1	1032	29.7
1997	19.0	1981	49.0	9.5	974	16.7	9.5	1007	32.3
1998	20.8	2010	55.8	10.4	986	20.8	10.4	1024	35.0
1999	22.2	1929	63.7	11.1	942	25.6	11.1	987	38.1
2000	23.6	2143	73.0	11.8	1044	30.9	11.8	1099	42.1
2001	25.1	2344	81.0	12.5	1136	33.9	12.6	1208	47.1
2002	28.0	2731	95.7	14.0	1340	40.4	14.0	1391	55.3
2003	28.1	2751	82.4	14.1	1351	34.9	14.0	1400	47.5
2004	34.7	3661	115.8	17.3	1801	50.8	17.4	1860	65.0
2005	38.4	4100	133.0	19.2	2023	58.6	19.2	2077	74.4

14-14 各市港口货物吞吐量（2000－2005年）
Volume of Freight Handled in Ports by City（2000－2005）

单位：万吨 （10000 tons）

项　目	Item	2000	2001	2002	2003	2004	2005
全省总计	**Total**	**31649**	**34696**	**44102**	**51340**	**62715**	**70926**
按港口分	Grouped by Port						
沿海港口	Grouped by Coastal Port	25495	28276	35847	42158	51877	59273
内河港口	Grouped by Inland River	6154	6420	8255	9182	10838	11653
按市别分	Grouped by City						
广　州	Guangzhou	12455	13540	16772	19200	23887	27283
深　圳	Shenzhen	5697	6643	8767	11220	13537	15351
珠　海	Zhuhai	1770	1998	2340	2470	3203	3557
汕　头	Shantou	1284	1309	1380	1470	1576	1736
佛　山	Foshan	2033	2329	2990	3076	3798	3951
韶　关	Shaoguan	131	115	121	108	140	118
河　源	Heyuan	45	62	45	22	29	49
梅　州	Meizhou	145	141	335	340	360	306
惠　州	Huizhou	825	834	956	1098	1542	1515
汕　尾	Shanwei	25	6	6	64	108	107
东　莞	Dongguan	746	883	1611	2352	2600	2280
中　山	Zhongshan	635	677	850	1478	1960	2072
江　门	Jiangmen	879	1072	1942	1960	2030	2438
阳　江	Yangjiang	68	115	122	144	155	222
湛　江	Zhanjiang	2688	2848	3586	3985	5096	6620
茂　名	Maoming	1104	1122	1113	1262	1409	1360
肇　庆	Zhaoqing	189	135	357	341	428	520
清　远	Qingyuan	193	241	234	143		461
潮　州	Chaozhou	60	39	24	47	68	80
揭　阳	Jieyang	266	275	233	234	245	248
云　浮	Yunfu	411	312	318	326	543	654

14-15 沿海主要港口吞吐量
Volume of Freight Handled in Major Coastal Ports

项目	Item	1990	1995	2000	2004	2005
货物吞吐量合计 （万吨）	**Total Volume of Freight Handled （10000 tons）**	**6895**	**11904**	**18674**	**38302**	**48743**
广州港	Guangzhou Port	4163	7299	11128	21520	25036
湛江全港	All Ports of Zhanjiang					6620
# 湛江港	Zhanjiang Port	1557	1895	2038	3780	4647
汕 头 港	Shantou Port	279	716	1284	1576	1736
深圳全港	All Ports of Shenzhen					15351
# 蛇口港	Shekou Port	480	1001	1016	2089	2242
赤湾港	Chiwan Port	412	777	1077	3489	4226
妈湾港	Mawan Port	4	149	443	1119	1208
盐田港	Yantian Port		67	1143	3366	3953
SCT 码头	SCT Port			545	1363	1556
集装箱吞吐量合计（TEU）	**Total Volume of Containers Handled （TEU）**	**154132**	**539491**	**5577402**	**17057220**	**21425420**
广州港	Guangzhou Port	109394	245955	1429807	3304026	4682603
湛江全港	All Ports of Zhanjiang					177786
# 湛江港	Zhanjiang Port	5669	29994	74842	167200	177786
汕头港	Shantou Port	5259	69742	114369	284707	368312
深圳全港	All Ports of Shenzhen					16196719
# 蛇口港	Shekou Port	17946	23229	325232	1150326	1367998
赤湾港	Chiwan Port	15864	64835	643838	3427954	4170104
妈湾港	Mawan Port			121514	340599	386240
盐田港	Yantian Port		105736	2147476	6259515	7355459
SCT 码头	SCT Port			720324	2122893	2447603
旅客吞吐量合计 （万人）	**Total Volume of Passengers Handled （10000 persons）**	**707. 20**	**664. 40**	**253. 40**	**63. 56**	**1060. 56**
广州港	Guangzhou Port	434. 80	307. 10	15. 00	62. 71	94. 98
湛江全港	All Ports of Zhanjiang					596. 68
# 湛江港	Zhanjiang Port	9. 20	49. 10	29. 60	0. 01	
汕头港	Shantou Port	33. 20	12. 80	5. 50	0. 84	0. 24
深圳全港	All Ports of Shenzhen					368. 66
# 蛇口港	Shekou Port	230. 00	295. 40	203. 40		
赤湾港	Chiwan Port					
妈湾港	Mawan Port					
盐田港	Yantian Port					
SCT 码头	SCT Port					

14-16 港口码头泊位数（2000－2005 年）
Number of Berths in Ports（2000－2005）

项目	Item	2000	2001	2002	2003	2004	2005
全省总计	**Total**						
码头泊位个数 （个）	Number of Berths （unit）	3191	3168	3279	3204	3054	2926
#万吨级泊位	Berths at 10000 Ton Class	126	127	130	159	175	191
码头长度 （米）	Length of Quay Line （m）	180238	179818	194101	190634	190484	190788
沿海港口	**Coastal Ports**						
码头泊位个数 （个）	Number of Berths （unit）	1373	1348	1417	1456	1308	1334
生产用	For Production	1177	1156	1219	1259	1108	1108
非生产用	For Non-production	196	192	198	197	200	226
万吨级泊位个数（个）	Number of Berths at 10000 Ton Class （unit）	126	127	130	159	168	182
生产用	For Production	126	127	130	159	168	182
非生产用	For Non-production						
码头长度 （米）	Length of Quay Line （m）	105193	104636	113149	116173	114769	120307
生产用	For Production	91423	90962	99002	102082	100166	105024
非生产用	For Non-production	13770	13674	14147	14091	14603	15283
内河港口	**Ports of Inland Rivers**						
码头泊位个数 （个）	Number of Berths （unit）	1818	1820	1862	1748	1746	1592
生产用	For Production	1803	1805	1847	1733	1735	1495
非生产用	For Non-production	15	15	15	15	11	97
码头长度 （米）	Length of Quay Line （m）	75045	75182	80952	74461	75715	70481
生产用	For Production	74632	74769	80538	74047	75373	67570
非生产用	For Non-production	413	413	414	414	342	2911

14-17 各市邮电业务情况（2005年）
Conditions of Postal and Telecommunication Services by City (2005)

市 别 City	业务总量（2000年不变价）（亿元）Business Volume (at 2000 constant prices) (100 million yuan)	# 通信 Business Volume of Telecomm-unications	函件（万件）Letters (10000 pcs)	报刊累计数（万份）Newspaper and Magazine Circulation (10000 copies)	特快专递（万件）Pieces of Express Mail Services (10000 pcs)	移动电话用户（万户）Subscribers of Mobile Telephones (10000 subscribers)	城市电话用户（万户）Telephone Subscribers in Urban Areas (10000 subscribers)	乡村电话用户（万户）Telephone Subscribers in Rural Areas (10000 subscribers)
总 计 Total	**2121.94**	**2062.12**	**91267.10**	**113009.20**	**3328.30**	**6406.61**	**2700.89**	**741.64**
广 州 Guangzhou	452.74	439.80	25203.80	19160.20	955.10	1176.96	590.54	23.26
深 圳 Shenzhen	459.17	448.19	14923.50	19675.90	807.50	1211.43	454.57	
珠 海 Zhuhai	59.10	57.19	2765.30	2273.90	137.20	197.32	76.96	4.92
汕 头 Shantou	74.00	72.27	2737.80	3570.20	60.50	249.74	115.15	56.32
佛 山 Foshan	169.48	164.96	7056.10	13681.50	363.60	571.68	269.53	
韶 关 Shaoguan	26.39	24.98	1461.50	2358.10	33.80	111.65	59.53	25.71
河 源 Heyuan	18.18	17.38	490.60	2783.80	20.20	68.96	28.17	30.71
梅 州 Meizhou	27.10	25.48	808.00	2914.30	32.50	123.29	51.48	43.61
惠 州 Huizhou	81.01	79.42	1031.90	3459.90	69.60	249.51	125.08	35.23
汕 尾 Shanwei	20.78	20.22	376.50	1460.20	16.90	72.24	30.46	26.12
东 莞 Dongguan	304.76	299.11	9429.80	10620.90	292.20	921.69	266.20	115.18
中 山 Zhongshan	89.37	87.24	7326.30	7077.10	151.50	250.34	111.95	41.75
江 门 Jiangmen	65.96	63.46	7410.30	6369.10	136.50	245.89	115.38	33.94
阳 江 Yangjiang	21.39	20.38	1180.20	3406.70	23.50	75.31	40.76	22.70
湛 江 Zhanjiang	47.71	45.45	1780.30	3188.60	59.60	177.08	75.45	44.21
茂 名 Maoming	35.28	33.56	2778.80	2816.10	50.90	130.94	61.72	58.84
肇 庆 Zhaoqing	36.36	35.03	1484.60	1878.60	35.00	133.49	60.17	33.95
清 远 Qingyuan	28.97	28.14	929.80	1511.50	23.60	126.64	34.60	28.44
潮 州 Chaozhou	29.17	28.30	850.70	1717.60	18.80	105.18	48.61	33.20
揭 阳 Jieyang	37.67	36.44	812.00	1923.80	23.30	142.36	63.28	55.47
云 浮 Yunfu	16.37	15.54	411.70	1161.10	16.60	64.91	21.32	28.10
不分地区 Unclassified by Region	20.99	19.57	17.60					

14-18 各市邮电业务总量（2000－2005年）
Business Volume of Postal and Telecommunication Services by City（2000－2005）

单位：亿元 (100 million yuan)

市别 City	2000	2001	2002	2003	2004	2005
总计 Total	**757.22**	**782.67**	**917.87**	**1202.52**	**1781.78**	**2121.94**
广州 Guangzhou	166.15	168.03	200.90	261.75	383.83	452.74
深圳 Shenzhen	154.20	160.35	181.88	250.89	368.10	459.17
珠海 Zhuhai	22.31	23.62	27.20	35.31	51.60	59.10
汕头 Shantou	36.61	36.82	38.76	47.40	63.91	74.00
佛山 Foshan	66.29	68.27	78.23	90.99	143.42	169.48
韶关 Shaoguan	11.11	11.15	13.02	15.81	22.78	26.39
河源 Heyuan	6.26	7.20	9.33	11.12	16.15	18.18
梅州 Meizhou	12.87	13.54	15.49	17.60	23.04	27.10
惠州 Huizhou	27.19	27.96	31.16	42.08	66.49	81.01
汕尾 Shanwei	11.10	10.04	10.71	12.94	18.00	20.78
东莞 Dongguan	74.05	88.64	109.45	157.05	245.52	304.76
中山 Zhongshan	30.10	31.67	35.55	48.28	73.45	89.37
江门 Jiangmen	32.02	29.76	33.53	41.25	59.25	65.96
阳江 Yangjiang	8.60	8.68	10.06	13.75	19.07	21.39
湛江 Zhanjiang	19.38	19.28	22.17	28.44	43.16	47.71
茂名 Maoming	13.21	13.09	15.90	20.74	31.76	35.28
肇庆 Zhaoqing	13.22	12.52	15.59	20.18	31.89	36.36
清远 Qingyuan	9.96	10.27	12.07	15.84	23.87	28.97
潮州 Chaozhou	12.78	12.59	13.97	17.58	24.10	29.17
揭阳 Jieyang	20.81	19.64	20.70	25.97	33.90	37.67
云浮 Yunfu	6.89	6.03	7.45	9.48	14.13	16.37
不分地区 Unclassified by Region	2.11	3.51	14.75	19.68	22.75	20.99

注：2000年的邮电业务总量按1990年不变价格计算，其余年份按2000年不变价格计算。
Note: The business volume of postal and telecommunication services of 2000 was calculated at 1990 constant prices and the business volumes of other years were calculated at 2000 constant prices.

14-19 邮电通信业基本情况
Basic Conditions of Postal and Telecommunication Services

项目	Item	1990	1995	2000	2004	2005
邮运汽车 （辆）	Vehicles for Mail Use (unit)	613	1173	1154	1168	1170
邮路长度 （公里）	Length of Postal Routes (km)	96269	113240	180724	330783	369332
农村投递路线 （公里）	Length of Rural Delivery Routes (km)	142790	152152	185223	197650	206151
长途电话业务电路 （路）	Long-distance Telephone Lines (line)	20845	159162	478746	1549099	1684107
数据通信网长途电路 （万路）	Long-distance Digital Telecommunication Lines (10000 lines)				175.92	777.49
长途光缆线路长度 （公里）	Length of Long-distance Optical Cable Routes (km)				45807	40846
数字微波线路长度 （公里）	Length of Digital Micro-wave Routes (km)				21429	18768
长途电话交换机容量 （万路端）	Capacity of Long-distance Telephone Exchanges (10000 lines)	3.80	44.95	70.34	185.32	206.62
局用电话交换机容量 （万门）	Capacity of Telephone Exchanges (10000 gates)	180.70	1007.10	1939.45	4377.45	4616.57
移动电话交换机容量 （万户）	Capacity of Mobile Telephone Exchanges (10000 gates)		145.00	1825.40	5870.70	7925.00
本地电话用户 （万户）	Number of Subscribers of Local Telephones (10000 subscribers)	113.00	591.00	1414.94	2954.16	3442.53
# 城市电话	Urban Subscribers	72.00	361.00	916.03	2129.21	2700.89
移动电话用户 （万户）	Number of Mobile Telephones Subscribers (10000 subscribers)	1.11	98.78	1357.26	5373.82	6406.61
数字数据用户 （户）	Number of Digital Data Subscribers (subscriber)				44464	27777
国际互联网用户 （万户）	Number of Internet Subscribers (10000 subscribers)			216.41	1159.95	1006.36
互联网用户使用时长 （万分钟）	Time Length of Internet Subscribers (10000 minutes)			900585	17541852	31905151
函件 （万件）	Number of Letters (10000 pcs)	47188	98535	106603	106731	91267
特快专递 （万件）	Pieces of Express Mail Services (10000 pcs)	124.40	687.30	1327.80	2689.40	3328.30
报刊累计数 （万份）	Cumulative Number of Newspapers and Magazines (10000 copies)	116253	155920	107755	112591	113009
全省平均每人每年发函件数（件）	Annual Number of Per Capita Letter Mailed (piece)	8.70	14.40	13.80	13.00	11.30
全省平均每百人每年订报刊数 （份）	Annual Average Number of Newspapers and Magazines Subscribed per 100 Persons (copy)	16.60	18.00	15.10	13.00	12.07
本地电话主线普及率（线/百人）	Popularization Rate of Main Lines of Local Telephones (line/100 persons)	1.78	8.61	18.40	37.33	47.06
移动电话普及率 （部/百人）	Popularization Rate of Mobile Telephones (set/100 persons)	0.02	1.44	17.61	67.64	69.68

主要统计指标解释

公路里程 指在一定时期内实际达到《公路工程技术标准 JTJ01-88》规定的等级公路，并经公路主管部门正式验收交付使用的公路里程数。其计算单位为公里。它包括大中城市的郊区公路以及通过小城镇街道部分的公路里程，也包括桥梁、渡口的长度，但不包括大中城市的街道、厂矿、林区生产用道和农业生产用道的里程。两条或多条公路共同经由同一路段，只计算一次，不得重复计算里程长度。公路里程是反映公路建设发展规模的重要指标，也是计算运输网密度等指标的基础资料。

货（客）运量 指运输业实际运送的货物（旅客）数量。货运按吨计算，客运按人计算。货物不论运输距离长短，货物类型，均按实际重量统计；旅客不论行程远近或票价多少，均按一人一次作为客运量统计。半价票、小孩票也按一人统计。货（客）运量反映运输业为国民经济和人民生活服务的数量，也是制定和检查运输生产计划，研究运输发展规模和速度的重要指标。

货物（旅客）周转量 指运输业运送的货物（旅客）与其相应运输距离的乘积之和，通常以吨公里和人公里为计算单位。计算货物周转量通常按发出站与到达站之间的最短距离，也就是计费距离计算。它是反映运输业生产总成果的重要指标，也是编制和检查运输生产计划，计算运输效率，劳动生产率以及核算运输单位成本的主要基础资料。

货物吞吐量 是指经由水运进、出港区范围，并经过装卸的货物数量。货物吞吐量分别按国内进口（卸船）、出口（装船）、外贸进口、出口统计。货物吞吐量按货物实际重量吨统计，以货物交接清单或货单上记载的重量吨为准。如无实际重量吨，可根据船舶装载情况来推算。在本港区内的水运转口分别按进口和出口各计算一次吞吐量。货物吞吐量是衡量港口生产规模的一个主要数量指标。

邮电业务总量 指以货币表现的邮电部门为用户传递信息和提供其他邮电服务的总量。它用各种邮电分类业务量，如函件件数、电报份数、长话张数、市内电话和农村电话的年均户数、订销报刊、累计份数等，分别乘以相应的平均单价（不变价），加总后再加上出租电路和设备收入，代用户维护电话交换机和线路等设备的收入，其他业务收入求得。邮电业务总量综合反映了一定时期邮电工作的总成果，是研究邮电业务量构成和发展趋势的重要指标。

本地电话用户 是指在本企业登记注册、报告期末实际已接入本企业本地电话网上的电话用户数。计量单位为：户。

本地电话用户按计费方式分为包月制电话用户和计次制电话用户。

本地包月制电话用户是指不管用户通话次数多少，按月缴纳固定月租费的用户。

本地计次制电话用户是指用户除每月缴纳基本月租费外，还要根据通话次数缴纳通话费的用户。

城市电话用户 是指按行政区划属于中央直辖市、省辖市、地级市、县级市的市区、市郊区及县城区范围内的电话用户数。包括分布在农村地区但以县团级以上建制的独立工矿区、林区、驻军的电话用户。N-ISDN 用户、无线接入（PHS）电话用户、智能网专用接入终端用户、集中用户交换机（Centrex）用户均按城市电话用户统计。

乡村电话用户 是指按行政区划属于城市范围以外的乡（镇）、村电话用户。

移动电话用户 指在邮电部门登记，通过移动电话交换机进入移动电话网、占有移动电话号码的电话用户。计量单位为“户”。用户数字以实际办理登记手续进入邮电部门移动电话网的户数进行计算，一部或一台移动电话统计为一户。

Explanatory Notes on Main Statistical Indicators

Length of Highways refers to the length of highways which are built in conformity with the grades specified by the highway engineering standard formulated by the Ministry of Communications, and have been formally checked and accepted by the departments of highways and put into use. The length of highways includes that of the suburb highways at large and medium-sized cities, highways passing through streets at small cities and towns, and also the length of bridges and ferries. It does not include the length of streets in large and medium-sized cities and highways built for the production purpose at factories, mines, forest areas and agricultural areas. If two or more highways go the same section of the way, the length of the section is only calculated for once and no duplication is allowed. The length of highways is an important indicator to show the development of the highway construction and to provide essential information to calculate the transport network density.

Freight (Passenger) Traffic refers to the volume of freight (passenger) transported with various means. Freight transport is calculated in tons and passenger traffic is calculated in the number of persons. Despite the type of freight and traveling distance, the freight transport is calculated in the actual weight of the goods; and despite the traveling distance and ticket price, the passenger traffic is calculated by the principle that one person can be counted only once in one travel. The passenger who travels with a half price ticket or a child ticket is also calculated as one person. The freight (passenger) traffic provides a quantitative measure to show how the transport industry serves the national economy and people, and is also an important indicator for planning the transport industry serves the national economy and people, and is also an important indicator for planning the transport industry and for studying the development scale and speed of the transport industry.

Freight Ton-kilometers (Passenger-kilometers) refer to the sum of the products of the volume of transported cargo (passengers) multiplying by the transport distance, usually using ton-kilometer and passenger-kilometer as units for measurement. Normally, the shortest distance between the departure station and the destination station (i. e. the payable distance) is the basis to calculate the freight ton-kilometers. This is an important indicator to show the total results of the transport industry, to prepare and examine the transport plan and to measure the efficiency, the labor productivity and the unit cost of transport.

Volume of Freight Handled refers to the volume of cargo passing in and out the harbor area and having been loaded and unloaded. The volume of freight handled may be classified as import, export or as domestic trade and foreign trade. The volume of freight handled is calculated in the actual weight ton of the goods, based on the weight ton under the delivery order or bill of loading. If no actual weight ton available, it can be estimated according to the loading of goods. As for the transit goods in the harbor area, the volume of freight handled is calculated according to the import and export respectively. It is a major indicator to show the scale of the port production.

Business Volume of Posts and Telecommunications refers to the total amount of postal and telecommunication services, expressed in value terms, provided by the postal and telecommunication departments for the society. Postal and telecommunication services can be classified as letters, parcels, remittance, issue of newspapers and magazines, fast mail service, express mail service, savings deposits, stamps for collection, public and individual telegraph service, facsimiles, long-distance telephone service, leasing of telephone lines, urban paging service, mobile telephone service, data transfer and transmission, etc. The accounting approach is to multiply the service products of all types with their average unit price (constant prices) to get sum of business value, plus income from other services such as leasing of telephones lines and equipment, maintenance of telephone switchboards and lines on behalf of customers. This indicator reflects the overall results of postal and telecommunication services during a given period, and is important to study the composition of business service and the development of postal and telecommunication services.

Local Telephone Subscribers refer to the registered subscribers who are connected to the local telephone network (measured in subscriber). The subscribers are divided into subscribers with monthly fixed payment and those with message call payment.

The subscribers with monthly fixed payment refer to those who pay the monthly telephone expenses with a fixed lease rate regardless of the message calls.

The subscribers with message call payment refer to those who pay the telephone expenses with a message rate besides the basic monthly fixed lease rate.

Urban Telephone Subscribers refer to the telephone subscribers, located at municipalities directly under the central government, cities under the jurisdiction of province, cities at prefectual level, downtown and suburb of city at county level and county towns according to the administrative division, that are connected to the public line telephone network, including the rural independent mineral area, forest area and military area at county (regimental) level. N-ISDN subscribers, PHS telephone subscribers, subscribers connected with intelligent terminal, Centrex subscribers are also included.

Rural Telephone Subscribers refer to the telephone subscribers, located at towns under county town and county level, that are connected to the public line telephone network.

Mobile Telephone Subscribers refer to the persons who own mobile telephone number connected with the mobile telephone communication network and registered by postal and telecommunication organization. The number of subscribers is calculated only when the subscriber who has gone through all the register formalities and entered into the mobile telephone network. One mobile telephone is treated as a subscriber.

十五、国内贸易

15

DOMESTIC TRADE

十五 国内贸易

简要说明

一、本篇资料反映广东省国内市场发展情况。主要内容包括批发零售业商品流通情况，住宿、餐饮业销售情况，社会消费品零售总额等。

二、本篇资料主要根据国家统计局的《批发和零售业、住宿和餐饮业统计报表制度》，通过全面调查、抽样调查推断等，自下而上逐级综合汇总而得。

三、各表的调查范围：

商品购、销、存总额表为各种经济类型的限额以上和限额以下批发零售业法人及产业活动单位和个体户。

社会消费品零售总额表为各种经济类型的法人及产业活动单位、个体户对城乡居民和社会集团的零售。

四、本篇资料由广东省统计局贸易外经处整理提供。

15 Domestic Trade

Brief Introduction

Ⅰ. The date in this chapter show the development of Guangdong's domestic market, including mainly the circulation of commodities in the wholesale and retail trade, the sales in accommodations and catering services and the total retail sales of consumer goods, etc.

Ⅱ. The data are obtained mainly in accordance with the Statistical Reporting Scheme on Wholesale and Retail Trade, Accommodations and Catering Services stipulated by the National Bureau of Statistics. The methods used in data collection for enterprises (units) are complete enumeration and sample surveys, under which data are reported from lower to higher level statistical offices.

Ⅲ. The statistical coverage in this chapter comes as follows:

The tables of total purchases, sales, inventory, value of sales by category of commodities and volume of sales include the corporate units and economic active units above designated size and below designated size with various types of ownership and individuals.

The tables of total retail sales of consumer goods include the retail sales of the corporate units and economic active units with various types of ownership and individuals to urban and rural residents and institutions.

Ⅳ. The data in this chapter are prepared and provided by the Division of Trade and External Economic Relations Statistics of Guangdong Provincial Bureau of Statistics.

15-1 国内贸易主要指标
Main Indicators on Domestic Trade

指标	Item	2000	2002	2003	2004	2005	2005比2004增长（%）Growth Rate in 2005 over 2004（%）
贸易企业单位数（万个）	**Number of Trade Units (10000 units)**	**10.08**	**12.71**	**13.72**	**11.84**		
按行业分	By Sector						
批发业	Wholesale Trade	5.09	6.39	7.11	6.46		
零售业	Retail Trade	4.99	6.32	6.61	5.38		
按登记注册类型分	By Status of Registration						
内资企业	Domestic Funded Enterprises	10.00	12.51	13.49	11.68		
港、澳、台商投资企业	Enterprises with Funds from Hong Kong, Macao and Taiwan	0.05	0.12	0.14	0.08		
外商投资企业	Foreign Funded Enterprises	0.03	0.08	0.09	0.08		
社会消费品零售总额（亿元）	**Total Retail Sales of Consumer Goods (100 million yuan)**	**4379.81**	**5392.64**	**6029.86**	**6852.03**	**7882.64**	**15.0**
按行业分	By Sector						
批发零售业	Wholesale and Retail Trade	3625.37	4443.64	5021.81	5734.94	6644.00	15.9
限额以上	Above Designated Size	885.95	1196.35	1475.42	1806.85	2158.56	19.5
限额以下	Under Designated Size	2739.42	3247.29	3546.39	3928.09	4485.44	14.2
餐饮业	Catering Services	655.94	843.82	897.26	953.84	1108.20	16.2
限额以上	Above Designated Size			203.91	233.82	277.51	18.7
限额以下	Under Designated Size			693.35	720.02	830.69	15.4
其他行业	Others	98.50	105.18	110.79	163.25	130.44	-20.1
按城乡分	By Urban and Rural Area						
城镇	Urban Areas	3290.33	4044.52	4540.94	5177.13	5951.39	15.0
乡村	Rural Areas	1089.48	1348.12	1488.92	1674.90	1931.25	15.3
批发零售业商品销售总额（亿元）	**Total Sales in Wholesale and Retail Trade (100 million yuan)**	**10316.88**	**13353.47**	**15302.95**	**17588.94**	**20274.50**	**15.3**
批发额	Wholesale Trade	6691.51	8909.83	10281.14	11854.00	13630.50	15.0
零售额	Retail Trade	3625.37	4443.64	5021.81	5734.94	6644.00	15.9
按规模分	By Size						
限额以上销售额	Sales above Designated Size	4922.1	6741.43	8165	9722.37	11365.51	16.9
批发额	Wholesale Trade	4036.15	5545.08	6689.58	7915.52	9206.95	16.3
零售额	Retail Trade	885.95	1196.35	1475.42	1806.85	2158.56	19.5
限额以下销售额	Sales below Designated Size	5394.78	6612.04	7137.95	7866.57	8908.99	13.3
批发额	Wholesale Trade	2655.36	3364.75	3591.56	3938.48	4423.55	12.3
零售额	Retail Trade	2739.42	3247.29	3546.39	3928.09	4485.44	14.2
限额（星级）以上住宿餐饮业营业额（亿元）	**Business Revenue from Accommodations and Catering Services above Designated Size (Star Rating) (100 million yuan)**			**304.67**	**345.24**	**399.95**	**15.8**
#客房收入	Revenue from Accommodations			75.68	81.89	89.35	9.1
餐费收入	Revenue from Restaurants			199.12	228.49	271.25	18.7
商品销售收入	Revenue from Sales of Commodities			4.79	5.33	6.26	17.4
亿元以上商品交易市场成交额（亿元）	**Transaction Value of Commodity Markets above 100 Million Yuan (100 million yuan)**		**1213.18**	**1497.81**	**1589.88**	**1948.95**	**22.6**
限额以上连锁总店数（个）	**Number of General Chain Stores above Designated Size (unit)**		**148**	**118**	**127**	**182**	**43.3**
限额以上连锁门店数（个）	**Number of Branch Chain Stores above Designated Size (unit)**		**3161**	**3823**	**4657**	**11076**	**19.2**
限额以上连锁店销售总额（亿元）	**Total Sales of Chain Stores above Designated Size (100 million yuan)**		**351.88**	**401.58**	**736.72**	**1635.88**	**26.1**
#零售额（亿元）	Retail Trade (100 million yuan)		340.17	388.57	713.93	1366.10	31.4

15-2 按行业及城乡分社会消费品零售总额（1978－2005年）
Total Retail Sales of Consumer Goods by Sector and by Urban and Rural Area（1978－2005）

单位：亿元　　　　(100 million yuan)

年份 Year	社会消费品零售总额 Total Retail Sales of Consumer Goods	按行业分 By Sector			按城乡分 By Urban and Rural Area	
		批发零售业 Wholesale and Retail Trade	住宿餐饮业 Accommodations and Catering Services	其他行业 Others	城镇 Urban Areas	乡村 Rural Areas
1978	79.86	66.92	5.39	7.55	38.42	41.44
1979	92.69	76.76	6.09	9.84	43.25	49.44
1980	117.67	94.52	7.30	15.85	66.72	50.95
1981	142.38	114.56	8.85	18.97	71.19	71.19
1982	164.23	131.86	10.19	22.18	82.77	81.46
1983	183.62	144.88	11.58	27.16	97.32	86.30
1984	226.13	170.06	16.04	40.03	131.61	94.52
1985	289.23	209.38	26.74	53.11	178.45	110.78
1986	327.02	235.59	28.68	62.75	172.67	154.35
1987	405.19	294.17	37.83	73.19	214.34	190.85
1988	568.07	414.30	50.79	102.98	306.19	261.88
1989	636.15	451.24	65.69	119.22	345.43	290.72
1990	667.36	463.92	71.11	132.33	457.34	210.02
1991	786.64	535.40	87.87	163.37	531.57	255.07
1992	1109.55	951.21	128.60	29.74	809.96	299.59
1993	1518.31	1309.60	168.75	39.96	1137.80	380.51
1994	1991.33	1705.13	234.42	51.78	1511.03	480.30
1995	2478.35	2121.16	300.24	56.95	1864.90	613.45
1996	2772.83	2358.28	356.23	58.32	2093.18	679.65
1997	3139.32	2653.90	409.95	75.47	2362.67	776.65
1998	3567.01	2962.27	505.56	99.18	2688.64	878.37
1999	3932.44	3268.96	569.18	94.30	2960.30	972.14
2000	4379.81	3625.37	655.94	98.50	3290.33	1089.48
2001	4856.65	3996.92	751.32	108.41	3638.52	1218.13
2002	5392.64	4443.64	843.82	105.18	4044.52	1348.12
2003	6029.86	5021.81	897.26	110.79	4540.94	1488.92
2004	6852.03	5734.94	953.84	163.25	5177.13	1674.90
2005	7882.64	6644.00	1108.20	130.44	5951.39	1931.25

注：本表1992－2004年数据根据广东省第一次全国经济普查资料进行了调整。
Note: Data from 1992 to 2004 in this table have been adjusted in accordance with the figures from the First National Economic Census of Guangdong.

15-3 各市社会消费品零售总额（2005 年）
Total Retail Sales of Consumer Goods by City (2005)

单位：亿元 (100 million yuan)

市别 City	社会消费品零售总额 Total Retail Sales of Consumer Goods	按行业分 By Sector			按城乡分 By Urban and Rural Area	
		批发零售业 Wholesale and Retail Trade	住宿餐饮业 Accommodations and Catering Services	其他行业 Others	城镇 Urban Areas	乡村 Rural Areas
广州 Guangzhou	1898.74	1591.88	301.73	5.13	1748.05	150.69
深圳 Shenzhen	1437.67	1258.17	179.50		1437.67	
珠海 Zhuhai	220.14	185.28	34.86		196.66	23.48
汕头 Shantou	344.80	311.26	33.54		239.38	105.42
佛山 Foshan	647.73	519.39	128.34		365.42	282.31
韶关 Shaoguan	141.64	121.93	19.59	0.12	113.31	28.33
河源 Heyuan	72.94	63.86	8.87	0.21	41.38	31.56
梅州 Meizhou	131.72	116.87	13.58	1.27	73.93	57.79
惠州 Huizhou	251.51	216.85	34.66		178.82	72.69
汕尾 Shanwei	130.32	107.07	19.04	4.21	74.22	56.10
东莞 Dongguan	500.01	430.38	69.57	0.06	176.77	323.24
中山 Zhongshan	276.60	240.44	35.86	0.30	123.99	152.61
江门 Jiangmen	309.82	257.91	49.90	2.01	169.17	140.65
阳江 Yangjiang	159.06	136.79	20.39	1.88	102.70	56.36
湛江 Zhanjiang	269.25	223.87	44.25	1.13	205.00	64.25
茂名 Maoming	287.24	249.65	36.46	1.13	169.00	118.24
肇庆 Zhaoqing	142.29	120.30	21.83	0.16	87.37	54.92
清远 Qingyuan	129.76	110.98	18.63	0.15	87.13	42.63
潮州 Chaozhou	102.99	89.01	13.01	0.97	54.40	48.59
揭阳 Jieyang	143.35	130.58	11.44	1.33	89.58	53.77
云浮 Yunfu	59.63	48.01	9.83	1.79	34.45	25.18

15-4 批发零售业商品销售总额（2000－2005 年）
Total Sales of Commodities in Wholesale and Retail Trade (2000－2005)

单位：亿元 (100 million yuan)

项　目	Item	2000	2001	2002	2003	2004	2005
合　计	**Total**	**10316.88**	**11725.07**	**13353.47**	**15302.95**	**17588.94**	**20274.50**
按行业分	By sector						
批发业	Wholesale Trade	7053.14	8096.93	9219.17	10482.82	11998.93	13727.42
零售业	Retail Trade	3263.74	3628.14	4134.3	4820.13	5590.01	6547.08
按规模分	By Size of Enterprise						
限额以上企业类值合计	**Enterprises above Designated Size**	**4922.1**	**5677.75**	**6741.43**	**8165.00**	**9722.37**	**11365.51**
食品、饮料、烟酒类	Food, Beverage, Tobacco and Liquor	843.07	1035.91	1202.93	1346.94	1295.50	1478.85
粮油类	Grain and Edible oil	17.02	86.66	93.62	104.17	117.84	133.76
肉禽蛋类	Meat, Poultry and Eggs	110.8	133.76	182.28	188.49	124.68	138.23
其它食品类	Other Food	226.24	244.46	275.26	297.90	250.37	295.71
饮料类	Beverage	24.27	30.89	33.76	44.63	42.71	65.10
烟酒类	Tobacco and Liquor	464.74	540.14	618.01	711.75	759.90	846.05
服装鞋帽、针纺织品类	Garments, Shoes, Hats, Knitwear and Textiles	437.67	476.49	474.79	515.40	553.99	638.45
服装类	Garments	277.69	290.95	302.51	338.68	365.36	429.80
鞋帽类	Shoes and Hats	49.29	54.36	55.25	56.30	63.46	73.08
针、纺织品类	Knitwear and Textiles	110.69	131.18	117.03	120.42	125.17	135.57
化妆品类	Cosmetics	20.12	23.46	27.59	32.26	36.55	42.84
金银珠宝类	Jewelry	26.1	24.49	25.25	25.73	29.86	37.26
日用品类	Daily Use Articles	206.22	230.62	266.69	296.39	294.58	347.87
# 洗涤用品类	Detergents	22.54	31.62	53.05	70.19	74.94	85.94
儿童玩具类	Toys for Children	15.33	14.71	13.09	14.31	17.15	18.21
五金、电料类	Hardware and Electrical Appliances	50.65	60.73	83.15	86.36	107.52	122.35
体育、娱乐用品类	Sports and Recreational Articles	22.79	27.30	32.22	38.22	44.39	53.72
书报杂志类	Newspapers and Magazines	43.41	42.51	45.78	49.10	53.97	49.71
电子出版物及音像制品类	E-journal and Video Products	6.67	7.16	8.55	9.02	12.40	14.17
家用电器和音像器材类	Household Appliances and Video Appliances	329.32	371.51	415.50	458.45	389.71	555.03
中西药品类	Traditional Chinese and Western Medicines	275.71	325.84	374.12	417.24	447.21	528.65
# 西药	Western Medicines	170.09	209.53	242.41	285.38	320.21	377.75
中草药及中成药	Chinese Herbal Medicines and Medicaments of Chinese Type	70.92	75.65	83.14	108.85	117.21	120.73
文化办公用品类	Articles for Cultural and Office Use	55.91	76.32	99.16	126.42	165.54	193.72
家具类	Furniture	31.98	35.20	38.56	48.53	61.05	71.33
通讯器材类	Communication Appliances	70.47	116.48	188.18	210.46	346.12	369.13
煤炭及制品类	Coal and Related Products	82.94	86.69	126.55	158.02	238.81	332.98
木材及制品类	Timber and Related Products	10.08	11.75	16.84	20.71	28.26	26.07
石油及制品类	Petroleum and Related Products	1176.36	1424.04	1698.67	2061.48	2601.01	2828.27
化工材料及制品类	Chemical Materials and Products	172.79	184.86	225.61	293.48	400.99	532.21
# 化肥类	Chemical Fertilizer	58.72	61.89	54.19	59.24	45.42	42.75
金属材料类	Metal Materials	324.6	423.07	522.81	717.35	961.12	1304.62
建筑及装潢材料类	Construction and Decoration Materials	36.43	46.98	66.73	102.59	123.41	154.42
机电产品及设备类	Mechanical and Electrical Products and Equipment	119.99	147.00	197.20	274.77	346.02	460.01
# 农机类	Agricultural Machinery	6.72	6.75	5.94	5.88	5.40	6.12
汽车类	Motor vehicles	213.08	280.48	370.59	465.28	578.17	670.01
种子饲料类	Seed and Feedstuff	22.64	23.82	13.74	15.04	23.65	18.39
棉麻类	Cotton and Hemp	6.52	4.93	5.09	6.34	9.29	8.32
其它类	others	336.58	190.11	215.13	389.42	573.25	527.13
限额以下企业和个体户	**Enterprises below Designated Size and Individuals**	**5394.78**	**6047.32**	**6612.04**	**7137.95**	**7866.57**	**8908.99**

注：本表 2000－2004 年数据根据广东省第一次全国经济普查资料进行了调整。
Note: Data from 2000 to 2004 in this table have been adjusted in accordance with the figures from the First National Economic Census of Guangdong.

15-5 批发零售业商品批发额（2000－2005年）
Total Wholesale Sales of Commodities in Wholesale and Retail Trade（2000－2005）

单位：亿元 (100 million yuan)

项目	Item	2000	2001	2002	2003	2004	2005
合计	**Total**	**6691.51**	**7728.15**	**8909.83**	**10281.14**	**11854.00**	**13630.50**
按行业分	By sector						
批发业	Wholesale Trade	6247.11	7216.79	8283.51	9501.83	10959.09	12597.16
零售业	Retail Trade	444.40	511.36	626.32	779.31	894.91	1033.34
按规模分	By Size of Enterprise						
限额以上企业类值合计	**Enterprises above Designated Size**	**4036.15**	**4682.25**	**5545.08**	**6689.58**	**7915.52**	**9206.95**
食品、饮料、烟酒类	Food, Beverage, Tobacco and Liquor	677.15	853.81	998.25	1110.49	1042.60	1190.67
粮油类	Grain and Edible oil	6.87	75.15	80.78	86.19	95.07	107.31
肉禽蛋类	Meat, Poultry and Eggs	94.01	113.73	157.81	157.73	90.15	99.91
其它食品类	Other Food	144.05	154.96	174.71	182.11	132.00	164.96
饮料类	Beverage	13.88	19.00	19.38	27.79	22.91	38.48
烟酒类	Tobacco and Liquor	418.34	490.97	565.57	656.67	702.47	780.01
服装鞋帽、针纺织品类	Garments, Shoes, Hats, Knitwear and Textiles	344.17	369.91	358.86	384.96	406.67	472.44
服装类	Garments	210.88	213.76	218.10	242.90	258.56	313.32
鞋帽类	Shoes and Hats	35.16	38.16	36.97	35.34	38.53	41.52
针、纺织品类	Knitwear and Textiles	98.13	117.99	103.79	106.72	109.58	117.60
化妆品类	Cosmetics	5.45	6.27	7.76	9.41	10.83	13.35
金银珠宝类	Jewelry	12.37	9.50	9.71	8.37	10.49	15.45
日用品类	Daily Use Articles	147.50	169.24	201.02	224.33	217.67	262.51
# 洗涤用品类	Detergents	11.35	17.30	34.08	48.01	49.81	56.02
儿童玩具类	Toys for Children	12.05	10.93	8.83	9.69	12.00	12.45
五金、电料类	Hardware and Electrical Appliances	44.79	54.02	75.48	77.37	97.27	111.09
体育、娱乐用品类	Sports and Recreational Articles	15.68	19.24	22.77	27.80	32.94	41.08
书报杂志类	Newspapers and Magazines	29.11	26.82	29.10	31.97	35.58	29.74
电子出版物及音像制品类	E-journal and Video Products	2.42	2.74	4.04	4.73	8.01	8.75
家用电器和音像器材类	Household Appliances and Video Appliances	255.61	288.76	320.85	348.39	265.30	394.85
中西药品类	Traditional Chinese and Western Medicines	217.40	246.76	282.41	316.05	335.90	408.38
# 西药	Western Medicines	136.84	161.52	180.81	213.41	230.66	282.30
中草药及中成药	Chinese Herbal Medicines and Medicaments of Chinese Type	55.80	58.92	65.62	89.78	97.35	99.23
文化办公用品类	Articles for Cultural and Office Use	41.13	59.24	79.36	103.34	138.71	160.47
家具类	Furniture	23.41	25.36	28.14	36.90	48.26	55.59
通讯器材类	Communication Appliances	65.29	110.22	174.27	189.37	308.57	325.41
煤炭及制品类	Coal and Related Products	82.62	86.37	126.20	157.66	238.42	332.44
木材及制品类	Timber and Related Products	9.73	11.38	16.19	19.81	26.82	24.41
石油及制品类	Petroleum and Related Products	1043.57	1252.17	1470.72	1758.85	2202.24	2309.33
化工材料及制品类	Chemical Materials and Products	169.88	181.93	222.52	289.14	393.23	521.99
# 化肥类	Chemical Fertilizer	58.72	61.89	54.19	59.24	45.42	42.75
金属材料类	Metal Materials	322.33	420.29	519.91	713.41	954.91	1297.92
建筑及装潢材料类	Construction and Decoration Materials	33.07	42.55	59.20	90.34	107.55	133.56
机电产品及设备类	Mechanical and Electrical Products and Equipment	102.51	127.31	174.80	248.85	317.81	423.93
# 农机类	Agricultural Machinery	6.72	6.75	5.94	5.88	5.40	6.12
汽车类	Motor vehicles	100.37	128.33	152.38	171.00	167.84	183.44
种子饲料类	Seed and Feedstuff	22.64	23.82	13.74	15.04	23.65	18.39
棉麻类	Cotton and Hemp	6.52	4.93	5.09	6.34	9.29	8.32
其它类	others	261.43	161.28	192.31	345.66	514.96	463.44
限额以下企业和个体户	**Enterprises below Designated Size and Individuals**	**2655.36**	**3045.90**	**3364.75**	**3591.56**	**3938.48**	**4423.55**

注：本表2000－2004年数据根据广东省第一次全国经济普查资料进行了调整。
Note: Data from 2000 to 2004 in this table have been adjusted in accordance with the figures from the First National Economic Census of Guangdong.

15-6 批发零售业商品零售额（2000－2005年）
Total Retail Sales of Commodities in Wholesale and Retail Trade（2000－2005）

单位：亿元 (100 million yuan)

项　目	Item	2000	2001	2002	2003	2004	2005
合　计	**Total**	**3625.37**	**3996.92**	**4443.64**	**5021.81**	**5734.94**	**6644.00**
按行业分	By sector						
批发业	Wholesale Trade	806.03	880.14	935.66	980.99	1039.84	1130.26
零售业	Retail Trade	2819.34	3116.78	3507.98	4040.82	4695.10	5513.74
按规模分	By Size of Enterprise						
限额以上企业类值合计	**Enterprises above Designated Size**	**885.95**	**995.50**	**1196.35**	**1475.42**	**1806.85**	**2158.56**
食品、饮料、烟酒类	Food, Beverage, Tobacco and Liquor	165.92	182.10	204.68	236.45	252.90	288.18
粮油类	Grain and Edible oil	10.15	11.51	12.84	17.98	22.77	26.45
肉禽蛋类	Meat, Poultry and Eggs	16.79	20.03	24.47	30.76	34.53	38.32
其它食品类	Other Food	82.19	89.50	100.55	115.79	118.37	130.75
饮料类	Beverage	10.39	11.89	14.38	16.84	19.80	26.62
烟酒类	Tobacco and Liquor	46.40	49.17	52.44	55.08	57.43	66.04
服装鞋帽、针纺织品类	Garments, Shoes, Hats, Knitwear and Textiles	93.50	106.58	115.93	130.44	147.32	166.01
服装类	Garments	66.81	77.19	84.41	95.78	106.80	116.48
鞋帽类	Shoes and Hats	14.13	16.20	18.28	20.96	24.93	31.56
针、纺织品类	Knitwear and Textiles	12.56	13.19	13.24	13.70	15.59	17.97
化妆品类	Cosmetics	14.67	17.19	19.83	22.85	25.72	29.49
金银珠宝类	Jewelry	13.73	14.99	15.54	17.36	19.37	21.81
日用品类	Daily Use Articles	58.72	61.38	65.67	72.06	76.91	85.36
# 洗涤用品类	Detergents	11.19	14.32	18.97	22.18	25.13	29.92
儿童玩具类	Toys for Children	3.28	3.78	4.26	4.62	5.15	5.76
五金、电料类	Hardware and Electrical Appliances	5.86	6.71	7.67	8.99	10.25	11.26
体育、娱乐用品类	Sports and Recreational Articles	7.11	8.06	9.45	10.42	11.45	12.64
书报杂志类	Newspapers and Magazines	14.30	15.69	16.68	17.13	18.39	19.97
电子出版物及音像制品类	E-journal and Video Products	4.25	4.42	4.51	4.29	4.39	5.42
家用电器和音像器材类	Household Appliances and Video Appliances	73.71	82.75	94.65	110.06	124.41	160.18
中西药品类	Traditional Chinese and Western Medicines	58.31	79.08	91.71	101.19	111.31	120.27
# 西药	Western Medicines	33.25	48.01	61.60	71.97	89.55	95.45
中草药及中成药	Chinese Herbal Medicines and Medicaments of Chinese Type	15.12	16.73	17.52	19.07	19.86	21.50
文化办公用品类	Articles for Cultural and Office Use	14.78	17.08	19.80	23.08	26.83	33.25
家具类	Furniture	8.57	9.84	10.42	11.63	12.79	15.74
通讯器材类	Communication Appliances	5.18	6.26	13.91	21.09	37.55	43.72
煤炭及制品类	Coal and Related Products	0.32	0.32	0.35	0.36	0.39	0.54
木材及制品类	Timber and Related Products	0.35	0.37	0.65	0.90	1.44	1.66
石油及制品类	Petroleum and Related Products	132.79	171.87	227.95	302.63	398.77	518.94
化工材料及制品类	Chemical Materials and Products	2.91	2.93	3.09	4.34	7.76	10.22
金属材料类	Metal Materials	2.27	2.78	2.90	3.94	6.21	6.70
建筑及装潢材料类	Construction and Decoration Materials	3.36	4.43	7.53	12.25	15.86	20.86
机电产品及设备类	Mechanical and Electrical Products and Equipment	17.48	19.69	22.40	25.92	28.21	36.08
汽车类	Motor vehicles	112.71	152.15	218.21	294.28	410.33	486.57
种子饲料类	Seed and Feedstuff						
棉麻类	Cotton and Hemp						
其它类	others	75.15	28.83	22.82	43.76	58.29	63.69
限额以下企业和个体户	**Enterprises below Designated Size and Individuals**	**2739.42**	**3001.42**	**3247.29**	**3546.39**	**3928.09**	**4485.44**

注：本表2000－2004年数据根据广东省第一次全国经济普查资料进行了调整。
Note: Data from 2000 to 2004 in this table have been adjusted in accordance with the figures from the First National Economic Census of Guangdong.

15-7 各市批发零售企业商品销售总额（2004－2005年）
Total Sales of Enterprises in Wholesale and Retail Trade by City（2004－2005）

单位：亿元　　　　(100 million yuan)

市别 City	2004			2005		
	销售总额 Total Sales	批发 Wholesale Trade	零售 Retail Trade	销售总额 Total Sales	批发 Wholesale Trade	零售 Retail Trade
广州 Guangzhou	6720. 30	5317. 20	1403. 10	7368. 95	5777. 07	1591. 88
深圳 Shenzhen	3472. 29	2379. 66	1092. 63	3876. 16	2617. 99	1258. 17
珠海 Zhuhai	585. 36	425. 61	159. 75	658. 17	472. 89	185. 28
汕头 Shantou	509. 35	242. 78	266. 57	554. 15	242. 89	311. 26
佛山 Foshan	1511. 28	1062. 05	449. 23	1877. 70	1358. 31	519. 39
韶关 Shaoguan	189. 37	82. 71	106. 66	226. 48	104. 55	121. 93
河源 Heyuan	86. 24	31. 53	54. 71	105. 08	41. 22	63. 86
梅州 Meizhou	185. 14	84. 29	100. 85	191. 52	74. 65	116. 87
惠州 Huizhou	340. 97	158. 97	182. 00	393. 94	177. 09	216. 85
汕尾 Shanwei	132. 72	39. 86	92. 86	160. 33	53. 26	107. 07
东莞 Dongguan	672. 14	306. 43	365. 71	824. 82	394. 44	430. 38
中山 Zhongshan	609. 53	405. 66	203. 87	694. 93	454. 49	240. 44
江门 Jiangmen	533. 14	305. 83	227. 31	586. 76	328. 85	257. 91
阳江 Yangjiang	226. 55	108. 58	117. 97	256. 26	119. 47	136. 79
湛江 Zhanjiang	400. 53	209. 72	190. 81	484. 82	260. 95	223. 87
茂名 Maoming	658. 27	447. 29	210. 98	784. 23	534. 58	249. 65
肇庆 Zhaoqing	190. 92	89. 32	101. 60	342. 90	222. 60	120. 30
清远 Qingyuan	148. 52	55. 52	93. 00	190. 64	79. 66	110. 98
潮州 Chaozhou	178. 34	100. 14	78. 20	168. 77	79. 76	89. 01
揭阳 Jieyang	250. 07	134. 65	115. 42	300. 74	170. 16	130. 58
云浮 Yunfu	107. 51	66. 90	40. 61	113. 09	65. 08	48. 01

15-8 限额以上批发企业商品购、销、存总额（2005 年）
Total Purchases, Sales and Inventory of Enterprises above Designated Size in Wholesale Trade (2005)

单位：万元 (10000 yuan)

项目	Item	企业单位数（个）Number of Enterprises (unit)	购进总额 Total Purchases	#进口 Imports	商品销售总额 Total Sales of Commodities
批发业合计	**Total Whole Trade**	**4006**	**95417809**	**10852914**	**98363467**
#国有及国有控股	State-owned and State-controlled Enterprises	790	37999446	4400856	42153780
按登记注册类型分	By Status of Registration				
内资企业	Domestic Funded Enterprises	3873	91043442	9564787	93596962
国有企业	State-owned Enterprises	480	19493762	2320647	20865222
集体企业	Collective-owned Enterprises	105	1071936	59513	1115169
股份合作企业	Share-holding Cooperative Enterprises	45	1397288	637345	1564689
联营企业	Joint-operation Enterprises	74	1698381	196950	1892478
国有联营企业	State-owned Joint-operation Enterprises	36	1265172	151863	1451985
集体联营企业	Collective Joint-operation Enterprises	8	62802	2085	60144
国有与集体联营企业	State-collective Joint-operation Enterprises	10	67322	381	71663
其他联营企业	Other Joint-operation Enterprises	20	303085	42621	308686
有限责任公司	Limited Liability Corporations	989	25020406	2407461	26873553
国有独资企业	State Sole Investment Enterprises	57	2346905	212890	2617331
其他有限责任公司	Other Limited Liability Companies	932	22673501	2194571	24256222
股份有限公司	Share-holding Corporations Ltd.	150	16929427	715557	14520362
私营企业	Private Enterprises	2022	25390573	3226724	26724403
私营独资企业	Private Sole Investment Enterprises	40	358817	60547	387811
私营合伙企业	Private Partnership Enterprises	26	123274	11046	130697
私营有限责任公司	Private Limited Liability Corporations	1889	24300532	3116362	25567518
私营股份有限公司	Private Share-holding Corporations Ltd.	67	607950	38769	638377
其他企业	Other Enterprises	8	41669	590	41086
港、澳、台商投资企业	Enterprises with Funds from Hong Kong, Macao and Taiwan	60	1530005	409858	1659475
合资经营企业	Joint Ventures	20	441166	40173	470937
合作经营企业	Cooperative Enterprises	8	132643		161781
独资经营企业	Sole Investment Enterprises	27	854106	369685	891463
投资股份有限公司	Share-holding Corporations Ltd.	5	102090		135294
外商投资企业	Foreign Investment Enterprises	73	2844362	878269	3107030
中外合资经营企业	Sino-foreign Joint Ventures	24	1555163	707930	1649355
中外合作经营企业	Sino-foreign Cooperative Enterprises	10	130819	1555	140514
外资企业	Foreign Funded Enterprises	37	1103058	168784	1261875
外商投资股份有限公司	Share-holding Corporations Ltd.	2	55322		55286
按国民经济行业分	By Economic Sector				
农畜产品批发业	Wholesale of Farm and Livestock Products	62	956187	325113	1014659
食品、饮料及烟草制品批发业	Wholesale of Food, Beverage and Tobacco Products	482	11406821	413815	12942757
#米、面制品及食用油批发业	Wholesale of Rice, Flour Products and Edible Vegetable Oil	78	1208491	294473	1182484
烟草制品批发业	Wholesale of Tobacco Products	110	5963355	13248	7024577
纺织、服装及日用品批发业	Wholesale of Textiles, Garments and Daily Use Products	388	6467351	440444	7109078
#服装批发业	Wholesale of Garments	113	1712665	77154	1937092
文化、体育用品及器材批发业	Wholesale of Cultural and Sports Goods and Appliances	167	1821737	170566	1945791
医药及医疗器材批发业	Wholesale of Medicines and Medical Appliances	320	4156655	282521	4428717
矿产品、建材及化工产品批发	Wholesale of Mineral Products, Building Materials and Chemical Products	1473	49491740	5874720	48439468
#煤炭及制品批发业	Wholesale of Coal and Related Products	47	3364734	42956	3526629
石油及制品批发业	Wholesale of Petroleum and Related Products	354	26469090	4197237	24606524
金属及金属矿批发业	Wholesale of Metal and Related Products	453	9140093	573900	9371110
建材批发业	Wholesale of Construction Materials	129	5204322	119763	5317100
化肥批发业	Wholesale of Chemical Fertilizers	29	293652	1311	299669
机械设备、五金交电及电子产品批发业	Wholesale of Machinery, Hardware, Transport, Electric and Electronic Products	820	15983556	2555901	16832297
#汽车、摩托车及零配件批发业	Wholesale of Spares and Fittings of Automobile and Motorcycle	106	2287880	940368	2404702
家用电器批发业	Wholesale of Household Appliances	109	2909615	173227	3143019
计算机、软件及辅助设备批发业	Wholesale of Computers, Software and Assistant Equipments	103	1914564	87003	1927094
贸易经纪与代理	Trade Brokerage and Agency	141	3075263	643043	3357269
其他批发业	Other Wholesale Trades	153	2058499	146791	2293431

15-8 续表 continued

单位：万元 (10000 yuan)

项目	Item	批发 Wholesale Trade	#出口 Exports	零售 Retail Trade	年末库存总额 Inventory at the Year-end
批发业合计	**Total Whole Trade**	**94219991**	**13474741**	**4143476**	**4972814**
# 国有及国有控股	State-owned and State-controlled Enterprises	40116986	6383951	2036794	1477149
按登记注册类型分	By Status of Registration				
内资企业	Domestic Funded Enterprises	89661740	12842453	3935222	4716590
国有企业	State-owned Enterprises	20527967	3888814	337255	821841
集体企业	Collective-owned Enterprises	1082688	159443	32481	111967
股份合作企业	Share-holding Cooperative Enterprises	1533513	176081	31176	28865
联营企业	Joint-operation Enterprises	1832437	217360	60041	92705
国有联营企业	State-owned Joint-operation Enterprises	1423669	94628	28316	43520
集体联营企业	Collective Joint-operation Enterprises	60082		62	9208
国有与集体联营企业	State-collective Joint-operation Enterprises	52802	20027	18861	4338
其他联营企业	Other Joint-operation Enterprises	295884	102705	12802	35639
有限责任公司	Limited Liability Corporations	26059793	5111160	813760	1335466
国有独资企业	State Sole Investment Enterprises	2607305	614453	10026	173680
其他有限责任公司	Other Limited Liability Companies	23452488	4496707	803734	1161786
股份有限公司	Share-holding Corporations Ltd.	12648232	895636	1872130	569682
私营企业	Private Enterprises	25937389	2393369	787014	1752865
私营独资企业	Private Sole Investment Enterprises	386248	66416	1563	16355
私营合伙企业	Private Partnership Enterprises	127332	4272	3365	9090
私营有限责任公司	Private Limited Liability Corporations	24791823	2235051	775695	1699199
私营股份有限公司	Private Share-holding Corporations Ltd.	631986	87630	6391	28221
其他企业	Other Enterprises	39721	590	1365	3199
港、澳、台商投资企业	Enterprises with Funds from Hong Kong, Macao and Taiwan	1577267	327619	82208	108443
合资经营企业	Joint Ventures	426883	3738	44054	39187
合作经营企业	Cooperative Enterprises	143526		18255	9556
独资经营企业	Sole Investment Enterprises	874077	323881	17386	44095
投资股份有限公司	Share-holding Corporations Ltd.	132781		2513	15605
外商投资企业	Foreign Investment Enterprises	2980984	304669	126046	147781
中外合资经营企业	Sino-foreign Joint Ventures	1548355	111143	101000	69523
中外合作经营企业	Sino-foreign Cooperative Enterprises	120297		20217	7866
外资企业	Foreign Funded Enterprises	1257046	193526	4829	70037
外商投资股份有限公司	Share-holding Corporations Ltd.	55286			355
按国民经济行业分	By Economic Sector				
农畜产品批发业	Wholesale of Farm and Livestock Products	1006399	162539	8260	105569
食品、饮料及烟草制品批发业	Wholesale of Food, Beverage and Tobacco Products	12800261	1453186	142496	570457
# 米、面制品及食用油批发业	Wholesale of Rice, Flour Products and Edible Vegetable Oil	1171345	56063	11139	213501
烟草制品批发业	Wholesale of Tobacco Products	7011552	38434	13025	182802
纺织、服装及日用品批发业	Wholesale of Textiles, Garments and Daily Use Products	7023060	4152036	86018	325201
# 服装批发业	Wholesale of Garments	1892019	921734	45073	105049
文化、体育用品及器材批发业	Wholesale of Cultural and Sports Goods and Appliances	1830987	429556	114804	197543
医药及医疗器材批发业	Wholesale of Medicines and Medical Appliances	3940349	120798	488368	394668
矿产品、建材及化工产品批发	Wholesale of Mineral Products, Building Materials and Chemical Products	45721037	1400880	2718431	2172587
# 煤炭及制品批发业	Wholesale of Coal and Related Products	3466165	132222	60464	111716
石油及制品批发业	Wholesale of Petroleum and Related Products	22182412	139463	2424112	789714
金属及金属矿批发业	Wholesale of Metal and Related Products	9256836	400742	114274	603275
建材批发业	Wholesale of Construction Materials	5301218	490266	15882	280376
化肥批发业	Wholesale of Chemical Fertilizers	298512	36967	1157	24681
机械设备、五金交电及电子产品批发业	Wholesale of Machinery, Hardware, Transport, Electric and Electronic Products	16277746	3026633	554551	1027425
# 汽车、摩托车及零配件批发业	Wholesale of Spares and Fittings of Automobile and Motorcycle	2140680	224621	264022	121593
家用电器批发业	Wholesale of Household Appliances	3104725	658016	38294	180374
计算机、软件及辅助设备批发业	Wholesale of Computers, Software and Assistant Equipments	1849579	7103	77515	125134
贸易经纪与代理	Trade Brokerage and Agency	3351792	2158858	5477	60865
其他批发业	Other Wholesale Trades	2268360	570255	25071	118499

15-9 限额以上零售企业商品购、销、存总额（2005 年）

Total Purchases, Sales and Inventory of Enterprises above Designated Size in Wholesale Trade (2005)

单位：万元 (10000 yuan)

项　目	Item	企业单位数（个）Number of Enterprises (unit)	购进总额 Total Purchases	#进口 Imports	商品销售总额 Total Sales of Commodities
零售企业合计	**Total Retail Trade**	**2261**	**17848333**	**527030**	**20969995**
#国有及国有控股	State-owned and State-controlled Enterprises	294	3283519	107689	4537812
按登记注册类型分	By Status of Registration				
内资企业	Domestic Funded Enterprises	2166	14791446	520346	17413633
国有企业	State-owned Enterprises	143	1705086	59459	1965045
集体企业	Collective-owned Enterprises	197	585627		652293
股份合作企业	Share-holding Cooperative Enterprises	31	107774		112146
联营企业	Joint-operation Enterprises	51	408428	1957	427557
国有联营企业	State-owned Joint-operation Enterprises	20	211275		223079
集体联营企业	Collective Joint-operation Enterprises	12	40780	1830	48468
国有与集体联营企业	State-collective Joint-operation Enterprises	7	28232		38532
其他联营企业	Other Joint-operation Enterprises	12	128141	127	117478
有限责任公司	Limited Liability Corporations	646	4707615	106814	5258320
国有独资企业	State Sole Investment Enterprises	12	213954	47228	242572
其他有限责任公司	Other Limited Liability Companies	634	4493661	59586	5015748
股份有限公司	Share-holding Corporations Ltd.	99	1235140	13493	2502422
私营企业	Private Enterprises	984	5988762	338623	6439203
私营独资企业	Private Sole Investment Enterprises	74	436750	826	407737
私营合伙企业	Private Partnership Enterprises	27	108831		112507
私营有限责任公司	Private Limited Liability Corporations	824	5244297	336613	5714238
私营股份有限公司	Private Share-holding Corporations Ltd.	59	198884	1184	204721
其他企业	Other Enterprises	15	53014		56647
港、澳、台商投资企业	Enterprises with Funds from Hong Kong, Macao and Taiwan	36	1421362	3221	1744869
合资经营企业	Joint Ventures	16	1211322	360	1523858
合作经营企业	Cooperative Enterprises	11	181806	2858	188224
独资经营企业	Sole Investment Enterprises	9	28234	3	32787
投资股份有限公司	Share-holding Corporations Ltd.	0			
外商投资企业	Foreign Investment Enterprises	59	1635525	3463	1811493
中外合资经营企业	Sino-foreign Joint Ventures	27	806421	3441	874291
中外合作经营企业	Sino-foreign Cooperative Enterprises	22	569075		633875
外资企业	Foreign Funded Enterprises	9	258606	22	301797
外商投资股份有限公司	Share-holding Corporations Ltd.	1	1423		1530
按国民经济行业分	By Economic Sector				
综合零售业	Comprehensive Retail Trade	421	5227000	72888	6165466
#百货零售业	Retail Trade of General Merchandise	200	2737963	59074	3276866
超级市场零售业	Retail Trade of Supermarkets	182	2381843	13814	2769796
食品、饮料及烟草制品专门零售业	Retail Trade of Food, Beverage and Tobacco Products	56	272322	47088	348218
纺织、服装及日用品专门零售业	Retail Trade of Textiles, Garments and Daily Use Products	92	497421	4949	585777
#服装零售业	Retail Trade of Garments	39	322500	1003	351859
文化、体育用品及器材专门零售业	Retail Trade of Cultural and Sports Goods and Appliances	107	378342	545	429617
#体育用品零售业	Retail Trade of Sports Goods and Appliances	4	12166		13858
图书零售业	Retail Trade of Books	56	208728	501	194473
医药及医疗器材专门零售业	Retail Trade of Medicines and Medical Appliances	145	772920	10074	891699
#药品零售业	Retail Trade of Medicines	112	670115	193	767493
汽车、摩托车、燃料及零配件专门零售业	Retail Trade of Motor Vehicles, Motorcycles and Parts	970	7843181	285651	9553348
#汽车零售业	Retail Trade of Motor Vehicles	514	5507907	251413	5894186
机动车燃料零售业	Retail Trade of Motor Vehicle Fuels	394	2155550	2058	3457508
家用电器及电子产品专门零售业	Retail Trade of Household Electric Appliances and Electronic Products	261	1916448	86910	1898526
#家用电器零售业	Retail Trade of Household Electric Appliances	111	1233059	2129	1186111
计算机、软件及辅助设备零售业	Retail Trade of Computers, Software and Assistant Equipments	84	256718	68909	273217
通讯设备零售业	Retail Trade of Communication Equipments	30	317141		316211
五金、家具及室内装修材料专门零售业	Retail Trade of Hardware, Furniture and Interior Decoration Materials	82	346630	6075	395076
无店铺及其他零售业	No Stores and Other Retail Trade	127	594069	12850	702268

15-9 续表 continued

单位：万元 (10000 yuan)

项 目	Item	批发 Wholesale Trade	#出口 Exports	零售 Retail Trade	年末库存总额 Inventory at the Year-endies
零售企业合计	**Total Retail Trade**	**2709594**	**25475**	**18260401**	**1736424**
# 国有及国有控股	State-owned and State-controlled Enterprises	1030336	18850	3507476	300012
按登记注册类型分	By Status of Registration				
内资企业	Domestic Funded Enterprises	2244577	25195	15169056	1504206
国有企业	State-owned Enterprises	597007	12968	1368038	172450
集体企业	Collective-owned Enterprises	120478	11	531815	39985
股份合作企业	Share-holding Cooperative Enterprises	11082		101064	8397
联营企业	Joint-operation Enterprises	45690		381867	21205
国有联营企业	State-owned Joint-operation Enterprises	23157		199922	10899
集体联营企业	Collective Joint-operation Enterprises	5449		43019	503
国有与集体联营企业	State-collective Joint-operation Enterprises	3050		35482	1515
其他联营企业	Other Joint-operation Enterprises	14034		103444	8288
有限责任公司	Limited Liability Corporations	503967	9699	4754353	503931
国有独资企业	State Sole Investment Enterprises	72799	5882	169773	42176
其他有限责任公司	Other Limited Liability Companies	431168	3817	4584580	461755
股份有限公司	Share-holding Corporations Ltd.	409482		2092940	78578
私营企业	Private Enterprises	555683	2517	5883520	668012
私营独资企业	Private Sole Investment Enterprises	2054		405683	72944
私营合伙企业	Private Partnership Enterprises	6605		105902	9590
私营有限责任公司	Private Limited Liability Corporations	526106	2517	5188132	568397
私营股份有限公司	Private Share-holding Corporations Ltd.	20918		183803	17081
其他企业	Other Enterprises	1188		55459	11648
港、澳、台商投资企业	Enterprises with Funds from Hong Kong, Macao and Taiwan	109777	280	1635092	117065
合资经营企业	Joint Ventures	56930		1466928	71623
合作经营企业	Cooperative Enterprises	50560		137664	41570
独资经营企业	Sole Investment Enterprises	2287	280	30500	3872
投资股份有限公司	Share-holding Corporations Ltd.				
外商投资企业	Foreign Investment Enterprises	355240		1456253	115153
中外合资经营企业	Sino-foreign Joint Ventures	213457		660834	48871
中外合作经营企业	Sino-foreign Cooperative Enterprises	141783		492092	37094
外资企业	Foreign Funded Enterprises			301797	29169
外商投资股份有限公司	Share-holding Corporations Ltd.			1530	19
按国民经济行业分	By Economic Sector				
综合零售业	Comprehensive Retail Trade	319113	11	5846353	509904
# 百货零售业	Retail Trade of General Merchandise	73119	11	3203747	224939
超级市场零售业	Retail Trade of Supermarkets	227109		2542687	270256
食品、饮料及烟草制品专门零售业	Retail Trade of Food, Beverage and Tobacco Products	62690	5882	285528	26217
纺织、服装及日用品专门零售业	Retail Trade of Textiles, Garments and Daily Use Products	175007	34	410770	86454
# 服装零售业	Retail Trade of Garments	149704		202155	47580
文化、体育用品及器材专门零售业	Retail Trade of Cultural and Sports Goods and Appliances	63988	3706	365629	107872
# 体育用品零售业	Retail Trade of Sports Goods and Appliances	4413		9445	667
图书零售业	Retail Trade of Books	43563		150910	73102
医药及医疗器材专门零售业	Retail Trade of Medicines and Medical Appliances	211652		680047	98544
# 药品零售业	Retail Trade of Medicines	175019		592474	84871
汽车、摩托车、燃料及零配件专门零售业	Retail Trade of Motor Vehicles, Motorcycles and Parts	1394298	14368	8159050	581760
# 汽车零售业	Retail Trade of Motor Vehicles	826166	10585	5068020	495177
机动车燃料零售业	Retail Trade of Motor Vehicle Fuels	561975	3783	2895533	61424
家用电器及电子产品专门零售业	Retail Trade of Household Electric Appliances and Electronic Products	177354		1721172	254889
# 家用电器零售业	Retail Trade of Household Electric Appliances	73622		1112489	188350
计算机、软件及辅助设备零售业	Retail Trade of Computers, Software and Assistant Equipments	36201		237016	20483
通讯设备零售业	Retail Trade of Communication Equipments	42037		274174	30580
五金、家具及室内装修材料专门零售业	Retail Trade of Hardware, Furniture and Interior Decoration Materials	40726		354350	37720
无店铺及其他零售业	No Stores and Other Retail Trade	264766	1474	437502	33064

15-10 各市限额以上批发零售企业商品购、销、存总额（2005年）
Total Purchases, Sales and Inventory of Enterprises above Designated Size in Wholesale and Retail Trade by City (2005)

单位：万元 (10000 yuan)

市别 City	商品购进总额 Total Purchases	#进口 Imports	商品销售总额 Total Sales	批发 Wholesale Trade	#出口 Exports	零售 Retail Trade	年末库存总额 Inventory at the Year-end
合计 Total	**113266142**	**11379944**	**119333462**	**96929585**	**13500216**	**22403877**	**6709238**
批发业 Wholesale Trade	**95417809**	**10852914**	**98363467**	**94219991**	**13474741**	**4143476**	**4972814**
广州 Guangzhou	43740707	4813843	42312245	41395581	4737266	916664	2472029
深圳 Shenzhen	16730301	3481804	17736275	16518829	2143163	1217446	851896
珠海 Zhuhai	2398951	882486	2581966	2442173	200540	139793	108927
汕头 Shantou	878558	76691	1052763	1017955	137302	34808	45275
佛山 Foshan	12040861	915156	12525234	12080180	2213565	445054	717331
韶关 Shaoguan	594171		671397	628268		43129	26787
河源 Heyuan	256219	1555	315582	270622		44960	7704
梅州 Meizhou	438721		562141	538810	33649	23331	16046
惠州 Huizhou	662212	52406	741041	728016	114289	13025	35535
汕尾 Shanwei	219786		213544	193164		20380	5377
东莞 Dongguan	3177975	233304	3540390	3379414	863918	160976	176110
中山 Zhongshan	3244547	169096	3609840	3561642	1774650	48198	137272
江门 Jiangmen	1360770	141964	1856227	1510432	516534	345795	60731
阳江 Yangjiang	265423	6519	403882	385092	156696	18790	10497
湛江 Zhanjiang	1183791	19236	1255835	1227859	158395	27976	48247
茂名 Maoming	5282266	1635	5401399	5201277	5793	200122	148626
肇庆 Zhaoqing	845716	34122	1105708	894160	290723	211548	12097
清远 Qingyuan	515829		619882	528551	60210	91331	13522
潮州 Chaozhou	505298	17959	580429	559879	66638	20550	44257
揭阳 Jieyang	608618	5138	761415	723687	1410	37728	32403
云浮 Yunfu	467089		516272	434400		81872	2145
零售业 Retail Trade	**17848333**	**527030**	**20969995**	**2709594**	**25475**	**18260401**	**1736424**
广州 Guangzhou	6827297	157784	7530912	1225621	10448	6305291	620819
深圳 Shenzhen	4733711	245596	5609440	403012	9577	5206428	431994
珠海 Zhuhai	518742	54583	579494	31661	182	547833	85582
汕头 Shantou	225581	3724	244945	17509		227436	13544
佛山 Foshan	1423589	27363	1598988	160507	280	1438481	153156
韶关 Shaoguan	48391		54396	7945		46451	9648
河源 Heyuan	83608		101272	9366		91906	6093
梅州 Meizhou	154029		192642	47485		145157	7090
惠州 Huizhou	356428		458988	27959		431029	46818
汕尾 Shanwei	15638		62146	12028		50118	4768
东莞 Dongguan	1626154	34687	2148637	502809	4988	1645828	146335
中山 Zhongshan	781634	2948	862847	72526		790321	87749
江门 Jiangmen	281082		402560	60629		341931	31398
阳江 Yangjiang	11491		13577	1604		11973	3442
湛江 Zhanjiang	140613		326259	58649		267610	24546
茂名 Maoming	280964		327785	33513		294272	23411
肇庆 Zhaoqing	147622	345	250910	21572		229338	22007
清远 Qingyuan	61976		63234	6666		56568	7426
潮州 Chaozhou	101608		106722	8362		98360	9142
揭阳 Jieyang	13004		16857	171		16686	278
云浮 Yunfu	15171		17384			17384	1178

15-11 星级住宿企业经营情况（2005 年）
Operation Conditions of Enterprises with Star Ratings in Accommodations (2005)

单位：万元 (10000 yuan)

指标项目	Item	企业数（个）Number of Enterprises (unit)	从业人数（人）Number of Employed Persons (person)	营业额 Business Revenue	#客房收入 Revenue from Accommodations	#餐费收入 Revenue from Restaurants	#商品销售收入 Revenue from Sales of Commodities
住宿业合计	**Total Accommodations**	**1055**	**205050**	**2018778**	**901943**	**813627**	**33533**
# 国有及国有控股	State-owned and State-controlled Enterprises	233	41216	506061	245897	160609	11353
按登记注册类型分	By Status of Registration						
内资企业	Domestic Funded Enterprises	876	147004	1299085	563828	532456	22704
国有企业	State-owned Enterprises	210	30091	242533	128302	71977	8017
集体企业	Collective-owned Enterprises	101	14231	96602	33561	46280	1506
股份合作企业	Share-holding Cooperative Enterprises	18	1945	14702	6489	7379	381
联营企业	Joint-operation Enterprises	24	4492	35476	15824	11637	922
国有联营企业	State-owned Joint-operation Enterprises	10	2429	21856	9991	5969	111
集体联营企业	Collective Joint-operation Enterprises	5	488	2695	571	1562	217
国有与集体联营企业	State-collective Joint-operation Enterprises	6	1017	9157	4437	3164	593
其他联营企业	Other Joint-operation Enterprises	3	558	1768	825	942	1
有限责任公司	Limited Liability Corporations	200	39954	392596	177953	149186	2277
国有独资企业	State Sole Investment Enterprises	23	3743	72418	32924	23958	154
其他有限责任公司	Other Limited Liability Companies	177	36211	320178	145029	125228	2123
股份有限公司	Share-holding Corporations Ltd.	22	4169	66962	29162	21217	434
私营企业	Private Enterprises	289	50168	433159	165864	216366	9136
私营独资企业	Private Sole Investment Enterprises	103	13693	124353	46038	64236	1298
私营合伙企业	Private Partnership Enterprises	22	1866	12294	4159	5560	432
私营有限责任公司	Private Limited Liability Corporations	151	31513	283789	112385	139038	6934
私营股份有限公司	Private Share-holding Corporations Ltd.	13	3096	12723	3282	7532	472
其他企业	Other Enterprises	12	1954	17055	6673	8414	31
港、澳、台商投资企业	Enterprises with Funds from Hong Kong, Macao and Taiwan	114	38617	536263	252237	207088	6944
合资经营企业	Joint Ventures	45	14523	173909	92435	60579	530
合作经营企业	Cooperative Enterprises	44	17117	277639	121575	113728	5949
独资经营企业	Sole Investment Enterprises	23	6445	74981	32490	31451	401
投资股份有限公司	Share-holding Corporations Ltd.	2	532	9734	5737	1330	64
外商投资企业	Foreign Investment Enterprises	65	19429	183430	85878	74083	3885
中外合资经营企业	Sino-foreign Joint Ventures	22	5377	58362	25408	25471	157
中外合作经营企业	Sino-foreign Cooperative Enterprises	35	10506	102539	48065	39694	3466
外资企业	Foreign Funded Enterprises	8	3546	22529	12405	8918	262
外商投资股份有限公司	Share-holding Corporations Ltd.						
按国民经济行业分	By Economic Sector						
旅游饭店	Tourist Hotels	918	191665	1874723	833997	761475	32559
一般旅馆	Ordinary Hotels	117	10445	129967	63152	46137	946
其它住宿服务	Others	20	2940	14088	4794	6015	28

15-12 限额以上餐饮企业经营情况（2005年）
Operation Conditions of Enterprises above Designated Size in Catering Services (2005)

单位：万元 (10000 yuan)

指标项目	Item	企业数（个）Number of Enterprises (unit)	从业人数（人）Number of Employed Persons (person)	营业额 Business Revenue	#客房收入 Revenue from Accommodations	餐费收入 Revenue from Restaurants	商品销售收入 Revenue from Sales of Commodities
餐饮业合计	**Total Catering Services**	**1605**	**191017**	**2196711**	**106428**	**1985339**	**41934**
#国有及国有控股	State-owned and State-controlled Enterprises	77	12915	149392	17672	102337	24377
按登记注册类型分	By Status of Registration						
内资企业	Domestic Funded Enterprises	1344	159162	1527226	85863	1360083	38970
国有企业	State-owned Enterprises	61	9437	98657	16039	56593	21361
集体企业	Collective-owned Enterprises	97	10160	78680	5717	68190	867
股份合作企业	Share-holding Cooperative Enterprises	53	4289	46160	936	44810	224
联营企业	Joint-operation Enterprises	13	1478	10313	950	9345	14
国有联营企业	State-owned Joint-operation Enterprises	2	232	1236	646	575	14
集体联营企业	Collective Joint-operation Enterprises	1	20	250		250	
国有与集体联营企业	State-collective Joint-operation Enterprises						
其他联营企业	Other Joint-operation Enterprises	10	1226	8827	304	8520	
有限责任公司	Limited Liability Corporations	162	24333	250879	23775	213309	4833
国有独资企业	State Sole Investment Enterprises	3	375	2770	780	1946	38
其他有限责任公司	Other Limited Liability Companies	159	23958	248109	22995	211363	4795
股份有限公司	Share-holding Corporations Ltd.	14	1806	17535	1169	14509	867
私营企业	Private Enterprises	904	104392	990043	36337	919543	10765
私营独资企业	Private Sole Investment Enterprises	286	28636	234737	7992	222094	1944
私营合伙企业	Private Partnership Enterprises	103	10591	106009	4447	97025	1025
私营有限责任公司	Private Limited Liability Corporations	453	58635	598653	20766	553923	7353
私营股份有限公司	Private Share-holding Corporations Ltd.	62	6530	50644	3132	46501	443
其他企业	Other Enterprises	40	3267	34959	940	33784	39
港、澳、台商投资企业	Enterprises with Funds from Hong Kong, Macao and Taiwan	115	18097	258240	8282	238830	1550
合资经营企业	Joint Ventures	33	5966	68133	4877	53639	1342
合作经营企业	Cooperative Enterprises	24	5614	72826	1937	70205	103
独资经营企业	Sole Investment Enterprises	58	6517	117281	1468	114986	105
投资股份有限公司	Share-holding Corporations Ltd.						
外商投资企业	Foreign Investment Enterprises	146	13758	411245	12283	386426	1414
中外合资经营企业	Sino-foreign Joint Ventures	36	4646	149954	5684	138193	1301
中外合作经营企业	Sino-foreign Cooperative Enterprises	55	4828	148984	6076	136678	113
外资企业	Foreign Funded Enterprises	52	4192	110623	162	110338	
外商投资股份有限公司	Share-holding Corporations Ltd.	3	92	1684	361	1217	
按国民经济行业分	By Economic Sector						
正餐服务业	Dinner Service	1439	176989	1762124	104316	1559259	36546
快餐服务业	Fast Food Service	111	8805	383784		383355	409
饮料及冷饮服务业	Beverage and Cold Drink Service	18	1372	12827		11938	889
其他餐饮服务业	Other Services	37	3851	37976	2112	30787	4090

15-13 各市限额（星级）以上住宿餐饮业经营情况（2005 年）
Operation Conditions of Accommodations and Catering Services above Designated Size (with Star Ratings) by City (2005)

单位：万元 (10000 yuan)

市别 Item	企业数（个） Number of Enterprises (unit)	从业人数（人） Number of Employed Persons (person)	营业额 Business Revenue	#客房收入 Revenue from Accommodations	#餐费收入 Revenue from Restaurants	#商品销售收入 Revenue from Sales of Commodities	#其它收入 Others
合计 Total	**2660**	**396067**	**4215489**	**1008371**	**2798966**	**75467**	**332685**
住宿业 Accommodations	**1055**	**205050**	**2018778**	**901943**	**813627**	**33533**	**269675**
广州 Guangzhou	213	42161	627101	308575	207813	6793	103920
深圳 Shenzhen	191	42712	451951	230063	165602	1636	54650
珠海 Zhuhai	76	11391	104565	62315	27797	1602	12851
汕头 Shantou	36	6389	43815	22161	16134	2353	3167
佛山 Foshan	89	17072	145472	57157	66404	3347	18564
韶关 Shaoguan	25	3643	21929	7307	10239	1057	3326
河源 Heyuan	25	3247	15281	5788	7904	721	868
梅州 Meizhou	26	2987	17123	8438	7834	341	510
惠州 Huizhou	38	6191	41945	16259	21211	1628	2847
汕尾 Shanwei	11	1371	6509	2594	3393	148	374
东莞 Dongguan	93	27091	244986	79791	126506	4142	34547
中山 Zhongshan	43	9815	83118	28862	40772	695	12789
江门 Jiangmen	35	6744	58617	13369	35903	1374	7971
阳江 Yangjiang	11	427	8546	4910	3322	45	269
湛江 Zhanjiang	25	6750	42918	14308	23932	1141	3537
茂名 Maoming	23	3280	17338	5455	7643	3104	1136
肇庆 Zhaoqing	37	5369	35801	13142	16454	1983	4222
清远 Qingyuan	30	4378	28152	10686	14278	646	2542
潮州 Chaozhou	13	1775	11214	3990	6117	476	631
揭阳 Jieyang	8	1782	9681	5471	3227	185	798
云浮 Yunfu	7	475	2716	1302	1142	116	156
餐饮业 Catering Services	**1605**	**191017**	**2196711**	**106428**	**1985339**	**41934**	**63010**
广州 Guangzhou	579	64099	787372	28321	712241	27381	19429
深圳 Shenzhen	255	36894	512123	11334	490870	2170	7749
珠海 Zhuhai	71	6888	81496	553	80845	61	37
汕头 Shantou	30	1773	44058	0	43998	60	0
佛山 Foshan	173	17727	196502	5255	185002	1522	4723
韶关 Shaoguan	17	2023	11740	3032	7795	117	796
河源 Heyuan	14	1336	8620	1756	6325	374	165
梅州 Meizhou	11	1073	8023	864	6280	614	265
惠州 Huizhou	45	4297	36409	3576	29884	296	2653
汕尾 Shanwei	4	395	3032	885	2107	14	26
东莞 Dongguan	101	20249	199676	26385	150486	4492	18313
中山 Zhongshan	60	5740	70663	1375	68285	214	789
江门 Jiangmen	74	5655	62007	2633	58414	219	741
阳江 Yangjiang	22	4609	31149	4857	24148	22	2122
湛江 Zhanjiang	30	5024	45900	3189	42309	315	87
茂名 Maoming	36	4439	26371	2990	21873	1266	242
肇庆 Zhaoqing	30	3035	23182	2123	19504	1254	301
清远 Qingyuan	20	3164	25407	4196	16767	301	4143
潮州 Chaozhou	11	704	6157	336	5488	266	67
揭阳 Jieyang	7	402	5574	1052	4504	18	
云浮 Yunfu	15	1491	11250	1716	8214	958	362

15-14 限额以上连锁零售业、餐饮业经营情况（2005 年）
Operation Conditions of Chain Stores above Designated Size in Retail Trade and Catering Services (2005)

单位：万元 (10000 yuan)

项　目	Item	连锁总店数（个）Number of General Chain Stores (unit)	销售总额（营业总收入）Total Sales (Total Business Revenue)	#零售额 Retail Sales	营业面积（平方米）Operational Area (sq. m)
总　计	**Total**	**182**	**16358829**	**13660954**	**16405777**
零售业合计	**Retail Trade**	**142**	**15821888**	**13126755**	**15972308**
按注册登记类型分	By Status of Registration				
内资企业	Domestic Funded Enterprises	114	11523024	9229694	13004583
国有企业	State-owned Enterprises	10	991043	896218	721534
集体企业	Collective-owned Enterprises	2	5651	5651	3977
股份合作企业	Share-holding Cooperative Enterprises				
联营企业	Joint-operation Enterprises	2	42202	36669	40000
有限责任公司	Limited Liability Corporations	32	2354860	2240895	1952375
股份有限公司	Share-holding Corporations Ltd.	13	7088913	5161027	9462111
私营企业	Private Enterprises	55	1040355	889234	824586
其他企业	Other Enterprises				
港、澳、台商投资企业	Enterprises with Funds from Hong Kong, Macao and Taiwan	11	2374672	2212958	1672037
合资经营企业（港或澳、台资）	Joint Ventures	8	2205298	2205298	1662909
合作经营企业（港或澳、台资）	Cooperative Enterprises	2	167715	6627	8699
港、澳、台商投资股份有限公司	Share-holding Corporations Ltd.	1	1659	1033	429
外商投资企业	Foreign Investment Enterprises	17	1924192	1684103	1295688
中外合资经营企业	Sino-foreign Joint Ventures	11	851704	753917	512140
中外合作经营企业	Sino-foreign Cooperative Enterprises	5	989041	846739	733450
外资企业	Foreign Funded Enterprises	1	83447	83447	50098
按零售业态分	By Operation Form				
百货店	Department Stores	16	2441297	2413845	1888086
超级市场	Supermarkets	33	3702464	3567289	3074708
专业店	Professional Stores	61	8901769	6750071	10644751
专卖店	Regie Stores	26	559866	356196	284870
其他	Others	6	216492	39354	79893
餐饮业合计	**Catering Services**	**40**	**536941**	**534199**	**433469**
按注册登记类型分	By Status of Registration				
内资企业	Domestic Funded Enterprises	29	154010	153195	243185
国有企业	State-owned Enterprises	1	25944	25944	20612
集体企业	Collective-owned Enterprises				
股份合作企业	Share-holding Cooperative Enterprises	2	2056	2056	3981
有限责任公司	Limited Liability Corporations	3	31160	31160	28485
私营企业	Private Enterprises	23	94850	94035	190107
港、澳、台商投资企业	Enterprises with Funds from Hong Kong, Macao and Taiwan	6	76624	74906	38422
合资经营企业（港或澳、台资）	Joint Ventures	1	3030	3030	2178
合作经营企业（港或澳、台资）	Cooperative Enterprises	3	19331	17613	13226
港、澳、台商独资经营企业	Sole Investment Enterprises	2	54263	54263	23018
港、澳、台商投资股份有限公司	Share-holding Corporations Ltd.				
外商投资企业	Foreign Investment Enterprises	5	306307	306098	151862
中外合资经营企业	Sino-foreign Joint Ventures	3	170948	170948	83390
中外合作经营企业	Sino-foreign Cooperative Enterprises	1	115584	115584	56350
外资企业	Foreign Funded Enterprises	1	19775	19566	12122
按行业分	By Sector				
正餐	Dinner	28	255324	252791	278120
快餐	Snack	10	276489	276489	145809
茶馆	Teahouse	1	853	853	7150
其他	Others	1	4275	4066	2390

15-14 续表 continued

单位：万元 (10000 yuan)

项　目	Item	从业人数（人）Number of Employed Persons (person)	连锁门店数（个）Number of Branch Chain Stores (unit)	直销店（个）Under Direct Management (unit)	加盟店（个）Through License Arrangement (unit)
总　计	**Total**	**290901**	**11076**	**7434**	**3642**
零售业合计	**Retail Trade**	**214323**	**10170**	**6581**	**3589**
按注册登记类型分	By Status of Registration				
内资企业	Domestic Funded Enterprises	139440	8036	5372	2664
国有企业	State-owned Enterprises	5545	469	277	192
集体企业	Collective-owned Enterprises	183	12	11	1
股份合作企业	Share-holding Cooperative Enterprises				
联营企业	Joint-operation Enterprises	1480	124	124	
有限责任公司	Limited Liability Corporations	79498	4091	1837	2254
股份有限公司	Share-holding Corporations Ltd.	27226	2246	2224	22
私营企业	Private Enterprises	25508	1094	899	195
其他企业	Other Enterprises				
港、澳、台商投资企业	Enterprises with Funds from Hong Kong, Macao and Taiwan	35863	957	882	75
合资经营企业（港或澳、台资）	Joint Ventures	34935	927	852	75
合作经营企业（港或澳、台资）	Cooperative Enterprises	833	25	25	
港、澳、台商投资股份有限公司	Share-holding Corporations Ltd.	95	5	5	
外商投资企业	Foreign Investment Enterprises	39020	1177	327	850
中外合资经营企业	Sino-foreign Joint Ventures	11261	141	98	43
中外合作经营企业	Sino-foreign Cooperative Enterprises	26819	1032	225	807
外资企业	Foreign Funded Enterprises	940	4	4	
按零售业态分	By Operation Form				
百货店	Department Stores	43443	240	225	15
超级市场	Supermarkets	78038	1108	992	116
专业店	Professional Stores	73931	5908	4319	1589
专卖店	Regie Stores	16986	2616	753	1863
其他	Others	1925	298	292	6
餐饮业合计	**Catering Services**	**76578**	**906**	**853**	**53**
按注册登记类型分	By Status of Registration				
内资企业	Domestic Funded Enterprises	16719	429	386	43
国有企业	State-owned Enterprises	2109	15	13	2
集体企业	Collective-owned Enterprises				
股份合作企业	Share-holding Cooperative Enterprises	202	5	3	2
有限责任公司	Limited Liability Corporations	2838	64	64	
私营企业	Private Enterprises	11570	345	306	39
港、澳、台商投资企业	Enterprises with Funds from Hong Kong, Macao and Taiwan	35291	83	83	
合资经营企业（港或澳、台资）	Joint Ventures	228	5	5	
合作经营企业（港或澳、台资）	Cooperative Enterprises	1401	9	9	
港、澳、台商独资经营企业	Sole Investment Enterprises	33662	69	69	
港、澳、台商投资股份有限公司	Share-holding Corporations Ltd.				
外商投资企业	Foreign Investment Enterprises	24568	394	384	10
中外合资经营企业	Sino-foreign Joint Ventures	11671	198	198	
中外合作经营企业	Sino-foreign Cooperative Enterprises	11492	161	151	10
外资企业	Foreign Funded Enterprises	1405	35	35	
按行业分	By Sector				
正餐	Dinner	25927	327	274	53
快餐	Snack	49949	376	376	
茶馆	Teahouse	492	188	188	
其他	Others	210	15	15	

15-15 亿元以上商品交易市场成交额
Turnover of Commodity Transaction Markets above 100 Million Yuan

单位：亿元 (100 million yuan)

项目	Item	2002	2003	2004	2005
合计	**Total**	**1213.18**	**1497.81**	**1589.88**	**1948.95**
食品、饮料、烟酒类	Food, Beverage, Tobacco and Liquor	509.50	634.85	688.48	853.12
#粮油类	Grain and Edible oil	271.62	296.75	358.84	136.45
服装鞋帽、针、纺织品类	Garments, Shoes, Hats, Knitwear and Textiles	357.85	355.44	333.73	457.60
化妆品类	Cosmetics	6.47	11.86	8.44	8.18
金银珠宝类	Jewelry				1.14
日用品类	Daily Use Articles	38.52	38.32	37.95	42.93
五金、电料类	Hardware and Electrical Appliances	4.52	13.15	17.56	19.07
体育、娱乐用品类	Sports and Recreational Articles	1.85	2.91	3.30	5.09
书报杂志类	Newspapers and Magazines	0.50	0.50	0.43	2.37
电子出版物及音像制品类	E-journals and Video Products	1.60	8.29	5.22	2.22
家用电器和音像器材类	Household Electric Appliances and Video Appliances	9.32	19.13	18.01	15.20
中西药品类	Traditional Chinese and Western Medicines	10.94	13.40	13.51	13.24
#中草药及中成药类	Chinese Herbal Medicines and Medicaments of Chinese Type	10.10	12.40	12.70	12.52
文化办公用品类	Articles for Cultural and Office Use	30.52	30.35	40.94	62.63
家具类	Furniture	0.65	1.38	1.48	3.03
通讯器材类	Communication Appliances			0.07	2.24
煤炭及制品类	Coal and Related Products	0.06	1.19		
木材及制品类	Timber and Related Products	0.17	4.97	5.97	34.84
化工材料及制品类	Chemical Materials and Products	4.01	6.79	4.75	5.11
金属材料类	Metal Materials	33.28	64.54	90.50	82.11
建筑及装潢材料类	Construction and Decoration Materials	19.26	39.22	29.14	43.93
机电产品及设备类	Mechanical and Electrical Products and Equipment	11.33	10.99	28.29	17.68
#农机类	Agricultural Machinery	1.12	1.39	1.09	
汽车类	Motor vehicles	92.68	124.72	126.36	175.68
其他类	others	80.15	115.81	135.75	101.54

15-16 限额（星级）以上批发零售、住宿餐饮业财务状况（2005年）
Financial Indicators of Enterprises above Designated Size in Wholesale, Retail Trade, Accommodations and Catering Services (2005)

单位：万元 (10000 yuan)

项　　目	Item	批发零售业 Wholesale and Retail Trade Total	住宿餐饮业 Accommodations and Catering Services Total
企业数 （个）	Number of Enterprises (Unit)	6069	2532
年初存货	Inventory at the Year-beginning	6142475	153710
流动资产合计	Circulating Assets	30572949	2346687
# 存货	Inventory	6616139	156330
固定资产原价	Original Value of Fixed Assets	7568394	6096647
累计折旧	Accumulated Depreciation	2151290	2300110
# 本年折旧	Depreciation Drawn in Current Year	403835	268809
资产合计	Total Assets	42690781	7564760
负债合计	Total Liabilities	30464521	5053468
所有者权益合计	Total Creditors' Equity	12226260	2511292
实收资本	Total Capital Hold	9021171	2886811
国家资本	Capital Held by State	2319061	794793
集体资本	Capital Held by Collective	193327	139898
法人资本	Capital Held by Legal Persons	3773088	619630
个人资本	Capital Held by Individuals	2114316	344993
港澳台资本	Capital Held by Hong Kong, Macao and Taiwan Investors	276797	692068
外商资本	Capital Held by Foreign Investors	344582	295429
营业收入合计	Total Business Revenue	107848389	4245710
# 主营业务收入	Main Business Revenue	107401682	4216764
主营业务成本	Main Business Costs	100084577	1569629
主营业务税金及附加	Tax and Extra Charges on Main Business	136655	245655
主营业务利润	Main Business Profits	6140726	2202425
其它业务利润	Profits from Other Businesses	727469	20302
营业费用	Operational Expenses	3637094	1518576
管理费用	Management Expenses	2226951	777831
# 税　金	Taxes	67129	26869
旅差费	Traveling Expenses	84962	9847
工会经费	Trade Union Dues	13714	3718
财务费用	Financial Expenses	325405	102610
# 利息支出	Interests	271006	58600
营业利润	Business Profits	1743521	41209
利润总额	Total Profits	1896674	24463
应交所得税	Income Taxes Payable	487646	50140
劳动及失业保险费	Labor and Unemployment Insurance Premium	122961	50060
住房公积金和住房补贴	Public Reserve Funds for Housing and Housing Subsidies	60159	11546
本年应付工资总额	Total Wages Payable in Current Year	1240585	624510
本年应付福利费总额	Welfare Expenses Payable in Current Year	142276	68153
本年应交增值税	Value-added Tax Payable in Current Year	1122117	
从业人员数 （人）	Number of Employed Persons (person)	497765	430853

15-17 限额以上批发企业财务状况（2005年）

单位：万元

项目	Item	企业数（个）Number of Enterprises (unit)	流动资产合计 Circulating Assets	固定资产原价 Original Value of Fixed Assets	累计折旧 Accumulated Depreciation
批发业合计	**Total Wholesale Trade**	**3928**	**24343529**	**5127557**	**1435190**
# 国有及国有控股	State-owned and State-controlled Enterprises	774	9543898	3579995	957749
按登记注册类型分	By Status of Registration				
内资企业	Domestic Funded Enterprises	3819	23127888	4894247	1332797
国有企业	State-owned Enterprises	467	5099105	1239469	389657
集体企业	Collective-owned Enterprises	103	541865	146276	34766
股份合作企业	Share-holding Cooperative Enterprises	42	247728	61756	24837
联营企业	Joint-operation Enterprises	73	542301	60470	24041
国有联营企业	State-owned Joint-operation Enterprises	35	331297	43101	18488
集体联营企业	Collective Joint-operation Enterprises	8	14673	1671	660
国有与集体联营企业	State-collective Joint-operation Enterprises	10	18594	3158	1039
其他联营企业	Other Joint-operation Enterprises	20	177737	12540	3854
有限责任公司	Limited Liability Corporations	975	6875327	931248	262360
国有独资企业	State Sole Investment Enterprises	55	946036	241376	72479
其他有限责任公司	Other Limited Liability Companies	920	5929291	689872	189881
股份有限公司	Share-holding Corporations Ltd.	134	2335241	1980016	468724
私营企业	Private Enterprises	2018	7470914	473090	128279
私营独资企业	Private Sole Investment Enterprises	39	120825	4835	2430
私营合伙企业	Private Partnership Enterprises	26	40651	1295	580
私营有限责任公司	Private Limited Liability Corporations	1886	7164014	451096	119088
私营股份有限公司	Private Share-holding Corporations Ltd.	67	145424	15864	6181
其他企业	Other Enterprises	7	15407	1922	133
港、澳、台商投资企业	Enterprises with Funds from Hong Kong, Macao and Taiwan	57	535601	59353	34489
合资经营企业	Joint Ventures	18	121411	23427	16071
合作经营企业	Cooperative Enterprises	8	60415	6213	4067
独资经营企业	Sole Investment Enterprises	27	215727	7047	3667
投资股份有限公司	Share-holding Corporations Ltd.	4	138048	22666	10684
外商投资企业	Foreign Investment Enterprises	52	680040	173957	67904
中外合资经营企业	Sino-foreign Joint Ventures	15	423034	134919	47711
中外合作经营企业	Sino-foreign Cooperative Enterprises	9	61003	25908	16425
外资企业	Foreign Funded Enterprises	27	193456	13106	3753
外商投资股份有限公司	Share-holding Corporations Ltd.	1	2547	24	15
按国民经济行业分	By Economic Sector				
农畜产品批发业	Wholesale of Farm and Livestock Products	59	489463	104259	27742
食品、饮料及烟草制品批发业	Wholesale of Food, Beverage and Tobacco Products	468	2951427	828096	268414
#米、面制品及食用油批发业	Wholesale of Rice, Flour Products and Edible Vegetable Oil	75	660666	160359	48214
烟草制品批发业	Wholesale of Tobacco Products	108	1144651	224283	63987
纺织、服装及日用品批发业	Wholesale of Textiles, Garments and Daily Use Products	384	2116764	362570	112504
# 服装批发业	Wholesale of Garments	112	651111	99553	26268
文化、体育用品及器材批发业	Wholesale of Cultural and Sports Goods and Appliances	163	663212	109499	39802
医药及医疗器材批发业	Wholesale of Medicines and Medical Appliances	318	1567989	140324	51173
矿产品、建材及化工产品批发	Wholesale of Mineral Products, Building Materials and Chemical Products	1440	10247167	2925336	725217
# 煤炭及制品批发业	Wholesale of Coal and Related Products	47	558930	119846	22817
石油及制品批发业	Wholesale of Petroleum and Related Products	340	3750316	1901919	404601
金属及金属矿批发业	Wholesale of Metal and Related Products	444	3133000	561354	212203
建材批发业	Wholesale of Construction Materials	125	1421017	155845	37007
化肥批发业	Wholesale of Chemical Fertilizers	28	154534	41958	10254
机械设备、五金交电及电子产品批发业	Wholesale of Machinery, Hardware, Transport, Electric and Electronic Products	806	4766816	447114	149037
# 汽车、摩托车及零配件批发业	Wholesale of Spares and Fittings of Automobile and Motorcycle	104	570111	50881	19316
家用电器批发业	Wholesale of Household Appliances	102	737120	55019	20740
计算机、软件及辅助设备批发业	Wholesale of Computers, Software and Assistant Equipments	103	614001	30816	8623
贸易经纪与代理	Trade Brokerage and Agency	141	833849	114350	32038
其他批发业	Other Wholesale Trades	149	706842	96009	29263

Financial Indicators of Enterprises above Designated Size in Wholesale Trade (2005)

(10000 yuan)

#本年折旧 Depreciation Drawn in Current Year	资产合计 Total Assets	负债合计 Total Liabilities	所有者权益合计 Total Creditors' Equity	实收资本 Total Capital Hold	营业收入合计 Total Business Revenue	主营业务收入 Main Business Revenue	主营业务成本 Main Business Costs	主营业务税金及附加 Tax and Extra Charges on Main Business
247649	**33523158**	**23515128**	**10008030**	**5656199**	**89274768**	**88954335**	**83621290**	**92820**
141469	14333257	9122672	5210585	2089705	38718174	38592068	36173946	37653
222491	31857706	22422110	9435596	5263613	85586466	85279749	80267671	90298
47529	6832357	4732080	2100277	788234	19210929	19125190	18042676	18421
2845	773460	583361	190099	76072	1063850	1062558	995409	2486
8538	355236	245337	109899	39395	1403229	1403074	1344022	1226
3005	662259	463519	198740	83209	1771854	1767384	1586857	2234
1829	404191	259600	144591	52502	1309525	1305476	1169667	2009
66	15928	13945	1983	3131	80842	80841	77882	28
146	23318	16250	7068	5150	66993	66993	63213	97
964	218822	173724	45098	22426	314494	314074	276095	100
48455	8866870	6548768	2318102	1316015	24761253	24632223	23181683	21715
9051	1498421	756467	741954	250298	2401661	2377895	2201456	2151
39404	7368449	5792301	1576148	1065717	22359592	22254328	20980227	19564
73462	5685935	2899172	2786763	1688797	12793167	12743427	12012174	13856
38652	8663774	6932450	1731324	1271667	24531073	24494782	23063667	21582
611	130051	113217	16834	19683	346407	345401	320020	582
190	41824	36221	5603	5148	117840	117813	110366	218
34390	8315385	6663263	1652122	1207913	23452825	23418196	22052432	19620
3461	176514	119749	56765	38923	614001	613372	580849	1162
5	17815	17423	392	224	51111	51111	41183	8778
6625	678068	448874	229194	112180	1511982	1510886	1361065	772
4506	147359	104241	43118	29129	431083	430495	402731	170
340	63850	40266	23584	9568	132299	131863	109906	80
738	220722	175929	44793	26204	828900	828828	785551	522
1041	246137	128438	117699	47279	119700	119700	62877	
18533	987384	644144	343240	280406	2176320	2163700	1992554	1750
7939	682698	418210	264488	173865	1404278	1399564	1294182	203
9252	74663	74467	196	46673	127801	124961	117304	200
1338	227468	149486	77982	59378	638422	633356	575609	1340
4	2555	1981	574	490	5819	5819	5459	7
3719	788193	601564	186629	86680	1003789	941251	900643	1063
49310	4216265	2228361	1987904	541554	11543423	11474780	10112419	32073
5617	901017	664430	236587	140033	1112061	1109604	1072916	986
15036	1644131	296371	1347760	94380	6177897	6172226	5202132	15295
18201	2830359	1982613	847746	400356	6829918	6801851	6347576	4797
7354	765760	564204	201556	78156	1912408	1891368	1736478	2027
12263	812671	625392	187279	131865	1700092	1693599	1511844	2040
9654	1897700	1524072	373628	262769	4031764	4020406	3626567	5232
115139	15368549	10450426	4918123	3248454	43296217	43200299	41264250	32864
2920	749420	562328	187092	128800	3244871	3243618	3023950	3262
67654	7523506	4220507	3302999	2127327	21795856	21730218	20850470	13105
28726	3711224	2996640	714584	458769	8417135	8396121	7990654	7628
8279	1702244	1389161	313083	261437	4735001	4728130	4548307	2536
392	204562	140245	64317	23112	338000	337939	326346	412
30131	5623076	4372054	1251022	774164	15363822	15324175	14534191	10879
9570	712775	527983	184792	103234	2141589	2141353	2049708	1095
3711	838613	696846	141767	67199	2574576	2558348	2420037	1949
2035	675075	544336	130739	131095	1709215	1704252	1652045	969
4859	1088590	956423	132167	99813	3356144	3351225	3256516	1216
4373	897755	774223	123532	110544	2149599	2146749	2067284	2656

15-17 续表

单位：万元

项 目	Item	主营业务利润 Main Business Profits	其它业务利润 Profits from Other Businesses	营业费用 Operational Expenses	管理费用 Management Expenses
批发业合计	**Total Wholesale Trade**	**4488188**	**295165**	**2253882**	**1572473**
#国有及国有控股	State-owned and State-controlled Enterprises	2230622	126086	748445	749046
按登记注册类型分	By Status of Registration				
内资企业	Domestic Funded Enterprises	4192374	275031	2085043	1483140
国有企业	State-owned Enterprises	958884	79899	342577	400251
集体企业	Collective-owned Enterprises	50791	7655	38793	19096
股份合作企业	Share-holding Cooperative Enterprises	55615	3469	22968	14169
联营企业	Joint-operation Enterprises	154784	5899	33871	40180
国有联营企业	State-owned Joint-operation Enterprises	127224	3991	21340	32744
集体联营企业	Collective Joint-operation Enterprises	2411	36	1516	718
国有与集体联营企业	State-collective Joint-operation Enterprises	3138	706	2122	1231
其他联营企业	Other Joint-operation Enterprises	22011	1166	8893	5487
有限责任公司	Limited Liability Corporations	1200529	100441	599196	366241
国有独资企业	State Sole Investment Enterprises	168309	19195	34407	59210
其他有限责任公司	Other Limited Liability Companies	1032220	81246	564789	307031
股份有限公司	Share-holding Corporations Ltd.	696279	27938	240049	182254
私营企业	Private Enterprises	1074463	49730	807083	460425
私营独资企业	Private Sole Investment Enterprises	16316	125	13781	6943
私营合伙企业	Private Partnership Enterprises	6010	54	4569	2110
私营有限责任公司	Private Limited Liability Corporations	1025935	48408	768474	441638
私营股份有限公司	Private Share-holding Corporations Ltd.	26202	1143	20259	9734
其他企业	Other Enterprises	1029		506	524
港、澳、台商投资企业	Enterprises with Funds from Hong Kong, Macao and Taiwan	132091	7738	84200	33568
合资经营企业	Joint Ventures	25119	485	12857	5512
合作经营企业	Cooperative Enterprises	21525	1247	15100	5445
独资经营企业	Sole Investment Enterprises	40754	3174	22631	8180
投资股份有限公司	Share-holding Corporations Ltd.	44693	2832	33612	14431
外商投资企业	Foreign Investment Enterprises	163723	12396	84639	55765
中外合资经营企业	Sino-foreign Joint Ventures	104848	3722	42967	23245
中外合作经营企业	Sino-foreign Cooperative Enterprises	6940	1094	11243	3687
外资企业	Foreign Funded Enterprises	51582	7537	30227	28734
外商投资股份有限公司	Share-holding Corporations Ltd.	353	43	202	99
按国民经济行业分	By Economic Sector				
农畜产品批发业	Wholesale of Farm and Livestock Products	26743	39293	21446	22595
食品、饮料及烟草制品批发业	Wholesale of Food, Beverage and Tobacco Products	1255258	40512	267942	420797
#米、面制品及食用油批发业	Wholesale of Rice, Flour Products and Edible Vegetable Oil	28435	6658	30121	26773
烟草制品批发业	Wholesale of Tobacco Products	940288	3254	61703	265276
纺织、服装及日用品批发业	Wholesale of Textiles, Garments and Daily Use Products	392327	34542	206460	225061
#服装批发业	Wholesale of Garments	131871	8297	66155	128736
文化、体育用品及器材批发业	Wholesale of Cultural and Sports Goods and Appliances	122681	12509	69629	74881
医药及医疗器材批发业	Wholesale of Medicines and Medical Appliances	346035	7492	215333	113663
矿产品、建材及化工产品批发	Wholesale of Mineral Products, Building Materials and Chemical Products	1531147	84479	986666	403161
#煤炭及制品批发业	Wholesale of Coal and Related Products	183384	6244	174261	31044
石油及制品批发业	Wholesale of Petroleum and Related Products	750600	43126	444105	148858
金属及金属矿批发业	Wholesale of Metal and Related Products	271985	14966	154930	118534
建材批发业	Wholesale of Construction Materials	145320	6263	91245	37385
化肥批发业	Wholesale of Chemical Fertilizers	10344	759	5180	4398
机械设备、五金交电及电子产品批发业	Wholesale of Machinery, Hardware, Transport, Electric and Electronic Products	671403	53621	388896	247745
#汽车、摩托车及零配件批发业	Wholesale of Spares and Fittings of Automobile and Motorcycle	76357	6257	37248	32550
家用电器批发业	Wholesale of Household Appliances	118792	7987	80708	38803
计算机、软件及辅助设备批发业	Wholesale of Computers, Software and Assistant Equipments	42684	8479	29696	28892
贸易经纪与代理	Trade Brokerage and Agency	81614	10462	57906	36015
其他批发业	Other Wholesale Trades	60980	12255	39604	28555

15-17 continued

(10000 yuan)

财务费用 Financial Expenses	营业利润 Business Profits	利润总额 Total Profits	应交所得税 Income Taxes Payable	劳动及失业保险费 Labor and Unemployment Insurance Premium	住房公积金和住房补贴 Public Reserve Funds for Housing and Housing Subsidies	本年应付工资总额 Total Wages Payable in Current Year	本年应付福利费总额 Welfare Expenses Payable in Current Year	本年应交增值税 Value-added Tax Payable in Current Year	从业人数(人) Number of Employed Persons (person)
256564	**1450586**	**1637598**	**411610**	**76374**	**44780**	**755798**	**89343**	**811405**	**241762**
114027	917170	1163718	274197	44353	31834	375090	49042	399368	97596
252765	1368573	1553102	395035	72147	41754	702294	86035	740763	227816
66796	356748	510649	126476	26612	17665	184760	24221	156601	47372
7432	-2121	3593	1739	1222	521	9545	996	5195	4972
2632	21692	27359	4879	710	326	9766	1024	5760	3889
5665	86518	95571	25270	1608	3026	20477	2842	23033	4314
2687	77175	84175	24067	1221	1360	15214	2292	19145	2454
165	416	495	125	38	11	720	51	184	434
187	776	845	223	97	25	841	102	436	308
2626	8151	10056	855	252	1630	3702	397	3268	1118
71611	463914	497375	121937	19145	10622	198843	22521	213550	56972
7977	93404	118802	26927	5727	2555	23902	3200	24733	5272
63634	370510	378573	95010	13418	8067	174941	19321	188817	51700
36046	286282	288669	63210	7884	7187	109517	14848	149197	36423
62568	155123	129386	51450	14942	2407	168720	19555	186917	73479
1045	2040	-440	646	140	60	2616	230	3907	1125
-9	653	551	241	137	2	1249	215	1370	558
60174	149184	125762	49651	14218	2303	160459	18579	177288	69354
1358	3246	3513	912	447	42	4396	531	4352	2442
15	417	500	74	24		666	28	510	395
-629	40225	38243	6944	2002	819	24931	1689	27288	8876
-49	9799	9947	907	375	171	5301	245	7393	2066
-815	3043	2036	981	739	131	2829	77	3566	732
-351	15466	14570	2416	328	71	9467	943	6446	2037
586	11917	11690	2640	560	446	7334	424	9883	4041
4428	41788	46253	9631	2225	2207	28573	1619	43354	5070
3615	39094	42205	6645	807	1427	12186	529	15095	2371
603	-4142	-4542	45	193	117	2380	305	7766	766
210	6741	8495	2941	1212	654	13906	771	20446	1911
	95	95		13	9	101	14	47	22
14716	15258	22237	4556	1301	655	9589	943	3299	2596
23646	680766	849106	212299	20559	17962	193719	26010	217784	53834
11487	-26435	3143	1253	1818	711	10233	1579	4097	3417
-5034	666020	789397	193525	7537	14247	111268	15812	160006	15656
14359	119500	130125	35495	8873	3935	77096	9674	62614	23849
3485	44864	48327	15926	3163	1155	26186	2961	31272	7894
3796	19279	21580	7269	4491	1194	30457	3719	24468	11770
13911	40631	48041	10879	6257	2717	67585	7756	50170	27697
131636	423269	407725	99698	19748	12918	222544	23129	326661	71666
10978	6894	9759	7748	1470	1326	11891	940	21477	4156
43138	272413	275075	52502	9188	4331	80303	9254	190460	33887
45373	63137	47376	17310	3944	3867	86097	7659	55242	17786
14151	40215	41283	9727	1747	2373	13755	1984	21871	4341
1747	468	3312	335	230	260	1948	178	437	841
40360	134696	134744	35338	12384	3841	124542	14225	109313	39441
4189	21625	25905	4535	1133	392	12137	1299	10375	4420
1673	35938	18478	4240	2418	536	22118	2509	30322	7328
10491	-9693	-6581	2613	1439	394	13657	1212	14940	4364
6550	4095	9290	2529	1114	822	15788	2352	4698	5506
7590	13092	14750	3547	1647	736	14478	1535	12398	5403

15-18 限额以上零售企业财务状况（2005 年）

单位：万元

项　目	Item	企业数（个）Number of Enterprises (unit)	流动资产合计 Circulating Assets	固定资产原价 Original Value of Fixed Assets	累计折旧 Accumulated Depreciation
零售业合计	**Total Retail Trade**	**2141**	**6229420**	**2440837**	**716100**
# 国有及国有控股	State-owned and State-controlled Enterprises	284	1746895	907210	251039
按登记注册类型分	By Status of Registration				
内资企业	Domestic Funded Enterprises	2068	5295844	1868882	527689
国有企业	State-owned Enterprises	136	585490	385463	117148
集体企业	Collective-owned Enterprises	192	134137	91720	26418
股份合作企业	Share-holding Cooperative Enterprises	31	35627	7409	2383
联营企业	Joint-operation Enterprises	47	104733	36994	16161
国有联营企业	State-owned Joint-operation Enterprises	19	62850	27710	11991
集体联营企业	Collective Joint-operation Enterprises	11	4600	2415	1352
国有与集体联营企业	State-collective Joint-operation Enterprises	5	3710	1574	834
其他联营企业	Other Joint-operation Enterprises	12	33573	5295	1984
有限责任公司	Limited Liability Corporations	605	1509467	512618	157816
国有独资企业	State Sole Investment Enterprises	12	94633	107002	34303
其他有限责任公司	Other Limited Liability Companies	593	1414834	405616	123513
股份有限公司	Share-holding Corporations Ltd.	74	1007127	381745	81897
私营企业	Private Enterprises	971	1900295	451102	125085
私营独资企业	Private Sole Investment Enterprises	73	154422	31119	4046
私营合伙企业	Private Partnership Enterprises	27	21930	7227	1491
私营有限责任公司	Private Limited Liability Corporations	812	1675214	401026	115430
私营股份有限公司	Private Share-holding Corporations Ltd.	59	48729	11730	4118
其他企业	Other Enterprises	12	18968	1831	781
港、澳、台商投资企业	Enterprises with Funds from Hong Kong, Macao and Taiwan	32	498613	324529	100847
合资经营企业	Joint Ventures	15	428647	305867	92081
合作经营企业	Cooperative Enterprises	10	64317	15056	8163
独资经营企业	Sole Investment Enterprises	7	5649	3606	603
投资股份有限公司	Share-holding Corporations Ltd.				
外商投资企业	Foreign Investment Enterprises	41	434963	247426	87564
中外合资经营企业	Sino-foreign Joint Ventures	21	197879	145868	42391
中外合作经营企业	Sino-foreign Cooperative Enterprises	13	112404	42485	20656
外资企业	Foreign Funded Enterprises	7	124680	59073	24517
外商投资股份有限公司	Share-holding Corporations Ltd.				
按国民经济行业分	By Economic Sector				
综合零售业	Comprehensive Retail Trade	394	1736520	1115717	355767
# 百货零售业	Retail Trade of General Merchandise	187	957130	551174	178188
超级市场零售业	Retail Trade of Supermarkets	170	741951	542903	170655
食品、饮料及烟草制品专门零售业	Retail Trade of Food, Beverage and Tobacco Products	50	111470	74114	26511
纺织、服装及日用品专门零售业	Retail Trade of Textiles, Garments and Daily Use Products	78	227014	17213	6036
# 服装零售业	Retail Trade of Garments	31	124533	8550	2728
文化、体育用品及器材专门零售业	Retail Trade of Cultural and Sports Goods and Appliances	102	213440	272319	84357
# 体育用品零售业	Retail Trade of Sports Goods and Appliances	4	3040	243	175
图书零售业	Retail Trade of Books	55	95902	96245	27839
医药及医疗器材专门零售业	Retail Trade of Medicines and Medical Appliances	142	335286	63710	24537
# 药品零售业	Retail Trade of Medicines	110	292343	59986	22853
汽车、摩托车、燃料及零配件专门零售业	Retail Trade of Motor Vehicles, Motorcycles and Parts	923	2736053	671104	159206
# 汽车零售业	Retail Trade of Motor Vehicles	511	1720478	255110	63061
机动车燃料零售业	Retail Trade of Motor Vehicle Fuels	350	944270	411570	94252
家用电器及电子产品专门零售业	Retail Trade of Household Electric Appliances and Electronic Products	251	579079	34754	11516
# 家用电器零售业	Retail Trade of Household Electric Appliances	103	386069	21828	6676
计算机、软件及辅助设备零售业	Retail Trade of Computers, Software and Assistant Equipments	84	73567	4665	2194
通讯设备零售业	Retail Trade of Communication Equipments	28	72095	4868	1685
五金、家具及室内装修材料专门零售业	Retail Trade of Hardware, Furniture and Interior Decoration Materials	76	140650	57637	12763
无店铺及其他零售业	No Stores and Other Retail Trade	125	149908	134269	35407

Financial Indicators of Enterprises above Designated Size in Retail Trade (2005)

(10000 yuan)

#本年折旧 Depreciation Drawn in Current Year	资产合计 Total Assets	负债合计 Total Liabilities	所有者权益合计 Total Creditors' Equity	实收资本 Total Capital Hold	营业收入合计 Total Business Revenue	主营业务收入 Main Business Revenue	主营业务成本 Main Business Costs	主营业务税金及附加 Tax and Extra Charges on Main Business
156186	**9167623**	**6949393**	**2218230**	**3364972**	**18573621**	**18447347**	**16463287**	**43835**
36948	2750204	1867911	882293	403512	4018418	4007337	3507718	12149
116227	7558441	5753850	1804591	2966453	15483267	15382849	13819382	38665
13711	974447	689832	284615	179572	1704735	1698625	1485644	6699
4680	247761	206693	41068	34390	585824	584750	532912	2374
897	43872	32205	11667	10502	103530	102967	94715	226
3438	196846	170871	25975	39685	398621	395749	358232	368
2458	106239	85382	20857	24906	214317	211849	187716	114
119	6708	4896	1812	1916	42391	42273	39605	69
79	4919	3642	1277	876	27146	27146	24507	35
782	78980	76951	2029	11987	114767	114481	106404	150
39112	2208199	1671992	536207	2073779	4678041	4634070	4127928	12588
3904	291014	111070	179944	77458	227243	227244	164735	538
35208	1917185	1560922	356263	1996321	4450798	4406826	3963193	12050
14403	1371949	986745	385204	107387	1964002	1953219	1755389	3689
39816	2495069	1978449	516620	518037	6000236	5965437	5421540	12578
1246	221908	155009	66899	59484	415785	413975	385204	481
489	31531	27199	4332	3808	106136	105543	97471	298
37269	2172001	1745452	426549	440025	5286141	5254736	4761771	11242
812	69629	50789	18840	14720	192174	191183	177094	557
170	20298	17063	3235	3101	48278	48032	43022	143
19741	924072	657976	266096	192353	1617584	1617584	1392473	4358
17406	823260	587270	235990	158195	1308056	1308056	1111256	4157
1970	91566	62226	29340	29716	298031	298031	272797	188
365	9246	8480	766	4442	11497	11497	8420	13
20218	685110	537567	147543	206166	1472770	1446914	1251432	812
13231	358850	298308	60542	100704	744342	741166	659418	504
2450	160215	124749	35466	38508	439466	416786	353071	184
4537	166045	114510	51535	66954	288962	288962	238943	124
83099	3002129	2415126	587003	587570	5464164	5423557	4616341	19899
37546	1571369	1181562	389807	216224	2809369	2781692	2299825	13650
44181	1372072	1168972	203100	349595	2553460	2540815	2231840	4917
2314	250379	114700	135679	58431	253196	252019	197410	1025
1572	256769	232342	24427	31582	444583	443442	340813	857
725	140001	122640	17361	15709	302116	301446	232825	392
11438	515194	248525	266669	93746	489287	488851	316763	7606
68	3505	2678	827	811	13107	13107	11410	22
4932	218862	118523	100339	49839	177855	177543	126719	1181
5008	406497	306419	100078	80373	770445	767642	665549	2493
4526	358729	270869	87860	70836	662725	659930	573696	2205
38547	3570049	2774404	795645	2242537	8379147	8366978	7865523	7217
18852	2128001	1696691	431310	1916168	5394920	5387595	5120499	4515
19019	1365349	1019092	346257	311529	2795491	2790698	2570785	2434
3470	639846	518506	121340	94007	1762388	1723942	1590644	2362
1951	426880	371968	54912	38868	1091534	1056346	975366	1014
546	79943	53603	26340	18580	257862	256724	234249	524
468	81691	56137	25554	25045	302540	300634	280961	466
4898	215516	167175	48341	48240	374212	345369	284559	1090
5840	311244	172196	139048	128486	636199	635547	585685	1286

15-18 续表

单位：万元

项目	Item	主营业务利润 Main Business Profits	其它业务利润 Profits from Other Businesses	营业费用 Operational Expenses	管理费用 Management Expenses
零售企业合计	**Total Retail Trade**	**1652538**	**432304**	**1383212**	**654478**
# 国有及国有控股	State-owned and State-controlled Enterprises	443886	50551	228394	173123
按登记注册类型分	By Status of Registration				
内资企业	Domestic Funded Enterprises	1261305	268580	978677	537265
国有企业	State-owned Enterprises	187430	18275	85794	79343
集体企业	Collective-owned Enterprises	39622	10659	35290	19555
股份合作企业	Share-holding Cooperative Enterprises	6720	1299	4118	3787
联营企业	Joint-operation Enterprises	36180	9346	36018	9947
国有联营企业	State-owned Joint-operation Enterprises	23998	6810	27617	5052
集体联营企业	Collective Joint-operation Enterprises	1912	44	1587	312
国有与集体联营企业	State-collective Joint-operation Enterprises	2604	56	1834	482
其他联营企业	Other Joint-operation Enterprises	7666	2436	4980	4101
有限责任公司	Limited Liability Corporations	402564	104048	342336	171034
国有独资企业	State Sole Investment Enterprises	58065	6699	23781	19694
其他有限责任公司	Other Limited Liability Companies	344499	97349	318555	151340
股份有限公司	Share-holding Corporations Ltd.	185867	21050	80344	53450
私营企业	Private Enterprises	398122	103418	391700	198444
私营独资企业	Private Sole Investment Enterprises	26366	7494	25788	7347
私营合伙企业	Private Partnership Enterprises	7767	382	5046	2209
私营有限责任公司	Private Limited Liability Corporations	356506	92344	351964	184099
私营股份有限公司	Private Share-holding Corporations Ltd.	7483	3198	8902	4789
其他企业	Other Enterprises	4800	485	3077	1705
港、澳、台商投资企业	Enterprises with Funds from Hong Kong, Macao and Taiwan	213688	108763	208016	61341
合资经营企业	Joint Ventures	191394	87149	188308	43541
合作经营企业	Cooperative Enterprises	19289	21223	15841	15408
独资经营企业	Sole Investment Enterprises	3005	391	3867	2392
投资股份有限公司	Share-holding Corporations Ltd.				
外商投资企业	Foreign Investment Enterprises	177545	54961	196519	55872
中外合资经营企业	Sino-foreign Joint Ventures	75842	31801	86124	29210
中外合作经营企业	Sino-foreign Cooperative Enterprises	52117	18678	67083	15655
外资企业	Foreign Funded Enterprises	49586	4482	43312	11007
外商投资股份有限公司	Share-holding Corporations Ltd.				
按国民经济行业分	By Economic Sector				
综合零售业	Comprehensive Retail Trade	698752	292345	687186	279164
# 百货零售业	Retail Trade of General Merchandise	412942	119878	318651	159940
超级市场零售业	Retail Trade of Supermarkets	271068	167203	349038	112338
食品、饮料及烟草制品专门零售业	Retail Trade of Food, Beverage and Tobacco Products	51028	7874	17638	19176
纺织、服装及日用品专门零售业	Retail Trade of Textiles, Garments and Daily Use Products	84611	10482	91503	28494
# 服装零售业	Retail Trade of Garments	59881	7450	65258	14096
文化、体育用品及器材专门零售业	Retail Trade of Cultural and Sports Goods and Appliances	150607	13765	75618	61321
# 体育用品零售业	Retail Trade of Sports Goods and Appliances	1118	224	850	1064
图书零售业	Retail Trade of Books	37786	7615	24770	24394
医药及医疗器材专门零售业	Retail Trade of Medicines and Medical Appliances	86920	12795	63910	33956
# 药品零售业	Retail Trade of Medicines	74437	11654	54043	29019
汽车、摩托车、燃料及零配件专门零售业	Retail Trade of Motor Vehicles, Motorcycles and Parts	405951	15582	236282	160723
# 汽车零售业	Retail Trade of Motor Vehicles	204013	16036	127786	118225
机动车燃料零售业	Retail Trade of Motor Vehicle Fuels	189036	-804	103432	38418
家用电器及电子产品专门零售业	Retail Trade of Household Electric Appliances and Electronic Products	103007	50370	121678	43511
# 家用电器零售业	Retail Trade of Household Electric Appliances	61313	41114	88632	21973
计算机、软件及辅助设备零售业	Retail Trade of Computers, Software and Assistant Equipments	18785	2475	9748	8918
通讯设备零售业	Retail Trade of Communication Equipments	14812	5257	17624	8201
五金、家具及室内装修材料专门零售业	Retail Trade of Hardware, Furniture and Interior Decoration Materials	29716	24448	56107	14093
无店铺及其他零售业	No Stores and Other Retail Trade	41946	4643	33290	14040

15-18 continued

(10000 yuan)

财务费用 Financial Expenses	营业利润 Business Profits	利润总额 Total Profits	应交所得税 Income Taxes Payable	劳动及失业保险费 Labor and Unemployment Insurance Premium	住房公积金和住房补贴 Public Reserve Funds for Housing and Housing Subsidies	本年应付工资总额 Total Wages Payable in Current Year	本年应付福利费总额 Welfare Expenses Payable in Current Year	本年应交增值税 Value-added Tax Payable in Current Year	从业人数（人） Number of Employed Persons (person)
68841	**292935**	**259076**	**76036**	**46587**	**15379**	**484787**	**52933**	**310712**	**256003**
10116	135542	123353	23155	15056	9163	126287	14342	82753	53368
60755	232680	202452	61233	37741	13465	374835	45445	251261	214536
6714	53073	57530	8270	7379	5516	59693	7892	23057	21966
3187	9724	8831	2711	1274	224	11131	1241	6838	8795
416	719	474	324	215	63	1824	186	1374	1631
4124	-3209	-3299	791	1228	140	15786	1104	3821	6680
1075	-2852	-3067	322	869	24	10425	724	1899	4480
372	693	725	241	66	20	523	71	385	302
22	322	309	126	141	57	731	104	361	254
2655	-1372	-1266	102	152	39	4107	205	1176	1644
18064	66112	52404	20365	12953	4649	127820	13623	89794	73901
-300	23387	22467	3460	1784	1589	17041	1424	6644	4125
18364	42725	29937	16905	11169	3060	110779	12199	83150	69776
3570	77794	64106	12304	3814	1415	32554	3225	49960	20189
24579	27970	21936	16349	10827	1452	124874	18062	75682	80490
915	2238	363	1013	361	49	6393	1550	3357	5547
392	714	713	297	103	11	1519	154	1246	1193
22903	23926	19774	14667	9944	1345	113636	15997	69026	71349
369	1092	1086	372	419	47	3326	361	2053	2401
101	497	470	119	51	6	1153	112	735	884
4152	55339	54423	12097	3828	461	47446	2731	25649	18835
3446	43248	42284	8246	3408	328	41774	2623	19963	16478
701	14899	14826	3765	275	101	4201	44	5215	1819
5	-2808	-2687	86	145	32	1471	64	471	538
3934	4916	2201	2706	5018	1453	62506	4757	33802	22632
1135	1865	1169	801	1222	397	31499	3781	11686	11682
-113	5906	3640	1738	2283	486	18112	582	14952	5427
2912	-2855	-2608	167	1513	570	12895	394	7164	5523
21218	103330	91969	32792	19979	4234	206089	19823	124580	113110
13832	96371	93632	26021	11776	2335	98637	12400	63038	53249
7103	13460	4784	6570	7390	1786	100686	7142	59487	56299
378	23905	30386	4933	1385	1257	13336	1380	6021	4980
1371	-7554	-10099	1027	3059	473	25867	1809	16157	12553
578	-1390	-4056	557	2191	328	14616	709	9803	6795
1719	36968	36758	3091	5861	4931	52198	6599	10106	18629
13	-19	-19	55	1		370	53	222	228
917	4528	5842	1398	4114	687	17036	2182	6071	6792
3247	12396	10488	3629	4069	1145	30583	3250	14166	16271
2842	10291	9331	2983	3581	1094	26581	2787	11668	14206
32881	94047	68172	21853	7212	2011	86924	12066	100675	52448
26787	24917	16628	10816	4373	1149	53966	9056	40818	25705
4689	65233	48123	10236	2632	841	29642	2749	56976	25027
4288	13122	14705	3693	2992	326	40202	4984	17674	24507
2039	7923	10078	2191	1538	214	23711	3356	8836	16056
972	5123	4466	863	572	66	6650	757	5510	3030
1338	-1377	-1375	194	617	27	6960	529	1894	3957
977	12466	12277	4015	1029	294	15773	1709	14219	6261
2762	4255	4420	1003	1001	708	13815	1313	7114	7244

15-19 各市限额以上批发零售企业财务状况（2005 年）

单位：万元

市别	City	流动资产合计 Circulating Assets	固定资产原价 Original Value of Fixed Assets	累计折旧 Accumulated Depreciation	#本年折旧 Depreciation Drawn in Current Year	资产合计 Total Assets
批发零售业合计	**Total Wholesale and Retail Trade**	**30572949**	**7568394**	**2151290**	**403835**	**42690781**
批发业	**Wholesale Trade**	**24343529**	**5127557**	**1435190**	**247649**	**33523158**
广　州	Guangzhou	10209599	1611756	486482	73656	14427810
深　圳	Shenzhen	5825968	1590445	539503	90541	8282415
珠　海	Zhuhai	797448	135589	55898	12728	1047305
汕　头	Shantou	249943	70585	22971	5688	326089
佛　山	Foshan	3377717	324463	83405	20853	3860091
韶　关	Shaoguan	103847	56305	15867	2712	153789
河　源	Heyuan	24622	3189	1347	312	27499
梅　州	Meizhou	75220	27705	4668	782	111289
惠　州	Huizhou	186097	43479	16038	3510	248938
汕　尾	Shanwei	35814	22390	3858	958	61391
东　莞	Dongguan	834964	112278	28240	6841	1061100
中　山	Zhongshan	703071	64799	18706	3843	788640
江　门	Jiangmen	420283	136823	32245	5178	654214
阳　江	Yangjiang	134863	51122	7736	1468	178248
湛　江	Zhanjiang	396895	52379	19824	2788	500665
茂　名	Maoming	400301	457684	27408	3855	830578
肇　庆	Zhaoqing	167636	99889	16783	3417	275854
清　远	Qingyuan	65118	48188	8210	1581	113317
潮　州	Chaozhou	95467	38066	11296	1754	152215
揭　阳	Jieyang	156341	53837	8089	708	216736
云　浮	Yunfu	82315	126586	26616	4476	204975
零售业	**Retail Trade**	**6229420**	**2440837**	**716100**	**156186**	**9167623**
广　州	Guangzhou	1990011	624536	187324	40683	2784123
深　圳	Shenzhen	1719752	865332	283906	60010	2826795
珠　海	Zhuhai	243346	110936	46806	6711	364366
汕　头	Shantou	39801	40762	12449	2104	81069
佛　山	Foshan	432130	116296	33237	8400	592696
韶　关	Shaoguan	13102	5591	1530	291	17674
河　源	Heyuan	16273	8914	2148	649	24918
梅　州	Meizhou	113108	32450	6013	1713	144841
惠　州	Huizhou	62987	65533	14226	5781	137584
汕　尾	Shanwei	8453	6316	1684	666	15318
东　莞	Dongguan	816273	285087	61066	14646	1131158
中　山	Zhongshan	278163	92054	20867	4152	369346
江　门	Jiangmen	83826	27101	9547	2865	121593
阳　江	Yangjiang	5563	4049	1236	171	8476
湛　江	Zhanjiang	227058	69690	11734	2248	289602
茂　名	Maoming	97160	49350	13887	2804	132818
肇　庆	Zhaoqing	39886	10807	3387	875	55887
清　远	Qingyuan	12330	3752	1018	210	15628
潮　州	Chaozhou	25006	11025	1923	761	38100
揭　阳	Jieyang	1812	7399	1105	282	8107
云　浮	Yunfu	3380	3857	1007	164	7524

Financial Indicators of Enterprises above Designated Size in Wholesale and Retail Trade by City (2005)

(10000 yuan)

负债合计 Total Liabilities	所有者权益合计 Total Creditors' Equity	实收资本 Total Capital Hold	营业收入合计 Total Business Revenue	主营业务收入 Main Business Revenue	主营业务成本 Main Business Costs	主营业务税金及附加 Tax and Extra Charges on Main Business	主营业务利润 Main Business Profits
30464521	**12226260**	**9021171**	**107848389**	**107401682**	**100084577**	**136655**	**6140726**
23515128	**10008030**	**5656199**	**89274768**	**88954335**	**83621290**	**92820**	**4488188**
9817119	4610691	2759602	36559661	36415341	34473450	31243	1559472
5598779	2683634	1415447	17262471	17173534	15876052	15890	1225561
616858	430447	133178	2535234	2534346	2374361	2556	147123
169407	156682	112284	1025766	1025617	919658	3293	98833
3247502	612589	527996	11150625	11144937	10614846	8472	302251
89097	64691	23077	671460	671460	605017	1488	64955
9594	17906	2233	224222	224214	195210	567	27804
57707	53582	19523	524496	514504	452724	1070	57862
225021	23917	33410	742444	735093	677385	1451	55183
21265	40127	11443	237391	237381	196640	915	35836
875696	185404	117927	3513732	3507198	3320264	2404	138096
692455	96185	67893	3365804	3364626	3256325	1872	102654
555985	98228	57017	1679608	1679064	1570209	3202	100022
55712	122536	8520	387255	387182	353613	384	33184
355733	144931	80556	1213500	1202521	1098529	2618	76456
532708	297871	61764	4683471	4639829	4512369	2172	125289
215248	60607	71237	1091843	1091820	1015678	9705	48705
69967	43351	15006	655708	655690	601422	796	53182
98218	53997	36914	566121	566041	464782	968	99853
123968	92768	36817	698148	698129	607658	1439	86627
87089	117886	64355	485808	485808	435098	315	49240
6949393	**2218230**	**3364972**	**18573621**	**18447347**	**16463287**	**43835**	**1652538**
2252808	531315	560591	6628779	6606400	5948819	13453	533054
1916088	910708	562577	5303545	5244318	4518208	14393	659700
242587	121778	1598180	577007	571290	495362	2238	69042
55374	25694	27323	197485	196553	181584	398	13342
468161	124535	112154	1279246	1254197	1139788	2724	56743
11418	6257	4320	54990	54990	50383	389	4218
18050	6868	7999	57509	57332	50076	340	5168
128457	16384	8330	166715	166690	153111	356	12632
124138	13446	67482	292215	291877	262931	1084	27845
15138	179	2871	13834	13747	11725	285	1391
965856	165303	251712	2079532	2070680	1896294	3535	133858
340544	28802	54493	691411	690996	643177	1134	44009
103730	17863	28612	298798	298204	274222	1569	14114
6176	2300	3907	13011	13011	11303	61	1647
83907	205695	12714	314871	313730	284832	450	27190
125835	6983	32719	293501	292791	268172	412	24208
46144	9743	13200	125523	124913	110151	522	10876
13578	2050	4498	45955	45955	41765	90	3713
26310	11790	9268	106092	106086	91493	283	6448
175	7932	188	16202	16202	14990	36	1176
4919	2605	1834	17400	17385	14901	83	2164

15-19 续表

单位：万元

市别	City	其它业务利润 Profits from Other Businesses	营业费用 Operational Expenses	管理费用 Management Expenses	财务费用 Financial Expenses	营业利润 Business Profits
批发零售业合计	**Total Wholesale and Retail Trade**	**727469**	**3637094**	**2226951**	**325405**	**1743521**
批发业	**Wholesale Trade**	**295165**	**2253882**	**1572473**	**256564**	**1450586**
广　州	Guangzhou	151799	963040	621345	99516	346404
深　圳	Shenzhen	87404	533445	366055	72662	385584
珠　海	Zhuhai	4372	70177	41765	4145	45313
汕　头	Shantou	1507	21578	27789	1270	51376
佛　山	Foshan	15872	221282	113488	38254	164389
韶　关	Shaoguan	1073	20077	26079	550	29467
河　源	Heyuan	8	1713	10529	162	15858
梅　州	Meizhou	426	10216	19889	3847	30359
惠　州	Huizhou	4149	17662	20480	1837	20015
汕　尾	Shanwei	517	3565	10410	246	22844
东　莞	Dongguan	12883	77139	120167	10880	42403
中　山	Zhongshan	3816	52911	33707	4827	17737
江　门	Jiangmen	3219	30500	28147	2911	43016
阳　江	Yangjiang	207	9695	9315	335	14093
湛　江	Zhanjiang	4210	21352	28860	2934	42926
茂　名	Maoming	1634	93536	20446	7068	5873
肇　庆	Zhaoqing	371	30268	14356	1284	20241
清　远	Qingyuan	105	10242	15465	236	27374
潮　州	Chaozhou	410	45678	10802	1099	42849
揭　阳	Jieyang	101	15387	18560	1703	51967
云　浮	Yunfu	1082	4419	14819	798	30498
零售业	**Retail Trade**	**432304**	**1383212**	**654478**	**68841**	**292935**
广　州	Guangzhou	178843	498403	262462	19459	79742
深　圳	Shenzhen	181873	537265	211698	23083	121878
珠　海	Zhuhai	9302	42449	23537	1807	17509
汕　头	Shantou	1566	12489	3716	589	
佛　山	Foshan	14886	55139	38735	7758	24919
韶　关	Shaoguan	439	2173	1517	279	688
河　源	Heyuan	461	2249	2627	585	559
梅　州	Meizhou	387	6711	3083	524	3584
惠　州	Huizhou	5759	20290	11688	697	1259
汕　尾	Shanwei	216	1593	1174	56	
东　莞	Dongguan	23099	115538	51039	8338	13743
中　山	Zhongshan	5619	33280	14949	1577	2503
江　门	Jiangmen	3095	17732	6645	1023	
阳　江	Yangjiang	633	2052	388	61	
湛　江	Zhanjiang	1185	12178	7324	445	10875
茂　名	Maoming	1008	6170	6276	1345	11424
肇　庆	Zhaoqing	2234	7703	4782	534	272
清　远	Qingyuan	192	2686	814	273	133
潮　州	Chaozhou	1325	4822	1120	291	3158
揭　阳	Jieyang		732	70	1	373
云　浮	Yunfu	182	1558	834	116	316

15-19 continued

(10000 yuan)

利润总额 Total Profits	应交所得税 Income Taxes Payable	劳动及失业保险费 Labor and Unemployment Insurance Premium	住房公积金和住房补贴 Public Reserve Funds for Housing and Housing Subsidies	本年应付工资总额 Total Wages Payable in Current Year	本年应付福利费总额 Welfare Expenses Payable in Current Year	本年应交增值税 Value-added Tax Payable in Current Year	从业人数(人) Number of Employed Persons (person)
1896674	**487646**	**122961**	**60159**	**1240585**	**142276**	**1122117**	**497765**
1637598	**411610**	**76374**	**44780**	**755798**	**89343**	**811405**	**241762**
550366	146610	43177	20366	289643	37385	304490	79614
404035	70621	12786	11091	223624	23265	178195	64168
51922	6955	1702	814	19031	1798	21655	8326
51258	15591	1259	795	10979	1953	16326	4341
95583	29733	3824	1341	57855	3474	65574	18465
28035	8538	1602	1570	10342	1720	12898	3570
18319	5298	305	513	4169	584	4457	793
32197	9351	339	659	11045	1358	9546	3291
27240	7874	1178	757	15389	1733	15667	3855
22813	7404	330	428	3969	494	5754	2772
45456	16847	1425	689	18403	2459	22228	7727
26182	8925	1374	441	15262	1914	16216	7863
43552	12857	1516	639	12076	1558	19647	6803
13023	3689	324	382	3690	659	3871	1364
40477	8406	717	986	12757	1814	15792	4971
4402	12150	1940	700	12901	1806	26510	7214
23991	6381	815	475	6985	1159	9087	3895
32892	6265	616	630	7177	880	33756	2915
41485	6878	180	431	3607	463	12300	1284
53405	17251	526	812	7591	1074	13306	2942
30965	3986	439	261	9303	1793	4130	5589
259076	**76036**	**46587**	**15379**	**484787**	**52933**	**310712**	**256003**
62000	31049	24542	5648	158497	17537	95069	71309
121246	21432	11868	7897	205084	20409	107089	83980
20512	3496	1207	336	14349	1596	9635	7787
	399	291	20	2584	433	5680	2166
12483	5004	2556	168	20437	2106	16374	14283
646	141	70		2350	223	634	3582
505	184	177	37	1639	173	575	1915
2930	880	394	70	3041	871	457	9279
1363	2138	482	257	7321	739	5167	7234
	18	30	7	760	102	307	1166
13844	4584	1753	337	33235	5114	18259	23828
3052	1177	1130	29	11685	664	6601	8564
	367	600	202	6089	714	2661	4965
	33	70		538	35	292	549
5431	1035	382	60	5583	473	32263	3786
10561	3502	579	229	4826	673	5856	4491
337	385	230	60	3438	742	2128	3255
112	13	62	6	1035	113	438	1152
3389	137	77	6	1465	172	765	1804
373	9	10	5	116	1	108	121
292	53	77	5	715	43	354	787

15-20 星级住宿企业财务状况（2005 年）

单位：万元

项　　目	Item	企业数（个）Number of Enterprises (unit)	流动资产合计 Circulating Assets	固定资产原价 Original Value of Fixed Assets	累计折旧 Accumulated Depreciation
住宿业合计	**Total Accommodations**	**1042**	**1739958**	**4881545**	**1873596**
# 国有及国有控股	State-owned and State-controlled Enterprises	226	421548	1317683	516511
按登记注册类型分	By Status of Registration				
内资企业	Domestic Funded Enterprises	865	859393	2617132	836664
国有企业	State-owned Enterprises	204	189647	689569	250591
集体企业	Collective-owned Enterprises	101	46075	219080	97150
股份合作企业	Share-holding Cooperative Enterprises	18	3805	13012	4715
联营企业	Joint-operation Enterprises	24	36698	130990	57664
国有联营企业	State-owned Joint-operation Enterprises	10	25650	98810	42685
集体联营企业	Collective Joint-operation Enterprises	5	662	2142	945
国有与集体联营企业	State-collective Joint-operation Enterprises	6	8574	28726	13712
其他联营企业	Other Joint-operation Enterprises	3	1812	1312	322
有限责任公司	Limited Liability Corporations	199	236224	803169	222649
国有独资企业	State Sole Investment Enterprises	23	48278	142353	59342
其他有限责任公司	Other Limited Liability Companies	176	187946	660816	163307
股份有限公司	Share-holding Corporations Ltd.	20	55072	154555	48652
私营企业	Private Enterprises	287	285687	580264	149525
私营独资企业	Private Sole Investment Enterprises	102	63241	143483	36830
私营合伙企业	Private Partnership Enterprises	21	3106	10118	4207
私营有限责任公司	Private Limited Liability Corporations	151	202770	387201	98717
私营股份有限公司	Private Share-holding Corporations Ltd.	13	16570	39462	9771
其他企业	Other Enterprises	12	6185	26493	5718
港、澳、台商投资企业	Enterprises with Funds from Hong Kong, Macao and Taiwan	114	510064	1680833	761304
合资经营企业	Joint Ventures	45	164934	723721	296742
合作经营企业	Cooperative Enterprises	44	277641	676721	365560
独资经营企业	Sole Investment Enterprises	23	62255	207129	76216
投资股份有限公司	Share-holding Corporations Ltd.	2	5234	73262	22786
外商投资企业	Foreign Investment Enterprises	63	370501	583580	275628
中外合资经营企业	Sino-foreign Joint Ventures	21	88924	212226	100572
中外合作经营企业	Sino-foreign Cooperative Enterprises	34	243217	279267	152239
外资企业	Foreign Funded Enterprises	8	38360	92087	22817
外商投资股份有限公司	Share-holding Corporations Ltd.				
按国民经济行业分	By Economic Sector				
旅游饭店	Tourist Hotels	906	1646936	4605290	1762936
一般旅馆	Ordinary Hotels	116	86466	249062	99814
其它住宿服务	Others	20	6556	27193	10846

Financial Indicators of Enterprises with Star Ratings in Accommodations (2005)

(10000 yuan)

#本年折旧 Depreciation Drawn in Current Year	资产合计 Total Assets	负债合计 Total Liabilities	所有者权益合计 Total Creditors' Equity	实收资本 Total Capital Hold	营业收入合计 Total Business Revenue	主营业务收入 Main Business Revenue	主营业务成本 Main Business Costs	主营业务税金及附加 Tax and Extra Charges on Main Business
192862	**5834836**	**3933658**	**1901178**	**2208964**	**2029598**	**2010963**	**518586**	**115896**
50721	1529420	782185	747235	575355	510363	504193	99723	27455
123227	3220472	2026713	1193759	1098480	1306897	1290215	368676	79021
25645	739826	454898	284928	314429	246376	240553	59860	13328
9941	202413	158008	44405	91636	93504	92104	31409	5603
760	19736	11364	8372	8417	15937	15575	5613	941
3870	123667	63606	60061	42904	36497	36497	8373	2075
2892	90269	50995	39274	32691	22527	22527	5292	1220
61	2074	1250	824	1801	2800	2800	969	167
900	28522	9762	18760	7232	9402	9402	1506	592
17	2802	1599	1203	1180	1768	1768	606	96
38808	977838	618297	359541	231259	399832	398432	109842	23593
4959	142409	49088	93321	37617	73073	73073	12514	3897
33849	835429	569209	266220	193642	326759	325359	97328	19696
5436	214932	87024	127908	101564	64418	64418	11074	3498
37578	904547	627106	277441	276106	433337	425640	137504	28895
5427	213087	107755	105332	97574	124656	120946	40923	8272
824	10543	3887	6656	6569	11154	10575	4297	846
30242	631589	484546	147043	153518	285098	282002	86340	19006
1085	49328	30918	18410	18445	12429	12117	5944	771
1189	37513	6410	31103	32165	16996	16996	5001	1088
47249	1806560	1166875	639685	739922	547290	545985	111776	27652
20636	704902	415515	289387	280547	174360	173500	31998	9445
20415	786885	587504	199381	297705	287705	287308	63982	13827
5964	258869	160847	98022	122196	75491	75443	15226	3885
234	55904	3009	52895	39474	9734	9734	570	495
22386	807804	740070	67734	370562	175411	174763	38134	9223
10292	255825	255333	492	160059	49799	49569	13503	2776
8442	414584	433205	-18621	124255	103371	102952	20794	5336
3652	137395	51532	85863	86248	22241	22242	3837	1111
179061	5536458	3792912	1743546	2077981	1887862	1871337	481916	107762
11958	271420	127357	144063	117342	127630	125577	31070	7193
1843	26958	13389	13569	13641	14106	14049	5600	941

15-20 续表

单位：万元

项　目	Item	主营业务利润 Main Business Profits	其它业务利润 Profits from Other Businesses	营业费用 Operational Expenses	管理费用 Management Expenses
住宿业合计	**Total Accommodations**	**1260600**	**13414**	**736431**	**557519**
# 国有及国有控股	State-owned and State-controlled Enterprises	340366	6103	178246	163389
按登记注册类型分	By Status of Registration				
内资企业	Domestic Funded Enterprises	763229	11511	497117	319409
国有企业	State-owned Enterprises	155626	2155	97696	72631
集体企业	Collective-owned Enterprises	46296	2225	37449	22567
股份合作企业	Share-holding Cooperative Enterprises	8568	66	6764	1819
联营企业	Joint-operation Enterprises	25209	194	17117	10233
国有联营企业	State-owned Joint-operation Enterprises	15658	163	11592	6323
集体联营企业	Collective Joint-operation Enterprises	1664	31	1438	508
国有与集体联营企业	State-collective Joint-operation Enterprises	6821		3490	2460
其他联营企业	Other Joint-operation Enterprises	1066		597	942
有限责任公司	Limited Liability Corporations	234612	4043	149697	96939
国有独资企业	State Sole Investment Enterprises	56663	2	28534	14676
其他有限责任公司	Other Limited Liability Companies	177949	4041	121163	82263
股份有限公司	Share-holding Corporations Ltd.	49145	224	21777	23991
私营企业	Private Enterprises	233815	2600	161556	87315
私营独资企业	Private Sole Investment Enterprises	68617	1088	43399	19575
私营合伙企业	Private Partnership Enterprises	3974	4	3852	1309
私营有限责任公司	Private Limited Liability Corporations	156291	1472	110119	65122
私营股份有限公司	Private Share-holding Corporations Ltd.	4933	36	4186	1309
其他企业	Other Enterprises	9958	4	5061	3914
港、澳、台商投资企业	Enterprises with Funds from Hong Kong，Macao and Taiwan	381602	1318	176071	170631
合资经营企业	Joint Ventures	128828	355	55193	62581
合作经营企业	Cooperative Enterprises	188026	923	90783	86097
独资经营企业	Sole Investment Enterprises	56079	40	27273	19054
投资股份有限公司	Share-holding Corporations Ltd.	8669		2822	2899
外商投资企业	Foreign Investment Enterprises	115769	585	63243	67479
中外合资经营企业	Sino-foreign Joint Ventures	29714	225	16918	19612
中外合作经营企业	Sino-foreign Cooperative Enterprises	73280	256	38089	37030
外资企业	Foreign Funded Enterprises	12775	104	8236	10837
外商投资股份有限公司	Share-holding Corporations Ltd.				
按国民经济行业分	By Economic Sector				
旅游饭店	Tourist Hotels	1172118	12280	686935	522106
一般旅馆	Ordinary Hotels	80998	1093	44756	31772
其它住宿服务	Others	7484	41	4740	3641

15-20 continued

(10000 yuan)

财务费用 Financial Expenses	营业利润 Business Profits	利润总额 Total Profits	应交所得税 Income Taxes Payable	劳动及失业保险费 Labor and Unemployment Insurance Premium	住房公积金和住房补贴 Public Reserve Funds for Housing and Housing Subsidies	本年应付工资总额 Total Wages Payable in Current Year	本年应付福利费总额 Welfare Expenses Payable in Current Year	从业人数（人） Number of Employed Persons (person)
76577	**21077**	**17085**	**25072**	**30411**	**7834**	**346664**	**43069**	**215741**
15653	22820	21785	10064	13887	4108	97331	12182	45327
36393	1531	-967	12980	16791	4202	222232	26249	153800
5823	-8885	-8449	1282	5415	1618	48983	5929	29449
1990	-4895	-4322	602	1468	190	16423	1829	13647
180	903	781	148	89	2	2522	153	1932
432	-1421	-1530	311	284	21	8802	689	4707
75	-1780	-1868	122	155	21	5897	521	2774
349	-612	-631	7	14		608	55	488
	1453	1454	182	115		1741	113	961
8	-482	-485				556		484
12749	9210	8591	6580	4579	1394	66371	7955	42383
1560	12298	11626	4284	2499	442	13077	1409	4996
11189	-3088	-3035	2296	2080	952	53294	6546	37387
1578	3608	3835	408	2747	850	11340	1774	5622
13576	1798	-1356	3576	2031	116	65302	7688	54255
2731	8175	7855	1427	366	34	18711	2841	16571
58	283	300	116	47	5	2206	241	1818
10239	-5953	-8799	1944	1590	68	42065	4430	33626
548	-707	-712	89	28	9	2320	176	2240
65	1213	1483	73	178	11	2489	232	1805
22979	41253	38397	10757	10341	3014	92900	12409	42156
7708	9835	6256	1169	2224	517	29881	5289	14559
12954	20871	21483	8178	7782	2350	50193	6138	20239
2257	7659	7769	1150	268	143	11812	921	6826
60	2888	2889	260	67	4	1014	61	532
17205	-21707	-20345	1335	3279	618	31532	4411	19785
9951	-12119	-12287	344	944	168	8185	574	5633
7038	-3519	-4947	880	1945	390	17513	2795	10769
216	-6069	-3111	111	390	60	5834	1042	3383
73572	11353	6550	20054	26835	7216	321156	40728	199825
2815	10694	11542	4894	3480	580	22429	2142	12673
190	-970	-1007	124	96	38	3079	199	3243

15-21 限额以上餐饮企业财务状况（2005 年）

单位：万元

项　目	Item	企业数（个）Number of Enterprises (unit)	流动资产合计 Circulating Assets	固定资产原价 Original Value of Fixed Assets	累计折旧 Accumulated Depreciation
餐饮业合计	**Total Catering Services**	**1490**	**606729**	**1215102**	**426514**
#国有及国有控股	State-owned and State-controlled Enterprises	70	58391	196182	71081
按登记注册类型分组	By Status of Registration				
内资企业	Domestic Funded Enterprises	1303	401800	753422	235859
国有企业	State-owned Enterprises	55	33043	133298	52638
集体企业	Collective-owned Enterprises	97	16426	59266	23679
股份合作企业	Share-holding Cooperative Enterprises	53	6876	4822	2581
联营企业	Joint-operation Enterprises	12	2093	23402	6580
国有联营企业	State-owned Joint-operation Enterprises	2	555	12708	4970
集体联营企业	Collective Joint-operation Enterprises	1	50	145	3
国有与集体联营企业	State-collective Joint-operation Enterprises				
其他联营企业	Other Joint-operation Enterprises	9	1488	10549	1607
有限责任公司	Limited Liability Corporations	155	79250	126842	29109
国有独资企业	State Sole Investment Enterprises	3	1361	2548	630
其他有限责任公司	Other Limited Liability Companies	152	77889	124294	28479
股份有限公司	Share-holding Corporations Ltd.	13	3549	13015	5228
私营企业	Private Enterprises	888	255927	386947	114442
私营独资企业	Private Sole Investment Enterprises	284	71479	117271	26214
私营合伙企业	Private Partnership Enterprises	103	18635	20808	7388
私营有限责任公司	Private Limited Liability Corporations	439	156228	233902	77596
私营股份有限公司	Private Share-holding Corporations Ltd.	62	9585	14966	3244
其他企业	Other Enterprises	30	4636	5830	1602
港、澳、台商投资企业	Enterprises with Funds from Hong Kong, Macao and Taiwan	107	111105	188699	70751
合资经营企业	Joint Ventures	32	34466	59917	17397
合作经营企业	Cooperative Enterprises	22	48251	61380	22899
独资经营企业	Sole Investment Enterprises	53	28388	67402	30455
投资股份有限公司	Share-holding Corporations Ltd.				
外商投资企业	Foreign Investment Enterprises	80	93824	272981	119904
中外合资经营企业	Sino-foreign Joint Ventures	26	29688	98557	42049
中外合作经营企业	Sino-foreign Cooperative Enterprises	27	51228	121526	57608
外资企业	Foreign Funded Enterprises	26	12882	52892	20244
外商投资股份有限公司	Share-holding Corporations Ltd.	1	26	6	3
按国民经济行业分组	By Economic Sector				
正餐服务业	Dinner Service	1397	503383	962685	340151
快餐服务业	Fast Food Service	46	54272	193786	79335
饮料及冷饮服务业	Beverage and Cold Drink Service	17	31927	39119	2021
其他餐饮服务业	Other Services	30	17147	19512	5007

Financial Indicators of Enterprises above Designated Size in Catering Services (2005)

(10000 yuan)

#本年折旧 Depreciation Drawn in Current Year	资产合计 Total Assets	负债合计 Total Liabilities	所有者权益合计 Total Creditors' Equity	实收资本 Total Capital Hold	营业收入合计 Total Business Revenue	主营业务收入 Main Business Revenue	主营业务成本 Main Business Costs	主营业务税金及附加 Tax and Extra Charges on Main Business
75947	**1729924**	**1119810**	**610114**	**677847**	**2216112**	**2205801**	**1051043**	**129759**
6513	207858	125926	81932	59606	125965	125054	55395	5639
46783	1117269	693514	423755	350263	1496256	1489634	762893	91940
4673	128330	60738	67592	34360	75218	74968	33128	2924
5096	64773	39556	25217	33104	79583	79132	41338	4424
651	11574	13139	-1565	4002	46820	46814	26916	2490
904	19547	13541	6006	3497	19761	19733	9204	1800
361	8322	8253	69	1578	1237	1237	239	71
	193	15	178	50	250	235	150	17
543	11032	5273	5759	1869	18274	18261	8815	1712
7883	221115	138752	82363	72832	255874	254682	124873	15753
90	5081	2383	2698	542	2773	2773	943	152
7793	216034	136369	79665	72290	253101	251909	123930	15601
1063	15559	5001	10558	5440	17374	17374	8610	1088
26070	646227	416411	229816	192830	975807	971516	504444	61793
6013	184797	62126	122671	63317	232071	228544	126336	14881
1571	40582	32001	8581	15315	97873	97477	51119	6488
17923	397083	306681	90402	105024	591508	591169	299546	37236
563	23765	15603	8162	9174	54355	54326	27443	3188
443	10144	6376	3768	4198	25819	25415	14380	1668
9338	294325	249274	45051	156540	256366	254110	110568	14165
3350	110401	90157	20244	50463	69384	68546	28788	3872
1094	94359	86016	8343	40207	71144	71084	31089	3256
4894	89565	73101	16464	65870	115838	114480	50691	7037
19826	318330	177022	141308	171044	463490	462057	177582	23654
5600	128722	86427	42295	48333	167034	166984	67778	8534
9852	137266	60052	77214	97962	176362	175669	64831	9016
4372	52274	30540	21734	24646	119802	119112	44765	6084
2	68	3	65	103	292	292	208	20
58025	1379493	953702	425791	555079	1711160	1703406	851934	103441
16489	233379	121377	112002	99897	446725	444196	172623	22130
454	74297	13566	60731	8195	12550	12550	4627	726
979	42755	31165	11590	14676	45677	45649	21859	3462

15-21 续表

单位：万元

项　　目	Item	主营业务利润 Main Business Profits	其它业务利润 Profits from Other Businesses	营业费用 Operational Expenses	管理费用 Management Expenses
餐饮业合计	**Total Catering Services**	**941825**	**6888**	**782145**	**220312**
# 国有及国有控股	State-owned and State-controlled Enterprises	59076	462	48951	17072
按登记注册类型分组	By Status of Registration				
内资企业	Domestic Funded Enterprises	558344	3885	476206	147607
国有企业	State-owned Enterprises	33971	3045	29069	11587
集体企业	Collective-owned Enterprises	29094	－152	23414	7132
股份合作企业	Share-holding Cooperative Enterprises	12154		14808	3938
联营企业	Joint-operation Enterprises	8730	8	4041	4761
国有联营企业	State-owned Joint-operation Enterprises	927	4	650	1064
集体联营企业	Collective Joint-operation Enterprises	68	1	5	20
国有与集体联营企业	State-collective Joint-operation Enterprises				
其他联营企业	Other Joint-operation Enterprises	7735	3	3386	3677
有限责任公司	Limited Liability Corporations	96503	237	76401	33179
国有独资企业	State Sole Investment Enterprises	1678	2	1061	608
其他有限责任公司	Other Limited Liability Companies	94825	235	75340	32571
股份有限公司	Share-holding Corporations Ltd.	6296	31	5679	1847
私营企业	Private Enterprises	365903	709	315365	82987
私营独资企业	Private Sole Investment Enterprises	70794	303	60858	18058
私营合伙企业	Private Partnership Enterprises	33745	111	34241	9073
私营有限责任公司	Private Limited Liability Corporations	238406	251	201806	51241
私营股份有限公司	Private Share-holding Corporations Ltd.	22958	44	18460	4615
其他企业	Other Enterprises	5693	7	7429	2176
港、澳、台商投资企业	Enterprises with Funds from Hong Kong, Macao and Taiwan	124631	2863	106788	31340
合资经营企业	Joint Ventures	35001	760	27375	10425
合作经营企业	Cooperative Enterprises	35174	449	23739	11384
独资经营企业	Sole Investment Enterprises	54456	1654	55674	9531
投资股份有限公司	Share-holding Corporations Ltd.				
外商投资企业	Foreign Investment Enterprises	258850	140	199151	41365
中外合资经营企业	Sino-foreign Joint Ventures	90672	70	70535	12046
中外合作经营企业	Sino-foreign Cooperative Enterprises	100183	273	77455	17935
外资企业	Foreign Funded Enterprises	67931	－203	51021	11354
外商投资股份有限公司	Share-holding Corporations Ltd.	64		140	30
按国民经济行业分组	By Economic Sector				
正餐服务业	Dinner Service	667725	5650	565581	178897
快餐服务业	Fast Food Service	247549	724	198176	32343
饮料及冷饮服务业	Beverage and Cold Drink Service	6324	207	6316	1764
其他餐饮服务业	Other Services	20227	307	12072	7308

15-21 continued

(10000 yuan)

财务费用 Financial Expenses	营业利润 Business Profits	利润总额 Total Profits	应交所得税 Income Taxes Payable	劳动及失业保险费 Labor and Unemployment Insurance Premium	住房公积金和住房补贴 Public Reserve Funds for Housing and Housing Subsidies	本年应付工资总额 Total Wages Payable in Current Year	本年应付福利费总额 Welfare Expenses Payable in Current Year	从业人数（人） Number of Employed Persons (person)
26033	**20132**	**7378**	**25068**	**19649**	**3712**	**277846**	**25084**	**215112**
2789	-1962	-3018	1451	2444	946	21037	1840	12476
17698	11494	1380	17255	13434	1632	196711	16819	155583
885	1970	-434	468	1773	651	14305	1677	8571
665	2385	1151	1011	549	40	11189	756	9671
325	1642	1386	730	775	11	4718	387	3881
138	-201	-189	183	135	42	3166	361	1920
1	-784	-774	1	83	22	423	58	233
	44	44	14	2		12	2	20
137	539	541	168	50	20	2731	301	1667
3569	3220	2222	2907	2925	222	35230	3038	27245
5	7	9	6	25		453	60	365
3564	3213	2213	2901	2900	222	34777	2978	26880
227	-10	-247	126	265	14	2583	239	1629
11774	2508	-2386	11603	6896	647	122158	10143	99791
2422	5785	4132	2810	1261	162	28669	1805	26720
638	2123	1260	1193	880	105	11932	946	10364
8452	-5865	-8076	7015	4282	376	74400	6982	56575
262	465	298	585	473	4	7157	410	6132
115	-20	-123	227	116	5	3362	218	2875
5180	-12176	-13230	1078	2294	231	31502	2074	21037
2066	-2834	-3047	85	407	29	9751	1146	6639
2725	-1771	-2047	687	584	32	9687	384	5609
389	-7571	-8136	306	1303	170	12064	544	8789
3155	20814	19228	6735	3921	1849	49633	6191	38492
1431	7010	5598	2424	1816	577	18294	1312	12823
1172	8530	7243	3054	672	1098	17286	3635	16419
551	5266	6379	1257	1390	174	14027	1244	9213
1	8	8		43		26		37
23186	1906	-11234	16695	15344	1753	226073	19093	173621
2043	19077	19252	6443	3789	1839	42926	5401	35283
30	-1327	-936	72	176	96	2081	24	1379
774	476	296	1858	340	24	6766	566	4829

15-22 各市星级住宿业和限额以上餐饮企业财务状况（2005 年）

单位：万元

市别	City	流动资产合计 Circulating Assets	固定资产原价 Original Valueof Fixed Assets	累计折旧 Accumulated Depreciation	#本年折旧 Depreciation Drawn in Current Year
住宿餐饮业合计	**Total Accommodations and Catering Services**	**2346687**	**6096647**	**2300110**	**268809**
住宿业	**Accommodations**	**1739958**	**4881545**	**1873596**	**192862**
广　州	Guangzhou	558865	1397370	648053	54035
深　圳	Shenzhen	324459	1166099	469957	33250
珠　海	Zhuhai	126317	340087	147014	15883
汕　头	Shantou	58440	238223	68909	5903
佛　山	Foshan	87655	276939	99973	13857
韶　关	Shaoguan	10458	33403	10445	1360
河　源	Heyuan	16024	37934	5180	1534
梅　州	Meizhou	38448	68642	14306	1925
惠　州	Huizhou	41258	105697	30200	4142
汕　尾	Shanwei	5943	23728	7021	982
东　莞	Dongguan	146723	494552	160689	30317
中　山	Zhongshan	162168	181647	60657	8724
江　门	Jiangmen	58013	161888	43977	6329
阳　江	Yangjiang	4007	45785	7797	1196
湛　江	Zhanjiang	47902	61186	27825	3647
茂　名	Maoming	6149	28036	7151	1140
肇　庆	Zhaoqing	14056	100581	29265	3215
清　远	Qingyuan	17876	39612	13085	1687
潮　州	Chaozhou	6628	27359	8364	1200
揭　阳	Jieyang	6395	45044	13113	2334
云　浮	Yunfu	2174	7733	615	202
餐饮业	**Catering Services**	**606729**	**1215102**	**426514**	**75947**
广　州	Guangzhou	182337	415642	169467	26659
深　圳	Shenzhen	118664	221437	80498	15586
珠　海	Zhuhai	44125	59649	7336	1932
汕　头	Shantou	3288	7585	2306	574
佛　山	Foshan	49296	80757	33949	6596
韶　关	Shaoguan	6835	13373	4033	772
河　源	Heyuan	2091	8678	1839	459
梅　州	Meizhou	1798	5041	511	242
惠　州	Huizhou	8425	15801	6463	1030
汕　尾	Shanwei	642	8929	683	104
东　莞	Dongguan	93710	173549	65235	12571
中　山	Zhongshan	14317	21630	6080	1148
江　门	Jiangmen	9465	28188	12049	1595
阳　江	Yangjiang	25551	67572	15579	1883
湛　江	Zhanjiang	6504	18742	3183	1232
茂　名	Maoming	14745	15901	3208	689
肇　庆	Zhaoqing	9159	12562	3354	842
清　远	Qingyuan	6861	17659	3485	837
潮　州	Chaozhou	2966	2818	766	194
揭　阳	Jieyang	750	5436	2013	350
云　浮	Yunfu	5200	14153	4477	652

Financial Indicators of Enterprises with Star Ratings in Accommodations and Enterprises above Designated Size in Catering Services (2005)

(10000 yuan)

资产合计 Total Assets	负债合计 Total Liabilities	所有者权益合计 Total Creditors' Equity	实收资本 Total Capital Hold	营业收入合计 Total Business Revenue	主营业务收入 Main Business Revenue	主营业务成本 Main Business Costs	主营业务税金及附加 Tax and Extra Charges on Main Business	主营业务利润 Main Business Profits
7564760	**5053468**	**2511292**	**2886811**	**4245710**	**4216764**	**1569629**	**245655**	**2202425**
5834836	**3933658**	**1901178**	**2208964**	**2029598**	**2010963**	**518586**	**115896**	**1260600**
1632314	1019943	612371	590791	635254	633976	112796	33486	445991
1173328	558737	614591	560188	449988	449841	96774	24510	328557
395567	355760	39807	119215	106404	105331	24424	5687	66365
255855	235650	20205	95863	44645	44456	16787	2258	24811
350275	232498	117778	119164	145616	143752	44291	8945	39634
48514	26030	22484	25654	21929	21929	7136	1325	13369
51932	28889	23043	26156	15429	15166	5529	922	7716
124368	101905	22464	47424	15942	15223	5401	946	7736
147032	83731	63301	86511	41723	40633	14315	2717	23151
23421	18687	4734	13865	7381	7379	3163	474	3723
614336	481779	132557	206611	253539	248175	77957	16525	146961
363411	337168	26243	64657	83111	82953	26910	5300	50743
210572	145836	64736	88223	57182	54090	22109	3983	26923
42511	30587	11923	20457	8134	8134	5057	260	2817
111375	101740	9635	21801	43865	43646	20421	2677	19090
32597	25959	6638	13102	17242	14218	6616	856	6746
119423	87720	31703	48559	33545	33479	10470	1942	20607
56892	42523	14369	15426	24432	24345	9207	1537	13600
30797	8388	22408	11970	11482	11482	4897	761	5825
39134	3406	35728	30730	10039	10039	3021	656	4971
11182	6722	4460	2597	2716	2716	1305	129	1264
1729924	**1119810**	**610114**	**677847**	**2216112**	**2205801**	**1051043**	**129759**	**941825**
546035	378402	167633	194988	856109	853315	389424	49442	378967
330456	238913	91542	134484	549536	546961	247060	29574	270328
106609	25094	81515	35018	70610	70610	37756	5146	26529
9715	3765	5950	3877	39088	39088	28692	1980	8038
124718	99917	24800	56951	169009	168502	93543	10659	23538
24803	15301	9503	8199	10882	10882	5282	551	5049
10568	4906	5662	7862	7160	7156	3342	406	3408
6798	1875	4924	2304	6351	6351	3504	353	2482
21160	10987	10173	12929	27456	27456	13195	2396	11721
8988	1489	7499	1550	3032	3018	1514	201	1303
250508	134307	116200	103717	202885	200769	82354	12921	103085
33824	28152	5672	11587	60170	60163	32510	3400	24253
32328	22662	9667	15685	53690	52411	28223	3205	19237
77544	73256	4288	34676	31991	31991	14729	1939	15323
24715	11835	12879	5037	41744	41347	26734	2324	11868
31943	19598	12345	8731	29580	29224	15418	1566	12240
35720	14381	21339	13580	18841	18841	9957	1022	7677
23830	23024	807	8355	16984	16787	7260	1190	8335
7511	2573	4938	4592	6605	6540	3632	501	2324
4194	205	3989	2956	3058	3058	1793	209	908
17957	9168	8789	10769	11331	11331	5121	774	5212

15-22 续表

单位：万元

项目	Item	其它业务利润 Profits from Other Businesses	营业费用 Operational Expenses	管理费用 Management Expenses	财务费用 Financial Expenses
住宿餐饮业合计	**Total Accommodations and Catering Services**	**20302**	**1518576**	**777831**	**102610**
住宿业	**Accommodations**	**13414**	**736431**	**557519**	**76577**
广　州	Guangzhou	2009	227349	218866	20068
深　圳	Shenzhen	－38	172148	115697	8400
珠　海	Zhuhai	900	31804	37047	6844
汕　头	Shantou	426	14045	13034	3642
佛　山	Foshan	2197	52833	30135	2168
韶　关	Shaoguan	236	7634	5188	352
河　源	Heyuan	297	5512	2648	877
梅　州	Meizhou	810	4011	4148	514
惠　州	Huizhou	2913	15853	12802	2887
汕　尾	Shanwei		3409	1052	274
东　莞	Dongguan	2183	98880	54318	16397
中　山	Zhongshan	356	32594	20395	4514
江　门	Jiangmen	410	20629	14302	2628
阳　江	Yangjiang	31	2126	1358	801
湛　江	Zhanjiang	140	12626	5867	3484
茂　名	Maoming	62	4248	2075	479
肇　庆	Zhaoqing	122	13808	8180	1340
清　远	Qingyuan	133	10768	3579	304
潮　州	Chaozhou	4	2375	2306	330
揭　阳	Jieyang	222	3009	4099	163
云　浮	Yunfu	1	770	423	111
餐饮业	**Catering Services**	**6888**	**782145**	**220312**	**26033**
广　州	Guangzhou	3680	330993	79067	9028
深　圳	Shenzhen	2539	218628	54274	4112
珠　海	Zhuhai	－671	17267	8334	492
汕　头	Shantou	－25	5211	1446	84
佛　山	Foshan	293	42544	12739	2199
韶　关	Shaoguan	91	3139	1491	203
河　源	Heyuan	9	2252	572	266
梅　州	Meizhou	26	1721	667	54
惠　州	Huizhou	3	7307	3303	250
汕　尾	Shanwei	2	714	670	8
东　莞	Dongguan	445	72163	32512	4117
中　山	Zhongshan	96	20723	4550	278
江　门	Jiangmen	10	17114	4474	234
阳　江	Yangjiang	1	12085	4836	2182
湛　江	Zhanjiang	47	6927	2243	394
茂　名	Maoming	37	4386	4508	732
肇　庆	Zhaoqing	149	6760	1171	543
清　远	Qingyuan	88	6394	1510	588
潮　州	Chaozhou	16	1287	307	63
揭　阳	Jieyang	10	659	260	7
云　浮	Yunfu	42	3871	1378	199

15-22 continued

(10000 yuan)

营业利润 Business Profits	利润总额 Total Profits	应交所得税 Income Taxes Payable	劳动及失业保险费 Labor and Unemployment Insurance Premium	住房公积金和住房补贴 Public Reserve Funds for Housing and Housing Subsidies	本年应付工资总额 Total Wages Payable in Current Year	本年应付福利费总额 Welfare Expenses Payable in Current Year	从业人数（人） Number of Employed Persons (person)
41209	**24463**	**50140**	**50060**	**11546**	**624510**	**68153**	**430853**
21077	**17085**	**25072**	**30411**	**7834**	**346664**	**43069**	**215741**
25969	29604	15535	20832	6133	112101	16167	47942
32274	33078	4947	761	185	75748	9290	42815
-7401	-6292	395	1945	824	19525	2406	10652
-4888	-5337	87	581	18	7901	555	6639
8383	6319	1621	1421	213	24994	3176	17606
444	448	35	236	81	4170	561	3975
-240	182	43	29	9	2705	251	3076
-127	74	63	52	1	3236	403	3225
-4222	-5236	228	471	41	8138	440	5919
-625	-624	16	40		1524	91	1419
-6412	-12781	1195	1138	36	38994	3495	31363
-6405	-6433	141	948	72	14181	1509	9922
-8566	-8674	115	664	16	7721	501	6919
-1437	-1181	143	23		550	42	403
-2490	-2725	99	438	99	7460	1734	6822
5	16	175	171	70	3120	437	2938
-1353	-1438	60	361	27	5628	451	5354
-918	-973	16	159	6	4727	1207	4593
846	821	149	52		1601	127	1777
-1721	-1722	9	63		2140	186	1847
-39	-41		26	3	500	40	535
20132	**7378**	**25068**	**19649**	**3712**	**277846**	**25084**	**215112**
9494	5398	12120	9900	2173	102921	10845	77808
-2356	-2704	2555	4986	661	73624	6306	46484
-3	1609	803	547	47	8133	562	5860
1683	1691	250	137		2604	381	2265
7831	3656	2430	1565	177	20888	1612	17557
307	304	12	59	10	2143	263	2338
330	312	5	11		1026	62	1197
92	191	71	7		1232	41	1070
905	859	411	37	29	4286	138	4405
-86	-98	138	3		598	36	417
2844	-1977	4101	1137	444	25861	2205	21925
-1201	-983	399	347		7606	337	5747
-1115	-1267	248	283	19	5455	200	5477
-3730	-3794	529	67	5	4061	354	4449
2370	1360	267	47	1	5169	510	4900
2650	2744	518	311	139	4346	608	4261
-649	-685	80	76	1	2741	78	3086
84	68	5	72	6	2946	333	3264
736	752	63	16		537	95	656
139	139	45	10		380	12	423
-193	-197	18	31		1289	106	1523

15-23 按行业和所在地分的批发零售和住宿餐饮企业单位数（2005 年）
Number of Trade Units in Wholesale and Retail Trade, Accommodations and Catering Services by Sector and Location of Enterprise (2005)

单位：个 (unit)

项目	Item	合计 Total	按行业分 By Sector 批发业 Wholesale Trade	零售业 Retail Trade	住宿业 Accommodations	餐饮业 Catering Services	按所在地分 By Location 市 City	县 County	县以下 Under County Level
合计	**Total**	**155339**	**77277**	**65668**	**5027**	**7367**	**120288**	**3390**	**31661**
内资企业	Domestic Funded Enterprises	151175	75889	64185	4648	6453	116751	3342	31082
国有企业	State-owned Enterprises	12132	5890	4882	1021	339	7169	1240	3723
集体企业	Collective-owned Enterprises	19040	6854	10512	940	734	8942	859	9239
股份合作企业	Share-holding Cooperative Enterprises	4490	1464	2556	65	405	4093	49	348
国有联营企业	State-owned Joint-operation Enterprises	587	164	379	37	7	511	4	72
集体联营企业	Collective Joint-operation Enterprises	304	117	152	27	8	220	7	77
国有与集体联营企业	State-collective Joint-operation Enterprises	133	58	59	12	4	102	2	29
国有独资企业	State Sole Investment Enterprises	527	283	194	39	11	454	17	56
其他有限责任公司	Other Limited Liability Corporations	19657	9771	8904	472	510	15415	137	4105
股份有限公司	Share-holding Corporations Ltd.	3895	1379	2344	84	88	2230	179	1486
私营独资企业	Private Sole Investment Enterprises	13314	4508	6536	819	1451	9561	350	3403
私营合伙企业	Private Partnership Enterprises	3936	1632	1687	169	448	3340	68	528
私营有限责任公司	Private Limited Liability Corporations	66287	40631	22975	762	1919	58926	345	7016
私营股份有限公司	Private Share-holding Corporations Ltd.	4242	2216	1617	80	329	3823	60	359
港、澳、台商投资企业	Enterprises with Funds from Hong Kong, Macao and Taiwan	1908	636	668	247	357	1607	24	277
合资经营企业（港或澳、台资）	Joint Ventures	694	161	366	91	76	615	13	66
合作经营企业（港或澳、台资）	Cooperative Enterprises	247	40	57	85	65	202	4	41
港、澳、台商独资经营企业	Sole Investment Enterprises	938	421	233	70	214	765	7	166
港、澳、台商投资股份有限公司	Share-holding Corporations Ltd.	29	14	12	1	2	25		4
外商投资企业	Foreign Investment Enterprises	2256	752	815	132	557	1930	24	302
中外合资经营企业	Sino-foreign Joint Ventures	789	272	329	47	141	697	13	79
中外合作经营企业	Sino-foreign Cooperative Enterprises	588	59	273	66	190	485	8	95
外资企业	Foreign Funded Enterprises	831	394	202	17	218	711	1	119
外商投资股份有限公司	Share-holding Corporations Ltd.	48	27	11	2	8	37	2	9

15-24 按法人和产业活动单位分的批发零售和住宿餐饮企业单位数（2005 年）

Number of Trade Units in Wholesale and Retail Trade, Accommodations and Catering Services (2005)

单位：个 (unit)

项 目	Item	总计 Total	法人单位 Corporate Units 合计 Total	法人单位 批发零售业 Wholesale and Retail Trade	法人单位 住宿餐饮业 Accommodations and Catering Services	产业活动单位 Establishments 合计 Total	产业活动单位 批发零售业 Wholesale and Retail Trade	产业活动单位 住宿餐饮业 Accommodations and Catering Services
合 计	**Total**	**155339**	**113756**	**104843**	**8913**	**41583**	**38102**	**3481**
内资企业	Domestic Funded Enterprises	151175	111760	103522	8238	39415	36552	2863
国有企业	State-owned Enterprises	12132	6306	5486	820	5826	5286	540
集体企业	Collective-owned Enterprises	19040	9075	7969	1106	9965	9397	568
股份合作企业	Share-holding Cooperative Enterprises	4490	3633	3221	412	857	799	58
国有联营企业	State-owned Joint-operation Enterprises	587	221	200	21	366	343	23
集体联营企业	Collective Joint-operation Enterprises	304	199	172	27	105	97	8
国有与集体联营企业	State-collective Joint-operation Enterprises	133	91	79	12	42	38	4
国有独资企业	State Sole Investment Enterprises	527	261	234	27	266	243	23
其他有限责任公司	Other Limited Liability Corporations	19657	13383	12688	695	6274	5987	287
股份有限公司	Share-holding Corporations Ltd.	3895	1346	1264	82	2549	2459	90
私营独资企业	Private Sole Investment Enterprises	13314	11902	9784	2118	1412	1260	152
私营合伙企业	Private Partnership Enterprises	3936	3508	2957	551	428	362	66
私营有限责任公司	Private Limited Liability Corporations	66287	56672	54838	1834	9615	8768	847
私营股份有限公司	Private Share-holding Corporations Ltd.	4242	3632	3305	327	610	528	82
港、澳、台商投资企业	Enterprises with Funds from Hong Kong, Macao and Taiwan	1908	1044	641	403	864	663	201
合资经营企业（港或澳、台资）	Joint Ventures	694	279	162	117	415	365	50
合作经营企业（港或澳、台资）	Cooperative Enterprises	247	157	57	100	90	40	50
港、澳、台商独资经营企业	Sole Investment Enterprises	938	593	409	184	345	245	100
港、澳、台商投资股份有限公司	Share-holding Corporations Ltd.	29	15	13	2	14	13	1
外商投资企业	Foreign Investment Enterprises	2256	952	680	272	1304	887	417
中外合资经营企业	Sino-foreign Joint Ventures	789	389	297	92	400	304	96
中外合作经营企业	Sino-foreign Cooperative Enterprises	588	169	76	93	419	256	163
外资企业	Foreign Funded Enterprises	831	372	290	82	459	306	153
外商投资股份有限公司	Share-holding Corporations Ltd.	48	22	17	5	26	21	5

15-25 各市按行业和所在地分的批发零售和住宿餐饮企业单位数（2005 年）

Number of Trade Units in Wholesale and Retail Trade, Accommodations and Catering Services by Sector and Location of Enterprise by City (2005)

单位：个 (unit)

市 别 City	合计 Total	按行业分 By Sector				按所在地分 By Location		
		批发业 Wholesale Trade	零售业 Retail Trade	住宿业 Accomm-odations	餐饮业 Catering Services	市 City	县 County	县以下 Under County Level
合 计 Total	**155339**	**65668**	**5027**	**7367**	**120288**	**3390**	**31661**	
广 州 Guangzhou	44041	24612	16078	961	2390	41281		2760
深 圳 Shenzhen	33632	17926	13169	917	1620	33439		193
珠 海 Zhuhai	8603	4537	3392	316	358	7442		1161
汕 头 Shantou	6574	2599	3504	196	275	5294	175	1105
佛 山 Foshan	13954	8380	4559	384	631	8758		5196
韶 关 Shaoguan	2905	1446	1183	140	136	1865	302	738
河 源 Heyuan	1967	297	1431	164	75	569	580	818
梅 州 Meizhou	2770	849	1730	108	83	912	151	1707
惠 州 Huizhou	5073	1645	2994	236	198	3031	539	1503
汕 尾 Shanwei	1366	374	859	73	60	414	173	779
东 莞 Dongguan	7723	2445	4241	455	582	2371		5352
中 山 Zhongshan	4709	2484	1912	165	148	3042		1667
江 门 Jiangmen	4139	1904	1883	156	196	2778		1361
阳 江 Yangjiang	2063	867	1057	74	65	961	227	875
湛 江 Zhanjiang	4141	2052	1866	152	71	2310	247	1584
茂 名 Maoming	2919	1328	1397	88	106	1367	9	1543
肇 庆 Zhaoqing	2279	779	1176	177	147	1116	223	940
清 远 Qingyuan	1716	847	719	104	46	813	169	734
潮 州 Chaozhou	1714	598	982	47	87	905	195	614
揭 阳 Jieyang	2136	912	1080	86	58	1207	205	724
云 浮 Yunfu	915	396	456	28	35	413	195	307

15-26 各市按法人单位和产业活动单位分的批发零售和住宿餐饮企业单位数(2005 年)

Number of Trade Units in Wholesale and Retail Trade, Accommodations and Catering Services by City (2005)

单位：个 (unit)

市 别 City	总计 Total	法人单位 Corporate Units			产业活动单位 Establishments		
		合计 Total	批发零售业 Wholesale and Retail Trade	住宿餐饮业 Accomm-odations and Catering Services	合计 Total	批发零售业 Wholesale and Retail Trade	住宿餐饮业 Accomm-odations and Catering Services
合 计 Total	**155339**	**113756**	**104843**	**8913**	**41583**	**38102**	**3481**
广 州 Guangzhou	44041	34096	31466	2630	9945	9224	721
深 圳 Shenzhen	33632	25696	24270	1426	7936	6825	1111
珠 海 Zhuhai	8603	6886	6374	512	1717	1555	162
汕 头 Shantou	6574	5453	5064	389	1121	1039	82
佛 山 Foshan	13954	11519	10670	849	2435	2269	166
韶 关 Shaoguan	2905	2011	1803	208	894	826	68
河 源 Heyuan	1967	924	732	192	1043	996	47
梅 州 Meizhou	2770	1440	1302	138	1330	1277	53
惠 州 Huizhou	5073	3041	2716	325	2032	1923	109
汕 尾 Shanwei	1366	598	506	92	768	727	41
东 莞 Dongguan	7723	5465	4830	635	2258	1856	402
中 山 Zhongshan	4709	3296	3055	241	1413	1341	72
江 门 Jiangmen	4139	3071	2766	305	1068	1021	47
阳 江 Yangjiang	2063	1415	1294	121	648	630	18
湛 江 Zhanjiang	4141	2293	2139	154	1848	1779	69
茂 名 Maoming	2919	1672	1523	149	1247	1202	45
肇 庆 Zhaoqing	2279	1116	961	155	1163	994	169
清 远 Qingyuan	1716	894	770	124	822	796	26
潮 州 Chaozhou	1714	1055	958	97	659	622	37
揭 阳 Jieyang	2136	1315	1201	114	821	791	30
云 浮 Yunfu	915	500	443	57	415	409	6

15-27 各市按登记注册类型分的批发零售企业单位个数（2005年）
Basic Statistics on Corporate Units and Establishments in Wholesale and Retail Trade by City（2005）

单位：个 (unit)

市别 City	合计数 Number of Units	内资 Domestic Funded Enterprises	国有 State-owned enterprises	集体 Collective-owned Enterprises	股份合作 Share-holding Cooperative Enterprises	其他有限责任公司 Other Limited Liability Corporations	私营独资 Private Sole Investment Enterprises	私营有限责任公司 Private Limited Liability Corporations
法人单位合计 Total of Corporate Units	**104843**	**103522**	**5486**	**7969**	**3221**	**12688**	**9784**	**54838**
广　州 Guangzhou	31466	31104	1000	1567	1938	1801	2808	18182
深　圳 Shenzhen	24270	23776	260	52	80	1606	1643	18282
珠　海 Zhuhai	6374	6271	210	279	11	568	400	4550
汕　头 Shantou	5064	5030	460	1327	577	735	609	931
佛　山 Foshan	10670	10590	258	693	409	3314	1392	3686
韶　关 Shaoguan	1803	1800	188	255	21	574	228	368
河　源 Heyuan	732	726	206	238	3	52	65	99
梅　州 Meizhou	1302	1289	251	255	9	129	191	355
惠　州 Huizhou	2716	2677	304	291	28	322	258	1155
汕　尾 Shanwei	506	497	171	111	3	15	69	84
东　莞 Dongguan	4830	4770	51	334	24	1181	388	2285
中　山 Zhongshan	3055	3046	15	249	2	525	340	1820
江　门 Jiangmen	2766	2730	224	544	19	296	349	1048
阳　江 Yangjiang	1294	1291	163	353	6	127	124	417
湛　江 Zhanjiang	2139	2129	452	375	50	434	190	444
茂　名 Maoming	1523	1500	313	257	9	379	167	187
肇　庆 Zhaoqing	961	953	181	154	1	95	108	344
清　远 Qingyuan	770	764	122	139	5	163	88	171
潮　州 Chaozhou	958	949	185	136	12	172	204	168
揭　阳 Jieyang	1201	1190	367	205	12	164	105	221
云　浮 Yunfu	443	440	105	155	2	36	58	41
活动单位合计 Total of Establishments	**38102**	**36552**	**5286**	**9397**	**799**	**5987**	**1260**	**8768**
广　州 Guangzhou	9224	8500	876	1227	425	1247	381	3338
深　圳 Shenzhen	6825	6351	455	161	39	1564	188	2616
珠　海 Zhuhai	1555	1460	194	260		282	27	594
汕　头 Shantou	1039	1033	205	666	12	24	11	31
佛　山 Foshan	2269	2197	145	340	73	851	145	387
韶　关 Shaoguan	826	821	163	156	6	171	33	136
河　源 Heyuan	996	983	262	527	5	5	57	39
梅　州 Meizhou	1277	1271	397	539	2	71	41	100
惠　州 Huizhou	1923	1875	281	569	10	223	124	388
汕　尾 Shanwei	727	727	274	376		5	12	15
东　莞 Dongguan	1856	1841	42	320	1	638	63	290
中　山 Zhongshan	1341	1293	30	273	1	424	67	421
江　门 Jiangmen	1021	1017	103	653	8	40	12	85
阳　江 Yangjiang	630	628	191	285		11	6	48
湛　江 Zhanjiang	1779	1766	447	748	212	100	14	65
茂　名 Maoming	1202	1199	347	558	1	45	19	63
肇　庆 Zhaoqing	994	987	194	494		57	7	37
清　远 Qingyuan	796	790	203	294	1	113	18	36
潮　州 Chaozhou	622	620	160	294	2	72	17	34
揭　阳 Jieyang	791	784	141	522	1	11	8	34
云　浮 Yunfu	409	409	176	135		33	10	11

15-27 续表 Continued

单位：个 (unit)

市别 City	港澳台商投资 Enterprises with Funds from Hong Kong, Macao and Taiwan	外商投资 Foreign Funds Enterprises	按企业所在地分 By Location of Enterprise 市 City	县 County	县以下 Under County Level
法人单位合计 Total Number of Corporate Units	**641**	**680**	**86432**	**1579**	**16832**
广 州 Guangzhou	145	217	29862		1604
深 圳 Shenzhen	289	205	24123		147
珠 海 Zhuhai	56	47	5753		621
汕 头 Shantou	12	22	4415	68	581
佛 山 Foshan	29	51	6506		4164
韶 关 Shaoguan	2	1	1260	143	400
河 源 Heyuan	3	3	310	201	221
梅 州 Meizhou	6	7	506	41	755
惠 州 Huizhou	13	26	1848	285	583
汕 尾 Shanwei	7	2	198	88	220
东 莞 Dongguan	34	26	1688		3142
中 山 Zhongshan	4	5	2119		936
江 门 Jiangmen	18	18	2215		551
阳 江 Yangjiang		3	785	138	371
湛 江 Zhanjiang	4	6	1607	105	427
茂 名 Maoming	6	17	868	5	650
肇 庆 Zhaoqing	3	5	611	80	270
清 远 Qingyuan	2	4	414	84	272
潮 州 Chaozhou	6	3	500	105	353
揭 阳 Jieyang	1	10	601	173	427
云 浮 Yunfu	1	2	243	63	137
活动单位合计 Total Number of Establishments	**663**	**887**	**24417**	**1410**	**12275**
广 州 Guangzhou	251	473	8342		882
深 圳 Shenzhen	277	197	6794		31
珠 海 Zhuhai	40	55	1122		433
汕 头 Shantou	4	2	500	85	454
佛 山 Foshan	24	48	1591		678
韶 关 Shaoguan	2	3	432	119	275
河 源 Heyuan		13	171	267	558
梅 州 Meizhou	2	4	338	99	840
惠 州 Huizhou	28	20	925	193	805
汕 尾 Shanwei			145	65	517
东 莞 Dongguan	7	8	431		1425
中 山 Zhongshan	12	36	714		627
江 门 Jiangmen	3	1	335		686
阳 江 Yangjiang		2	97	77	456
湛 江 Zhanjiang	2	11	539	118	1122
茂 名 Maoming	1	2	350	4	848
肇 庆 Zhaoqing	1	6	294	103	597
清 远 Qingyuan	3	3	314	76	406
潮 州 Chaozhou	1	1	324	71	227
揭 阳 Jieyang	5	2	527	12	252
云 浮 Yunfu			132	121	156

15-28 按法人单位和产业活动单位分的批发零售和住宿餐饮企业从业人员数(2005 年)
Number of Employed Persons in Wholesale and Retail Trade, Accommodations and Catering Services (2005)

单位：人 (person)

项目	Item	总计 Total	法人单位 Corporate Units 合计 Total	批发零售业 Wholesale and Retail Trade	住宿餐饮业 Accommodations and Catering Services	产业活动单位 Establishments 合计 Total	批发零售业 Wholesale and Retail Trade	住宿餐饮业 Accommodations and Catering Services
合　计	**Total**	**2481278**	**1818713**	**1245399**	**573314**	**662565**	**471573**	**190992**
内资企业	Domestic Funded Enterprises	2172206	1640179	1190814	449365	532027	413948	118079
国有企业	State-owned Enterprises	291203	196611	138791	57820	94592	67159	27433
集体企业	Collective-owned Enterprises	166950	115120	76923	38197	51830	41334	10496
股份合作企业	Share-holding Cooperative Enterprises	32206	25176	16156	9020	7030	5440	1590
国有联营企业	State-owned Joint-operation Enterprises	13929	7456	4994	2462	6473	5315	1158
集体联营企业	Collective Joint-operation Enterprises	3506	3077	2024	1053	429	404	25
国有与集体联营企业	State-collective Joint-operation Enterprises	3272	2533	1323	1210	739	520	219
国有独资企业	State Sole Investment Enterprises	22076	12700	9138	3562	9376	7276	2100
其他有限责任公司	Other Limited Liability Corporations	397672	291724	216952	74772	105948	88572	17376
股份有限公司	Share-holding Corporations Ltd.	123742	64941	55782	9159	58801	52159	6642
私营独资企业	Private Sole Investment Enterprises	145764	129051	56421	72630	16713	8954	7759
私营合伙企业	Private Partnership Enterprises	44299	39292	18571	20721	5007	2469	2538
私营有限责任公司	Private Limited Liability Corporations	844950	692033	556699	135334	152917	118480	34437
私营股份有限公司	Private Share-holding Corporations Ltd.	47852	37648	24617	13031	10204	6800	3404
港、澳、台商投资企业	Enterprises with Funds from Hong Kong, Macao and Taiwan	144248	91605	25847	65758	52643	20458	32185
合资经营企业（港或澳、台资）	Joint Ventures	54476	30629	9701	20928	23847	14581	9266
合作经营企业（港或澳、台资）	Cooperative Enterprises	46346	30417	2851	27566	15929	1673	14256
港、澳、台商独资经营企业	Sole Investment Enterprises	40168	27716	10516	17200	12452	3799	8653
港、澳、台商投资股份有限公司	Share-holding Corporations Ltd.	3258	2843	2779	64	415	405	10
外商投资企业	Foreign Investment Enterprises	164824	86929	28738	58191	77895	37167	40728
中外合资经营企业	Sino-foreign Joint Ventures	63270	33661	13136	20525	29609	21372	8237
中外合作经营企业	Sino-foreign Cooperative Enterprises	67888	34711	6312	28399	33177	8604	24573
外资企业	Foreign Funded Enterprises	32074	17697	8563	9134	14377	6722	7655
外商投资股份有限公司	Share-holding Corporations Ltd.	1592	860	727	133	732	469	263

15-29 按行业和所在地分的批发零售企业从业人员数（2005年）
Number of Employed Persons in Wholesale and Retail Trade by Sector and Location of Enterprise (2005)

单位：人 (person)

项　目	Item	合计 Total	按行业分 By Sector		按所在地分 By Location		
			批发业 Wholesale Trade	零售业 Retail Trade	市 City	县 County	县以下 Under County Level
合　计	**Total**	**1716972**	**937204**	**779768**	**1409602**	**38821**	**268549**
内资企业	Domestic Funded Enterprises	1604762	897125	707637	1304786	38555	261421
国有企业	State-owned Enterprises	205950	144727	61223	144939	17949	43062
集体企业	Collective-owned Enterprises	118257	51824	66433	57393	5171	55693
股份合作企业	Share-holding Cooperative Enterprises	21596	9745	11851	18784	455	2357
国有联营企业	State-owned Joint-operation Enterprises	10309	4295	6014	9238	20	1051
集体联营企业	Collective Joint-operation Enterprises	2428	1361	1067	1803	54	571
国有与集体联营企业	State-collective Joint-operation Enterprises	1843	847	996	1518	30	295
国有独资企业	State Sole Investment Enterprises	16414	11744	4670	15008	519	887
其他有限责任公司	Other Limited Liability Corporations	305524	153693	151831	259821	2798	42905
股份有限公司	Share-holding Corporations Ltd.	107941	63720	44221	84843	4939	18159
私营独资企业	Private Sole Investment Enterprises	65375	27598	37777	45048	1776	18551
私营合伙企业	Private Partnership Enterprises	21040	10641	10399	17042	431	3567
私营有限责任公司	Private Limited Liability Corporations	675179	389677	285502	603840	3739	67600
私营股份有限公司	Private Share-holding Corporations Ltd.	31417	16983	14434	28398	408	2611
港、澳、台商投资企业	Enterprises with Funds from Hong Kong, Macao and Taiwan	46305	19785	26520	42379	165	3761
合资经营企业（港或澳、台资）	Joint Ventures	24282	5650	18632	23305	155	822
合作经营企业（港或澳、台资）	Cooperative Enterprises	4524	1294	3230	4330		194
港、澳、台商独资经营企业	Sole Investment Enterprises	14315	10036	4279	11594	10	2711
港、澳、台商投资股份有限公司	Share-holding Corporations Ltd.	3184	2805	379	3150		34
外商投资企业	Foreign Investment Enterprises	65905	20294	45611	62437	101	3367
中外合资经营企业	Sino-foreign Joint Ventures	34508	7497	27011	33563	72	873
中外合作经营企业	Sino-foreign Cooperative Enterprises	14916	2063	12853	14371	27	518
外资企业	Foreign Funded Enterprises	15285	10163	5122	13403		1882
外商投资股份有限公司	Share-holding Corporations Ltd.	1196	571	625	1100	2	94

15-30 各市按法人和产业活动单位分的批发零售和住宿餐饮企业从业人员数(2005年)

Number of Employed Persons in Wholesale and Retail Trade, Accommodations and Catering Services by City (2005)

单位：人 (person)

市别 City		总计 Total	法人单位 Corporate Units			产业活动单位 Establishments		
			合计 Total	批发零售业 Wholesale and Retail Trade	住宿餐饮业 Accommodations and Catering Services	合计 Total	批发零售业 Wholesale and Retail Trade	住宿餐饮业 Accommodations and Catering Services
合　计	**Total**	**2481278**	**1818713**	**1245399**	**573314**	**662565**	**471573**	**190992**
广　州	Guangzhou	767934	519826	352385	167441	248108	175671	72437
深　圳	Shenzhen	582720	416129	311133	104996	166591	114429	52162
珠　海	Zhuhai	111048	85262	56000	29262	25786	14868	10918
汕　头	Shantou	75779	64751	49723	15028	11028	9256	1772
佛　山	Foshan	184461	152112	103472	48640	32349	22992	9357
韶　关	Shaoguan	40785	31395	21837	9558	9390	8395	995
河　源	Heyuan	23680	17841	10388	7453	5839	4405	1434
梅　州	Meizhou	35763	26440	19814	6626	9323	8744	579
惠　州	Huizhou	66301	47949	33218	14731	18352	15089	3263
汕　尾	Shanwei	25048	19737	15101	4636	5311	3829	1482
东　莞	Dongguan	172230	137688	68444	69244	34542	16212	18330
中　山	Zhongshan	77480	56521	36011	20510	20959	16295	4664
江　门	Jiangmen	66108	53460	34766	18694	12648	11718	930
阳　江	Yangjiang	26543	22237	14527	7710	4306	3995	311
湛　江	Zhanjiang	52394	34993	29502	5491	17401	15108	2293
茂　名	Maoming	48455	38193	27683	10510	10262	9211	1051
肇　庆	Zhaoqing	39712	25405	14993	10412	14307	7152	7155
清　远	Qingyuan	25466	20385	9781	10604	5081	4376	705
潮　州	Chaozhou	16782	13411	9809	3602	3371	3062	309
揭　阳	Jieyang	26067	21840	17172	4668	4227	3553	674
云　浮	Yunfu	16522	13138	9640	3498	3384	3213	171

15-31 各市按行业和所在地分的批发零售企业从业人员数（2005年）

Number of Employed Persons in Wholesale and Retail Trade by Sector and Location of Enterprise by City (2005)

单位：人 (person)

市别 City		合计 Total	按行业分 By Sector		按所在地分 By Location		
			批发业 Wholesale Trade	零售业 Retail Trade	市 City	县 County	县以下 Under County Level
合　计	**Total**	**1716972**	**937204**	**779768**	**1409602**	**38821**	**268549**
广　州	Guangzhou	528056	295968	232088	503111		24945
深　圳	Shenzhen	425562	243862	181700	421217		4345
珠　海	Zhuhai	70868	40237	30631	63015		7853
汕　头	Shantou	58979	35836	23143	46468	2028	10483
佛　山	Foshan	126464	78442	48022	90419		36045
韶　关	Shaoguan	30232	15204	15028	20629	3224	6379
河　源	Heyuan	14793	4418	10375	5764	5099	3930
梅　州	Meizhou	28558	12555	16003	11429	1322	15807
惠　州	Huizhou	48307	18524	29783	34553	4268	9486
汕　尾	Shanwei	18930	8315	10615	6625	3090	9215
东　莞	Dongguan	84656	27908	56748	32574		52082
中　山	Zhongshan	52306	25885	26421	39750		12556
江　门	Jiangmen	46484	25951	20533	32822		13662
阳　江	Yangjiang	18522	10337	8185	9859	2527	6136
湛　江	Zhanjiang	44610	27011	17599	24159	3554	16897
茂　名	Maoming	36894	20931	15963	22172	138	14584
肇　庆	Zhaoqing	22145	10401	11744	14209	2198	5738
清　远	Qingyuan	14157	8188	5969	8880	1301	3976
潮　州	Chaozhou	12871	6080	6791	6893	1709	4269
揭　阳	Jieyang	20725	12440	8285	9984	3821	6920
云　浮	Yunfu	12853	8711	4142	5070	4542	3241

主要统计指标解释

社会消费品零售总额 指各种经济类型的批发零售业、住宿餐饮业和其他行业的企业（单位）或个体户，售予城乡居民用于生活消费和社会集团用于公共消费的商品金额的总和。

批发零售业商品购进总额 指从本企业以外的单位和个人购进（包括从国外直接进口）作为转卖或加工后转卖的商品金额。本指标由“从生产者购进额”、“从批发零售业购进额”、“进口额”和“其他购进”组成。这个指标反映批发零售企业从国内、国外市场上购进商品的总量。

批发零售业商品销售总额 指售予本企业以外的单位和个人的商品金额（包括对国（境）外直接出口及售给本单位消费用的商品）。本指标由“对生产经营单位批发额”、“对批发零售业批发额”、“出口额”和“对居民和社会集团商品零售额”项目组成。这个指标反映批发零售业在国内市场上销售商品以及出口商品的总量。

批发 指除零售以外的一切商品销售活动。包括对生产经营单位批发、对批发零售业批发和出口。

对生产经营单位批发 指售给国民经济和社会各部门作为生产或经营使用的商品。

零售 指出售城乡居民用于生活消费商品和社会集团直接用于公用消费商品的活动。

批发零售业年末库存总额 指批发零售企业已取得所有权的全部商品。这个指标反映批发零售贸易企业的商品库存情况，对市场商品供应的保证程度。

批发零售业住宿餐饮业法人单位 指各种经济类型独立核算法人批发零售企业、住宿餐饮企业的单位个数。法人单位应同时具备以下条件：1. 依法成立，有自己的名称、组织机构和场所，能够独立承担民事责任；2. 独立拥有和使用资产，承担负债，有权与其他单位签订合同；3. 独立核算盈亏，并能够编制资产负债表。

批发业 是指从工农业生产者或从商品流通企业单位和个体户购进商品，转卖给工业、农业、建筑业、运输邮电业、住宿餐饮业、服务业等生产经营单位作为生产经营用，以及将商品转卖给其他批发企业或零售企业的商品流通企业（单位）和个体户。

零售业 是指从工农业生产者、批发业或居民购进商品，转卖给城乡居民作为生活消费和售给社会集团作为公共消费的商品流通企业（单位）和个体户。

餐饮业 是指从事食品的烹饪、调制并直接售给居民和社会集团的企业（单位）和个体户。

Explanatory Notes on Main Statistical Indicators

Total Retail Sales of Consumer Goods refer to the sum of retail sales of consumer goods sold by enterprises (establishments) or individuals in wholesale, retail trade, accommodations, catering services and other industries of various types of ownership to urban and rural household for living consumption and to social institutions for public consumption.

Total Purchases of Commodities by Wholesale and Retail Trade refer to the purchases of commodities by the establishments from other establishments or individuals (including direct import from abroad) for the purpose of re-selling, either with or without further processing of the commodities purchased. This indicator includes the purchases from producers, the purchase from wholesale and retail trade, imports and other purchases. It is used to show the total value of purchases of commodities by wholesale and retail establishments from domestic and overseas markets.

Total Sales of Commodities by Wholesale and Retail Trade refer to the value of commodities sold by the establishments to other establishments and individuals (including direct export and commodities for self – consumption). This indicator includes the value of wholesale to establishments for their production and operation, the value of wholesale to wholesale and retail trade, exports and retail sales to urban and rural households and social institutions. It is used to show the total value of sales of commodities at domestic markets and export.

Wholesale refers to all selling activities of commodities except retail trade, including wholesale to production and operation units, wholesale to wholesale and retail trade and export.

Wholesale to Production and Operation Units refers to commodities sold to national economy and social departments for their production and operation.

Retail Sale refers to commodities sold to urban and rural households directly for living consumption and to social institutions directly for public consumption.

Total Commodity Stock of Wholesale and Retail Trade at the Year-end refer to the total commodities possessed by wholesale and retail enterprises, which reflects the commodity stock level of various wholesale and retail enterprises and the potential for market supply.

Corporate Establishments in Wholesale and Retail Trade, Accommodations and Catering Services refer to the number of corporate enterprises of various types of ownership in the wholesale and retail trade, accommodations and catering services with independent accounting system. An enterprise can be called a corporate enterprise only when it meets the following requirements: (1) It is established according to law; it has its own name, organization and location for business operation and can assume the civil responsibility; (2) It owns and uses its assets independently, assumes the liabilities and is entitled to sign contracts with other units; (3) And it has the independent accounting system and is able to compile balance sheet.

Wholesale Trade refers to the commodity circulation enterprises (establishments) and individuals which purchase commodities from producers in industry and agriculture or from commodity circulation enterprises and individuals for the purpose of reselling them to establishments in industry, agriculture, construction, transportation, posts and telecommunications, accommodations and catering trade and services for their production and operation as well as reselling them to other wholesale or retail enterprises.

Retail Trade refers to the commodity circulation enterprises (establishments) and individuals which purchase commodities from producers in industry and agriculture, wholesale trade or residents for the purpose of reselling them to urban and rural households for living consumption and to social institutions for public consumption.

Catering Services refer to the enterprises (establishments) and individuals engaged in food cooking, seasoning and selling food directly to households and social institutions.

十六、对外经济

16

FOREIGN ECONOMY

十六 对外经济

简要说明

一、本篇资料综合反映广东对外贸易、利用外资、对外承包工程和劳务合作以及“三资”企业工商登记等历年概况和近年发展的详细情况。

二、本篇资料由广东省统计局贸易外经处负责整理、编辑。

三、资料来源和统计范围：

1. 人民币对美元、日元、港元的年平均汇价资料来源于外汇管理部门，是根据当年国家外汇管理局提供的每日汇价进行加权平均计算而得出的。

2. 进出口贸易规模、结构情况资料，主要来源于广州海关，统计范围为在广东境内经海关报关注册登记的经营单位（包括有进出口经营权和无进出口经营权的经营单位）。进出口商品价值，出口按离岸价（FOB）、进口按到岸价（CIF）统计；进出口商品分类按海关合作理事会制定的《商品名称及编码协调制度》（HS）目录进行分类统计。

3. 利用外资规模、结构和广东对外承包工程和劳务合作状况的资料来源于省外经贸厅。

4. 外商投资企业注册登记情况资料来源于省工商行政管理局。

5. 对外开放使用的口岸分布状况的资料来源于省外经贸厅。

16 Foreign Economy

Brief Introduction

Ⅰ. The data in this chapter show the development of Guangdong's foreign trade, utilization of foreign capital, contracted projects and labor cooperation with the foreign countries or territories, and registration status of foreign funded enterprises over the years.

Ⅱ. The data in this chapter are prepared and edited by the Division of Trade and External Economic Relations Statistics of Guangdong Provincial Bureau of statistics.

Ⅲ. Data sources and statistical coverage:

(1) The data on the average exchange rates of RMB yuan to US dollar, Japanese yen and Hong Kong dollar over the years come from the State Administration of Foreign Exchange. The annual average exchange rate is calculated as the weighted mean of the daily exchange rates provided by the State Administration of Foreign Exchange in current year.

(2) The data on the size and composition of Guangdong's imports and exports come from Guangzhou Customs Office. The statistical coverage covers the operating units (with or without the right to handle imports and exports) which have a declaration and register at customs within the boundary of Guangdong. The values of export commodities are calculated at FOB and the values of import commodities are calculated at CIF. The Harmonized Commodity Description and Coding System (HS) stipulated by the Customs Cooperation Council is used in the classification of the import and export commodities.

(3) The data on the scale and composition of the utilization of foreign capitals and the contracted projects and labor cooperation with the foreign countries or territories in Guangdong come from the Department of Foreign Trade and Economic Cooperation of Guangdong Province. (4) The data on registration status of foreign funded enterprises come from the Administration of Industry and Commerce of Guangdong Province.

(5) The data on the port distribution for opening to the outside world come from the Department of Foreign Trade and Economic Cooperation of Guangdong Province.

16-1 对外经济主要指标

Main Indicators on Foreign Trade and Economic Cooperation and International Tourism

指　标	Item	1995	2000	2004	2005	2005比2004增长(%) Growth Rate in 2005 over 2004 (%)
海关进出口总额（亿美元）	Total Imports and Exports (USD 100 million)	1039.72	1701.06	3571.29	4280.02	19.8
出口总额	Total Exports	565.92	919.19	1915.69	2381.71	24.3
初级产品	Primary Goods	37.57	34.20	47.89	48.83	2.0
工业制成品	Manufactured Goods	528.35	884.99	1867.8	2332.88	24.9
# 机电产品	Mechanical and Electrical Products	241.33	499.75	1297.45	1644.17	26.7
高新技术产品	High and New-tech Products		170.20	664.80	835.70	25.7
进口总额	Total Imports	473.80	781.87	1655.60	1898.31	14.7
初级产品	Primary Goods	35.76	93.74	185.09	202.43	9.4
工业制成品	Manufactured Goods	438.04	688.13	1470.51	1695.88	15.3
# 机电产品	Mechanical and Electrical Products	195.33	358.34	961.98	1146.46	19.2
高新技术产品	High and New-tech Products		183.15	589.5	704.66	19.5
签订利用外资协议（合同）项目（个）	Number of Projects of Utilization of Foreign Capital through Signed Agreements and Contracts (unit)	9345	16879	10530	11786	11.9
# 对外借款	Foreign Loans	65	57			
外商直接投资	Foreign Direct Investment	8177	4245	8322	8384	0.7
签订利用外资协议（合同）金额（亿美元）	Total Amount of Foreign Capital Utilized through Signed Agreements and Contracts (USD 100 million)	261.05	110.86	221.78	267.57	20.6
# 对外借款	Foreign Loans	11.44	7.29			
外商直接投资	Foreign Direct Investment	248.32	86.84	193.60	237.44	22.6
实际利用外资额（亿美元）	Total Amount of Foreign Capital Actually Used (USD 100 million)	121.00	145.75	128.99	151.74	17.6
# 对外借款	Foreign Loans	18.40	7.02			
外商直接投资	Foreign Direct Investment	101.80	122.37	100.12	123.64	23.5
外商投资企业年底工商登记数（户）	Number of Registered Foreign-funded Enterprises at the Year-end (household)	59582	49865	55259	58762	6.3
投资总额（亿美元）	Total Investment (USD 100 million)	2046.27	2165.09	2609.56	2889.27	10.7
注册资本（亿美元）	Registered Capital (USD 100 million)	1291.32	1280.86	1520.15	1677.35	10.3
对外承包工程合同数（份）	Number of Contracted Projects with Foreign Countries (unit)	29	86	810	2061	154.4
合同金额（亿美元）	Contracted Value (USD 100 million)	1.92	3.66	16.83	32.68	94.2
完成营业额（亿美元）	Volume of Business Fulfilled (USD 100 million)	1.09	3.45	16.13	24.72	53.3
对外劳务合作合同数（份）	Number of Contracted Labor Services Cooperation with Foreign Countries (unit)	1251	6626	11482	13989	21.8
合同金额（亿美元）	Contracted Value (USD 100 million)	2.06	1.29	2.74	3.28	19.7
完成营业额（亿美元）	Volume of Business Fulfilled (USD 100 million)	1.78	1.08	2.83	3.09	9.2

注：2004年实际利用外商直接投资统计口径作了调整，与2003年以前的年份不可比。
Note: The foreign direct investment actually used of 2004 was adjusted, which was not comparable with that of 2003 and prior to it.

16-2 人民币对主要外币年平均汇价（1987－2005年）
Average Exchange Rates of RMB Yuan against Main Convertible Currencies（1987－2005）

单位：人民币：元 （RMB yuan）

年份 Year	100美元 100 US Dollars	100日元 100 Japanese Yen	100港元 100 Hong Kong Dollars	100欧元 100 Euros
1987	372.21	2.5799	47.74	
1988	372.21	2.9082	47.70	
1989	376.59	2.7360	48.28	
1990	478.38	3.3233	61.39	
1991	532.27	3.9602	68.45	
1992	551.49	4.3608	71.24	
1993	576.19	5.2020	74.41	
1994	861.87	8.4370	111.53	
1995	835.07	8.9225	107.96	
1996	830.57	7.6238	107.40	
1997	828.97	6.8623	107.09	
1998	827.90	6.3487	106.88	
1999	827.83	7.2913	106.66	
2000	827.84	7.6950	106.17	
2001	827.71	6.8098	106.07	
2002	827.70	6.6651	106.08	801.45
2003	827.70	7.1347	106.24	937.77
2004	827.70	7.6552	106.23	1029.00
2005	819.17	7.4484	105.00	1019.53

16-3 海关进出口总额（1987－2005年）
Total Value of Imports and Exports（Custom Statistics）（1987－2005）

单位：亿美元 （USD 100 million）

年份 Year	进出口总额 Total Imports and Exports	出口 Exports	进口 Imports	差额 Balance	初级产品 Primary Goods		工业制成品 Manufactured Goods	
					出口 Exports	进口 Imports	出口 Exports	进口 Imports
1987	210.37	101.40	108.97	－7.57	15.40	7.52	86.00	101.45
1988	310.19	148.17	162.02	－13.85	21.71	11.22	126.46	150.80
1989	355.78	181.13	174.65	6.48	22.06	17.59	159.07	157.06
1990	418.98	222.21	196.77	25.44	21.70	16.78	200.51	179.99
1991	525.21	270.73	254.48	16.25	20.58	21.92	250.15	232.56
1992	657.48	334.58	322.90	11.68	21.41	22.12	313.17	300.78
1993	783.44	373.94	409.50	－35.56				
1994	966.63	502.11	464.52	37.59				
1995	1039.72	565.92	473.80	92.12	37.57	35.76	528.35	438.04
1996	1099.60	593.46	506.14	87.32	37.55	41.72	555.91	464.42
1997	1301.20	745.64	555.56	190.08	47.65	51.60	697.99	503.96
1998	1297.98	756.18	541.80	214.38	39.85	53.53	716.33	488.27
1999	1403.68	777.05	626.63	150.42	30.54	64.36	746.51	562.27
2000	1701.06	919.19	781.87	137.32	34.20	93.74	884.99	688.13
2001	1764.87	954.21	810.66	143.55	35.78	100.77	918.43	709.89
2002	2210.92	1184.58	1026.34	158.24	36.72	103.15	1147.86	923.19
2003	2835.22	1528.48	1306.74	221.74	40.01	140.42	1488.47	1166.32
2004	3571.29	1915.69	1655.60	260.09	47.89	185.09	1867.80	1470.51
2005	4280.02	2381.71	1898.31	483.40	48.83	202.43	2332.88	1695.88

注：进出口差额负数为入超。
Note：A negative balance indicates an unfavorable balance of foreign trade.

16-4 按贸易方式和经济类型分的海关进出口额（2000－2005年）
Total Value of Imports and Exports by Trade Form and Types of Ownership (Custom Statistics) (2000－2005)

单位：亿美元 (USD 100 million)

项 目	Item	2000		2001		2002	
		出口 Exports	进口 Imports	出口 Exports	进口 Imports	出口 Exports	进口 Imports
总计	**Total**	**919.19**	**781.87**	**954.21**	**810.66**	**1184.58**	**1026.34**
按贸易方式分	By Trade Form						
一般贸易	General Trade	174.36	208.55	164.95	229.75	217.10	266.37
来料加工	Processing and Assembling with Customer's Materials	265.80	179.09	274.89	182.40	313.57	222.73
补偿贸易	Compensation Trade	0.08		0.07		0.09	
进料加工	Processing and Assembling with Import Materials	452.00	314.62	490.13	322.04	618.29	432.50
加工设备	Processing Equipment		15.24		14.68		15.68
外资设备	Foreign Funded Equipment		34.53		32.42		41.51
易货贸易	Barter Trade						
保税仓库	Bonded Warehouse	24.04	23.36	22.94	23.48	35.40	42.06
捐赠	Donation of Overseas Chinese	0.02	0.19		0.28	0.05	0.20
其他	Others	2.89	6.29	1.23	5.61	0.08	5.29
按经济类型分	By Types of Ownership						
国有经济	State-owned Economy	389.65	317.51	361.24	311.12	401.75	355.42
集体经济	Collective-owned Economy	25.31	25.64	34.43	32.78	44.91	30.36
私营经济	Private Economy	6.14	5.54	14.09	15.36	41.48	44.13
外商投资经济	Foreign Funded Economy	495.09	425.27	543.72	442.56	696.21	589.79
其他经济	Others	3.00	7.91	0.73	8.84	0.23	6.64

项 目	Item	2003		2004		2005	
		出口 Exports	进口 Imports	出口 Exports	进口 Imports	出口 Exports	进口 Imports
总计	**Total**	**1528.48**	**1306.74**	**1915.69**	**1655.60**	**2381.71**	**1898.31**
按贸易方式分	By Trade Form						
一般贸易	General Trade	291.92	359.85	379.62	447.53	533.21	485.00
来料加工	Processing and Assembling with Customer's Materials	339.73	237.49	390.92	273.15	402.71	286.27
补偿贸易	Compensation Trade	0.02		…		0.01	
进料加工	Processing and Assembling with Import Materials	841.72	571.45	1065.37	723.94	1347.97	884.13
加工设备	Processing Equipment		17.48		22.79		24.49
外资设备	Foreign Funded Equipment		45.70		65.36		64.44
易货贸易	Barter Trade				0.01		
保税仓库	Bonded Warehouse	54.93	69.48	79.52	116.02	97.54	142.07
捐赠	Donation of Overseas Chinese	0.01	0.12	0.08	0.14	0.04	0.09
其他	Others	0.15	5.17	0.18	6.66	0.21	0.08
按经济类型分	By Types of Ownership						
国有经济	State-owned Economy	405.53	365.17	436.67	388.51	445.63	396.43
集体经济	Collective-owned Economy	56.01	35.17	73.62	44.17	88.66	47.70
私营经济	Private Economy	112.99	110.94	187.76	170.63	299.48	209.35
外商投资经济	Foreign Funded Economy	953.73	793.03	1217.21	1048.09	1546.77	1240.07
其他经济	Others	0.22	2.43	0.43	4.20	1.17	4.76

16-5 按产品类型分的海关进出口额（2000－2005年）
Total Value of Imports and Exports by Product Type (Custom Statistics)（2000－2005）

单位：亿美元 (USD 100 million)

项目	Item	2000	2001	2002	2003	2004	2005
出口总额	**Total Exports**	**919.19**	**954.21**	**1184.58**	**1528.48**	**1915.69**	**2381.71**
初级产品	Primary Goods	34.2	35.78	36.72	40.01	47.89	48.83
#农产品	Farm Produce			19.30	19.39	22.78	24.04
工业制成品	Manufactured Goods	884.99	918.43	1147.86	1488.47	1867.80	2332.88
#机电产品	Mechanical and Electrical Products	499.75	553.78	726.52	997.13	1297.45	1644.17
金属制品	Metal Products	15.45	16.21	46.49	57.53	73.80	89.46
机械及设备	Machinery and Equipment	133.33	175.57	245.15	361.04	459.96	544.24
电器及电子产品	Electric and Electronic Products	228.00	240.13	308.40	424.93	577.69	738.51
运输工具	Transport Equipment	14.87	12.76	23.73	33.09	41.39	54.27
仪器仪表	Instruments and Meters	28.77	31.21	31.81	35.80	45.41	80.60
其他	Others	79.38	77.90	70.94	84.74	99.20	137.09
#高新技术产品	High and New-tech Products	170.20	222.87	309.62	480.85	664.80	835.70
生物技术	Biologic Technology	0.09	0.06	0.04	0.06	0.05	0.11
生命科学技术	Life Sciences Technology	2.12	2.41	2.58	2.74	3.28	4.65
光电技术	Photoelectric Technology	6.01	7.02	7.96	9.32	13.96	28.75
计算机与通信技术	Computer and Communication Technology	141.54	191.42	272.21	430.92	594.34	730.56
电子技术	Electronic Technology	17.54	18.87	23.43	32.98	45.95	62.65
计算机集成制造技术	Computer Integrated Manufacturing Technology	1.46	1.83	2.02	2.81	3.84	4.79
材料技术	Material Technology	0.26	0.32	0.43	1.01	2.23	2.54
航空航天技术	Aerospace Technology	0.14	0.07	0.14	0.35	0.44	0.88
其他	Others	1.04	0.87	0.81	0.66	0.71	0.77
进口总额	**Total Imports**	**781.87**	**810.66**	**1026.34**	**1306.74**	**1655.60**	**1898.31**
初级产品	Primary Goods	93.74	100.77	103.15	140.42	185.09	202.43
#农产品	Farm Produce			24.23	33.71	42.85	35.38
工业制成品	Manufactured Goods	688.13	709.89	923.19	1166.32	1470.51	1695.88
#机电产品	Mechanical and Electrical Products	358.34	358.16	552.11	740.35	961.98	1146.46
金属制品	Metal Products	3.19	3.54	8.77	11.38	14.50	15.55
机械及设备	Machinery and Equipment	105.39	115.58	149.65	187.17	236.28	261.22
电器及电子产品	Electric and Electronic Products	204.74	218.72	330.27	448.14	580.52	683.30
运输工具	Transport Equipment	8.63	8.81	20.74	24.69	30.45	40.46
仪器仪表	Instrument and Meters	21.64	25.44	32.89	57.75	88.68	135.33
其他	Others	14.75	13.07	9.79	11.22	11.55	10.61
#高新技术产品	High and New-tech Products	183.15	212.74	325.53	454.05	589.50	704.66
生物技术	Biologic Technology	0.10	0.13	0.19	0.23	0.23	0.31
生命科学技术	Life Sciences Technology	2.86	3.64	3.79	5.12	5.41	6.32
光电技术	Photoelectric Technology	2.55	3.21	4.05	5.32	7.32	7.68
计算机与通信技术	Computer and Communication Technology	64.65	80.12	109.27	154.37	189.00	216.85
电子技术	Electronic Technology	90.48	104.57	177.41	251.21	331.99	410.38
计算机集成制造技术	Computer Integrated Manufacturing Technology	16.12	16.13	19.22	24.57	34.70	35.17
材料技术	Material Technology	1.46	2.83	2.42	4.44	8.55	8.97
航空航天技术	Aerospace Technology	1.81	1.27	8.42	8.28	11.85	18.85
其他	Others	3.12	0.84	0.76	0.51	0.45	0.13

16-6 广东同主要国家（地区）海关进出口额（2004－2005年）
Guangdong's Total Value of Imports and Exports with Main Countries and Territories (Custom Statistics) (2004－2005)

单位：亿美元 (USD 100 million)

国别（地区）	Country (Territory)	2004			2005		
		进出口 Total	出口 Exports	进口 Imports	进出口 Total	出口 Exports	进口 Imports
合计	**Total**	**3571.29**	**1915.69**	**1655.60**	**4280.02**	**2381.71**	**1898.31**
亚洲	**Asia**	**2381.11**	**1046.11**	**1335.00**	**2812.01**	**1269.40**	**1542.61**
中国香港	Hong Kong, China	745.25	686.41	58.84	899.10	837.22	61.88
中国澳门	Macao, China	15.68	13.59	2.09	15.27	12.89	2.38
中国台湾	Taiwan, China	301.91	27.93	273.98	344.02	35.38	308.64
日本	Japan	409.42	127.89	281.53	440.93	138.41	302.52
韩国	Republic of Korea	181.87	41.11	140.76	205.00	44.64	160.37
菲律宾	Philippines	40.99	6.59	34.40	52.26	8.15	44.11
泰国	Thailand	65.64	14.32	51.32	77.73	18.58	59.16
马来西亚	Malaysia	88.80	16.13	72.67	92.41	19.28	73.13
新加坡	Singapore	83.54	35.40	48.14	100.36	48.71	51.65
印度尼西亚	Indonesia	32.59	11.72	20.87	33.04	12.22	20.82
印度	India	18.51	8.17	10.34	27.33	15.35	11.98
沙特阿拉伯	Saudi Arabia	16.85	6.51	10.34	22.19	10.09	12.10
阿联酋	United Arab Emirates	18.21	14.05	4.16	22.44	18.12	4.32
东盟（10国）	Association of Southeast Asian Nations	322.93	92.70	230.23	369.01	115.79	253.22
非洲	**Africa**	**39.46**	**24.50**	**14.96**	**55.92**	**36.91**	**19.01**
埃及	Egypt	2.49	2.19	0.3	4.03	3.71	0.32
南非	South Africa	16.81	6.43	10.38	20.53	8.75	11.78
欧洲	**Europe**	**444.64**	**299.08**	**145.56**	**550.92**	**385.00**	**165.93**
比利时	Belgium	25.21	13.97	11.24	31.34	17.38	13.96
丹麦	Denmark	8.06	5.04	3.02	8.00	5.33	2.68
英国	United Kingdom	58.97	48.36	10.61	72.42	60.46	11.96
德国	Germany	97.11	58.10	39.01	118.95	75.05	43.90
法国	France	40.28	25.87	14.41	53.16	29.73	23.43
意大利	Italy	36.88	22.08	14.80	40.16	25.24	14.91
荷兰	Netherlands	57.88	52.68	5.20	77.59	72.12	5.47
西班牙	Spain	16.14	13.56	2.58	23.73	19.63	4.10
奥地利	Austria	3.98	1.91	2.07	4.46	2.71	1.75
芬兰	Finland	7.88	3.79	4.09	8.80	5.11	3.69
瑞士	Switzerland	15.92	5.27	10.65	17.57	6.72	10.84
波兰	Poland	3.48	2.98	0.50	5.08	4.43	0.65
俄罗斯	Russia	22.7	10.89	11.81	28.27	15.93	12.34
欧盟	European Union	395.19	276.03	119.16	467.73	333.12	134.60
拉丁美洲	**Latin America**	**72.42**	**39.74**	**32.68**	**99.17**	**58.33**	**40.83**
阿根廷	Argentina	8.08	1.87	6.21	9.10	3.18	5.92
巴西	Brazil	16.81	7.51	9.30	22.09	11.44	10.65
智利	Chile	7.20	3.59	3.61	11.21	5.18	6.03
墨西哥	Mexico	19.20	11.70	7.50	22.54	14.25	8.29
北美洲	**North America**	**580.62**	**478.63**	**101.99**	**701.75**	**600.60**	**101.15**
加拿大	Canada	33.44	20.67	12.77	41.48	29.52	11.96
美国	United States of America	547.17	457.95	89.22	660.26	571.07	89.19
大洋洲	**Oceania**	**53.04**	**27.63**	**25.41**	**60.25**	**31.47**	**28.78**
澳大利亚	Australia	45.75	24.88	20.87	53.18	28.04	25.14
新西兰	New Zealand	6.81	2.46	4.35	6.48	3.03	3.45

注：本表数字按产销国别原则统计。
Note: The data in the table are calculated with the principle of the countries for production and marketing.

16-7 外贸进出口市场结构(2000－2005年)
Market Structure of Imports and Exports (2000－2005)

金额单位：亿美元 (USD 100 million)

地区	Region	2000 金额 Amount	2000 比重（%）Percentage	2001 金额 Amount	2001 比重（%）Percentage	2002 金额 Amount	2002 比重（%）Percentage
出口总额	**Total Value of Exports**	**919.19**	**100.0**	**954.21**	**100.0**	**1184.58**	**100.0**
亚洲	Asia	491.57	53.5	522.92	54.8	650.02	54.9
#港澳地区	Hong Kong and Macao	321.05	34.9	342.97	35.9	431.28	36.4
中国台湾	Taiwan, China	17.51	1.9	17.28	1.8	21.49	1.8
日本	Japan	77.47	8.4	81.83	8.6	93.39	7.9
东盟	Association of Southeast Asian Nations	42.41	4.6	49.27	5.2	61.69	5.2
中东十七国	The Seventeen Countries of Middle East of Asia			16.96	1.8	22.72	1.9
非洲	Africa	9.70	1.1	10.51	1.1	12.26	1.0
欧洲	Europe	137.14	14.9	139.64	14.6	173.74	14.7
#欧盟	European Union	125.79	13.7	126.33	13.2	154.32	13.0
俄罗斯	Russia	1.43	0.2	1.98	0.2	3.72	0.3
拉丁美洲	Latin America	21.21	2.3	21.17	2.2	23.10	1.9
北美洲	North America	247.14	26.9	247.65	26.0	309.28	26.1
#美国	United States of America	236.27	25.7	237.36	24.9	295.79	25.0
大洋洲	Oceania	12.43	1.4	12.32	1.3	16.18	1.4
进口总额	**Total Value of Imports**	**781.87**	**100.0**	**810.66**	**100.0**	**1026.34**	**100.0**
亚洲	Asia	602.64	77.1	622.04	76.7	806.27	78.5
#港澳地区	Hong Kong and Macao	53.35	6.8	51.97	6.4	53.65	5.2
中国台湾	Taiwan, China	151.28	19.3	153.24	18.9	198.65	19.4
日本	Japan	140.13	17.9	129.90	16.0	173.61	16.9
东盟	Association of Southeast Asian Nations	91.25	11.7	103.20	12.7	137.55	13.4
中东十七国	The Seventeen Countries of Middle East of Asia			30.13	3.7	32.04	3.1
非洲	Africa	7.61	1.0	7.79	1.0	8.24	0.8
欧洲	Europe	84.64	10.8	87.06	10.7	101.32	9.9
#欧盟	European Union	70.03	9.0	71.12	8.8	79.96	7.8
俄罗斯	Russia	6.22	0.8	5.68	0.7	6.46	0.6
拉丁美洲	Latin America	8.52	1.1	11.00	1.4	15.97	1.6
北美洲	North America	60.26	7.7	63.85	7.9	74.92	7.3
#美国	United States of America	53.05	6.8	54.29	6.7	66.94	6.5
大洋洲	Oceania	18.21	2.3	18.92	2.3	19.61	1.9

16-7 续表 continued

金额单位：亿美元 (USD 100 million)

地区	Region	2003 金额 Amount	2003 比重（%）Percentage	2004 金额 Amount	2004 比重（%）Percentage	2005 金额 Amount	2005 比重（%）Percentage
出口总额	**Total Value of Exports**	**1528.48**	**100.0**	**1915.69**	**100.0**	**2381.71**	**100.0**
亚洲	Asia	829.63	54.3	1046.11	54.6	1269.40	53.3
# 港澳地区	Hong Kong and Macao	549.16	35.9	700.00	36.5	850.10	35.7
中国台湾	Taiwan, China	25.24	1.7	27.93	1.5	35.38	1.5
日本	Japan	116.80	7.6	127.89	6.7	138.41	5.8
东盟	Association of Southeast Asian Nations	72.99	4.8	92.70	4.8	115.79	4.9
中东十七国	The Seventeen Countries of Middle East of Asia	32.86	2.1	42.48	2.2	59.87	2.5
非洲	Africa	18.69	1.2	24.50	1.3	36.91	1.5
欧洲	Europe	244.77	16.0	299.08	15.6	385.00	16.2
# 欧盟	European Union	218.32	14.3	276.03	14.4	333.12	14.0
俄罗斯	Russia	6.85	0.4	10.89	0.6	15.93	0.7
拉丁美洲	Latin America	26.63	1.8	39.74	2.1	58.33	2.4
北美洲	North America	387.07	25.3	478.63	25.0	600.59	25.2
# 美国	United States of America	370.36	24.2	457.95	23.9	571.07	24.0
大洋洲	Oceania	21.69	1.4	27.63	1.4	31.47	1.3
进口总额	**Total Value of Imports**	**1306.74**	**100.0**	**1655.60**	**100.0**	**1898.31**	**100.0**
亚洲	Asia	1056.99	80.9	1335.00	80.6	1542.61	81.3
# 港澳地区	Hong Kong and Macao	55.74	4.3	60.84	3.7	64.26	3.4
中国台湾	Taiwan, China	230.32	17.6	273.98	16.5	308.64	16.3
日本	Japan	229.18	17.5	281.53	17.0	302.52	15.9
东盟	Association of Southeast Asian Nations	191.87	14.7	230.23	13.9	253.22	13.3
中东十七国	The Seventeen Countries of Middle East of Asia	43.12	3.3	57.87	3.5	67.56	3.6
非洲	Africa	9.50	0.7	14.96	0.9	19.01	1.0
欧洲	Europe	111.44	8.5	145.56	8.8	165.93	8.7
# 欧盟	European Union	86.80	6.6	119.16	7.2	134.60	7.1
俄罗斯	Russia	8.78	0.7	11.81	0.7	12.34	0.7
拉丁美洲	Latin America	25.35	1.9	32.68	2.0	40.83	2.2
北美洲	North America	83.65	6.4	101.99	6.2	101.15	5.3
# 美国	United States of America	75.05	5.7	89.22	5.4	89.19	4.7
大洋洲	Oceania	19.81	1.5	25.41	1.5	28.78	1.5

16-8 海关进出口商品分类金额（2004－2005年）
Total Value of Imports and Exports by Category of Commodities (Custom Statistics)（2004－2005）

单位：万美元 (USD 10000)

商品类别	Category of Commodities	2004 出口 Exports	2004 进口 Imports	2005 出口 Exports	2005 进口 Imports
总计	**Total Value**	**19156929**	**16556041**	**23817088**	**18983102**
第一类 活动物；动物产品	**Live Animals and Animal Products**	**86184**	**51720**	**83191**	**39058**
活动物	Live Animals	9865	971	9885	69
肉及食用杂碎	Meat and Edible Haslets	9162	19850	12798	15101
水产品	Aquatic Products	58503	11534	53585	11285
乳品、蛋品、天然蜂蜜、其他食用动物产品	Dairy Products, Eggs, Natural Honey and Other Edible Animal Products	4458	10200	3660	9580
其他动物产品	Other Animal Products	4197	9165	3264	3023
第二类 植物产品	**Plant Products**	**69266**	**201329**	**62699**	**152973**
树苗及花草	Saplings, Flowers and Herbs	2224	1430	2638	1729
蔬菜	Edible Vegetables	22614	3052	19896	1601
水果及坚果	Fruits and Nuts	13594	30631	11819	34219
咖啡、茶叶及调味香料	Coffee, Tea and Spices	12569	1504	9460	1534
谷物	Cereals	40	25646	9	24646
制粉工业产品	Flour, Starch and Related Products	4430	7075	4528	6029
植物油籽及果实、种子、药材及饲料	Oil seeds and Kernels, Seeds Medical Materials and Forage	10794	127190	11014	78627
虫胶、树胶、树脂	Shellac, Gum, Resin	1316	2099	1439	1880
编结植物材料、其他植物产品	Stuff of Knitting Plant, Other Plants and Related Products	1685	2701	1895	2707
第三类 动、植物油脂及蜡	**Animal Fat, Vegetable Oil and Wax**	**3133**	**62476**	**4372**	**58844**
动、植物油脂及蜡	Animal Fat, Vegetable Oil and Wax	3133	62476	4372	58845
第四类 食品、烟草及制品	**Food, Tobacco and Related Products**	**181121**	**83507**	**199709**	**79163**
动物产品制品	Animal Products	63413	140	69592	389
糖及糖食	Sugar and Sugar Products	12723	6439	21014	12059
可可及可可制品	Cocoa and Cocoa Products	1002	2926	1602	3469
粮食及乳制品、糕饼点心	Foodstuff, Dairy Products and Pastry Products	18409	11787	21429	13817
蔬菜、水果等植物制品	Products of Vegetables and Fruits	15175	3350	18813	2399
杂项制品	Miscellaneous Edible Products	14737	31776	17858	14051
饮料、酒及醋	Beverages, Liquor and Vinegar	48591	3964	41963	5050
食品的残渣、动物饲料	Dreg of Food, Animal Forage	2095	23036	2072	27802
烟草及烟草制品	Tobacco and Related Products	4977	88	5366	126
第五类 矿产品	**Minerals**	**127356**	**977148**	**118074**	**1123199**
盐、硫磺、建筑材料	Salt, Sulphur, Building Materials	11348	33623	13020	32573
矿砂、矿渣及矿灰	Ore, Slag and Mortar	317	63541	302	84453
矿物燃料、矿物油及产品	Mineral Fuels, Lubricants and Related Materials	115691	879985	104753	1006173
第六类 化工产品	**Chemicals**	**270721**	**868917**	**349085**	**943051**
无机化学品	Inorganic Chemicals	35094	75718	60180	84072
有机化学品	Organic Chemicals	42055	370272	50577	404439
药品	Medicinal and Pharmaceutical Products	14688	37660	21195	40503
肥料	Fertilizers	2506	18940	3097	20093
鞣料、染料浸膏、染料、颜料、油漆、油墨	Tanning Materials, Dyeing Extracts, Dyestuff Colourant, Paint and Printing Ink	33227	105427	41897	106839

16-8 续表1 continued

单位：万美元 (USD 10000)

商品类别	Category of Commodities	2004 出口 Exports	2004 进口 Imports	2005 出口 Exports	2005 进口 Imports
化妆品及其原料、芳香料制品	Cosmetics and Cosmetic Raw Materials, Perfume Products	44620	13456	52721	13418
洗涤用品	Detergents	20696	29757	20679	33165
蛋白类物质、改性淀粉、胶、酶	Protein Materials, Modified Starch, Gum and Enzyme	7800	26738	10450	28371
炸药、烟火制品、易燃材料制品	Explosive, Pyrotechnic Products, Inflammable Material Products	8074	78	10511	57
照相及电影用品	Photographic and Film Products	24348	42010	27000	46074
杂项化学产品	Miscellaneous Chemical Products	37613	148859	50778	166019
第七类 塑料、橡胶及其制品	**Plastics, Rubber and Related Products**	**577800**	**1397961**	**696421**	**1552490**
塑料及其制品	Plastics and Related Products	529978	1296466	640244	1445164
橡胶及其制品	Rubber and Related Products	47821	101494	56177	107325
第八类 皮革、毛皮及其制品、旅行用品、手提包	**Leather, Furs and Related Products, Travel Articles, Handbags**	**399864**	**227609**	**434338**	**244497**
生皮及皮革	Raw Hides and Leather	48191	196969	50603	212460
皮革制品、旅行用品及手提包	Leather Products, Travel Articles and Handbags	321701	4254	355547	6315
毛皮、人造毛皮及制品	Furs, Artificial Furs and Related Products	29971	26386	28188	25722
第九类 木及木制品、草柳编结品	**Wood and Wooden Products, Straw and Wicker Knitting Products**	**112933**	**133910**	**126387**	**118948**
木及木制品、木炭	Wood and Wooden Products, Charcoal	86790	133280	100576	118376
软木及软木制品	Cork and Related Products	164	282	321	193
草柳编结品	Straw and Wicker Knitting Products	25979	347	25490	379
第十类 木浆、纸、纸板及制品	**Wood Pulp, Paper, Paperboard and Related Products**	**199320**	**368951**	**236182**	**372297**
木浆及其他纤维素浆、废碎纸板	Wood Pulp and Cellulose Pulp, Waste Paper and Paperboard	30	94067	126	122455
纸及纸板、纸浆、纸制品	Paper, Paperboard, Paper Pulp, Paper Products	121775	263314	144524	237601
书籍、印刷品、设计图纸	Books, Printed Matter, Design Blueprint	77515	11570	91531	12241
第十一类 纺织原料及纺织制品	**Textile Materials and Products**	**1682952**	**788890**	**2096443**	**785939**
蚕丝	Natural Silk	9520	5546	11303	5377
羊毛、动物毛、毛纱线及制品	Wool, Animal Hair, Woolen Yarn and Woven Fabrics	14377	26572	15619	25053
棉花	Cotton	129546	247016	146722	265534
其他纺织纤维、纸纱线及机织物	Other Textile Fibers, Yarn and Related Woven Fabrics	11311	14953	10203	12227
化学纤维长丝	Chemical Fiber, Continuous Filament	24780	129654	29435	124780
化学纤维短丝	Chemical Fiber, Staple Fiber	29038	97142	35029	83853
絮胎、毡尼及无纺物、特种纱线、线绳索缆	Wadding, Felt and Adhesive-bond Fabrics, Special Yarn, Thread, Rope, Cable	18058	20369	23078	21408
地毯及纺织铺地制品	Carpets and Related Woven Products	6199	1060	9485	1139
特种机织物、纺织装饰品、刺绣品	Special Woven Fabrics, Woven Ornaments, Embroidery	30989	23161	38404	25491
浸渍、涂布、包覆或层压的纺织物	Soaked, Coated or Overlapping Textile Products	15021	49254	22251	49250
针织物及钩编织物	Knit Wear and Crocheted Fabrics	176066	81017	201605	81129
针织或钩编的服装及衣着附件	Knitted or Crocheted Garments and Clothing Accessories	561605	47277	752247	48672
非针织或非钩编的服装及衣着附件	Garments Not Knitted or Not Crocheted and Clothing Accessories	590484	43439	718956	38815
其他纺织制成品、成套物品	Other Textile Products	65958	2430	82106	3210
第十二类 鞋帽伞杖、加工羽毛、人造花、人发制品	**Footwear, Headgear, Umbrellas, Canes, Processed Feather, Artificial Flowers, Wigs**	**729204**	**12874**	**849690**	**13266**
鞋类及零件	Footwear and Accessories	625815	10857	741904	11563
帽类及零件	Headgear and Accessories	27789	209	33171	231

16-8 续表2 continued

单位：万美元 (USD 10000)

商品类别	Category of Commodities	2004 出口 Exports	2004 进口 Imports	2005 出口 Exports	2005 进口 Imports
伞、杖、鞭及零件	Umbrellas, Canes, Whips and Accessories	31287	531	29933	468
加工羽毛、羽绒及制品、人造花、人发制品	Processed Feathers, Down and Related Products, Artificial Flowers, Wigs	44312	1278	44682	1004
第十三类 石材制品、陶瓷产品、玻璃及其制品	**Stone Products, Ceramics, Glass and Glassware**	**287852**	**103395**	**394274**	**104454**
石材制品	Stone and Related Products	28787	13438	42967	14338
陶瓷产品	Ceramics	180740	5870	242802	4488
玻璃及其制品	Glass and Glassware	78325	84086	108505	85629
第十四类 珠宝首饰、硬币	**Jewellery, Coins**	**254859**	**145425**	**303557**	**179932**
珠宝首饰	Jewellery	254859	145425	303197	179934
第十五类 贱金属及其制品	**Base Metals and Related Products**	**931914**	**1533088**	**1162504**	**1764118**
钢铁	Iron and Steel	50365	714798	58412	827124
钢铁制品	Iron and Steel Products	381106	87514	458913	97719
铜及其制品	Copper and Related Products	53273	374001	70783	471612
镍及其制品	Nickel and Related Products	336	19988	594	18938
铝及其制品	Aluminum and Related Products	133169	231208	195771	228871
铅及其制品	Lead and Related Products	2632	4595	2993	3777
锌及其制品	Zinc and Related Products	8179	33419	8915	38911
锡及其制品	Tin and Related Products	917	13638	881	20066
其他贱金属金属陶瓷及其制品	Other Base Metals, Metallic Ceramics and Related Products	6988	7971	11764	11815
贱金属工具器具利口器餐具及零件	Base Metals Tools, Utensils, Sharp Tools, Dinner-sets and Accessories	139363	29000	158424	27589
贱金属杂项制品	Miscellaneous Base Metals Products	155588	16955	195053	17698
第十六类 机械、电气设备、电视机及音响设备	**Machinery, Electric Equipment, TV Sets, Sound Appliances**	**10376496**	**8167962**	**12828777**	**9454476**
核反应堆、锅炉、机械设备及零件	Nuclear Reactor, Boilers, Mechanic Equipment and Accessories	4599590	2362757	5443134	2614685
机电、电气设备、电视机及音响设备	Machinery, Electric Equipment, TV Sets and Sound Appliances	5776906	5805205	7385644	6839791
第十七类 车辆、航空器、船舶及有关运输设备	**Vehicles, Aircraft, Ships and Related Transport Equipment**	**413846**	**304791**	**542116**	**405130**
铁道及电车机车、车辆及零件	Rail Locomotives, Tramcars and Accessories	133689	823	158387	3326
车辆及零附件	Vehicles and Related Parts and Accessories	246899	202890	328368	237874
航空器、航天器及零件	Aircraft, Spacecraft and Related Parts and Accessories	339	92761	2103	158042
船舶及浮动结构体	Ships and Related Products	32918	8317	53223	5888
第十八类 仪器、医疗器械、钟表及乐器	**Instruments, Medical Instruments and Equipment, Clocks and Watches, Musical Instruments**	**645542**	**961499**	**992820**	**1424544**
光学、照相电影、计量检验、医疗仪器设备	Optical, Photographic, Film, Measuring and Checking, Medical Instruments and Equipment	454139	886844	805127	1353830
钟表及零件	Clocks, Watches and Spare Parts	168558	73083	159661	67727
乐器及零附件	Musical Instruments and Accessories	22845	1573	28068	2987
第十九类 杂项制品	**Miscellaneous Manufactured Articles**	**1799750**	**65431**	**2324366**	**77901**
家具、床上用品、照明装置、发光标志	Furniture, Bed Articles, Lighting Apparatus, Radiate Marks	733112	12278	906183	14614
玩具、游戏、运动用品及零附件	Toys, Game Goods, Sports Goods and Related Parts and Accessories	985960	36926	1318577	45879
杂项制品	Other Miscellaneous Manufactured Articles	80678	16228	99605	17408
第二十类 艺术品、收藏品及古物	**Works of Art, Collection Pieces and Antiques**	**919**	**24**	**1309**	**79**
第二十一类 特殊交易品及未分类商品	**Special Trading Goods and Unclassified Goods**	**5898**	**99135**	**10772**	**88742**

16-9 海关出口主要商品数量和金额（2004－2005年）
Volume and Value of Main Commodities for Export (Custom Statistics) (2004－2005)

金额单位：万美元 (USD 10000)

商品名称		Item		2004 数量 Volume	2004 金额 Value	2005 数量 Volume	2005 金额 Value
活猪	(万头)	Live Hogs	(10000 heads)	45	5913	37	5216
活家禽	(万只)	Live Poultry	(10000 heads)	1745	2880	2301	3243
鲜、冻猪肉	(吨)	Fresh and Frozen Pork	(ton)	7677	1234	9551	1757
冻鸡	(吨)	Frozen Chicken	(ton)	13451	1579	7758	1106
水产品	(吨)	Aquatic Products	(ton)	260946	58278	229840	53452
# 活鱼	(吨)	Live Fish	(ton)	52891	8884	48691	9626
鲜冻对虾	(吨)	Fresh and Frozen Prawn	(ton)	25300	10117	15226	6007
谷物	(吨)	Cereals	(ton)	139480	4055	139410	4049
# 大米	(吨)	Rice	(ton)	3097	108	1629	59
蔬菜	(吨)	Vegetables	(ton)	874995	24676	718767	22104
#鲜蔬菜	(吨)	Fresh Vegetables	(ton)	799627	15183	653695	11799
鲜、干果类	(吨)	Fresh and Dried Fruit	(ton)	364458	12622	351474	10948
# 柑桔橙	(吨)	Mandarins and Oranges	(ton)	89902	3393	79424	2448
食用油籽	(吨)	Edible Oil Seeds	(ton)	11857	546	11333	634
食用植物油	(吨)	Edible Vegetable Oil	(ton)	31503	2754	43409	3710
食糖	(吨)	Sugar	(ton)	60549	1753	215575	6576
茶叶	(吨)	Tea	(ton)	23515	4294	13795	3205
猪肉罐头	(吨)	Canned Pork	(ton)	4574	515	2124	249
蘑菇罐头	(吨)	Canned Mushroom	(ton)	17204	1346	11394	922
羽毛、羽绒	(吨)	Feather and Down	(ton)	6789	3120	5267	1922
药材	(吨)	Medicinal Materials	(ton)	69016	7725	98868	8209
纸烟	(万条)	Rubber Tire	(10000 units)	901	2751	1046	3742
生丝	(吨)	Raw Silk	(ton)	1099	2005	1642	3762
成品油	(吨)	Finished Petroleum Products	(ton)	1429641	43430	642446	25695
合成有机染料	(吨)	Synthetic Organic Dyestuff	(ton)	5856	1730	4637	1511
医药品	(吨)	Medicinal and Pharmaceutical Products	(ton)	38212	21994	46783	30986
# 抗菌素	(吨)	Antibiotics	(ton)	1287	3691	2158	5808
烟花爆竹	(吨)	Fireworks and Firecrackers	(ton)	66296	7566	85846	9952
松香、树脂	(吨)	Rosin, Resin	(ton)	111150	5293	122835	8927
轮胎	(万条)	Rubber Tire	(10000 units)	3877	21590	3730	27289
纸及纸板	(吨)	Paper and Paperboard	(ton)	172195	14083	204263	17242
纺织品		Textiles			527783		620166
#棉纱线	(吨)	Cotton Yarn	(ton)	115377	35392	120123	38971
丝绸	(万米)	Silk	(10000 m)	2122	6250	2161	6622
棉布	(万米)	Cotton Cloth	(10000 m)	73285	101487	84134	119313
麻纺布	(万米)	Line Cloth	(10000 m)	5433	8781	4345	7924
混纺布	(万米)	Mixed Cloth	(10000 m)	2603	2293	3567	3431
玻璃制品		Glass Products			35043		49383
家用陶瓷器皿		Porcelain and Pottery Wares for Household Use			62131		85855
装饰用陶瓷器皿		Porcelain and Pottery Wares for Decoration Use			39781		40873
珍珠、宝石	(千克)	Pearls and Gems	(1000 grams)	5218169	86185	9322906	106032

16-9 续表 continued

金额单位：万美元 (USD 10000)

商品名称		Item		2004 数量 Volume	2004 金额 Value	2005 数量 Volume	2005 金额 Value
贵金属及首饰		Precious Metal and Jewelry			149018		168841
钢材	(吨)	Steel Products	(ton)	807650	51975	1122979	75937
铝材	(吨)	Aluminum Products	(ton)	219613	54069	320717	85136
铜材	(吨)	Copper Products	(ton)	104138	41171	112298	52318
工具		Tools			34850	157136	44036
锁	(吨)	Locks	(ton)	84663	28150	96991	35853
电扇	(万台)	Electric Fans	(10000 sets)	30764	140181	31791	158012
普通缝纫机	(万台)	Sewing Machines	(10000 sets)	459	11091	412	12975
金属加工机床	(台)	Machine Tools	(sets)	232487	4631	218731	7575
电子计算器	(万台)	Electric Calculators	(10000 sets)	28016	48393	27196	53192
数据处理设备	(万台)	Data Processing Equipment	(10000 sets)	77021	2318901	87411	2853465
电动、发电机	(万台)	Electric Motors and Generators	(10000 sets)	253698	141307	244282	155038
静止式变流器	(万个)	Static Converters	(10000 units)	123909	281560	154640	360131
原电池	(万个)	Primary Cells and Batteries	(10000 units)	1303150	55054	1282865	59801
蓄电池	(万个)	Electric Accumulators	(10000 units)	141782	169887	159668	207437
有线电话	(万台)	Line Telephone Sets	(10000 sets)	17474	182020	17567	195587
手持或车载无线电话	(万台)	Radio Telephones Carried by Hand or Vehicle	(10000 sets)	4334	373483	5412	394223
扬声器	(万个)	Loud speakers	(10000 units)	109798	109819	107092	124582
收录机、组合音响	(万台)	Sound Recording Apparatus	(10000 sets)	17311	211588	17096	289982
收音机	(万台)	Radio Sets	(10000 sets)	25068	31797	24619	42106
彩电（整套散件）	(万台)	Color TV Sets (Complete Set of Spare Parts)	(10000 sets)	2706	222584	4128	330940
集成电路、微电子件	(万个)	Integrated Circuit and Parts of Electronic Components	(10000 units)	351983	115122	452398	158640
集装箱	(个)	Containers	(unit)	490620	133450	443195	155304
自行车	(万辆)	Bicycles	(10000 units)	1780	57580	1656	56068
船舶	(艘)	Ships	(unit)	14366	32819	41936	53200
照相机	(万架)	Cameras	(10000 sets)	4618	22392	3568	12829
手表	(万只)	Wrist watches	(10000 units)	87426	91823	73181	85927
# 电子手表	(万只)	Electronic Watches	(10000 units)	86775	89514	72397	83433
日用钟	(万只)	Clocks	(10000 sets)	27864	31800	24382	30196
家具		Furniture			446065		555255
床垫、卧具用品		Mattress and Bedding Articles			24049		29582
灯具、照明用品		Lights and Lighting Apparatus			256897		306449
箱包、旅行用品		Boxes and Bags, Travel Goods			263095		300696
服装、衣着附件		Garments and Clothing Accessories			1255275		1580980
#织物服装		Textile Garments			1064421		1362799
皮革服装	(万件)	Leather Garments	(10000 pcs)	724	16395	578	13881
皮革手套	(万双)	Leather Gloves	(10000 pairs)	39998	31884	39468	26778
帽类	(万个)	Headgear	(10000 units)	107246	26792	118798	32038
鞋	(万双)	Footwear	(10000 pairs)	246937	606733	291038	721538
# 橡胶、塑料鞋	(万双)	Rubber and Plastic Shoes	(10000 pairs)	145033	214670	172790	254899
皮鞋	(万双)	Leather Shoes	(10000 pairs)	70267	332991	76275	385972
塑料制品		Plastic Articles			396062		457490
玩具		Toys			446706		453710
人造花		Artificial Flowers			40296		40881

16-10 海关进口主要商品数量和金额（2004－2005年）
Volume and Value of Main Commodities from Import (Custom Statistics) (2004－2005)

金额单位：万美元 (USD 10000)

商品名称		Item		2004 数量 Volume	2004 金额 Value	2005 数量 Volume	2005 金额 Value
谷物	(吨)	Cereals	(ton)	900692	26127	845708	25302
#小麦	(吨)	Wheat	(ton)	120878	2512	156260	3218
稻谷和大米	(吨)	Paddy and Rice	(ton)	547602	19064	410987	16336
大豆	(吨)			3492642	122409	2524104	74449
鲜、干果类	(吨)	Fresh and Dried Fruit	(ton)	369561	30512	386382	34167
# 柑桔橙	(吨)	Mandarins and Oranges	(ton)	37431	2701	32593	2303
食用植物油	(吨)	Edible Vegetable Oil	(ton)	946183	48776	1093359	49217
其他植物油	(吨)	Other Vegetable Oil	(ton)	72034	4936	70555	4724
食糖	(吨)	Sugar	(ton)	171457	3692	363985	9332
饲料	(吨)	Forage	(ton)	327541	21589	398063	31779
纸烟	(条)	Rubber Tire	(units)	125700	88	269950	126
天然橡胶	(吨)	Natural Rubber	(ton)	133379	13398	135581	15090
合成橡胶	(吨)	Synthetic Rubber	(ton)	394871	43016	369549	49480
原木	(立方米)	Logs	(cu. m)	1711823	26757	1484901	24608
锯材	(立方米)	Timbering	(cu. m)	2604102	56368	2297624	53817
纸浆	(吨)	Paper Pulp	(ton)	778165	36744	871928	41911
羊毛	(吨)	Wool	(ton)	14295	5200	13225	4795
原棉	(吨)	Raw Cotton	(ton)	97548	15615	132853	16165
合成纤维	(吨)	Synthetic Fiber	(ton)	218279	23649	152912	20224
#聚酯纤维	(吨)	Polyester Fiber	(ton)	174021	16563	111289	12905
聚丙烯晴纤维	(吨)	Polyacrylonitrile Fiber	(ton)	33048	4935	31257	5309
人造纤维	(吨)	Artificial Fiber	(ton)	2638	541	2628	518
铁矿砂	(吨)	Iron Ore	(ton)	5180428	43874	6075409	53502
氧化铝	(吨)	Alumina Oxide	(ton)	426477	13432	545645	19531
原油	(万吨)	Crude Oil	(tons)	1388	367682	1131	422597
成品油	(万吨)	Finished Petroleum Products	(tons)	1390	299628	1092	319316
液化石油气	(万吨)	LPG	(tons)	417	156892	391	180723
乙二醇	(吨)	Glycol	(ton)	217965	18234	148302	13490
对苯二甲酸	(吨)	Paraxylene Acid	(ton)	158086	11009	85995	6937
己内酰胺	(吨)	Caprolactam	(ton)	95494	15834	94540	20483
医药品	(吨)	Medicinal and Pharmaceutical Products	(ton)	14202	41738	17849	44855
#抗菌素	(吨)	Antibiotics	(ton)	222	2815	247	2995
肥料	(吨)	Fertilizer	(ton)	1006452	18939	939645	20093
#尿素	(吨)	Urea	(ton)	145	5	12999	357
氯 化 钾	(吨)	Potassium Chloride	(ton)	168316	2798	281976	5644
复合肥料	(吨)	Compound Fertilizer	(ton)	823170	15814	642179	13964
合成有机染料	(吨)	Synthetic Organic Dyestuff	(ton)	31205	11013	28316	11017
初级型状聚乙烯	(吨)	Polyethylene in Primary Form	(ton)	1259460	105499	1162757	113720
初级型状聚丙烯	(吨)	Polypropylene in Primary Form	(ton)	1653485	136109	1646443	149358
初级型状聚苯乙烯	(吨)	Polystyrene in Primary Form	(ton)	2957375	286665	2769520	295943
#ABS 树脂	(吨)	ABS Copolymer Resin	(ton)	1489203	157404	1468488	170440
初级型状聚氯乙烯	(吨)	Polyvinyl Chloride in Primary Form	(ton)	1325880	99649	1104675	87098
初级型状聚酯	(吨)	Polyester in Primary Form	(ton)	757966	129375	719325	154722
农药	(吨)	Pesticides	(ton)	5042	1849	4565	1661
牛皮革、马皮革	(吨)	Cattlehide and Horsehide	(ton)	730857	157966	696072	167625

16-10 续表 continued

金额单位：万美元 (USD 10000)

商品名称		Item		2004 数量 Volume	2004 金额 Value	2005 数量 Volume	2005 金额 Value
胶合板	(立方米)	Plywood	(cu. m)	366598	15537	266299	10100
纸及纸板	(吨)	Paper and Paperboard	(ton)	4350761	232758	3674198	204517
#牛皮纸	(吨)	Kraft-paper	(ton)	875383	35282	827517	33569
毛纱线	(吨)	Wool and Cotton Thread	(ton)	28748	14530	26695	13875
棉纱线	(吨)	Cotton Yarn	(ton)	631218	131541	678794	144496
合成纤维纱线	(吨)	Synthetic Fiber, Continuous Filament and Yarn	(ton)	406606	84807	364343	82193
丝绸	(万米)	Silk	(10000 m)	2920	4978	2975	5064
棉布	(万米)	Cotton Cloth	(10000 m)	123856	103743	121552	109125
化纤布	(万米)	Chemical Fiber Cloth	(10000 m)	122388	66575	99927	60903
钢材	(万吨)	Rolled Steel	(tons)	1036	657895	9861792	765448
#钢铁板材	(万吨)	Iron & Steel Plate	(tons)	909	574440	8822793	678850
铜材	(吨)	Rolled Copper	(ton)	873574	248730	832281	279935
铝材	(吨)	Rolled Aluminum	(ton)	259516	76548	270528	85976
制冷压缩机	(台)	Refrigeration Compressors	(set)	8258930	37313	7990569	34223
空调	(台)	Air Conditioners	(set)	14411	2902	16371	1755
制冷设备		Refrigerating Equipment			6038		6298
机械装卸设备		Mechanical Handling Equipment			39192		53114
建筑采矿设备		Building and Mining Equipment			34732		42790
食品机械		Food-processing Machinery			2707		3093
造纸、纸品机械		Paper and Pulp Mill Machinery			13835		24339
印刷机械		Printing Machinery			55946		59337
纺织机械		Textile Machinery			74134		72387
工业缝纫机	(台)	Industrial Sewing Machines	(set)	90991	9385	72417	8849
机床	(台)	Machine Tools	(set)	50454	139906	44225	151469
橡、塑加工机械		Rubber and Plastic Processing Machinery			76311		69196
数据处理设备	(万台)	Data Processing Equipment	(10000 sets)	12183	498676	14752	614032
电动、发电机	(万台)	Electric Motors and Generators	(10000 sets)	121632	83495	118006	85426
发电机组、变流机	(台)	Generating and Converters	(set)	18162	57229	10323	40341
电话、电报交换机	(台)	Telephonic and Telegraphic Switching Apparatus	(set)	16501	995	12533	6216
磁带		Tapes			42254		62691
手持或车载无线电话	(万台)	Radio Telephones Carried by Hand or Vehicle	(10000 sets)	524	55485	494	37990
电视摄像机	(万台)		(10000 sets)	1877	72764	4692	70972
电视机	(台)	TV Sets	(set)	552531	6532	382429	4570
#彩色电视机	(台)	Color TV Sets	(set)	271093	6418	255100	4351
半导体器件	(万个)	Parts of Semi-conductor Devices	(10000 units)	10861081	399486	12638863	457713
电路保护装置		Protection Fixtures of Circuit			278837		353015
显像管	(万只)	Kinescopes	(10000 units)	1584	51685	1452	39893
集成电路、电子件	(万个)	Integrated Circuit and Parts of Electronic Components	(10000 units)	3973247	2651392	4043094	3296
电线、电缆	(吨)	Electric Wires and Cables	(ton)	174796	91774	163665	102115
汽车及底盘	(辆)	Motor Vehicles and Chassis	(unit)	29802	86673	26205	88220
#小轿车	(辆)	Cars	(unit)	19193	58916	13951	56164
旅行车	(辆)	Station Wagons	(unit)	2989	6030	2535	4728
船舶	(艘)	Ships	(unit)	610	2116	671	4854
塑料制品		Plastic Products			57983		65243
玩具		Toys			7753		8706

16-11 机电产品出口分类值（2004－2005年）
Export Value of Mechanical and Electrical Products by Category of Commodities（2004－2005）

单位：万美元 （USD 10000）

产品分类	Category of Commodities	2004	2005
合计	**Total**	**12974497**	**16441691**
建筑材料	**Building Materials**	**1040**	**1167**
玻璃及制品	**Glass and Glassware**	**905**	**2412**
钢铁制品	**Iron and Steel Products**	**364754**	**434469**
不锈钢餐具、厨具	Stainless Steel Tablewares and Kitchenwares	74991	81656
铜制品	**Copper Products**	**11822**	**22719**
铝制品	**Aluminum Products**	**54274**	**72527**
#铝制门窗及配件	Aluminum Window, Door and Fittings	7908	10131
其他贱金属制品	**Other Base Metals Products**	**7486**	**11009**
贱金属工具、利口器、餐具及零件	**Base Metals Tools, Sharp Tools, Tablewares and Accessories**	**168834**	**202018**
#工具	Tools	33668	44036
利口器	Sharp Tools	57337	59312
厨具、餐具	Kitchenwares and Tablewares	47559	57098
锁类	Locks	28150	35853
贱金属杂项制品	**Miscellaneous Base Metals Products**	**122837**	**151694**
#贱金属制铰链（折叶）	Base Metals Hinge	15949	20208
家具用其他贱金属附件及架座	Other Base Metals Accessories and Frame Foundation for Furniture Used	37928	46568
办公用品	Articles for Office	10638	12541
锅炉、机械设备及零件	**Boilers, Mechanical Equipment and Accessories**	**4599590**	**5443134**
#电扇	Electric Fans	140181	158012
电子计算器	Electronic Calculators	48393	53192
电动、发电机	Electric Motors and Generators	141307	155038
手提式电钻	Portable Electric Drills	32156	33523
空调	Air Conditioners	205269	234593
数据处理设备	Data Processing Equipment	2318901	2853465
#显示器	Displays	485819	668698
激光打印机	Laser Printers	296569	276118
机电、电气设备、电视机及音响设备	**Machinery, Electric Equipment, TV Sets and Sound Appliances**	**5776906**	**7384089**
微波炉	Microwave Ovens	70557	94331
电咖啡壶、电茶壶	Electric Coffee Pots and Electric Tea Pots	47476	61864
有线电话机	Telephone Sets	182020	195587
无绳电话机	Wireless Telephones	142124	156369
传真机	Fax Printers	33679	21196
激光视盘放像机	LDPs	481021	531397
激光唱机	Laser Players	86223	54693
彩色电视机	Color TV sets	222584	330940
黑白电视机	Black-and-white TV sets	9983	9453
装有液晶装置或发光二极管的显示板	Display with LCD or Screen of Light-emitting Diode	26039	36739
电容器	Capacitors	55748	58732
电阻器	Resistors	16957	19041

16-11 续表 continued

单位：万美元 (USD 10000)

产品分类	Category of Commodities	2004	2005
电路保护装置	Protection Fixtures of Circuit	169411	232608
显像管	Kinescopes	72724	67640
半导体器件	Parts of Semi-conductor Devices	69712	93448
电线电缆	Electric Wires and Cables	155194	180916
集成电路	Integrated Circuit	102130	145359
微电子组件	Microelectronics Device	12992	13281
铁道及电车机车、车辆及零件	**Rail Locomotives, Tramcars and Accessories**	**133787**	**157704**
集装箱	Containers	133450	155304
其他车辆及零件	**Others Vehicles and Related Parts and Accessories**	**246799**	**328700**
小轿车	Cars	388	14132
# 自行车	Bicycles	57580	56068
摩托车	Motorcycles	38073	58813
婴孩车及其零件	Baby Carriages and Accessories	26289	29854
航空器、航天器及零件	**Aircraft, Spacecraft and Related Parts and Accessories**	**339**	**2103**
船舶及浮动物结构体	**Ship and Related Products**	**32918**	**53220**
船舶	Ships	32819	53200
光学、照相电影、计量检验、医疗设备	**Optical, Photographic, Film, Measuring and Checking, Medical Instruments and Equipment**	**454097**	**805952**
# 太阳镜	Sun-glasses	6290	8713
双筒望远镜	Binoculars	4410	4287
照相机	Cameras	22392	12829
医疗器械	Medical Instruments and Equipment	33341	46573
钟表及零件	**Clocks, Watches and Spare Parts**	**168564**	**159686**
# 电子手表	Electronic Watches	89514	83433
钟	Clocks	31800	30196
表芯	Movements	16850	12984
乐器及零件	**Musical Instruments and Spare Parts**	**10736**	**12044**
金属家具、照明装置、发光标志	**Metallic Furniture, Lighting Apparatus and Radiate Marks**	**337947**	**406202**
# 金属家具	Metallic Furniture	74780	99761
吊灯、壁灯	Ceiling Lamps, Wall Lamps	76170	94552
台灯、床头灯或落地灯	Table Lamps, Bed Lamps, Floor Lamps	42227	46473
圣诞树用的成套灯具	Festival Decoration Lamp Sets	28509	32340
玩具、游戏、运动用品及零件附件	**Toys, Game Goods, Sports Goods and Related Parts and Accessories**	**474854**	**782610**
# 电子、机械玩具	Electronic and Machinery Toys	71782	80472
与电视接收机配套使用的电子游戏机	Electronic Game Machines Used with TV Receivers	278776	384357
杂项制品	**Miscellaneous Manufactured Articles**	**5895**	**6002**
# 一次性袖珍气体打火机	Once-off Pocket Gas Lighters	1927	2953
其他机电产品	**Other Mechanical and Electrical Product**	**113**	**2230**

16-12 各市出口总额（2000－2005年）
Total Value of Exports by City (2000－2005)

单位：亿美元　　(USD 100 million)

市别 City	2000	2001	2002	2003	2004	2005
全省合计 Total	**919.19**	**954.21**	**1184.58**	**1528.48**	**1915.69**	**2381.71**
广州 Guangzhou	117.90	116.23	137.76	168.89	214.74	266.68
深圳 Shenzhen	345.64	374.76	465.42	629.71	778.43	1015.22
珠海 Zhuhai	36.46	37.88	52.03	69.09	90.39	107.68
汕头 Shantou	25.95	13.41	15.70	18.92	25.45	31.82
佛山 Foshan	57.36	63.55	78.88	102.25	138.34	170.80
韶关 Shaoguan	1.32	1.13	1.44	2.01	3.06	3.40
河源 Heyuan	0.93	0.93	1.32	1.56	1.97	2.96
梅州 Meizhou	2.97	1.12	1.59	2.08	2.49	3.10
惠州 Huizhou	44.97	49.09	58.90	71.46	87.39	106.55
汕尾 Shanwei	3.64	2.22	2.42	2.67	4.05	6.42
东莞 Dongguan	171.42	189.88	237.33	279.08	351.91	409.29
中山 Zhongshan	36.77	43.57	57.24	82.53	100.06	122.54
江门 Jiangmen	29.85	25.71	29.52	36.57	50.77	60.25
阳江 Yangjiang	5.43	3.90	4.97	6.88	8.40	9.13
湛江 Zhanjiang	3.78	4.02	5.46	9.01	9.42	9.57
茂名 Maoming	10.03	6.94	8.79	12.63	6.38	2.39
肇庆 Zhaoqing	7.40	7.62	9.01	10.98	12.40	14.16
清远 Qingyuan	2.41	1.94	2.20	3.08	5.27	9.32
潮州 Chaozhou	6.94	5.81	8.12	9.40	11.79	14.80
揭阳 Jieyang	5.98	2.97	4.43	6.84	9.48	11.32
云浮 Yunfu	2.03	1.52	2.07	2.84	3.50	4.31

16-13 各市进口总额（2000－2005年）
Total Value of Imports by City (2000－2005)

单位：亿美元　　(USD 100 million)

市别 City	2000	2001	2002	2003	2004	2005
全省合计 Total	**781.87**	**810.66**	**1026.34**	**1306.74**	**1655.60**	**1898.31**
广州 Guangzhou	115.60	114.12	141.47	180.52	233.14	268.08
深圳 Shenzhen	293.80	311.21	406.74	544.29	694.33	812.69
珠海 Zhuhai	55.19	60.14	76.31	98.73	127.62	149.58
汕头 Shantou	16.17	13.90	13.21	14.54	16.33	17.78
佛山 Foshan	45.91	47.13	50.82	62.44	78.56	86.31
韶关 Shaoguan	1.36	1.50	1.55	2.33	5.36	5.80
河源 Heyuan	0.67	0.85	0.99	1.42	1.48	2.32
梅州 Meizhou	0.52	0.46	0.53	0.89	1.10	0.52
惠州 Huizhou	37.12	39.20	53.36	59.86	78.96	83.66
汕尾 Shanwei	2.44	2.21	2.17	2.77	4.34	5.66
东莞 Dongguan	148.82	154.64	205.08	241.04	293.21	334.39
中山 Zhongshan	24.12	27.90	36.17	48.75	56.30	64.97
江门 Jiangmen	18.48	18.17	18.24	22.19	27.69	30.29
阳江 Yangjiang	0.77	0.66	1.28	1.18	2.30	1.12
湛江 Zhanjiang	7.89	6.88	6.49	10.34	9.01	8.70
茂名 Maoming	2.56	1.59	0.95	0.98	3.66	1.28
肇庆 Zhaoqing	4.11	3.82	4.38	4.65	6.63	7.60
清远 Qingyuan	1.98	1.89	2.26	3.10	6.66	7.82
潮州 Chaozhou	1.27	1.47	1.19	2.24	3.56	4.12
揭阳 Jieyang	1.84	1.72	1.54	2.45	2.85	2.60
云浮 Yunfu	1.24	1.21	1.61	2.03	2.52	3.02

16-14 各市外商投资企业出口总额（2000－2005年）
Total Value of Exports of Foreign Funded Enterprises by City (2000-2005)

单位：亿美元 (USD 100 million)

市别 City		2000	2001	2002	2003	2004	2005
全省合计	**Total**	**495.09**	**543.72**	**696.21**	**953.73**	**1217.21**	**1546.77**
广州	Guangzhou	60.29	60.52	75.12	99.79	134.63	167.64
深圳	Shenzhen	194.97	220.18	279.88	403.49	509.76	675.85
珠海	Zhuhai	26.24	26.97	40.32	54.93	73.23	89.05
汕头	Shantou	7.10	6.70	7.82	9.80	12.81	15.33
佛山	Foshan	36.21	39.76	52.10	69.36	89.41	109.33
韶关	Shaoguan	0.64	0.52	0.58	0.60	1.21	1.38
河源	Heyuan	0.63	0.77	1.00	1.34	1.63	2.46
梅州	Meizhou	0.78	0.48	0.56	0.64	0.41	0.72
惠州	Huizhou	31.56	36.46	44.88	56.43	69.80	92.11
汕尾	Shanwei	0.85	0.93	1.22	1.63	2.78	5.35
东莞	Dongguan	83.51	90.84	115.31	149.90	194.85	235.32
中山	Zhongshan	20.16	26.01	35.24	50.25	61.42	75.70
江门	Jiangmen	15.15	15.02	16.76	21.50	30.56	37.13
阳江	Yangjiang	1.27	0.92	1.49	2.15	2.46	2.42
湛江	Zhanjiang	1.36	1.39	2.11	3.65	4.33	4.43
茂名	Maoming	2.92	4.39	6.41	8.97	2.31	1.13
肇庆	Zhaoqing	4.16	4.42	5.31	5.78	7.22	8.00
清远	Qingyuan	1.18	1.44	1.74	2.46	4.24	6.44
潮州	Chaozhou	3.14	2.90	3.92	4.50	5.84	7.36
揭阳	Jieyang	1.65	1.81	2.66	4.13	5.37	6.08
云浮	Yunfu	1.31	1.29	1.78	2.43	2.94	3.54

16-15 各市外商投资企业进口总额（2000－2005年）
Total Value of Imports of Foreign Funded Enterprises by City (2000－2005)

单位：亿美元 (USD 100 million)

市别 City		2000	2001	2002	2003	2004	2005
全省合计	**Total**	**425.27**	**442.56**	**589.79**	**793.03**	**1048.09**	**1240.07**
广州	Guangzhou	57.91	60.60	73.34	97.40	134.17	154.97
深圳	Shenzhen	162.17	168.65	237.11	335.50	454.34	565.67
珠海	Zhuhai	25.19	25.29	42.73	55.90	73.99	87.45
汕头	Shantou	7.20	6.98	8.77	9.61	10.80	11.35
佛山	Foshan	34.02	35.51	38.61	49.27	60.49	62.50
韶关	Shaoguan	0.93	0.78	0.50	0.63	1.14	1.30
河源	Heyuan	0.46	0.66	0.71	1.30	1.33	2.17
梅州	Meizhou	0.47	0.42	0.45	0.53	0.93	0.40
惠州	Huizhou	24.37	26.67	35.40	42.34	61.53	68.30
汕尾	Shanwei	0.61	0.67	0.81	1.53	3.11	4.82
东莞	Dongguan	70.59	73.35	100.25	130.89	165.49	188.21
中山	Zhongshan	15.61	19.40	27.05	36.33	41.87	48.98
江门	Jiangmen	12.09	10.74	10.49	13.25	17.15	18.99
阳江	Yangjiang	0.21	0.20	0.15	0.20	0.24	0.18
湛江	Zhanjiang	6.60	5.44	5.25	8.98	6.83	6.86
茂名	Maoming	0.29	0.45	0.29	0.30	0.66	0.39
肇庆	Zhaoqing	2.97	3.04	3.59	3.51	5.03	5.52
清远	Qingyuan	1.12	1.21	1.34	1.86	4.01	5.56
潮州	Chaozhou	0.55	0.55	0.52	0.52	1.54	2.71
揭阳	Jieyang	0.89	0.98	1.07	1.51	1.57	1.61
云浮	Yunfu	1.02	0.97	1.36	1.67	1.87	2.13

16-16 外商投资企业进出口主要指标
Main Indicators on Imports and Exports of Foreign Funded Enterprises

单位：亿美元 (USD 100 million)

项　目	Item	2000		2004		2005	
		出口 Exports	进口 Imports	出口 Exports	进口 Imports	出口 Exports	进口 Imports
总计	**Total**	**495.09**	**425.27**	**1217.21**	**1048.09**	**1546.77**	**1240.07**
按贸易方式分	By Trade Form						
一般贸易	General Trade	28.43	53.31	92.52	136.27	133.38	146.51
来料加工	Processing and Assembling with Customers' Materials	19.10	15.51	46.94	37.2	61.54	48.6
进料加工	Processing and Assembling with Import Materials	433.45	303.68	1030.90	708.46	1301.35	863.11
加工设备	Processing Equipment		0.66		5.61		7.67
外资设备	Foreign Funded Equipment		34.56		65.36		64.44
保税仓库	Bonded Warehouse	10.65	7.71	46.85	94.78	50.50	109.34
其他	Others	3.46	9.84		0.41		0.40
按经济类型分	By Types of Ownership						
合作经营企业	Joint Ventures	67.01	56.76	97.45	74.81	99.02	61.19
合资经营企业	Cooperative Enterprises	166.18	157.15	327.75	289.60	355.07	286.71
外资（独资）企业	Foreign Sole Investment Enterprises	261.90	211.36	792.01	683.68	1092.68	892.17
按产品类型分	By Types of Products						
机电产品	Mechanical and Electrical Products	303.39	221.20	906.58	678.76	1181.08	830.47
#机械及设备	Machinery and Equipment	96.26	63.55	353.97	166.32	423.96	185.02
电器及电子产品	Electric and Electronic Products	138.36	129.97	394.24	428.06	525.14	526.56
高新技术产品	High and New-tech Products	125.41	117.56	522.76	432.71	666.6	532.70
#计算机与通信技术	Computer and Communication Technology	105.81	42.16	468.61	141.05	581.19	166.53
电子技术	Electronic Technology	14.23	61.10	38.11	250.77	52.88	323.14
按主要国家（地区）分	By Main Countries and Territories						
亚　洲	Asia	267.86	336.86	696.12	874.94	862.45	1045.16
中国香港	Hong Kong, China	172.95	27.00	478.09	28.77	607.66	29.49
中国澳门	Macao, China	2.38	0.47	7.79	1.53	7.83	1.30
中国台湾	Taiwan, China	9.21	87.26	18.58	188.07	23.88	223.12
日　本	Japan	44.36	87.18	86.07	192.33	95.05	210.14
韩　国	Republic of Korea	6.47	36.06	33.86	93.18	33.61	112.10
东　盟	Association of Southeast Asian Nations	25.88	51.42	52.41	146.82	66.47	169.02
中东十七国	The Seventeen Countries of Middle East of Asia			14.22	14.72	19.27	17.56
非　洲	**Africa**	**2.10**	**2.48**	**5.56**	**5.89**	**8.14**	**9.79**
欧　洲	**Europe**	**72.82**	**44.27**	**177.11**	**77.26**	**235.13**	**85.50**
欧　盟	European Union	65.75	35.43	166.98	65.65	219.15	73.19
#英　国	United Kingdom	13.52	5.17	28.37	6.11	37.99	7.33
德　国	Germany	14.87	11.44	34.39	20.09	45.19	22.74
法　国	France	8.46	5.06	15.83	8.14	17.73	9.16
意大利	Italy	3.37	3.80	11.54	8.46	13.43	9.01
荷　兰	Netherlands	13.52	1.64	33.26	3.27	49.55	3.79
芬　兰	Finland	1.15	1.10	2.38	2.50	2.67	2.18
瑞　士	Switzerland	1.30	3.61	3.65	6.47	4.95	7.15
俄罗斯	Russia	0.61	2.96	4.03	3.19	7.11	3.32
拉丁美洲	**Latin America**	**7.56**	**5.32**	**17.99**	**19.72**	**26.07**	**25.63**
北美洲	**North America**	**138.75**	**28.63**	**304.94**	**57.08**	**397.71**	**60.22**
加拿大	Canada	6.16	4.09	11.48	7.09	16.9	7.30
美　国	United States of America	132.67	24.54	293.45	49.99	380.81	52.95
大洋洲	**Oceania**	**6.00**	**7.71**	**15.49**	**13.20**	**17.27**	**13.77**
澳大利亚	Australia	5.45	6.26	14.21	11.81	15.54	12.64
新西兰	New Zealand	0.49	0.66	1.18	1.36	1.57	1.08

16-17 外商投资企业出口主要商品数量和金额（2004－2005年）
Volume and Value of Main Commodities for Export of Foreign Funded Enterprises（2004－2005）

金额单位：万美元 （USD 10000）

商品名称		Item		2004 数量 Volume	2004 金额 Value	2005 数量 Volume	2005 金额 Value
活猪	（万头）	Live Hogs	（10000 heads）	2.27	314	1.11	168
活家禽	（万只）	Live Poultry	（10000 heads）	20	43	27	79
冻鸡	（吨）	Frozen Chickens	（ton）	1623	218	952	160
水产品	（吨）	Aquatic Products	（ton）	76813	23595	72968	22255
#活鱼	（吨）	Live Fish	（ton）	464	350	387	164
鲜冻对虾	（吨）	Fresh and Frozen Prawn	（ton）	15512	7260	8699	3911
谷物	（吨）	Cereals	（ton）	129144	3713	129287	3701
#大米	（吨）	Rice	（ton）	881	28		
蔬菜	（吨）	Vegetables	（ton）	58218	6967	59270	7617
#鲜蔬菜	（吨）	Fresh Vegetables	（ton）	31791	1254	35706	1339
鲜、干果类	（吨）	Fresh and Dried Fruit	（ton）	24920	1938	20611	1604
#柑桔橙	（吨）	Mandarins and Oranges	（ton）	3035	151	5226	297
食用植物油	（吨）	Edible Vegetable Oil	（ton）	30616	2572	42497	3526
食糖	（吨）	Sugar	（ton）	5582	125	27994	721
茶叶	（吨）	Tea	（ton）	136	67	260	109
烤鳗鱼	（吨）	Baked Eel	（ton）	10296	11355	7251	9864
蘑菇罐头	（吨）	Canned Mushroom	（ton）	2882	304	2301	219
羽毛、羽绒	（吨）	Feather and Down	（ton）	2813	594	2786	526
药材	（吨）	Medicinal Materials	（ton）	4286	2191	3199	1663
成品油	（吨）	Finished Petroleum Products	（ton）	291687	9980	458809	18962
合成有机染料	（吨）	Synthetic Organic Dyestuff	（ton）	2508	886	2101	912
医药品	（吨）	Medicinal and Pharmaceutical Products	（ton）	21178	9462	26936	13791
#抗菌素	（吨）	Antibiotics	（ton）	534	1613	706	2298
美容护肤用品	（吨）	Beauty and Tonic Cosmetics	（ton）	38968	18389	44228	20966
口腔清洁剂	（吨）	Dental Cleanser	（ton）	17923	3057	20429	3749
轮胎	（万条）	Rubber Tire	（10000 units）	1971	5336	1856	7238
纸及纸板	（吨）	Paper and Paperboard	（ton）	118734	10044	135710	12107
纺织品		Textiles			354308		395800
#棉纱线	（吨）	Cotton Yarn	（ton）	99568	30379	93227	30890
丝绸	（万米）	Silk	（10000 m）	401	1246	2941	1005
棉布	（万米）	Cotton Cloth	（10000 m）	39349	55300	38784	60440
麻纺布	（万米）	Line Cloth	（10000 m）	3123	3954	1754	2564
混纺布	（万米）	Mixed Cloth	（10000 m）	802	725	626	603
玻璃制品		Glass Products			14528		19884
家用陶瓷器皿		Porcelain and Pottery Wares for Household Use			24342		32245
装饰用陶瓷器皿		Porcelain and Pottery Wares for Decoration Use			18940		19131
珍珠、宝石	（千克）	Pearls and Gems	（1000 grams）	1077652	74549	3921284	99563

16-17 续表 continued

金额单位：万美元 (USD 10000)

商品名称		Item		2004 数量 Volume	2004 金额 Value	2005 数量 Volume	2005 金额 Value
贵金属及首饰		Precious Metal and Jewelry			66083		86464
钢材	（吨）	Steel Products	(ton)	506000	33126	712106	49790
铝材	（吨）	Aluminum Products	(ton)	143209	34054	178326	45987
铜材	（吨）	Copper Products	(ton)	66955	30015	80081	40936
工具		Tools			14731		18448
锁	（吨）	Locks	(ton)	34137	13558	44500	19923
电扇	（万台）	Electric Fans	(10000 sets)	11960	58053	13468	69041
普通缝纫机	（万台）	Sewing Machines	(10000 sets)	150	9786	188	11655
金属加工机床	（台）	Machine Tools	(sets)	112107	1439	93242	2349
电子计算器	（万台）	Electric Calculators	(10000 sets)	11752	27680	12502	30800
数据处理设备	（万台）	Data Processing Equipment	(10000 sets)	49793	1864465	55897	2294928
# 显示器	（万台）	Displays	(10000 sets)	1619	223157	2149	344941
电动、发电机	（万台）	Electric Motors and Generators	(10000 sets)	50824	55961	100215	79462
静止式变流器	（万个）	Static Converters	(10000 units)	74609	199484	88868	254699
原电池	（万个）	Primary Cells and Batteries	(10000 units)	321703	23953	336647	26297
蓄电池	（万个）	Electric Accumulators	(10000 units)	97483	111919	96438	121406
有线电话	（万台）	Line Telephone Sets	(10000 sets)	9571	131023	9771	145682
手持或车载无线电话	（万台）	Radio Telephones Carried by Hand or Vehicle	(10000 sets)	4125	354231	4803	358119
扬声器	（万个）	Loud speakers	(10000 units)	47098	55370	47260	62871
收录机、组合音响	（万台）	Sound Recording Apparatus	(10000 sets)	6759	129560	7757	214004
收音机	（万台）	Radio Sets	(10000 sets)	4055	11130	3720	17192
彩电（整套散件）	（万台）	Color TV Sets (Complete Set of Spare Parts)	(10000 sets)	1807	149246	2807	246405
电路保护装置		Protection Fixtures of Circuit			127605		176894
半导体器件	（万个）	Parts of Semi-conductor Devices	(10000 units)	3201998	56164	4861884	75822
集成电路、微电子件	（万个）	Integrated Circuit and Parts of Electronic Components	(10000 units)	252169	82599	352306	112314
电线、电缆	（吨）	Electric Wires and Cables	(ton)	299253	103287	322527	121907
集装箱	（个）	Containers	(unit)	490451	133420	443116	155285
自行车	（万辆）	Bicycles	(10000 units)	1034	37289	1009	37651
船舶	（艘）	Ships	(unit)	3343	17549	32948	24089
照相机	（万架）	Cameras	(10000 sets)	2287	17451	1924	9433
手表	（万只）	Wristwatches	(10000 units)	18345	36607	14920	37415
#电子手表	（万只）	Electronic Watches	(10000 units)	18218	35013	14790	35841
日用钟	（万只）	Clocks	(10000 sets)	8254	12272	7412	12044
家具		Furniture			266657		322322
床垫、卧具用品		Mattress and Bedding Articles			10691		13810
灯具、照明用品		Lights and Lighting Apparatus			113530		139591
箱包、旅行用品		Boxes and Bags and Travel Goods			102275		116645
服装、衣着附件		Garments and Clothing Accessories			532565		628706
#织物服装		Textile Garments			438549		531425
皮革服装	（万件）	Leather Garments	(10000 units)	303	7557	252	6220
裘皮服装		Fur Garments			3400		4521
皮革手套	（万双）	Leather Gloves	(10000 pairs)	17201	14302	13355	8275
帽类	（万个）	Headgear	(10000 units)	44280	13482	52258	16053
鞋	（万双）	Footwear	(10000 pairs)	89383	336127	96034	384342
# 橡胶、塑料鞋	（万双）	Rubber and Plastic Shoes	(10000 pairs)	42787	93334	44059	102448
皮鞋	（万双）	Leather Shoes	(10000 pairs)	37004	215827	40021	247588
塑料制品		Plastic Articles			190429		225294
圣诞用品		Articles for Christmas			24489		24418
玩具		Toys			179915		184628
人造花		Artificial Flowers			12944		13033

16-18 外商投资企业进口主要商品数量和金额（2004－2005年）

Volume and Value of Main Commodities from Import of Foreign Funded Enterprises (2004－2005)

金额单位：万美元 (USD 10000)

商品名称		Item		2004 数量 Volume	2004 金额 Value	2005 数量 Volume	2005 金额 Value
谷物	（吨）	Cereals	(ton)	329690	6830	377542	8031
#小麦	（吨）	Wheat	(ton)	86707	1996	108071	2415
大米	（吨）	Rice	(ton)	10999	290	1611	84
面粉	（吨）	Flour	(ton)	10278	321	11338	365
大豆	（吨）	Soya	(ton)	2310249	79574	1751360	52101
食用植物油	（吨）	Edible Vegetable Oil	(ton)	593706	30845	435180	20025
其他植物油	（吨）	Other Vegetable Oil	(ton)	53271	3589	57893	3764
食糖	（吨）	Sugar	(ton)	32753	853	57829	1533
饲料	（吨）	Forage	(ton)	30492	2339	21302	1657
天然橡胶	（吨）	Natural Rubber	(ton)	70674	7127	71326	8135
合成橡胶	（吨）	Synthetic Rubber	(ton)	232884	25763	220563	30149
原木	（立方米）	Logs	(cu. m)	309276	4044	279664	4526
纸浆	（吨）	Paper Pulp	(ton)	616664	29268	697603	33828
羊毛	（吨）	Wool	(ton)	10966	3807	10432	3733
原棉	（吨）	Raw Cotton	(ton)	64951	10635	85113	10401
合成纤维	（吨）	Synthetic Fiber	(ton)	83914	9694	69884	9778
#聚酯纤维	（吨）	Polyester Fiber	(ton)	54685	5421	39949	4645
聚丙烯晴纤维	（吨）	Polyacrylonitrile Fiber	(ton)	23116	3286	24150	4034
人造纤维	（吨）	Artificial Fiber	(ton)	1503	294	1376	265
铁矿砂	（吨）	Iron Ore	(ton)	577545	5669	494129	6575
氧化铝	（吨）	Alumina Oxide	(ton)	87692	2842	50222	2740
原油	（吨）	Crude Oil	(ton)	904788	28150	897689	36970
成品油	（吨）	Finished Petroleum Products	(ton)	2067983	50955	1503942	50371
纯碱	（吨）	Soda Ash	(ton)	62730	773	12375	232
乙二醇	（吨）	Glycol	(ton)	101189	8108	38644	3630
对苯二甲酸	（吨）	Paraxylene Acid	(ton)	72365	5018	45638	3620
己内酰胺	（吨）	Caprolactam	(ton)	37001	6404	51544	11148
医药品	（吨）	Medicinal and Pharmaceutical Products	(ton)	459	4568	1153	5131
肥料	（吨）	Fertilizer	(ton)	935989	17606	883292	18564
#氯化钾	（吨）	Potassium Chloride	(ton)	138269	2309	258583	5091
复合肥料	（吨）	Compound Fertilizer	(ton)	784345	15061	610222	13077
合成有机染料	（吨）	Synthetic Organic Dyestuff	(ton)	22783	8340	20375	8253
初级型状聚乙烯	（吨）	Polyethylene in Primary Form	(ton)	555318	46055	550895	53895
初级型状聚丙烯	（吨）	Polypropylene in Primary Form	(ton)	780016	67500	764111	74988
初级型状聚苯乙烯	（吨）	Polystyrene in Primary Form	(ton)	1290465	138038	1256333	151823
#ABS树脂	（吨）	ABS Copolymer Resin	(ton)	659591	77220	672261	87751
初级型状聚氯乙烯	（吨）	Polyvinyl Chloride in Primary Form	(ton)	985326	74873	781025	62765
初级型状聚酯	（吨）	Polyester in Primary Form	(ton)	405472	80113	421960	105472
农药	（吨）	Pesticides	(ton)	687	166	949	262
牛皮革、马皮革	（吨）	Cattlehide and Horsehide	(ton)	286389	104090	302313	114857
胶合板	（立方米）	Plywood	(cu. m)	253512	11985	173057	7091

16-18 续表 continued

金额单位：万美元 (USD 10000)

商品名称		Item		2004 数量 Volume	2004 金额 Value	2005 数量 Volume	2005 金额 Value
纸及纸板	(吨)	Paper and Paperboard	(ton)	1939435	115619	1622103	104008
#牛皮纸	(吨)	Kraft-paper	(ton)	425602	17958	386418	16418
毛纱线	(吨)	Wool and Cotton Thread	(ton)	11971	6016	11899	6399
#棉纱线	(吨)	Cotton Yarn	(ton)			532615	117386
合成纤维纱线	(吨)	Synthetic Fiber, Continuous Filament and Yarn	(ton)	242627	55491	218829	54402
丝绸	(万米)	Silk	(10000 m)	2137	3830	2202	3901
棉布	(万米)	Cotton Cloth	(10000 m)	84591	74161	87050	81743
化纤布	(万米)	Chemical Fiber Cloth	(10000 m)	62030	38337	53421	36870
钻石	(千克拉)	Diamond	(1000 carats)	6154	92551	7814	121869
钢材	(吨)	Rolled Steel	(ton)	6340256	432466	6047728	505744
#钢铁板材	(吨)	Iron & Steel Plate	(ton)	5472289	372842	5350030	442061
铜材	(吨)	Rolled Copper	(ton)	527305	171211	526246	202575
铝材	(吨)	Rolled Aluminum	(ton)	186099	59008	198664	67746
制冷压缩机	(台)	Refrigeration Compressors	(set)	5063716	20849	5406900	22170
空调	(台)	Air Conditioners	(set)	2279	637	9604	766
制冷设备		Refrigeration Equipment			2662		3469
机械装卸设备		Mechanical Handling Equipment			29879		42485
建筑采矿设备		Building and Mining Equipment			2624		3812
食品机械		Food-processing Machinery			2161		2670
造纸、纸品机械		Paper and Pulp Mill Machinery			8839		20569
印刷机械		Printing Machinery			24466		24666
纺织机械		Textile Machinery			45054		37601
工业缝纫机	(台)	Industrial Sewing Machines	(set)	37383	5719	31574	5439
机床	(台)	Machine Tools	(set)	25528	98218	23371	110716
橡、塑加工机械		Rubber and Plastic Processing Machinery			48330		44936
数据处理设备	(万台)	Data Processing Equipment	(10000 sets)	8433	327422	10464	411831
电动、发电机	(万台)	Electric Motors and Generators	(10000 sets)	80869	60308	81602	62465
发电机组、变流机	(台)	Generating Sets and Converters	(set)	3294	39848	4575	27777
电话、电报交换机	(台)	Telephonic and Telegraphic Switching Apparatus	(set)	4939	123	4376	5334
磁带		Tapes			28207		45018
电视摄像机	(万台)	Electric Motors and Generators	(10000 sets)	1626	66560	4284	63933
电视机	(台)	Color TV Sets	(set)	373706	5125	302269	3787
半导体器件	(万个)	Parts of Semi-conductor Devices	(10000 units)	6325423	291090	8049851	339998
电路保护装置		Protection Fixtures of Circuit			194185		256730
显像管	(万只)	Kinescopes	(10000 units)	1283	43492	1013	33621
集成电路、电子件	(万个)	Integrated Circuit and Parts of Electronic Components	(10000 units)	2511893	2007997	2916288	2514638
电线、电缆	(吨)	Electric Wires and Cables	(ton)	101057	67375	97493	77246
汽车及底盘	(辆)	Motor Vehicles and Chassis	(unit)	1432	3940	347	1928
#小轿车	(辆)	Cars	(unit)	672	1908	91	274
旅行车	(辆)	Station Wagons	(unit)	243	443	53	191
船舶	(艘)	Ships	(unit)	250	579	298	2588
塑料制品		Plastic Products			45364		52247
玩具		Toys			3273		3120

16-19 私营企业进出口主要指标（2000－2005年）
Main Indicators of Imports and Exports of Private Enterprises (2000－2005)

单位：亿美元 (USD 100 million)

项目	Item	2000 出口 Exports	2000 进口 Imports	2001 出口 Exports	2001 进口 Imports	2002 出口 Exports	2002 进口 Imports
总计	**Total**	**6.14**	**5.54**	**14.09**	**15.36**	**41.48**	**44.13**
按贸易方式分	By Trade Form						
一般贸易	General Trade	5.72	4.27	12.07	13.09	35.84	37.70
来料加工	Processing and Assembling with Customers' Materials	0.09	0.07	0.48	0.38	2.32	2.09
进料加工	Processing and Assembling with Import Materials	0.28	0.16	1.43	0.57	3.08	1.76
加工设备	Processing Equipment				0.03		0.10
保税仓库	Bonded Warehouse	0.04	1.03	0.11	1.29	0.23	2.48
其他	Others						
按产品类型分	By Types of Products						
机电产品	Mechanical and Electrical Products	2.24	2.50	5.22	7.29	16.12	22.50
# 机械及设备	Machinery and Equipment	0.23	1.07	0.67	3.05	1.87	8.33
电器及电子产品	Electric and Electronic Products	0.81	0.61	2.41	2.19	7.75	8.96
高新技术产品	High and New-tech Products	0.28	1.22	0.86	4.62	2.69	12.44
# 计算机与通信技术	Computer and Communication Technology	0.20	0.72	0.67	2.17	2.31	5.82
电子技术	Electronic Technology	0.02	0.20	0.04	1.19	0.12	4.79
按主要国家（地区）分	By Main Countries and Territories						
亚　洲	**Asia**	**3.21**	**3.75**	**7.52**	**8.93**	**24.59**	**27.69**
中国香港	Hong Kong, China	1.66	0.24	3.60	0.74	15.44	2.40
中国澳门	Macao, China	0.15	0.01	0.26	0.01	0.59	0.01
中国台湾	Taiwan, China	0.08	0.72	0.16	1.43	0.55	4.72
日　本	Japan	0.25	1.04	0.50	2.37	1.18	7.25
韩　国	Republic of Korea	0.08	0.68	0.27	1.27	0.57	3.01
东　盟	Association of Southeast Asian Nations	0.52	0.91	1.50	2.39	3.60	7.43
中东十七国	The Seventeen Countries of Middle East of Asia	0.33	0.03	1.09	0.21	2.29	0.72
非　洲	**Africa**	**0.16**	**0.02**	**0.57**	**0.14**	**1.31**	**0.48**
欧　洲	**Europe**	**0.85**	**1.01**	**1.83**	**3.25**	**5.93**	**7.79**
欧　盟	European Union	0.74	0.82	1.40	2.46	4.23	6.36
# 英　国	United Kingdom	0.14	0.08	0.32	0.29	0.79	0.59
德　国	Germany	0.13	0.36	0.29	0.90	0.81	2.87
法　国	France	0.06	0.04	0.14	0.34	0.48	0.62
意大利	Italy	0.11	0.12	0.18	0.28	0.55	0.73
荷　兰	Netherlands	0.12	0.02	0.17	0.07	0.50	0.19
俄罗斯	Russia	0.01	0.01	0.11	0.09	0.77	0.37
拉丁美洲	**Latin America**	**0.29**	**0.08**	**0.68**	**0.21**	**1.76**	**1.58**
北美洲	**North America**	**1.50**	**0.56**	**3.29**	**2.43**	**7.32**	**5.89**
加拿大	Canada	0.09	0.06	0.25	0.24	0.60	0.53
美　国	United States of America	1.42	0.49	3.04	2.19	6.72	5.36
大洋洲	**Oceania**	**0.12**	**0.12**	**0.20**	**0.40**	**0.57**	**0.70**
澳大利亚	Australia	0.10	0.10	0.18	0.37	0.50	0.43
新西兰	New Zealand	0.01	0.02	0.01	0.04	0.06	0.27

16-19 续表 continued

单位：亿美元 (USD 100 million)

项目	Item	2003 出口 Exports	2003 进口 Imports	2004 出口 Exports	2004 进口 Imports	2005 出口 Exports	2005 进口 Imports
总计	**Total**	**112.98**	**110.94**	**187.76**	**170.63**	**299.48**	**209.35**
按贸易方式分	By Trade Form						
一般贸易	General Trade	74.67	77.50	125.83	113.31	216.69	137.75
来料加工	Processing and Assembling with Customers' Materials	30.56	24.69	48.01	39.49	57.06	45.63
进料加工	Processing and Assembling with Import Materials	7.20	3.93	12.15	7.09	19.4	11.35
加工设备	Processing Equipment		0.30		0.78		0.94
保税仓库	Bonded Warehouse	0.55	4.51	1.75	9.94	6.27	13.64
其他	Others		0.01	0.02	0.02	0.06	0.04
按产品类型分	By Types of Products						
机电产品	Mechanical and Electrical Products	52.18	58.16	87.87	79.74	133.91	95.56
#机械及设备	Machinery and Equipment	9.62	17.91	18.96	22.98	25.82	26.73
电器及电子产品	Electric and Electronic Products	27.66	29.85	42.18	42.15	61.36	51.40
高新技术产品	High and New-tech Products	18.79	32.05	28.72	41.40	35.67	49.92
#计算机与通信技术	Computer and Communication Technology	17.54	11.68	26.00	13.24	30.04	15.38
电子技术	Electronic Technology	0.36	16.32	0.95	22.93	1.58	28.96
按主要国家（地区）分	By Main Countries and Territories						
亚洲	Asia	56.81	77.47	97.58	118.41	156.9	146.87
中国香港	Hong Kong, China	31.44	5.60	55.45	9.91	87.26	13.38
中国澳门	Macao, China	1.64	0.04	2.18	0.08	2.09	0.61
中国台湾	Taiwan, China	1.63	14.11	1.95	22.29	3.44	26.27
日本	Japan	3.62	17.21	6.88	23.85	9.61	26.19
韩国	Republic of Korea	1.36	8.49	2.54	12.27	4.74	14.97
东盟	Association of Southeast Asian Nations	9.92	18.54	15.59	25.50	24.68	30.23
中东十七国	The Seventeen Countries of Middle East of Asia	6.22	1.97	10.80	3.44	20.16	5.12
非洲	**Africa**	**3.48**	**1.10**	**6.50**	**2.44**	**11.60**	**3.12**
欧洲	**Europe**	**20.21**	**15.76**	**33.43**	**25.26**	**50.91**	**32.99**
欧盟	European Union	15.34	13.19	27.90	21.93	41.84	27.23
#英国	United Kingdom	3.05	1.14	5.08	2.15	7.33	2.40
德国	Germany	2.84	5.76	4.67	8.26	8.31	11.00
法国	France	1.65	0.99	2.64	1.80	4.00	1.87
意大利	Italy	1.50	1.65	3.17	2.61	4.41	2.86
荷兰	Netherlands	3.04	0.52	4.61	0.65	5.72	0.69
俄罗斯	Russia	2.28	0.65	3.16	1.15	3.96	3.52
拉丁美洲	**Latin America**	**3.80**	**2.53**	**8.37**	**4.97**	**14.08**	**5.39**
北美洲	**North America**	**26.77**	**12.33**	**38.40**	**15.24**	**60.48**	**14.44**
加拿大	Canada	1.59	0.77	2.85	1.85	5.14	1.64
美国	United States of America	25.18	11.55	35.55	13.38	55.34	12.80
大洋洲	**Oceania**	**1.91**	**1.75**	**3.48**	**4.31**	**5.51**	**6.54**
澳大利亚	Australia	1.69	0.97	3.05	2.91	4.80	5.30
新西兰	New Zealand	0.19	0.75	0.36	1.31	0.59	1.20

16-20 利用外资情况（1979－2005年）
Utilization of Foreign Capital（1979－2005）

年份 Year	签订项目（个） Number of Signed Projects（unit）	#外商直接投资 Foreign Direct Investment	合同外资额（万美元） Amount of Foreign Capital（USD 10000）	#外商直接投资 Foreign Direct Investment	实际利用外资（万美元） Amount of Foreign Capital Actually Used（USD 10000）	#外商直接投资 Foreign Direct Investment
1979	1642	70	22889	14616	9143	3074
1980	5048	188	138920	120046	21419	12320
1981	6803	236	167507	156206	28837	17326
1982	8171	151	155916	147698	28103	17123
1983	11318	412	72660	61552	40685	24523
1984	17452	1105	144489	116958	64379	54163
1985	13621	1640	256521	200073	91910	51529
1986	9417	774	183480	85902	142829	64392
1987	6999	1186	201750	124647	121671	59396
1988	7662	2741	382748	224196	243965	91906
1989	6636	2438	362311	243813	239915	115644
1990	7196	3042	316751	268958	202347	145984
1991	8507	4554	580152	490530	258250	182286
1992	12916	9769	1986673	1885764	486147	355150
1993	19012	16768	3489660	3314887	965225	749805
1994	11956	10558	2638753	2382441	1144664	939708
1995	9345	8177	2610480	2483244	1210037	1018028
1996	5955	4608	1744639	1554584	1389943	1162362
1997	17737	3744	964527	769202	1420519	1171083
1998	15459	4349	1237802	916180	1509945	1202005
1999	14824	3013	871592	617451	1447383	1220300
2000	16879	4245	1108598	868393	1457466	1223720
2001	13198	5317	1580386	1343463	1575526	1297240
2002	11706	6613	1890108	1617119	1658946	1311071
2003	11472	7306	2446711	2178926	1894081	1557779
2004	10530	8322	2217800	1936046	1289900	1001158
2005	11786	8384	2675695	2374365	1517358	1236391

注：1. 2002年起"外商直接投资"统计口径调整，"企业投资总额内的境外借款"只包括"外方股东贷款"。
2. 2004年实际利用外商直接投资统计口径作了调整，与2003年以前的年份不可比。
3. 2004年起"签订项目数"、"合同外资额"、"实际利用外资"不包含"对外借款"。

Note：a）Since 2002, the foreign direct investment has been adjusted, of which the overseas borrowings in total investment of enterprises only include the loans by the foreign shareholders.
b）The foreign direct investment actually used of 2004 was adjusted, which was not comparable with that of 2003 and prior to it.
c）The number of signed projects, amount of foreign capital and foreign capital actually used excluded the foreign borrowings in 2004.

16-21 分方式利用外资（2005年）
Utilization of Foreign Capital by Type (2005)

指　　标	Item	签订项目（个）Number of Signed Projects (unit)	合同外资额（万美元）Amount of Contracted Foreign Capital (USD 10000)	实际利用外资（万美元）Amount of Foreign Capital Actually Used (USD 10000)
总　计	**Total**	**11786**	**2675695**	**1517358**
外商直接投资	**Foreign Direct Investment**	**8384**	**2374365**	**1236391**
合资经营企业	Joint Venture	1077	293894	221603
合作经营企业	Cooperative Operation	218	98841	56556
外资（独资）企业	Foreign Sole Investment Enterprises	7080	1959240	950242
外商投资股份制	Foreign Share-holding Corporations Ltd.	9	22390	7990
合作开发	Cooperative Development			
其他	Others			
外商其它投资	**Other Foreign Investment**	**3402**	**301330**	**280967**
对外发行股票	Shares Issued Abroad			
国际租赁	International Lease			
补偿贸易	Compensation Trade			
加工装配	Processing and Assembly	3402	301330	280967

16-22 分行业外商直接投资（2005年）
Foreign Direct Investment by Sector (2005)

指　　标	Item	签订项目（个）Number of Signed Projects (unit)	合同外资额（万美元）Amount of Contracted Foreign Capital (USD 10000)	实际利用外资（万美元）Amount of Foreign Capital Actually Used (USD 10000)
总计	**Total**	**8384**	**2374365**	**1236391**
农、林、牧、渔业	Farming, Forestry, Animal Husbandry and Fishery	166	23113	7720
采矿业	Mining	18	5594	8692
制造业	Manufacturing	5657	1696979	939406
电力、煤气及水的生产和供应业	Production and Supply of Electric Power, Gas and Water	22	27263	19382
建筑业	Construction	43	28321	4013
交通运输、仓储和邮政业	Transport, Storage and Postal Services	140	71140	37439
信息传输、计算机服务和软件业	Information Transmission, Computer Services and Software	310	40636	21078
批发和零售业	Wholesale and Retail Trade	434	59724	19522
住宿和餐饮业	Accommodations and Catering Services	144	42267	8285
金融业	Finance	6	8813	3533
房地产业	Real Estate	316	184416	84437
租赁和商务服务业	Leasing and Business Services	685	102196	52633
科学研究、技术服务和地质勘查业	Scientific Research, Technical Services and Geological Prospecting	372	41262	11942
水利、环境和公共设施管理业	Management of Water Conservancy, Environment Facilities and Public	16	9704	924
居民服务和其他服务业	Services to Households and Other Services	29	17998	12600
教育	Education	3	288	165
卫生、社会保障和社会福利业	Health Care, Social Security and Social Welfare	2	1482	225
文化、体育和娱乐业	Culture, Sports and Recreation	21	13169	4395

16-23 分国别（地区）外商直接投资
Foreign Direct Investment by Country (Territory)

指　　标	Item	1979 - 2005	2000	2004	2005
签订协议（合同）数（个）	**Number of Agreements (Contracts) Signed (unit)**	**119710**	**4245**	**8322**	**8384**
亚洲	**Asia**	**108045**	**3482**	**6860**	**6914**
#中国香港	Hong Kong, China	87274	2474	5122	5208
中国澳门	Macao, China	6238	304	418	448
中国台湾	Taiwan, China	8774	482	589	531
日本	Japan	1501	51	220	191
菲律宾	Philippines	79	5	6	4
泰国	Thailand	575	12	13	11
马来西亚	Malaysia	474	14	49	52
新加坡	Singapore	1643	76	137	137
印度尼西亚	Indonesia	136	6	7	15
韩国	Republic of Korea	787	52	127	108
以色列	Israel	17	2	4	4
印度	India	24		6	9
文莱	Brunei	298		112	99
非洲	**Africa**	**388**	**14**	**75**	**83**
毛里求斯	Mauritius	299	12	57	58
南非	South Africa	17		4	2
欧洲	**Europe**	**1407**	**81**	**169**	**421**
#波兰	Poland	20		2	1
德国	Germany	238	11	28	35
法国	France	207	7	20	34
意大利	Italy	166	8	30	36
荷兰	Netherlands	124	14	12	17
比利时	Belgium	27		2	5
英国	United Kingdom	526	18	38	39
丹麦	Denmark	27	1	1	6
瑞典	Sweden	24	2	3	5
挪威	Norway	17	2	1	3
瑞士	Switzerland	67	3	2	11
奥地利	Austria	19		2	2
西班牙	Spain	43	4	9	8
俄罗斯联邦	Russian	29	2	6	3
拉丁美洲	**Latin America**	**4265**	**428**	**675**	**604**
#巴拿马	Panama	69	3	3	3
维尔京群岛	Virgin Islands	3762	380	610	534
委内瑞拉	Venezuela	28	2	6	2
巴哈马	Bahamas	54	8	6	2
开曼群岛	Cayman Islands.	217	26	28	33
伯利兹	Belize	42	9	9	7
北美洲	**North America**	**4165**	**229**	**386**	**412**
#加拿大	Canada	701	32	74	73
美国	United States of America	3430	193	309	332
百慕大	Bermuda	30	3	3	6
大洋洲	**Oceania**	**1808**	**96**	**324**	**319**
#澳大利亚	Australia	578	31	65	68
新西兰	New Zealand	75	4	13	9
萨摩亚	Samoa	1058	52	234	233
东萨摩亚	East Samoa	47	8		1
海外机构	**Overseas Organizations**	**278**			
其它	**Others**	**121**	**2**	**17**	**18**

16-23 续表 1 continued

指 标	Item	1979 – 2005	2000	2004	2005
协议利用外资额（万美元）	**Amount of Utilization of Foreign Capital through Signed Agreements (USD 10000)**	**26497260**	**868393**	**1936046**	**2374365**
亚洲	**Asia**	**20525055**	**548646**	**1251727**	**1566635**
# 中国香港	Hong Kong, China	16824167	412219	952000	1220865
中国澳门	Macao, China	760962	12863	60998	79936
中国台湾	Taiwan, China	942172	48354	63108	60237
日本	Japan	661424	19608	87224	99260
菲 律 宾	Philippines	9856			
泰国	Thailand	130981		7366	3716
马来西亚	Malaysia	87148	4006	13400	9699
新 加 坡	Singapore	763715	46516	29506	53125
印度尼西亚	Indonesia	46014			3587
韩国	Republic of Korea	193921	8143	21388	14018
阿联酋	Unit Arab Emirates	41606	27	2327	1039
文莱	Brunei	40777		14441	18576
印度	India	5163		94	
非洲	**Africa**	**111436**	**4397**	**16521**	**33044**
# 毛里求斯	Mauritius	101402	4275	15666	30220
埃及	Egypt	4415	6		70
欧洲	**Europe**	**1040267**	**28033**	**60584**	**69444**
# 德国	Germany	135790	2461	13509	6428
法国	France	103297	5670	5824	19646
意大利	Italy	27392	411	5124	3116
荷兰	Netherlands	278507	5948	10884	10817
比利时	Belgium	2734	187	2295	
英国	United Kingdom	359028	7158	21994	9593
爱尔兰	Eire	4233		239	211
丹麦	Denmark	19406	765	1123	2884
芬兰	Finland	14070	440	75	6709
瑞典	Sweden	2763	333	117	1291
瑞士	Switzerland	34706	619		344
奥地利	Austria	3262		469	251
西班牙	Spain	10889	858	2502	1227
俄罗斯联邦	Russian	3890	24	122	31
拉丁美洲	**Latin America**	**2946377**	**208680**	**413287**	**490204**
# 巴拿马	Panama	23016	1793	2437	911
巴西	Brazil	4132		2115	7
维尔京群岛	Virgin Islands.	2611743	181692	361931	430621
委内瑞拉	Venezuela	2073	15	414	19
开曼群岛	Cayman Islands.	228682	20578	38193	41739
伯利兹	Belize	13889	1690	1498	1486
巴哈马	Bahamas	39213	2897	972	1569
北美洲	**North America**	**1074573**	**48580**	**90570**	**74124**
# 加拿大	Canada	133455	3126	2300	11111
美国	United States of America	861941	44389	56640	42046
百慕大	Bermuda	78981	1039	31630	20937
大洋洲	**Oceania**	**504910**	**26715**	**56584**	**94320**
# 澳大利亚	Australia	105123	7507	1918	13045
新西兰	New Zealand	5434	108	489	1302
萨摩亚	Samoa	365437	16151	48389	74611
东萨摩亚	East Samoa	13710	1866	250	788
马绍尔群岛	Marshall Islands	8194	1073	5039	1962
海外机构	**Overseas Organizations**	**124675**			
其它	**Others**	**169967**	**3342**	**46773**	**46594**

16-23 续表 2 continued

指 标	Item	1979－2005	2000	2004	2005
实际利用外资 （万美元）	**Foreign Capital Actually Used (USD 10000)**	**16285466**	**1223720**	**1001158**	**1236391**
亚洲	**Asia**	**12809658**	**927071**	**662584**	**794244**
# 中国香港	Hong Kong, China	10542418	744826	501219	582361
中国澳门	Macao, China	365761	26137	22421	28579
中国台湾	Taiwan, China	612798	49746	34897	33370
日本	Japan	617015	30852	52676	94365
菲律宾	Philippines	6967	191	462	69
泰国	Thailand	49899	2895	1516	1044
马来西亚	Malaysia	42724	4993	4617	3761
新加坡	Singapore	410181	49115	28354	29207
印度尼西亚	Indonesia	29881	3352	1362	473
韩国	Republic of Korea	108861	13671	12365	10904
阿联酋	Unit Arab Emirates	4257	100	227	2070
文莱	Brunei	11275		2371	6911
印度	India	3560	964	30	407
非洲	**Africa**	**55414**	**4272**	**10526**	**11283**
# 利比里亚	Liberia	2498		16	
毛里求斯	Mauritius	50251	4576	10417	10776
欧洲	**Europe**	**603109**	**38643**	**57640**	**83276**
# 德国	Germany	82428	10057	5527	8041
法国	France	65228	4551	4645	14148
意大利	Italy	24696		572	4991
荷兰	Netherlands	161717	7886	26236	38768
比利时	Belgium	2789	499	19	73
英国	United Kingdom	195914	8258	17256	12096
爱尔兰	Ireland	3391		150	286
丹麦	Denmark	5455		554	235
芬兰	Finland	11330	2302	30	150
瑞典	Sweden	3218	360	235	257
挪威	Norway	1942	710	31	211
瑞士	Switzerland	28310	3349	1159	2385
奥地利	Austria	6433	101	60	178
西班牙	Spain	5380	44	616	1052
拉丁美洲	**Latin America**	**1691633**	**161983**	**173870**	**237757**
# 巴拿马	Panama	16017	1544	1081	1541
维尔京群岛	Virgin Islands.	1528909	149200	152323	210548
开曼群岛	Cayman Islands.	109067	6694	18131	20526
伯利兹	Belize	4438	423	143	1095
巴哈马	Bahamas	26483	3543	1633	2183
北美洲	**North America**	**663916**	**74453**	**39912**	**34704**
# 加拿大	Canada	68008	5161	2724	2728
美国	United States of America	566339	66972	31032	25694
百慕大	Bermuda	27913	2320	6156	6252
大洋洲	**Oceania**	**236141**	**14510**	**37928**	**57743**
# 澳大利亚	Australia	51856	4697	2457	4315
萨摩亚	Western Samoa	166533	8942	34419	50651
东萨摩亚	East Samoa	7192	105	184	687
马绍尔群岛	Marshall Islands	3230	680	250	959
大洋洲及太平洋岛屿	Other Oceanic and Pacific Islands	3071		190	429
亚洲开发银行	**Asian Development Bank**	**44550**			
海外机构	**Overseas Organizations**	**107717**		**29**	
其它	**Others**	**73328**	**2788**	**18669**	**17384**

16-24 各市外商直接投资（2004－2005年）
Foreign Direct Investment by City（2004－2005）

市 别 City	2004			2005		
	签订项目（个）Number of Signed Project (unit)	合同外资额（万美元）Amount of Contracted Foreign Capital (USD 10000)	实际利用外资（万美元）Amount of Foreign Capital Actually Used (USD 10000)	签订项目（个）Number of Signed Project (unit)	合同外资额（万美元）Amount of Contracted Foreign Capital (USD 10000)	实际利用外资（万美元）Amount of Foreign Capital Actually Used (USD 10000)
全省合计 Provincial Total	**8322**	**1936046**	**1001158**	**8384**	**2374365**	**1236391**
广 州 Guangzhou	1046	320484	240065	1061	340202	260851
深 圳 Shenzhen	2718	412131	234994	2797	525086	287734
珠 海 Zhuhai	472	176182	47022	587	228521	66507
汕 头 Shantou	78	17505	7828	86	22097	10236
佛 山 Foshan	542	115692	69136	533	154573	92737
韶 关 Shaoguan	133	39926	14290	77	30813	9564
河 源 Heyuan	135	33824	16065	116	42468	18157
梅 州 Meizhou	87	21580	8866	101	24740	7659
惠 州 Huizhou	549	129822	63228	539	195459	103112
汕 尾 Shanwei	57	15544	9435	68	25333	12033
东 莞 Dongguan	1030	273690	96749	773	298029	146072
中 山 Zhongshan	380	82254	50978	392	100225	62470
江 门 Jiangmen	446	101100	51205	470	120004	59679
阳 江 Yangjiang	56	18403	5749	78	31231	5754
湛 江 Zhanjiang	50	21354	7136	56	28514	3896
茂 名 Maoming	80	13319	5864	87	13292	3890
肇 庆 Zhaoqing	183	55336	48213	254	85715	54206
清 远 Qingyuan	137	53561	8119	148	64445	17375
潮 州 Chaozhou	58	10073	5825	62	11761	5838
揭 阳 Jieyang	26	12918	8277	43	17176	4859
云 浮 Yunfu	59	11409	2118	56	14681	3762

16-25 各市重点外商投资企业主要经济指标（2005年）
Main Economic Indicators of Key Foreign Funded Enterprises by City（2005）

单位：亿元 (100 million yuan)

市 别 City	企业数（户）Number of Enterprises (unit)	资产总计 Total Assets	负债合计 Total Liabilities	主营业务收入 Main Business Revenue	营业税金 Business Tax	利润总额 Total Profits	所得税 Income Tax
全省合计 Provincial Total	**709**	**6936.25**	**3597.20**	**5739.65**	**61.78**	**723.90**	**108.81**
广 州 Guangzhou	135	3067.49	1423.52	2206.27	50.00	500.21	81.50
深 圳 Shenzhen	100	1313.13	643.13	958.25	6.40	116.33	11.79
珠 海 Zhuhai	60	670.77	437.46	768.16	0.79	35.41	2.50
汕 头 Shantou	24	88.89	64.53	51.30	0.10	-0.31	0.09
佛 山 Foshan	60	370.29	192.19	320.79	0.76	17.70	2.63
韶 关 Shaoguan	12	44.30	22.52	25.09	0.05	0.80	0.12
河 源 Heyuan	13	24.93	13.76	23.72	…	2.68	0.31
梅 州 Meizhou	10	34.25	14.78	14.66	0.04	1.32	0.18
惠 州 Huizhou	58	331.89	217.61	449.26	0.51	4.47	2.10
汕 尾 Shanwei	6	28.11	5.32	44.24	0.01	4.40	0.53
东 莞 Dongguan	43	387.41	205.63	406.96	0.27	25.58	4.14
中 山 Zhongshan	40	176.03	113.66	240.31	0.52	11.34	1.89
江 门 Jiangmen	28	92.14	59.14	56.34	0.10	-0.19	0.25
阳 江 Yangjiang	10	25.27	22.27	1.75	0.04	-1.77	…
湛 江 Zhanjiang	8	28.98	15.33	25.67	…	0.75	0.13
茂 名 Maoming	20	15.94	8.49	7.10	0.17	0.82	0.08
肇 庆 Zhaoqing	40	95.25	57.36	54.07	1.84	0.96	0.26
清 远 Qingyuan	17	102.97	63.10	53.19	0.12	2.49	0.24
潮 州 Chaozhou	10	9.68	3.65	12.95	0.01	0.37	0.02
揭 阳 Jieyang	10	21.12	9.35	13.61	0.01	0.29	0.02
云 浮 Yunfu	5	7.41	4.40	5.96	0.04	0.25	0.03

16-26 对外经济技术合作情况
Conditions of Economic and Technical Cooperation with Foreign Countries and Territories

单位：个

项 目 Item	签订合同数（宗）Number of Contract Signed (unit)	合同金额（万美元）Contracted Value (USD 10000)	营业金额（万美元）Business Value (USD 10000)	年末在外人数（人）Number of Persons Abroad at the Year-end (person)
对外承包工程 Foreign Contracted Projects				
1982	9	1316	1398	770
1985	28	1897	2491	305
1990	23	5953	7586	688
1995	29	19183	10924	850
1996	37	14823	9474	1680
1997	67	22435	10940	354
1998	28	13331	17526	566
1999	63	52961	21857	603
2000	86	36555	34515	634
2001	250	53924	26192	641
2002	165	64827	58986	643
2003	193	97055	86898	730
2004	810	168338	161287	856
2005	2061	326752	247189	606
对外劳务合作 Foreign Labor Cooperation				
1982	106	1368	1170	657
1985	273	424	433	1197
1990	1101	6055	3189	8045
1995	1251	20593	17775	33263
1996	1493	11784	19365	23319
1997	2616	17356	14743	22857
1998	2360	12925	14464	20816
1999	5863	9327	13230	19128
2000	6626	12941	10777	19564
2001	1039	13271	11752	30695
2002	8252	19114	17059	18922
2003	12100	23132	21926	21738
2004	11482	27392	28315	17043
2005	13989	32762	30878	20469
对外设计咨询 Foreign Design Consultation				
1995	9	139	41	10
1996	3	11	4	4
1997	6	90	88	
1998	17	402	339	
1999	19	408	218	
2000	14	1064	987	
2001	17	66	267	14
2002	34	258	144	39
2003	42	97	419	39
2004	2	220	421	49
2005	19	343	339	

注：对外设计咨询 1995 年以前无发生数。
Note: Before 1995, there were no data of foreign design consultation.

16-27 分行业外商投资企业工商注册登记情况（2005 年末）
Registration Status of Foreign Funded Enterprises by Sector (Year-end of 2005)

行业	Sector	企业数(户) Number of Registered Enterprises (unit)	投资总额(亿美元) Total Investment (USD 100 million)	注册资本(亿美元) Registered Capital (USD 100 million)	#外方 Capital Invested by Foreign Partner
总计	**Total**	**58762**	**2889.27**	**1677.35**	**1367.07**
农、林、牧、渔业	Farming, Forestry, Animal Husbandry and Fishery	1108	26.62	16.87	14.23
采矿业	Mining	122	6.32	3.52	2.66
制造业	Manufacturing	44518	1721.49	1126.17	945.66
电力、煤气及水的生产和供应业	Production and Supply of Electric Power, Gas and Water	343	207.40	71.49	40.70
建筑业	Construction	405	65.45	26.40	14.87
交通运输、仓储和邮政业	Transport, Storage and Postal Services	1516	157.41	64.09	41.07
信息传输、计算机服务和软件业	Information Transmission, Computer Services and Software	1151	50.17	24.35	22.03
批发和零售业	Wholesale and Retail Trade	725	25.30	14.38	10.80
住宿和餐饮业	Hotels and Catering Services	973	57.70	36.00	27.94
金融业	Finance	13	9.75	5.49	4.91
房地产业	Real Estate	2293	359.88	163.52	136.72
租赁和商务服务业	Leasing and Business Services	795	21.57	11.93	10.57
科学研究、技术服务和地质勘查业	Scientific Research, Technical Services and Geological Prospecting	542	16.37	10.50	9.21
水利、环境和公共设施管理业	Management of Water Conservancy, Environment and Public Facilities	148	14.56	8.44	6.11
居民服务和其他服务业	Services to Households and Other Services	328	10.40	7.18	5.94
教育	Education	29	1.38	1.03	0.90
卫生、社会保障和社会福利业	Health Care, Social Security and Social Welfare	35	3.09	1.69	1.31
文化、体育和娱乐业	Culture, Sports and Recreation	326	25.90	15.43	12.39
其他	Others	3392	108.54	68.87	59.05

16-28 各市外商投资企业工商注册登记情况（2005 年末）
Registration Status of Foreign Funded Enterprises by City (Year-end of 2005)

市别 City	企业数(户) Number of Registered Enterprises (unit)	投资总额(亿美元) Total Investment (USD 100 million)	注册资本(亿美元) Registered Capital (USD 100 million)	#外方 Capital Invested by Foreign Partners
全省合计 Provincial Total	**58762**	**2889.27**	**1677.33**	**1367.08**
广州 Guangzhou	8148	595.68	300.98	245.06
深圳 Shenzhen	15266	609.26	357.97	291.81
珠海 Zhuhai	3484	160.43	89.16	71.11
汕头 Shantou	1353	58.87	37.59	30.68
佛山 Foshan	4108	216.18	127.19	90.81
韶关 Shaoguan	493	22.39	13.30	10.96
河源 Heyuan	594	24.8	16.41	14.88
梅州 Meizhou	547	16.34	10.12	6.76
惠州 Huizhou	3826	210.06	121.49	99.83
汕尾 Shanwei	339	15.04	11.58	10.61
东莞 Dongguan	7675	304.75	224.48	209.40
中山 Zhongshan	2742	113.11	73.01	62.83
江门 Jiangmen	3290	122.46	81.45	65.84
阳江 Yangjiang	348	13.14	8.5	6.46
湛江 Zhanjiang	634	39.14	22.1	15.23
茂名 Maoming	1297	40.18	17.94	12.34
肇庆 Zhaoqing	1215	57.61	34.10	28.72
清远 Qingyuan	731	41.27	24.67	20.79
潮州 Chaozhou	552	16.99	11.06	7.17
揭阳 Jieyang	580	20.24	14.78	11.27
云浮 Yunfu	332	10.52	6.60	4.88
局本部 Unclassified by Region	1208	180.81	72.85	49.64

16-29 一类口岸开放使用情况（2005 年末）
Opening-up and Operating Status of Ports with Grade Ⅰ (Year-end of 2005)

市别 City	个数	口岸名称		
		水运 Water Transport	陆运 Land Transport	空运 Air Transport
合计 Total	**52**	**37**	**10**	**5**
广州 Guangzhou	6	广州港 Guangzhou Port	天河直通车站 Tianhe Railway	白云机场
		南沙港 Nansha Port	Stations Directly to Hong Kong	Baiyun Airport
		莲花山港 Lianhuashan Port		
		新塘港 Xintang Port		
深圳 Shenzhen	12	蛇口港 Shekou Port	罗湖 Luohu	深圳机场
		赤湾港 Chiwan Port	文锦渡 Wenjindu	Shenzhen Airport
		梅沙港 Meisha Port	沙头角 Shatoujiao	
		东角头港 Dongjiaotou Port	皇岗 Huanggang	
		妈湾港 Mawan Port		
		盐田港 Yiantian Port		
		西涌港 Xichong Port		
珠海 Zhuhai	7	九州港 Jiuzhou Port	拱北 Gongbei	
		湾仔港 Wanzai Port	横琴 Hengqin	
		珠海港 Zhuhai Port		
		万山港 Wanshan Port		
		斗门港 Doumen Port		
汕头 Shantou	4	汕头港 Shantou Port		汕头机场
		潮阳港 Chaoyang Port		Shantou Airport
		南澳港 Nanao Port		
佛山 Foshan	4	顺德港 Shunde Port	佛山铁路客运 Foshan Railway	
			Stations for Passenger Service	
梅州 Meizhou	1			梅州机场
惠州 Huizhou	1	惠州港 Huizhou Port		Meizhou Airport
汕尾 Shanwei	1	汕尾港 Shanwei Port		
东莞 Dongguan	2	虎门港 Humen Port	东莞铁路客运 Dongguan Railway	
			Stations for Passenger Service	
中山 Zhongshan	1	中山港 Zhongshan Port		
江门 Jiangmen	5	江门港 Jiangmen Port		
		三埠港 Sanfu Port		
		广海港 Guanghai Port		
		鹤山港 Heshan Port		
		新会港 Xinhui Port		
		南海港 Nanhai Port		
		高明港 Gaoming Port		
阳江 Yangjiang	1	阳江港 Yangjiang Port		
湛江 Zhanjiang	2	湛江港 Zhanjiang Port		湛江机场
茂名 Zhaoqing	1	水东港 Shuidong Port		Zhanjiang Airport
肇庆 Maoming	2	肇庆港 Zhaoqing Port	肇庆铁路客运 Zhaoqing Railway	
			Station for Passenger Service	
潮州 Chaozhou	2	潮州港 Chaozhou Port		
		潮阳港 Chaoyang Port		

注：2005 年末全省二类口岸 84 个，其中装卸点 81 个，起运点 3 个。直通港澳货运车辆检查场 60 个。

Note: The provincial total of ports with Grade Ⅱ was 84 at the end of 2005, of which the loading and unloading places were 81, the dispatch place was 3 and the inspection places for vehicles carrying goods directly to Hong Kong and Macao amounted to 60.

主要统计指标解释

海关进出口总额 指实际进出我国国境的货物（包括贸易和非贸易）的价值总和。主要包括对外贸易实际进出口货物，来料加工装配、补偿贸易、进料加工进出口货物，国家间及国际组织无偿援助物资和赠送品，华侨、港澳台同胞和外籍华人捐赠品，租赁期满归承租人所有的租赁货物，边境地方贸易及边境地区小额贸易进出口货物（边民互市贸易除外），中外合资、合作经营企业、外商独资经营企业进出口货物和公用物品，到、离岸价格在规定限额以上的进出口货样和广告品（无商业价值、无使用价值和免费提供出口的除外），从保税仓库提取在中国境内销售的进出口货物，以及其他进出口货物。海关进出口总额反映一个国家在对外经济贸易方面实际进出口货物的总规模。

产消国 即原产国（地）和最终目的国。原产国指进口货物的生产、开采或加工制造的国家。最终目的国指出口货物已知的消费、使用或进一步加工制造的国家。

利用外资 指我国政府、部门、企业和其他经济组织通过对外借款、吸收客商直接投资以及向境外发行债券、股票等方式筹借的境外资金。

外资的形式可以是现汇、实物、工业产权或专有技术等有形资本和无形资本。

我国自有外汇和中国银行自有外汇资金发放的外汇贷款购置国外设备和材料，华侨、港澳同胞的捐赠，联合国或其他国际组织的无偿赠送资金、无偿援建的项目均不属于外资范围 。

利用外资的方式有：对外借款，外国（或港澳地区）企业和经济组织或个人在我国境内开办独资企业、与我国境内的企业或组织共同开办合资企业、合作经营（企业）项目或合作开发资源，以及补偿贸易、国际租赁等。

补偿贸易 是以商品或劳务偿还贷款的一种贸易方式。即由客商提供设备、原材料、生产技术，以这些设备、原材料、生产技术生产的产品或是用双方协商的其他产品价值去支付（偿还）进口设备、原材料价款。

对外借款 指我国政府、部门、企业和中国银行等单位向国际金融组织 、外国政府、企业等借用的长期、短期资本，到期需还本付息。借款按不同渠道划分为：①外国政府贷款；②国际金融组织贷款；③外国银行贷款；④出口信贷；⑤发行债券。

外商直接投资 指外国企业和经济组织或个人（包括华侨、港澳同胞以及我在境外注册的企业）按我国有关政策、法规，在我国境内开办外商独资企业，与我国境内的企业或经济组织共同举办中外合资企业、合作经营企业或合作开发资源的投资，以及外商从企业得到收益的再投资。2002 年起“外商直接投资”统计口径调整，“企业投资总额内的境外借款”只包括“企业投资总额内直接投资者对企业的贷款，即外方股东贷款”。不包括“直接投资者提供担保的第三方对企业的贷款即外方股东担保贷款”和“其他方式的企业境外借款即其他境外借款。”

国际租赁 指出租者用自有资金，或向银行借款购买资本设备租给承租者在约定的期限内使用，承租者依约按期付给出租者一定租金，在租赁期内设备的使用属于承租者，设备的所有权属于出租者，租期满后，出租者对设备具有支配权：收回、作价出卖或赠送企业。

中间价 指人民银行每日公布的银行买入卖出外汇的参考价。银行在买入卖出业务中可以在中间价上下浮动 5‰。

Explanatory Notes on Main Statistical Indicators

Total Imports and Exports at Customs refer to the value of commodities imported into and exported from the boundary of China (including trade and non-trade). They mainly include the actual imports and exports through foreign trade, imported and exported goods under the processing and assembling trades and materials, compensation trade, imported and exported commodities processed with imported materials, supplies and gifts as aid given gratis between governments and by the United Nations and other international organizations, and contributions donated by overseas Chinese, compatriots in Hong Kong, Macao and Taiwan and Chinese with foreign citizenship, leasing commodities owned by tenant at the expiration of leasing period, local trading and small commodities trading in border areas (excluding mutual exchange goods), imported and exported commodities and articles for public use of the Sino-foreign joint ventures, cooperative enterprises and ventures exclusively with foreign investment. Also included are import or export of samples and advertising goods for those CIF or FOB value are beyond the permitted ceiling (excluding goods of no trading or use value and free commodities for export), imported goods sold in China from bonded warehouse and other imported or external goods. The indicator of the total imports and exports at customs can be used to observe the total size of external trade in a country.

Production and Consumption Country refers to the country of origin and the country of final destination. The country of origin refers to the country where the imported goods are produced, exploited or processed. The country of final destination refers to the country where the imported goods are produced, exploited or processed.

Utilization of Foreign Capitals refers to funds financed from abroad by means of loans, foreign direct investment, and issuing bonds and shares undertaken by the Chinese governments at all levels, various departments, enterprises and other economic units.

The types of foreign capital include tangible capital and intangible capital, such as remittance, goods, industrial property rights and know-how, etc.

Those excluded are the purchases of foreign equipment and materials with foreign exchange loans issued from the state-owned foreign exchange and the owned foreign exchange of the Bank of China, contributions donated by overseas Chinese, compatriots in Hong Kong and Macao, funds and projects as aid given gratis by the United Nations and other international organizations.

The types of utilization of foreign capitals include loans from abroad, foreign funded enterprises in the boundary of China owned by foreign (or Hong Kong and Macao) enterprises, economic organizations or individuals, and the Sino-foreign joint ventures, cooperation projects (enterprises), cooperation exploitation of natural resources with enterprises or organizations in China, compensation trade and international lease, etc.

Compensation Trade is a kind of trade returning loans with commodities or services, i. e. paying for (returning) imported equipment and raw materials by means of the products produced with the equipment, raw materials and productive technology which are provided by foreign entrepreneurs or other products negotiated by both sides.

Foreign Borrowings refer to long-term capital and short-term capital borrowed from international financial organizations, foreign governments and enterprises by the Chinese governments at all levels, by various departments, enterprises and the Bank of China, etc, and repaid with interest at maturity. Through different channels, foreign loans can be divided into: ①loans from foreign governments; ②loans from international financial organizations; ③ loans from foreign banks; ④export credit; ⑤bonds and shares issued abroad.

Foreign Direct Investment refers to the investments inside China by foreign enterprises and economic organizations or individuals (including overseas Chinese, compatriots from Hong Kong and Macao, and Chinese enterprises registered abroad), following the relevant policies and laws of China, for the establishment of ventures exclusively with foreign investment, Sino-foreign joint ventures and cooperative enterprises or for cooperative exploitation of resources with enterprises or economic organizations in China, and the re-investment of the foreign entrepreneurs with the profits gained from the investment. In 2002, the statistical coverage of direct investment by foreign entrepreneurs has been adjusted, i. e. the overseas borrowings in total investment of enterprises only include the loans from the direct investors or the loans from the foreign shareholders but excluded the loans from the third party guaranteed by the direct investors or the guaranteed loans from the foreign shareholders and the overseas borrowings by enterprises with other means or other overseas borrowings.

International Lease refers to the lease of which tenants rent the equipment purchased by lessors with their own money or loans from banks during a fixed period and repay a sum of leasing expenses to lessors according to contracts. During the leasing period, tenants have the right to use the equipment and lessors have the possession of the equipment. At the expiration of leasing period, lessors have the right to dispose the equipment such as taking it back, selling it at a fixed price and donating it to an enterprise.

Middle Exchange Rate refers to the reference rate of buying and selling foreign exchanges between banks issued by the People's Bank of China every day. There is a 5‰ floating range for the middle exchange rate in the operation of buying and selling foreign exchanges between banks.

十七、旅 游

17

TOURISM

十七　旅游

简要说明

一、本篇资料反映广东国际、国内旅游等基本情况。
二、本篇资料由广东省统计局贸易外经处负责整理、编辑。
三、本篇资料由广东省旅游局提供。

17 Tourism

Brief Introduction

Ⅰ. The data in this chapter show the basic conditions of international and domestic tourism in Guangdong.

Ⅱ. The data in this chapter are prepared and edited by the Division of Trade and External Economic Relations Statistics of Guangdong Provincial Bureau of statistics.

Ⅲ. The data in this chapter by Guangdong Provincial Tourism Administration.

17-1 旅游主要指标
Main Tourist Figures

指　标	Item	1995	2000	2004	2005
国际游客出入境人数　（万人次）	**Number of International Tourists (10000 person-times)**	**7442.18**	**13431.21**	**15731.67**	**19154.84**
外国人	Foreigners	357.46	573.95	742.74	1079.19
香港同胞	Compatriots from Hong Kong	6913.78	12479.92	11999.23	12709.42
澳门同胞	Compatriots from Macao			2655.22	4933.13
台湾同胞	Compatriots from Taiwan	170.94	377.34	334.48	433.10
入境人数	**Number of Tourists Arrival to China**	**3615.03**	**6729.18**	**8741.00**	**9579.12**
外国人	Foreigners	159.40	283.59	457.00	537.27
香港同胞	Compatriots from Hong Kong	3372.26	5202.98	6001.94	6358.78
澳门同胞	Compatriots from Macao		1051.40	2086.56	2467.90
台湾同胞	Compatriots from Taiwan	83.37	191.21	195.50	215.17
城市接待旅游人数　（万人次）	**Number of Tourists Received by Cities (10000 person-times)**	**3484.29**	**7662.95**	**10508.39**	**11566.61**
国际游客	International Tourists	600.22	1198.94	1540.97	1792.97
外国人	Foreigners	117.39	212.85	366.80	463.91
港澳同胞	Compatriots from Hong Kong and Macao	430.55	813.84	984.76	1106.20
台湾同胞	Compatriots from Taiwan	52.28	172.25	189.41	222.86
国内游客	Domestic Tourists	2884.07	6464.01	8967.42	9773.64
旅行社组织接待人数　（万人）	**Number of Tourists Received by Travel Agencies (10000 persons)**	**859.20**	**653.41**	**1298.69**	**1538.49**
国际游客	International Tourists	257.19	264.22	331.43	368.79
国内游客	Domestic Tourists	602.01	389.19	967.26	1169.70
团体出境旅游人数　（万人）	**Number of Tourists Outbound through Group Tours (10000 persons)**	**67.71**	**116.20**	**171.79**	**196.28**
港澳游	Tours to Hong Kong and Macao	58.67	86.07	111.02	137.16
其他	Others	9.04	30.13	60.77	59.12
旅游收入　（亿元）	**Earnings from Tourism (100 million yuan)**	**700.33**	**1149.95**	**1664.05**	**1882.60**
旅游外汇收入	Foreign Exchange Earnings	200.33	340.08	444.96	529.06
国内旅游收入	Domestic Travel Earnings	500.00	809.87	1219.09	1353.54

注：1995、2000年香港同胞包括澳门同胞。
Note: The Chinese compatriots from Hong Kong include Macao in 1995 and 2000.

17-2 旅游部门基本情况
Basic Statistics on Tourist Agencies

指 标		Item		2000	2004	2005
旅游宾馆（酒店）	（家）	Number of Tourist Hotels	(unit)	2655	3696	3837
五星		Five Star Class		19	39	41
四星		Four Star Class		61	124	140
三星		Three Star Class		283	452	496
二星		Two Star Class		339	418	412
一星		One Star Class		48	38	39
未评星级		Star Class Not Appraised		1905	2625	2709
旅游宾馆酒店接待能力		Receiving Capability of Tourist Hotels				
客房	（间）	Number of Guest Rooms	(room)	202277	266985	279302
床位	（张）	Number of Beds	(unit)	401718	486605	512582
客房出租率	（%）	Room Occupancy	(%)	58.0	60.5	61.4
旅行社	（家）	Number of Travel Agencies	(unit)	504	821	884
国际旅行社		International Travel Agencies		176	184	194
国内旅行社		Domestic Travel Agencies		328	637	690

17-3 城市接待外国游客人数
Number of Foreign Tourists Received by City

单位：人次 (person-time)

国 别	Country	1995	200	2004	2005
总计	**Total**	**1173919**	**2128501**	**3667989**	**4639133**
日本	Japan	288978	413833	891496	962727
韩国	Republic of Korea	25172	71841	185941	239213
菲律宾	Philippines	10312	20793	25525	30847
新加坡	Singapore	60760	93762	140842	179559
泰国	Thailand	51185	48341	116650	150502
印度尼西亚	Indonesia	40583	63159	114290	128428
马来西亚	Malaysia	70639	110384	184941	220598
美国	United States	129238	196362	322752	361224
加拿大	Canada	24908	35968	59975	67844
英国	United Kingdom	41020	59123	91895	105238
法国	France	29728	43578	74893	99158
德国	Germany	32864	44707	67949	87158
意大利	Italy	19187	19792	41439	56071
俄罗斯	Russia	1937	10407	23308	26692
澳大利亚	Australia	28789	34595	57963	73346
新西兰	New Zealand	4133	5835	13156	15702
其他	Others	314486	856021	1254974	1834826

17-4 各市旅游宾馆（酒店）住宿设施（2005 年）
Lodging Facilities of Tourist Hotels by City (2005)

市别 City	宾馆、酒店（个）Number of Hotels (unit)	五星级 Five Star Class	四星级 Four Star Class	三星级 Three Star Class	二星级 Two Star Class	一星级 One Star Class	客房（间）Number of Rooms (unit)	床位（张）Number of Beds (unit)	客房出租率（%）Room Occupancy (%)
全省合计 Provincial Total	**3837**	**41**	**140**	**496**	**412**	**39**	**279302**	**512582**	**61.4**
广州 Guangzhou	1402	6	26	89	79	6	96575	176891	63.4
深圳 Shenzhen	501	10	25	70	72	2	42794	70600	61.9
珠海 Zhuhai	320	5	9	46	14	2	22000	48000	68.1
汕头 Shantou	54	2	7	21	15	3	7568	13251	58.6
佛山 Foshan	120	1	15	36	31	4	10152	18375	54.5
韶关 Shaoguan	62		3	26	14	2	4784	9203	48.7
河源 Heyuan	332		1	12	23	3	8073	15725	56.5
梅州 Meizhou	30		3	8	13		2924	5392	65.1
惠州 Huizhou	91		2	28	12	1	9102	16658	66.4
汕尾 Shanwei	58			9	5		4200	8400	60.8
东莞 Dongguan	431	14	22	28	23	2	26600	42929	61.4
中山 Zhongshan	111	2	4	18	11	2	8387	16774	59.0
江门 Jiangmen	58	1	4	20	6		9302	16922	54.6
阳江 Yangjiang	36		2	12	17		2591	4913	61.9
湛江 Zhanjiang	33		2	20	11		4486	8972	71.5
茂名 Maoming	33		1	6	14		3150	5975	66.1
肇庆 Zhaoqing	53		2	14	14	5	3597	7109	51.4
清远 Qingyuan	54		6	18	22	3	7612	16394	52.6
潮州 Chaozhou	15		2	8	4	1	1547	2677	70.4
揭阳 Jieyang	16		4	2	2	1	2082	3864	51.0
云浮 Yunfu	27			5	10	2	1776	3558	51.8

注：本表星级宾馆（酒店）指 2005 年底止已得到国家旅游局或省旅游局批准的，不包已报未批部份。

Note: The star class hotels in this table referred to those approved by the National Tourism Administration or Guangdong Provincial Tourism Administration, whereas they excluded those reported but unapproved yet at the end of 2005.

17-5 各市接待过夜旅游者人数
Number of Tourists Staying Overnight Received by City

单位：万人次 (10000 person-times)

市别 City	2004			2005		
	合计 Total	国际游客 International Tourists	国内游客 Domestic Tourists	合计 Total	国际游客 International Tourists	国内游客 Domestic Tourists
全省合计 Provincial Total	**10508.39**	**1540.97**	**8967.42**	**11566.62**	**1792.98**	**9773.64**
广州 Guangzhou	2674.71	437.15	2237.56	2850.56	510.31	2340.26
深圳 Shenzhen	1942.93	559.79	1383.14	2142.83	616.45	1526.38
珠海 Zhuhai	561.18	140.32	420.87	640.19	172.90	467.29
汕头 Shantou	283.15	19.25	263.91	444.09	20.19	423.90
佛山 Foshan	548.78	70.76	478.02	571.21	76.60	494.61
韶关 Shaoguan	297.95	7.81	290.14	358.38	13.02	345.36
河源 Heyuan	188.00	3.74	184.26	211.69	3.94	207.75
梅州 Meizhou	268.13	8.11	260.02	300.31	7.17	293.13
惠州 Huizhou	352.01	31.18	320.83	459.86	79.84	380.02
汕尾 Shanwei	151.00	2.14	148.86	151.00	2.14	148.86
东莞 Dongguan	712.86	123.86	589.00	735.33	143.33	592.00
中山 Zhongshan	430.09	62.16	367.93	470.40	66.61	403.79
江门 Jiangmen	540.55	28.55	512.00	575.25	32.05	543.20
阳江 Yangjiang	244.81	7.14	237.67	243.21	4.69	238.52
湛江 Zhanjiang	122.96	2.03	120.93	139.07	2.12	136.94
茂名 Maoming	144.58	0.79	143.79	140.96	0.97	139.99
肇庆 Zhaoqing	473.76	11.25	462.51	512.45	11.46	500.99
清远 Qingyuan	206.63	4.28	202.35	191.09	5.46	185.64
潮州 Chaozhou	145.63	15.86	129.77	164.30	18.01	146.29
揭阳 Jieyang	90.62	2.49	88.13	120.49	2.80	117.69
云浮 Yunfu	128.06	2.32	125.74	143.95	2.92	141.04

17-6 各市旅行社组团出境游人数（2005 年）
Number of Tourists Outbound through Group Tours by City Travel Agency (2005)

单位：人 (person)

市别 City	合计 Total	香港 Hong Kong China	澳门 Macao China	其它 Others
全省合计 Provincial Total	**1992028**	**1045708**	**353310**	**593011**
广州 Guangzhou	723157	342957	124147	256053
深圳 Shenzhen	623806	300676	87576	235554
珠海 Zhuhai	107752	47780	44977	14995
汕头 Shantou	36761	23555	2355	10851
佛山 Foshan	145527	91816	28333	25378
韶关 Shaoguan	2893	910	853	1130
河源 Heyuan	10806	7851	2755	200
梅州 Meizhou	16555	9705	584	6266
惠州 Huizhou	15366	10648	654	4064
汕尾 Shanwei	7199	6691	462	47
东莞 Dongguan	54114	36373	6451	11290
中山 Zhongshan	133793	95059	24033	14701
江门 Jiangmen	54832	38398	11152	5282
阳江 Yangjiang	3082	1155	1444	483
湛江 Zhanjiang	5664	2760	1615	1289
茂名 Maoming	4728	2603	1112	1013
肇庆 Zhaoqing	12869	5848	5866	1155
清远 Qingyuan	19351	12850	6019	482
潮州 Chaozhou	9664	4717	2294	2653
揭阳 Jieyang	721	500	185	36
云浮 Yunfu	3388	2856	443	89

17-7 各市旅游业收入（2004－2005 年）
Earnings from Tourism by City (2004－2005)

单位：亿元 (100 million yuan)

市别 City	收入合计 Total Earnings		旅游外汇收入 Foreign Exchange Earnings		国内旅游收入 Domestic Travel Earnings	
	2004	2005	2004	2005	2004	2005
全省合计 Provincial Total	**1664.05**	**1882.60**	**444.96**	**529.06**	**1219.09**	**1353.54**
广州 Guangzhou	547.03	626.16	156.85	189.71	390.18	436.45
深圳 Shenzhen	381.06	421.00	147.76	166.12	233.30	254.88
珠海 Zhuhai	103.72	115.95	46.53	58.01	57.19	57.93
汕头 Shantou	43.16	49.26	5.44	4.92	37.72	44.34
佛山 Foshan	89.56	108.67	21.18	28.52	68.38	80.15
韶关 Shaoguan	24.42	21.35	1.02	2.30	23.39	19.05
河源 Heyuan	13.84	18.28	0.67	0.70	13.17	17.58
梅州 Meizhou	19.08	20.88	2.16	1.63	16.92	19.24
惠州 Huizhou	39.06	49.94	7.14	13.69	31.92	36.26
汕尾 Shanwei	12.69	13.57	0.32	0.38	12.37	13.19
东莞 Dongguan	85.70	90.72	19.38	23.31	66.32	67.41
中山 Zhongshan	57.21	65.45	17.11	17.39	40.10	48.06
江门 Jiangmen	46.10	49.73	7.65	8.70	38.45	41.02
阳江 Yangjiang	17.65	21.40	0.66	0.71	16.99	20.69
湛江 Zhanjiang	29.22	32.20	0.89	1.23	28.34	30.98
茂名 Maoming	40.07	47.48	0.46	0.56	39.61	46.92
肇庆 Zhaoqing	35.21	41.27	3.80	3.90	31.41	37.37
清远 Qingyuan	30.74	34.33	1.09	1.70	29.64	32.63
潮州 Chaozhou	20.74	23.83	3.82	4.35	16.92	19.48
揭阳 Jieyang	13.43	15.07	0.45	0.49	12.98	14.58
云浮 Yunfu	14.36	16.06	0.59	0.75	13.77	15.31

17-8 国际旅游外汇收入
Foreign Exchange Earnings from International Tourism

单位：万美元 (USD 10000)

指 标	Item	2000	2004	2005
全省总计	**Provincial Total**	**411221**	**538041**	**639739**
商品性收入	**Commodity Earnings**	**87837**	**97385**	**159295**
商品销售收入	Sales Revenue	40834	60261	104917
饮食销售收入	Catering Trade Income	47003	37125	54378
劳务性收入	**Service Earnings**	**323384**	**440656**	**480444**
景区游览费	View Tourism Fee	14804	39815	16633
宿费	Accommodation Fee	59216	62413	78048
长途交通费	Long Distance Transportation Fee	173535	192081	246939
民航	Civil Aviation	113086	126978	143302
铁路	Railway	43589	12375	67173
轮船	Steamship	6991	16679	23031
汽车	Motor Vehicles	9869	36049	13435
市内交通费	Local Transportation Fee	7813	11299	11515
邮政电讯费	Postal and Telecommunication Fee	9458	11299	21111
文化娱乐费	Cultural and Recreational Fee	37010	48424	46701
其他	Others	21548	75326	59496

17-9 各市国际旅游外汇收入
Foreign Exchange Earnings from International Tourism by City

单位：万美元 (USD 10000)

市 别 City	2000	2004	2005
全省合计 Provincial Total	**411221**	**538041**	**639739**
广 州 Guangzhou	150580	189665	229400
深 圳 Shenzhen	141669	178672	200869
珠 海 Zhuhai	39395	56258	70148
汕 头 Shantou	11705	6574	5950
佛 山 Foshan	15973	25606	34485
韶 关 Shaoguan	351	1238	2782
河 源 Heyuan	798	808	850
梅 州 Meizhou	1487	2611	1975
惠 州 Huizhou	5333	8628	16549
汕 尾 Shanwei	387	389	455
东 莞 Dongguan	7618	23437	28189
中 山 Zhongshan	14692	20688	21027
江 门 Jiangmen	8295	9254	10521
阳 江 Yangjiang	230	794	852
湛 江 Zhanjiang	1004	1071	1483
茂 名 Maoming	169	558	676
肇 庆 Zhaoqing	6264	4594	4718
清 远 Qingyuan	834	1321	2051
潮 州 Chaozhou	3071	4614	5264
揭 阳 Jieyang	701	545	587
云 浮 Yunfu	665	714	907

注：本表数为广东省旅游局抽样调查测算数。
Note: Data in this table are obtained from the sample surveys of Guangdong Provincial Tourism Administration

主要统计指标解释

国际旅游人数 指来我国参观、访问、旅行、探亲、访友、休养 、考察、参加会议和从事经济、科技、文化、教育、体育、宗教等活动的外国人、华侨、港澳台同胞的人数。不包括外国在我国的常驻机构，如使领馆、通讯社、企业办事处的工作人员；来我国常驻的外国专家、留学生以及在岸逗留不过夜人员。

国际旅游外汇收入 指入境旅游的外国人、华侨、港澳台同胞在中国大陆旅游过程中发生的一切旅游支出，对于国家来说就是国际旅游外汇收入。

Explanatory Notes on Main Statistical Indicators

Number of International Tourists refers to the number of foreigners, overseas Chinese, Chinese compatriots from Hong Kong, Macao and Taiwan coming to China for sight-seeing, visits, tours, family reunions, vacations, study tours, conferences and other activities of a business, scientific and technological, cultural, educational and religious nature. It does not include representatives and employees of resident institutions of foreign countries in China such as embassies, consulates, news agencies and offices of foreign companies and organizations, nor does it include long-term foreign experts or students residing in China, or persons in transition without spending a night in China.

Foreign Exchange Earnings from International Tourism refer to the total expenditures of foreigners, overseas Chinese, Chinese compatriots from Hong Kong, Macao and Taiwan during their stay in the mainland of China, which are earnings of foreign exchange from international tourism from the point of view from China.

十八、教育、科技、文化

18

EDUCATION,SCIENCE&TECHNOLOGY AND CULTURE

十八 教育、科技、文化

简要说明

一、本篇资料主要反映广东教育、科学技术活动和文化事业的基本情况。

二、本篇资料主要包括：

1. 高、中、初等教育，幼儿教育和各种类型的各级成人教育，指标重要包括各级各类的学校数、在校生数、招生数、毕业生数、教职工数和专任教师数等。

2. 科技活动基本情况，科技人员人数，科技成果奖励和技术市场情况，专利申请受理量和批准量，研究与开发机构基本情况，高校研究与发展人员及经费，大中型工业企业技术开发基本情况，科协系统科技活动情况等数据。

3. 文化艺术、文物、图书馆、新闻出版、广播、电影、电视等文化事业的机构、人员及业务活动开展情况等。

三、本篇资料由广东省统计局人口和社会科技处负责整理、编辑。

四、统计资料来源：

教育统计资料是根据省教育厅、省劳动和社会保障厅提供的统计年报加工整理。科技活动基本情况、大中型工业企业技术开发基本情况和高技术产业基本情况是根据国家统计局科技统计报表进行加工整理，其余资料是根据省科技厅、省教育厅、省人事厅、省科协等部门提供的统计年报加工整理。文化统计资料是根据省文化厅、省新闻出版局、省广播电影电视局、省体育局及省档案局等有关部门提供的统计年报加工整理。

18 Education, Science & Technology and Culture

Brief Introduction

Ⅰ. The data in this chapter show the basic conditions of Guangdong's education, activities of science and technology as well as its culture.

Ⅱ. The data in this chapter mainly include:

(1) The data on higher education, secondary education, primary education, kindergartens and various types of adult education at all levels, including the number of schools, the number of students enrolled, the number of new entrants, the number of graduates, the number of staff and workers, the number of teachers and the others of various levels and categories.

(2) The data on basic conditions of scientific and technological activities, personnel engaged in scientific and technological activities, scientific and technological achievements and prizes, conditions on technological markets, number of patent applications examined and granted, basic conditions of R&D institutions, R&D personnel and funds in universities and colleges, technical development of large and medium-sized industrial enterprises, and scientific and technological activities of the associations for science and technology, etc.

(3) The data on institutions, personnel and business activities of culture and arts, cultural relics, libraries, news and publication, broadcasting, film and television, etc.

Ⅲ. The data are prepared and edited by the Division of Population, Social, Scientific and Technological Statistics of Guangdong Provincial Bureau of Statistics.

Ⅳ. Data sources:

The data on education are processed and prepared in accordance with the annual statistical reports provided by Guangdong Provincial Department of Education and Guangdong Provincial Department of Labor and Social Security. The data on the basic conditions of scientific and technological activities and technological development of large and medium-sized industrial enterprises and high-tech industry are processed and prepared in accordance with the reporting scheme on science and technology statistics of the National Bureau of Statistics. The other data are processed and prepared in accordance with the annual statistical reports provided by Guangdong Provincial Department of Science and Technology, Guangdong Provincial Department of Education, Guangdong Provincial Department of Personnel and Guangdong Provincial Association for Science and Technology, etc. The data on culture are processed and prepared in accordance with the annual statistical reports provided by Guangdong Provincial Department of Culture, Guangdong Provincial Administration of Press and Publication, Guangdong Provincial Administration of Radio, Film and Television, Guangdong Provincial Bureau of Sports, Guangdong Provincial Bureau of Archives and the related departments.

18-1　教育、科技、文化主要指标
Main Indicators on Education, Science and Technology and Culture

指　　标	Item	1990	1995	2000	2004	2005
在校学生数（人）	Enrolled Students (person)					
普通高等学校	Regular Institutions of Higher Education	95929	151788	299475	726866	874686
成人高等学校	Institutions of Higher Education for Adults	87850	135053	201410	258364	295618
中等学校	Secondary Schools	2845200	4172300	5417200	6745100	7155200
小学毕业生升学率（%）	Percentage of Graduates of Primary School Entering Junior Secondary School (%)	87.56	95.38	96.15	97.41	97.15
学龄儿童入学率（%）	Percentage of School-age Children Enrolled (%)	99.29	99.71	99.70	99.66	99.68
每万人口普通高校在校学生数（人）	Number of Students Enrolled in Regular Institutions of Higher Education per 10000 Population (person)	15.36	22.36	41.19	91.40	105.00
科技活动统计单位数（个）	Number of Statistical Units Engaged in Scientific and Technological Activities (unit)	1589	2600	6246	41391	41337
科技活动机构数（个）	Number of Institutions Engaged in Scientific and Technological Activities (unit)	993	1685	2566	2994	3181
各级学会及研究会（个）	Number of Learned Societies and Research Societies (unit)	2829	4387	3780	2886	2901
专业技术人员数（人）	Professional and Technologic Personnel (person)	838403	1077848	1297804	1374679	1399042
从事科技活动人员（人）	Number of Personnel Engaged in Scientific and Technological Activities (person)	84576	105469	222073	301109	354488
各级学会及农技协会员（人）	Number of Members of Learned Societies and Agricultural Technological Associations at Various Levels (person)	345234	537525	704094	675508	738038
科技活动经费筹集总额（亿元）	Funds Raised for Scientific and Technological Activities (100 million yuan)	14.95	45.42	240.81	443.35	502.00
科技活动经费使用总额（亿元）	Expenditures on Scientific and Technological Activities (100 million yuan)	12.82	39.82	214.65	398.24	456.36
研究与发展经费支出（亿元）	Research and Development Expenses (100 million yuan)		10.57	107.12	215.19	249.60
占本省生产总值比例（%）	Percentage of Research and Development Expenses to GDP (%)		0.20	1.11	1.14	1.12
科技活动课题（项目）数（个）	Number of Research Subjects (Projects) on Scientific and Technological Activities (unit)	9488	16512	21355	34661	47483
省级及以上科技奖励成果（项）	Number of Prize Achievements in Science and Technology Awarded by Provincial Level and above (item)	186	263	289	291	303
技术合同成交额（亿元）	Transaction Value of Technological Contracts (100 million yuan)	2.03	12.60	48.21	57.27	112.47
专利申请受理量（件）	Number of Patent Applications Examined (item)	1947	7729	21123	52201	72220
专利申请批准量（件）	Number of Patent Applications Granted (item)	889	4611	15799	31446	36894
电影放映单位（个）	Number of Film Projection Units (unit)	4024	3668	1626	684	720
艺术表演团体（个）	Number of Art Performance Troupes (unit)	130	134	138	140	139
文化馆（个）	Number of Cultural Centers (unit)	113	115	118	119	117
公共图书馆（个）	Number of Public Libraries (unit)	103	114	125	128	129
博物馆（个）	Number of Museums (unit)	106	113	131	143	146
档案馆（个）	Number of Archives (unit)	138	155	161	185	185
图书出版量（万册）	Number of Books Published (10000 copies)	28070	36911	26978	25733	22600
杂志出版量（万册）	Number of Magazines Published (10000 copies)	11325	22740	26299	20640	20371
报纸出版量（万份）	Number of Newspapers Published (10000 copies)	138060	226441	346268	438834	382414
广播电台（座）	Number of Broadcasting Stations (set)	87	96	106	22	22
电视台（座）	Number of TV Stations (set)	38	56	67	24	24

注：科技活动有关指标1995年及以前只包括四大科技主体，从2000年起为全社会口径。

Note: In 1995 and prior to it, only four scientific and technological principals were included in the indicators on scientific and technological activities, whereas the data have referred to the statistical coverage of the whole society since 2000.

18-2 各级各类学校在校学生数（1978－2005年）
Number of Enrolled Students by Level and Type of School（1978－2005）

单位：万人 （10000 persons）

年份 Year	高等学校 Institutions of Higher Education	中等学校 Secondary Schools			小学 Primary Schools
		中等职业教育学校 Vocational Education Secondary Schools	技工学校 Technical Schools	普通中学 Regular Secondary Schools	
1978	3.07	3.64		313.32	743.02
1979	3.79	4.51	0.71	268.73	743.81
1980	4.10	6.28	1.61	252.11	748.86
1981	4.47	6.12	1.39	218.71	734.78
1982	4.09	6.51	0.99	200.19	723.03
1983	4.56	9.96	0.92	199.59	705.34
1984	5.47	12.99	1.01	220.69	692.73
1985	6.99	18.01	1.45	236.45	671.25
1986	7.83	28.22	1.45	249.93	670.62
1987	8.63	34.26	2.63	252.60	677.37
1988	9.72	37.63	3.40	244.23	688.72
1989	10.04	42.09	3.93	235.73	715.15
1990	9.59	45.27	5.22	234.03	747.29
1991	9.27	44.74	5.63	238.28	788.93
1992	9.74	46.29	6.58	255.02	808.98
1993	11.70	50.24	7.68	277.19	832.14
1994	13.75	55.89	9.57	307.38	862.21
1995	15.18	66.67	11.10	339.46	883.19
1996	16.40	67.30	12.28	373.19	897.64
1997	17.47	72.70	13.29	400.85	911.34
1998	18.50	70.50	14.50	423.61	918.02
1999	22.08	69.50	23.00	443.91	920.96
2000	29.95	65.57	15.46	460.69	929.93
2001	38.19	62.00	16.67	489.70	952.98
2002	46.78	61.20	17.82	513.40	979.61
2003	58.78	63.08	23.90	545.91	1025.37
2004	72.69	65.54	28.11	580.86	1049.62
2005	87.47	71.02	32.81	611.69	1067.03

注：1986年后中等职业教育学校包括普通中专、成人中专、职业高中，1986年前缺成人中专数据。
Note: Since 1986, the vocational education secondary schools have included the regular specialized secondary schools, the specialized secondary schools for adults and the vocational senior secondary schools. Prior to 1986, no data of the specialized secondary schools for adults were available.

18-3 各级各类学校情况
Statistics on Various Levels and Types of Schools

项　　目		Item		1990	1995	2000	2004	2005
高等学校		**Institutions of Higher Education**						
学校数	（所）	Number of Schools	(unit)	45	42	52	94	102
毕业生数	（万人）	Number of Graduates	(10000 persons)	3.37	3.48	5.00	12.52	15.71
本科		Regular College Course		1.25	1.47	2.40	4.89	6.11
专科		Specialized Subject (Three Years)		2.12	2.01	2.60	7.63	9.60
招生数	（万人）	Number of New Entrants	(10000 persons)	2.96	4.94	12.08	26.46	30.70
本科		Regular College Course		1.32	2.13	5.01	11.99	13.65
专科		Specialized Subject (Three Years)		1.64	2.81	7.07	14.47	17.05
在校学生数	（万人）	Number of Enrolled Students	(10000 persons)	9.59	15.18	29.95	72.69	87.47
本科		Regular College Course		5.47	7.68	15.03	35.07	42.86
专科		Specialized Subject (Three Years)		4.13	7.50	14.92	37.62	44.61
教职工数	（万人）	Number of Teachers and Staff	(10000 persons)	3.88	4.15	4.68	7.98	9.08
#专任教师		Full-time Teachers		1.57	1.66	2.04	4.69	5.43
中等职业教育		**Vocational Secondary Schools**						
学校数	（所）	Number of Schools	(unit)	749	744	658	684	641
毕业生数	（万人）	Number of Graduates	(10000 persons)		18.13	21.54	18.97	18.91
招生数	（万人）	Number of New Entrants	(10000 persons)		27.99	21.10	24.65	27.93
在校学生数	（万人）	Number of Enrolled Students	(10000 persons)		66.67	65.57	65.54	71.02
教职工数	（万人）	Number of Teachers and Staff	(10000 persons)		5.34	5.70	4.95	4.91
# 专任教师		Full-time Teachers			3.20	3.70	3.38	3.37
技工学校		**Technical Schools**						
学校数	（所）	Number of Schools	(unit)	127	717	186	186	191
毕业生数	（万人）	Number of Graduates	(10000 persons)	1.56	2.83	4.45	5.54	9.60
招生数	（万人）	Number of New Entrants	(10000 persons)	2.09	4.69	5.84	11.52	12.92
在校学生数	（万人）	Number of Enrolled Students	(10000 persons)	5.22	11.10	15.46	28.11	32.81
教职工数	（万人）	Number of Teachers and Staff	(10000 persons)	0.88	1.24	1.18	1.40	1.46
#专任教师		Full-time Teachers		0.39	0.61	0.68	0.95	1.03
普通中学		**Regular Secondary Schools**						
学校数	（所）	Number of Schools	(unit)	3879	3845	3964	4241	4282
毕业生数	（万人）	Number of Graduates	(10000 persons)	71.29	85.82	131.82	163.22	174.33
招生数	（万人）	Number of New Entrants	(10000 persons)	83.36	131.18	171.16	209.45	219.64
在校学生数	（万人）	Number of Enrolled Students	(10000 persons)	234.03	339.46	460.69	580.86	611.69
教职工数	（万人）	Number of Teachers and Staff	(10000 persons)	17.84	22.31	27.57	34.00	36.03
#专任教师		Full-time Teachers		13.47	17.57	22.86	28.90	30.73

18-3 续表 continued

项目		Item		1990	1995	2000	2004	2005
小学		**Primary Schools**						
学校数	(万所)	Number of Schools	(10000 units)	2. 46	2. 46	2. 42	2. 19	2. 12
毕业生数	(万人)	Number of Graduates	(10000 persons)	82. 49	121. 56	148. 48	162. 87	167. 43
招生数	(万人)	Number of New Entrants	(10000 persons)	129. 93	151. 55	155. 73	168. 47	164. 16
在校学生数	(万人)	Number of Students Enrolled	(10000 persons)	747. 29	883. 19	929. 93	1049. 62	1067. 03
教职工数	(万人)	Number of Teachers and Staff	(10000 persons)	32. 95	37. 68	42. 08	45. 57	46. 37
#专任教师		Full-time Teachers		27. 73	32. 14	36. 41	39. 65	40. 38
学龄儿童入学率		**Status of School-age Children Enrolled**						
学龄儿童总数	(万人)	Total School-age Children	(10000 persons)	583. 88	832. 40	905. 39	1010. 08	1026. 90
已入学学龄儿童数	(万人)	Number of School-age Children Enrolled in Schools	(10000 persons)	579. 76	829. 99	902. 65	1006. 63	1023. 60
学龄儿童入学率	(%)	Percentage of School-age Children Enrolled	(%)	99. 29	99. 71	99. 70	99. 66	99. 68
小学毕业生升学率		**Status of Graduates of Primary Schools Entering Junior Secondary Schools**						
小学毕业生人数	(万人)	Number of Graduates of Primary Schools	(10000 persons)	82. 49	121. 56	148. 48	162. 87	167. 43
已升学人数	(万人)	Number of Students Entering Secondary Schools	(10000 persons)	82. 49	121. 56	142. 77	158. 64	162. 66
小学毕业生升学率	(%)	Percentage of Graduates of Primary Schools Entering Junior Secondary Schools	(%)	87. 56	95. 38	96. 15	97. 41	97. 15
幼儿园		**Kindergartens**						
幼儿园数	(所)	Number of Kindergartens	(unit)	7469	7923	12027	10213	10359
在园幼儿数	(万人)	Number of Children in Kindergartens	(10000 persons)	150. 05	200. 01	214. 18	213. 20	213. 92
教职工数	(万人)	Number of Teachers and Staff	(10000 persons)	6. 52	9. 09	12. 91	14. 93	15. 90
#专任教师		Full-time Teachers		4. 29	5. 93	8. 36	8. 58	9. 18

注：1. 1995 年以来小学毕业生升学率采用国家教委口径，即升学率＝初中招生数/小学毕业生数。
2. 2003 年起中等职业教育学校包括：普通中等专业学校、成人中等专业学校、职业高中数据。

Note：a) Since 1995，the percentage of graduates of primary schools entering junior secondary schools has been calculated in accordance with the statistical coverage of the National Education Committee，i. e. Percentage of Graduates of Primary Schools Entering Junior Secondary Schools ＝ Number of New Entrants of Junior Secondary Schools ÷ Graduates of Primary Schools.

b) Since 2003，the vocational education secondary schools include the regular specialized secondary schools，the specialized secondary schools for adults and the vocational senior secondary schools.

18-4 研究生教育情况
Statistics on Postgraduate Education

项目		Item		1990	1995	2000	2004	2005
培养单位数	（个）	**Institutions of Postgraduate Education**	（unit）	**28**	**23**	**26**	**29**	**29**
高等学校		Institutions of Higher Education		16	15	18	21	21
科研单位		Research Institutions		12	8	8	8	8
招生数	（人）	**Number of New Entrants**	（person）	**1125**	**1922**	**5672**	**14822**	**17054**
攻读博士学位		For Doctor Degree		76	407	1053	2679	2802
高等学校		Institutions of Higher Education		75	387	1001	2458	2599
科研单位		Research Institutions		1	20	52	221	203
攻读硕士学位		For Master Degree		1049	1515	4619	12143	14252
高等学校		Institutions of Higher Education		1027	1442	4510	11865	13953
科研单位		Research Institutions		22	73	109	278	299
在学生数	（人）	**Number of Enrolled Students**	（person）	**3367**	**5405**	**13023**	**37022**	**43942**
攻读博士学位		For Doctor Degree		293	935	2558	7533	9049
高等学校		Institutions of Higher Education		292	894	2445	6999	8406
科研单位		Research Institutions		1	41	113	534	643
攻读硕士学位		For Master Degree		3074	4470	10405	29489	34893
高等学校		Institutions of Higher Education		2984	4308	10161	28726	34066
科研单位		Research Institutions		90	162	244	763	827
毕业生数	（人）	**Number of Graduates**	（person）	**1404**	**1265**	**2182**	**6893**	**9489**
攻读博士学位		For Doctor Degree		101	154	417	1165	1342
高等学校		Institutions of Higher Education		101	147	387	1079	1241
科研单位		Research Institutions			7	30	86	101
攻读硕士学位		For Master Degree		1303	1111	1765	5728	8147
高等学校		Institutions of Higher Education		1250	1074	1692	5576	7941
科研单位		Research Institutions		53	37	73	152	206

18-5 各级各类成人教育在校学生数
Number of Enrolled Students by Level and Type of Adult School

单位：人 (person)

项目	Item	1990	1995	2000	2004	2005
成人高等教育	**Higher Education for Adults**	**87850**	**135053**	**201410**	**258364**	**295618**
成人高等学校	Institutions of Higher Education for Adults	59787	86757	84057	51335	30081
广播电视大学	Radio and TV Universities	17090	38822	34242	13868	10740
职工高等学校	Schools of Higher Education for Staff and Workers	14712	16445	17147	12653	6865
管理干部学院	Colleges for Management Cadres	5488	13342	20142	14454	2686
教育学院	Pedagogical Colleges	22497	18148	12526	10360	9790
普通高校附设	Departments Run by Institutions of Higher Education	28063	48296	117353	207029	265537
函授部	Correspondence Divisions	15878	20929	51028	98086	100260
夜大学	Evening Universities	11488	15215	43063	96685	141532
成人脱产班	Courses in Form of Full Time for Adults	697	12152	23262	12258	23745
成人中等教育	**Secondary Education for Adults**				**117106**	**129682**
成人中专学校	Specialized Secondary Schools for Adults				100446	85385
农林类	Farming and Forestry				1704	1568
资源与环境类	Resource and Environment					
能源类	Energy					
土木水利工程类	Civil Construction and Water Conservancy Engineering				1246	725
加工制造类	Processing Manufacture				10648	13179
交通运输类	Transport				4448	4951
信息技术类	Information Technology				26679	19961
医药卫生类	Medicine and Public Health				8240	4288
商贸与旅游类	Trade and Tourism				12794	11789
财经类	Finance and Economics				18537	16434
文化艺术与体育类	Culture, Arts and Physical Education				1965	2215
社会公共事业类	Social Public Utilities				3286	3484
师范类	Teacher Training				10148	6551
其他	Others				751	240
成人中学	Secondary Schools for Adults	50574	67888	44006	16660	44297
成人初等教育	**Primary Education for Adults**	**1041748**	**342318**	**235926**	**4148**	**10714**
职工初等教育	Primary Schools for Staff and Workers	21836	20522	10825	460	927
农民初等教育	Primary School for Farmers	1019912	321796	225101	3688	9787
# 扫盲班	Literacy Courses	99396	7483	2389	1630	2800

18-6　高等学校情况（2005 年）
Statistics on Institutions of Higher Education (2005)

项　目	Ltem	学校数（所）Number of Schools (unit)	毕业生数（人）Number of Graduates (person)	招生数（人）Number of New Entrants (person)	在校学生数（人）Number of Enrolled Students (person)	教职工数（人）Number of Teachers and Staff (person)	#专任教师 Full-time Teachers
总计	**Total**	**102**	**157082**	**306956**	**874686**	**90771**	**54257**
#女性	Female		64253	143825	400938	40538	22740
按隶属关系分	Grouped by Relation of Leadership	102	157082	306956	874686	90771	54257
中央属	Under Central Government	4	11119	19615	64746	13698	6302
地方属	Under Local Government	98	145963	287341	809940	77073	47955
		102	151615	299683	857671	90771	54257
按学校类别分	Grouped by Types of School	102	157082	306956	874686	90771	54257
综合大学	University	48	68177	134251	383398	42260	24804
理工院校	Science and Engineering College	23	33299	70514	186364	17889	11129
农业院校	Agriculture College	3	9108	17100	58026	5353	3155
医药院校	Medicine College	6	6515	18888	55297	8629	4878
师范院校	Teacher Training College	4	16371	26113	85722	7768	4893
语文院校	Language and Literature College	1	2161	4930	15125	1548	885
财经院校	Economics and Finance College	7	11269	19505	51034	4379	2769
政法院校	Politics and Law College	2	2498	3138	8034	791	420
体育院校	Physical Culture College	3	1254	2000	6325	837	458
艺术院校	Art College	5	963	3244	8346	1317	866
其他	Others		5467	7273	17015		
其中：职业技术学院	Vocational Technological College	61	45075	106562	255907	23181	15340

18-7　中等学校情况（2005 年）
Statistics on Secondary Schools (2005)

学校类别	Type of School	学校数（所）Number of Schools (unit)	毕业生数（人）Number of Graduates (person)	招生数（人）Number of New Entrants (person)	在校学生数（人）Number of Enrolled Students (person)	教职工数（人）Number of Teachers and Staff (person)	#专任教师 Full-time Teachers
中等职业教育	**Vocational Secondary Education**	**641**	**189083**	**279265**	**710162**	**47169**	**30343**
调整后中等职业学校	Vocational Secondary Schools after Adjustment	143	43212	68737	173482	11949	8716
中等技术学校	Technical Secondary Schools	149	65571	96718	246174	15545	9460
成人中等专业学校	Specialized Secondary Schools for Adults	110	25922	32330	85385	5702	1476
职业高中学校	Vocational Senior Secondary Schools	239	54378	81480	205121	13973	10691
技工学校	**Technical Schools**	**191**	**95979**	**129305**	**328052**	**14583**	**10346**
普通中学	**Regular Secondary Schools**	**4282**	**1743299**	**2196354**	**6116907**	**360341**	**307303**
#高中	Senior Schools	981	374445	569753	1489863		86079

18-8 各市普通中学情况（2005 年）
Statistics on Regular Secondary Schools by City（2005）

市 别 City	学校数（所）Number of Schools (unit)	毕业生数（人）Number of Graduates (person)	招生数（人）Number of New Entrants (person)	在校学生数（人）Number of Enrolled Students (person)	教职工数（人）Number of Teachers and Staff (person)	#专任教师 Full-time Teachers
广 州 Guangzhou	448	163193	190299	550320	40099	32209
深 圳 Shenzhen	245	58363	92305	240508	18713	14196
珠 海 Zhuhai	58	22752	28186	80597	5211	4433
汕 头 Shantou	233	96201	134145	366679	19523	16243
佛 山 Foshan	177	96377	107621	312496	20890	17992
韶 关 Shaoguan	193	66908	75896	223434	14751	12632
河 源 Heyuan	190	64113	78308	221019	14117	12323
梅 州 Meizhou	274	113160	133457	380626	23642	20443
惠 州 Huizhou	173	61910	85407	230949	13967	11896
汕 尾 Shanwei	151	59917	81588	220253	10837	9286
东 莞 Dongguan	134	48935	70843	191044	12177	9640
中 山 Zhongshan	92	38529	46071	132742	8670	7070
江 门 Jiangmen	268	82019	96333	276997	17362	15812
阳 江 Yangjiang	105	55078	67715	186028	9963	8713
湛 江 Zhanjiang	340	177593	216489	600819	28043	24248
茂 名 Maoming	313	155536	211958	565592	29220	26665
肇 庆 Zhaoqing	178	80229	92177	261690	15505	14031
清 远 Qingyuan	211	80093	93187	267876	16344	14074
潮 州 Chaozhou	122	56081	65832	188856	10305	8882
揭 阳 Jieyang	263	109877	157591	421323	19948	16597
云 浮 Yunfu	114	56435	70946	197059	11054	9918

18-9 各市中等职业教育基本情况（2005 年）
Basic Statistics on Vocational Secondary Education by City（2005）

市 别 City	学校数（所）Number of Schools (unit)	毕业生数（人）Number of Graduates (person)	招生数（人）Number of New Entrants (person)	在校学生数（人）Number of Enrolled Students (person)	教职工数（人）Number of Teachers and Staff (person)	#专任教师 Full-time Teachers
广 州 Guangzhou	141	55626	72658	191499	11900	7310
深 圳 Shenzhen	13	5429	8913	21598	1733	1216
珠 海 Zhuhai	9	3962	4858	12964	788	575
汕 头 Shantou	24	5615	7978	21159	1716	1071
佛 山 Foshan	37	15529	17500	48867	3751	2968
韶 关 Shaoguan	36	8022	14953	36221	2720	1731
河 源 Heyuan	8	3118	5113	12242	514	395
梅 州 Meizhou	49	7627	12356	31438	2606	1819
惠 州 Huizhou	32	8075	14498	35694	2046	1278
汕 尾 Shanwei	9	1181	3328	6229	465	345
东 莞 Dongguan	21	9165	10840	29611	2117	1560
中 山 Zhongshan	16	6843	9369	25160	1666	1355
江 门 Jiangmen	48	15346	19247	52299	3251	2588
阳 江 Yangjiang	13	3898	3955	11506	1106	839
湛 江 Zhanjiang	65	10607	17456	41822	3210	2134
茂 名 Maoming	29	7053	17722	37944	2577	1735
肇 庆 Zhaoqing	33	9680	17936	44598	2784	1895
清 远 Qingyuan	13	4012	7452	18282	1171	847
潮 州 Chaozhou	16	3422	4277	10282	1042	715
揭 阳 Jieyang	14	2507	4895	11156	980	677
云 浮 Yunfu	15	2366	3961	9591	944	681

18-10 各市小学情况（2005 年）
Statistics on Primary Schools by City (2005)

市 别 City	学校数（所）Number of Schools (unit)	毕业生数（人）Number of Graduates (person)	升学率（%）Percentage of Graduates of Primary Schools Entering Junior Secondary Schools (%)	招生数（人）Number of New Entrants (person)	在校学生数（人）Number of Enrolled Students (person)	教职工数（人）Number of Teachers and Staff (person)	#专任教师 Full-time Teachers
广 州 Guangzhou	1283	138383	94. 4	145997	903353	48828	41018
深 圳 Shenzhen	358	75517	90. 2	101274	566278	30194	23866
珠 海 Zhuhai	135	19610	99. 9	20214	127362	6411	5366
汕 头 Shantou	832	109133	93. 4	120329	756715	24522	21526
佛 山 Foshan	484	69922	99. 1	71826	440368	20347	17974
韶 关 Shaoguan	990	55260	99. 6	40915	290860	16637	15067
河 源 Heyuan	1389	57872	99. 4	52256	356898	17853	16008
梅 州 Meizhou	1882	92351	100. 0	68718	513718	24304	21885
惠 州 Huizhou	1118	64203	100. 0	66263	442092	21586	19203
汕 尾 Shanwei	819	66824	99. 2	84423	498181	19387	16736
东 莞 Dongguan	414	61173	83. 9	84784	480923	21964	17478
中 山 Zhongshan	230	33980	97. 5	39030	226120	9993	8216
江 门 Jiangmen	892	69580	98. 4	56989	391723	16316	15076
阳 江 Yangjiang	782	51542	98. 6	34206	268119	14539	13212
湛 江 Zhanjiang	2252	172209	97. 6	169479	1066873	40970	35526
茂 名 Maoming	2001	159089	97. 2	138051	948883	33752	30411
肇 庆 Zhaoqing	1297	69710	99. 2	74203	471800	18672	16996
清 远 Qingyuan	1170	72790	99. 8	55488	411071	20210	18267
潮 州 Chaozhou	726	47461	99. 5	41533	289444	12141	10613
揭 阳 Jieyang	1355	130390	96. 4	133094	906948	31394	26901
云 浮 Yunfu	819	57306	98. 5	42478	312575	13695	12479

18-11 各市学龄儿童入学情况
Statistics on School-age Children Enrolled in Schools by City

市 别 City	2004			2005		
	学龄儿童人数（人）Number of School-age Children (person)	已入学人数（人）Number of School-age Children Enrolled in Schools (person)	入学率（%）Enrollment Rate (%)	学龄儿童人数（人）Number of School-age Children (person)	已入学人数（人）Number of School-age Children Enrolled in Schools (person)	入学率（%）Enrollment Rate (%)
广 州 Guangzhou	787281	787177	100. 0	821254	820445	99. 9
深 圳 Shenzhen	480552	480552	100. 0	525058	525058	100. 0
珠 海 Zhuhai	108326	107775	99. 5	113317	113317	100. 0
汕 头 Shantou	712195	699988	98. 3	721751	718154	99. 5
佛 山 Foshan	391572	389287	99. 4	408718	404980	99. 1
韶 关 Shaoguan	289742	285357	98. 5	279738	269246	96. 2
河 源 Heyuan	357882	356617	99. 6	350276	349841	99. 9
梅 州 Meizhou	538171	537605	99. 9	512618	512497	100. 0
惠 州 Huizhou	409497	409390	100. 0	435971	435385	99. 9
汕 尾 Shanwei	416220	413621	99. 4	486328	483667	99. 5
东 莞 Dongguan	391630	391630	100. 0	423058	423058	100. 0
中 山 Zhongshan	187316	187316	100. 0	203431	203431	100. 0
江 门 Jiangmen	392230	391800	99. 9	376830	376780	100. 0
阳 江 Yangjiang	286054	285684	99. 9	265594	265367	99. 9
湛 江 Zhanjiang	1038654	1037624	99. 9	1026367	1025686	99. 9
茂 名 Maoming	957182	955351	99. 8	948444	947943	99. 9
肇 庆 Zhaoqing	430357	429831	99. 9	468124	467751	99. 9
清 远 Qingyuan	418826	417225	99. 6	405972	403455	99. 4
潮 州 Chaozhou	279606	278703	99. 7	279848	276156	98. 7
揭 阳 Jieyang	899686	896817	99. 7	902910	901275	99. 8
云 浮 Yunfu	327860	326961	99. 7	313370	312476	99. 7

18-12 科技活动基本情况
Basic Statistics on Scientific and Technological Activities

指 标	Item	1990	1995	2000	2004	2005
统计单位数 （个）	**Number of Statistical Units (unit)**	**1589**	**2600**	**6246**	**41391**	**41337**
科学研究与技术开发机构	Scientific Research and Technological Development Institutions	491	481	447	201	197
全日制普通高等学校	Full-time Regular Institutions of Higher Education	48	77	58	146	158
大中型工业企业	Large and Medium-sized Industrial Enterprises	1036	1748	2058	4009	3894
其 他	Others	14	294	3683	37035	37088
科技活动机构数 （个）	**Number of Scientific and Technological Research Institutions (unit)**	**993**	**1685**	**2566**	**2994**	**3181**
科学研究与技术开发机构	Scientific Research and Technological Development Institutions	491	481	445	201	197
全日制普通高等学校	Full-time Regular Institutions of Higher Education	88	440	343	189	220
大中型工业企业	Large and Medium-sized Industrial Enterprises	400	695	529	818	976
其 他	Others	14	69	1249	1786	1788
从事科技活动人员 （人）	**Number of Personnel Engaged in Scientific and Technological activities (person)**	**84576**	**105469**	**222073**	**301109**	**354488**
科学研究与技术开发机构	Scientific Research and Technological Development Institutions	29163	20750	14988	11659	13904
全日制普通高等学校	Full-time Regular Institutions of Higher Education	35186	45015	21034	24268	49632
大中型工业企业	Large and Medium-sized Industrial Enterprises	19795	35986	84408	133181	160304
其 他	Others	432	3718	101643	132001	130648
科技活动经费使用总额 （万元）	**Expenditures on Scientific and Technological Activities (10000 yuan)**	**128233**	**398192**	**2146502**	**3982364**	**4563599**
科学研究与技术开发机构	Scientific Research and Technological Development Institutions	60584	165057	187091	258173	254453
全日制普通高等学校	Full-time Regular Institutions of Higher Education	4896	12163	56947	151678	204935
大中型工业企业	Large and Medium-sized Industrial Enterprises	61785	204684	1031661	2411060	2973617
其 他	Others	968	16288	870803	1161451	1130594
科技活动课题（项目）数 （个）	**Number of Research Subjects (Projects) on Scientific and Technological Activities (unit)**	**9488**	**16512**	**21355**	**34661**	**47483**
科学研究与技术开发机构	Scientific Research and Technological Development Institutions	3787	4189	3182	3378	6447
全日制普通高等学校	Full-time Regular Institutions of Higher Education	4132	6623	8617	17126	13846
大中型工业企业	Large and Medium-sized Industrial Enterprises	1569	5483	2444	4063	13334
其 他	Others		217	7112	10094	13856

注：1. 1990 年高校科技活动机构未包括经学校和非上级主管部门批准的部分，经费筹集额与课题均未包括县属科学研究与技术开发机构部分。
2. 1995 年及以前只包括四大科技主体；2000 年及以后为全社会口径；大中型工业企业项目数为立项经费在 10 万元及以上项目。

Note：a) In 1990, the number of scientific and technological research institutions in institutions of higher education excluded the part approved by the institutions and non-higher authorities, and the figures of both research funds and subjects excluded the part of the scientific research and technological development institutions under the jurisdiction of counties.
b) In 1995 and prior to it, only four scientific and technological principals were included, whereas the data of 2000 the statistical coverage of the whole society. The number of projects in large and medium-sized industrial enterprises refer to those projects with planned expenditure at 100000 yuan and above.

18-13 国有企业、事业单位专业技术人员年末人数（1978－2005年）
Number of Professional and Technical Personnel in State-owned Enterprises and Institutions at the Year-end（1978－2005）

单位：人 (person)

年份 Year	专业技术人员 Professional and Technical Personnel	# 工程技术人员 Engineering	# 农业技术人员 Agriculture	# 科学研究人员 Scientific Research	# 卫生技术人员 Health Care	# 教学人员 Teaching
1978	211149	48836	16017	7852	53068	80287
1979	211117	48641	16975	7277	53155	79748
1980	291939	56144	18176	7356	61445	86192
1981	303892	60071	19017	6763	63536	97109
1982	328455	70699	19431	7822	69056	102178
1983	547038	85327	21636	5744	74183	109210
1984	579740	89348	22505	5573	79806	120016
1985	642542	102506	23030	6431	86174	133013
1986	656380	108210	23854	6368	89545	313009
1987	664085	118601	23553	6231	93553	333245
1988	674085	119167	19478	4904	85092	313419
1989	810130	137803	20644	5986	90751	364965
1990	838403	145535	21194	5731	92912	379894
1991	814651	140906	13050	4810	93141	398276
1992	883821	149916	13749	4566	104334	412681
1993	957725	163440	14246	4388	117959	434036
1994	1017804	174960	14670	4118	128079	460702
1995	1077848	180530	15219	4425	134586	511418
1996	1167583	186156	15449	4610	147155	573934
1997	1223897	191954	15779	4443	156889	613121
1998	1262343	190486	15703	4413	165721	649873
1999	1291078	184304	15660	4585	171461	677110
2000	1297804	180223	15083	4705	175521	696005
2001	1285708	168354	14151	4467	181703	710967
2002	1274140	160458	13386	4425	184192	721719
2003	1264983	135621	12575	4918	202548	734721
2004	1374679	149214	17321	5253	238886	774022
2005	1399042	146411	17407	5434	248547	791255

注：本表未包中央单位专业技术人员数。

Note: The data in this table do not include the professional and technical personnel from the central units in Guangdong.

18-14 国有企业、事业单位各行业专业技术人员年末数（2005年）
Number of Professional and Technical Personnel in State-owned Enterprises and Institutions at the Year-end by Sector (2005)

单位：人 (person)

行　业	Sector	专业技术人员 Professional and Technical Personnel	# 工程技术人员 Engineering	# 农业技术人员 Agriculture	# 科学研究人员 Scientific Research	# 卫生技术人员 Health Care	# 教学人员 Teaching
总计	**Total**	**1399042**	**146411**	**17407**	**5434**	**248547**	**791255**
农、林、牧、渔业	Farming, Forestry, Animal Husbandry and Fishery	28738	4720	14634	94	560	887
采矿业	Mining	3829	1874	2	1	373	346
制造业	Manufacture	50082	27135	86	380	1251	1028
电力、燃气及水的生产和供应业	Production and Supply of Electric Power, Gas and Water	19390	12827	12	7	134	718
建筑业	Construction	37229	28488	52	31	276	148
交通运输、仓储和邮政业	Transport, Storage and Postal Services	35889	15693	35	63	365	815
信息传输、计算机服务和软件业	Information Transmission, Computer Services and Software	2726	1757	8	8	199	9
批发和零售业	Wholesale and Retail Trade	24211	2651	252	12	1242	138
住宿和餐饮业	Accommodations and Catering Services	3470	788	10	8	59	76
金融业	Finance	24193	1038	2	10	10	79
房地产业	Real Estate	10256	4439	27	10	47	63
租赁和商务服务业	Leasing and Business Services	6219	1237	32	5	37	65
科学研究、技术服务和地质勘查业	Scientific Research, Technical Services and Geological Prospecting	20037	13641	678	1508	662	351
水利、环境和公共设施管理业	Management of Water Conservancy, Environment and Public Facilities	19768	13720	841	119	268	96
居民服务和其他服务业	Services to Households and Other Services	7909	2396	97	3	570	127
教育	Education	799833	3187	262	2563	4019	778132
卫生、社会保障和社会福利业	Health Care, Social Security and Social Welfare	255620	2466	76	216	237684	2823
文化、体育和娱乐业	Culture, Sports and Recreation	37034	5185	32	321	243	5069
公共管理和社会组织	Public Administration and Social Organizations	12609	3169	269	75	548	285

注：本表未包中央驻粤单位专业技术人员数。
Note: The data in this table do not include the professional and technical personnel from the central units in Guangdong.

18-15 国有企业、事业单位平均每万在岗职工专业技术人员数

Number of Professional and Technical Personnel per 10000 Fully-employed Staff and Workers in State-owned Enterprises and Institutions

单位：人 (person)

项　　目	Item	1990	1995	2000	2004	2005
专业技术人员	Professional and Technical Personnel	1587.50	2222.73	3289.86	4694.59	4734.07
# 工程技术人员	Engineering	275.57	371.70	456.86	486.71	495.42
农业技术人员	Agriculture	40.13	31.33	38.23	57.95	58.90
科学研究人员	Scientific Research	10.85	9.11	11.93	17.90	18.39
卫生技术人员	Health Care	175.93	277.10	444.94	801.34	841.03
教学人员	Teaching	719.32	1052.96	1764.33	2643.58	2677.44

注：1. 本表未包中央驻粤单位专业技术人员数。
2. 2003 年及以前数据包括在岗职工和离岗职工，2004、2005 年为在岗职工数。

Note: a) The data in this table do not include the professional and technical personnel from the central units in Guangdong.
b) In 2003 and prior to it, the data in this chapter included the fully-employed staff and workers and the staff and workers absent from work, whereas the data of 2004 and 2005 referred to the fully-employed staff and workers.

18-16 高层次人才情况

Statistics on High-level Talents

单位：人 (person)

项　　目	Item	2000	2001	2004	2005
院士人数	Number of Academicians	41	43	53	68
享受国家津贴的人数	Number of Persons Granted State Allowances	164	97	117	
高级职称批准人数	Number of Persons with Senior Professional Titles	6111	7260	16235	19163
博士后招收人数	Number of Persons in Working Stations for Post-doctoral Research	163	180	350	380
博士生情况	Status of Doctorate Students				
招生数	Number of New Entrants	1053	1358	2679	2802
在校学	Number of Enrolled Students	2558	3436	7533	9049
毕业生	Number of Graduates	417	1038	1165	1342

注：享受国家津贴的人数从 2003 年起逢双年评比一次。

Note: The number of persons granted state allowances has been appraised every double-digital year since 2003.

18-17 科技成果项数

Number of Achievements for Scientific and Technological Research

单位：项 (item)

项　　目	Item	1990	1995	2000	2004	2005
国家级科技奖励成果	**National Prizes for Scientific and Technological Research Achievements**	**21**	**27**	**24**	**21**	**15**
国家发明奖	Number of National Invention Prizes Awarded	4	3		1	1
国家自然科学奖	Number of National Natural Sciences Prizes Awarded	2	4			1
国家科技进步奖	Number of National Scientific and Technological Progress Prizes Awarded	15	20	24	20	13
省级重大科技成果	**Major Provincial Scientific and Technological Achievements**	**718**	**323**	**746**	**684**	**588**
省级科技奖励成果	**Provincial Prizes for Scientific and Technological Achievements**	**165**	**236**	**265**	**270**	**288**
省科技进步奖	Number of Provincial Scientific and Technological Progress Prizes Awarded	115	213	265	270	288
农业方面	Agriculture	21	40	46	35	51
工业方面	Industry	75	101	113	120	117
医药卫生方面	Medicine and Health Care	12	41	72	60	68
其他	Others	7	31	34	55	52

18-18 县级以上政府部门属研究与开发机构基本情况

Basic Statistics on Research and Development Institutions under Government Departments at and above County Level

项目		Item		1990	1995	2000	2004	2005
总计		**Total**						
机构数	(个)	Number of Institutions	(unit)	294	298	296	196	192
职工总数	(人)	Number of Staff and Workers	(person)	32291	27367	24926	14285	14216
# 科学家工程师		Scientists and Engineers		13454	11937	9582	6395	6457
经费收入	(万元)	Funds	(10000 yuan)	66785	201834	358844	352769	384866
# 政府拨款		Government Appropriations		20025	35364	98386	134239	153946
经费支出	(万元)	Expenditures	(10000 yuan)	56522	190944	330098	332669	363973
资产购建支出	(万元)	Expenditures on Purchase of Assets	(10000 yuan)	7588	15614	36382	31671	42872
自然科学及技术领域		**Natural Sciences and Technology**						
机构数	(个)	Number of Institutions	(unit)	267	271	263	166	163
职工总数	(人)	Number of Staff and Workers	(person)	31067	26234	23623	12971	13026
# 科学家工程师		Scientists and Engineers		12722	11189	8763	5641	5770
经费收入	(万元)	Funds	(10000 yuan)	64917	196728	345582	326755	360334
# 政府拨款		Government Appropriations		18892	32083	89595	116634	137906
经费支出	(万元)	Expenditures	(10000 yuan)	54842	186095	317219	310189	341823
资产购建支出	(万元)	Expenditures on Purchase of Assets	(10000 yuan)	6774	15379	34037	30207	41445
社会及人文科学领域		**Social Sciences and Humanities**						
机构数	(个)	Number of Institutions	(unit)	13	13	16	14	13
职工总数	(人)	Number of Staff and Workers	(person)	679	692	780	742	655
# 科学家工程师		Scientists and Engineers		445	486	538	428	434
经费收入	(万元)	Funds	(10000 yuan)	904	2372	6906	13691	10914
# 政府拨款		Government Appropriations		959	2137	5908	11451	9370
经费支出	(万元)	Expenditures	(10000 yuan)	756	2332	6897	12047	10207
资产购建支出	(万元)	Expenditures on Purchase of Assets	(10000 yuan)	814	235	1769	462	660
科技情报和文献机构		**Scientific-Technological Information and Literature Institutions**						
机构数	(个)	Number of Institutions	(unit)	14	14	17	16	16
职工总数	(人)	Number of Staff and Workers	(person)	545	441	523	572	535
# 科学家工程师		Scientists and Engineers		287	262	281	326	253
经费收入	(万元)	Funds	(10000 yuan)	964	2734	6356	12323	13619
# 政府拨款		Government Appropriations		538	1144	2883	6154	6670
经费支出	(万元)	Expenditures	(10000 yuan)	924	2517	5982	10433	11944
资产购建支出	(万元)	Expenditures on Purchase of Assets	(10000 yuan)			576	1002	766

18-19 县级政府部门属研究与开发机构基本情况

Basic Statistics on Research and Development Institutions under Government Departments at County Level

项目		Item		1990	1995	2000	2004	2005
机构数	(个)	Number of Institutions	(unit)	211	192	183	167	166
职工总数	(人)	Number of Staff and Workers	(person)	6315	5234	4379	3414	3433
# 科学家工程师		Scientists and Engineers		361	403	359	327	382
经费收入	(万元)	Funds	(10000 yuan)	4062	11976	13409	11948	12229
# 来自政府的经费		Government Funds		1281	3149	5426	5530	5187

18-20 各市县级及以上政府部门属研究与开发机构基本情况（2005年）
Basic Statistics on Research and Development Institutions under Government Departments at and above County Level by City (2005)

市 别 City	机构数（个）Number of Institutions (unit)	从业人员（人）Number of Employed Persons (person)	# 科学家工程师 #Scientists and Engineers	经费收入（万元）Funds (10000 yuan)	# 政府拨款 # Government Appropriations	经费支出（万元）Expenditure (10000 yuan)	资产购建支出（万元）Expenditures on Purchase of Assets (10000 yuan)
全省合计 Provincial Total	**358**	**17649**	**6839**	**397095**	**159133**	**375404**	**43566**
广 州 Guangzhou	110	10920	5595	354333	134093	335820	39883
深 圳 Shenzhen	6	121	26	2444	2195	2528	205
珠 海 Zhuhai	4	346	49	3195	997	3397	214
汕 头 Shantou	14	718	153	5205	2137	4801	512
佛 山 Foshan	9	232	69	2492	1755	2417	122
韶 关 Shaoguan	27	507	112	3461	1061	3351	115
河 源 Heyuan	18	458	60	584	306	623	26
梅 州 Meizhou	16	424	87	1762	1168	1700	141
惠 州 Huizhou	27	591	87	2775	1461	2583	177
汕 尾 Shanwei	6	132	5	247	198	249	6
东 莞 Dongguan	4	281	87	4294	2571	3645	532
中 山 Zhongshan	3	103	27	2169	1674	1634	46
江 门 Jiangmen	13	186	38	1232	855	1128	185
阳 江 Yangjiang	4	108	15	627	478	620	142
湛 江 Zhanjiang	25	1025	207	7398	4949	6197	953
茂 名 Maoming	17	360	87	1619	959	1256	93
肇 庆 Zhaoqing	17	340	39	1052	724	1095	61
清 远 Qingyuan	16	223	17	787	421	835	50
潮 州 Chaozhou	4	167	29	666	590	700	86
揭 阳 Jieyang	9	274	43	501	391	479	9
云 浮 Yunfu	9	133	7	252	152	348	10

注：本表统计范围不含已转制的科研机构。
Note: The statistical coverage of this table excludes the scientific research institutions which system has been tranferred.

18-21 高等院校研究与发展人员及经费
Research and Development Personnel and Funds in Institutions of Higher Education

项 目	Item	1990	1995	2000	2004	2005
研究与发展人员总数 （人）	Number of Research and Development Personnel (person)	12163	15858	9147	12008	12041
# 科学家工程师 （人）	# Scientists and Engineers (person)	11420	15006	8822	11522	11438
其他科技人员 （人）	Other Scientific and Technological Personnel (person)	482	561	325	486	603
当年拨入研究与发展课题费（万元）	Funds for Research and Development Subjects in Current Year (10000 yuan)	5750	6624	32574	86998	97292
研究发展经费内部支出 （万元）	Internal Expenditures on Research and Development (10000 yuan)	4896	6106	36656	98807	121499

注：1. 当年拨入研究与发展经费不包括上年结转经费。研究与发展经费内部支出不包括转拨外单位经费。
2. 2000年及以后的人员指标为折合全时人员，单位是“人年”。
Note: a) The funds for research and development subjects in the current year exclude the balance carried forward from the previous year. The internal expenditures on research and development exclude the figures from the external units.
b) The number of personnel of 2000, 2003 and 2004 referred to the full-time equivalent of persons (person-year).

18-22 三种专利申请受理量与批准量
Three Types of Patent Applications Examined and Granted

单位：件 (item)

项目	Item	1990	1995	2000	2004	2005
受理量	**Number of Patent Applications Examined**	**1947**	**7729**	**21123**	**52201**	**72220**
发明	Inventions	231	463	1760	8093	12887
实用新型	Utility Models	1000	2367	6033	14682	18951
外观设计	Designs	716	4899	13330	29426	40382
批准量	**Number of Patent Applications Granted**	**889**	**4611**	**15799**	**31446**	**36894**
发明	Inventions	40	57	261	1941	1876
实用新型	Utility Models	571	1446	4797	9307	11017
外观设计	Designs	278	3108	10741	20198	24001

18-23 各类技术合同签订情况
Statistics on Technical Contracts Signed by Type

项目	Item	1990	1995	2000	2004	2005
技术合同项目数 (项)	**Number of Technical Contracts (item)**	**5813**	**5098**	**5464**	**11328**	**14432**
技术开发合同	Technical Development Contracts	2050	547	921	4540	5983
技术咨询合同	Technical Consultation Contracts	462	299	572	737	1279
技术转让合同	Technical Transfer Contracts	260	515	297	578	639
技术服务合同	Technical Service Contracts	3041	3737	3674	5473	6531
技术合同金额 (万元)	**Amount of Technical Contracts (10000 yuan)**	**20262**	**125972**	**482104**	**572651**	**1124740**
技术开发合同	Technical Development Contracts	7290	46820	142107	341901	571458
技术咨询合同	Technical Consultation Contracts	1118	9109	12530	23559	31696
技术转让合同	Technical Transfer Contracts	3114	18396	110279	143479	288881
技术服务合同	Technical Service Contracts	8740	51647	217188	63712	232705

18-24 大中型工业企业技术开发基本情况
Basic Statistics on Technical Development of Large and Medium-sized Industrial Enterprises

项　　目	Item	1990	1995	2000	2003	2004	2005
机构与人员　（个、人）	**Number of Institutions and Personnel (unit, person)**						
有技术开发机构的企业数	Number of Enterprises Having Technical Development Institutions	385	500	444	549	634	733
占全部大中型企业的比重（%）	Percentage of Enterprises Having Technical Development Institutions to Total Number of Large and Medium-sized Enterprises (%)	37.2	28.6	21.6	20.5	15.8	18.8
技术开发机构数	Number of Technical Development Institutions	400	695	529	643	818	976
企业技术开发人员	Number of Technical Development Personnel Engaged in Enterprises	19795	35986	84408	113072	133181	160304
# 科学家和工程师	Scientists and Engineers	8057	15224	53357	80266	88488	114027
技术开发机构中的人数	Number of Personnel in Technical Development Institutions	8186	15448	35495	56181	63790	90373
#科学家和工程师	Scientists and Engineers	3725	8248	26808	42443	48360	70533
经费收支　（万元）	**Funds and Expenditures (10000 yuan)**						
筹集总额	Total Funds of Technical Development	71968	234967	1125528	2034465	258641.6	3175165
#上级拨款	Appropriations from Higher Authorities	1588	6134	24062	35133	54871	69693
企业自筹	Funds Self-raised by Enterprises	37165	182256	946377	1688132	2185863	2838567
支出总额	Total Expenditures on Technical Development	61785	204684	1031661	1963037	2411060	2973616
# 开发新产品用款	Expenditures on New Product Development	26738	105059	472822	910712	1038335	2107868
技术开发经费支出占主营业务收入的比重（%）	Percentage of Technical Development Expenditures to Sales Revenue (%)	0.9	0.7	1.7	1.4	1.2	1.3
技术开发项目　（项）	**Projects of Technological Development (item)**						
项目数合计	Number of Projects	1569	5483	8464	12996	4063	3904
# 研究与试验发展项目	R&D Projects	470	1950	4377	8596	2113	2133
新产品项目	Projects for New Product Development	774	3609	5563	8337	3050	2979
项目当年投资　（万元）	Investment in Projects in Current Year (10000 yuan)	44447	157142	743249	1449236	1732910	1924602
项目参加人员　（人）	Number of Personnel Engaged in Projects (person)	8630	31801	56938	84626	62145	106924

注：1. 1990 年统计的技术开发项目系累计支出达万元以上。
2. 2004、2005 年技术开发项目属下的指标都为立项 10 万元及以上项目的数据。

Note: a) The figures of technical development projects in 1990 referred to the projects with accumulative expenditures above 10000 yuan.
b) The indicators on projects of technological development of 2004 and 2005 referred to the data with planned expenditure at 100000 yuan and above.

18-25 大型工业企业技术开发基本情况
Basic Statistics on Technical Development of Large-sized Industrial Enterprises

项目	Item	1990	1995	2000	2002	2003	2004	2005
机构与人员 （个、人）	**Institutions and Personnel (unit, person)**							
有技术开发机构的企业数	Number of Enterprises Having Institutions for Technical Development	116	216	223	295	68	77	101
占全部大型企业的比重 (%)	Percentage to Total Number of Large and Medium-sized Enterprises (%)	42.0	41.2	27.4	32.0	41.5	32.4	35.4
技术开发机构数	Number of Technical Development Institutions	121	318	279	369	108	144	184
企业技术开发人员	Number of Technical Development Personnel Engaged in Enterprises	8917	20132	59209	75918	53843	69040	84467
#科学家和工程师	Scientists and Engineers	3742	9562	36869	55175	41695	52048	64703
技术开发机构中的人数	Number of Personnel in Technical Development Institutions	3924	9662	24184	38732	27819	38070	56507
经费收支 （万元）	**Funds and Expenditures (10000 yuan)**							
筹集总额	Total Funds of Technical Development	38186	155816	810396	1272390	1220320	1531841	1734146
#上级拨款	Appropriations from Higher Authorities	812	4583	17473	24176	8859	23546	33992
企业自筹	Funds Self-raised by Enterprises	17776	130136	708955	1067928	1013519	1283968	1637865
支出总额	Total Expenditures on Technical Development	31424	151167	741530	1368856	1253929	1489854	1706635
#开发新产品用款	Expenditures on New Product Development	17104	69034	346264	623650	598278	764739.6	1304216
技术开发经费支出占主营业务收入的比重(%)	Percentage of Technical Development Expenditures to Sales Revenue (%)	0.8	0.8	1.7	2.0	2.4	1.5	1.5
技术开发项目 （项）	**Projects of Technological Development (item)**							
项目数合计	Number of Projects	595	3001	5049	7795	4681	864	968
#研究与试验发展项目	R&D Projects	268	1501	2853	4831	3338	548	540
新产品项目	Projects for New Product Development	287	1703	3055	4958	2920	535	629
项目当年投资 （万元）	Investment in Projects in Current Year (10000 yuan)	23760	105923	558459	944064	923155	1141945	1189251
项目参加人员 （人）	Number of Personnel Engaged in Projects (person)	3451	18906	37224	51751	39725	51874	60496

注：1. 1990 年统计的技术开发项目系累计支出达万元以上。
2. 2004、2005 年技术开发项目属下的指标都为立项 10 万元及以上项目的数据。
3. 本表自 2003 年起按新的大中型企业划分标准执行。

Note: a) The figures of technical development projects in 1990 referred to the projects with accumulative expenditures above 10000 yuan.
b) The indicators on projects of technological development of 2004 and 2005 referred to the data with planned expenditure at 100000 yuan and above.
c) Data in this table have been in accordance with the new classification standards of large and medium-sized enterprises since 2003.

18-26 各市大中型工业企业科技活动人员和经费（2004－2005年）

Number of Personnel and Funds for Scientific and Technological Activities of Large and Medium-sized Industrial Enterprises by City（2004-2005）

市别 City	科技活动人员（人） Number of Personnel Engaged in Scientific and Technological Activities (person)		# 科学家和工程师（人） Scientists and Engineers (person)		# 研究与试验发展人员（人） Personnel Engaged in Research and Development (person)	
	2004	2005	2004	2005	2004	2005
全省 Provincial Total	**133181**	**160304**	**88488**	**114027**	**70760**	**80808**
广州 Guangzhou	16628	19391	10895	12366	8713	8460
深圳 Shenzhen	48375	57273	40696	50041	36039	39083
珠海 Zhuhai	4613	6112	2444	4125	1621	2653
汕头 Shantou	1684	2513	896	1541	172	631
佛山 Foshan	15656	18169	9442	11832	8514	7197
韶关 Shaoguan	6220	6413	1902	3089	1791	1992
河源 Heyuan	511	621	240	407	89	477
梅州 Meizhou	444	530	291	372	201	138
惠州 Huizhou	7356	8523	5263	5782	1251	1453
汕尾 Shanwei	280	641	263	613	220	4
东莞 Dongguan	8231	10554	4582	6960	3325	5060
中山 Zhongshan	5383	9694	2833	6373	2896	6663
江门 Jiangmen	5122	6079	2075	3414	1478	1633
阳江 Yangjiang	720	1309	238	603	98	270
湛江 Zhanjiang	1463	1399	783	829	814	635
茂名 Maoming	3018	2584	1950	1151	1190	915
肇庆 Zhaoqing	3996	3923	1797	2143	1228	1543
清远 Qingyuan	482	1039	247	289	146	65
潮州 Chaozhou	921	1514	529	796	320	557
揭阳 Jieyang	1547	1477	856	1073	472	1326
云浮 Yunfu	531	546	266	228	182	53

市别 City	科技经费内部支出（万元） Internal Expenditures for Scientific and Technological Activities (10000 yuan)		# 研究与试验发展经费（万元） Expenditures for Research and Development (10000 yuan)		# 新产品开发经费（万元） Expenditures for New Product Development (10000 yuan)	
	2004	2005	2004	2005	2004	2005
全省 Provincial Total	**2411060**	**2973616**	**1475602**	**1803941**	**1038335**	**2107868**
广州 Guangzhou	271693	341674	157943	170378	86149	193435
深圳 Shenzhen	1028107	1246560	788176	1023838	533913	1069879
珠海 Zhuhai	63715	85411	26999	47182	21534	54489
汕头 Shantou	28789	20502	12445	9599	17773	16675
佛山 Foshan	390685	509314	243920	277390	166088	317286
韶关 Shaoguan	69535	83727	8264	10549	10452	11329
河源 Heyuan	9702	17415	3733	8758	1423	14885
梅州 Meizhou	5642	7975	2768	2647	658	2693
惠州 Huizhou	138710	157476	63129	14396	93366	128341
汕尾 Shanwei	3586	6257	3105	102		6050
东莞 Dongguan	109752	130340	41735	63405	36011	93802
中山 Zhongshan	129368	161258	70409	107384	21409	83110
江门 Jiangmen	49010	61561	16669	17176	22581	41004
阳江 Yangjiang	3944	12415	514	1889	1145	6734
湛江 Zhanjiang	13526	18533	8657	8563	6666	8527
茂名 Maoming	26314	25552	10279	8131	2666	11936
肇庆 Zhaoqing	20098	26822	6350	10863	6669	12889
清远 Qingyuan	12840	13797	1435	217	1292	9504
潮州 Chaozhou	13907	28588	3549	9206	2001	9773
揭阳 Jieyang	16410	12597	4656	12006	5944	10611
云浮 Yunfu	5729	5840	873	262	599	4914

18-27 各市大中型工业企业新产品产出情况（2002－2005年）

Statistics on New Products of Large and Medium-sized Industrial Enterprises by City (2002－2005)

单位：万元 (10000 yuan)

市别 City	2002 新产品产值 Output Value of New Products	2002 新产品销售收入 Sales Revenue of New Products	2002 # 出口 Exports	2003 新产品产值 Output Value of New Products	2003 新产品销售收入 Sales Revenue of New Products	2003 # 出口 Exports
全 省 Provincial Total	**12742074**	**11681009**	**3227594**	**20273127**	**20075977**	**6273549**
广 州 Guangzhou	2422849	2291238	198535	5510058	5514371	460541
深 圳 Shenzhen	3779316	3618936	1310019	6018646	6891560	2726163
珠 海 Zhuhai	646158	552166	52936	906017	691537	54819
汕 头 Shantou	126810	112371	59926	148182	137944	66337
佛 山 Foshan	2342687	1974155	491852	3193726	2724912	841688
韶 关 Shaoguan	62347	47770	13827	148107	167962	25638
河 源 Heyuan	16075	15748	30	54900	53000	3818
梅 州 Meizhou	65793	63843	633	88547	88480	435
惠 州 Huizhou	1874638	1724174	678537	2564477	2254640	1448533
汕 尾 Shanwei	6766	6656	6344	10134	10134	10037
东 莞 Dongguan	341634	300338	203405	338907	331228	266148
中 山 Zhongshan	234127	198276	84583	445661	364248	187964
江 门 Jiangmen	398072	363232	35924	477421	475103	42709
阳 江 Yangjiang	18641	17903	7088	17982	17597	9789
湛 江 Zhanjiang	108862	109703	4403	30139	31897	16617
茂 名 Maoming	76015	75845	592	40849	48023	114
肇 庆 Zhaoqing	105370	94679	29332	87911	88924	38058
清 远 Qingyuan	4212	4029	31	76962	69951	2981
潮 州 Chaozhou	63023	64258	37252	83796	84833	66707
揭 阳 Jieyang	41505	38824	12345	28845	27773	2593
云 浮 Yunfu	7174	6865		1860	1860	1860

市别 City	2004 新产品产值 Output Value of New Products	2004 新产品销售收入 Sales Revenue of New Products	2004 # 出口 Exports	2005 新产品产值 Output Value of New Products	2005 新产品销售收入 Sales Revenue of New Products	2005 # 出口 Exports
全 省 Provincial Total	**29889026**	**30551860**	**11275032**	**35371491**	**33838765**	**15076758**
广 州 Guangzhou	6737720	7053357	1364386	7244973	6878954	930146
深 圳 Shenzhen	10119287	10465004	4257393	11749405	11259089	6453939
珠 海 Zhuhai	2357029	2185606	1545285	2319500	2145196	1286951
汕 头 Shantou	200901	177537	66767	231044	218183	79730
佛 山 Foshan	3886371	4414489	1025664	5854072	5489338	2000351
韶 关 Shaoguan	88670	93814	2545	195203	202493	23237
河 源 Heyuan	15000	1500	112	10364	10364	250
梅 州 Meizhou	63514	62932	683	4711	4013	52
惠 州 Huizhou	2640831	2483726	1571012	3266837	3296060	2294915
汕 尾 Shanwei	244894	244635	98672	362409	358014	258895
东 莞 Dongguan	1167406	1153442	734589	732220	731948	610769
中 山 Zhongshan	586632	511318	192601	1206059	1097053	677081
江 门 Jiangmen	1111518	1058890	193984	1097768	1073251	248304
阳 江 Yangjiang	61277	61781	54485	32226	26986	22437
湛 江 Zhanjiang	61296	62150	28358	80955	72609	44002
茂 名 Maoming	129175	117955	64	503330	505344	1509
肇 庆 Zhaoqing	140703	133231	26863	160051	149995	41749
清 远 Qingyuan	53624	53344		99112	98053	1442
潮 州 Chaozhou	160986	156920	104762	127960	129167	96200
揭 阳 Jieyang	57221	55564	6715	21871	21232	210
云 浮 Yunfu	4969	4669	100	71425	71425	4597

18-28 科协机构及活动情况
Statistics on Associations for Science and Technology and Their Activities

项　　目	Item	1990	1995	2000	2004	2005
科协机构 （个）	**Number of Associations for Science and Technology (unit)**	**194**	**321**	**357**	**196**	**196**
省科协	Provincial Associations	1	1	1	1	1
市科协	City Associations	18	21	21	21	21
县（市、区）科协	County (County-level City, District) Associations	77	116	123	120	120
厂矿科协	Factory and Mine Associations	98	183	212	54	54
各级学会及研究会 （个）	**Number of Learned Societies and Research Societies at Various Levels (unit)**	**2829**	**4387**	**3780**	**2886**	**2901**
省级学会	Provincial Learned Societies	132	150	146	151	151
市级学会	City Learned Societies	718	963	734	786	802
农村专业技术协会	Rural Specialized Technological Societies	1979	3274	2900	1949	1948
各级学会及农技协会员 （人）	**Member of Learned Societies and Research Societies (person)**	**345234**	**537525**	**704094**	**675508**	**738038**
省级学会会员	Member of Provincial Societies	151129	173526	203861	204860	213579
市级学会会员	Member of City Societies	141585	259894	276546	361807	412259
农村专业技术协会会员	Member of Rural Specialized Technological Societies	52520	104105	223687	108841	112200
科协活动开展情况	**Activities of Associations for Science and Technology**					
完成各类合同和无偿咨询项目 （项）	Number of Contracts and Free Consultative Projects Completed (item)	2546	18637	12553	3140	3461
举办各类学术交流会 （次）	Number of Academic Meetings Held (time)	1585	2129	4769	1701	1232
接待国外来访 （次）	Number of Foreign Visitors Received (time)	591	440	511	131	86
举办科技科普展览 （次）	Number of Scientific and Technological Popularization Exhibitions (time)	836	3601	2258	1869	2319
举办科普讲座 （次）	Number of Scientific and Technological Popularization Lectures (time)	17453	13365	12014	5388	5019
青少年科技竞赛 （次）	Number of Scientific and Technological Competitions for Adolescent (time)	4247	896	1286	398	760
参加科协各类活动人次 （人次）	**Number of Participants in Activities of AST (person-time)**	**6344088**	**4976747**	**8367629**	**8187528**	**8716871**
参加各类学术交流会	Number of Participants in Academic Meetings	95821	80247	505235	187914	169988
参加各类科技培训	Number of Participants in Training Programs	369151	33600	654742	424799	469514
参加各类科普活动	Number of Participants in Scientific and Technological Popularization Activities	5879116	4862900	7207652	7574815	8077369
出版各类学术刊物、科普读物 （种）	**Publications of Academic Journals and Scientific and Technological Popularization Readings (kind)**	**581**	**451**	**582**	**324**	**262**
各类学术刊物、科普读物发行量 （万册、万份）	Number of Academic Journals and Scientific and Technological Popularization Readings Issued (10000 copies)	666	973	562	645	532

18-29 高技术产业发展概况（1995－2005年）

指标	Indicator	1995	1996	1997
企业数（个）	Number of Enterprises (unit)	2267	2200	2105
当年价总产值（亿元）	Gross Output Value at Current Prices (100 million yuan)	965.36	1163.44	1475.40
增加值（亿元）	Value-added (100 million yuan)	216.99	262.56	344.09
主营业务收入（亿元）	Main Business Revenue (100 million yuan)	937.09	1079.10	1372.26
利润（亿元）	Profits (100 million yuan)	34.77	48.01	84.87
利税（亿元）	Pre-tax Profits (100 million yuan)	54.16	76.22	113.65
R&D经费内部支出（万元）	Internal Expenditures on R&D (10000 yuan)	17353	46801	93146
科技活动人员（人）	Number of Personnel Engaged in Scientific & Technological Activities (person)	8579	12516	16340
科技活动人员中科学家和工程师（人）	Scientists and Engineers Engaged in Scientific & Technological Activities (person)	4526	9115	13624
科技活动经费筹集额（万元）	Funds for Scientific & Technological Activities (10000 yuan)	63617	96113	123153
科技活动经费筹集额中政府资金（万元）	Government Funds for Scientific & Technological Activities (10000 yuan)	1114	2159	3907
科技活动经费筹集额中企业自筹（万元）	Funds Self-raised by Enterprises for Scientific & Technological Activities (10000 yuan)	54242	79917	89133
科技活动经费筹集额中金融机构贷款（万元）	Loans from Financial Institutions for Scientific & Technological Activities (10000 yuan)	7943	8521	21567
科技活动经费内部支出（万元）	Internal Expenditures on Scientific & Technological Activities (10000 yuan)	55670	71959	104432
科技活动经费内部支出中劳务费（万元）	Labor Expenses on Scientific & Technological Activities (10000 yuan)	11027	11977	12264
科技项目数（项）	Number of Scientific & Technological Projects (item)	1359	962	1448
新产品开发经费支出（万元）	Expenditures on New Product Development (10000 yuan)	29406	52871	74890
新产品产值（万元）	Output Value of New Products (10000 yuan)		1580291	2298184
新产品销售收入（万元）	Sales Revenue of New Products (10000 yuan)	977291	1441361	1600083
专利申请数（件）	Number of Patent Applications (item)	154	84	165
技术改造经费支出（万元）	Expenditures on Technical Innovation (10000 yuan)	38310	110990	81494
技术引进经费支出（万元）	Expenditures on Imports of Technology (10000 yuan)	11588	23666	40256
消化吸收经费支出（万元）	Expenditures on Digestion and Assimilation of Technology (10000 yuan)	1172	6369	10497
购买国内技术经费支出（万元）	Expenditures on Purchase of Domestic Technologies (10000 yuan)	519	1492	1534
科技机构数（个）	Number of Scientific & Technological Institutions (unit)	176	284	158
科技机构科技活动人员（人）	Number of Personnel Engaged in Scientific & Technological Activities in Scientific & Technological Institutions (person)	4579	5426	7895
科技机构科技活动经费内部支出（万元）	Internal Expenditures on Scientific & Technological Activities in Scientific & Technological Institutions (10000 yuan)	28525	27918	83724
从业人员年平均人数（人）	Annual Average Number of Employed Persons (person)	535540	536013	533238
工程技术人员（人）	Number of Engineering Technical Personnel (person)	19913	25778	29393
基本建设施工项目（项）	Number of Capital Construction Projects under Construction (unit)		78	68
基本建设新开工项目（项）	Number of Newly Started Capital Construction Projects (unit)		25	22
基本建设全部建成或投产项目（项）	Number of Capital Construction Projects Completed or Put into Production (unit)		26	28
基本建设项目建成投产率（%）	Percentage of Capital Construction Projects Completed or Put into Production to Total Capital Construction Projects (%)		33.3	41.2
基本建设投资额（亿元）	Investment in Capital Construction (100 million yuan)		25.54	36.66
基本建设新增固定资产（亿元）	Newly Increased Fixed Assets in Capital Construction (100 million yuan)		23.67	33.93
出口交货值（亿元）	Value of Products for Export (100 million yuan)	528.41		
新产品出口销售收入（万元）	Sales Revenue of New Products for Export (10000 yuan)	361026	586327	644002

注：2004年数据为全社会统计口径，其它部份均为规模以上口径。

Statistics on Development of High-tech Industry (1995 – 2005)

1998	1999	2000	2001	2002	2003	2004	2005
1573	1636	1707	1791	2013	2996	13403	16831
1844.19	2181.40	2713.48	3433.47	4532.33	6611.18	8963.53	10300.27
424.57	504.70	677.77	759.79	998.68	1560.68	1794.33	2249.59
1654.23	2070.81	2623.81	3305.98	4359.79	6394.46	8857.64	10119.60
64.67	100.40	143.10	144.68	173.57	292.42	325.83	362.69
107.81	149.95	202.70	219.32	255.72	400.53	434.43	533.26
182397	243913	319979	601710	633825	881069	1200178	1393006
25374	26798	28991	40856	42333	75092	110194	116524
17682	17537	23678	34187	34631	59923	86306	92543
265863	295081	501480	781643	903582	1508130	2002803	2166165
2031	7569	11131	17867	15266	25889	66004	63263
231999	260758	439426	665954	743615	1209594	1613920	1923482
29886	24346	42670	73955	106511	225348	265247	122804
232425	273765	475977	794307	966052	1492548	1700045	1947581
53886	98549	150825	262896	302629	479317	744564	770527
1637	1714	2635	3229	3582	7661	6129	4686
174609	246802	278654	395606	492617	657561	764345	1402681
3523948	4507189	5001517	5239021	5946028	11274280	16012842	18502022
2914833	3724854	4726973	5041954	5572067	11470132	16314701	17853903
279	432	922	1327	2254	3304	5458	9369
138072	182055	110504	134231	114951	197492	211846	226407
40599	59944	68671	116890	133966	159192	125933	177640
2921	6303	5972	9402	4490	7784	38022	72605
1973	4524	1329	2980	6146	7690	17563	18836
216	204	168	210	213	367	650	496
11717	12883	20702	29060	29784	37859	45830	60648
150799	218160	307542	538885	586680	761041	1002507	1114264
660794	716444	811332	873136	1028137	1360257	2309016	2671830
37828	42622	48480	67570	67125	119725	133119	187905
75	113	149	220	267	389	786	1207
42	55	86	123	130	216	421	741
21	49	67	63	74	66	190	519
28.0	43.4	45.0	28.6	27.7	17.0	24.2	43.0
43.10	82.65	86.19	94.18	135.16	112.97	247.31	361.01
26.25	66.04	74.39	45.13	125.56	57.91	148.84	259.80
911.95	1034.16	1371.45	1942.13	2735.52	3975.55	5986.64	6099.05
1080003	1396897	1911396	2444642	1986753	5169351	7979294	10805457

Note: Data of 2004 are calculated according to the statistical coverage of the whole society, whereas data of other years refer to the enterprises above designated size.

18-30 高技术产业基本情况（2005年）

指　　标	Indicator	合计 Total
企业数（个）	Number of Enterprises (unit)	16831
当年价总产值（亿元）	Gross Output Value at Current Prices (100 million yuan)	10300.27
增加值（亿元）	Value-added (100 million yuan)	2249.59
主营业务收入（亿元）	Main Business Revenue (100 million yuan)	10119.60
利润（亿元）	Profits (100 million yuan)	362.69
利税（亿元）	Pre-tax Profits (100 million yuan)	533.26
R&D经费内部支出（万元）	Internal Expenditures on R&D (10000 yuan)	1393006
科技活动人员（人）	Number of Personnel Engaged in Scientific & Technological Activities (person)	116524
科技活动人员中科学家和工程师（人）	Scientists and Engineers Engaged in Scientific & Technological Activities (person)	92543
科技活动经费筹集额（万元）	Funds for Scientific & Technological Activities (10000 yuan)	2166165
科技活动经费筹集额中政府资金（万元）	Government Funds for Scientific & Technological Activities (10000 yuan)	63263
科技活动经费筹集额中企业自筹（万元）	Funds Self-raised by Enterprises for Scientific & Technological Activities (10000 yuan)	1923482
科技活动经费筹集额中金融机构贷款（万元）	Loans from Financial Institutions for Scientific & Technological Activities (10000 yuan)	122804
科技活动经费内部支出（万元）	Internal Expenditures on Scientific & Technological Activities (10000 yuan)	1947581
科技活动经费内部支出中劳务费（万元）	Labor Expenses on Scientific & Technological Activities (10000 yuan)	770527
科技项目数（项）	Number of Scientific & Technological Projects (item)	4686
新产品开发经费支出（万元）	Expenditures on New Product Development (10000 yuan)	1402681
新产品产值（万元）	Output Value of New Products (10000 yuan)	18502022
新产品销售收入（万元）	Sales Revenue of New Products (10000 yuan)	17853903
专利申请数（项）	Number of Patent Applications (item)	9369
技术改造经费支出（万元）	Expenditures on Technical Innovation (10000 yuan)	226407
技术引进经费支出（万元）	Expenditures on Imports of Technology (10000 yuan)	177640
消化吸收经费支出（万元）	Expenditures on Digestion and Assimilation of Technology (10000 yuan)	72605
购买国内技术经费支出（万元）	Expenditures on Purchase of Domestic Technologies (10000 yuan)	18836
科技机构数（人）	Number of Scientific & Technological Institutions (person)	496
科技机构科技活动人员（人）	Number of Personnel Engaged in Scientific & Technological Activities in Scientific & Technological Institutions (person)	60648
科技机构科技活动经费内部支出（万元）	Internal Expenditures on Scientific & Technological Activities in Scientific & Technological Institutions (10000 yuan)	1114264
从业人员年平均人数（人）	Annual Average Number of Employed Persons (person)	2671830
工程技术人员（人）	Number of Engineering Technical Personnel (person)	187905
基本建设施工项目（项）	Number of Capital Construction Projects under Construction (unit)	1207
基本建设新开工项目（项）	Number of Newly Started Capital Construction Projects (unit)	741
基本建设全部建成或投产项目（项）	Number of Capital Construction Projects Completed or Put into Production (unit)	519
基本建设项目建成投产率（%）	Percentage of Capital Construction Projects Completed or Put into Production to Total Capital Construction Projects (%)	43
基本建设投资额（亿元）	Investment in Capital Construction (100 million yuan)	361.01
基本建设新增固定资产（亿元）	Newly Increased Fixed Assets in Capital Construction (100 million yuan)	259.80
出口交货值（亿元）	Value of Products for Export (100 million yuan)	6099.05
新产品出口销售收入（万元）	Sales Revenue of New Products for Export (10000 yuan)	10805457

Basic Statistics on High-tech Industries (2005)

# 信息化学品制造 Manufacture of Information Chemical Products	# 医药制造业 Manufacture of Medicines	# 航空航天器制造业 Manufacture of Aeronautics and Aerospace Aircraft	# 电子及通信设备制造业 Manufacture of Electronic and Communication Equipment	# 电子计算机及办公设备制造业 Manufacture of Electronic Computers and Office Equipment	# 医疗设备及仪器仪表制造业 Manufacture of Medical Equipment, Instruments and Meters	# 公共软件服务业 Public Software Services
96	775	9	7397	1255	1187	6110
37.40	307.50	19.16	5521.82	4086.81	327.54	
11.45	123.27	7.70	1439.04	575.13	93.00	
36.37	273.39	19.20	5398.93	4037.65	321.93	32.09
4.65	20.69	1.43	208.91	105.45	17.78	3.78
5.65	40.32	2.84	323.85	131.41	25.40	3.78
5380	5380	2231	1089878	8159	37751	106195
302	6811	321	64112	19671	5500	19807
240	4542	315	53698	14239	3435	16074
5613	137880	5162	1504865	210586	85580	216479
305	9701		39711	3215	2898	7435
4408	110615	5162	1375102	195217	72473	160504
900	13512		58023	9884	9486	31000
5423	105795	5269	1388577	206729	58630	177159
1007	22495	1824	536385	97470	25416	85931
21	447	31	1095	305	299	2488
2986	34523	5165	1162825	164876	32305	
90672	377177	4626	12531739	5330141	167667	
86109	262889	6480	12201530	5096580	200316	
1	476	23	7285	1017	374	193
525	71013	4539	104513	35645	10171	
13025	6322	2950	149459	5393	490	
9	10478		52113	7676	2328	
25	10595		7731	376	109	
3	97	2	276	62	56	
56	2121	321	44978	11086	2086	
189	37406	5075	939498	112336	19761	
11274	82217	3981	1670180	507906	334640	61591
712	10137	2091	92882	44607	7103	30373
15	171		816	109	73	23
11	94		524	59	40	13
9	77		351	44	34	4
60	45		43.01	40.37	46.58	17.39
3.70	36.16		251.60	45.79	14.82	8.93
3.57	20.58		185.31	34.44	10.94	4.97
10.71	14.47	3.46	3598.07	2261.42	210.17	0.75
27833	14872	1854	6287935	4389883	83080	

18-31 文化艺术、文物事业机构数
Number of Institutions for Culture, Arts and Cultural Relics

单位：个 (unit)

年份 Year	电影放映单位 Film Projection Units	艺术表演团体 Art Performance Troupes	文化馆 Cultural Centers	公共图书馆 Public Libraries	博物馆 Museums	档案馆 Archives
1978	6346	172	124	76	30	
1980	7375	195	113	97	26	
1985	6037	171	123	117	106	
1990	4024	130	113	103	106	138
1991	4041	122	110	104	107	147
1992	3917	125	113	108	108	150
1993	3974	126	115	110	108	148
1994	3750	132	116	111	111	156
1995	3668	134	115	114	113	155
1996	3670	136	115	115	114	157
1997	3463	138	117	119	117	157
1998	3621	139	117	120	122	157
1999	2938	140	117	121	128	162
2000	1626	138	118	125	131	161
2001	1794	139	118	129	140	175
2002	904	141	120	131	140	185
2003	840	144	117	129	144	185
2004	684	140	119	128	143	185
2005	720	139	117	129	146	185

18-32 文化部门艺术表演团体演出基本情况（2005 年）
Basic Statistics on Performances of Art Troupes under Cultural Departments (2005)

项目	Item	剧团数（个） Number of Troupes (unit)	国内演出场次（万场） Number of Domestic Performances (10000 shows)	# 到农村演出 Shows in Rural Areas	国内演出观众人次（万人次） Number of Domestic Spectators (10000 person-times)
合　计	**Total**	**139**	**1.6**	**1.1**	**2205**
# 国营剧团	Troupes Sponsored by State-owned Units	119	1.3	0.8	1951
集体经营剧团	Troupes Sponsored by Collective Units	12	0.2	0.1	161
按剧种分	**By Type of Art Troupes**	**139**	**1.6**	**1.1**	**2205**
话剧、儿童剧、滑稽剧团	Drama, Children's Play and Comedy Troupes	17	0.1	0.1	247
歌剧、舞剧、歌舞剧团	Opera, Dance Drama, Song and Dance Drama Troupes	7			80
歌舞团、轻音乐团	Song and Dance Troupes, Light Music Troupes	21	0.2	0.1	242
乐团	Philharmonic Troupes	3			23
文工团、文宣队	Cultural and Performance Troupes	1			
戏曲剧团	Traditional Opera Troupes	70	1.0	0.8	1297
曲、杂、木、皮团	Recitation and Balled Troupes, Acrobatics and Circus Troupes, Puppet Show Troupes and Shadow Play Troupes	17	0.3	0.1	295
综合性艺术表演团体	Comprehensive Art Troupes	3			21

18-33 文化、文物事业机构及人员数（2005年）
Number of Institutions and Personnel in Culture and Cultural Relics (2005)

项目	Item	合计 Total		文化部门 Cultural Departments		其他部门 Others	
		机构数（个） Number of Institutions (unit)	人数（人） Number of Personnel (person)	机构数（个） Number of Institutions (unit)	人数（人） Number of Personnel (person)	机构数（个） Number of Institutions (unit)	人数（人） Number of Personnel (person)
总　计	**Total**	**19710**	**190405**	**2341**	**27044**	**17369**	**163361**
文化合计	**Culture**	**19500**	**187293**	**2132**	**23933**	**17368**	**163360**
艺术事业	Arts	218	8113	215	8029	3	84
图书馆事业	Libraries	129	3252	129	3252		
群众文化事业	Mass Culture	1725	8953	1696	8831	29	122
教育事业	Education	8	901	8	901		
文化市场经营单位	Operating Units in Cultural Market	17363	163718	27	564	17336	163154
文艺科研	Scientific Research on Arts	9	105	9	105		
其他	Others	48	2251	48	2251		
文物合计	**Cultural Relics**	**210**	**3112**	**209**	**3111**	**1**	**1**
文物机构	Institutions for Cultural Relics	55	351	54	350	1	1
博 物 馆	Museums	146	2608	146	2608		
文物商店	Cultural Relics Stores	9	153	9	153		

18-34 公共图书馆、群众文化事业机构及人员数（2005年）
Number of Institutions and Personnel in Public Libraries and Mass Culture (2005)

项目	Item	合计 Total		文化部门 Cultural Departments		其他部门 Others	
		机构数（个） Number of Institutions (unit)	人数（人） Number of Personnel (person)	机构数（个） Number of Institutions (unit)	人数（人） Number of Personnel (person)	机构数（个） Number of Institutions (unit)	人数（人） Number of Personnel (person)
图书馆事业	**Libraries**	**129**	**3252**	**129**	**3252**		
# 少儿图书馆	Children's Libraries	4	108	4	108		
群众文化事业	**Mass Culture**	**1725**	**8953**	**1696**	**8831**	**29**	**122**
群众艺术馆	Mass Art Centers	22	523	22	523		
文化馆	Cultural Centers	117	1523	117	1523		
文化站	Cultural Stations	1586	6907	1557	6785	29	122

18-35 各市文化、文物事业机构数（2005 年）
Number of Institutions in Culture and Cultural Relics by City (2005)

单位：个 (unit)

市别 City	艺术表演团体 Art Troupes	文化馆 Cultural Centers	公共图书馆 Public Libraries	博物馆 Museums	档案馆 Archives
广州 Guangzhou	11	10	12	27	16
深圳 Shenzhen	4	6	8	12	8
珠海 Zhuhai	3	3	3	2	5
汕头 Shantou	8	6	8	5	10
佛山 Foshan	4	5	6	6	8
韶关 Shaoguan	10	10	10	9	12
河源 Heyuan	7	6	7	6	8
梅州 Meizhou	11	8	10	8	2
惠州 Huizhou	6	5	5	5	8
汕尾 Shanwei	5	4	4	4	6
东莞 Dongguan	2		1	4	2
中山 Zhongshan	1		1	2	3
江门 Jiangmen	11	7	6	9	11
阳江 Yangjiang	3	4	4	2	8
湛江 Zhanjiang	9	9	7	6	13
茂名 Maoming	12	5	5	5	8
肇庆 Zhaoqing	9	8	8	8	11
清远 Qingyuan	5	8	9	9	10
潮州 Chaozhou	2	3	3	4	5
揭阳 Jieyang	5	5	6	5	6
云浮 Yunfu	3	5	5	5	6
省直属单位 Units Directly under Provincial Government	8		1	3	9

18-36 各市文化、文物事业机构的人员数（2005 年）
Number of Personnel in Culture and Cultural Relics by City (2005)

单位：人 (person)

市别 City	艺术表演团体 Art Troupes	文化馆 Cultural Centers	公共图书馆 Public Libraries	博物馆 Museums	档案馆 Archives
广州 Guangzhou	812	153	424	656	175
深圳 Shenzhen	232	151	444	207	81
珠海 Zhuhai	76	9	53	55	41
汕头 Shantou	389	89	126	36	80
佛山 Foshan	180	71	253	205	65
韶关 Shaoguan	225	86	120	85	81
河源 Heyuan	192	89	61	50	33
梅州 Meizhou	288	108	141	78	62
惠州 Huizhou	121	73	114	65	90
汕尾 Shanwei	202	48	35	61	45
东莞 Dongguan	84		150	324	21
中山 Zhongshan	45		50	157	54
江门 Jiangmen	398	81	126	59	94
阳江 Yangjiang	88	33	83	19	78
湛江 Zhanjiang	391	102	113	76	54
茂名 Maoming	428	81	111	45	47
肇庆 Zhaoqing	104	81	93	57	50
清远 Qingyuan	82	73	87	32	48
潮州 Chaozhou	139	36	38	49	30
揭阳 Jieyang	294	107	164	80	29
云浮 Yunfu	53	52	62	26	39
省直属单位 Units Directly under Provincial Government	1093		404	186	302

18-37 图书、杂志、报纸出版数量
Number of Books, Magazines and Newspapers Published

项　　目	Item	1980	1990	1995	2000	2004	2005
图书出版	**Books Published**						
种数　（种）	Number of Publications (kind)	690	1941	2510	4374	5427	5908
总印数　（万册）	Total Printed Copies (10000 copies)	16845	28070	36911	26978	25733	22600
总印张数（千印张）	Total Printed Sheets (1000 sheets)	684121	891563	1800632	1482942	1721884	1514191
杂志出版	**Magazines Published**						
种数　（种）	Number of Publications (kind)	34	253	329	337	356	366
总印数　（万册）	Total Printed Copies (10000 copies)	1927	11325	22740	26299	20640	20371
总印张数（千印张）	Total Printed Sheets (1000 sheets)	58717	288263	674634	919514	1032081	1116814
报纸出版	**Newspapers Published**						
种数　（种）	Number of Publications (kind)	9	91	130	101	133	132
总印数　（万份）	Total Printed Copies (10000 copies)	48808	138060	226441	346268	438834	382414
总印张数（千印张）	Total Printed Sheets (1000 sheets)	484173	1365246	4747000	17669099	29215424	28358178

18-38 图书出版情况（2005 年）
Statistics on Books Published (2005)

门　类	Category	本版图书种数（种）Number of Publications (kind)	#新出 New Publications	总印数（万册）Total Printed Copies (10000 copies)	总印张数（千印张）Total Printed Sheets (1000 sheets)
合　计	**Total**	**5904**	**3662**	**22596**	**1514046**
马克思主义、列宁主义、毛泽东思想	Marxism, Leninism and Mao Zedong Thought	14	8	11	1437
哲学	Philosophy	117	75	107	10798
社会科学总论	General Social Sciences	111	68	65	8553
政治、法律	Politics and Law	209	161	272	23916
经济	Economy	806	561	431	67697
军事	Military Affairs	6	5	24	1006
文化、科学、教育、体育	Culture, Science, Education and Sports	2377	1163	19627	1220512
语言、文字	Language, Philology	297	168	333	37476
文学	Literature	508	468	434	47638
艺术	Arts	149	123	185	9711
历史、地理	History and Geography	284	185	354	18683
自然科学总论	General Natural Sciences	14	6	6	621
数理科学、化学	Mathematics, Physics and Chemistry	75	24	30	4595
天文学、地理科学	Astronomy and Geology	11	8	3	291
生物科学	Biological Science	32	16	12	993
医药、卫生	Medicine and Health Care	289	238	213	21338
农业科学	Agricultural Science	109	98	95	3677
工业技术	Industrial Technology	465	264	376	32393
交通运输	Transportation	8	4	3	544
环境科学	Environmental Science	12	11	8	876
航空、航天	Aeronautics and Aerospace	1		1	21
综合性图书	General Books	10	8	6	1270

18-39 杂志出版情况（2005年）
Statistics on Magazines Published (2005)

项 目	Item	种数（种）Number of Publications (kind)	平均期印数（万册）Average Printed Copies per Issue (10000 copies)	总印数（万册）Total Printed Copies (10000 copies)	总印张数（千印张）Total Printed Sheets (1000 sheets)
合计	**Total**	**366**	**1033**	**20371**	**1116815**
综合	General	93	423	8734	526097
哲学、社会科学	Philosophy, Social Sciences	43	68	1021	56501
自然科学、技术	Natural Sciences, Technology	153	185	3288	155178
文化、教育	Culture, Education	38	160	3314	116375
文学、艺术	Literature, Arts	31	136	2839	152523
画刊	Pictorials	5	47	941	101304
少年儿童读物	Publications for Children	3	14	234	8837

18-40 报纸出版情况（2005年）
Statistics on Newspapers Published (2005)

项 目	Item	种数（种）Number of Publications (kind)	平均期印数（万份）Average Printed Copies per Issue (10000 copies)	总印数（万份）Total Printed Copies (10000 copies)	总印张数（千印张）Total Printed Sheets (1000 sheets)
合计	**Total**	**132**	**1542**	**382414**	**28358178**
综合报	General Newspapers	79	1115	337587	26350170
专业报	Specialized Newspapers	53	427	44827	2008008
省级	Provincial-level Newspapers	28	748	183977	15696935
市级	City-level Newspapers	104	794	198437	12661243

18-41 广播、电视事业发展情况
Statistics on Broadcasting and Television Stations

项 目	Item	1980	1990	1995	2000	2004	2005
广播电台（座）	Broadcasting Stations (set)	4	87	96	106	22	22
中波广播发射台和转播台（座）	Medium Wave Broadcasting Transmission Stations and Relaying Stations (set)	9	12	13	10	13	16
电视台（座）	Television Stations (set)	1	38	56	67	24	24
1000瓦及以上电视发射台和转播台（座）	Television Transmission and Relaying Stations at 1000 W and above (set)	10	23	41	49	39	40
县、市广播电视台（座）	Broadcasting and Television Stations in Counties and Cities (set)	93	93	67	83	76	78

18-42 广播电台宣传基本情况（2005 年）
Basic Statistics on Broadcasting Stations (2005)

项目 Item	广播电台（座）Broadcasting Stations (set)	节目套数（套）Number of Programs (set)	平均每日播音时间（小时）Average Daily Broadcasting Hours (hour)	#自办节目时间 Self-produced Programs	#新闻节目 News Programs	#专题节目 Special Subject Programs	#文艺节目 Programs of Entertainment
合计 Item	**22**	**123**	**1931**	**1510**	**308**	**416**	**613**
省级 Provincial Level	1	9	212	206	26	36	85
市级 City Level	21	48	858	728	135	226	251
县级 County Level		66	861	576	147	154	277

18-43 电视台宣传基本情况（2005 年）
Basic Statistics on Television Stations (2005)

项目 Item	广播电台（座）Broadcasting Stations (set)	节目套数（套）Number of Programs (set)	平均每日播音时间（小时）Average Daily Broadcasting Hours (hour)	#自办节目时间 Self-produced Programs	#新闻节目 News Programs	#专题节目 Special Subject Programs	#文艺节目 Programs of Entertainment
合计 Item	**24**	**69**	**1369**	**512**	**208**	**186**	**108**
省级 Provincial Level	2	10	229	42	26	18	21
市级 City Level	22	59	891	357	114	143	56
县级 County Level		54	249	113	68	25	31

18-44 各市广播、电视事业机构数（2005 年）
Number of Institutions of Broadcasting and Television by City (2005)

市别 City	广播电台（座）Broadcasting Stations (set)	中波广播发射台和转播台（座）Medium Wave Broadcasting Transmission Stations and Relaying Stations (set)	电视台（座）Television Stations (set)	1000 瓦及以上电视发射台和转播台（座）Television Transmission and Relaying Stations at 1000 w and above (set)	县、市广播电视台（座）Broadcasting and Television Stations in Counties and Cities (set)
广州 Guangzhou	1	1	1		5
深圳 Shenzhen	1	2	2	1	3
珠海 Zhuhai	1	1	1		1
汕头 Shantou	1	1	1	1	3
韶关 Shaoguan	1	1	1	1	8
河源 Heyuan	1	1	1	1	4
梅州 Meizhou	1	1	1	2	7
惠州 Huizhou	1	1	1		4
汕尾 Shanwei	1	1	1		3
东莞 Dongguan	1	1	1		
中山 Zhongshan	1	1	1		
江门 Jiangmen	1	2	1		5
佛山 Foshan	1	1	1		
阳江 Yangjiang	1	1	1		3
湛江 Zhanjiang	1	2	1	1	5
茂名 Maoming	1	2	1	1	4
肇庆 Zhaoqing	1	1	1	1	6
清远 Qingyuan	1	1	1		7
潮州 Chaozhou	1	1	1		2
揭阳 Jieyang	1	1	1		4
云浮 Yunfu	1	1	1		4
省直属单位 Units Directly under Provincial Government	1	2	2	4	

主要统计指标解释

普通高等学校 指按照国家规定的设置标准和审批程序批准举办，通过国家统一招生考试，收高中毕业生为主要培养对象，实施高等教育的全日制大学、独立设置的学院和高等专科学校，高等职业学校和其他机构。

成人高等学校 指按照国家有关规定审批、招收通过全国成人高教统一招生考试的具有高中毕业或同等学历的在职从业人员利用脱产、半脱产、业余或函授等多种形式对其实施高等学历教育，培养高等教育专科或本科毕业水平的专门人才，修业年限、课程设置和总学时的数按高等学历教育要求付诸实施的学校。包括广播电视大学、职工高等学校、农民高等学校、管理干部学院、教育学院、独立设置的函授学院等。

小学学龄儿童入学率 指调查范围内已入小学学习的学龄儿童占校内外学龄儿童总数（包括弱智儿童在内，但不包括盲聋哑儿童）的比重。

科技活动 是指在所有科学技术领域内，即自然科学、农业科学、医学科学、工程与技术科学、人文科学与社会科学中，与科技知识的产生、发展、传播和应用密切相关的全部的、有组织的、系统的科技活动。所谓有组织的、系统的科技活动，是指在一个机构的范围之内，并列入这一机构的工作计算，由这一机构的人员有计划地进行的科技活动。目前，我们统计的科技活动，是指调查范围内有组织有系统开展的科技活动。它包括三类活动（1）研究与试验发展活动；（2）研究与试验发展成果应用活动；（3）科技服务活动。

研究与发展活动 指为增进知识，及利用这些知识去开创新的用途而进行的系统的创造性工作。它具备四种基本因素：（1）创造性的因素；（2）新颖性或创新的因素；（3）科学方法的运用；（4）新知识的产生。它包括三种类：（1）基础研究；（2）应用研究；（3）实验发展。

科技活动统计单位 指制度调查范围内的调查单位个数，对于自然科学领域、社会与人文科学领域的科学研究与技术开发机构（含县属研究与开发机构）、科学技术情报与文献机构是以一个机构为一个调查单位；对于高等学校，是以一个学校为一个调查单位；对于企业是以一个企业为一个调查单位。

科技活动机构 是指调查范围内有建制的从事科技活动科研机构。包括国有独立核算的科学研究与技术开发机构自然科学领域、社会与人文科学领域）（含机构、大中型工业企业附属的技术开发机构。全日制附属科技活动机构，是指经学校及上级主管部门正式批准的以科技活动为主，相对稳定的开展科技活动机构；大中型工业企业附属的技术开发机构是指企业自办、或与外单位合办、管理上同生产系统相对独立的，或单独核算的专门技术开发机构（如企业办研究所或开发中心开发部等专门技术开发机构）。

从事科技活动人员 指报告期内调查单位中从事科技活动的人员。调查单位中从事科技活动人员为直接从事科技活动和科技活动提供直接服务，累计时间占全年工作时间10%以上的人员。

科学家和工程师 具有大学本科以及以上学历的和不具备上述学历但有高、中级职称的人员。

技术员 指具有大、中专学历和不具备大、中专学历，但有初级职称的人员。

研究与发展人员 指报告期内从事研究与发展活动的人员。调查单位直接从事研究与发展课题活动以及院、所等从事科技行政管理、科技服务等工作为研究与发展课题活动服务，累计时间占全年工作时间10%以上的人员。人员数为全时人员数加非全时人员数之和。

科技活动经费筹集总额 指报告期内调查单位从各种渠道筹集到的科技活动经费（含科研基建费）。包括政府资金、自筹资金、银行贷款、其他经费。

科技活动经费使用总额（内部支出） 指报告期内调查单位用于科技活动的实际支出。包括劳务费、科研业务费、科研管理费、非基建投资购建的固定资产、科研、基建支出以及其他用于科技活动的支出。但不包括生产性活动支出、归还贷款支出及转拨外单位支出。

研究与发展经费支出 指报告期内用于研究与发展课题活动（基础研究、应用研究、实验发展）的全部实际支出。包括用于研究与发展课题活动的直接支出，还包括间接用于研究与发展活动的一切支出（院、所管理费，维持院、所正常运转的必需费用和与研究发展有关的基本建设支出）。

省级以上获奖成果 指科技活动单位在本年度内从省以上政府科技管理部门获得的各种科技成果奖。由于几个单位合作获得的科技成果奖，为防止重复，仅由第一完成单位填报，多次获奖的成果只填一个。获奖成果包括：国家级奖、省部级奖和地市级奖。国家级奖：指国家自然科学奖、国家发明奖、国家科技进步奖、国家星火奖等。省、部级奖：指以国务院各部门和省、自治区、直辖市名义颁发的重大科技成果奖和科技进步奖。

科技机构内课题（项目）个数 指调查单位列入科研计划或已为本单位科研管理部门认可，可作为本单位科研工作任务，并在当年开展活动的研究与发展、研究与发展成果应用、科技服务课题（项目）数。包括当年新开课题和上年尚未完成，在统计年度内继续进行的课题。

文化事业机构 指从事专业文化工作和为专业文化工作服务的独立建制的单独核算的单位。不包括这些单位另外举办独立核算的其他机构和各部门的业余文化组织。

艺术表演团体 指从事戏曲、音乐、舞蹈、杂技等专业艺术表演，有独立帐户，实行单独核算的团体。不包括半工半艺、半农半艺和民间职业剧团。

电影放映单位 指具有放映机器设备、固定或不固定的放映场所与专职或兼职的放映技术人员，经有关部门登记批准，经常为一定的观众对象放映电影的机构。包括经批准对外开放进行营业，并与电影发行放映管理机构分帐的专用放映单位和军委系统租片单位。

艺术表演观众人数（人次） 指售票、包场演出或民族地区免费演出的艺术表演观众人次数。不包括彩排审查和内部观摩演出的观看人次数。

Explanatory Notes on Main Statistical Indicators

Regular Institutions of Higher Education refer to educational establishments set up according to the government evaluation and approval procedures, enrolling graduates from senior secondary schools and providing higher education courses and training for senior professionals. They include full-time universities, colleges, high professional schools, high professional vocational schools and others.

Institutions of Higher Learning for Adults refer to educational establishments, set up in line with relevant rules approved by the government, enrolling staff and workers with senior secondary school or equivalent education, and providing higher education courses in many forms of correspondence, spare time, or full time for adults. Professionals thus trained receive a qualification equivalent to graduates studying regular courses at regular universities, colleges and professional colleges. Institutions of higher learning for adults include schools of high education for staff and workers, schools of high education for peasants, colleges for management cadres, pedagogical colleges, independent correspondence colleges, Radio and TV universities and other educational establishments. Other educational establishments are responsible for enrolling adult students but not covered in the number of schools.

Enrollment Rate of Primary School Age Children refers to the proportion of school age children enrolled at schools to the total number of school age children both in and outside schools (including retarded children, but excluding blind, deaf and mute children).

Scientific and Technological Activities refer to all those organized and systematic activities of science and technology which are closely connected with the emergence, development, diffusion and application of scientific and technological knowledge in all the scientific and technological fields, such as natural sciences, agricultural science, medical science, engineering and technical science, humanities and social sciences. The organized and systematic activities refer to the activities organized in a planned way by the personnel of an institution. At present, its statistical coverage includes the activities in an organized and systematic way within the survey coverage, including (1) activities of research and development; (2) applied activities of research and development; (3) service activities of science and technology.

Activities of Research and Development refer to the systematic and creative work with the aim of widening knowledge and using it to find new ways. They cover four basic factors: (1) creative factor; (2) novel or innovative factor; (3) application of scientific methods; (4) emergence of new knowledge. They include three types: (1) basic research; (2) applied research; (3) experiments and development.

Statistical Units of Scientific and Technological Activities refer to the number of survey units within the survey coverage. As for research and development institutions (including those under county administration) and humanities, one institution is a survey unit; as for institutions of higher education, one university or colleague is a survey unit; as for enterprises, an enterprise is a survey unit.

Institutions of Scientific and Technological Activities refer to the organic institutions engaged in scientific and technological activities within the survey coverage, including the state-owned research and development institutions with independent accounting system (in the field of natural sciences, social sciences and humanities) and the technical development institutions affiliated to institutions and large and medium-sized industrial enterprises. The full-time affiliated institutions refer to those which are mainly engaged in the scientific and technological activities with the formal ratification of schools and higher authorities. The technical development institutions affiliated to large and medium-sized industrial enterprises refer to the special development institutions run by enterprise or collectively run with other units but keeping relatively independent administration from production system, or having their independent accounting system (such as research institutions or development departments of development centers run by enterprises, etc).

Personnel Engaged in Scientific and Technological Activities refer to all the persons in the survey units engaged in scientific and technological activities during the reference period, i. e. those who are directly engaged in the activities and provide direct services to the activities with over 10% of the total working hours in a year in scientific and technological activities.

Scientists and Engineers refer to persons who have completed university of higher education or without above record of formal schooling but titles of senior or middle level professional positions.

Other Technical Personnel refer to persons involved in science and technology with secondary specialized education or three year college education and persons with junior professional titles.

Personnel of Research and Development refer to the persons who are engaged in research and development activities during the reference period, i. e. those in the survey units who are directly engaged in R & D activities and provide services to R & D activities with over 10% of the total working hours in a year. It is the sum of full-time personnel and non full-time personnel.

Total Funds for Scientific and Technological Activities refer to the funds for scientific and technological activities (including capital construction funds for scientific research) raised by the survey units from various channels during the reference period, including government funds, self-raised funds, bank loans and other funds.

Total Expenditure for Scientific and Technological Activities (Intramural Expenditure) refers to the actual expenditure made for scientific and technological activities by the survey units during the reference period, including service expenses, professional expenses for scientific research, management expenses for scientific research, purchases of fixed assets with investment in non-capital construction, capital construction expenditure for scientific research and others, but excluding expenditure for productive activities, expenditure for return of loans and transfer of expenditure of other units.

Total Expenditure on Research and Development refers to all actual expenditure made for R & D (basic research, applied research and experimental development) in reference period. It includes direct expenditure on R & D activities and indirect expenditure on R & D activities (including management expenses, administrative expense and investment in capital construction relating to R & D).

Number of Prizes Won at and above Provincial Level refers to the number of various prizes in scientific and technological research won by the units engaged in scientific and technological activities from provincial level and above in the current year. If a prize is won in a cooperative way, it is reported only by the first listed unit so as to avoid duplication. As for the achievement won for several times, it is reported only once. Achievements and prizes won include all those at country level, at provincial level and at city (prefecture) level. The prizes at country level cover: national prize for natural sciences prize for invention, national prize for scientific and technological progress and national spark prize etc. The prizes at provincial and ministry level refer to major achievements and progress in science and technology awarded by the departments of the state council, provinces, autonomous regions and municipalities directly under the central government.

Number of Research Tasks (Projects) of Scientific and Technological Institutions refers to the number of research tasks (projects) on R & D, application of R & D and scientific and technological services, which are listed in the plans of scientific research or approved by administrative departments of the survey units and start research in the current year. It includes those newly started and uncompleted in the preceding year and going on in the statistical year.

Cultural Institutions refer to units which have their own organizational system and independent accounting system and specialize in or serve cultural development. They exclude other establishments run by these cultural institutions and amateur cultural groups established by various departments.

Art Troupes refer to the troupes which are engaged in drama, opera, music, dance, acrobatics or other art performance, open independent accounts with banks and self supporting accounting system; excluding the troupes which are engaged partly in industrial or agricultural activities, partly in art performance and the professional troupes organized by the people.

Film Projection Units refer to units with film projection equipment, full or part-time projectionists, permanent or non-permanent places, approved by related administrative departments to show films regularly for certain groups of audience, including those film projection units which have been approved to give commercial shows and run business with independent accounting system as well as those film renting units of the military system.

Number of Spectators at Art Performance refers to the number of attendants at commercial shows, completely booked shows or free shows given in minority national areas, and does not include the number of spectators at rehearsals for examination and internal shows for study.

十九、体育、卫生、社会福利、环保和其他

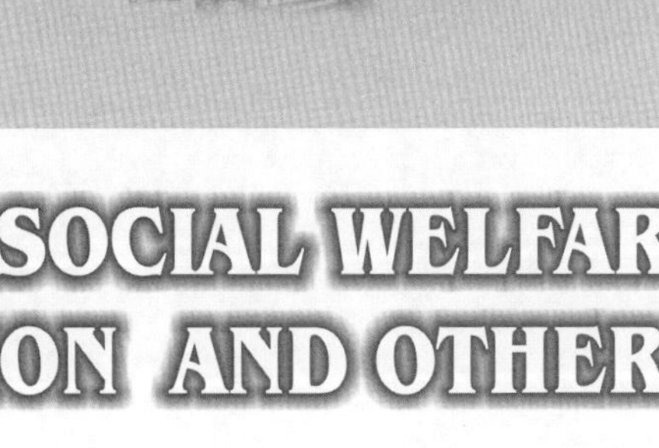

19

SPORTS, PUBLIC HEALTH, SOCIAL WELFARE, ENVIRONMENTAL PROTECTION AND OTHERS

十九　体育、卫生、社会福利、环保和其他

简要说明

一、本篇资料主要反映广东体育、卫生、社会福利、环保及其他事业的发展情况。

二、本篇资料由广东省统计局人口和社会科技统计处负责整理、编辑。

三、体育部分主要包括体育系统职工人数、群众体育活动开展情况及运动竞技成绩等，资料由省体育局提供。

四、卫生部分主要包括卫生事业机构、床位及人员数等，资料由省卫生厅提供。

五、社会福利部分主要包括各种社会福利事业的机构数、收养救济人数、城乡基层社会保障情况、婚姻登记状况等，资料由省民政厅提供。

六、环保部分主要包括“三废”的排放、治理、综合利用、自然保护区、环境管理、环保系统自身建设情况等，资料由省环保局提供。

七、其他部分主要包括司法工作开展情况和交通、火灾事故发生情况等，资料由省司法厅 、省公安厅提供。

19 Sports, Public Health, Social Welfare, Environmental Protection and Others

Brief Introduction

Ⅰ. The data in this chapter mainly show the development of Guangdong's sports, public health, social welfare, environmental protection and other undertakings.

Ⅱ. The data are prepared by the Division of Population, Social, Scientific and Technological Statistics of Guangdong Provincial Bureau of Statistics.

Ⅲ. The data on sports mainly include the number of staff and workers in sports departments, mass sports and athletics sports, etc. The data are provided by Guangdong Provincial Bureau of Sports.

Ⅳ. The data on public health mainly include the number of health institutions, hospital beds and personnel, etc. The data are provided by Guangdong Provincial Department of Public Health.

Ⅴ. The data on social welfare mainly include the number of institutions, the number of persons receiving social welfare relief funds, grass-roots social security in urban and rural areas and marriage registration status, etc. The data are provided by Guangdong Provincial Department of Civil Affairs.

Ⅵ. The data on environmental protection mainly include the discharge and treatment and comprehensive utilization of waste water, waste gas and solid wastes, the natural protection zone, the administration of environment and the improvement of the departments of environmental protection, etc. The data are provided by Guangdong Provincial Bureau of Environmental Protection.

Ⅶ. The data on others mainly include the judicial conditions and basic statistics on traffic and fire accidents, etc. The data are provided by Guangdong Provincial Department of Justice and Guangdong Provincial Department of Public Security.

19-1 体育、卫生、社会福利、环保及其他主要指标
Main Indicators on Sports, Public Health, Social Welfare, Environmental Protection and Others

指标	Item	1990	1995	2000	2004	2005
举办运动会次数（次）	Number of Sports Meets Held (time)					2072
举办全民健身活动次数（次）	Number of National Body-building Activities Held (time)					7838
# 参加1000人以上活动的人数（万人）	Number of Persons Attending Activities over 1000 People (10000 persons)					771.76
卫生事业机构数（个）	Number of Health Institutions (unit)	8989	8848	8984	15744	16318
# 医院	Hospitals	1885	2267	2426	2391	2428
卫生事业机构床位数（万张）	Number of Beds in Health Institutions (10000 units)	12.40	14.88	16.81	20.01	20.97
# 医院床位	Hospital Beds	11.41	13.78	15.72	18.31	19.26
卫生技术人员数（万人）	Medical Technical Personnel (10000 persons)	19.48	22.99	26.5	28.34	29.73
# 医生	Doctors	8.11	9.89	11.12	11.33	11.80
平均每千人口有医院床位数（张）	Number of Hospital Beds per 1000 Population (unit)	1.83	2.03	2.12	2.35	2.44
平均每千人口有卫生技术人员数（人）	Number of Medical Technical Personnel per 1000 Population (person)	3.12	3.39	3.57	3.63	3.76
# 医生（人）	Doctors (person)	1.30	1.46	1.50	1.45	1.49
优抚收养性单位收养人数（人）	Number of Persons Adopted by Special Care Units (person)	1556	1918	1785	2319	2600
社会救济总人数（万人）	Number of Persons Receiving Relief Funds (10000 persons)	541.00	337.80	154.70	224.4	262.28
农村建立社会保障网络乡镇数（个）	Number of Towns with the Social Security Network Established (unit)	225	1223	1536	1302	1156
准予登记结婚对数（对）	Registered Marriages (couple)	506597	596689	562118	630418	600313
# 涉外婚姻	Marriages with Foreigners	14661	12837	11730	9149	10905
准予登记离婚数（对）	Registered Divorces (couple)	25882	34175	47521	72775	80873
环保投资占本省生产总值比重（%）	Proportion of Environmental Investment to GDP (%)	0.37	0.64	1.96	2.71	2.5
废水中COD排放量（万吨）	Volume of COD Emission in Waste Water (10000 tons)	69.50	112.36	95.12	92.7	105.8
废气中二氧化硫排放量（万吨）	Volume of Sulphur Dioxide Emission in Waste Gas (10000 tons)	39.64	75.31	90.47	114.79	129.4
工业固体废物排放量（万吨）	Volume of Industrial Solid Wastes Discharged (10000 tons)	74.00	12.60	11.70	15.93	13.9
执业律师人数（人）	Number of Full-time Lawyers (person)	3264	5692	7292	11081	12020
公证人员数（人）	Number of Notarial Personnel (person)	909	1210	1380	1300	1527
人民调解委员会调解人员数（人）	Number of Mediators of People's Mediation Committees (person)	219082	285288	250117	180154	163459
交通事故发生数（起）	Number of Traffic Accidents (case)	25909	42115	66072	68423	67756
交通事故损失折款（万元）	Losses of Traffic Accidents Converted into Cash (10000 yuan)	5044	28700	27526	24127	20883
火灾事故发生数（起）	Number of Fires (case)	1725	1254	8622	16090	3176
火灾事故损失折款（万元）	Losses of Fires Converted into Cash (10000 yuan)	9102	17419	10065	11476	7629

19-2 体育事业情况
Statistics on Sports

指 标	Item	1990	1995	2000	2004	2005
体育系统年末职工人数 （人）	**Number of Staff and Workers in Sports Departments at the Year-end (person)**	**7392**	**8730**	**9635**	**9650**	**9940**
运动员	Athletes	1296	1043	1462	1724	1695
专职教练员	Full-time Coaches	1455	1464	1469	1567	1568
专职文化教师	Full-time Teachers for Literacy Classes	362	644	785	655	722
科技人员	Scientific and Technical Personnel	63	76	90	158	85
宣传出版人员	Publicity and Publishing Personnel	22	17	5		
医务人员	Medical Personnel	142	163	196	130	141
管理人员	Administrative Personnel	2188	2743	3131	2036	2241
其他人员	Others	1864	2580	2497	3380	2310
社会体育指导员人数（人）	**Number of Instructors of Social Sports (person)**					
当年发展人数	Number of New Instructors in Current Year				14017	9904
# 高级	Senior				156	150
中级	Intermediate				6520	3661
初级	Junior				7341	6085
体育比赛成绩	**Achievements in Sports Tournament**					
破世界纪录 （项）	World Records Chalked up (item)	9	3	5	10	0
获世界冠军 （个）	World Championships Won (unit)	14	31	36	23	26
破亚洲纪录 （项）	Asia Records Chalked up (item)	4	3	4		2
破全国纪录 （项次）	National Records Chalked up (item)	28	10	6	15	8
获得全国冠军 （项次）	National Championships Won (item)	92	113	156	120	133
体育竞赛、活动开展情况	**Sports Meets and Activities**					
举办运动会次数 （次）	**Number of Sports Meets Held (time)**					**2072**
# 举办综合运动会	Comprehensive Sports Meets Held					110
举办单项比赛	Individual Competitions Held					1962
举办全民健身活动次数 （次）	**Number of National Body-building Activities Held (time)**					**7838**
# 1000 人以上的活动 （次）	Number of Activities Attended by over 1000 People (time)					867
参加 1000 人以上活动的人数 （万人）	Number of Persons Attending Activities over 1000 People (1000 persons)					771.76

19-3 卫生事业机构、床位及人员数（1978－2005年）
Number of Health Institutions, Beds and Personnel（1978－2005）

年份 Year	机构（个）Health Institutions（unit）	#医院及卫生院 Hospitals	床位（张）Beds（unit）	#医院及卫生院床位 Hospital Beds	卫生工作人员（人）Medical Personnel（person）	#卫生技术人员 Medical Technical Personnel
1978	6949	1968	90645	84120	159583	126606
1979	7304	1974	91955	85144	171703	136568
1980	7649	1988	92506	84999	181480	144537
1981	8045	2002	94794	87010	191370	151971
1982	8331	2014	97441	88688	202162	160710
1983	8443	2037	100042	90851	208506	166543
1984	8525	2042	103231	93770	213193	170495
1985	8479	1853	107702	98231	220593	175337
1986	8713	1860	110022	99632	225526	180045
1987	8705	1880	114773	104932	230444	184126
1988	8820	1906	119328	109280	234807	187307
1989	8948	1886	122055	111816	240581	192147
1990	8989	1885	124015	114056	244039	194771
1991	9032	1906	129774	119079	249717	199051
1992	8989	1943	135527	124835	257043	205110
1993	8572	2198	139812	129317	267432	211874
1994	8720	2231	144865	134334	277398	220153
1995	8848	2267	148825	137756	288715	229894
1996	8921	2319	151553	141221	196108	237623
1997	8942	2348	155313	144496	305562	245862
1998	8805	2373	158351	147604	313737	252213
1999	8699	2415	162398	151367	320432	258591
2000	8984	2426	168143	157164	327065	264990
2001	8636	2444	172735	162197	330418	268347
2002	15500	2444	180791	169259	325328	264667
2003	15409	2410	188543	172981	336175	273620
2004	15744	2391	200056	183107	348203	283351
2005	16318	2428	209741	192551	364520	297334

19-4 卫生事业机构、床位和人员数（2005 年）
Number of Health Institutions, Beds and Personnel (2005)

机构类别	Type of Institutions	机构（个）Number of Institutions (unit)	床位数（张）Beds (unit)	人员数（人）Personnel (person)	#卫生技术人员 Medical Technical Personnel	#执业（助理）医师 Certified (Assistant) Doctors
合计	**Total**	**16318**	**209741**	**364520**	**297334**	**118023**
医院	Hospitals	2428	192551	283595	229588	87330
# 卫生院	Health Centers	1463	39016	72242	60029	24123
疗养院	Sanatoriums	20	3286	1077	555	210
社区卫生服务中心	Community Health Service Centers	440	791	2102	1700	697
门诊部、所	Outpatient Departments and Clinics	12675	551	38117	35814	17409
# 诊所	Outpatient Departments	7355		15200	15200	7177
卫生所（医务室）	Clinics (Medical Stations)	3421		7708	7708	4417
社区卫生服务站	Community Health Service Stations	452		3021	3021	1152
急救中心（站）	Emergency Centers (Stations)	6		298	239	111
采供血机构	Blood Taking and Supply Agencies	44		1314	879	124
妇幼保健院（所、站）	Maternity and Children Care Centers	125	8781	16306	13250	5029
专科疾病防治院（所、站）	Specialized Prevention and Treatment Stations	157	2255	6075	4600	1970
疾病预防控制中心（防疫站）	Disease Prevention and Control Centers (Antiepidemic Stations)	134	21	9037	6576	3274
卫生监督所	Sanitation Supervision Stations	118		3458	2178	1136
卫生监督检验(监测、检测)所(站)	Sanitation Supervision Quarantine Stations					
医学科学研究机构	Research Institutions of Medical Science	20		182	94	47
医学在职培训机构	Medical On-the-job Training Institutions	12		396	197	70
健康教育所（站、中心）	Health Education Stations (Centers)	35		202	78	17
其他卫生机构	Other Health Agencies	104	1505	2361	1586	599
# 乡村医疗点	Rural Medical Stations	23763		2927		2927

注：从 2002 年开始，机构数中包含个体诊所机构数，但不含乡村医疗点机构数；人员数中未含乡村医疗点中的执业（助理）医师数。
Note: Since 2002, the number of institutions has included the number of individual clinics, but it excludes the number of rural medical stations. And the number of personnel includes the number of certified (assistant) doctors in rural medical stations.

19-5 各市卫生事业机构、床位和人员数（2005 年）
Number of Health Institutions, Beds and Personnel by City (2005)

市别	City	机构（个）Number of Institutions (unit)	#医院 Hospitals	床位数（张）Beds (unit)	#医院床位 Hospital Beds	卫生工作人员（人）Medical Personnel (person)	#卫生技术人员 Medical Technical Personnel	执业医师（人）Certified Doctors (person)
全省合计	**Provincial Total**	**16318**	**2428**	**209741**	**192551**	**364520**	**297334**	**118023**
广州	Guangzhou	2517	276	47940	42321	79414	64182	25852
深圳	Shenzhen	1484	102	16840	15615	31678	25754	11656
珠海	Zhuhai	429	44	4900	4312	8693	7449	3025
汕头	Shantou	729	76	8103	7597	15906	12954	5082
佛山	Foshan	970	89	17292	15828	25357	21566	8732
韶关	Shaoguan	747	188	9024	8390	14120	11378	4221
河源	Heyuan	348	123	4075	3696	9391	7929	2957
梅州	Meizhou	1446	190	8324	7411	17348	14284	5827
惠州	Huizhou	614	123	7960	7529	15002	12040	4619
汕尾	Shanwei	437	78	3911	3694	7917	6077	2547
东莞	Dongguan	377	54	11972	11688	15226	12945	5071
中山	Zhongshan	315	35	5531	5519	9955	8397	3340
江门	Jiangmen	1006	121	9617	8970	17297	14602	5672
阳江	Yangjiang	362	75	4473	4095	7992	6343	2365
湛江	Zhanjiang	935	166	13684	12693	22401	17499	6433
茂名	Maoming	578	145	10034	8874	15661	12908	4698
肇庆	Zhaoqing	711	144	7265	6652	14450	11479	4028
清远	Qingyuan	510	151	7032	6717	10749	8988	3328
潮州	Chaozhou	799	66	2378	2191	7636	6111	2737
揭阳	Jieyang	547	101	5925	5617	11448	8930	3811
云浮	Yunfu	457	81	3461	3142	6879	5519	2022

19-6 各类卫生事业机构、床位和人员数
Number of Health Institutions, Beds and Personnel by Type

指　　标	Item	1990	1995	2000	2004	2005
机构数　（个）	**Number of Institutions (unit)**	**8989**	**8848**	**8984**	**15744**	**16318**
医院	Hospitals	1885	2267	2426	2391	2428
# 卫生院	Health Centers	1331	1602	1680	1487	1463
门诊部（所）	Outpatient Departments	6353	5737	5710	12189	12675
专科防治院（所、站）	Specialized Prevention and Treatment Stations	152	165	158	155	157
卫生防疫机构	Sanitation and Antiepidemic Institutions	149	177	171	131	134
妇幼保健院（所、站）	Maternity and Children Care Centers	63	67	31	125	125
医学科学研究机构	Research Institutions of Medical Science	17	20	20	20	20
其他卫生机构	Other Health Care Institutions	370	415	468	733	779
床位数　（张）	**Number of Beds (unit)**	**124015**	**148825**	**168143**	**200056**	**209741**
人员数　（人）	**Number of Personnel (person)**	**244039**	**288715**	**327065**	**348203**	**364520**
卫生技术人员	Medical Technical Personnel	194771	229894	264990	283351	297334
# 医生	Doctors	81067	98877	111172	113266	118023
护师、护士	Senior and Junior Nurses	48454	64504	83198	92287	98791
其他技术人员	Other Technical Personnel	4065	6728	8910	15068	16596
管理人员	Managerial Personnel	18554	22944	24320	20921	21600
工勤人员	Logistics Personnel	26649	29149	28845	28863	28990

注：从2002年开始，机构数中包含个体诊所机构数，归入门诊部（所）统计；妇幼保健院归入妇幼保健机构统计；医生指执业（助理）医师；护师、士指注册护士。

Note: Since 2002, the number of institutions has included the number of individual clinics under the outpatient departments (clinics), the maternity and children care centers have been included in the number of maternity and children care institutions, the doctors have referred to the certified (assistant) doctors, and the senior and junior nurses have referred to registered nurses.

19-7 优抚、社会救济和福利事业情况
Statistics on Special Care, Social Relief and Welfare

项目	Item	1990	1995	2000	2004	2005
优抚事业	**Special Care**					
优抚收养性事业单位数 （个）	Number of Special Care Units (unit)	40	58	63	79	81
国家办	Run by Civil Administration Departments	31	38	51	79	81
集体办	Run by Collective Units	9	20	12	0	
优抚收养性单位收养人数 （人次）	Number of Persons Adopted by Special Care Units (person-time)	1556	1918	1785	2319	2600
国家办	Adopted by Civil Administration Departments	1515	1694	1761	2319	2600
集体办	Adopted by Collective Units	41	224	24	0	
优抚事业费用 （万元）	Expenses of Special Care (10000 yuan)	12250	30749	57759	101568	132738
民政部门支出	Expenses of Civil Administration Departments	5941	16003	31503	70240	132738
群众优待	Mass Special Care	6309	14746	26256	31328	
社会救济	**Social Relief**					
社会救济总人数 （万人）	Total Number under Social Relief (10000 persons)	541.00	337.80	154.70	224.40	262.28
#农村传统救济对象人数 （万人）	Number of People Receiving Traditional Social Relief in Rural Areas (10000 persons)	221.50	244.30	87.10	17.60	18.22
城乡居民最低生活保障人数 （万人）	Number of Urban and Rural Residents Receiving Minimum Income Relief (10000 persons)			38.00	116.30	167.59
城镇 （万人）	Urban Areas (10000 persons)			14.90	37.80	42.16
农村 （万人）	Rural Areas (10000 persons)			23.10	78.50	125.43
城乡居民最低生活保障家庭户数 （万户）	Number of Urban and Rural Households Receiving Minimum Income Relief (10000 households)			15.00	46.30	64.19
城镇 （万户）	Urban Areas (10000 households)			5.50	13.80	15.01
农村 （万户）	Rural Areas (10000 households)			9.50	32.50	49.18
城乡居民最低生活保障金支出 （万元）	Expenditures on Minimum Income Relief by Urban and Rural Residents (10000 yuan)			19334	63722	81255
城镇 （万元）	Urban Areas (10000 yuan)			11460	33364	39206
农村 （万元）	Rural Areas (10000 yuan)			7874	30358	42049
社会救济福利事业费 （万元）	Expenses on Social Relief and Welfare (10000 yuan)	6418	18975	61538	111249	120143
自然灾害救济费 （万元）	Relief Funds for Natural Calamities (10000 yuan)	2679	10356	8456	10110	35257
社会福利	**Social Welfare**					
社会福利收养性事业单位数（个）	Number of Social Welfare Institutions (unit)	1313	1887	2086	1979	2070
#国家办	Run by Civil Administration Departments	53	70	97	193	162
集体办	Run by Collective Units	1260	1817	1989	1806	1908
社会福利收养性事业单位收养人数 （人）	Number of People Taken in by Social Welfare Institutions (person)	21810	37364	51085	55287	63256
#国家办	Run by Civil Administration Departments	4312	6437	10660	16292	53093
集体办	Run by Collective Units	17498	30927	40425	39991	10163
社会福利企业单位 （个）	Number of Social Welfare Enterprises (unit)	1506	4440	517	284	251
安排“四残”人员就业数（人）	Number of “Four Kinds of Disabled Persons” Arranged for Employment (person)	13152	20365	8165	6641	6266
#国家办	Arranged by Civil Administration Departments	4649	5025	1891	993	2008
集体办	Arranged by Collective Units	8503	15340	6274	5147	4258
城乡基层社会保障	**Urban and Rural Social Security**					
农村建立社会保障网络乡镇数 （个）	Number of Townships with Rural Social Security Network (unit)	225	1223	1536	1302	1156
城镇社区服务设施数 （个）	Number of Urban Community Service Facilities (unit)	4985	2505	4983	7452	9044
#社区服务中心数 （个）	Community Service Centers (unit)			787	831	665

19-8 婚姻登记情况
Statistics on Marriage Registration

项目	Item	1990	1995	2000	2004	2005
国内结婚登记	**Domestic Marriage Registration**					
准予登记结婚（对）	Registered Marriages (couple)	491936	583852	550388	621269	589408
#恢复结婚	Resumption of Marriages	790	753	1515	1686	3421
初婚人数（人）	Number of First Marriages (person)	963070	1143110	1058051	1173540	1115700
再婚人数（人）	Number of Remarriages (person)	20802	24594	42725	50700	63116
男性	Male	10652	13682	25251	29494	37314
女性	Female	10150	10912	17474	21206	25802
晚婚率（%）	Late Marriage Rate (%)	68.3	71.3	73.22	68.45	
涉外结婚登记	**Marriage Registration with Foreigners, Overseas Chinese and Citizens of Hong Kong, Macao and Taiwan**					
准予登记结婚（对）	Registered Marriages (couple)	14661	12837	11730	9149	10905
准予登记结婚人数（人）	Number of Persons Registered (person)	29322	25674	23460	18298	21810
国内公民	Domestic Citizens	14660	12837	11608	9055	10901
男性	Male	1005	1272	1932	1749	4851
女性	Female	13655	11565	9676	7306	6050
港澳同胞	Compatriots from Hong Kong and Macao	10730	8060	5247	3273	4698
台湾同胞	Compatriots from Taiwan	63	652	1409	949	1172
华侨	Overseas Chinese	2224	2032	1848	1540	1584
外国人	Foreigners	1645	2093	3348	3481	3455
离婚	**Divorce**					
离婚总数（对）	Total Number of Registered Divorces (couple)	25882	34175	47521	72775	80873
民政部门办理离婚	Divorces Handled through Civil Administration Departments	8695	13181	19786	48903	58589
#涉外、华侨、港澳台婚姻	Divorces from Foreigners, Overseas Chinese and Citizens of Hong Kong, Macao and Taiwan	248	299	249	578	1165
法院调解离婚	Divorces through Law Court Mediation	12301	13101	15973	12295	11834
法院判决离婚	Divorces through Law Court Judgment	4886	7893	11762	10999	10450

19-9 环境保护基本情况
Basic Statistics on Environmental Protection

项　　目	Item	1990	1995	2000	2004	2005
废水	**Waste Water**					
废水排放总量　（万吨）	Total Volume of Waste Water Discharged (10000 tons)	251262	381657	447543	541717	638403
#生活污水	Living Waste Water	111012	212369	333488	376989	406835
工业废水	Industrial Waste Water	140250	160979	114055	164728	231568
废水中 COD 排放量（万吨）	Volume of COD Discharged from Waste Water (10000 tons)	69. 50	112. 36	95. 12	92. 70	105. 80
废水中氨氮排放量（万吨）	Volume of Ammonia and Nitrogen Discharged from Waste Water (10000 tons)				8. 67	10. 00
城镇生活污水处理率（%）	Percentage of Treatment of Urban Living Waste Water (%)				35. 7	40. 2
工业废水排放达标率（%）	Percentage of Industrial Waste Water up to the Discharge Standards (%)	47. 1	56. 3	81. 8	83. 9	83. 9
废气	**Waste Gas**					
工业废气排放总量（亿标立米）	Total Volume of Industrial Waste Gas Emission (100 million m^3)	3588	8510	8326	12543	13447
燃烧废气	From the Burning Process of Fuels	1938	4570	5169	7805	9213
工艺废气	From the Process of Production	1650	3940	3157	4738	4234
二氧化硫排放总量（万吨）	Total Volume of Industrial Sulfur Dioxide Emission (10000 tons)	39. 64	75. 31	90. 47	114. 79	129. 4
#工业二氧化硫	Volume of Industrial Sulfur Dioxide Emission	39. 64	74. 10	88. 16	112. 76	127. 4
工业二氧化硫去除量（万吨）	Volume of Industrial Sulfur Dioxide Removed (10000 tons)				19. 4	25. 5
工业二氧化硫排放达标率（%）	Percentage of Industrial Sulfur Dioxide up to the Discharge Standards (%)				74. 6	
工业烟尘排放量　（万吨）	Volume of Industrial Soot Emission (10000 tons)	21. 96	57. 70	26. 45	25. 23	27. 10
工业烟尘去除量　（万吨）	Volume of Industrial Soot Removed (10000 tons)	186. 98	444. 32	570. 43	935. 32	727. 00
工业烟尘去除率　（%）	Percentage of Industrial Soot Removed (%)	89. 5	88. 5	97. 4	97. 4	96. 4
工业烟尘排放达标率（%）	Percentage of Industrial Soot Emission up to the Discharge Standards (%)				76. 0	76. 9
工业粉尘去除量　（万吨）	Volume of Industrial Dust Removed (10000 tons)	126. 17	229. 93	251. 77	255. 04	242. 60
工业粉尘排放量　（万吨）	Volume of Industrial Dust Emission (10000 tons)	41. 72	140. 50	59. 07	39. 36	32. 10
工业粉尘排放达标率（%）	Percentage of Industrial Dust Emission up to the Discharge Standards (%)				76. 0	71. 3
工业粉尘去除率　（%）	Percentage of Industrial Dust Removed (%)			89. 0	98. 5	88. 3
工业固体废物	**Industrial Solid Wastes**					
固体废物产生量　（万吨）	Volume of Industrial Solid Wastes Produced (10000 tons)	1678. 00	2209. 00	1694. 33	2609. 20	2896. 20
固体废物排放量　（万吨）	Volume of Industrial Solid Wastes Discharged (10000 tons)	74. 00	12. 60	11. 70	15. 90	13. 90
固体废物贮存量　（万吨）	Volume of Industrial Solid Wastes Accumulated (10000 tons)			360. 40	228. 47	376. 70
固体废物综合利用率（%）	Percentage of Wastes Utilized in a Comprehensive Way (%)	33. 7	49. 5	68. 5	80. 3	76. 7
工业"三废"综合利用	**Comprehensive Utilization of Industrial Waste Water, Waste Gas and Solid Wastes**					
综合利用产品产值（万元）	Output Value of Products Made from Comprehensive Utilization of Waste Gas, Waste Water and Solid Wastes (10000 yuan)	31624	129418	161400	304539	365616
综合利用利润　（万元）	Profits Obtained from Comprehensive Utilization of Waste Water, Waste Gas and Solid Wastes (10000 yuan)	7762	25000	23200		

19-9 续表 continued

项目	Item	1990	1995	2000	2004	2005
工业“三废”治理设施	**Number of Facilities for Treatment of Industrial Waste Water, Waste Gas and Solid Wastes**					
工业废水处理设施总数 （套）	Number of Facilities for Treatment of Waste Water (set)	3336	10347	7273	7206	5971
工业废水治理设施总投资（万元）	Total Investment in Facilities for Treatment of Waste water (10000 yuan)	80183	357613	784200		
工业废气治理设施总数 （套）	Number of Facilities for Treatment of Waste Gas (set)	5766	10669	10901	10128	7872
工业废气治理设施总投资（万元）	Total Investment in Facilities for Treatment of Waste Gas (10000 yuan)	45450	179568	527000		
企事业单位污染治理	**Pollution Treated by Enterprises and Institutions**					
污染治理资金 （万元）	Funds for Pollution Treatment (10000 yuan)	18331	30007	167707	260626	370383.7
国家预算内资金	Government Budgetary Funds				349	80.8
综合利用利润留成	Profits Obtained from Comprehensive Utilization of Waste Water, Waste Gas and Solid Wastes	302	693	7823		
环境保护补助	Subsidies for Environmental Protection	4789	246	5499	3593	7947.3
其他资金	Other Funds	7905	20473	152190	256685	362355.6
当年安排治理项目 （个）	Number of Projects for Pollution Treatment in Current Year (unit)	1108	665	2543	1347	1327
当年竣工项目数 （个）	Number of Projects Completed in Current Year (unit)	1110	861	1438	1248	1071
自然保护区情况	**Natural Reserves**					
自然保护区数 （个）	Number of Natural Reserves (unit)	42	32	153	223	293
自然保护区面积 （万公顷）	Area of Natural Reserves (10000 hectares)	10.6	41.1	299.5	347.2	333.7
环境管理	**Environmental Management**					
环保投资占GDP比重 （%）	Percentage of Investment in Environmental Protection to GDP (%)	0.37	0.64	1.96	2.71	2.5
当年制定环保法规及标准（件）	Number of Environment Protection Laws, Regulations, Standards Drawn up in Current Year (case)	5	1	4	2	1
当年排污收费总额 （万元）	Total Fees for Discharging Waste and Fines for Pollution in Current Year (10000 yuan)	9786	45953	60191	74002	98077
环境影响评价制度执行率（%）	Percentage of Implementation of the Evaluation Program on Impact of Projects in Question against Environment (%)		87.9	98.9	99.9	99.8
当年“三同时”执行合格率（%）	Percentage of Implementation of Design, Construction and Operation of Environment Protection Facilities While Projects are Conducted in Current Year (%)				97.1	95.5
建成生态示范区总数 （个）	Number of Ecological Demonstration Zones Completed (unit)			6	165	189
建成生态示范区面积（万公顷）	Areas of Ecological Demonstration Zones Completed (10000 hectares)			177.8	326.5	335.6
建成烟尘控制区总数 （个）	Number of Soot Control Regions Completed (unit)		190	94	175	
建成烟尘控制区面积（平方公里）	Area of Soot Control Regions Completed (sq. km)		805	2526	3257	
建成噪声达标区总数 （个）	Number of Noise Control Regions up to the Standards (unit)		81	126	235	
建成噪声达标区面积（平方公里）	Area of Noise Control Regions up to the Standards (sq. km)		234	1049	1740	
环保系统自身建设情况	**Statistics on Environmental Protection Agencies**					
年末机构数 （个）	Number of Agencies at the Year-end (unit)	333	461	1006	1125	1024
环境监测站数 （个）	Number of Environmental Monitoring Stations (unit)		111	121	123	120
年末实有人数 （人）	Number of Personnel at the Year-end (person)	3337	5286	6313	9418	9748

注：1997年以来部分指标的统计范围只包括部分乡镇企业。
Note: The figures of some indicators have only included part of the township enterprises since 1997.

19-10 各市"三废"排放及治理情况(2005年)
Statistics on Discharge and Treatment of Waste Water, Waste Gas and Solid Wastes by City (2005)

市别 City		废水排放总量(万吨) Total Volume of Waste Water Discharged (10000 tons)	#工业废水 Industrial Waste Water	工业废水达标率(%) Percentage of Industrial Waste Water up to the Discharge Standards(%)	工业废气排放总量(亿标立米) Total Volume of Industrial Waste Gas Emission (100million m³)	二氧化硫排放总量(万吨) Total Volume of Sulphur Dioxide Emission (10000 tons)	#工业二氧化硫 Industrial Sulphur Dioxide	工业二氧化硫达标率(%) Percentage of Sulphur Dioxide up to the Emission Standards(%)	工业烟尘排放量(万吨) Volume of Industrial Soot Emission (10000 tons)
广州	Guangzhou	125837	20249	93.7	2342	14.9	14.5	94.1	1.6
深圳	Shenzhen	70245	6444	96.8	1390	4.3	4.3	99.7	0.6
珠海	Zhuhai	13873	2824	96.7	656	3.8	3.7	98.9	0.4
汕头	Shantou	18348	5401	96.6	298	2.7	2.6	96.0	0.5
佛山	Foshan	47272	24937	96.1	1481	14.9	14.9	83.7	2.1
韶关	Shaoguan	22056	15151	80.0	1031	6.0	6.0	28.1	1.6
河源	Heyuan	9028	2651	84.8	100	0.6	0.5	64.5	0.9
梅州	Meizhou	10512	3702	71.5	511	2.6	2.6	72.5	0.8
惠州	Huizhou	13774	4359	95.6	271	1.1	0.7	93.8	0.1
汕尾	Shanwei	8394	3561	61.0	2	0.2	0.2	0	0
东莞	Dongguan	69049	21355	92.1	1695	17.7	17.5	97.2	2.9
中山	Zhongshan	19397	8410	95.1	254	3.2	3.2	89.9	0.6
江门	Jiangmen	26282	11993	92.1	632	3.7	3.7	90.8	1.7
阳江	Yangjiang	6524	1531	61.8	78	0.5	0.5	68.7	0.2
湛江	Zhanjiang	19902	6716	74.3	500	4.8	4.7	82.2	1.3
茂名	Maoming	17150	7700	85.6	440	4.0	3.9	87.6	1.2
肇庆	Zhaoqing	14808	7239	96.1	222	2.6	2.3	89.2	0.9
清远	Qingyuan	13829	3680	86.5	709	2.3	2.2	80.0	0.7
潮州	Chaozhou	7105	1924	66.2	32	0.4	0.4	71.3	0.1
揭阳	Jieyang	14455	2113	78.2	35	0.2	0.2	65.5	0.1
云浮	Yunfu	7990	3624	71.2	767	2.4	2.3	92.7	0.4

市别 City		工业烟尘去除率(%) Percentage of Industrial Soot Removed (%)	工业烟尘排放达标率(%) Percentage of Industrial Soot Emission up to the Discharge Standards (%)	工业粉尘排放量(吨) Volume of Industrial Dust Emission (ton)	工业粉尘排放达标率(%) Percentage of Industrial Dust Emission (%)	工业固体废物排放量(万吨) Volumeof Industrial Solid Wastes Discharged (10000 tons)	工业固体废物利用率(%) Percentage of Industrial Solid Wastes Utilized (%)	工业固体废物处置率(%) Percentage of Industrial Solid Wastes Disposed (%)
广州	Guangzhou	98.7	82.2	5112	95.6	0.2	91.2	8.2
深圳	Shenzhen	98.3	99.4	101	99.0	0.1	83.4	15.3
珠海	Zhuhai	98.8	96.5	295	99.8	0.1	89.1	24.5
汕头	Shantou	98.4	97.9	21	100.0	0	92.8	7.1
佛山	Foshan	96.1	94.8	6205	91.3	0.2	98.4	1.4
韶关	Shaoguan	98.7	52.1	42178	76.1	3.3	71.2	16.1
河源	Heyuan	38.9	55.4	3870	82.8	1.7	79.3	17.2
梅州	Meizhou	97.1	74.3	74047	65.9	0	79.1	20.9
惠州	Huizhou	96.1	94.3	1424	93.4	0.1	51.2	47.9
汕尾	Shanwei	92.7	28.1	0		0.1	88.4	10.7
东莞	Dongguan	95.5	98.9	714	100.0	0.5	86.5	4.3
中山	Zhongshan	81.3	92.9	40	95.0	0	87.6	12.3
江门	Jiangmen	96.9	75.7	17062	93.5	0.4	83.5	16.2
阳江	Yangjiang	54.3	4.3	3360	0	1.1	96.7	0.8
湛江	Zhanjiang	97.9	82.0	8672	68.7	1.1	90.8	8.5
茂名	Maoming	54.7	79.4	7048	85.1	0.3	93.0	5.4
肇庆	Zhaoqing	68.9	91.8	18359	91.3	0.1	35.3	63.2
清远	Qingyuan	98.8	74.4	19416	74.2	3.6	69.8	5.2
潮州	Chaozhou	59.6	67.7	73	100.0	0.2	85.2	8.2
揭阳	Jieyang	85.8	76.1	9	94.4	0.2	90.3	5.3
云浮	Yunfu	99.2	88.1	12391	64.5	0.4	61.6	38.2

注：废水排放总量、工业废水排放量等绝对数指标的全省总数在统计时做了修正，故分市合计数与之略有出入。

Note: Some indicators such as total volume of waste water and volume of industrial waste water discharged have been revised, so the provincial total may be unequal to the sum of cities.

19-11 律师、公证、基层司法及法学教育基本情况

Basic Statistics on Lawyers, Notarization, Basic Level Judicial Work and Law Education

项 目		Item		1990	1995	2000	2004	2005
律师工作		**Lawyers**						
律师事务所	（个）	Number of Law Offices	(unit)	236	564	822	1061	1107
执业律师	（人）	Number of Full-time Lawyers	(person)	3264	5692	7292	11081	12020
担任常年法律顾问	（家）	Number of Units with Permanent Legal Advisors	(unit)	7774	16414	15759	17437	19137
民事代理	（件）	Agent of Civil Cases	(case)	22203	17460	29769	55781	68621
非诉讼法律事务	（件）	Agent of Non-litigious Legal Affairs	(case)	16066	33579	50795	145652	183082
刑事辩护	（件）	Defender of Criminal Cases	(case)	11647	8755	13364	16703	23409
涉外法律事务	（件）	Agent of Foreign-related Legal Affairs	(case)	4217	4515	6541	14765	13907
# 涉外及港澳台经济法律事务		Agent of Foreign-related and Hong Kong, Macao and Taiwan Related Economic Legal Affairs		936	312	725	2546	2640
解答法律询问	（件）	Agent of Legal Advisory Services	(case)	104735	74691	101104	107622	197069
公证工作		**Notarization**						
公证处	（个）	Number of Notary Offices	(unit)	135	142	146	145	145
公证人员	（人）	Number of Notarial Personnel	(person)	909	1210	1380	1300	1527
办结公证总数	（件）	Number of Notarized Documents	(case)	610101	705022	1189475	1081210	2017640
# 国内民事公证		Domestic Civil Case Notarization		163511	209053	326921	321962	336540
国内经济公证		Domestic Economic Notarization		109008	192569	373505	361745	291932
涉外及港澳台民事经济公证		Foreign-related and Hong Kong, Macao and Taiwan Related Civil Economic Notarization		337582	303400	489049	397503	333682
协助调入非贸易外汇	（万元）	Assisting to Transfer Non-trade Foreign Exchange in	(10000 yuan)	4385	12834	5599. 1	2872	
基层司法工作		**Grassroots Judicial Work**						
法律服务所	（个）	Number of Law Services	(unit)	1816	1899	1916	1387	1357
法律服务所人员	（人）	Number of Law Service Personnel	(person)	5553	5974	5992	4304	3869
担任法律顾问	（家）	Number of Units with Legal Advisors	(unit)	12945	30292	28723	22365	17694
民事诉讼代理	（件）	Agent of Civil Cases	(case)	6137	12444	16668	15376	11793
非诉讼代理	（件）	Agent of Non-litigious Legal Affairs	(case)	62436	80212	66132	36327	30694
避免、挽回经济损失	（万元）	Avoiding and Retrieving Economic Losses	(10000 yuan)	15233	106835	139935	89954. 1	69136. 13
人民调解委员会	（个）	Number of People's Mediation Committees	(unit)	32076	31811	29548	29494	28923
调解人员	（人）	Number of Mediators	(person)	219082	285288	250117	180154	163459
调解纠纷总数	（件）	Number of Disputes Mediated	(case)	184231	170165	136598	134836	169991
法学教育	**（人）**	**Law Education**	**(person)**					
普通成人高等法学教育		Regular Higher Law Education for Adults						
招生数		Number of New Entrants		3747	4698	5184	2431	1860
在校生数		Number of Enrolled Students		9746	11445	12442	5569	4623
毕业生数		Number of Graduates		919	1306	1350	435	1271
普通成人中等法学教育		Regular Secondary Law Education for Adults						
招生数		Number of New Entrants		855	2110	1940	2138	2083
在校生数		Number of Enrolled Students		2475	5127	5691	7136	6227
毕业生数		Number of Graduates		2065	1054	1780	2200	2043

19-12 交通事故发生情况（2005年）
Statistics on Traffic Accidents (2005)

项目	Item	合计 Total	按事故发生程度分 By Serious Degree of Traffic			按事故发生地区分 By Place of Traffic Accidents	
			特大 Extra-ordinarily Serious	重大 Serious	一般 Ordinary	城市 City	郊区、县 Suburb, County
发生（起）	Number of Traffic Accidents (case)	67756	4	153	67599	33172	34584
死亡（人）	Number of Deaths (person)	9959	70	555	9334	3065	6894
受伤（人）	Number of Injuries (person)	77591	84	433	77074	37293	40298
损失折款（万元）	Losses Converted into Cash (10000 yuan)	20882. 8	119	673. 15	20090. 65	7629. 97	13252. 82
平均每起事故损失（元）	Average Loss per Traffic Accidents (yuan)	3082	297500	43997	2972	2300	3832

19-13 火灾事故发生情况（2005年）
Statistics on Fires (2005)

项目	Item	合计 Total	特大 Extraordinarily Serious	重大 Serious	一般 Ordinary
发生（起）	Number of Traffic Accidents (case)	3176	4	35	3137
死亡（人）	Number of Deaths (person)	298	58	63	177
受伤（人）	Number of Injuries (person)	350	40	20	290
损失折款（万元）	Losses Converted into Cash (10000 yuan)	7628. 6	1150. 3	1117. 2	5361. 1
平均每起事故损失（元）	Average Loss per Traffic Accidents (yuan)	24020	2875750	319200	17090

主要统计指标解释

卫生技术人员　指卫生事业机构支付工资的全部固定职工和合同制职工，现任职务为卫生技术工作的专业人员。包括中医师、西医师、中西医结合高级医师、护师、中药师、西药师、检验师、其他技师、中医士、西医士、护士、助产士、中药剂士、西药剂士、检验士、其他技士、其他中医、护理员、中药剂员、西药剂员、检验员，其他初级卫生技术人员。

医生　指经卫生部门审查合格，具有执业资格的医疗专业人员。

社会福利事业单位　指集中收养社会孤、老、残、幼的机构，包括由民政部门管理的社会福利院、儿童福利院、精神病人福利院和城镇集体办的福利院、以及农村集体举办的敬老院。

社会福利事业单位收养人数　包括民政部门管理的和城镇及农村集体举办的社会福利事业单位中收养的老人、少年儿童、缺乏生活自理能力的残疾人员和精神病人。

律师　指受聘参加法律顾问处工作，提任法律顾问、刑（民）事代理人、刑事辩护人，办理非诉讼事件、解答法律询问，代写法律事务文书等主要从事律师事务的司法人员。

公证人员　指在国家公证机关依法办理公证事务的司法人员。包括公证员、助理公证员和在公证处工作的其他人员。

办理公证文书　指公证处在一定时期内办结的公证文书件数。公证文书是按司法部规定或批准的格式制作。包括国内公证和涉外公证两部分。其中国内公证分为经济合同公证和民事法律关系公证两大类。

调解人员　在人民调解委员会担负调解民间一般民事纠纷和轻微违法行为所引起的纠纷的工作人员。包括调解委员会的委员和调解小组的调解员。

调解民间纠纷　指调解委员会依照法律规定，根据自愿原则，用说服教育的方法调解民间发生的有关民事权利和义务的争执，促成当事双方达到协议和谅解，解决纠纷。包括婚烟家庭纠纷，财产权益纠纷等，不包括法院受理调解的民事案件数。

废水排放总量　包括生产废水和生活污水。生产废水指企、事业单位在生产、科研过程中所有排放口向外环境排放的废水量总和。生活污水指城镇居民区和企、事业单位职工集中居住区排放的污水量。

工业废水排放总量　指经过工业企业厂区所有排放口排到企业外部的工业废水量。包括外排的直接冷却水、超标排放的矿井地下水和与工业废水混排的厂区生活污水，不包括外排的间接冷却水（清污不分流的间接冷却水应计算在内）。

废气排放总量　指燃料燃烧和生产工艺过程中排放的各种废气总量，以标准状态下每年万标立方米表示。

燃料燃烧过程废气排放量　指燃煤、燃油、燃气锅炉、锻造加热炉、退火炉和其它工业炉窑在燃烧过程（燃料和物料不混合的纯加热过程）中所排废气的总量。它可以根据烟气计算公式或经验计算公式求得。

工业粉尘排放量　指工业企业在生产工艺过程中排入的固体微粒总重量。如钢铁企业的耐 火材料粉尘、焦化企业的筛焦系统粉尘、烧结机的粉尘、石灰窑的粉尘、建材企业的水泥粉尘等。不包括电厂排入大气的烟尘。

工业固体废物产生量　指工业企业在生产过程中产生的固体状、半固体状和高浓度液体状废弃物的总量，包括冶炼废渣、粉煤灰、炉渣、煤矸石、化工废渣、尾矿、放射性废渣和其它废渣等；不包括矿山开采的剥离废石和掘进废石（煤矸石和呈酸性或碱性的废石除外）。酸性或碱性废石是指采掘的废石其流经水、雨淋水 PH 值小于 4 或 PH 值大于 10. 5 者。

工业固体废物综合利用量　指已用作农业肥料、造田、生产建筑材料、筑路以及其它方式综合利用的固体废物量（包括当年利用往年的工业固体废物堆存量）。综合利用量由原产固体废物的单位统计。

“三废”综合利用产品产值　指工业企业回收利用" 三废" 作为主要原料生产的产品值。按国发（1985）117 号文规定执行。

Explanatory Notes on Main Statistical Indicators

Medical Technical Personnel refer to all permanent medical staff and workers employed by medical institutions, including doctors of Chinese and Western medicine, senior doctors who integrate traditional Chinese therapeutics with Western therapeutics in practice, senior nurses, pharmacists of Chinese and Western medicine, laboratory specialists, other specialists, paramedics of Chinese and Western medicine, nurses, midwives, druggists in Chinese and Western medicine, laboratory technicians, other technicians, other practitioners of Chinese medicine, nursing attendants, pharmacological workers of Chinese and Western medicine, laboratory workers, and other primary medical personnel.

Doctors refer to qualified professional medical workers approved to practice by public health departments.

Social Welfare Institutions refer to institutions taking care of old people without children, handicapped people and orphans. They include social welfare institutions run by civil affairs departments, children's welfare institutions, social welfare institutions for mental patients, and collective owned old People's homes in rural areas.

Number of People Taken in by Social Welfare Institutions refers to the number of old people, children, totally dependent handicapped people and mental patients taken in by social welfare institutions run by civil affairs departments and those run by collective units in urban and rural areas.

Lawyers refer to legal workers who are employed full-time by legal counseling firms to act as legal advisers, agents in criminal or civil lawsuits, or defenders in criminal lawsuits, or to handle non-litigious legal affairs, to advise on matters of law or to write legal papers for others. Both full-time and part-time lawyers are included.

Notary Personnel refer to judicial workers of the state notary offices handling notarization work according to law. They include notaries, assistant notaries, and other people working for notary offices.

Notarized Documents refer to the documents settled by notary offices in a year. The notarial documents are drawn up in accordance with the regulations of the Ministry of Justice, including domestic documents and foreign-related documents. Domestic documents are divided into two major categories: documents on economic contracts and documents on civil legal relations.

Mediators refer to workers on People's mediation committees responsible for mediating in civil disputes and cases of slight infraction of the law. They include members of the mediation committees and mediators of mediation groups.

Mediation of Civil Disputes refers to mediation committees' work in mediating in civil disputes concerning civil rights and duties through persuasion and education in accordance with the provisions of law on a voluntary basis, so as to solve disputes by helping the parties involved come to an agreement and understanding. These disputes include divorce cases and disputes over property ownership, but exclude the civil cases to be handled by the court.

Total Volume of Waste Water Discharged includes the volume of production waste water and domestic sewage. The production waste water refer to the total waste water discharged in the process of production and scientific research by enterprises and institutions, through all outlets to the outside environment. The domestic sewage refers to the sewage volume discharged in the urban residential are as and the residential areas of staff and workers of enterprises and institutions.

Total Volume of Industrial Waste Water Discharged refers to the volume of industrial waste water discharged, through all outlets to the outside of industrial enterprises, including waste water produced, direct cooling water, underground water from mines that does not meet the standard of discharge, and the domestic sewage mixed up with industrial waste water when discharged, but excluding discharged indirect cooling water.

Total Volume of Waste Gas Emission refers to waste gas emitted from burning of fuels and from production process, and is measured by 10, 000 standard cubic meters each year under normal condition.

Volume of Waste Gas Emission from Burning of Fuels refers to the total volume of waste gas emitted from burning of fuels (the pure heating process not mixed with materials), such as burning of coal, burning of oil, gas fired boiler, drying furnace, forge furnace, annealing furnace and other industrial furnaces. It can be calculated with gas smoke formula and empirical formula.

Industrial Dust Discharged refers to the total weight of solid dust discharged by industrial enterprises in the production process, such as dust of refractory materials from iron plants, dust from coke screening system or from sintering machines of coking plants, dust from lime kilns, cement dust from building material of enterprises, etc., but excluding smoke and dust discharged by power plants.

Volume of Industrial Solid Wastes Produced refers to the total volume of solid, semi-solid of high concentration liquid residues produced by industrial enterprises in their production process, including dangerous wastes, residues from melting, slag, powdered coal ash, gangue, chemical residues, tailings, radioactive residues and other residues, but excluding stripped or dug stones in mining (except gangue and acid or alkali stones which are stones washed or soaked by water with a PH value smaller than 4 or larger than 105).

Volume of Industrial Solid Wastes Utilized in a Comprehensive Way refers to the volume of solid wastes utilized in a comprehensive way, such as the solid wastes utilized as fertilizers, building materials, for building up fields and making roads or for other purposes (including the volume of industrial solid wastes stored up in the previous years and utilized in the current year). Statistical data on utilization of industrial solid wastes are collected by solid wastes producing units.

Output Value of Products Created from Utilization of Waste Gas, Waste Water and Industrial Solid Wastes refers to the value of products created by industrial enterprises using recovered waste water, waste gas or solid wastes as ma in raw materials, in accordance with No. 117 Document (1985).

二十、经济地带

20

SPECIAL ECONOMIC REGIONS

二十　经济地带

简要说明

一、本篇主要反映广东境内主要经济区域社会经济发展的基本情况，内容主要包括：珠江三角洲经济区、广州和深圳、山区县、东西两翼以及少数民族县等经济区域的主要统计指标数据。

二、本篇资料分别由广东省统计局综合处和工业交通处负责整理、编辑。

三、本篇资料根据国家统计局制定的各有关专业统计报表制度，由全省 21 个地级市统计局填报汇总而成。

四、本篇各项指标数据为各经济地带汇总数，由于各市汇总数不等于全省数，因此仅适合反映该地区发展变化情况。

20 Special Economic Regions

Brief Introduction

Ⅰ. The data in this chapter mainly reflect the basic conditions of social and economic development of main economic regions in Guangdong, including the main indicators of the Pearl River Delta Economic Zone, Guangzhou, Shenzhen, counties in mountainous areas, east and west wings and minority nationality counties.

Ⅱ. The data in this chapter are prepared by the Division of Comprehensive Statistics and the Division of Industry and Transport Statistics of Guangdong Provincial Bureau of Statistics.

Ⅲ. Data sources:

The data in this chapter are tabulated and reported by the twenty-one prefectural statistical bureaus of Guangdong Province in accordance with the various annual statistical reporting schemes stipulated by the National Bureau of Statistics.

Ⅳ. The total output values of each economic region in this chapter only show its own development and changes because the total figures of these cities are not equal to the sum of the whole province.

20-1 珠江三角洲经济区主要经济指标
Main Economic Indicators of the Pearl River Delta Economic Zone

指 标		Item		2004	2005	2005 比 2004 增长% Growth Rate in 2005 over 2004
人口、土地面积和从业人数		**Population, Total Land Area and Employment**				
年末户籍总人口	（万人）	Total Year-end Population with Residence Registration	（10000 persons）	2451. 34	2498. 88	1. 9
农业人口	（万人）	Agricultural Population	（10000 persons）	687. 33	611. 24	-11. 1
土地面积	（平方公里）	Land Area	（sq. km）	41698	41698	0. 0
常用耕地面积	（公顷）	Area of Regularly Cultivated Land	（ha.）	548870	542114	-1. 2
年末从业人员数	（万人）	Number of Employed Persons at the Year-end	（10000 persons）		2684. 22	
乡村从业人员	（万人）	Number of Employed Persons in Rural Areas	（10000 persons）	880. 94	981. 30	11. 4
职工人数	（万人）	Number of Staff and Workers	（10000 persons）	544. 01	613. 26	12. 7
经济总量指标		**Aggregate Indicators on Economy**				
地区生产总值	（亿元）	Gross Domestic Product	（100 million yuan）	15337. 34	18059. 38	15. 8
第一产业		Primary Industry		489. 42	498. 84	3. 1
第二产业		Secondary Industry		7629. 81	9196. 01	18. 3
#工业		Industry		7059. 51	8593. 15	19. 1
第三产业		Tertiary Industry		7218. 11	8364. 53	13. 7
人均生产总值	（元）	Per Capita Gross Domestic Product	（yuan）	36260	41990	13. 9
运输、邮电		**Transportation, Postal and Telecommunication Services**				
公路通车里程	（公里）	Total Length of Highways in Operation	（km）	31582	32312	2. 3
邮电业务总量（2000 年不变价）	（亿元）	Total Business Volume of Postal and Telecommunication Services（at 2000 constant prices）	（100 million yuan）	992. 15	1027. 48	3. 6
本地电话年末用户	（万户）	Number of Year-end Subscribers of Local Telephones	（10000 subscribers）	1915. 25	2355. 10	23. 0
移动电话年末用户	（万户）	Number of Year-end Subscribers of Mobile Telephones	（10000 subscribers）	4502. 45	5317. 71	18. 1
全社会固定资产投资额	**（亿元）**	**Total Amount of Investment in Fixed Assets**	**（100 million yuan）**		**5296. 80**	
基本建设投资		Investment in Capital Construction			2787. 87	
更新改造投资		Investment in Innovation			567. 22	
房地产开发投资		Investment in Real Estate Development			1446. 73	
社会消费品零售总额	**（亿元）**	**Total Amount of Retail Sales of Consumer Goods**	**（100 million yuan）**		**5630. 46**	
对外经济贸易		**Foreign Trade**				
外贸出口总额	（亿美元）	Total Amount of Exports	（USD 100 million）	1818. 45	2271. 22	24. 9
实际外商直接投资额	（亿美元）	Foreign Capitals Actually Utilized	（USD 100 million）	110. 66	115. 09	4. 0
财政、金融		**Government Finance and Banking**				
地方财政一般预算收入	（亿元）	Local Government Budgetary Revenue	（100 million yuan）	931. 96	1211. 47	30. 0
地方财政一般预算支出	（亿元）	Local Government Budgetary Expenditure	（100 million yuan）	1209. 96	1547. 29	27. 9
城乡居民储蓄存款年末余额	（亿元）	Savings Deposits by Urban and Rural Residents at the Year-end	（100 million yuan）	12679. 98	15154. 87	19. 5

注：1. 珠江三角洲经济区包括 13 个市、县（区）：广州、深圳、珠海、佛山、江门、东莞、中山、惠州市区、惠东县、博罗县、肇庆市区、高要市、四会市。
2. 表中数据按各地级市统计局上报数汇总。
3. 本表地区生产总值绝对数按当年价格计算，增长速度按可比价格计算。
4. 表中 2004 年地区生产总值按 2004 年全国经济普查口径作了调整。

Note: a) Note: a) The Pearl River Delta Economic Zone covers the areas of 13 cities and counties (districts), including Guangzhou, Shenzhen, Zhuhai, Foshan, Jiangmen, Dongguan, Zhongshan, urban districts of Huizhou, Huidong County, Boluo County, urban districts of Zhaoqing, Gaoyao County-level City and Sihui County-level City.
b) Data in this table are tabulated with the figures reported by the prefectual bureaus of statistics.
c) The figures in value terms on GDP are calculated at current prices, whereas the growth rates are calculated at comparable prices.
d) Data of 2004 on GDP in this table have been adjusted in accordance with the statistical coverage of the 2004 National Economic Census.

20-2 珠江三角洲经济区工业企业主要指标（2005 年）

单位：亿元

项 目	Item	企业单位数（个） Number of Enterprises (unit)	#亏损企业 Loss-making Enterprises
总 计	**Total**	**28239**	**6127**
按经济类型分	Grouped by Ownership		
在总计中：国有及国有控股经济	Of the Total：State-owned and State-controlled Economy	1047	318
国有经济	State-owned Economy	443	149
集体经济	Collective-owned Economy	964	186
股份合作经济	Share-holding Cooperative Economy	203	31
股份制经济	Share-holding Economy	9813	1494
外商投资经济	Foreign Funded Economy	3931	1122
港澳台投资经济	Economy with Funds from Hong Kong，Macao and Taiwan	9810	2872
按轻重工业分	Grouped by Light and Heavy Industry		
轻工业	Light Industry	15792	3472
重工业	Heavy Industry	12447	2655
按企业规模分	Grouped by Size of Enterprises		
大型企业	Large	268	27
中型企业	Medium	3620	625
小型企业	Small	24351	5475
按行业分	Grouped by Sector		
煤炭开采和洗选业	Mining and Washing of Coal		
石油和天然气开采业	Extraction of Petroleum and Natural Gas	3	
黑色金属矿采选业	Mining and Dressing of Ferrous Metal Ores	3	
有色金属矿采选业	Mining and Dressing of Nonferrous Metals Ores	2	
非金属矿采选业	Mining and Dressing of Nonmetal Ores	88	13
农副食品加工业	Processing of Farm and Sideline Food	376	95
食品制造业	Manufacture of Food	396	88
饮料制造业	Manufacture of Beverage	116	30
烟草制品业	Tobacco Products	5	2
纺织业	Textile Industry	1639	342
纺织服装、鞋、帽制造业	Manufacture of Textile Garments，Footwear and Headgear	1992	488
皮革、毛皮、羽毛（绒）及其制品业	Feather，Furs，Down and Related Products	1129	262
木材加工及木、竹、藤、棕、草制品业	Timber Processing，Bamboo，Cane，Palm Fiber & Straw Products	237	54
家具制造业	Manufacture of Furniture	667	153
造纸及纸制品业	Papermaking and Paper Products	1056	215
印刷业、记录媒介的复制	Printing and Record Medium Reproduction	763	124
文教体育用品制造业	Manufacture of Cultural，Educational and Sports Goods	685	192
石油加工、炼焦及核燃料加工业	Petroleum Refining，Coking and Nuclear Fuel Processing	49	8
化学原料及化学制品制造业	Manufacture of Raw Chemical Materials and Chemical Products	1492	276
医药制造业	Manufacture of Medicines	224	63
化学纤维制造业	Manufacture of Chemical Fibers	77	19
橡胶制品业	Rubber Products	344	87
塑料制品业	Plastic Products	2198	455
非金属矿物制品业	Nonmetal Mineral Products	1267	269
黑色金属冶炼及压延加工业	Smelting and Pressing of Ferrous Metals	196	40
有色金属冶炼及压延加工业	Smelting and Pressing of Nonferrous Metals	436	53
金属制品业	Metal Products	2447	404
通用设备制造业	Manufacture of General Purpose Equipment	1045	169
专用设备制造业	Manufacture of Special Purpose Equipment	929	183
交通运输设备制造业	Manufacture of Transport Equipment	738	177
电气机械及器材制造业	Manufacture of Electrical Machinery and Equipment	3247	692
通信设备、计算机及其他电子设备制造业	Manufacture of Communication Equipment，Computers and Other Electronic Equipment	2790	755
仪器仪表及文化、办公用机械制造业	Manufacture of Instruments，Meters and Mac，hinery for Cultural and Office Use	577	160
工艺品及其他制造业	Handicraft and Other Manufactures	617	156
废弃资源和废旧材料回收加工业	Recycling and Disposal of Waste	55	4
电力、热力得生产和供应业	Production and Supply of Electric Power and Heat Power	147	63
燃气生产和供应业	Production and Supply of Gas	22	8
水的生产和供应业	Production and Supply of Water	185	28

注：1. 本表统计范围为全部国有及年销售收入 500 万元以上非国有工业企业。
2. 工业增加值分行业按企业数汇总与总计不等。

Main Indicators of Industrial Enterprises of the Pearl River Delta Economic Zone (2005)

(100 million yuan)

工业总产值（当年价） Gross Industrial Output Value (at current prices)	工业增加值（生产法） Value Added of Industry (by production approach)	年末资产总计 Total Assets at the Year-end	#产成品 Finished Products	流动资产年平均余额 Annual Average Balance of Circulating Funds	固定资产净值平均余额 Average Balance of Net Value of Fixed Assets	年末负债合计 Total Liabilities at the Year-end
31329.46	**8147.44**	**23086.73**	**1265.21**	**12770.22**	**7085.06**	**13522.59**
4981.45	1310.73	5254.62	167.07	2197.35	2290.50	2772.43
1478.90	386.82	1799.96	17.32	493.07	986.28	882.62
365.49	108.85	367.15	11.32	168.60	137.78	236.37
68.35	17.69	41.99	2.74	28.26	9.60	29.64
7304.83	1950.78	5839.99	434.36	3393.16	1628.31	3651.04
10727.85	2549.14	6491.59	301.60	3889.70	1668.18	3833.97
10445.17	2894.80	8062.76	468.19	4510.00	2539.47	4612.54
12671.51	3432.70	9331.59	623.50	5498.36	2583.07	5311.23
18657.95	4714.74	13755.14	641.70	7271.87	4501.99	8211.36
11237.42	2673.80	6938.33	359.30	3920.80	1923.12	4178.84
10682.54	2796.32	8828.81	504.72	4786.57	2760.99	4961.11
9409.50	2677.33	7319.59	401.19	4062.84	2400.96	4382.65
349.23	349.30	95.82	0.69	3.62	9.91	17.04
0.99	0.28	1.33	0.00	0.50	0.07	0.54
5.09	1.09	2.46	0.00	1.26	0.46	1.27
20.73	5.38	22.75	1.04	9.71	6.34	8.57
451.70	112.08	221.79	14.89	143.13	62.19	142.09
349.60	126.14	322.50	19.51	181.29	91.27	178.18
285.28	109.40	249.58	6.96	121.77	87.57	118.36
95.24	74.53	90.81	0.67	57.63	16.97	12.40
912.75	244.75	743.70	50.84	395.33	278.50	427.47
807.30	221.74	475.03	32.22	296.83	121.48	297.15
607.23	161.76	407.31	21.36	256.18	107.08	239.25
100.49	23.96	81.59	6.83	44.70	29.71	50.48
362.30	95.04	245.46	14.46	157.41	63.73	148.79
594.76	151.22	586.95	29.26	291.29	232.85	334.12
313.17	88.64	345.71	13.65	184.68	123.99	175.94
417.55	111.18	306.16	20.65	189.91	95.91	157.73
357.43	59.88	173.00	13.19	63.46	66.80	105.46
1469.45	476.44	1115.90	67.56	647.20	317.81	583.17
241.90	99.06	330.21	15.17	178.55	86.05	170.66
66.36	16.00	78.21	4.54	35.10	33.12	42.08
163.61	41.81	154.67	8.13	74.83	46.69	71.21
1069.90	256.49	957.20	59.21	521.75	288.14	519.15
811.88	240.80	730.68	54.32	350.49	314.42	458.78
482.13	71.34	405.89	22.66	190.19	124.44	287.89
523.82	125.21	290.19	24.22	177.14	78.71	186.07
1316.77	327.51	853.01	60.08	533.85	238.78	467.14
583.92	151.56	497.56	36.88	292.84	128.48	281.40
481.21	139.29	457.86	33.27	283.96	115.65	238.62
1524.40	416.78	1043.23	47.80	633.68	259.98	597.14
3616.21	919.71	2490.95	212.33	1575.23	539.70	1588.01
9562.44	2028.66	5433.84	318.61	3624.02	1085.34	3562.64
900.25	198.14	517.80	22.53	302.25	133.44	252.40
397.46	95.84	226.04	29.37	149.54	49.07	128.16
53.17	9.40	18.90	1.32	14.04	4.06	13.61
1835.34	535.81	2680.20	0.45	663.38	1609.34	1477.84
90.10	10.94	59.33	0.20	22.62	30.35	35.68
108.33	50.24	373.13	0.34	100.84	206.67	146.09

Note: a) The statistical coverage of this table includes all state-owned enterprises and non-state-owned enterprises with an annual sales revenue over 5 million yuan.
b) The accumulative fiyure of value-added of industry by sector on the basis of number of enterprises is not aqual to the provincial total.

20-2 续表

单位：亿元

项　　目	Item	年末所有者权益合计 Total Creditors' Equity at the Year-end	主营业务收入 Main Business Revenue
总计	**Total**	**9565.33**	**30340.22**
按经济类型分	Grouped by Ownership		
在总计中：国有及国有控股经济	Of the Total：State-owned and State-controlled Economy	2483.38	4903.54
国有经济	State-owned Economy	918.52	1463.82
集体经济	Collective-owned Economy	130.78	347.77
股份合作经济	Share-holding Cooperative Economy	12.35	66.79
股份制经济	Share-holding Economy	2188.95	7156.32
外商投资经济	Foreign Funded Economy	2657.62	10465.79
港澳台投资经济	Economy with Funds from Hong Kong，Macao and Taiwan	3450.22	9943.81
按轻重工业分	Grouped by Light and Heavy Industry		
轻工业	Light Industry	4021.55	12242.43
重工业	Heavy Industry	5543.78	18097.79
按企业规模分	Grouped by Size of Enterprises		
大型企业	Large	2760.67	10977.66
中型企业	Medium	3867.72	10432.58
小型企业	Small	2936.94	8929.98
按行业分	Grouped by Sector		
煤炭开采和洗选业	Mining and Washing of Coal		
石油和天然气开采业	Extraction of Petroleum and Natural Gas	78.78	162.62
黑色金属矿采选业	Mining and Dressing of Ferrous Metal Ores	0.79	0.94
有色金属矿采选业	Mining and Dressing of Nonferrous Metals Ores	1.19	5.12
非金属矿采选业	Mining and Dressing of Nonmetal Ores	14.19	19.76
农副食品加工业	Processing of Farm and Sideline Food	79.70	436.06
食品制造业	Manufacture of Food	144.32	348.61
饮料制造业	Manufacture of Beverage	131.22	280.64
烟草制品业	Tobacco Products	79.59	94.54
纺织业	Textile Industry	316.23	883.25
纺织服装、鞋、帽制造业	Manufacture of Textile Garments，Footwear and Headgear	177.88	777.10
皮革、毛皮、羽毛（绒）及其制品业	Feather，Furs，Down and Related Products	168.06	584.95
木材加工及木、竹、藤、棕、草制品业	Timber Processing，Bamboo，Cane，Palm Fiber & Straw Products	31.11	93.75
家具制造业	Manufacture of Furniture	96.66	356.02
造纸及纸制品业	Papermaking and Paper Products	252.82	575.30
印刷业、记录媒介的复制	Printing and Record Medium Reproduction	169.78	298.82
文教体育用品制造业	Manufacture of Cultural，Educational and Sports Goods	148.43	404.61
石油加工、炼焦及核燃料加工业	Petroleum Refining，Coking and Nuclear Fuel Processing	67.54	349.43
化学原料及化学制品制造业	Manufacture of Raw Chemical Materials and Chemical Products	532.73	1466.15
医药制造业	Manufacture of Medicines	159.55	212.88
化学纤维制造业	Manufacture of Chemical Fibers	36.13	61.67
橡胶制品业	Rubber Products	83.46	158.84
塑料制品业	Plastic Products	438.04	1054.15
非金属矿物制品业	Nonmetal Mineral Products	271.90	755.27
黑色金属冶炼及压延加工业	Smelting and Pressing of Ferrous Metals	118.00	470.94
有色金属冶炼及压延加工业	Smelting and Pressing of Nonferrous Metals	104.12	512.83
金属制品业	Metal Products	385.86	1289.78
通用设备制造业	Manufacture of General Purpose Equipment	216.16	563.67
专用设备制造业	Manufacture of Special Purpose Equipment	219.24	470.70
交通运输设备制造业	Manufacture of Transport Equipment	446.10	1500.57
电气机械及器材制造业	Manufacture of Electrical Machinery and Equipment	902.94	3478.21
通信设备、计算机及其他电子设备制造业	Manufacture of Communication Equipment，Computers and Other Electronic Equipment	1871.21	9338.05
仪器仪表及文化、办公用机械制造业	Manufacture of Instruments，Meters and Machinery for Cultural and Office Use	265.39	881.56
工艺品及其他制造业	Handicraft and Other Manufactures	97.88	378.60
废弃资源和废旧材料回收加工业	Recycling and Disposal of Waste	5.29	52.10
电力、热力得生产和供应业	Production and Supply of Electric Power and Heat Power	1202.36	1828.80
燃气生产和供应业	Production and Supply of Gas	23.65	89.37
水的生产和供应业	Production and Supply of Water	227.03	104.57

20-2 continued

(100 million yuan)

主营业务税金及附加 Tax and Extra Charges on Main Business	利润总额 Total Profits	#亏损总额 Total Losses	利税总额 Total Pretax Profits	本年应交增值税 Value Added Tax Payable in Current Year	全部从业人员年平均人数（万人） Annual Average Number of Employed Persons (10000 persons)
156. 58	**1456. 26**	**190. 78**	**2394. 93**	**782. 09**	**924. 89**
80. 88	328. 43	32. 14	611. 10	201. 79	47. 45
39. 29	73. 50	9. 09	194. 01	81. 21	13. 57
2. 38	9. 54	2. 89	21. 36	9. 45	29. 91
0. 33	3. 08	0. 20	5. 55	2. 13	2. 78
43. 32	315. 81	33. 48	606. 00	246. 86	199. 44
36. 28	515. 67	56. 21	758. 73	206. 77	205. 53
29. 20	507. 92	86. 59	748. 19	211. 06	436. 40
86. 60	483. 71	94. 05	892. 05	321. 74	541. 32
69. 99	972. 55	96. 72	1502. 89	460. 35	383. 57
82. 46	518. 89	24. 71	855. 75	254. 40	148. 25
32. 94	525. 43	60. 00	819. 31	260. 93	360. 37
41. 18	411. 94	106. 06	719. 88	266. 76	416. 27
11. 27	119. 72	0. 00	148. 68	17. 69	0. 04
0. 02	0. 02	0. 00	0. 20	0. 15	0. 02
0. 01	0. 47	0. 00	0. 50	0. 02	0. 09
0. 20	0. 78	0. 19	1. 47	0. 49	0. 69
0. 55	11. 72	2. 27	19. 25	6. 98	4. 62
0. 73	31. 73	3. 92	53. 89	21. 43	9. 30
9. 09	21. 56	4. 54	48. 37	17. 71	3. 93
33. 23	19. 64	0. 01	63. 60	10. 72	0. 35
2. 43	17. 94	10. 59	37. 02	16. 66	46. 14
2. 87	14. 31	6. 66	35. 17	17. 99	71. 65
1. 72	9. 38	3. 99	19. 60	8. 50	70. 50
0. 21	3. 33	1. 36	6. 03	2. 49	4. 42
0. 76	6. 98	2. 44	14. 54	6. 79	21. 71
4. 51	23. 04	4. 41	42. 24	14. 69	18. 58
0. 82	15. 64	1. 91	25. 02	8. 56	16. 23
0. 56	10. 12	3. 77	15. 73	5. 05	47. 36
7. 61	8. 16	0. 09	24. 96	9. 19	0. 95
9. 18	149. 78	10. 06	235. 37	76. 41	18. 06
1. 29	16. 03	5. 39	32. 91	15. 59	5. 51
0. 05	2. 01	2. 23	3. 38	1. 32	1. 37
0. 89	7. 48	1. 50	11. 58	3. 21	10. 25
2. 42	30. 47	9. 52	53. 94	21. 06	49. 94
4. 14	33. 00	6. 44	64. 03	26. 89	28. 53
0. 34	7. 89	4. 21	15. 41	7. 19	3. 45
1. 13	16. 69	0. 95	29. 11	11. 29	8. 38
3. 83	58. 28	7. 42	95. 73	33. 62	50. 53
1. 53	31. 25	2. 53	51. 64	18. 86	20. 30
1. 21	30. 95	4. 28	46. 62	14. 46	20. 49
33. 07	124. 84	8. 76	207. 88	49. 96	21. 28
5. 17	106. 90	22. 71	181. 41	69. 35	124. 08
7. 12	304. 97	36. 95	449. 35	137. 26	187. 75
0. 55	30. 77	3. 48	41. 36	10. 05	27. 01
0. 54	11. 47	1. 70	19. 42	7. 41	22. 05
0. 23	1. 34	0. 03	2. 32	0. 75	0. 77
6. 38	166. 85	13. 26	279. 45	106. 22	5. 28
0. 04	1. 77	0. 90	2. 62	0. 80	0. 47
0. 87	8. 98	2. 30	15. 13	5. 28	2. 80

20-3 广州、深圳主要经济指标（2005 年）
Main Economic Indicators of Guangzhou and Shenzhen (2005)

指标	Item	合计 Total	广州市 Guangzhou	深圳市 Shenzhen
人口、土地面积和从业人数	**Population, Total Land Area and Employment**			
土地面积（平方公里）	Land Area (sq. km)	9387	7434	1953
常用耕地面积（万亩）	Area of Regularly Cultivated Land (10000mu)	198.67	195.14	3.53
年底户籍总人口（万人）	Total Year-end Population with Residence Registration (10000 persons)	932.46	750.53	181.93
# 非农业人口	Non-agricultural Population			
年末从业人员数（万人）	Number of Employed Persons at the Year-end (10000 persons)	1150.76	671.42	181.93
经济总量指标	**Aggregate Indicators on Economy**			
地区生产总值（亿元）	Gross Domestic Product (100 million yuan)	10105.14	5154.23	4950.91
第一产业	Primary Industry	139.95	130.22	9.74
第二产业	Secondary Industry	4678.66	2045.22	2633.44
# 工业	Industry	4327.45	1843.96	2483.49
第三产业	Tertiary Industry	5286.52	2978.79	2307.73
人均生产总值（元）	Per Capita Gross Domestic Product (yuan)	55173	53809	60801
地区生产总值指数（上年＝100）	Index of Gross Domestic Product (preceding year＝100)	114.0	112.9	115.1
第一产业	Primary Industry	103.1	105.6	79.6
第二产业	Secondary Industry	115.5	113.0	117.9
#工业	Industry	116.6	113.8	118.8
第三产业	Tertiary Industry	112.8	113.3	112.2
人均生产总值指数（上年＝100）	Index of Per Capita Gross Domestic Product (preceding year＝100)	113.1	114.3	111.6
运输、邮电	**Transportation, Postal and Telecommunication Services**			
公路通车里程（公里）	Total Length of Highways in Operation (km)	6394.4	5059	1335
民用汽车拥有量（辆）	Number of Civil Vehicles Owned (unit)	1532398	761521	770877
邮电业务总量（亿元）	Total Business Volume of Postal and Telecommunication Services (100 million yuan)	911.91	452.74	459.17
本地电话年末用户（万户）	Number of Year-end Subscribers of Local Telephones (10000 subscribers)	1068.37	613.80	454.57
# 城市	Subscribers in Urban Areas	1045.11	590.54	454.57
移动电话年末用户（万户）	Number of Year-end Subscribers of Mobile Telephones (10000 subscribers)	2388.39	1176.96	1211.43
全社会固定资产投资额（亿元）	**Total Amount of Investment in Fixed Assets (100 million yuan)**	**2696.33**	**1514.01**	**1182.32**
基本建设	Capital Coas Truction	1381.62	781.79	599.83
更新改造	Innoratiou	307.35	193.14	114.21
社会消费品零售总额（亿元）	**Total Amount of Retail Sales of Consumer Goods (100 million yuan)**	**3336.41**	**1898.74**	**1437.67**
对外经济贸易	**Foreign Trade**			
外贸出口总额（亿美元）	Total Amount of Exports (USD 100 million)	1281.90	266.68	1015.22
外贸进口总额（亿美元）	Total Amount of Imports (USD 100 million)	1080.77	268.08	812.69
新签利用外资合同数（宗）	Number of Utilization of Foreign Capital through Newly Signed Contracts (unit)	3858	1061	2797
合同外资额（亿美元）	Contracted Foreign Capital (USD 100 million)	86.53	34.02	52.51
实际利用外资（亿美元）	Foreign Capital Actually Utilized (USD 100 million)	54.85	26.08	28.77
财政、金融	**Government Finance and Banking**			
地方财政一般预算收入（亿元）	Local Government Budgetary Revenue (100 million yuan)	783.64	371.26	412.38
地方财政一般预算支出（亿元）	Local Government Budgetary Expenditure (100 million yuan)	1037.57	438.41	599.16
金融机构人民币存款（亿元）	Deposits in Renminbi in Financial Institutions (100 million yuan)	19543.40	11065.22	8478.18
城乡居民储蓄存款年末余额（亿元）	Savings Deposits by Urban and Rural Residents at the Year-end (100 million yuan)	8254.07	5024.69	3229.38
金融机构人民币贷款（亿元）	Loans in Renminbi in Financial Institutions (100 million yuan)	13041.37	6873.34	6168.03
人民生活	**People Life**			
城镇居民人均可支配收入（元）	Per Capita Annual Disposable Income of Urban Residents (yuan)		18287	21494
农村居民人均纯收入（元）	Per Capita Annual Net Income of Rural Residents (yuan)		7080	
职工平均工资（元）	Average Wage of Staff and Workers (yuan)		34328	32476

注：本表地区生产总值绝对数按当年价格计算，指数按可比价格计算。

Note: The figures in value terms on GDP are calculated at current prices, whereas their indexes are calculated at comparable prices.

20-4 东西两翼主要经济指标(2005年)
Main Economic Indicators of Both East and West Wings (2005)

指 标	Item	东西翼合计 Total	东翼 East Wing	西翼 West Wing
人口、土地面积和从业人数	**Population, Total Land Area and Employment**			
土地面积 (平方公里)	Land Area (sq. km)	47428	15685	31742
常用耕地面积 (公顷)	Area of Regularly Cultivated Land (ha.)	866833	232773	634060
年末户籍总人口 (万人)	Total Year-end Population with Residence Registration (10000 persons)	3324.60	1666.36	1658.24
年末从业人员数 (万人)	Year-end Employed Persons (10000 persons)	1419.46	680.47	738.99
经济总量指标	**Aggregate Indicators on Economy**			
地区生产总值 (亿元)	Gross Domestic Product (100 million yuan)	3332.11	1570.44	1761.66
第一产业	Primary Industry	620.93	198.89	422.04
第二产业	Secondary Industry	1485.51	772.10	713.41
# 工业	Industry	1321.33	692.69	628.63
第三产业	Tertiary Industry	1225.66	599.45	626.21
人均生产总值 (元)	Per Capita Gross Domestic Product (yuan)	10899	9934	11933
地区生产总值指数 (上年=100)	Index of Gross Domestic Product (preceding year=100)	12.9	12.1	13.6
第一产业	Primary Industry	3.8	2.7	4.4
第二产业	Secondary Industry	16.0	15.6	16.4
#工业	Industry	17.7	17.4	18.2
第三产业	Tertiary Industry	14.3	11.4	17.2
人均生产总值指数 (上年=100)	Index of Per Capita Gross Domestic Product (preceding year=100)	11.3	10.9	11.7
运输、邮电	**Transportation, Postal and Telecommunication Services**			
公路通车里程 (公里)	Total Length of Highways in Operation (km)	31905	11531	20374
邮电业务总量 (亿元)	Total Business Volume of Postal and Telecommunication Services (100 million yuan)	266.00	161.62	104.38
本地电话年末用户 (万户)	Number of Year-end Subscribers of Local Telephones (10000 subscribers)	732.24	428.67	303.68
移动电话年末用户 (万户)	Number of Year-end Subscribers of Mobile Telephones (10000 subscribers)	952.85	569.52	393.33
全社会固定资产投资额 (亿元)	**Total Amount of Investment in Fixed Assets (100 million yuan)**	**866.72**	**468.75**	**397.97**
社会消费品零售总额 (亿元)	**Total Amount of Retail Sales of Consumer Goods (100 million yuan)**	**1437.10**	**721.55**	**715.55**
对外经济贸易	**Foreign Trade**			
外贸出口总额 (亿美元)	Total Amount of Exports (USD 100 million)	85.45	64.36	21.09
外贸进口总额 (亿美元)	Total Amount of Imports (USD 100 million)	41.26	30.16	11.10
实际利用外资 (亿美元)	Foreign Capital Actually Utilized (USD 100 million)	4.83	3.30	1.53
财政、金融	**Government Finance and Banking**			
地方财政一般预算收入 (亿元)	Local Government Budgetary Revenue (100 million yuan)	110.33	56.36	53.97
地方财政一般预算支出 (亿元)	Local Government Budgetary Expenditure (100 million yuan)	248.74	122.54	126.40
城乡居民储蓄存款余额 (亿元)	Savings Deposits by Urban and Rural Residents at the Year-end (100 million yuan)	2577.46	1471.83	1105.63
金融机构人民币存款 (亿元)	Deposit of Financial Lustilations in Renminbi (100 million yuan)	3360.01	1888.30	1471.71
金融机构人民币贷款 (亿元)	Loan of Financial Lustilations in Renminbi (100 million yuan)	1360.91	749.82	611.09

注:1. 东翼指汕头、汕尾、潮州和揭阳四个市,西翼指湛江、茂名和阳江三个市。表中数据按各地级市统计局上报数汇总。
2. 本表地区生产总值绝对数按当年价格计算,指数按可比价格计算。

Note: a) The East Wing refers to Shantou, Shanwei, Chaozhou and Jieyang, and the West Wing refers to Zhanjiang, Maoming and Yangjiang. Data in this table are reported by the prefectual bureaus of statistics.
b) The figures in value terms on GDP are calculated at current prices, whereas their indexes are calculated at comparable prices.

20-5 山区县（市、区）主要经济指标
Main Economic Indicators of the Counties (County-level Cities, Districts) in Mountainous Areas

指 标		Item		2004	2005	2005 比 2004 增长% Growth Rate in 2005 over 2004
人口、土地面积和从业人数		**Population, Total Land Area and Employment**				
年末户籍总人口	（万人）	Total Year-end Population with Residence Registration	(10000 persons)	3139.44	3162.52	0.7
年末从业人员数	（万人）	Number of Employed Persons at the Year-end	(10000 persons)		1426.32	
土地面积	（平方公里）	Land Area	(sq. km)	114414	114414	0.0
常用耕地面积	（公顷）	Area of Regularly Cultivated Land	(ha.)	1006755	1243644	23.5
经济总量指标		**Aggregate Indicators on Economy**				
地区生产总值	（亿元）	Gross Domestic Product	(100 million yuan)	2158.41	2456.82	12.9
第一产业		Primary Industry		640.30	656.98	4.6
第二产业		Secondary Industry		795.02	955.84	18.1
#工业		Industry		681.42	827.41	19.7
第三产业		Tertiary Industry		723.11	844.00	14.6
人均生产总值	（元）	Per Capita Gross Domestic Product	(yuan)	7868	8827	12.9
工业总产值	（亿元）	Gross Output Value of Industry	(100 million yuan)	1558.21	1751.57	12.4
农业总产值	（亿元）	Gross Output Value of Agriculture	(100 million yuan)	992.07	1024.55	3.3
主要农业产品产量		**Output of Major Agricultural Products**				
粮食	（万吨）	Grain	(10000 tons)	881.76	893.96	1.4
油料	（万吨）	Oil bearing Crops	(10000 tons)	51.30	47.74	-6.9
猪牛羊肉	（万吨）	Pork, Beef and Mutton	(10000 tons)	123.67	130.80	5.8
水果	（万吨）	Fruits	(10000 tons)	428.68	476.55	11.2
茶叶	（万吨）	Tea	(10000 tons)	3.57	3.71	3.9
运输、邮电		**Transportation, Postal and Telecommunication Services**				
公路通车里程	（公里）	Total Length of Highways in Operation	(km)	65766	67313	2.4
邮电业务总量	（亿元）	Total Business Volume of Postal and Telecommunication Services	(100 million yuan)	90.73	94.47	4.1
全社会固定资产投资额	**（亿元）**	**Total Amount of Investment in Fixed Assets**	**(100 million yuan)**		**900.40**	
基本建设投资		Investment in Capital Construction			348.38	
更新改造投资		Investment in Innovation			140.59	
房地产开发投资		Investment in Real Estate Development			53.78	
社会消费品零售总额	**（亿元）**	**Total Amount of Retail Sales of Consumer Goods**	**(100 million yuan)**		**894.25**	
财政、金融		**Government Finance and Banking**				
地方财政一般预算收入	（亿元）	Local Government Budgetary Revenue	(100 million yuan)	61.09	78.15	27.9
地方财政一般预算支出	（亿元）	Local Government Budgetary Expenditure	(100 million yuan)	209.83	244.62	16.6
城乡居民储蓄存款年末余额	（亿元）	Savings Deposits by Urban and Rural Residents at the Year-end	(100 million yuan)	1556.35	1759.60	13.1
农村居民人均纯收入	**（元）**	**Per Capita Net Income of Rural Residents**	**(yuan)**	**3774**	**4148**	**9.9**
对外经济		**Foreign Trade**				
外贸出口总额	（亿美元）	Total Exports	(USD 100 million)	43.22	49.32	14.1
实际利用外资	（亿美元）	Foreign Capital Actually Utilized	(USD 100 million)	11.33	10.01	-11.6

注：1. 表中数据按各地级市统计局上报数汇总。
2. 本表国内生产总值绝对数按当年价格计算，增长速度按可比价格计算。
3. 表中2004年地区生产总值按2004年全国经济普查口径作了调整。

Note: a) Data in this table are tabulated with the figures reported by the prefectual bureaus of statistics.
b) The figures in value terms on GDP are calculated at current prices, whereas the growth rates are calculated at comparable prices.
c) Data of 2004 on GDP in this table have been adjusted in accordance with the statistical coverage of the 2004 National Economic Census.

20-6 少数民族县主要经济指标（2005 年）
Main Economic Indicators of the Minority Nationality Counties (2005)

指 标	Item	合 计 Total	连南县 Liannan County	连山县 Lianshan County	乳源县 Ruyuan County
人口、土地面积和从业人数	**Population, Total Land Area and Employment**				
土地面积 （平方公里）	Land Area (sq. km)	4753	1289	1165	2299
常用耕地面积 （公顷）	Area of Regularly Cultivated Land (ha.)	23138	6976	6066	10096
年末户籍总人口 （万人）	Total Year-end Population with Residence Registration (10000 persons)	47.68	15.65	11.53	20.50
少数民族人口	Population of Minority Nationalities	17.95	8.26	7.21	2.48
农业人口	Agricultural Population	38.51	12.89	9.07	16.54
从业人数 （万人）	Employment (10000 persons)	24.62	9.04	5.09	10.50
经济总量指标	**Aggregate Indicators on Economy**				
地区生产总值 （亿元）	Gross Domestic Product (100 million yuan)	31.26	7.23	7.08	16.95
第一产业	Primary Industry	6.91	2.00	2.55	2.36
第二产业	Secondary Industry	13.71	2.33	1.79	9.60
# 工业	Industry	11.95	1.82	1.06	9.07
第三产业	Tertiary Industry	10.63	2.90	2.74	4.99
人均生产总值 （元）	Per Capita Gross Domestic Product (yuan)	7032	4964	6446	8966
地区生产总值指数 （上年=100）	Index of Gross Domestic Product (preceding year=100)	104.4	112.3	111.2	98.6
第一产业	Primary Industry	104.1	105.2	103.3	104.1
第二产业	Secondary Industry	98.7	123.0	115.1	91.1
#工业	Industry	100.1	127.0	111.0	94.1
第三产业	Tertiary Industry	112.1	109.8	116.4	111.2
人均生产总值指数 （上年=100）	Index of Per Capita Gross Domestic Product (preceding year=100)	104.4	114.0	110.9	97.4
运输、邮电	**Transportation, Postal and Telecommunication Services**				
公路通车里程 （公里）	Total Length of Highways in Operation (km)	2862	702	697	1463
本地电话年末用户 （万户）	Number of Year-end Subscribers of Local Telephones (10000 subscribers)	6.90	1.99	1.71	3.19
乡村	Subscribers in Rural Areas	3.67	0.90	0.82	1.94
移动电话年末用户 （万户）	Number of Year-end Subscribers of Mobile Telephones (10000 subscribers)	9.29	4.48	3.09	1.72
邮电业务总量 （亿元）	Total Business Volume of Postal and Telecommunication Services (100 million yuan)	1.64	0.70	0.53	0.42
全社会固定资产投资额 （亿元）	**Total Amount of Investment in Fixed Assets (100 million yuan)**	**16.80**	**4.30**	**5.16**	**7.35**
基本建设投资	Investment in Capital Construction (100 million yuan)	7.12	2.78	1.86	2.48
更新改造投资	Investment in Innovation (100 million yuan)	2.60	0.60	1.56	0.44
社会消费品零售总额 （亿元）	**Total Amount of Retail Sales of Consumer Goods (100 million yuan)**	**8.32**	**2.19**	**1.49**	**4.64**
财政、金融	**Government Finance and Banking**				
地方财政一般预算收入 （亿元）	Local Government Budgetary Revenue (100 million yuan)	1.85	0.46	0.25	1.15
地方财政一般预算支出 （亿元）	Local Government Budgetary Expenditure (100 million yuan)	6.97	2.32	1.66	2.98
城乡居民储蓄存款年末余额 （亿元）	Savings Deposits by Urban and Rural Residents at the Year-end (100 million yuan)	22.62	6.88	5.32	10.42
人民生活	**Peoples Life**				
职工年平均工资 （元）	Annual Average Wage of Staff and Workers (yuan)	14057	14850	15410	13088
农村居民人均纯收入 （元）	Per Capita Net Income of Rural Residents (yuan)	2837	2638	2750	3039
教育	**Education**				
普通中学 （所）	Number of Regular Secondary Schools (unit)	41	14	12	15
在校学生数 （人）	Number of Students Enrolled in Regular Secondary Schools (person)	31454	9023	8893	13538
小学 （所）	Number of Primary Schools (unit)	202	53	60	89
在校学生数 （人）	Number of Students Enrolled in Primary Schools (person)	48807	16617	11946	20244

注：本表地区生产总值绝对数按当年价计算，指数按可比价格计算。
Note: The figures in value terms on GDP are calculated at current prices, whereas their indexes are calculated at comparable prices.

二十一、城市主要指标

21

CITIES

二十一　城市主要指标

简要说明

一、本篇资料反映广东城市社会、经济发展和城市建设的规模、速度、效益及综合水平等基本情况。

二、本篇资料由广东省统计局综合处整理提供。

三、本篇资料依据国家统计局制定的《城市社会经济基本情况统计报表制度》，由全省21个地级市统计局填报后汇总、加工而成。资料的统计范围为广东21个省辖城市的市区。其中深圳 、珠海、东莞、中山、佛山为全市。

21 Cities

Brief Introduction

Ⅰ. The data in this chapter show the social and economic development as well as the scale, growth rates, economic efficiency, overall level and other basic conditions of the cities of Guangdong Province.

Ⅱ. The data in this chapter are prepared and provided by the Division of Comprehensive Statistics of Guangdong Provincial Bureau of Statistics.

Ⅲ. The data in this chapter are reported, tabulated and processed by the twenty-one statistical bureaus at the prefectual level in accordance with the "Statistical Reporting Scheme on the Basic Social and Economic Situations of the Cities" stipulated by the National Bureau of Statistics. The statistical coverage includes the urban districts but excludes the counties under the jurisdiction of the twenty-one cities of Guangdong Province, among which Shenzhen, Zhuhai, Dongguan, Zhongshan and Foshan refer to the whole cities, with their towns and villages included.

21-1 城市主要经济指标（2004－2005年）
Main Economic Indicators on Cities（2004－2005）

指　　标		Item		2004	2005
土地面积	（平方公里）	Total Land Area	（sq. km）	31350	31512.97
#建城区面积		Developed Land Area		2326	2521
年末户籍总人口	（万人）	Total Year-end Population with Residence Registration	（10000 persons）	2982.16	3030.54
#非农业人口		Non-agricultural Population		2485.76	2618.93
年末总户数	（万户）	Total Number of Households at the Year-end	（10000 households）	849.34	861.89
年末单位从业人员数	（万人）	Number of Persons Employed in Units at the Year-end	（10000 persons）	617.63	683.52
城镇私营和个体从业人员	（万人）	Number of Persons Employed in Private Enterprises and Self-employed Individuals in Urban Areas	（10000 persons）	609.31	750.72
地区生产总值（当年价）	（亿元）	Gross Domestic Product（at current prices）	（100 million yuan）	13965.99	18951.17
第一产业		Primary Industry		468.51	450.47
第二产业		Secondary Industry		7516.67	9678.52
#工业		Industry		6801.22	9001.47
第三产业		Tertiary Industry		5980.80	8822.19
邮政业务总量	（亿元）	Total Business Volume of Postal Services	（100 million yuan）	42.26	44.63
电信业务总量	（亿元）	Total Business Volume of Telecommunication Services	（100 million yuan）	782.56	837.34
本地电话机用户数	（万户）	Number of Telephone Subscribers	（10000 subscribers）	2174.93	2644.12
年末移动电话用户数	（万户）	Number of Mobile Telephone Subscribers at the Year-end	（10000 subscribers）	4520.13	5566.13
国际互联网用户数	（万户）	Number of Internet Subscribers	（10000 subscribers）	690.15	749.08
生活用水量	（万立方米）	Water Consumption for Residential Use	（10000 cu. m）	286481	277906
全年用电量	（亿千瓦时）	Annual Electricity Consumption	（100 million kwh）	1821.61	2057.83
#工业用电		Electricity Consumption for Industry		1201.59	1515.99
城乡居民生活用电		Electricity Consumption for Residential Use		193.70	291.84
全社会固定资产投资	（亿元）	Total Investment in Fixed Assets	（100 million yuan）	4817.89	5695.96
房地产开发投资额	（亿元）	Investment in Real Estate Development	（100 million yuan）	1266.43	1481.38
#住宅		Residential Buildings		833.42	961.58
社会消费品零售总额	（亿元）	Total Retail Sales of Consumer Goods	（100 million yuan）	4876.75	5982.85
外商直接投资		Foreign Direct Investment Made by Foreigners and Entrepreneurs from Hong Kong, Macao and Taiwan			
合同外资额	（亿美元）	Contracted Foreign Capital	（USD 100 million）	163.61	200.68
实际利用外资	（亿美元）	Foreign Capital Actually Utilized	（USD 100 million）	120.36	107.01
地方财政一般预算收入	（亿元）	Total Budgetary Revenue of Local Governments	（100 million yuan）	983.49	1261.48
地方财政一般预算支出	（亿元）	Total Budgetary Expenditure of Local Governments	（100 million yuan）	1317.71	1644.22
城乡居民储蓄存款年末余额	（亿元）	Savings Deposits by Urban and Rural Residents at the Year-end	（100 million yuan）	13580.99	15993.00
在岗职工工资总额	（亿元）	Total Wages of Fully Employed Staff and Workers	（100 million yuan）	1512.24	1654.95

注：表中数据按各地级市统计局上报数汇总。
Note: All data in this table are reported by the prefectual bureaus of statistics.

21-2 城市基本情况(2005年)

指标	Item	21个城市合计 Total of 21 Cities
人口、从业人员和土地面积	**Population, Employment and Total Land Area**	
年末总人口 (万人)	Total Year-end Population with Residence Registration (10000 persons)	3030.54
#非农业人口	Non-agricultural Population	2618.93
年末总户数 (万户)	Total Number of Households at the Year-end (10000 households)	861.89
年末单位从业人员数 (万人)	Number of Persons Employed in Units at the Year-end (10000 persons)	683.52
第一产业(农、林、牧、渔业)	Primary Industry (Farming, Forestry, Animal Husbandry and Fishery)	2.94
第二产业	Secondary Industry	357.07
第三产业	Tertiary Industry	355.72
私营和个体从业人员 (万人)	Persons Employed in Private Enterprises and Self-employed Individuals in Urban Areas (10000 persons)	750.72
年末城镇登记失业人员数(万人)	Number of Year-end Unemployed Persons Registered in Urban Areas (10000 persons)	24.65
行政区域土地面积 (平方公里)	Total Land Area (sq. km)	31513
#建成区面积	Developed Land Area	2521
经济总量指标	**Aggregated Economic Indicators**	
地区生产总值(当年价格)(亿元)	Gross Domestic Product (at current prices) (100 million yuan)	18951.17
第一产业	Primary Industry	450.47
第二产业	Secondary Industry	9678.52
#工业	Industry	9001.47
第三产业	Tertiary Industry	8822.19
人均地区生产总值 (元)	Per Capita Gross Domestic Product (yuan)	34637
地区生产总值增长率 (%)	Growth Rate of Gross Domestic Product (%)	15.4
工业	**Industry**	
工业企业数 (个)	Number of Industrial Enterprises (unit)	26082
内资企业	Domestic Funded Enterprises	16742
港、澳、台商投资企业	Enterprises Funded by Entrepreneurs from Hong Kong, Macao and Taiwan	8941
外商投资企业	Foreign Funded Enterprises	3691
工业总产值(当年价) (亿元)	Total Industrial Output Value (at current prices) (100 million yuan)	32637.73
内资企业	Domestic Funded Enterprises	11350.87
港、澳、台商投资企业	Enterprises Funded by Entrepreneurs from Hong Kong, Macao and Taiwan	10413.66
外商投资企业	Foreign Funded Enterprises	10873.21
产品销售收入 (亿元)	Sales Revenue of Products (100 million yuan)	31698.37
#产品销售税金及附加(亿元)	Sales Tax and Extra Charges (100 million yuan)	200.65
本年应交增值税 (亿元)	Value Added Tax Payable (100 million yuan)	732.10
利润总额 (亿元)	Total Profits (100 million yuan)	1557.90

Main Economic Indicators on Cities (2005)

广州市 Guangzhou	深圳市 Shenzhen	珠海市 Zhuhai	汕头市 Shantao	佛山市 Foshan	韶关市 Shaoguan	河源市 Heyuan	梅州市 Meizhou	惠州市 Huizhou
617.28	181.93	89.60	484.05	354.48	90.71	29.05	30.74	114.47
482.55	181.93	89.60	484.05	354.48	60.31	29.05	23.60	114.47
192.79	57.03	25.10	105.94	104.58	29.23	10.76	9.67	34.72
187.25	166.68	48.92	29.66	51.01	11.69	7.06	4.45	50.13
0.62	0.69	0.78	0.05	0.06	0.05	0.05	0.01	0.02
79.77	89.73	34.40	11.74	27.21	5.78	4.20	1.46	40.66
106.86	76.26	43.46	17.87	23.75	5.80	2.81	2.98	9.44
120.34	210.87	35.69	41.74	148.94		2.57	3.04	22.99
5.12	2.67	1.15	0.99	2.61	0.93	0.35	0.27	0.90
3843	1952	1687	1956	3848	2870	450	322	2672
735	713	106	169	130	57	13	35	94
4792.44	4950.91	634.95	646.50	2383.18	186.99	51.32	60.55	484.97
91.28	9.74	19.33	42.49	75.76	12.25	2.24	2.45	19.37
1847.79	2633.44	339.18	331.05	1439.40	91.68	24.47	36.25	300.23
1664.65	2483.49	315.50	296.33	1374.95	81.78	19.50	32.25	269.31
2853.37	2307.73	276.44	272.95	868.02	83.06	24.61	21.85	165.37
57491	60801	45284	13284	41266	21124	17157	19579	28930
13.0	15.1	13.4	11.4	19.4	5.9	32.3	6.4	16.5
4368	5733	993	1478	5149	170	84	46	806
2509	2255	306	1103	3803	144	48	31	177
1099	2491	494	262	942	19	29	15	494
760	987	193	113	403	7	7		135
5493.75	9567.68	1569.77	760.66	4780.88	284.18	62.60	58.89	1220.85
1700.02	2157.75	396.59	489.96	2911.64	252.23	28.44	54.77	98.74
1328.52	3172.81	431.40	147.93	1274.26	24.34	31.74	4.11	597.81
2465.21	4237.12	741.79	122.77	594.68	7.62	2.42		524.30
5482.22	9291.22	1488.02	756.00	4528.61	278.30	59.44	29.27	1220.25
75.03	28.61	2.17	3.87	17.81	11.83	0.13	18.89	1.17
196.98	147.42	26.19	22.66	152.22	14.95	1.84	6.09	15.60
389.88	542.99	53.48	41.10	168.40	11.01	4.86	4.00	28.47

21-2 续表 1

指标	Item	汕尾市 Shanwei	东莞市 Dongguan
人口、从业人员和土地面积	**Population, Employment and Total Land Area**		
年末总人口 （万人）	Total Year-end Population with Residence Registration （10000 persons）	35.74	165.65
#非农业人口	Non-agricultural Population	35.74	65.84
年末总户数 （万户）	Total Number of Households at the Year-end （10000 households）	8.23	46.50
年末单位从业人员数 （万人）	Number of Persons Employed in Units at the Year-end （10000 persons）	4.19	19.79
第一产业（农、林、牧、渔业）	Primary Industry	0.01	0.06
第二产业	Secondary Industry	1.98	8.17
第三产业	Tertiary Industry	2.20	11.56
私营和个体从业人员 （万人）	Persons Employed in Private Enterprises and Self-employed Individuals in Urban Areas （10000 persons）		21.18
年末城镇登记失业人员数（万人）	Number of Year-end Unemployed Persons Registered in Urban Areas （10000 persons）	0.21	0.44
行政区域土地面积 （平方公里）	Total Area （sq. km）	150	2465
#建成区面积	Developed Land Area	13	
经济总量指标	**Aggregated Economic Indicators**		
地区生产总值（当年价格）（亿元）	Gross Domestic Product （at current prices） （100 million yuan）	56.95	2182.62
第一产业	Primary Industry	9.64	19.62
第二产业	Secondary Industry	26.77	1236.25
#工业	Industry	21.94	1181.61
第三产业	Tertiary Industry	20.54	925.76
人均地区生产总值 （元）	Per Capita Gross Domestic Product （yuan）	12278	33263
地区生产总值增长率 （%）	Growth Rate of Gross Domestic Product （%）	21.9	19.4
工业	**Industry**		
工业企业数 （个）	Number of Industrial Enterprises （unit）	48	4505
内资企业	Domestic Funded Enterprises	27	1204
港、澳、台商投资企业	Enterprises Funded by Entrepreneurs from Hong Kong, Macao and Taiwan	16	2481
外商投资企业	Foreign Funded Enterprises	5	820
工业总产值（当年价） （亿元）	Total Industrial Output Value （at current prices） （100 million yuan）	70.87	3942.03
内资企业	Domestic Funded Enterprises	22.92	835.62
港、澳、台商投资企业	Enterprises Funded by Entrepreneurs from Hong Kong, Macao and Taiwan	46.89	1963.30
外商投资企业	Foreign Funded Enterprises	1.06	1143.12
产品销售收入 （亿元）	Sales Revenue （100 million yuan）	69.36	3912.15
#产品销售税金及附加（亿元）	Sales Tax and Extra Charges （100 million yuan）	0.12	4.32
本年应交增值税 （亿元）	Value Added Tax Payable （100 million yuan）	0.68	54.42
利润总额 （亿元）	Total Profits （100 million yuan）	4.98	124.35

21-2 continued 1

中山市 Zhongshan	江门市 Jiangmen	阳江市 Yangjiang	湛江市 Zhanjiang	茂名市 Maoming	肇庆市 Zhaoqing	清远市 Qingyuan	潮州市 Chaozhou	揭阳市 Jieyang	云浮市 Yunfu
140. 82	133. 83	63. 50	145. 08	121. 35	48. 39	54. 44	34. 36	66. 61	28. 47
72. 11	133. 83	63. 50	77. 51	121. 35	48. 39	54. 44	31. 10	66. 61	28. 47
39. 12	43. 03	18. 95	40. 62	30. 90	14. 86	16. 12	9. 21	16. 21	8. 32
23. 33	17. 63	6. 69	14. 48	9. 72	11. 39	5. 99	4. 91	4. 99	3. 55
0. 01	0. 02	0. 12	0. 31	0. 02	0. 02	0. 04			0. 01
14. 74	10. 19	2. 25	6. 06	3. 82	6. 08	2. 46	2. 43	2. 01	1. 94
8. 58	7. 42	4. 33	10. 68	5. 88	5. 29	3. 49	2. 48	2. 98	1. 60
82. 74	18. 62	6. 62	9. 16	4. 62	5. 09	5. 60	6. 71	1. 74	2. 46
0. 66	3. 21	1. 98	0. 78	0. 82	0. 43	0. 21	0. 45	0. 36	0. 12
1800	1818	658	1460	874	664	927	152	181	762
36	100	35	70	36	56	40	38	28	18
880. 20	410. 94	116. 34	376. 02	290. 29	140. 69	90. 71	71. 45	96. 20	47. 95
30. 81	25. 77	18. 89	20. 37	21. 00	8. 18	8. 86	1. 05	3. 17	8. 19
539. 38	209. 59	45. 58	231. 30	143. 67	49. 62	40. 96	35. 78	52. 12	23. 98
510. 82	198. 50	36. 02	213. 55	135. 87	35. 84	30. 99	29. 46	48. 78	20. 30
310. 01	175. 57	51. 86	124. 34	125. 61	82. 88	40. 89	34. 62	40. 91	15. 78
36207	26908	18417	26593	25269	27165	15662	18670	13989	17330
23. 2	15. 2	17. 7	12. 6	20. 5	14. 4	38. 1	10. 4	11. 3	12. 3
3291	1305	174	299	166	206	133	167	199	53
2067	858	148	209	149	113	69	105	154	38
916	317	18	48	8	63	50	51910	31	13
308	130	8	42	10	30	14	11	14	2
2221. 45	908. 66	92. 03	524. 66	566. 73	133. 09	143. 09	87. 25	111. 85	36. 76
837. 94	439. 81	62. 51	192. 94	557. 77	64. 50	84. 66	49. 41	83. 01	29. 66
751. 64	227. 03	12. 46	273. 46	3. 81	30. 39	32. 41	32. 20	20. 42	6. 74
631. 87	241. 83	17. 07	58. 25	5. 46	38. 20	26. 01	5. 64	8. 41	0. 37
2082. 97	891. 46	90. 65	461. 08	555. 81	131. 91	138. 42	84. 45	110. 83	35. 95
	9. 61	0. 30	11. 30	13. 48	0. 95	0. 31	0. 19	0. 35	0. 20
	24. 20	4. 18	16. 73	30. 38	5. 31	3. 37	3. 47	3. 49	1. 93
55. 05	29. 44	5. 32	66. 51	16. 48	2. 16	2. 83	3. 61	2. 75	0. 23

21-2 续表2

指　　标	Item	21个城市合计 Total of 21 Cities
邮电通信和电力	**Postal and Telecommunication Services and Electricity**	
邮政业务收入 （亿元）	Total Business Volume of Postal Services (100 million yuan)	44.63
电信业务收入 （亿元）	Total Business Volume of Telecommunication Services (100 million yuan)	837.34
固定电话用户数 （万户）	Number of Telephone Subscribers (10000 subscribers)	2644.12
年末移动电话用户数 （万户）	Number of Mobile Telephone Subscribers at the Year-end (10000 subscribers)	5566.13
国际互联网用户数 （万户）	Number of Internet Subscribers (10000 subscribers)	749.08
全年用电量 （亿千瓦时）	Annual Electricity Consumption (100 million kwh)	2057.83
#工业用电	Electricity Consumption for Industry	1515.99
城乡居民生活用电	Electricity Consumption for Residential Use	291.84
固定资产投资	**Investment in Fixed Assets**	
全社会固定资产投资总额 （亿元）	Total Investment in Fixed Assets (100 million yuan)	5695.96
#房地产开发投资完成额	Total Investment in Real Estate Development	1481.38
#住宅	Residential Buildings	961.58
商品房屋销售面积 （万平方米）	Floor Space of Commercial Buildings Sold (10000 sq. m)	4494.12
商品房屋销售额 （亿元）	Total Sales of Commercial Buildings (100 million yuan)	2148.46
市政公用事业	**Urban Public Utilities**	
年末实有铺装道路面积 （万平方米）	Area of Paved Roads at the Year-end (10000 sq. m)	38297
供水总量 （万立方米）	Annual Supply of Tap Water (10000 cubic meters)	679616
#居民家庭用水量	Water Consumption for Residential Use	277906
液化石油气供气总量 （吨）	Total Supply of Liquefied Petroleum Gas (ton)	3235894
年末实有公共汽（电）车营运车辆数（辆）	Number of Public Vehicles (Buses and Trolley-buses) at the Year-end (unit)	34263
年末实有出租汽车数 （辆）	Number of Taxis at the Year-end (unit)	46121
园林绿地面积 （公顷）	Area of Urban Gardens and Green Areas (ha.)	317045
批发零售贸易和外经	**Wholesale, Retail Trade and Foreign Trade**	
限额以上批发零售贸易业商品销售总额(亿元)	Total Sales of Commodities in Wholesale and Retail Trade (100 million yuan)	11138.70
社会消费品零售额 （亿元）	Total Retail Sales of Consumer Goods (100 million yuan)	5982.85
外商直接投资	Foreign Direct Investment Made by Foreigners and Entrepreneurs from Hong Kong, Macao and Taiwan	
新签项目（合同）个数 （个）	Number of Agreements and Contracts Newly Signed (unit)	7123
合同外资金额 （亿美元）	Contracted Foreign Capital (USD 100 million)	200.68
实际使用外资金额 （亿美元）	Foreign Capital Actually Utilized (USD 100 million)	107.01

21-2 continued 2

广州市 Guangzhou	深圳市 Shenzhen	珠海市 Zhuhai	汕头市 Shantao	佛山市 Foshan	韶关市 Shaoguan	河源市 Heyuan	梅州市 Meizhou	惠州市 Huizhou
11.35	10.98	1.79	1.76	4.15	0.41	0.23	0.37	1.01
196.00	309.82	23.91	36.31	73.26	8.05	3.86	4.24	
572.67	465.28	304.70	165.06	264.00	36.08	13.52	17.00	
1297.80	1292.00	225.30	192.30	658.24	13.63	30.46	24.02	
209.33	276.20	32.36	19.36	50.28	3.54	2.21	2.87	
373.34	440.21	61.58	87.21	316.29	45.53	8.71	5.13	64.44
228.83	346.27	38.20	54.35	251.37	38.55	4.50	3.00	39.98
66.61	51.98	8.09	18.12	64.92	3.32	0.25	2.82	6.89
1419.22	1181.05	218.51	153.92	757.13	77.41	29.84	36.38	284.21
464.80	423.69	51.29	22.38	143.16	6.74	6.46	2.72	40.72
313.97	246.16	32.12	17.19	93.54	5.20	4.51	1.84	26.13
1164.00	1122.82	190.73	154.80	536.18	61.44	25.98	20.19	129.29
644.50	851.35	76.97	38.89	181.53	9.43	4.43	2.36	34.40
8325	7277	2628	2358	1791	323	199	458	832
179266	139487	23868	26763	38113	5746	3100	2455	17024
85745	54626	9975	12368	11806	3167	1100	1454	6039
934701	697520	143000	303000	284627	1855	15000	25000	80841
8130	18708	1179	454	1614	220	69	93	530
16889	10305	1852	1820	1655	855	255	350	707
111931	97101	4910	5536	5862	1792	867	900	2785
4911.93	2334.57	68.97	127.54	1116.65	58.84	16.37	40.37	92.96
1784.77	1437.67	220.14	339.45	634.47	75.07	24.80	24.78	153.36
985	2797	587	84	533	3	51	34	355
30.89	52.51	22.85	2.14	15.46	0.50	2.51	1.08	14.50
24.25	29.69	6.66	1.05	9.29	0.20	1.02	0.63	8.23

21-2 续表3

指标	Item	汕尾市 Shanwei	东莞市 Dongguan
邮电通信和电力	**Postal and Telecommunication Services and Electricity**		
邮政业务收入 (亿元)	Total Business Volume of Postal Services (100 million yuan)	0.17	6.14
电信业务收入 (亿元)	Total Business Volume of Telecommunication Services (100 million yuan)	15.27	49.77
固定电话用户数 (万户)	Number of Telephone Subscribers (10000 subscribers)	13.55	383.91
年末移动电话用户数 (万户)	Number of Mobile Telephone Subscribers at the Year-end (10000 subscribers)	24.68	1016.41
国际互联网用户数 (万户)	Number of Internet Subscribers (10000 subscribers)		52.90
全年用电量 (亿千瓦时)	Annual Electricity Consumption (100 million kwh)	5.17	396.59
# 工业用电	Electricity Consumption for Industry	2.07	330.31
城乡居民生活用电	Electricity Consumption for Residential Use	1.51	34.26
固定资产投资	**Investment in Fixed Assets**		
全社会固定资产投资总额 (亿元)	Total Investment in Fixed Assets (100 million yuan)	36.02	597.24
# 房地产开发投资完成额	Total Investment in Real Estate Development	0.81	144.43
# 住宅	Residential Buildings	0.73	119.72
商品房屋销售面积 (万平方米)	Floor Space of Commercial Buildings Sold (10000 sq. m)	7.79	321.87
商品房屋销售额 (亿元)	Total Sales of Commercial Buildings (100 million yuan)	0.85	119.40
市政公用事业	**Urban Public Utilities**		
年末实有铺装道路面积 (万平方米)	Area of Paved Roads at the Year-end (10000 sq. m)	163	8961
供水总量 (万立方米)	Annual Supply of Tap Water (10000 cubic meters)	2587	155100
# 居民家庭用水量	Water Consumption for Residential Use	1759	51100
液化石油气供气总量 (吨)	Total Supply of Liquefied Petroleum Gas (ton)	20000	10194
年末实有公共汽(电)车营运车辆数 (辆)	Number of Public Vehicles (Buses and Trolley-buses) at the Year-end (unit)	90	525
年末实有出租汽车数 (辆)	Number of Taxis at the Year-end (unit)	493	5069
园林绿地面积 (公顷)	Area of Urban Gardens and Green Areas (ha.)	452	10298
批发零售贸易和外经	**Wholesale, Retail Trade and Foreign Trade**		
限额以上批发零售贸易业商品销售总额 (亿元)	Total Sales of Commodities in Wholesale and Retail Trade (100 million yuan)	10.61	568.35
社会消费品零售额 (亿元)	Total Retail Sales of Consumer Goods (100 million yuan)	23.34	500.01
外商直接投资	Foreign Direct Investment Made by Foreigners and Entrepreneurs from Hong Kong, Macao and Taiwan		
新签项目（合同）个数 (个)	Number of Agreements and Contracts Newly Signed (unit)	28	773
合同外资金额 (亿美元)	Contracted Foreign Capital (USD 100 million)	1.79	30.89
实际使用外资金额 (亿美元)	Foreign Capital Actually Utilized (USD 100 million)	1.22	12.25

21-2 continued 3

中山市 Zhongshan	江门市 Jiangmen	阳江市 Yangjiang	湛江市 Zhanjiang	茂名市 Maoming	肇庆市 Zhaoqing	清远市 Qingyuan	潮州市 Chaozhou	揭阳市 Jieyang	云浮市 Yunfu
2.13	0.65	0.39	0.83	0.45	0.36	0.24	0.71	0.26	0.26
34.52	6.57	6.18	31.09	2.68	8.12	7.52	10.65	6.87	2.65
146.54	64.75	25.76	61.10		32.15	20.44	18.00	24.96	14.65
312.96	164.68	45.84	98.03		52.89	46.22	13.31	42.79	14.57
58.95		1.39	15.47	2.97	13.44	4.01	3.80		
123.63		9.46	25.59	24.65	14.93	19.25	9.37	20.59	6.16
89.16		6.19	16.13	20.00	8.63	15.12	2.75	16.47	4.13
14.60		2.31	3.22	2.17	2.08	2.02	3.42	2.15	1.11
320.92	114.59	44.41	121.52	75.79	42.75	84.74	40.77	25.04	34.50
80.54	21.33	7.94	18.01	7.04	14.74	18.08	1.83	2.50	2.16
41.82	14.34	5.53	12.27	6.33	10.86	6.86	1.01		1.46
295.56	124.49	41.15	72.81	65.56	69.58	57.60	28.28	4.00	
84.44	25.94	6.96	17.28	11.92	16.43	15.07	4.36	0.54	1.38
971	1262	245	692	320	425	545	204	259	58
7754	22780	4857	12062	12127	7957	4937	5948	5619	2066
5867	7376	3009	6344	2803	3092	1604	3165	4524	983
77274	60333	252399	40000	29634	25208	24000	172818	25400	13090
726	521	139	451	151	251	168	100	56	88
1304	432	357	1139	430	656	230	510	715	98
1185	8285	888	54429	1283	4297	1192	1472	963	618
694.93	143.64	32.12	129.17	530.70	100.06	32.35	96.35	23.84	8.36
276.60	131.02	63.15	12.67	99.33	49.03	46.92	32.13	40.82	13.33
392	245	33	36	10	60	50	26	15	26
10.02	5.85	1.48	2.27	0.48	1.54	2.09	0.86	0.43	0.53
6.51	3.26	0.33	0.26	0.11	0.99	0.40	0.35	0.18	0.11

21-2 续表4

指标		Item		21个城市合计 Total of 21 Cities
财政、金融和保险		**Government Finance, Banking and Insurance**		
地方财政一般预算内收入	(亿元)	Local Government Budgetary Revenue	(100 million yuan)	1261.48
地方财政一般预算内支出	(亿元)	Local Government Budgetary Expenditure	(100 million yuan)	1644.22
年末金融机构存款余额	(亿元)	Deposits in Financial Institutions at the Year-end	(100 million yuan)	31983.08
#城乡居民储蓄年末余额	(亿元)	Savings Deposits by Urban and Rural Residents at the Year-end	(100 million yuan)	15993.00
年末金融机构各项贷款余额	(亿元)	Loans in Financial Institutions at the Year-end	(100 million yuan)	19637.04
保费收入	(亿元)	Premium	(100 million yuan)	
赔款、给付	(亿元)	Settled Claim	(100 million yuan)	
人民生活		**People's Livelihood**		
在岗职工平均人数	(万人)	Average Number of Fully Employed Staff and Workers	(10000 persons)	656.51
在岗职工工资总额	(亿元)	Total Wages of Fully Employed Staff and Workers	(100 million yuan)	1654.95
居民人均可支配收入	(元)	Per Capita Disposable Income of Urban Residents	(yuan)	240704.19
居民人均消费支出	(元)	Per Capita Living Expenditure of Urban Residents	(yuan)	195298.21
居民消费价格指数(上年为100)	(%)	Price Index of Consumer Goods (preceding year = 100)	(%)	2042.70
基本养老保险参保人数	(万人)	Number of Staff and Workers in Basic Retirement Security Program	(10000 persons)	1201.14
基本医疗保险参保人数	(万人)	Number of Staff and Workers in Basic Health Care Program	(10000 persons)	1065.87
失业保险参保人数	(万人)	Number of Staff and Workers in Unemployment Insurance Program	(10000 persons)	942.38
教育、科技、文化和卫生		**Education, Science and Technology, Culture and Health Care**		
学校数		Number of Schools		
高等学校	(所)	Colleges and Universities	(unit)	109
中等专业学校	(所)	Specialized Secondary Schools	(unit)	423
普通中学	(所)	Regular Secondary Schools	(unit)	1929
小学	(所)	Primary Schools	(unit)	5535
在校学生数		Number of Students Enrolled		
高等学校	(人)	In Colleges and Universities	(person)	898431
中等专业学校	(人)	In Specialized Secondary Schools	(person)	669656
普通中学	(万人)	In Regular Secondary Schools	(10000 persons)	257.24
小学	(万人)	In Primary Schools	(10000 persons)	462.21
各类专业技术人员数	(万人)	Number of Specialized Technical Personnel	(10000 persons)	225.76
#中级职称以上人员数	(万人)	Personnel with Medium Technical Titles and above	(10000 persons)	70.04
剧场、影剧院数	(个)	Number of Theatres and Cinemas	(unit)	266
公共图书馆图书总藏量	(千册)	Total Book Collections of Public Libraries	(1000 volumes)	32552.67
医院、卫生院数	(个)	Number of Hospitals	(unit)	1872
医院、卫生院床位数	(张)	Number of Hospital Beds	(unit)	143646
医生数	(人)	Number of Doctors	(person)	78930

21-2 continued 4

广州市 Guangzhou	深圳市 Shenzhen	珠海市 Zhuhai	汕头市 Shantao	佛山市 Foshan	韶关市 Shaoguan	河源市 Heyuan	梅州市 Meizhou	惠州市 Huizhou
353. 04	412. 38	48. 97	29. 17	130. 85	14. 13	3. 32	6. 75	26. 82
414. 10	599. 16	57. 77	48. 92	150. 85	22. 38	8. 80	12. 03	33. 81
10675. 47	8478. 16	925. 47	949. 82	3770. 74	240. 92	86. 09	146. 13	540. 18
4742. 49	3229. 38	480. 87	729. 39	2358. 78	182. 55	49. 94	61. 43	334. 65
6762. 55	6168. 04	424. 33	389. 03	2056. 29	107. 49	73. 47	129. 28	314. 77
	106. 39							
	28. 63							
178. 85	159. 11	46. 59	28. 90	49. 18	11. 74	6. 41	4. 40	47. 24
630. 46	516. 73	101. 77	49. 73	108. 37	26. 95	0. 01	8. 41	0. 01
18287. 24	21494. 00	18908. 00	12229. 00	17423. 90	10968. 96		8695. 00	14884. 00
14468. 24	15911. 00	14323. 66	9506. 00	14313. 58	8285. 52		7019. 00	12931. 00
101. 50	101. 60	102. 20	102. 50	101. 70	101. 30	102. 70	102. 20	102. 00
185. 05	352. 75	49. 09	48. 07	135. 01	14. 99	5. 23	0. 91	36. 93
208. 58	269. 58	54. 24	20. 13	115. 87	21. 11	2. 84	0. 68	3. 67
221. 63	143. 18	45. 09	32. 36	101. 70	14. 39	5. 23	0. 64	34. 50
59	9	8	1	3	2	1		1
136	16	7	22	45	25	5	2	
379	245	58	227	177	59	20	19	69
928	358	135	816	484	211	45	56	293
34869	2796	2467	631	1444	1195	287		506
7124	1216	644	1237	3602	1177	265	130	
44. 63	24. 05	8. 06	36. 00	31. 25	6. 30	2. 48	1. 83	10. 57
72. 62	56. 63	12. 74	74. 94	44. 04	8. 04	4. 13	3. 58	19. 23
44. 13	79. 10	8. 90	15. 47	7. 30			0. 16	
13. 42	30. 52	3. 38	5. 17	5. 22			0. 15	
15	45	6	18	48	2	1	2	4
11567. 60	4986. 00	380. 00	2439. 80	2150. 00	210. 00	80. 00	31. 00	516. 90
241	97	44	687	204	55	8	15	56
39735	16824	4312	8237	17292	3885	955	1494	4400
23961	11619	1761	4993	7449	2046	542	920	2855

21-2 续表 5

指　　标		Item		汕尾市 Shanwei	东莞市 Dongguan
财政、金融和保险		**Government Finance, Banking and Insurance**			
地方财政一般预算内收入	(亿元)	Local Government Budgetary Revenue	(100 million yuan)	2.63	103.97
地方财政一般预算内支出	(亿元)	Local Government Budgetary Expenditure	(100 million yuan)	6.43	117.04
年末金融机构存款余额	(亿元)	Deposits in Financial Institutions at the Year-end	(100 million yuan)	49.37	2933.40
# 城乡居民储蓄年末余额	(亿元)	Savings Deposits by Urban and Rural Residents at the Year-end	(100 million yuan)	32.31	1728.28
年末金融机构各项贷款余额	(亿元)	Loans in Financial Institutions at the Year-end	(100 million yuan)	37.81	1500.52
保费收入	(亿元)	Premium	(100 million yuan)		36.91
赔款、给付	(亿元)	Settled Claim	(100 million yuan)		8.24
人民生活		**People's Livelihood**			
在岗职工平均人数	(万人)	Average Number of Fully Employed Staff and Workers	(10000 persons)	4.00	18.34
在岗职工工资总额	(亿元)	Total Wages of Fully Employed Staff and Workers	(100 million yuan)	6.32	0.05
居民人均可支配收入	(元)	Per Capita Disposable Income of Urban Residents	(yuan)	8311.00	22882.00
居民人均消费支出	(元)	Per Capita Living Expenditure of Urban Residents	(yuan)	7164.00	21768.00
居民消费价格指数(上年为100)	(%)	Price Index of Consumer Goods (preceding year = 100)	(%)	102.30	102.30
基本养老保险参保人数	(万人)	Number of Staff and Workers in Basic Retirement Security Program	(10000 persons)	3.98	182.49
基本医疗保险参保人数	(万人)	Number of Staff and Workers in Basic Health Care Program	(10000 persons)	2.55	189.40
失业保险参保人数	(万人)	Number of Staff and Workers in Unemployment Insurance Program	(10000 persons)	3.51	177.78
教育、科技、文化和卫生		**Education, Science and Technology, Culture and Health Care**			
学校数		Number of Schools			
高等学校	(所)	Colleges and Universities	(unit)	1	4
中等专业学校	(所)	Specialized Secondary Schools	(unit)	2	20
普通中学	(所)	Regular Secondary Schools	(unit)	24	134
小学	(所)	Primary Schools	(unit)	86	414
在校学生数		Number of Students Enrolled			
高等学校	(人)	In Colleges and Universities	(person)	174	1081
中等专业学校	(人)	In Specialized Secondary Schools	(person)	210	1471
普通中学	(万人)	In Regular Secondary Schools	(10000 persons)	3.47	19.10
小学	(万人)	In Primary Schools	(10000 persons)	6.00	48.09
各类专业技术人员数	(万人)	Number of Specialized Technical Personnel	(10000 persons)	1.66	
# 中级职称以上人员数	(万人)	Personnel with Medium Technical Titles and above	(10000 persons)	0.55	
剧场、影剧院数	(个)	Number of Theatres and Cinemas	(unit)	36	31
公共图书馆图书总藏量	(千册)	Total Book Collections of Public Libraries	(1000 volumes)		6604.04
医院、卫生院数	(个)	Number of Hospitals	(unit)	14	54
医院、卫生院床位数	(张)	Number of Hospital Beds	(unit)	798	11688
医生数	(人)	Number of Doctors	(person)	626	5981

注：1. 本表按2005年底止的行政区划范围统计。
2. 工业统计范围为国有及年销售收入500万元以上的非国有工业企业。

21-2 continued 5

中山市 Zhongshan	江门市 Jiangmen	阳江市 Yangjiang	湛江市 Zhanjiang	茂名市 Maoming	肇庆市 Zhaoqing	清远市 Qingyuan	潮州市 Chaozhou	揭阳市 Jieyang	云浮市 Yunfu
54. 26	24. 84	4. 34	6. 45	13. 64	8. 31	4. 81	4. 57	4. 61	3. 63
56. 71	30. 81	9. 46	12. 02	19. 43	13. 32	9. 65	7. 26	8. 04	6. 22
1131. 19	456. 38	129. 56	443. 73	218. 54	249. 61	162. 17	185. 58	143. 01	67. 55
725. 06	293. 76	92. 37	282. 24	145. 54	148. 80	104. 77	117. 73	104. 94	47. 72
479. 02	289. 04	65. 78	226. 63	133. 38	149. 43	103. 98	94. 54	86. 28	45. 37
								1. 34	
								0. 50	
22. 84	17. 09	6. 50	16. 33	9. 68	10. 49	5. 73	4. 80	4. 91	3. 38
50. 95	31. 16	10. 08	33. 68	23. 59	22. 10	12. 30	8. 62	6. 92	6. 75
17255. 00	12902. 50		9651. 59	9252. 00	10097. 00	9325. 00	8946. 00	9192. 00	
14288. 00	9993. 48		8064. 08	6911. 00	7476. 65	6900. 00	8199. 00	7776. 00	
102. 40	102. 80	102. 30	102. 20	101. 60	102. 20	102. 10	102. 70	102. 40	101. 90
85. 35	14. 43	9. 23	25. 72	15. 12	12. 51	6. 52	6. 71	7. 42	3. 64
88. 55	19. 11	5. 65	24. 42	12. 16	14. 06	5. 66	2. 17	2. 20	3. 24
84. 84	13. 07	7. 03	16. 72	9. 10	11. 61	4. 21	6. 40	6. 18	3. 23
4	2	1	3	2	4	1	1	2	
16	15	4	42	15	29	6	10	4	2
92	103	27	79	89	24	34	21	33	16
230	203	142	382	329	84	93	57	106	83
1497	783	258	2789	1586	1223	360	422		
2396	1902	557	1774	1334	1813	389	538	78	227
9. 74	9. 89	4. 88	13. 55	13. 07	3. 54	4. 15	3. 19	4. 94	2. 55
22. 61	13. 54	6. 82	20. 21	20. 21	5. 00	5. 76	4. 47	10. 07	3. 49
49. 28	3. 26		5. 20	2. 01	1. 50	2. 52	1. 80	3. 14	0. 32
4. 19	1. 03		2. 30	0. 81	0. 67	1. 11	0. 37	1. 02	0. 13
31	7	1	2	2	5	2	3	3	2
584. 10	530. 00	390. 92	582. 00	225. 30	291. 00	335. 00	280. 00	280. 00	89. 00
33	44	23	185	21	25	19	17	15	15
5531	4787	1844	11428	2557	2781	1842	1196	1036	1024
3340	2794	1164	2901	1356	1402	920	855	881	564

Note: a) Figures in this table are calculated in accordance with the administrative divisions at the end of 2005.

b) The scope of indicators in industry refers to the state-owned industrial enterprises and non-state-owned industrial enterprises with an annual sales revenue over 5 million yuan.

二十二、县（市）区主要指标

22

COUNTLES AND DISTRICTS UNDER CITY ADMINISTRATION

二十二　县(市)区主要经济指标

简要说明

一、本篇资料反映广东县区经济发展的基本情况，主要包括：各县区的人口、耕地面积及地区生产总值、工农业产值、主要农产品产量、乡镇企业基本情况、固定资产投资、消费品零售总额、在岗职工人数和职工工资、财政收支以及居民储蓄存款等内容。

二、本篇资料由广东省统计局各有关专业处整理提供，综合处负责编辑。

三、本篇资料依据国家统计局制定的各有关专业年度报表制度和广东省统计局制发的《县区国民经济主要指标年报》，并由21个地级市统计局填报、汇总而成。

四、本篇各县区产值、金融、财政类指标数据汇总数不等于全省数。

22 Counties and Districts Under City Administration

Brief Introduction

Ⅰ. The data in this chapter show the basic conditions of the economic development of the counties and districts under city administration in Guangdong Province, mainly including the data on population, regularly cultivated land, gross local product value, gross output value of industry and agriculture, output of major farm products, basic statistics on township enterprises, investment in fixed assets, total retail sales of consumer goods, number and wages of fully employed staff and workers, local government budgetary revenue and expenditure and savings deposits by urban and rural residents, etc.

Ⅱ. The data in this chapter are prepared and provided by the related specialized divisions and compiled by the Division of Comprehensive Statistics of Guangdong Provincial Bureau of Statistics.

Ⅲ. The data in this chapter are based on the related specialized annual report schemes formulated by the National Bureau of Statistics and the Annual Report of Major Indicators on National Economy by County and District formulated by Guangdong Provincial Bureau of Statistics, and then tabulated in accordance with the figures reported by the twenty-one statistics bureaus at the prefectural level.

Ⅳ. The tabulated data on output value, banking and government finance of the counties and districts in this chapter are not equal to the sum of the whole province.

22-1 各县（市）、区户籍人口数及常用耕地面积（2005年）

Residence Registration Population and Regularly Cultivated Land by County (County-level City) and District (2005)

县（市）、区别 County (County-level City) and District	总人口（人） Total Population (person)	按性别分 By Sex		按农业、非农业分 By Agricultural and Non-agricultural Population		常用耕地面积（亩） Regularly Cultivated Land (mu)
		男 Male	女 Female	非农业人口 Non-agricultural Population	农业人口 Agricultural Population	
广州市 Guangzhou						
市辖区 Urban District	6172839	3160713	3012126	6172839		1072641
从化市 Conghua City	538188	273731	264457	224324	307678	323677
增城市 Zengcheng City	794295	405236	389059	317008	476548	555098
深圳市 Shenzhen	1819322	966915	852407	1819322		35277
珠海市 Zhuhai	895994	457874	438120	895994		240707
汕头市 Shantou						
市辖区 Urban District	4840520	2434531	2405989	4840520		647553
南澳县 Nanao County	72411	36583	35828	27282	45129	6395
佛山市 Foshan	3544802	1775852	1768950	3544802		838571
韶关市 Shaoguan						
市辖区 Urban District	907139	479886	427253	907139		314117
乐昌市 Lechang City	520726	276601	244125	256361	260099	285714
南雄市 Nanxiong City	459645	231948	227697	81930	376761	436096
仁化县 Renhua County	226637	114647	111990	57853	168784	188525
始兴县 Shixing County	242223	120801	121422	51052	191171	159686
翁源县 Wengyuan County	384212	196998	187214	107972	276240	279076
新丰县 Xinfeng County	240987	126056	114931	63151	177196	135481
乳源县 Ruyuan County	204985	105851	99134	39543	165337	151439
河源市 Heyuan						
市辖区 Urban District	290515	147912	142603	290515		32318
东源县 Dongyuan County	522831	268535	254296	64387	458298	300882
和平县 Heping County	483988	248157	235831	69190	414798	211579
龙川县 Longchuan County	877272	447105	430167	154800	716066	436796
紫金县 Zijin County	820527	425166	395361	212290	608237	396683
连平县 Lianping County	378438	195981	182457	82268	296170	212721
梅州市 Meizhou						
市辖区 Urban District	307352	158290	149062	307352		33226
兴宁市 Xingning City	1137272	586445	550827	317541	819731	418413
梅　县 Meixian County	607023	307512	299511	140154	466869	298675
平远县 Pingyuan County	253240	129636	123604	82524	170716	136881
蕉岭县 Jiaoling County	228232	117448	110784	64510	163722	91262
大埔县 Dapu County	530950	274364	256586	113576	417374	167210
丰顺县 Fengshun County	672332	347951	324381	103325	563538	221604
五华县 Wuhua County	1252793	643824	608969	168026	1084767	462032
惠州市 Huizhou						
市辖区 Urban District	1144654	582368	562286	1144654		371436
惠东县 Huidong County	737312	378686	358626	240028	497284	451829
博罗县 Boluo County	771658	396026	375632	193495	568066	512653
龙门县 Longmen County	322183	165788	156395	87085	235069	195299
汕尾市 Shanwei						
市辖区 Urban District	464857	241982	222875	464857		67744
陆丰市 Lufeng City	1615969	838722	777247	630220	977746	395260
海丰县 Haifeng County	769049	401887	367162	378564	373347	319170
陆河县 Luhe County	303699	157418	146281	114595	189104	108791
东莞市 Dongguan	1656541	840721	815820	667350	985993	502937
中山市 Zhongshan	1408163	705457	702706	721082	681561	433271
江门市 Jiangmen						
市辖区 Urban District	1338280	670877	667403	1338280		410800
台山市 Taishan City	987514	505180	482334	272125	715349	656766
开平市 Kaiping City	679897	341421	338476	250314	429583	419242
鹤山市 Heshan City	360353	181593	178760	150077	210276	177139
恩平市 Enping City	496367	259246	237121	177373	318994	315672

22-1 续表 continued

县（市）、区别 County (County-level City) and District	总人口（人） Total Population (person)	按性别分 By Sex		按农业、非农业分 By Agricultural and Non-agricultural Population		常用耕地面积（亩） Regularly Cultivated Land (mu)
		男 Male	女 Female	非农业人口 Non-agricultural Population	农业人口 Agricultural Population	
阳江市 Yangjiang						
市辖区 Urban District	634958	328630	306328	634958		192223
阳春市 Yangchun City	1076145	571289	504856	222727	850925	675255
阳东县 Yangdong County	454933	246916	208017	82779	370758	365123
阳西县 Yangxi County	475469	259499	215970	89626	381743	324875
湛江市 Zhanjiang						
市辖区 Urban District	1433366	749388	683978	1433366		567624
雷州市 Leizhou City	1501098	793342	707756	291232	1209866	1209446
廉江市 Lianjiang City	1537805	827542	710263	348258	1189547	778947
吴川市 Wuchuan City	1019767	551501	468266	289546	713899	305875
遂溪县 Suixi County	971892	510376	461516	184156	787706	895145
徐闻县 Xuwen County	683662	355465	328197	147182	536480	786111
茂名市 Maoming						
市辖区 Urban District	1213544	633418	580126	1213544		463994
信宜市 Xinyi City	1254212	660690	593522	343557	910655	479329
高州市 Gaozhou City	1616088	859748	756340	477258	1120552	812099
化州市 Huazhou City	1448164	770996	677168	245549	1192298	897814
电白县 Dianbai County	1261317	682588	578729	333641	927007	757110
肇庆市 Zhaoqing						
市辖区 Urban District	483933	246749	237184	483933		134070
四会市 Sihui City	430058	223367	206691	140339	287638	220687
高要市 Gaoyao City	728732	373715	355017	107541	621064	459454
广宁县 Guangning County	543646	286410	257236	111909	431730	243287
德庆县 Deqing County	359197	187804	171393	72168	285701	209744
封开县 Fenkai County	474761	245155	229606	74066	395650	305763
怀集县 Huaiji County	944472	482479	461993	119841	816834	406910
清远市 Qingyuan						
市辖区 Urban District	544389	277780	266609	544389		228528
英德市 Yingde City	1053616	559903	493713	215272	838344	795019
连州市 Lianzhou City	508129	262257	245872	91861	415970	304384
佛冈县 Fogang County	311357	158542	152815	62450	248907	145755
清新县 Qingxin County	711901	367404	344497	85457	626434	313193
连山县 Lianshan County	115296	60148	55148	24591	89720	90993
连南县 Liannan County	156523	80742	75781	27586	128937	104641
阳山县 Yangshan County	533152	277565	255587	74910	458200	430672
潮州市 Chaozhou						
市辖区 Urban District	343641	170586	173055	343641		16353
饶平县 Raoping County	971747	498773	472974	224089	747658	285973
潮安县 Chaoan County	1188856	604817	584039	174654	1013936	258984
揭阳市 Jieyang						
市辖区 Urban District	666079	340322	325757	666079		78073
普宁市 Puning City	2125786	1093876	1031910	636665	1458071	387433
揭东县 Jiedong County	1223170	634492	588678	251470	954898	366559
揭西县 Jiexi County	915696	473164	442532	242636	663705	249543
惠来县 Huilai County	1162023	593316	568707	316535	822076	294787
云浮市 Yunfu						
市辖区 Urban District	284710	149696	135014	284710		113946
罗定市 Luoding City	1106101	582991	523110	369735	710642	484110
新兴县 Xinxing County	453361	231072	222289	158384	292603	279241
郁南县 Yunan County	480432	253548	226884	94729	385703	234820
云安县 Yunan County	309018	159376	149642	75973	229696	147438

注：在“按农业、非农业分”的人口中，不包括未落常住户口的人数。
Note: The agricultural and non-agricultural population exclude the population without permanent resident registration.

22-2 各县（市）区地区生产总值（2005 年）
Gross Domestic Product by County (County-level City) and District (2005)

单位：万元 (10000 yuan)

县（市）区别 County (County-level City) and District	地区生产总值 Gross Domestic Product	第一产业 Primary Industry	第二产业 Secondary Industry	第三产业 Tertiary Industry
广州市 Guangzhou				
市　区 Urban District	47924449	912826	18477905	28533718
从化市 Conghua City	921080	116898	463238	340944
增城市 Zengcheng City	2696754	272435	1511040	913279
深圳市 Shenzhen	49509078	97385	26334427	23077266
珠海市 Zhuhai	6349521	193293	3391846	2764382
汕头市 Shantou				
市　区 Urban District	6464996	424921	3310527	2729548
南澳县 Nanao County	48577	20274	12897	15406
佛山市 Foshan	23831836	757645	14394029	8680162
韶关市 Shaoguan				
市　区 Urban District	1869870	122452	916839	830579
乐昌市 Lechang City	297813	70122	102889	124802
南雄市 Nanxiong City	244661	113229	36208	95224
仁化县 Renhua County	241271	71201	112148	57922
始兴县 Shixing County	162672	55430	55105	52137
翁源县 Wengyuan County	196771	73161	48749	74861
新丰县 Xinfeng County	126745	29250	44914	52581
乳源县 Ruyuan County	169453	23623	95972	49858
河源市 Heyuan				
市　区 Urban District	513174	22382	244672	246120
东源县 Dongyuan County	245098	71524	89776	83798
和平县 Heping County	209579	65503	53447	90629
龙川县 Longchuan County	474646	105525	166241	202880
紫金县 Zijin County	323661	118004	90348	115309
连平县 Lianping County	277830	39757	162954	75119
梅州市 Meizhou				
市　区 Urban District	605492	24482	362484	218526
兴宁市 Xingning City	493374	146303	148053	199018
梅　县 Meixian County	679704	167716	329117	182871
平远县 Pingyuan County	177293	46730	63975	66588
蕉岭县 Jiaoling County	226324	43232	108014	75078
大埔县 Dapu County	234510	64361	83360	86789
丰顺县 Fengshun County	314213	90615	134123	89475
五华县 Wuhua County	377401	125211	81339	170851
惠州市 Huizhou				
市　区 Urban District	4849742	193659	3002345	1653738
惠东县 Huidong County	1389600	258714	732306	398580
博罗县 Boluo County	1452526	223462	695461	533603
龙门县 Longmen County	320077	95452	103231	121394
汕尾市 Shanwei				
市　区 Urban District	569473	96386	267651	205435
陆丰市 Lufeng City	643713	213182	230992	199539
海丰县 Haifeng County	776103	148097	301615	326391
陆河县 Luhe County	173150	50691	55691	66768
东莞市 Dongguan	21816245	196179	12362473	9257593
中山市 Zhongshan	8802018	308137	5393823	3100058
江门市 Jiangmen				
市　区 Urban District	4109369	257717	2095946	1755706
台山市 Taishan City	1094855	200782	524979	369094
开平市 Kaiping City	1157912	122876	567256	467780
鹤山市 Heshan City	877152	83410	474078	319664
恩平市 Enping City	552011	102101	207799	242111

22-2 续表 continued

单位：万元 (10000 yuan)

县（市）区别 County (County-level City) and District	地区生产总值 Gross Domestic Product	第一产业 Primary Industry	第二产业 Secondary Industry	第三产业 Tertiary Industry
阳江市 Yangjiang				
市　区 Urban District	1163387	188948	455801	518638
阳春市 Yangchun City	833263	256618	304755	271890
阳东县 Yangdong County	541127	161583	231121	148423
阳西县 Yangxi County	415664	194500	108540	112624
湛江市 Zhanjiang				
市　区 Urban District	3760174	203741	2313016	1243417
雷州市 Leizhou City	611158	302324	95246	213588
廉江市 Lianjiang City	771332	332352	211161	227819
吴川市 Wuchuan City	458384	112091	183597	162696
遂溪县 Suixi County	573912	301414	109426	163072
徐闻县 Xuwen County	405978	198083	55626	152269
茂名市 Maoming				
市　区 Urban District	2902874	209992	1436738	1256144
信宜市 Xinyi City	1204451	443866	371770	388815
高州市 Gaozhou City	1544158	505039	481201	557918
化州市 Huazhou City	1327590	433823	341799	551968
电白县 Dianbai County	1219471	416095	434333	369043
肇庆市 Zhaoqing				
市　区 Urban District	1406859	81849	496209	828801
四会市 Sihui City	640361	228363	215427	196571
高要市 Gaoyao City	949981	422877	235725	291379
广宁县 Guangning County	339929	130988	56829	152112
德庆县 Deqing County	285582	101718	60984	122880
封开县 Fenkai County	336679	168239	49218	119222
怀集县 Huaiji County	518397	251148	50006	217243
清远市 Qingyuan				
市　区 Urban District	907143	88629	409648	408867
英德市 Yingde City	693666	196867	201475	295326
连州市 Lianzhou City	378850	97780	144764	136306
佛冈县 Fogang County	311874	34906	183843	93124
清新县 Qingxin County	526821	135873	218732	172215
连山县 Lianshan County	70841	25518	17877	27446
连南县 Liannan County	72271	20006	23276	28989
阳山县 Yangshan County	285994	105472	69792	110730
潮州市 Chaozhou				
市　区 Urban District	714493	10522	357787	346184
饶平县 Raoping County	721262	209943	250510	260809
潮安县 Chaoan County	1443140	105959	900124	437057
揭阳市 Jieyang				
市　区 Urban District	962007	31679	521183	409145
普宁市 Puning City	1209810	156670	582144	470996
揭东县 Jiedong County	950623	187683	492192	270748
揭西县 Jiexi County	558006	139160	260059	158787
惠来县 Huilai County	527287	196444	195428	135415
云浮市 Yunfu				
市　区 Urban District	479533	81889	239808	157836
罗定市 Luoding City	588912	268002	162305	158605
新兴县 Xinxing County	525079	189805	155353	179921
郁南县 Yunan County	339962	131306	90763	117893
云安县 Yunan County	215529	89456	79446	46627

注：本表按当年价格计算。
Note: The data in this table are calculated at current prices.

22-3 各县（市）区地区生产总值增长速度（2005 年）
Growths Rates of Gross Domestic Product by County (County-level City) and District (2005)

单位:%　　　　(%)

县（市）区别 County (County-level City) and District	地区生产总值 Gross Domestic Product	第一产业 Primary Industry	第二产业 Secondary Industry	第三产业 Tertiary Industry
广州市 Guangzhou				
市　区 Urban District	13.0	7.0	12.8	13.4
从化市 Conghua City	6.1	-0.3	4.3	12.0
增城市 Zengcheng City	13.6	4.2	17.9	9.5
深圳市 Shenzhen	15.1	-20.4	17.6	12.2
珠海市 Zhuhai	13.4	4.9	16.7	10.0
汕头市 Shantou				
市　区 Urban District	11.4	3.0	13.6	10.2
南澳县 Nanao County	6.0	3.3	7.8	8.1
佛山市 Foshan	19.4	2.0	24.2	14.2
韶关市 Shaoguan				
市　区 Urban District	5.9	3.9	0.6	12.3
乐昌市 Lechang City	7.5	5.8	3.6	12.1
南雄市 Nanxiong City	9.2	5.1	18.2	10.9
仁化县 Renhua County	15.5	4.2	27.9	10.0
始兴县 Shixing County	9.4	4.6	13.6	10.4
翁源县 Wengyuan County	6.6	4.6	6.5	9.0
新丰县 Xinfeng County	9.0	-2.7	18.6	6.5
乳源县 Ruyuan County	-1.4	4.1	-8.9	11.2
河源市 Heyuan				
市　区 Urban District	32.3	-3.7	43.2	26.4
东源县 Dongyuan County	22.5	4.5	57.1	11.9
和平县 Heping County	13.2	1.0	20.3	19.7
龙川县 Longchuan County	19.4	3.8	40.6	14.3
紫金县 Zijin County	19.2	1.0	55.9	18.9
连平县 Lianping County	26.2	2.4	44.2	13.1
梅州市 Meizhou				
市　区 Urban District	6.4	4.3	5.9	7.5
兴宁市 Xingning City	1.6	1.6	-2.1	4.5
梅　县 Meixian County	7.4	3.1	8.8	9.1
平远县 Pingyuan County	8.7	1.5	10.6	12.4
蕉岭县 Jiaoling County	7.0	2.2	10.8	4.6
大埔县 Dapu County	7.4	3.1	10.5	7.7
丰顺县 Fengshun County	9.1	2.4	15.1	8.4
五华县 Wuhua County	8.5	2.5	12.7	11.4
惠州市 Huizhou				
市　区 Urban District	16.5	11.6	15.9	18.6
惠东县 Huidong County	13.1	4.2	15.8	14.3
博罗县 Boluo County	15.3	1.6	15.1	23.1
龙门县 Longmen County	16.4	9.6	19.9	19.6
汕尾市 Shanwei				
市　区 Urban District	21.9	4.3	34.3	17.1
陆丰市 Lufeng City	10.2	-1.6	21.0	11.9
海丰县 Haifeng County	16.9	5.5	22.7	20.3
陆河县 Luhe County	16.1	6.5	25.2	16.9
东莞市 Dongguan	19.4	-2.3	20.8	18.1
中山市 Zhongshan	23.2	2.3	22.7	26.5
江门市 Jiangmen				
市　区 Urban District	15.2	3.7	20.0	11.6
台山市 Taishan City	12.5	-2.8	22.9	7.1
开平市 Kaiping City	6.6	-0.3	5.3	10.4
鹤山市 Heshan City	12.1	3.5	12.9	13.6
恩平市 Enping City	12.0	0.1	13.4	16.8

22-3 续表 continued

单位:% (%)

县（市）区别 County (County-level City) and District	地区生产总值 Gross Domestic Product	第一产业 Primary Industry	第二产业 Secondary Industry	第三产业 Tertiary Industry
阳江市 Yangjiang				
市　区 Urban District	17.7	2.5	17.9	24.8
阳春市 Yangchun City	10.5	-13.4	29.4	22.8
阳东县 Yangdong County	14.3	-6.4	31.6	18.7
阳西县 Yangxi County	12.8	3.7	23.0	19.9
湛江市 Zhanjiang				
市　区 Urban District	12.6	16.1	14.0	9.9
雷州市 Leizhou City	11.2	7.7	22.9	11.7
廉江市 Lianjiang City	11.3	6.2	17.7	13.4
吴川市 Wuchuan City	14.2	7.4	22.3	10.1
遂溪县 Suixi County	11.9	7.7	20.4	13.0
徐闻县 Xuwen County	11.2	9.5	17.4	11.1
茂名市 Maoming				
市　区 Urban District	20.5	6.8	18.6	24.5
信宜市 Xinyi City	13.0	11.0	5.7	23.7
高州市 Gaozhou City	13.6	10.0	10.9	19.3
化州市 Huazhou City	12.4	7.2	5.6	23.9
电白县 Dianbai County	13.9	5.3	25.5	12.0
肇庆市 Zhaoqing				
市　区 Urban District	14.4	0.9	18.1	13.8
四会市 Sihui City	18.9	6.1	40.4	14.9
高要市 Gaoyao City	13.1	7.1	19.3	17.2
广宁县 Guangning County	14.2	6.6	26.0	16.6
德庆县 Deqing County	16.2	6.6	31.6	17.4
封开县 Fenkai County	10.3	5.6	25.3	11.0
怀集县 Huaiji County	12.8	7.2	39.4	14.1
清远市 Qingyuan				
市　区 Urban District	38.1	4.0	69.5	24.6
英德市 Yingde City	25.9	4.4	55.3	26.9
连州市 Lianzhou City	20.7	5.6	35.7	19.2
佛冈县 Fogang County	29.4	4.0	48.2	11.8
清新县 Qingxin County	31.0	5.4	70.6	19.5
连山县 Lianshan County	11.2	3.3	15.1	16.4
连南县 Liannan County	12.3	5.2	23.0	9.8
阳山县 Yangshan County	14.3	3.8	26.5	19.0
潮州市 Chaozhou				
市　区 Urban District	10.4	-6.1	13.4	8.0
饶平县 Raoping County	9.0	4.5	14.1	7.7
潮安县 Chaoan County	14.2	-8.9	15.0	20.1
揭阳市 Jieyang				
市　区 Urban District	11.3	0.6	12.0	11.6
普宁市 Puning City	9.9	4.1	12.5	9.0
揭东县 Jiedong County	11.6	5.0	12.6	15.5
揭西县 Jiexi County	12.0	6.5	15.9	11.7
惠来县 Huilai County	11.0	0.5	30.0	7.4
云浮市 Yunfu				
市　区 Urban District	12.3	7.5	17.3	8.0
罗定市 Luoding City	13.2	6.9	29.5	11.1
新兴县 Xinxing County	15.8	7.8	30.0	13.5
郁南县 Yunan County	15.2	8.6	30.4	15.0
云安县 Yunan County	15.7	8.6	26.3	14.7

注：本表按可比价格计算。
Note: The data in this table are calculated at comparable prices and compared with the preceding year.

22-4 各县（市）区人均地区生产总值及增长速度（2004－2005年）

Per Capita Gross Domestic Product and Growth Rates by County (County-level City) and District (2004－2005)

县（市）区别 County (County-level City) and District	绝对数（元/人）Absolute Figure (yuan/person)		增长速度（%）Growth Rate (%)	
	2004	2005	2004	2005
广州市 Guangzhou				
市　区 Urban District	49053	57491	16.4	14.2
从化市 Conghua City	17340	19310	4.6	8.0
增城市 Zengcheng City	29763	35222	14.6	16.2
深圳市 Shenzhen	54236	60801	13.3	11.6
珠海市 Zhuhai	40311	45284	11.1	10.7
汕头市 Shantou				
市　区 Urban District	11747	13284	9.8	10.4
南澳县 Nanao County	6492	7000	4.9	6.3
佛山市 Foshan	33669	41266	16.4	17.8
韶关市 Shaoguan				
市　区 Urban District	19401	21124	4.8	5.4
乐昌市 Lechang City	5966	6398	14.0	5.2
南雄市 Nanxiong City	5885	6514	9.0	9.1
仁化县 Renhua County	9529	11201	9.7	13.6
始兴县 Shixing County	6718	7341	10.7	7.6
翁源县 Wengyuan County	5467	5637	6.8	3.9
新丰县 Xinfeng County	5947	6268	7.8	6.2
乳源县 Ruyuan County	9079	8966	20.4	－2.6
河源市 Heyuan				
市　区 Urban District	13356	17157	18.5	25.0
东源县 Dongyuan County	5127	6117	11.7	16.4
和平县 Heping County	4640	5407	12.0	11.2
龙川县 Longchuan County	5904	7149	13.1	16.6
紫金县 Zijin County	4346	4921	9.2	12.8
连平县 Lianping County	6278	8470	10.4	23.2
梅州市 Meizhou				
市　区 Urban District	17596	19579	33.1	7.1
兴宁市 Xingning City	5086	5372	8.2	0.8
梅　县 Meixian County	11509	12141	11.2	6.0
平远县 Pingyuan County	6835	7557	10.1	7.1
蕉岭县 Jiaoling County	9962	10729	9.4	6.4
大埔县 Dapu County	5836	6237	6.8	6.3
丰顺县 Fengshun County	5991	6596	13.1	8.2
五华县 Wuhua County	3375	3713	6.3	5.5
惠州市 Huizhou				
市　区 Urban District	25510	28930	13.9	13.6
惠东县 Huidong County	15847	17592	10.0	11.0
博罗县 Boluo County	14733	16268	13.8	11.9
龙门县 Longmen County	9067	10318	11.9	13.2
汕尾市 Shanwei				
市　区 Urban District	10205	12278	25.0	21.3
陆丰市 Lufeng City	4384	4869	12.6	8.4
海丰县 Haifeng County	9640	10092	10.7	15.5
陆河县 Luhe County	5995	6893	17.1	15.2
东莞市 Dongguan	27554	33263	20.9	19.4
中山市 Zhongshan	29060	36207	20.9	22.8
江门市 Jiangmen				
市　区 Urban District	23180	26908	13.5	14.7
台山市 Taishan City	9878	11064	8.5	11.6
开平市 Kaiping City	16700	17313	8.3	6.6
鹤山市 Heshan City	17227	19321	9.2	10.8
恩平市 Enping City	10642	11946	9.1	12.2

22-4 续表 continued

县（市）区别 County (County-level City) and District	绝对数（元/人）Absolute Figure (yuan/person)		增长速度（%）Growth Rate (%)	
	2004	2005	2004	2005
阳江市 Yangjiang				
市　区 Urban District	15308	18417	5.9	16.3
阳春市 Yangchun City	8713	9650	14.2	9.4
阳东县 Yangdong County	10965	12777	11.3	13.4
阳西县 Yangxi County	8948	10489	13.7	11.5
湛江市 Zhanjiang				
市　区 Urban District	22195	26593	12.2	10.7
雷州市 Leizhou City	3831	4315	6.2	9.1
廉江市 Lianjiang City	5069	5801	6.9	9.2
吴川市 Wuchuan City	4306	5013	8.2	12.2
遂溪县 Suixi County	5622	6378	6.4	10.0
徐闻县 Xuwen County	5346	6023	13.8	9.3
茂名市 Maoming				
市　区 Urban District	21164	25269	15.0	18.6
信宜市 Xinyi City	10397	12207	11.0	11.4
高州市 Gaozhou City	9667	11188	5.0	10.8
化州市 Huazhou City	10055	11889	9.0	10.3
电白县 Dianbai County	9096	10442	9.0	11.8
肇庆市 Zhaoqing				
市　区 Urban District	23973	27165	12.4	13.8
四会市 Sihui City	11743	13906	11.7	16.7
高要市 Gaoyao City	12677	13935	11.3	11.3
广宁县 Guangning County	6499	7343	10.5	11.0
德庆县 Deqing County	7346	8555	11.3	15.0
封开县 Fenkai County	7238	8124	11.4	9.1
怀集县 Huaiji County	5877	6581	8.7	11.5
清远市 Qingyuan				
市　区 Urban District	11738	15662	19.5	33.6
英德市 Yingde City	6548	7501	15.3	22.0
连州市 Lianzhou City	6942	8525	9.9	22.9
佛冈县 Fogang County	8522	10859	16.4	27.2
清新县 Qingxin County	6826	8365	18.7	22.1
连山县 Lianshan County	5602	6446	8.5	10.9
连南县 Liannan County	4346	4964	7.0	14.0
阳山县 Yangshan County	5762	6501	9.9	14.9
潮州市 Chaozhou				
市　区 Urban District	16646	18670	9.9	9.6
饶平县 Raoping County	7146	7871	7.1	8.3
潮安县 Chaoan County	10230	11839	13.2	13.5
揭阳市 Jieyang				
市　区 Urban District	12575	13989	6.6	9.8
普宁市 Puning City	5700	6089	-0.1	8.7
揭东县 Jiedong County	7802	8616	2.5	11.1
揭西县 Jiexi County	6748	7156	5.3	10.4
惠来县 Huilai County	4963	5147	2.2	9.9
云浮市 Yunfu				
市　区 Urban District	15028	17330	15.2	11.4
罗定市 Luoding City	5609	6225	10.4	11.4
新兴县 Xinxing County	10460	12463	12.4	14.0
郁南县 Yunan County	7503	8230	8.8	13.4
云安县 Yunan County	7150	7909	10.2	15.0

注：本表绝对数按当年价格计算，增长速度按可比价格计算。
Note: The values in this table are calculated at current prices while the growth rates are calculated at comparable prices. Note: The urban district of Qingyuan including the district which Feilaixia.

22-5 各县（市）区工、农业总产值（2004－2005年）

Gross Output Value of Industry and Agriculture by County (County-level City) And District (2004－2005)

单位：万元 (10000 yuan)

县（市）区别 County (County-level City) and District	工业总产值 Gross Output Value of Industry		农业总产值 Gross Output Value of Agriculture	
	2004	2005	2004	2005
广州市 Guangzhou				
市　区 Urban District	46386762	54938843	1409899	1572564
从化市 Conghua City	1594267	1647810	178534	189989
增城市 Zengcheng City	3551770	3733811	425991	445551
深圳市 Shenzhen	80205910	98675451	299946	217369
珠海市 Zhuhai	13637646	15695613	315033	337722
汕头市 Shantou				
市　区 Urban District	6550019	7598684	727945	767538
南澳县 Nanao County	13613	15000	77674	81444
佛山市 Foshan	36516169	47808828	1559552	1597809
韶关市 Shaoguan				
市　区 Urban District	2545967	2841794	191644	202173
乐昌市 Lechang City	189045	211638	107961	142108
南雄市 Nanxiong City	34074	45092	170813	184201
仁化县 Renhua County	158551	206384	110516	120610
始兴县 Shixing County	145038	155598	83334	103325
翁源县 Wengyuan County	49501	51356	120445	121766
新丰县 Xinfeng County	59081	83272	49095	61941
乳源县 Ruyuan County	253846	338469	36291	44996
河源市 Heyuan				
市　区 Urban District	469152	631721	38554	38260
东源县 Dongyuan County	81802	177882	109940	119198
和平县 Heping County	60788	78977	92368	100157
龙川县 Longchuan County	203142	347962	145015	157986
紫金县 Zijin County	124130	205588	172871	173140
连平县 Lianping County	226460	378891	62590	67208
梅州市 Meizhou				
市　区 Urban District	554532	584837	35933	43621
兴宁市 Xingning City	165174	167438	202714	220515
梅　县 Meixian County	540744	620022	255736	264748
平远县 Pingyuan County	104920	110170	72868	75775
蕉岭县 Jiaoling County	210167	246061	65700	71153
大埔县 Dapu County	118553	107408	98058	100567
丰顺县 Fengshun County	167040	167874	140552	144868
五华县 Wuhua County	51178	66029	176187	189916
惠州市 Huizhou				
市　区 Urban District	10726369	12208479	324622	314784
惠东县 Huidong County	401367	385606	396235	391514
博罗县 Boluo County	1397468	1605587	380937	362981
龙门县 Longmen County	88922	86969	131625	138076
汕尾市 Shanwei				
市　区 Urban District	517043	707533	195076	189453
陆丰市 Lufeng City	114957	142248	380498	393235
海丰县 Haifeng County	191870	258642	347132	255209
陆河县 Luhe County	13039	26068	84936	72066
东莞市 Dongguan	33487361	39401051	441912	420496
中山市 Zhongshan	17953111	22214508	494861	529072
江门市 Jiangmen				
市　区 Urban District	7320435	9086586	456311	476539
台山市 Taishan City	1622440	1916803	459147	441924
开平市 Kaiping City	1533054	1705691	240931	227147
鹤山市 Heshan City	1250258	1454433	151903	149861
恩平市 Enping City	334765	368985	213484	151991

22-5 续表 continued

单位：万元 (10000 yuan)

县（市）区别 County (County-level City) and District	工业总产值 Gross Output Value of Industry		农业总产值 Gross Output Value of Agriculture	
	2004	2005	2004	2005
阳江市 Yangjiang				
市 区 Urban District	789816	961427	302046	302520
阳春市 Yangchun City	463649	578710	427251	409427
阳东县 Yangdong County	330221	460806	255379	250208
阳西县 Yangxi County	110546	137218	295271	317081
湛江市 Zhanjiang				
市 区 Urban District	4101225	5242571	304882	326499
雷州市 Leizhou City	171023	226867	432125	479385
廉江市 Lianjiang County	230023	334541	479259	546223
吴川市 Wuchuan City	179448	226002	148552	185612
遂溪县 Suixi County	214461	288486	434473	496456
徐闻县 Xuwen County	85539	124215	265465	295992
茂名市 Maoming				
市 区 Urban District	5291309	5667656	304407	357044
信宜市 Xinyi City	246324	276703	565004	637555
高州市 Gaozhou City	330059	374059	670633	735336
化州市 Huazhou City	300163	283349	574181	621305
电白县 Dianbai County	309953	418665	568050	618269
肇庆市 Zhaoqing				
市 区 Urban District	1157370	1330850	138032	145251
四会市 Sihui City	473295	690967	321020	350578
高要市 Gaoyao City	500093	619634	545230	582259
广宁县 Guangning County	108489	151588	156664	178268
德庆县 Deqing County	116509	165653	161814	177619
封开县 Fenkai County	101209	127854	233182	252213
怀集县 Huaiji County	83120	125419	305958	335703
清远市 Qingyuan				
市 区 Urban District	746160	1430850	142347	127139
英德市 Yingde City	240571	407425	325768	280965
连州市 Lianzhou City	127872	224484	140311	145770
佛冈县 Fogang County	416763	776642	55293	51450
清新县 Qingxin County	283270	633793	222106	219095
连山县 Lianshan County	10421	12585	30781	37342
连南县 Liannan County	28160	34401	29777	29762
阳山县 Yangshan County	91442	123209	166108	156209
潮州市 Chaozhou				
市 区 Urban District	633168	715982	16935	17264
饶平县 Raoping County	439142	571460	381073	392552
潮安县 Chaoan County	1244612	1649767	212752	186472
揭阳市 Jieyang				
市 区 Urban District	927057	1118461	68578	50353
普宁市 Puning City	819248	971556	299557	252714
揭东县 Jiedong County	370195	464485	321503	302186
揭西县 Jiexi County	76131	90607	241864	214224
惠来县 Huilai County	296923	343080	347733	294768
云浮市 Yunfu				
市 区 Urban District	291369	347402	108388	120657
罗定市 Luoding City	267707	359865	360446	385651
新兴县 Xinxing County	309644	423295	290624	347091
郁南县 Yunan County	168454	235072	225733	208817
云安县 Yunan County	147765	172020	138901	145040

注：本表按当年价格计算，工业为规模以上。
Note: Data in this table are calculated at current prices and the industry refers to the industry above designated size.

22-6 各县（市）区粮食产量（2004－2005年）
Output of Grain by County（County-level City）and District（2004－2005）

单位：吨、公斤/人 （ton，kg/person）

县（市）区别 County（County-level City）and District	粮食 Grain				人均粮食 Per Capita Grain	
	2004	2005	#稻谷 Rice		2004	2005
			2004	2005		
广州市 Guangzhou						
市　区 Urban District	202723	209898	176225	181114	34	34
从化市 Conghua City	126118	130271	112397	117475	235	242
增城市 Zengcheng City	193032	177140	161733	151687	229	223
深圳市 Shenzhen	2028	599	6	4	1	
珠海市 Zhuhai	57913	57318	49765	47029	67	64
汕头市 Shantou						
市　区 Urban District	529179	498849	373288	356293	110	103
南澳县 Nanao County	4614	4681	843	1091	64	65
佛山市 Foshan	144213	130501	108363	107204	41	37
韶关市 Shaoguan						
市　区 Urban District	124385	133533	109667	119116	138	147
乐昌市 Lechang City	121231	140120	78391	94107	234	269
南雄市 Nanxiong City	246852	257671	224032	229874	539	561
仁化县 Renhua County	92460	102857	74713	85027	407	454
始兴县 Shixing County	99132	98310	78146	78851	410	406
翁源县 Wengyuan County	108694	115365	94680	103198	286	300
新丰县 Xinfeng County	48029	54140	35231	43015	201	225
乳源县 Ruyuan County	68519	71482	53532	55882	336	349
河源市 Heyuan						
市　区 Urban District	17123	14927	14806	12915	60	51
东源县 Dongyuan County	186674	191223	156835	163934	359	366
和平县 Heping County	165582	163407	132953	130895	345	338
龙川县 Longchuan County	316173	317425	281337	281628	364	362
紫金县 Zijin County	209592	220217	176521	189990	262	268
连平县 Lianping County	117671	115580	99389	96449	313	305
梅州市 Meizhou						
市　区 Urban District	13695	14682	10241	11574	45	48
兴宁市 Xingning City	351251	350835	307951	305863	309	308
梅　县 Meixian County	215801	219243	176573	181389	356	361
平远县 Pingyuan County	107477	106024	90869	91280	426	419
蕉岭县 Jiaoling County	69994	69868	61513	61966	311	306
大埔县 Dapu County	117207	118971	97828	99115	222	224
丰顺县 Fengshun County	144457	143992	101797	101767	216	214
五华县 Wuhua County	336734	338678	301125	303666	270	270
惠州市 Huizhou						
市　区 Urban District	161070	169345	99420	99287	144	148
惠东县 Huidong County	244340	246397	178603	176351	334	334
博罗县 Boluo County	213327	209411	141972	136584	279	271
龙门县 Longmen County	125676	116922	103047	94055	392	363
汕尾市 Shanwei						
市　区 Urban District	38704	39766	23575	23635	85	86
陆丰市 Lufeng City	232815	230841	132736	134954	146	143
海丰县 Haifeng County	188661	174444	152541	139328	248	227
陆河县 Luhe County	63259	63966	41959	40812	209	211
东莞市 Dongguan	30512	20157	12230	11941	19	12
中山市 Zhongshan	145081	132265	113928	110897	104	94
江门市 Jiangmen						
市　区 Urban District	188259	184808	171687	171378	141	138
台山市 Taishan City	267374	259576	230977	232609	270	263
开平市 Kaiping City	220289	219755	197113	198606	323	323
鹤山市 Heshan City	93620	95303	84305	84434	262	264
恩平市 Enping City	164487	149729	146477	135598	333	302

22-6 续表 continued

单位：吨、公斤/人 (ton, kg/person)

县（市）区别 County (County-level City) and District	粮食 Grain				人均粮食 Per Capita Grain	
	2004	2005	#稻谷 Rice		2004	2005
			2004	2005		
阳江市 Yangjiang						
市 区 Urban District	100583	103290	76453	78993	159	163
阳春市 Yangchun City	322150	324711	256492	256197	301	302
阳东县 Yangdong County	178246	178810	143068	143528	393	393
阳西县 Yangxi County	159252	161423	117182	119085	336	340
湛江市 Zhanjiang						
市 区 Urban District	171499	171779	123302	121809	121	120
雷州市 Leizhou City	333035	339633	285676	288189	224	226
廉江市 Lianjiang County	450234	452371	339021	339067	298	294
吴川市 Wuchuan City	205906	209558	139050	147641	204	205
遂溪县 Suixi County	264770	277395	175795	183852	274	285
徐闻县 Xuwen County	114935	100363	75610	52786	170	147
茂名市 Maoming						
市 区 Urban District	184805	191897	144968	148585	154	158
信宜市 Xinyi City	392433	390044	277545	276291	315	311
高州市 Gaozhou City	338273	335366	289759	289323	212	208
化州市 Huazhou City	376740	379910	298228	302524	263	262
电白县 Dianbai County	272707	271839	221510	220558	221	216
肇庆市 Zhaoqing						
市 区 Urban District	43398	44206	36972	38600	90	91
四会市 Sihui City	138079	137638	111572	111407	324	320
高要市 Gaoyao City	271198	274990	233509	235955	373	377
广宁县 Guangning County	179428	179893	148403	148672	332	331
德庆县 Deqing County	120042	120669	106393	108652	336	336
封开县 Fenkai County	220720	213181	186049	176785	467	449
怀集县 Huaiji County	310907	309360	268234	267023	332	328
清远市 Qingyuan						
市 区 Urban District	99707	106460	91908	97833	183	196
英德市 Yingde City	270246	293991	238267	259749	257	279
连州市 Lianzhou City	128886	150850	100898	115084	255	297
佛冈县 Fogang County	81578	81749	77743	77539	263	263
清新县 Qingxin County	184845	187132	159333	164548	264	263
连山县 Lianshan County	55736	55766	50362	50381	484	484
连南县 Liannan County	42626	45396	29927	30692	276	290
阳山县 Yangshan County	138886	140569	95397	96919	262	264
潮州市 Chaozhou						
市 区 Urban District	6304	6437	5402	5403	18	19
饶平县 Raoping County	190452	197284	130292	137473	197	203
潮安县 Chaoan County	253843	249436	188538	187688	214	210
揭阳市 Jieyang						
市 区 Urban District	68620	68844	62500	62427	104	103
普宁市 Puning City	252648	254106	163176	164071	121	120
揭东县 Jiedong County	285043	292748	199577	200895	234	239
揭西县 Jiexi County	210282	214112	136793	137094	232	234
惠来县 Huilai County	222208	222471	116587	116726	195	191
云浮市 Yunfu						
市 区 Urban District	76120	78089	63924	65459	269	274
罗定市 Luoding City	405035	374341	351719	327251	369	338
新兴县 Xinxing County	167543	169627	143526	144426	371	374
郁南县 Yunan County	193168	201376	136631	137410	403	419
云安县 Yunan County	128779	136018	77588	77678	418	440

22-7 各县（市）区糖蔗及花生产量（2004－2005年）

Output of Sugarcane and Peanuts by County (County-level City) and District (2004－2005)

单位：吨 (ton)

县（市）区别 County (County-level City) and District	糖蔗 Sugarcane			花生 Peanuts		
	2004	2005	2005比2004增长% Growth Rate in 2005 over 2004 (%)	2004	2005	2005比2004增长% Growth Rate in 2005 over 2004 (%)
广州市 Guangzhou						
市　区 Urban District	105966	171943	62.3	5980	5883	-1.6
从化市 Conghua City				11018	9808	-11.0
增城市 Zengcheng City	1227	397	-67.6	6844	6681	-2.4
深圳市 Shenzhen				98	67	-31.6
珠海市 Zhuhai	539568	366081	-32.2	917	961	4.8
汕头市 Shantou						
市　区 Urban District				3721	3483	-6.4
南澳县 Nanao County				164	105	-36.0
佛山市 Foshan	2772	2044	-26.3	5701	6051	6.1
韶关市 Shaoguan						
市　区 Urban District	1852	1755	-5.2	37438	37346	-0.2
乐昌市 Lechang City	2265	1560	-31.1	7336	7095	-3.3
南雄市 Nanxiong City				19099	21158	10.8
仁化县 Renhua County	996	500	-49.8	23981	24016	0.1
始兴县 Shixing County				8621	9270	7.5
翁源县 Wengyuan County	203749	216471	6.2	12660	13816	9.1
新丰县 Xinfeng County	480	76	-84.2	4106	3482	-15.2
乳源县 Ruyuan County	150	50	-66.7	3905	4015	2.8
河源市 Heyuan						
市　区 Urban District	16924	13880	-18.0	2435	2982	22.5
东源县 Dongyuan County	9176	5374	-41.4	17109	14568	-14.9
和平县 Heping County				3930	4105	4.5
龙川县 Longchuan County				11179	11505	2.9
紫金县 Zijin County	10893	14442	32.6	17641	11092	-37.1
连平县 Lianping County	198	521	163.1	8915	9673	8.5
梅州市 Meizhou						
市　区 Urban District				673	832	23.6
兴宁市 Xingning City				3625	3883	7.1
梅　县 Meixian County				7377	7928	7.5
平远县 Pingyuan County				3360	3123	-7.1
蕉岭县 Jiaoling County				3572	3442	-3.6
大埔县 Dapu County	920			1953	1843	-5.6
丰顺县 Fengshun County				4434	3243	-26.9
五华县 Wuhua County				4367	4479	2.6
惠州市 Huizhou						
市　区 Urban District	2686	1376	-48.8	17554	17920	2.1
惠东县 Huidong County	6094	1995	-67.3	18265	18947	3.7
博罗县 Boluo County	99326	100764	1.4	18760	16299	-13.1
龙门县 Longmen County	4820	3763	-21.9	9116	8075	-11.4
汕尾市 Shanwei						
市　区 Urban District				1272	1351	6.2
陆丰市 Lufeng City	120			11112	12230	10.1
海丰县 Haifeng County	6140	6478	5.5	5507	5418	-1.6
陆河县 Luhe County				2601	3259	25.3
东莞市 Dongguan	1437	450	-68.7	216	114	-47.2
中山市 Zhongshan	91520	57537	-37.1	520	468	-10.0
江门市 Jiangmen						
市　区 Urban District	86562	38440	-55.6	1421	1311	-7.7
台山市 Taishan City	113289	104113	-8.1	15950	16724	4.9
开平市 Kaiping City	32220	20026	-37.8	10516	10426	-0.9
鹤山市 Heshan City	10290	8958	-12.9	5753	4861	-15.5
恩平市 Enping City	51095	51095		5481	5773	5.3

22-7 续表 continued

单位：吨 (ton)

县（市）区别 County (County-level City) and District	糖蔗 Sugarcane			花生 Peanuts		
	2004	2005	2005 比 2004 增长% Growth Rate in 2005 over 2004 (%)	2004	2005	2005 比 2004 增长% Growth Rate in 2005 over 2004 (%)
阳江市 Yangjiang						
市 区 Urban District				5333	5144	-3.5
阳春市 Yangchun City	2965	14929	403.5	19984	20694	3.6
阳东县 Yangdong County	45038	39604	-12.1	14153	14416	1.9
阳西县 Yangxi County				9400	9063	-3.6
湛江市 Zhanjiang						
市 区 Urban District	425345	414339	-2.6	12371	11759	-4.9
雷州市 Leizhou City	2512667	2688543	7.0	27796	30084	8.2
廉江市 Lianjiang County	239126	253010	5.8	28041	28600	2.0
吴川市 Wuchuan City	12374	16231	31.2	17685	18778	6.2
遂溪县 Suixi County	2839428	3036810	7.0	26122	27118	3.8
徐闻县 Xuwen County	1160641	1021954	-11.9	10523	7063	-32.9
茂名市 Maoming						
市 区 Urban District	10692	10024	-6.2	19791	20348	2.8
信宜市 Xinyi City				10671	12295	15.2
高州市 Gaozhou City	18808	16227	-13.7	24390	23241	-4.7
化州市 Huazhou City	245097	241206	-1.6	25399	25505	0.4
电白县 Dianbai County				31967	32457	1.5
肇庆市 Zhaoqing						
市 区 Urban District				860	951	10.6
四会市 Sihui City	1582	1755	10.9	14478	13647	-5.7
高要市 Gaoyao City	16273	14424	-11.4	14525	14002	-3.6
广宁县 Guangning County				6940	7022	1.2
德庆县 Deqing County				9083	8511	-6.3
封开县 Fenkai County	104167	115395	10.8	13816	14925	8.0
怀集县 Huaiji County	43672	48229	10.4	10459	10570	1.1
清远市 Qingyuan						
市 区 Urban District	2154	2549	18.3	8451	6808	-19.4
英德市 Yingde City	245212	262198	6.9	28050	28938	3.2
连州市 Lianzhou City		2040		8148	7124	-12.6
佛冈县 Fogang County	567			2635	2681	1.7
清新县 Qingxin County	19105	14060	-26.4	9964	10463	5.0
连山县 Lianshan County				2378	2415	1.6
连南县 Liannan County	162			1998	1936	-3.1
阳山县 Yangshan County				9034	9843	9.0
潮州市 Chaozhou						
市 区 Urban District				5	5	0.0
饶平县 Raoping County	16104	20065	24.6	2591	3410	31.6
潮安县 Chaoan County				2165	1393	-35.7
揭阳市 Jieyang						
市 区 Urban District				30	30	0.0
普宁市 Puning City				962	924	-4.0
揭东县 Jiedong County	11960	11050	-7.6	6165	6300	2.2
揭西县 Jiexi County	30311	24803	-18.2	8451	8255	-2.3
惠来县 Huilai County				10456	10092	-3.5
云浮市 Yunfu						
市 区 Urban District	630	693	10.0	2764	2890	4.6
罗定市 Luoding City				18176	18406	1.3
新兴县 Xinxing County				6249	6423	2.8
郁南县 Yunan County	850			14204	13250	-6.7
云安县 Yunan County				4748	8344	75.7

22-8 各县（市）区生猪年末存栏头数、肉猪出栏头数和猪肉产量（2004－2005年）

Number of Stock Hogs at the Year-end, Slaughtered Fattened Hogs and Output of Pork by County (County-level City) and District (2004－2005)

县（市）区别 County (County-level City) and District	生猪年末存栏头数（万头） Number of Stock Hogs at the Year-end (10000 heads)		肉猪出栏头数（万头） Slaughtered Fattened Hogs (10000 heads)		猪肉产量（万吨） Output of Pork (10000 tons)	
	2004	2005	2004	2005	2004	2005
广州市 Guangzhou						
市区 Urban District	42.04	54.84	113.81	125.47	8.33	9.21
从化市 Conghua City	19.24	21.35	29.45	33.95	2.18	2.40
增城市 Zengcheng City	29.58	29.25	50.78	55.61	3.80	4.31
深圳市 Shenzhen	12.49	17.15	50.68	51.55	3.50	3.59
珠海市 Zhuhai	19.01	24.54	27.66	30.59	1.64	1.92
汕头市 Shantou						
市区 Urban District	35.66	35.07	89.90	91.69	6.28	6.41
南澳县 Nanao County	2.01	1.91	4.95	4.71	0.37	0.35
佛山市 Foshan	88.85	98.81	212.77	228.34	15.27	15.86
韶关市 Shaoguan						
市区 Urban District	26.03	29.53	38.85	44.24	2.88	3.08
乐昌市 Lechang City	24.62	23.45	34.45	37.90	2.56	2.65
南雄市 Nanxiong City	22.71	23.40	41.63	61.08	3.08	3.38
仁化县 Renhua County	15.02	14.93	19.65	22.21	1.47	1.55
始兴县 Shixing County	9.88	9.51	14.51	15.76	1.01	1.10
翁源县 Wengyuan County	13.02	14.24	16.61	18.48	1.25	1.27
新丰县 Xinfeng County	7.73	7.99	9.45	10.22	0.71	0.71
乳源县 Ruyuan County	10.28	10.81	8.80	9.28	0.64	0.64
河源市 Heyuan						
市区 Urban District	3.13	3.48	8.59	9.88	0.59	0.73
东源县 Dongyuan County	12.18	13.36	19.35	23.98	1.45	1.68
和平县 Heping County	9.01	9.41	12.66	13.97	0.91	0.97
龙川县 Longchuan County	19.23	20.35	19.99	20.95	1.50	1.57
紫金县 Zijin County	23.49	26.51	24.94	27.41	1.69	1.92
连平县 Lianping County	11.53	15.03	13.24	14.74	0.98	1.03
梅州市 Meizhou						
市区 Urban District	4.61	4.11	12.45	13.48	0.93	1.01
兴宁市 Xingning City	31.62	33.26	41.19	43.01	3.25	3.20
梅县 Meixian County	23.81	24.61	40.06	40.11	2.83	2.81
平远县 Pingyuan County	11.00	11.21	17.61	16.50	1.31	1.16
蕉岭县 Jiaoling County	11.41	12.01	17.65	20.69	1.31	1.45
大埔县 Dapu County	14.21	13.85	18.75	19.48	1.40	1.40
丰顺县 Fengshun County	25.86	25.74	25.58	26.67	1.91	1.86
五华县 Wuhua County	40.81	41.34	53.17	54.48	3.99	3.81
惠州市 Huizhou						
市区 Urban District	36.40	41.61	65.10	74.44	4.62	5.14
惠东县 Huidong County	20.35	20.45	31.90	37.00	2.02	2.59
博罗县 Boluo County	39.89	41.09	68.32	73.12	4.27	4.62
龙门县 Longmen County	4.98	5.23	7.22	7.95	0.52	0.56
汕尾市 Shanwei						
市区 Urban District	3.43	2.97	18.39	14.82	0.63	0.69
陆丰市 Lufeng City	19.20	17.60	42.10	42.41	3.15	2.97
海丰县 Haifeng County	11.87	11.53	28.12	31.70	2.11	2.22
陆河县 Luhe County	4.70	5.36	12.91	15.46	0.94	1.08
东莞市 Dongguan	78.53	21.41	160.97	227.38	12.44	15.92
中山市 Zhongshan	24.98	25.21	51.24	60.70	3.74	3.85
江门市 Jiangmen						
市区 Urban District	49.92	52.38	108.63	109.20	7.59	7.22
台山市 Taishan City	25.44	23.76	40.50	38.56	2.77	2.64
开平市 Kaiping City	17.18	18.69	31.27	33.03	2.19	2.31
鹤山市 Heshan City	33.35	34.09	55.52	51.46	2.78	2.57
恩平市 Enping City	11.55	11.73	18.85	18.95	1.51	1.33

22-8 续表 continued

县（市）区别 County (County-level City) and District	生猪年末存栏头数（万头） Number of Stock Hogs at the Year-end (10000 heads)		肉猪出栏头数（万头） Slaughtered Fattened Hogs (10000 heads)		猪肉产量（万吨） Output of Pork (10000 tons)	
	2004	2005	2004	2005	2004	2005
阳江市 Yangjiang						
市 区 Urban District	11. 03	11. 33	17. 03	19. 81	1. 27	1. 38
阳春市 Yangchun City	79. 18	81. 34	49. 59	54. 30	3. 72	4. 07
阳东县 Yangdong County	21. 12	24. 06	26. 16	29. 66	1. 83	2. 03
阳西县 Yangxi County	14. 46	15. 28	20. 96	22. 78	1. 56	1. 59
湛江市 Zhanjiang						
市 区 Urban District	19. 47	23. 09	33. 51	36. 59	2. 48	2. 52
雷州市 Leizhou City	31. 48	32. 19	41. 94	47. 80	2. 95	3. 14
廉江市 Lianjiang County	62. 87	65. 91	102. 11	107. 43	7. 86	8. 12
吴川市 Wuchuan City	23. 70	24. 77	32. 91	34. 07	2. 38	2. 42
遂溪县 Suixi County	23. 47	25. 85	48. 81	56. 46	3. 44	4. 07
徐闻县 Xuwen County	11. 89	13. 19	18. 47	18. 63	1. 34	1. 24
茂名市 Maoming						
市 区 Urban District	47. 55	46. 98	74. 38	78. 06	5. 50	5. 87
信宜市 Xinyi City	44. 16	46. 60	76. 34	79. 36	6. 13	6. 35
高州市 Gaozhou City	72. 34	70. 96	127. 78	137. 04	9. 71	10. 35
化州市 Huazhou City	64. 67	64. 60	108. 58	114. 84	8. 45	8. 84
电白县 Dianbai County	61. 63	65. 53	81. 41	89. 71	6. 14	6. 70
肇庆市 Zhaoqing						
市 区 Urban District	23. 45	18. 22	48. 68	45. 91	3. 43	3. 09
四会市 Sihui City	65. 35	63. 23	102. 17	107. 30	7. 39	7. 51
高要市 Gaoyao City	33. 39	34. 23	65. 58	78. 49	4. 56	5. 11
广宁县 Guangning County	22. 40	23. 01	21. 33	23. 36	1. 49	1. 52
德庆县 Deqing County	10. 14	12. 51	14. 34	17. 49	1. 03	1. 13
封开县 Fenkai County	26. 47	26. 18	24. 88	25. 75	1. 84	1. 80
怀集县 Huaiji County	51. 94	54. 22	68. 14	81. 29	5. 11	5. 69
清远市 Qingyuan						
市 区 Urban District	11. 75	15. 16	19. 83	22. 36	1. 41	1. 56
英德市 Yingde City	32. 80	34. 19	42. 54	46. 68	3. 19	3. 26
连州市 Lianzhou City	17. 68	18. 06	25. 32	26. 35	1. 90	1. 83
佛冈县 Fogang County	10. 65	12. 10	8. 67	10. 11	0. 63	0. 71
清新县 Qingxin County	32. 80	32. 16	45. 40	52. 83	3. 63	3. 70
连山县 Lianshan County	3. 02	3. 19	5. 73	6. 05	0. 43	0. 42
连南县 Liannan County	3. 27	3. 21	5. 15	5. 88	0. 33	0. 41
阳山县 Yangshan County	23. 65	24. 08	40. 92	43. 06	2. 35	3. 01
潮州市 Chaozhou						
市 区 Urban District	1. 83	1. 78	3. 48	3. 88	0. 26	0. 29
饶平县 Raoping County	30. 38	27. 30	39. 26	39. 14	3. 11	2. 94
潮安县 Chaoan County	16. 30	16. 40	35. 06	35. 22	2. 53	2. 52
揭阳市 Jieyang						
市 区 Urban District	4. 04	4. 00	7. 07	7. 58	0. 55	0. 54
普宁市 Puning City	30. 10	30. 25	42. 87	44. 56	3. 36	3. 38
揭东县 Jiedong County	12. 88	12. 55	23. 23	24. 34	1. 63	1. 78
揭西县 Jiexi County	33. 02	37. 72	35. 80	42. 20	2. 61	2. 94
惠来县 Huilai County	21. 33	21. 44	31. 26	31. 57	2. 19	2. 21
云浮市 Yunfu						
市 区 Urban District	32. 47	13. 05	26. 77	28. 51	1. 96	2. 13
罗定市 Luoding City	19. 92	21. 40	29. 83	35. 90	2. 19	2. 51
新兴县 Xinxing County	31. 33	31. 50	61. 71	69. 60	4. 61	5. 08
郁南县 Yunan County	10. 15	10. 68	19. 57	18. 54	1. 27	1. 42
云安县 Yunan County	8. 54	8. 25	11. 92	26. 03	0. 85	1. 03

22-9 各县（市）区乡镇企业基本情况（2004－2005年）

Basic Statistics on Township Enterprises by County (County-level City) and District (2004－2005)

县（市）区别 County (County-level City) and District	企业个数（个） Number of Enterprises (unit)		企业人数（人） Number of Employed Persons (person)		2005年现价总产值（万元） Gross Output Value of 2005 at Current Prices (10000 yuan)
	2004	2005	2004	2005	
广州市 Guangzhou					
市　区 Urban District	53928	54829	872818	893022	13143943
从化市 Conghua City	13470	6663	127667	48741	966244
增城市 Zengcheng City	11652	10989	199365	185384	3311761
深圳市 Shenzhen					
珠海市 Zhuhai	10169	12173	174006	215177	5111376
汕头市 Shantou					
市　区 Urban District	32707	33233	573593	591651	8779958
南澳县 Nanao County	359	377	5395	5470	43845
佛山市 Foshan	77713	6497	1050989	80823	2501702
韶关市 Shaoguan					
市　区 Urban District	16175	15997	52321	52364	335222
乐昌市 Lechang City	12873	12031	37029	50355	147127
南雄市 Nanxiong City	17400	11354	49601	30280	125578
仁化县 Renhua County	11696	7706	32203	21128	107658
始兴县 Shixing County	7938	7433	23365	20655	68420
翁源县 Wengyuan County	14684	10717	38336	28710	125858
新丰县 Xinfeng County	4486	4002	10367	9340	62112
乳源县 Ruyuan County	5882	5881	17613	17272	72763
河源市 Heyuan					
市　区 Urban District	1736	1988	12199	16279	111528
东源县 Dongyuan County	5535	5783	20815	30675	191922
和平县 Heping County	8975	9272	20195	22610	68230
龙川县 Longchuan County	9237	8977	30100	35502	341204
紫金县 Zijin County	8263	8314	34521	37282	183037
连平县 Lianping County	8441	7904	31059	31461	169514
梅州市 Meizhou					
市　区 Urban District	8122	8276	16355	17665	281672
兴宁市 Xingning City	38752	34796	133219	126574	395016
梅　县 Meixian County	19583	19778	89553	89343	792094
平远县 Pingyuan County	7715	7499	21545	20139	109618
蕉岭县 Jiaoling County	7960	7897	20932	20362	143540
大埔县 Dapu County	8428	8585	42049	43222	278393
丰顺县 Fengshun County	10421	10441	48388	50634	343590
五华县 Wuhua County	21713	22484	78055	80801	330362
惠州市 Huizhou					
市　区 Urban District	27769	28564	329326	342531	2573863
惠东县 Huidong County	24712	25002	245664	259385	2426848
博罗县 Boluo County	17592	18831	206116	235017	2351605
龙门县 Longmen County	7677	7859	30895	31943	204341
汕尾市 Shanwei					
市　区 Urban District	12971	13161	53279	74654	439383
陆丰市 Lufeng City	14784	15251	128073	132242	882173
海丰县 Haifeng County	16195	16562	164549	180675	1161072
陆河县 Luhe County	3469	3476	15246	15271	81290
东莞市 Dongguan	63957	72411	2513687	2680433	23777251
中山市 Zhongshan	58599	96900	974415	805684	4771766
江门市 Jiangmen					
市　区 Urban District	35137	30016	324348	305823	6740780
台山市 Taishan City	25299	18246	182708	183921	2482291
开平市 Kaiping City	21301	21221	183197	185923	2124373
鹤山市 Heshan City	10897	11643	138302	148977	2275560
恩平市 Enping City	13708	15647	64147	67741	700143

22-9 续表 continued

县（市）区别 County (County-level City) and District	企业个数（个） Number of Enterprises (unit)		企业人数（人） Number of Employed Persons (person)		2005年现价总产值（万元） Gross Output Value of 2005 at Current Prices (10000 yuan)
	2004	2005	2004	2005	
阳江市 Yangjiang					
市 区 Urban District	4334	4337	53265	58663	932551
阳春市 Yangchun City	15543	15934	71204	73831	515576
阳东县 Yangdong County	5875	5948	40927	42752	492124
阳西县 Yangxi County	7649	7691	48231	48960	512552
湛江市 Zhanjiang					
市 区 Urban District	14633	14976	73154	80302	1117678
雷州市 Leizhou City	18005	17112	80478	78060	519120
廉江市 Lianjiang County	24620	24767	117583	128527	1439568
吴川市 Wuchuan City	9385	9993	61342	67881	1097016
遂溪县 Suixi County	16555	17236	61619	66555	582815
徐闻县 Xuwen County	5892	8433	25760	31395	190788
茂名市 Maoming					
市 区 Urban District	19450	19597	106191	107306	1415441
信宜市 Xinyi City	25262	27640	182789	205337	1912067
高州市 Gaozhou City	31921	33823	184659	193220	1661800
化州市 Huazhou City	24888	24997	165737	167699	2099006
电白县 Dianbai County	24403	23776	110476	109000	1363822
肇庆市 Zhaoqing					
市 区 Urban District	8955	8849	78185	81263	1032898
四会市 Sihui City	11687	11687	73859	73859	1157134
高要市 Gaoyao City	16824	13510	195938	143077	921944
广宁县 Guangning County	10065	6424	48561	38637	123376
德庆县 Deqing County	9620	5681	30105	19196	169541
封开县 Fenkai County	12603	8210	51554	37795	92461
怀集县 Huaiji County	11318	11659	53901	61780	412680
清远市 Qingyuan					
市 区 Urban District	11682	15132	85685	120696	1202388
英德市 Yingde City	9298	9577	43114	44370	194825
连州市 Lianzhou City					
佛冈县 Fogang County	2786	183	13373	1547	14794
清新县 Qingxin County	10913	11893	58210	106710	996632
连山县 Lianshan County	423	384	2070	2143	10492
连南县 Liannan County		2075		5333	24859
阳山县 Yangshan County	7635	7668	30262	31292	205251
潮州市 Chaozhou					
市 区 Urban District	6321	9453	20680	91430	1422169
饶平县 Raoping County	6283	6560	79389	83594	726621
潮安县 Chaoan County	30752	26924	267904	222421	3391165
揭阳市 Jieyang					
市 区 Urban District	8633	8446	91734	87233	2259491
普宁市 Puning City	5096	4575	150104	141185	2102993
揭东县 Jiedong County	16743	16983	160480	164858	1817014
揭西县 Jiexi County	7600	7500	60134	59134	880640
惠来县 Huilai County	6508	6605	53120	57585	637530
云浮市 Yunfu					
市 区 Urban District	9125	9340	39247	44687	427325
罗定市 Luoding City	12202	7738	106331	49253	277924
新兴县 Xinxing County	4479	4588	35551	35891	407355
郁南县 Yunan County	9225	8679	39322	38469	583713
云安县 Yunan County	3186	4245	18241	10771	89496

22-10 各县（市）区固定资产投资（2005年）
Investment in Fixed Assets by County (County-level City) and District (2005)

单位：万元　　(10000 yuan)

县（市）区别 County (County-level City) and District	基本建设投资 Investment in Capital Construction		更新改造投资 Investment in Innovation		房地产投资 Real Estate Development	
	投资完成额 Completed Investment	新增固定资产 Newly Increased Fixed Assets	投资完成额 Completed Investment	新增固定资产 Newly Increased Fixed Assets	投资完成额 Completed Investment	新增固定资产 Newly Increased Fixed Assets
广州市 Guangzhou						
市　区 Urban District	7315861	5004678	1779183	1450476	4644015	3252974
从化市 Conghua City	159875	107956	45266	43827	117418	62387
增城市 Zengcheng City	342166	316628	106998	21188	319413	150076
深圳市 Shenzhen	5998345	3495658	1142137	1023179	4236865	4259709
珠海市 Zhuhai	1465892	811186	188376	91392	512891	392768
汕头市 Shantou						
市　区 Urban District	557073	491733	189980	175108	223799	162061
南澳县 Nanao County	10203	9806	495	495		
佛山市 Foshan	4790785	3306410	840151	776301	1431587	1070443
韶关市 Shaoguan						
市　区 Urban District	215752	112181	387179	405604	67352	81148
乐昌市 Lechang City	50780	33449	44978	37371	16425	8127
南雄市 Nanxiong City	60294	39948	6236	6236	12653	8605
仁化县 Renhua County	32527	61319	17929	16402	2204	2444
始兴县 Shixing County	28559	16609	19278	16807	3010	2693
翁源县 Wengyuan County	9896	7412	12526	14562	4887	3274
新丰县 Xinfeng County	41641	12765	13746	8066	3535	1160
乳源县 Ruyuan County	24851	40106	4366	4366	3272	3552
河源市 Heyuan						
市　区 Urban District	190005	106367	13123	13023	64709	36558
东源县 Dongyuan County	171589	140410	16010	18310		
和平县 Heping County	50606	32842	125	125	4695	2060
龙川县 Longchuan County	79277	62348	30798	13824	12328	11066
紫金县 Zijin County	69707	43841	3691	3680	8148	7832
连平县 Lianping County	17031	6641	51797	14229	5977	5977
梅州市 Meizhou						
市　区 Urban District	70965	23264	5775	3137	27187	16324
兴宁市 Xingning City	100868	62388	4027	3385	27476	24636
梅　县 Meixian County	114729	87824	85777	244182	23974	11497
平远县 Pingyuan County	10992	4360	4150	4300	5584	7680
蕉岭县 Jiaoling County	36067	28362	6428	3728	4176	3744
大埔县 Dapu County	34642	13125	2998	2998	3954	2320
丰顺县 Fengshun County	15433	6920	3600	3650	5124	3000
五华县 Wuhua County	13049	11145	7097	5695	980	980
惠州市 Huizhou						
市　区 Urban District	2220487	689265	126591	105179	407176	182245
惠东县 Huidong County	167808	119605	37320	30418	15352	4611
博罗县 Boluo County	168902	74697	22112	8700	15790	15690
龙门县 Longmen County	120491	63067	5151	7281	599	999
汕尾市 Shanwei						
市　区 Urban District	268656	34051	48900	41037	7973	6605
陆丰市 Lufeng City	134453	133751	25940	25940	102	102
海丰县 Haifeng County	20490	5536	8035	2320	7750	7580
陆河县 Luhe County	46144	44344	1400	1400	480	
东莞市 Dongguan	2570945	648183	620438	246308	1444277	361216
中山市 Zhongshan	1297953	992935	338299	302777	805448	529103
江门市 Jiangmen						
市　区 Urban District	582236	308995	192661	91494	213315	74933
台山市 Taishan City	380936	300219	35010	17418	29024	23867
开平市 Kaiping City	79779	128416	46408	66858	24419	15099
鹤山市 Heshan City	19377	3724	92340	55817	53400	43943
恩平市 Enping City	23407		6000		7320	1970

22-10 续表 continued

单位：万元 (10000 yuan)

县（市）区别 County (County-level City) and District	基本建设投资 Investment in Capital Construction		更新改造投资 Investment in Innovation		房地产投资 Real Estate Development	
	投资完成额 Completed Investment	新增固定资产 Newly Increased Fixed Assets	投资完成额 Completed Investment	新增固定资产 Newly Increased Fixed Assets	投资完成额 Completed Investment	新增固定资产 Newly Increased Fixed Assets
阳江市 Yangjiang						
市　区 Urban District	222483	56016	30967	18798	81606	61765
阳春市 Yangchun City	65970	21680	6231	3481	14951	6320
阳东县 Yangdong County	23978	23948	2669	2669	30774	35186
阳西县 Yangxi County	38216	11860	14450	8958	9220	7351
湛江市 Zhanjiang						
市　区 Urban District	577123	169452	290108	309496	180137	129183
雷州市 Leizhou City	36602	36602	17731	17731	2987	2987
廉江市 Lianjiang City	63256	42665	8386	7125	6881	3530
吴川市 Wuchuan City	51716	55430	15399	8943	9823	3226
遂溪县 Suixi County	47751	23760	10919	2299	1844	2332
徐闻县 Xuwen County	38973	36751	16951	15991	6134	12115
茂名市 Maoming						
市　区 Urban District	91865	41265	450787	123012	74909	73170
信宜市 Xinyi City	12562	7484	4328	3828	8952	6103
高州市 Gaozhou City	11828	9287	30958	17458	13613	4631
化州市 Huazhou City	13483	7916	56382	43254	4311	3500
电白县 Dianbai County	88644	143169	4113	8100	7353	3864
肇庆市 Zhaoqing						
市　区 Urban District	132128	100463	40357	34985	147373	95861
四会市 Sihui City	377845	189883	10491	9071	35851	22174
高要市 Gaoyao City	105276	87977	31001	29839	6362	5721
广宁县 Guangning County	8921	8209	6934	4051	5549	5563
德庆县 Deqing County	54171	45501	25932	20253	5899	3997
封开县 Fenkai County	37382	23249	12169	8233	2907	1831
怀集县 Huaiji County	56393	1297	10527	2341	9770	6400
清远市 Qingyuan						
市　区 Urban District	180389	110242	125352	67443	180821	42374
英德市 Yingde City	143871	42558	166365	68433	12495	2636
连州市 Lianzhou City	92655	70797	27587	22210	17270	7034
佛冈县 Fogang County	18672	31287	24108	16059	22798	15082
清新县 Qingxin County	213456	144583	25018	20613	31692	11720
连山县 Lianshan County	18580	16064	15620	15620	306	681
连南县 Liannan County	27794	29719	6010	6010	1500	1500
阳山县 Yangshan County	12823	5960	34420	66305	4319	1522
潮州市 Chaozhou						
市　区 Urban District	240994	145478	114177	122894	18523	30562
饶平县 Raoping County	246891		20057	5086	2461	2003
潮安县 Chaoan County	117133	84743	75147	62454	5256	6249
揭阳市 Jieyang						
市　区 Urban District	95682	51429	23607	13515	33041	11560
普宁市 Puning City	149013	112039	27992	8932	30178	16249
揭东县 Jiedong County	76718	70388	20385	17395	3020	1150
揭西县 Jiexi County	62087	47557	3987		5848	5369
惠来县 Huilai County	235811	9728			124	920
云浮市 Yunfu						
市　区 Urban District	257773	97494	26902		21633	3027
罗定市 Luoding City	84988	59959	32097	20110	7401	5145
新兴县 Xinxing County	67829	51631	16857	13781	21120	7238
郁南县 Yunan County	19702	6608	22844	12995	2728	
云安县 Yunan County	78498	34877	4700	4700	3180	3180

22-11 各县（市）区社会消费品零售总额（2004－2005年）
Total Retail Sales of Consumer Goods by County (County-level City) and District (2004－2005)

单位：万元 (10000 yuan)

县（市）区别 County (County-level City) and District	社会消费品零售总额 Total Retail Sales of Consumer Goods			#批发零售贸易业零售额 Total Retail Sales of Wholesale and Retail Trade		
	2004	2005	2005比2004增长% Growth Rate in 2005 over 2004 (%)	2004	2005	2005比2004增长% Growth Rate in 2005 over 2004 (%)
广州市 Guangzhou						
市　区 Urban District	15743397	17847669	13.4	13208234	14990419	13.5
从化市 Conghua City	287014	316857	10.4	197048	259900	31.9
增城市 Zengcheng City	747320	822832	10.1	625691	668513	6.8
深圳市 Shenzhen	12506411	14376729	15.0	10926307	12581710	15.2
珠海市 Zhuhai	1892218	2201389	16.3	1597525	1852793	16.0
汕头市 Shantou						
市　区 Urban District	2899081	3394488	17.1	2620909	3062636	16.9
南澳县 Nanao County	47917	53500	11.7	44743	49934	11.6
佛山市 Foshan	5557539	6477295	16.5	4492341	5193857	15.6
韶关市 Shaoguan						
市　区 Urban District	784116	899029	14.7	674510	772518	14.5
乐昌市 Nanxiong City	120793	139636	15.6	105898	122396	15.6
南雄市 Renhua County	84899	98321	15.8	71415	82099	15.0
仁化县 Shixing County	60652	66838	10.2	49978	55102	10.3
始兴县 Wengyuan County	37779	42577	12.7	33652	37468	11.3
翁源县 Xinfeng County	65707	75315	14.6	58240	67114	15.2
新丰县 Qujiang County	42138	48290	14.6	37549	43048	14.6
乳源县 Ruyuan County	40904	46352	13.3	35340	39538	11.9
河源市 Heyuan						
市　区 Urban District	206722	247988	20.0	179049	211506	18.1
东源县 Dongyuan County	65751	75903	15.4	58091	66829	15.0
和平县 Heping County	58400	66049	13.1	52535	59746	13.7
龙川县 Longchuan County	157486	184384	17.1	139166	162714	16.9
紫金县 Zijin County	83824	97710	16.6	74682	86984	16.5
连平县 Lianping County	50210	57410	14.3	43617	50780	16.4
梅州市 Meizhou						
市　区 Urban District	180718	220610	22.1	159419	191771	20.3
兴宁市 Xingning City	205864	231597	12.5	193534	218198	12.7
梅　县 Meixian County	228088	261161	14.5	196261	224581	14.4
平远县 Pingyuan County	57205	65563	14.6	51117	58895	15.2
蕉岭县 Jiaoling County	78231	88951	13.7	69706	79418	13.9
大埔县 Dapu County	103328	125515	21.5	91561	112455	22.8
丰顺县 Fengshun County	87251	101560	16.4	80098	90952	13.6
五华县 Wuhua County	190956	222273	16.4	166803	192397	15.3
惠州市 Huizhou						
市　区 Urban District	1279747	1533570	19.8	1091928	1303274	19.4
惠东县 Huidong County	454800	509830	12.1	404316	452135	11.8
博罗县 Boluo County	310400	369376	19.0	255400	333067	30.4
龙门县 Longmen County	86600	102300	18.1	68400	80028	17.0
汕尾市 Shanwei						
市　区 Urban District	201164	233410	16.0	166586	194239	15.9
陆丰市 Lufeng City	379755	438997	15.6	303549	344832	13.6
海丰县 Haifeng County	473968	550277	16.1	395224	458239	15.9
陆河县 Luhe County	69489	80468	15.8	63263	73386	16.0
东莞市 Dongguan	4264704	5000109	17.2	3657094	4303841	17.7
中山市 Zhongshan	2346050	2765993	17.9	2038698	2404412	17.9
江门市 Jiangmen						
市　区 Urban District	1167052	1310174	12.3	1004856	1130580	12.5
台山市 Taishan City	504956	560501	11.0	419729	476717	13.6
开平市 Kaiping City	447085	500629	12.0	342594	395203	15.4
鹤山市 Heshan City	418258	472757	13.0	319244	362107	13.4
恩平市 Enping City	220973	254118	15.0	186722	214476	14.9

22-11 续表 continued

单位：万元 (10000 yuan)

县（市）区别 County (County-level City) and District	社会消费品零售总额 Total Retail Sales of Consumer Goods			#批发零售贸易业零售额 Total Retail Sales of Wholesale and Retail Trade		
	2004	2005	2005 比 2004 增长% Growth Rate in 2005 over 2004 (%)	2004	2005	2005 比 2004 增长% Growth Rate in 2005 over 2004 (%)
阳江市 Yangjiang						
市　区 Urban District	630547	730156	15. 8	538400	626532	16. 4
阳春市 Yangchun City	457912	528430	15. 4	409454	474364	15. 9
阳东县 Yangdong County	140558	162507	15. 6	113581	132644	16. 8
阳西县 Yangxi County	149106	169533	13. 7	118238	134318	13. 6
湛江市 Zhanjiang						
市　区 Urban District	1176904	1388550	18. 0	924241	1077117	16. 5
雷州市 Leizhou City	260078	303149	16. 6	235873	277255	17. 5
廉江市 Lianjiang City	294561	344047	16. 8	251705	294601	17. 0
吴川市 Wuchuan City	193362	229328	18. 6	171199	203329	18. 8
遂溪县 Suixi County	191211	229388	20. 0	174415	210544	20. 7
徐闻县 Xuwen County	168742	197989	17. 3	150662	175862	16. 7
茂名市 Maoming						
市　区 Urban District	823063	993335	20. 7	708543	837146	18. 2
信宜市 Xinyi City	414428	495656	19. 6	382290	456978	19. 5
高州市 Gaozhou City	431084	510835	18. 5	372148	432414	16. 2
化州市 Huazhou City	390259	462457	18. 5	333469	397713	19. 3
电白县 Dianbai County	344852	410120	18. 9	313347	372276	18. 8
肇庆市 Zhaoqing						
市　区 Urban District	415384	490285	18. 0	323511	387714	19. 8
四会市 Sihui City	226863	268971	18. 6	198452	234455	18. 1
高要市 Gaoyao City	193760	225516	16. 4	163876	192686	17. 6
广宁县 Guangning County	95868	111690	16. 5	87689	102403	16. 8
德庆县 Deqing County	78772	93145	18. 2	71797	84554	17. 8
封开县 Fenkai County	63048	73673	16. 9	52718	61633	16. 9
怀集县 Huaiji County	134928	159601	18. 3	117955	139597	18. 3
清远市 Qingyuan						
市　区 Urban District	382445	469235	22. 7	335242	409532	22. 2
英德市 Yingde City	261245	309785	18. 6	229231	273171	19. 2
连州市 Lianzhou City	128409	152188	18. 5	97442	116062	19. 1
佛冈县 Fogang County	93711	108446	15. 7	77677	88472	13. 9
清新县 Qingxin County	114828	136167	18. 6	100587	118141	17. 4
连山县 Lianshan County	12826	14916	16. 3	9589	11272	17. 6
连南县 Liannan County	19206	21913	14. 1	16550	18991	14. 8
阳山县 Yangshan County	73180	84942	16. 1	63677	74127	17. 0
潮州市 Chaozhou						
市　区 Urban District	294694	321283	9. 0	265939	288924	8. 6
饶平县 Raoping County	250906	267821	6. 7	219806	237168	7. 9
潮安县 Chaoan County	368372	440808	19. 7	296247	364016	22. 9
揭阳市 Jieyang						
市　区 Urban District	360850	408229	13. 1	329927	370427	12. 3
普宁市 Puning City	444370	502159	13. 0	413243	463574	12. 2
揭东县 Jiedong County	224419	258082	15. 0	199289	230874	15. 8
揭西县 Jiexi County	115163	130595	13. 4	102601	114918	12. 0
惠来县 Huilai County	115941	134400	15. 9	109189	126022	15. 4
云浮市 Yunfu						
市　区 Urban District	114074	133263	16. 8	80985	98673	21. 8
罗定市 Luoding City	155664	182906	17. 5	127563	150180	17. 7
新兴县 Xinxing County	112391	133857	19. 1	80215	107399	33. 8
郁南县 Yunan County	95093	112333	18. 1	79864	94657	18. 5
云安县 Yunan County	29156	33989	16. 6	25316	29169	15. 2

22-12 各县（市）区在岗职工人数（2005 年）

Number of Fully Employed Staff and Workers by County (County-level City) and District (2005)

单位：人 (person)

县（市）区别 County (County-level City) and District	在岗职工人数 Number of Fully Employed Staff and Workers	国有经济 State-owned Units	城镇集体经济 Urban Collective-owned Units	其他各种经济 Units of Other Types of Ownership
广州市 Guangzhou				
市　区 Urban District	1789106	766000	117904	905202
从化市 Conghua City	43943	21983	10423	11537
增城市 Zengcheng City	93897	38442	8391	47064
深圳市 Shenzhen	1653832	358555	28118	1267159
珠海市 Zhuhai	484154	84601	35172	364381
汕头市 Shantou				
市　区 Urban District	288358	164204	54071	70083
南澳县 Nanao County	5632	4948	377	307
佛山市 Foshan	496244	179022	40053	277169
韶关市 Shaoguan				
市　区 Urban District	80020	44675	2838	32507
乐昌市 Lechang City	28963	17244	4490	7229
南雄市 Nanxiong City	17824	13131	1535	3158
仁化县 Renhua County	19297	11121	1624	6552
始兴县 Shixing County	20765	8104	1042	11619
翁源县 Wengyuan County	17283	13468	884	2931
新丰县 Xinfeng County	15899	8692	4382	2825
曲江县 Qujiang County	35145	11492	1754	21899
乳源县 Ruyuan County	18717	9144	1333	8240
河源市 Heyuan				
市　区 Urban District	70446	20258	4161	46027
东源县 Dongyuan County	23846	12646	2726	8474
和平县 Heping County	15997	12520	1151	2326
龙川县 Longchuan County	34442	22969	6596	4877
紫金县 Zijin County	23793	17166	1639	4988
连平县 Lianping County	20022	12513	1606	5903
梅州市 Meizhou				
市　区 Urban District	44163	30645	2169	11349
兴宁市 Xingning City	39047	33431	2417	3199
梅　县 Meixian County	27404	17073	2992	7339
平远县 Pingyuan County	15840	12179	874	2787
蕉岭县 Jiaoling County	16945	9636	1414	5895
大埔县 Dapu County	19627	14477	3989	1161
丰顺县 Fengshun County	28423	15618	8886	3919
五华县 Wuhua County	31407	28950	2426	31
惠州市 Huizhou				
市　区 Urban District	498736	83501	14886	400349
惠东县 Huidong County	62922	27923	5646	29353
博罗县 Boluo County	65562	29344	4327	31891
龙门县 Longmen County	21981	13271	4223	4487
汕尾市 Shanwei				
市　区 Urban District	40593	22245	5593	12755
陆丰市 Lufeng City	45271	35534	6318	3419
海丰县 Haifeng County	26734	20967	3008	2759
陆河县 Luhe County	12877	8451	1859	2567
东莞市 Dongguan	188579	94902	44251	49426
中山市 Zhongshan	228979	67593	14055	147331
江门市 Jiangmen				
市　区 Urban District	172506	58470	13697	100339
台山市 Taishan City	45737	25823	3668	16246
开平市 Kaiping City	61821	23505	4192	34124
鹤山市 Heshan City	38688	12732	3405	22551
恩平市 Enping City	30020	14905	7839	7276

22-12 续表 continued

单位：人 (person)

县（市）区别 County (County-level City) and District	在岗职工人数 Number of Fully Employed Staff and Workers	国有经济 State-owned Units	城镇集体经济 Urban Collective-owned Units	其他各种经济 Units of Other Types of Ownership
阳江市 Yangjiang				
市　区 Urban District	66191	38346	20143	7702
阳春市 Yangchun City	52166	29066	7864	15236
阳东县 Yangdong County	26775	16312	7174	3289
阳西县 Yangxi County	21563	13003	4894	3666
湛江市 Zhanjiang				
市　区 Urban District	166014	112535	6144	47335
雷州市 Leizhou City	55735	51579	3560	596
廉江市 Lianjiang City	46277	34240	3843	8194
吴川市 Wuchuan City	31441	26203	3282	1956
遂溪县 Suixi County	40716	25264	3769	11683
徐闻县 Xuwen County	37458	30385	3610	3463
茂名市 Maoming				
市　区 Urban District	96153	57710	4487	33956
信宜市 Xinyi City	35993	28293	5524	2176
高州市 Gaozhou City	55605	40074	10642	4889
化州市 Huazhou City	54671	43951	8482	2238
电白县 Dianbai County	50616	34898	13739	1979
肇庆市 Zhaoqing				
市　区 Urban District	125895	49384	3967	72544
四会市 Sihui City	32001	15553	3615	12833
高要市 Gaoyao City	20270	17900	1015	1355
广宁县 Guangning County	17819	13845	715	3259
德庆县 Deqing County	20367	11286	1197	7884
封开县 Fenkai County	17917	13871	1462	2584
怀集县 Huaiji County	22417	18906	1964	1547
清远市 Qingyuan				
市　区 Urban District	58727	28083	3008	27636
英德市 Yingde City	33097	25523	1194	6380
连州市 Lianzhou City	20277	13400	1818	5059
佛冈县 Fogang County	20577	8724	428	11425
清新县 Qingxin County	58062	12624	2385	43053
连山县 Lianshan County	5482	4908	310	264
连南县 Liannan County	9890	6564	619	2707
阳山县 Yangshan County	17427	13840	1072	2515
潮州市 Chaozhou				
市　区 Urban District	47992	24319	6211	17462
饶平县 Raoping County	33213	25172	2830	5211
潮安县 Chaoan County	33704	22234	6218	5252
揭阳市 Jieyang				
市　区 Urban District	50623	28070	8186	14367
普宁市 Puning City	54545	43272	4918	6355
揭东县 Jiedong County	30005	23467	3382	3156
揭西县 Jiexi County	27557	19069	7320	1168
惠来县 Huilai County	37104	28091	2649	6364
云浮市 Yunfu				
市　区 Urban District	35389	18151	2111	15127
罗定市 Luoding City	49892	26226	2902	20764
新兴县 Xinxing County	33101	12956	628	19517
郁南县 Yunan County	19717	11122	688	7907
云安县 Yunan County	9327	6071	55	3201

22-13 各县（市）区在岗职工工资总额及平均工资（2005年）

Total Wages and Average Wage of Fully Employed Staff and Workers by County (County-level City) and District (2005)

县（市）区别 County (County-level City) and District	合计 Total		国有经济单位 State-owned Units		城镇集体经济单位 Urban Collective-owned Units		其他各种经济单位 Units of Other Types of Ownerships	
	工资总额（万元） Total Wages (10000 yuan)	平均工资（元） Average Wage (yuan)	工资总额（万元） Total Wages (10000 yuan)	平均工资（元） Average Wage (yuan)	工资总额（万元） Total Wages (10000 yuan)	平均工资（元） Average Wage (yuan)	工资总额（万元） Total Wages (10000 yuan)	平均工资（元） Average Wage (yuan)
广州市 Guangzhou								
市区 Urban District	6277331	35368	3600153	47454	212092	18146	2465086	27410
从化市 Conghua City	86975	19857	55670	24993	9076	9024	22229	19382
增城市 Zengcheng City	198457	21310	111738	29057	9861	11568	76858	16654
深圳市 Shenzhen	5167453	32476	1640305	47762	47156	17112	3479991	28521
珠海市 Zhuhai	1017725	21844	328691	38834	60583	16926	628451	18191
汕头市 Shantou								
市区 Urban District	497293	17207	349064	20996	45164	8452	103065	14870
南澳县 Nanao County	7020	12272	6383	12794	384	9889	253	7382
佛山市 Foshan	1083727	22037	524459	29649	69958	17577	489310	17787
韶关市 Shaoguan								
市区 Urban District	189167	23016	127658	27466	3265	11301	58244	17746
乐昌市 Lechang City	44423	15258	32497	18686	4012	8938	7913	10938
南雄市 Nanxiong City	28432	16206	21976	17285	1829	11852	4627	14078
仁化县 Renhua County	36086	17569	17967	16056	1858	8952	16261	22355
始兴县 Shixing County	27170	12650	12634	15451	821	8352	13715	11134
翁源县 Wengyuan County	21301	12428	17969	13251	985	9977	2347	9059
新丰县 Xinfeng County	17017	11199	11510	13296	3115	8078	2392	8917
曲江县 Qujiang County	80305	22839	20503	17359	2220	12664	57582	26662
乳源县 Ruyuan County	24874	13088	14579	15961	1444	10061	8852	10491
河源市 Heyuan								
市区 Urban District	120479	18767	55569	28490	6014	14281	58896	14549
东源县 Dongyuan County	38033	16359	23967	18836	2966	12466	11100	13627
和平县 Heping County	22641	14480	18935	15248	1503	13787	2203	10353
龙川县 Longchuan County	47057	13695	34651	15151	7921	11994	4485	9180
紫金县 Zijin County	31200	13766	25521	14938	1494	10887	4186	9949
连平县 Lianping County	29688	15548	18823	15515	1598	10398	9267	17079
梅州市 Meizhou								
市区 Urban District	84179	18824	67554	21985	2262	10176	14363	12206
兴宁市 Xingning City	48567	12422	42238	12636	2853	11815	3476	10674
梅县 Meixian County	47849	17199	29853	17361	3027	12277	14968	18348
平远县 Pingyuan County	17792	11233	14579	11971	687	7863	2526	9064
蕉岭县 Jiaoling County	24186	13387	15413	14287	1411	9912	7362	12574
大埔县 Dapu County	25341	12920	20217	13880	3773	9706	1352	11633
丰顺县 Fengshun County	32579	11532	20370	13069	8453	9522	3756	9918
五华县 Wuhua County	36679	11721	34359	11914	2285	9423	35	11323
惠州市 Huizhou								
市区 Urban District	793654	16801	216029	26243	20674	13795	556951	14849
惠东县 Huidong County	88118	13982	46015	17175	6109	10868	35994	11759
博罗县 Boluo County	89587	13857	50324	17225	4740	11013	34522	11089
龙门县 Longmen County	24603	11312	16971	12865	3281	7996	4351	9766
汕尾市 Shanwei								
市区 Urban District	63162	15807	40809	18345	5732	11009	16621	13291
陆丰市 Lufeng City	49022	11031	40633	11552	5089	8372	3300	10352
海丰县 Haifeng County	39482	14786	33562	16034	2891	9734	3030	10813
陆河县 Luhe County	14055	11218	10463	12385	1286	6885	2306	10419
东莞市 Dongguan	518216	28253	349572	37919	70872	15958	97772	20882
中山市 Zhongshan	509467	22751	229184	34465	30146	21868	250138	17413
江门市 Jiangmen								
市区 Urban District	311582	18227	155418	26404	19902	14539	136262	13849
台山市 Taishan City	49886	10845	34796	13540	3452	9473	11638	6987
开平市 Kaiping City	79775	12869	37691	16190	4172	9146	37912	11102
鹤山市 Heshan City	48078	12378	23370	18330	3616	10633	21092	9295
恩平市 Enping City	34175	11190	19315	12875	7206	9294	7654	9833

22-13 续表 continued

县（市）区别 County (County-level City) and District	合计 Total		国有经济单位 State-owned Units		城镇集体经济单位 Urban Collective-owned Units		其他各种经济单位 Units of Other Types of Ownerships	
	工资总额（万元）Total Wages (10000 yuan)	平均工资（元）Average Wage (yuan)	工资总额（万元）Total Wages (10000 yuan)	平均工资（元）Average Wage (yuan)	工资总额（万元）Total Wages (10000 yuan)	平均工资（元）Average Wage (yuan)	工资总额（万元）Total Wages (10000 yuan)	平均工资（元）Average Wage (yuan)
阳江市 Yangjiang								
市 区 Urban District	100798	15510	74250	19563	17418	8982	9130	11948
阳春市 Yangchun City	70945	13544	47771	16385	7645	9561	15529	10196
阳东县 Yangdong County	31701	12022	21394	13277	7075	10188	3232	9758
阳西县 Yangxi County	25493	11930	16761	12981	5367	11349	3365	9028
湛江市 Zhanjiang								
市 区 Urban District	336764	20629	263329	23704	6278	10544	67157	14534
雷州市 Leizhou City	55040	9594	51303	9641	3368	9460	369	6191
廉江市 Lianjiang City	53054	11656	42402	12453	3228	8569	7424	9643
吴川市 Wuchuan City	34619	10998	29757	11334	3109	9534	1753	8927
遂溪县 Suixi County	45889	11526	33667	13146	3645	8338	8577	8724
徐闻县 Xuwen County	38815	10547	32523	10744	3693	9957	2599	9200
茂名市 Maoming								
市 区 Urban District	235874	24376	148783	25503	6760	16198	80331	23453
信宜市 Xinyi City	44464	12588	38928	13913	3510	6800	2026	9297
高州市 Gaozhou City	68971	12362	54369	13409	9653	9328	4950	10108
化州市 Huazhou City	58263	10697	48923	11128	7701	9197	1639	7707
电白县 Dianbai County	62889	12630	42823	12584	15876	11500	4190	21380
肇庆市 Zhaoqing								
市 区 Urban District	236900	18978	134130	27235	6019	14972	96752	13520
四会市 Sihui City	54586	17261	37256	24361	3436	10134	13894	10738
高要市 Gaoyao City	36128	17471	32563	18044	1862	18452	1703	10487
广宁县 Guangning County	28821	16461	24384	17651	910	12785	3527	11823
德庆县 Deqing County	23344	10547	15218	12760	1203	9855	6923	7704
封开县 Fenkai County	22198	11927	19090	13404	1210	8206	1897	6554
怀集县 Huaiji County	32712	14609	27902	14783	2195	11216	2614	16770
清远市 Qingyuan								
市 区 Urban District	123002	21472	81623	29563	4442	14449	36938	13887
英德市 Yingde City	59025	17990	49613	19549	2109	17645	7304	11712
连州市 Lianzhou City	39343	19566	27646	20807	2349	12837	9348	18730
佛冈县 Fogang County	33600	17191	18160	21043	847	19981	14593	13910
清新县 Qingxin County	79848	16228	32970	26877	2882	12438	43996	12709
连山县 Lianshan County	8582	15410	7729	15460	359	11691	495	18802
连南县 Liannan County	14438	14850	11384	17309	573	15084	2480	8970
阳山县 Yangshan County	29480	17191	25686	18712	1358	12529	2437	10422
潮州市 Chaozhou								
市 区 Urban District	86202	17947	58082	23763	5136	8218	22984	13256
饶平县 Raoping County	34791	8868	28759	10300	1955	5372	4077	5315
潮安县 Chaoan County	42603	11981	33109	13921	4683	7068	4811	9344
揭阳市 Jieyang								
市 区 Urban District	70495	14010	45599	16574	7974	9456	16921	11773
普宁市 Puning City	59101	10874	51232	11853	3065	6348	4804	7626
揭东县 Jiedong County	36304	12434	30821	13128	2192	8441	3291	10538
揭西县 Jiexi County	31999	11486	23302	12144	7367	9814	1329	11411
惠来县 Huilai County	35127	9460	27231	9675	1982	7486	5914	9328
云浮市 Yunfu								
市 区 Urban District	67505	19966	47242	26244	1893	9104	18370	13380
罗定市 Luoding City	55922	10891	38850	14857	2729	9351	14344	6438
新兴县 Xinxing County	47400	14513	26121	20320	887	13818	20392	10641
郁南县 Yunan County	28127	14256	18705	16768	1084	16258	8338	10543
云安县 Yunan County	13278	14055	10267	17006	52	8966	2960	8829

22-14 各县（市）区财政收支及城乡居民储蓄存款余额（2004－2005年）
Local Government Budgetary Revenue and Expenditure and Savings Deposits by Urban and Rural Residents by County (County-level City) And District (2004－2005)

单位：万元 (10000 yuan)

县（市）区别 County (County-level City) and District	地方财政一般预算收入 Local Government Budgetary		地方财政一般预算支出 Local Government Budgetary Expenditure		年末城乡居民储蓄存款余额 Savings Deposits by Urban and Rural Residents at the Year-end	
	2004	2005	2004	2005	2004	2005
广州市 Guangzhou						
本级 Prefectural-city Level	1881348	1838153	2090172	1710125		
市区 Urban District	1003467	1692207	1791708	2430900	40166500	47424872
增城市 Zengcheng City	103672	130671	131843	165378	1878600	2209128
从化市 Conghua City	40205	51602	69650	77719	523100	612900
深圳市 Shenzhen	3214680	4123787	3775720	5991560	26253900	32293800
珠海市 Zhuhai	344559	489706	508902	577676	4085700	4808600
汕头市 Shantou						
本级 Prefectural-city Level	106706	137488	162960	183364		
市区 Urban District	104775	154180	271750	305836	6378300	7293932
南澳县 Nanao County	2561	2766	10721	12150	36600	41067
佛山市 Foshan	952864	1308480	1309263	1508546	20288100	23587776
韶关市 Shaoguan						
本级 Prefectural-city Level	82572	105349	176882	149890		
市区 Urban District	33734	35951	66638	73875	1304000	1825467
仁化县 Renhua County	7849	9719	19445	26619	134800	181560
南雄市 Nanxiong City	8077	9368	31334	38311	191900	218316
始兴县 Shixing County	4424	5250	21754	27342	140400	163669
翁源县 Wengyuan County	5398	5717	27952	30797	167900	201884
新丰县 Xinfeng County	3770	4780	21856	27922	98900	115582
乳源县 Ruyuan County	9111	11500	24858	29817	83500	104196
乐昌市 Lechang City	9192	11700	36948	40907	289500	328926
河源市 Heyuan						
本级 Prefectural-city Level	16088	23795	49871	60011		
市区 Urban District	5943	9418	23417	28864	434200	499476
和平县 Heping County	3933	4698	34641	46368	127600	144736
龙川县 Longchuan County	9738	13229	59039	72808	292000	337848
紫金县 Zijin County	8633	12196	45546	54854	181700	209885
连平县 Lianping County	7461	11584	34899	44700	136300	154317
东源县 Dongyuan County	6833	10257	52433	62442	85600	104938
梅州市 Meizhou						
本级 Prefectural-city Level	43213	59164	83096	99770		
市区 Urban District	6918	8326	18927	20543	618554	980754
梅县 Meixian County	26571	26310	63583	64778	541500	586894
蕉岭县 Jiaoling County	8968	10446	26274	28905	139900	170508
大埔县 Dapu County	7795	10782	38766	44834	222700	303888
丰顺县 Fengshun County	6376	9431	41655	46566	273000	302723
五华县 Wuhua County	7116	7358	60610	65134	343500	386479
兴宁市 Xingning City	13201	13632	63403	65131	553700	322544
平远县 Pingyuan County	4754	6323	24114	26859	113546	133955
惠州市 Huizhou						
本级 Prefectural-city Level	121126	166672	183730	197435		
市区 Urban District	74757	101520	121341	140681	2876254	3346484
惠东县 Huidong County	20093	26568	53091	68945	654909	765725
博罗县 Boluo County	30655	42204	73247	82845	773847	907631
龙门县 Longmen County	7577	10254	28042	34191	167790	202260
汕尾市 Shanwei						
本级 Prefectural-city Level	14486	18900	36860	45559		
市区 Urban District	5389	7369	17212	18713	280035	326510
海丰县 Haifeng County	14763	20068	41342	50003	339900	390000
陆河县 Luhe County	3900	4939	23546	27056	74988	84285
陆丰市 Lufeng City	15196	19672	47185	59175	256677	283105
东莞市 Dongguan	721959	1039680	941554	1170427	14316800	17282800
中山市 Zhongshan	345413	542584	431797	567056	6149218	7250600
江门市 Jiangmen						
本级 Prefectural-city Level	66631	94431	109007	122262		
市区 Urban District	77136	153983	114785	185858	3891300	4419345
台山市 Taishan City	37972	55856	66726	75830	1160800	1318069
开平市 Kaiping City	40448	53988	58689	68102	1269700	1403208
鹤山市 Heshan City	24993	38493	48071	49518	764600	855456
恩平市 Enping City	16068	19549	39456	40783	452800	523222

22-14 续表 continued

单位：万元 (10000 yuan)

县（市）区别 County (County-level City) and District	地方财政一般预算收入 Local Government Budgetary		地方财政一般预算支出 Local Government Budgetary Expenditure		年末城乡居民储蓄存款余额 Savings Deposits by Urban and Rural Residents at the Year-end	
	2004	2005	2004	2005	2004	2005
阳江市 Yangjiang						
本 级 Prefectural-city Level	17729	33034	53502	67205		
市 区 Urban District	8573	10459	24502	28442	847700	923739
阳东县 Yangdong County	13837	18972	38331	45254	218700	241702
阳西县 Yangxi County	4774	6008	27085	29759	181600	202349
阳春市 Yangchun City	14989	18482	61600	61088	463900	531316
湛江市 Zhanjiang						
本 级 Prefectural-city Level	101480	138084	173263	220339		
市 区 Urban District	32583	44164	72848	85894	2498800	2822327
徐闻县 Xuwen County	8890	10168	38004	43750	285400	326389
遂溪县 Suixi County	9739	10494	43312	49900	350000	391657
廉江市 Lianjiang City	10569	13747	61785	75000	551000	614608
吴川市 Wuchuan City	9253	11121	38350	45105	431900	464029
雷州市 Leizhou City	10920	12333	57028	59472	390400	467990
茂名市 Maoming						
本 级 Prefectural-city Level	95961	114208	134845	142398		
市 区 Urban District	19545	22200	43668	51876	1324100	1455451
电白县 Dianbai County	14863	18740	52718	57838	587000	644251
高州市 Gaozhou City	22863	26312	77071	75930	804100	884035
化州市 Huazhou City	13211	16569	55136	62933	506900	550592
信宜市 Xinyi City	11188	14546	56106	61834	503700	565871
肇庆市 Zhaoqing						
本 级 Prefectural-city Level	40439	57391	92269	97271		
市 区 Urban District	22865	31607	40925	46899	1302200	1488007
广宁县 Guangning County	13870	16488	33859	40479	201400	227070
德庆县 Deqing County	10656	12802	32756	37084	163000	184772
封开县 Fenkai County	11689	13710	29932	36009	172800	196648
怀集县 Huaiji County	14014	16869	42511	51707	176900	211552
高要市 Gaoyao City	24950	30451	46435	53475	468200	544123
四会市 Sihui City	19496	25095	36622	43506	446100	506928
清远市 Qingyuan						
本 级 Prefectural-city Level	21897	31005	50240	56838		
市 区 Urban District	11076	17078	32208	39707	879870	1047680
清新县 Qingxin County	8946	14061	42148	48374	286751	333355
佛冈县 Fogang County	11039	16038	27754	35276	189571	215296
连山县 Lianshan County	2013	2460	16219	16615	46835	53163
连南县 Liannan County	3481	4577	18183	23230	60440	68842
阳山县 Yangshan County	9028	11091	34656	43139	161934	183197
连州市 Lianzhou City	11126	14090	36261	45738	263726	296499
英德市 Yingde City	14300	22139	56702	72581	463783	540562
潮州市 Chaozhou						
本 级 Prefectural-city Level	26620	45673	60359	66996		
市 区 Urban District	6311	10007	20229	20320	911100	1177335
饶平县 Raoping County	6169	9762	49988	56890	356800	402847
潮安县 Chaoan County	13414	21000	58203	69442	805900	846318
揭阳市 Jieyang						
本 级 Prefectural-city Level	21644	32937	68268	61116		
市 区 Urban District	9508	13851	21080	22844	881800	1049459
揭东县 Jiedong County	11757	15887	41360	47058	487800	577671
惠来县 Huilai County	6779	7967	46577	52051	229300	262735
揭西县 Jiexi County	6182	7520	47307	50574	438400	496939
普宁市 Puning City	25330	33767	68072	76234	1334500	1486096
云浮市 Yunfu						
本 级 Prefectural-city Level	22545	26903	36845	37563		
市 区 Urban District	7645	9441	19232	24683	409939	477219
新兴县 Xinxing County	13438	20246	36650	47552	310036	361609
郁南县 Yunan County	6942	8760	32973	37694	220000	247400
云安县 Yunan County	6033	8744	21820	28128	61959	71942
罗定市 Luoding City	15246	19217	52401	63116	427400	492754

注：本级财政收支指市本级地方财政一般预算收支。
Note: The local government revenue and expenditure at the prefectural-city level refer to the budgetary revenue and expenditure actually kept and spent by the same-level local governments.

附 录

APPENDIX

附　录

简要说明

一、本篇资料包括部分省市社会经济主要指标和香港、澳门特别行政区以及台湾省主要统计指标。
二、本篇资料由广东省统计局综合处负责整理、编辑。
三、2005 年各省市资料中，除广东为正式年报数外，其余各省市资料均为快速年报数。

Appendlx

Brief Introduction

Ⅰ. The data in this chapter include the main social and economic indicators of some provinces, municipality in the mainland, Hong Kong and Macao Special Administrative Regions and Taiwan Province.

Ⅱ. The data in this chapter are prepared and compiled by the Division of Comprehensive Statistics of Guangdong Provincial Bureau of Statistics.

Ⅲ. Among the data of various provinces and municipality in 2005, all come from their advance annual reports except the formal annual reports of Guangdong Province.

附录 A　部分省、市主要统计指标（2004 - 2005 年）

Appendix A　Main Socio-economic Indicators of Some Provinces and Municipality（2004 - 2005）

省、市名称 Province or Municipality		年末总人口（万人） Total Population at the Year-end （10000 persons）			国内生产总值（亿元） Gross Domestic Product （100 million yuan）		
		2004	2005	2005 比 2004 增长% Growth Rate in 2005 over 2004	2004	2005	2005 比 2004 增长% Growth Rate in 2005 over 2004
全国总计	**National Total**	**129988**	**130756**	**0. 6**	**159878. 30**	**182320. 60**	**9. 9**
辽　宁	Liaoning	4217	4221	0. 1	6872. 70	8005. 00	12. 3
上　海	Shanghai	1742	1778	2. 1	8072. 80	9144. 00	11. 1
江　苏	Jiangsu	7433	7475	0. 6	15003. 60	18272. 10	14. 5
浙　江	Zhejiang	4720	4898	3. 8	11648. 70	13365. 00	12. 4
安　徽	Anhui	6461	6120	-5. 3	4759. 30	5375. 80	11. 8
福　建	Fujian	3511	3535	0. 7	5763. 40	6560. 10	11. 3
山　东	Shandong	9180	9248	0. 7	15021. 80	18468. 30	15. 2
河　南	Henan	9717	9380	-3. 5	8553. 80	10535. 20	14. 1
湖　北	Hubei	6016	5710	-5. 1	5633. 20	6484. 50	11. 4
湖　南	Hunan	6698	6326	-5. 6	5641. 90	6473. 60	11. 6
广　东	Guangdong	9111	9194	0. 9	18864. 62	22366. 54	13. 8
四　川	Sichuan	8725	8212	-5. 9	6379. 60	7385. 10	12. 6

省、市名称 Province or Municipality		第三产业增加值（亿元） Value-added of the Tertiary Industry （100 million yuan）			人均国内生产总值（元） Per Capita Gross Domestic Product（yuan）		
		2004	2005	2005 比 2004 增长% Growth Rate in 2005 over 2004	2004	2005	2005 比 2004 增长% Growth Rate in 2005 over 2004
全国总计	**National Total**	**65018. 20**	**73394. 60**	**9. 6**	**12336**	**13985**	**9. 3**
辽　宁	Liaoning	2823. 90	3244. 60	9. 2	16297	18965	12. 2
上　海	Shanghai	4097. 26	4588. 40	10. 5	46338	51583	
江　苏	Jiangsu	5198. 10	6540. 90	14. 8	20223	24518	14. 0
浙　江	Zhejiang	4584. 22	5345. 20	14. 9	24352	27552	10. 8
安　徽	Anhui	1981. 30	2182. 00	9. 9	7681	8597	
福　建	Fujian	2206. 02	2506. 40	11. 3	16469	18613	10. 6
山　东	Shandong	4764. 67	5920. 40	14. 5	20044	20030	14. 5
河　南	Henan	2772. 42	3152. 80	12. 6	9145	11265	
湖　北	Hubei	2292. 60	2640. 30	11. 8	9898	11390	
湖　南	Hunan	2294. 60	2614. 10	11. 8	9165	10264	
广　东	Guangdong	8364. 05	9631. 38	13. 7	20876	24438	12. 4
四　川	Sichuan	2510. 33	2836. 70	10. 7	7895	9020	11. 6

注：1. 国内（地区）生产总值、农林牧渔业总产值和工业增加值绝对数按当年价格计算，增长速度按可比价格计算。
2. 2004 年人口数据根据人口变动抽样调查资料推算；2005 年数据根据全国 1% 人口抽样调查数据推算。
3. 工业增加值统计范围为全部国有及销售收入 500 万元以上非国有工业。

Note：a）The figures in value terms on gross domestic product，gross output value of farming，forestry，animal husbandry and fishery and value-added of industry are calculated at current prices，whereas the growth rates are calculated at comparable prices.
b）The population figures of 2004 were estimated on the basis of the sample surveys on population changes. Data of 2005 were estimated on the basis of 1 percent national sample surveys on population.
c）The statistical coverage of value-added of industry refers to the state-owned industrial enterprises and non-state-owned industrial enterprises with an annual sales revenue over 5 million yuan.

续表1 continued

省、市名称 Province or Municipality		农林牧渔业总产值（亿元） Gross Output Value of Farming, Forestry, Animal Husbandry and Fishery（100 million yuan）			工业增加值（亿元） Value-added of the Secondary Industry（100 million yuan）		
		2004	2005	2005 比 2004 增长% Growth Rate in 2005 over 2004	2004	2005	2005 比 2004 增长% Growth Rate in 2005 over 2004
全国总计	**National Total**	**36239.0**	**39450.9**	**5.7**	**54805.1**	**66425.2**	**16.4**
辽　宁	Liaoning	1510.5	1671.6	10.7	2400.2	3108.4	29.5
上　海	Shanghai	248.9	233.4	-10.5	3427.0	3994.7	12.5
江　苏	Jiangsu	2417.6	2577.0	3.7	6375.7	8054.7	22.5
浙　江	Zhejiang	1332.3	1428.3	2.4	4173.4	4904.7	18.1
安　徽	Anhui	1644.4	1666.2	1.4	1082.2	1373.9	22.7
福　建	Fujian	1317.3	1396.1	4.6	1845.8	2235.2	17.4
山　东	Shandong	3453.9	3741.8	5.2	6498.3	8411.9	28.4
河　南	Henan	2963.9	3309.7	7.5	2332.7	3228.2	23.3
湖　北	Hubei	1695.4	1775.6	4.2	1664.7	2007.9	19.3
湖　南	Hunan	1913.3	2056.2	5.8	1198.1	1535.9	20.6
广　东	Guangdong	2154.8	2447.6	4.8	7439.5	9416.4	24.7
四　川	Sichuan	2252.3	2457.5	6.5	1546.5	2034.4	23.0

省、市名称 Province or Municipality		粮食产量（万吨） Output of Grain（10000 tons）			油料产量（万吨） Output of Oil-bearing Crops（10000 tons）		
		2004	2005	2005 比 2004 增长% Growth Rate in 2005 over 2004	2004	2005	2005 比 2004 增长% Growth Rate in 2005 over 2004
全国总计	**National Total**	**46946.9**	**48402.2**	**3.1**	**3065.9**	**3077.1**	**0.4**
辽　宁	Liaoning	1720.0	1745.8	1.5	45.9	36.8	-19.7
上　海	Shanghai	106.3	105.4	-0.9	7.4	6.9	-6.3
江　苏	Jiangsu	2829.1	2834.6	0.2	238.4	216.0	-9.4
浙　江	Zhejiang	834.9	814.7	-2.4	48.8	50.1	2.7
安　徽	Anhui	2743.0	2605.3	-5.0	299.7	270.7	-9.7
福　建	Fujian	736.5	715.2	-2.9	27.8	27.4	-1.1
山　东	Shandong	3516.7	3917.4	11.4	369.7	363.9	-1.6
河　南	Henan	4260.0	4582.0	7.6	408.7	449.6	10.0
湖　北	Hubei	2100.1	2177.4	3.7	314.4	293.9	-6.5
湖　南	Hunan	2640.0	2678.6	1.7	139.6	141.0	1.0
广　东	Guangdong	1390.0	1395.0	0.4	77.5	77.0	-0.7
四　川	Sichuan	3146.7	3211.1	2.5	226.3	232.3	2.7

续表 2 continued

省、市名称 Province or Municipality		肉类总产量（万吨） Total Output of Meat (10000 tons)			水产品产量（万吨） Output of Aquatic Products (10000 tons)		
		2004	2005	2005 比 2004 增长% Growth Rate in 2005 over 2004	2004	2005	2005 比 2004 增长% Growth Rate in 2005 over 2004
全国总计	**National Total**	**7244.8**	**7743.1**	**6.9**	**4901.8**	**5106.1**	**4.0**
辽　宁	Liaoning	316.5	346.1	9.4	402.5	425.3	5.7
上　海	Shanghai	12.5	31.3		34.4	35.4	2.7
江　苏	Jiangsu	346.8	352.3	1.6	366.1	388.7	6.2
浙　江	Zhejiang	161.8	165.3	2.2	493.5	483.8	-2.0
安　徽	Anhui	333.7	382.9	4.6	171.3	177.6	3.6
福　建	Fujian	151.3	165.9	9.6	591.2	602.2	1.9
山　东	Shandong	696.5	736.9	5.8	718.2	736.1	2.5
河　南	Henan	641.5	685.9	7.2	42.7	51.7	21.0
湖　北	Hubei	309.3	327.3	5.2	302.1	318.2	5.4
湖　南	Hunan	517.7	523.5	5.7	166.1	179.2	7.2
广　东	Guangdong	365.3	384.3	5.2	671.4	695.2	3.6
四　川	Sichuan	609.1	653.6	9.0	86.1	98.2	14.0

省、市名称 Province or Municipality		原煤产量（万吨） Output of Coal (10000 tons)			发电量（亿千瓦小时） Electricity (100 million kwh)		
		2004	2005	2005 比 2004 增长% Growth Rate in 2005 over 2004	2004	2005	2005 比 2004 增长% Growth Rate in 2005 over 2004
全国总计	**National Total**	**199200.00**	**219000.00**	**9.9**	**22033.00**	**24747.00**	**12.3**
辽　宁	Liaoning	6232.50	6152.80	-1.3	888.70	903.17	1.7
上　海	Shanghai				766.20	728.74	-4.9
江　苏	Jiangsu	2747.00	2817.56	1.8	1539.49	1789.53	24.6
浙　江	Zhejiang	56.30	41.29	-26.7	1115.20	1352.96	21.3
安　徽	Anhui	7868.10	8434.46	6.9	606.90	645.74	6.1
福　建	Fujian	1076.10	1331.74	10.0	659.60	778.25	18.0
山　东	Shandong	14646.20	14029.78	-2.3	1640.30	2001.56	18.0
河　南	Henan	14445.50	18761.42	29.9	1185.60	1419.94	19.8
湖　北	Hubei	395.60	478.07	10.2	1105.90	1257.19	14.5
湖　南	Hunan	3036.20	3646.51	10.1	605.20	630.29	4.4
广　东	Guangdong	338.40	234.84	-35.6	2061.08	2163.36	6.8
四　川	Sichuan	4429.90	5219.05	17.8	881.80	958.03	8.3

续表 3 continued

省、市名称 Province or Municipality	钢（万吨）Steel（10000 tons）			全社会固定资产投资总额（亿元）Total Investment in Fixed Assets（100 million yuan）		
	2004	2005	2005 比 2004 增长% Growth Rate in 2005 over 2004	2004	2005	2005 比 2004 增长% Growth Rate in 2005 over 2004
全国总计 National Total	**31976.00**	**39691.46**	**24.1**	**70477.0**	**88604.0**	**25.7**
辽　宁 Liaoning	2598.10	3206.08	23.4	3000.1	4234.1	41.1
上　海 Shanghai	1823.70	1964.16	8.0	3050.2	3542.6	14.8
江　苏 Jiangsu	3749.90	4328.30	21.9	6827.6	8739.7	28.0
浙　江 Zhejiang	626.40	716.98	14.5	5756.2	6652.0	15.1
安　徽 Anhui	945.70	1141.58	18.4	1919.4	2521.0	31.7
福　建 Fujian	568.40	729.67	28.7	1893.1	2344.7	23.5
山　东 Shandong	2011.70	3008.51	48.8	7629.0	10541.5	38.9
河　南 Henan	966.00	1337.40	38.4	3099.4	4378.7	41.3
湖　北 Hubei	1334.30	1585.85	17.7	2265.1	2834.8	20.3
湖　南 Hunan	802.10	961.26	19.4	2072.8	2540.1	28.2
广　东 Guangdong	1198.83	1365.77	17.4	6025.5	7164.1	18.9
四　川 Sichuan	1012.00	1172.72	15.9	2856.8	3462.1	30.7

省、市名称 Province or Municipality	城镇居民人均可支配收入（元）Per Capita Disposable Income of Urban Residents（yuan）			农村居民人均纯收入（元）Per Capita Net Income of Rural Residents（yuan）		
	2004	2005	2005 比 2004 增长% Growth Rate in 2005 over 2004	2004	2005	2005 比 2004 增长% Growth Rate in 2005 over 2004
全国总计 National Total	**9421.6**	**10493.0**	**9.6**	**2936.4**	**3254.9**	**6.2**
辽　宁 Liaoning	8007.6	9107.6	12.9	3307.1	3690.2	11.6
上　海 Shanghai	16682.8	18645.0	11.8	7066.3	8342.0	10.7
江　苏 Jiangsu	10481.9	12318.6	17.5	4753.9	5276.3	11.0
浙　江 Zhejiang	14546.4	16293.8	10.4	6096.0	6660.0	6.4
安　徽 Anhui	7511.4	8470.7	11.5	2499.3	2641.0	3.8
福　建 Fujian	11175.4	12321.3	8.2	4089.4	4450.4	5.8
山　东 Shandong	9437.8	10744.8	12.6	3507.4	3930.5	12.1
河　南 Henan	7704.9	8668.0	10.2	2553.2	2870.6	7.5
湖　北 Hubei	8022.8	8785.9	9.5	2890.0	3099.2	7.2
湖　南 Hunan	8617.5	9524.0	8.3	2837.8	3117.7	7.2
广　东 Guangdong	13627.7	14769.9	6.3	4365.9	4690.5	4.5
四　川 Sichuan	7709.9	8386.0	8.8	2518.9	2802.8	8.6

续表 4　continued

省、市名称 Province or Municipality		社会消费品零售总额（亿元） Total Retail Sales of Consumer Goods (100 million yuan)			地方一般预算财政收入（亿元） Local Government Budgetary Revenue (100 million yuan)		
		2004	2005	2005 比 2004 增长% Growth Rate in 2005 over 2004	2004	2005	2005 比 2004 增长% Growth Rate in 2005 over 2004
全国总计	**National Total**	**59501. 0**	**67176. 6**	**12. 9**	**11693. 4**	**14884. 2**	**27. 3**
辽　宁	Liaoning	2642. 8	2999. 0	13. 5	529. 6	675. 3	27. 5
上　海	Shanghai	2656. 9	2973. 0	11. 9	1106. 2	1417. 4	28. 1
江　苏	Jiangsu	4912. 2	5699. 9	16. 5	980. 5	1322. 7	26. 4
浙　江	Zhejiang	4055. 5	4631. 7	14. 2	805. 9	1066. 6	32. 3
安　徽	Anhui	1557. 4	1765. 0	13. 3	274. 6	333. 8	21. 7
福　建	Fujian	2062. 0	2345. 8	13. 8	333. 5	432. 6	29. 5
山　东	Shandong	5290. 5	6126. 4	15. 8	828. 3	1072. 7	29. 5
河　南	Henan	2938. 3	3358. 4	14. 3	428. 8	537. 7	25. 4
湖　北	Hubei	2619. 5	2964. 6	13. 2	310. 4	375. 5	20. 6
湖　南	Hunan	2149. 6	2459. 1	14. 4	320. 6	395. 3	23. 3
广　东	Guangdong	6852. 0	7882. 6	15. 0	1418. 5	1807. 2	27. 5
四　川	Sichuan	2615. 2	2981. 4	14. 0	385. 8	479. 7	24. 8

省、市名称 Province or Municipality		外贸进口总额（亿美元） Total Imports of Foreign Trade (USD 100 million)			外贸出口总额（亿美元） Total Exports of Foreign Trade (USD 100 million)		
		2004	2005	2005 比 2004 增长% Growth Rate in 2005 over 2004	2004	2005	2005 比 2004 增长% Growth Rate in 2005 over 2004
全国总计	**National Total**	**5612. 3**	**6599. 5**	**17. 6**	**5933. 2**	**7619. 5**	**28. 4**
辽　宁	Liaoning	155. 2	175. 7	13. 2	189. 2	234. 4	23. 9
上　海	Shanghai	865. 1	956. 2	10. 5	735. 1	907. 2	23. 4
江　苏	Jiangsu	832. 5	1049. 6	26. 1	875. 6	1229. 8	40. 5
浙　江	Zhejiang	270. 7	305. 9	13. 0	581. 6	768. 0	32. 1
安　徽	Anhui	32. 8	39. 3	20. 0	39. 4	51. 9	31. 8
福　建	Fujian	181. 3	195. 7	8. 0	293. 9	348. 4	18. 5
山　东	Shandong	248. 2	306. 4	23. 0	358. 5	462. 5	28. 9
河　南	Henan	24. 5	26. 4	8. 1	41. 8	50. 9	22. 1
湖　北	Hubei	33. 9	46. 3	37. 0	33. 8	44. 3	31. 5
湖　南	Hunan	23. 4	22. 5	-3. 5	31. 1	37. 5	20. 9
广　东	Guangdong	1655. 8	1898. 3	14. 7	1915. 7	2381. 7	24. 3
四　川	Sichuan	28. 9	32. 0	11. 0	39. 8	47. 0	18. 1

续表 5　continued

省、市名称 Province or Municipality		年末职工人数（万人） Number of Staff and Workers at the Year-end (10000 persons)			职工平均工资（元） Average Wage of Staff and Workers (yuan)		
		2004	2005	2005 比 2004 增长% Growth Rate in 2005 over 2004	2004	2005	2005 比 2004 增长% Growth Rate in 2005 over 2004
全国总计	**National Total**	**10575.9**	**10942.0**	**3.5**	**16024**	**18405**	**13.1**
辽　宁	Liaoning	481.1	476.6	-0.9	14921	17331	16.2
上　海	Shanghai	264.4	356.5	34.8	30085	31940	6.2
江　苏	Jiangsu	575.08	602.9	4.8	18202	20957	15.1
浙　江	Zhejiang	434.6	511.8	17.8	23506	25896	10.2
安　徽	Anhui	324.8	317.4	-2.3	12928	15334	18.6
福　建	Fujian	365.6	387.0	5.9	15603	17146	9.9
山　东	Shandong	776.1	871.1	12.2	14332	16614	15.9
河　南	Henan	676.9	681.9	0.7	12114	14282	17.9
湖　北	Hubei	488.7	452.1	-7.5	11855	14419	21.6
湖　南	Hunan	367.4	381.2	3.8	13928	15659	12.4
广　东	Guangdong	811.8	886.2	9.2	22116	23959	8.3
四　川	Sichuan	480.7	492.8	2.5	14063	15826	12.5

省、市名称 Province or Municipality		居民消费价格指数（%） Consumer Price Index (%)			高等学校在校学生数（万人） Number of Enrolled Students in Institutions of Higher Education (10000 persons)		
		2004	2005	2005 比 2004 增长% Growth Rate in 2005 over 2004	2004	2005	2005 比 2004 增长% Growth Rate in 2005 over 2004
全国总计	**National Total**	**103.9**	**101.8**	**1.8**	**1333.5**	**1561.8**	**17.1**
辽　宁	Liaoning	103.5	101.4	1.4	58.4	65.9	13.0
上　海	Shanghai	102.2	101.0	1.0	41.6	44.3	6.5
江　苏	Jiangsu	104.1	102.1	2.1	99.5	116.0	16.6
浙　江	Zhejiang	103.9	101.3	1.3	57.3	65.1	13.7
安　徽	Anhui	104.5	101.4	1.4	50.1	58.9	17.6
福　建	Fujian	104.0	102.2	2.2	32.6	40.7	25.0
山　东	Shandong	103.6	101.7	1.7	94.6	117.1	23.8
南	Henan	105.4	102.1	2.1	70.3	85.2	21.2
湖　北	Hubei	104.9	102.9	2.9	89.2	101.3	13.5
湖　南	Hunan	105.1	102.3	2.3	63.9	75.5	18.1
广　东	Guangdong	103.0	102.3	2.3	72.7	87.5	20.3
四　川	Sichuan	104.9	101.7	1.7	63.7	77.5	21.7

附录 B 泛珠江三角洲九省主要统计指标（2004 – 2005 年）
Appendix B Main Statistical Indicators of Nine Provinces in the Pan Pearl River Delta (2004 – 2005)

各省名称 Province	年末总人口（万人） Total Population at the Year-end (10000 persons)			国内生产总值（亿元） Gross Domestic Product (100 million yuan)		
	2004	2005	2005 比 2004 增长% Growth Rate in 2005 over 2004	2004	2005	2005 比 2004 增长% Growth Rate in 2005 over 2004
福 建 Fujian	3511	3535	0. 7	5763. 35	6560. 07	11. 3
江 西 Jiangxi	4284	4311	0. 7	3456. 67	4056. 16	12. 8
湖 南 Hunan	6698	6326	–5. 6	5641. 92	6473. 61	11. 6
广 东 Guangdong	8304	9194	0. 9	18864. 62	22366. 54	13. 8
广 西 Guangxi	4889	4660	–4. 7	3433. 50	4063. 25	12. 7
海 南 Hainan	818	828	1. 2	798. 90	893. 14	10. 1
四 川 Sichuan	8725	8212	–5. 9	6379. 65	7385. 11	12. 6
贵 州 Guizhou	3904	3931	0. 7	1677. 78	1942. 00	11. 5
云 南 Yunnan	4415	4450	0. 8	3081. 88	3472. 34	9. 0

各省名称 Province	第三产业增加值（亿元） Value-added of the Tertiary Industry (100 million yuan)			人均国内生产总值（元） Per Capita Gross Domestic Product (yuan)		
	2004	2005	2005 比 2004 增长% Growth Rate in 2005 over 2004	2004	2005	2005 比 2004 增长% Growth Rate in 2005 over 2004
福 建 Fujian	2206. 02	2506. 40	11. 3	16469	18613	10. 6
江 西 Jiangxi	1225. 80	1371. 28	10. 8	8097	9437	
湖 南 Hunan	2294. 60	2614. 06	11. 8	9165	10264	
广 东 Guangdong	8364. 05	9631. 38	13. 7	20876	24438	12. 4
广 西 Guangxi	1369. 60	1655. 65	10. 2	7460	8746	11. 8
海 南 Hainan	335. 30	373. 65	10. 2	10067	10819	8. 9
四 川 Sichuan	2510. 33	2836. 73	10. 7	7895	9020	11. 6
贵 州 Guizhou	661. 80	759. 99	13. 3	4317	4957	10. 7
云 南 Yunnan	1206. 68	1366. 45	10. 8	7012	7826	8. 1

注：1. 国内（地区）生产总值、农林牧渔业总产值和工业增加值绝对数按当年价格计算，增长速度按可比价格计算。
2. 2004 年人口数据根据人口变动抽样调查资料推算；2005 年数据根据全国 1% 人口抽样调查数据推算。
3. 工业增加值统计范围为全部国有及销售收入 500 万元以上非国有工业。

Note：a) The figures in value terms on gross domestic product, gross output value of farming, forestry, animal husbandry and fishery and value-added of industry are calculated at current prices, whereas the growth rates are calculated at comparable prices.

b) The population figures of 2004 were estimated on the basis of the sample surveys on population changes. Data of 2005 were estimated on the basis of 1 percent national sample surveys on population.

c) The statistical coverage of value-added of industry refers to the state-owned industrial enterprises and non-state-owned industrial enterprises with an annual sales revenue over 5 million yuan.

续表 1　continued

各省名称 Province	农林牧渔业总产值（亿元） Gross Output Value of Farming, Forestry, Animal Husbandry and Fishery (100 million yuan)			工业增加值（亿元） Value-added of the Secondary Industry (100 million yuan)		
	2004	2005	2005 比 2004 增长% Growth Rate in 2005 over 2004	2004	2005	2005 比 2004 增长% Growth Rate in 2005 over 2004
福　建　Fujian	1317.3	1396.1	4.6	1845.8	2235.2	17.4
江　西　Jiangxi	1054.9	1143.0	6.8	627.1	828.5	23.6
湖　南　Hunan	1913.3	2056.2	5.8	1198.1	1535.9	20.6
广　东　Guangdong	2154.8	2447.6	4.8	7439.5	9416.4	24.7
广　西　Guangxi	1294.5	1448.4	7.4	595.6	833.1	22.8
海　南　Hainan	438.7	475.9	6.7	102.7	138.0	18.6
四　川　Sichuan	2252.3	2457.5	6.5	1546.5	2034.4	23.0
贵　州　Guizhou	524.6	571.8	5.9	476.8	585.9	17.0
云　南　Yunnan	965.2	1068.6	6.9	881.2	1018.1	8.4

各省名称 Province	粮食产量（万吨） Output of Grain (10000 tons)			油料产量（万吨） Output of Oil-bearing Crops (10000 tons)		
	2004	2005	2005 比 2004 增长% Growth Rate in 2005 over 2004	2004	2005	2005 比 2004 增长% Growth Rate in 2005 over 2004
福　建　Fujian	736.5	715.2	-2.9	27.8	27.4	-1.1
江　西　Jiangxi	1663.0	1757.0	5.7	74.53	76.1	2.1
湖　南　Hunan	2640.0	2678.6	1.7	139.6	141.0	1.0
广　东　Guangdong	1390.0	1395.0	0.4	77.5	77.0	-0.7
广　西　Guangxi	1398.5	1487.3	2.9	58.3	63.2	8.3
海　南　Hainan	190.1	153.0	-22.2	9.1	8.5	-6.1
四　川　Sichuan	3146.7	3211.1	2.5	226.3	232.3	2.7
贵　州　Guizhou	1149.58	1152.1	0.2	82.71	84.9	2.6
云　南　Yunnan	1509.5	1514.9	0.4	33.4	36.2	8.4

续表2 continued

各省名称 Province	肉类总产量（万吨） Total Output of Meat (10000 tons)			水产品产量（万吨） Output of Aquatic Products (10000 tons)		
	2004	2005	2005 比 2004 增长% Growth Rate in 2005 over 2004	2004	2005	2005 比 2004 增长% Growth Rate in 2005 over 2004
福　建 Fujian	151. 3	165. 9	9. 6	591. 2	602. 2	1. 9
江　西 Jiangxi	217. 7	237. 1	11. 3	156. 3	168. 7	7. 9
湖　南 Hunan	517. 1	523. 5	5. 7	166. 1	179. 2	7. 2
广　东 Guangdong	365. 3	384. 3	5. 2	671. 4	695. 2	3. 6
广　西 Guangxi	210. 5	242. 9	9. 3	268. 9	284. 2	3. 6
海　南 Hainan	52. 3	58. 2	9. 1	135. 8	150. 0	10. 4
四　川 Sichuan	609. 1	653. 6	9. 0	86. 1	98. 2	14. 0
贵　州 Guizhou	171. 1	187. 0	9. 3	8. 9	9. 5	6. 9
云　南 Yunnan	277. 8	298. 6	8. 0	22. 0	23. 8	8. 2

各省名称 Province	原煤产量（万吨） Output of Coal (10000 tons)			发电量（亿千瓦小时） Electricity (100 million kwh)		
	2004	2005	2005 比 2004 增长% Growth Rate in 2005 over 2004	2004	2005	2005 比 2004 增长% Growth Rate in 2005 over 2004
福　建 Fujian	1076. 10	1331. 74	10. 0	659. 60	778. 25	18. 0
江　西 Jiangxi	1232. 60	1620. 80	20. 2	327. 80	349. 27	6. 2
湖　南 Hunan	3036. 20	3646. 51	10. 1	605. 20	630. 29	4. 4
广　东 Guangdong	338. 40	234. 84	-35. 6	2061. 08	2163. 36	6. 8
广　西 Guangxi	521. 30	637. 37	29. 7	338. 10	417. 22	19. 4
海　南 Hainan				66. 50	81. 64	23. 1
四　川 Sichuan	4429. 90	5219. 05	17. 8	881. 80	958. 03	8. 3
贵　州 Guizhou	9756. 60	10615. 16	10. 6	713. 00	786. 78	10. 8
云　南 Yunnan	1718. 60	2190. 18	27. 4	513. 50	578. 50	12. 7

续表 3　continued

各省名称 Province	钢（万吨） Steel（10000 tons）			全社会固定资产投资总额（亿元） Total Investment in Fixed Assets （100 million yuan）		
	2004	2005	2005 比 2004 增长% Growth Rate in 2005 over 2004	2004	2005	2005 比 2004 增长% Growth Rate in 2005 over 2004
福　建　Fujian	568. 40	729. 67	28. 7	1893. 1	2344. 7	23. 5
江　西　Jiangxi	774. 90	1017. 82	32. 1	1819. 7	2207. 9	28. 9
湖　南　Hunan	802. 10	961. 26	19. 4	2072. 8	2540. 1	28. 2
广　东　Guangdong	1198. 83	1365. 77	17. 4	6025. 5	7164. 1	18. 9
广　西　Guangxi	376. 10	515. 49	37. 9	1263. 7	1775. 9	40. 5
海　南　Hainan	17. 60	14. 86	－15. 3	317. 0	376. 5	15. 7
四　川　Sichuan	1012. 00	1172. 72	15. 9	2856. 8	3462. 1	30. 7
贵　州　Guizhou	208. 07	214. 85	3. 9	869. 3	1015. 3	16. 8
云　南　Yunnan	345. 50	480. 05	38. 9	1291. 5	1743. 0	31. 0

各省名称 Province	城镇居民人均可支配收入（元） Per Capita Disposable Income of Urban Residents （yuan）			农村居民人均纯收入（元） Per Capita Net Income of Rural Residents （yuan）		
	2004	2005	2005 比 2004 增长% Growth Rate in 2005 over 2004	2004	2005	2005 比 2004 增长% Growth Rate in 2005 over 2004
福　建　Fujian	11175. 4	12321. 3	8. 2	4089. 4	4450. 4	5. 8
江　西　Jiangxi	7559. 6	8619. 7	14. 0	2952. 6	3265. 5	10. 6
湖　南　Hunan	8617. 5	9524. 0	8. 3	2837. 8	3117. 7	7. 2
广　东　Guangdong	13627. 7	14769. 9	6. 3	4365. 9	4690. 5	4. 5
广　西　Guangxi	8690. 0	9286. 7	9. 0	2305. 2	2494. 7	8. 2
海　南　Hainan	7735. 8	8123. 9	8. 7	2817. 6	3004. 0	6. 6
四　川　Sichuan	7709. 9	8386. 0	8. 8	2518. 9	2802. 8	8. 6
贵　州　Guizhou	7322. 1	8151. 1	10. 7	1721. 6	1877. 0	5. 2
云　南　Yunnan	8870. 9	9265. 9	4. 5	1864. 2	2041. 8	6. 5

续表4 continued

各省名称 Province	社会消费品零售总额（亿元） Total Retail Sales of Consumer Goods (100 million yuan)			地方一般预算财政收入（亿元） Local Government Budgetary Revenue (100 million yuan)		
	2004	2005	2005 比 2004 增长% Growth Rate in 2005 over 2004	2004	2005	2005 比 2004 增长% Growth Rate in 2005 over 2004
福 建 Fujian	2062. 0	2345. 8	13. 8	333. 5	432. 6	29. 5
江 西 Jiangxi	1074. 5	1236. 2	15. 0	205. 8	252. 9	22. 9
湖 南 Hunan	2149. 6	2459. 1	14. 4	320. 6	395. 3	23. 3
广 东 Guangdong	6852. 0	7882. 6	15. 0	1418. 5	1807. 2	27. 5
广 西 Guangxi	1222. 2	1397. 0	14. 3	237. 8	283. 0	19. 1
海 南 Hainan	236. 8	268. 6	13. 4	57. 0	68. 7	19. 9
四 川 Sichuan	2615. 2	2981. 4	14. 0	385. 8	479. 7	24. 8
贵 州 Guizhou	535. 3	606. 9	13. 4	149. 3	182. 5	22. 2
云 南 Yunnan	915. 3	1034. 4	13. 0	263. 4	312. 6	18. 7

各省名称 Province	外贸进口总额（亿美元） Total Imports of Foreign Trade (USD 100 million)			外贸出口总额（亿美元） Total Exports of Foreign Trade (USD 100 million)		
	2004	2005	2005 比 2004 增长% Growth Rate in 2005 over 2004	2004	2005	2005 比 2004 增长% Growth Rate in 2005 over 2004
福 建 Fujian	181. 3	195. 7	8. 0	293. 9	348. 4	18. 5
江 西 Jiangxi	15. 4	16. 3	5. 4	20. 0	24. 4	22. 3
湖 南 Hunan	23. 4	22. 5	-3. 5	31. 1	37. 5	20. 9
广 东 Guangdong	1655. 6	1898. 3	14. 7	1915. 7	2381. 7	24. 3
广 西 Guangxi	18. 9	23. 0	21. 8	23. 9	28. 8	20. 1
海 南 Hainan	23. 1	15. 2	-32. 0	10. 9	10. 2	-6. 4
四 川 Sichuan	28. 9	32. 0	11. 0	39. 8	47. 0	18. 1
贵 州 Guizhou	6. 5	5. 4	-15. 8	8. 7	8. 6	-0. 9
云 南 Yunnan	15. 0	21. 0	39. 4	22. 4	26. 4	18. 0

续表 5　continued

各省名称 Province	年末职工人数（万人） Number of Staff and Workers at the Year-end (10000 persons)			职工平均工资（元） Average Wage of Staff and Workers (yuan)		
	2004	2005	2005 比 2004 增长% Growth Rate in 2005 over 2004	2004	2005	2005 比 2004 增长% Growth Rate in 2005 over 2004
福　建　Fujian	365. 6	387. 0	5. 9	15603	17146	9. 9
江　西　Jiangxi	258. 35	264. 8	2. 5	11860	13688	15. 4
湖　南　Hunan	367. 4	381. 2	3. 8	13928	15659	12. 4
广　东　Guangdong	811. 8	886. 2	9. 2	22116	23959	8. 3
广　西　Guangxi	260. 8	268. 6	3. 0	13579	15461	13. 9
海　南　Hainan	72. 5	72. 6	0. 8	12652	14417	13. 9
四　川　Sichuan	480. 7	492. 8	2. 5	14063	15826	12. 5
贵　州　Guizhou	192. 7	202. 0	4. 9	12431	14344	15. 4
云　南　Yunnan	235. 4	235. 7	0. 1	14581	16980	10. 8

各省名称 Province	居民消费价格指数（%） Consumer Price Index (%)			高等学校在校学生数（万人） Number of Enrolled Students in Institutions of Higher Education (10000 persons)		
	2004	2005	2005 比 2004 增长% Growth Rate in 2005 over 2004	2004	2005	2005 比 2004 增长% Growth Rate in 2005 over 2004
福　建　Fujian	104. 0	102. 2	2. 2	32. 6	40. 7	25. 0
江　西　Jiangxi	103. 5	101. 7	1. 7	49. 7	64. 6	29. 9
湖　南　Hunan	105. 1	102. 3	2. 3	63. 9	75. 5	18. 1
广　东　Guangdong	103. 0	102. 3	2. 3	72. 7	87. 5	20. 3
广　西　Guangxi	104. 4	102. 4	2. 4	28. 1	33. 8	20. 4
海　南　Hainan	104. 4	101. 5	1. 5	5. 8	7. 0	20. 9
四　川　Sichuan	104. 9	101. 7	1. 7	63. 7	77. 5	21. 7
贵　州　Guizhou	104. 0	101. 0	1. 0	18. 0	20. 7	15. 0
云　南　Yunnan	106. 0	101. 4	1. 4	21. 6	25. 5	17. 7

附录 C 香港、澳门特别行政区主要统计资料

Appendix C Main Statistical Indicators of Hong Kong and Macao Special Administrative Regions

C-1 香港主要统计指标
Main Statistical Indicators of Hong Kong Special Administrative Region

项 目	Item	2000	2001	2003	2004	2005
陆地面积 （平方公里）	**Land Area (sq. km)**	**1098**	**1099**	**1102**	**1102**	**1102**
人口及生命事件	**Population and Vital Events**					
年中人口 （万人）	Mid-year Population (10000 persons)	666.5	672.5	680.3	688.3	693.6
粗出生率 （‰）	Crude Birth Rate (‰)	8.1	7.2	6.9	7.2%	8.3 *
粗死亡率 （‰）	Crude Death Rate (‰)	5.1	5.0	5.4	5.4	5.5 *
劳工	**Labor**					
劳动人口 （万人）	Labor Force (10000 persons)	337.4	342.7	349.6	355.1	358.6@
失业率 （%）	Unemployment Rate (%)	4.9	5.1	7.9	6.8	5.6@
实际工资指数 （1992年9月=100）	Real Wage Index (September 1992 = 100)	112.8	114.6	118.6	115.6	114.8
对外商品贸易	**External Merchandise Trade**					
进口 （亿港元）	Imports (HKD 100 million)	16579.6	15681.9	18058	21111	23295
港产品出口 （亿港元）	Domestic Exports (HKD 100 million)	1809.7	1535.2	1217	1260	1360
转口 （亿港元）	Re-exports (HKD 100 million)	13917.2	13274.7	16207	18931	21141
工业生产	Industrial Production					
工业生产指数（2000年=100）	Index of Industrial Production (2000 = 100)	100	95.6	78	81	83 *
工业电力消费量（万亿焦耳）	Industrial Electricity Consumption (terajoules)	17769	16759	14851	15430	14636
工业煤气消费量（万亿焦耳）	Industrial Gas Consumption (terajoules)	982	1011	1015	955	898
运输、旅游	**Transport and Tourism**					
进出香港货运车辆 （万辆）	Inward/Outward Movement of Goods Vehicles (10000 vehicles)	937.98	912.88	988.26	974.83	973.42
货柜吞吐量（万标准货柜单位）	Container Throughput (10000 TEUs)	1810	1783	2045	2198	2260
访港旅客① （万人次）	Visitor Arrivals① (10000 person-times)	1305.9	1372.5	1554	2181	2336
酒店入住率 （%）	Hotel Room Occupancy Rate (%)	83	79	70	88	86
政府收支 （亿港元）	**Public Accounts (HKD 100 million)**					
政府收入总额②	Total Government Revenue②	2251	1756	2073	2363	2417 * *
政府开支及证券投资总额②	Total Government Expenditure and Equity Investments②	2329	2389	2475	2422	2376 * *
居民消费价格指数	**Consumer Price Index**					
（1999年10月至2000年9月=100）	October 1999-September 2000 = 100)					
综合消费价格指数	Composite Consumer Price Index	99.4	97.8	92.4	92.0	93.0
本地生产总值	**Gross Domestic Product (GDP)**					
以固定（2000年）价格计算	**At Constant (2000) Market Prices**					
年增长率 （%）	Annual Growth Rate (%)	10	0.5	3.2@	8.6@	7.3@
本地生产总值 （亿港元）	GDP (HKD 100 million)	13148	12944	13612@	15102@	16209@
人均本地生产总值（港元）	Per Capita GDP (HKD)	197268	192476	200088@	219420@	233698@
以现价计算	**At Current Market Prices**					
年增长率 （%）	Annual Growth Rate (%)	3.8	-1.4	-2.2@	4.7@	7.0@
本地生产总值 （亿港元）	GDP (HKD 100 million)	13148	12700	12200@	12916@	13822@
人均本地生产总值（港元）	Per Capita GDP (HKD)	197268	188847	179336@	187657@	199282@

注：本表资料根据《中国统计年鉴》、《中国统计摘要》和香港特别行政区政府统计数字一览资料整理。

①访港旅客数字包括经澳门访港的非澳门居民。

②数字是以相应的财政年度为根据，例如1998年的数字代表1998至1999财政年度数字。

@ 日后会作出修订。

初步数字。 * 2005年为修订预算。

Note: The data in this table are prepared on the basis of China Statistical Yearbook, China Statistical Abstract and the statistical figures provided by the Government of the Hong Kong Special Administrative Region.

① Figures include arrival of non-Macao residents via Macao.

② Figures are for the corresponding financial year. For example, figures for 1998 would represent the figures for financial year 1998/1999.

@ Subject to revision later on.

* Preliminary figures.

* * The figures for 2005 refer to the revised budgetary figures.

C-2 澳门主要统计指标
Main Statistical Indicators of Macao Special Administrative Region

项　目		Item		2000	2001	2003	2004	2005
总面积	**（平方公里）**	**Total Land Area**	**(sq. km)**	**25.4**	**25.8**	**25.8**	**25.8**	**25.8**
人口及生命事件		**Population and Demographics Characteristics**						
年中人口估计	（万人）	Mid-year Estimates of Population	(10000 persons)	43.1	43.4	44.5	45.7	47.7
粗出生率	（‰）	Crude Birth Rate	(‰)	8.9	7.5	7.2	7.2	7.7
粗死亡率	（‰）	Crude Death Rate	(‰)	3.1	3.1	3.3	3.4	3.4
劳工		**Labor**						
劳动人口	（万人）	Labor Force	(10000 persons)	20.9	21.7	21.6	22.9	24.8
失业率	（%）	Unemployment Rate	(%)	6.8	6.4	6.0	4.8	4.1
对外贸易		**External Trade**						
出口	（亿澳门元）	Exports	(100 million MOP)	203.8	185	207	225.6	198.2
本地产品出口	（亿澳门元）	Domestic Exports	(100 million MOP)	170.8	151	163	173.2	143.6
转口	（亿澳门元）	Re-exports	(100 million MOP)	33.0	33	44	52.4	54.6
进口	（亿澳门元）	Imports	(100 million MOP)	181.0	192	221	279	313.4
工业生产		**Industrial Production**						
工业电力消耗量	（亿千瓦小时）	Industrial Electricity Consumption	(100 million kwh)	1.5	1.4	2.0r	2.1	2.5
运输、旅游		**Transport and Tourism**						
进出澳门货运车辆数目②	（万次）	Lorries Entering and Departing Macao②	(10000 times)	45.4	45.8	47.8	56.6	60.8
访澳旅客	（万人次）	Visitor Arrivals	(10000 person-times)	916	1028	1189	1667.3	1871.1
酒店入住率	（%）	Hotel Room Occupancy Rate	(%)	58	61	64	76	71
财政收支	**（亿澳门元）**	**Government Accounts**	**(100 million MOP)**					
财政总收入①		Total Government Revenue①		153.4	156	183.7r	238.6r	230.0p *
财政总支出①		Total Government Expenditure①		150.2	152	157.7r	177.0r	159.8p *
居民消费物价指数		**Consumer Price Index**						
(1999年10月至2000年9月 = 100)		October 1999-September 2000 = 100)						
综合消费物价指数		Composite Consumer Price Index		99.5	97.5	93.5	94.4	98.5
本地生产总值①		**Gross Domestic Product**	**(GDP) ①**					
以2002年不变价格计算		**At Constant**	**(2002) Prices**					
支出法本地生产总值实际增长率	（%）	Expenditure-based GDP Real Growth Rate	(%)	5.7	2.2	14.2r	28.3r	6.7
本地生产总值	（亿澳门元）	GDP	(100 million MOP)	483.9	545.6	625.8r	802.8r	856.3
人均本地生产总值	(万澳门元)	Per Capita GDP	(10000 MOP)	11.2	12.6	14.1r	17.6r	18.0
以当年价格计算		**At Current Prices**						
支出法本地生产总值名义增长率	（%）	Expenditure-based GDP Nominal Growth Rate	(%)	3.6	0.2	16.0r	30.4r	11.7
本地生产总值	（亿澳门元）	GDP	(100 million MOP)	489.7	498.6	635.6r	829.0r	11.7
人均本地生产总值	(万澳门元)	Per Capita GDP	(10000 MOP)	11.4	11.5	14.3r	18.1	19.4

注：本表资料根据《中国统计年鉴》、《中国统计摘要》和澳门特别行政区政府统计月刊等资料整理。
①本地生产总值数列于2005年经主要修订，并将基年由1996年更新为2002年。2005年数字在日后得到更多资料时会作出修订。
②包括关闸及路氹城边检站。
" p" 临时性数字；" r" 更正资料。

Note: The data in this table are prepared on the basis of China Statistical Yearbook, China Statistical Abstract and the monthly bulletins of statistics provided by the Government of the Macao Special Administrative Region.
① The GDP figures are mainly revised in 2005 and the base year is 2002 instead of 1996. The figures of 2005 will be revised on the basis of more data later on.
② Including the Border gate and the Checkpoint of CoTai.
" p" indicates provisional data and " r" indicates rectified data.

附录 D　台湾省主要统计指标
Appendix D　Main Statistical Indicators of Taiwan Province

项　目	Item	2000	2001	2002	2003	2004	2005
面积　（万平方公里）	**Area　(10000 sq. km)**	**3.6**	**3.6**	**3.6**	**3.6**	**3.6**	**3.6**
人口	**Population**						
年底总人口　（万人）	Year-end Population　(10000 persons)	2227.7	2240.6	2252.1	2260.5	2268.9	2277
人口自然增长率　（‰）	Natural Population Growth Rate　(‰)	8.10	5.94	5.29	4.27	3.59	2.92
人口密度（人/平方公里）	Population Density　(persons/sq. km)	615.6	619.1	622.3	624.6	627.0	629
劳动、就业	**Labor and Employment**						
劳动力人口　（万人）	Labor Force　(10000 persons)	978.4	983.2	966.9	1007.6	1024.0	1037
就业人数　（万人）	Employment　(10000 persons)	949.1	938.3	945.4	957.3	978.6	
失业率　（%）	Unemployment Rate　(%)	3.0	4.6	5.2	5	4.4	4.1
对外贸易	**Foreign Trade**						
进出口　（亿美元）	Total Value of Imports and Exports (USD 100 million)	2883.3	2301.1	2431.3	2714.3	3419.0	3710
进口　（亿美元）	Imports　(USD 100 million)	1400.1	1072.4	1125.3	1272.5	1678.9	1816
出口　（亿美元）	Exports　(USD 100 million)	1483.2	1228.7	1306.0	1441.8	1740.1	1894
出（入）超　（亿美元）	Balance　(USD 100 million)	83.1	156.3	180.7	169.3	61.2	78
工业生产	**Industrial Production**						
工业生产指数（2001 年 = 100）	Index of Industrial Production (2001 = 100)	108.5	100.0	107.9	115.6	127.0	132.2
制造业	Manufacture	109.1	100.0	109.4	117.5	129.9	135.1
建筑业	Construction	112.6	100.0	79.3	86.4	90.6	101.0
运输、旅游	**Transport and Tourism**						
交通运输客运人数（亿人）	Passenger Traffic by Transport (100 million persons)						
铁路	Railway	4.6	4.8	5.0	4.8	5.2	5.3
公路	Highway	11.0	10.9	10.5	9.9	10.1	10.1
出岛旅客　（万人次）	Outgoing Tourists　(10000 person-times)	733			592	778	821
来台湾省旅客　（万人次）	Tourists to Taiwan　(10000 person-times)	262			225	295	338
政府收支　（亿港元）	**Revenue and Expenditure of Treasury**						
政府收入净额（新台币亿元）	Net Revenue of Treasury (NT $ 100 million)	27849	18963	17821			
政府支出净额（新台币亿元）	Net Expenditure of Treasury (NT $ 100 million)	31409	22713	21390			
居民消费价格指数（2001 年 = 100）	**Consumer Price Indices (2001 = 100)**	**100.0**	**100.0**	**99.8**	**99.5**	**101.1**	
食品	Food	100.9	100.0	99.8	99.7	104.1	
居住	Housing	100.3	100.0	98.9	97.8	97.7	
国民经济核算	**National Accounts**						
本地居民生产总值（新台币亿元）	Gross National Product (NT $ 100 million)	98033	96980	100030	101814	105848	114255
本地生产总值（新台币亿元）	Gross Domestic Product (NT $ 100 million)	96634	95066	97488	98476	102059	111316
经济增长率　（%）	Economic Growth Rate　(%)	5.9			3.2	5.7	4.1
农业	Agriculture, Forestry, Hunting and Fishery	1.2			-0.2	-7.1	-4.1
工业	Industry	5.7			4.7	8.3	5.2
服务业	Services	6.1			2.6	4.8	3.8
产业结构　（%）	Industrial Structure						
农业	Agriculture, Forestry, Hunting and Fishery	2.1			1.8	1.7	1.8
工业	Industry	32.4			30.4	29.5	24.6
服务业	Services	65.5			67.8	68.7	73.6
人均本地居民生产总值	Per capita Gross National Product						
新台币元	NT $	443087	435321	446636	452719	468956	504480
美元	USD	14188	12876	12916	13157	14032	15676

注：本表资料根据中国统计出版社出版的《中国统计摘要——2006》和《中国统计年鉴》整理。
Note: Data in this table are prepared on the basis of 2006 China Statistical Abstract and China Statistical Yearbook published by China Statistics Press.

中国统计出版社最新资料书简目

（仅供参考，以最后出书为准）

中国统计年鉴—2006
中国统计摘要—2006
2006 中国发展报告
中国城市统计年鉴—2005
中国劳动统计年鉴—2006
中国人口统计年鉴—2006
中国工业经济统计资料—2006
中国市场统计年鉴—2006
2005 中国经济景气年鉴
中国建筑业统计年鉴—2005
中国城市调查年鉴—2006
中国商品交易市场统计年鉴—2006
中国连锁餐饮企业统计年鉴—2005、2006
中国连锁零售业统计年鉴—2005、2006
中国能源统计年鉴—2004、2005
全国农产品成本收益资料汇编—2005
国际统计年鉴—2006
中国对外经济贸易统计年鉴—2005
中国基本单位统计年鉴—2005
中国民政统计年鉴—2006
中国高技术产业统计年鉴—2006
中国房地产行业名录
中国农村统计年鉴—2006
中国农村住户调查年鉴—2006（中文）
中国农村住户调查年鉴—2006（英文）
中国乡镇统计资料—2006
中国县（市）社会经济调查年鉴—2006
中国西部农村统计资料—2006
中国建制镇统计资料—2006
中国农产品价格调查年鉴—2006
中国国民经济核算年鉴—2006
中国经济普查年鉴—2004
中国棉花年鉴—2004、2005
中国百强县（市）发展年鉴—2006
中国教育经费统计年鉴—2005

北京统计年鉴—2006
天津统计年鉴—2006
河北经济年鉴—2006
山西统计年鉴—2006
内蒙古统计年鉴—2006
辽宁统计年鉴—2006
吉林统计年鉴—2006
黑龙江统计年鉴—2006
上海统计年鉴—2006
江苏统计年鉴—2006
浙江统计年鉴—2006
安徽统计年鉴—2006
福建统计年鉴—2006
江西统计年鉴—2006
山东统计年鉴—2006
河南统计年鉴—2006
湖北统计年鉴—2006
湖南统计年鉴—2006
广东统计年鉴—2006
广西统计年鉴—2006
海南统计年鉴—2006
重庆统计年鉴—2006
四川统计年鉴—2006
贵州统计年鉴—2006
云南统计年鉴—2006
西藏统计年鉴—2006
陕西统计年鉴—2006
甘肃年鉴—2006
青海统计年鉴—2006
宁夏统计年鉴—2006
新疆统计年鉴—2006
新疆生产建设兵团统计年鉴—2006
石家庄统计年鉴—2006
唐山统计年鉴—2006
邯郸统计年鉴—2006
张家口统计年鉴—2006
朔州统计年鉴—2006
呼和浩特经济统计年鉴—2006
鄂尔多斯市统计年鉴—2006
包头统计年鉴—2006
沈阳年鉴—2006
大连统计年鉴—2006
鞍山统计年鉴—2006
长春统计年鉴—2006
吉林市社会经济统计年鉴—2006
四平统计年鉴—2006
延吉统计年鉴—2006
哈尔滨统计年鉴—2006
齐齐哈尔经济统计年鉴—2006
黑龙江垦区统计年鉴—2006
上海浦东新区统计年鉴—2006
南京统计年鉴—2006
苏州统计年鉴—2006
无锡统计年鉴—2006
常州统计年鉴—2006
徐州统计年鉴—2006
南通统计年鉴—2006
盐城统计年鉴—2006
镇江统计年鉴—2006
江阴统计年鉴—2006
杭州统计年鉴—2006
宁波统计年鉴—2006
绍兴统计年鉴—2006
台州统计年鉴—2006
舟山统计年鉴—2006
温州统计年鉴—2006
金华统计年鉴—2006
嘉兴统计年鉴—2006
安庆经济统计年鉴—2006
福州统计年鉴—2006
福州年鉴—2006
厦门经济特区年鉴—2006
福州经济技术开发区年鉴—2006
南昌经济社会统计年鉴—2006
上饶经济社会统计年鉴—2006
九江经济统计年鉴—2006
济南统计年鉴—2006
青岛统计年鉴—2006
潍坊统计年鉴—2006
淄博统计年鉴—2006
郑州统计年鉴—2006
洛阳统计年鉴—2006
三门峡统计年鉴—2006
南阳经济统计年鉴—2006
武汉统计年鉴—2006
宜昌统计年鉴—2006
十堰统计年鉴—2006
荆州统计年鉴—2006
长沙统计年鉴—2006
广州统计年鉴—2006
东莞统计年鉴—2006
惠州统计年鉴—2006
深圳统计年鉴—2006
南宁统计年鉴—2006
桂林经济社会统计年鉴—2006
柳州经济统计年鉴—2006
来宾统计年鉴—2006
河池地区经济社会统计年鉴—2006
海口统计年鉴—2006
成都统计年鉴—2006
贵阳统计年鉴—2006
昆明统计年鉴—2006
西安统计年鉴—2006
兰州年鉴—2006
西宁统计年鉴—2006
银川统计年鉴—2006
乌鲁木齐统计年鉴—2006
巴音郭楞统计年鉴—2006
吐鲁番统计年鉴—2006